KB217962

유대인의 역사

A HISTORY OF THE JEWS

폴 존슨

유대인의 역사

김한성 옮김

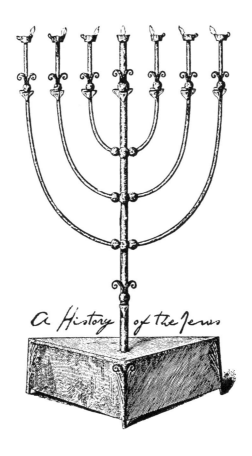

A History of the Jews

포이에마
POIEMA

일러두기

1. 인명 및 지명 표기는 국립국어원 외래어 표기법을 따르되 성경에 나오는 인명과 지명은 새번역판을 기준으로 삼았다. 단, 문맥에 따라 필요한 경우에는 현대명이나 고대 지명 또는 성경 표기를 병기했다.

2. 본문의 성경 인용은 대한성서공회에서 펴낸 새번역을 따랐으며, 외경은 한국천주교주교회의에서 펴낸 《성경》을 따랐다.

3. 본문에 고딕체로 진하게 표시된 용어는 히브리어와 아람어, 이디시어 단어들로 뒤쪽에 있는 용어 사전에서 따로 설명했다.

유대인의 역사

폴 존슨 지음 | 김한성 옮김

1판 1쇄 발행 2014. 8. 4. | **1판 7쇄 발행** 2025. 2. 20. | **발행처** 포이에마 | **발행인** 박강휘 | **등록번호** 제300-2006-190호 | **등록일자** 2006. 10. 16. | 서울특별시 종로구 북촌로 63-3 우편번호 03052 | 마케팅부 02)3668-3260 | 편집부 02)730-8648, 팩스 02)745-4827

값은 뒤표지에 있습니다. ISBN 978-89-97760-80-0 03230 | 이메일 masterpiece@poiema.co.kr | 좋은 독자가 좋은 책을 만듭니다. | 포이에마는 독자 여러분의 의견에 항상 귀를 기울이고 있습니다.

진실한 기독교인이자, 평생 유대인의 친구가 되어준
휴 프레서를 추모하며 헌정합니다.

차례

■ 3부 학자 지도 체제 • 289

■ 4부 게토 • 401

■ 5부 　해방 • 529

■ 6부 　홀로코스트 • 711

왜 나는 유대인의 역사를 쓴 것일까? 여기에는 크게 네 가지 이유가 있다.

첫째, 순수한 호기심 때문이었다. 《기독교의 역사》라는 책을 집필할 때 기독교가 유대교에 큰 빚을 지고 있다는 사실을 새삼 실감했다. 이제껏 막연히 생각했던 것처럼 단순히 구약성경이 신약성경으로 대체된 것이 아니었다. 기독교가 점차 다른 종교로 발전하면서 유대교라는 고대 형태의 유일신교에 새로운 해석을 제시하기는 했으나 동시에 기독교는 유대교의 도덕적 가르침과 교리, 각종 의식과 제도, 기본 개념을 공유하고 있었다. 그래서 기회가 되면 기독교 신앙의 발원지인 유대 민족에 관한 글을 쓰기로 했다. 유대인의 역사를 기원부터 현시점까지 연구하고, 나만의 방식으로 유대인의 역할과 의의를 밝혀보기로 했다. 일반적으로 사람들은 고대에 국가를 이루고 자신들에 관한 기록을 성경에 남긴 민족 정도로 유대인을 이해한다. 그 후 수 세기 동안 역사의 지평에서 사라졌다가 다시 등장했을 즈음 수백만 명의 유대인이 나치에 학살당했고, 마침내 유대인의 국가를 창설했으나 여전히 끊이지 않는 분쟁과 공격의 대상이 되고 있다는 정도가 일반적으로 우리가 알고 있는 바다. 그러나 이런 것들은 눈에 띄는 몇 가지 사건에 불과하다. 나는 그 사건들을 한데 엮고 빠진 부분은 찾아내고 연구해 온전한 하나의 역사로 모아 그 의미를 밝히고 싶었다.

그런가 하면 유대인의 역사가 주는 놀라운 흥분이 이 책을 쓴 두 번째 이유다. 아브라함 시대부터 시작해 오늘에 이르는 유대인의 역사는 대략

4,000년에 달한다. 문명의 발흥 이후 인류 전체 역사의 4분의 3이 넘는 기간이다. 역사 저술가로서 나는 장구한 역사 속에 자리한 긴밀한 연관성을 믿어 의심치 않으며, 그 연관성을 추적하는 데서 희열을 느낀다. 유대인은 현존하는 어느 민족보다 먼저 독특하고 특별한 민족의 정체성을 만들어냈다. 그리고 지독한 적대자들에게 둘러싸여 지내면서도 오늘날까지 이 정체성을 유지해왔다. 그렇다면 이런 비범한 인내력은 대체 어디에서 오는 것일까? 유대인을 다른 민족과 구별 짓고 동질성을 유지하게 한 강력한 사상의 힘은 과연 무엇일까? 이 사상의 견고한 힘은 사상 자체의 불변성에서 나오는 것일까, 아니면 다양한 사상에 적절히 맞춰가는 적응력에서 나오는 것일까? 그것도 아니면 둘 다일까? 이것들이 내가 탐구하고자 했던 흥미로운 주제다.

세 번째 이유는 유대인의 역사가 장구한 시간뿐 아니라 광대한 지역을 포괄하기 때문이다. 유대인은 다양한 사회에 침투해 그 모든 사회에 자신의 흔적을 남겼다. 그래서 유대인의 역사를 기술하는 일은 세계사를 기술하는 일과 다르지 않고, 이 작업은 매우 특별한 시각을 필요로 한다. 한마디로 유대인의 역사는 박식하고 똑똑한 피해자의 관점에서 본 세계사라 할 수 있다.

디트리히 본회퍼는 나치에 의해 옥에 갇혔을 때 이런 시각으로 세계사를 바라보는 것이 어떤 의미가 있는지 깨달았다. 1942년, 그는 이런 편지를 썼다. "우리는 세계사의 거대한 사건을 아래로부터, 즉 사회로부터 배제되고 의심받으며 학대당하는 힘없는 이들, 압제당하고 모욕받는 이들, 한마디로 고난받는 이들의 시각으로 이해하는 법을 배웠다." 본회퍼는 그것이 비길 데 없이 소중한 경험이라고 기록했다. 역사 저술가로서 유대인의 이야기를 써나가면서 나 역시 그와 비슷한 가치를 발견했다. 유대인의 역사를 기술하는 것은 새롭게 드러나는 약자의 관점을 세계사에 추가하는 것과 같다.

마지막으로 약 4,000년에 달하는 역사 연구가 인간이 가진 모든 질문 중에서 가장 풀기 어려운 질문을 객관적으로 생각해볼 기회를 주기 때문이다. 인간은 무엇을 위해 이 땅에 존재하는가? 역사란 그저 여러 사건의 연속일 뿐인가? 그 사건을 종합하는 작업은 어떤 의미가 있는가? 가령 개미의 역사와 비교할 때 인류 역사는 도덕적으로 근본적인 차이가 있는가? 우리 인류가 신의 대리자가 되는 것이 하나님의 계획이라고 감히 말할 수 있는가? 역사에는 목적이 있고 인류에게는 신의 섭리가 있음을 유대인보다 힘주어 주장한 민족은 없다. 맨 처음 하나의 공동체에 불과했던 때부터 유대인은 인류를 향한 하나님의 목적을 좇았고, 유대인의 공동체가 하나님의 목적을 이루도록 안내하는 길잡이라고 주장했다. 그들은 자신들의 역할을 아주 상세하게 고안해냈다. 그리고 야만적인 고난 앞에서도 영웅적 끈기로 자신의 역할을 고수했다. 또한, 유대인 중 많은 이들은 그것이 유대인의 역할이라고 여전히 믿고 있다. 그런가 하면 또 어떤 이들은 프로메테우스와 같은 자세로 순전히 인간의 방법과 노력으로 인류가 처한 상황을 개선하려 한다. 유대인의 이런 통찰은 하나님과 인간이 만든 모든 영역에서 인류가 처한 상황을 개선하려는 거대한 계획의 원형이 되었다. 그래서 유대인은 인간의 삶에 존엄한 목적을 부여하려는 노력을 끊임없이 해왔고, 그러한 노력의 중심에는 늘 유대인이 있었다. 그렇다면 그들의 역사는 그러한 인간의 노력이 할 만한 가치가 있었다고 말하는가? 아니면 아무짝에도 쓸모없는 헛수고에 불과했다고 말하는가? 이어지는 글에서 독자 스스로 질문에 대한 답을 찾을 수 있기를 바란다.

1부

이스라엘 자손

A HISTORY OF THE JEWS

막벨라 동굴의 상징성

유대인은 역사상 가장 집요한 민족이다. 헤브론이 바로 그 증거다. 헤브론은 예루살렘 남쪽 32킬로미터, 유대 산악지대 해발 900미터 지점에 자리 잡고 있다. 헤브론 막벨라 동굴에는 이스라엘 족장의 묘역이 있다. 고대 전승에 따르면 매우 오래된 무덤 중 하나에 유대 종교의 창시자이자 유대 민족의 조상 아브라함의 유해가 안치되어 있고, 그 옆에는 아내 사라의 무덤이 있다고 한다. 안으로 들어가면 보이는 한 쌍의 무덤은 아브라함의 아들 이삭과 그의 아내 리브가의 것이다. 안뜰 건너편에 있는 또 다른 한 쌍의 무덤은 아브라함의 손자인 야곱과 그의 아내 레아의 것이다. 바깥쪽에는 야곱의 아들 요셉의 무덤이 있다.[1] 4,000년 유대 역사가 시간과 공간에 닻을 내린 곳이 바로 이곳 막벨라 동굴이다.

헤브론은 고색이 창연한 아름다운 마을이다. 고대 성소에서 공통으로 볼 수 있는 평화와 고요함이 깃들어 있다. 그러나 헤브론에 있는 돌은 끊이지 않는 분쟁과 4,000년 동안 계속된 종교 및 정치 갈등을 묵묵히 증언한다. 시대가 바뀔 때마다 헤브론은 히브리인의 성지, 회당, 비잔틴 양식의 성당, 이슬람 사원, 십자군 교회, 그리고 다시 이슬람 사원으로 모습을 바꾸었다. 헤롯 대왕은 헤브론 주위에 웅장한 성벽을 쌓았고 일부는 지금도 남아 있다. 높이 12미터에 이르는 이 성벽에 쓰인 돌의 규모는 어마어마하다. 길이만 7미터에 달하는 돌도 있다. 이슬람 아이유브 왕조의 창시자 살라딘은 헤브론 사원에 설교단을 세우기도 했다.

유대인과 기나긴 비극의 역사를 함께하며 불행을 견뎌낸 헤브론에는 유례를 찾기 힘든 유대인의 생존 능력이 여실히 투영되어 있다. 다윗은 헤브론에서 먼저 유다 지파의 왕으로 기름 부음을 받았고(사무엘하 2:1-4), 나중에 이스라엘 모든 지파의 왕으로 기름 부음을 받았다(5:1-3). 예루살렘이 무너지자 유대인은 헤브론에서 쫓겨났고 에돔 사람이 헤브론에 정착했다. 그 후 헤브론은 그리스에, 그리고 개종한 로마에 정복당했다. 이어서 열심당원이 헤브론을 약탈했고 로마인이 헤브론을 잿더미로 만들었다. 아랍인, 프랑크족, 맘루크 왕조가 차례로 헤브론을 정복했다.

1266년부터는 유대인이 기도하러 막벨라 동굴에 들어가는 것마저 금지되었다. 동쪽 벽에 있는 일곱 개의 계단에 올라가는 것만 겨우 허용되었다. 유대인은 막대기를 이용해 네 번째 계단의 돌 가운데 있는 깊이 2미터의 구멍에 하나님에게 탄원하는 기도문을 집어넣었다.[2] 그러다 나중에는 탄원 기도를 드리던 이들마저 위험에 처했다. 1518년에 오스만 제국이 헤브론에 사는 유대인을 대상으로 무시무시한 학살을 자행했기 때문이다.

그러나 곧 경건한 학자들의 공동체가 재건되었다. 간신히 명맥을 이어오던 이 공동체는 시대에 따라 정통 탈무드 편찬자들에서 신비주의 **카발라** 학자들로, 다시 유대 고행자들로 구성원이 바뀌었다. 고행자들은 피가 신성한 돌들 위에 떨어질 때까지 가혹하게 자기 몸을 채찍질하곤 했다. 유대인은 1660년대에 헤브론에서 샤베타이 체비라는 거짓 메시아를 맞아들였다. 그리고 18세기에 이르러서는 최초의 현대 기독교 순례자를, 그로부터 100년 후에는 혈통상의 유대인인 세속 유대인 정착민을, 1918년에는 대영 제국 정복자를 맞이해야 했다. 인원이 그리 많지 않았던 유대인 공동체는 1929년 아랍인의 잔인한 공격을 받았다. 그리고 1936년에 또다시 아랍인의 공격으로 공동체는 결국 파괴되었다. 그 후 1967년 6일 전쟁 중 이스라엘 병사들이 헤브론에 입성할 때까지 약 한 세대 동안 단 한 명의 유대인도 헤브론에서 살 수 없었다. 그러다 1970년에 이르러 아담한 정착촌이 재건되었다. 여전히 공포와 불안이 남아 있지만, 그래도 정착촌은 번영하고 있다.

이러한 이유로 오늘날 헤브론을 방문하는 역사가들은 다음과 같은 의문을 품는다. 과거 헤브론에 거주했던 민족은 지금 다 어디에 있는가? 가나안 족속은 지금 어디 있는가? 에돔 사람은 어디 있는가? 고대 그리스인과 로마인, 비잔틴 제국 사람들, 프랑크족, 맘루크 왕조, 오스만 제국 사람들은 다 어디로 갔는가? 그들은 다시 돌아올 수 없는 시간 속으로 사라졌다. 그러나 유대인은 아직 헤브론에 살고 있다.

이렇듯 헤브론은 4,000년 동안 이어진 유대인의 끈질긴 민족성을 여실히 보여준다. 또한, 헤브론은 땅의 정복과 소유에 대한 유대인의 모순을 드러낸다. 어떤 민족도 그토록 긴 시간 지구상의 특정 지역에 그렇게까지 집착하진 않았다. 또한, 강력하고 일관된 목적을 가슴에 품고 다시 그 땅으로 돌아오려는 본능, 즉 기존의 거주민을 축출하고 그 땅에 다시 정착하려는 용기와 역량을 유대인만큼 강하게 표출한 민족은 여태껏 없었다. 하나의 민족을 이룬 이래 4분의 3이 넘는 세월 동안 대부분의 유대인이 늘 자기네 땅이라 주장해온 헤브론 바깥에서 살아왔다는 사실은 참으로 기이하다. 이 기이한 현상은 지금도 계속되고 있다.

헤브론은 유대인들이 최초로 취득한 땅으로 기록된 지역이다. 창세기

23장에는 아내 사라가 죽고 아브라함이 아내와 자신의 매장지로 사용하고자 막벨라 동굴과 주변 땅을 구입하기까지의 경위가 서술되어 있다. 이 본문은 성경을 통틀어 가장 중요한 대목 가운데 하나다. 유대인이 끈질기게 고수해온 가장 오래된 전승, 즉 그들에게 아주 소중하고 중요한 전승을 구체적으로 보여주기 때문이다. 창세기 23장은 사람들이 목격한 실제 사건이 입에서 입으로 전해지다 상세한 글로 기록된 첫 번째 본문이다. 이 본문에는 매매를 위한 협상 절차가 상세히 묘사되어 있다.

당시 아브라함은 헤브론에 상당 기간 거주하고도 여전히 이방인이라 할 수밖에 없는 신분이었다. 땅의 소유권을 얻기 위해 아브라함은 땅을 살 수 있는 구매력뿐 아니라 그 지역 사람들의 동의까지 얻어야 했다. 땅 주인은 헷 사람 에브론이라는 고위 인사였다. 서부 셈족이자 헷(히타이트) 출신 하비루족이었다.[3] 아브라함은 부동산 매매를 성사시키기 위해 먼저 지역사회, 즉 그 땅 거민인 헷 자손의 정식 동의를 얻어야 했다. 동의를 얻은 다음에는 토지 대금으로 은 400세겔을 놓고 에브론과 흥정했다. 그다음에는 상인들이 사용하는 추를 이용해 은의 무게를 달아 지역사회 장로들 앞에서 땅 주인 에브론에게 건넸다.

소규모 사회에서 이 거래는 단순한 토지 소유권 이전이 아니라 사회적 지위가 바뀌는 기념비적 사건이었다. 창세기 23장에는 의례적인 인사와 가식적인 웃음, 공손을 가장한 흥정에 관한 이야기가 자세히 기록되어 있다. 그러나 가장 놀랍고 기억에 남는 구절은 아브라함이 거래를 시작하면서 가슴에 사무친 듯 뱉은 말이다. "나는 여러분 가운데서 나그네로, 떠돌이로 살고 있습니다"(창세기 23:4). 거래가 성사되자 지역 사람들은 그 땅이 아브라함의 소유가 되었음을 재차 강조한다(20절). 유대인의 역사에 기록된 최초의 실제 사건인 이 기록에는 놀랍게도 유대 민족의 애매한 위치와 불만이 표출되어 있다.

나그네로, 떠돌이로

그렇다면 아브라함은 누구고 어디에서 왔을까? 창세기를 비롯해 관련 성경 본문은 그저 아브라함이 존재했다는 사실을 증언할 뿐이다. 추정컨대 해당 본문들은 아브라함이 살았던 시대로부터 1,000년 후에 기록되었을 것이다. 역사 기록으로서 성경의 가치는 200년 넘게 격렬한 논쟁거리였다. 1800년에 이르기까지 학자들과 일반 신자들이 공통으로 보여준 견해는 근본주의적 입장이었다. 즉 성경에 나오는 이야기는 하나님의 영감으로 된 것으로 전체적으로나 세부적으로나 모두 사실이라는 것이다. 유대교학자와 기독교학자를 막론하고 많은 학자가 이러한 견해를 수 세기 동안 주장하고 견지해왔다. 성경 앞부분에 나오는 몇 권의 책은 문자적 사실보다는 상징이나 은유로 이해해야 한다는 의견이 일부에서 제기되었지만, 주류는 아니었다. 19세기 초부터 독일 학자들의 주도로 새로 등장한 매우 전문적인 비평적 연구 방법은 구약성경의 많은 부분을 역사 기록이 아닌 종교적 신화로 치부했다. 그들은 성경의 처음 다섯 권의 책, 즉 모세오경은 히브리 지파에서 나온 전설로 입에서 입으로 구전되다가 포로기 이후 BC 1000년대 후반에야 문서 형태로 기록되었다고 주장한다. 그 주장에 따르면 이 전설은 포로기 이후 이스라엘 자손이 확립했던 종교 신념과 관행, 제의를 역사적으로 합리화하는 한편, 그것을 하나님이 승인하신 것으로 조심스럽게 편집하고 통합하고 선별한 것이다. 모세오경에 등장하는 사람들은 실존 인물이 아니라 신화 속 영웅이거나 전체 지파를 상징하는 가공의 인물이라고 그들은 주장한다.[4]

그 결과 아브라함과 다른 족장뿐 아니라 모세와 아론, 여호수아, 삼손마저도 신화 속 인물로 퇴색해버렸고, 그리스 신화에 나오는 헤라클레스와 페르세우스, 프리아모스와 아가멤논, 율리시스와 아이네아스보다 덜 중요한 인물로 치부되었다. 헤겔과 그의 학파의 영향 아래 성경에 제시된 유대교와 기독교의 계시는 원시 부족의 미신으로부터 세련된 도시의 교회학으로 발전해온 결정론적이고 사회적인 발전의 산물로 재해석되었다. 유대인이 하나님에게 부여받은 독특한 역할은 뒤로 밀려났고, 모세의 유일신 신앙이 이룬 업적은 차츰 훼손되었으며, 구약성경의 역사를 다시 기술하는 작업에 반유대교가 치밀하게 스며들어 결국에는 반유대주의로 물들고 말았다.

독일 성경학자들의 공동 작업은 학계 정통이 되었고, 율리우스 벨하우젠(1844-1918)의 연구를 통해 고도의 설득력과 복잡성을 지니게 되었다. 벨하우젠의 유명한 저서 《고대 이스라엘 역사 서설 *Prolegomena zur Geschichte Israels*》이 처음 출간된 해는 1878년이다.[5] 50년 동안 벨하우젠과 그의 학파는 성경 연구를 주도했으며, 그의 사상 가운데 많은 부분이 오늘날까지 성경을 연구하는 역사가들에게 영향을 주고 있다. 마르틴 노트와 알브레히트 알트 같은 20세기의 뛰어난 학자들도 회의주의 색채가 강한 이 연구 방법을 계속 활용함으로써 가나안 정복 이전의 전승은 신화로 간주했고, 이스라엘 자손은 가나안 땅에서 비로소 하나의 민족이 된 것일 뿐 BC 12세기 이전에 민족을 형성했던 것은 아니라고 주장한다. 즉 가나안 정복은 대부분 신화일 뿐 실제로는 평화롭게 정착했다는 얘기다.[6] 또 다른 학자들은 종교적 열정이 강한 이들로 구성된 공동체가 가나안을 타락한 사회로 규정하고 그 사회로부터 분리되는 과정에서 이스라엘의 기원을 찾을 수 있다고 주장한다.[7] 이러한 여러 이론은 필연적으로 사사기 이전의 성경 역사를 전부 포기하거나 대개 허구로 간주하고 사사기는 허구와 사실이 뒤섞인 것으로 보았다. 그 주장에 따르면 사울과 다윗 시대에 이르러 성경 본문이 왕실 역사와 기록이라는 현실을 반영하기 전까지 이스라엘 역사는 역사적 사실이라는 기본 조건조차 확립하지 못한 것이 된다.

그러나 유감스럽게도 역사가들은 자기들 생각만큼 그리 객관적이지 못하다. 기독교인, 유대인, 무신론자 모두 성경 역사를 신념이나 편견을 가지고 대한다. 신념이나 편견을 품고 사물을 대하는 것은 사실 인간의 본성과도 같다. 객관성을 갖추는 것이 불가능하지는 않아도 객관성을 확보하기가 특히 어려운 영역이 바로 성경 역사다. 더욱이 학자들의 전문 영역은 전문가 특유의 편견이 작용하기 마련이다. 19세기와 20세기의 상당 기간에 성경 역사는 본문 비평학자들이 주도해왔다. 이들의 기본 관심과 연구 방식은 과거에도 그랬고 현재도 그렇듯이 성경 속 이야기를 세분하고 취합하는 일을 했던 사람들이 사용한 자료를 살피고 그 동기를 규명하고, 이를 기초로 역사적으로 신뢰할 만한 본문을 단편적으로 선별한 뒤 역사 비교를 통해 각각의 사건을 재구성하는 것이다.

그러나 고고학이 과학적으로 발전함에 따라 그와는 반대편에 서 있는 쪽이 힘을 얻고 있다. 고고학자들은 고대 문서를 길잡이 삼아 실제 유적에서 확실한 증거를 찾기 때문이다. 트로이를 비롯해 크레타 섬의 고대 도시 크노소스와 그 밖의 미노아 문명 유적지, 펠로폰네소스 반도의 미케네 문명 도시가 그리스와 소아시아 지역에서 발굴되고, 이런 유적지에서 찾아낸 고대 재판 기록을 판독함으로써 호메로스의 이야기가 역사 기록으로 복원되었다. 이로써 학자들은 전설이라는 이름 아래 감춰져 있던 역사적 사실을 차츰 인지하게 되었다. 마찬가지로 팔레스타인과 시리아에서도 고대 지역에 대한 조사가 이루어지고, 거대한 양의 법률 및 행정 문서를 발굴하고 판독하면서 성경 앞부분의 책이 역사 서술로서의 가치를 회복하게 되었다. 특히 성서고고학자 윌리엄 올브라이트와 캐슬린 케년의 노력으로 구약성경 앞부분의 책에 묘사된 장소와 사건이 실제로 존재했다는 사실을 신뢰하게 되었다.[8] 무엇보다 BC 3000년대와 2000년대의 문서보관소가 발굴됨으로써 모호했던 성경 본문에 계속해서 새로운 빛이 비치고 있다.

불과 50년 전만 해도 성경 앞부분에 수록된 본문이 신화나 상징으로 간주되었으나 이제 학자들은 역사의 공백을 메워줄 증거로 이 본문에 관심을 기울이고 있다. 학자들은 점차 그 본문들이 최소한 진실의 싹을 품고 있으며 그것을 잘 가꾸는 것이 자기들의 임무라고 이해하게 되었다. 그렇다고 해서 이러한 흐름이 성경을 역사적으로 해석하는 작업을 더 수월하게 해주는 것은 아니다. 근본주의적 해석과 비평적 해석은 둘 다 지나치게 단순한 논리에 안주해왔다. 성경 본문은 우리를 진리로 이끄는 안내자이지만, 한편으로는 매우 복잡하고 모호한 길잡이다. 그럼에도 성경 본문이 여전히 우리의 안내자라는 사실에는 변함이 없다.

유대인의 하나님

유대인의 기원은 명확하지 않다. 그러나 자기 민족의 기원을 추적하면서 아득한 과거까지 거슬러 올라갈 수 있는 역사 기록을 가지고 있는 민족은 유대인뿐이다. 성경이 지금의 형태를 갖출 수 있도록 애쓴 유대인들은 유대 민족의 시조가 아브라함이라는 사실을 알면서도 자신의 선조를 찾아 태고까지 추적해 들어갈 수 있다고 보았다. 그리하여 궁극적인 인류의 선조를 아담이라고 불렀다.

현재 우리의 지식수준으로 볼 때 창세기의 처음 몇 장은 사실적인 묘사라기보다 도식적이며 상징적인 묘사임을 인정할 수밖에 없다. 1-5장은 실제 사건이라기보다는 지식, 악, 수치, 질투, 죄악과 같은 개념을 확인하고 설명하는 부분이다. 비록 그 사건 중에는 설명이 필요 없는 기억이 깊이 묻혀 있지만 말이다. 예를 들어 가인과 아벨의 이야기를 완전한 허구로 볼 수는 없다. "내가 내 아우를 지키는 자니이까?"(창세기 4:9)라는 가인의 대답은 진실의 고리를 가지고 있으며, '죄의 표식을 지닌 채 수치스럽게 쫓기는 사람'이라는 개념은 역사적 사실을 암시할 정도로 강력한 것이다. 이방의 우주발생 신화와 비교할 때 천지 창조와 최초의 인간에 관한 유대인의 이해는 놀라운 차이를 보인다. 유대인은 세계와 피조물이 어떻게 존재하게 되었는지, 그 방법에 대해서는 별로 관심이 없다. 반면에 이집트와 메소포타미아 사람들이 들려주는 창조 이야기는 하도 얽히고설킨 이야기가 많아 기괴할 정도다.

유대인은 매우 단순하게 전능하시고 유일하신 하나님의 선재를 믿었다. 하나님은 일하시지만, 그 모습이나 특성을 절대로 드러내지 않으신다. 또 권능을 소유하셨으나 본질상 사람의 눈으로는 볼 수 없다. 고대의 다른 우주발생 신화와 달리 창세기 첫 장이 본질상 우주의 기원에 관한 현대의 과학적 설명들, 특히 대폭발이론과 완전히 일치한다는 점은 시사하는 바가 크다.

어떤 경우에도 유대인의 하나님은 자연과 동일시되지 않았다. 오히려 그 반대였다. 하나님은 인간의 눈으로 볼 수 없는 분이지만, 언제나 분명하게 인격으로 나타나신다. 예를 들어 신명기는 과감하게 자연과 자연신을 숭배함으로 말미암아 경멸의 대상이 되는 이방 민족과 인격이신 하나님을 경배하는 유대인을 구별하면서 "눈을 들어서 하늘에 있는 해와 달과 별들, 하늘의 모든 천체를 보고 미혹되어서, 절을 하며 그것들을 섬겨서는 안 됩니다. 하늘에 있는 해와 달과 별과 같은 천체는 주 당신들의 하나님이 이 세상에 있는 다른 민족들이나 섬기라고 주신 것입니다"(신명기 4:19)라고 경고한다.[9] 더욱이 이 인격적인 하나님은 처음부터 피조물이 반드시 준수해야 할 도덕을 매우 명확히 확립하셨다. 그리하여 최초의 인간에 관한 유대인의 기록에서 도덕적 범주들은 처음부터 단호한 명령의 형태로 부각된다. 이런 특징으로 말미암아 창세기의 기록은 다른 이방의 이야기와 뚜렷이 구분된다. 태고사와 관련된 성경 본문은 이처럼 도덕적 기초를 마련해두고 있으며 그 기초 위에 굳건히 서 있다. 심지어 유대인은 가장 태고의 조상에 관한 이야기에서조차 옳고 그름의 절대적 차이를 인식할 줄 아는 존재로 나온다.

물리적 우주 위에 포개어진 도덕적 우주에 관한 개념은 성경에서 진정한 의미의 첫 번째 역사적 사건이라 할 수 있는 창세기 6장의 노아의 홍수를 묘사하는 방식에 영향을 끼쳤다. 어떤 형태로든지 메소포타미아에서 거대한 홍수가 발생했다는 사실은 의심의 여지가 없다. 성경의 홍수 이야기를 확증해주는 최초의 증거는 1872년에 나왔다. 그해 대영박물관의 조지 스미스 연구원이 쐐기문자로 기록된 토판에서 홍수에 관한 기록을 찾아냈다. 이 토판은 영국의 고고학자 오스틴 헨리 레어드가 1845-1851년 쿠윤지크에 있는 센나케리브(산헤립) 궁전 서고에서 발견한 것으로, 후에 아슈르바니팔(오스납발) 궁에서 발견된 토판에 의해 재확인되었다.[10] 이 토판은 후기 아시리아어 판으로 훨씬 이전 시대에 기록된 길가메시 서사시의 마지막 부분에 삽입된 이야기다. 길가메시 서사시는 BC 4000년대에 에렉(우루크)을 다스렸던 고대 수메르 통치자의 이야기를 다루고 있다. 아시리아인 이전 바빌로니아인과 그 이전 수메르인은 모두 거대한 홍수에 관한 기억을 보존해왔다. 1920년대 레너드 울리 경은 우르를 발견해 발굴했다. 우르는 BC 4000년대와 3000년대 수메르인의 중요한 도시였으며, 성경의 원역사(창세기 1-11장을 지칭하는 용어. 원역사는 천지창조, 인간의 타락, 노아 홍수, 바벨탑에 이르는 인류 전반의 역사를 다룬다

— 옮긴이) 마지막 부분에도 언급되어 있다.[11] 레너드 울리 경은 우르의 초기 시대 고고학 주거층을 조사하면서 홍수에 관한 실제적인 증거를 찾아내고자 오랫동안 노력했다. 그는 2.4미터에 달하는 충적층을 발견했고 그 연대를 BC 4000년에서 3500년으로 추정했다. 또한 그는 슈루파크에서 엄청난 규모의 충적층을 발견했으며, 키시에서는 비슷한 시대에 속하는 지층에서 45센티미터의 충적층을 찾아냈다. 그러나 이 지역의 추정 연대와 우르 충적층의 추정 연대는 일치하지 않았다.[12] 1960년대 초반까지 발굴된 다양한 지역을 조사하면서 영국의 고고학자 맥스 맬로원 경은 실제로 거대한 홍수가 있었다는 결론을 내렸다.[13] 그 후 1965년 대영 박물관은 그 퇴적층에서 두 개의 토판을 발견해냈다. 홍수를 언급한 토판으로 BC 1646-1626년 암미사두카 왕 시절에 시파르라는 바빌로니아의 도시에서 기록된 토판이었다.

마지막으로 발견된 토판은 노아라는 인물 자체에 관심을 기울이게 했다는 점에서 중요하다. 토판에 신이 인류를 창조한 방법, 창조를 후회하게 된 경위, 홍수로 인간을 파멸시키기로 결정하는 과정이 언급되어 있기 때문이다. 그러나 물의 신 에아는 대재앙의 계획을 지우수드라라는 제사장 겸 왕에게 계시했고, 지우수드라는 배를 건조해 살아남았다.[14] 지우수드라는 의심할 여지 없는 실존 인물로 BC 2900년경 슈루파크라는 남 바빌로니아 도시의 왕이었다. 그는 수메르 왕 명단 가장 앞부분에 꽤 유능한 인물로 나온다. 비록 우르에 관한 울리 경의 홍수 추정 연대와는 일치하지 않지만, 슈루파크에서 엄청난 홍수가 발생했다는 증거가 속속 나타나고 있다.[15] 성경에서는 노아로 제시되어 있는, 구원자의 면모를 지닌 지우수드라는 이렇듯 최초로 성경 속 인물의 실존을 개별적으로 확인해준다.

노아의 홍수

그러나 성경이 제시하는 홍수와 바빌로니아인과 수메르인의 서사시 사이에는 근본적인 차이가 있다. 지우수드라와는 달리 노아는 도덕적인 인물로 처음부터 창세기가 추구하는 가치체계에 확고하게 뿌리 내리고 있다. 더욱이 길가메시 서사시는 전체를 하나로 엮는 윤리적·역사적 맥락 없이 개개의 이야기를 들려주지만, 유대인이 들려주는 이야기는 각각의 사건을 서로 연관된 윤리 문제로 바라보고 총체적으로 하나님의 섭리를 증언하는 증거로 이해한다. 이 같은 차이는 세속 문학과 종교 문학 간의 차이이며 소박한 민담 문학과 의식적이고 결정주의적인 역사 서술의 차이다.

더욱이 노아의 이야기는 그가 단순히 유대 역사상 최초의 실존 인물이라는 사실뿐 아니라 유대 종교의 주요소까지 보여준다. 방주의 건조와 선적에 관한 이야기에는 유대인의 하나님이 드러낸 강력한 의지가 상세히 기술되어 있기 때문이다. 여기에는 의인이라는 개념이 나타난다. 더 중요한 것은 유대인들이 여기에서 생명의 지고함을 강조하고 있다는 점이다. 창세기 9장의 핵심 구절인 6절은 하나님과 인간 사이의 상징적 관계를 이렇게 언급한다. "사람은 하나님의 형상대로 지음을 받았으니, 누구든지 사람을 죽인 자는 죽임을 당할 것이다." 이것은 유대 신앙의 중추가 되는 신조라고 할 수 있으며 성경 이외의 자료로 확인된 최초의 역사적 사건인 노아 홍수와 관련해 이 말씀이 주어졌다는 점에서 특별히 중요한 의의가 있다. 또한, 노아 홍수를 다루는 본문은 하나님의 언약을 최초로 언급할 뿐 아니라 가나안 땅에 대해서도 처음으로 언급하고 있다.[16] 그리고 노아 홍수 시대 이후 왕과 족장의 이야기로 접어들면 이 주제는 더 강력하게 반복된다.

이제 아브라함의 정체성과 기원에 관한 문제로 돌아가자. 성경은 창세기 11-25장에서 아브라함의 본명이 아브람이고 원래 노아의 후손이라고 말한다. 그는 갈대아의 우르를 떠나 이주하면서 하란을, 후에는 가나안의 여러 지역을 떠돌았다. 그 후 기근이 발생하자 이집트로 내려갔다가 다시 가나안으로 돌아와 헤브론, 즉 자신이 처음 땅을 사들였던 곳에서 여생을 마쳤다. 이 부분에 관한 성경 진술의 핵심은 바로 역사다. 갈대아인이 BC 2000년대 말까지는 남 메소포타미아에 침투하지 않았다는 점, 아브라함의 생몰 연대가 그보다 훨씬 빠른 2000년대 초까지 거슬러 올라간다는 점에서 두 사건은 연대가 맞지 않는다. 그러므로 여기에 갈대아인이 삽입된 이유는 BC 1000년대에 성경을 읽는 독자들에게 우르에 관해 설명하기 위해서였을 것이다.[17] 그러나 아브라함이 우르에서 왔다는 성경의 진술을 의심할 만한 근거는 아무것도 없다. 울리 경과 그의 후계자들이 수행한 관련 연구 덕분에 우르에서 아브라함에 관한 정보를 많이 얻어냈다.

먼저 이들의 연구 결과는 아브라함을 광야가 아닌 중요한 도시와 연관 짓는다. 벨하우젠과 그의 학파처럼 헤겔 철학을 신봉하는 학자들은 원시 상태에서 세련된 상태로, 광야에서 도시로 이행한다는 결정론적 개념에 따라 유대인 역시 처음에는 흔한 유목민 집단에서 시작되었다고 본 것이다. 그러나 울리 경이 발굴한 우르는 상대적으로 높은 수준의 문명을 갖고 있었다. 울리 경은 비옥한 땅 우르의 영웅 메스칼람두그의 무덤에서 순금으로 만든 가발 형태의 화려한 투구, 선명한 머리카락 뭉치, 조가비와 청금석으로 장식된 종교 행진용 깃발을 발견했다. 그뿐 아니라 거대한 지구라트도 발견했다. 지구라트는 피라미드 형태의 계단식 신전 탑으로 바벨 탑 이야기에 영향을 준 것으로 추정된다. 이 지구라트는 수메르 우르 제3 왕조의 창설자 우르 남무(BC 2060-1950)가 세운 것이다. 위대한 법률 제정자이자 건축가로 기록된 우르 남무는 현재까지 남아 있는 돌기둥 일부에서 곡괭이, 흙 손, 측량용 자를 들고 있는 인물로 묘사되고 있다.

아브라함은 지구라트 설화와 그보다 훨씬 오래된 홍수 이야기를 가지고 우르 남무 시대 이후에 우르를 떠나 가나안으로 향했을 가능성이 크다. 그렇다면 과연 언제 이 여정을 시작했을까? 과거에는 추정이 불가능하다고 여겼지만, 현재는 족장들의 연대 추정이 그렇게 절망적이지 않다. 창세기에 나온 노아 홍수 이전의 족보상의 연대는 사실적이라기보다는 도식적인 것이지만, 창세기에 수록된 족보를 고대 다른 왕들의 오래된 명단보다 가치 없는 것으로 평가절하해서는 안 된다.

BC 250년경 그리스 시대의 이집트 성직자 마네토가 남긴 파라오의 명단과 같은 자료는 BC 3000년 제1 왕조까지 거슬러 올라가는 이집트 역사의 연대를 상당히 정확히 추정할 수 있게 해준다. 마네토와 거의 동시대를 살았던 칼데아의 사제 베로수스는 이와 유사한 메소포타미아 왕들의 명단을 남겼고 고고학자들이 다른 목록을 계속해서 발굴하고 있다. 창세기에 나타난 노아 홍수 이전과 이후 시대의 목록을 검토해보면 히브리어 **마소라 본문**과 헬라어 칠십인역, 사마리아 오경에서 비록 연대 차이는 있지만, 각각 열 개의 이름이 실린 두 그룹의 목록을 확인할 수 있다.

창세기의 이런 그룹화 방식은 성경 외의 문서 기록과 유사하다. 그리고 성경의 족보에 나타난 기나긴 수명 역시 슈루파크에서 발견된 홍수 이전의 수메르 왕들의 수명과 매우 흡사하다. 슈루파크에서 발굴된 가장 오래된 고대 왕의 명단에는 홍수 이전 시대의 경우 여덟 명만 언급되어 있으나 베로수스의 기록에는 열 명이 나온다. 이는 창세기의 문학 양식과 일치한다. 둘 사이의 연관성은 그와 같은 전통을 가지고 온 아브라함에게서 찾을 수 있다.

이집트 왕의 목록처럼 메소포타미아 왕의 목록을 정확한 연대와 연결시키는 작업은 절대 쉬운 일이 아니다. 그러나 현재 사르곤과 구 아카드 시대를 BC 2360-2180년으로, 법률 제정자 우르 남무와 우르 제3 왕조를 2000년대 말 또는 1000년대 초로, 명실상부 진정한 정치가이자 법전 편찬자였던 함무라비의 정확한 통치기를 BC 1728-1686년으로 추정하는 데는 의견이 모아지고 있다. 이러한 증거는 창세기 족장의 이야기가 우르 남무와 함무라비 시대 사이에 속한다는 사실을 암시한다. 즉 족장 시대는 BC 2100-1550년, 다시 말해 중기 청동기에 해당한다. 족장시대가 그보다 후대인 후기 청동기가 아닌 것은 분명하다. 후기 청동기라면 이집트의 신왕국 시대인데, 족장과 관련된 어떤 본문에서도 이집트가 가나안을 통치했다는 이야기는 나오지 않기 때문이다. 평생 아주 많은 시간을 아브라함의 연대 추정 문제로 씨름한 올브라이트는 아브라함의 생존 연대를 BC 20세기에서 17세기 사이로 추정했다. 그리고 결국 아브라함이 BC 20세기 이전이나 BC 19세기 이후에 생존했을 리는 없다고 결론을 내렸다. 이 연대 추정은 타당성이 있어 보인다.[18]

족장들에 대한 대략의 연대 추정이 가능해지면서 고고학 기록뿐 아니라 청동기시대 시리아와 메소포타미아에서 발견된 다양한 문서와 족장들을 연결시킬 수 있게 되었다. 결정적으로 이것이 중요한 이유는 다양한 기록이 족장들의 이야기에 등장하는 사건을 증명하는 동시에 설명해주기 때문이다. 이와 같은 고고학 발굴에는 여리고 외곽 노변에 위치한 무덤을 발굴한 캐슬린 케년의 연구도 포함되어 있다. 케년이 발굴한 무덤은 동굴 형태라는 점에서 창세기 23장과 35장 19-20절에 묘사된 매장 방식과 유사성이 있다. 또 족장시대의 유형으로 보이는 수많은 중기 청동기 정착지를 발견한 넬슨 글루크가 네게브(네겝) 지역에서 진행한 고고학 지표 조사 결과와도 유사점이 있다.[19] 글루크는 이 정착지 중 많은 지역이 BC 1900년 이후 어느 시점에 파괴되었다는 점에 주목했다. 창세기 14장에 기록된 사건을 증명해줄 수 있기 때문이다.

고고학자들이 발굴한 문서는 상당한 중요성을 지니는 동시에 시사하는 바도 크다. 1933년 프랑스 고고학자 앙드레 파로는 시리아와 이라크 북쪽 국경 27킬로미터 지점의 유프라테스 강변에 위치한 마리의 고대 도시를 발굴하면서 2만 점의 유물을 보유한 서고를 발견했다.[20] 이어서 미탄니 제국의 일부를 형성했고 성경에 호리족으로 언급된 후르리인이 살던 고대 도시 누지(키르쿠크 인근)에서 토판 보관소에 있던 필사본이 발굴되었다.[21] 1만 4,000개의 토판 문서를 보유한 세 번째 서고는 시리아 서북부에 있던 고대 도시 에블라에서 발견되었다.[22]

이러한 서고들은 여러 시대와 연관이 있다. 즉 에블라에서 나온 문서는 족장들의 시대보다 조금 앞서며, 누지의 문서는 BC 16세기에서 15세기 것으로 족장시대보다 조금 후대의 것이다. 한편 마리에서 발굴된 토판은 BC 19세기 말에서 18세기 중반의 것으로 추정된다. 이는 족장시대 추정 연대와 거의 일치하며 족장시대의 사회상을 유추하여 성경 본문을 조명하는 데 도움을 준다.

벨하우젠을 비롯한 여러 학자들은 성경의 초기 문헌이 그보다 훨씬 후대의 종교 신념에 적합하도록 편집되었다고 주장한다. 그러나 이들의 가장 치명적인 맹점은 초기 문헌에 나오는 많은 사건이 그러한 주장을 지지하지 않는다는 점이다. 초기 문헌에 나오는 사건은 BC 1000년대에 살았던 후대의 편집자들에게는 낯설 뿐 아니라 설명하기도 어려운 관습을 구체적으로 서술하고 있다. 성경 편집자들은 전해 내려오는 성경 본문과 전통에 대한 경외감을 품고 어떤 것도 합리화시킬 의도 없이 사건을 있는 그대로 필사한 것으로 보인다. 몇몇 단락은 지금도 여전히 풀리지 않는 신비로 남아 있지만, 많은 본문이 현재 토판 문서를 토대로 의미가 명확히 밝혀지고 있다.

에블라와 마리에서 발굴된 문서에는 아브람, 야곱, 레아, 라반, 이스마엘처럼 이스라엘 족장들과 동일한 이름을 가진 인물을 언급하는 행정 문서와 법률 문서가 포함되어 있다. 또한 히브리어와 관련된 의미심장한 표현과 차용어도 수록되어 있다.[23] 더욱이 정확한 신원은 확인할 수 없어도 BC 2000년대 초에 살았던 인물들 역시 불임, 이혼, 유산, 장자권에서 비롯된 문제, 즉 성경에 수록되어 있는 것과 동일한 갈등을 겪었다. 자식이 없어서 자신의 가신 중 한 사람을 상속자로 삼으려 했던 아브라함의 절망적인 계획, 다시 말해 엘리에셀을 추정상속인으로 입양하려는 계획은 누지의 관습을 정확히 반영하고 있다. 또한 누지 문서에는 아브라함의 아내 사라가 아이를 낳을 수 없어서 취했던 행동, 즉 노예 하갈을 합법적인 첩으로 맞이한 것이나 그 후에 야기된 가족의 불행과 정확히 일치하는 관습이 나타나 있다. 누지의 결혼 계약서는 실제로 이런 사건을 부각시키고 있다.

에서는 팥죽 한 그릇에 야곱에게 장자권을 양도했다.[24] 이와 비슷하게 한 누지 문서는 형이 아우에게 양 세 마리를 받고 장자권을 양도한 사례를 보여준다. 또 다른 누지 문서는 임종 전 구두 축복의 형태로 이루어진 재산 양도가 지닌 법적 효력을 보여준다. 이는 야곱이 어머니 리브가와 공모해 아버지 이삭을 속이고 자신을 상속자로 인정하는 유언을 받아낸 사건을 수록한 창세기 27장의 상황을 조명해준다. 무엇보다 놀라운 점은 누지 문서가 일반적인 입양 문제로 알려져 있는 야곱과 라반의 관계에 대한 성경의 당혹스런 이야기를 설명해준다는 점이다. 상속자가 없었던 라반은 야곱을 자신의 사위이자 아들로 입양한다. 그러나 나중에 라반은 진짜 아들을 낳았다. 누지에서 발견된 문서에는 다음과 같은 내용이 나온다.

> 이는 나슈위, 즉 아르셰니의 아들 입양 문서다. 나슈위는 포히셰니의 아들인 울루를 입양했다. … 나슈위가 죽을 때 울루는 그의 상속자가 될 것이다. 만약 나슈위가 아들을 낳으면, 그는 울루와 공평하게 나눌 것이나 나슈위의 아들은 나슈위의 신들을 취하게 될 것이다. 그러나 만약 이후에도 나슈위에게 아들이 없으면, 울루가 나슈위의 신들을 취하게 될 것이다. 또한, 나슈위는 딸 누후야를 울루의 아내로 주었다. 만약 울루가 다른 아내를 취하면, 그는 나슈위의 땅과 집을 소유할 수 없을 것이다.[25]

누지에서 발굴된 문서는 가족의 수호신이 법적 효력을 지닌 일종의 권리 증서였음을 보여준다. 이로써 우리는 라헬이 라반의 드라빔을 훔친 행동에 자기 눈에 불공정해 보였던 규정을 고치려는 의도가 있었음을 알 수 있다. 또한 마리 문서는 언약을 체결하며 동물을 도살하는 법적 의식에 관한 실례를 보여준다. 이러한 예는 창세기 15장 9-10절에서 아브라함이 하나님과 더불어 언약을 체결하는 방식과 유사하다.[26]

이로써 아브라함과 그의 자손들은 분명한 역사적 배경을 갖게 된다. BC 3000년대 말, 동방에서 시작된 이민족의 침략으로 문명화된 국제사회가 붕괴되었다. 침략자들은 이집트는 물론이고 이미 정착 생활을 하고 있던 아시아에 크나큰 재앙을 가져왔다. 고고학자들이 발굴한 유물은 우가리트, 비블로스(그발), 메기도(므깃도), 예리코(여리고), 가자(가사) 같은 도시가 약탈과 유기를 당해 문명의 연속성에 확연한 단절이 생겼음을 밝혀주었다.[27]

메소포타미아에서 지중해로 이동한 이 민족들은 서부 셈어를 사용했으며 그중 하나가 히브리어였다. 메소포타미아의 여러 토판과 비문에는 하피루 또는 하비루를 가리키는 표의문자 SA.GAZ가 나온다. 후기 청동기 이집트 기록에도 역시 아비루 또는 하비루라는 특별한 그룹이 나온다. 의미상 이 용어는 지금도 있고 당시에도 있었던 베두인족이나 광야 생활자를 지칭하는 말이 아니다. 그런 부류를 지칭하는 말은 따로 있었다. 하비루는 도시에 정착하지 않고 이곳저곳 옮겨 다니는, 골치 아프고 파괴적인 무리를 가리키는 일종의 욕설이었다. 그들은 오늘날에도 소아시아와 이란 등 여러 곳에서 볼 수 있는 평범한 부족, 즉 계절의 순환에 따라 가축 떼를 몰고 정기적으로 이동하는 이들이 아니었다. 하비루의 문명은 대다수 광야 생활자들의 문명보다 뛰어났다. 그들이 어떤 부류인지 정확히 분류하는 것이 쉽지 않았기에 순수 유목민을 어떻게 다뤄야 하는지 잘 아는 보수적인 이집트 관료들도 이들 때문에 골머리를 앓았다. 때때로 그들은 용병으로 지원하기도 했고 일부는 국가에 고용되기도 했다. 종이나 막노동자, 행상이 되기도 했다. 그들은 당나귀를 타고 이동하는 큰 상인이기도 했다. 그래서 가끔은 많은 가축과 식솔을 거느릴 정도로 상당한 부를 축적했다. 그런 경우에는 정착을 시도하거나 토지를 구입하거나 작은 왕국을 세울 수도 있었다.

하비루로 구성된 집단은 족장이나 전쟁을 지휘하는 지도자를 두었다. 이들은 2,000명에 이르는 동료를 이끌고 때때로 공격을 감행하기도 했다. 정착하고 나라를 건설할 기회가 생기면 지도자는 왕을 자처하며 그 지역 대왕 밑으로 자진해서 들어갔다. BC 19세기라는 아득한 고대 세계에서도 중앙집권화된 이집트 제국과 연계하지 않고는 어떤 왕도 자력만으로 세력을 유지할 수 없었다. 바빌로니아의 함무라비 대왕은 자기를 위해 일하는 왕을 항상 열 명에서 열다섯 명 정도 거느리고 있었다. 하비루 왕에게 정착을 허락해서 사실상 가신으로 받아들일지, 아니면 그들을 격퇴할지는 지역 군주가 판단해야 할 미묘한 문제였다.[28]

조금 더 일찍 그 지역으로 이주해서 정착한 소규모 왕들도 같은 딜레마에 빠졌다. 아브라함은 이처럼 이주민 하비루 그룹 가운데 한 그룹의 지도자였고 실제로 그의 집에서 태어나 훈련받은 종 318명을 거느린 족장이었다. 창세기 12장은 이집트의 최고 통치자와 관계를 맺는 아브라함의 모습을 보여준다. 창세기 14장에서 아브라함과 그의 종들은 용병처럼 소돔 왕을 위해 움직인다. 크든 작든 앞서 정착해 있던 다른 왕들과 아브라함 사이에는 언제나 불안과 긴장감이 감돌았다. 아브라함이 몇 번이나 아내 사라를 누이라고 속이는 장면을 보면 이를 잘 알 수 있다. 법률상 누이의 지위를 지닌 아내가 보통의 아내보다 더 보호받았다는 사실이 현재 여러 토판 문서를 통해 입증되고 있다.[29]

방목지는 제한되어 있고 때때로 심각할 정도로 물이 부족했다. 하비루 그룹 하나가 정착해 번영하면, 그 그룹이 지닌 부는 곧 갈등의 원인이 되었다. 이는 디아스포라 상태로 내몰린 후대 유대인이 부딪히게 될 문제를 예시하는 매우 희한한 전조라 하겠다. 창세기 13장 6-11절은 아브라함과 조카 롯이 헤어질 수밖에 없는 이유를 보여준다. "그러나 그 땅은 함께 머물기에는 좁았다. 그들은 재산이 너무 많아서, 그 땅에서 함께 머물 수가 없었다"(6절). 또 창세기 21장 2-31절은 아브라함이 브엘세바에서 물에 관한 권리 때문에 그곳 왕 아비멜렉의 백성들과 분쟁에 휘말렸다고 증언한다. 분쟁은 결국 동물 희생 제사라는 계약을 체결하고 일단락된다. 때때로 팽팽한 긴장감이 흐르고 줄곧 형식적인 관계에 머물렀어도 아브라함과 아비멜렉은 평화로운 관계를 유지했다. 지역 왕들의 이해관계 속에서 하비루의 정착이 허용된 이유는 종종 용병으로 활용할 수 있는 이점 때문이었다. 그러나 이방인과 이주자 수가 지나치게 많아지고 힘이 세지면, 지역 왕은 줄기차게 이주를 명했다. 그러지 않으면 자신이 공격당할 수도 있는 위험을 감수해야 했기 때문이다. 아비멜렉이 아브라함의 아들 이삭에게 하는 말에서 이런 정황이 분명하게 나타난다. "우리에게서 떠나가시오. 이제 당신은 우리보다 훨씬 강하오."[30]

이주 문제와 우물 문제, 계약 및 장자권 등과 관련된 창세기의 이러한 자료들은 매우 흥미롭다. 이 자료들이 당시 족장들이 처했던 역사적 정황을 확고하게 뒷받침할 뿐 아니라 성경의 고대성과 진실성을 증명해주기 때문이다. 그러나 창세기에는 성경 이야기의 실제 목적을 구성하는 두 유형의 자료가 혼합되어 있다. 하나는 개인과 민족의 선조에 대한 윤리적 맥락에 기초한 설명이고, 더 중요한 하나는 하나님과 그들이 맺은 관계의 기원과 발전에 관한 설명이다. 이 고대 전승이 족장과 그의 가족을 묘사할 때 나타나는 생생함과 사실성은 이 저작의 여러 특성 중 가장 뛰어난 점이다. 이렇게 오래된 고대 문헌 중에 이에 필적할 만한 문헌은 찾아보기 어렵다. 이스마엘 같은 인간 군상이 여럿 등장하지만, 절대 틀에 박힌 인간형으로 묘사되지 않는다. "너의 아들은 들나귀처럼 될 것이다. 그는 모든 사람과 싸울 것이고, 모든 사람 또한 그와 싸울 것이다."[31] 각각의 인물은 본문에서 생생하게 살아 움직인다.

특별히 눈에 띄는 것은 종종 여성이 수행하는 주도적인 역할과 발랄함, 정서 면에서의 강점 등 여성에게 관심을 보인다는 점이다. 아브라함의 아내 사라는 역사상 최초로 웃는 인물로 묘사된다. 그토록 원하던 아들을 얻을 것이라는 말을 들었을 때 이미 늙은 사라는 믿지 않았다. 그래서 "나는 기력이 다 쇠진하였고, 나의 남편도 늙었는데, 어찌 나에게 그런 즐거운 일이 있으랴 하고, 속으로 웃으면서 중얼거렸다"(창세기 18:12). 사라의 웃음은 여러 세대를 지나 나중에 많은 유대인이 경험한 씁쓸하면서도 달콤하고 달콤하면서도 슬픈 역설적이고 냉소적인 웃음을 미리 맛보는 사건이었다. 그러나 아들 이삭이 태어나자 사라는 "하나님이 나에게 웃음을 주셨구나. 나와 같은 늙은이가 아들을 낳았다고 하면,

듣는 사람마다 나처럼 웃지 않을 수 없겠지"(21:6)라고 말한다. 사라의 웃음은 기쁨과 승리의 웃음이며, 자신이 느꼈던 환희를 4,000년이라는 장구한 시간을 넘어 우리에게까지 전해주고 있다.

그리고 어머니 사라를 마음속 깊이 사랑했던 온화하고 사려 깊은 아들 이삭이 어머니를 잃고 아내를 얻는 이야기가 이어진다. 리브가는 수줍음이 많지만 마음이 따뜻하고 사랑스러운 여자였다. 이삭이 리브가를 만나는 장면은 성경에 나오는 최초의 감동 스토리다. 이보다 감동적인 장면을 꼽으라면, 엄밀히 말해 족장시대 이야기는 아니지만 슬픔과 고독에 빠진 나오미와 그녀의 며느리 룻의 사랑과 헌신을 그려낸 룻기를 들수 있다. 두 사람의 감정이 매우 다정다감하고 충실하게 전해진 것으로 미루어 룻기를 기록한 인물이 여성이라는 주장이 자연스럽게 제기되고 있다. 사사기 5장에 수록된 드보라의 노래도 다양한 여성상과 아울러 여성의 힘과 용기를 확고하게 보여준다는 점에서 여성이 쓴 서정시임이 분명하다. 내적 증거를 놓고 볼 때 이 노래는 성경에 기록된 본문 가운데 가장 오래된 것이며 현재 형태는 BC 1200년 이전에 갖추어진 것으로 추정된다.[32] 이러한 성경의 초기 기록은 히브리인 사회가 형성되는 과정에서 여성이 수행한 창의적 역할뿐 아니라 지적이고 감성적인 여성의 힘과 고도의 신중함을 증언하는 자료다.

그러나 성경의 초기 역사는 무엇보다 신학에 관한 서술이라 할 수 있다. 민족의 지도자들과 하나님과의 직접적이고 친밀한 관계에 대한 진술인 것이다. 여기서 아브라함의 역할이 아주 중요하다. 성경은 아브라함을 히브리 민족의 직접적인 선조이자 민족의 시조로 제시한다. 또한 아브라함은 선하고 의로운 인물로 사람들에게 모범이 된다. 그는 의리를 지키기 위해 기꺼이 나아가 싸웠고 승리하고도 관대함을 보였으며(창세기 14:22), 본질적으로 평화를 사랑했다(13:8-9). 가족에게 헌신적이었고 이방인을 극진히 대접했으며(18:1), 동료의 안녕을 살폈고(18:23), 무엇보다 하나님을 경외하며 그분의 명령에 순종했다(22:12; 26:5). 하지만 아브라함이 완벽하게 모범적인 인물이었던 것은 아니다. 언제나 하나님의 명령을 성실하게 이행했지만, 아브라함 역시 한 인간이었다. 실제로 그는 때때로 두려워하고 의심했으며 회의적인 반응을 보이기도 했다.

역사 속에서 부활한 아브라함

아브라함이 히브리 민족의 시조라면, 히브리 종교의 창설자이기도 한 걸까? 창세기에서 아브라함은 유일하고 전능하신 하나님과 히브리인의 특별한 관계를 시작한 인물로 등장한다. 엄밀한 의미에서 아브라함을 최초의 일신론자라 칭할 수 있을까? 아브라함으로 상징되는 유대인이 원시 광야에서 살다 도시로 이주했다고 보는 벨하우젠의 헤겔 철학적 관념은 이제 그만 떨쳐버려도 좋다. 아브라함은 도시, 복잡한 법률 개념, 당시로서는 상당히 정교했던 종교 사상에 익숙했던 인물이다. 위대한 유대 역사가 살로 비트마이어 바론은 아브라함을 당시 달을 섬기는 제의 중심지로 번영을 누리던 지역 출신의 최초의 일신론자로 이해했으며, 그 제의는 아주 초기 형태의 유일신 사상으로 변모하던 중이었다고 본다. 아브라함 가족의 이름, 예를 들어 사라, 밀가, 데라, 라반 등은 달 제의와 관련이 있다.[33] 여호수아서는 우상 숭배를 했던 아브라함의 조상을 조심스레 언급한다. "옛날에 아브라함과 나홀의 아비 데라를 비롯한 너희 조상은 유프라테스 강 건너에 살면서 다른 신들을 섬겼다."[34] 이사야서는 다른 성경 본문에는 기록되지 않은 고대의 전승을 재현하면서 하나님이 아

브라함을 구속하셨다고 말한다.**35**

　비옥한 초승달 지대를 따라 서쪽으로 이동한 셈족의 이주는 일반적으로 경제적 요인에서 비롯된 것으로 알려져 있다. 그러나 아브라함의 이주 동기는 신앙이었다. 이 점을 이해하는 것이 중요하다. 아브라함은 위대하고 전능하며 무소부재하신 하나님의 강력한 이끄심에 믿음으로 반응했던 것이다. 비록 마음속에 유일신 개념이 완전하게 자리 잡은 것은 아니었지만, 그럼에도 그는 유일신 신앙을 얻기 위해 애썼으며 메소포타미아 사회가 영적으로 막다른 골목에 이르렀다는 이유로 그곳을 떠났을 가능성이 높다.**36** 아브라함이 단일신 신앙을 지니고 있었다고 설명하는 것이 아마 가장 정확할 것이다. 단일신주의자란 특정 민족과 결부된 유일한 신을 믿으나 다른 민족은 그들 고유의 신과 결부되어 있음을 인정하는 사람을 말한다.

　이와 같은 한계에도 아브라함을 히브리 종교 문화의 창시자로 볼 수 있는 이유는 그에게서 처음 나타난 뚜렷한 두 특징 때문이다. 하나는 하나님과의 언약이고, 또 하나는 땅에 대한 약속이다. 언약 개념은 독특한 사상으로 고대 근동에서 이에 필적할 만한 개념을 찾아보기 어렵다. 아브라함과 하나님의 언약이 개인적인 수준에 머무르고, 민족 전체를 위한 모세의 언약과 같이 세련된 수준에 도달하지 못했던 것은 사실이다. 그러나 언약의 정수는 이미 그 안에 나타나 있다. 특별한 상급이 주어지는 순종의 언약, 이것은 역사상 최초로 윤리적 하나님의 존재를 암시한다. 하나님은 아브라함과 맺은 의로운 언약을 통해 스스로 의무를 짊어진 인자한 입헌군주처럼 행동하신다.**37**

초기 단계의 일신교

창세기 이야기는 아브라함과 하나님의 간헐적인 대화와 더불어 그 언약에 담긴 중대한 의미를 아브라함이 점진적으로 이해하고 수용했음을 시사한다. 이것은 하나님의 섭리가 때로는 점진적으로 계시된다는 사실을 보여주는 예다. 창세기 22장에 나오는 것처럼 하나님이 아브라함에게 독자 이삭을 희생 제물로 바치라는 명령을 내려 그를 시험하셨을 때 그와 같은 진리가 아브라함에게 강하게 각인되었다.[38]

이 본문은 종교사를 통틀어 가장 극적이고 당혹스러운 사건일 뿐 아니라 성경의 중요한 이정표다. 이 본문이 최초로 신정론의 문제, 즉 하나님의 정의 의식이라는 문제를 제기하기 때문이다. 많은 유대인과 기독교인은 이 본문을 부당하게 생각했다. 본문에서 아브라함은 그 자체만으로도 잔인할 뿐 아니라 히브리 윤리의 근간을 이루고 이후 유대교와 기독교 제의의 기조를 이룬 인신 제사 금지 원칙에 정면으로 배치되는 행동을 실행에 옮기라는 명령을 받았기 때문이다.

유대의 위대한 철학자들은 이 이야기를 유대인의 윤리에 맞춰 끊임없이 고치려고 노력해왔다. 필론은 아브라함이 하나님에 대한 사랑을 제외한 관습이나 모든 보편적 열정으로부터 초월해 있다고 말한다. 다시 말해 가장 소중하고 자랑스럽게 여기는 것을 하나님에게 드려야 하지만, 하나님은 의로우시기에 그것을 절대 잃게 하지 않으신다는 증거로 해당 본문을 해석한다. 마이모니데스도 이것이 하나님이 정당하게 요구하시는 사랑과 공포의 극단적 한계에 관한 시험이었다는 점에 동의한다. 그런가 하면 나마니데스는 이 사건을 하나님의 예지와 인간의 자유의지의 양립 가능성에 대한 최초의 예로 이해했다.[39] 1843년 쇠렌 키르케고르는 이 사건에 관한 철학적 연구서 《두려움과 떨림 *Frygt og Bæven*》을 출간했다. 이 책에서 키르케고르는 하나님을 위해서라면 아들뿐 아니라 자신의 윤리적 이상과도 결별해야만 하는 신앙의 기사로 아브라함을 묘사한다.[40] 일부 학자들은 이 이야기가 종교가 반드시 자연주의 윤리를 반영하는 것은 아니라는 일종의 경고라고 주장한다.[41] 그러나 유대교와 기독교의 윤리신학자들은 대부분 하나님의 의지와 윤리적 이상 사이에 받아들이기 어려운 갈등이 있음을 암시하는 이런 견해를 거부한다.

역사가의 관점에서 볼 때 이 이야기는 하나의 완벽한 의미를 보여준다. 동시대 고대 문헌에서 알 수 있듯이 아브라함은 계약이나 언약을 체결할 때 동물을 바치는 희생 제사를 필수로 여겼던 법률적 배경을 갖고 있기 때문이다. 하나님과의 언약은 그보다 더 많은 것을 요구하는 엄청난 사건이다. 즉 가장 사랑하는 대상의 희생을 요구했던 것이다. 그 대상이 사람이었기에 온전히 성사되지는 않았지만, 바로 그 때문에 그 희생 제사는 의식과 의례의 측면에서 여전히 유효했다. 이삭이 제물로 선택된 것은 아브라함의 소유 중에 가장 귀중한 존재였을 뿐 아니라, 언약 아래 있는 하나님의 특별한 선물이었기 때문이다. 그리하여 이삭은 하나님이 인간에게 주신 모든 선물 중 하나님이 가장 기뻐하시는 존재가 되었다. 이러한 점은 희생의 온전한 목적, 즉 인간이 소유한 모든 것은 하나님으로부터 온 것이기에 마땅히 하나님에게 돌려드릴 수 있어야 한다는 상징성을 강조한다. 그것이 아브라함이 극단적인 순종의 장소, 즉 하나님의 성산, 다시 말해 더 위대한 언약의 장소인 시내 산을 예표하는 장소로 나아가게 된 이유다.[42]

성경 이야기 사상 최초로 하나님의 약속에 보편성을 도입하고 있다는 점에서 이 사건은 매우 중요하고 의미심장하다. 하나님은 아브라함 자손들의 번성만을 위해 일하시는 것이 아니다. 하나님은 이제 "네가 나에게

복종하였으니, 세상 모든 민족이 네 자손의 덕을 입어서, 복을 받게 될 것"이라고 말씀하신다.**43**

선택받은 민족

이제 우리는 선민의 개념에 좀 더 가까이 다가왔다. 무엇보다도 구약성경이 추상적인 정의의 개념을 다루는 책이 아니라는 점을 이해하는 것이 중요하다. 구약성경은 하나님의 선택으로 나타나는 하나님의 정의에 관한 책이다. 창세기에서 우리는 의로운 사람에 대한, 심지어 유일한 의인에 관한 다양한 예를 접하게 된다. 노아의 홍수 이야기나 소돔의 멸망 이야기가 대표적이다. 아브라함 역시 의인이었다. 그러나 하나님이 그를 선택하신 이유가 그가 유일한 의인이어서라거나 마땅히 선택받을 만한 자격이 있어서라는 암시는 전혀 나오지 않는다. 성경은 이성의 책이 아니다. 오히려 신비롭고, 심지어 설명하기 어려운 사건의 역사를 수록한 책이다. 성경은 하나님이 즐겨 행하셨던 순간순간의 선택에 관심을 기울인다.**44**

유대인의 역사를 이해하기 위해서는 그들이 중요하게 여기던 가치를 파악하는 것이 필수다. 유대인은 언제나 피조 세계에 대한 하나님의 무제한적 소유권을 무엇보다 중시했다. 유대인의 많은 신념은 이런 중추적 사실을 돋보이게 하고자 나온 것이다. 선민 개념도 모든 피조 세계에 대한 하나님의 소유를 강조하려는 하나님의 목적 안에 있다.

이러한 측면에서 볼 때 아브라함은 중추적인 인물이다. 유대 현자들은 이렇게 가르쳤다. "거룩하신 이께서 다섯 개의 소유물을 지니고 계시니, 그를 송축할지라. 이는 특별히 그의 소유로 삼으신 것이라. 이것들은 율법서, 하늘과 땅, 아브라함, 이스라엘, 그리고 성전이니라."[45] 현자들은 하나님이 은혜로 아낌없이 피조 세계를 나누어주셨으나 예전과 마찬가지로 만물에 대한 소유권을 가지고 계시며 선택된 부류와 특별한 소유 관계를 맺고 계신다고 믿었다. 이에 대해 다음과 같은 기록을 참조할 수 있다.

> 거룩하신 이, 그를 송축할지라. 그가 날을 창조하셨고 자신을 위하여 안식일을 취하셨느니라. 그가 달을 창조하시고 자신을 위하여 절기를 취하셨느니라. 그가 많은 해를 창조하시고 자신을 위하여 안식년을 취하셨느니라. 그가 열방을 창조하시고 자신을 위하여 이스라엘을 취하셨느니라. … 그가 땅을 창조하시고 자신을 위하여 이스라엘 땅을 취하셨으니, 이는 다른 모든 땅으로부터 높이 들린 예물로 그리하신 것이니, 기록된 바 "땅이 거기 충만한 것이 다 여호와의 것이니라"함과 같으니라.[46]

하나님의 섭리로 특별한 역할을 위해 아브라함과 그의 자손을 선택하신 사건은 성경의 역사 서술 가운데 땅에 대한 약속과 불가분의 관계에 있다. 더욱이 두 선물은 조건 없이 주어진 것이 아니라 계약에 따라 주어졌다. 다시 말해 유대인은 하나님의 은총과 은혜로 선택되었고 땅을 약속받은 것이므로 이것은 언제라도 무효화될 수 있다. 아브라함은 유대인의 소유라는 것이 얼마나 허약하고 불안한 것인지를 보여주는 실례이자 영원한 상징이다. 그는 나그네이자 떠돌이였으며 하나님의 선택을 받은 후에도, 천신만고 끝에 막벨라 동굴을 구입한 후에도 여전히 나그네요 떠돌이 신분이었다.

성경이 반복해서 말하는 것처럼 소유권에 대한 이런 불확실성은 아브라함 자손에게도 그대로 이어졌다. 하나님은 이스라엘 자손에게 이렇게 말씀하신다. "땅을 아주 팔지는 못한다. 땅은 나의 것이다. 너희는 다만 나그네이며, 나에게 와서 사는 임시 거주자일 뿐이다." 이스라엘 백성들 역시 이렇게 고백한다. "주님 앞에서 우리는, 우리의 모든 조상처럼, 나그네와 임시 거주민에 불과합니다." 시편에서 다윗 왕도 이렇게 말한다. "나 또한 나의 모든 조상처럼 떠돌면서 주님과 더불어 살아가는 길손과 나그네이기 때문입니다."[47]

막연한 약속의 땅

동시에 아브라함에게 주어진 땅에 대한 약속은 매우 특별하고 성경에서 가장 오래된 약속 중 하나다. "내가 이 땅을, 이집트 강에서 큰 강 유프라테스에 이르기까지를 너의 자손에게 준다. 이 땅은 겐 사람과 그니스 사람과 갓몬 사람과 헷 사람과 브리스 사람과 르바 사람과 아모리 사람과 가나안 사람과 기르가스 사람과 여부스 사람의 땅을 다 포함한다."[48] 이 땅의 경계에 대해서는 미심쩍은 부분이 있다. 이후의 다른 본문에서 하나님은 이 큰 선물의 일부만 약속하시기 때문이다. "네가 지금 나그네로 사는 이 가나안 땅을, 너와 네 뒤에 오는 자손에게 영원한 소유로 모두 주고."[49]

한편 이 본문에서 하나님의 선물은 영원한 소유로 선포된다. 이곳과 이후의 여러 본문에서 암시되는 약속이 인간의 불순종에 의해 일시적으로 중단될 수는 있다. 그렇지만 이스라엘을 선택하신 하나님의 결정은 절대 취소될 수 없다. 그리고 이스라엘을 선택하시고 그 땅을 주시겠다고 하신 하나님의 약속이 취소될 수 없듯이, 이스라엘이 한동안 그 땅을 잃어버릴 수는 있어도 궁극적으로 그 땅은 이스라엘에 귀속될 것이다.[50] 약속의 땅이라는 개념은 이스라엘 신앙의 특징이며 이스라엘 자손과 훗날 유대인에게 가장 중요하고 독특한 요소가 되었다. 유대인이 성경에 나오는 처음 다섯 권의 책인 모세오경을 **토라**, 즉 신앙의 핵심으로 삼은 것은 매우 의미심장하다. 그 책들이 땅에 대한 약속과 성취라는 하나님의 율법을 다루고 있기 때문이다. 모세오경 이외의 책들이 훨씬 더 명확하고 이해하기도 쉬웠지만, 오경 같이 중요한 위치를 차지하지는 못했다. 오경 이외의 책들은 계시의 책이라기보다는 오경에 관한 주석으로서 성취된 약속이라는 주제를 다룬다.[51] 가장 중요한 문제로 부각되는 것은 다름 아닌 땅이다.

아브라함이 이와 같은 기초를 확립했다면, 그의 손자 야곱은 독특한 민족 이스라엘, 다시 말해 야곱의 이름과 긴밀하게 연결된 이스라엘 민족을 실재하게 하는 책임을 맡았다.[52] 유대인의 조상을 어떻게 지칭할 것인지를 두고 논의가 끊이지 않았다. 때때로 '히브리'라는 표현을 사용할 필요가 있었지만, 절대 만족스러운 표현은 아니었다. 히브리라는 용어의 어원이 분명한 하비루가 하나의 민족을 지칭하기보다는 특정한 삶의 방식을 지칭하기 때문이다. 더욱이 하비루는 경멸적인 의미를 지니고 있다. 실제로 모세오경에서 히브리라는 말이 사용되고는 있으나 이 말이 이스라엘 자손을 의미하는 경우는 이집트인이 이스라엘 자손을 가리켜 사용할 때와 이스라엘 자손이 이집트 사람들 앞에서 자신들을 가리킬 때뿐이다.

히브리가 성경의 언어를 지칭하고, 나아가 이 언어로 기록된 일련의 작품을 지칭하게 된 것은 벤 시락이 히브리라는 표현을 그런 의미로 사용하기 시작한 BC 2세기 이후의 일이다. 히브리라는 표현에 담긴 경멸적인 뉘앙스가 유대인과 그들에게 호의적이었던 이방인 사이에서 점차 사라지면서 히브리라는 용어는 때로 민족을 지칭하는 용어인 유대인보다 더 선호된 듯하다. 예를 들어, 19세기 미국 유대교 개혁운동에서 이 용어가 많이 사용되면서 히브리 유니온 칼리지와 미국 히브리 회중연합 같은 기관명이 등장했다. 그러나 유대인의 조상이 자발적으로 자신을 히브리인이라고 부르지는 않았다. 그들이 민족의 정체성을 인식하면서 사용한 용어, 즉 성경에 등장하는 규범적인 용어는 이스라엘 사람 또는 이스라엘 자손이었고 야곱에게 가장 중요한 의미를 부여한 용어 역시 이스라엘이었다.

이스라엘이라는 말은 하나님이 야곱의 이름을 이스라엘로 개명할 때 처음 나온다. 말 그대로 한 민족이 태동한 순간이다. 야곱이 밤새도록 천사와 씨름하는 사건을 수록한 본문, 즉 성경을 통틀어 가장 신비롭고 이해하기 어려운 본문에 이스라엘이라는 이름이 처음 나오는 것은 매우 흥미로울 뿐 아니라 유대인의 정체성과 명칭에 관한 중요한 난제를 던져주었다. 이스라엘이라는 명칭은 하나님과 싸우는 자, 하나님을 위해 싸우는 자, 하나님이 싸우신 자, 또는 하나님이 다스리시는 자, 하나님의 정직한 사람, 하나님은 정직하시다 등을 의미할 수 있다. 이에 관해 아직까지 일치된 견해는 없다.

아직까지 누구도 이 사건의 의미에 대해 만족스러운 설명을 내놓지 못하고 있다. 성경의 최초 편집자들과 후대의 필사가들도 이 사건을 이해하지 못했던 것 같다. 그러나 이 사건이 유대 역사에서 중요하다는 사실을 인식했기에 자신들의 종교적 이해에 맞게 사건을 수정하거나 각색하지 않고 있는 그대로 필사했다. 그 기록이 바로 모세오경이자 거룩한 기록이었기 때문이다.

창세기에서 상당한 분량을 할애해 묘사하는 야곱의 생애는 특히 주목을 끈다. 야곱은 조부 아브라함과는 완전히 다른 인물이다. 그는 용사, 정치가, 훌륭한 수완가라기보다 위선자요 권모술수에 능한 자요 계략에 뛰어난 자였다. 또 야곱은 꿈꾸는 사람이었고 비전을 가진 사람이었다. 그는 크게 성공했고 할아버지 아브라함이나 아버지 이삭보다 훨씬 많은 재산을 일구었다. 그리고 마침내 조상의 무덤 옆에 안식하게 되었는데, 그것은 야곱이 생전에 매우 넓은 지역에 돌기둥, 즉 제단을 건축했기 때문이다. 그러나 아버지 이삭이 그랬던 것처럼 야곱은 여전히 가나안 땅에서 이방인으로 묘사된다.[53] 사실 막내아들 베냐민을 제외한 다른 자식은 메소포타미아나 시리아에서 태어난 것으로 보인다. 그러나 가나안 땅에 사는 동안 야곱은 메소포타미아 동쪽 지역이나 시리아 북쪽 지역과는 아무 관계가 없이 완전히 단절된 상태로 살았고, 야곱의 후손은 자신들의 운명이 가나안으로 돌아가는 영원한 길과 이어져 있다고 생각했다. 그래서 기근 때문에 이집트로 내려갈지언정 언젠가는 기필코 가나안 땅으로 돌아갈 것이라고 믿었다.

지파와 인보동맹

민족의 이름인 이스라엘의 시조이자 지도자였던 야곱은 이스라엘 민족을 구성하는 열두 지파의 조상이기도 했다. 열두 지파, 즉 르우벤과 시몬 (레위), 유다, 잇사갈, 스불론, 베냐민, 단, 납달리, 갓, 아셀, 에브라임, 므낫세 지파는 성경의 전통에 따르면 야곱과 그의 아들들의 후손이다.[54] 그러나 앞에서 살펴본 대로 가장 오래된 드보라의 노래에서는 열 지파, 즉 에브라임, 베냐민, 마길, 스불론, 잇사갈, 르우벤, 길르앗, 단, 아셀, 납달리 지파만 거론된다. 전쟁 상황임을 감안할 때 드보라가 시므온, 레위, 유다, 갓 지파를 언급하지 않은 이유는 그들이 당연히 참여해야 할 전쟁에 참여하지 않았기 때문일 수도 있다. 이스마엘과 나홀, 욕단, 에서의 아들들에게도 열둘이라는 숫자가 사용되는 것으로 보아 어쩌면 열둘이라는 숫자가 하나의 관습이었는지도 모른다.[55]

열두 개 지파(때로는 여섯 개 지파)가 그룹을 형성하는 것은 후기 청동기 지중해 동부 지역과 소아시아 지역에서는 흔한 일이었다. 그리스인은 그것을 암픽티오니아라고 불렀다. 인보동맹을 뜻하는 암픽티오니아는 거주하다는 뜻의 동사에서 유래한 단어로 종교 중심지를 둘러싸고 형성된 인접 국가들의 연합을 가리킨다. 부족 또는 지파를 하나로 결속시키는 동인은 공통의 조상이 아니라 특정 신전에서 함께 드리는 제의였다. 19세기와 20세기의 본문 비평학자 중 많은 학자들이 열두 지파가 야곱의 자손이라는 개념을 버리고 각 지파를 각기 기원이 다른 별개의 그룹으로 이해하면서 이 시기에 확립되고 있던 이스라엘 성전을 중심으로 지파들이 인보동맹을 구성했다고 보았다.[56] 그러나 가나안으로 이주하던 이 서부 셈족 그룹은 모두 공통의 기원을 가진, 서로 관련이 있는 그룹이었다. 그들은 기억과 전통을 공유했고 조상을 공경했다. 성경에 언급된 모든 그룹으로부터 특정 지파의 역사를 분류해내는 작업은 설령 사료가 있다 하더라도 거의 불가능에 가까운 복잡한 작업이 될 것이다.[57]

두드러진 특징은 야곱의 자손 이스라엘이라는 개념이 이스라엘 자손이 처음으로 공통의 정체성을 인식하게 된 시점과 관련이 있고, 또 이 정체성이 이미 고대부터 이들 민족에게 소중했던 부족 체제 안에서 형성되었다는 점이다. 유대인의 전체 역사를 통해 확인할 수 있듯이 종교의 유대와 친족의 유대는 우열을 가릴 수 없을 정도로 강했고 사실상 떼래야 뗄 수 없는 불가분의 관계였다. 야곱 시대에 그들은 여전히 가족의 수호신상을 지니고 다녔지만, 이미 민족의 하나님이라는 개념을 받아들이고 있었다.

아브라함은 자신만의 고유한 종교 신념을 가졌으나, 나그네이자 떠돌이였기에 일반적으로 엘이라 알려진 지역 신들에게 정중히 세를 바쳤다. 예루살렘에서는 엘 엘리욘에게 십일조를 바쳤으며, 헤브론의 엘 샤다이, 브엘세바의 엘 올람(한글성경에서는 엘 엘리욘을 지극히 높으신 하나님, 엘 샤다이를 전능하신 하나님, 엘 올람을 영원하신 하나님으로 번역했다 — 옮긴이)을 인식하고 있었다.[58] 야곱이 이스라엘이라는 이름을 채택한 것은 아브라함의 하나님이 가나안이라는 땅에 거하게 되셨으며 야곱의 자손인 이스라엘 자손과 함께하게 되셨고 전능하신 야훼, 즉 유일신교의 하나님이 되었음을 분명히 한다.

야훼는 오늘날 모든 유대인과 기독교인, 이슬람인이 섬기는 유일하신 하나님의 원형이다. 이스라엘 신앙의 핵심으로서 야훼의 우월성은 이후 역사, 즉 이집트로 이주하는 장면과 노예 생활을 하던 이집트에서 극적으로 탈출하는 장면에서 더욱 확증된다. 요셉의 죽음으로 끝나는 창세기를 지나 요셉이 죽고 나서 발생한 비참한 일을 언급하며 이야기를 이어가는 출애굽기는 유대 민족 전체가 이집트로 내려갔다고 말하는 듯하다. 그러나 그런 생각은 오해일 수 있다. 이미 야곱의 시대에 현재 이스라엘인이라고 불리는 많은 하비루, 즉 히브리인들이 가나안에 항구적으로 정착하기 시작했으며 심지어 무력으로 영토를 획득한 것이 확실하기 때문이다.

창세기 34장에는 야곱의 아들 시므온과 레위가 세겜 성과 그 왕에게 잔혹한 공격을 감행해서 목표하는 바를 이루는 장면이 나온다. 이는 이스라엘 민족이 상당한 규모의 도시를 처음으로 소유하게 되었고, 그곳이 이스라엘 민족의 하나님이 거하시는 곳이 되었을 것이라는 추측을 가능하게 한다.**59** 세누스레트 3세(BC 1878-1843) 시대에 기록된 이집트의 문서와 그 후에 세워진 거대한 성벽에 언급된 내용으로 보아 세겜은 BC 19세기에 이르러 이미 하나의 도시를 이루고 있었다. 사실상 성경에서 제일 처음 언급된 가나안의 도시가 세겜이고(창세기 12:6-7), 아브라함은 그곳에서 하나님의 약속을 받았다. 세겜은 지금의 나불루스 근처에 자리하고 있다. 새로운 도시를 뜻하는 네아폴리스에서 기인한 지명인 나불루스는 AD 72년 베스파시아누스가 팔레스타인을 재정복하고 건설한 도시다. AD 90년경의 요세푸스의 저작과 AD 340년 이전의 에우세비우스의 저술에 언급된 내용으로 그 지역을 규명할 수 있다. 에우세비우스는 고대 도시 세겜이 네아폴리스 교외 야곱의 벽 근처에 있다고 기록했다. 임종 때 야곱이 아들 요셉에게 세겜을 유산으로 남기고 있는 것으로 보아 세겜은 단순히 한 차례 점령된 것이 아니라 계속해서 야곱의 가족 수중에 있었던 것이 분명하다. "네 형제들 위에 군림할 너에게는, 세겜을 더 준다. 세겜은 내가 칼과 활로 아모리 사람의 손에서 빼앗은 것이다."**60**

많은 이스라엘 사람이 가나안에 남아 있었던 것이 확실하고 그들이 활동적이고 호전적이었음을 확인해주는 외부 자료도 있다. 비록 이집트 세력이 쇠퇴하고 있었지만 정확히 BC 1389-1358년, 즉 일반적으로 이집트 신왕국의 파라오들이 팔레스타인의 통치자로 군림하던 시대의 것으로 밝혀진 아마르나 서신은 팔레스타인 지역의 도시국가 왕들과 그 지역 적들의 문제를 다루고 있다. 몇몇 서신은 라바야 또는 사자 같은 자로 불리던 히브리인을 언급하고 있다. 그는 실제로 몇몇 서신을 작성하기도 했다. 그는 이집트 당국과 동맹국에 아주 큰 문제를 일으켰다. 이집트 사람들의 경험담에 따르면, 그는 다른 하비루와 더불어 통제하기 어려운 골치 아픈 존재였다. 결국 그는 파라오 아크헤나텐의 시대에 처참하게 죽었다. 그러나 살아 있는 동안에 그는 세겜 주변의 작은 왕국을 통치했고 그의 아들들은 그 영토를 상속했다.

사실상 일부 이스라엘 사람, 즉 히브리인은 동족이 이집트에서 노예 생활을 하던 기간에 세겜을 통치하고 있었다. 여호수아가 정복 전쟁 기간에 세겜을 정복했다는 언급은 없다. 그런데 예루살렘 북쪽 산악지대를 정복하자마자 그들은 아브라함이 최초로 언약을 맺었던 그곳 세겜에서 언약 의식, 다시 말해 언약 갱신 의식을 거행한다.[61] 이것은 세겜이 오래 전부터 같은 종교를 가지고 있고 동족으로 인식하고 있던 사람들의 수중에 있었다는 뜻이다. 세겜은 이처럼 최초의 중앙 성소이자 가나안에 있는 이스라엘의 중심이었다. 이 점은 매우 중요하다. 아브라함이 처음 가나안 땅에 도착한 때부터 출애굽할 때까지 상당수의 이스라엘 자손이 가나안에 계속 거주했다는 사실은 이스라엘 자손의 일부만을 묘사하고 있는 것이 분명한 출애굽기와 여호수아서의 정복 이야기를 훨씬 더 신뢰할 수 있게 해주기 때문이다.[62] 이집트에서 살던 이스라엘 자손은 자신들의 동맹이었던 민족의 일부가 거주하고 있는 곳, 즉 돌아가야 할 고향이 있다는 것을 항상 인식하고 있었다. 아울러 가나안 땅에 남아 있던 제5열은 가나안을 점령하려는 유랑민 이스라엘의 시도가 허망한 모험으로 끝나지 않게 했다.

이처럼 이집트에서의 탈출, 그 후에 이어진 광야에서의 유랑은 이스라엘 민족 중 일부에게만 국한된 사건이었다. 그럼에도 이 사건은 이스라엘 민족의 종교 및 윤리 문화가 발전하는 과정에서 매우 중요했다. 사실상 그 사건은 유대 민족사에서 아주 중요한 사건이었고, 유대인은 늘 그렇게 생각했다. 바로 그 사건이 초월적인 영광 중에 계시는 하나님, 그들이 섬기는 유일하신 하나님의 성품, 당시 세계 최강의 제국이었던 이집트로부터 그들을 구원하시고 윤택한 땅을 그들에게 주신 하나님의 권능을 최초로 증거하고 있기 때문이다. 그리고 그 이야기 안에 이스라

민족이 준수하기를 바라는 하나님의 엄격한 요구가 계시되어 있기 때문이다. 이집트로 내려가기 전에 그들은 민족 번영이라는 소중한 약속을 받았으나, 여전히 대부분의 다른 민족처럼 규모가 작았다. 그러나 훗날 그 땅으로 돌아왔을 때 그들은 세상을 향한 목적과 계획, 메시지를 지닌 거대한 민족이 되어 있었다.

그 시대는 유대 역사에서 가장 매혹적인 두 인물, 즉 요셉과 모세가 처음과 마지막을 장식한다. 이들은 능력과 업적을 통해 유대 역사를 반복해서 조명해준다. 두 사람 다 장남이 아니었다. 이렇게 장남이 아닌 사람들(아벨, 이삭, 야곱, 다윗, 솔로몬도 이 그룹에 속한다)은 성경이 강조하는 특별한 목적을 보여주는 것 같다. 좋은 환경이나 권세를 갖고 태어나지는 못했으나 노력을 통해 스스로 그런 환경을 만들어나간 대다수 지도자들의 인생을 성경은 하나님의 은혜가 있었기에 가능했다고 말한다.[63] 성경은 힘없는 자, 즉 권력을 소유해본 적이 없고 오히려 권력으로 인해 많은 고난을 겪은 민족에게서 특별한 미덕을 찾아낸다. 그리고 무언가 이루어졌을 때 주목하되 특별히 한때 미약하고 미천한 위치에 있었던 이들이 업적을 세울 때 그것을 그가 지닌 미덕의 표지로 본다. 장자권이 없었던 요셉과 모세는 어려운 어린시절과 청년 시기를 보내며 가까스로 살아남았다. 그러나 두 사람 다 노력을 통해 탁월한 인물로 성장할 수 있는 자질을 가지고 있었고 이 자질은 하나님이 주신 것이라 믿었다.

최초의 숨은 실력자, 요셉

두 인물 사이의 유사점은 거기까지다. 요셉은 이민족 출신 통치자로 총리를 지녔고, 이것은 향후 3,000년에 걸쳐 많은 유대인에게 귀감이 되었다. 그는 명석하고 기민했으며 지각에 뛰어났다. 상상력이 풍부했고 꿈꾸는 자였으나 단순히 꿈만 꾸는 자가 아니었고 복잡한 현상을 해석하고 예언하고 예견하며 계획하고 관리할 수 있는 창조력을 겸비한 인물이었다. 조용하고 근면했으며 경제와 경영상의 모든 문제를 해결할 수 있는 능력을 소유했다. 거기다 온갖 심원한 지식을 통달해서 자기 민족을 위해 권력을 어떻게 사용해야 하는지 꿰뚫고 있었다. 파라오는 그에게 "너처럼 명철하고 슬기로운 사람이 어디에 또 있겠느냐"라고 말했다.[64] 요셉은 창세기에서 상당한 비중을 차지한다. 아마도 이런 많은 이야기를 분류하고 대조하여 하나로 엮어낸 최초의 서기관들 역시 요셉에게 매혹되었던 것 같다.

요셉의 역사적 실존에 대해서는 의심의 여지가 없다. 사실 그의 생애에 나타난 낭만적인 이야기 중 몇 가지는 이집트 문헌에도 반복된다. 보디발의 아내가 유혹한 사건, 유혹을 거절당하고 분노한 보디발의 아내의 중상모략 때문에 감옥에 갇히게 된 사건은 '두 형제의 전설'이라는 이집트 이야기에서 재현된다. 이 전설이 처음 파피루스에 기록된 것은 BC 1225년으로 추정된다. 외국인들은 종종 이집트 궁에서 고위직에 오르곤 했다. BC 14세기 이집트 총리를 지낸 요셉의 경력은 얀하무라는 셈족에 비견된다. 그는 이집트 왕 아크헤나텐 시대에 이집트 제국의 고위 행정관이었다. 그 후 BC 13세기에 벤 오젠이라는 셈족이 파라오의 메르넵타 궁전 군사령관으로 일한 바 있다.[65] 요셉 이야기에 등장하는 이집트 관련 내용은 대부분 믿을 만하다.

많은 서부 셈족이 이집트로 이주해왔을 것이다. 그들은 BC 3000년대 말 나일 강 삼각주 지대에 들어오기 시작했다. 일반적으로 이주는 평화롭게 이루어졌다. 때로는 장사를 하거나 직업을 찾기 위해 자발적으로 이주했고, 때로는 기근을 피해 이주하기도 했다. 나일 강은 곡식을 규칙적으로 생산해내는 최대 공급처였다. 노예로 끌려오는 이들도 있었다. 이집트 파피루스 아나스타시 제4서에는 유명한 이야기가 수록되어 있다. 이집트의 국경 수비대가 초장과 물을 찾아 국경을 지나는 부족을 발견하고 왕궁에 보고한다. 상트페테르부르크에 있는 파피루스 No. 1116a는 아스글론, 하솔, 므깃도에서 온 것으로 밝혀진 광산 인부들에게 자애로운 파라오가 밀과 맥주를 하사하는 모습을 묘사하고 있다. 사실상 한동안, 정확히는 BC 18세기부터 BC 16세기까지 이집트는 힉소스라 불리는 이민족 통치자가 다스렸다. 통치자의 이름 가운데 일부는 셈어로 보인다. 키얀, 야쿠브헤르 등이 대표적인 예다. AD 1세기 유대 역사가 요세푸스는 출애굽 이야기에 힘을 실어주기 위해 이집트 역사가 마네토를 인용한다. 출애굽 사건을 BC 16세기 중반에 힉소스 통치자들이 최종적으로 축출된 사건과 연결지으려 했던 것이다. 그러나 성경에 수록된 이집트 관련 이야기는 후대의 내용과 더 잘 들어맞는다.

성숙을 위한 탈출

이스라엘 자손이 반란을 일으켜 결국은 이집트를 탈출하게 만든 이집트의 압제기는 BC 제2천년기 말, 더 정확히는 람세스 2세의 통치기였다. 출애굽기는 처음에 이집트인에 대해 이렇게 언급한다. "그래서 이집트 사람들은, 이스라엘 자손을 부리는 공사 감독관을 두어서, 강제노동으로 그들을 억압하였다. 이스라엘 자손은, 바로가 곡식을 저장하는 성읍 곧 비돔과 라암셋을 건설하는 일에 끌려나갔다."[66] 람세스 2세는 신왕국 제

19 왕조의 통치자 중 가장 위대한 건축자였다. 실제로 그는 구왕국의 피라미드 건축자들 이래 가장 많은 건물을 건설한 인물로 피톰(비돔), 즉 지금의 와디 투밀라트 텔 에르 라타바에서 어마어마한 건축 사업을 벌였다. 또 자신의 이름을 따서 람세스 또는 피 라메수라 부르던 지역에서도 건축 사업을 추진했다. 이곳은 나일 강 타나트 지류에 있는 지금의 산 엘 하가르다.[67] 델타 지역, 즉 성경의 고센 땅 인근 지역 출신인 19왕조의 파라오들은 이곳으로 수도를 옮겼다. 엄청나게 많은 노예가 건축 사업에 동원되었다. 람세스 2세 통치기에 작성된 파피루스 348에는 다음과 같은 내용이 나온다. "람세스의 거대한 탑으로 돌을 옮기는 병사들과 하비루에게 식량을 배급하라."[68]

그러나 출애굽 사건이 람세스가 통치하던 기간에 발생했을 가능성은 많지 않다. 사실 이스라엘 자손은 람세스의 후계자 메르넵타의 통치기에 탈출했을 가능성이 더 높다. 메르넵타 왕의 승전비는 현재까지 남아 있는데, 연대는 대략 BC 1220년으로 추정된다. 승전비에는 그가 시나이 반도를 넘어 가나안에서 전쟁에 승리했다고 기록하고 있으며, 전쟁에서 패배한 쪽을 이스라엘로 언급하고 있다. 종종 파라오들이 자신들이 경험한 패배나 곤경을 승리로 포장했던 것으로 미루어 볼 때 어쩌면 그는 승리하지 못했을지도 모른다. 그러나 분명한 것은 그가 이집트 영토 밖에서 이스라엘 자손과 전쟁을 치렀다는 것이고, 이것은 이스라엘 자손이 그때 이미 이집트를 떠났음을 암시한다. 메르넵타 왕의 승전비는 성경 외에 이스라엘을 언급한 최초의 기록이다. 열왕기상 6장 1절과 사사기 11장 26절을 바탕으로 한 연대 추산 증거들을 근거로 추정할 때, 논리적으로는 출애굽이 BC 13세기에 발생했으며 BC 1225년경에 완수된 것이 분명하다.[69]

이스라엘 자손이 탈출하기 이전에 이집트에 닥친 재앙과 여러 이적과 기적에 관한 이야기는 출애굽기를 읽는 독자들을 완전히 압도한다. 그래서 때때로 성공한 반역과 노예 민족의 탈출이라는, 고대에 기록된 유일한 사건에 내포되어 있는 순수하고도 실제적인 측면을 제대로 이해하지 못하기도 한다. 이 사건의 주역으로 동참한 이스라엘 자손에게 그 일은 절대 잊을 수 없는 기억이 되었다. 훗날 그 이야기를 듣고 그 기록을 읽은 이들에게 출애굽은 창조 사건을 대신해 점차 핵심 위치를 차지하면서 유대인의 역사에서 결정적인 사건이 되었다. 출애굽 당시 이집트 국경에서는 아주 특별한 일이 벌어졌다. 그리고 그 사건은 목격자들에게 하나님이 그들의 운명에 직접 결정적으로 개입하셨음을 믿게 만들었다. 그 사건이 회자되고 전수되면서 후세들은 자신들을 위해 하나님이 독특하게 권능을 드러내신 이 사건이 세계 모든 민족의 역사를 통틀어 가장 뛰어난 사건이라고 확신했다.

수년에 걸쳐 집중적인 연구가 있었지만, 실제로 하나님의 손길이 이스라엘을 파라오의 군대로부터 구원하셨던 장소를 밝혀내지는 못했다.[70] 중요한 표현은 '갈대 바다에서' 또는 '바다에서'라는 어구다. 이는 염수호 중 하나이거나 수에즈 만의 북단 또는 아카바 만의 끝을 지칭할 수도 있다. 더 생각해볼 수 있는 곳은 시나이 반도 북부의 세르보니스 바다(시르보니스 호수)로 이곳은 사실 지중해의 석호 가운데 하나다.[71] 확실한 것은 국경 수비는 엄격했으며 철저하게 경비를 서고 있었다는 점이다. 파라오의 분노로부터 이스라엘을 구원한 사건, 즉 하나님의 구원 사건으로 이해되는 출애굽은 실로 엄청난 것이었기에 그들과 후손들의 신앙생활의 원동력이 되었다.

모세는 그들에게 이렇게 말했다. "하나님이 이 땅 위에 사람을 창조하신 날부터 이제까지… 이런 큰일을 본 적이 있는지, 들은 적이 있는지 물어보십시오. … 주 당신들의 하나님이 이집트에서 당신들이 보는 앞에서

하신 것처럼, 온갖 시험과 표징과 기사와 전쟁과 강한 손과 펴신 팔과 큰 두려움으로 한 민족을 다른 민족의 억압에서 이끌어내시려고 애쓰신, 그러한 신이 어디에 있습니까." 또 모세는 하나님이 직접 경이로운 이적을 일으키시고 그들을 하나의 민족으로 만들려는 계획을 언급하시는 장면을 출애굽기에 기록했다. "너희는 내가 이집트 사람에게 한 일을 보았고, 또 어미독수리가 그 날개로 새끼를 업어 나르듯이, 내가 너희를 인도하여 나에게로 데려온 것도 보았다. 이제 너희가 정말로 나의 말을 듣고, 내가 세워준 언약을 지키면, 너희는 모든 민족 가운데서 나의 보물이 될 것이다. 온 세상이 다 나의 것이다. 그러므로 너희는 내가 선택한 백성이 되고, 너희의 나라는 나를 섬기는 제사장 나라가 되고, 너희는 거룩한 민족이 될 것이다."[72]

영적 전체주의자, 모세

이 경이로운 사건의 중심에는 이스라엘의 반역을 주도한 지도자로 자리매김한 비범한 인물이 있다. 모세는 유대인의 역사에서 중심축과 같은 인물이다. 아브라함이 민족의 시조라면, 모세는 본질적으로 창조적 동인, 즉 이스라엘 민족을 형성한 인물이다. 모세의 지도 아래 이스라엘은 국가로서의 미래가 있는 독특한 민족이 되었다.

요셉처럼 모세는 유대인의 원형이었으며 매우 독특하고 훨씬 더 위대한 인물이었다. 모세는 예언자이자 지도자였다. 결단력과 격정을 모두 지닌 정력가였다. 크게 분노했을 때는 무자비한 결정도 내렸지만, 강한 영성을 지닌 인물이기도 했다. 무리와 동떨어진 곳에서 하나님과 교제하는 것을 좋아했던 모세는 이상과 하나님의 현현과 묵시를 보았던 인물이다. 그는 은둔자처럼 세상을 등지지 않고 세상 한가운데 서서 활발한 영적 에너지를 발산하고 있었다. 불의를 미워하고 유토피아 건설을 열망했다. 하나님과 사람 사이를 중재할 뿐 아니라 가장 강력한 이상을 현실 정치에 적용하려 했으며 고귀한 이상을 구체적으로 일상에 적용하려 했던 인물이다. 무엇보다도 모세는 입법자이자 재판관이었으며 공과 사를 막론하고 모든 행위를 올곧음이라는 하나의 틀에 끼워넣는 강한 체제를 설계한 공학자, 즉 영적 전체주의자였다.

모세의 활동을 서술한 성경, 특히 출애굽기와 민수기, 신명기에서 그는 하나님의 빛나는 광채와 관념 형태가 백성들의 마음과 정신으로 쏟아져 들어오게 하는 거대한 통로 역할을 한다. 아울러 모세는 깨달음을 안겨주는 두려운 경험들을 통해 점차 아주 창의적인 인물이 되어 세상을 발칵 뒤집고 무수한 세대가 생각 없이 받아들였던 일상적인 개념을 완전히 새롭게 바꾸어놓았다. 그래서 결과적으로 이 세상은 이전과 전혀 다른 곳이 되었으며 예전과 같은 사고방식으로 되돌아갈 수 없게 되었다. 우리는 이 점을 이해해야 한다.

위대한 역사가들이 한결같이 인식했던 점, 즉 인류는 감지하기 어려운 미세한 단계를 밟아 조금씩 지속적으로 진보하는 것이 아니라 위대한 인물의 역동적인 추진력 아래 엄청나게 도약하곤 한다는 사실을 모세가 증명해보였다. 따라서 모세가 후대에 창작된 가공의 인물이며, 모세의 법전은 BC 1000년대 후반 포로기 후기에 만들어진 위조 문서라고 주장하는 벨하우젠과 그의 학파의 견해는 인류의 기록을 고의적으로 파괴하려는 광기에서 비롯된 회의주의라고밖에 볼 수 없다. 안타깝게도 오늘날에도 일부 역사가들은 여전히 이 입장을 견지하고 있다. 그러나 모세가 보여준 비범한 정신력은 지어낼 수 있는 수준이 아니다. 쉽게 분열되는 까다로운 사람들, 겁먹은 군중이나 다름없는 이스라엘 자손을 제압하는 장면에서 모세의 비범한 정신력은 빛을 발한다.

이렇듯 모세는 분명 대단한 인물이지만, 그렇다고 초인적인 존재는 절대 아니다. 이 사실에 주목해야 한다. 유대 저술가들과 현인들은 자기 민족의 시조에 해당하는 인물들을 신격화하는 고대의 강력한 흐름에 맞서 모세의 인간적인 연약함과 실패를 강조하고자 특별한 노력을 기울였다. 그러나 굳이 그럴 필요도 없었다. 성경의 모든 기록이 이미 모세의 인간적인 연약함을 보여주기 때문이다. 무엇보다 성경이 설득력 있게 다가오는 이유는 끊임없이 망설이고, 겁쟁이가 아닌가 싶을 정도로 자신이 없고, 실수하고, 완고하고, 어리석고, 짜증을 잘 내는 모세의 모습을 숨기지 않고 보여주기 때문이다.

무엇보다 주목해야 할 점은 가슴 아프게도 모세가 자신의 결점을 잘 인식하고 있었다는 것이다. "저는 입이 둔하고 혀가 무딘 사람입니다."[73] 위대한 사람들이 이렇게 고백하는 경우는 정말 흔치 않다. 입법가와 정치가에게 발음이 불분명하다는 약점은 도무지 감출 도리가 없는 최악의 결격 사유다.

더 놀라운 것은 마지못해 맡은 막중한 임무에 따라오는 멍에를 지고 어렵게 씨름하면서 책임을 다하려고 무서울 정도로 노력하는 가운데 드러나는 고립된 모세, 심지어 자포자기하는 것처럼 보이는 비능률적인 모세의 이미지다. 출애굽기 18장은 모세가 동틀 때부터 황혼 무렵까지 백성들이 들고 온 송사를 듣고 재판하는 모습을 의도적으로 보여준다. 그 모습을 보고 모세의 장인 이드로는 분연히 다음과 같은 질문을 제기한다. "어찌하여 아침부터 저녁까지 백성을 모두 자네 곁에 세워두고, 자네 혼자만 앉아서 일을 처리하는가?" 그러자 지칠 대로 지친 모세는 대답한다. "백성은 하나님의 뜻을 알려고 저를 찾아옵니다. 그들은 무슨 일이든

지 생기면 저에게로 옵니다. 그러면 저는 이웃 간의 문제를 재판하여주고, 하나님의 규례와 율법을 알려주어야 합니다." 그러자 이드로가 모세에게 말한다. "자네가 하는 일이 그리 좋지는 않네. 이렇게 하다가는, 자네뿐 아니라 자네와 함께 있는 이 백성도 아주 지치고 말 걸세. 이 일이 자네에게는 너무 힘겨운 일이어서, 자네 혼자서는 할 수 없네." 결국 이드로는 모세에게 사법부 설립을 제안한다. 그리고 사람들에게 조언을 구하고 충고를 받아들일 수 있을 만큼 도량이 넓고 성품이 온화했던 모세는 연장자의 의견을 받아들였다.[74]

성경이 소개하는 모세는 모든 의구심을 덮을 만큼 확신이 넘치는 영웅의 모습과 당황해서 어쩔 줄 모르는 나약한 인간의 모습이 섞여 있는 아주 매력적인 인물이다. 위치상 모세는 모든 분야의 지식을 섭렵한 듯한 태도를 과감하게 고수해야 했다. 틈만 나면 분열하기 십상인 유랑민을 다독여 하나로 결속시키고 확신이 서지 않을 때에도 자신 있게 외쳐야 했으며, 때로는 사람들에게 마음에도 없는 냉혹함을 보여야 했기 때문이다. 그래서 모세는 엄격한 인상을 풍겼고, 그의 좌우명은 '율법으로 산을 굽게 하라'(재판은 하나님께 속한 것이라는 신명기 1장 17절에 기초한 말로 어떤 상황에서도 율법은 양보될 수 없다는 뜻이다 — 옮긴이)였다. 초기의 **아가다** 전통에 따르면 모세의 형 아론이 모세보다 인기가 많았던 것이 틀림없다. 아론이 죽었을 때는 모든 이들이 울었으나 모세가 죽었을 때는 집안 남자들만 애도했다.[75] 사실 당시에 직접 모세를 보고 그의 지도를 받은 이스라엘 자손이 성경의 기록을 통해 모세를 접한 오늘날의 독자들보다 모세의 성격을 전체적으로 명확히 파악하기 어려웠을 것이다.

모세는 단순히 그리스도 이전에 고대의 모든 유대인에게 가장 많은 영향을 준 인물이 아니다. 고대 세계 전체에 무시 못 할 영향을 끼친 유일한 인물이다. 그리스인들은 모세를 자기들이 믿는 그리스 신들과 영웅들, 특히 헤르메스, 무사에오스와 융합시켰다. 모세는 페니키아 문자와 그리스어 문자보다 앞선 것으로 간주되는 히브리어 글자를 발명한 인물로 생각되었다. 그리스어로 글을 쓴 유대인 역사가 에우폴레무스는 모세야말로 인류 역사상 최초의 현인이라고 말했다. 주전 2세기의 유대인 역사가 아르타파누스는 모세가 이집트의 정부 체계를 세웠으며 온갖 전쟁 도구와 산업 장비를 발명했다고 믿었다. 역사가 아리스토불루스는 호메로스와 헤시오도스 둘 다 모세의 활동에서 영감을 얻었다고 생각했다. 또한 고대의 많은 저술가는 일반적으로 인류 전체와 특별히 그리스 문명이 모세의 사상에 많은 빚을 지고 있다고 보았다.[76] 고대 유대 저술가들이 모세를 고대 문화를 설계한 인물로 보는 전통을 지지하는 것은 그리 놀랄 일이 아니다. 요세푸스는 모세가 당시 그리스 세계에는 생소한 율법이라는 단어를 발명해낸 역사상 최초의 법률 제정자였다고 말한다.[77] 필론은 철학자들과 법률 제정자들이 모세의 사상을 도둑질하거나 모방했으며, 헤라클레이토스와 플라톤이 그 주범이라고 비난했다.[78] 더 놀라운 것은 AD 2세기 아파메아의 누메니오스라는 이방 저술가의 주장이다. 그는 플라톤을 가리켜 그리스어를 쓰는 모세라고 했다.[79] 이렇게 고대 저술들은 모세가 실존 인물임을 확신했을 뿐 아니라 세계 역사를 형성한 인물로 인식했다.

그러나 BC 1000년대 후반부터 이방의 저술가들 사이에서 모세를 해로운 인물, 즉 기괴하고 편협하고 배타적이며 반사회적인 종교를 만들어낸 존재로 보는 경향이 나타났다. 최초의 조직적인 반유대주의 활동에 모세를 이용한 것이다. BC 4세기, 지금은 소실되고 없는 이집트 역사를 기록한 아브데라의 헤카타이오스는 모세가 자기를 따르는 이스라엘 자손을 다른 사람들에게서 떼어놓음으로써 이방인에 대한 혐오를 부추겼다고 비난했다. 마네토는 최초로 모세가 유대인이 아니라 이집트인이며 헬리오폴리스 출신 제사장이었다가 배교한 인물로 유대인들에게 이집트의 신성한 동물들을 죽이도록 명하고 아주 이상한 규칙을 도입했다는 길고도 기괴한 전설을 만들어냈다.[80] 반체제적인 이집트 제사장이 한센병 환자와 흑인을 비롯한 부랑자들을 모아 폭동을 주도했다는 이념은 반유대주의의 모체가 되었다. 그리고 이런 비방은 수세기에 걸쳐 끈질기게 반복되고 윤색되었다. 예를 들면 카를 마르크스가 프리드리히 엥겔스에게 보낸 편지에도 두 번이나 반유대적인 구절이 나온다.[81] 반유대주의자일 리 만무한 지그문트 프로이트가 마지막 저작 《모세와 유일신 신앙 Der Mann Moses und die monotheistische Religion》에서 한 말 역시 이해할 수 없기는 마찬가지다. 이 책에서 프로이트는 모세가 이집트인 제사장이었다는 마네토의 이야기를 근거로 모세의 종교 사상이 아크헤나텐의 일신교적 태양 숭배와 입증되지 않은 자신의 어리석은 생각에서 비롯된 것이라는 저속한 억측을 덧붙였다.[82]

모세에게는 종교 사상과 법률 사상이 분리되지 않지만, 설사 모세가 어딘가에서 종교든 법률이든 어떤 사상을 얻었다손 치더라도 그곳이 이집트가 아닌 것만은 분명하다. 사실 모세가 한 일을 보면 고대 이집트가 옹호하던 것들과는 완전히 결별했음을 알 수 있다. 우르에서 하란을 거쳐 가나안에 이르는 아브라함의 이주처럼, 이스라엘 자손의 이집트 탈출이 순전히 경제적 동기에서 비롯되었다고 생각해서는 안 된다. 출애굽은 단지 경제적 어려움으로부터의 탈출이 아니었다. 실제로 경제적 어려움은 견딜 만했다는 암시가 성경에 나온다. 모세를 따라 나온 이스라엘 자손은 때때로 이집트의 고기 가마를 동경하곤 했다. BC 2000년대 이집트에서의 생활은 일반적으로 고대 근동의 다른 지역보다 더 윤택했다. 출애굽의 동기는 단연코 정치적이었다. 이집트에서 이스라엘인은 규모가 좀 있는 만만치 않은 소수 집단이었으며 그 수가 점점 증가하고 있었다.

출애굽기 앞부분에서 파라오는 이집트인들에게 "이 백성 곧 이스라엘 자손이 우리보다 수도 많고 힘도 강하다. 그러니 이제 우리는 그들에게 신중히 대처하여야 한다"고 말한다.[83] 이집트에서 이스라엘 자손을 압제한 주요 동기도 수적 증가에 대한 두려움 때문이었다. 이집트의 압제는 특별히 이스라엘의 사회적 지위를 낮추기 위해 설계되었다. 파라오가 이스라엘을 노예로 삼은 이 일은 불행하게도 히틀러의 강제 노역 프로그램과 대학살의 불길한 전조였다. 이 둘 사이에는 불안한 공통점이 있다.

이처럼 출애굽은 정치적 분리 및 저항 행위였다. 그러나 또한 무엇보다도 출애굽은 종교적 행동이었다. 이스라엘은 분명한 색깔을 가지고 있었고, 이집트인은 그와 같은 이스라엘을 특별하고 두려운 존재로 인식했다. 이스라엘 자손은 이집트 신들을 모시는 기묘한 형태의 만신전을 모두 거부했으며, 영적인 측면에서 이집트인의 영성을 모두 거부했기 때문이다. 그와 같은 거부는 그들의 독자적인 생활 방식에서 점점 더 명확해졌고, 이스라엘 신앙의 여명은 아주 강렬했고 사회 구석구석으로 스며들었다. 우르의 종교가 막다른 골목에 이르렀다고 느낀 아브라함처럼, 누구보다 이 점을 분명하게 인식했던 모세와 이스라엘 자손은 이집트인의 종교 신념과 제의가 도저히 참을 수 없을 정도로 불쾌하고 사악하다는 것을 깨달았던 것이다. 이집트를 떠나는 것은 육체적인 노예 상태뿐 아니라 질식할 것만 같은 영적인 감옥으로부터의 탈출을 의미했다. 이집트에 거했던 이스라엘 자손은 진리라는 좀 더 힘 있는 공기, 즉 더 순결하고 자유로우며 더 신뢰할 만한 삶의 방식을 마음속 깊이 갈망했던 것이다. 이집트 문명은 장구한 역사를 가졌지만 매우 저속했기에 이스라엘의 탈출은 성숙을 위한 시도였다.

이 성숙의 과정에서 이스라엘 자손은 단지 자기들만을 위해서가 아니라 앞으로 도래할 인류 전체를 위해서 거시적인 안목으로 방향을 설정했다. 무엇보다 윤리적 원칙에 따라 일하시면서 그 원칙을 체계적으로 인류에게 적용하시려는 유일하고 전능하신 하나님에 관한 유일신 신앙의 발견은 위대한 전환점이자 역사상 가장 위대한 사건이라 할 만하다. 이스라엘 자손이 거부했던 이집트인의 세계관을 살펴보면 유일신 신앙이 얼마나 위대한가를 이해할 수 있다. 이집트인은 비범할 정도로 손재주가 좋았고 시각적 취향도 나무랄 데 없었다. 하지만 그들의 지적 관념은 낡아빠진 구식이었다.

이집트인은 보편타당한 개념을 이해하는 것이 어렵거나 불가능하다고 생각했다. 그들은 반복이라는 개념에 상대되는 의미로 누적이라는 개념을 알지 못했으며, 그 결과 역사에 관한 참된 이해가 없었다. 그들로서는 순차적 발전이라는 개념을 이해할 수 없었다. 삶과 죽음, 인간과 동물과 식물계에 관한 개념 구분은 허약하고 불안정했다. 그들의 신념은 오늘날 서양에서 말하는 종교보다는 동양과 아프리카에서 볼 수 있는 순환론적이고 물활론적인 종교에 가까웠다. 하늘과 땅은 본질이 다른 것이 아니라 등급이 다른 것으로 간주되었다. 또한 그 하늘은 인간의 몸을 입은 창조주, 즉 왕에 의해 통치되었으며 파라오야말로 지상에 나타난 신의 현현이었다. 하늘 위에, 그리고 땅에 속한 사회는 안정적이고 정적이었으며 필연적으로 그러해야 했기에 어떤 형태의 변화도 정도에서 벗어난 것이며 악한 것으로 생각되었다. 또한 그들은 객관적인 법률에 대한 개념이 없었다. 그 결과 문서로 기록된 법전은 고사하고 그 어떤 법률도 성문화되지 않았다. 이 점이 바로 이 같은 정적인 사회의 특징이다. 파라오가 법의 근원이자 주인이었으며 그의 재판관들(물론 법정은 있었다)은 파라오를 대리해 그의 인위적인 판결을 법률로 규정했다.

BC 3000년대와 2000년대의 메소포타미아 여러 문명에서 드러나는 세계관은 이와는 상당한 차이를 보인다. 그들의 세계관은 훨씬 더 역동적이었던 반면 완전히 혼란스러웠다. 메소포타미아 문명은 유일신을 힘의 궁극적인 원천으로 보는 입장을 거부했다. 신학적 난제가 발생할 때마다 만신전에 계속 새로운 신을 추가했던 이집트인들과 달리, 그들은 모든 주신이 창조되었다고 믿었다. 이러한 신들의 사회가 최종적인 권위를 행사했으며, 마르둑(마르두크) 같은 만신전의 수장을 선출했고 필요할 때면 사람들을 불멸의 존재로 만들기도 했다. 천상의 사회는 인간의 사회처럼 쉼 없는 상태의 연속이었다. 사실 각각의 세계는 저마다 다른 세계의 복사판이었고, 그 두 세계를 연결하는 통로가 바로 지구라트였다.

그러나 인간 왕은 신이 아니었고 절대적인 존재도 아니었다. 이 단계의 메소포타미아 사회에서 왕을 신적 존재로 믿는 일은 드물었다. 즉 왕은 신들 앞에서 책임을 다하는 존재였다.[84] 군주는 인위적으로 법을 제정하거나 시행할 수 없었다. 사실 개개의 왕은 우주 법칙 아래 보호를 받았고 그 법칙은 절대로 대체될 수 없었다.[85] 역동적이고, 그래서 진보라는 개념을 제시한다는 점에서 고대 메소포타미아 사회의 사상 동향이 죽은 자들의 압박에서 벗어나지 못하는 이집트의 사상보다 훨씬 나았다. 이집트인처럼 체념이나 숙명과 같은 개념에 익숙한 아프리카와 아시아의 세계관과 달리 메소포타미아의 세계관은 희망을 제시했다. 이집트 피라미드가 신격화된 죽은 왕의 무덤이었던 반면, 메소포타미아의 지구라트 성전은 땅과 하늘을 이어주는 살아 있는 끈이었다. 한편, 이러한 사상은 삶을 위한 윤리적 기반을 전혀 제공해주지 못했으며, 신들이 무엇을 옹호하고 원하는지가 너무나 불확실했다. 인간의 입장에서 볼 때 신들의 기쁨과 분노는 변덕스럽기 짝이 없었고 이해하기 어려웠다. 그래서 인간은 희생 제사를 드림으로써 끊임없이 신들의 비위를 맞추기 위해 노력했다.

한 가지 중요한 것은 서쪽으로 퍼져나가던 메소포타미아 사회가 더욱 세련된 모습을 갖추게 되었다는 점이다. 그들은 이집트의 상형문자와 거기서 파생된 아류 문자에 비해 훨씬 더 효율적인 문자 체계를 발전시켰고 문자 발명을 힘의 원천으로 보았다. 그들은 법률을 기록하는 것이 그 힘을 강화시키고 숭고한 의무감을 불러일으킨다고 믿었다. BC 3000년대 말 이후로 법률체계는 계속 밀도 있고 복잡하게 발전해나갔으며, 수많은 개인 법률 문서와 성문화된 법전에 반영되었다. 이와 같이 아카드 문자와 언어가 확산되자 통치자들은 법을 성문화하는 데 힘을 쏟았다. 통치자들이 법전을 편찬하는 현상은 엘람과 아나톨리아, 호리족과 헷족, 우가리트와 지중해 연안까지 퍼져나갔다.

율법: 하나님의 주권과 인간의 존엄성

BC 1250년경 공표된 것으로 보이는 모세 법전의 첫 번째 판은 일찍이 고대에 시작된 전통이었다. 이스탄불 고대동방박물관에 소장된 문서 중 가장 오래된 법전은 BC 2050년으로 거슬러 올라가는 우르 제3 왕조 수메르와 아카드의 왕 우르 남무의 작품이다. 무엇보다 이 법전이 중요하게 언급하는 것은 달의 신 난나가 우르 남무를 통치자로 선택했으며 정직하지 못한 관료들을 제거했고 정확한 추와 저울을 확립했다는 것이다. 아브라함은 이 법전을 아주 잘 알고 있었을 것이다. 아브라함이 알고 있었을 것으로 보이는 또 하나의 법전은 연대가 BC 1920년으로 소급된다. 고대 도시 에슈눈나에서 나온 두 개의 아카드어 토판이 이라크 박물관에 소장되어 있는데, 이 토판은 에슈눈나의 수호신 티쉬팍이 내린 재산에 관한 60개의 규정으로 그 지역 왕에 의해 전수된 것이다. 펜실베이니아 대학에 소장된 BC 19세기 초의 토판들은 대부분 매우 포괄적인 내용을 수록하고 있으며, 이것은 이신의 왕 리피트 이슈타르 법전으로 알려져 있으며, 우르 남무 법전처럼 수메르어로 기록되었다. 무엇보다 인상적인 것은 1901년 바빌로니아 동쪽의 수사(수산)에서 발견된 함무라비 법전이다. 1.8미터 크기의 섬록암 석판 위에 아카드어로 기록된 이 법전은 현재 루브르 박물관에 소장되어 있으며, 연대는 BC 1728-1686년으로 추정된다.[86] 또 다른 후대의 법전으로는 중기 아시리아 시대의 토판이 있다. 이 토판들은 1차 세계대전이 발발하기 수년 전에 독일의 고고학자들이 아수르의 고대 도시 칼라트 셰르가트에서 발굴했다. 이 법전들의 연대는 BC 15세기로 추정되며, 원 모세 법전에 가장 가까운 시대의 산물로 보인다.[87]

그러므로 모세는 이스라엘의 법률을 수집하고 집대성하는 데 필요한 전례를 이미 충분히 가지고 있었다. 궁에서 자란 그는 글을 읽고 쓰는 법을 배웠다. 법률을 글로 적고 돌판에 새기게 하는 일은 법령을 갖지 못했던 이집트에서 관례적으로 성문화된 법전을 소유했던 아시아로의 탈출이라는 해방 운동의 일부였다. 이런 점에서 모세의 법전이 고대 근동의 전통일 수도 있지만, 모세 법전을 다른 고대 법전과 비교해보면 근본적인 차이가 많다. 따라서 모세 법전은 전혀 새로운 것으로 이해해야 한다.

첫째, 다른 법전들은 신에게 영감을 받았다는 언급이 있긴 하지만, 함무라비나 이슈타르 같은 개개의 왕에 의해 주어지고 만들어졌다. 즉 법전들은 폐지될 수도 있고 수정될 수도 있는 본질적으로 세속 법전이었다. 이와 대조적으로 성경에서는 하나님만이 홀로 율법을 기술한다. 모세오경 전반에 걸쳐 나오는 모든 율법은 바로 하나님의 것이다. 또한 이스라엘의 어떤 왕도 법전을 제정할 권한을 부여받지 않았으며, 심지어 법전을 제정하려는 시도조차 하지 않았다. 모세는 예언자였을 뿐 왕은 아니었으며, 하나님의 중재자였으나 탁월한 법률 제정자는 아니었다. 개정된 법률의 전수자였던 훨씬 후대의 에스겔도 마찬가지다. 그 결과 모세 법전에서는 종교적 법률과 세속적 법률, 윤리적 법률과 민·형사 법률이 전혀 구분되지 않는다.[88] 사실 이 모두는 하나다.

이와 같이 두 영역의 법률이 하나가 됨으로써 중요하고 실제적인 결과가 도출되었다. 모세의 법 이론에 따르면, 모든 유형의 법률 위반은 곧 하나님의 마음을 상하게 하는 것이다. 법률상의 범죄는 모두 종교상의 죄이며, 종교상의 죄 또한 모두 법률상 죄가 된다. 위법 행위는 명백한 잘못으로 인간의 능력으로는 사면을 받거나 죄를 씻도록 도울 수 없다. 죄를 지은 사람에게 배상을 하게 하는 것으로는 충분하지 않다. 하나님은 속죄를 요구하시고 속죄에는 철저한 처벌이 수반된다. 고대 근동에서 발견된 대부분의 법전은 재산에 초점이 맞춰져 있다. 사람 역시 값을 매길 수 있는 재산의 일종으로 본다. 그러나 모세 법전은 하나님에게 초점이 맞춰져 있다. 예를 들어, 다른 법전에서는 간통한 아내와 그녀의 정부를 남편이 임의로 용서할 수 있다. 이와 대조적으로 모세의 법전은 두 사람 다 반드시 사형에 처해야 한다고 단언한다.[89] 또한 다른 법전에서는 아주 중대한 범죄를 저지른 경우에도 왕의 재량으로 사면할 수 있는 권리가 있었지만, 성경은 그런 구제 절차를 제시하지 않는다.

실제로 성경은 중대한 범죄를 저지른 경우에 '부자들의 법'이라는 개념을 거부한다. 살인자가 부유하다고 해서, 피해자가 종이나 노예라고 해서 돈을 지불하고 사형을 면할 수 없다. 살인 외에도 하나님의 진노가 너무나 커서 경제적인 보상으로는 하나님의 진노를 풀 수 없는 죄들이 있다. 그러나 상해를 입히거나 죽이거나 중대한 죄를 저지를 고의가 없었던 경우, 그리고 유해한 행위로 인해 의도치 않게 피해가 발생한 경우에는 하나님의 진노가 덜하고 이런 경우에는 배상의 법이 적용된다. 따라서 범죄자는 재판장이 정하는 바에 따라 보상을 해야 한다.

모세 법전은 남자가 여자를 때려서 유산한 경우나 과실로 인한 우발 사고로 죽음에 이른 경우, 그리고 이밖에 더 경미한 사안에 대해서는 '눈은 눈으로, 이는 이로, 손은 손으로, 발은 발로'의 원리를 적용한다.**90** 이 구절은 단순히 엄격한 피해 보상을 의미하는 것으로 많은 오해를 받고 있는 구절이다. 한편 우발 사고라 할지라도 피해에 대한 과실 수준이 형사상의 범죄에 해당하는 경우에는 법에 따라 사형에 처해야 한다. 일례로 황소가 사람을 받아 죽였을 경우 황소는 돌로 쳐서 죽이지만 주인은 벌을 받지 않는다. 그러나 그 소에게 받는 버릇이 있는데 그 주인이 남에게 경고를 받고도 단속하지 않아서 사람을 죽게 하면, 주인 역시 소와 함께 돌로 쳐서 죽여야 한다.**91**

'사람을 죽인 황소에 관한 법률'로 알려진 이 마지막 규정은 모세 법전이 인간의 생명을 얼마나 중요하게 여기는지 여실히 보여준다. 사형을 윤리적 방편으로 사용하는 이런 방식에는 일종의 역설이 존재한다. 모세 신학에서 인간은 하나님의 형상대로 창조되었다. 따라서 인간의 생명은 쉽게 값을 따질 수 있는 것이 아니다. 인간의 생명은 존엄하다. 사람을 죽이는 것은 하나님에 대한 반역이고 이 죄는 심히 중하여 극형, 즉 생명의 박탈이 뒤따른다. 돈으로 배상하는 것으로는 충분하지 않다. 사형이라는 끔찍한 처벌은 역설적으로 인간의 생명의 존엄성을 강조한다. 주변 국가들의 세속 법전에서는 피해자나 피해자 가족에게 보상하는 것으로 끝날 사건이라도 모세의 법률로는 많은 사람이 죽음을 맞았던 것이다.

그러나 같은 원리를 적용하여 정반대되는 상황이 벌어진 것도 사실이다. 불이 난 사이에 그 집 물건을 약탈하거나, 허락 없이 남의 집에 들어가거나, 한밤중에 심각한 무단침입을 저지르거나, 다른 사람의 아내를 도둑질하는 등 타인의 재산을 침해한 경우 다른 세속 법전은 사형으로 다스렸지만, 모세 법전에서는 재산을 침해했다고 사형에 처하지는 않는다. 재산권만 침해된 경우에는 비록 범죄자라도 그 사람의 생명 역시 존엄하게 다루었다. 또한 모세 법전은 다른 사람을 대신하여 형벌을 받는 것을 인정하지 않는다. 즉 부모가 지은 죄를 아들이나 딸이 죽음으로 대신 갚을 수 없으며, 남편이 지은 죄를 보상하기 위해 그 아내를 매음굴에 넘길 수 없었다.[92] 그만큼 인간의 생명은 존엄할 뿐 아니라 하나님의 형상으로 지음 받은 개개인은 고귀한 존재다. 중기 아시리아 시대의 법전에는 얼굴 훼손, 거세, 죽을 때까지 찌르고 매질하기 등 체벌에 관한 잔인한 규정이 열거되어 있다. 반면에 모세 법전은 신체를 소중하게 다룬다. 체벌은 최소한으로 축소된다. 심지어 태형도 40대를 넘지 않도록 제한하고 있으며, 반드시 재판관의 면전에서 집행해야 한다. 신명기에는 이런 구절이 나온다. "매를 마흔 대가 넘도록 때려서는 안 됩니다. 마흔이 넘도록 때려서, 당신들의 겨레가 당신들 앞에서 천히 여김을 받아서는 안 됩니다."[93] 모세 법전이 다른 법전보다 훨씬 더 인간적인 이유는 모세 법전이 하나님 중심이고 그래서 자연스럽게 인간 중심이기 때문이다.

모세 법전의 핵심은 하나님이 모세를 통해 말씀하신 십계명이며(신명기 5:6-18), 열 개의 말씀 또는 발언이라고들 부른다(4:13). 이 계명들의 원형으로 추정되는 구절은 출애굽기 20장 2-14절에 나온다. 본문과 관련해서는 미완의 문제와 난제가 남아 있다. 최초의 형태는 매우 단순하고 간명했으나 후대에 이르러 더 정교해진 것으로 추정된다. 모세가 하나님에게 직접 받은 최초의 형태는 자연스럽게 세 부분으로 나뉜다. 1계명부터 4계명까지는 하나님과 사람 사이의 관계를 말하고 있으며, 6계명부터 10계명까지는 사람들 사이의 관계를 다루고 있다. 다섯 번째 계명은 이 둘 사이에서 가교 역할을 하는데, 특별히 부모와 자녀의 관계를 다룬다.

십계명은 다음과 같이 요약된다. "나는 너희 하나님이다. 너희는 내 앞에서 다른 신들을 섬기지 못한다. 너희는 너희를 위해서 우상을 만들지 못한다. 너희는 주 너희 하나님의 이름을 함부로 부르지 못한다. 안식일을 기억하여 그날을 거룩하게 지켜라. 너희 부모를 공경하여라. 살인하지 못한다. 간음하지 못한다. 도둑질하지 못한다. 거짓 증언을 하지 못한다. 탐내지 못한다."[94] 이와 같은 윤리 계명 가운데 일부는 고대 근동의 문명에서 공통으로 나타난다. 예를 들면 결백 주장이라 알려진 이집트 문서를 보면, 죽은 영혼은 최후의 심판에서 자신이 범하지 않은 죄를 열거하게 되어 있다.[95] 그러나 하나님과 사람 앞에 올바른 행위를 포괄적으로 요약한 계명이 주어졌고, 모든 백성이 이 계명을 받아들이고 마음에 새겼다는 점에서 십계명에 견줄 수 있는 것은 어디에도 없다.

십계명은 처음에 아브라함과 체결했고 나중에 야곱을 통해 갱신했으며 이제 모세를 위시한 이스라엘 모든 백성과 다시 한 번 정식으로 거룩하게 갱신한 하나님과의 언약의 기초다. 현대의 연구에 따르면, 출애굽기 19-24장에서 간략히 서술되고 신명기에서 더 정교하게 언급되는 모세 언약은 고대 근동의 조약 형태, 특히 히타이트 제국의 조약 형태를 따르고 있다. 조약은 역사적 서언, 조약의 목적, 세부 조항, 증인들의 명단, 축복과 저주, 조약이 기록된 본문과 토판 보관 등의 항목으로 구성되었다.[96]

그러나 모세 언약은 현존하는 것 가운데 가장 독특하다. 이 언약은 국가와 국가 사이의 조약이 아니라 하나님과 그분의 백성의 연합을 위한 것이기 때문이다. 이 언약 안에서 고대 이스라엘 사회는 효과적으로 자신의 관심사를 하나님의 관심사에 맞춰 동화시켰으며, 보호와 번영의 대가로 하나님을 자기들의 삶의 전 영역을 다스리시는 전체주의적 통치자로 받아들였다. 이처럼 십계명은 출애굽기, 민수기, 신명기에 수록된 하나님의 정교한 법률 체계의 핵이다. 고대 말엽에 유대교학자들은 이 법

률을 248개의 의무 계명과 365개의 금지 규정으로 구성된 613개의 계명으로 정리했다.[97]

모세의 법률 자료는 폭넓은 주제를 망라한다. 모세 시대에 이 모든 자료가 작성되어 지금의 형태로 우리에게 전해 내려온 것은 절대 아니다. 일부 자료는 틀이 잡힌 농경 생활을 다루고 있는데, 가나안 정복 이후에 작성된 것이 분명하다. 이 부분은 아마도 수메르와 바빌로니아, 아시리아, 히타이트 법률의 뿌리인 가나안의 법률을 이어받은 것으로 추정된다.[98] 그러나 이스라엘 자손은 이미 법의식이 상당히 강했고 주변에서 발견한 법 개념을 혁신하거나 변형시키는 능력이 뛰어나서 완전히 새로운 법률을 만들어냈다. 모세 법률 자료가 바빌로니아 포로기 이후에 나온 것이라는 해묵은 이론은 이제 그만 묵살해도 좋다.

고도의 의식 절차를 다루는 한편, 체계적인 종교 생활과 시민 생활에 필요한 법적 근거를 제공하는 레위기는 우리가 알고 있는 BC 13세기와 12세기 이스라엘 자손의 정치사와 잘 들어맞는다. 신명기도 마찬가지다. 신명기는 성직자들에게나 적합한 레위기의 내용을 일반 대중에게 좀 더 쉽게 소개하는 책이다. 신명기는 법률뿐 아니라 식사법, 의학, 기초과학, 전문가의 실무에 관심을 보인다. 대부분의 자료가 독창적이지만, 청동기 후기 고대 근동에서 다루었거나 이미 수 세기 동안 회자된 비슷한 주제를 다룬 외부 자료와의 연관성도 보인다.

몇 가지 점에서 모세 시대의 이스라엘 자손은 그 시대에 흔히 볼 수 있는 전형적인 인물이지만, 그럼에도 주목할 만한 특징이 있다. 모세의 법률은 성 문제에 매우 엄격하다. 예를 들어 라스샴라 토판에서 발견된 우가리트의 법률은 특정 상황에서의 간통, 미혼 남녀 간의 사통, 수간, 근친상간을 허용했다.[99] 히타이트족의 경우에는 근친상간은 인정하지 않았으나 특정 형태의 수간은 인정하곤 했다. 이집트인은 혈족 관계를 그리 중요하게 생각하지 않았다. 이와 대조적으로 이스라엘 자손은 난잡한 성관계는 어떤 형태든 금지했고, 인척과 혈연을 포함해 결혼해서는 안 되는 촌수 목록까지 가지고 있었다.[100]

이스라엘 자손의 식사법 중 일부는 이집트인에게 영향을 받은 듯하지만, 둘 사이에는 역시 많은 차이가 있다. 이스라엘 자손은 이집트인처럼 지느러미나 비늘이 없는 해산물을 먹을 수 없었다. 경건한 이집트인은 물고기는 먹을 수 없어도 이스라엘 자손에게는 금지된 물새류는 먹을 수 있었고 실제로도 먹었다. 한편 이스라엘 자손은 이집트인처럼 집비둘기, 산비둘기, 거위, 가금류, 자고새, 메추라기 등을 먹을 수 있었다. 모세의 법률에 나타난 이런 금지 조항은 미신 때문이라기보다는 미숙하나마 과학적 근거에 따른 것으로 보인다. 사냥을 통해 다른 동물을 잡아먹는 각종 육식동물은 위험한 것으로 간주하여 먹지 못하게 했다. 전반적으로 정결한 동물은 대부분 초식동물이고, 발굽이 갈라지고 되새김질을 하는 동물은 산양, 영양, 노루, 염소, 사슴, 가젤 등이었다. 돼지고기를 먹는 것도 금지했는데, 돼지고기를 완전히 익히지 않고 먹으면 잠복해 있던 기생충 때문에 위험할 수 있기 때문이었다. 이스라엘 자손은 맹금류나 독수리도 가까이 하지 않았다. 낙타도 부정한 동물로 분류했는데, 이는 낙타가 꽤 유용한 동물이었기 때문이다. 더 이해하기 어려운 것은 각종 토끼를 먹지 못하게 한 규정이다.

위생에 관한 법률은 대체로 이집트인의 관습을 따랐다. 모세 법전에는 의학 지식이 상당한데, 이것 역시 이집트에서 유래한 것이다. 이집트는 BC 2650년경 임호테프 시대까지 거슬러 올라갈 정도로 의학 전통이 깊다. 현재 남아 있는 문서 중에서 가장 중요한 이집트 의학 파피루스 네 개는 모세 시대보다 이르거나 동시대에 속한다. 경험에 입각한 치료법은 BC 2000년대의 고대 법전에서 종종 법제화되기도 했다. 예를 들어 모세

시대보다 500년 정도 앞선 함무라비 법전에서도 비슷한 내용을 발견할 수 있다. 그러나 한센병을 언급한 성경의 유명한 본문은 제사장의 진단과 처방 의무를 서술한 것으로 유래를 찾아볼 수 없는 독특한 것이다.

독특하게도 이스라엘 자손은 할례를 무척 강조한다. 할례는 모세 시대 이전에 시작된 장구한 역사를 지닌 관습이다. 가나안 족속과 블레셋 족속, 아시리아인과 바빌로니아 사람들은 할례를 시행하지 않았다. 에돔인과 모압인, 암몬 사람들은 할례를 시행했으며 이집트인 역시 할례를 행했다. 이처럼 할례를 시행하는 사회는 더러 있었지만, 이스라엘처럼 할례를 중요하게 생각하는 이들은 어디에도 없었다. 그리고 BC 2000년대에 이르면 할례 관습이 이들 사회에서 전반적으로 사라져가는 듯한 인상을 풍긴다. 이는 이스라엘의 할례 관습이 상당히 오래된 것임을 확증해준다.

할례는 하나님과 맺은 언약의 의무로 아브라함이 처음 시행한 것으로 성경에 나온다. 프랑스 도미니쿠스회 수도사이자 고고학 연구소 소장 롤랑 드 보는 이스라엘 자손이 처음에는 결혼 전에 성년식 개념으로 할례를 시행했을 것이라고 주장했다.[101] 할례를 거행하던 고대 사회에서 할례는 이제 어른이 되었음을 사회적으로 승인하는 의식으로 대략 열세 살에 이루어졌다. 그러나 모세의 아들은 태어나자마자 어머니 십보라에게 할례를 받았으며(출애굽기 4:24-26), 모세 법전에는 태어난 지 여드레 되는 날에 양피를 제거하는 의식이 수록되어 있다(레위기 12:3). 이처럼 이스라엘 자손은 할례를 남성의 성숙기와는 별개로 생각했고, 특정 관습을 실제 있었던 사실로 해석하는 경향이 강했던 만큼 할례를 역사적 언약과 선택받은 민족의 구성원을 상징하는 지울 수 없는 표식으로 삼았다.[102] 그래서 아브라함 때부터 전해 내려오는 고대의 방식대로 부싯돌로 만든 칼을 사용하는 전통을 고수했다.[103] 다른 사회에서 할례 관습을 폐기한 후에도 이스라엘 자손은 이스라엘 민족과 신앙의 통일성을 상징하는 지울 수 없는 표지로 할례 관습을 오랫동안 유지했다. 타키투스가 비웃었던 것처럼 유대인을 구별하기 위해서 할례를 행했던 것은 아니다. 그러나 할례는 분명 유대인을 다른 민족과 구분했으며 점점 확산되는 반유대주의에 또 하나의 빌미를 제공해주었다.[104]

고대에 시작된 훌륭한 제도인 안식일도 이스라엘 자손을 다른 민족과 구별해주었으며 장차 좋지 못한 평판을 얻는 빌미가 되었다. 안식일 개념은 바빌로니아의 천문학에서 유래한 것으로 보이지만, 출애굽기와 신명기는 안식일을 도입한 이유를 다양하게 서술한다. 하나는 천지 창조 후 하나님이 쉬신 일을 기념하기 위해서, 또 하나는 이스라엘 민족이 이집트의 노예 생활에서 해방된 사건을 기념하기 위해서, 또 하나는 노동자, 특히 노예와 멍에를 메는 짐승에 휴식을 주려는 인도적 필요에 의해서 안식일을 도입했다고 말한다. 휴식의 날인 안식일 제도는 인류에게 위로와 기쁨을 안겨준 위대한 공헌 중의 하나다. 그러나 유대 민족에게 안식일은 휴식의 날인 동시에 거룩한 날로써 하나님에게 선택받은 민족이라는 신앙과 결부되어 계속 더 강조되었다. 그리하여 에스겔서에 이르러서는 하나님이 다른 민족과 유대인을 구별하시고자 안식일을 제정하신 것으로 나온다. "또 나는 그들에게 안식일도 정하여주어서, 이것이 나와 그들 사이에 표징이 되어, 내가 그들을 거룩하게 하는 주인 줄 알게 하였다."[105] 이 역시 다른 민족이 보기에 유대인이 자기들과 동떨어져 있다고 생각하게 하는 요소가 되었다.

이스라엘 자손은 이미 매우 독특한 민족이 되어가는 중이었고, 몇 가지 중대한 측면에서 영적으로 시대를 앞서가고 있었다. 그러나 BC 1250년 당시 진보한 사회의 기준으로 볼 때는 여전히 원시 민족이었다. 심지어 영성에서도 퇴행적 요소가 많았고 이는 수 세기 동안 지속되었다. 사실

이스라엘 자손은 역사와 법률을 중시했기에 오래된 미신을 가다듬고 고수하는 경향을 보였다. 이를 테면 성과 피, 전쟁에 관한 금기가 많았다.[106] 마법에 대한 믿음이 아주 흔했고 일상화되었다.

모세는 하나님과 얼굴을 마주하고 이야기를 나누고 놀라운 기적을 행했을 뿐 아니라 마술을 쓰기도 했다. 뱀으로 변한 지팡이와 막대기에서 드러나듯 고대 근동 사회에서 흔히 볼 수 있던 저속한 주술 행위는 이스라엘의 신앙에서도 그대로 나타났고, 모세와 아론 시대 이후에는 이런 주술 행위가 정당화되었다.

이전 시기 예언자들은 당연히 주술을 행할 것으로 생각했고 주술사들이 쓰는 기구를 갖추고 있기도 했다. 성경은 엘리야가 입고 다니다 나중에 제자 엘리사에게 물려준 카리스마 있는 외투 이야기를 전하고 있다. 예언자 시드기야는 직접 주술용 철 뿔을 만들었다.[107] 삼손은 머리털이 힘의 근원이라는 믿음을 보여주었고 이것은 삭발 의식에 반영되었다.[108] 예언자들은 일상적으로 황홀경에 빠졌고 이때 인상적인 효과를 내기 위해 향과 마약을 사용했던 것으로 보인다.[109] 성경에는 자석을 이용한 묘기, 물을 사용하는 묘기, 병에 걸리게 하고 치유하는 행위, 해독하는 능력, 생명을 살리는 행위, 번개를 치게 하는 행위, 병에 든 기름의 양을 늘리는 행위, 적은 음식으로 많은 이들을 먹이는 행위가 기록되어 있다.[110]

이와 동시에 이스라엘 자손은 신앙 문제를 해결하고자 이성을 체계적으로 활용한 최초의 민족이다. 모세 시대부터 유대 역사를 통틀어 유대인 신앙의 핵심 요소가 바로 합리주의였다. 유일신관 자체가 이성적 사고의 결과이니 어떤 의미에서는 합리주의가 유대 신앙의 요체라 할 수 있다. 초자연적인 숭고한 힘이 존재한다면, 어떻게 그 힘이 나무와 샘, 강물, 바위에서 뿜어져 나올 수 있단 말인가? 태양과 달과 별들이 일반 법칙에 따라 움직이고 그것들의 움직임을 예측하거나 측정할 수 있다면,

태양과 달과 별들도 그저 자연의 일부일 뿐인데 어떻게 태양과 달과 별이 불가사의한 힘의 원천일 수 있단 말인가? 그렇다면 그 힘은 대체 어디에서 오는가? 인간이 신에게서 자연과 동물, 무생물을 주관하는 법을 배운다면, 하물며 신의 힘은 어떻겠는가? 분명 살아 있고 인격적이지 않겠는가? 하나님이 살아 계신다면, 그분의 권능이 어떻게 수많은 신들에게 임의로 분배될 수 있단 말인가? 유한한 신이라는 사상은 모순이다. 이성을 동원해 신에게 접근함으로써 이스라엘 자손은 인간을 초월하는 유일하고 전능하며 인격적인 하나님이 체계적이고 윤리적인 원칙을 토대로 끊임없이 일하신다는 사상으로 나아갈 수 있었다. 20세기의 관점에서 보면 유대교는 모든 종교 중 가장 보수적인 종교로 보인다. 그러나 기원을 보면 가장 혁신적이다. 윤리적 유일신관이 발전하기 시작하자 고대의 세계관은 붕괴되었다.

유일하며 전능하신 하나님에 대한 개념을 확립함에 따라 이스라엘 자손은 하나님이 이방의 신들처럼 세상의 일부이거나 세상 자체일 수 없다는 점을 정확히 연역해냈다. 하나님은 우주를 지탱하던 여러 힘 중의 하나도 아니고, 그 힘을 모두 합친 것도 아니었다. 하나님의 영역은 무한히 거대하다. 온 우주는 그저 하나님의 피조물일 뿐이다. 이처럼 이스라엘 자손은 고대의 어떤 종교와 비교해도 훨씬 더 위대한 힘과 거리감이 하나님에게 있음을 알고 있었다. 지진부터 정치적·군사적 재앙에 이르기까지 하나님은 모든 일의 원인이다. 다른 힘의 근원은 존재하지 않으며 악마도 하나님이 작동시킨 존재일 따름이다. 즉 신성은 나눌 수 없고 유일하며 단일하다. 하나님은 단순히 이 세상보다 크신 것이 아니라 무한히 크시기에 어떤 상징물로 하나님을 나타내려는 생각은 터무니없는 것이다.[111]

하나님의 형상을 만들려는 시도가 모욕이 되는 것은 당연한 이치다.

형상을 만들지 말라는 금기는 이스라엘의 신앙에서 가장 오래된 부분은 아니지만, 매우 오래된 것으로 유일신관이 확립된 직후 출현했다. 그리고 이것은 엄격한 근본주의자들의 열렬한 상징이 되었다. 근본주의자들은 이 사상을 민족 전체에 주입하는 것이 무엇보다 어렵다는 사실을 깨달았다. 이 사상은 이스라엘의 신앙과 다른 종교를 구분하는 가장 명확하고 가시적인 차이점인 동시에 나머지 전 세계인을 가장 격분시킨 교리가 되었다. 이 사상은 엄격한 이스라엘 자손과 후대 유대인이 이방의 신을 경배할 수 없다는 뜻이기 때문이다. 이 사상은 이스라엘 자손의 배타성뿐 아니라 공격성과도 밀접하게 결부되어 있다. 이스라엘 자손은 형상을 만들지 않겠다는 맹세만 한 것이 아니라, 형상을 파괴하라는 명령까지 함께 받았기 때문이다.

> 그러니 너희는 그들의 제단을 허물고, 그들의 석상을 부수고, 그들의 아세라 목상을 찍어버려라. 너희는 다른 신에게 절을 하여서는 안 된다. 나 주는 '질투'라는 이름을 가진, 질투하는 하나님이기 때문이다. 너희는 그 땅에 사는 사람들과 언약을 세우지 말아라. 언약이라도 세웠다가, 그들이 자기들의 신들을 음란하게 따르며, 그 신들에게 제사를 드리면서 너희를 초대하면, 너희가 그 초대를 거절하지 못하고, 그리로 가서, 그 제물을 먹지 않겠느냐? 또 너희가 너희 아들들을 그들의 딸들과 결혼시키면, 그들의 딸들은 저희 신들을 음란하게 따르면서, 너희의 아들들을 꾀어, 자기들처럼 음란하게 그 신들을 따르게 만들 것이다.

이 출애굽기 본문은 공포와 광신을 나타낸다.[112] 만일 이스라엘 자손이 형상을 사용하는 행위를 종교적 유치증幼稚症이라 여겼다면, 그것은 잘못된 생각이다. 대부분의 고대 근동 종교는 나무나 돌, 구리로 만든 우상이 진짜 신이라고 생각하지 않았다. 그들은 형상을 보통 사람들, 즉 평범한 숭배자들이 신을 볼 수 있게 해주고 신과 영적으로 교제할 수 있게 해주는 실용적인 수단으로 보았다. 이런 이유로 로마 가톨릭에서는 하나님의 형상뿐 아니라 성인들의 형상을 만들어 사용하는 것을 정당화해왔다. 이스라엘 자손은 이교 신앙에서 벗어나는 과정에서 하나님에 대한 관념화, 즉 추상화를 향한 움직임을 강조해야 마땅했다. 이는 종교 혁명의 일부였다. 그러나 관념화는 쉽지 않았고, 이스라엘 자손 역시 언어 심상이기는 하지만 눈에 보이는 표지를 멸시하지 않았다. 성경에는 하나님을 인간에 빗대어 묘사하는 의인화가 풍부하게 나타나기 때문이다.

모순은 또 있다. 하나님의 형상이 상상할 수도 없는 것이고 그래서 하나님의 형상을 만드는 것이 금지되었다면, 인간을 어떻게 하나님의 형상으로 창조할 수 있단 말인가? 인간이 하나님의 형상으로 창조되었다는 사상은 유대 종교에서 우상 숭배 금지 조항만큼이나 중요한 위치를 차지한다. 이 사상은 유대 종교의 윤리적 기초이자 거대하고 포괄적인 원리다.[113] 인간은 하나님의 형상을 지녔기에 하나님에게 속해 있다. 이 개념은 하나님의 은혜로 인간에게 주어진 것은 말할 것도 없고, 우리 인간에 대한 실제적이고 항구적인 소유권조차도 우리 자신의 것이 아니라는 점을 이해하게 해준다. 인간의 육체는 임차물에 불과하다. 즉 인간은 육체에 행하는 행위와 육체를 가지고 하는 행위에 대해 하나님에게 설명을 해야 한다. 이는 또한 육체, 즉 인간을 존엄하게 대해야 한다는 뜻이다. 인간은 양도할 수 없는 권리를 소유하고 있는 셈이다. 사실상 모세 법전은 의무와 금지 규범이기만 한 것이 아니라 초기 형태의 권리 규범이다.

이뿐만이 아니다. 모세 법전은 초기 단계의 평등 선언이다. 인류 전체가 하나님의 형상으로 창조되었을 뿐 아니라 인간 개개인이 하나님의 형상대로 창조되었다. 이런 의미에서 모든 인간은 평등하다. 이것은 개념상의 평등이 아니라 지극히 중요한 의미를 지닌 실제적 평등이다. 이스라엘 자손은 하나님 앞에서 모두 평등하고, 따라서 하나님의 법 앞에서도 평등하다. 혹시 존재할지 모르는 불평등과 상관없이 정의는 모두를 위한 것이다. 온갖 특권이 모세 법전에 암시 또는 명시되어 있지만, 본질적으로 모세 법전은 다양한 부류의 신자들을 차별하지 않는다. 더욱이 모든 이들이 모세의 언약을 함께 받아들인다. 따라서 모세 법전은 대중적이며 심지어 민주적인 결의라 할 수 있다.

민주적 신정정치

이스라엘 자손은 새로운 사회를 창조하고 있었다. 요세푸스는 이를 가리켜 신정정치라 불렀다. 그는 신정정치를 "모든 통치권을 하나님에게 드리는 것"이라고 정의했다.[114] 현인들은 신정정치를 "천국의 멍에를 지는 것"이라 부르기도 했다.[115] 이스라엘 자손은 이런저런 행정장관을 두고 있는 듯했지만, 어디까지나 그들의 통치는 대리 통치였다. 하나님이 법을 만들고 법이 준수되는지 확인하기 위해 끊임없이 개입하셨기 때문이다. 하나님이 다스리셨다는 것은 실제로 하나님의 율법이 통치했다는 뜻이다. 그리고 모든 사람이 평등하게 법의 지배를 받기에 그 체제는 법치와 법 앞의 평등이라는 두 가지 가치를 구현한 최초의 통치체제였다.

필론은 이를 민주주의라고 부르고 최상의 법치이자 최고의 헌법이라고 설명했다. 필론이 말하는 민주주의는 만인에 의한 통치를 의미하지 않았다. 그는 민주주의를 "평등을 귀히 여기고 통치자들을 위한 법과 정의가 있는" 정부 형태로 정의했다.[116] 만일 필론이 유대 정치체제를 좀 더 정확히 표현하고자 했다면 민주적 신정정치라고 칭했을지 모른다. 본질적으로 이스라엘의 정치체제는 민주적 신정정치였기 때문이다.[117]

모세 시대의 이스라엘 자손은 앞서 살펴본 대로 기존 질서를 전복하려는 성향이 점점 강해지고 있었다. 이스라엘 자손은 노예 생활을 하면서도 이집트 군주, 즉 이 세상에서 가장 오래되고 가장 횡포했던 독재 군주에 대항했다. 그들은 광야로 도망쳤고 대규모 주민총회에서 율법을 받았다. 오래 전에 세워진 도시가 아니라 헐벗은 산등성이에서 심지어 왕을 자처하지도 않는 야생의 지도자로부터 율법을 받았다. 모세의 시내 산이 어디인지는 정확히 알 수 없다. 아마 화산 활동이 멈추지 않은 활화산이었을 것이다. 지금의 시내 산 수도원은 기독교 유적지 중 하나다. 시내 산 수도원이 생긴 것은 AD 4세기로 거슬러 올라간다. 어쩌면 약 200년 전일지도 모른다. 설사 이 추정이 맞다 하더라도 그때는 모세가 시내 산에서 내려온 지 1450년이 지난 뒤다. 이스라엘 자손이 가나안에 정착한 뒤 모세의 시내 산은 수대에 걸쳐 순례지가 되었을 가능성이 크다. 하지만 그 전통은 결국 사라졌고 위치 역시 기억에서 사라져버렸기에 초기 기독교인들이 정확한 장소를 찾아갔을 것 같지는 않다.

어쨌든 강렬하고 지독한 아름다움을 지닌 이 극적인 장소는 시의 소재로 손색이 없었다. 그 시대의 도시와 권력과 부에 대해서는 알지 못했으나 세상의 질서를 뛰어넘는 도덕 질서가 있음을 알았던 개혁 민족이 태동하기에 시내 산은 안성맞춤이었다. 후에 제2 이사야서의 극적인 본문은 고난당하는 주의 종을 묘사하면서 그의 무기력함을 찬양하고 결국에는 그가 승리한다고 표현한다. 더 나중에는 바울 사도가 이렇게 묻는다. "하나님께서는 이 세상의 지혜를 어리석게 하신 것이 아닙니까?" 그리고 성경을 인용하여 이렇게 답한다. "성경에 기록하기를 '내가 지혜로운 자들의 지혜를 멸하고, 총명한 자들의 총명을 폐할 것이다' 하였습니

다."[118] 이러한 전통은 시내 산에서 발원했다.[119]

오랜 기간 나그네와 떠돌이로 지낸 탓에 이스라엘 자손에게 출애굽과 광야와 시내 산에서의 방랑은 그리 낯선 경험이 아니었다. 대략 반세기에 걸쳐 이루어진 이 사건은 이스라엘 자손의 특이성과 도덕률 폐기론, 예외성을 확인해준다. 유대인 역사가 살로 배런이 지적한 것처럼 그들이 섬기는 하나님이 시내 산에서 모습을 드러냈음에도 여전히 하나님을 아브라함 시대처럼 이동하시는 분으로 여긴 것은 참 기이한 일이다. 하나님은 법궤라 불리는 공들여 만든 상자 위에 거하거나 장막 안에 있는 성막에 나타나시거나 우림과 둠밈이라는 제비뽑기를 통해 자기 뜻을 나타내셨다.[120]

이런 사상은 심지어 성전 시대에도 계속되었다. 하나님에게 일정한 거처가 없다는 사상은 성전 파괴 이후에 자연스럽게 다시 등장했고 이후 유대교에서 무엇보다 중요한 사상이 되었다. 이는 아니 계신 곳이 없으나 보이지 않는 하나님이라는 유대교 사상과 자연스럽게 들어맞는다. 이 것은 또한 이스라엘 민족의 비범한 적응력, 즉 어디에서든 빨리 자리 잡거나 이주하면서 공동체를 재건하는 능력, 주변 여건과 관계없이 목적을 향해 질주하는 놀라운 끈기를 반영한다. 살로 배런이 지적한 것처럼 "확장하고 정복해나가는 정치적 힘보다 참고 인내하는 종교적이고 민족적인 힘이 유대인의 신념과 행동의 주춧돌이 되었다."[121]

여호수아의 정복과 고고학 기록

이스라엘 자손에게 가만히 있지 못하는 성향이 있긴 했지만, 기원이나 성향상 그들은 광야 유목민이 아니었다는 점을 다시금 강조하고 싶다. 시나이 반도에서의 방랑조차 진정한 유목 생활은 아니었다. 대략 37년의 세월을 다루는 출애굽 이야기의 상당 부분은 가데스(카데시) 정복에 초점이 맞춰져 있다. 비옥하고 물이 풍부했던 가데스는 이스라엘이 그곳 정착민 아말렉 족속에게서 빼앗은 도시였다. 출애굽기에서 언급되는 다른 지역의 위치를 정확히 확인하기는 어렵다. 종종 시내 광야에서의 방랑을 지도에 표시하려는 시도가 있었다. 그런 작업이 사람들의 관심을 끌 수 있을지는 모르지만, 어디까지나 추정에 불과하다.[122]

한 가지 흥미로운 이론은 모세의 지파이자 얼마 후 제사장 지파로서 배타적 권리를 소유하게 된 레위 지파가 가데스에 정착한 최초의 사람이고, 거기서 그들이 새 종교를 더 정교하게 다듬었다는 주장이다. 다른 지파들은 이미 가나안에 거하고 있었다. 약속의 땅에 들어간 마지막 지파는 이집트에서 나온 요셉 지파와 모세에 의해 야훼를 열렬히 경배하는 이들로 변화된 가데스의 레위 지파였다. 그 역동적인 자극 아래 새로운 이스라엘 사회가 형성되었고 종교가 촉매 역할을 했다는 것이 그들의 주장이다.[123] 꽤 그럴듯한 이론이지만, 이를 증명할 길은 없다.

그러나 가나안 진입과 정복과 관련해 고고학 증거가 더 많이 나와서 성경의 기록을 확증하고 조명함에 따라 역사적 사건이 좀 더 명확해지기 시작했다. 이스라엘 최초의 위대한 군사령관의 이름을 딴 여호수아서는 조건부이긴 하지만 역사 기록으로 간주할 수 있다. 에브라임 지파인 눈의 아들 여호수아는 모세의 호위 수장으로 시내 산에서는 모세의 경호원으로 활동하며 장막의 호위를 관할했다.

여호수아가 군사적으로 명성을 얻은 것은 시내 광야에서 방랑하던 중 아말렉 족장이 이끄는 무리와 르바임에서 치명적인 전투를 벌였을 때였다. 모세는 여호수아에게 "가서 아말렉과 싸우라"고 명령했고 자신은 "언덕 정상에 하나님의 지팡이를 손에 들고 섰다." 아론과 훌은 전사들의 용기를 북돋기 위해 늙은 예언자 모세의 팔을 높이 들었고 "해가 질 때까지 그가 팔을 내리지 않았다. 이렇게 해서 여호수아는 아말렉과 그 백성을 칼로 무찔렀다."[124] 죽기 직전에 모세는 여호수아에게 지휘권을 양도했고 거룩한 의식을 통해 "그가 총회를 주관하게 하였다." 이 의식을 통해 여호수아는 장군이자 예언자가 되었다. "모세가 눈의 아들 여호수아에게 안수하였으므로, 여호수아에게 지혜의 영이 넘쳤다."[125]

여호수아는 이렇게 가나안 정복을 시작해 대부분의 임무를 완수했다. 물론 여호수아가 처음부터 모든 이스라엘 사람을 지휘한 것이 아닐 수 있다. 또한 전면적인 침략을 시도하지 않았을 수도 있다. 대부분의 정착 과정은 침투 과정이었다. 또한 세겜 같은 도시의 예에서 이미 살펴본 것처럼 고통받는 지파들을 결속시키는 과정이었을 수도 있다. 그러나 작은 전투가 수없이 있었고 그중에는 빛나는 포위 전투도 있었다.

가나안 원주민들은 이스라엘보다 뛰어난 물질문명을 소유했으며 굳건하게 세워진 성읍은 물론이고 훨씬 더 우수한 무기를 가지고 있었다. 가나안을 정복하는 이스라엘 자손이 필사적으로 싸우고 성을 점령했을 때 무자비한 태도를 보인 이유도 어쩌면 그 때문이었을 것이다.

요단(요르단) 강을 건너 처음 정복한 곳은 세계에서 가장 오래된 도시 여리고였다. 캐슬린 케년의 발굴 작업과 탄소동위원소 측정에 따르면, 여리고의 역사는 BC 7000년대까지 거슬러 올라간다. 청동기 시대 초기와 중기에 여리고는 거대한 성벽을 갖추고 있었다. 그들의 방어력이 얼마나 대단했는지는 생생하게 묘사된 성경 본문에서 충분히 짐작할 수 있다. 예언자이자 군사령관인 여호수아는 제사장들에게 법궤를 메고 양각 나팔을 가지고 엿새 동안 성 주위를 돌라고 명한다. 그리고 일곱째 날에 "제사장들이 나팔을 불 때" 모든 백성에게 "큰소리로 외쳐라!"라고 명하며 "주님께서 너희에게 이 성을 주셨다"라고 말한다. 그러자 "제사장들이 나팔을 불었다. 그 나팔 소리를 듣고서, 백성이 일제히 큰소리로 외치니, 성벽이 무너져내렸다. 백성이 일제히 성으로 진격하여 그 성을 점령하였다."[126]

케년은 여리고 성벽이 풍화작용으로 파괴된 것으로 보았지만, 어떤 작용을 거쳐 파괴되었는지 충분히 밝혀내지 못했다. 케년은 이스라엘 자손이 하나님이 개입하셨다고 여기는 그 사건이 지진일 수도 있다고 생각했다. 성경은 이렇게 말한다. "성 안에 있는 사람을, 남자나 여자나 어른이나 아이를 가리지 않고 모두 전멸시켜서 희생 제물로 바치고, 소나 양이나 나귀까지도 모조리 칼로 전멸시켜서 희생 제물로 바쳤다." 결국 캐슬린 케년은 다음과 같은 결론을 내렸다. "그 성은 이 시기에 불타버린 것으로 보이고, 그 후로 매우 오랜 기간 재정착이 이루어지지 않았다. 이것은 누구도 그 성을 재건해서는 안 된다는 여호수아의 결정, 그리고 다음과 같은 저주 때문이었다. '이 여리고 성을 일으켜 다시 세우겠다고 하는 자는, 주 앞에서 저주를 받을 것이다.'"[127]

여호수아는 다른 방법이 있는 경우 성을 습격하지 않았다. 항복이나 동맹, 평화로운 정착을 위한 협상을 선호했다. 이것은 기브온에서 일어난 사건에서도 확인할 수 있다. 기브온 원주민들이 계약 조건으로 자신을 속였다는 것이 발각되자 여호수와는 이스라엘 자손이 그들에게 보복하는 것을 막아주기는 했지만 "그들을, 회중을 섬기고 주님의 제단을 돌보는 종으로 삼아, 나무를 패고 물을 긷는 일을 맡게 하였다."[128]

성경의 기록에 따르면, 기브온은 큰 성읍이고 왕의 도성들 가운데 하나였다. 정확한 위치는 2차 세계대전 이후에 미국의 고고학자 제임스 프리처드에 의해 밝혀졌다. 성경에는 기브온에 대한 언급이 마흔다섯 번 나오는데, 프리처드는 그중 많은 것을 확인할 수 있었다. 훌륭한 포도주

생산지였던 기브온 지하에는 41리터짜리 통으로 만든 포도주 저장실이 갖춰져 있었다. 그 통에 달린 손잡이 스물다섯 개에서 프리처드는 gb'n 이라는 글자를 발견했다.[129] 기브온을 이스라엘에게 빼앗긴 것은 매우 중대한 사건이었기에 다섯 명의 아모리 왕은 그곳을 재탈환하려 했다. 여호수아는 기브온을 구하기 위해서 모든 군사와 용사로 더불어 길갈에서 와서 우박을 동반한 폭풍 속에서 치열한 전투를 치르고 아모리인을 격퇴시켰다. 당시 여호수와는 소규모나마 정규군을 갖추고 있었다. 성경은 "우박으로 죽은 자가 이스라엘 자손의 칼에 찔려서 죽은 자보다 더 많았다"고 증언한다. 성경에는 극적인 장면이 하나 이어진다. 여호수아는 아모리 군대를 파멸시키기 위해 한낮의 햇빛이 필요했다. 그래서 주께 기도하며 그들을 쓸어버릴 수 있는 날씨를 간구했다. "'태양아, 기브온 위에 머물러라! 달아, 아얄론 골짜기에 머물러라!' 백성이 그 원수를 정복할 때까지 태양이 멈추고, 달이 멈추어 섰다."[130]

그 후 여호수아는 하솔의 왕 야빈을 상대로 훨씬 더 의미 있는 승리를 거두었다. 야빈은 침입자 이스라엘을 몰아내고자 가나안 북부에서 정치적 연합을 결성하려 했던 인물이다. 그는 엄청난 병력의 군대를 소집했는데 그 수가 "바닷가의 모래와 같이 많았다." 그러나 주께서는 "그들의 병거를 불살랐다." 그 후에 여호수아는 "하솔을 점령하고, 그 왕을 칼로 쳤다. … 그 하솔 성 안에 있는 모든 사람을, 전멸시켜서 바치는 희생 제물로 삼아 칼로 쳤고, 호흡이 있는 사람은 하나도 남겨두지 않았으며, 그 성은 불 질렀다."[131] 하솔은 이스라엘 총사령관이자 고고학자였던 이가엘 야딘에 의해 1955년부터 1959년까지 철저하게 발굴되었다. 야딘은 5만 명 이상을 수용할 수 있는 200에이커 규모의 하단부를 갖춘 거대하고도 화려한 도시를 발견했다. 도시에는 튼튼한 성문과 거대한 성벽이 있었다. BC 13세기, 즉 이스라엘의 정복기에 불타고 파괴된 증거는 성경의 기록과 완전히 일치한다. 야딘은 하솔 유적에서 의도적으로 절단된 달의 신 바알 함몬의 성전 신상과 그의 아내 타니트의 것으로 추정되는, 위를 향해 들어 올린 손 조각을 발견했다. 여호수아의 병사들이 그들의 제단을 헐어버리라는 명령을 수행한 것이 사실로 명확히 드러난 것이다.[132]

이렇듯 여러 번에 걸쳐 장엄한 승리를 거두었으나 여호수아는 죽을 때까지 가나안 정복을 완수하지 못했다. 이스라엘의 정착지가 강화되고 미정복 성이 줄어들고 마지막으로 해안 지역을 정복하기까지 BC 1200년부터 1000년까지 200년이 걸렸고 이스라엘 통일 왕국이 들어선 BC 10세기 말에 가서야 가나안 정복은 완성되었다. 이스라엘 여러 지파는 각각 독립적으로 행동했으며 때로는 서로 싸우기도 했다. 그들은 가나안의 소수민족, 침략을 일삼는 베두인 부족, 새롭게 해안에서부터 밀고 들어온 블레셋 족속까지 여러 적과 대치했다. 또한 가나안을 점령한 뒤에는 자신들이 파괴한 도시를 재건하고 땅을 일구어야 했다. 여호수아서에서 하나님은 그들에게 이렇게 말씀하신다. "너희가 일구지 아니한 땅과 너희가 세우지 아니한 성읍을 내가 너희에게 주어서, 너희가 그 안에서 살고 있다. 너희는 너희가 심지도 아니한 포도밭과 올리브 밭에서 열매를 따 먹고 있는 것이다."[133]

이것은 이스라엘 자손이 이전 가나안 원주민과 비교했을 때 문명사회의 기술, 특히 건축과 토기 면에서 놀라울 정도로 열등했음을 보여주는 고고학적 발굴로 확증되고도 남는다.[134] 이스라엘 자손들은 배워야 할 것이 많았다.

사사: 카리스마 있는 비행자

팔레스타인은 비록 면적은 좁지만, 지리적·기후적 특징을 기준으로 40개 지역으로 구분될 만큼 다양성을 지닌 지역이다.[135] 이와 같은 특징은 팔레스타인 땅에 눈부신 매력과 아름다움을 부여한다. 그러나 또한 이런 특징은 지파 간의 구분을 항구적인 것으로 만들어 통합을 방해하는 요소가 되었다. 평등, 상호 토론, 신랄한 논쟁과 논의는 이스라엘 자손 사이에서 확실한 전통으로 자리 잡았다. 그들은 직업군을 유지하기 위해 무거운 세금을 부과하는 중앙집권체제를 혐오했고, 세금을 내지 않고 지파별 소집을 통한 군 복무를 선호했다.

정착 후 처음 2세기를 다루는 사사기는 실제 이스라엘 자손이 받아들이기 어려울 정도로 지도부가 많았다는 인상을 준다. 사사는 권력을 세습하는 국가 차원의 지도자는 아니었다. 일반적으로 사사는 한 지파를 주관했으며 몇몇 사사는 동시대 인물일 가능성도 있다. 그래서 모든 군사 제휴는 특별한 원칙에 따라 협의되었다.

납달리 게데스의 지도자 바락이 전사이자 여선지자였던 드보라에게 "그대가 나와 함께 가면 나도 가겠지만, 그대가 나와 함께 가지 않으면 나도 가지 않겠소"라고 한 말에도 이런 성향이 잘 나타나 있다.[136] 의심의 여지없이 확실한 역사서인 사사기는 후기 청동기 가나안에 관한 매혹적인 자료로 가득 차 있다. 그렇지만 신화적 자료와 공상의 산물이 섞여 있는데다 조금 복잡한 방식으로 서술되어 있어서 당시의 역사를 밝히는 데 어려움이 따른다.

그러나 이것이 그리 큰 문제가 되지 않는 이유는 사사기가 전하는 내용이 아주 중요하기 때문이다. 사사기는 본디 민주적이고 실력을 중시하는 이스라엘 사회의 성격을 조명해준다. 사사기는 카리스마를 지닌 영웅들에 관한 책이다. 그들 대부분은 사회적으로 낮은 계층 출신이다. 하지만 자신의 노력과 하나님의 은총과 선택 가운데 주어진 능력을 십분 발휘해 성공한 인물이었다. 예를 들어 종려나무 성읍인 여리고를 점령한 모압 왕 에글론이 베냐민 지파를 압제하자 "주님께서 그들에게 한 구원자를 세우셨"다. 그런데 성경은 그가 왼손잡이 에훗이었다고 말한다. 당시 왼손잡이는 매우 큰 약점으로 간주되었고 특별히 가난한 사람을 지칭하는 용어였다. 에훗 역시 가난했기에 무기조차 구입하지 못했다. 그래서 에훗은 직접 "길이가 한 자쯤 되는 양쪽에 날이 선 칼을 만들어서 오른쪽 허벅지 옷 속에 차고, 모압 왕 에글론에게 가서 조공을 바쳤다." 조공을 빌미로 에글론 앞에 나아갈 기회를 얻은 것이다. 살이 많이 찐 에글론은 마침 시원한 다락방에 홀로 앉아 있었다. 에훗은 오른쪽 허벅지에서 직접 만든 "칼을 뽑아 왕의 배를 찔렀다. 칼자루까지도 칼날을 따라 들어가서 칼 끝이 등 뒤로 나왔다. 에훗이 그 칼을 빼내지 않았으므로, 기름기가 칼에 엉겨 붙었다." 대담하고도 노련했던 이 암살이 성공한 덕분에 에훗은 한 지역의 지휘관이 되어 모압을 정복했고 "그 땅에는 팔십년 동안 전쟁이 없이 평온하였다."**137**

가난한 왼손잡이뿐 아니라 여자도 영웅의 자질을 보이면 지휘관의 자리에 올랐다. 오아시스 지역 출신의 또 다른 인물 드보라는 예언하고 노래하는 열렬하고 독실한 신비주의자였다. 드보라가 종려나무 아래에 앉아 있으면 그 지역 사람들이 와서 재판을 받곤 했다. 성경에 별다른 언급이 없는 랍비돗이라는 인물과 결혼한 이 비범한 여인은 가나안의 강력한 왕 중 하나였던 야빈에 대항해 군사 연합을 구성해서 야빈의 군대를 격퇴한다. 한편 패배한 가나안의 장수 시스라는 드보라보다 훨씬 더 모진 이스라엘 여인, 즉 겐 사람 헤벨의 아내 야엘의 천막으로 도주했다. 야엘은 그를 위해 잠자리를 마련해주고 그가 잠들자 "장막 말뚝을 가져와서, 망치를 손에 들고 가만히 그에게 다가가서, 말뚝을 그의 관자놀이에 박았다. 그 말뚝이 관자놀이를 꿰뚫고 땅에 박히니 그가 죽었다."[138] 이에 드보라는 예언자의 상징이었던 특별한 음조로 승리의 찬가를 지었다. 야만적이면서도 아름다운 이 시는 승리를 위해 저지른 섬뜩하고도 믿기 어려운 행위를 자세히 노래하고 있다.

그다음에 등장하는 입다는 사사 중에서 가장 낮은 계층 출신으로 매춘부의 아들이었다. 형들은 자기들과 어머니가 다르다는 이유로 아직 어린 입다를 아버지 집에서 쫓아냈다. 선택의 여지가 없었던 입다는 척박한 지역에 살면서 무리를 형성해나갔다. "건달패들이 입다에게 모여들어 그를 따라다녔다."[139] 암몬 사람들이 공격해왔을 때 이 건달패의 지도자 입다는 그 지역 이스라엘 사회의 주요 인사들의 방문을 받는다. 이스라엘 역사의 전형적 특징이라 할 수 있는, 상황이 역전될 실마리가 보이는 대목이다. 그들은 입다에게 자기들의 군 지휘관이 되어달라고 요청했다.

입다는 평화 시에도 계속 지도자로 남는다는 조건 아래 요청을 수락한다. 평화 협정을 체결하는 막중한 임무를 앞두고 입다는 주님의 도움을 간청하며 엄청난 맹세를 한다. 이렇듯 늘 예기치 못한 사건 전개를 보이는 것도 사사기의 특징이다. 특히 이 본문은 당시의 외교적·종교적 절차와 관련하여 흥미로운 단면을 보여준다. 입다는 하나님의 도움을 받아 전투에서 적들을 격퇴하고 스무 개 도시를 "쳐부수고 무찔렀다. 그리하여 암몬 자손은 이스라엘 자손 앞에 항복하고 말았다." 그런데 입다가 했던 맹세가 문제였다. 입다는 전쟁이 끝나고 집에 돌아갔을 때 처음 만나는 이가 누구든 그 사람을 주께 바치겠다고 맹세했다. 결국 희생 제물은 입다의 무남독녀가 되고 만다. "딸이 소고를 치고 춤추며 나와서 그를 맞이한" 것이다. 이 기이하고도 충격적인 이야기에서 입다는 자식을 희생 제물로 바치기로 한 맹세를 이행할 수밖에 없다고 생각했다. 딸은 순순히 자신의 운명을 받아들이며 두 달의 유예기간을 달라고 요구한다. 처녀로 죽게 된 그녀는 친구들과 함께 산으로 가서 실컷 울게 해달라고 요청했다.[140] 우리는 이 순결하고도 비극적인 소녀의 이름조차 알지 못한다.

사사기에서 가장 기묘한 것은 삼손의 성공과 실패, 순교자적 죽음을 묘사하는 석 장이다. 삼손 역시 낮은 계층 출신이었다. 그는 자르지 않은 긴 머리털을 지닌 나실인이었고 지금은 알려져 있지 않은 특정한 방식으로 하나님에게 바쳐진 인물이었다. 이 이야기에는 그를 이스라엘식 헤라클레스로 만드는 신화적 요소가 깃들어 있긴 하지만, 삼손은 어디까지나 실존 인물이다. 삼손은 책임을 회피하는 소년의 모습과 용감한 영웅의 모습을 함께 보여주는 흥미로운 인물이다. 강하면서도 한편으로는 얼뜨기 같고, 폭력에 대한 편집적 경향을 보이고, 파괴와 방화를 즐기고, 천박한 유흥과 아름다운 여인을 좋아했던 인물이다. 사사기는 이렇듯 종종 범죄자에 가까운 인물, 즉 사회에서 버림받은 자와 사회 부적응자가 큰 공을 쌓아 민족의 영웅이나 종교적 영웅이 되어 하나님과 이스라엘 사회를 섬기는 예를 반복해서 보여준다. 그 대표적인 예가 삼손이다.

종교 특성상 이스라엘은 금욕적인 사회였으나 하나님은 종종 죄인들을 향해 나아가셨고, 또 죄인들이 하나님에게로 돌이킬 때 관대하게 응답하셨다. 이는 실로 놀라운 일이다. 수치를 당하고 눈멀고 놋쇠로 만든 족쇄를 찬 삼손은 주께 소리친다. "주 하나님, 나를 기억하여 주시기를 간절히 바랍니다. 하나님, 이번 한 번만 힘을 주시기를 간절히 바랍니다. 나의 두 눈을 뽑은 블레셋 사람들에게 단번에 원수를 갚게 하여주십시오."[141] 성경이 직접 언급하고 있지는 않지만, 하나님이 분명하게 응답하셨던 것 같다. 삼손이 세운 공적 중 일부는 사사기 기록 가운데 개연성이 적어 보일 수 있지만, 이야기의 배경만큼은 확실한 사실이다. 해안 지역에서 밀고 들어오는 블레셋의 압박은 이제 막 시작된 참이었고 전쟁으로 확대되지도 않았다. 삼손도 군대를 이끌지는 않았다. 블레셋과 이스라엘 사이에는 지속적인 접촉과 교역이 있었고 심지어 결혼도 이루어졌다. 이는 이스라엘 도시 벳세메스에서 발견된 블레셋의 유물 등의 고고학 증거로 확증된 사실이다.[142] 사사기의 모든 기적은 언제나 사실을 기반으로 이루어졌다.

이를 통해 그 시대의 두 번째 특징을 알 수 있다. 사사기는 전 세계 모든 문학 작품 중 단편으로 구성된 가장 위대한 작품으로 손꼽힌다. 이 점에서도 이스라엘 민족의 상상력이 얼마나 풍부한지 잘 입증된다. 일관된 주제를 바탕으로 놀라울 정도로 다양한 사건이 아주 간결한 방식으로 제시되어 있다는 점에서 사사기는 정말 탁월하다. 인물들의 특성이 한두 문장으로 간결하게 설명되고 페이지를 넘길 때마다 빠른 장면 전환이 이루어진다. 정교하게 선별된 세부 내용은 이야기의 배경에 활기를 불어넣고 이야기는 빠른 속도로 능수능란하게 진행된다.

여기서 우리는 성경의 또 다른 특징을 하나 발견한다. 불필요할 수도 있지만 절대 간과할 수 없는 세세한 묘사가 그 주인공이다. 12장에 나오는 사건을 보자. 도주하다 요단 나루턱에서 붙잡힌 에브라임 지파 사람들은 억지로 '쉬볼렛'이라는 단어를 말해야 했다. 길르앗 사람들은 에브라임 지파 사람들이 마찰음 '쉬'를 발음할 수 없다는 점을 알고 있었다. 그래서 '시볼렛'이라고 발음하는 사람은 정체가 탄로나 죽임을 당했다.[143] 이런 세세한 묘사는 전체 이야기에서 중요한 것은 아니지만, 생략하기 어려운 강렬한 인상을 남긴다.

섬세함이 살아 있는 이러한 서술 경향은 사무엘상에 수록되어 있는 젊은 다윗의 이야기에서도 찾아볼 수 있다. 다윗은 가드 왕 아기스 앞에서 미친 체하며 "성문 문짝 위에 아무렇게나 글자를 긁적거리기도 하고, 수염에 침을 질질 흘리기도" 한다. 그러자 아기스가 화를 내며 말한다. "나에게 미치광이가 부족해서 저런 자까지 데려다가 내 앞에서 미친 짓을 하게 하느냐?"[144] 재기 넘치는 사무엘하의 기자는 여호야다의 아들이자 솔로몬의 장관이었던 브나야에 관해서도 흥미로운 이야기를 전할 필요가 있다고 느꼈던 모양이다. 브나야는 "공적을 많이 세운 용사였다. 바로 그가 사자처럼 기운이 센 모압의 장수 아리엘의 아들 둘을 쳐죽였고, 또 눈이 내리는 어느 날, 구덩이에 내려가서, 거기에 빠진 사자를 때려죽였다. 그는 또 이집트 사람 하나를 죽였는데, 그 이집트 사람은 풍채가 당당하였다. 그 이집트 사람은 창을 들고 있었으나, 브나야는 막대기 하나만을 가지고 그에게 덤벼들어서, 오히려 그 이집트 사람의 손에서 창을 빼앗아, 그 창으로 그를 죽였다."[145]

이러한 세밀한 묘사는 아무 의도 없이 또는 그저 문학적인 이유로 나타난 것이 아니라 역사적인 이유에서 나온 것이다. 이스라엘 자손은 과거에 대한 애착이 아주 강해서 교훈이 분명하지 않거나 교훈을 전할 목적이 없는 경우에도 생생한 자료로 자신들의 이야기를 채워나갔다. 사사기와 사무엘서에 수록된 이야기는 그냥 단편적인 이야기가 아니다. 그 이야기는 모두 역사다.

사실, 사무엘서에 나오는 이야기는 거대한 역사를 구성한다. 이 시기의 이스라엘 문헌에 이방 신화나 연대기가 무의미하게 나오는 예는 없다. 이야기는 하나님과 백성의 관계를 고양시키고 때로는 경각심을 심어주려는 포괄적인 목적에 맞추어 배열된다. 또 그 목적이 매우 중요하기에 이야기에 빈틈이 없다. 이는 성경 기자가 진심으로 이야기를 신뢰했다는 것을 말해준다. 이야기는 역사이며 전쟁과 정복은 각종 제도의 발전을 다루고 있기에 특히 교훈적인 역사라 할 수 있다.

사사기는 한편으로는 소박한 이야기이지만, 또 한편으로는 입법제도 발전에 관한 일종의 보고서와 같다. 이스라엘 자손이 가혹한 현실 때문에 민주적 신정정치를 변형시켜 제한적 왕권제도를 확립하는 단계로 나아갈 수밖에 없었던 상황을 보여주기 때문이다. 초반부인 6-8장에서 사사기는 초라하고 낮은 계층에 속한 또 다른 인물 기드온의 이야기를 전한다. 그는 포도주 틀로 밀 이삭을 털고 있던 인물이지만, 하나님의 선택을 받고 커다란 용기를 지닌 용사로 변신한다. 처음에는 겨우 300명 정도로 구성된 소규모 군대의 지도자에 불과했으나, 아주 큰 승리를 거둔 덕분에 이스라엘 역사상 최초로 세습 왕권을 세우라는 요청을 받기에 이른다. "그 뒤에 이스라엘 사람들이 기드온에게 말하였다. 장군께서 우리를 미디안의 손에서 구하여주셨으니, 장군께서 우리를 다스리시고, 대를 이어 아들과 손자가 우리를 다스리게 하여주십시오." 그러자 기드온은 이렇게 대답한다. "나는 여러분을 다스리지 않을 것입니다. 나의 아들도 여러분을 다스리지 않을 것입니다. 오직 주님께서 여러분을 다스리실 것입니다." 이 의롭고 겸손한 사람은 왕관을 거부하면서 이스라엘이 아직도 신정정치 체제임을 강조한다.

그럼에도 몇몇 역사가는 기드온의 아들 아비멜렉만 아니었다면 기드온 가문이 이스라엘의 왕가가 될 수 있었을 것이라고 주장한다. 아비멜렉은 점차 흉악해져 아버지의 아들들 일흔 명을 살해함으로써 성경 전체에서 가장 경악할 만한 죄악을 저질렀다.[146] 그 비극적인 사건으로 말미암아 기드온의 가문은 사라지고 말았다. 그러나 사사기의 나머지 상당 부분은 분열된 지파 제도에 내포된 불만을 암묵적으로 반복해서 보여준다. "그때에 이스라엘에 왕이 없으므로 사람은 저마다 자기의 뜻에 맞는 대로 하였다."

입다의 이야기는 이스라엘 내전이라는 간략하고 폭력적인 사건으로 끝난다. 사사기의 마지막 석 장은 베냐민 지파의 도시 기브아에서 한 레위인의 첩이 끔찍하게 성폭행당한 후 살해된 사건을 들려준다. 베냐민 지파와 나머지 다른 지파들 사이의 처절한 분쟁을 불러 온 이 사건은 트로이 전쟁의 축소판 같았다. 이스라엘 지파가 서로 다투는 이 시기에 블레셋의 위협은 점점 더 심해지고 있었다. 그런 사실들을 일부러 제시한 것은 일부 학자들의 주장처럼 왕조 수립을 합리화하기 위해 과거 사건까지 끄집어낸 선전의 일환일 수도 있다. 그러나 그런 사건이 있었던 것만은 사실이다. 외부의 적은 이스라엘 지파를 단결시켰고 다른 대안이 없었던 이스라엘은 전쟁을 위해 중앙집권체제를 채택할 수밖에 없었다.

블레셋 민족은 과거 이스라엘이 점진적으로 쫓아냈거나 노예로 삼았던 가나안 원주민과는 비교할 수 없을 정도로 위험한 적이었다. 사실 성경이 반복적으로 암시하는 내용에 비추어보면, 이스라엘 자손은 가나안 땅을 점령한 것에 일종의 죄책감을 느끼고 있었다.[147] 이는 20세기에 고향을 잃은 팔레스타인 아랍인에게 현대 이스라엘인이 느끼는 죄책감을 기묘하게 예시한 사건이라 할 만하다. 그러나 이스라엘 자손은 가나안 정복이 신앙에서 우러나온 경건한 행동이었다는 신념 아래 후회하는 마음을 감추었다. "주님께서 이 민족을 당신들 앞에서 내쫓은 것은, 그들이 악하기 때문입니다."[148]

가나안 족속과 대조적으로 블레셋 족속은 침략자였으며 거기에는 의심의 여지가 없었다. 그들은 후기 청동기의 가장 약탈적인 민족, 말하자면 해상민족이었다. 그들은 크레타에 남아 있던 미노아 문명을 파괴하고 이집트까지 점령하려 했던 민족이다. 카르낙 신전 벽화에 장엄하게 묘사되어 있는 전투에서 19왕조의 위대한 파라오 람세스 3세는 그들을 나일 지역에서 몰아냈고 이들 블레셋 족속(펠리시테인)은 북동쪽으로 방향을 틀고 자기들의 이름을 따 팔레스타인이라 부르는 해안지대에 거주지를 확립했다. 그곳에 그들이 세운 거대한 다섯 개의 도시, 즉 아슈켈론(아스글론), 아슈도드(아스돗), 에크론(에그론), 가트(가드), 가자는 현재 체계적인 발굴이 이루어지지 않아서 그들의 문명에 대해서는 아직도 연구해야 할 과제가 많다. 그러나 의심할 여지없이 그들은 호전적이었다. 이미 철제 무기를 사용했고 봉건 군대를 거느린 귀족정치 아래 엄격한 훈련을 받고 조직되었다. BC 1050년경 해안 지역에 사는 가나안 원주민을 전멸시킨 후 블레셋 족속은 당시 이스라엘이 주로 점령했던 내륙 산악지대를 향해 엄청난 대이동을 감행했다. 그들은 남쪽에 있는 유다 지역 대부분을 점령했던 것으로 보이지만, 요르단 동편이나 북부 갈릴리 지역은 손에 넣지 못했던 것 같다. 베냐민 지파는 그들로 인해 가장 큰 고통을 겪고 저항의 선봉에 섰다.[149]

블레셋을 상대로 국가 규모의 전투를 전개하며 시작된 이 시대는 특이할 정도로 기록을 많이 남겼다. 이 시기에 이르러 이스라엘 자손은 역사 서술에 강한 열망을 키워나갔다. 그러나 대부분의 자료가 완전히 소실되고 말았다. 흥미롭게도 사사기는 그 소실된 역사에 관하여 언급한다. 또한 이스라엘 왕 역대지략, 유다 왕 역대지략, 솔로몬의 행장 등 다른 여러 저작에 대해서도 언급한다. 그러나 현존하는 저작, 특별히 사무엘서 두 권과 열왕기서 두 권은 고대의 위대한 저작을 통틀어 가장 방대한 규모의 역사서다. 이 책들에는 왕실의 서고부터 관료 명단, 지방 관리, 심지어 왕실 식당 메뉴에 이르기까지 많은 자료를 곳곳에 삽입되어 있다.[150] 이 시대부터 성경에 수록된 왕의 명단과 이집트 파라오의 법규 목록, 아시리아의 림무, 이름의 시조 목록 같은 성경 이외의 자료들의 연대를 비교하는 표를 작성할 수 있다. 이러한 비교를 통해 정확한 연대를 추정할 수 있다. 초기 왕정시대는 오차 범위가 10년 정도이지만, 후대로 가면 상당히 정확한 연대 추정이 가능하다. 이로써 사울이 BC 1005년에 죽었다는 사실, 다윗이 BC 966년까지 통치했다는 사실, 솔로몬이 BC 926년이나 925년에 죽었다는 사실을 정확히 추정해냈다.

더욱이 성경 기록은 이스라엘 민족의 드라마에 등장하는 주요 인물을 놀라울 정도로 생생하게 묘사한다. 그와 같은 설명은 대략 500년 후 그리스의 정교한 역사가들이 발견한 기록에 필적하거나 능가할 정도다. 또한 성경 기록은 윤리적 배경 면에서도 확고한 일관성을 보인다. 그렇다고 이런 역사적 도덕 체계에 단순히 선과 악만 존재하는 것은 아니다. 한 가지 행동에 담겨 있는 다양한 색채, 무엇보다도 연민과 극심한 슬픔, 복잡하게 얽혀 있는 인간의 애정, 예전에는 사람의 말로 기록한 적이 없는 감정들이 생생히 살아 있다. 물론 관념적인 제도와 선민의식, 입헌 쟁점에 대한 존경심도 나타나 있다.

—

사무엘과 국가적 예언

성경의 기록을 통해 우리는 블레셋의 침략으로 멸망할 위기에 빠진 이스라엘 자손이 이에 대처하기 위해 정치체제를 왕정으로 전환했지만, 이것은 어디까지나 마지못해, 그리고 예언자라는 이전 신정체제의 핵심 인물의 중재를 통해 이루어졌음을 알 수 있다. 아브라함은 예언자였다. 모세는 가장 위대한 예언자였다. 예언자는 이스라엘이 가지고 있던 가장 오래된 직무인 동시에 필수 직무였다. 예언자의 중재를 통해 하나님의 명령이 전달되는 이스라엘식 신정정치에서 예언자는 사회의 중추적 위치를 점하기 때문이다.

예언자를 뜻하는 나비*Nabbi*의 어원은 명확치 않다. 어쩌면 부름을 받은 자 또는 부르는 자를 의미했을 수도 있다. 사무엘서의 중요한 본문에는 "오늘날 우리가 '예언자'라고 하는 이들을 옛적에는 '선견자'라고 불렀다"는 기록이 나온다. 당연히 예언자들은 예견 능력으로 평가받았을 것이다. 그런 사람들은 고대 근동 어디에나 있었다. BC 3000년대 초부터 고대 이집트 역사의 장엄한 흐름을 이룬 것이 바로 신탁과 예언이다. 이 현상은 이집트에서 페니키아인에게 퍼져나갔고 결국 그리스인에게까지 퍼졌다. 플라톤의 대화편 《파이드로스 *Phaedros*》에 따르면 예언할 때 인간의 추론 능력 따위는 필요하지 않았다. 신이 들린 인간은 그저 대리인에 불과하기 때문이다. 신이 들린 상태는 흔히 종교적 열광 또는 영적 무아경에 빠진 것으로 보았다.

이스라엘의 예언자들도 이런 매개자로 활동했다. 무아지경 또는 광분 상태에서 그들은 노래로 때로는 절규로 하나님이 보여주신 환상을 전했다. 음악을 통해 이런 무아지경에 빠지기도 했다. 사무엘이 직접 그 과정을 서술하고 있다. "거문고를 뜯고 소구를 치고 피리를 불고 수금을 뜯으면서 예배 처소에서 내려오는 예언자의 무리를 만날 것입니다. 그들은 모두 춤을 추고 소리를 지르면서 예언을 하고 있을 것입니다."[151] 엘리사도 음악을 요청했다. "'이제 나에게 거문고를 타는 사람을 데려 오십시오.' 그리하여 거문고 타는 사람이 와서 거문고를 타니, 주님의 권능이 엘리사에게 내렸고."[152]

예언자들은 이사야가 지적한 것처럼 향이나 마약, 술도 사용했고 때로는 남용하기도 했다. "제사장과 예언자가 독한 술에 취하여 비틀거리고, 포도주 항아리에 빠졌다. 독한 술에 취하여 휘청거리니, 환상을 제대로 못 보며, 판결을 올바로 하지 못한다."[153]

그러나 이스라엘 사회의 예언자들은 황홀경에 빠져 미래를 예견하려던 사람들을 훨씬 능가했다. 그들은 온갖 영적 역할을 수행했다. 모세와 드보라처럼 경건한 재판관이었다. 예언자들은 어머니 한나가 어린 사무엘을 맡긴 실로 성소 같은 부속학교를 세웠다. 실제로 어린 사무엘은 거기에서 제사장처럼 "모시 에봇을 입고 주님을 섬겼다." 그의 어머니는 "해마다 남편과 함께 매년 제사를 드리러 성소로 올라갈 때마다" 사무엘에게 새 제사장 의복을 가져다주었다.[154]

이렇게 많은 성소에서 제사장과 예언자 그룹이 나란히 활동했고 그들 사이에 특별한 갈등은 없었다. 그러나 거의 처음부터 예언자들은 신앙의 형식보다 내용에 중점을 두었다. 그리하여 유대 역사, 사실은 세계 역사에서 가장 위대한 주제의 막을 열었다. 이것은 사무엘이 한 말에서도 확인된다. "순종이 제사보다 낫고, 말씀을 따르는 것이 숫양의 기름보다 낫습니다."[155]

이는 신앙에서 매우 엄격하고 근본이 되는 요소는 제사장이 수행하는 공허한 의식과 끝없는 희생 제사가 아니라 말씀에 순종하는 것이라는 뜻이다. 그러나 제사장이 기계적 신앙으로 변질되었던 것처럼 예언자도 종파주의에 빠질 위험이 있었다. 사실 사무엘도 삼손처럼 나실인에 속했다. 나실인은 외모를 가꾸지 않았고 머리털을 자르지 않았으며 옷차림도 초라했다. 이러한 종파는 이단에 빠지거나 완전히 다른 종교로 변질될 가능성도 안고 있었다. 나실인은 레갑 가문과 공통점이 많았다. 레갑 가문은 배교자를 대량으로 학살하는 데 앞장섰던 극도로 엄격하고 흉포한 가문이었다. 그들 종파는 가장 극단적인 유일신론자이자 우상파괴자였다. 그들은 광야의 끝, 즉 평범한 지역에서 반유목 생활을 하면서 엄격한 유일신관을 고수했다. 유대교의 종파주의 이단 중 최고봉이라 할 수 있는 이슬람교는 바로 그런 배경에서 탄생했다.[156]

사울과 개헌 논의

당시 많은 예언자가 있었지만, 성경이 강조하는 것처럼 그들 중에는 거짓 예언자가 많았다. 예언자가 영향력을 행사하려면, 극단적인 분파주의를 피하면서 이스라엘 생활의 주요 흐름과 잘 맞아야 했다. 예언자가 맡은 가장 큰 기능은 일반 대중과 어울리며 하나님과 백성 사이에서 중재자 역할을 하는 것이다. 사무엘은 성장한 후 사사로 활동하면서 온 나라를 여행했다.[157] 강한 블레셋 군대가 정착지 중심부를 공격해 이스라엘에 굴욕적인 패배를 안기고 심지어 법궤를 탈취하고 실로에 있던 성소마저 파괴(이것은 어디까지나 추정이다)하자, 이스라엘 자손이 사무엘에게 몰려들었던 일이나 그렇게 절망스러운 상황에서 이스라엘에 왕정을 도입할지, 도입하면 어떤 방식으로 할지 결정하는 중요한 역할을 사무엘이 맡은 것은 아주 자연스러웠다.

이와 관련하여 사무엘상은 사람들이 국가제도를 염려하며 논쟁하는 흥미로운 장면을 소개한다. 확실한 후보자는 있었다. 베냐민 지파 출신의 사울이었다. 사울은 비정규군 지휘관이었고 오로지 자신의 힘과 하나님의 은총만으로 두각을 나타낸 카리스마 있는 이스라엘 지도자의 전형이다. 그러나 사울은 남쪽 출신인데다 북쪽 사람들을 달랠 수 있는 외교수완도 없었던 탓에 북쪽 사람들로부터 지지를 얻지 못했다. 음울하고 무뚝뚝한 사울의 성품은 성경에 꾸밈없이 묘사되어 있다. 산적처럼 표정을 읽을 수 없는 동양적 외모의 권력자, 변덕스러운 관용과 절제할 줄 모르는 분노를 번갈아 보여준 인물, 조울증이 의심되는 태도, 늘 용맹하고 총명했지만 종종 광기로 갈팡질팡하던 성격, 때로는 정신착란과 같은 증세를 보인 사람, 그가 바로 사울이다.

이런 인물에게 기름을 붓기 전에 사무엘이 주저한 것은 당연했다. 사무엘은 또한 백성들에게 이스라엘에 왕을 둔 역사가 없다는 점을 상기시켰다. 당시 예언자의 역할 중 하나가 대중에게 역사를 강의하는 것이었다. 나아가 사무엘은 신정체제인 이스라엘을 왕이 통치하게 하는 것은 하나님의 통치를 거부하는 죄임을 상기시켰다.[158] 사무엘은 국가의 제도사를 개괄하고 "그것을 책에 써서 주 앞에 보관하도록 두었다."[159] 다시 말해 성소에 비치해둔 것이다. 사무엘은 사울의 머리에 기름을 부어 카리스마를 지닌 군사 지도자, **나기드**로 세우는 데는 주저함이 없었으나 그를 세습 왕, 멜렉으로 세우는 것은 망설였다. 멜렉이 되는 것은 이스라엘 지파에 세금을 부과할 수 있는 권리를 갖는 것을 의미했다.[160] 사무엘은 직업군, 가혹한 조세 부담, 강제 노역 등 왕정제도의 온갖 단점을 백성들에게 경고했다. 사무엘은 사울이 갖게 될 권력의 정확한 성격을 두고 마음이 계속 왔다 갔다 했다. 그러나 결국 초반의 승전과 사울의 출중한 외모가 대중을 매혹시켰다. 사실 사울은 보기 드물게 키가 크고 잘생겼다. 이에 사무엘도 왕을 세워달라는 백성들의 요구에 마지못해 동의하면서 하나님의 뜻을 구했고 하나님은 사무엘에게 이렇게 말씀하셨다. "너는 그들의 말을 받아들여서 그들에게 왕을 세워주어라."[161]

하지만 최초의 왕정 도입 시도는 재앙으로 끝나고 말았다. 사울이 이스라엘을 다스린 지 2년에 막강한 블레셋 군대가 에스드라엘론 평원으로 올라와 길보아 산에 이르러 신설된 왕의 군대를 격파하고, 결국에는 사울과 그의 아들 요나단까지 살해했다. 사울에게 내적으로 나라를 하나로 단결시킬 능력이 없었던 것도 사실이지만, 그가 실패한 가장 큰 이유는 왕의 필수 조건인 군사적 소양이 부족했기 때문이다. 사울은 소규모 저항군 지도자에 불과했다. 왕으로서 용병을 모집하기는 했지만, 대규모 정규군을 통제하는 것은 그의 능력 밖이었다.

게다가 사울은 최종적으로 전쟁에서 패하기 전에 이미 제사장들과 사무엘의 지지와 신임을 잃었다. 사무엘상 15장에는 늙은 예언자 사무엘이 전쟁에서 얻은 노획물 때문에 종교적 불순종을 저지른 사울 왕을 공격하는 생생하고도 가슴 아픈 장면이 나온다. 당황한 왕은 자신의 죄를 인정하면서도 백성들 앞에서는 자신에 대한 지지를 표명해달라고 사무엘에게 요청한다. 사울의 요구에 응하기는 했지만, 사무엘은 분노와 절망감에 싸여 초라한 죄수가 된 아말렉 왕 아각에게 다가갔다. 그러자 아각은 "행여 죽을 고비를 넘겼나 싶어 좋아하면서 사무엘 앞에 나왔다." 그러나 사무엘은 제단에서 "아각을 칼로 난도질하여 죽였다." 사울에게 아말렉 족속의 진멸을 요구했던 사무엘은 늘 아말렉 족속을 증오했다.[162] 그 후 사무엘은 다시는 사울 왕을 만나지 않으려 했다. 그럼에도 성경은 사울이 죽임을 당하자 사무엘이 그를 위해 애곡했다고 덧붙인다. 그리고 "주님께서도 사울을 이스라엘의 왕으로 세우신 것을 후회하셨다."

제사장 겸 왕, 다윗

사울이 고용한 용병 중에는 다윗이 있었다. "사울은, 용감한 사람이나 힘센 사람은, 눈에 보이는 대로 자기에게로 불러들였다."[163] 그것이 사울의 정책이었다. 그러나 다윗의 군 경력과 관련해 성경의 두 가지 증언은 조금 혼란스럽다. 목동이었던 다윗은 겸손하고 매력적인 모압 여인 룻의 후손이다. 처음 군인으로 복무하게 되었을 때 다윗은 무기에 대해 아는 바가 전혀 없었다. 다윗은 검과 갑옷을 착용하고 "시험 삼아 몇 걸음 걸어본 다음에… 그것을 다 벗었다. 그렇게 무장을 해본 일이 없었기 때문이다."[164] 엄청난 모험이나 다름없었던 블레셋 용사 골리앗과의 싸움에서 다윗이 사용한 무기는 원시적인 물매였다.

그런데 성경은 또한 다윗이 사울의 관심을 끌게 된 이유가 "수금을 잘 탈 뿐 아니라, 용사이며, 용감한 군인이며, 말도 잘하고, 외모도 좋은 사람"이기 때문이라고 밝힌다.[165] 이렇게 추정해볼 수 있다. 다윗은 여러 시기에 사울을 섬겼으나 전문 군사 훈련은 블레셋 군대에서 용병으로 일할 때 받은 것으로 보인다. 다윗은 새로운 철제 무기 사용법을 포함해 블레셋이 쓰는 전투 방식을 습득했고, 가드 왕 아기스가 그에게 하사한 봉토에서 번창했다. 어쩌면 다윗은 자신을 블레셋인과 동일시했을지도 모른다. 하지만 결국 그는 유다의 왕좌를 선택했다. 한편으로는 블레셋의 군 지휘관으로서, 한편으로는 실수를 거듭하는 사울 왕에 반대하는 세력의 지도자로서 다윗은 그에게 충성을 맹세한 전문 전사와 병사 집단을 양성했다. 이들은 다윗에게 충성을 바치는 대가로 땅을 하사받기를 기대했다. 이것이 바로 사울이 죽은 뒤 다윗이 유다의 왕이 될 수 있었던 원동력이다.

유다의 왕이 된 다윗은 북왕국 이스라엘이 분열하고 사울의 후계자 이스바알(이스보셋)이 암살당할 때까지 기다렸다. 때가 되자 이스라엘의 장로들은 법적 계약을 통해 다윗에게 북왕국의 왕좌에 앉을 것을 제안했다. 여기에서 중요한 것은 다윗의 왕국이 최소한 처음에는 하나의 연합 국가가 아니라 남왕국과 북왕국이라는 별개의 국가로서 다윗과 따로 계약을 맺었다는 것이다.[166] 다윗은 이스라엘 역사상 가장 성공한 왕이자 대중의 인기를 한몸에 받은 왕으로서 왕과 통치자의 모델이 되었다. 이에 다윗이 죽고 약 2000년 뒤 유대인은 다윗의 통치기를 이스라엘 역사의 황금기로 보았다. 그러나 왕좌에 앉아 있는 동안 다윗의 왕권은 늘 불안했다. 다윗이 가장 신뢰했던 세력은 이스라엘 자손이 아니라 그렛 사람과 블렛 사람처럼 이방 용병으로 구성된 사병이었다. 다윗은 직업군에 의지해 권력을 유지했고 군 지휘관들은 땅을 보상으로 받았다. 그리고 그 땅은 지휘관들 수하의 병사들을 유지하는 봉토가 되었다. 지휘관들에게 땅을 하사하려면 먼저 땅을 확보해야 했는데, 정복을 통해 언제나 새로운 땅을 얻을 수 있는 것은 아니었다. 그래서 다윗의 통치에 반대하는 반역과 모반이 여러 번 발생했고 그중 가장 심각했던 사건이 아들 압살롬의 반란이었다. 태생적으로 이스라엘 지파는 분열되어 있었다. 그들은 다윗이 쓰는 전쟁 비용, 다윗에게 권력이 집중되는 중앙집권체제, 다윗이 도입한 근동 지역의 제도, 즉 재무제도와 국가 조직, 후궁 제도, 강제 노역, 화려한 궁전 등에 분개했을 것이다. 이 지역 지파들은 새로 들어선 다윗의 왕국에서 자기들이 누릴 몫은 없다는 생각에 베냐민 지파 출신 세바의 분노한 목소리를 따랐다. 세바는 나팔을 불면서 "우리가 다윗에게서 얻을 몫은 아무것도 없다. 우리가 이새의 아들에게서 물려받을 유산은 아무것도 없다. 그러니 이스라엘 사람들아, 모두들 자기의 집으로 돌아가자!"고 했다.[167] 다윗은 군대 조직 덕분에 모든 반역을 진압할 수 있었다. 그러나 40년에 걸친 다윗의 통치는 평탄하지만은 않았고 다윗이 죽는 순간까지 후궁들은 후계 구도에 대한 음모를 꾸몄다.[168] 사실 일부다처제 왕실에서는 불가피한 일이었다.

그럼에도 세 가지 점에서 다윗은 위대한 왕이다. 첫째, 다윗은 왕과 제사장의 역할을 하나로 융합시켰다. 사울로서는 전혀 불가능했던 일이다. 사무엘에게는 직계 후계자가 없었기에 그의 영적 권위는 대부분 다윗에게 위임되었다. 더러 불의한 일을 저지르기도 했지만, 다윗은 종교 성향이 강한 인물이었다. 왕위를 물려받은 다윗의 아들 솔로몬도 그랬지만, 다윗은 예술가의 상상력을 비롯해 재능이 아주 많았다. 음악가이자 시인인 다윗이 시편의 저자라는 전승은 부정할 수 없을 정도로 확실하다. 성경 기록에 따르면 다윗은 제의 의식용 춤을 직접 추었다. 다윗은 군사적 필요 때문에 세운 왕좌를 종교적 승인과 근동의 호사스러움, 새로운 기준을 갖춘 문화와 결합시켜 화려한 제도로 변형시켰다. 변두리 지역의 보수적인 지도자들은 이를 반기지 않았을지 모르지만, 일반 대중은 흥미를 느끼고 만족스러워했다.

둘째, 왕이자 제사장의 자리에 있던 다윗에게는 하나님의 은총이 있었던 것으로 보인다. 어디에도 다윗에게 견줄 만큼 놀라운 군사 업적을 세운 인물이 없었다. 다윗은 확실하게 블레셋을 진압해 길고 좁은 해안 지역에 영구히 몰아넣었다. 사울은 남아 있던 가나안 원주민을 이스라엘 정착지 안에 몰아넣는 데 큰 공을 세웠지만, 그 일을 완수한 사람은 다윗이다. 그 후 다윗은 동과 남, 북으로 진출해 암몬, 모압, 에돔, 아람 소바, 심지어 북동쪽에 멀리 떨어져 있던 아람 다메섹에서까지 권위를 확립했다. 다윗이 이룬 군사적 성공은 외교를 통한 제휴와 왕실 간 결혼을 통해 유종의 미를 거뒀다. 작은 이스라엘 왕국이 이렇듯 급격히 성장하는 데는 당시의 역사적 배경이 도움이 되었다. 당시 제국 남쪽에 있던 이집트 세력은 약화되어 있었다. 제국 동쪽에 있던 아시리아와 바빌로니아는 아직 힘을 키우지 못한 상태였다. 이러한 권력의 진공 상태에서 다윗 왕국은 번영했다. 그러나 다윗이 지닌 능력과 경험, 폭넓은 지식, 여행, 경제 요인에 대한 이해 역시 그런 확장을 가능하게 했다. 다윗은 광대한 무역로를 자신의 수중에 두는 것이 무엇을 뜻하는지 정확히 알고 부유한 도시국가 두로와 경제 및 문화 교류를 시작했다. 초기 이스라엘 지도자들이 모두 편협한 지역주의자였던 데 비해 다윗은 국제주의자였다.

셋째, 다윗은 국가적·종교적 수도를 세웠고 이 또한 개인적인 정복을 통해 이루었다. 예루살렘은 내륙 지역에 있는 전략적으로 가장 중요한 도시였다. 하지만 이스라엘 자손은 200년이 넘도록 예루살렘 성을 정복할 수 없었다. "유다 자손이 예루살렘 성에 살던 여부스 사람을 쫓아내지 못하였으므로, 여부스 사람과 유다 자손이 오늘날까지 예루살렘 성에 함께 살고 있다." 예루살렘은 내륙을 남북으로 이어주는 주요 도로에 걸쳐 있었고 북쪽과 남쪽 지역 사이 천혜의 교차로에 자리하고 있었다. 이스라엘에 두 그룹, 즉 나중에 북이스라엘 왕국과 남유다 왕국으로 알려진 두 그룹이 출현하게 된 가장 큰 이유 중 하나도 예루살렘 성 정복에 실패했기 때문이다. 다윗은 예루살렘을 정복함으로써 두 그룹을 하나로 통합할 수 있으리라 믿었다. 따라서 예루살렘 정복은 군사작전인 동시에 고도의 정치 행위였다. 예루살렘 정복에는 왕과 그의 군대, 다시 말해 지파에서 소집한 군대가 아니라 다윗의 가문에 소속된 직업 군대만 투입되었다. 이로써 다윗은 예루살렘 정복을 자신의 공적으로 내세울 명분을 얻었다. 실제로 예루살렘은 그 후 영원히 다윗 성으로 불렸다. 다윗은 엄청난 모험을 감행해 성을 정복했고 그 과정에서 그의 군대 장관 요압은 영웅이 되었다.

오늘날 우리에게 예루살렘 구시가지로 알려진 곳은 남쪽 기드론 시내로 흘러가는 세 계곡, 서쪽의 힌놈 계곡과 동쪽의 기드론 계곡, 그리고 중앙 계곡 위에 건설되었다. 규모가 훨씬 작았던 여부스 족속의 성이 동쪽 능선 위에 세워졌던 것은 그 능선이 기혼 샘에서 물을 공급할 수 있는 유일한 장소였기 때문이다. 캐슬린 케년의 발굴과 사무엘하의 기록 덕분에 우리는 다윗이 성을 포위 공격할 때 어떤 작전을 수행했는지 정확히 알 수 있다. 여부스 족속은 이 시기에 팔레스타인에 살았던 게셀, 기브온, 므깃도 사람들처럼 도시 내부와 샘을 연결하는 비밀 터널을 건설해 포위 공격을 받더라도 물을 공급받을 수 있게 했다. 이런 장치가 자신들을 지켜줄 것으로 생각했기에 그들은 주저 없이 다윗을 조롱했고 눈 먼 자들과 다리 저는 이들과 그 밖의 장애인들로 구성된 주술 행렬을 내세워 이스라엘 자손의 분노를 샀다. 오히려 그런 행위는 그들의 취약함을 입증하는 꼴이었다. 다윗 왕은 터널을 이미 알고 있었고 터널을 통해 공격할 지원자를 모집했기 때문이다. "그날, 다윗이 이렇게 명령을 내렸다. '누구든지 여부스 사람을 치려거든, 물을 길어 올리는 바위벽을 타고 올라가서, 저 여부스 사람들 곧 다윗이 몹시 미워하는 저 '다리 저는 자들'과 '눈 먼 자들'을 쳐죽여라!"[169] 요압과 그의 부하들은 수로를 따라 올라가 성 내부에 이르렀고 기습 공격해 성을 정복했다.[170]

그 후 다윗이 예루살렘에서 한 행동은 예루살렘 정복이 상당히 중요한 정치적 사건이라는 견해를 확증해준다. 다윗은 원주민을 학살하거나 쫓아내지 않았다. 오히려 그들이 자신의 충실한 지지자가 되도록 배려했다. 다윗은 성벽과 광장, 즉 밀로를 수리하고 시온이라 부르던 성채에 거하면서 자신의 용사들을 위한 막사와 자신을 위한 처소를 마련하고 그성의 옛 통치자로부터 땅을 구입해 그 위에 이스라엘 모든 백성을 위한 중앙 성전을 건축할 수 있는 여건을 조성했다. 그리고 이스라엘 자손이 소유한 가장 귀중한 종교 유산이자 통일성의 상징인 법궤를 가져와 자신의 왕권과 군대의 보호 아래 있는 예루살렘 성에 두었다. 이 모든 행위는 다윗의 입지를 더욱 더 강화시켰고, 민족의 종교와 전체 백성과 왕권을 다윗 및 그의 가문과 동일시하게 해주었다.

다윗이 성전을 건축하지 않은 일은 그의 손으로 이룬 다른 업적만큼이나 중요하다. 다윗은 사울이나 그 어떤 사울의 후계자보다 이스라엘의 종교와 사회의 특징을 잘 알고 있었다. 다윗은 기드온처럼 이스라엘이 사실상 신정체제이고 일반적인 의미에서의 국가가 아니라는 점을 파악했다. 이스라엘 왕은 고대 근동 국가의 왕 같은 절대적인 통치자가 될 수 없었다. 사실 이스라엘은 왕의 통치를 받을 수도, 절대 왕정 국가가 될 수도 없었다. 모든 사람이 전체적으로 사회에 대한 책임과 의무를 지고 있지만, 사회든 사회의 대표자든 왕이든 국가든 어떤 상황에서도 개인 위에 군림하는 무제한의 권력을 소유할 수 없다는 사실이 이 당시에도 이스라엘 법률에 내포되어 있었다. 이스라엘에 대하여 그런 권한을 가지고 있는 분은 오직 하나님뿐이었다. 그리스인이나 후대의 로마인과 달리 유대인은 도시, 국가, 공동체와 같은 개념을 법인격과 권리, 특권을 지닌 추상 개념으로 인정하지 않았다. 우리는 사람에게도 하나님에게도 도덕적으로 죄를 지을 수 있다. 이러한 죄는 범죄에 해당한다. 그러나 도덕적으로든 법률적으로든 국가에 짓는 죄 같은 것은 존재하지 않았다.[171]

이런 사상 때문에 이스라엘 자손, 다시 말해 훗날 유대인은 종교, 그리고 종교와 세속 권력의 관계를 두고 딜레마에 빠지게 된다. 이를 테면 종교와 세속 권력은 한쪽이 다른 한쪽을 현저히 약화시키지 않고 공존할 수 있는가? 종교의 요구가 강해지면, 국가는 국가로서의 역할을 하는 데 필요한 권력을 거의 갖지 못할 것이다. 반대로 국가가 국가의 본성에 따라 순리대로 발달하면, 종교의 본질에 해당하는 부분을 흡수하고 종교를 쓸모없게 만들어버릴 것이다. 종교와 국가는 본래 상대편에 기생하는 성향이 있다. 이스라엘 자손이 국가 없이 하나의 종교 공동체로만 살아남으려 했다면, 조만간 공격을 받고 흩어져 그 지역 이방 종교에 흡수되고 말았을 것이다. 그리하여 이스라엘의 야훼 신앙은 외부의 공격에 무릎을 꿇고 말았을 것이다. 블레셋이 침입했을 때 실제로 그런 일이 벌어질 뻔했다. 만일 이스라엘이 왕권과 단결된 국가로 세속적 구원을 향해 방향을 틀지 않았다면, 실제 그런 일이 일어났을지도 모른다. 이와 달리 왕권과 국가가 영속하게 되면, 세속 권력의 어김없는 특질과 필요가 종교를 잠식할 것이고 야훼 신앙은 내부의 부패에 무릎을 꿇고 말 것이다. 이 딜레마는 제1 성전 시대와 제2 성전 시대에도 풀리지 않았고 오늘날의 이스라엘에서도 여전히 풀리지 않는 문제로 남아 있다.

딜레마를 해결하는 한 가지 방법은 블레셋의 침략과 같은 위기에 왕권과 국가 제도를 도입하는 것이었다. 성경에 따르면 다윗은 이런 제도를 채택하려 했으나 그것이 비현실적이라는 사실을 깨닫는다. 이스라엘 백성과 그들의 신앙을 지키기 위해, 외부의 적으로부터 백성과 신앙의 안전을 도모하기 위해 다윗은 왕국을 세워야 했을 뿐 아니라 주변 민족을 억류해야 했다. 이것은 곧 예루살렘을 수도 겸 중앙 성소로 삼는 다윗 왕조를 세우고 강화해야 한다는 뜻이다. 그러나 분명 다윗은 자신의 왕권을 일반적인 왕권으로 생각하지 않았다. 다윗은 야훼 신앙을 이해하고 있었다. 즉 다윗은 자신을 종교적인 인물로 이해했다. 다윗은 예언자 겸 제사장으로서 부가적인 역할을 수행했으며 종종 음악과 저술, 춤으로 그런 역할을 담당했다. 다윗이 장자 상속을 지지하지 않고 세습 왕조를 세운 것은 큰 의미가 있다. 다윗의 뒤를 이을 수도 있었던 장성한 아들들, 즉 압살롬과 암논, 아도니야는 모두 그와 절연하고 무참히 죽었다. 다윗은 노년에 이르러서야 후계자를 지명한다. 그가 선택한 아들 솔로몬은 현역 장수가 아니라 모세의 전통을 따르는 학자 겸 재판관이었다. 사실 다윗은 이스라엘의 헌법상의 균형을 유지하기 위해서는 왕의 종교적 의무가 반드시 필요하다고 보았고 솔로몬은 그런 의무를 이행할 수 있는 유일한 아들이었다.

다윗이 법궤를 예루살렘으로 옮겨 이스라엘 수도로서 예루살렘의 지위를 종교적으로 승인하고도 자신의 왕권 및 왕통과 관련하여 법궤를 보관할 수 있는 거대한 성전을 건축하지 않았다는 것도 큰 의미가 있다. 법궤는 본래 언약을 보관하는 종교 비품 중 하나로 보잘것없는 것이었다. 법궤가 이스라엘 자손에게 소중했던 이유는 그것이 그들의 비천했던 신분을 상기시키고, 때 묻지 않은 정통 신앙과 신정정치 신조의 순수성을 나타냈기 때문이다.

성경은 다윗이 법궤를 보관할 성전을 건축할 수 없었던 이유를 다윗이 전사로서 피를 흘린 사람이라 하나님이 그가 성전을 건축하는 것을 허락하지 않으셨다고 설명한다. 다윗이 전쟁을 치르느라 너무 바빴다는 사실도 언급되어 있다.[172] 첫 번째 설명은 분명히 잘못된 것이다. 이스라엘의 종교는 전쟁과 밀접한 관련이 있기 때문이다. 제사장은 나팔을 불어 특별 전쟁 소집을 알렸다. 전쟁의 상징으로 법궤를 전쟁터로 옮기는 일도 종종 있었다. 다윗의 전쟁은 하나님의 승인을 통해 최고의 은총 안에서 치러졌다.[173] 그러므로 첫 번째 설명은 납득하기 어렵다. 그나마 두 번째 설명이 조금 더 그럴 듯하지만, 사실 다윗은 예루살렘에서 33년간 통치했고 오랫동안 평화를 누렸다. 따라서 성전을 짓고 싶었다면, 거대한 건축 사업 중 성전 건축을 최우선으로 삼았을 것이다. 사실 다윗은 이스라엘의 신앙의 본질과 균형에 변화가 생기는 것을 원하지 않았고, 왕실 중앙 성전이 그런 변화를 초래할 것이라 보았을 공산이 크다.

예전에는 법궤가 이스라엘 제의의 물리적 중심이었다. 법궤는 민주적 신정정치의 상징이었다. 가나안에 정착하자 이스라엘 자손은 언덕과 산에 있는 야외 제단, 즉 산당에서 하나님에게 감사하고 희생 제사를 드렸다. 그 밖에도 지붕이 있는 건물이나 성전을 건립했던 좀 더 정교한 역사적 성지에서 제사를 드렸다. 그런 장소로 알려진 도시는 실로, 단, 베델, 길갈, 미스바, 베들레헴, 헤브론, 그리고 이보다 작은 다섯 도시가 있다. 북쪽부터 남쪽까지 가나안의 중추를 따라 산당이 있었다. 모든 산당은 그곳에서 제사를 드리는 사람들과 중요한 관련이 있었기에 이스라엘 제의의 분산화뿐 아니라 과거와의 연속성을 확실히 보여준다. 다윗은 공동체를 효과적으로 방어하기 위해 중앙집권화를 확고히 하려 하면서도 민주적 기반이 더 이상 약화되는 것을 원하지 않았던 것 같다. 그래서 다윗은 동시대 다른 왕들의 독재정치를 모방하지 않으려 했고 이스라엘을 왕정 성전 국가로 바꾸길 주저했다. 숨을 거두는 자리에서 다윗은 자신이 선택한 후계자 솔로몬에게 모세의 율법을 온전히 따르라고 명한다. "너는 주 너의 하나님의 명령을 지키고, 모세의 율법에 기록된 대로, 주님께서 지시하시는 길을 걷고, 주님의 법률과 계명, 주님의 율례와 증거의 말씀을 지켜라." 이어서 다윗은 보위를 이어갈 유일한 방법이 충실하고 엄격하게 율법을 준수하고 신생 국가에 필요한 조치를 취하면서 이 둘 사이에서 균형을 이루는 것이라고 덧붙인다.[174] 여기에서 후세들은 다윗에게 정치력까지 계발해준 그의 신앙심이 얼마나 깊었는지 깨닫는다. 이스라엘 자손이 다윗에 대한 기억을 소중히 간직하고 그가 통치하던 시대로 돌아가고 싶어 했던 궁극적인 이유도 바로 이 때문일 것이다. 구약성경에서 다윗이 그 어떤 왕보다 많은 영토를 차지했던 것은 절대 우연이 아니다.

하지만 다윗의 후계자 솔로몬은 전혀 다른 인물이다. 다윗은 육욕적이고 무모하고 고집 세고 죄도 있었지만, 뉘우치고 죄를 인정할 줄 알고 근본적으로 마음이 순수하고 하나님을 경외할 줄 알았다. 반면에 솔로몬은 세속적인 사람이었다. 속속들이 자신이 속한 세상과 그 시대의 자식이었다. 다윗이 쓴 것으로 보이는 시편은 어조와 내용이 다분히 영적이다. 다윗의 시편은 야훼 신앙의 핵심에 가깝다. 반면에 솔로몬의 저작으로 알려진 성경의 문헌, 즉 잠언의 구절과 아가서의 관능적인 시는 형식미는 훌륭해도 그 시대 고대 근동의 문헌과 훨씬 더 가깝다. 솔로몬의 저작에서는 이스라엘 자손의 초월론적 사고와 하나님에 대한 경외심을 찾아볼 수 없다.

솔로몬, 절대 왕정, 성전 국가

솔로몬은 재능이 뛰어난 전형적인 고대 근동의 군주였다. 지혜로운 왕이라는 명성 뒤에는 무자비함이 도사리고 있었다. 솔로몬은 아버지 다윗이 살아 있을 때 후계자로 선택되었는데도 아버지가 죽고 유일한 통치자가 되자 아버지 시대의 관료를 제거하고 일부는 살해함으로써 통치 방식과 방향에 변화가 있을 것을 분명하게 각인시켰다. 군사 정책에도 확실한 변화를 주었다. 사무엘하는 다윗 시대에 있었던 압살롬의 반란을 기록하면서 압살롬을 지지하던 북쪽 지파와 용병 출신으로 왕을 보호하던 다윗의 신복을 구분한다.[175] 솔로몬이 왕위를 계승하도록 보장하고 통치 초기에 정적을 제거할 수 있게 도운 이들이 바로 다윗의 신복이다. 다윗은 용병을 활용하면서도 계속해서 유다 사람 또는 남쪽 지파 사람을 핵심 군사로 기용했다. 그러나 북쪽 지파에서 소집된 군대, 즉 이스라엘 무리는 왕권에 대해 중립적이거나 적대적인 태도를 고수했다. 이에 솔로몬은 그들을 함께 제거하기로 결심한다.

솔로몬은 강제 노역 내지 강제 부역 제도를 도입하되 가나안 원주민이 사는 지역과 왕국의 북쪽 지역에만 강제 노역을 부과하고 유다 지파는 노역을 면제해주었다. 국가에 대한 의무라고는 하지만 강제 노역은 군인으로 징집되는 것만큼 명예로운 일이 아닌데다가 훨씬 더 힘이 들었기에 백성들의 원성이 훨씬 컸다. 솔로몬은 거대한 건축 사업에 강제 노역을 동원했다. 열왕기상은 왕실 기록을 인용하면서 채석장에서 인부 8만 명이 관리 3,300명의 지시와 감독을 받았고, 목적지까지 돌을 운반하는 인부 7만 명과 1만 명씩 교대로 건축용 목재를 베기 위해 레바논으로 파견된 인부 3만 명이 있었다고 증언한다.[176] 건축 사업은 예루살렘을 국가적으로도 종교적으로도 왕국의 중심으로 삼으려 했던 다윗의 계획을 확장하고 미화하는 작업이 포함되었다. 또한 각기 세 지역에 새로운 왕실 요새 도시도 건축했다. "솔로몬 왕이 강제 노역꾼을 동원할 수밖에 없었던 까닭은, 주님의 성전과 자기의 궁전과 밀로 궁과 예루살렘 성벽을 쌓고, 하솔과 므깃도와 게셀의 성을 재건하는 데 노동력이 필요했기 때문이다."[177]

솔로몬은 전략적으로 중요한 이 세 도시를 건설하기 위해 우선 북쪽 지파 사람들을 고된 노역에 투입했고 전문 기술이 필요한 작업은 외국에서 온 석공에게 맡겼다. 이 지역에서 발굴된 유적은 이전까지 이스라엘에서 볼 수 있었던 기술보다 한층 더 수준 높은 기술력을 보여준다. 또한 솔로몬이 주로 군사적인 목적, 즉 새 전차 부대용 기지를 마련하기 위해 이런 도시를 세웠음을 확인해준다.[178] 다윗은 이 시대 주요 열강의 상징이었던 전차 부대를 소유한 적이 없었다. 하지만 솔로몬은 여러 마구간과 약 1,500대의 전차와 4,000필의 말을 보유하고 있었다.[179] 또한 솔로몬은 후에 아마겟돈 평야로 알려진 지역이 내려다보이는 전략적 요충지 므깃도에 왕실 소유의 방어용 성을 높이 세웠다. 그 성에는 거대한 위용을 자랑하는 성문과 150대의 전차, 그리고 400필의 말을 수용할 수 있는 건물이 갖춰져 있었다. 황폐했던 하솔도 이처럼 왕실 구역과 성문 성벽, 거대한 마구간을 갖춘 성이 되었다. 혼인 지참금으로 받은 게셀은 이집트로 내려가는 길을 관제했는데, 솔로몬은 게셀을 또 하나의 병거성兵車城으로 개조했다.[180] 게셀의 일반 주택 지역보다 높은 지대에 강력한 방어 시설을 갖추고 우뚝 솟은 왕실 구역은 이스라엘의 민주적 신정정치에 상처를 입혔다. 솔로몬에게는 무역로를 보호하고 외세의 공격을 차단하기 위해 정교하게 배치된 전차 부대가 필요했다. 물론 전차 부대는 내부 질서를 유지하는 데도 필요했고 실제로도 큰 효과를 발휘했다. 어느 지파도 전차를 소유하지는 못했기 때문이다.

아심 찬 계획을 추진하려면 노동력뿐 아니라 재원도 필요했다. 그래서 솔로몬은 이스라엘 지파에 세금을 부과했다. 다윗이 시행했던 인구조사를 통해 조세를 위한 발판이 마련되었다. 사실 다윗은 이스라엘의 신앙에 배치되는 인구조사를 했다가 지독한 비판을 받았고 스스로도 잘못을 인정했다. 이 일화는 다윗이 국가를 건설하기 위해 어쩔 수 없이 신앙을 희생시켜야 할 때 얼마나 망설이고 주저했을지 잘 말해준다. 그러나 솔로몬은 달랐다. 그는 조금도 망설이지 않았다. 솔로몬은 인구조사 결과를 토대로 나라를 열두 개의 조세 구역으로 개편하고 병거성과 왕실의 병참에 필요한 재원을 마련하기 위해 더 많은 세금을 부과했다.[181] 그래도 왕국의 재원은 충분하지 않았다. 이 때문에 솔로몬은 아버지가 정복한 지역에 합리적인 자세를 취했다. 방어하기에 너무 많은 비용이 드는 다마스쿠스에서 철수했고, 숙련 기술자를 보내준 데 대한 답례로 강력한 동맹국이었던 두로 왕 히람에게 북서쪽 영토를 양도했다. 그러는 한편 상업을 확대하면서 자기 책임 아래 있던 왕의 상인들을 통해 광범위한 무역을 했고 국내외 무역상이 자신의 무역로를 이용하도록 장려해 그들에게 세금을 부과했다.

고대 근동의 경제는 이제 완전한 철기시대에 접어들었고 세계는 더 부유해졌다. 알려진 대로 이 시대에 최초의 철제 농기구가 사용되었다. 솔로몬은 자신의 활약으로 국가가 번영하게 되었으니 왕가에서 엄청난 몫을 차지하는 것이 당연하다고 확신했다. 솔로몬은 '무역은 신부를 따라온다'는 기치 아래 주변 제후의 딸과 결혼하고 무역을 확장시켰다. 이집트 왕 파라오와 혼인 관계를 맺고 파라오의 딸을 아내로 맞았다. 솔로몬이 게셀을 손에 넣을 수 있었던 이유도 바로 이 때문이다. 성경은 또다른 정략 결혼에 대해 이렇게 증언한다. "솔로몬 왕은 외국 여자들을 좋아하였다. 이집트의 바로의 딸 말고도, 모압 사람과 암몬 사람과 에돔 사람과 시돈 사람과 헷 사람에게서, 많은 외국 여자를 후궁으로 맞아들였다."[182] 솔로몬에게 외교와 무역은 깊은 관련이 있었다. 남부 아라비아에서 온 시바 여왕의 방문도 무역과 관련이 깊다. 솔로몬은 주로 몰약과 유향, 향신료를 아라비아와 거래했다. 요세푸스는 솔로몬이 상업에 능했던 또 다른 군주인 두로의 히람과 더불어 수수께끼 대회를 개최했다고 말해준다. 철기시대 초기에 흔히 볼 수 있었던, 외교를 통한 물물교환의 일종으로 엄청난 상금이 걸려 있었다. 때로는 도시를 통째로 상금으로 걸기도 했다. 솔로몬과 히람은 손을 잡고 에시온게벨에서 남쪽의 오빌에 이르는 선단을 운영하면서 동부 아프리카까지 이름을 떨쳤다. 솔로몬과 히람은 희귀한 동물과 새, 백단향, 상아를 취급했다. 말하자면, 솔로몬은 일종의 무기 중개상이었다. 그는 길리기아(실리시아)에서 말을 사들여 전차를 받고 이집트에 팔았고, 다시 그 전차를 이스라엘 북쪽에 있는 왕국에 되팔았다. 사실 솔로몬은 고대 근동의 상당한 지역을 아우르는 무기 공급업자였다. 미국의 고고학자 넬슨 글루크는 에시온게벨에 있는 항구 근처 키르베트 엘 켈레이페 섬에서 솔로몬이 세운 청동 제련소를 발견했다. 바람이 쉬지 않고 강하게 부는 지역이라 바람이 원시 형태의 용광로에 공기를 주입하는 관을 작동시켰다. 이 용광로는 구리뿐 아니라 철까지 제련하면서 완제품을 생산해냈다.[183]

솔로몬은 무역과 세금을 통해 얻은 많은 부를 왕국의 수도에 쏟아부었다. 그는 멤피스와 룩소르 등 여러 지역에 있던 파라오 궁전과 같이 다주식 홀을 갖춘 궁전, 성경의 표현대로라면 레바논 나무로 만든 궁을 건축했다. 거대한 나무 기둥 마흔다섯 개가 백향목으로 만든 지붕을 떠받치는 호화로운 궁전이었다. 솔로몬은 이집트에서 온 사랑하는 아내를 위해 특별한 건물을 짓기도 했다. 그녀가 결혼하고도 이집트 종교를 계속 신봉했기 때문이다. "솔로몬은, 이스라엘 왕 다윗의 궁은 주님의 궤를 모신 거룩한 곳이므로, 그의 이방인 아내가 거기에서 살아서는 안 된다고 생각한 것이다."[184] 궁전과 왕실의 군 막사, 내부의 방어시설은 새로 건설된 거룩한 지역 곧 성전 가까이에 있었고, 전체는 다윗 성을 동쪽으로 약 230미터 확장해 완성되었다.

솔로몬이 예루살렘에서 건설한 건축물 중 현재 눈으로 확인할 수 있는 유물은 아무것도 없다. 훗날 헤롯 대왕이 건축한 거대한 성전 건물 아래 솔로몬 시대의 예루살렘이 파묻히기도 했고 로마 병사들이 다른 건물을 짓는 건축 재료로 사용하기 위해 파냈기 때문이다.[185] 따라서 솔로몬 성전에 대한 설명은 문헌 자료인 열왕기상 6-7장에 전적으로 의존할 수밖에 없다. 여기에 기록된 세부사항을 토대로 추정하건대, 성전은 청동기 후기 라기스와 벳산, 그리고 그보다 조금 후대인 BC 9세기 시리아의 텔 타이네트에서 발굴된 성전과 유사하다. 이 성전들처럼 솔로몬 성전에는 폭 9.9미터의 방 세 개가 나란히 있었다. 길이 4.8미터의 현관과 길이 19.8미터의 성소, 이집트 성전의 내부 성소처럼 완전히 빛을 차단한 길이 9.9미터의 정사각형 지성소가 그것이다.

지성소를 건축한 방식과 설비는 이스라엘 자손에게는 매우 낯선 것이었다. 페니키아 석공들이 건축을 위해 마련한 돌에 장식을 입혔다. 두로의 히람이거나 그와 동일한 이름의 전문가 한 사람이 성전의 의식용 기구를 장식하기 위해 파견되었다. 이 기구들에는 므깃도와 키프로스에서 발견된 이방의 것과 유사한 물두멍, 즉 받침대 위에 놓인 놋대야와 2,000밧(약 4만 4,000리터)의 물을 담을 수 있는, 놋쇠를 부어 만든 거대한 바다 모양 물통이 포함되었다. 바다 모양 물통은 제사장들이 희생 제사를 드리기 전 정결 의식에 사용하던 것으로 청동으로 만든 열두 개의 소가 받치고 있다. 두 개의 놋 기둥인 보아스와 야긴의 높이는 각각 약 12미터로,

가나안 원주민의 산당에 있는 돌기둥에 비견되었다. 이 두 기둥은 열 개의 금 촛대가 있는 금을 입힌 제단을 보호했다. 지성소의 휘장은 금 사슬을 사용해 걸어두었다. 바닥과 벽은 백향목으로 장식했다. 지성소는 나무로 만들어 금을 입힌 그룹으로 장식했으며 그룹의 용도는 지성소를 보호하는 것이었다. 지성소는 고대 야훼 신앙의 소중한 제의 유물을 보관하기 위해 만들었다. 유물 중에서 주목할 만한 것은 언약궤와 (탈무드 전승에 따르면) 모세의 지팡이, 아론의 막대기, 만나가 담긴 항아리, 야곱이 하늘에 닿는 사다리 꿈을 꿀 때 베고 잤던 돌베개 등이다.[186] 그러나 BC 587년 예루살렘 멸망 이후 모든 유물이 소실된 탓에 그것들이 원래 그 자리에 있었는지 의구심을 품는 이들이 많다. 확실한 것은 성전의 규모나 장엄함, 왕실 상부 도시인 아크로폴리스의 요새화된 성벽 안에 자리하고 있었다는 점 등을 고려할 때 솔로몬의 성전은 모세가 광야에서 가져온 순수한 야훼 신앙과는 상당히 거리가 있었다는 점이다.

훗날 유대인은 솔로몬 성전을 초기 신앙의 본질로 이해했으나 사실 솔로몬 성전은 그 시대에 왕실 밖에 거주하던 경건한 신앙인이 이해하던 성전의 모습과 전혀 달랐다. 강제 노역과 조세 구역, 전차와 마찬가지로 이스라엘 백성에게 솔로몬 성전은 낯설기만 했다. 여러 면에서 지중해 해안 지역이나 나일 계곡의 더 진보한 이방 문화를 모방한 탓이다. 이방인 아내들, 중앙집권체제, 북쪽 지파를 대하는 무자비한 태도를 감안할 때 솔로몬이 이교를 포용했던 것은 아닐까? 솔로몬이 지은 성전이 여러 신을 섬기는 우상 숭배 장소는 아니었을까? 웅장한 성전에 놓여 있는 소박한 법궤가 오히려 어색해 보이지 않았을까? 나무로 만든 법궤는 길이 1.2미터, 깊이 75센티미터의 상자로 양 옆에 고리가 달려 있었고 거기에 막대를 끼워 운반했다. 안에는 율법이 새겨진 돌판이 있었다. 엄격한 이스라엘 신앙에 따르면, 법궤는 오직 하나님의 계명을 보관하는 기구였다. 법궤는 숭배의 대상이 아니다. 그러나 하나님의 형상을 만들지 말아야 하는 것도 알고 하나님이 그의 형상을 따라 인간을 만드셨다는 것도 아는 이스라엘 자손은 이 부분을 혼동하고 만다. 단에 있던 오래되고 소박한 성전에는 실제로 하나님의 형상이 세워져 있었다.[187] 그리고 돌판을 옮기기 위해 만든 것이 법궤인데도 이스라엘 자손은 돌판에 새겨진 하나님의 말씀에 하나님의 권능이 깃들어 있다고 본 듯하다. 그래서 법궤 안에 하나님이 사신다고 믿었다. 이스라엘 자손은 광야에서 보낸 세월을 이렇게 언급했다. "궤가 떠날 때에 모세가 외쳤다. '주님, 일어나십시오. 주님의 원수들을 흩으십시오. 주님을 미워하는 자들을 주님 앞에서 쫓으십시오.' 궤가 쉴 때에도 모세가 외쳤다. '주님, 수천만 이스라엘 사람에게로 돌아오십시오.'"[188]

솔로몬은 절대 왕정 체제에 맞춰 종교 개혁을 밀어붙이기 위해 백성들의 이런 혼동을 적당히 이용했다. 하나님을 효과적으로 경배할 수 있는 유일한 성전을 왕의 통제 아래 두었던 것이다. 열왕기상 8장에서 솔로몬은 하나님이 성전에 계신다는 점을 강조한다. "이제 주님께서 계시기를 바라서 이 웅장한 집을 지었습니다. 이 집은 주님께서 영원히 계실 곳입니다." 그렇다고 솔로몬이 완전한 이교도였던 것은 아니다. 만일 그가 완전한 이교도였다면 이교도인 아내를 궤가 있는 거룩한 곳에서 떼어 놓으려고 애쓰지 않았을 테니 말이다. 열왕기상 8장 27절에서 솔로몬이 한 말로 짐작하건대 솔로몬은 분명 이스라엘의 신학을 이해하고 있었다. "하나님께서 땅 위에 계시기를, 우리가 어찌 바라겠습니까? 저 하늘, 저 하늘 위의 하늘이라도 주님을 모시기에 부족할 터인데, 제가 지은 이 성전이야 더 말하여 무엇 하겠습니까?" 솔로몬은 전능하신 하나님의 물리적 임재가 아니라 상징적 임재를 상정함으로써 국가의 요구와 이스라엘의 유일신관 사이에서 적당히 타협했다. "주님께서 밤낮으로 눈을 뜨시고, 이 성전을 살펴주십시오. 이곳은 주님께서 '내 이름이 거기에 있을 것이다' 하고 말씀하신 곳입니다." 후세들은 바로 이런 방식으로 성전을 신앙의 범주 안에 끼워넣었고, 지성소에서 찬란한 영광을 뿜어내는 하나님의 임재를 가리켜 **쉐키나**라고 불렀다. 그리고 허가를 받지 않고 지성소에 들어오는 사람은 누구든 쉐키나 앞에 죽임을 당했다.

그러나 당시 이스라엘 순수주의자들 입장에서는 왕실 중앙 성전이라는 개념을 받아들이기 어려웠다. 그들은 야훼 신앙 최초의 분리주의 분파를 형성해 레갑 가문을 낳았다.[189] 북쪽 지역의 많은 이들도 예루살렘과 왕실 성전에 종교가 집중되는 것에 분개했다. 예루살렘 성전에서 일하던 제사장들이 자기들이 거행하는 의식만 유효하고, 족장 시대 이후 소중히 여겨온 오래된 성소와 성전, 산당, 제단들은 이단과 사악함의 온상이라고 주장하는 전제주의 입장을 취했기 때문이다. 결국 이런 주장이 이겼고 성경적인 정통 사상이 되었다. 그러나 당시에만 해도 이런 주장은 북쪽 지역에서 저항에 부딪혔다.

솔로몬이 단행한 이런 종교적 변화에 대한 적대감은 그가 취한 전제주의 방식 및 부당한 요구들과 맞물려 아버지 다윗이 세운 통일 왕국을 오래 유지할 수 없게 했다. 한동안은 솔로몬의 머리에서 나온 술책과 그가 이룬 성공이 이스라엘 백성을 단결시켰지만, 통치 말에 이르러서는 팽팽한 긴장감이 감돌고 있었다. 예전 기억이 아직 생생한 이스라엘 백성에게 이집트에서의 노예 생활을 상기시키는 강제 노역 제도는 특히 불쾌할 수밖에 없었다. 이스라엘 자손의 마음속에서 자유와 종교는 절대 분리할 수 있는 것이 아니었다. 솔로몬은 제의를 예루살렘에 집중시킴으로써 아브라함과 관련된 세겜, 야곱과 관련된 베델 등 북쪽에 있는 성소의 가치를 떨어뜨렸다. 시간이 갈수록 북쪽 지역 사람들의 눈에는 솔로몬과 그의 사람들이 세속의 박해자이자 영적 파괴자로 보였다.

그러므로 BC 925년 또는 926년에 솔로몬이 죽었을 때 북쪽 지역 사람들은 후계자 르호보암이 예루살렘에서 즉위식을 하는 것을 거부하고 세겜에 와서 즉위식을 해야 한다고 주장했다. 여로보암처럼 솔로몬을 피하여 이집트에 가 있던 사람들이 돌아와 법에 의한 통치를 요구하되 특별히 강제 노역과 높은 세금을 낮춰달라고 요구했다. "임금님의 아버지께서는 우리에게 무거운 멍에를 메우셨습니다. 이제 임금님께서는, 임금님의 아버지께서 우리에게 지워주신 중노동과 그가 우리에게 메워주신 이 무거운 멍에를 가볍게 해주십시오. 그러면 우리가 임금님을 섬기겠습니다."[190] 당시 세겜에서 본격적인 정치 회담이 열렸던 것 같다. 이 회담에서 르호보암은 아버지 솔로몬을 보좌하던 원로들과 상의했으나 그들이 제시한 타협안을 거부하고 젊은 신하들이 내놓은 강경노선을 선택했다. 르호보암은 북쪽 지역 사람들에게 이렇게 말했다. "내 아버지가 당신들에게 무거운 멍에를 메웠소. 그러나 나는 이제 그것보다 더 무거운 멍에를 당신들에게 메우겠소. 내 아버지는 당신들을 가죽 채찍으로 매질하였지만, 나는 당신들을 쇠 채찍으로 치겠소.'"[191]

이 터무니없는 오판으로 통일 왕국은 결국 파괴되고 만다. 르호보암은 무력으로 통일 왕국을 유지할 군사 수단과 방편이 없었고, 북쪽 지역 사람들은 독자 왕조를 세우며 르호보암과 결별했다. 아시리아와 바빌로니아 제국이 연이어 부상하는 시대에 남유다와 북이스라엘이라는 작은 두 왕국은 각자 파멸을 향해 나아갔다.

그러나 이 쇠퇴 과정은 수 세기에 걸쳐 서서히 일어났고 그 과정에서 이스라엘의 종교 문화는 중요한 변화를 겪게 된다. 첫 번째 예로 당시 번영을 구가했던 쪽은 북왕국이었다. 북왕국이 남왕국보다 인구도 많았고 땅도 더 비옥했으며 당시의 교역 중심지와도 더 가까웠다. 남쪽에서 지우던 멍에가 없어지자 북왕국은 더 부유해졌다. 그리고 역설적이게도 솔로몬이 필요성을 절감했던, 다시 말해 남쪽 지역 사람들이 도입했을 때는 반발하던 헌법상·종교상의 발달 양식을 따랐다. 다윗 왕조처럼 북쪽의 오므리 왕조는 중앙집권체제가 되었고 성공한 주변 국가의 정치 양식과 제의 양식을 모방했다. 오므리는 아주 강한 왕이 되었고 그의 위업은 1866년에 발견된 모압의 신 그모스에게 바친 비석에 언급되어 있다. 모압 비석으로 알려져 있는 이 비석에는 이런 글귀가 새겨져 있다. "그모스가 모압 땅에 진노한 탓에 이스라엘 왕 오므리가… 여러 날 동안 모압을 압제했다. 또한 오므리의 아들이 뒤를 이어 '내가 모압을 압제할 것이다'라고 말했다."

오므리는 솔로몬처럼 국제결혼을 통해 영리하게 권력을 강화했다. 오므리는 아들 아합을 시돈 왕의 딸 이세벨과 결혼시켰고, 이를 통해 내륙에 위치한 북왕국이 바다로 진출하고 해상 무역로로 뻗어나갈 수 있는 구심점을 마련했다. 솔로몬처럼 오므리 역시 위대한 건설자였다. 그는 32킬로미터 떨어진 바다가 내다보이는 사마리아 언덕에 새 도시를 건설했다. 이 도시의 기원은 대략 BC 875년으로 추정된다. 솔로몬의 왕실 도시들처럼 이 도시에는 요새처럼 높이 쌓아올린 성채가 있었다. 아합 역시 위대한 건설자였다. 아합은 성경에서 상아 궁이라고 부른 궁전을 건축했다. 상아 궁은 상아로 장식한 공식 알현실을 갖춘 궁전으로 당시에는 가장 부유한 왕들만 상아를 손에 넣을 수 있었다. 1931-1935년에 이루어진 사마리아 발굴에서 상아로 만든 장식품 조각이 무너진 건물 더미에서 발견되었다. 아버지 오므리처럼 아합 왕도 매우 성공한 전사였다. 아합은 25년간 통치했고 성경이 기록한 대로 전차전을 치르던 중 한 사내가 쏜 화살이 우연히 그의 갑옷 연결부에 박혀 치명상을 입기 전까지 두 번이나 다마스쿠스 왕을 쳐부쉈다.[192]

그러나 솔로몬 가문처럼 세속적이고 성공한 가문이었던 오므리 왕가 역시 사회적·도덕적으로 격렬한 분노를 불러일으켰다. 거대한 재산과 토지가 축적되었고 빈부 격차는 심해졌다. 농민들은 빚을 졌고 갚을 길이 없으면 토지를 몰수당했다. 이는 엄격히 법조문에 위배되는 것은 아니어도 모세의 법 정신에는 어긋나는 조치였다. 모세 법률은 이웃의 경계석을 옮겨서는 안 된다고 단언하기 때문이다.[193] 군대를 유지하고 노역을 시키려면 가난한 자들이 필요했기에 왕들은 최상류층 사람들이 가난한 자를 압제하는 것에 반대했다. 그러나 그들이 취한 조치는 아주 미미했다. 세겜과 베델, 그 밖의 다른 성소에서 일하던 제사장들은 국가로부터 봉급을 받았고 왕가와 동일시되었고 각종 의식과 희생 제사에만 몰두하느라 비판가들이 지적했듯이 가난한 자들이 겪는 고충에 무관심했다. 이런 상황에서 사회 인식을 언명하고자 예언자들이 다시 등장했다. 그들은 사무엘처럼 군주제 아래 생겨난 각종 제도가 민주적 신정정치와 양립할 수 없다는 인식 아래 이런 제도들을 우려했다. 오므리 왕조 시절, 북왕국에서 엘리야라는 놀라운 인물이 등장하면서 이스라엘의 예언자 전통은 새삼 활기를 띠었다. 엘리야는 요르단 강 동쪽에 위치한 길르앗의 디셉이라 불리던, 사막 주변부에 해당하는 확인되지 않은 지역 출신이다. 그는 레갑 사람으로 극도로 금욕적이고 거친 근본주의 종파의 일원이었다. "털이 많은 사람이었고, 허리에 가죽 띠를 띠고 있었다." 대부분의 유대 영웅처럼 엘리야는 빈민 출신으로 가난한 자를 대변했다. 전승에 따르면 엘리야는 요르단 강 근처에 살았고 까마귀가 가져다주는 음식을 먹었다.[194] 그는 1,000년 후의 세례 요한과 다르지 않아 보였다. 엘리야는 가난한 자를 위하여 기적을 행했고 백성들이 가뭄과 기근으로 고생하던 시기에 가장 활발히 활동했다.

그러나 야훼를 섬기는 엄격한 신앙인들이 그러했듯이 엘리야 역시 비단 사회적 이유만이 아니라 종교적인 이유로 오므리 왕조를 비판했다.

아합이 야훼 하나님에게 제사 드리기를 게을리하고 자기 아내가 신봉하던 바알 제사로 기울었기 때문이다. "자기 아내 이세벨의 충동에 말려든 아합처럼, 주님께서 보시기에 이렇게 악한 일을 하여 자기 목숨을 팔아 버린 사람은, 일찍이 없었다."[195] 왕의 권력을 이용해 나봇의 포도원을 빼앗도록 아합을 유혹한 인물도 아내 이세벨이다. 나봇을 죽음으로 몰고 간 그 사건은 이스라엘의 신정정치 정신에 위배되는 죄악이었다.

엘리야의 부드럽고 조용한 목소리

비가 오지 않는 특별한 역경의 시대에 엘리야는 대중의 눈을 뜨게 했다. 엘리야는 매우 뛰어난 대중 설교자였다. 열왕기상 18장은 엘리야가 갈멜산 위로 거대한 이스라엘 군중을 불러모아 이세벨에게 녹을 먹는 바알과 아세라 예언자들을 상대로 비 내리기 시합을 벌이는 장면을 묘사한다. 엘리야가 이 일을 벌인 목적은 단번에 이스라엘 백성의 신앙을 정립하기 위해서였다. 그래서 그는 무리에게 이렇게 말한다. "여러분은 언제까지 양쪽에 다리를 걸치고 머뭇거리고 있을 것입니까? 주님이 하나님이면 주님을 따르고, 바알이 하나님이면 그를 따르십시오." 바알의 제사장들은 의식을 거행하면서 칼과 창으로 피가 흐르도록 자기 몸을 찔렀으나 아무 일도 일어나지 않았다. 그 후에 엘리야가 제단을 쌓고 희생 제물을 야훼께 드리자 곧 여호와의 불이 내려서 번제물을 태웠다. 이에 모든 백성이 엎드려 이렇게 고백한다. "주님 그가 하나님이시다! 주님 그가 하나님이시다!" 엘리야와 군중은 이방 제사장들을 기손 시내로 데려가 죽였으며 그 후 갈멜산 정상에서 계속 기도했다. 이후 엘리야는 바다에서 사람의 손바닥만 한 작은 구름을 불러냈다. 이어 하늘이 짙은 구름으로 캄캄해지고 바람이 일더니 큰 비가 퍼붓기 시작했다.

이런 큰 성공으로 설욕했음에도 엘리야는 이교를 뿌리 뽑지도 못했고 오므리 왕조의 멸망을 예언하기는 했지만, 자기 힘으로 오므리 왕조를 멸망시키지도 못했다. 엘리야는 외로운 인물이었다. 대중을 휘어잡는 카리스마를 지녔으나 왕궁에 정당이나 당파를 만들 인물은 아니었다. 엘리야는 개인의 양심을 옹호했다. 아마 유대 역사상 개인의 양심을 지지한 최초의 인물일 것이다. 하나님은 모세의 시대처럼 천둥 가운데 그에게 말씀하신 것이 아니라 작고 조용한 음성으로 말씀하셨다. 엘리야는 나봇을 살해한 일로 아합 가문을 저주하면서 왕의 행동과 사인私人의 행동이 조금도 다르지 않다는 원칙, 즉 왕도 도덕률에 따라 행동해야 한다는 원칙을 지지했다. 정치는 힘이 아니라 정의에 관한 것이었다. 이렇듯 최초의 야당 지도자 같은 선지자이긴 했으나 엘리야는 정치가가 아니었다. 엘리야는 대부분의 인생을 도망자로 쫓기며 살았다. 인생의 말년은 광야에서 보냈다. 열왕기하 2장은 엘리야가 어떻게 후계자 엘리사에게 기름을 부었는지 들려준다. 엘리야는 엘리사에게 기름을 부은 뒤 그에게 자기가 입던 제의용 겉옷을 남긴 채 회오리바람에 실려 불병거를 타고 하늘로 올라갔다.

그러나 엘리사는 엘리야와는 다른 인물이었다. 성경은 엘리사가 놀랄 만한 일을 수행한 이야기를 들려준다. 어쩌면 난폭한 십대였는지도 모르는 어린 아이들이 베델 근처에서 엘리사를 조롱하자 그는 곰 두 마리를 숲에서 불러냈고 두 마리의 곰은 이 아이들 중 마흔두 명을 찢어 죽였다.[196] 엘리사는 혼자 활동하지 않았다. 조직적인 문하생 집단인 예언자 학교를 만들고 엘리야가 요구했던 종교 개혁을 이루고자 세속 기관 사람들과 손을 잡았다. 아합 왕은 북쪽 지역에 있던 솔로몬의 병거성을 유지하고 확장했다. 아합과 후계자들은 대규모 직업군을 보유하고 있었고 이는 강점인 동시에 약점이기도 했다. 전차 부대에서 출세한 장군들 중에는 님시의 아들 예후가 있었다. 예후는 "맹렬히 전차를 모는 자였다." 엘리사는 예후와 함께 종교적·군사적 음모를 꾸몄고 그를 미래의 왕으로 기름 부어 역사상 가장 참혹한 쿠데타를 일으켰다.[197] 예후는 이세벨의 환관을 시켜 이세벨을 궁전 창밖으로 던져버리게 했다. 이에 이세벨의 피가 벽과 말에게까지 튀었고 예후가 탄 말이 이세벨의 주검을 밟고 지나갔다. 일흔 명에 이르는 아합의 아들들은 참수당해 성문 입구에 두 무더기로 쌓였다. 예후는 아합 가문 전부와 아합 가문의 관리들과 친지들과 제사장들을 하나도 남기지 않고 학살했다. 그 후 예후는 바알 제사장을 모두 불러모아 살해했고 "바알의 우상들을 깨뜨렸을 뿐 아니라, 바알의 신전을 헐어서 변소로 만들기까지 하였는데, 이것이 오늘까지도 그대로 있다."[198]

아모스와 계급투쟁

엘리사가 단행한 종교 정화 사건으로 잠시나마 공식적이며 유일한 야훼 제의가 다시 확립되었을 수도 있다. 그러나 이것이 정통 신앙을 유지해야 할 필요성, 즉 백성을 단결시킬 필요성과 세상을 따라야 할 필요성, 즉 국가를 존속시킬 필요성 사이에 존재하는 영원한 갈등을 해결해주지는 못했다. 예상대로 예후는 곧 오므리 왕조 못지않게 전횡을 일삼았다. 사실상 이스라엘의 모든 왕이 이내 종교적 순수주의자들과 결별했다. 또한 왕은 권력을 지키는 데 도움만 된다면, 야훼를 섬기는 진실한 신앙인이 절대 묵과할 수 없는 일을 감행했다. 어떤 면에서 나봇의 포도원 사건은 신앙과 세속의 갈등을 보여주는 상징적인 사건이다. 하나님에게 영감을 받아 엘리야가 아합에게 한 유명한 말이 있다. "네가 살인을 하고, 또 재산을 빼앗기까지 하였느냐?" 그러자 아합은 이렇게 대꾸한다. "내 원수야, 네가 또 나를 찾아왔느냐?"¹⁹⁹ 이 문제는 아합의 아들들이 차지한 자리를 예후와 그의 아들들로 대신한다고 해결되지 않는다. 이것은 BC 8세기 아모스서에서 또 다른 형태로 다시 언급된다. 아모스서는 후기 호메로스 시대에 그리스 헤시오도스가 쓴 서사시 《노동과 나날 *Erga kai Hēmerai*》과 동시대 작품으로 둘 다 관념적 정의에 관심을 보인다. 그러나 아모스서에서 정의는 야훼 신앙과 직결되어 있다. 아모스는 남유다에서 돌무화과를 가꾸는 사람이었으나 사회정의를 설교하기 위해 북이스라엘에 온 인물이다. 아모스는 자신이 타고난 예언자가 아니고 예언자의 제자도 아닌 것을 밝히고자 힘썼다. 아모스는 그저 진리를 아는 노동자일 뿐이었다. 그는 북쪽 지역에 있는 베델 성소에서 제사장들이 집전하는 정교한 의식에 반대했다. 가난한 사람들이 멸시당하고 굶주리는 때에 치르는 그런 의식은 조롱거리에 지나지 않다고 말했다.

아모스는 이렇게 하나님의 말씀을 선포했다. "나는, 너희가 벌이는 절기 행사들이 싫다. 역겹다. … 시끄러운 너의 노랫소리를 나의 앞에서 집어 치워라! 너의 거문고 소리도 나는 듣지 않겠다. 너희는, 다만 공의가 물처럼 흐르게 하고, 정의가 마르지 않는 강처럼 흐르게 하여라."²⁰⁰ 베델의 제사장 아마샤는 아모스의 활동에 강하게 반대했다. 아마샤는 베델이 왕의 성소요 왕실이라고 주장했다. 또한 제사장의 임무는 적절한 예를 갖추어 국가의 종교를 지지하는 것이지 당리당략에 호소하고 경제 문제에 개입하는 것은 제사장의 임무가 아니라고 주장했다. 아마샤는 아모스에게 이렇게 말했다. "선견자는, 여기를 떠나시오! 유다 땅으로 피해서,

거기에서나 예언을 하면서, 밥벌이를 하시오." 아마샤는 아모스가 이스라엘 한가운데서 반란을 선동하고 있다고 왕에게 한탄하면서 의미심장한 말을 덧붙인다. "그가 하는 모든 말을 이 나라가 더 이상 참을 수 없습니다."[201]

이 논쟁은 실로 중요했다. 후대의 유대 선견자들과 대다수 기독교 윤리신학자들은 아모스의 견해를 지지했다. 탈무드에는 다음과 같은 기록이 있다. "공의의 계명은 다른 모든 계명을 합친 것보다 중요하다."[202] 그러나 탈무드 학자들에게는 국가를 단결시킬 책임이 없었다. 그런 책임은 모두 과거의 일이었고 이제는 도덕적 절대주의라는 사치를 누릴 여유가 있었다. 그러나 아마샤 시대에는 국가가 살아남으려면 세속 당국과 영적 권위 사이의 타협이 필수였다. 만약 남유다 출신 예언자들이 하나님의 이름으로 계급투쟁을 선동하고 다니는 것을 허용했다면, 공동체는 치명적으로 약해졌을 것이고 야훼 신앙을 완전히 없애버리려는 외부의 적 앞에 속수무책이었을 것이다. 아모스가 하는 말을 이 나라가 더 이상 참을 수 없다는 아마샤의 말은 바로 그런 뜻이다.

BC 9세기에 아시리아 세력은 계속 커지고 있었다. 살만에셀(살마네세르)의 비문인 블랙오벨리스크에 따르면, 예후 시대에도 이스라엘은 아시리아에 조공을 바쳐야 했다. 이스라엘은 한동안 조공을 바쳐 아시리아의 공격을 모면하거나 아시리아의 침입을 막기 위해 다른 작은 국가들과 동맹을 맺기도 했다. 그러나 BC 745년 왕좌에 앉은 디글랏빌레셀(티글라트 필레세르) 3세는 호전적인 아시리아 민족을 제국주의자들로 바꾸어놓았다. 그는 여러 정복지에 대규모 강제 이주 정책을 시행했다. BC 740년 그의 연대기에는 다음과 같은 기록이 실려 있다. "[이스라엘 왕] 므나헴은 두려움에 사로잡혀… 도망쳐 내게 항복했다. … 은과 모직 채색 옷, 아마포 옷… 을 그에게 조공으로 받았다." BC 734년, 티글라트 필레세르는 해안지대를 가로질러 이집트 강까지 진출했다. 엘리트 계층과 부자, 상인, 장색匠色, 병사들이 모두 아시리아로 끌려가 정착했다. 그들이 정착한 곳은 바빌로니아에서 끌려온 갈대아인과 아람인이 개척한 곳이었다. 그 후 티글라트 필레세르는 내륙으로 쳐들어왔고 당시 종교 및 사회 분열에 휩싸여 있던 북왕국 이스라엘은 외세의 침략에 대항할 여력이 없었다. BC 733-734년 티글라트 필레세르는 갈릴리와 트란스요르단 지역을 정복하고 사마리아만 남겨둔 상태였다. 그는 BC 727년에 죽었지만, 후계자 살만에셀 5세는 BC 722-721년 겨울에 사마리아를 함락시켰고 이듬해 그의 후계자 사르곤 2세가 북왕국을 완전히 멸망시키고 엘리트 계층을 모두 사로잡아 다른 지역으로 이주시켰다. 두르샤루킨 연대기에는 "사마리아를 포위하고 함락시켜 거기 살던 사람들 중 2만 7,290명을 끌고 왔다"고 사르곤의 위업을 기록하고 있다. 열왕기하도 애절하게 같은 이야기를 들려준다. "그래서 이날까지 이스라엘은 자기들의 땅에서 앗시리아로 사로잡혀 가 있게 된 것이다. 이스라엘 자손을 사마리아에서 쫓아낸 아시리아 왕은 바빌론과 구다와 아와와 하맛과 스발와임으로부터 사람들을 데려와서, 이스라엘 자손을 대신하여 사마리아 성읍에 살게 하였다. 그러자 그들은 사마리아를 자기들의 소유로 삼았으며, 이스라엘 성읍들 안에 정착하여 살았다."[203] 고고학 발굴 자료에서도 당시의 재앙을 확증해주는 증거가 충분히 나왔다. 사마리아 내의 왕실 구역은 완전히 파괴되었다. 므깃도는 완전히 무너졌고 아시리아식 새 건물이 무너진 건물 더미 위에 세워졌다. 하솔의 성벽도 무너졌다. 세겜은 완전히 초토화되었고 디르사도 마찬가지였다.

이처럼 유대 역사상 최초로 엄청난 비극이 벌어졌다. 무엇으로도 멈출 수 없는 비극이었다. 북이스라엘 사람들은 결국 이 대참사로 뿔뿔이 흩어졌다. 아시리아로의 마지막 강제 이주로 북이스라엘 열 지파는 역사

밖으로 사라져 신화 속에 묻혔다. 이들은 훗날 유대 전설 속에 이스라엘 자손으로 기억되지만, 현실에서는 주변 아람 사람에게 동화되어 이스라엘의 신앙과 언어를 잃어버렸다. 또한 아시리아 제국의 공용어인 아람어가 서쪽으로 퍼지면서 그들의 신앙과 언어가 서서히 사라진 사실조차 덮였다. 사마리아에는 이스라엘 농부와 장색이 남아 있었고 그들은 새로운 이주민과 통혼했다. 이런 우울한 사건을 수록한 열왕기하 17장은 아시리아에 강제 이주당한 엘리트 계층이 계속해서 야훼를 섬겼고 제사장 중한 명을 베델로 보내 그곳에 거주하면서 지도자를 잃은 백성들을 가르치게 했다고 증언한다. 그러나 이런 말도 덧붙이고 있다. "그러나 각 민족은 제각기 자기들의 신들을 만들어 섬겼다. 그래서 각 민족은 그들이 살고 있는 성읍 안에서 만든 신들을 사마리아 사람들이 만든 산당 안에 가져다놓았다." 이후에는 이교도의 신앙과 관습에 빠져 북왕국이 파멸에 이르는 두려운 장면이 묘사된다. 남왕국에서는 북왕국 사람들이 야훼를 섬기는 방식에 늘 의구심을 품고 있었다. 북왕국의 정통 신앙에 대한 이런 의구심은 이집트에 들어갈 때 발생한 이스라엘의 분열을 반영한다. 이 분열은 출애굽과 가나안 정복 이후에도 전혀 치유되지 않았다. 예루살렘 사람들과 예루살렘 제사장들의 눈에 비친 북쪽 지역 사람들은 늘 이교도의 신앙 관습에 물들어 있었다. 북왕국의 멸망과 강제 이주, 남은 자들과 이방인들의 통혼은 사마리아 사람들이 본래는 이스라엘의 유산을 물려받은 이들임을 부인하는 근거로 이용되었다. 이때부터 유대인은 자기들도 선택된 백성이고 빠짐없이 약속의 땅에 거하게 될 것이라는 사마리아인의 주장을 전혀 인정하지 않았다.

그러나 북쪽 사람들은 남쪽 사람들에게 유산을 남겼고 이 유산은 야훼 신앙이 새 국면에 접어드는 씨앗이 되어 옛 예루살렘이 완전히 무너지기 전 남쪽에서 꽃을 피웠다. 사마리아가 함락되자 학식 있는 일부 피난민이 강제 이주를 피해 남쪽으로 내려왔고 예루살렘 사람들이 그들을 받아들인 덕분에 그들은 예루살렘에 다시 정착했다. 그들 중 한 사람이 호세아라는 잘 알려지지 않은 예언자의 기록을 가져왔고 그 기록은 남쪽 사람들의 손에서 틀을 갖추게 되었다.[204] 호세아는 북왕국이 멸망하기 직전에 예언을 하고 글로 기록한 선지자다. 또한 이스라엘 민족의 군사적·정치적 패배는 선택받은 백성으로서 이교도의 신앙 관습에 빠지고 도덕적으로 타락한 그들을 벌하시는 하나님의 불가피한 징벌임을 처음으로 명확히 인식한 이스라엘 사람이다. 호세아는 유려한 문장으로, 때로는 시의 형식을 빌려 사마리아의 멸망을, 하나님이 그들의 우상을 부서뜨리실 것을 예언했다. "이스라엘이 바람을 심었으니, 광풍을 거둘 것이다." 또한 호세아는 야훼를 경배하면서도 죄를 짓는 모든 이들에게 경고한다. "너희는 밭을 갈아서 죄악의 씨를 뿌리고, 반역을 거두어서 거짓의 열매를 먹었다."[205]

호세아와 마음의 종교

호세아는 신비로운 인물이다. 몇 가지 점에서 호세아의 글은 성경을 통틀어 가장 불가해한 저작에 속한다. 말투는 종종 암울하고 비관적이다. 그러나 호세아에게는 고난을 전하면서도 소멸하지 않는 희망의 불씨를 간직한 유대 저술가 특유의 힘이 있다. 어쩌면 호세아는 마음을 고쳐먹은 술꾼이자 오입쟁이였는지도 모른다. 그는 이렇게 탄식한다. "음행하는 일에 정신을 빼앗기고, 묵은 포도주와 새 포도주에 마음을 빼앗겼다."[206] 호세아는 지나친 성욕을 특히 혐오했다. 호세아는 하나님이 자기에게 매춘부 고멜과 결혼해 자녀를 낳으라 하셨다고 말한다. 고멜은 이방 신전에서 몸을 파는 창기를 상징하는 동시에 진정한 남편인 야훼를 떠나 바알과 간통한 이스라엘을 상징한다. 호세아는 북이스라엘의 모든 기관을 비난했다. 사실 호세아는 이스라엘과 유다는 당연히 하나여야 하기에 북이스라엘이라는 왕국이 존재해서는 안 되는 것으로 생각했다. 정치적 해법은 아무 소용이 없었다. 예후가 단행한 숙청은 사악한 행위였다. 제사장단은 치욕스러운 일을 저지르는 이들에 불과했다. "강도 떼가 숨어서 사람을 기다리듯, 제사장 무리가 세겜으로 가는 길목에 숨었다가 사람들을 살해하니, 차마 못할 죄를 지었다." 왕실 성전과 그 밖의 다른 곳에서 활동하는 예언자들도 나을 것이 전혀 없었다. "밤에는 예언자가 너와 함께 넘어질 것이다. … 이 예언자는 어리석은 자요, 영감을 받은 이 자는 미친 자다."207

그리하여 이스라엘은 타락한 조직들과 함께 멸망하여 유배지로 끌려갈 운명이었다. 그러나 장기적으로 이것은 그리 중요하지 않았다. 하나님이 자기 백성을 사랑하시기 때문이다. 하나님은 벌하시지만, 또한 용서하신다. "주께서 우리를 찢으셨으나 다시 싸매어주신다." 이어서 호세아는 놀라운 예언의 말을 이렇게 덧붙인다. "사흘 만에 우리를 다시 일으켜 세우실 것이니, 우리가 주님 앞에서 살 것이다."208 중요한 것은 물질적인 준비가 아니라 마음의 변화였다. 이스라엘의 구원을 보증하고, 깨끗하고 순결한 남은 자가 미래 세대에 신앙을 전달할 수 있게 하는 것은 하나님의 사랑과 하나님의 사랑에 대한 백성들의 반응이다.

북쪽의 멸망에 겁을 먹고 남쪽도 비슷한 운명에 처해질까 두려워하던 유다 사람들은 이스라엘 사상가로서는 처음으로 특정 국가나 조직 사회와 분리된 마음의 종교를 그려본 듯한 이 비범한 메시지를 받아들였다. 남유다는 북이스라엘보다 가난했고 북쪽보다 더 시골이었고 무력 정치의 지배도 덜했다. 또 비록 성경의 진술과 1961-1967년의 예루살렘 발굴 작업 모두 유다가 이교도의 신앙 관습으로 퇴보했다는 증거를 제시하고 있지만, 그럼에도 남유다는 북이스라엘보다 야훼 신앙의 뿌리에 더 가까웠다. 이스라엘에서는 이 땅의 일반 백성들, 즉 **암 하아레츠**가 중요했다. 이들이 역사에 처음 모습을 드러낸 것은 BC 840년이다. 그해에 그들은 아들 아하시야가 죽자 왕위를 가로채고 성전에서 바알을 섬기던 아달랴를 타도했다. 열왕기하는 그 후 조직이 복구되었고 신정 민주주의 개념이 부활했다고 분명히 밝힌다. 민중 봉기를 주도한 인물은 제사장 여호야다였다. 여호야다는 백성이 정치 세력이자 입헌 세력으로 인정받아야 한다고 주장했다. "여호야다는, 이스라엘 백성이 주님의 백성이 되는 언약을, 주님과 왕과 백성 사이에 맺게 하고, 동시에 왕과 백성 사이에도 언약을 맺게 하였다."[209] 그 시대에 고대 근동에 있는 어떤 나라도, 심지어 오랜 시간이 흐른 후의 그리스조차도 이렇게 진기한 합의를 이끌어내지는 못했다. 사실 유다에도 제국주의의 어두운 그림자가 드리우자 암 하아레츠는 왕위 계승자가 불확실할 때 왕을 선출하는 특별한 권리까지 받아냈다.

북이스라엘이 멸망했을 당시 유다 왕 히스기야의 군대는 북이스라엘의 옛 전차 부대에 비하면 훨씬 뒤처지고 보잘것없었다. 이에 히스기야는 암 하아레츠의 지원을 받아 서부 산등성이에 새로 성벽을 쌓아 예루살렘 수비를 다시 강화했다. "히스기야가 힘을 내어 무너진 성벽을 다시 쌓고, 성벽 밖에다 또 한 겹으로 성벽을 쌓았다." 히스기야는 또한 기혼의 샘에서 저수지로 흘러들어가는 물줄기를 바위로 막고 이 물줄기를 기드론 시내로 연결하는 실로암 터널을 뚫어 아시리아의 포위 공격에 대비했다. 그리하여 포위군은 알아차릴 수 없는 거대한 저수지를 확보하게 되었다. 이 내용은 성경에도 기술되어 있다.[210] 그리고 1867-1870년 실로암 터널이 발굴됨으로써 그것이 사실임이 증명되었다. 히브리어로 작업 완수를 기록한 당시의 비문이 성벽에서 발견되었다.

터널 개통에 관한 기록. 인부들은 서로 마주보고 곡괭이질을 했고, 파내야 할 땅이 3규빗 정도 남았을 때 동료를 부르는 소리가 들렸다. 오른편과 왼편 암석에 균열이 생겼기 때문이다. 인부들은 계속해서 마주보고 곡괭이질을 했다. 그러자 물이 수원에서 저수지로 흘렀고 그 거리는 1,200규빗이었다.[211]

예루살렘은 BC 701년 아시리아 왕 산헤립의 맹렬한 포위 공격에서 살아남았다. 하지만 그들을 구해준 건 새로 쌓은 성벽과 저수지가 아니라 아시리아 진영에 발생한 선페스트였다. 훗날 그리스 역사가 헤로도토스도 쥐가 옮기는 선페스트에 대해 언급한 바 있다. 열왕기하는 이 사건을 기적으로 보았다. "그날 밤에 주님의 천사가 나아가서, 아시리아군의 진영에서 십팔만 오천 명을 쳐죽였다. 다음 날 아침이 밝았을 때에 그들은 모두 주검으로 발견되었다."[212] 유다의 통치자들은 또한 다양한 동맹을 통해 안전을 도모했다. 유다가 동맹을 맺은 국가 중에는 주변의 작은 국가도 있었고 몸집만 크고 허약해서 부러진 갈대 지팡이 같은 이집트도 있었다. 아시리아의 왕은 이집트의 손을 잡은 히스기야 왕에게 이렇게 말했다. "너는 부러진 갈대 지팡이 같은 이집트를 의지한다고 하지만, 그것을 믿고 붙드는 자는 손만 찔리게 될 것이다."[213]

엄숙주의의 발흥

유다의 통치자와 백성들은 눈앞에 닥칠 정치적·군사적 운명에 자신들의 당시 신학과 도덕적 처신을 연결시키기 시작했다. 사람들 사이에 믿음과 행위로만 구원받을 수 있다는 생각이 퍼졌던 것으로 보인다. 그러나 국가의 생존 문제를 종교적으로 해결하려는 생각, 다시 말해 블레셋이 쳐들어왔을 때 이스라엘을 왕정국가로 이끌었던 생각과는 정반대되는 이런 생각은 유다를 두 가지 전혀 다른 방향으로 몰아갔다. 야훼의 진노를 가장 효과적으로 풀어드릴 방법은 무엇인가? 예루살렘 성전 제사장들은 옛 산당과 지역 성전에서 행하는 수상쩍은 제의 관행을 완전히 철폐하고 정통 신앙을 순수하게 보존할 수 있는 예루살렘에서만 제사를 드려야 하나님의 진노를 풀 수 있다고 주장했다.

BC 622년에 예루살렘 성전을 보수하던 중 대제사장 힐기야가 고대의 기록을 담은 책을 발견한 뒤 이런 주장은 더욱 힘을 얻었다. 어쩌면 그 책은 모세오경의 원본일 수도 있고, 어쩌면 하나님과 이스라엘의 언약을 제시하고 하나님의 명령을 지키지 않았을 때 임하는 무서운 저주를 서술한 28장에서 정점에 이르는 신명기서일 수도 있다. 어쨌거나 호세아가 경고한 예언을 확증하고 북왕국이 멸망한 것처럼 남왕국도 멸망할 것을 암시하는 듯한 이 책이 발견되자 공황상태가 야기되었다. 요시야 왕은 자신의 옷을 찢고 전면적인 제의 개혁을 명령했다. 모든 우상은 파괴되고 산당은 폐쇄되고 이교나 이설, 또는 이단 성직자들은 죽임을 당했다. 근본주의식 개혁은 이전까지 예루살렘에서는 한 번도 지키지 않았던 유월절을 국가 절기로 엄숙히 지키는 데서 정점을 찍었다.[214] 이스라엘이 옛 신앙의 뿌리로 돌아가는 과정에서 가장 큰 수혜를 입은 것이 예루살렘 성전이라는 점은 기이한 역설이 아닐 수 없다. 솔로몬이 이교의 신앙 관습에 가깝게 새로 도입한 것이 예루살렘 성전인데 말이다. 예루살렘 제사장들의 권력은 급격히 신장되었고 예루살렘 성전은 국가적으로나 공식적으로나 신앙의 모든 진리를 재결하는 결정자가 되었다.

이사야와 양심의 탄생

운명의 그림자가 짙게 드리운 이 시기에 또 하나의 사상이 모습을 드러내기 시작했다. 비공인 비주류였다. 이 사상은 상당히 다른 방향에서 구원을 이야기했고 결국 이것은 진실한 것으로 판명되었다. 호세아는 사랑의 힘에 대해 저술했고 마음의 변화를 촉구했다. 그리고 호세아와 동시대인으로 호세아보다 나이가 어렸던 남유다 출신 이사야가 이 사상을 더 진전시켰다. 이사야는 북왕국이 사망선고를 받은 시대에 활동했다. 성경에 등장하는 대부분의 영웅과 달리 이사야는 가난한 집안에서 태어나지 않았다. 바빌로니아 탈무드의 전승에 따르면, 이사야는 유다 왕 아마샤의 조카였다.[215] 그러나 이사야는 출신성분과 어울리지 않게 민중주의 또는 민주주의 노선을 취했다. 이사야는 군대와 성벽, 왕과 웅장한 성전을 신뢰하지 않았다. 이사야서는 이스라엘의 신앙이 영적인 의미를 갖게 되고 특정한 시공간에 매여 있던 단계에서 보편적인 단계로 발전하는 중이었다는 사실을 보여준다. 이사야서는 크게 두 부분으로 나뉜다. 1-39장은 BC 740년부터 700년까지 이사야의 생애와 그가 한 예언을 다루고, 흔히 제2 이사야서로 불리는 44-66장은 그보다 훨씬 뒤에 쓴 글이다. 사상의 발전은 매우 논리적으로 이뤄지고 있지만, 두 부분이 역사적으로 어떻게 연결되는지는 확실하지 않다.

이사야는 예언자 중에서도 가장 눈에 띄는 인물일 뿐 아니라 구약성경 최고의 저술가다. 대단히 훌륭한 설교자인 것은 분명하지만, 그가 이사야서에 자신의 말을 적어두었을 가능성도 있다. 이사야서는 일찌감치 기록 형태를 이루었고 성스러운 저작들 중 오랫동안 최고의 인기를 누렸다. 2차 세계대전 후 쿰란에서 길이가 6.9미터에 달하는 가죽 두루마리가 발견되었다. 우리가 가지고 있는 성경 사본 중 보존 상태가 가장 좋고 가장 오래된 사본인 이 두루마리에는 50개의 세로 단에 히브리어로 쓴 이사야서 전체 본문이 수록되어 있었다.[216] 초기 유대인은 훌륭한 심상에 재기 넘치는 이사야의 산문을 사랑했고, 그중 많은 표현이 온갖 문명국가의 문학 작품에 녹아들었다. 그러나 문장 표현보다 더 중요한 것이 그의 사상이다. 이사야는 인류를 도덕적으로 새롭게 각성시켰다.

이사야서의 모든 주제는 긴밀하게 연결되어 있다. 호세아처럼 이사야는 재앙을 경고하는 데 관심을 보인다. "파수꾼아, 밤이 얼마나 지났느냐?"라고 이사야는 묻는다. 어리석은 사람들은 이사야의 말에 신경 쓰지 않고 이렇게 말한다. "내일 죽을 것이니 오늘은 먹고 마시자." 그들은 높이 쌓은 요새와 동맹국을 믿었다. 사실 요새와 동맹국을 의지하는 대신 그들은 주의 명령에 순종해야 했다. 주님은 이렇게 말씀하셨다. "너의 집안 모든 일을 정리하여라." 집안 모든 일을 정리하라는 말은 개인과 공동체에 도덕적인 마음의 변화, 즉 내적 개혁을 촉구하는 말이다. 사회 정의가 인생의 목표가 되어야 한다. 부를 쌓는 것을 인생의 목표로 삼는 삶을 멈춰야 한다. "더 차지할 곳이 없을 때까지, 집에 집을 더하고, 밭에 밭을 늘려 나가, 땅 한가운데서 홀로 살려고 하였으니, 너희에게 재앙이 닥친다!" 하나님은 약자를 억압하는 것을 허용하지 않으실 것이다. 하나님은 이렇게 요구하신다. "어찌하여 너희는 나의 백성을 짓밟으며, 어찌하여 너희는 가난한 사람들의 얼굴을 마치 맷돌질하듯 짓뭉갰느냐? 만군의 하나님이신 주님의 말씀이다."[217]

이사야가 꺼내든 두 번째 주제는 회개다. 마음의 변화가 있으면, 주님은 항상 용서를 베푸신다. "주님께서 말씀하신다. '오너라! 우리가 서로 변론하자. 너희의 죄가 주홍빛과 같다 하여도 눈과 같이 희어질 것이며, 진홍빛과 같이 붉어도 양털과 같이 희어질 것이다.'" 하나님이 인간에게 원하시는 바는 하나님의 거룩함을 인식하고 거기에 부합하는 삶을 사는 것이다. "거룩하시다, 거룩하시다, 거룩하시다. 만군의 주님! 온 땅에 그의 영광이 가득하다." 이사야는 죄를 태워 없애기 위해 타고 있는 숯을 사람의 입술에 대는 천사를 상상한다. 그리고 죄인이 마음을 돌이켜 부와 권력 대신 거룩함을 추구할 때 찾아오는 평화의 시대를 소개한다. 이것이 세 번째 주제다. 평화의 시대에 사람들은 "칼을 쳐서 보습을 만들고 창을 쳐서 낫을 만들 것이며, 나라와 나라가 칼을 들고 서로를 치지 않을 것이며, 다시는 군사훈련도 하지 않을 것이다. ··· 광야와 메마른 땅이 기뻐하며, 사막이 백합화처럼 피어 즐거워할 것이다."[218]

그러나 이사야는 단순히 새로운 윤리 체계를 설교하고 있는 것이 아니다. 역사에 관심이 많은 이스라엘 민족으로서 이사야는 하나님의 뜻, 원인과 결과, 죄와 회개를 단계적으로 진행되는 일련의 행위로 이해했다. 이사야는 미래상을 제시했고 그것은 구별된 사람들이 살고 있는 모습이었다. 이 시점에서 이사야는 네 번째 주제, 즉 집단적 회개뿐 아니라 특별한 구세주에 대해 소개한다. "보십시오, 처녀가 잉태하여 아들을 낳을 것이며, 그가 그의 이름을 임마누엘이라고 할 것입니다." 이 특별한 아이는 평화의 시대에 특별한 중재자가 될 것이다. "이리가 어린 양과 함께 살며, 표범이 새끼 염소와 함께 누우며, 송아지와 새끼 사자와 살진 짐승이 함께 풀을 뜯고, 어린 아이가 그것들을 이끌고 다닌다." 또한 그 아이는 위대한 통치자가 될 것이다. "한 아기가 우리를 위해 태어났다. 우리가 한 아들을 모셨다. 그는 우리의 통치자가 될 것이다. 그의 이름은 놀라우신 조언자, 전능하신 하나님, 영존하시는 아버지, 평화의 왕이라고 불릴 것이다."[219]

이사야는 글을 쓸 뿐 아니라 성전에서 말씀도 선포했다. 그러나 공식 제의의 종교, 끝없는 희생 제사와 제사장들이 행하는 의식의 종교가 아니라 도덕적인 마음의 종교에 대해 이야기했다. 이사야는 우두머리 제사장들뿐 아니라 이스라엘 백성에게도 다가갔다. 탈무드 전승은 이사야가 우상을 숭배하던 므낫세 왕 시대에 살해되었다고 전한다. 그러나 이사야는 성전 기관이었던 정통 제사장단에게도 환영받지 못했다. 어느덧 순교는 이스라엘 문헌에서 끈질기게 등장하는 주제가 되었다. 이사야서 뒷부분에는 고난받는 종이라는 새로운 인물이 등장한다. 그는 앞부분에 나오는 구세주와 관련이 있어 보인다. 그는 공동체 전체의 죄를 짊어지고, 자신의 희생을 통해 공동체를 정결하게 하고, 민족의 임무를 구현하고 결국에는 승리로 이끌 인물이다.[220] 고난받는 종은 이사야의 목소리와 운명을 반영한다. 이사야서의 두 부분은 기록 시기가 200년이나 차이가 나는데도 통일성을 갖추고 있다. 전체적으로 이사야서의 목적은 야훼 신앙의 성숙을 보여주는 것이다. 성숙한 야훼 신앙은 이제 정의와 심판에 관심을 기울인다. 열방에 대한 심판과 개인의 영혼에 대한 심판 말이다. 특별히 제2 이사야서는 지파, 인종, 민족의 권리와 상관없이 믿음의 담지자로서 개인을 강조한다. 엘리야뿐 아니라 우리 모두에게는 각자 부드럽고 조용한 양심의 소리가 있다. 이것은 인간의 자기이해 측면에서 위대한 도약이라 할 만한 개인의 발견이다. 그리스인도 곧 같은 방향으로 나아갈 터였지만, 이제 곧 우리가 유대인으로 부르게 될 이스라엘 자손이야말로 이 분야의 선구자였다.

더욱이 그리스인과 달리 이스라엘 사람들은 이사야에게 고무되어 순수한 유일신교로 나아가고 있었다. 성경 앞부분에는 야훼를 유일하신 하나님이라기보다 가장 힘 있는 신, 즉 다른 신의 관할 구역에서도 활동할 수 있는 신으로 보는 구절이 많이 있다.[221] 그러나 제2 이사야서는 이론 상으로도 실제로도 다른 신의 존재를 부인한다. "나는 시작이요, 마감이다. 나 밖에 다른 신이 없다."[222] 나아가 하나님은 완전하시고 무소부재하시며 전능하신 분이라는 점을 명확하게 이야기한다. 하나님은 역사를 움직이시는 원동력, 유일한 원동력이다. 하나님이 우주를 창조하셨고 우주를 지휘하시고 우주를 끝내실 것이다. 이스라엘은 하나님의 계획의 일부이고, 그것은 다른 이들도 마찬가지다. 아시리아인이 공격해왔다면, 그것은 하나님의 명령에 따른 것이다. 바빌로니아인이 이스라엘 민족을 강제 이주시켰다면, 그것도 하나님의 뜻이다. 모세의 광야 신앙은 세련된 세계 신앙으로, 모든 인류가 답을 기대할 수 있는 종교로 성숙해지고 있었다.[223]

최초의 유대인, 예레미야

예루살렘이 멸망하기 전에 이사야의 메시지가 백성들에게 깊이 파고들었다는 점에는 의심의 여지가 없다. 그러나 예루살렘이 멸망하는 대재앙이 닥치기 전 몇십 년 동안 이사야의 강력한 목소리는 그만큼 시적이지는 않아도 그에 못지않게 예리한 또 하나의 생생한 목소리와 결합한다. 우리는 포로기 이전 시대에 활동한 성경 기자 중 예레미야에 대해 가장 많이 알고 있다. 예레미야의 설교와 자서전을 제자였던 바룩이 받아 적었기 때문이다.[224] 예레미야의 생애는 조국의 비극적 역사와 긴밀하게 얽여 있다. 예레미야는 예루살렘 북동부에 있는 베냐민 땅의 제사장 가문에서 태어났다. 그는 BC 627년 호세아의 전통 안에서, 그리고 어느 정도는 이사야의 전통 안에서 설교를 시작했다. 예레미야는 이스라엘 민족이 악독한 죄를 지으며 파멸을 재촉하고 있다고 보았다. "너희는 목이 곧아 고집이 세고 반역하는 백성이다." 예레미야는 호세아처럼 제사장이나 서기관, 지혜 있는 자나 성전 예언자 같은 종교 지배층을 싫어했다. "예언자들은 거짓으로 예언을 하며, 제사장들은 거짓 예언자들이 시키는 대로 다스리며, 나의 백성은 이것을 좋아하니, 마지막 때에 너희가 어떻게 하려느냐?"[225] 예레미야는 요시야 왕 시대에 대대적으로 단행했던 친親성전 종교 개혁을 완전한 실패작으로 보았다. 그래서 BC 609년 요시야 왕이 죽자 바로 성전으로 가서 맹렬한 어조로 종교 개혁이 실패했노라고 설교했다. 그 때문에 죽을 뻔했고 성전 구역에 접근할 수 없게 되었다. 동네 사람들과 심지어 가족들까지 예레미야에게 등을 돌렸다. 예레미야는 결혼을 못 했거나 안 한 것으로 보인다. 예레미야서에서 그는 소외감과 외로움 속에서 편집증의 징후를 드러낸다. 예레미야는 "내가 태어난 날이 저주를 받았어야 했는데"라고 기록하고 있다. "어찌하여 저의 고통은 그치지 않습니까? 어찌하여 저의 상처는 낫지 않습니까?"라고도 말한다. 또한 자기를 해치려고 음모를 꾸미는 원수들에게 둘러싸여 있고 자기가 "도살장으로 끌려가는 순한 어린 양"과 같다고 느꼈다.[226] 사실 이 말은 상당 부분 진실이다. 예레미야는 설교도 금지당했고 그가 쓴 글은 소각되었다.

예레미야가 이렇게 인기가 없었던 것은 그럴 만한 이유가 있었다. 그의 말대로 북방의 적 느부갓네살(네부카드네자르 2세)과 그의 군대가 계속 압박해오고, 왕국에 사는 모든 사람이 재앙에서 벗어날 길을 찾으려고 애쓰는 때에 예레미야는 패배주의를 설교하는 듯했기 때문이다. 예레미야는 이스라엘 백성과 통치자들이 부도덕함으로 위험을 자초했노라고 말했다. 적은 하나님의 진노의 도구에 불과하며 따라서 앞으로 세력이 더 강해질 것이라고 했다. 예레미야의 이런 말은 암울한 숙명론처럼 들렸다. 예레미야의 이름을 딴 Jeremiad라는 단어가 비탄을 의미하는 것도 이런 이유다. 그러나 예레미야 시대 사람들이 놓치고 있는 것이 있었으니, 그것은 바로 예레미야의 메시지에 담긴 희망의 근거다. 예레미야는 왕국의 멸망은 중요하지 않다고 말했다. 나라가 망해도 이스라엘은 여전히 주님에게 선택받은 민족이기 때문이다. 포로가 되고 뿔뿔이 흩어져도 작은 민족 국가를 이루고 있을 때와 마찬가지로 이스라엘은 하나님이 주신 사명을 수행할 수 있기 때문이다. 이스라엘과 주님의 관계는 끊어지지 않을 터였다. 주님과 맺은 관계는 무형의 관계고 따라서 파괴할 수 없기 때문이다. 예레미야는 절망을 선포하고 있었던 것이 아니다. 오히려 이스라엘 백성들이 절망을 겪고 그것을 극복할 수 있게 준비시키고 있었다. 그들에게 유대인이 되는 법을, 다시 말해 정복 세력에 복종하고 거기에 적응해서 어떻게든 역경을 극복하고 장기적으로 하나님의 정의가 이뤄질 것이라는 확신을 마음속에 간직하는 법을 가르치려고 애쓰고 있었다.

제1 성전 시대가 곧 막을 내릴 참이기에 이스라엘 자손에게는 바로 그런 교훈이 필요했다. 예레미야가 성전에서 설교를 하기 삼 년 전에 아시리아 제국이 갑자기 붕괴했고 바빌로니아라는 신흥 세력이 아시리아의 공백을 메웠다. BC 605년 바빌로니아는 갈그미스(카르케미시) 전투에서 부러진 갈대 지팡이 같은 이집트 군대를 쳐부수고 결전에서 승리했다. 예루살렘은 BC 597년에 함락되었다. 현재 대영박물관에 소장되어 있는 바빌로니아 연대기는 그 사건을 이렇게 언급하고 있다. "제7년 키슬레브 월 〔느부갓네살이〕 군대를 소집하고 하티의 땅으로 진군해 유다의 성을 포위했으며 아달 월 제2일에 그 성을 취하고 유다 왕을 붙잡았다. 대신 그는 자기가 선택한 자를 왕으로 세우고 엄청난 조공을 받았으며 〔그들을〕 바빌로니아로 보냈다." 이 연대기에는 3월 16일이라는 정확한 날짜가 기록되어 있다. 열왕기하는 유다의 왕 여호야긴이 "예루살렘의 모든 주민과, 관리와 용사 만 명뿐만 아니라, 모든 기술자와 대장장이"와 함께 바빌로니아로 끌려갔고, "그래서 그 땅에는 아주 가난한 사람들 말고는 하나도 남지 않았다"고 말한다. 느부갓네살 군대는 성전에 있던 금 그릇들도 모두 산산조각 내어서 깨뜨려버렸다.[227]

그러나 비극은 그것으로 끝나지 않았다. 바빌로니아에 충성을 맹세한 이스라엘의 총독 시드기야의 통치를 받던 예루살렘은 반란을 일으켰고 이 때문에 다시 포위 공격을 받았다. 1935년 고고학자 제임스 레슬리 스타키는 라기스 성문을 발굴하고, 거기서 라기스 편지로 알려진 오스트라카, 즉 글자가 새겨진 그릇 조각을 발견했다. BC 589년 가을에 작성된 것으로 추정되는 이 문서는 전초 기지에서 라기스 지휘관에게 보낸 공문서로 역사상 예레미야가 자유롭게 활동하던 마지막 시기에 해당된다. 그 중에는 예언자를 언급하는 문서가 있는데, 예레미야를 지칭하는 것인지도 모른다. 또 다른 문서에는 아직 정복하지 않은 지역이 예루살렘, 라기스, 아세가뿐이라고 쓰여 있다. 587년 또는 586년에 예루살렘 성벽이 무너졌고 굶주림에 허덕이던 예루살렘 사람들은 결국 항복했다. 시드기야의 자녀들은 그가 보는 앞에서 처참히 살해되었고 이 가공할 광경을 목격한 시드기야의 두 눈은 뽑히고 말았다. 이는 충성 맹세를 어긴 봉신이 받는 일반적인 처벌이다. 성전은 파괴되고 성벽은 허물어지고 예루살렘의 거대한 건물은 파괴되고 다윗이 정복하기 전부터 있던 옛 성 밀로는 계곡 속으로 사라져버렸다.[228]

그러나 바빌로니아의 남유다 정복과 아시리아의 북이스라엘 정복 사이에는 한 가지 중요한 차이가 있다. 바빌로니아인들이 비교적 덜 잔인했다. 그들은 강제 식민정책을 펴지 않았다. 약속의 땅을 이방 신전으로 뒤덮을 수도 있는 동쪽 이방 족속을 데려다 정착시키지 않았다. 가난한 백성들, 즉 **암 하아레츠**만 지도자 없이 덩그러니 남겨졌으나 그들은 특별한 방식으로 신앙을 고수했다. 게다가 바빌로니아 군대는 BC 588년에 항복한 것으로 보이는 베냐민 지파를 바빌로니아로 끌고 가지 않았고 베냐민 땅에 있는 기브온과 미스바, 베델도 파괴하지 않았다. 그럼에도 수많은 이스라엘 사람이 뿔뿔이 흩어졌다. 바빌로니아로 끌려간 사람 외에도 많은 이들이 북쪽 사마리아나 에돔과 모압으로 도망쳐 **디아스포라**가 되었다. 이집트로 도망친 이들도 있었다. 예레미야도 그중 하나였다. 예레미야는 예루살렘의 멸망이 눈앞에 닥친 시절에 매우 용감하고 강인하게 활동했다. 저항해봐야 소용없고 느부갓네살은 주님이 유다의 죄악을 벌하고자 보내신 대리인이라고 주장했다. 그리고 그 때문에 체포되었다. 예루살렘이 함락된 후에는 그곳에 남아 가난한 백성들과 동고동락하기를 바랐다. 그러나 이집트로 피난 가는 시민들의 손에 이끌려 이집트 국경 너머에 정착했다. 그곳에서 예레미야는 늙을 때까지 주님의 복수를 불러온 죄악을 꾸짖었다. 그리고 남아 있는 소수가 역사를 통해 자기의 말이 옳았음을 알게 될 것으로 믿었다. 최초의 유대인인 예레미야의 목소리는 그렇게 차츰 희미해져 침묵 속에 묻혔다.[229]

2부

유대교

에스겔의 마른 뼈 골짜기

BC 597년 바빌로니아로 강제 이주당한 첫 번째 엘리트 그룹에는 에스겔이라는 나이 많고 박식한 제사장이 있었다. 아내는 예루살렘 성이 마지막 포위 공격을 받던 때에 사망하고, 살아남은 에스겔은 결국 바빌로니아 인근 그발 강 근처 포로지에서 쓸쓸히 죽음을 맞았다.[1] 괴로움과 절망 가운데 강 제방에 앉아 있던 에스겔은 하나님의 이상을 경험한다. "북쪽에서 폭풍이 불어오는데, 큰 구름이 밀려오고, 불빛이 계속 번쩍이며, 그 구름 둘레에는 광채가 나고, 그 광채 한가운데서는 불 속에서 빛나는 금붙이의 광채와 같은 것이 반짝였다."[2] 이것은 이후 에스겔이 경험할 이상의 서막이었다.

에스겔이 보고 놀라 주저앉은 강렬한 색채와 눈부신 광채는 성경에서 매우 독특한 것이다. 에스겔은 그것을 묘사할 적확한 어휘를 생각해내려고 애썼다. 황옥과 사파이어, 루비 빛깔에 광채가 번쩍였고 뜨거운 열기 속에 불꽃을 피우며 밝아졌다 어두워졌다 하면서 타올랐다. 장편에 해당하는 에스겔서는 꿈같은 순서와 가공할 만한 이미지, 위협과 저주, 폭력이 뒤섞여 혼란스러운 인상을 준다. 위대한 성경 기자인 에스겔은 당대와 그 후 세대에 가장 인기 있는 저자에 속한다. 그러나 에스겔이 하는 말은 자기 의지와는 거의 상관없는 신비와 수수께끼 일색이다. 스스로 "왜 나는 항상 수수께끼로 이야기해야만 하는가?" 하고 자문할 정도다.

그러나 기묘하고 열정적인 이 인물에게는 전달해야 할 확고하고 강력한 메시지가 있었다. 메시지의 핵심은 종교적 정결을 통해서만 구원이 이루어진다는 것이다. 장기적인 관점에서 보면 국가와 제국, 왕좌는 중요하지 않다. 그것들은 하나님의 권능에 의해 파멸될 터이기 때문이다. 중요한 것은 하나님이 자신의 형상대로 창조하신 피조물, 즉 사람이다. 에스겔은 하나님이 자기를 뼈로 가득한 골짜기로 데려가신 사건을 묘사한다. 하나님은 에스겔에게 물으셨다. "사람아, 이 뼈들이 살아날 수 있겠느냐?" 하나님의 말이 떨어지기 무섭게 놀란 에스겔의 눈앞에서 뼈들이 덜거덕거리는 소리를 내면서 흔들리고 서로 결합했다. 하나님은 뼈에 힘줄과 살과 피부를 입히시고 마지막으로 숨을 불어넣으셨다. 그러자 "그들이 곧 살아나 제 발로 일어나서 서는데, 엄청나게 큰 군대"였다.[3]

훗날 그리스도인은 이 두려운 광경을 죽은 자의 부활을 상징하는 이미지로 해석했지만, 에스겔과 그 시대 청중에게 그것은 이스라엘의 부활을 암시하는 징조였다. 그 어느 때보다 하나님을 가까이하며 의지하는 이스라엘, 하나님에게 지음 받은 개인으로서 각자 하나님 앞에 책임을 져야 할 이스라엘, 각자 태어나는 그 순간부터 평생 하나님의 법에 순종해야 하는 이스라엘, 바로 그 이스라엘의 부활에 관한 징조였다. 최초의 유대인이 예레미야라면, 유대교 형성에 역동성을 부여한 주인공은 에스겔과 그가 본 이상이다.

유배 생활은 옛 지파와의 단절을 의미했다. 이미 열 지파는 사라지고 없었다. 호세아와 이사야, 예레미야처럼 에스겔 역시 유대인에게 닥친 재앙이 율법을 어긴 죄에서 비롯된 직접적이고 피할 수 없는 결과라고 주장했다. 그러나 이전까지는 공동체의 죄라는 개념 아래 하나님이 이스라엘 공동체에 진노하시는 원인을 왕과 지도자의 죄악에서 찾았지만, 지금 포로로 끌려온 유대인에게는 비난할 대상이 자기 자신밖에 없었다. 에스겔의 말에 따르면, 하나님은 더 이상 지도자 한 사람이 범한 죄 때문에 백성을 집단적으로 심판하지 않으시고, 조상의 죄 때문에 현 세대를 심판하지 않으신다. 하나님은 우레같이 말씀하신다. "너희가 어찌하여 이스라엘 땅에서 아직도 '아버지가 신 포도를 먹으면, 아들의 이가 시다' 하는 속담을 입에 담고 있느냐? 나 주 하나님의 말이다. 내가 나의 삶을 두고 맹세한다. 너희 가운데서 어느 누구도 다시는 이스라엘에서 이런 속담을 입에 담지 못할 것이다." 하나님은 에스겔에게 "모든 영혼은 나의 것이다"라고 말씀하시고 각 사람이 개인적으로 하나님 앞에 책임을 져야할 존재임을 분명히 밝히신다. "범죄하는 그 영혼이 죽을 것이다."[4] 물론 모세 종교 안에는 개인에 대한 사상이 늘 있었다. 각 개인이 하나님의 형상대로 창조되었다는 사상은 본래 있던 것이다. 이 사상은 이사야에 의해 크게 강화되었고 에스겔 시대에 가장 중요한 요소가 되었다. 그리고 그 후 개인의 책임은 유대 종교의 정수가 된다.

이 탁월한 사상으로부터 많은 결과가 파생되었다. BC 734년부터 BC 581년까지 여섯 번에 걸쳐 이스라엘의 강제 이주가 이뤄졌고 더 많은 사람이 이집트와 다른 근동 지역으로 피신했다. 이때부터 대다수 유대인은 줄곧 약속의 땅 바깥에서 살았다. 이처럼 각처로 흩어져 지도자도 없고 국가나 정부의 보호도 받지 못하는 유대인이 민족의 특별한 정체성을 보존하려면 대안을 강구해야 했다. 그리하여 유대인은 가지고 있던 문헌, 즉 율법과 과거 기록에 눈을 돌렸다. 이때부터 서기관의 역할이 중요해졌다. 그전까지 서기관은 예레미야의 제자 바룩이 그랬듯 위대한 인물의 비서가 되어 그의 말을 받아 적는 역할만 했다. 그런데 이제는 사회 특권층이 되어 구전 전승을 문서화하는 작업에 매달리고, 파괴된 성전에서 가져온 중요한 두루마리를 필사하고, 유대 문서를 배열하고 편집하며 이론적인 설명을 제시했다. 사실 성전은 제사장의 영예와 의의를 강화하는 기능을 했다.

그런 성전이 없어지자 한동안 서기관이 제사장보다 중요한 위치를 차지하게 되었다. 유배 생활은 서기관의 노력이 결실을 맺을 수 있는 여건을 조성했다. 유대인은 바빌로니아에서 합리적인 대우를 받았다. 고대도시 바빌론의 이슈타르 대문 근처에서 발견된 토판 문서는 야후드 땅의왕 야우킨이 포로에게 나눠준 배급량을 언급하고 있다. 여기에서 야우킨은 여호야김을 가리킨다. 몇몇 유대인은 상인이 되었다. 그들은 **디아스포라** 유대인의 첫 번째 성공 사례다. 이들은 장사해서 번 돈으로 서기관의활동을 비롯해 유대인이 신앙을 지키도록 돕는 일을 후원했다. 율법에순종할 의무가 개인에게 있다면, 율법이 무엇인지 정확히 알아야 했다.따라서 이제는 율법을 단순히 보관하고 필사하는 데 그쳐서는 안 되고율법을 가르쳐야 했다.

이리하여 평범한 유대인은 바빌로니아 포로 시절에 처음으로 규칙적인 신앙생활을 배우게 되었다. 주변 이방인과 유대인을 분명하게 구분해주는 할례를 엄격히 시행했고, 어느새 할례는 하나의 의식으로 자리 잡았다. 그리하여 할례 의식은 유대인의 생활주기와 전례의 일부가 되었다. 바빌로니아에서 천문학을 익힌 덕분에 더 강해진 안식일 개념은 한주의 중심이 되었고, 안식일을 뜻하는 히브리어 **샤바트**에서 유래한 샤베타이는 포로기에 새로 등장한 이름 중 가장 인기 있는 이름이 되었다.

유대력에는 처음으로 절기가 표시되었다. 유월절은 유대 민족의 태동을, 수장절은 율법을 받은 사건, 즉 유대 종교의 창립을, **수코트**, 즉 초막절은 민족과 종교를 결합시킨 광야에서의 방랑을 기념하는 절기였다. 또한, 개인의 책임감이 마음에 박히면서 창조를 기념하는 신년 절기와 심판의 날을 내다보며 참회하는 속죄일을 지키기 시작했다. 바빌로니아의 과학과 역법은 이런 연례행사를 조직하고 제도화하는 데 도움이 되었다. 정결법과 식사법 등의 원칙이 극히 중요해진 것도 바로 이 시기다. 이제 유대인은 율법을 연구하고 소리 내어 낭독하고 기억했다. 다음과 같은 신명기 명령이 형태를 갖춘 것도 이 시기로 보인다. "내가 오늘 당신들에게 명하는 이 말씀을 마음에 새기고, 자녀에게 부지런히 가르치며, 집에 앉아 있을 때나 길을 갈 때나, 누워 있을 때나 일어나 있을 때나, 언제든지 가르치십시오. 또 당신들은 그것을 손에 매어 표로 삼고, 이마에 붙여 기호로 삼으십시오. 집 문설주와 대문에도 써서 붙이십시오."[5] 나라를 잃은 유대인은 바빌로니아 포로 시절에 법치, 다시 말해 사회 동의가 있어야만 집행할 수 있는 법률에 의한 통치에 자발적으로 복종하는 공동체가 되었다. 역사상 처음 있는 일이었다.

유다가 멸망하고 반세기 정도 이어졌으니 포로 기간이 그리 길지는 않았다. 그러나 이 기간에 엄청난 변화가 생겼다. 여기에서 우리는 유대 역사의 요체에 접근하게 된다. 앞에서 살펴보았듯이 이스라엘의 신앙과 국가 사이에는 갈등이 도사리고 있다. 종교적 측면에서 유대 역사는 아브라함 시대, 모세 시대, 바빌로니아 포로기와 그 직후, 제2 성전 파괴 이후로 나뉜다. 처음 두 시대는 야훼 신앙을 창출했고 뒤의 두 시대는 야훼 신앙을 유대교로 발전시키고 정제했다. 모세 시대에 이스라엘 자손은 다른 나라의 지배를 받은 적도 없지만, 독립 국가를 이룬 적도 없다. 그러니 이스라엘 자손, 후의 유대인이 안정된 통치 체제를 이루고 번영을 구가할 때 오히려 타락하지 않은 순수한 신앙을 지키기가 더 어려웠다는 점은 주목할 만하다.

여호수아의 가나안 정복 이후 이스라엘 자손은 급속히 부패했다. 이 현상은 솔로몬 시대에 재현되었고, 북왕국과 남왕국을 막론하고 강한 왕이 통치하는 부유하고 평화로운 시대에 계속 반복되었다. 하스몬 왕조와 헤롯 대왕 같은 지도자 아래서도 이런 현상은 재현되었다. 독립된 통치 기구를 갖추고 번영을 누릴 때마다 유대인은 가나안 원주민이나 블레셋인, 페니키아인, 그리스인 등 주변 이민족의 종교에 끌렸던 것 같다. 유대인은 확실히 역경이 닥칠 때 단호하게 원칙을 지켰고 유대인 특유의 종교적 상상력과 독창성을 발전시키고 명석함과 열의를 발현했다. 그래서 나라가 없을 때 오히려 상태가 더 좋았고, 외세가 쳐들어와 압제할 때 율법에 더 순종하고 하나님을 더 경외하는 것처럼 보였다. 권력 상실과 선함이 서로 관련이 있고 이방의 통치를 받는 것이 자주 통치보다 나을 수 있다는 가능성을 최초로 인식한 인물은 예레미야였다. 예레미야는 국가는 본래 악하다고 생각했다.

이스라엘 역사에 깊이 뿌리내린 이 사상은 나실인과 레갑 족속까지 거슬러 올라간다. 국가가 악하다고 보는 사상이 야훼 신앙의 고유한 특징이 될 수밖에 없었던 이유는 이스라엘을 다스리는 이는 사람이 아니라 하나님이라 여겼기 때문이다. 성경에는 의의 총체적 목표가 인간이 만든 기존 질서를 파괴하는 것이라고 암시하는 구절이 더러 있다. "모든 계곡은 메우고, 산과 언덕은 깎아내려질 것이다."[6] 한나는 사무엘상 2장에서 하나님의 이름으로 세상을 뒤집어엎는 혁명의 찬가를 부른다. "가난한 사람을 티끌에서 일으키시며 궁핍한 사람을 거름더미에서 들어 올리셔서, 귀한 이들과 한자리에 앉게 하시며 영광스러운 자리를 차지하게 하신다."[7] 훗날 마리아도 마리아 찬가에서 동일한 주제를 노래한다. 유대인은 기존 질서를 해체하는 누룩이자 사회 변화를 촉진하는 촉매제였다.

그런 그들이 어떻게 기존 질서와 사회에 안주할 수 있겠는가?[8]

따라서 우리는 지금부터 바빌로니아 포로 생활과 유대인의 디아스포라 성향을 살펴볼 필요가 있다. 얼마 지나지 않아 바빌로니아 제국의 자리는 고레스 대왕(키루스 2세)의 페르시아와 메대 연합군이 대체했다. 고레스는 유대인을 포로로 잡아두고 싶어 하지 않았다. 그러나 많은 유대인, 사실 대다수의 유대인이 바빌론에 남는 쪽을 택했다. 그리하여 고대 도시 바빌론은 1,500년 동안 유대 문화의 중심지가 되었다. 다른 유대 공동체는 예레미야처럼 이집트 국경 근처에 정착하지 않고 이집트 내륙 깊숙이 들어가 나일 강 폭포 근처 엘레판티네 섬에 정착했다. 그곳에서 발견된 파피루스에 따르면, 유대 공동체는 성전을 재건하기 위해 이집트 당국의 허락을 구했다.[9] 유다 땅으로 귀환한 이들 중에는 유배 생활의 의미를 이해하는 부류도 있었다. 그들은 완전한 정결의 날이 밝기 전까지는 포로 생활도 나쁘지만은 않다는 예레미야의 관점을 받아들였다. 그들은 광야 변두리에 살면서 자기들이 국내 유배자라 생각했고 그 땅을 유배의 상징으로 보고 다마스쿠스 땅이라고 불렀다. 그곳은 야훼의 성소가 있었던 곳이다. 그들은 별과 거룩한 지도자가 자기들을 예루살렘으로 귀환시킬 하나님의 선한 때를 기다렸다. 이들이 바로 레갑 족속의 후예이자 쿰란 공동체의 전신이다.[10]

사실상 페르시아 왕 고레스 대왕이 귀환을 선동했을 수도 있다. 페르시아 지배층은 옛 제국들처럼 관용을 모르는 편협한 민족 종교 대신 윤리적이고 보편적인 종교를 믿었다. 고레스는 조로아스터교도로 유일하고 영원하며 선한 존재, 즉 거룩한 영으로 만물을 지은 창조자를 믿었다.[11] 고레스의 통치 아래 페르시아 제국에서는 아시리아나 바빌로니아 제국과 전혀 다른 종교 정책이 발전했다. 페르시아 제국의 권위를 받아들이기만 하면, 피정복민이 민족 고유의 종교 신념을 추구하는 것을 기꺼이 허락했다. 실제로 고레스는 이전 제국이 시행한 지독한 유배 생활과 성전 파괴를 돌이키는 것이야말로 자신의 종교적 의무라고 생각한 것 같다.

19세기 바빌론 궁전 유적지에서 발굴되어 현재 대영박물관에 소장되어 있는 비문에서 고레스는 자신의 정책을 이렇게 진술한다. "나는 고레스, 세상의 왕이다. … 위대한 신 마르둑이 나의 경건한 행위를 기뻐하시니… 나는 그들의 백성을 모아 그들의 고향으로 인도했으며… 신들과… 위대한 주이신 마르둑의 명령에 따라 그들로 하여금 기쁨 가운데 그들의 성소를 세우도록 했으니… 내가 각 성으로 돌려보낸 모든 신이 나의 날의 장구함을 위해 [날마다 기원하기를 원하노라]."[12] 이 시기에 기록된 제2 이사야서에 따르면, 주께서 기름 부은 자라 칭하는 고레스를 통해 귀환을 명하신 이는 바로 주님이었다.[13] 에스라서는 귀환을 언급하며 고레스가 바빌론에 사는 유대인에게 다음과 같이 말했다고 전한다. "하늘의 주 하나님이 나에게 이 땅에 있는 모든 나라를 주셔서 다스리게 하셨다. 또 유다에 있는 예루살렘에 그의 성전을 지으라고 명하셨다. 이 나라 사람 가운데서, 하나님을 섬기는 모든 사람은 유다에 있는 예루살렘으로 올라가서, 그곳에 계시는 하나님 곧 주 이스라엘의 하나님의 성전을 지어라. 그 백성에게 하나님이 함께 계시기를 빈다."[14]

고레스가 귀환을 명령하고 지원했지만, BC 538년 여호야긴의 아들 세낫살이 주도한 첫 번째 귀환은 실패로 끝났다. 가나안 땅에 남아 있던 가난한 유대인, 즉 **암 하아레츠**가 이에 반발하며 사마리아인과 에돔인, 아랍인과 연합해 성벽 재건을 방해했기 때문이다. 고레스의 아들 다리우스에게 든든한 후원을 받은 두 번째 귀환은 BC 530년 스룹바벨이라는 지도자가 주도했다. 스룹바벨은 유다의 페르시아 총독으로 임명된 터라 다윗의 자손으로서 그의 권위는 더욱 힘을 얻었다. 성경 기록에 따르면 그와 함께 4만 2,360명의 포로가 귀환했는데, 그중에는 제사장과 서기관도 많았다.

이 귀환은 중앙집권화된 유일한 성전과 그곳에서 드리는 합법적 제의를 중심으로 굴러가는 예루살렘의 새로운 유대 정통 신앙으로의 귀환이었다. 성전 건축 작업은 즉시 재개되었다. 학개서 2장 2절이 명시하는 바와 같이 이 성전 역시 레바논의 백향목으로 짓기는 했으나 건축양식 면에서 보면 확실히 솔로몬 성전보다 수수했다. 이교도로 간주하던 사마리아인과 다른 유대인이 건축에 참여하는 것은 허용되지 않았다. 바빌론에서 귀환한 유대인은 그들에게 "당신들과는 관계가 없는 일이오"라고 확실히 선을 그었다.[15] 이런 배타적인 태도 때문인지 귀환한 사람들은 정착지에서 번영하지 못했다. 그러다 BC 458년, 학식과 권위를 겸비한 제사장 겸 서기관 에스라가 주도한 제3의 물결에 의해 힘을 얻었다. 에스라는 많은 노력을 기울였으나 이단 및 이방 민족과의 통혼, 토지 소유권 분쟁으로 생긴 법률상의 문제를 해결하지는 못했다. 마지막으로 BC 445년, 유대 지도자이자 페르시아의 탁월한 관료 느헤미야가 이끄는 강력한 파견단이 예루살렘에 도착해 에스라와 합류했다. 느헤미야는 유다 총독권과 페르시아 제국 안에서 유다를 독립된 정치 단위로 세울 권한을 부여받았다.[16]

느헤미야의 제2 성전

이 4차 귀환으로 드디어 정착지는 안정되었다. 적극적인 활동가이자 외교관 겸 정치가였던 느헤미야가 놀라운 속도로 예루살렘 성벽을 재건했다. 그리하여 재정착할 수 있는 안전한 터가 마련되었다. 유대 역사서 중 탁월한 회고록이라 할 수 있는 느헤미야서에서 그는 이 일을 어떻게 수행했는지 서술하고 있다. 느헤미야서에는 야밤에 무너진 성벽을 은밀히 살피는 첫 번째 조사에 관한 증언과 영예로운 작업에 참여한 자들의 명단, 그들이 건축한 건물 목록이 실려 있다. 이후 건축 작업을 방해하려고 모인 아랍인과 암몬 사람, 그 밖의 다른 이들의 필사적인 방해 시도가 기록되어 있고 그 때문에 무장한 채 작업을 강행한 내용이 수록되어 있다. "성벽을 쌓는 이들은 저마다 허리에 칼을 차고 일을 하였다."[17] 그 후 "어느 누구도 옷을 벗지 않았으며, 물을 길러 갈 때에도 무기를 들고" 다니며 매일 밤 성을 파수한 일과 작업을 성공리에 완수한 이야기가 기록되어 있다. 느헤미야는 52일 만에 일을 완수했다고 말한다. 재건된 성은 솔로몬 시대에 비해 규모가 작고 조악했으며 거주하는 인구도 적었다. 느헤미야는 "성읍은 크고 넓으나, 인구가 얼마 안 되고, 제대로 지은 집도 얼마 없었다"고 기록하고 있다. 제비 뽑힌 가족들이 유다 전역에서 예루살렘으로 이주했다. 20세기에 팔레스타인 재정착을 주도한 시온주의 운동가들도 이 시기 느헤미야의 열정과 풍부한 지략에서 영감을 얻었다.

그러나 성 재건 작업이 완성된 것과 동시에 유다 역사는 갑작스러운 고요와 침묵에 휩싸인다. BC 400-200년은 유대 역사에서 소실된 세기다. 아마도 이 시기에는 특별히 기록할 만한 큰 사건이나 재앙이 없었던 것으로 보인다. 어쩌면 행복한 나날을 보냈는지도 모른다. 유대인은 자기들을 지배한 세력 중 가장 호의적이었던 페르시아와 우호 관계를 이어갔을 것이다. 유대인은 페르시아에 맞서 반란을 일으키지 않았다. 오히려 유대 용병은 페르시아인을 도와 이집트의 반란을 진압했다. 유대인은 자기들의 고향인 유다에서든 페르시아 제국 어디에서든 자유롭게 신앙생활을 했고 광범위한 지역에 정착했다. 이 디아스포라의 자취는 BC 5세기

경 메디아(메대)를 배경으로 한 토비트서에 남아 있다. 이 외에도 650개의 쐐기문자로 기록된 업무 문서집이 있다. 이 업무 문서는 BC 455년에서 403년 사이에 니푸르 성에서 기록된 것이다. 에스겔이 바로 이 니푸르 성 근처에서 살았다. 문서에 등장하는 이름의 8퍼센트는 유대계 이름이다.[18] 엘레판티네 정착지에 현재까지 보존되어 있는 유대인 두 가족의 서고는 그곳 유대인의 삶과 신앙을 조명해준다.[19] 자료에 따르면, 디아스포라 유대인은 대부분 잘 살았고 열심히 신앙을 지켰다. 그들이 믿는 신앙은 새로운 정통 신앙, 바로 유대교였다.

에스라, 서기관, 그리고 정경

긴 침묵으로 200년간의 역사가 사라진 것처럼 보이지만, 이 시기에 아무 일도 하지 않은 것은 아니다. 바로 이때에 우리가 지금 보고 있는 형태의 구약성경이 등장했기 때문이다. 재건된 예루살렘에서 신앙을 새롭게 세워야 하는 느헤미야와 에스라에게는 성경이 꼭 필요했다. 느헤미야서 8장은 모든 시민이 수문 근처에 모여 모세의 율법책을 낭독하는 소리에 귀를 기울였다고 말한다. 그들은 율법을 낭독하려고 만든 나무 강단에 선 서기관 에스라의 지도를 받았다. 큰 감동 속에 율법이 낭독되고 그에 발맞춰 새롭고 장엄한 언약이 체결되었다. 지식을 겸비하고 율법을 이해한 모든 남녀와 그들의 자녀, 곧 자신들이 정통이라고 생각한 모든 이들이 언약을 받아들이고 맹세했다.[20]

간단히 말해 유대교를 공식적으로 또 합법적으로 출범시켰다고 할 수 있는 새 언약은 계시나 설교가 아니라 성문화된 문서를 바탕으로 이뤄졌다. 이것은 정확하고 권위 있는 성경 본문을 정식으로 확증했다는 뜻이다. 또한 유대인이 그동안 축적해둔 역사, 정치, 종교에 관한 방대한 문헌을 선별하고 편집하며 분류했다는 뜻이다. 이렇듯 유대인은 역사적으로 아주 빠른 시기에 기록자로서의 소양을 드러냈다. 사사기에는 이런 이야기가 나온다. 기드온이 숙곳에 있을 때 젊은 청년을 붙잡아 숙곳에 대해 묻자 청년은 기드온에게 그 지역 땅 주인과 77명에 이르는 장로의 이름을 적어주었다.[21] 농부 대부분이 글을 조금은 읽을 수 있었던 것으로 보인다.[22] 도시 사람들은 읽고 쓰는 수준이 상당히 높았고, 많은 이들이 자신이 들은 종교적 또는 세속적 전설과 자신의 모험이나 경험을 글로 기록했다. 많은 예언자가 자기가 한 예언을 글로 기록했다. 역사서와 연대기 수도 헤아릴 수 없을 만큼 많았다. 이스라엘 자손은 위대한 장인이나 화가나 건축가는 아니었다. 그러나 기록에 대한 애착만큼은 이스라엘 자손의 습관이라 할 정도로 강했다. 양적인 측면에서만 보아도 유대인은 고대에 가장 많은 문헌을 작성했다. 구약성경은 극히 일부에 불과하다.

유대인은 문학을 공동의 목적을 지닌 교훈 활동으로 이해했다. 집필 활동은 사사로운 행위가 아니었다. 성경의 대부분의 책은 개개의 저자를 명시하고 있으나 유대인은 자신들이 인정한 그 책에 공동체의 승인과 권위를 부여했다. 사회의 통제를 받아야 했던 유대 문학의 핵심은 언제나 대중이었다. 요세푸스는 유대인의 신앙에 대한 해명서 《아피온 반박문 *Contra Apionem*》에서 이런 태도를 묘사하고 있다.

기록이 누구에게나 허락된 일은 아니었다. … 예언자만 그런 특권을 소유했다. 예언자는 하나님의 은혜로 받은 영감을 통해 오래된 고대 역사에 관한 지식을 습득했고 그들 시대에 발생한 사건을 명확하게 기록하는 일에 전념했다. … 우리는 모순되는 수많은 책, 서로 상충되는 책을 가지고 있는 것이 아니다. 우리의 책, 즉 정식으로 승인된 책은 스물두 권이고, 모든 시대의 기록이 그 안에 담겨 있다.[23]

요세푸스는 정식으로 승인되었다는 표현을 통해 그것이 캐논이라는 점을 드러내고자 했다. 캐논이라는 단어는 매우 오래된 단어다. 수메르인은 캐논을 갈대라 불렀다. 갈대에 곧은 또는 바른이라는 의미가 담겨 있기 때문이다. 그리스인에게 캐논은 규칙, 경계, 표준을 의미했다. 이 단어를 종교 문헌에 적용한 것은 유대인이 처음이다. 유대인에게 이 단어는 의문의 여지 없는 권위를 지닌 하나님의 말씀, 또는 하나님에게 영감을 받은 예언자의 저술을 의미했다. 정경으로 받아들일지 말지는 그 책의 저자가 진정한 예언자로 인정받은 인물인가 여부에 달려 있었다.[24] 나중에 유대인에게 토라로 알려진 성경의 처음 다섯 권의 책, 즉 모세오경이 기록의 형태를 갖추게 되었을 때 비로소 정경이 출현했다. 최초 형태의 오경은 아마도 사무엘 시대에 체계가 잡혔겠지만, 지금 우리가 가지고 있는 형태의 본문은 다섯 개 이상의 자료를 토대로 편찬되었다. 첫째는 하나님을 야훼로 언급한 남왕국의 자료이고, 둘째는 모세의 원저작으로 소급되는 자료, 셋째는 하나님을 엘로힘으로 언급한 고대 북왕국의 자료, 넷째는 소실되었다가 요시야의 종교개혁 때 성전에서 발견된 자료로 신명기 또는 그 일부, 다섯째는 학자들이 제사법전과 성결법전이라고 부르는 상이한 두 법전, 다시 말해 제의가 더욱 정형화되고 제사장 계급이 엄격한 훈련을 받던 시대에 작성된 자료다.

따라서 오경은 동종의 작품이 아니다. 그렇다고 독일의 비평적 전통을 따르는 일부 학자들의 주장처럼 오경을, 포로기 이후에 제사장들이 자기들의 이기적인 종교 신념을 이스라엘 자손에게 은밀히 주입하고자 모세와 모세 시대의 저작으로 보이도록 정교하게 왜곡한 저작으로 볼 수는 없다. 오경을 왜곡된 자료로 보는 헤겔의 이데올로기나 반교권주의, 반유대주의, 19세기의 지적 풍토에서 성장한 학자들의 편견을 그대로 수용해서는 안 된다. 모세오경을 기록하고 정리한 이들, 그리고 포로지에서 돌아와 정경을 수집할 때 그것을 필사한 서기관들은 모두 그 고대 문서에 담긴 하나님의 영감을 절대적으로 믿었고 경외심을 품고 가장 정확한 모범적인 본문을 필사했으며, 그중에는 그들이 확실하게 이해하지 못한 본문도 많이 포함되어 있다. 더구나 오경의 본문에는 두 번이나 본문을 수정하지 못하게 엄중히 경고하는 장면이 담겨 있다. 모세는 이스라엘 자손에게 이렇게 당부한다. "내가 당신들에게 명령한 말에 한 마디도 더하거나 빼서는 안 됩니다."[25]

모든 자료는 히브리어로 소페르, 즉 필사가 또는 서기관이 고도의 전문가였고 매우 진지하게 자신이 맡은 임무를 수행했다고 증언한다. 소페르라는 단어는 드보라의 노래에서 처음 등장했고, 세습 서기관 집단을 일컫는 용어로 쓰였다. 역대상은 이들을 가리켜 서기관 족속이라고 부른다.[26] 서기관의 가장 영예로운 의무는 정경을 거룩한 통일성 가운데 보존하는 것이다. 그들은 이 작업을 편의상 다섯 개의 두루마리에 필사되어 있던 모세의 본문으로 시작했다. 여기에서 오경이라는 이름이 유래했다. 여기에 히브리어로 느비임, 즉 성경의 두 번째 부분인 예언서가 추가되었다. 예언서는 다시 전기 예언서와 후기 예언서로 구분된다. 전기 예언서는 주로 이야기와 역사를 기록한 여호수아서, 사사기, 사무엘서, 열왕기서로 구성된다. 후기 예언서는 주로 예언에 대한 기록으로 3대 예언서와 12개 소예언서로 다시 구분된다. 여기에서 3대라는 말은 책의 중요성을 지칭하는 말이 아니라 길이를 지칭하는 말이다. 12개의 소예언서는 호세아서, 요엘서, 아모스서, 오바댜서, 요나서, 미가서, 나훔서, 하박국서, 스바냐서, 학개서, 스가랴서, 말라기서로 이루어져 있다. 세 번째는 종종 성문학 또는 성문서로 불리는 크투빔이다. 크투빔은 시편, 잠언, 욥기, 아가서, 룻기, 예레미야애가, 전도서, 에스더서, 다니엘서, 에스라서, 느헤미야서, 역대기 상하권으로 구성된다.

이것은 의도적인 구분이 아니라 역사 발전 과정을 반영한 것이다. 공적 성경 낭독이 유대교 제의에서 필수 요소가 되면서 더 많은 본문이 추가되었고, 서기관은 지체 없이 그것을 필사했다. 모세오경, 즉 토라는 BC 622년경에 정경이 되었다. 다른 책은 점진적으로 정경에 포함되었고 이 과정은 BC 300년경에 마무리되었다. 토라 외의 다른 책이 어떻게 정경으로 선택되었는지 그 기준은 알 수 없다. 제사장과 학자들의 판단뿐 아니라 대중의 선택 또한 일정한 역할을 했을 것으로 추정된다.

메길로트 또는 찬가로 알려진 다섯 개의 두루마리는 유대 절기에 대중 앞에서 낭독되었다. 아가서는 유월절에, 룻기는 수장절에, 전도서는 초막절에, 에스더서는 **부림절**에, 예레미야애가는 예루살렘의 멸망을 기념하는 절기에 낭독했다. 그 결과 이 책들은 대중의 관심을 끌었고, 그것은 이 책들이 정경에 포함된 이유이기도 하다. 위대한 왕 솔로몬과의 연관성을 제쳐두면, 사랑의 노래로 구성된 명시 선집인 아가서가 정경에 포함된 이유를 찾기 어렵다. 랍비 전승에 따르면, 초대교회 시대에 정경이 최종 결정되었을 때 얌니아(야브네)에서 열린 회의에서 랍비 아키바가 다음과 같이 말했다고 한다. "이스라엘에 주어진 아가서에 필적할 만한 것은 세상 어디에도 없으니, 모든 성경은 거룩하나 아가서는 거룩한 것들 중에 거룩하다." 이어서 그는 이런 경고를 덧붙였다. "여흥을 위해서 이 노래를 마치 세속의 노래인양 부르는 사람은 내세에 거할 처소를 얻지 못하리라."[27]

정경에 포함되는 것은 고대에 문학 작품이 살아남을 수 있는 유일하고 확실한 방법이었다. 사본을 지속적으로 필사하지 않으면, 한 세대만 지나도 흔적도 없이 사라져버리기 때문이다. 당시 서기관 가문은 성경 본문이 천 년 이상 계속 보존될 수 있게 했고, 그 과정에서 그들은 마소라 학파 또는 서기관 학자들로 발전해나갔다. 그들은 성경 기록과 철자법, 발음의 억양을 전문적으로 다루었다. **마소라 본문**으로 알려진 공식 유대 정경본을 산출한 이들도 바로 서기관이다.

그러나 하나 이상의 정경이 존재한다는 것은 하나 이상의 고대 본문이 존재했다는 뜻이다. BC 1000년대 중반 유다에서 분리된 사마리아인은 모세의 책 다섯 권만 보존해왔다. 사마리아인은 후대 문헌의 정경화 작업에 참여하지 못했고 그래서 후대 문헌을 알지 못했기 때문이다. 이 외에도 구약성경의 그리스어 역본인 칠십인역이 있다. 칠십인역은 그리스 시대에 알렉산드리아에 흩어져 살던 유대인이 편찬한 것이다. 이 역본은 히브리어 성경의 모든 책을 수록하고 있으나 배열상 차이가 있고 외경과 위경까지 포함되어 있다. 그런 문헌에는 에스드라 1서, 이른바 솔로몬의 지혜서, 벤 시락의 지혜라고도 부르는 집회서, 유딧서, 토비트서, 바룩서, 마카베오서 등이 있다. 예루살렘에 사는 유대인은 이런 책을 모두 부정하거나 위험한 것으로 여겨 거부했다. 이 밖에 쿰란 공동체가 보존하고 필사한 두루마리가 사해 근처 여러 동굴에서 발견되었다.

역사가로서의 유대인

많은 실수와 본문의 변화가 있었다는 사실을 보여주는 사해 사본은 역설적으로 성경이 수 세기에 걸쳐 정확히 필사되었음을 증언한다. 사마리아인은 사마리아 오경의 본문이 아론의 증손 아비수아까지 거슬러 올라간다고 주장했다. 사마리아 오경은 비록 유대인의 전통에 반대되는 사마리아 전통을 곳곳에 반영하고 있지만, 일반적으로 아주 오래되고 훼손되지 않은 본문이라는 점이 명확하게 나타난다. 사마리아 오경은 **마소라 본문**과 비교했을 때 6,000개 정도 차이가 나고, 그중 칠십인역과 일치하는 것이 1,900개다. 마소라 본문에도 변형된 형태가 나타난다. 현존하는 가장 오래된 본문 중 하나를 꼽으라면, 카이로의 **카라이트** 회당에 책 형태의 사본이 소장되어 있다. 이 사본은 AD 895년에 가장 유명한 마소라 학파 가문의 벤 아셰르가 필사한 예언서다. 아셰르 가문이 다섯 세대에 걸쳐 완성한 아셰르 본문은 1010년경 사무엘 벤 야코브라고 불리는 마소라 학자가 작업한 필사본 형태로 상트페테르부르크에 보관되어 있다.

벤 납달리 가문이 필사한 또 하나의 유명한 마소라 본문이 남아 있는데, 로이힐린 사본으로 알려진 이 사본은 현재 독일 카를스루에에 보관되어 있다. 현존하는 최초의 기독교 역본으로는 바티칸에 소장되어 있는 AD 4세기경의 바티칸 사본, 완전하지는 않지만 역시 4세기경의 시내 사본, 5세기의 알렉산드리아 사본이 있다. 시내 사본과 알렉산드리아 사본은 현재 대영박물관에 소장되어 있다. 그러나 가장 오래된 성경 사본은 1947-1948년에 발견된 사해 사본이다. 사해 사본은 에스더서를 제외한 정경 스물네 권의 단편적인 히브리어 본문과 이사야서 본문 전체, 칠십인역 일부를 포함하고 있다.[28] 앞으로 유대 광야와 이집트 양쪽에서 더 이른 시기에 작성된 성경 본문이 발견될 가능성도 있고, 완벽한 본문을 향한 연구는 인류 역사가 끝날 때까지 계속될 것이다.

진정한 성경 본문을 밝히려는 조사와 주해, 성서해석학, 주석서 등 성경에 대한 관심은 그 어떤 문학 작품보다 뜨겁다. 이런 관심이 지당한 이유는 성경이 모든 책 중에서 가장 영향력 있는 책이기 때문이다. 유대인에게는 고대 작가로서 독특한 특징이 두 가지 있다. 유대인은 최초로 연속적이고 근원적이며 해석학적인 역사를 서술했다. 역사 지향성이 강한 또 하나의 민족인 히타이트 민족에게 역사 서술 방식을 배웠다는 주장이 제기되어왔으나, 유대인은 매우 이른 시기부터 자신들의 과거에 매혹되었던 것이 분명하다.

유대인은 자신들이 유사 이전 시대로부터 단순히 발전해온 것이 아니라, 분명한 목적이 있는 하나님의 역사를 통해 실존해온 특별한 민족이라고 이해했다. 그래서 하나님의 행동을 규정하고 기록하고 설명하고 숙고하는 것이 유대 공동체의 사명이라고 생각했다. 어떤 민족도 유대인처럼 그토록 아주 먼 옛날부터 자신들의 기원을 찾아내고자 열렬히 노력하지는 않았다. 성경은 계속해서 유대인의 이런 강한 역사 지향성을 보여준다. 예를 들어 아이 성 문 앞에 돌무더기를 쌓아놓은 이유가 무엇이겠는가? 길갈에 세운 열두 개의 돌기둥이 의미하는 바가 무엇이겠는가?[29] 기원에 관한 관심과 기원을 설명하려는 노력은 과거에 비추어 현재와 미래를 바라보는 보편적인 습관으로 확대되었다.

유대인은 자신들이 누구인지, 자신들을 향한 하나님의 뜻이 무엇인지 알고 싶어 했다. 또한 하나님에 대해, 하나님의 의도와 원하시는 바가 무엇인지 알고 싶어 했다. 아모스가 "어느 성읍에 재앙이 덮치면, 그것은 주께서 하시는 일이 아니겠느냐?"라고 언급한 것처럼 유대 신학에서 하나님은 모든 사건의 유일한 원인자이고 역사의 주관자이다. 유대인은 하나님의 거대한 드라마에 캐스팅된 배우이기에 역사적 사건에 대한 기록과 연구는 하나님과 인간을 이해하는 열쇠였다.

그러므로 유대인은 결국 역사가였고 성경은 기본적으로 처음부터 끝까지 역사 저술이다. 유대인은 그리스인보다 500여 년이나 앞서 간결하고 극적이며 역사적인 이야기를 기록하는 능력을 발전시키고 자신들의 역사를 계속해서 기록했다. 그래서 그리스인과 달리 역사에 대한 이해가 깊었다. 성경을 기록한 역사가는 인물 묘사에서도 그리스와 로마의 역사가가 절대 따라잡을 수 없을 정도로 수준이 높았다. 성경에는 왕의 궁전에서 직접 목격하고 쓴 것이 확실한, 다윗 왕에 대한 뛰어난 묘사가 자주 눈에 띈다. 투키디데스의 작품에서는 이에 필적할 만한 묘사를 찾을 수 없다. 성경은 때때로 단 한 구절로 부수적 인물의 특징을 아주 세밀하고 생생하게 묘사한다. 그렇다고 배우의 성격 묘사에 치중하느라 인간과 하나님의 장대한 드라마의 맥이 끊기는 일도 없다.

훌륭한 역사서가 그렇듯 유대 역사서는 전기와 일화 사이에서 탁월한 균형을 이룬다. 성경의 대부분의 책은 역사적 틀을 지니고 있고, 그 틀은 하나님과 인간의 관계의 역사라고 할 만한 더 큰 틀과 연결되어 있다. 분명한 역사적 의도가 없는 시편 같은 시조차도 일관된 역사적 암시를 내포하고 있기에 창조부터 종말에 이르는, 바꿀 수 없는 하나님의 섭리는 늘 그 이면에서 진행되고 있다.

고대 유대 역사는 강력하게 하나님 중심이면서 동시에 강력하게 인간 중심이다. 역사는 하나님에 의해 이루어졌고 독자적으로 또는 인간을 통해서 움직인다. 유대인은 비인격적인 힘에 관심을 보이지 않았을 뿐 아니라 그러한 힘을 믿지도 않았다. 고대의 다른 민족이 남긴 문헌과 비교해보면, 유대인이 창조 방식에는 큰 관심을 보이지 않는 것을 알 수 있다. 유대인은 하나님과 인간의 드라마를 반영하는 경우를 제외하고는 자연 현상에 관심을 보이지 않았고 고려 대상으로 삼지도 않았다. 유대인에게는 역사를 결정하는 지리 또는 경제의 지대한 영향에 대한 개념이 거의 없었다. 성경에는 자연에 관한 묘사가 많고 일부는 놀라울 정도로 아름답지만, 자연은 역사라는 극을 위한 배경, 즉 배우를 위한 배경일 뿐이다. 성경은 살아 움직인다. 성경은 전적으로 살아 있는 피조물에 관한 것이다. 더욱이 살아계신 하나님의 모습을 묘사하거나 형상화할 수 없기에 성경은 오롯이 인류에게 관심을 쏟는다.

고대 유대 문헌의 두 번째 독특한 특징은 다양하고 복잡한 인간의 감정을 언어로 표현한다는 점이다. 유대인은 인간의 내밀한 감정, 특히 신체적 또는 정신적 고통으로 야기된 염려, 절망, 외로움, 그리고 이에 맞서 인간이 의미를 부여한 치료제, 즉 희망, 결단, 하나님의 도우심에 대한 믿음, 나아가 순결, 의에 대한 인식, 인내, 슬픔, 겸손과 같은 감정을 표현할 수 있는 단어를 찾아낸 최초의 민족이다.

150편의 시로 구성된 시편 중에서 대략 44편의 짧은 시가 이러한 범주에 속한다.[30] 어떤 시는 대단한 걸작이어서 시대와 장소를 불문하고 사람들의 마음에 메아리치고 있다. 예를 들어 시편 22편은 도움을 요청하는 시다. 시편 23편은 순수한 믿음을, 39편은 전형적인 불안을, 51편은 자비에 대한 탄원을 노래한다. 91편은 확신과 위로를, 90편과 103편, 104편은 창조주의 권능과 위엄, 하나님과 인간의 연대에 관한 송축을, 130편과 137편, 139편은 인간의 고통의 깊이에 대한 통찰과 희망의 메시지를 선포한다.

인간 정신에 관한 유대인의 통찰은 이런 열정적인 시로 표현되었을 뿐 아니라 수많은 대중 철학에 반영되었고 그중 일부는 정경으로 자리 잡았다. 그러나 지혜 문학이 유대인만의 특징은 아니다. BC 3000년대 이후 고대 근동, 특히 메소포타미아와 이집트에서도 격언과 지혜의 말을 기록으로 계속 남겼고 이들 가운데 일부는 세계적으로 인정을 받았다. 유대인은 《아메네모페의 교훈 *Instruction of Amenemope*》이라는 유명한 이집트 고전을 잘 알고 있었던 것 같다. 이 저작의 일부가 잠언에 직접 인용되어 있으니 말이다.[31] 그러나 유대인이 작성한 지혜 문헌은 모두 그 이전 문헌보다 훨씬 더 수준이 높고 인간 본성에 대해 더 예리한 통찰을 제시할 뿐 아니라 윤리적으로도 일관성이 뛰어나다. 코헬렛, 즉 총회 인도자(한글성경에서는 코헬렛을 전도자로 번역했는데, 설교자나 교사, 총회 인도자를 뜻하기도 한다 — 옮긴이)가 기록한 전도서는 재치가 넘치는 작품으로 고대 세계에서 여기에 견줄 만한 작품을 찾기 어렵다. 때로는 냉소주의로 나아가기도 하지만, 시편의 열정적인 진지함과 뚜렷이 대조되는 침착하고 회의적인 음조는 유대 문학의 비범함을 드러낸다. 이런 면에서 유대인과 견줄 수 있는 상대는 그리스인 정도다.

그러나 그리스인도 욥기처럼 신비롭고 가슴 아픈 작품을 내놓지는 못했다. 욥기를 어떤 문학 장르로 분류할지는 쉽게 정할 수 있는 문제가 아니다. 신정론과 악의 문제를 다루고자 시도한 이 탁월한 작품은 2,000년 이상 학자와 일반인 모두를 매혹시키고 또 좌절시켰다. 토머스 칼라일은 욥기를 가리켜 펜으로 쓴 가장 위대한 작품 중 하나이고 성경의 책 중에서 다른 작가에게 가장 큰 영향을 준 작품이라고 말했다. 그러나 욥기의 작풍과 유래, 저작 연대는 여전히 미궁에 빠져 있다. 욥기에는 성경의 다른 책에는 나오지 않는 단어가 100개 이상 사용되고 있다. 이런 문제는 고대 번역가와 서기관에게 해결하기 어려운 난제였을 것이다. 어떤 학자는 욥기가 에돔에서 유래한 것이라고 생각한다. 그러나 아직까지 에돔인의 언어에 대해서는 알려진 바가 별로 없다. 그런가 하면 또 어떤 학자는 다마스쿠스 근처 하란에서 유래한 것이라고 생각한다. 바빌로니아 문학과 비교했을 때 유사점은 매우 적다. AD 4세기경의 기독교학자인 모프수에스티아의 테오도루스는 욥기가 그리스인의 드라마에서 유래했다고 주장했다. 또한 욥기가 아랍어 작품을 번역한 것이라는 주장도 제기된 바 있다.

욥기의 기원과 욥기에 영향을 준 요인 등에 관한 다양한 견해는 역설적으로 욥기의 보편성을 증언해준다. 결국 욥은 모든 인간, 특히 강인한 믿음을 가진 이들을 괴롭혔던 문제, "하나님은 왜 우리에게 이러한 재앙을 허락하시는가?" 하는 문제를 제기하기 때문이다. 욥기는 고대 세계를 위한 책이자 현대를 위한 책이고, 특히 하나님의 선택을 받았으나 핍박받고 있는 유대 민족을 위한 책이고, 무엇보다 나치의 유대인 학살과 관련이 있는 책이다.[32]

욥, 하나님, 그리고 신정론

욥기는 유대 문학의 걸작이다. 이사야서를 제외하고 어떤 성경 문헌도 욥기처럼 한결같이 강력한 수사법을 사용하지 않는다. 이런 서술 방식은 하나님의 정의라는 욥기의 주제에 잘 어울린다. 윤리신학에 대한 저술로 보면 욥기는 실패작이라 할 수 있다. 저자 역시 다른 저자처럼 신정론 문제로 고전하고 있기 때문이다. 그럼에도 욥기의 저자는 신정론의 문제를 우주 전체로 확대하고 신정론을 이해하고 싶어 하는 사람이 마음에 품을 만한 질문을 던진다. 욥기는 자연의 역사를 시의 형식으로 가득 채우고 있다. 그래서 근원적 사건, 우주, 기상 현상에 관한 매혹적인 이야기가 열거되어 있다. 예를 들어 28장에는 고대 세계의 채광 작업에 대한 비범한 묘사가 수록되어 있다. 이러한 이미지를 통해 과학 기술과 관련하여 인류가 개발할 수 있는 무한한 잠재력을 제시한다. 그리고 이런 잠재력은 뿌리 깊은 인간의 나약한 도덕 능력과 대조를 이룬다.

욥기 저자는 피조 세계에 두 가지 질서, 즉 자연 질서와 윤리 질서가 존재한다고 말한다. 따라서 인간은 이 세상의 자연 질서만 이해하고 섭렵하는 것으로는 충분하지 않다. 반드시 윤리 질서를 받아들이고 준수해야 한다. 이를 위해 인간은 지혜의 비밀을 손에 넣어야 하고, 이러한 지식은 금과 은을 캐는 채광 기술 같은 과학 지식과는 전혀 다른 것이다. 욥이 희미하게나마 인지한 것처럼 인간은 지혜를 얻지만, 이 지혜는 고통을 주시는 하나님의 논거와 동기를 꿰뚫으려는 노력을 통해서가 아니라 도덕 질서의 진정한 기반인 순종을 통해서 얻을 수 있다. "하나님은 사람에게 말씀하셨다. 주를 경외하는 것이 지혜요, 악을 멀리하는 것이 곧 슬기다."

이와 비슷한 내용이 벤 시락의 지혜가 수록된 집회서 24장에도 나와 있다. 집회서에서 벤 시락은 타락 후에 하나님이 새로운 계획을 세우고 이스라엘 안에 하나님의 처소의 비밀을 두셨다고 말한다.[33] 유대인은 하나님에게 순종함으로써 지혜를 발견해야 하고 인류도 그렇게 하도록 가르쳐야 한다. 유대인은 기존의 물질적인 세상 질서를 전복시켜 도덕 질서로 대체해야 했다. 이런 내용은 유대인의 눈으로 볼 때 이단이라 할 수 있는 사도 바울이 고린도 교회에 보낸 첫 번째 편지에도 반영되어 있다. 편지 서문에서 사도 바울은 "내가 지혜로운 자들의 지혜를 멸하고, 총명한 자들의 총명을 폐할 것이다"라는 주님의 말씀을 인용한다. 그리고 이렇게 덧붙인다. "하나님의 어리석음이 사람의 지혜보다 더 지혜롭고, 하나님의 약함이 사람의 강함보다 더 강합니다. … 하나님께서는, 지혜 있는 자들을 부끄럽게 하시려고 세상의 어리석은 것들을 택하셨으며, 강한 것들을 부끄럽게 하시려고 세상의 약한 것들을 택하셨습니다."[34] 그러므로 우리는 욥기의 난해함과 혼란 속에서 기존 질서와 사물을 바라보는 세상의 방식을 뒤집어엎기 위해 하나님이 유대인에게 제시하신 역할을 접하게 된다.

당시 욥기는 유대 철학의 주류를 이뤘고 이제 그 흐름은 강한 급류가 되었다. 유대교가 최초의 '책의 종교'로 변모하기까지는 200년이 걸렸다. BC 400년 이전에는 정경에 관한 암시가 없었다. BC 200년에 이르러서야 그러한 암시가 나타난다. 물론 아직 완전하고 최종적인 형태의 정경이 완성된 것은 아니었다. 그러나 빠르게 형태를 갖추기 시작했다. 이로 인해 몇 가지 결과가 파생되었다. 무엇보다 새로운 내용을 추가하지 못하게 했다. 예언과 예언자에 대한 평판이 나빠졌다. 마카베오상은 이스라엘에 예언자가 끊겼다고 말한다.[35] 예언을 하려는 자는 거짓말쟁이로 치부되었다. 시몬 마카베오가 지도자가 되었을 때 그의 직무 연한은 막연히 '참된 예언자가 나타나기까지'라고 선언되었다. 스가랴서는 장황하게 예언자를 비난한다. "누가 예언을 하겠다고 고집하면, 그를 낳은 아버지와 어머니가 그 자식에게 말하기를 네가 주님의 이름을 팔아서 거짓말을 하였으니, 너는 살지 못한다고 말할 것이다."[36] 유대 철학자 벤 시락은 BC 200년 이후 저술 활동을 하면서 "나는 가르침을 예언처럼 다시 쏟아붓고 세세대대로 그 가르침을 남겨주리라"라고 자랑했다.[37] 그러나 유대인은 벤 시락의 저작을 정경에 포함시키지 않았다. 그보다 조금 뒤인 BC 168-165년경에 저술된 다니엘서 13-14장도 정경에 포함되지 않았다.

정경화 작업은 역사 서술도 위축시켰다. 그렇다고 역사를 기술하려는 열정을 완전히 없애버린 것은 아니다. 그 와중에도 마카베오서와 요세푸스의 저작 같은 거대한 섬광이 번쩍였다. 그러나 그런 강한 역동성은 점차 사그라졌고 기독교 시대 초기에 정경이 최종 인준되자 고대의 영광 중 하나였던 유대 역사 서술은 1,500년 동안 멈추었다. 이렇듯 정경화 작업은 유대 세속 문학의 창의력에 재갈을 물리는 역할을 했다. 그러나 한편에서는 정경으로 승인된 본문에 대한 지식이 깊어지고 그 영향력이 강해졌다. 정경으로 인정받은 책은 풍성하게 필사되어 배포되었고 유대인은 이 책을 체계적으로 가르쳤다. 신학적으로 열방의 제사장이라는 역할을 떠맡은 유대인은 학식을 갖춘 민족으로 변화했다. 종교사에서 매우 혁신적이고 새로운 제도인 회당이 등장했다. 교회와 채플, 모스크의 원형이라 할 수 있는 회당에서 유대인은 성경을 체계적으로 낭독하고 가르쳤다. 요시야 종교개혁의 여파로 어쩌면 포로기 이전에도 율법을 가르치는 이런 기관이 있었을지 모른다. 또한 포로기에 유대 엘리트들은 한층 더 성숙해졌다. 그리고 마침내 포로 생활을 끝내고 귀환한 뒤 모든 종교 활동이 엄격하게 예루살렘 성전에 집중되고 지방 성소와 산당이 결국 사라지자 회당에서 정경에 속하는 성경을 압축한 성전 정통 신앙을 이어받아 가르쳤다.[38]

이로 인해 또 하나의 중요한 결과가 도출되었다. 성스러운 문헌을 정경으로 분류하고 정경을 체계적으로 가르치면서 유대교는 훨씬 더 균질해졌고 매우 엄격하고 근본주의적인 색채를 띠었다. 유대 역사에서는 엄숙주의자들이 승리하는 경향이 있다. 다른 지파에게 자신의 야훼 신앙을 받아들이게 한 인물이 바로 엄격한 율법 순수주의자 모세다. 엄숙주의자들은 요시야 종교개혁 때에도 승리했다. 제국의 공격으로부터 살아남은 것도 타협한 이스라엘이 아니라 엄격한 유다였다. 포로 생활에서 돌아와 모든 유대인에게 자신들이 결의한 사항을 받아들이게 하고, 많은 사람을 축출하고 또 다른 많은 사람에게 순응하도록 강요한 이들도 엄격한 바빌로니아 공동체였다. 정경과 회당은 엄숙주의자들의 도구가 되었고 이로 인해 이들은 더 자주 승리할 수 있었다. 유대 역사를 통해 반복되는 이 과정은 두 가지 방식으로 나타났다. 하나는 세상과 세속이라는 부패한 조개에서 나온 진주처럼 정결한 유대교이고, 또 하나는 자신을 제외한 다른 이들을 모두 배척하고 광신적 행위를 강요하는 극단주의자다.

유대교에 나타난 이런 엄숙주의 성향은 유대인은 물론이고 이웃에게도 많은 문제를 안겨주었다. 유대 문헌에서 칭송해 마지 않는 페르시아인의 호의적인 통치 아래 유대인은 기력을 되찾고 번영을 누렸다. 에스라는 4만 2,360명의 유대인과 7,337명의 남종과 여종, 200명의 노래하는 남녀가 포로지에서 귀환했다고 말한다. 재건된 유다 인구는 총 7만 명이 넘지 않았을 것이다. 그러나 BC 3세기 말에 이르자 예루살렘 인구만 12만 명에 달했다.[39]

유대인은 영적 분별력을 키우고 율법을 존중하도록 훈련받으며 부지런히 일했다. 그리고 유다와 경계를 이루는 지역, 특히 갈릴리와 트란스요르단, 해안지대로 퍼져나갔다. 디아스포라도 꾸준히 늘어났다. 이곳저곳으로 퍼져나간 유대인은 다른 이들을 개종시켰다. 어느새 유대인이 타종교를 믿는 사람을 개종시키는 세력이 된 것이다. 그럼에도 여전히 유대인은 제국이 난립하는 시대에 작은 민족이었고, 거대하고도 치열한 세계에서 타협을 모르는 종교 집단이자 문화 집단이었다.

그리스인 대 유대인

BC 332년 알렉산드로스 3세가 페르시아 제국을 썩은 달걀 깨뜨리듯 깨뜨린 이래로 여러 문제가 발생했다. 알렉산드로스 3세의 페르시아 정복은 유럽인 최초로 아시아 대륙을 침략한 사건이다. BC 3000년대와 2000년대 대부분의 기간에 대륙 간의 분열은 없었다. 세계 각지는 바다로 연결되어 상당한 공통성을 지닌 국제 문화를 형성하고 있었다. 그러다 BC 12세기부터 11세기에 걸쳐 상당히 야만스러운 난세와 기나긴 암흑시대가 이어졌다. 세계가 철기 문명에 접어들면서 비로소 동서양의 구분이 나타나기 시작했고, 서양에서 이제껏 본 적 없는 강력한 문화 세력이 출현했다. 바로 그리스의 도시국가, 폴리스 문명이다.

그리스 인구는 계속 늘어났다. 그리스인은 세계 각지에서 해양 무역을 했고 지중해 전역에 식민지를 건설했다. 알렉산드로스 3세 시대에 이르러 그리스인은 아시아와 아프리카로 몰려들었고 알렉산드로스의 후계자들은 제국을 여러 왕국으로 분할해 계속 뻗어나갔다. 프톨레마이오스는 이집트를, 셀레우코스는 시리아와 메소포타미아를, 그리고 후에 아탈로스는 아나톨리아를 지배했다. BC 332년부터 BC 200년까지 유대인은 프톨레마이오스 왕조의 지배를 받았고 그 후에는 셀레우코스 왕조의 지배를 받았다. 유대인은 새로운 통치자에게 두려움과 공포를 느꼈다. 그리스인은 큰 방패 뒤에 긴 창을 든 병사를 사각형으로 배치해 진을 쳤는데, 이것을 방진이라 부른다. 그리스의 방진은 무시무시하고 당시로서는 완벽한 무기였다. 그리스인은 하늘로 높이 솟은 공성기攻城機, 거대한 전함, 엄청난 규모의 요새 같은 강력한 전쟁 수단을 점점 더 많이 만들어냈다. 다니엘서는 유대인이 그리스 군대를 보고 느낀 인상을 이렇게 서술한다. "짐승이 나왔다. 그것은 사납고 무섭게 생겼으며, 힘이 아주 세었다. 이 짐승은 쇠로 된 큰 이빨을 가지고 있어서, 그것으로 먹이를 잡아먹고, 으스러뜨리며, 먹고 남은 것은 발로 짓밟아버렸다."[40]

유대인은 그리스의 군국주의 체제를 속속들이 알고 있었다. 페르시아 제국에서 용병으로 일했듯 이번에도 그리스의 용병으로 일했기 때문이다. 그리스 군사 훈련은 김나시온, 즉 연무장에서 시작되었다. 김나시온은 폴리스의 기초 교육 기관이다. 그렇다고 김나시온에서 교육만 했던 것은 아니다. 폴리스에 있던 경기장, 극장, 음악당, 공회당, 아고라 같은 다른 기관과 마찬가지로 김나시온도 그리스 문명을 증진시키기 위해 세운 기관이다. 그리스인은 뛰어난 건축가였다. 그들은 조각가, 시인, 음악가, 극작가, 철학자, 토론자였다. 그리스인은 경이로운 연극을 무대에 올렸다. 그들은 뛰어난 상인이기도 했다. 그들이 지나간 자리에서는 늘 경제가 번영하고 생활수준이 향상되었다.

전도서 기자는 그리스인의 통치로 부가 쌓이자 열광하는 이들을 보고 탄식한다. 그는 많은 재산을 쌓아올리는 것이 무슨 유익이 있느냐고 묻는다.[41] 그러나 대부분의 사람들은 부를 소유함으로써 누리게 될 많은 이점을 알아챘다. 상대적으로 문명 수준이 뒤떨어졌던 고대 근동 사회에 그리스 경제와 문명은 강력한 영향을 끼쳤다. 19세기에 아시아와 아프리카가 선진 서양 문명을 거부할 수 없었던 것과 비슷하다.

그리스인 이주민이 서부 아시아로 밀고 들어와 그리스식 도시를 세웠고, 그리스의 부와 생활방식을 공유하고 싶어 했던 원주민은 그들과 어울렸다. 시리아와 팔레스타인에 긴장감이 감도는 그리스인 정착지가 세워지고 그곳에 거주하던 원주민은 빠르게 그리스에 동화되었다. 해안지대는 오래지 않아 완전히 그리스화되었다. 그리스 통치자들은 두로와 시돈, 가사, 스트라톤 망대, 비블로스, 트리폴리같이 자유와 특권을 지닌 폴리스 양식의 도시를 건설했고 이후 그 도시들은 내륙에 위성도시를 세웠다. 그런 도시가 세겜과 남쪽의 마레샤, 필라델피아(암만), 요단 강 건너 가말에도 있었다. 그리스인과 그리스에 동화된 원주민으로 가득 찬 도시가 사마리아와 유다를 에워쌌다. 사마리아와 유다 지역은 산악지대와 시골 변두리여서 발전 속도가 더뎠다. 시대에 뒤떨어진 고대의 유물 같은 기이한 성전 국가를 에워싼 그리스 문화는 이미 큰 줄기를 형성하고 있었다. 그리스 사상과 제도라는 저항할 수 없는 새로운 조류에 휩쓸려 기이한 성전 국가는 곧 사라질 것만 같았다.

기회이자 유혹이고 동시에 위협이라 할 수 있는 그리스인의 문화적 침입에 유대인은 과연 어떻게 반응했을까? 반응은 제각기 달랐다. 포로기 이후 엄숙주의가 득세하면서 정경 교육을 통해 정체성을 유지하고는 있었지만, 개인의식이 점차 강조되면서 그에 대항하는 세력이 나타났다. 영적 개인주의는 분열을 낳았고 분열은 종파주의를 강화했다. 유대교 안에서 이런 종파주의는 때로는 암암리에 때로는 활발하게 계속해서 나타났다. 극단적인 경우이지만, 그리스인의 출현으로 더 많은 근본주의자가 광야로 나갔다. 레갑 족속과 나실인의 전통을 고수하면서 예루살렘이 이미 돌이킬 수 없을 정도로 타락했다고 보는 절대론자 집단이 광야에 모여들었다. 쿰란 공동체에서 발견된 초창기 문서는 연대가 BC 250년경으로 추정되는데, 이 시기는 유다 주변 그리스 도시 간의 결속이 처음으로 강화되던 즈음이다. 쿰란 공동체는 일단 광야로 후퇴해 원래 모세 종교의 열심을 되찾고 도시로 진출할 생각이었다. 에세네파 같은 이들은 이러한 일이 말씀을 통해 평화롭게 이루어질 수 있다고 보고 광야 주변 촌락에서 설교했다. 훗날의 세례 요한은 이 전통 위에 서 있었다. 쿰란 공동체 같은 또 다른 종파는 검에 의지했다. 열두 지파의 상징적인 구조를 이용해 전쟁을 준비하고 광야 생활을 끝낼 때를 기다려 게릴라 방식으로 도시로 진출하는 여호수아식 공격을 계획했다.[42]

반대쪽 극단에는 고립주의자와 광신자를 혐오하는 경건한 유대인이 있었다. 이들은 정경 요나서의 형성에도 공헌했다. 요나서는 불합리하고 혼란스러운 부분도 있지만, 어쨌거나 이방인에게 관용과 우애를 베풀라고 요청한다. 요나서는 하나님이 요나에게 수사적 질문을 던짐으로써 끝난다. "네가 수고하지도 않았고, 네가 키운 것도 아니며, 그저 하룻밤 사이에 자라났다가 하룻밤 사이에 죽어 버린 이 식물을 네가 그처럼 아까워하는데, 하물며 좌우를 가릴 줄 모르는 사람들이 십이만 명도 더 되고 짐승들도 수없이 많은 이 큰 성읍 니느웨를, 어찌 내가 아끼지 않겠느냐?"[43] 이것은 훗날 "아버지, 저 사람들을 용서하여주십시오. 저 사람들은 자기네가 무슨 일을 하는지를 알지 못합니다"라고 기도한 그리스도에 대한 암시이자 이방인에게 토라를 받아들이고 개종하라고 권하는 일종의 초대였다. 디아스포라로 떠돌며 엄격한 신앙을 고수한 많은 유대인, 아마도 대다수 유대인이 이와 같은 생각을 했을 것이다. 이런 임무를 수행하려면 일상생활에서 그리스어가 필요했고 그래서 디아스포라 유대인은 그리스어를 배웠다. 이 과정에서 유대인은 성경을 그리스어로 번역했다. 그것이 바로 칠십인역이다. 칠십인역 성경은 그리스인의 개종 또는 유대교도화를 이루는 중요한 수단이 되었다. 예를 들어 그리스인은 알렉산드리아에 김나시온을 설립해 그리스 식민지의 퇴보를 막고 지역 언어 및 관습으로부터 그리스 문화를 지키려고 했지만, 일단 김나시온이 알렉산드리아에 사는 비그리스인에게 개방되자(이집트인은 예외였다) 유대인은 이것을 십분 활용했다. 훗날 유대 철학자 필론은 부유한 유대 상인들의 자식들이 김나시온에 출입하는 것을 당연시했다.[44] 그들은 그리스식으로 개명하기도 했다. 여행이나 사업을 할 때는 그리스 이름을 쓰고 종교 제의에 참여할 때나 가정에서는 히브리 이름을 사용했다.

이런 경향은 팔레스타인 유대인에게도 나타났다. 히브리어와 아람어로 된 유대 이름을 그리스식으로 바꾸는 현상이 여러 비문과 낙서를 통해 확인되었다. 고등 교육을 받은 많은 유대인이 그리스 문화에 매력을 느꼈다. 전도서의 저자 코헬렛, 즉 전도자는 이방 사상과 자신이 물려받은 경건한 신앙, 비판 정신과 보수주의 사이에서 분열하는 모습을 드러낸다. 헬레니즘이 학식 있는 유대인에게 끼친 영향은 여러 면에서 18세기 계몽주의가 게토에 끼친 영향과 유사하다. 그리스화의 물결은 성전 국가를 깊은 잠에서 깨웠다. 그리스화는 성전 국가를 영적으로 불안하게 만드는 세속 세력이자 물질주의 세력이었다.[45]

그리스인이 정복한 다른 지역과 마찬가지로 팔레스타인에서 새로운 그리스인 통치자를 모방하고픈 유혹을 가장 많이 받은 이들은 상류 계급, 부유층, 원로급 제사장이었다. 이는 식민지라면 어디서든 공통적으로 나타나는 현상이다. 훗날 세례가 그랬던 것처럼, 그리스 문화를 습득하는 것은 일류 시민이 되는 수단이었다. 이와 관련해 주목할 만한 유대인의 성공담도 전해지고 있다. 요셉이 이집트에서 국무총리가 되어 파라오를 섬겼던 것처럼, 그리스 제국의 관료 사회에는 영리하고 모험심 강한 유대인이 높은 지위에 올랐다. 요세푸스의 《유대 고대사 *Antiquitates Judaicae*》에 수록된 BC 2세기의 문서에는 상류층에 속하는 토비아스 가문의 아들인 요세프(어머니는 대제사장의 동생이었다)가 알렉산드리아에서 프톨레마이오스 왕가가 개최한 대회에 참가한 경위를 들려준다. 조공으로 들어온 물건을 경매하는 대회였다. "이제 이 시대의 모든 중요한 인물과 통치자가 자신들이 조공으로 바친 물건에 입찰하기 위해 시리아와 페니키아 전역에서 왔다. 매년 왕이 세금으로 징수한 물건을 도시의 주요 권세가에게 되팔았기 때문이다." 요세프는 경쟁자들이 낙찰가를 낮추려고 담합한 사실을 고발함으로써 낙찰을 받을 수 있었고 22년 동안 계약을 맺을 수 있었다. 결국 요세프는 "유대인이 빈곤과 절망에서 벗어나 더 나은 생활을 할 수 있게 이끌었다." 요세프는 옛날 옛적 파라오 시대의 걸출한 인물인 야곱의 아들 요셉보다 뛰어난 인재였다. 요세프는 새로운 분야를 개척해 최초의 유대인 은행업자가 되었다.[46] 이처럼 요세프는 BC 2세기 유다 땅에서 그리스화 물결을 상징하는 인물이다.

한쪽 극단에는 고립주의자가 있고 또 한쪽 극단에는 그리스에 동화된 이들이 있었다. 그리고 그 사이에 요시야와 에스겔, 에스라의 전통 위에 서 있는 경건한 유대인 그룹이 있었다. 그러나 그들은 옛 페르시아 제국에 반대하지 않았던 것처럼 그리스인의 지배에 반대하지 않았다. 세속정부가 해야 할 부패한 일을 이방의 손에 맡길 때 이스라엘의 종교와 경건이 더 꽃을 피웠다는 예레미야의 주장을 받아들였기 때문이다. 경건한 유대인 그룹은 평화롭게 신앙생활을 할 수만 있다면, 정복자가 물리는 세금을 기꺼이 납부했다. 이 전통을 이어받은 바리새파도 훗날 이런 정책을 취했다.

경건한 유대인 그룹은 그리스인에게 배울 것이 있다면 어느 정도 받아들일 마음이 있었고, 생각했던 것보다 훨씬 많은 그리스 사상을 흡수했다. 모세의 율법과 신학에는 이성적인 설명을 중시하는 요소가 늘 있었고 그리스의 합리주의 철학을 접하면서 이런 특성이 강화되었다. 바리새파가 예스러운 모세의 율법을 당시의 현실에 적용하기 위해 이성적인 **구전 율법**을 만들게 된 것도 이 때문이다. 바리새파와 경쟁 관계에 있던 사두개파가 바리새파에게 호메로스의 책으로 통칭되는 그리스 문학을 성경보다 더 중시하는 듯한 논리를 편다고 말한 것은 의미심장하다. 사두개파는 기록된 율법을 엄격히 지키고, 궤변으로 도덕이나 율법의 문제를 해결하려는 결의법을 용인하지 않았다.[47]

유대 사회를 강제로 그리스화하려는 개혁파가 부상하면서 그리스인과 유대인이 평화롭게 공존할 가능성은 사라지고 말았다. 개혁파와의 싸움에서 이긴 근본주의 세력이 역사를 서술한 탓에 개혁파가 추진한 운동에 대해서는 알려진 바가 별로 없다. 개혁 운동은 자그마한 성전 국가를 새 시대로 이끌고 가고 싶어 했던, 이미 상당 부분 그리스에 동화된 유다 지배계급 사이에서 가장 강하게 나타났다. 그들은 무엇보다 세속적이고 경제적인 동기에서 개혁 운동을 추진했다. 그러나 개혁파 중에는 경건한 지성인이 있었고 그들에게는 더 숭고한 목표가 있었다.

몇 가지 점에서 그들은 AD 1세기 그리스도인과 비슷하다. 그들은 유대교를 개선하고 싶어 했고 당시 유대교가 걷고 있는 것처럼 보였던 논리의 길로 더 세차게 밀어붙이고 싶어 했다. 유일신론 안에는 보편성이 내포되어 있다. 제2 이사야서는 그것을 명쾌하게 드러낸다. 보편적인 유일신론 안에서 보면 유대인은 세상에 전해주어야 할 새롭고 위대한 사상을 가지고 있었다. 그런데 그리스인 역시 전 세계에 전할 크고 일반적인 사상을 가지고 있었다. 그것은 바로 보편적인 문화였다. 알렉산드로스 3세는 제국을 하나의 이상향으로 만들었다. 모든 민족을 하나로 융합시키고자 했던 그는 "모든 사람에게 세계를 그들의 조국으로… 선한 사람들을 그들의 친족으로, 악한 자들을 외인으로 여기라고 명했다." 고대 아테네의 웅변가 이소크라테스는 "순수한 그리스인이라는 호칭은 더 이상 혈통의 문제가 아니라 태도의 문제"라고 주장했다. 그는 그리스 시민이라는 칭호는 혈통상의 그리스인보다 교육을 통해 그리스인이 된 사람에게 더 잘 어울린다고 생각했다.[48] 하나의 오이쿠메네, 즉 통일된 세계 문명이라는 그리스의 관념은 보편신이라는 유대의 관념과 결합할 수 있지 않았을까?

이것이야말로 개혁파 지성들이 추구한 목표였다. 그들은 성경의 역사서를 다시 읽고 그것을 세계화하려고 노력했다. 아브라함과 모세, 나그네요 떠돌이인 유대인이야말로 위대한 세계 시민이 아닌가? 그들은 처음으로 성경 비평에 착수했다. 율법서가 지금의 형태를 갖춘 것은 아주 오래되지 않았고 분명 모세 시대의 율법은 지금과 같은 형태가 아니었다. 개혁파는 최초의 율법은 훨씬 더 보편적이었다고 주장했다. 이 때문에 개혁 운동은 당연히 그래야 했던 것처럼 율법서에 대한 비판으로 지평을 넓혔다. 개혁파는 율법서에 신화와 불가능한 요구, 금지 명령이 가득하다고 생각했다.

정통파의 입장에서는 이런 개혁파가 당연히 못마땅했다. 당시 정통파가 개혁파에게 품었던 불만과 그들에게 퍼부은 저주를 확인해주는 자료가 있다. 필론은 "자신들의 선조와 더불어 만들어진 법령에 불쾌감을 표하며 끊임없이 율법을 혹평하는" 이들을 비난했다. 현자들은 이렇게 덧붙인다. "돼지를 기르는 자에게 저주가 임할 것이며, 자기 자녀에게 그리스의 지혜를 가르치는 자들에게 저주가 임하리라."**49** 그렇다고 개혁파가 율법을 완전히 폐하려 했던 것은 아니다. 다만 그리스 문화를 향유하지 못하게 하는 규정, 예를 들면 경건한 유대인으로 하여금 김나시온과 경기장을 멀리하게 만든 알몸 노출 금지 규정을 없애고 그 규정을 윤리적인 의미로 축소해서 율법의 보편화를 꾀했다. 개혁파는 세계 종교라는 궁극의 목표를 이루기 위해 그리스의 폴리스 문명과 유대인이 섬기는 윤리적인 하나님을 하루 빨리 결합시키고 싶어 했다.

불행하게도 이것은 명백한 모순이다. 그리스인은 일신론자가 아니라 다신론자였고, 이미 이집트에서 여러 종교와 신을 합성해서 서로 중복되는 무수히 많은 신의 존재를 합리화하는 제설 혼합주의를 습득했기 때문이다. 이런 합성을 통해 나온 것 중 하나가 태양신, 즉 아폴론 또는 헬리오스 또는 헤르메스다. 그리스인은 그리스 특유의 디오니소스 제의를 이집트의 이시스 제의와 혼합했다. 그리스의 치료의 신 아스클레피오스는 이집트의 신 임호테프와 합쳐졌다. 주신 제우스는 이집트의 아몬, 페르시아의 아후라 마즈다, 그리고 그들 모두가 관심을 두었던 유다의 야훼와 동일시되었다. 당연히 경건한 유대인의 사고방식은 이와 전혀 달랐다. 무엇보다 그리스인의 신에 관한 인식은 전능하신 하나님을 섬기는 유대인의 사상보다 훨씬 뒤처졌다. 유대인은 인간과 신을 확실하게 구분했다. 반면에 그리스인은 끊임없이 인간을 높이고 신을 낮추었다. 그리스인에게 인간은 프로메테우스 같은 존재였고 신은 그저 존경받는 성공한 조상에 불과했다. 대부분의 사람들이 신들로부터 출생했기 때문이다. 따라서 그리스인 입장에서 군주를 신격화하는 것은 발전이라 할 수 없고 이런 과정은 동양을 정복하자마자 시작되었다.

그렇다면 운명에 매인 인간을 신격화해서는 안 되는 이유는 무엇일까? 알렉산드로스 3세의 선생이었던 아리스토텔레스는《정치학 *Politika*》에서 다음과 같이 주장했다. "만약 한 국가 내에 덕에 있어서 탁월한 한 개인이 존재하고, 다른 모든 시민들의 덕이나 정치력이 그에게 비견될 수 없는 경우… 그와 같은 사람은 인간 가운데 있는 신으로 평가되어야 한다." 당연히 유대인은 그런 개념을 절대로 받아들일 수 없었다. 사실 유대교와 그리스 종교가 융합될 가능성은 전혀 없었다. 개혁파가 원한 것은 유대교를 위해서 당시 세력을 떨치던 그리스 문화로 유대교를 보편화시키는 것이었다. 그것은 곧 폴리스 문명을 포용하는 것을 의미했다.

BC 175년의 유대 개혁 운동은 셀레우코스 왕조의 안티오코스 4세 에피파네스와 더불어 열광적이지만 위험천만한 동맹을 맺었다. 안티오코스 4세 에피파네스는 자신의 영토가 빠르게 그리스화되기를 열망했다. 일반 정책상의 문제도 있었고 무엇보다 그리스화가 되면 세입이 늘어날 것이라 생각했기 때문이다. 그는 계속되는 전쟁 때문에 만성 재정 부족에 허덕였다. 그래서 개혁파의 주장에 힘을 실어주고, 정통파의 입장을 지지하던 대제사장 오니아스 3세를 야손으로 교체했다. 야손이라는 이름은 여호수아를 그리스식으로 바꾼 것이다. 대제사장에 오른 야손은 당파를 꾸리고 성전산 발치에 김나시온을 건설하여 예루살렘을 폴리스로 바꾸는 작업에 착수했고 예루살렘이라는 이름까지 안티오키아로 바꾸었다. 마카베오하는 성전의 제사장들이 "제단에서 봉사하는 일에 열성이 없어져, 성전을 경시하고 희생 제물 바치는 일을 소홀히 하였다. 징이 울리기가 바쁘게 그들은 레슬링 경기장으로 달려가 법에 어긋나는 경기에 참여하였다"고 성난 어조로 기록하고 있다.[50]

그다음에 야손은 희생 제사에 쓰이는 성전 기금을 국제 경기와 연극 대회 같은 폴리스 활동기금으로 전환했다. 공적 자금은 대제사장이 관리하고 운용했다. 사람들은 대제사장에게 세금을 냈고 대제사장이 이 세금을 세금 징수인에게 건넸다. 그들은 모두 혼인관계로 맺어져 있었다. 성전 출납직은 일반인을 위한 국영 예금 은행의 역할을 했다. 안티오코스 4세 에피파네스는 재원 마련 문제로 전전긍긍했다. 그래서 성전 업무를 맡고 있던 친그리스 세력을 압박해 노가 3단으로 된 군용선과 전차를 만들 수 있는 더 많은 현금을 확보하려고 애썼다. 이로써 개혁파는 유다를 점령한 그리스인과 동일시되었을 뿐 아니라 무거운 세금과도 동일시되었다. BC 171년 안티오코스 4세 에피파네스는 결국 대제사장 야손을 친그리스 성향이 더 강한 메넬라우스로 교체하기로 마음먹었다. 그리고 성전을 위압하는 아크로폴리스 성채를 지어 예루살렘에서 그리스 세력을 강화했다.[51]

BC 167년 실제로 모세의 율법을 폐기하고 이를 세속 법률로 대체할 뿐 아니라 예루살렘 성전을 일반 제의 장소로 격하시키는 칙령이 반포되면서 갈등이 표출되었다. 이것은 곧 성전 안에 초교파의 신상을 들여온다는 의미였다. 그 신의 그리스 이름은 제우스였다. 유대 엄숙주의자들은 그것을 '혐오감을 주는 흉측한 것'이라 칭했다. 안티오코스 4세 에피파네스가 직접 이 칙령을 제안한 것 같지는 않다. 그는 유대교에 관심이 없었을뿐더러 그리스 통치자가 특정 제의를 짓밟는 일은 극히 이례적이었기 때문이다. 오히려 칙령을 제안한 쪽은 메넬라우스를 위시한 극단적인 개혁파 부류라는 증거가 있다. 메넬라우스는 그런 과감한 변화를 통해서만 율법과 성전 신앙의 몽매주의와 부조리를 단번에 쓸어버릴 수 있다고 생각했던 것 같다. 이교도의 신앙과 관습을 들여와 성전을 모독하는 것을 공격적인 합리주의의 표현이라고 볼 수는 없다. 오히려 그것은 혁명기 프랑스에서 공화파 이신론자들이 드러낸 반기독교 정서와 더 유사했다. 메넬라우스와 같은 제사장 가문 출신으로 셀레우코스 왕조의 관리와 결혼한 미리암이 성전으로 돌격해 들어가서 신발로 제단 모퉁이를 내려치며 "이리야 이리야 네가 이스라엘의 부를 헛되이 낭비했구나"라고 외쳤다는 랍비의 전설이 전해지고 있다.[52]

　그러나 그리스인도 메넬라우스도 메넬라우스를 향한 대중의 지지를 과대평가했다. 메넬라우스가 성전에서 한 행동은 엄청난 논란을 불러일으켰다. 제사장 그룹은 양분되고 서기관 그룹은 정통파 편에 섰다. 대부분의 경건한 유대인, 즉 **하시드**도 마찬가지였다. 개혁파가 잘만 하면 자기편으로 끌어들일 수도 있는 부류가 있었다. 바로 **암 하아레츠**, 그 땅에 사는 평범하고 가난한 사람들이다. 유다의 엘리트들이 바빌론에서 귀환한 뒤 에스라가 페르시아 제국의 권세를 바탕으로 엄격한 종교 규율을 부과했을 때부터 주된 피해자는 암 하아레츠였다. 에스라는 하나님을 경외하는 의로운 포로민, 즉 브네이 하골라와 암 하아레츠를 짐짓 구분했다. 에스라는 여러 측면에서 법적 효력이 없는 혼인관계에서 태어난 암 하아레츠를 유대인으로 볼 수 없다고 생각했다. 그는 암 하아레츠를 엄하게 처벌하라고 서슴없이 말했다.[53] 암 하아레츠는 대부분 문맹인데다 율법을 잘 알지 못했기에 이류 시민 취급을 받거나 배척당했다. 만약 엄숙주의자들이 패배하고 율법을 이성적으로 이해하게 되었다면, 암 하아레츠가 가장 먼저 혜택을 받았을 것이다. 그러나 기본적으로 부유층인데다 정부 관리를 맡고 있던 개혁파들의 말이 어떻게 엄숙주의자들의 말보다 평범한 사람들에게 호소력이 있을 수 있었겠는가? 특히 가난한 사람들을 가장 괴롭힌 높은 세금과 동일시되었던 개혁파가 어떻게 암 하아레츠의 마음을 얻을 수 있었겠는가? 당연히 그럴 수 없었다. 그리하여 유대교가 보편성을 얻을 기회가 사라지고 말았다.

　메넬라우스는 국가 권력을 등에 업은 위로부터의 개혁을 추구했다. 칙령이 효과를 발휘하려면 성전에서 드리던 예전의 희생 제사를 없애는 것으로는 충분하지 않았다. 그곳에서 새로운 제사를 드려야 했다. 경건한 유대인들도 이방 제단이라 여기는 제단에서 새로운 방식으로 상징적인 희생 제사를 드려야 했다. 하시드는 이러한 의식이 인간의 손으로 만든 특정한 장소에 얽매일 수 없는 한 분이신 하나님의 편재성을 나타낸다는 개혁파의 주장을 무시했다. 경건한 유대인들이 보기에 성경이 거듭 비난하는 옛날의 바알 숭배와 새로운 보편주의는 차이가 없었다. 그래서 그들은 그 제단에 절하기를 거부하고 죽기를 각오했다. 결국 개혁파는 순교자를 만들어냈고 그중에는 주요 서기관 가운데 한 명으로 묘사된 아흔 살의 엘레아자르 같은 인물도 있다. 엘레아자르는 매를 맞고 죽었다. 그 외에도 참혹하게 죽은 일곱 형제의 이야기가 마카베오하에 묘사되어 있다. 순교자라는 개념은 사실 이때부터 등장했다. 그리고 신앙인의 고난이 종교적 순결과 유대 민족주의 선전의 자양분이라고 말하는 마카베오 가문의 문헌에는 최초의 순교록이 수록되어 있다.

순교자를 만들어낸 마카베오 가문

사람들의 마음에 깊이 뿌리 내린 성경에 대한 본능에 호소해 기존 질서를 전복하고 종교 논쟁을 점령 세력에 대한 반란으로 바꾼 이들은 개혁파가 아니라 엄숙주의자였다. 대부분의 반反식민 투쟁이 그렇듯 반란은 점령군에 대한 공격이 아니라 그들에게 협력하는 지역민을 살해하는 것으로 시작되었다. 유대 산악지대, 룻다(로드)에서 동쪽으로 9.5킬로미터 떨어진 모딘이라는 마을에서 새로 도입한 공식 의례를 주관하던 개혁파 인사가 마타티아스에게 살해당했다. 마타티아스는 성전 관리를 맡은 유서 깊은 제사장 가문인 하스몬 가문의 수장이었다. 유다 마카베오를 위시한 마타티아스의 다섯 아들은 셀레우코스 왕조의 군대와 그들에게 협력하는 유대인을 상대로 게릴라전을 전개했다. 그들은 BC 166년부터 164년까지 예루살렘 주변 지역에서 그리스인을 모두 몰아냈다. 예루살렘에서는 개혁파를 구금하고 셀레우코스의 병사들도 아크라 요새에 감금했다. 그리고 성전에서 혐오감을 주는 흉측한 것들을 치우고 BC 164년 12월에 거룩한 의식을 통해 성전을 다시 야훼에게 봉헌했다. 유대인은 오늘날까지 이 날을 **하누카** 또는 수전절로 기념하고 있다.

셀레우코스 왕조는 신흥 로마 세력의 부상을 비롯해 많은 문제를 안고 있었다. 그래서 20세기 중반에 식민주의 정책을 고수하는 열강들처럼 혹독한 탄압 정책과 자치권 허용 사이에서 왔다 갔다 하며 갈피를 잡지 못했다. 그러자 반항적인 민족주의자들의 요구는 더욱 거세졌다. BC 162년 에피파네스의 아들이자 후계자인 안티오코스 5세는 메넬라우스가 모든 재앙의 원인이라며 그를 처형했다. 요세푸스의 말을 빌리면, 메넬라우스는 아버지를 설득해 유대인으로 하여금 자기들의 하나님에게 드리던 전통 제의를 포기하게 한 인물이었다.[54] 하스몬 가문은 BC 161년 로마와 동맹을 체결했고 로마는 하스몬 가문을 독립국의 통치 가문으로 대우했다. BC 152년 셀레우코스 왕조는 유다를 그리스에 동화시키려던 노력을 포기하고 당시 하스몬 가문의 지도자였던 요나단이 대제사장직을 맡도록 승인했다. 이때부터 하스몬 가문은 이 지위를 115년 동안 유지했다. 셀레우코스 왕조는 BC 142년에 세금을 면제함으로써 유다의 독립을 실질적으로 인정했다. 그 결과 형을 이어 대제사장이 된 시몬 마카베오가 명실상부한 통치자가 되었다. "백성은 모든 문서와 계약서에 '유다인들의 총독이며 지도자인 시몬 대사제 제일년'이라고 쓰기 시작하였다."[55] 이로써 이스라엘은 440년 만에 다시 독립했다. 아크라 요새에 갇혀 있던 개혁파가 결국 굶주림에 지쳐 항복하고 추방당한 것은 이듬해의 일이다.

이에 "유다인들은 야자나무 가지를 들고서 찬미를 드리고, 비파와 자바라와 수금에 맞추어 찬미가와 노래를 부르며 그[요새] 안으로 들어갔다. 큰 적이 망하여 이스라엘에서 쫓겨났기 때문이다."[56]

이렇게 민족주의 감정이 고조되면서 종교상의 쟁점은 뒤로 밀려났다. 그러나 그리스 보편주의에서 독립하고자 투쟁한 긴 시간은 유대인에게 지워지지 않는 흔적을 남겼다. 율법에 대한 공격이 시작되고 개혁파가 아크라에서 추방되기까지 유대인은 34년간 고통스러운 살육의 세월을 보냈다. 율법에 대한 가열찬 공격은 유대 지도자들의 시야를 좁히고 토라 중심의 종교에 더 깊이 몰두하게 함으로써 율법 수호에 대한 강한 열의를 불러일으켰다.[57] 개혁이 실패하는 바람에 개혁이라는 개념 자체가 불신을 받았고 유대교의 성질과 방향에 관한 논의는 어떤 형태가 되었든 전적인 배교 행위이자 유대 민족을 압제하는 이방 세력과의 야합이라는 비난을 받았다. 그 결과 정통 유대교의 지평에서 벗어나는 중도적 입장이나 국제적 견해를 지닌 자들은 발언 기회를 봉쇄당하고 말았다.

하스몬 가문은 유대교의 뿌리 깊은 복고 정신을 대변했다. 그들의 강인한 힘은 오래전부터 이스라엘이 금기시해온 것들과 하나님의 물리적 개입에서 끌어낸 과거로의 회귀와 미신에서 나왔다. 이후 외부로부터 성전이나 성소에 대한 간섭이 조금이라도 있을라치면, 과격파를 중심으로 예루살렘의 군중이 들고일어났다. 이제 성난 군중은 예루살렘의 일부이자 특징이 되었다. 이로써 그리스인이든, 그리스에 동화된 자들이든, 로마인이든, 분봉왕이든 유다를 통치하기가 매우 어려워졌다. 통치자가 유대인이라고 해도 마찬가지였다.

종교적 군중에게 지식인들이 공격을 받는 일이 생기면서 그리스식 김나시온과 대학에서 꽃을 피우던 세속 정신과 지식 활동의 자유는 유대 교육에서 변두리로 완전히 밀려났다. 경건한 유대인들은 그리스식 교육에 맞서고자 BC 2세기 말부터 민족 교육 제도를 발전시켰다. 옛 서기관 학교와 지역 학교의 네트워크가 형성되고 이곳에서 원칙적으로 모든 유대 소년은 토라를 배웠다.[58] 회당의 확산과 강화, 대중 교육에 뿌리를 둔 바리새파의 탄생, 랍비 제도의 부상으로 이어진다는 점에서 이러한 발전은 중요한 의미가 있다. 학교에서는 종교와 관련된 것만 가르쳤고 율법 이외의 지식은 어떤 형태가 되었든 모두 부정했다. 그러나 율법만큼은 비교적 너그럽게 가르쳤다. 유대인은 "이 노래를 적어서, 이스라엘 백성에게 가르쳐 부르게 하라"는, 뜻이 모호한 신명기 구절을 근거로 하나님이 모세에게 주신 성문 율법뿐 아니라 **구전 율법**도 주셨다는 입장을 취했다.[59] 따라서 구전 율법을 습득한 장로들은 하나님의 거룩한 명령을 해석하고 보완할 수 있었다. 구전 율법이라는 전통은 모세 법전을 변화된 현실 상황에 적용하고 실제로 시행할 수 있게 해주었다.

이와 대조적으로 사두개파, 즉 다윗 시대에 대제사장이었던 사독의 후손이 장악한 성전 제사장들은 기록된 것만이 율법이고 율법은 절대 수정할 수 없다고 주장했다. 그러나 사두개파도 법령집이라는 보조적인 책이 있었고 여기에는 돌로 치기, 화형, 참수형, 교수형에 처해야 할 죄가 기록되어 있었다. 이 법령집은 기록된 것이기에 거룩한 것이었다. 사두개파는 구두상의 가르침을 통해 율법을 창조적으로 발전시킬 수 있다는 사실을 인정하지 않았다. 모세의 전통과 성전을 유대 통치의 유일한 구심점으로 보는 시각, 자신들이 세습해온 제사장의 지위를 지키려는 태도를 감안할 때 사두개파가 하스몬 가문의 새로운 제사장들과 손을 잡은 것은 자연스러웠다. 그러나 엄밀히 말해 하스몬 가문은 제사장직을 세습할 수 있는 혈통이 아니었다. 어쨌거나 사두개파는 성전 중심의 엄격한 행정 체제에서 하스몬 가문과 동일한 대우를 받았다. 이 행정 체제에서는 세습 대제사장이 세속적 통치자의 역할을 했고 장로들의 의회인 **산헤**

드린이 대제사장의 종교적·법적 의무를 수행했다. 성전의 지고함을 확실히 드러내고자 시몬 마카베오는 아크라 요새의 성벽을 파괴해 돌무더기로 만들었을 뿐 아니라, 요세푸스에 따르면 요새가 있던 언덕을 평평하게 만들어 성전이 그 언덕보다 더 높아 보이게 했다.

시몬은 마카베오 형제들 중에서 마지막까지 살아남은 인물이다. 마카베오 형제들은 용감하고 무모했으며 열정적이었고 심지가 굳고 호전적이었다. 그들은 자기들이 주님을 곁에 모시고 이방으로부터 약속의 땅을 되찾음으로써 여호수아서를 재현하고 있다고 생각했다. 마카베오 형제들은 엄격한 경건 속에서 검으로 인해 살고 검으로 인해 죽었다. 대부분은 잔인한 최후를 맞았다. 시몬도 예외가 아니었다. 시몬은 프톨레마이오스의 흉계에 빠져 두 아들과 함께 살해당했다. 시몬은 많은 사람을 죽음에 이르게 했지만, 인격이 고결한 사람으로 사사로운 이익을 추구하지 않았다. 대제사장과 행정 장관이 되는 데 성공하고도 종교적 게릴라 지도자로서의 정신을 잃지 않았다. 한마디로 시몬은 카리스마를 갖춘 경건한 영웅이었다.

제2 성전 시대: 정결에서 타락으로

시몬 마카베오의 뒤를 이어 BC 134-104년에 통치한 시몬의 셋째 아들 요한 히르카누스 1세는 아버지 시몬과 사뭇 다른 인물이다. 무엇보다 그는 세습을 통해 통치자가 되었다. 요한 히르카누스 1세는 동전을 주조해 '대제사장 예호하난과 유대 사회'라는 글을 새겨넣었다. 그리고 BC 103-76년에 유다 땅을 통치한 그의 아들 알렉산더 얀나이우스는 동전에

'왕 요나단'이라고 새겨넣었다. 본래, 그리고 표면상 신앙 수호라는 근본주의 정신에 바탕을 둔 왕국의 재건은 과거 왕정 국가가 안고 있던 문제를 다시 표출시켰다. 특히 국가의 목적과 수단이 유대교의 성격과 본질적으로 맞지 않는다는 사실이 금방 드러났다. 하스몬 가문의 역사가 이런 근원적 모순을 잘 보여준다. 그들의 성공과 몰락은 지나치게 자신을 과신하는 자들의 운명이 어찌되는지 보여주는 실례라 하겠다. 순교자들의 복수를 하겠다며 일어선 그들은 결국 종교 탄압자가 되고 말았다. 열정적인 게릴라 집단의 우두머리로 권력을 잡았다가 결국에는 용병에게 포위당한 채 최후를 맞았다. 신앙 위에 세운 그들의 왕국은 불신앙 속에서 와해되었다.

요한 히르카누스 1세는 다윗 왕국을 회복하는 것이 하나님의 뜻이라는 근본주의 신앙에 심취해 있었다. 그는 고대 역사 문헌인 여호수아서와 사무엘서에서 군사적 영감과 지정학적 교훈을 얻으려고 애쓴 최초의 유대인이다. 그는 팔레스타인 땅 전체가 유대 민족에게 주신 하나님의 기업이라는 사실을 문자 그대로 받아들였다. 그래서 팔레스타인 땅을 정복하는 것은 유대 민족의 권리이자 의무라고 생각했다. 이를 위해 요한 히르카누스 1세는 용병으로 구성된 근대적인 군대를 조직했다. 나아가 여호수아가 가나안 땅을 정복한 것처럼 이방의 제의와 이단적인 종파를 일소해야 마땅하므로 필요하다면 이방의 제의와 이단 종파를 고수하는 자들을 섬멸하는 것도 마다하지 않았다. 요한 히르카누스 1세의 군대는 사마리아를 유린하고 그리심 산에 있던 사마리아인의 성전을 완전히 파괴했다. 일 년간 포위한 끝에 사마리아 성으로 돌진해 "그 성을 완전히 무너뜨렸고, 수로를 파고 강의 흐름을 바꾸어 그 성을 침수시켜 습지로 만들어버렸다. 심지어 한때 그곳에 도시가 있었다는 흔적조차 없애버렸다."[60] 동일한 방식으로 그리스 시대에 스키토폴리스로 불리던 벳산을 약탈하고 불태웠다. 이렇듯 요한 히르카누스 1세는 방화와 검에 의지하여 마을 주민을 대량 학살했다. 그들에게 죄가 있다면 그리스어를 사용한다는 것뿐이었다. 이두매 지방을 정복하고 그 지역 주요 도시인 아도라와 마레샤 주민을 강제로 유대교로 개종시키고 거부하면 학살했다.

요한 히르카누스 1세의 아들인 알렉산더 얀나이우스는 팽창 정책과 강제 개종 정책을 더 강하게 밀어붙였다. 그는 요르단 강 주변, 그리스어를 사용하는 10개 도시 동맹인 데가볼리(데카폴리스)를 침공했다. 나바테아 왕국을 공격해 유구한 역사를 자랑하는 장밋빛 붉은 도시 페트라를 손에 넣고 가울라니티스(골란 고원) 지역까지 진출했다. 그리하여 하스몬 왕조는 북쪽으로는 갈릴리와 시리아, 서쪽으로는 해안지대, 남쪽과 동쪽으로는 광야까지 세력을 확장했다. 이 지역에서 그들은 개종과 학살, 추방을 통해 비유대인 공동체를 섬멸했다. 이리하여 유대 민족은 영토와 인구 면에서 급속히 성장했고 그 과정에서 명목상의 유대인이나 반쯤 그리스에 동화된 사람들, 여러 면에서 이방인 또는 외인이라 할 수 있는 사람을 많이 흡수했다.

통치자에서 왕으로, 왕에서 정복자로 변신하는 동안 하스몬 왕조는 권력 부패로 어려움을 겪었다. 요한 히르카누스 1세는 그래도 어느 정도 유대의 전통을 지키며 명성을 얻은 것 같다. 요세푸스에 따르면, 그는 하나님에게 세 가지 큰 특권, 즉 민족의 통치자, 대제사장의 권위, 예언의 능력을 받기에 손색이 없는 인물이라는 평을 받았다.[61] 그러나 아버지와 달리 알렉산더 얀나이우스는 괴물 같은 전제 군주로 변했다. 그의 손에 희생된 사람들 중에는 처음 권력을 잡을 때 하스몬 가문에 힘을 실어준 경건한 유대인들도 있었다. 그 시대 근동 지역의 다른 통치자들처럼 알렉산더 얀나이우스는 넓게 퍼져 있던 그리스 사상에 영향을 받아 그리스인의 눈에 야만스러워 보이는 야훼 신앙의 독특한 요소를 멸시했다. 대제사장으로서 예루살렘에서 초막절을 지내면서 전통에 따라 제단에 술을 바치는 의식을 하지 않아 경건한 유대인들에게 통렬한 비판을 받았다. 요세푸스는 이 사건을 이렇게 기록하고 있다. "그는 분노해서 그들 가운데 6,000명을 살해했다." 결국 알렉산더 얀나이우스는 자신이 증오했던 야손과 메넬라우스 같은 전임자의 전철을 밟았고, 그들과 마찬가지로 엄숙주의자들의 반란을 불러일으키고 말았다. 요세푸스의 기록에 따르면, 내전은 6년 동안 이어졌고 5만 명의 유대인이 목숨을 잃었다.

바리새파 유대교의 부상

스스로 분리된 이들을 뜻하는 페루쉼, 즉 바리새파가 등장한 것은 이즈음이다. 바리새파는 제사장, 사두개파 귀족, **산헤드린**으로 대표되는 왕실의 종교 제도를 거부하고 유대 민족주의보다 종교 규율 준수를 앞세웠다. 랍비의 전승에는 왕과 바리새파 사이에 갈등이 있었다고 나오는데, 그 갈등은 종교적 갈등일 뿐 아니라 사회적·경제적 갈등이었다.[62] 요세푸스가 지적한 것처럼 "사두개파는 부유층에게만 지지를 받을 뿐 백성의 지지를 받지 못했던 반면, 바리새파는 백성들 사이에서도 더러 지지를 받았다." 요세푸스의 기록을 더 들여다보자. "내전이 끝나자 알렉산더 얀나이우스는 포로를 이끌고 예루살렘으로 돌아갔다. 포로로 끌려간 이들 중에는 그에게 맞서던 유대인이 많았다. 얀나이우스는 세상에서 가장 야만적인 일을 저질렀다. … 그는 첩들과 축하연을 열고 예루살렘 사람들이 모두 보는 앞에서 포로 800명을 십자가에 매달라고 명했다. 그리고 아직 숨이 붙어 있는 그들의 면전에서 자녀와 아내의 목을 찌르라고 명했다."[63] 쿰란 사본에도 이 비극에 대한 언급이 나온다. "사람을 산 채로 매달 때… 그는 한 마리 분노한 사자였다."

요세푸스에 따르면 BC 76년에 알렉산더 얀나이우스가 과도한 음주로 극도의 불안에 빠져 사망할 무렵 유대 사회는 심하게 분열되어 있었다. 영토는 넓어졌지만 그 안에는 토라를 일부만 받아들이거나 아예 받아들이지 않는 명목상의 유대인이 많았다. 하스몬 왕국은 모델로 삼았던 다윗 왕국처럼 제국들의 세력이 약해진 틈바구니에서 한 시대를 번영했다. 셀레우코스 왕조가 돌이킬 수 없을 정도로 세력이 약해졌고 아직 로마 제국이 그리스 세력을 대체할 정도로 힘을 키우지 못한 상태라 가능한 일이었다. 그러나 알렉산더 얀나이우스가 사망할 무렵에는 로마 제국의 발자국 소리가 유대 세계의 귓전까지 성큼 다가와 있었다.

옛 그리스 왕조와 세력을 다투던 시절에만 해도 로마는 유대인의 동맹이었다. 로마는 약소국의 존재를 인정하고 어느 정도 독립성도 보장해주었다. 그러나 유대 국가가 영토 확장의 야심을 보이는데다 주변 민족에게 강제로 개종을 요구하자 로마 원로원은 보고만 있을 수 없었다. 로마는 셀레우코스 왕조가 그랬던 것처럼 유대 국가도 내분으로 피폐해져 틈이 벌어지기를 조용히 기다렸다. 이를 눈치챈 알렉산더 얀나이우스의 미망인 살로메는 남편이 죽은 뒤 한동안 나라를 통치하면서 바리새파를 산헤드린에 받아들이고 그들의 구전 율법을 왕국의 법제 안에 받아들여 통합을 이루고자 노력했다. 그러나 BC 67년에 살로메는 사망했고 아들들은 후계 싸움으로 분열되었다.

헤롯 대왕의 박애주의 전제 정치

살로메의 아들 요한 히르카누스 2세에게는 안티파트로스라는 강력한 부관이 있었다. 그는 하스몬 왕조에서 강제로 유대교로 개종당한 가문 출신의 이두매인이었다. 반은 유대인이고 반은 그리스에 동화된 인물이라 할 수 있다. 이런 배경을 지닌 안티파트로스가 무적의 군사 기술과 그리스 문명으로 무장한 새로운 제국 로마에 접근한 것은 자연스러운 일이다. 안티파트로스는 로마 중심의 세력 재편을 받아들였고, 유대 민족이 내전에 빠져 피폐해지느니 자신의 가문과 그 밖의 중요한 가문들이 로마의 보호 아래서 번영하는 편이 훨씬 낫다고 판단했다. 그래서 BC 63년 로마 장군 폼페이우스와 협정을 체결했고 이로써 유대는 로마의 속국이 되었다. 훗날 헤롯 대왕이 된 안티파트로스의 아들은 유대인을 로마 제국의 행정 체계 안에 확실하게 묶어두었다.

유대의 능력 있는 통치자 헤롯의 시대는 BC 37년부터 그가 사망한 BC 4년까지 이어졌다. 헤롯의 통치기는 기독교 역사가뿐 아니라 유대 역사가도 쉽게 규정하기 어려운 유대 역사의 한 토막이다. 헤롯은 유대인인 동시에 반유대주의자였다. 그리스 로마 문명의 지지자이자 수혜자였고 이루 말로 다 할 수 없는 잔혹 행위를 아무렇지 않게 하는 폭군이었다. 또 한편으로는 지혜와 넓은 안목과 온화하고 적극적인 성품을 지닌 유능한 정치가이기도 했다. 그러나 동시에 단순한데다 미신에 빠져 있고 기이할 정도로 자신에게 관대하고 정신 이상의 경계를 아슬아슬하게 오가는 광기를 보이는가 하면 때로는 선을 넘기도 하는 그런 인물이었다. 본인이 롤모델로 동경한 솔로몬 왕의 물질적 성공과 사울 왕의 비극을 동시에 보여준 인물이 헤롯이다. 뛰어난 필력으로 인물의 성격과 과업을

기록할 줄 아는 열왕기상 기자 같은 뛰어난 인물이 헤롯 시대에 없었던 것이 참으로 유감스럽다.[64]

헤롯은 아버지 안티파트로스의 시대에 갈릴리 총독을 지낼 때부터 좋은 쪽으로든 나쁜 쪽으로든 명성이 자자했다. 헤롯은 갈릴리에서 로마의 통치 원칙을 충실히 지키고 히스기야라는 인물이 이끄는 준종교적 게릴라를 섬멸했다. 그리고 유대 율법을 완전히 무시하고 재판도 거치지 않고 자기 권한으로 히스기야를 처형했다. 율법을 어긴 이 행위는 사형에 처할 수도 있는 죄였기에 헤롯은 산헤드린 앞에 소환되었다. 헤롯의 호위대가 법정에 들이닥치지 않았다면, 유죄가 선고되어 처형을 면할 수 없었을 것이다. 그로부터 4년 뒤인 BC 43년, 헤롯은 아버지에게 독을 먹인 또 하나의 과격파 유대인 말리쿠스를 처형함으로써 똑같은 종교적 죄를 범했다. 헤롯 일가는 요한 히르카누스 2세가 이끄는 하스몬 왕조를 지지했고, 헤롯은 마리암네를 아내로 맞아 하스몬 가문과 인척 관계를 맺었다. 그런데 BC 40년에 히르카누스의 조카 안티고노스가 이끄는 파당이 파르티아인의 도움을 받아 예루살렘을 장악했다. 헤롯의 형제로 예루살렘 총독이었던 파사엘은 체포되어 감옥에서 자살했고 히르카누스는 안티고노스에게 귀를 물어뜯겨 대제사장이 될 수 있는 자격을 잃었다. 몸에 상처가 있는 사람은 대제사장이 될 수 없었기 때문이다.

아내와 함께 몸을 피해 가까스로 목숨을 건진 헤롯은 로마에 가서 원로원에 도움을 청했다. 이에 원로원은 헤롯에게 동맹국의 왕이자 로마인의 친구라는 직함을 주어 꼭두각시 왕으로 삼았다. 그 후 헤롯은 보병 3만 명, 기병 6,000명으로 이루어진 로마 군대를 이끌고 팔레스타인으로 돌아와 예루살렘을 재탈환하고 완전히 새로운 정권을 세웠다. 헤롯의 정책은 크게 세 가지였다. 첫째, 로마에서 누가 권력을 잡든 정치적·외교적 수완을 최대한 발휘해 그에게 인정을 받았다. 안토니우스가 득세했을 때 헤롯은 그의 친구이자 동맹이었다. 그러다 안토니우스가 실각하자 헤롯은 재빨리 옥타비아누스(아우구스투스)의 손을 잡았다. 아우구스투스 황제가 통치하던 시기에 헤롯은 동방에 있는 로마 속국의 왕 중에서 가장 충성스럽고 믿음직한 인물이었다. 해적과 산적을 무자비하게 제압했고 로마가 벌이는 모든 전쟁과 전투를 지원했다. 덕분에 헤롯은 큰 보상을 받았다. 헤롯은 로마의 후원을 받아 하스몬 왕조 시대보다 더 넓은 영토를 확보해 안정적으로 통치했다.

둘째, 헤롯은 하스몬 가문을 있는 대로 몰살시켰다. 안티고노스를 로마 당국에 넘기고 로마인의 손으로 처형시켰다. 요세푸스에 따르면, 헤롯은 알렉산더 얀나이우스의 증손녀인 아내 마리암네에게 질투심 어린 애증을 품고 있었던 터라 마리암네를 비롯한 그녀의 친척을 모두 적대시했다. 먼저, 마리암네의 아우 아리스토불루스를 여리고의 수영장에서 익사시켰다. 마리암네에게도 자신을 독살하려 했다는 혐의를 씌워 자신의 친족으로 이뤄진 법정에서 유죄 판결을 내리고 처형했다. 장모인 알렉산드라도 반역죄로 기소해 처형했다. 그리고 결국에는 마리암네가 낳은 두 아들에게도 자신을 살해하려고 공모했다는 혐의를 씌웠다. 두 사람은 재판정에서 유죄 판결을 받아 교수형에 처해졌다. 요세푸스는 다음과 같이 기록했다. "가족에 대한 애정이 지극한 사람이 있다면, 그는 다름 아닌 헤롯일 것이다." 헤롯의 직계 가족만 보면 맞는 말이다. 헤롯은 아버지와 어머니, 형제의 이름을 딴 도시를 세웠다. 그러나 하스몬 가문 사람들, 혹은 그의 재판에 조금이라도 권리를 주장할 수 있는 사람들, 이를테면 다윗 왕의 후손들에 대해서는 피해망상에 가까운 의심을 하고 무자비하고 잔혹하게 대했다. 갓 태어난 사내아이를 몰살했다는 이야기는 조금 과장된 면이 있을지 몰라도 헤롯이 보여준 그동안의 행적을 감안할 때 근거 없는 이야기로 치부하기 어렵다.

셋째, 국가와 종교를 분리하고 디아스포라 유대인을 불러들여 엄숙주의자들의 영향력을 축소시켰다. BC 37년에 헤롯은 권력을 장악하자마자 자신을 재판할 때나 다른 세속 사건을 재판할 때나 예외 없이 모세의 법률을 적용하려 했던, 제 주제도 모르는 산헤드린 지도자 마흔여섯 명을 처형했다. 이 일이 있고 난 뒤 산헤드린은 종교 관련 재판만 담당했다. 헤롯은 대제사장이 되려는 시도는 하지 않았다. 오히려 대제사장직을 자신이 임명하고 면직하는 관직으로 전락시켜 왕권으로부터 분리시키고, 주로 이집트와 바빌로니아 디아스포라 중에서 제사장을 선발했다.

헤롯은 대부분의 유대인과 마찬가지로 역사의식이 강했다. 솔로몬 왕을 롤모델로 삼고 그의 길을 따르려 했다. 헤롯은 거대한 건물과 거액의 기부, 공익을 위한 투자, 전례가 없는 복지 정책을 통해 자신의 이름을 후세에 남기고 싶어 했다. 한마디로 헤롯은 또 다른 유형의 유대인의 전형, 즉 야망 있는 독지가였다. 헤롯은 평생 부를 축적하고 그것을 소비하는 일에 힘을 쏟았다. 솔로몬처럼 무역로를 장악하고 상인들에게 세금을 거두어들이고 직접 제조업에 관여하기도 했다. 헤롯은 아우구스투스 황제에게 키프로스에 있는 구리 광산을 임대해 생산량의 반을 가져갔다. 또한 광대한 지역에서 세금을 거두어 로마와 이윤을 나누었다. 요세푸스에 따르면, 세출이 세입을 초과하는 바람에 국민에게 가혹해졌다고 한다. 헤롯은 자신이 국가의 적으로 천명한 이들, 특히 하스몬 가문의 재산을 몰수해 자신의 배를 불렸다. 그러나 헤롯의 통치기에 팔레스타인의 경제 수준은 꾸준히 향상되었다. 외세의 위협이 사라지고 국내 질서가 회복되고 무역이 신장된 결과였다.

출산과 개종을 통해 유대인 수는 꾸준히 증가했다. 중세의 한 전승에 따르면, AD 48년 클라우디우스 황제가 인구 조사를 할 무렵 로마 제국에는 694만 4,000명의 유대인이 살았다. 이 밖에도 요세푸스가 '무수하고 무수한'이라고 말할 정도로 많은 유대인이 바빌론과 그 인근에 살고 있었다. 한 연구에 따르면, 헤롯 시대에 약 800만 명의 유대인이 세계 곳곳에 있었고 그중 235만 명 내지 250만 명이 팔레스타인에 살고 있었다. 이는 로마 제국 전체 인구의 10퍼센트에 해당한다.[65] 이렇게 늘어난 인구와 디아스포라 유대인의 번영이야말로 헤롯의 부와 영향력의 원천이었다.

사실 헤롯은 유대인과 유대교의 융성을 제대로 이해하고 인종적·종교적 긍지를 가지고 있었고 그것을 바탕으로 정책을 세우고 추진했다. 이전에 그리스에 동화되었던 유대인이 그랬던 것처럼 헤롯은 영웅과 같은 개혁가를 자처했다. 그래서 근동 지방에 사는 완고하고 보수적인 유대 민족을 문명 세계로 안내하려고 노력했다. 로마가 세계 패권을 장악하고 로마 황제 아래 통일이 이뤄지자 국제 사회에도 평화가 찾아오고 광범위한 지역에서 무역이 활성화되어 경제적 황금기가 도래할 기반이 마련되었다. 헤롯은 자기가 통치하는 유대 민족이 이런 혜택을 함께 누리길 바랐다. 새로운 세계 질서 안에서 유대 민족이 번듯한 위치를 차지하게 하려면, 먼저 과거의 올무를 벗겨내야 했다. 특히 유대 사회와 종교 양쪽에서 착취를 일삼아온 소수 가문의 올무를 없애야 했다. 헤롯은 혼자서 이 일을 해냈다. 이렇듯 헤롯은 편집증에 가까운 성격과 잔인한 성품 안에 이상주의자의 기질이 공존하는 인물이다.

또한 헤롯은 재능 있고 개화된 사람이 많은 유대 민족이 새롭게 팽창하는 지중해 세계의 문명 발달에 이바지할 능력이 있다는 사실을 세상에 보여주고 싶어 했다. 이를 위해 헤롯은 다혈질의 군중과 광신자로 가득한 예루살렘을 넘어 디아스포라 유대인에게로 시야를 넓혔다. 헤롯은 아우구스투스 황제의 탁월한 장군 아그리파의 절친한 친구였다. 아그리파와 헤롯의 우애 덕분에 로마 제국 안에 흩어져 종종 생존의 위협을 받던 유대 공동체는 든든한 보호를 받게 되었다. 디아스포라 유대인은 헤롯을 최고의 친구로 여겼다. 헤롯은 가장 인심이 후한 후원자이기도 했다. 회당과 도서관, 목욕탕, 자선 단체를 위해 기금을 마련했고 다른 이들도 여기에 동참하도록 독려했다. 그리하여 알렉산드리아와 로마, 안디옥, 바빌론, 그 밖의 여러 곳에 있던 유대 공동체는 병자와 가난한 자, 과부, 고아를 구제하고, 감옥에 갇힌 자를 위문하고, 죽은 자를 장사지내는 등 작은 복지국가라 할 만한 제도를 갖추어 처음으로 세계에 이름을 알리게 되었다.

헤롯은 디아스포라 유대인에게만 혜택을 주는 어리석은 짓은 하지 않았다. 로마 제국 동쪽에 위치한 여러 다민족 도시도 열심히 후원했다. 그리스 문명의 모든 제도를 지지하고 재정을 후원했다. 그중에서도 특히 경기장에 관심을 보였는데, 이는 헤롯이 열렬한 운동 애호가였기 때문이다. 헤롯은 대담한 사냥꾼이자 승마 선수였고 투창과 궁술의 명수였다. 각종 경기를 관람하는 일도 무척이나 즐겼다. 자칫 폐지될 뻔했던 올림픽 경기를 재력과 조직력, 열정으로 되살려내 장엄하고 화려한 경기가 정기적으로 개최될 수 있게 후원하기도 했다. 덕분에 그리스의 섬들과 도시에서는 헤롯의 이름을 찬양하고 그에게 종신 대회장의 칭호까지 바쳤다.

헤롯은 시민 활동과 문화 활동을 위해 아테네와 루기아(리키아), 버가모(페르가몬), 스파르타에 거액의 후원금을 보냈다. 로도스 섬에는 아폴론 신전을 재건해주고 그발(비블로스)에는 성벽을 다시 쌓아주었다. 두로(티레)와 베이루트의 여러 지역에 공공집회 장소인 포럼을 건설하고, 라오디게아에 수로를 개설하고, 시돈과 다마스쿠스에 극장을 지었다. 프톨레마이다와 트리폴리에 김나시온을 건축하고, 아스글론(아슈켈론)에는 분수와 목욕탕을 지었다. 헤롯은 근동 지역 최대 도시였던 안디옥(안티오키아)에 약 4킬로미터에 달하는 도로를 포장하고 시민들이 비를 피할 수 있도록 도로 전체에 지붕과 주랑을 설치했다. 그리고 이 거대한 공사를 대리석으로 마감했다. 이들 거의 모든 도시에 유대인이 살고 있었고 그들은 같은 신을 믿는 인심 후한 동포 헤롯에게 은혜를 입었다.

헤롯은 팔레스타인에서도 관대하고 보편적인 정책을 추진하려 했다. 범유대교 안에 추방당한 자나 이단적인 요소도 포용하려 한 것이다. 요한 히르카누스가 파괴하고 수몰시킨 사마리아는 헤롯의 후원 아래 재건되었고, 헤롯의 후견인인 아우구스투스의 그리스식 이름을 따서 세바스테라고 이름 붙였다. 헤롯은 이 성에 성전과 성벽, 탑을 건설하고 도로에는 주랑을 세웠다. 해안에 있던 바니야스에도 이집트 화강암으로 성전을 세웠다. 또한 해안 지방 스트라톤 망대 자리에 거대한 신도시 가이사랴(카이사레아)를 신축했다. 요세푸스에 따르면, 가이사랴에 그리스의 피레우스보다 큰 인공 항만을 건설하기 위해 헤롯의 기술자들이 36.6미터(20길)의 물속에 길이 약 15미터, 폭 3미터, 높이 2.7미터의 돌, 혹은 그보다 더 큰 돌을 가라앉혔다. 이것이 폭 60미터에 이르는 거대한 방파제의 기초가 되었다. 헤롯은 24만 4,800평의 이 도시에 석회암으로 만든 극장과 시장, 총독의 관저를 건축했다. 훌륭한 원형경기장도 만들어 4년마다 화려한 경기가 열렸다. 헤롯은 그곳에 거대한 카이사르의 동상을 세웠다. 요세푸스에 따르면, 고대 세계의 7대 불가사의 중 하나인 올림포스의 제우스 동상과 견주어도 손색이 없었다. 헤롯이 죽고 그의 제국이 와해된 뒤에도 이 도시는 로마가 유대를 통치하는 행정 중심지가 되었다. 팔레스타인 땅 곳곳에 헤롯이 세운 요새와 궁전이 자리를 잡았다. 그중에는 예루살렘의 안토니아 요새도 있다. 안토니아 요새는 마카베오 가문의 요나단이 세운 바리스 성채 위에 있었고, 헤롯이 세운 요새답게 하스몬 왕조의 성채보다 훨씬 크고 호화로웠다. 이 밖에도 헤롯은 헤로디온 요새와 자기 어머니 이름을 딴 여리고 근처의 키프로스, 사해 동쪽에 위치한 마카이루스 요새, 마사다의 암벽을 깎아 만든 별장을 겸한 요새를 건설했다. 특히 마사다 요새는 광야가 눈앞에 펼쳐져 전망이 아주 좋았다.

예루살렘에 건축한 안토니아 요새는 정치적·지정학적으로 중요한 의미가 있었다. BC 37년에 로마 군단의 힘을 빌려 성을 처음 접수했을 때, 헤롯은 주민을 모두 추방하거나 성을 무너뜨리지 않도록 로마인 동맹자를 설득하느라 애를 먹었다. 로마인은 예루살렘을 이미 통치 불가능한 곳으로 간주한 상태였기 때문이다. 헤롯은 예루살렘 성을 국제화해서 전통적인 유대 주민의 결점을 보완하기 위해 새로운 유대인을 데려와서 예루살렘 성을 유대 땅에 사는 사람들뿐 아니라 유대 민족 모두를 위한 수도로 만들자고 제안했다. 헤롯은 디아스포라 유대인이 팔레스타인에 사는 유대인보다 더 진보적이고 그리스와 로마의 사상을 더 잘 받아들이고 국제 세계에 통용되는 제사 방식을 받아들일 가능성이 더 크다고 생각했다. 그래서 디아스포라 유대인을 예루살렘 공직에 임명하고 여러 지역에 흩어져 사는 유대인들이 정기적으로 예루살렘을 방문하도록 장려함으로써 예루살렘의 권위를 강화하려 했다. 원칙적으로 율법은 유대인에게 일 년에 세 번, 즉 유월절과 칠칠절, 초막절에 성전을 순례하도록 규정하고 있다.[66] 헤롯은 특별히 디아스포라 유대인을 위해 당시 로마와 그리스풍 도시에 있던 편의 시설을 예루살렘에 설치하고 예루살렘 성전을 재건해 일대 장관을 연출함으로써 이 규정을 지키도록 장려했다. 헤롯은 그냥 뛰어난 독지가가 아니었다. 영감 넘치는 선전가인 동시에 위대한 흥행사였다.

헤롯은 조직력과 선견지명을 가지고 세상에서 가장 못 미덥고 적대적인 도시 예루살렘 개조 계획에 착수했다. 우선 안토니아 요새를 건설해서 물리적 토대를 구축했다. 그리고 이곳에 위용을 자랑하는 세 개의 망대, 즉 훗날 다윗의 망대로 알려진 파사엘 망대와 히피쿠스 망대, 그리고 아내 마리암네를 살해하기 전에 완성한 마리암네 망대를 세워 지배력을 강화했다. 헤롯은 안토니아 요새를 건설하면서 극장과 원형경기장을 만드는 것이 좋겠다고 판단했다. 이 두 건물을 성전 구역 바깥에 만드는 신중함도 잃지 않았다.

BC 22년에 헤롯은 민족 총회를 소집하고 솔로몬 성전의 영광을 능가하는 거대한 성전을 다시 짓겠다는 일생일대의 계획을 발표했다. 그리고 2년 동안 일꾼 1만 명과 그들을 감독할 제사장 1,000명을 모으고 훈련했다. 일꾼을 감독하는 제사장들은 일반인의 출입이 금지된 성소에서 목수와 장인으로 일하기도 했다. 예루살렘에 사는 유대인에게 옛 성전을 해체하는 작업이 훨씬 더 훌륭한 새 성전을 짓기 위한 예비 작업이라는 사실을 이해시키려면 세심한 배려가 필요했다.[67] 헤롯은 엄숙주의자들의 종교 규례를 어기지 않도록 각별히 주의를 기울였다. 예를 들면, 제단과 제단으로 올라가는 계단에는 자르지 않은 돌을 사용했다. 다시 말해 철연장으로 다듬지 않은 돌을 사용했다. 공사 기간에는 성소 주변에 정교한 휘장을 쳐서 불경스럽게 성전을 기웃거리지 못하게 했다. 희생 제사를 드리는 장소를 짓는 데는 18개월이 걸렸다. 그러나 전체 건축을 완성하는 데는 46년이 걸렸고, AD 70년에 로마군이 돌 한 개도 다른 돌 위에 얹혀 있지 못하게 성전을 다 무너뜨릴 때까지도 성전 장식을 끝내지 못했다.

섬뜩한 영광을 품은 성전

헤롯이 세운 성전은 요세푸스의 《유대 고대사》와 《유대 전쟁사》에 묘사되어 있다.[68] 탈무드의 미도트, 타미드, 요마에서도 헤롯 성전에 대한 설명을 찾을 수 있다. 최근에 발견된 고고학 유물도 이들 문헌의 내용을 보완해준다. 헤롯은 웅장한 효과를 내기 위해 거대한 축대를 세우고 그 사이에 자잘한 돌을 채움으로써 성전산의 규모를 두 배로 늘렸다. 이렇게 마련한 거대한 바깥뜰 주위에 주랑 현관을 세우고 다리를 통해 상부 도시와 연결했다. 대지 한쪽 끝에 위치한 성전은 솔로몬 성전의 높이와 넓이를 능가했다. 그러나 헤롯은 제사장 가문 출신이 아니라 안뜰에 들어갈 수 없었다. 그래서 내부 장식에는 거의 돈을 쓰지 않았다. 지성소 안쪽을 금으로 씌우기는 했으나 간소한 구조였다. 대신 외장과 성전 문, 부속물과 장식품에는 금과 은을 입히는 등 막대한 돈을 쏟아부었다. 요세푸스는 성전의 돌이 보기 드물게 하얗다고 기록했다. 맑은 날이면 돌과 황금이 햇빛을 받아 반짝이는 광채가 수 킬로미터 밖에서도 보였다. 성전을 보러 예루살렘에 처음 오는 여행자들은 먼 곳에서 이 광경을 보고 성전의 화려함에 넋을 빼앗겼다.

면적 14만 1,619제곱미터, 둘레 1,609킬로미터에 달하는 거대한 대지는 골짜기 바닥에서 잰 높이가 지금보다 두 배 이상 높았다. 거대한 돌담 밑에 있던 거대한 돌이 수 세기에 걸쳐 잡동사니에 파묻혔기 때문이다. 요세푸스는 돌담에 사용된 돌 중에 길이가 45규빗(22.5미터), 높이가 10규빗(5미터), 폭이 6규빗(3미터)이나 되는 돌도 있다고 기록했다. 이런 돌에 아주 정교한 세공을 한 것은 외국에서 데려온 석공들이다. 대지 상단 12미터는 아치형 지붕이 덮여 있었고 높이 8.1미터의 코린트 양식 기둥 수백 개가 늘어선 회랑이 있었다. 요세푸스에 따르면 성인 남자 세 명이 팔을 맞잡고 펼치면 가까스로 기둥을 감쌀 수 있었다. 건물이 매우 높아 회랑에서 아래쪽을 내려다보면 현기증이 날 정도였다고 한다.

절기에는 팔레스타인 전역과 디아스포라 유대인이 사는 각 지역에서 수많은 순례자가 찾아왔다. 순례자들은 시가지에서 거대한 계단과 다리를 통해 성전 바깥뜰로 올라갔다. 성벽 안쪽에 있는 바깥뜰에는 누구나 들어갈 수 있었다. 성전 문과 회랑 곳곳에서는 환전상이 세계 각지의 경화硬貨를 성전에 바칠 거룩한 세겔로 바꾸어주었다. 훗날 예수가 보고 크게 분노한 광경이 바로 이 광경이다. 이곳에서는 희생 제사에 쓸 비둘기도 팔았다. 바깥뜰 안쪽에는 여인의 뜰이 있고 이 뜰을 둘러싼 벽과 문에는 유대인이 아닌 자가 더 이상 안으로 들어오면 사형에 처한다는 경고문이 그리스어와 라틴어로 새겨져 있었다. 여인의 뜰 한쪽에는 나실인을 위한 공간과 나환자를 위한 공간이 따로 마련되어 있었다. 그리고 여인의 뜰 안쪽에는 유대인 남자들을 위한 이스라엘의 뜰이 있었다. 안쪽 뜰 사면은 높게 만들어져서 계단을 통해 들어갈 수 있었고, 더 높은 계단을 올라가면 희생 제사를 드리는 곳과 제사장의 뜰이 있고 그 안에 성소가 있었다.

성전 구역과 그 주변에서는 수천 명의 제사장과 레위인, 서기관, 경건한 유대인들이 일했다. 제사장은 각종 의식을 관장했고 레위인은 성가대, 악단, 청소부, 건축기사의 일을 담당했다. 그들은 24개의 조를 짜서 교대로 일했고, 큰 절기같이 아주 바쁜 때에는 팔레스타인 전역과 디아스포라 유대인이 사는 각 지역에서 온 제사장과 레위 지파 남자들이 일손을 도왔다. 제사장의 최우선 직무는 성소를 돌보는 것이었다. 유대인은 이집트인에게서 꺼지지 않는 제단의 불이라는 개념을 받아들였다. 그래서 성소에 있는 수많은 등불을 꺼뜨리지 않기 위해 쉬지 않고 등에 기름을 채웠다. 가장 어둡고 신비스러운 장소에서 정기적으로 향을 피우는 이집트의 풍습도 받아들였다. 성전에서는 일 년에 600파운드에 달하는 값비싼 향을 소비했다. 이 향은 아브티나 제사장 가문이 비밀스러운 방법으로 만든 것으로 이 집안 여성들은 불순물이 들어갔다는 비난을 피하고자 향수를 사용하지 않았다. 향의 재료로는 곱게 빻은 조개껍데기, 소돔의 소금, 특별한 시클라멘, 몰약, 유향, 계피나무, 카시아 계피, 감송향, 사프란, 고무 유향 등이 사용되었고 여기에 멋진 연기를 피워 올리는 마알라 아샨이라는 신비한 성분이 더해졌다.

당시에는 상번제가 있었다. 상번제를 위해 매일 동틀 무렵과 해질녘에 양 두 마리를 잡았고, 이 일을 담당하는 제사장만 열세 명이었다. 일반 유대인 남자는 성소에 들어갈 수 없었지만, 의식이 진행되는 동안에는 누구나 볼 수 있도록 문을 열어두었다. 제의가 끝날 무렵에는 포도주를 마시고 성경을 낭독하고 찬가와 시편을 노래했다. 피리와 12현으로 된 하프, 10현 수금, 청동 심벌즈로 구성된 악단이 성가대의 반주를 맡았고, 하나의 의식이 끝나고 다음 의식으로 넘어갈 때마다 은으로 만든 **나팔과 쇼파르**라는 양각나팔을 불었다.

방문객의 눈에는 희생 제사 의식이 생경하고 야만스러워 보이기까지 했다. 이방인이 예루살렘을 처음 방문하는 때는 주로 막대한 양의 희생 제물을 드리는 중요한 절기였기 때문이다. 이때가 되면 성전은 무시무시한 곳으로 변했다. 겁에 질린 가축이 울부짖는 소리가 기도 소리와 노랫소리, 양각나팔 소리와 뒤섞였고 곳곳에서 피가 흘렀다. 《아리스테아스 서신 *Letter of Aristeas*》의 저자인 알렉산드리아 출신의 유대인은 순례자로 제의에 참석했다가 희생을 집전하는 제사장 700명을 지켜보았다. 그에 따르면 제사장들은 능숙한 솜씨로 묵묵히 무거운 짐승의 주검을 다루었고, 각 부위의 고기덩이를 한 치의 오차도 없이 정확한 위치에 내려놓았다.

희생 제물의 수가 엄청나서 동물을 도살하고 피를 빼고 해체하는 작업을 신속히 처리해야 했다. 높은 제단에는 빈 구멍들이 있어서 많은 양의 피를 처리하는 거대한 정화 장치 역할을 했다. 그 안에는 물통 서른네 개가 있었고, 그중 바다라 불리는 가장 큰 물통에는 909만 2,000리터의 물을 담을 수 있었다. 겨울철에는 이들 물통에 빗물을 모으고, 여름에는 남쪽 실로암 못에서 수로를 통해 물을 수급했다. 수없이 많은 관을 통해 물을 높은 제단 위로 올리고 넘쳐나는 핏물은 수많은 배수구를 통해 방류했다. 아리스테아스는 다음과 같이 기록했다. "제단 바닥에는 희생 제사를 드리는 이들에게만 보이는 배수용 구멍이 많아서 엄청난 양의 피를 모았다가 눈 깜짝할 사이에 흘려보냈다."

절기가 되면 성전은 사람들로 몸살을 앓았다. 문은 자정부터 열어두지 않으면 안 되었다. 지성소에 들어갈 수 있는 사람은 대제사장뿐이었다. 대제사장만 일 년에 한 번 대속죄일에 지성소에 들어갈 수 있었다. 하지만 절기에는 휘장을 걷어서 유대인 남자 순례객들이 성소의 문을 통해 내부를 들여다볼 수 있게 했다. 제사에 쓴 거룩한 그릇도 밖에 내놓았다. 순례자는 한 번 이상 희생 제사를 드렸다. 희생 제물의 수가 엄청난 것은 이 때문이다. 이방인도 희생 제물을 바칠 수 있었다. 요세푸스에 따르면, 헤롯 성전은 세계적으로 유명했고 평판이 좋았다. 이방의 유력 인사들도 유대인의 환심을 사기 위해, 또는 순수한 신앙심 때문에 희생 제사를 드렸다. 예를 들어 BC 15년에는 헤롯의 친구 마르쿠스 아그리파가 황소 100마리를 제물로 드리며 아량을 과시했다.[69]

성전은 약탈을 당하지만 않으면 언제나 대단히 부유했다. 페르시아 왕 아닥사스다(아르타크세르크세스)부터 로마 황제 아우구스투스에 이르기까지 외국의 왕과 정치가는 거대한 양의 금 기물을 성전에 봉헌했고 이 기물은 견고하게 만든 성전 창고에 보관했다. 오늘날 전 세계 유대인이 이스라엘에 기부하듯, 세계 각지에서 온 디아스포라 유대인은 앞다투어 성전에 현금과 금을 바쳤다. 요세푸스는 성전이 당시 유대인의 부를 모두 맡아 관리하는 곳이 되었다고 기록했다. 예를 들어, 세금 징수를 맡고 있던 부유한 토비아 가문의 수장 히르카누스는 "집안의 모든 재산을 성전에 맡겼다."[70] 그러나 성전의 안정된 수입원은 20세 이상 모든 유대인 남자가 반 세겔씩 내는 성전세였다.

헤롯은 성전에 대해서만큼은 이례적으로 관대했다. 사재를 털어 성전 신축 비용을 전부 댈 정도였다. 헤롯은 자신이 증오하던 사두개파 대제사장의 지위를 격하시켰다. 그러자 자연스럽게 세간이라 불리는 헤롯의 부관의 지위가 올라갔다. 세간의 자리는 바리새파가 독차지했다. 세간은 성전이 통상적으로 맡고 있는 역할을 모두 관장하고 심지어 사두개파 대제사장이라도 바리새파의 방식으로 의식을 거행하게 했다. 헤롯은 바리새파와 사이가 좋았기에 가급적 성전과 갈등을 일으키지 않으려 했다.

그러나 이들의 우호 관계는 헤롯이 죽기 몇 달 전부터 금이 가기 시작했다. 헤롯은 성전 장식 계획에 따라 성전 입구 위에 금으로 만든 독수리 상을 걸었다. 디아스포라 유대인은 이 행동을 열렬히 반겼지만, 바리새파를 비롯해 예루살렘에 사는 경건한 유대인들은 강력히 반대했다. 토라를 연구하는 학생들이 문에 기어 올라가 독수리상을 산산조각냈다. 당시 헤롯은 병이 들어 여리고 근처에 있는 궁전에 누워 있었지만, 역시 그답게 특유의 과격하고 잔인한 행동으로 대응했다. 헤롯은 대제사장을 파면하고 일을 벌인 학생들을 색출해서 체포한 다음 쇠사슬에 묶어 여리고로 끌고 갔다. 그들은 여리고에 있던 로마식 극장에서 재판을 받고 산 채로 화형을 당했다. 그동안의 호의를 무시당해 상처 입은 자존심을 달래기 위해 단호하게 처단한 인간 희생 제물에게서 연기가 피어오르는 사이 헤롯은 들것에 실려 칼리로에에 있는 온천으로 향했고 그곳에서 BC 4년

봄에 숨을 거두었다.

헤롯이 바라던 왕국의 계승은 순조롭지 못했다. 헤롯의 첫 번째 아내인 나바테아 사람 도리스에게서 얻은 아들들이 무능했기 때문이다. 아켈라오(아르켈라우스)가 아버지 헤롯의 뒤를 이어 유대 왕이 되었지만, AD 6년에 로마인의 손에 퇴위당하고 말았다. 그 후 유대는 가이사랴에서 온 로마 행정 장관이 직접 통치했고 행정 장관은 안디옥에 있는 로마 지방 총독의 감독을 받았다. 그러다 AD 37년에 로마는 헤롯 대왕의 손자인 헤롯 아그립바(헤로데 아그리파)가 유능한 것을 알고 그에게 유대를 다시 맡겼다. 그러나 아그립바는 AD 44년에 죽었고 선택의 여지가 없었던 로마는 다시 유대를 직접 통치했다. 유대인의 손으로 팔레스타인을 안정적으로 통치하던 시기는 헤롯 대왕의 죽음으로 사실상 끝이 났고 그 뒤로는 20세기 중엽까지 이런 상태가 이어졌다.

그리하여 팔레스타인 땅은 계속해서 긴장이 고조되는 시대로 접어들었다. 로마의 지배 아래에서는 아주 드문 일이었다. 로마인은 제국을 민주적으로 운영했다. 로마 제국의 이익에 반하지만 않으면 각 지역의 종교 제도와 사회 제도, 나아가 정치 제도까지 존중했다. 물론 어쩌다 반란이 일어나면 가차 없이 가혹하게 진압했다. 어쨌거나 지중해와 근동의 대다수 민족은 로마의 지배 아래서 번영했고 다른 제국의 지배를 받는 것보다 로마의 지배를 받는 것이 훨씬 낫다고 보았다. 600만 명이 넘는 디아스포라 유대인도 그렇게 생각했다. 딱 한 번, 팔레스타인에서 발생한 사건의 여파로 알렉산드리아에서 소란을 벌인 일 외에 디아스포라 유대인은 로마 당국을 거스르지 않았다. 유대 땅에서도 많은 유대인, 아마도 대부분의 유대인이 로마인을 압제자나 종교 탄압자로 생각하지 않았다고 보아도 무방할 것 같다.

그러나 팔레스타인에 사는 유력한 소수파는 깃딤(로마인)과 공존할 수 없는 존재였다. 폭력을 행사하며 반발했다가는 반드시 모진 처벌을 감수해야 하는 것을 알면서도 종종 그런 위험을 무릅쓰곤 했다. AD 6년, 헤롯 대왕 사후 도입된 로마의 직접 통치에 반발해 가말라의 유다를 중심으로 반란이 일어났다. AD 44년에 헤롯 아그립바가 죽고 로마의 직접 통치가 부활했을 때도 같은 이유로 반란이 일어났다. 반란을 주도한 드다가 선두에 서서 요르단 협곡을 따라 남진했다. AD 52년부터 60년까지 유대를 다스린 벨릭스 총독 시대에 세 번째 반란이 일어났고, 그 옛날 여리고의 성벽처럼 예루살렘 성벽이 무너지는 광경을 보려고 4,000명이 감람 산에 모였다. 마지막으로 AD 66년과 135년에도 대규모 반란이 일어나 로마 제국 동부에 큰 소란을 불러일으켰다. 로마가 지배한 그 어떤 지역에서도 이런 반란이 지속적으로 일어난 사례가 없었다.

그렇다면 유대인은 왜 그렇게 계속해서 반란을 일으켰을까? 로마 제국의 동쪽 변방에서 골치를 썩이던 파르티아인처럼, 또는 훨씬 후에 인도 서북 국경에서 영국에 근심을 안겨준 파탄인이나 아프가니스탄인처럼 유대 사회가 다루기 어렵고 성미가 사납고 낙후된 사회여서 그랬던 것은 아니다. 오히려 그 반대였다. 사실 유대인 사회는 외세의 통치를 받아들이기에는 지적 수준이 너무 높고 너무나 발전된 사회였다. 그리스인도 로마의 지배를 받을 때 같은 문제에 직면한 바 있다. 그리스인은 겉으로는 로마에 복종하면서 지적으로 로마를 압도함으로써 이 문제를 풀어나갔다. 문화적 측면에서 보면 로마 제국은 그리스 문명의 일부였고 특히 근동 지역에서 그런 경향이 강했다. 학식 있는 사람들은 그리스어로 말하고 생각했고, 그리스 양식이 예술과 건축, 드라마, 음악, 문학의 표준이 되었다. 그래서 그리스인은 문화에 있어서만큼은 절대로 로마에 굴복했다고 생각하지 않았다.

여기에 유대인의 어려움이 있다. 유대인은 그리스인보다 더 유서 깊은 문화를 가지고 있었다. 예술이나 몇 가지 분야에서는 그리스인의 상대가 되지 못했지만, 문학만큼은 모든 양식에서 우월했다. 로마 제국 안에는 그리스인만큼이나 많은 유대인이 살고 있었고 글을 읽고 쓸 줄 아는 비율은 유대인이 더 높았다. 그러나 로마 제국의 문화 정책을 주도한 그리스인은 히브리어와 히브리 문화를 인정하지 않았다. 넘치는 호기심으로 자연을 대하고 외국의 기술과 예술적 기교를 빠르게 흡수한 그리스인이 외국어에는 전혀 관심을 보이지 않았다는 것은 놀라운 일이다. 그리스인은 이집트에서 1,000년 동안 살면서도 거래할 때 필요한 말을 제외하고는 이집트 언어를 전혀 배우려 하지 않았다. 아마도 피타고라스가 이집트 상형문자를 이해한 유일한 그리스인일 것이다. 그리스인은 이집트 언어에 무관심했듯 히브리어와 히브리 문학, 유대 종교 철학에도 관심이 없었다. 아예 무시하기 일쑤였고 그나마 아는 거라고는 소문으로 전해 들은 부정확한 지식이 전부였다. 유대 문화를 멸시하는 그리스인의 태도와 그리스 문화를 대하는 학식 있는 일부 유대인의 애증은 계속해서 긴장을 유발했다.

억지 비교는 삼가야겠지만, 고대의 그리스인과 유대인의 관계는 19세기와 20세기 초반 유대인과 독일인의 관계와 흡사하다. 그리스인과 유대인 사이에는 공통점이 아주 많았다. 예를 들면, 보편적인 세계관, 합리주의, 경험주의, 신이 주관하는 우주 질서에 관한 인식, 윤리에 대한 태도, 인간에 대한 지대한 관심 등이 비슷했다. 그러나 오해 때문에 갈수록 틈이 벌어진 몇 가지 차이가 훨씬 더 크게 작용했다.[71] 유대인과 그리스인은 둘 다 자유를 중시하고 자유에 대해 이야기했다. 그러나 그리스인에게는 자유 자체가 목적이었다. 그래서 자유로운 자치 사회에 걸맞은 법률과 신을 임의로 선택했다. 이와 달리 유대인은 자유를 그저 수단으로 여겼다. 자유는 하나님이 명하셨으니 인간이 바꿀 수 없는 종교적 의무를 다하기 위해 필요한 수단에 불과했다. 유대인이 그리스 문화와 화해하려면 그리스인이 유대인의 관점을 받아들이는 수밖에 없었다. 결국 그리스인은 기독교를 통해 유대인의 관점을 받아들였다.

이처럼 유대인의 대對로마 반란은 유대 문화와 그리스 문화의 충돌이라는 점을 이해해야 한다. 이 충돌은 책에서 시작되었다. 당시에 위대한 문학은 오직 둘밖에 없었다. 하나는 그리스 문학이고 또 하나는 유대 문학이다. 그리스 문학을 이어받은 라틴 문학은 이제 겨우 틀을 잡아가는 참이었다. 글을 읽을 수 있는 사람은 계속 늘어났고 기초 교육 시스템을 갖춘 그리스인과 유대인 사이에서 이런 경향이 특히 두드러졌다. 이때부터 작가 개인의 이름을 인식하기 시작했다. 오늘날 우리에게 알려진 그리스 작가의 이름만 약 1,000명에 이르고, 유대 작가 역시 이름을 드러내기 시작했다.

공공 또는 사설 도서관이 생겨났고 알렉산드리아에 있던 한 도서관은 70만 권이 넘는 장서를 소장하고 있었다. 전 세계 문명사회에서 그리스 문학을 애독했고, 유대인은 자신들의 거룩한 문서를 필사하고 배포하고 강독하고 연구하는 데 심혈을 기울였다. 여러 가지 면에서 히브리 문학은 그리스 문학보다 훨씬 역동적이다. 호메로스 이후 그리스 문학도 덕과 예의, 사고방식을 안내하는 역할을 했지만, 히브리 문학은 그 자체로 행동 지침이 되는 경향이 뚜렷했다. 이런 동적인 특징은 갈수록 중요해졌다. 선전의 목적이 강했고 논쟁 투에다 이단과 이방을 배척하는 논리로 일관했다. 특히 그리스인에 대한 적대감이 두드러졌다. 마카베오 투쟁으로 말미암아 순교에 대한 강조도 두드러졌다. 구레네 사람 야손이라는 유대인이 저술한 다섯 권 분량의 대표적인 작품이 현재 마카베오하에 개요만 전해지고 있다. 그리스 산문의 온갖 수사를 동원하고 있지만, 본질적으로 그리스를 통렬히 비난하는 책이자 선동적인 순교자 열전이다.

순교자에 관한 이야기보다 더 중요한 것은 묵시라는 새로운 문학 장르다. 묵시 문학은 마카베오 시대 이후 예언이 쇠퇴하면서 생긴 유대인의 정신적 공백을 메워주었다. 묵시는 계시를 의미한다. 묵시 문학은 인간의 일상 지식이나 경험을 초월하는 신비를 다룬다. 그래서 신빙성을 높이기 위해 이미 고인이 된 예언자의 이름을 언급하곤 한다. BC 2세기 이후에는 마카베오 시대의 위기를 강조하면서 종말론에 대한 관심이 치솟았다. 묵시 문학은 역사에 대한 유대인의 집념을 미래에 투영하고 마지막 날에 일어날 일을 예견한다. 마지막 날에 하나님은 역사 시대를 끝내고 인류는 심판의 시대에 접어든다. 그때가 되면 우주 규모의 일대 격변이 일어나고 아마겟돈에서 최후의 전쟁이 벌어지고 쿰란 두루마리에 기록된 대로 "천군이 거대한 소리를 발하고 세상의 기초가 흔들리고 하늘의 용사들이 벌이는 전쟁이 세계 전체에 퍼진다."[72] 이런 사건에는 극한의 폭력이 따르게 마련이고, 의인(경건한 유대인)과 악인(그리스인, 후에는 로마인)이 확실히 구분되고, 종말이 임박했다는 징조가 나타난다.

다니엘서의 종말론적 혁명

정경에 포함된 것으로 보나 다른 많은 작품의 모델이 된 점으로 보나 묵시 문학 중에 가장 영향력이 컸던 작품은 하스몬 왕조 초기에 기록된 것으로 추정되는 다니엘서다. 다니엘서는 아시리아와 바빌로니아, 페르시아 시대에 얻은 역사적 교훈을 통해 이방 제국, 특히 그리스인의 통치에 대한 증오심을 키웠다. 그리고 영웅과 같은 구원자, 즉 인자人子의 지도 아래 이루어질 이방 제국의 종말과 하나님나라의 출현을 예언한다. 한마디로 다니엘서는 이방에 대한 혐오와 순교로의 초대로 가득하다.

묵시서는 다양한 현실에 비추어 읽을 수 있고 실제로 그렇게 읽혔다. 인구의 태반을 차지하던 온건하고 경건한 유대인은 예레미야와 에스겔 시대 이래로 그런대로 관대했던 이방의 통치 아래서 자신의 신앙을 실천할 수 있었고, 어쩌면 이것이 가장 괜찮은 방식이 아닐까 하고 생각하는 분위기였다. 다니엘서는 그런 사람들에게 다윗의 왕국처럼 역사적이고 실제적인 왕국의 회복이 아니라 전혀 다른 유형의 종말, 즉 부활과 개인의 영생을 약속한다. 특히 바리새파에게는 다니엘서 마지막에 나오는 구절이 인상적으로 다가왔을 것이다. "너의 백성은 모두 피하게 될 것이다. 그리고 땅속 티끌 가운데서 잠자는 사람 가운데서도, 많은 사람이 깨어날 것이다. 그들 가운데서, 어떤 사람은 영원한 생명을 얻을 것이며, 또 어떤 사람은 수치와 함께 영원히 모욕을 받을 것이다."[73] 다니엘서의 이 사상은 AD 1세기에 기록된, 이른바 에티오피아의 에녹서에서 다시금 강화되었다. 에녹서는 선택받은 자들이 은총 가운데 그들의 왕국으로 들어가게 될 마지막 날과 심판의 날에 대해 언급한다.

죽음 이후의 심판과 공적에 기초한 영생이라는 사상은 1,000년도 더 전에 이집트에서 발달한 것이다. 이 사상은 토라에 없던 것이고 따라서 유대인의 고유한 사상은 아니다. 토라만 고수하던 사두개파는 내세를 완전히 부인했던 것 같다. 그러나 이 사상은 일찌감치 이사야서에서 싹트고 있었다. 바리새파는 묵시 문학의 이러한 사상을 열렬히 받아들였다. 이러한 사상이 도덕적 의를 강조하는 바리새파의 입장과 잘 맞았기 때문이다. 욥기에서 드러난 것처럼 신정론에 대한 해답은 이 세상에서 찾을 수 없는 것인지도 모른다. 그러나 설사 이 세상에는 정의가 없다 할지라도 저 세상에는 반드시 있을 것이다. 하나님의 심판을 통해 의인은 보상을 받을 것이고 악인은 형벌을 받을 것이다. 최후의 심판이라는 사상은 율법에 의한 통치를 중시하는 유대교의 관념과 완벽하게 들어맞았다. 바리새파가 지지를 받았던 이유는 율법 준수 문제를 이성적으로 이해할 뿐 아니라 종말론 사상을 가르쳤기 때문이다. 특히 가난하고 경건한 사람들 중에서 바리새파를 따르는 이들이 많았다. 그들은 쓰라린 경험을 통해 이 세상에서는 행복을 얻을 수 없다는 사실을 알고 있었다.[74]

아우구스티누스가 그랬던 것처럼 바리새파는 천상의 왕국과 지상의 왕국을 구별했다. 그러나 다른 이들은 묵시 문학을 좀 더 문자적으로 받아들였다. 그들은 의의 나라가 눈에 보이는 실체이며 곧 실현될 것이라 믿었고 그때를 더 앞당기려 했다. 그중에서도 가장 과격한 집단을 로마 점령군은 시카리라고 불렀다. 그들은 단검을 몰래 가지고 다니면서 절기 때가 되면 이방 제국에 협력한 유대 반역자들을 군중 틈에서 살해했다. 사실 이들은 열심당을 자처하는 극단적이고 폭력적인 테러 운동의 한 분파였다. 열심당이라는 이름은 민수기의 비느하스 이야기에서 유래했다. 비느하스는 하나님을 위하여 질투하여 악한 남자와 그의 아내를 창으로 죽여 이스라엘을 역병으로부터 구원한 인물로 하나님께 열성적인 사람이었다.[75] 요세푸스에 따르면, 이 운동은 AD 6년에 갈릴리 사람 유다가 로마의 직접 통치와 징세에 반발하여 반란을 일으키면서 시작되었다. 초기 형태의 **랍비**로 보이는 유다는, 유대 사회는 신정정치 사회이니 하나님이 주신 율법만 인정해야 한다고 가르쳤다.

요세푸스는 폭력을 장려하고 실천하는 열심당원을 세 개의 주요 종파, 즉 바리새파, 사두개파, 에세네파와 구분했다. 이들 세 종파는 일반적으로 이방 세력의 통치를 받아들였던 것 같다.[76] 그러나 유다의 부관인 사독이 바리새파인 것을 보면 이러한 구분이 확실하지는 않았던 것 같다. AD 1세기 후반에 접어들자 바리새파를 비롯해 점점 더 많은 경건한 유대인이 폭력 사용이 불가피한 상황도 있다고 생각한 듯하다. 그러나 단언하기는 어렵다. 이 시대의 일을 기록한 유일한 인물이라 할 수 있는 요세푸스 역시 이해 당사자이기 때문이다. 요세푸스는 열심당원이라는 호칭을 명예롭게 생각하다가 열심당원의 활동이 테러와 반사회적 행동으로 이어지자 입장을 철회했다. 오늘날과 마찬가지로 평화로운 수단으로 저항하는 것이 아무 소용이 없을 때 테러 행위를 인정할 것인지 아닌지를 놓고 당시에도 논란이 뜨거웠다. 게다가 당시의 폭력 반란을 주도한 열심당원과 시카리의 역할이 정확히 무엇이었는지에 대해서는 학자들 사이에서 여전히 의견이 분분하다.[77]

더 큰 논란에 휩싸인 부류는 천년 왕국을 믿는 광야 지역 분파들이다. 요세푸스는 필론이나 플리니우스와 마찬가지로 이들을 에세네파로 분류한다. 그러나 사실은 상이한 분파가 숱하게 많았다. 그중에서 가장 유명한 부류가 쿰란 수도자들이다. 1951년부터 1956년까지 제럴드 하딩과 롤랑 드 보가 사해 근처에 있는 이들의 수도원을 발굴하고 이들이 가지고 있던 수많은 문서를 철저히 분석해서 출판했다. 쿰란의 수도자들은 여름에는 장막에서 살고 겨울에는 동굴에서 지냈다. 중앙 건물에는 정결의식에 사용하는 급수 및 배수 시설이 갖추어져 있었다. 그 밖에 부엌과 화덕, 식당, 도자기 빚는 터와 집회실이 발견되었다.

쿰란 수도자들의 유적은 과격한 부류에 속하는 이들 분파가 문서를 얼마나 중시했는지 보여준다. 정성 들여 만든 필사실과 수많은 두루마리가 발견되었다. 이들 두루마리는 AD 66년에 일어난 반란을 진압하러 로마군이 급습할 위협이 커지자 긴 단지에 넣어 근처 동굴에 안전하게 숨겨 두었던 것이다. 쿰란 공동체는 문헌을 통해 폭력 성향이 얼마나 강해지는지를 보여주는 좋은 예다. 수도사들은 이사야서처럼 묵시 내용이 함축된 정경을 필사하는 데서 그치지 않고 스스로 개혁적이고 군사적인 묵시 문헌을 만들어냈다. 〈어둠의 자식들에게 맞서는 빛의 자녀들의 전쟁〉

으로 알려져 있는 문서는 막연한 묵시 문학이 아니라 그들이 임박했다고 믿었던 전쟁에 대비한 상세한 훈련 지침서다. 그들은 방어하기 쉽게 진을 구축하고 망대까지 갖추고 있었다. 이것은 그들이 최후의 날이라 생각했던 AD 66년부터 70년 사이에 로마군의 공격을 받아 파괴된 것으로 추정된다.[78]

호전적인 쿰란 수도사들은 에세네파에 속했다. 에세네파는 모두 묵시 문학의 영향을 받았지만, 그렇다고 모든 공동체가 폭력적이지는 않았다. 정말로 평화적인 공동체도 있었다. 이집트에서 온 테라페우타이파처럼 동굴에서 사는 은둔자도 있었다. 유대 광야에 사는 공동체는 최소 2,000년 전부터 있었던 것으로 보인다. 이 밖에도 동굴에 사는 수도사 중에는 요르단 강 가까이에서 살며 세례를 베푸는 사람들이 있었다. 그중에서 가장 잘 알려진 인물이 세례 요한과 그 제자들이다.

세례 요한은 주로 갈릴리와 베뢰아(페레아)에 거주하면서 활동했다. 당시 그곳 주민은 대부분 유대인이었지만, 사실 이 지역은 마카베오 시대에 불과 검, 때로는 강제 개종을 통해 유대에 합병한 지역이다. 이 지역에는 강력한 정통 신앙과 다양한 이단이 공존하면서 종교적으로나 정치적으로나 불화의 불씨가 도사리고 있었다. 그리고 AD 6년에 발생한 두 번의 반란으로 대부분의 지역이 황폐해졌다. 그 후 로마인이 분봉왕으로 임명한 헤롯 대왕의 아들 헤롯 안디바(헤로데 안티파스)는 그리스 양식의 새로운 도시를 세워 이 지역을 재건하려 했다. AD 17년부터 22년 사이에 헤롯 안디바는 갈릴리 호수 서안 디베랴(티베리아스)에 새로운 행정 중심지를 마련했다. 그리고 사람들을 정착시키기 위해 주변 전원 지역 유대인에게 강제로 농지를 버리게 하면서까지 옮겨와 살게 했다. 빈민들과 예전에 노예였던 사람들도 데려왔다. 그리하여 디베랴는 그리스식 도시이면서 주민 대다수가 유대인인 기이한 형태를 취하게 되었다.

헤롯 안디바는 그 외에도 여러 이유로 비판을 받았다. 어머니가 사마리아인인데다 형제의 아내를 자기 아내로 취함으로써 모세의 율법을 범했기 때문에 줄곧 신앙을 의심받았다. 안디바의 이런 죄를 지적하고 설교한 인물이 바로 세례 요한이다. 그는 이 일로 투옥되고 처형되었다.[79] 요세푸스에 따르면, 안디바는 세례 요한을 따르는 세력이 만만치 않게 불어나자 이대로 두었다가는 반란이 일어날 거라며 두려워했다고 한다.

세례 요한은 유대인의 메시아에 대한 확고한 믿음을 가지고 있었다. 그는 이사야서와 에녹서를 바탕으로 활동했다. 그러나 은둔자도 분리주의자도 고립주의자도 아니었다. 오히려 그 반대였다. 세례 요한은 모든 유대인에게 심판의 날이 다가오고 있다고 설교했다. 모든 사람이 자신의 죄를 고백하고 회개하고 속죄의 상징으로 물로 세례를 받아야 하고, 이를 통해 하나님의 최후의 심판에 대비해야 한다고 설교했다. 세례 요한의 사명은 이사야서에 기록된 명령에 응하는 것이었다. "광야에 주님께서 오실 길을 닦아라. 사막에 우리의 하나님께서 오실 큰길을 곧게 내어라."[80] 또한 종말의 도래와 메시아의 강림, 즉 에녹서에 인자로 언급된 메시아의 출현을 선포하는 것도 그의 사명이었다. 신약성경에 따르면, 세례 요한은 나사렛 예수의 친척으로 예수에게 세례를 주었고 그를 인자로 규정했다. 예수가 사역을 시작한 시점은 세례 요한이 처형당한 직후다. 그렇다면 예수의 사명은 무엇이고, 예수는 자신을 누구라고 생각했을까?

메시아 사상

유대교의 메시아 사상은 하나님이 기름을 부으신 다윗과 그의 자손이 마지막까지 이스라엘을 다스리고 이방 민족까지 다스리게 될 것이라는 신앙에 근거하고 있다.[81] 왕국이 멸망하자 이 믿음은 다윗 자손의 통치가 기적적으로 회복될 것이라는 예언이 성취되기를 고대하는 것으로 바뀌었다.[82] 여기에 정의를 실현하는 미래의 왕에 대한 이사야의 설명이 결합했다. 아마도 이것이 신앙의 핵심이 되었을 것이다. 이사야서는 성경의 책들 중에서 가장 아름답게 기술된 책인 만큼 가장 폭넓게 읽히고 사랑을 받은 것으로 보인다. BC 2세기와 1세기에 정의를 실현하는 다윗의 후손이 다시 나온다는 사상은 다니엘서와 에녹서, 다른 묵시 문학이 언급하는 종말과 마지막 네 가지 사건, 즉 죽음과 심판, 지옥과 천국이라는 개념과 잘 어울렸다. 이렇듯 하나님이 선택한 카리스마 있는 인물이 메시아 또는 기름 부음을 받은 자(왕)라고 불린 시기는 비교적 늦은 편이다. 이 단어는 원래 히브리어였으나 나중에 아람어로 음역되었다가 그것이 다시 그리스어로 음역되어 메시아스가 되었다. 한편 기름 부음을 받은 자에 해당하는 그리스어는 크리스토스다. 예수를 부르는 호칭이 히브리어가 아니라 그리스어라는 점은 의미심장하다.

　이처럼 메시아 사상은 복잡하고 서로 모순되는 기원을 가지고 있어서 유대인에게 큰 혼란을 안겨주었다. 그러나 대부분의 유대인이 메시아가 정치적·군사적 지도자이고 그가 출현하여 이 땅에 실제로 국가를 세울 것으로 생각했던 것 같다. 사도행전에는 힐렐의 손자이며 당시 산헤드린 의장이었던 가말리엘 장로가 초대 그리스도인을 처벌하지 못하도록 유대교 당국을 설득하는 장면이 나온다. 여기에서 그는 메시아의 진위 여부는 운동의 성공 여부로 판가름날 것이라고 주장한다. 드다의 경우 "그 자신이 대단한 인물이나 되는 것처럼 자랑했으나" 그는 살해당했고, "그를 따르던 사람들이 모두 다 흩어지고 말았소. 그 뒤에 인구조사를 할 때에, 갈릴리 사람 유다가 일어나 백성들을 꾀어서, 자기를 뒤따라 반란을 일으키게 한 일이 있소. 그도 죽으니, 그를 따르던 사람들은 다 흩어지고 말았소." 그러니 그리스도인도 그대로 두어야 한다고 그는 주장한다. 이 사람들의 이 계획이나 활동이 사람에게서 난 것이면 그들도 망할 것이기 때문이다.[83]

가말리엘의 논리에 다른 유대 장로들도 고개를 끄덕였다. 그들 역시 통치 세력을 바꾸는 반란을 긍정적으로 보았기 때문이다. 헤롯 대왕은 메시아 또는 그리스도가 태어났다는 소식을 듣고 마치 자신의 왕조에 위협이라도 되는 것처럼 격한 반응을 보인다. 당시 유대인이라면 누구나 메시아라고 주장하는 자의 이야기를 들으면 당연히 그가 정치적·군사적 계획을 가지고 있다고 생각했다. 로마의 통치자들, 유대의 산헤드린, 사두개파, 심지어 바리새파까지도 메시아가 기존 정치 질서를 바꿀 것이라고 믿었다. 유대와 갈릴리의 가난한 자들도 근본적인 변화를 설파할 메시아가 영적이고 철학적인 언어로 이야기하지 않고, 다시 말해 영적이고 철학적인 이야기만 하지 않고 정부와 세금, 정의와 같은 현실 권력에 대해 이야기할 것이라고 믿었다.

예수: 고난받는 종인가, 반역의 장로인가?

남아 있는 증거를 토대로 보건대 확실히 나사렛 예수는 이런 유형의 메시아에 부합하지 않는다. 예수는 유대 민족주의자가 아니었다. 오히려 그는 유대 보편주의자였다. 세례 요한처럼 예수도 에세네파 중에서도 평화적이고 온건한 부류의 영향을 받았다. 또한 세례 요한과 마찬가지로 예수는 이사야서 53장에 예시된 것처럼 회개와 중생의 계획을 군중에게 전해야 한다고 생각했다. 광야나 동굴 속에 숨거나 산헤드린 같은 권력의 자리에 앉는 것은 의의 교사가 할 일이 아니었다. 예수의 사명은 자신에게 극단적인 고난을 요구하실 수도 있는 하나님 앞에서 겸손한 자세로 모든 사람에게 말씀을 전하는 것이었다. 이사야가 기술한 인물은 연한 순이며 사람들 가운데 멸시당하고 거부당한 자여야 한다. 또한 슬픔을 지닌 자로서 우리의 허물과 우리의 죄악으로 인해 상함을 받을 것이며 곤욕을 당하여 괴로울 때에도 그 입을 열지 아니할 자다. 하나님의 고난의 종은 감금과 심판을 받고 도살장으로 가는 양처럼 끌려가 악한 자들과 함께 묻히고 죄인과 더불어 계수될 것이다. 이 메시아는 미래의 지상의 왕이나 세상의 주권자는 고사하고 폭도의 지도자도 민족주의자도 게릴라의 수장도 아니다. 오히려 그는 신학자이자 희생으로 바쳐질 자이고, 말과 행동으로 모범을 보이고 삶과 죽음으로 가르치는 선생이다.[84]

예수가 신학자라면 그의 신학은 무엇이고 그 신학은 어디에서 나온 걸까? 예수는 이단 성격의 유대교와 그리스화가 퍼져 있던 갈릴리 출신이다. 목수였던 부친은 예수가 세례를 받기 전인 AD 28년 또는 29년에 세상을 떠났다. 그리스어 신약성경에서 아버지는 요셉이라는 히브리어 이름을 가지고 있지만, 어머니는 미리암을 그리스식으로 바꾼 마리아라는 이름을 가지고 있다. 형제들 중 유다와 시몬은 히브리어 이름이지만, 야고보와 요세는 각각 야곱과 요셉이라는 히브리어 이름을 그리스식으로 바꾼 이름이다. 예수라는 이름도 사실 여호수아라는 히브리 이름을 그리스식으로 바꾼 것이다. 예수의 가족은 다윗의 자손이라고 하지만,

상당히 체제 순응적이었던 것으로 보인다. 신약성경은 예수의 가르침 때문에 집안에 긴장감이 흘렀다는 사실을 암시한다. 가족들은 예수가 죽은 뒤에 그의 가르침을 받아들였다. 동생 야고보는 예루살렘에서 기독교 최고 지도자가 되었고, 사두개파의 손에 야고보가 순교를 당하자 예수의 사촌이었던 시몬이 그 뒤를 이었다. 예수의 동생인 유다의 손자들은 로마 황제 트라야누스 시대에 갈릴리에 있는 기독교 공동체 지도자로 활동했다.

예수는 확실히 에세네파의 영향을 받고 일정 기간 그들과 함께 지낸 것으로 보인다. 또한 세례 요한이 속한 그룹과도 개인적으로 관계를 맺고 있었다. 그러나 기본적으로 예수는 현자를 뜻하는 하카밈, 즉 경건한 유대인 집단의 일원이다. 또한 그는 어느 집단보다 바리새파에 가까웠다. 이러한 진술은 자칫 오해를 불러일으키기 쉽다. 예수는 위선의 문제로 바리새파를 공공연히 비판했기 때문이다. 그러나 예수에 관한 연구를 면밀히 살펴보면, 바리새파에 대한 예수의 비난은 신약성경이 암시하는 것만큼 신랄하거나 포괄적이지 않다. 사실 예수의 비판은 에세네파가 바리새파를 비판한 것이나, 후대의 랍비 현자들이 자신들의 선구자로 간주한 하카밈과 유대교의 진정한 원수로 간주한 위선적인 바리새인을 분명하게 구분하고 바리새파를 비판한 것과 비슷한 수준의 비판이었다.[85]

확실한 사실은 예수가 다양한 사상 동향을 보인 바리새파를 포함해 경건한 유대인 공동체 안에서 급속히 발전하고 있던 논쟁에 참여했다는 점이다. 하카밈 운동의 목적은 거룩한 삶을 장려하고 보편화하는 데 있었다. 그럼 어떻게 해야 거룩한 삶을 장려하고 보편화할 수 있을까? 논의는 성전의 주도권과 필요성, 율법 준수의 문제 두 가지에 집중되었다. 첫 번째 문제와 관련하여 예수는 거룩한 삶을 일반인에게 확산시키는 데 성전이 오히려 장애가 된다는 입장에 섰다. 실제로 성전 건물과 고위 성직자, 그들이 성직을 세습하며 누리는 특권과 부의 집중은 일반 백성의 삶과는 동떨어진 이야기였다. 성전이나 성직자와 일반 백성 사이에는 벽이 있었다. 예수는 성전을 설교 장소로 활용하면서도 성전에 반대한 이들, 특히 이사야와 예레미야의 행동 양식을 보였다. 성전이 불필요하다는 생각은 유대인에게 그리 새로운 것이 아니다. 이 사상은 아주 예전부터 있었고, 성전이 건축되기 훨씬 전부터 있었던 진정한 유대 종교는 본래 보편적이었고 한 지역에 국한된 것이 아니라고 주장하는 이들도 있다. 많은 경건한 유대인처럼 예수는 기초 학교와 회당을 통해 백성들 사이에 경건한 삶이 퍼져나갈 것이라 생각했다. 그리고 여기서 한 걸음 더 나아가 성전을 악의 근원으로 보고, 성전 파괴를 예언하고, 성전의 성직자 조직과 그들이 유대교를 바탕으로 관리하고 법령을 집행하는 방식을 경멸했다.[86]

두 번째 문제는 율법을 어느 정도로 준수해야 하는가 하는 문제다. 문서로 기록된 오경만 인정하는 사두개파와 구전 율법까지 가르친 바리새파 사이에 처음 생긴 이 논쟁이 예수 시대에 이르러서는 하카밈과 바리새파 사이의 논쟁으로 발전하고 심화되었다. 샴마이 하 자켄(BC 50년-AD 30년경)이 이끄는 샴마이 학파는 정결과 부정의 문제에 특히 엄격한 입장을 취했다. 이런 입장은 가난한 일반 백성들이 율법이 요구하는 거룩함의 경지에 이르는 것을 무척 어렵게 만들기 때문에 상당히 민감한 문제였다. 실제로 샴마이 학파의 엄격한 입장 때문에 그의 후손들과 추종자들은 랍비 중심의 유대교 전통에서 멀어지게 되었고, 결국 사두개파처럼 사라지고 말았다.

한편, 샴마이와 같은 시대 인물인 힐렐이 이끄는 학파가 있었다. 힐렐은 디아스포라 출신으로 나중에 바빌로니아인 힐렐이라 불렸다.[87] 힐렐은 토라를 해석할 때 좀 더 인간적이고 보편적인 개념을 적용했다. 샴마이는 토라의 핵심이 세부 사항에 있다고 보았다. 세부 사항을 확실히 파악하지 않으면 전체의 의미가 없어져 토라가 제 기능을 할 수 없다고 본 것이다. 이와 달리 힐렐은 토라의 핵심은 정신이라고 보았다. 율법의 정신만 제대로 이해하면, 세세한 일에 대해서는 자연스럽게 답이 나온다고 본 것이다. 전승을 보면 율법을 지키지 않는 자들에게 분노하고 세세한 것에 얽매이는 샴마이의 융통성 없는 태도와 겸손하고 인간적인 힐렐의 태도가 대조를 이룬다. 무엇보다 힐렐은 모든 유대인과 개종자가 율법을 준수할 수 있도록 특별히 마음을 기울였다. 만일 한 발로 서서 버틸 수 있는 시간에 토라를 통달할 수 있다면 유대인이 되는 것도 괜찮을 것 같다는 이교도에게 힐렐은 이렇게 대답했다고 한다. "당신이 하기 싫은 일을 남에게 하라고 하지 말라. 이것이 토라의 전부입니다. 나머지는 모두 그에 대한 주석이니, 자, 이제 가서 공부하세요."**88**

예수는 힐렐 학파에 속했다. 힐렐의 가르침을 직접 들었을 가능성도 배제할 수 없다. 실제로 힐렐에게는 많은 제자가 있었다. 그리고 예수는 힐렐이 한 이 유명한 말을 반복해서 인용한다. 힐렐은 유명한 격언을 많이 남겼다. 그러니 어쩌면 예수가 힐렐이 남긴 다른 명언을 인용했을 가능성도 있다. 물론 문자적으로 보면 토라에 관한 힐렐의 말은 옳지 않다. 내가 하고 싶은 일을 남에게도 하게 하는 것이 토라의 전부는 아니다. 윤리 규정은 토라의 일부에 지나지 않는다. 근본적으로 토라는 하나님의 절대적인 명령으로 매우 다양한 활동을 다루고 있다. 그중에 사람 사이의 관계를 다룬 것은 그리 많지 않다. 그러니 나머지는 모두 그에 대한 주석이라는 말은 사실이 아니다. 만약 그게 사실이라면, 다른 민족, 특히 그리스인이 유대 율법을 수용하는 데 별 어려움을 느끼지 않았을 것이다. 할례부터 식사법, 접촉과 정결에 관한 규례에 이르기까지 나머지 것들은 주석과는 거리가 멀뿐더러, 아주 오래전부터 내려오는 명령으로 경건한 유대인과 다른 민족 사이를 가로막는 커다란 벽이다. 이것이야말로 유대교의 보편화를 가로막고 유대인조차 율법을 준수하기 어렵게 만드는 장애물이다.

예수는 가르침을 통해 힐렐의 격언을 윤리신학 체계로 바꾸었다. 그러면서 율법에서 도덕적이고 윤리적인 요소 이외의 것을 모두 제거했다. 예수가 율법 준수와 관련해 철저하지 않았다는 말이 아니다. 정확히는 그 반대다. 몇 가지 점에서 예수는 다른 현자들보다 더 엄격했다. 예를 들어, 예수는 이혼을 허용하지 않았다. 이 가르침은 지금까지도 아주 중요하게 받아들여지고 있다. 그러나 예수는 거룩함을 추구하는 사람들을 거룩하신 하나님에게서 멀어지게 만든다는 생각에 성전을 인정하려 하지 않았던 것처럼, 율법이 하나님 앞에 나아가는 데 도움이 되기는커녕 오히려 방해가 되는 경우에는 율법을 묵살했다.

힐렐의 가르침의 논리적 귀결이라 할 수 있는 엄격함 때문에 예수는 어떤 의미로도 정통파 현자라 할 수 없었고 더 이상 유대인도 아닌 게 되었다. 예수 그리스도는 독특한 종교를 만들었고 이 종교는 그리스도교로 불렸다. 예수는 윤리적인 유대교의 교의에 이사야서와 다니엘서, 에녹서에서 찾아낸 종말론을 추가하고 에세네파와 세례 요한의 그룹에서 유익하다고 생각한 것들을 받아들였다. 그리하여 죽음과 심판, 내세에 대한 명확한 전망을 제시했다. 그리고 자신의 사역 범위에 들어 있는 모든 이들, 즉 경건한 유대인과 암 하아레츠, 사마리아인, 부정한 사람과 이방인에게 이 새로운 신학을 가르쳤다. 그러나 다른 종교 창시자들처럼 대중에게 가르치는 공개적인 교의와 별개로 가까이에서 따르는 제자들에게만 가르치는 은밀한 교의가 따로 있었다. 그것은 바로 인간으로서 예수가 겪게 될 죽음과 삶에 관한 이야기다. 이 안에는 그가 메시아라는 주장, 단순히 고난받는 종이 아니라 훨씬 더 큰 의의가 있는 인물이라는 주장이 담겨 있다.

예수의 가르침과 활동을 연구하면 할수록 그의 가르침과 활동이 치명적인 여러 부분에서 유대교를 공격했다는 점이 분명해진다. 그리하여 예수는 유대 관헌에 체포되고 재판을 받을 수밖에 없었다. 성전을 대하는 적대적인 태도는 진보적인 바리새파조차 받아들이기 어려웠다. 그들도 성전에서 드리는 제사에 중요한 의미를 부여하고 있었기 때문이다. 무엇보다 가장 큰 핵심은 율법에 대한 거부였다. 마가복음에 따르면, 예수는 사람들을 그러모아 엄숙하게 말했다. "무엇이든지 사람 밖에서 사람 안으로 들어가는 것으로서 그 사람을 더럽히는 것은 아무것도 없다. 사람에게서 나오는 것이 그 사람을 더럽힌다."[89] 이것은 구원과 칭의의 과정에서 율법의 의의와 역할을 부인하는 말이다. 예수는 가난하고 무지한 죄인이라 할지라도 하나님과 직접적인 관계를 가질 수 있다고 역설했다. 나아가 토라를 엄격히 지킴으로써 하나님의 은혜를 얻는 것이 아니라 인간에게, 하나님을 믿는 신실한 인간에게 부어지는 하나님의 은혜를 통해 하나님의 계명을 지키게 되는 것이라고 가르쳤다.

학식 있는 대다수 유대인의 입장에서 이것은 명백히 잘못된 가르침이었다. 예수는 토라를 구원과 무관한 것으로 일축하고, 다가오는 최후의 심판에서 구원을 받기 위해 필요한 것은 율법에 대한 복종이 아니라 믿음이라고 주장했기 때문이다. 만일 예수가 지방에서만 활동했다면, 아무해도 입지 않았을 것이다. 그러나 예수는 많은 추종자를 거느리고 예루살렘에 입성했고 예루살렘에서 공개적으로 가르침으로써 체포와 재판을 자초했다. 특히 성전에 대한 태도가 문제였다. 예수에 반대하는 자들이 주로 공격한 부분도 바로 이 부분이다.[90] 당시 거짓 교사들은 멀리 추방하는 것이 보통이었다. 그러나 예수는 재판에서 보여준 행동 때문에 훨씬 더 심한 처벌을 받게 된다. 신명기 17장, 특히 8절부터 12절은 법적 · 종교적 분쟁이 발생했을 때 철저한 심리를 거쳐 다수의 의견에 따라 판결하되, 사건 당사자가 판결을 어기고 거역하면 죽이라고 말한다. 논쟁을 좋아하고 자기주장이 강하고 법치를 중시하는 유대 민족에게 '반역의 장로'의 죄로 알려진 이 규정은 사회를 단결시키는 필수 요소로 간주되었다.

예수가 체포되기 전 유다가 그를 **랍비**라고 부르는 것에서 알 수 있듯이 예수는 학식을 갖춘 인물이었다. 그러므로 산헤드린 또는 다른 법정에 끌려갔을 때 예수는 반역의 장로처럼 보였다. 진술 거부는 법정에 대한 모독이 되었고 침묵은 결국 유죄 선고를 불러왔다. 예수의 가르침에 엄청난 위협을 느끼고 성경의 규정에 따라 그를 죽이고자 한 이들이 사두개파와 성전 제사장, 샴마이 학파에 속한 바리새파였음은 의심의 여지가 없다. 그러나 훗날 마이모니데스가 유대교 법전에서 밝힌 것처럼 예수는 죄가 없었다. 더구나 당시 유대인에게 사형 선고를 집행할 권한이 있었는지도 분명하지 않다. 이러한 의문을 없애기 위해 그들은 마치 정치범이라도 되는 것처럼 예수를 로마 총독 빌라도에게 보낸다. 메시아를 자처하는 그가 곧 반란을 일으킬 것이라는 사람들의 주장 외에 예수에게 불리한 증거는 아무것도 없었지만, 메시아를 운운하는 자들은 로마 당국에 인도하는 것이 보통이었다. 빌라도는 유죄 선고를 내리기 주저했지만, 정치적인 이유로 유죄를 선고했다. 그 때문에 예수는 유대교의 율법에 따라 돌에 맞아 죽지 않고 로마법에 따라 십자가형을 당했다.[91] 신약의 복음서에서 묘사하는 예수의 재판은 아무리 봐도 정상적이지 않다.[92] 그러나 그 시대 다른 재판에 관한 자료가 거의 남아 있지 않고 그래서 모든 것이 비정상으로 보일 수 있다.

중요한 것은 예수가 어떻게 사형 선고를 받고 죽었느냐가 아니라 그가 부활했다고 믿는 사람들이 계속 증가했다는 사실이다. 그의 부활을 믿는 사람의 수가 계속 늘어나고 부활에 대한 소문이 널리 퍼졌다. 이것은 예수가 설교한 도덕적이고 윤리적인 가르침, 고난받는 종이라는 주장, 그가 제시한 특별한 종말론에 아주 중요한 의미를 부여했다. 예수를 따르던 제자들은 그의 죽음과 부활을 새로운 언약 또는 하나님의 계획에 대한 증거로 이해했다. 예수의 죽음과 부활을 모든 사람이 개별적으로 하나님과 새로운 언약을 맺을 수 있는 근거로 보았다. 그러나 제자들이 이 복된 소식을 발전시키기 위해 할 수 있는 일은 예수의 말씀을 되풀이하고 그의 삶에 관한 이야기를 들려주는 것뿐이었다.

진정한 복음 사역은 다소의 바울을 통해 이루어졌다. 바울은 길리기아 지방의 디아스포라 유대인으로 그의 가족은 원래 갈릴리 출신이다. 바울은 팔레스타인으로 돌아와 가말리엘 장로 밑에서 공부했다. 바리새파 밑에서 공부한 덕분에 나중에 예수의 신학을 이해할 수 있었다. 부활이 사실이고 예수가 그리스도라는 확신이 들자 바울은 이를 설명해나가기 시작했다. 그리스도의 윤리적 가르침을 받아들이고, 그리스에 동화된 디아스포라 유대인의 지적 관념을 접목한 새로운 신학에 그 가르침을 덧붙였다며 바울이 기독교를 고안한 장본인이라는 주장이 종종 나온다. 육과 영을 구분하는 바울의 사상은 필론의 이원론과 비교되었다.[93] 바울의 그리스도가 필론의 로고스와 비슷하다는 주장도 있다. 그러나 필론이 추상적 개념을 다루었다면, 바울에게 그리스도는 실재였다.[94] 필론이 육과 영을 구분한 이유는 인간의 내적 갈등을 보여주기 위해서였다. 그러나 바울은 육과 영을 구분하면서 외부 세계를 언급한다. 즉 육은 인간을, 영은 하나님 또는 그리스도를 가리킨다.[95]

바울이 훔친 유대교의 보편주의

분명한 것은 예수와 바울 둘 다 팔레스타인 유대교에 뿌리를 두고 있다는 점이다. 둘 중 누구도 그리스에 동화된 디아스포라 유대인의 사상을 도입하지 않았다. 두 사람은 새로운 신학을 선포했고 기본적으로 그것은 동일한 신학이었다. 예수는 많은 이들을 위해 흘리는 자신의 피와 부활로 이루어질 새 언약을 예언했다.[96] 바울은 그 예언이 성취되었고 그리스도, 즉 기름 부음을 받은 자가 예수로 성육신했고, 그를 통해 새로운 언약이 성립되었고, 이를 믿는 이들에게 새 언약이 주어진다고 가르쳤다. 예수도 바울도 율법의 윤리적 가치를 부인하지 않았다. 그저 시대에 뒤처져 있다고 보았던 율법의 멍에에서 신앙의 핵심을 분리시켰을 뿐이다. 바울이 행위, 즉 율법 준수를 통해 얻는 구원과 반대되는, 은혜를 통해 얻는 구원을 선포했다고 말하는 것은 미숙하고 지나친 단순화에 지나지 않는다. 바울은 새 언약에 어울리는 상태를 유지하기 위해 선한 행위가 필요하지만, 선한 행위만으로 구원을 얻을 수는 없고 구원은 은혜를 통해 주어진다고 말했다.

종교를 사건으로 구성된 역사 과정으로 이해했다는 점에서 예수와 바울은 둘 다 진정한 유대인이다. 그러나 이 새로운 사건이 역사에 추가되자 두 사람은 더 이상 유대인일 수 없었다. 바울이 언급한 것처럼 그리스도가 예수로 성육신했을 때 토라의 기반은 폐기되었다. 원래 유대인이 하나님과 맺은 언약은 은혜를 받는 수단이었다. 이에 대해 바울은 이제는 더 이상 그렇지 않다고 말한다. 하나님의 계획이 바뀌었다는 것이다. 이제 구원은 새로운 언약, 즉 그리스도를 믿는 믿음을 통해 온다. 하나님이 아브라함과 언약을 맺을 때 하신 약속은 이제 아브라함의 후손이 아니라 그리스도를 믿는 그리스도인에게 주어진다. "여러분이 그리스도께 속한 사람이면, 여러분은 아브라함의 후손이요, 약속을 따라 정해진 상속자들입니다."[97] 예수가 문제로 지적하고 바울이 특별히 부인한 것은 유대교가 구원의 과정으로 제시하는 선택과 언약, 율법이다. 이제 그것들은 무효화되고 폐지되고 끝이 났다. 복잡한 신학 과정을 간단히 말하자면, 예수가 기독교를 창안하고 바울이 그것을 전했다.

이처럼 그리스도와 그리스도인들은 유대교에서 보편 종교가 될 수 있는 잠재력과 유산을 취했다. 예수 그리스도는 하나님이 주신 사명을 예언대로 완수하려 했다. "땅에 사는 모든 민족이 너로 말미암아 복을 받을 것이다." 바울은 이 복음을 디아스포라 유대인 사회에 널리 전하고 그들과 함께 살던 이방인 공동체에도 전했다. 바울은 팔레스타인에 뿌리를 둔 예수의 보편주의를 받아들여 이것을 다시 일반적인 보편주의로 바꾸고 옛 것을 부인했다. 옛 사람과 그 행실, 즉 예전의 선택과 율법을 벗어던지고 새 언약과 그 언약으로 말미암은 새로운 선택, 하나님의 형상으로 빚은 새 사람을 입었다. 이제 하나님의 형상을 따라 지음 받은 인간이라는 이유만으로 누구나 믿음과 은혜를 받기에 합당한 존재가 되었다. "거기에는 그리스인과 유대인도, 할례 받은 자와 할례받지 않은 자도, 야만인도 스구디아인도, 종도 자유인도 없습니다. 오직 그리스도만이 모든 것이며, 모든 것 안에 계십니다."[98]

여기에서 우리는 셀레우코스 왕조 시대에 그리스화를 추진한 유대 개혁가들의 보편주의 개혁 프로그램을 엿볼 수도 있다. 그러나 메넬라우스와 그를 지지하던 유대 지성들이 위로부터의 보편화를 추구하면서 권력과 부, 군부와 세금 징수자의 손을 잡고, 사회 다수를 차지하는 가난한 사람들이 토라를 중시하는 엄숙주의자들에게 향하도록 등을 떠밀었다면, 예수와 바울은 밑으로부터의 보편화를 추구했다. 예수는 학식이 꼭 필요한 것은 아니라고 말했으며 율법의 핵심은 조문條文이 아니라 정신이라고 생각했다. 그리고 이를 통해 배우지 못해 무식하다고 업신여김을 받던 **암 하아레츠**를 포용하고 그들을 자신의 지지자로 만들었다. 바울은 이 메시지를 율법 밖에 있던 이들에게까지 전했다. 실제로 바울은 그리스에 동화된 개혁자들과 달리 유대교, 즉 고대의 야훼 신앙에 깊숙이 깔려 있는 정서를 끄집어낼 수 있었다. 이것은 언약 신앙의 정수라고 할 수 있는 것으로, 하나님이 세상의 기존 질서를 전복하고 가난한 자를 부하게 하며 약한 자를 강하게 하고 지혜로운 자보다 마음이 순수한 자를 좋아하고 비천한 자와 낮은 자를 높이신다는 사상이다. 그 어떤 유대인도 심지어 예수조차도 바울보다 이 주제를 설득력 있게 펼쳐내지 못했다. 이렇게 바울이 전한 종교는 보편적일 뿐 아니라 혁명적이었다. 그러나 이 혁명은 어디까지나 영적인 혁명이지 폭력적인 혁명이 아니다.

이 메시지를 받아들일 사람은 아주 많았다. 바울과 다른 전도자들이 열정적으로 여행했던 디아스포라 사회가 광대했기 때문이다. 로마의 지리학자 스트라보는 사람이 사는 세상 구석구석까지 유대인이 세력을 뻗치고 있다고 말한 바 있다. 당시 이집트에만 100만 명의 유대인이 있었다. 당시 로마 다음으로 세계에서 가장 큰 도시였을 것으로 짐작되는 알렉산드리아 다섯 개 지구 중 두 지구에서 유대인 인구가 절대 다수를 차지했다. 구레네(키레네)와 베레니스, 버가모(페르가몬), 밀레도(밀레투스), 사데(사르디스), 브루기아(프리지아)의 아파메아, 키프로스, 안디옥(안티오크), 다마스쿠스, 에베소(에페소스), 흑해 양쪽 해안에 수많은 유대인이 살고 있었다. 로마에 자리를 잡은 지 벌써 200년이 지나면서 로마에도 견실한 거주지가 형성되었다. 유대인은 로마에서 이탈리아의 도시 곳곳으로 퍼져나갔고, 후에 갈리아와 스페인으로, 그리고 바다 건너 북서 아프리카까지 퍼져나갔다.

디아스포라 유대인 중 많은 이들이 매우 경건했으며 본연의 엄격함을 고수하며 토라를 철두철미하게 준수하고자 했다. 그러나 또 한편에는 근대 사회에서 생활하는 데 장애가 되는 할례와 같은 모세의 수많은 계명을 버리고도 신앙을 유지할 수 있고, 그렇게 함으로써 오히려 신앙이 강화된다고 믿고 싶어 하는 이들도 많았다. 디아스포라 유대인 공동체와 긴밀하게 교류하면서 개종할 준비가 되어 있는 경건한 이방인이 많았으나, 이들이 엄밀한 의미에서 유대인 공동체와 하나가 될 수 없었던 이유는 모세의 율법을 받아들일 수 없었기 때문이다. 그런데 그리스도인들이 나타나 율법이 더 이상 필요 없다고 말한 것이다. 그리하여 작게 시작된 신흥 종교는 점차 가속도가 붙으면서 빠르게 확산되었다. 윤리적인 유일신 신앙의 시대가 열린 것이다. 본래 그 사상은 유대인의 것이었다. 그런데 그리스도인이 그 사상을 가져다 더 넓은 세상에 전했고, 유대인은 그렇게 맏아들의 권리를 빼앗겼다.

기독교와 유대교는 차츰 분리되었다. 이것은 상당 부분 유대인의 행동 때문이었다. 마카베오 가문이 개혁 운동을 탄압한 결과 유대교는 모세 율법을 엄격히 준수하는 쪽으로 정비되었고 이것은 유대계 기독교가 태동하고 부흥하는 배경이 되었다. 마찬가지로 유대교의 엄숙주의가 폭력적인 성향을 띠면서 AD 66년부터 70년까지 그리스 로마 세계와의 정면충돌을 피할 수 없게 되었다. 이는 결국 유대인이라는 나무에서 유대교의 가지인 기독교를 잘라내는 결과를 가져왔다. 예루살렘에 있던 최초의 예수 그리스도의 추종자들은 스스로 유대인이라 여겼다. 그들 중 가장 극단에 서 있던 스데반조차도 과거 종교 개혁 운동의 지적 원리 일부를 부활시키려 했을 뿐 그 이상의 시도는 하지 않았다. 스데반은 산헤드린 앞에서 자신의 입장을 변론하면서 하나님을 성전에 가둘 수 없다는 예전 개혁파의 입장을 되풀이한다. "그런데 지극히 높으신 분께서는 사람의 손으로 지은 건물 안에 거하지 않으십니다. 그것은 예언자가 말하기를 '주님께서 말씀하신다. 하늘은 나의 보좌요, 땅은 나의 발판이다. 너희가 나를 위해서 어떤 집을 지어주겠으며 내가 쉴 만한 곳이 어디냐? 이 모든 것이 다 내 손으로 만든 것이 아니냐?' 한 것과 같습니다." 그러나 스데반은 바로 이어 자신을 고발하는 이들을 가리켜 마음과 귀에 할례를 받지 못한 사람들, 다시 말해 악한 유대인이라 칭한다. 스데반의 비판과 그를 돌로 쳐서 죽인 일은 모두 유대교의 틀 안에서 이루어졌다.[99]

사도행전 15장에 따르면, 바울이 사역을 시작한 초기에 예루살렘에 사는 그리스도인 중에는 예전에 바리새파에 속했던 사람이 꽤 있었고 그들은 이방인 개종자들도 할례를 받아야 한다고 강하게 주장했다. 바울은 자신의 양떼인 이방인 개종자들에게 할례를 면제해주기 위해 무진 애를 썼다.[100] 유대 땅에서 그리스도를 따르는 유대인(그들은 분명 자신을 그렇게 지칭했을 것이다)은 계속해서 할례를 받았고 AD 66-70년 대재앙 전까지 모세의 율법을 계속 지켜나갔다.

고대 이방 세계의 반유대주의

로마의 지배에 반발한 두 번의 대반란은 식민지 백성들이 종교적 민족주의에 고무되어 일으킨 반란이 아니라 유대인과 그리스인 사이의 인종적이고 문화적인 갈등 때문에 일어난 반란으로 보아야 한다. BC 2세기 이후 유대 문학은 이방인 혐오와 반그리스주의가 두드러지는데, 이에 맞서는 반유대주의 풍조도 만만치 않았다. 고대 시대에 반유대주의가 있었다는 말이 파격으로 들릴 수 있다. 반유대주의라는 용어가 등장한 것은

1879년에 들어서이기 때문이다. 그러나 반유대주의라는 용어가 없었어도 당시 반유대 풍조가 있었던 것만은 틀림이 없고 이런 풍조는 갈수록 심해지고 있었다. 아브라함의 후손은 아주 먼 옛날부터 있었고 그들은 자기들이 나그네요 떠돌이라 생각했다. 이런 집단이 아주 많았고 이스라엘 자손을 포함한 하비루는 그중 일부에 지나지 않았다. 그리고 그들에 대한 평판은 그리 좋지 않았다.

그러나 BC 1000년대 후반에 등장한 유대인에 대한 적대감은 유대인이 고수해온 유일신관과 거기에서 비롯된 사회 관습의 산물이다. 유대인은 다른 신의 존재를 인정할 수도 없었고 인정하지도 않았으며 다른 신을 존중하지도 않았다. BC 500년 무렵 유대 신앙은 이미 역사가 아주 깊었고 다른 지역에서는 예전에 버린 관습과 금기를 여전히 가지고 있었다. 또한 엄격한 지도 체제가 강화되는 가운데 유대인은 유대교의 관습과 금기를 철저하게 지켰다. 할례는 유대인을 이방 민족과 구별했고, 그리스 로마 세계는 할례를 야만적이고 혐오스러운 관습으로 여겼다. 그러나 할례는 최소한 사회 교류를 방해하지는 않았다. 사회 교류를 막는 주범은 따로 있었다. 유대인 사회에 대한 적대감을 심화시킨 가장 큰 요인은 식사법과 정결법이었다. 유대인의 이런 관습이 다른 이들의 눈에는 이상해 보였다. 바로 이 이상하고 생소한 느낌이 고대 세계에 반유대주의를 유발했다. 유대인은 단순한 이주민이 아니었다. 그들은 자기 민족을 다른 민족과 구별하고 분리시켰다.[101]

그리스 역사가이자 회의주의 철학자인 아브데라의 헤카타이오스는 셀레우코스 왕조와의 충돌이 일어나기 150년 전인 BC 4세기 말엽에 쓴 책에서 몇몇 측면에서 유대인과 유대교를 좋게 평가하면서도 여느 사람들과 다른 삶의 방식을 가리켜 불쾌하고 반인간적인 생활 방식이라고 공격했다.[102] 인류는 하나라는 그리스 사상이 퍼져나가는 시기에 비유대계 민족을 부정하다 여기고 통혼을 금지하는 유대인의 관습은 반인도주의적으로 비춰져 분노의 대상이 되었고, 이와 관련해 유대인이 인간을 혐오한다는 소문이 나돌았다. 그리스 사상이 아직 침투하지 않은 바빌로니아 제국에서 규모가 상당했던 유대인 공동체의 독특한 특성이 다른 민족의 분노를 사지 않은 것은 주목할 만하다. 요세푸스는 바빌로니아 제국에서는 반유대주의 정서가 없었다고 말한다.[103]

그리스인은 오이쿠메네, 즉 인류가 함께 어울려 살아가는 문명화된 그리스 세계를 다양한 인종과 민족으로 이뤄진 사회이자 다양한 민족 사상이 혼합된 곳으로 보았다. 그래서 그런 다양성을 받아들이려 하지 않는 자들을 인류의 적으로 규정했다. 안티오코스 에피파네스는 모세의 유대교를 강하게 공격하면서 인류를 적대시하는 유대인의 법률을 폐지하겠다고 맹세하고 유대인의 거룩한 책을 불쏘시개 삼아 돼지를 희생 제물로 드렸다.[104] BC 103년 셀레우코스 왕조의 안티오코스 7세 시데테스 안티파테르에게 한 고문은 예루살렘은 파괴되어야 하며 유대 민족은 전멸당해야 한다고 말했다. 이유는 이 세상에서 다른 인류와 교류하기를 거부하는 유일한 민족이 유대인이기 때문이라고 했다.

문헌에 등장하는 반유대주의 정서는 대부분 유대인이 유대 종교사를 공격적으로 서술한 데 따른 반작용이었다. BC 3세기에 그리스어를 쓰던 이집트 제사장 마네토는 조국의 역사를 기술했는데, 그중 일부가 요세푸스의 《유대 고대사》에 남아 있다. 이 글에서 마네토는 출애굽에 관한 유대인의 기록을 공격한다. 마네토를 비롯한 이집트의 지성인들은 유대인이 기록한 출애굽 이야기가 매우 공격적이라고 보았고, 그래서 그들 역시 공격적으로 대응했던 것이다. 마네토는 출애굽이 기적적인 탈출 사건이 아니라 나병환자로 이뤄진 거류민과 그 밖의 오염된 무리를 이집트에서 추방한 사건일 뿐이라고 일축한다. 또한 모세를 이집트 제사장이었다가 변절한 오사르세프로 보고, 모세가 유대인에게 자기들의 연합체에 소속된 자 외에는 누구와도 교류하지 말라고 명령했다고 주장한다. 마네토의 이런 비난에는 유대인을 인간을 혐오하는 민족으로 여긴 그리스 사상이 투영되어 있다. 그러나 이집트의 반유대주의는 그리스가 이집트를 정복하기 훨씬 전부터 있었던 것이 분명하다.

마네토 시대에 최초의 반유대주의 중상모략이 등장하는 것을 확인할 수 있다. 그리스 작가들은 특히 모세 법률이 유대인에게 그리스인을 비롯한 어떤 이민족에게도 호의를 베풀지 말라고 명령했다는 식의 비방을 되풀이하고 과장했다. 유대 땅에 하스몬 왕조가 들어서고 그리스 도시에 종교적 압력을 가하면서부터 유대인을 비난하는 책이 급증했다. 유대인을 비방하는 이집트인의 말이 회자되고 유대인은 팔레스타인에 아무 권한이 없다는 주장이 제기되었다. 유대인은 늘 거처 없이 떠도는 방랑객이었고 그들이 유대 땅에 거주한 것은 어쩌다 한 번 있었던 일회성 사건일 뿐이라고 했다. 이에 맞서 유대인은 이스라엘 땅은 어디까지나 하나님이 유대인에게 주신 선물이라고 반박했다. BC 1세기에 기록된 외경 솔로몬의 지혜 12장은 팔레스타인 땅에 살던 옛 주민들이 아이들을 잔인하게 학살하고, 음복한다며 사람의 살과 피에다가 내장까지 먹는 가증스러운 관습을 지닌 죄인들로 처음부터 저주받은 종족이라고 혹평한다.[105]

요즘에도 그렇듯이 유대인에 관한 날조된 이야기가 한 번 완성되고 나면 끝없이 되풀이되었다. 유대인이 당나귀를 숭배한다거나 성전에 당나귀 머리가 놓여 있다는 식의 이야기는 BC 2세기까지 거슬러 올라간다. 최초로 유대인에게 배타적인 글만 쓴 아폴로니오스 몰론이 그 이야기를 인용했고 후에 포세이도니오스, 데모크리토스, 아피온, 플루타르코스, 타키투스의 작품에서도 그 이야기가 나온다. 타키투스는 유대인이 그 어떤 형상도 숭배하지 않는다는 것을 잘 알면서도 당나귀 이야기를 되풀이했다.[106] 유대인이 성전에서 은밀히 인신 희생 제사를 드린다는 이야기도 나돌았다. 성소에 아무도 들이지 않는 이유가 바로 그 때문이라고 했다. 유대인이 돼지고기를 안 먹는 이유는 나병에 걸리기 쉬운 인종이라 그렇다는 이야기도 돌았다. 이 이야기는 마네토가 날조한 중상모략에서 시작되었다. 요즘과 마찬가지로 반유대주의는 단순하고 저속한 풍문으로 번지기도 했지만, 지성인들의 고의적인 선전을 통해 번지기도 했다. AD 1세기에 끊임없이 확산되고 있던 반유대주의 정서는 상당 부분 작가들의 작품에서 시작되었고 대부분은 그리스 작품이었다.

한때 유대인의 동맹이었던 로마인은 처음에 대도시에 있는 유대 공동체에 여러 가지 특권을 주었다. 예를 들면 안식일에 일하지 않을 권리를 보장해주는 식으로 말이다.[107] 그러나 로마 제국이 지평을 넓혀가고 황제 숭배를 도입하면서 유대인과 로마인의 관계는 급속히 나빠졌다. 로마 제국은 국가 제의에 참여하기를 거부하는 행동을 단순히 그리스인이 줄곧 비난해온 유대 민족의 배타성과 무례함으로 치부하지 않고 적극적인 불충으로 여겼다. 그리스 지식인들은 로마 제국이 유대인에게 공개적인 적대감을 갖도록 끊임없이 부추겼다. 로마 제국 곳곳에 엄청난 규모의 유대인 공동체가 자리를 잡았고, 그리스인과 유대인 사이에 팽팽한 긴장감이 흐르던 알렉산드리아는 반유대주의 선전의 중심지가 되었다. 알렉산드리아의 도서관장 리시마코스가 특히 문제를 일으켰다. 클라우디우스 황제가 유대인의 권리를 보장하는 한편 유대인에게 좀 더 합리적인 태도로 다른 민족의 종교를 대하라고 정식으로 경고한 직후의 일이다.[108] 알렉산드리아에 선포된 클라우디우스의 칙령 중 하나가 파피루스에 기록되어 오늘날까지 남아 있다. 칙령에서 클라우디우스 황제는 알렉산드리아 유대인 사회를 언급하면서 유대인들이 또다시 편협함을 드러내면 그들을 온 세상에 역병을 퍼뜨리는 민족으로 취급하겠다고 엄포했다. 이 표현 역시 마네토의 영향을 받은 것이다.[109] 유대인을 배척하던 그리스 지성인들은 아피온처럼 떠도는 소문과 비난을 퍼뜨리는 데서 그치지 않고 통치자들이 유대인을 나쁘게 생각하도록 조직적으로 움직였다. 예를 들어, 네로 황제는 유대인에게 개인적인 적대감을 보이지 않았고 심지어 탈무드 전승에는 유대교 개종자로 언급되어 있다. 그러나 네로의 개인교 사였던 그리스인 카이레몬이 유명한 반유대주의자였다.

네로 황제가 죽은 뒤 유대인과 로마의 관계는 꾸준히 악화되었다. 네로의 손자가 유대를 통치하던 시절에 이런 동향이 잠시 멈췄지만, 그나마도 오래가지 못했다. 칼리굴라 황제는 37년부터 41년까지 로마 제국을 통치하면서 진지하게 황제 숭배를 강요하려 했다. 만일 황제가 암살당하는 사건이 터지지 않았다면, 이 시기에 실제로 유대인 반란이 일어날 가능성은 충분했다. 타키투스가 명쾌하게 이야기한 것처럼 유대인들 사이에 종말론에 입각한 민족주의가 부상한 것이 반란을 자극하는 중요한 요인 중 하나였다. "대부분의 유대인은 때가 되면 동방이 힘을 얻을 것이고 유대 땅에서 나온 자가 세상을 지배할 것이라는 내용이 고대 성직자들의 글에 기록되어 있다고 확신했다."[110]

그러나 이에 못지않게 중요한 요인이 있었다. 그리스인과 유대인 사이에 서로를 향한 증오가 계속 커지고 있었던 것이다. 그리스에 동화된 비유대인들은 팔레스타인에서 상류층을 형성했다. 유대인보다는 그들 중에서 부유층과 상인이 더 많이 나왔다. 그들은 지역 행정 업무와 세금 징수 업무를 도맡았다. 팔레스타인에 주둔하는 로마군 병사들도 대부분 가이사랴(카이사레아)와 사마리아 세바스테 같은 그리스식 도시에서 선발한 비유대인이었다. 알렉산드리아의 그리스인처럼 팔레스타인에 사는 그리스인은 반유대주의자로 악명이 높았다. 칼리굴라 황제로 하여금 유대인에게 불리한 조치를 취하게 한 장본인도 야브네와 아스글론(아슈켈론) 출신의 그리스 사상 대변자들이었다.[111] 어리석게도 로마 제국은 그리스어를 사용하는 비유대 지역에서 유대 총독을 선발하는 정책을 고수했다. 마지막 유대 총독이자 역대 총독 중에 가장 무신경했던 게시우스 플로루스는 그리스의 영향을 받은 소아시아 출신이었다. AD 1세기 로마 제국의 팔레스타인 통치는 어설프기 짝이 없는 실패작이었다. 더구나 만성 재정 적자에 시달리다 세금 미납을 구실로 성전 금고를 수탈한 행위는 유대인으로부터 엄청난 분노를 샀다. 파산한 사람들과 정치에 불만을 품은 자들이 무리를 지어 다니는데도 로마 당국은 이를 단속하지 못했다. 많은 농민이 도저히 해결할 길이 없는 빚에 허덕였다. 그리스인과 유대인이 섞여 사는 도시에서는 종종 팽팽한 긴장감이 감돌았다.

사실 반란은 AD 66년에 예루살렘이 아니라 가이사랴에서 발생했다. 그리스인과 유대인이 맞붙은 소송에서 그리스인이 승소한 직후였다. 그리스인이 승소를 축하하며 유대인 거주지에서 학살을 자행하는데도 그리스어를 쓰는 로마군은 아무런 조치도 취하지 않았다. 그 소식은 예루살렘을 격분시켰고 때맞춰 플로루스가 성전 금고를 수탈하려 하자 감정은 더욱 격앙되었다. 싸움이 발발했고 로마군은 상부 도시를 약탈했다. 성전의 제사장들은 로마의 신민과 황제를 위해 드리는 희생 제의를 중지했고, 온건파 유대인과 과격파 유대인 사이에 맹렬한 토론이 벌어졌다. 그리스인이 다수를 차지하는 도시에서는 그리스인이 유대인 거주지에 쳐들어와 방화를 일삼았고 예루살렘으로 피신한 유대인은 분노와 복수심에 불탔다. 이런 정황은 과격파에게 유리한 분위기를 조성했다. 결국 과격파 유대인은 팔레스타인 땅에 주둔하고 있던 로마군을 공격하고 병사를 학살했다. 이렇듯 유대인 대반란은 그리스인과 유대인이 충돌한 문명 전쟁이자 인종 전쟁이었다. 그러나 이것은 또한 유대인 간의 내전이

기도 했다. 마카베오 시대와 마찬가지로 그리스에 동화된 유대인 상류 계층을, 악을 자행하는 그리스인과 동일시했기 때문이다. 예루살렘을 장악한 급진파 민족주의자들은 부자들을 공격하기 시작했다. 그들은 가장 먼저 성전 문서 보관소에 불을 질렀다. 그리하여 모든 채무 기록이 불에 타 없어졌다.

요세푸스와 대반란

AD 66년의 대반란과 예루살렘 포위는 유대 역사상 가장 중요한 사건이자 가장 소름끼치는 사건이 되었다. 하지만 불행히도 이 사건에 대한 기록은 많이 남아 있지 있다. 타키투스가 유대 전쟁에 대한 자세한 기록을 남겼지만 지금은 단편적으로만 전해지고 있다. **랍비**들의 기록은 명확한 역사적 사실이 아니라 비사와 공상으로 이루어져 있다. 기록된 비문이나 고고학 증거도 거의 없다.[112] 그나마 권위 있는 자료가 요세푸스의 기록인데, 요세푸스는 상당히 편파적인데다가 모순이 많아 전적으로 신뢰하기 어렵다.

사건의 개요는 다음과 같다. 예루살렘에서 로마군에 대한 대량 학살이 발생하자 시리아 지방 총독 케스티우스 갈루스는 아크레에서 대규모 병력을 소집해서 예루살렘으로 진군했다. 그러나 예루살렘 성 인근에 도착해서 유대 저항군의 기세를 보고는 당황해 후퇴를 명했다. 그러자 로마는 다시 거대한 병력을 보충했다. 로마 5군단과 10군단, 12군단, 14군단 등 네 개 군단을 유대로 파견하고, 로마 장군 중에서 가장 경험이 많은 티투스 플라비우스 베스파시아누스를 사령관으로 임명했다. 그는 서

두르지 않고 해안 지역을 진압한 다음 연락 체계를 확보했다. 그리고 유대인이 장악하고 있던 대부분의 요새를 되찾고 주변 지역을 정리할 때까지 예루살렘은 그대로 두었다. AD 69년에 로마 황제의 자리에 오르게 된 베스파시아누스는 그해 말 로마로 떠나면서 당시 스물아홉 살이던 장남 티투스에게 전쟁의 마지막 단계인 예루살렘 포위와 함락을 맡겼다. 예루살렘 포위 공격은 AD 70년 4월부터 9월까지 계속되었다.

요세푸스는 두 가지 기록을 남김으로써 일련의 사건에서 중요한 역할을 담당했다. 우선 《유대 전쟁사》에서는 마카베오 시대부터 그때까지 팔레스타인 유대인의 역사를 개관하고 66년부터 70년 사이에 벌어진 사건을 상세히 기술했다. 이 책은 대부분 베스파시아누스의 뒤를 이은 티투스가 생존해 있던 기간에 기록한 것이다. 그 후 약 20년이 지나 요세푸스는 《유대 고대사》 저술을 마쳤다. 이 책에서 그는 성경에 기초한 창조 사건부터 시작해 AD 66년까지 유대 역사 전반을 서술하고 부록으로 자신의 약력을 첨가했다. 그런데 《유대 전쟁사》와 자신의 인생을 간략히 서술한 약력 사이에 모순되는 내용이 여러 가지 있다.[113]

고대 역사가들은 대부분 편파적인 동기에서 역사를 저술했다. 요세푸스의 문제는 두 권의 책을 쓰는 사이에 저술 동기가 바뀌었다는 점이다. 약력을 쓰면서 티베리아스의 유스투스라는 유대인 작가의 비판에 답변한 내용이 이를 단적으로 보여준다.[114] 요세푸스의 시각이 바뀐 것은 수 세기 동안 유대인에게서 흔히 볼 수 있던 현상이다. 젊을 때에는 총명한 젊은이답게 그 시대에 유행하는 최신 지식과 교양을 습득하고 거기에 마음이 기울다가 중년에 접어들면서 결국 자신의 뿌리인 유대인으로 돌아가는 것이다. 요세푸스는 로마식 변증가로서 글쓰기를 시작했으나 결국 유대 민족주의자에 가까운 모습으로 생을 마감했다.

따라서 요세푸스의 저작을 분석한 최근의 연구에서 지적한 대로 요세푸스의 진술을 온전히 신뢰하기는 어렵다. 문제는 요세푸스의 저작을 대체할 다른 신빙성 있는 자료를 구하는 것이 거의 불가능하다는 데 있다.[115] 그렇다면 요세푸스의 저작은 이 시기 유대인의 비극적인 역사에 어떤 빛을 비추고 있을까? 가장 인상적인 부분은 유대인이 도저히 회복이 불가능할 정도로 많은 파벌로 나누어져 있었다는 점이다. 반란의 계기가 된 로마 수비대 학살은 소수 집단의 소행이었다. 케스티우스 갈루스가 유대 저항군의 기세에 눌려 후퇴하다가 그의 군대가 괴멸하고 나서야 유대인 상류 계층은 군사를 일으키기로 결의했다. 그러나 이때조차도 여러 가지 동기가 섞여 있었다. 우선은 체제를 유지하면서 정세를 지켜볼 목적이었다. 그래서 이 시기에도 1세겔, 반 세겔, 소액의 동전 등 청동 화폐가 주조되었다.

귀족 가문 중 하나인 엘레아자르 벤 아나니아스 가문에 소속된 원로급 제사장 요세푸스가 다른 제사장 두 명과 함께 갈등을 해결하기 위해 갈릴리로 파견되었다. 요세푸스는 사람들 대부분이 전쟁에 반대한다는 사실을 알게 되었다. 농민들은 과격한 유대 민족주의자들을 비롯해 약탈자들을 증오했고 도시 사람들도 싫어했다. 그들은 로마인을 좋아하지도 않았지만, 로마인과 싸우는 것도 원하지 않았다. 도시 중에는 세포리스가 로마 편이었고 티베리아스는 로마 지지층과 유대 지지층으로 나뉘었다. 가다라는 반란군 지도자 중 하나인 기스칼라의 요한을 지지했다. 요세푸스는 도시 사람들과 농민과 약탈자를 단결시키려 했으나 실패했다고 고백한다. 농민들은 입대하지 않았고 징집되자 곧 탈영했다. 결국 요세푸스는 요타파타에 있는 오래된 헤롯의 요새로 퇴각한 뒤 저항하는 시늉만 하다가 베스파시아누스에게 항복했다. 그 후 요세푸스는 로마를 위해 일했다. 처음 예루살렘이 포위되었을 때는 통역을 맡았고 나중에는 로마의 선전원 노릇을 했다. 요세푸스는 처음 예루살렘이 로마군의 손에 넘어갔을 때 예레미야와 같은 입장을 취했다. 이 모든 일은 하나님의 뜻이고 로마군은 하나님의 도구라고 보았다. 그러므로 로마군과 싸우는 것은 어리석은 짓일 뿐 아니라 악한 행위라고 주장했다.[116]

요세푸스는 이 길고 잔혹하고 비참한 전쟁을 로마와 유대의 사악한 소수파의 소행으로 이해했다. 그의 시각이 정확할지도 모른다. 나중에 요세푸는 종교적·정치적 권리를 요구하는 유대인의 열정을 인정하고 마카베오 가문에 어느 정도 경의를 표했다. 그리고 유대인의 특수 은총에 자부심과 희열을 느꼈다. 그러나 예루살렘의 저항이 터무니없다는 처음의 주장을 번복하지는 않았다. 티투스는 6만의 병력과 최신 무기를 갖추고 있었다. 게다가 유대인의 분열과 굶주림을 충분히 이용할 수 있었다. 예루살렘 성을 수비하는 이들의 수는 2만 5,000명 정도인데 그마저도 몇 그룹으로 분열되어 있었다. 엘레아자르 벤 시몬이 지휘하는 열심당은 안토니아 요새와 성전을 지켰고, 과격파인 시메온 벤 기오라와 그를 따르는 시카리파는 상부 도시를 지켰다. 그리고 기스칼라의 요한이 지휘하는 이두매인과 그 밖의 파벌이 있었다. 시민과 피난민이 뒤섞인 예루살렘 군중은 이들 투사들 사이에서 옴짝달싹할 수 없었다.

요세푸스는 마지막 포위 공격을 충격적일 정도로 자세히 서술한다. 로마군은 전방위 공격을 감행했다. 먼저 안토니아 요새로 돌격한 다음 성전을 장악하고 불을 질렀다. 한 달 뒤에는 헤롯의 요새를 손에 넣었다. 사람들은 노예로 팔거나 학살하거나 가이사랴와 안디옥, 로마의 원형경기장에서 처형하기 위해 남겨두었다. 시메온 벤 기오라는 생포되어 티투스의 개선 행진을 위해 로마로 압송되었고 나중에 로마 광장에서 처형되었다. 티투스의 개선문이 아직 그곳에 서 있고 그가 성전에서 탈취한 **메노라**가 돌에 새겨져 있다. 티투스는 지성소를 가리던 휘장과 성경 필사본도 가져다 자기 궁전에 보관했다. 만약 그것이 지금 남아 있다면 얼마나 좋을까!

　예루살렘이 함락되자 이제 남은 지역은 세 곳에 불과했다. 얼마 안 되어 함락된 헤로디온 요새와 AD 72년에 함락된 마카이루스 요새, 그리고 유대 광야 끝에 높이 약 400미터의 암석 지역에 장엄하게 서 있는 마사다 요새였다. 일찍이 BC 37-31년에 헤롯 대왕은 이곳을 거대한 요새로 만들었다. 마사다 요새에 들어가려면 요세푸스가 뱀처럼 구불구불한 길이라고 부른 곳을 지나가야만 했다. 이곳은 헤롯 대왕이 죽은 뒤 로마군이 차지했으나 유대인이 AD 66년에 뛰어난 전략을 써서 기습 공격해 점거했다. 이 전략을 주도한 영웅이 므나헴이다. 그는 열심당의 창립자이자 혁명가로 처형당한 갈릴리 사람 유다의 아들이다.[117] 므나헴은 예루살렘에서 권력을 장악하고자 투쟁하던 와중에 살해되었고, 마사다 요새를 수비하는 임무는 조카 엘레아자르가 이어받았다. 로마 장군 플라비우스 실바가 AD 72년 말에 마사다 요새를 포위했을 때 요새 안에는 남자와 여자, 아이들을 포함해 960명의 반란군과 피난민이 있었다.

　1963년부터 1965년까지 이가엘 야딘의 주도로 수많은 고고학자와 전 세계에서 온 수천 명의 자원자들의 도움으로 마사다 요새에 대한 대대적인 발굴 작업이 이루어졌다. 이를 통해 포위 공격 당시의 상황이 생생히 복원되었다. 플라비우스 실바는 10군단과 지원군, 셀 수 없이 많은 유대인 전쟁 포로를 동원해 요새를 포위했다. 요새를 점령하려면 고도의 군사 기술이 필요했는데, 그것이야말로 로마의 장기였다. 함락은 시간 문제였다. 요새가 곧 함락될 상황에 처하자 엘레아자르는 남아 있던 수비대에게 자살을 강요하거나 설득한 것으로 보인다. 요세푸스는 엘레아자르의 마지막 연설이 무엇을 의미하는지 전하고 있다. 여자 두 명과 아이 다섯 명은 동굴에 숨은 덕분에 목숨을 건졌다. 천 조각, 샌들, 뼈, 온전한 형태의 두개골, 바구니, 사소한 개인 소지품, 민족주의자들의 동전, 갑옷, 화살 등이 포위 당시 상황을 묵묵히 증언했다. 이들은 자기들이 굶주려 죽은 것이 아니라 자살한 것임을 로마인에게 보여주기 위해 식료품이 남아 있는 창고를 손대지 않고 그냥 두었다. 이런 증거들은 희망을 잃은 요새 수비대의 용맹을 요세푸스의 설득력 있는 묘사보다 훨씬 더 힘 있게 증언한다. 그중에는 마지막 생존자 열 명 가운데 누가 동료 아홉 명을 죽이고 스스로 목숨을 끊을지 정하기 위해 사용한 도편陶片도 있다. 요새에 딸린 회당에서 예배를 드렸음을 보여주는 풍부한 증거와 열네 권의 성서 두루마리 조각, 종파의 책과 묵시 문헌 등은 하나님을 경외하는 투사들로 구성된 수비대가 이곳에 있었고, 그들이 유대 문학의 영향을 많이 받았다는 사실을 증언한다.[118]

공격을 받은 예루살렘은 폐허가 되고 성전은 파괴되었다. 성벽은 돌무더기로 변했다. 그러나 이 피비린내 나는 7년간의 전쟁도 그리스인과 유대인의 충돌을 종식시키지 못했고, 경건한 유대인으로 하여금 꿋꿋이 신앙을 지키게 만든 유대교의 위력을 부서뜨리지도 못했다. 반유대주의 정서는 계속 확산되었다. 예루살렘의 멸망은 유대인이 하나님의 미움을 산 증거로 회자되었다. 플라비우스 필로스트라토스는 《아폴로니우스의 생애 Vita Apollonii》에서 유대의 헬렌이 예루살렘을 점령한 것을 축하하며 티투스에게 승리 화환을 건네자 티투스가 하나님에게 버림받은 민족에게 승리를 거둔 것은 자랑할 만한 일이 아니라며 화환을 거부했다고 주장한다.

그러나 매우 완강한 적을 상대로 간신히 승리를 거둔 사령관이 그처럼 승리를 가벼이 여기는 말을 했을 것 같지는 않다. 분명한 것은 이 이야기가 전형적인 반유대주의 선전이라는 점이다. 이런 식의 소문이 곳곳에 유포되었다. 호라티우스와 마르티알리스는 유대인에 대해 그리 나쁘게 말하지 않았지만, 타키투스는 그리스인이 유포하는 유대인에 대한 험

담을 모두 글로 기록했다. AD 100년부터 유대인은 사회 질서를 전복하고 이상하고 파괴적인 사상을 제시한다는 이유로 더 큰 공격을 받았고 이런 공격은 그 후 수 세대에 걸쳐 반복되었다.[119] 이처럼 디아스포라 유대인이 사는 곳에서는 어디서나 소란이 끊이지 않았고 115-117년에는 그런 경향이 특히 심했다.

하드리아누스 황제가 근동 지역을 다스린 128-132년에는 유대인에게 불리한 조치가 계속되었고 이것은 결국 유대인의 최후 반란을 촉발시켰다. 하드리아누스는 처음에는 유대교에 동정적이었다가 나중에 타키투스파의 영향을 받아 적대적으로 변한 듯하다. 그는 일반적으로 동방 종교를 싫어했고 특히 할례를 혐오했다. 그는 할례를 거세, 즉 극심한 고통을 유발하기 때문에 금지한 자기 신체 절단 행위로 분류했다. 그리고 근동 지역 전체에 그리스화 정책을 도입했다. 그 계획 중 하나가 예루살렘의 폐허 위에, 특히 성전산 위에 제우스를 모시는 로마식 신전을 갖춘 새로운 폴리스를 짓는 것이었다.

이 시대를 이해하는 데 가장 중요한 근거가 되는 책을 쓴 로마의 역사가 디오 카시우스는 유대인이 무장한 채 몰래 요새를 건축하기는 했으나, 하드리아누스가 근동 지역을 다스리는 동안에는 감히 반란을 일으키려 하지 않았다고 전한다. 당시 이 지역에는 로마의 2군단이 주둔하고 있었다. 그러나 하드리아누스가 떠나자마자 유대 땅에 살던 유대인은 봉기했다. 이에 대해 디오 카시우스는 이렇게 전한다. "전 세계에 흩어져 있던 유대인까지 들고일어났다. 그들은 공공연히 혹은 은연중에 유대 사람들과 행동을 같이하면서 로마인에게 막대한 피해를 끼쳤다. 비유대인 중에도 여기에 가담한 자가 많았다."[120]

반역은 4년 동안 계속되었다. 디오 카시우스는 로마의 손실이 상당했다고 말한다. 로마군은 영국과 다뉴브 지역을 포함한 제국 전역에서 팔레스타인으로 집결했고, 결국 유대인은 12개 로마 군단과 대치하게 되었다. 로마군은 차근차근 조직적으로 반란군을 분열시키고 고립시켰다. 굶주림에 지친 외곽 지역부터 항복을 받아낸 다음 저항의 본거지를 포위해 들어가는 방식을 취했다. 유대인은 한때 예루살렘을 점령하는 데 성공했지만, 성벽도 없는 그곳을 방어할 길이 없었다. 요새가 몇 개 더 있었는데, 헤로디온 요새에서 볼 수 있는 것처럼 이들이 만들어놓은 지하 터널이 고고학자의 발굴로 발견되었다. 그들의 본진은 당시 예루살렘 남서쪽 유대 광야에 있던 베타르라는 마을이었다. 이 마지막 보루도 AD 135년에 로마군에게 함락되었다.

시몬 바르 코크바의 냉혹한 소왕국

유대인의 반란이 초기에 어느 정도 성공을 거둔 이유는 유대인, 특히 반란을 이끄는 투사들이 단결되어 있었고 무리의 선두에서 강력한 인물이 지도력을 발휘했기 때문이다. 시몬 바르 코크바 또는 코시바라고 불린 이 인물은 유대 역사상 가장 비밀에 싸인 인물 가운데 하나다. 정확한 이름이 어떻게 되는지조차 확실한 결론을 내리지 못한 채 많은 학자가 오랜 세월 열띤 논쟁을 벌여왔다. 지금까지 갈릴리의 유다를 비롯해 야심 있는 반란 지도자들은 더 폭넓은 지지를 받기 위해 메시아를 자처했다. 로마 당국이 예수 그리스도를 십자가형에 처한 이유도 바로 그 때문이다.

에우세비우스 주교가 《교회사 *Historia Ecclesiastica*》에 기록한 바에 따르면, 시몬도 자신이 메시아라고 주장했다. 코크바라는 이름은 별이라는 뜻이고, 이것은 "한 별이 야곱에게서 나올 것이다. 한 통치 지팡이가 이스라엘에서 일어설 것이다. 그가 모압의 이마를 칠 것이다. 셋 자손의 영토를 칠 것이다"라고 한 민수기의 예언을 가리킨다고 주장했다.[121] 랍비 전승에 따르면 당시 최고의 학자였던 랍비 아키바 벤 요세프(AD 50-135년경)가 그를 메시아로 인정했다.[122] 태어나고 자란 환경과 사상의 관계를 따져볼 때 아키바는 흥미로운 인물이다. 아키바는 읽고 쓰는 법을 체계적으로 교육하지 않는 하층민, 즉 암 하아레츠 출신으로 오랫동안 학문을 싫어해 양치기로 일했다. 그러다 학문의 길에 들어선 뒤 놀라운 학습력을 보였으나 가난한 사람들을 염려하는 마음은 식지 않았다. 아마 그래서 반란에 참여했는지도 모른다. 그러나 아키바가 실제로 반란에 참여했는지에 대해서는 논란이 있다. 어쨌거나 다른 랍비들은 아키바와 입장이 달랐다. 예루살렘 탈무드에 따르면, 아키바가 시몬을 가리켜 "이 사람이야말로 메시아다"라고 하자 랍비 요하난 벤 토르타가 이렇게 대답했다. "이보게, 자네 턱에서 풀이 돋아난다면 모를까 다윗의 아들은 아직 오지 않았네."[123]

시몬은 자기 이름을 별을 뜻하는 코크바 대신 코세바라고 소개했다. 자기 이름으로 주조한 동전에는 메시아라는 호칭 대신 이스라엘의 **나시** 시몬이라고 새겼다. 시몬의 정신적 지주는 아키바가 아니라 외삼촌인 모딘의 엘레아자르였다. 그의 이름도 시몬이 주조한 동전에 등장한다. 그러나 반란 막바지에 두 사람은 다투게 되고 결국 엘레아자르는 조카에게 죽임을 당한다.[124] 남아 있는 단편적인 증거를 취합해보면, 시몬은 유대 식자층에게는 그다지 지지를 받지 못한 것 같고 종국에는 얼마 안 되는 지지층마저 잃고 말았다.

1952년부터 1961년까지 유대 광야에서 발굴 조사를 하던 고고학자들은 여러 지역, 특히 편지의 동굴이라는 이름이 붙은 지역에서 이 반란과 관련된 유물을 발견했다. 히브리어, 아람어, 그리스어로 기록된 많은 공문서에 시몬의 이름이 서명되어 있다. 발굴품에 따르면, 반란에 참가한 자들은 모세의 율법을 준수하기 위해 비상한 노력을 기울인 정통파 유대인이었다. 이들은 절망적인 상황에서도 안식일과 절기를 지키고 제사장과 레위인에게 지급할 보수를 분담하기 위해 애썼다. 그러나 시몬이 메시아나 기름 부음을 받은 유대 왕, 또는 영적 지도자로 인정받았다는 증거는 발견되지 않았다. 발굴된 문서는 시몬이 상당히 넓은 영토를 지배하고 있었고 전쟁에 필요한 인원과 식량을 확보하기 위해 농장 임대와 농산물 공급, 시골 지방에서 인력 및 군사력을 동원하는 문제에 관여했다는 것을 보여준다. 어느 면에서 보든 시몬은 세속 통치자였다. 가혹하고 현실적이고 고집 세고 무자비한 **나시**였다. 시몬이 쓴 문서에는 이런 구절이 나온다. "하늘에 대고 맹세한다. … 내가 너를 쇠사슬로 묶을 것이다." "만일 이를 행하지 않으면, 너는 벌을 받을 것이다." "너는 이스라엘의 부를 먹고 마시며 불편 없이 살면서 네 형제는 조금도 생각하지 않았다."[125] 별의 아들, 즉 바르 코크바에 관한 후대 랍비의 전설은 사실 근거가 없는 것이다. 오히려 시몬은 현대 시온주의 운동가의 원형이라 할 만하다. 게릴라요 민족주의자로 살다 간 지극히 현실적인 전문가였다.

시몬은 베타르에서 죽임을 당했다. 아키바는 체포되어 옥에 갇혔고 극심한 고문을 받고 쇠로 된 갈퀴로 살이 찢겨 죽었다. 디오 카시우스에 따르면, 반란에 참여한 사람들 중 살아남은 자가 거의 없었다. 로마는 철저한 복수로 응징했다. 반란군이 근거지로 삼았던 요새 50개가 파괴되고, 985개의 마을과 부락, 농지도 같은 운명에 처했다. 디오 카시우스에 따르면, 58만 명의 유대인이 전투 중에 죽고 셀 수 없이 많은 사람이 굶주림과 방화와 칼에 죽었다. 유대 땅 전역이 폐허가 되다시피 했다.[126] 4세기 말 히에로니무스는 반란 실패 후 너무나 많은 유대인이 노예로 나와 말 한 마리보다 싼 값에 팔렸다고 베들레헴의 구전을 인용해 전한다.

하드리아누스 황제는 파괴된 예루살렘을 그리스식 폴리스로 재탄생시키기로 마음먹고 계획을 실행에 옮겼다. 우선 움푹 팬 웅덩이를 메우고 땅을 평평하게 다졌다. 예전 건물의 잔해를 깨끗이 치우고 공공건물 건축에 필요한 거대한 규모의 돌을 마련하기 위해 잔해 밑에 있는 암석을 파냈다. 이렇게 건설된 새 도시는 지금의 예루살렘 구시가지 지역에 세워진 최초의 도시였다. 중심 도로는 북쪽에서 뻗어 나와 지금의 다마스쿠스 문으로 이어졌다. 훗날 스데반 문으로 불린 동쪽 정문은 개선문으로 이어졌고 지금도 그 흔적이 남아 있다. 하드리아누스 황제가 세운 이 도시는 아일리아 카피톨리나로 불렸다. 곧이어 그리스어를 쓰는 사람들이 와서 정착했다. 유대인의 출입은 금지했고 이를 어기면 사형에 처했다. 그러나 법을 엄격하게 집행하지는 않았던 것 같다. 4세기 중엽, 율리아누스 황제 아래서 이 규정은 폐지되었다. 어쨌거나 예루살렘 성이 파괴된 날이면 유대인들은 오늘날 통곡의 벽으로 알려져 있는 오래된 폐허 지역을 찾곤 했다. 히에로니무스는 스바냐서 주석에서 그 풍경을 감동적이면서도 냉정하게 묘사한다.

예루살렘이 파괴된 날이 되면 허리가 굽은 작은 체구의 여인들과 넝마를 걸치고 꾀죄죄한 몰골의 노인들이 서글픈 얼굴로 찾아온다. 병든 육신과 허름한 옷에서 그들에게 임한 주의 진노를 확인할 수 있다. 가련한 사람들의 행렬이 무리를 이룬다. 암울했던 주님의 처형과 찬란했던 부활을 생각하며 감람산에서 펄럭이는 십자가 깃발 앞에서 그들은 무너진 성전 때문에 슬피 운다. 그들은 동정받을 가치가 없다.[127]

그리스도인 대 유대인

AD 70년과 135년에 일어난 격변은 사실상 고대 유대 국가의 역사에 종지부를 찍었다. 이로 인해 역사적으로 큰 의의가 있는 두 가지 결과가 나타났다. 첫 번째로 유대교와 기독교가 결국 분리되었다. 바울은 AD 50년대에 저술한 글에서 모세 율법은 칭의와 구원의 방편이 될 수 없다고 주장했다. 앞에서 살펴본 것처럼 바울은 이 부분에 관한 예수 그리스도의 가르침을 충실히 따랐다. 바울은 예루살렘에서 유대인 기독교 지도자들과 만나 이방인 개종자들에게 유대교의 계율 준수 의무를 면제할 권리를 얻었다. 그렇다고 유대인과 그리스도인의 신앙이 양립할 수 없다거나 유대교 신자와 기독교 신자가 적대 관계에 있다고 간주한 것은 아니다. 60년대에 기록된 것으로 추정되는 누가복음은 그리스에 동화된 디아스포라 유대인의 문헌과 비슷한 부분이 있으며 개종할 가능성이 있는 이들을 염두에 두고 있다. 누가는 율법을 유대인의 진보한 관습 체계, 다시 말해 유대 민족 특유의 도덕 체계로 받아들이고 이를 요약하고 단순화하려 했던 것 같다. 유대인 사이에서나 이방인 사이에서나 경건함은 다르지 않다. 율법이든 경건이든 복음을 받아들일 수 있게 영혼을 준비시키는 수단이다. 이방인도 좋은 관습을 가지고 있고 하나님은 율법, 즉 유대인의 관습을 가지고 있지 않다고 해서 그들을 차별하지 않으신다. 물론 하나님은 유대인도 차별하지 않으신다. 이방인과 유대인 모두 믿음과 은혜로 구원을 받는다.[128]

이방인이든 유대인이든 종교를 초월해 기독교에 동의할 수 있을 것이라는 생각은 예루살렘에 있던 유대인들의 기독교회를 사실상 파괴해버린 AD 66-70년 사건으로 사라지고 말았다.[129] 구성원들은 대부분 죽임을 당했고 생존자는 뿔뿔이 흩어졌다. 그들의 전통은 더 이상 기독교의 주류가 되지 못하고 에비온파라는 보잘것없는 종파로 살아남았으나 그마저도 이단으로 규정되었다. 이렇게 해서 생긴 공백을 그리스계 기독교가 메우면서 번성했고 이윽고 기독교 세계 전체를 대변하게 되었다. 그 결과 기독교 신앙은 바울이 구원의 길로 제시한 그리스도의 죽음과 부활에 집중하게 되었다. 이는 예수의 가르침에 명확히 예시되었던 것이다. 따라서 논의의 초점은 기름 부음을 받은 구세주의 성격에 맞추어졌다.

그러면 예수는 과연 자신을 누구라고 했을까? 예수가 가장 자주 사용했고 그래서 다른 이들도 자주 사용한 호칭은 인자人子다. 인자라는 말은 아주 중요할 수도 있고 아무 의미가 없을 수도 있다. 인자라는 단어를 자신도 그저 하나의 인간이라는 뜻으로 썼을 수도 있고, 특별한 사명을 받은 인물이라는 뜻으로 사용했을 수도 있다는 말이다.[130] 따라서 예수가 자신을 그저 카리스마 있는 유대인 **하시드** 정도로 생각했다는 주장도 충분히 나올 수 있다.[131] 그러나 예수가 신이라는 관념은 부활 사건과 부활에 대한 예견, 부활한 모습으로 사람들 앞에 나타난 것에서 이미 암시되었고, 사도들이 활동하던 기독교 초기부터 이 관념은 있었다. 이 관념은 예수가 속죄를 위해 자신이 죽고 부활할 것을 예견하면서 빵과 포도주로 희생 제사의 본질이라 할 수 있는 자신의 살과 피를 기념하는 성찬식을 제정했다고 믿는 신앙을 통해서도 확립되었다. 유대교에서 볼 수 있는 온갖 희생 제사를 대체할, 거룩하고 완전한 희생인 성찬 의식으로 예수의 신성에 대한 원리를 확립한 것이다. "예수는 신인가 인간인가?" 하고 물으면 그리스도인은 당연히 둘 다라고 대답했다. AD 70년 이후 이 대답에 의문을 품는 그리스도인은 없었고 확신은 점점 강해졌다.

이것은 유대교와의 돌이킬 수 없는 완전한 결별을 불러왔다. 유대인들도 성전이 유일한 신앙의 중심은 아니라는 주장을 충분히 받아들일 수 있었다. 많은 이들이 예전부터 그렇게 생각했고 성전이 파괴되고 나서는 그렇게 생각하지 않을 수 없었다. 율법에 관해서도 다른 견해를 수용할 여지가 있었다. 그러나 하나님과 인간을 가르는 엄격한 구분을 없애는 것만은 절대로 용인할 수 없었다. 그것은 유대교 신학의 본질이자 이교도와 유대인을 구분하는 것이기 때문이다. 이 구분을 없애버림으로써 그리스도인은 유대교 신앙과 완전히 결별했다.

더욱이 이 두 유일신교 신앙은 계속해서 날카롭게 대립할 수밖에 없는 화해가 불가능한 분열의 길로 내달렸다. 유대인의 입장에서 보면 유대교 신앙의 핵심 교리를 부인하지 않고는 예수의 신성을 인정할 수 없다. 반대로 그리스도인의 입장에서 예수가 하나님이 아니라고 인정하는 것은 곧 운동의 본질과 목적을 버리는 것을 의미한다. 그리스도가 신이 아니라면, 기독교는 아무 의미가 없다. 그리스도가 신이라면, 반대로 유대교가 잘못된 것이 되고 만다. 이 점에 관한 한 타협할 여지가 전혀 없다. 유대교와 기독교는 그렇게 서로에게 위협이 되고 말았다. 양자 간의 갈등이 더 치열했던 이유는 이렇듯 본질적인 부분에서 뚜렷이 구분되면서도 그 밖의 다른 부분에서는 신앙이 일치했기 때문이다. 기독교에서는 모세오경이 제시하는 윤리관을 비롯해 모세오경을 전면적으로 받아들였다. 나아가 예언서와 지혜문학, 그리고 유대인이 정경으로 인정하는 것보다 훨씬 많은 경전을 받아들였다. 예수 그리스도가 제정했다고 말하는 성찬식조차도 유대교에 뿌리를 두고 있다. 이 밖에도 기독교는 유대교의 많은 전례를 받아들여 자기 것으로 삼았다. 안식일과 절기를 비롯해 향, 램프, 시편, 찬양, 성가곡, 제의복, 기도, 사제, 순교자, 성경 낭독, 교회로 모습을 바꾼 회당 등 유대교의 제도를 그대로 받아들였다. 유대인은 얼마 안 가 수정한 성직자의 위계 제도까지 기독교에서는 받아들였다. 제사장을 주교(감독)와 교황으로 바꾸었을 뿐이다. 초대교회 안에는 그리스도에 대한 믿음 외에 유대교에서 비롯되지 않은 것이 없었다.

그중에서도 주목할 점은 그리스도인이 유대 문학의 전통에서 태동했다는 점이다. 그래서 태생적으로 유대교의 신학 논쟁 성향을 그대로 이어받았다. 앞에서 살펴보았듯이 신학 논쟁은 마카베오 순교사의 유산이자 AD 1세기에 저술된 유대 문헌에서 나타나는 중요한 특징 중 하나다. 초창기 기독교 문헌은 유대교 안에서 각 종파가 서로를 공격할 때 사용하던 적대적인 어조를 그대로 차용한다. 기독교와 유대교의 분열이 회복 불가능한 지경에 다다르자 둘 사이의 담론은 오로지 논쟁의 형식만 남았다. 단기간에 기독교의 토라로 자리 잡은 사복음서는 유대교의 논쟁적이고 분파적인 성향을 이어받았다. 이런 점에서 복음서의 언어는 몇몇 사해 사본과 매우 비슷하고, 사해 사본이 그렇듯 사복음서도 유대인 내부의 논쟁을 수록한 것으로 이해해야 한다.

유대인이라는 표현은 마태복음과 누가복음에 각 5회, 마가복음에 6회, 요한복음에 71회 등장한다. 요한복음이 다른 복음서에 비해 늦게 기록되었고 그래서 유대교에 더 적대적이기 때문에 유대인이라는 표현이 더 많이 나오는 것은 아니다. 사실 사복음서 중에서 요한복음이 가장 오래되었을 수도 있다. 요한복음에서 유대인은 다양한 의미로 쓰인다. 때로는 사두개파를, 때로는 바리새파를, 때로는 그 둘을 가리키기도 하고, 성전의 관리나 유대 권력 기구, 산헤드린, 사회 지배층, 유대 민중을 가리키기도 한다. 가장 일반적으로는 예수의 가르침에 반대하는 자를 가리킨다.[132] 요한복음은 이단에 대한 논쟁 문서라 할 수 있다. 쿰란의 수도사들은 유대교 안의 반대파를 가리켜 행실이 불량한 자들을 뜻하는 '벨리알의 자식들'이라 칭했다. 요한복음에서 "너희는 너희 아비인 악마에게서 났다"라고 말할 때 지칭하는 대상도 마찬가지로 유대인을 가리킨다. 쿰란 공동체의 다마스쿠스 문서에 나오는 유대인, 유대의 땅, 유대의 집이 지칭하는 대상은 요한복음과 똑같이 당시 권세를 잡고 있던 유대인을 가리킨다.[133] 사실 가장 공격적이고 위험한 문장은 사복음서 중 가장 친유대적인 문헌으로 소개되곤 하는 마태복음에 나온다. 빌라도가 물을 가져다가 무리 앞에서 손을 씻고 "나는 이 사람의 피에 대하여 책임이 없으니, 여러분이 알아서 하시오"라고 하자 온 백성이 "그 사람의 피를 우리와 우리 자손에게 돌리시오"라고 대답하는 대목이다.[134] 이는 유대인이 예수의 죽음을 유대 자손이 져야 할 멍에로 인식하고 있었음을 명확히 보여준다. 이 사건은 외경인 베드로복음에 더 강하게 강조되어 있다.[135]

유감스럽게도 이런 전문적인 종교 논쟁, 즉 문헌을 통해 이루어진 적의에 찬 신학 논쟁은 후대에 들어 당시의 역사 정황을 무시한 채 이어졌고, 그리스도인이 유대인을 정죄하는 근거가 되었다. 훗날 에라스무스는 "논쟁은 피하는 것이 좋다. 말과 글로 이어진 오랜 싸움은 결국 파국을 불러온다"라고 말한 바 있다. 마태복음에 나오는 총체적인 비난과 요한복음이 '악마의 자식들'에게 쏟아 내는 비난이 하나로 뭉쳐 기독교 안에 특유의 반유대주의를 형성했다. 그리고 이것이 일찍이 고대에 시작되어 계속 자라나고 있던 기독교권 밖의 반유대주의 전통과 포개지고 뒤섞이면서 어느샌가 유대인을 향한 깊은 증오를 생산하는 원동력이 되었다.

AD 70년 이후 유대계 기독교회가 붕괴하고 그리스계 기독교회가 승리하면서 이번에는 유대인이 그리스도인을 향해 비판의 날을 세우기 시작했다. 유대인이 이단과 대적자를 저주하며 드리던 기도는 BC 2세기 헬레니즘 시대의 개혁 운동까지 거슬러 올라간다. 예를 들어 마사다의 시카리파가 보관하고 있던 엄숙주의자 벤 시락의 집회서에는 하나님에게 이렇게 호소하는 대목이 나온다. "진노를 일으키시고 분노를 쏟아부으시어 적을 쳐부수시고 원수를 없애소서."[136] 이단을 대적하는 기도는 본래 교만한 자를 낮추시는 주님의 축복기도로 알려져 있는데, 열두 번째 축복기도로 평일에 드리는 기도, 즉 아미다의 일부가 되었다. 한때 이 기도는 명백히 사두개파를 향했다. 그러다 라반 가말리엘 2세(AD 80년경-115년경) 시대에 이 열두 번째 축복기도, 다시 말해 이단을 단죄하는 비르카트 하 미님은 그리스도인을 향하게 된다. 아마도 이 시기에 그리스도를 믿는 유대인이 유대교 회당에서 쫓겨난 것으로 추정된다. AD 132년 봉기 때까지 그리스도인과 유대인은 공공연히 대립하면서 서로를 적으로 여기기까지 했다. 실제로 팔레스타인에 있던 기독교 공동체는 유대인과 별개로 그리스도인의 종교적 지위를 인정해달라고 로마 행정 당국에 청원했다. 네아폴리스(나불루스)에 살던 그리스도인 저술가 유스티누스(100년경-165년경)는 시몬 바르 코크바의 추종자들이 그리스 사회뿐 아니라 그리스도인까지 학살했다고 기록했다. 유대교 성경 주석에 반기독교 논박이 등장한 것도 바로 이때부터다.

결국 유대교 국가가 실패함에 따라 유대인의 활동의 성격과 범위도 본질적으로 달라졌다. AD 70년 이후, 특히 135년 이후 유대교는 사실상 국교로서의 지위를 상실했고 유대인은 유대 땅에서 떠나야만 했다. 대신에 유대인과 유대교는 토라를 연구하고 준수하는 데서 존재 의의를 찾았다. 유대 역사는 유례를 찾아볼 수 없는 독특성 때문에 일반적인 국가 발전 단계나 종교 발전 단계로 분류하기가 쉽지 않다. 실제로 유대인을 연구하는 역사가들은 유대 국가와 종교 발전 과정을 체계화하면서 계속해서 어려움에 직면한다. 유대교와 유대 민족을 토라 중심으로 응축시키는 과정은 다윗 왕국 말기부터 줄기차게 이어져왔다. 요시야 왕의 개혁, 바빌로니아 유배 생활, 포로지에서의 귀환, 에스라의 활동, 마카베오 가문의 승리, 바리새파의 발흥, 회당, 종교 학교, 랍비 들을 통해 종교적으로도 사회적으로도 유대인의 삶에서 토라의 절대적인 권위가 확립되고 점차 강화되었다. 이 과정에서 유대교와 유대인 사회의 다른 제도는 모두 힘을 잃었다. 그리고 135년 이후에 이런 풍조가 완전히 틀을 잡았다. 토라 외에 남아 있는 것이 아무것도 없었기 때문이다. 엄숙주의자들은 더러는 의도적으로, 더러는 자신들이 초래한 재앙 때문에 토라 외의 것은 모두 배제했다.

이것도 하나님의 섭리였을까? AD 2세기의 관점에서 볼 때 유대인은 민족적으로나 종교적으로나 강력한 집단을 이루고 있었지만, 스스로 파멸을 자초하고 그 결과에 순응한 듯하다. AD 1세기에 유대인은 로마 제국 전체 인구의 약 10분의 1을 차지했다. 몇몇 대도시에서는 이보다 더 높은 비율을 차지했을 뿐 아니라 그 수가 계속 늘어나고 있었다. 유대인은 시대의 첨단을 걷는 초월적 사상, 즉 윤리적인 유일신관을 가지고 있었다. 거의 모두가 글을 읽고 쓸 줄 알았다. 또 당시로서는 세계 유일이라 할 만한 복지 제도까지 갖추고 있었다. 덕분에 상류층을 포함한 거의 모든 사회 계층에서 개종자를 만들어냈다. 250년 후에 콘스탄티누스 황제가 그리스도인이 된 것처럼 플라비우스 왕조의 황제 한두 명 이상은 쉽게 유대인이 될 수도 있었다. 요세푸스가 다음과 같이 자랑한 것도 당연하다. "그리스 도시이건 미개한 도시이건 안식일의 관습을 가지고 있는 지역은 없으며 그런 민족도 없다. 그날에 우리는 모든 일을 내려놓고 휴식을 취하며 금식을 하거나 불을 켜지 않는 관습을 지키지 않는 곳이 없다. … 하나님이 온 우주에 충만하신 것처럼 율법은 모든 인간의 마음으로 흘러든다."

그런데 겨우 1세기 만에 모든 것이 뒤집히고 만다. 예루살렘은 더 이상 유대인의 도시가 아니었다. 한때 전체 인구의 40퍼센트를 차지하던 알렉산드리아에서는 유대인이 완전히 자취를 감추었다. 요세푸스와 타키투스, 디오 카시우스는 두 번의 반란으로 엄청난 사상자가 발생했다고 기록한다. 타키투스에 따르면 66년부터 70년 사이에만 119만 7,000명의 유대인이 죽거나 노예로 팔려갔다. 수치상의 과장이 있을 수는 있지만, 어쨌거나 이 무렵 팔레스타인에서 유대인 인구가 급감한 것만은 분명하다. 디아스포라 유대인이 사는 지역에서는 확장 일로에 있던 기독교 공동체가 유대교에서 가장 좋은 신학 교리와 사회사상을 가져다 이방의 빛이 되었을 뿐 아니라 유대인 대중들 사이에 차츰 파고들었다. 그리하여 디아스포라 유대인 중에서 기독교로 개종하는 사람이 많이 생겼다.[137]

팔레스타인 안에서나 밖에서나 유대인 인구가 급감했고 유대인의 활동 범위 역시 급격히 축소되었다. 헤롯 대왕 시대에 유대인은 로마 제국의 문화 및 경제 활동에서 중추적인 역할을 했다. 예를 들어 필론(BC 30년경-AD 45년경)은 알렉산드리아에서 가장 부유하고 국제적이었던 디아스포라 가문에서 태어나 칠십인역을 배우며 자랐다. 아름다운 그리스어를 구사하며 그리스어로 아름다운 글을 썼다. 그리스 문예에 정통하고 역사가 겸 외교관으로 활약했으며 철학사에서도 독특한 위치를 차지하는 인물이다. 동시에 독실한 유대인으로서 모세오경과 율법 전반에 관해 많은 저술을 남긴 주석가이기도 하다.[138] 필론은 유대의 합리주의 전통을 가장 잘 터득한 인물이다. 훗날 기독교학자들은 구약성경을 이해할 때, 특히 비유 해석의 부분에서 필론에게 많은 빚을 졌다. 필론은 유대교 정신에 관하여 심오하고 독창적인 설명을 들려주는데, 정작 히브리어는 전혀 알지 못했다. 이런 사실은 기독교가 태동할 무렵 유대인이 국제 문명과 세속 문화에 자연스럽게 녹아들면서도 신앙의 본질을 잃지 않았음을 보여준다.

그러나 2세기 중엽이 되자 필론처럼 넓은 시야를 지닌 인물이 유대인 사회에서 설 자리가 없어졌다. 유대인 사회는 더 이상 역사를 기록하지 않았다. 철학적 사색에 잠기는 일도 다 그만두었다. 지혜 문학, 시, 찬가, 비유, 역사서, 묵시 문학 같은 문학 전통을 모두 내다버렸다. 오로지 율법에 주석을 다는 일에만 모든 열정과 노력을 쏟아부었다. 다양한 문학 활동으로 풍요로웠던 과거를 망각하고 외부 세계에서 싹을 틔우고 있는 지적 활동에도 눈길조차 주지 않은 채 수백 년간 오로지 주석 작업에만 매달렸다.

유대교는 7세기 동안 엄숙주의 경향을 최고조로 증대시켰다. 유대교로의 전면적 회귀는 당연한 귀결이었다. 유대교의 존속을 위한 필수조건이기도 했고 유대인이 구별된 존재로 살아남기 위해 꼭 필요했던 일이었다. 고대 말, 민족 대이동으로 수많은 민족이 역사에서 자취를 감추었지만, 유대인은 그렇지 않았다. 로마인과 그리스인, 갈리아 사람들과 켈트족, 나아가 기독교로 개종한 수백만 명의 디아스포라 유대인과 달리 독실한 유대인들은 새로 출현한 암흑시대에도 고유한 정체성을 잃지 않았다. 유대교와 남은 유대인들은 변치 않는 토라와 함께 보존되었다. 유대교가 보존되고 경건한 유대인이 살아남은 이유는 이해할 수 없는 역사의 변덕 때문이 아니다. 이 시기에 유대인 지성들은 집중적인 자기반성을 통해 토라를 도덕적인 신학 체계이자 구심력과 논리적 일관성, 사회적 힘을 지닌 공동체의 규율로 확대시켜나갔다. 이스라엘 왕국을 잃은 대신 유대인은 토라를 마음과 영혼의 요새로 삼았다. 그 안에서 그들은 안전하고 만족스러운 삶을 살 수 있었다.

야브네와 랍비의 유대교

형이상학적인 사회를 세우려는 이 거대한 기획은 AD 70년에 예루살렘 성이 무너졌을 때 아주 미약하게 시작되었다. 세습 제사장 가문과 전통적인 유대 상류 계급 전체가 벽돌더미로 변한 예루살렘과 함께 폐허 속으로 사라졌다. 그 후 유대인은 권위 있는 선생들이 다스리는 학자 지도체제를 이룬다. 사실 이 체제는 유대교에 늘 내재되어 있었다. 예언자들 역시 하나님이 자기 백성들을 가르치기 위해 사용하신 도구가 아니던가? 그런데 이번에는 그것이 더 분명해졌다. 전승에 따르면, 바리새파의 랍비이자 산헤드린의 부의장이었던 요하난 벤 자카이는 관 속에 숨어 포위된 예루살렘에서 탈출했다. 그는 대로마 반란에 반대하면서 예로부터 전해져 내려온 입장을 취했다. 즉, 국가로 인한 부담과 부패가 없을 때 하나님을 향한 믿음을 더 굳게 지킬 수 있다고 보았다. 예루살렘을 탈출한 뒤 그는 로마 당국의 허가를 얻어 예루살렘 서쪽에 위치한 해안지대 야브네(얌니아)에 유대교를 총괄하는 본부를 설립한다. 여기서 산헤드린과 유대 국가는 과거 속에 파묻고 비둘기장 근처의 포도밭과 다락방에서 랍비들로 구성된 종교회의를 발족시켰다. 이로써 랍비 제도와 회당은 유대교의 규범이 되었고 이후 유대교는 기본적으로 회중 신앙의 형태로 변화된다.

야브네에 있던 학술원에서는 매년 유대력을 계산했다. 성경의 정경화 작업도 완성했다. 비록 성전은 파괴되었지만, 유월절 때 먹는 음식을 비롯해 많은 의식을 규칙적으로 행하기로 했다. 공동체 기도를 확립하고 금식과 순례에 관한 규정도 정했다. 유대교의 새 정신은 열심당과 민족주의자들의 폭력성에 대한 역반응으로 나왔다. 랍비 요나단은 이렇게 말했다. "네 손으로 다시 이방인의 제단을 수축하지 않으려면, 이방인의 제단을 가벼이 부서뜨려서는 안 된다." 이런 말도 했다. "나무를 심고 있는데 누군가 메시아가 나타났다고 고하거든, 먼저 묘목을 심고 나서 메시아를 맞으러 가라."[139] 이제 야브네에서는 검은 잊히고 펜이 지배했다. 이 체제는 오랫동안 생명을 유지할 수 있도록 설계된 자율적인 과두체제였다. 학술원이 지식과 실적을 기준으로 새 랍비를 선택하거나 지명했다.
그러나 실권은 학문에서 두각을 나타내는 가문이 독점적으로 이어가는
경향이 있었다. 나중에 랍비 요나단의 후계자들은 랍비 가말리엘 2세에
의해 축출당한다. 가말리엘 2세는 사도 바울을 가르친 가말리엘의 아들
이다. 로마인은 그를 **나시**, 즉 민족의 우두머리로 대접했다.

　전체적으로 이들 학자는 바르 코크바의 반란에 가담하지 않았다. 그
렇다고 반란의 여파에서 자유로울 수는 없었다. 학자들은 가끔씩 비밀리
에 만나야 했다. 야브네에서 살기가 어려워졌다. 반란이 진압된 뒤 랍비
지도자들은 본거지를 갈릴리 서쪽에 있는 우샤라는 마을로 옮겼다. 대부
분의 랍비가 가난했다. 직접 노동을 했고 대부분은 육체노동에 종사했
다. 이 시대의 역사를 구성하기란 쉬운 일이 아니다. 유대인 스스로 역사
기록을 그만두었기 때문이다. 인물의 경력과 그 밖의 정보는 **할라카**라고
불리는 판례집과 **아가다**라고 불리는 설화와 전설에 가끔씩 등장하지만,
대개 시대적 배경을 알아내기 어려운 자료다. 유대인 학계는 균일하지도
아주 독립적이지도 않았다. 야브네가 배출한 가장 위대한 학자 중 하나
로 꼽히는 엘리샤 벤 아부야는 훗날 이단자가 되었다. 그의 제자인 랍비
메이어는 2세기 최고의 학자로 원래 유대인이 아니라 개종자일 가능성
이 크다. 여성도 활약했다. 메이어의 아내 브루리아는 할라카 권위자가
되었다. 유대인은 로마 제국으로부터 핍박과 박해를 받기도 하고, 때로
는 무관심 속에 방치되기도 했다. 물론 로마와 우호 관계를 유지하던 시
절도 있었다. 유대인 지도자들은 로마 제국으로부터 땅을 하사받고 광범
위한 사법권 행사를 승인받기도 했다. 기독교학자 오리게네스(185-254)
는 **나시**가 사형까지 선고했다고 전한다. 나시에게 세금을 징수할 수 있는
권리가 있었던 것만은 확실하다.

　2세기 후반부터 3세기 초에 걸쳐 활약한 랍비 유다 하 나시(135-220)

는 경호원까지 갖춘 부유한 인물이었다. 갈릴리와 남부 마을을 거의 세속 영주처럼 다스렸다. 그렇다고 완전히 세속 권력자는 아니었다. 그는 학자를 후원하는 데 재물을 사용했다. 우수한 학자가 있으면 집으로 초대해 상석에 앉히고 극진히 대접했다. 학자에게는 세금을 면제해주고 부족한 세입은 노동자에게서 거두어 메웠다. 흉년이 들면 곡간을 풀어 학자들부터 먹였다. 대신 배우지 못한 자들은 거들떠보지도 않았다. 그의 집에서 일하는 하녀도 히브리어를 알았고 어려운 단어의 뜻을 설명할 수 있을 정도였다고 한다. 철저한 엘리트주의자로서 이 부분에 관한 한 타협을 몰랐다. 배우지 못한 자들이 세상에 재앙을 불러오는 법이라고 냉혹하게 말하곤 했다.[140]

학자들의 가계는 제2 성전 시대에도 있었다. 당시 학자들은 주고트, 즉 두 명이 한 쌍으로 분류되었다. 주목할 만한 다섯 쌍의 주고트가 있었다. 마지막 주고트가 힐렐과 샴마이다. 주고트의 후손과 제자, 그 밖의 엘리트 그룹에 속하는 다른 학자들은 **타나임**이라 불렀다. 힐렐의 손자인 장로 가말리엘은 여섯 세대 중 첫 세대이고 유다 하 나시가 마지막 세대다. AD 220년경의 랍비 하이야 랍바와 함께 시작된 그다음 세대는 **아모라임**으로 불리는 학자의 시대를 열었다. 아모라임 시대는 유대에서 4세기 말까지 다섯 세대에 걸쳐 이어지고 바빌로니아에서 유배 생활을 하는 5세기 말까지 여덟 번째 세대가 이어졌다. 포로 생활이 끝난 뒤에도 바빌론과 주변 지역에는 대규모 유대인 공동체가 있었다. 바빌론에 사는 유대인은 예루살렘 지도자들, 나중에는 야브네의 지도자들에게서 유대력을 계산하는 방법을 받아들이면서 그들과 계속 교류했다. 여건이 되면 예루살렘을 순례하기도 했다. 바리새파, 즉 랍비가 주도하는 유대교가 바빌론에 전해진 직접적인 계기는 바르 코크바의 반란이다. 유대를 탈출한 학자들이 파르티아 땅으로 몸을 피했고 그곳에 학술원을 세웠다. 이런 학교는 주로 지금의 바그다드 남쪽의 수라와 서쪽의 품베디타에 집중되었고 11세기까지 그곳에서 번영했다. 팔레스타인 땅에 있던 학술원의 소재지는 시대에 따라 바뀌었다. 유다 하 나시의 시대에는 학자들이 뱃쉐아림에 모여 있었지만, 그가 죽은 뒤에는 가이사랴와 디베랴, 룻다에 중요한 학술원이 들어섰다.

아쉽게도 이 시대 유대 역사에 관한 흔적은 찾기가 쉽지 않다. 더욱이 지금은 유대인 고고학자가 이라크 지역에서 발굴 활동을 할 수도 없는 상황이다. 수라에 있던 유대인 정착지는 1170년대에 투델라의 베냐민이라는 유대인 여행가가 방문했을 때 이미 자취를 감춘 뒤였다. 거리는 완전히 폐허가 되어 있었다. 그래도 품베디타에서는 상당한 규모의 공동체를 발견했다고 기록했는데, 이것이 이 거리에 관한 마지막 기록이다.

한편, 1932년 유프라테스 강 유역 두라 에우로포스라 불리던 로마 시대 상업 도시에서 고고학 발굴이 진행되었다. 여기서 BC 245년으로 추정되는 회당이 발견되었다. 회당에는 아람어와 그리스어, 팔레비 시대 파르티아어로 비명이 새겨져 있다. 아마도 이곳 유대인 정착지는 북왕국이 멸망하고 유배 생활을 하던 때부터 있었던 모양이다. 그 후 66년부터 70년까지, 132년부터 135년까지 계속된 두 번의 반란으로 더 많은 정통파 유대인이 이주하면서 정착지는 더욱 견고해졌다. 그러나 당시 많은 공동체가 그랬듯 이 공동체 역시 이단의 색채가 짙었다. 예상대로 건축물은 그리스 양식으로 되어 있다. 그런데 놀랍게도 메시아를 통한 귀환과 회복, 구원을 소재로 삼은 벽화 30개가 발견되었다. 이 벽화는 현재 다마스쿠스의 국립박물관에 소장되어 있다. 벽화에는 족장과 모세, 출애굽, 법궤를 빼앗긴 사건, 법궤 반환, 다윗과 에스더의 모습이 담겨 있다. 학자들은 이 벽화가 2세기부터 3세기에 있었던 성경 사건과 관련이 있고, 기독교의 성화 역시 유대교가 그 기원임을 보여준다고 말한다. 당시

유대인 사회 중에는 형상을 만들지 말라는 계명을 엄격하게 지키지 않는 곳이 더러 있었던 것 같다.[141]

팔레스타인에는 현자의 시대에 시작된 회당과 무덤이 많이 남아 있다. 갈릴리 호수의 디베랴에는 4세기의 회당이 있는데, 모자이크로 장식된 바닥에는 인간과 동물의 모습, 열두 개의 별자리가 그려져 있다. 이곳과 가까운 언덕에는 순교자 랍비 아키바와 요하난 벤 자카이의 무덤이 있다. 호수에서 3.2킬로미터 떨어진 곳에는 랍비 메이어의 무덤도 있다. 1905년과 1926년에는 예수를 통해 종의 병을 고친 백부장이 회당을 세운 가버나움에서 2-3세기 양식의 회당이 발견되었다. 양각나팔 **쇼파르**와 촛대 **메노라**, 만나 단지, 종려나무, 다윗의 방패 문양을 담은 조각도 발견되었다. 시리아와 이스라엘 북부에서는 회당 세 곳이 발굴되었다. 나사렛에서 하이파로 연결되는 도로에서 조금 벗어난 곳에서는 벳 쉐아림의 유다 하 나시가 세운 학술원과 회당, 지하 묘지, 공동묘지가 함께 발견되었다. 공동묘지에는 많은 조각품이 흩어져 있었다. 유다의 무덤도 그곳 어딘가에 있었을 것이다.[142]

그러나 개인의 것이든 공동체의 것이든, 이 시대 학자들의 주요 업적은 바로 거룩한 기록이다. 유대인의 성스러운 학문은 여러 층이 켜켜이 쌓여 완성된 것으로 보아야 한다. 각 층은 이전에 쌓은 층 위에 쌓은 것이다. 맨 아래 층은 당연히 모세오경이다. 모세오경은 포로기 이전에 거의 완성되었고 귀환 후에 조금씩 수정된 것으로 보인다. 유대 율법의 근간이 되는 책으로 다른 모든 책의 토대다. 그다음에 예언서와 시편, 지혜문학이 이어진다. 이들 책의 정경화 작업은 앞에서 살펴본 대로 AD 70년부터 132년 사이에 랍비 요하난 벤 자카이의 주도로 완성되었다. 여기에 유대교와 유대 역사를 이해하기 위해 필요한 다양한 작품이 추가된다. 여기에는 칠십인역으로 불리는 그리스어 성경, 요세푸스의 작품, 외경과 다양한 고문서가 있다.

타나임, 아모라임, 미쉬나, 탈무드

다음 단계로 수 세기 동안 입에서 입으로 전해 내려오는 구전 율법을 분류해서 기록했다. 이 작업을 가리켜 미쉬나라고 부른다. 미쉬나는 히브리어로 공부 또는 반복이라는 뜻으로 반복하다 또는 반복해서 연구하다를 의미하는 동사 샤나에서 유래한 용어다. 한마디로 되풀이해 가르쳐서 뇌리에 새기는 구전이란 뜻이다. 미쉬나는 미드라시, 할라카, 아가다 세 부분으로 나뉜다. **미드라시**는 해석상의 의문점을 분명히 밝히기 위해 모세오경 해석 방법을 정리한 것이다. **할라카**는 일반적으로 옳다고 인정하는 율법을 바탕으로 특정 문제를 판결한 판례 모음집이다. 마지막 **아가다**는 일반인이 율법을 이해하기 쉽게 하려고 사용한 일화와 전설을 모은 것이다. 여러 세대를 거치는 동안 이런 해석과 판례, 설화가 점차 기록의 형태를 갖추었다. 바르 코크바 반란 이후 2세기 말엽 랍비 유다 하 나시와 그 제자들이 중심이 되어 구전 율법을 분류하고 기록하는 작업을 진행했고, 이 자료는 미쉬나라는 한 권의 책으로 정리되었다.

미쉬나는 총 6부로 구성되어 있다. 각 부는 다시 여러 편으로 이루어진다. 1부는 11편의 논문을 수록한 제라임으로 기도, 제물, 직함을 다룬다. 2부는 12편의 논문을 수록한 모에드로 안식일과 절기를 다룬다. 3부는 7편의 논문을 수록한 나심으로 결혼과 이혼 문제를 다룬다. 4부는 10편의 논문을 수록한 네지킨으로 민형사 사건, 재판관, 처벌, 증인의 문제를 다룬다. 5부는 11편의 논문을 수록한 코다심으로 희생 제사와 신성모독에 관한 문제를 다룬다. 6부는 12편의 논문을 수록한 토호로트로 불결한 사람들과 정결 의식을 논한다.[143] 미쉬나에 덧붙여 타나임의 어록과 판결을 정리한 **토세프타**가 있다. 미쉬나의 네 배에 달하는 책으로 기원과 성립 연대, 구성, 미쉬나와의 정확한 관계를 확인할 길이 없어 1,000년 넘게 학자들 사이에서 논쟁이 되풀이되고 있다.[144]

후세대 학자들은 미쉬나가 완성되자마자 미쉬나에 대한 주석을 쓰기 시작했다. 이 학자들이 바로 실제 사건을 바탕으로 법 이론을 확립한 이들이다. 이 시기에 랍비들의 연구 방법이 바빌로니아에 전해졌기 때문에 주해 작업은 에레즈 이스라엘, 즉 이스라엘 땅과 바빌로니아 학술원 두 곳을 중심으로 이뤄졌다. 양쪽에서 연구 또는 배움을 뜻하는 탈무드라는 책이 나왔다. 유대교 학자들인 아모라임이 여러 세대에 걸쳐 정리한 것이다. 예루살렘 탈무드, 좀 더 정확히 말하면 서방 탈무드는 4세기 말에 완성되었고, 바빌로니아 탈무드는 그보다 1세기 늦게 완성되었다. 각각의 탈무드에는 미쉬나의 소논문에 관한 주석이 달려 있다. 이것이 세 번째 층을 형성했다.

그 후 계속해서 여러 층이 쌓이고 쌓였다. 우선 탈무드의 주석서인 페루쉼이 나왔다. 페루쉼 중 가장 뛰어난 예는 11세기 바빌로니아 탈무드를 주해한 라시의 주석이다. 히두쉼도 추가되었다. 히두쉼은 서로 다른 자료를 비교해서 일치시킴으로써 새로운 규칙, 즉 **할라카**를 만들었다. 가장 고전적인 히두쉼은 바빌로니아 탈무드에 관한 것으로 12세기부터 13세기에 걸쳐 완성되었다. 이 밖에 **레스폰사** 프루덴티움, 즉 주요 학자들이 주어진 질문에 서면으로 답한 것이 있다. 마지막으로 이런 방대한 책을 체계적으로 정리해서 성문화하는 작업이 이뤄졌다. 11세기부터 16세기에 걸쳐 이 작업을 담당한 대표적인 학자로는 이츠하크 알파시, 마이모니데스, 야코프 벤 야셰르, 요세프 카로 등이 있다. **가온**의 시대 또는 게오님의 시대로 알려진 5세기부터 11세기까지 학자들은 유대 공동체와 학술원의 권위 아래 해석을 통일하고 집대성하는 데 힘썼다. 그러나 그 후 랍비의 시대에 접어들어서는 다양한 해석이 등장했고 학자 개개인이 독자적으로 율법 발전을 주도했다. 그리고 16세기부터 18세기 말까지 이 여정의 에필로그로 아하로님의 시대가 도래했다.

그러는 동안 유대인 공동체는 근동과 지중해 지역 전체로 퍼져나갔고, 유럽 중부와 동부 대부분의 지역까지 진출했다. 이 시기에 유대인은 법적 문제를 자기들의 종교 법정에서 처리했다. 층층이 쌓여가는 문헌은 성경의 참된 의미를 밝히려는 연구 활동의 산물로만 머물지 않고 현실 세계에서 일어나는 분쟁과 일상생활에 적용할 수 있는 실용적인 율법 체계를 형성했던 것이다. 이를 테면, 자연법과 성경의 율법, 유스티니아누스 황제의 법전, 교회법, 영국 관습법, 유럽 시민법, 의회법, 미국 헌법, 나폴레옹 법전을 하나로 모아놓은 것이라 할 수 있었다. 그러다 19세기에 대다수 유대인이 게토에서 해방되어 더 이상 독자적인 사법 제도를 운영할 필요가 없어지자 할라카 연구는 순수 학문으로 변모했다. 그러나 선진 사회에 사는 유대인도 계속해서 결혼에 관한 규례를 따랐고 낙후된 지역에서는 할라카의 영향력이 훨씬 더 광범위했다.

세계 역사상 이토록 오랫동안 도덕적·윤리적 가르침과 민형사상의 법적 규제를 결합시키려 애쓴 사회를 찾아보기 어렵다. 물론 결함도 많았다. 유대계 그리스도인이 유대교의 속박에서 벗어나고 나서야 보편성을 얻을 수 있었던 것도 유대교에 내재한 결함 때문이다. 훗날 계몽주의 시대에는 비유대인뿐 아니라 학식 있는 유대인들까지 유대교의 법체계가 절망적일 정도로 시대착오적이라며 진절머리를 냈다. 그러나 여기에는 주목할 만한 강점도 있다. 유대교의 법체계는 유대인에게 윤리적이고 사회적인 세계관을 갖게 해주었다. 이 세계관은 점차 세련미를 갖추어갔고 아주 실용적인데다 내구성이 뛰어났다.

유대교 윤리신학의 성숙

하나님의 형상대로 창조되었으므로 인간의 생명은 존엄하다는 생각, 이 것이 유대 윤리관의 핵심 개념이다. 앞에서 살펴본 것처럼 이 개념은 아주 일찍부터 형사법 관련 규정에 영향을 끼쳤다. 현자들과 후계자들은 이 개념의 의미를 연구하고 살을 붙여서 놀라울 정도로 상세한 법률 체계로 발전시켰다. 모든 것은 하나님에게서 나온 것이다. 인간은 하나님이 주신 선물을 일시적으로 사용하고 있는 것뿐이다. 따라서 인간은 부지런히 땅을 경작할 의무가 있을 뿐 아니라 땅을 사용할 때 미래 세대를 염두에 두어야 한다. 인간의 몸 역시 하나님이 주신 선물에 해당한다. 그래서 힐렐은 육체를 단련하고 건강을 유지할 의무가 인간에게 있다고 가르쳤다. 그리스 철학에 영향을 받은 다른 이들처럼, 필론은 도덕적으로 육과 영을 구분하고 육을 이성적인 영에 반대되는 감정적이고 비이성적인 음모자라고까지 말했다. 그러나 랍비가 이끄는 주류 유대교는 선의 힘과 악의 힘을 구분하는 영지주의를 거부했듯이 영육 이원론을 거부했다. 랍비들은 육체와 영혼은 하나이기에 죄에 대한 책임을 함께 지고 함께 처벌받아야 한다고 가르쳤다.

이 사상은 기독교와 유대교의 중요한 차이점 중 하나다. 유대인은 금욕과 금식을 통해 육체를 약화시킴으로 영을 강화시킨다는 기독교 사상을 혐오했다. 유대교 안에도 AD 1세기까지는 고행을 하는 종파가 있었지만, 랍비가 유대교의 체계를 잡은 뒤에는 수도원이나 은둔, 고행과 완전히 결별했다. 공동체 전체가 죄를 회개하는 상징으로 금식을 공표할 수는 있지만, 개인적인 금식은 죄악으로 간주하여 금지했다. 예전에 나실인이 그랬던 것처럼 포도주를 금하는 것 역시 죄였다. 하나님이 인간의 필요를 위해 준비하신 선물을 거부하는 것이기 때문이다. 채식주의를 장려하는 일도 거의 없었다. 기독교와 다른 점을 또 하나 꼽자면 독신을 권하지 않는다는 것이다. "토라가 금하는 것으로 부족해서 스스로 금지 조항을 덧붙인단 말인가?" 이것이 랍비들의 입장이었다. 하나님의 형상을 따라 창조된 육체는 모든 면에서 지나침이 없게 행해야 하며 적절히 다루어져야 한다. 모든 인간 행동과 관련하여 유대인의 표어는 자제 또는 절제이지 금욕은 아니었다.[145]

인간은 하나님에게 속해 있으므로 자살은 신성모독 행위다. 쓸데없이 자기 목숨을 위험에 처하게 하는 것 역시 죄악이다. 국가로부터 보호를 받지 못하고 계속해서 박해의 위협에 노출되어 있는 유대 민족에게 이것은 아주 중요한 문제였다. 더욱이 2,000년 후 홀로코스트를 경험하면서 이것은 무엇보다 중요한 문제가 되었다. 현자들은 인간에게 다른 사람의 목숨을 희생시키면서까지 자기 목숨을 구할 권리가 없다고 판단했다. 마찬가지로 남의 목숨을 구하기 위해 자기 목숨을 버릴 의무도 없었다. 하드리아누스 황제가 박해를 일삼던 시대에 룻다에 살던 현자들은 목숨을 부지하기 위해서라면 계명을 조금 어겨도 상관없다고 판단했다. 그래도 절대로 허용되지 않는 행위가 세 가지 있었으니, 바로 우상 숭배, 간음 및 근친상간, 살인이다. 인간의 생명이 걸린 문제에서 숫자는 중요하지 않았다. 다수의 목숨을 구한다는 명분으로 죄가 없는 자를 희생시켜서는 안 된다는 말이다. 각 사람은 인류의 상징이므로 한 사람을 죽이는 자는 어떤 의미에서 생명의 원리를 파괴하는 것이고, 마찬가지로 한 사람의 생명을 구했다면 인류를 구한 것과 같다는 생각은 미쉬나의 중요한 원리다.[146] 랍비 아키바는 살인은 인류에게 남겨진 하나님의 형상을 포기하는 행위라고 생각했던 것 같다. 필론은 살인이야말로 가장 심각한 죄일 뿐 아니라 가장 중대한 신성모독이라고 보았다. 마이모니데스는 "살인자가 아무리 많은 돈으로 보상하려 하고 고소인이 살인자를 방면하는 것에 동의한다 하더라도 이는 절대로 받아들일 수 없다. 살해당한 자의 생명은… 거룩하신 하나님, 송축 받으실 그분의 소유이기 때문이다"라고 기록했다.[147]

하나님은 만물과 만인의 주인이시므로 인간에게 짓는 모든 죄는 하나님에게 짓는 죄다. 하나님을 거스르는 죄도 심각하지만, 같은 인간에게 짓는 죄는 더 심각하다. 그 죄는 인간에게 짓는 죄인 동시에 하나님에게 짓는 죄이기 때문이다. 하나님은 눈에 보이지 않는 제삼자다. 따라서 모든 거래에서 유일한 증인이다. 그러므로 계약서가 없다고 거짓말을 하는 것은 계약을 위반하는 것보다 더 나쁘다. 백주에 당당하게 강도짓을 하는 것이 사람이 보지 않는 곳에서 몰래 훔치는 것보다 낫다. 남이 보지 않는다고 죄를 짓는 것은 이 땅의 권력을 하나님이 내리는 천벌보다 두려워한다는 뜻이기 때문이다.[148]

인간은 모두 하나님의 형상대로 창조되었으므로 근본적으로 동등한 권리를 가지고 있다. 제2 성전 시대에 바리새파의 발흥과 더불어 유대 사회에서 노예 제도가 사라진 것은 우연이 아니다. 바리새파는 하나님이 법정의 참 재판관이시기에 왕이든 제사장이든 자유민이든 노예든 하나님의 법정에서는 모두가 평등하다고 주장했다. 이 점에서 바리새파와 사두개파의 시각은 근본적으로 달랐다. 바리새파는 주인이 자기 가축을 책임지는 것처럼 자기 노예가 한 행동에 책임을 져야 한다는 생각에 동의하지 않았다. 다른 사람과 마찬가지로 노예도 스스로 판단할 수 있는 능력이 있기 때문이다. 이런 주장은 노예에게 법정에 설 수 있는 자격을 부여했다. 그리고 누구든 법률상의 권리를 가지게 되면 더 이상 노예일 수가 없다.

산헤드린을 장악한 바리새파는 왕도 산헤드린의 소환에 응해야 하고 실제로 법정에 출두해야 한다고 주장했다. 이런 입장은 산헤드린과 하스몬 가문 및 헤롯 사이에 심각한 갈등을 불러일으켰다. 폭군은 산헤드린 법정을 실력으로 제압할 수 있었고 실제로도 그렇게 했지만, 원래는 그럴 수 없게 되어 있었다. 결국 율법에 근거하여 판결하는 할라카 관습이 미쉬나에 집대성되면서 유대 사회에서 만인은 법 앞에 평등하다는 원리가 이론의 여지없이 견고하게 자리를 잡았다. 그런데 이 개념은 훗날 기독교 이론가들이 왕권신수설을 발전시키기 위해 끌어온 개념, 즉 유대의 왕은 주께서 기름을 부으신 자라는 개념과 모순된다. 그러나 사실 유대인은 기름 붓는 행위를 법적으로 의미 있는 행위로 받아들인 적이 없다. 성경은 다윗이 제멋대로 권력을 휘두르자 가차 없이 비난했고, 나봇의 포도원을 빼앗은 아합의 행위에 대해서도 극악무도한 죄라고 비난한다. 이것이 유대교와 왕정이 어울릴 수 없는 이유다. 유대인은 왕이 온갖 의무를 다하기를 바라면서 정작 권리를 행사하는 것은 인정하지 않았다. 실제로 많은 유대인이 기름 붓는 것보다 그 전부터 행해온 선출 관습을 더 좋게 생각했다. 필론은 왕이나 재판관, 관리를 선출하는 쪽을 지지하면서 신명기 말씀을 인용한다. "당신들도 왕을 세우고 싶다는 생각이 들거든… 겨레 가운데서 한 사람을 왕으로 세우고, 같은 겨레가 아닌 외국 사람을 당신들의 왕으로 세워서는 안 됩니다."[149] 요세푸스는 이스라엘을 다스리시는 분은 하나님뿐이라는 기드온의 입장을 지지하되, 만일 왕이 필요하다면 그 왕은 유대인이어야 하고 율법의 통제를 받아야 한다는 입장이었다.

유대 사회의 실제적인 통치자는 법정이었다. 사실 하나님의 율법이 지배하는 사회에서는 당연한 일이다. 재판관이 아니라 법정을 강조한 것은 인간은 누구도 유일한 재판관이 될 수 없다는 중요한 원칙 때문이다. "홀로 판결하지 말라. 하나님 외에 홀로 판결할 수 있는 자는 아무도 없다."[150] 평결은 다수결로 이루어졌고 사형을 선고하려면 최소한 두 번에 걸쳐 다수의 지지를 받아야 했다. 다수결의 원칙은 토라 해석에도 적용되었다. 유대교가 수 세기 넘게 단결할 수 있었던 이유는 이런 다수결 원칙을 고수하되 일단 공정하게 내려진 결정에 불복하는 자는 매우 가혹하게 처벌했기 때문이다. 동시에 이견을 제시한 소수파는 다수의 결정을 따르되 자신의 입장을 글로 기록할 권리를 보장받았다. 이는 미쉬나에 의해 확립된 중요한 관습이다. 법정과 학자들의 기구에서는 선거 대신에 호선互選을 실시했다. 학식이 꼭 필요했고 학식이 있는 자만 판결을 내릴 수 있다고 보았기 때문이다. 유대 사회는 일정한 교육을 받고 자격을 갖춘 자에게만 선거권을 준 최초의 사회다. 그러나 실제로는 "공동체의 협의를 거치지 않고는 공동체의 관리를 임명하지 않았다."[151] 법정뿐 아니라 율법에도 민주적인 기초가 깔려 있었다. 특정 공동체의 관습을 알아내기 위해 후대 앵글로 색슨 사회의 배심원단과 크게 다르지 않은 제도가 사용되었다. 그리고 이렇게 해서 알아낸 관습을 참작해서 법적 결정을 내렸다. 법 규정은 공동체 전체가 받아들일 수 있는 것이어야 한다는 원칙이 유대 법체계 안에 함축 또는 명시되었다. "법정이 공동체에 부과했으나 공동체 대다수가 받아들이지 않은 법령은 효력이 없다."[152]

사회적 책임의 필요성

유대 법률은 사람을 권리를 지닌 개인인 동시에 의무를 지닌 공동체의 일원으로 이해한다. 역사상 이처럼 일관되게 개인과 사회의 역할을 잘 조화시킨 법 제도도 없다. 이는 유대인이 견디기 힘든 박해를 받으면서도 단결할 수 있었던 또 다른 이유다. 유대 사회는 법 앞에 평등해야 했다. 이것은 개인을 보호하는 최상의 보호 장치다. 그러나 끊임없이 박해를 받는 사회는 기본적인 평등에도 우선순위가 있게 마련이다. 현자들이 내린 결정 중에 주목할 만한 것이 있다.

> 남자의 목숨을 구하는 일은 여성의 목숨을 구하는 일보다 우선한다. … 여자의 벗은 몸을 가리는 일이 남자의 벗은 몸을 가리는 일보다 우선한다. 속전에 관해서는 여자가 남자보다 우선한다. 다른 남자에게 성폭행 당할 위험에 빠진 남자가 강간당할 위험에 빠진 여자보다 우선한다. 제사장은 레위인보다, 레위인은 이스라엘 백성보다, 이스라엘 백성은 외국인보다, 외국인은 기브온 사람의 후손인 나틴보다, 나틴은 개종한 변절자보다, 개종자는 노예보다 우선한다. … 그러나 만약 외국인이 율법을 배워 알고 대제사장이 율법에 무지하다면, 외국인이 대제사장보다 우선한다.[153]

말하자면 학자가 암 하아레츠, 즉 무지한 백성보다 사회에 더 가치 있다는 말이다. 따라서 학자에게는 재판에 참석할 자격이 있다. 그러나 소송 상대가 암 하아레츠라면 개인의 평등 원칙에 따라 그 또한 참석할 권리를 갖는다. 현자들은 모든 사람에게 스스로 존엄을 지킬 권리를 준 최초의 법률학자였다. 그들은 다음과 같이 판단했다. "만약 누군가 동료에게 상처를 입혔다면, 그는 상해, 고통, 치료, 잃어버린 시간, 인간의 존엄성에 대한 모욕 등 다섯 가지 소송 원인에 대해 문책을 받아야 마땅하다." 그러나 존엄성에 대한 모욕은 당사자의 사회적 지위에 따라 다르게 판단했다.[154]

인간은 법 앞에 평등할 뿐 아니라 신체의 자유도 가지고 있다. 현자들과 랍비들은 재판 전에 신체를 구속하는 것은 인정하면서도 처벌의 수단으로 죄인을 투옥하는 것은 유별나게 싫어했다. 사람에게는 신체적 구속을 받지 않고 자유롭게 활동할 권리가 있다는 생각이 유대교에 뿌리를 내린 지는 아주 오래되었다. 유대 사회가 노예 제도를 거부한 고대 최초의 사회였던 것도 이 때문이다. 그러나 신체의 자유가 있다고 해서 도덕적으로도 자유로운 것은 아니다. 인간은 공동체에 대한 의무를 진다. 또한 정당하게 구성된 행정 당국의 지시를 따를 의무가 있다. 유대 법은 반역자에게는 어떠한 자비도 베풀지 않고 사형으로 다스렸다. 고대 후기에 각각의 유대인 공동체는 일곱 명으로 구성된 지도부를 통해 효과적인 회중 통치를 이루어냈다. 지도부에서 급료와 물가, 도량형, 내규를 정했고 범죄자를 처벌할 수 있는 권한을 가졌다.

공동체에 세금을 낼 의무는 사회적 의무인 동시에 종교적 의무였다. 자선 활동 역시 의무였다. 자선을 뜻하는 체다카라는 단어에 의로움이라는 뜻도 담겨 있기 때문이다. 후대에 등장한 복지 국가의 모델이 된 고대 유대 사회의 복지 제도는 자발적 기부로 운영되지 않았다. 각 사람이 재력에 따라 복지 기금을 기부해야 했고, 이 의무를 다하지 않으면 법으로 강제할 수 있었다. 마이모니데스는 재력이 있으면서도 기부를 기피하는 유대인을 반역자로 간주하고 처벌해야 마땅하다고 판단했다. 이 밖에도 땅을 팔려고 내놓을 경우 이웃에게 제일 먼저 구입할 기회를 주는 등 이웃을 배려할 의무와 사생활을 존중할 의무가 있었고, 소음이나 악취를 유발하거나 야만적인 행위를 하거나 환경을 오염시키면 안 된다는 엄격한 조항이 있었다.[155]

공동체의 일원으로서 지켜야 할 이런 의무는 유대 신학 안에서 이해할 필요가 있다. 현자들은 유대인이라면 이런 사회적 의무를 부담스럽게 여기지 말고 하나님을 향한 사랑과 의로움을 표현하는 방법으로 생각하라고 가르쳤다. 그리스인에 비하면 유대인은 자유를 제대로 이해하지 못한다는 비판을 받곤 했다. 그러나 선한 양심을 유지할 때 진정한 자유가 찾아온다는 사실을 알고 있었다는 점에서 유대인이 자유의 의미를 더 잘 이해했다고 할 수 있다. 이것은 사도 바울이 유대교에서 가져다 기독교에 전한 사상이다. 유대인은 죄와 덕이 개인의 문제일 뿐 아니라 공동체 차원의 문제라고 보았다. 성경은 성읍과 공동체, 국가가 행위에 따라 보상과 처벌을 받는다는 사실을 반복해서 보여준다. 토라는 유대인을 한 몸이요 하나의 정신으로 단결시켰다.[156] 개인이 자신이 속한 공동체로부터 유익을 얻듯이 개인은 공동체에 이바지할 의무가 있다. 이에 관해 장로 힐렐은 다음과 같이 기술한다. "죽는 날까지 공동체를 떠나지 말며 자신을 신뢰하지 마라." 마이모니데스 같은 자유주의자조차도 공동체를 떠난 유대인은 다른 방식으로 하나님을 경외한다 하더라도 내세에 분깃이 없을 것이라고 경고했다.

성경은 한 사람이 지은 죄가 알아차릴 수 없을 정도로 사소할지라도 그것은 온 세계에 영향을 끼치고 반대의 경우도 마찬가지라는 전체론적 관념을 내포하고 있다. 그러나 유대교는 개인이 자기 행동에 책임을 지고 심판을 받는다는 원칙이 공동체의 책임과 심판이라는 더 근본적인 원칙보다 우선하는 것을 절대로 용납하지 않는다. 이렇듯 개인의 책임과 공동체의 책임을 동시에 운용함으로써 사회적 책임이라는 정교하고 영속성 있는 신조가 생겨났다. 이것은 유대교가 인류에 공헌한 것 중에서 가장 위대한 업적에 속한다. 사악한 자들은 모두의 수치이고, 경건한 자들은 모두의 자랑이자 기쁨이다. 필론이 쓴 가장 감동적인 글에 다음과 같은 내용이 나온다.

> 지혜로운 자는 어리석은 자를 해방시킬 속전이다. 현자가 긍휼히 여기는 마음과 앞을 내다보는 신중한 생각으로 어리석은 자를 보호하지 않으면, 그들은 한 시간도 홀로 버티지 못할 것이다. 현자는 병약한 자를 도와 질병과 싸우는 의사와 같다. ⋯ 그러므로 지혜로운 자가 죽었다는 소식을 들으면 나는 마음이 아프다. 내가 마음 아파하는 이유는 죽은 현자 때문이 아니다. 기쁨 속에 살다가 존경을 받으며 이 세상을 떠났으니 그를 위해 슬퍼할 이유가 무어란 말인가. 내가 가슴 아파하는 이유는 남겨진 자들 때문이다. 안전한 보호막을 잃어버린 어리석은 자들은 이제 사막 한복판에 버려진 것 같은 비참한 처지에 이르렀고, 하나님의 섭리로 죽은 현자를 대신할 보호자가 세워지지 않는 한, 그들은 오래지 않아 고통을 느끼게 될 것이다.[157]

현명한 사람은 자신의 지혜를 공동체를 위해 사용하지 않으면 안 된다. 부자가 자신의 재물을 공동체와 함께 나누지 않으면 안 되는 것과 마찬가지다. 따라서 필요한 때에 봉사에 게으른 것은 죄이고 다른 사람을 위해 기도하는 것은 의무다. "누구에게나 동료를 위해 하나님의 자비를 구할 힘이 있으므로, 이에 게으른 자는 죄인이다." 유대인은 서로가 서로를 위해 존재해야 한다. 만약 같은 유대인이 죄를 짓는 것을 보면, 그를 책망하고 그만두게 해야 한다. 그렇게 하지 않으면, 자신도 죄를 짓는 것이 된다. 공동체는 공공연히 나쁜 짓을 저지르는 자에게 책임이 있다. 유대인에게는 언제나 사악한 행위를 증언하고 이의를 제기할 의무가 있다. 특히 권력자가 공공의 규율을 깨뜨리는 큰 죄를 짓는 것을 보면, 반드시 하나님에게 처벌을 요구해야 한다. 타인이 저지르는 명백한 죄악에 맞서는 일은 아주 중요하다. 그러나 악의적인 거짓 고발은 가증스러운 짓이다. 타인의 명예를 의도적으로 부당하게 흠집 내는 것은 가장 두려운 죄에 해당한다. 마녀 사냥은 집단 악이다. 토라와 토라에 대한 방대한 주석은 민형사 법체계인 동시에 윤리 신학이기도 했다. 그래서 특정 사항에 대해 아주 구체적으로 법적 규칙을 정하는 한편, 영적 요소와 징벌에 호소하면서 일시적인 것에 지나지 않는 법정의 권위를 높이려고 애썼다. 재판의 엄정성을 유지하는 것만으로는 충분하지 않았다.

회개와 속죄라는 개념을 처음 도입한 것도 유대인이다. 이것은 기독교에서도 중요한 주제가 되었다. 성경은 마음을 돌이키는 것에 대해 반복해서 이야기한다. 요엘서가 언급하는 것처럼 "진심으로 회개하고 나에게로 돌아오라"고 촉구한다. "옷을 찢지 말고, 마음을 찢어라"(요엘 2:13). 에스겔서에서는 마음과 영을 새롭게 하라고 명령한다. 율법과 법정이 존재하는 이유는 단순히 피해자에게 배상을 하게 하기 위해서가 아니다. 갈등 당사자가 진정으로 화해할 수 있도록 노력하는 데 율법과 법정의 존재 의의가 있다. 지향점은 유대 사회를 하나로 단결시키는 것이다. 따라서 율법과 현자의 판단은 화해를 촉진하고 갈등을 유발할 소지를 제거하는 적극적인 역할을 담당했다. 명목상의 정의 실현에 그치지 않고 평화를 이루는 일을 중시했다. 판단하기 어려운 사건에 부딪히면 현자는 으레 지혜를 들려주는 잠언 한 구절을 인용하곤 했다. "지혜의 길은 즐거운 길이요, 그 모든 길에는 평안이 있다."[158]

평화에서 적극적인 가치를 찾아내는 태도 역시 유대인이 처음 고안한 것이다. 그것은 고상한 이상인 동시에 인간 사회에서 실현 가능한 상태다. 이 주제는 성경 전체, 그중에서도 가장 훌륭한 작품으로 꼽히는 이사야서에서 중점적으로 다룬다. 미쉬나는 이렇게 서술한다. "이 세상을 유지시키는 것이 셋 있으니, 바로 정의와 진리, 평화다." 그리고 이렇게 결론을 맺는다. "하나님이 이스라엘 자손에게 주신 축복 중에 평화처럼 귀한 것이 없다. 성경은 이렇게 말한다. '주님은 자기의 백성에게 힘을 주신다. 주님은 자기 백성에게 평화의 복을 내리신다.'"[159]

현자들도 학문을 통해 수행해야 할 큰 과업 중의 하나는 율법을 활용하여 평화를 증진시키는 일이라고 말했다. 남편과 아내, 부모와 자녀, 더 넓게는 공동체와 나라 사이의 평화 말이다. 평화를 바라는 기도는 가장 소중한 기도이고 경건한 유대인은 하루에 세 번 이 기도를 드렸다. 현자는 "희소식을 전하려고 산을 넘어 달려오는 저 발이여! 평화가 왔다고 외치며, 복된 희소식을 전하는구나"라는 이사야서 말씀을 인용하며 메시아가 이 세상에 나타나서 처음 할 일이 평화를 선포하는 것이라고 믿었다.[160]

폭력 포기 선언

유대인의 역사에서 가장 중요한 사건이자 유대교가 이스라엘 자손의 원시 신앙과 확실하게 구분되는 특징이 바로 평화에 대한 강조다. 135년 이후 유대교는 실제로 정의를 위한 폭력까지도 포기한다. 이런 이유로 유대인은 내심 국가를 신뢰하지 않았다. 그 대신에 평화에 대한 신념이 아주 강해졌다. 유대 영웅의 무용담이나 영웅 숭배는 뒤로 밀려났다. 이제 더 이상 그런 것들은 유대 사회를 지탱하는 공통의 관심사가 되지 못했다. 대신에 유대인의 평화주의가 등장했다. 후세대 유대인에게는 야브네에서 일어난 사건, 즉 전사의 자리를 학자가 대신한 사건은 마사다에서 일어난 사건보다 훨씬 중요했다. 무너져버린 마사다 요새는 20세기에 홀로코스트의 섬뜩한 불꽃이 일어나기 전까지 유대인의 기억에서 잊혔고, 홀로코스트 사건이 있고 나서야 야브네의 전설을 대체하는 유대 민족의 요체가 되었다.

국가의 보호를 기대할 수 없어 늘 위험에 노출되어 있는 유대 민족에게는 내외적으로 조화와 평화를 강조하면서 이 둘을 이루어낼 방법을 연구하는 것이 아주 중요했다. 토라에 주석 작업을 하는 목적도 바로 여기에 있었다. 이 연구를 통해 유대인은 기적이라 해도 좋을 만큼 눈부신 성공을 거두었다. 토라는 유대인의 단결에 필요한 힘의 원천이 되었다. 유대인만큼 공공 법률과 교리의 혜택을 많이 받은 민족도 없다. 제2 성전 시대에 두드러졌던 분파 활동은 2세기 이후 완전히 모습을 감추었다. 모든 분파가 랍비 중심의 유대교로 흡수되었다. 물론 토라를 연구하는 곳에서는 늘 격렬한 토론이 벌어졌지만, 어디까지나 다수의 합의를 이끌어내기 위한 토론이었다. 말하자면 유대 국가의 소멸은 유대인에게 큰 축복이었던 셈이다.

유대교의 중요한 특징을 또 하나 꼽자면 교리에 얽매이지 않는 유대교의 신학을 들 수 있다. 기독교는 태생적으로 교리상의 난제를 안고 있다. 유일한 신을 믿는다는 점에서 유대교와 다를 바 없지만, 기독교가 믿는 유일신론은 그리스도의 신성神性이라는 개념과 결부되어 있다. 이 문제를 해결하고자 기독교는 그리스도의 두 본성에 대한 교리와 성부, 성자, 성령 삼위의 격格이 단일 신성 안에서 하나라는 삼위일체 교리를 발전시켰다. 그러나 이 교리는 새로운 문제를 많이 양산했고 2세기 이후 셀 수 없이 많은 이단이 출현하는 결과를 낳았다. 이단과 이설은 암흑시대 내내 기독교를 뒤흔들고 분열시켰다. 수수께끼에 싸인 그리스도의 말씀과 특히 로마서에서 두드러지는 바울의 모호한 사상을 담고 있는 까닭에 신약성경은 지뢰밭과 같다. 이 때문에 중앙집권적인 베드로의 교회 제도는 끝없는 논쟁을 불러일으켰고 11세기에 접어들면서 로마 교회와 그리스 정교회는 완전히 분열했다. 16세기에는 성찬의 정확한 의미를 따지다가 로마 교회의 분열이 더욱 심해졌다. 교의신학, 다시 말해 교회가 하나님과 성례전과 교회에 대해 가르쳐야 할 내용을 정리하는 일이 기독교학자들의 주된 관심사가 되어 오늘에 이르렀다. 그리하여 20세기 말에 이르러서도 영국 국교회 사제들은 동정녀 수태를 두고 논쟁을 계속하고 있다.

다행히 유대인은 갈보리 언덕과 같은 이런 시련에서 벗어날 수 있었다. 유대인이 믿는 하나님은 매우 단순하고 명확하다. 물론 유대교에도 많은 교리가 있다고 주장하는 학자들도 있다. 어떤 의미에서는 맞는 말이다. 우상숭배 금지를 비롯해 수많은 금지 명령이 존재하기 때문이다. 그러나 유대인은 쓸데없이 이론을 좋아하는 신학자들이 만들어내 숱한 문제의 씨앗이 되곤 하는 단정적인 교리를 거의 발전시키지 않았다. 예를 들어 유대인은 원죄의 개념을 받아들이지 않았다. 고대 민족 중에 유대인처럼 죽음에 관심을 보이지 않는 민족도 없을 것이다. 덕분에 유대인은 수많은 문제를 피해갈 수 있었다. 부활과 내세 신앙은 바리새파의 특징으로 랍비 중심 유대교의 기초를 이루었다. 이 교리를 처음으로 명확히 표현한 것으로 간주되는 미쉬나에 이런 대목이 나온다. "율법에는 부활이라는 사고가 없다고 말하는 자를 제외하고 모든 이스라엘 사람은 내세를 함께 맞이할 것이다."[161] 하지만 유대인은 현세에서의 삶에 최선을 다하느라 죽음과 죽음에 관한 교리는 뒤로 제쳐두는 특징이 있다. 예정설, 단일 예정과 이중 예정, 연옥, 면죄, 죽은 자를 위한 기도, 성인들의 중재 등 기독교 안에서 갈등을 일으키는 골칫거리들이 유대인에게는 거의 또는 전혀 문제가 되지 않았다.

바빌로니아 포로기의 유대 족장

실제로 기독교가 처음부터 신앙고백을 정리하는 작업에 착수한 반면, 사아디아 가온(882-942)이 유대교 최초의 신앙고백이라 할 수 있는 신앙의 핵심 10개 항목을 처음 정리한 때는 유대교가 성립한 지 2,500년이나 지난 뒤였다. 마이모니데스가 13개조의 교리를 공식화하고 이것이 신앙선언으로 확정된 것은 이보다 훨씬 후의 일이다. 더욱이 이 13개조를 당시 권위 있는 유대교 기관에서 토의하거나 승인한 흔적은 전혀 없다. 산헤드린 관련 미쉬나 주석에서 처음 등장한 마이모니데스의 13개조 교리는 신앙의 핵심을 다음과 같이 정리한다. 만물의 창조주인 완벽한 존재의 실존, 하나님의 단일성, 하나님의 무형성, 하나님의 선재, 중재자가 필요 없는 제의, 예언이 진실이라는 믿음, 모세의 특수성, 토라 전체는 하나님이 주신 것, 토라는 수정할 수 없다, 하나님은 전지하시다, 내세에 하나님은 상과 벌을 주신다, 메시아의 도래, 부활. 아니 마아민, 즉 "나는 ~를 믿습니다"의 형식으로 이뤄진 이 신앙고백은 유대인의 기도서에 수록되어 있다. 지금까지 이것과 관련해 논쟁이 벌어진 일은 거의 없다. 실제로 유대교 학자들은 교리를 어떻게 구성할지 진지하게 고민하지 않았다. 유대교는 교리보다 행위에 관심이 많다. 교리는 당연한 것으로 간주했고 규율이 신앙고백보다 훨씬 중요했다.

또한 현자들은 토라를 보편적이고 시대에 상관없이 포괄적이고 조리 있게 인간의 모든 행위를 지도하는 지침으로 만들어놓았다. 토라는 유일신관의 뒤를 이어 유대교 신앙의 정수로 자리 잡았다. 일찍이 AD 1세기에 요세푸스는 조금 과장을 섞어 이렇게 말했다. "거의 모든 민족이 실제로 위반 행위를 저지르기 전까지는 법이 무엇인지 잘 알지 못했던 데 반해 우리 민족은 누구라도 율법에 대한 질문을 받으면 자기 이름을 말하듯 술술 율법의 내용을 말할 수 있다. 이 세상에 지식이 싹이 틀 무렵부터 철저하게 율법 교육을 한 결과 우리의 율법은 우리 영혼에 새겨지게 되었다. 그 결과 법을 어기는 일이 드물고 누구도 몰라서 그랬다는 핑계로 처벌을 피할 수 없다."[162] 이런 입장은 학술원과 현자의 시대를 통해 강화되었고 율법을 통해 하나님을 아는 일이야말로 유대교의 핵심이 되었다. 이런 특성은 유대인으로 하여금 내면을 돌아보게 하는 한편, 적대적인 세상에서 생존할 수 있는 힘을 부여했다.

유대인을 향한 적대감은 시대와 지역에 따라 다양하게 나타났고 전체적으로 강화되는 경향을 보였다. 암흑시대에 가장 운이 좋았던 부류는 바빌로니아 포로기에 **포로 족장**이라 불리는 유대인 수장 밑에서 살던 이들이다. 포로 족장은 팔레스타인의 **나시**보다 훨씬 강한 권력을 가지고 있었고 더 세속적이었다. 다윗 왕가의 직계 후손을 자처하면서 궁전에서 대단한 의식을 행하며 살았다. 파르티아 왕국 시대에 포로 족장들은 실질적인 국가 고위 관료였다. 랍비들이 그들을 모셨고 기회가 되면 함께 식사도 하고 궁전 안마당에서 설교도 했다. 3세기 초 페르시아 사산 왕조 시대에 국교인 조로아스터교가 부흥하자 유대인에 대한 종교 탄압이 강화되었다. 포로 족장의 권위는 약해지고 상대적으로 학자의 권위가 높아졌다. 3세기에 수라에 있던 유대 학술원에는 1,200명에 달하는 학자가 있었고 농한기가 되면 숫자는 더 늘어났다. 바빌로니아 유대인 공동체는 대對로마 반란이 불러온 무시무시한 재앙에서 벗어날 수 있었기 때문에 더 높은 경지의 학문에 도달할 수 있었다. 바빌로니아 유대인은 자기들이야말로 가장 엄격한 유대교의 전통과 가장 순수한 혈통을 간직하고 있다고 생각했다. 바빌로니아 탈무드는 이렇게 단언한다. "이스라엘 땅이 누룩이라면 모든 나라는 밀가루 반죽에 지나지 않고, 그런 이스라엘 땅조차도 바빌로니아에 비하면 밀가루 반죽에 지나지 않는다."[163] 그러나 바빌로니아는 역법 결정에 관하여 서쪽 동포에게 의지할 수밖에 없었다. 바빌로니아 유대교 학술원은 줄줄이 이어진 언덕 위 봉화대로 예루살렘과 이어져 있었고 이를 통해 유대력을 받아들였다. 안타깝게도 완전한 판본이 남아 있지 않지만, 바빌로니아 탈무드는 예루살렘 탈무드보다 상세하고 더 권위 있는 것으로 오랫동안 인정받았다. 바빌로니아 탈무드는 중세시대에 팔레스타인 땅을 제외하고 전 세계 모든 지역에 사는 유대인에게 삶의 지침을 제시하는 역할을 했다.

그런 바빌로니아까지도 이제 더 이상 안전하지 않았다. 전해오는 이야기에 따르면, 사산 왕조 시대에 박해가 많았고 이 때문에 순교자가 나왔다. 그러나 글로 된 기록은 매우 희박한데다 간혹 있다 하더라도 신빙성이 떨어진다. 하이 벤 셰리라의 편지에 따르면, 455년에 페르시아 제국의 야즈디가르 3세가 안식일을 폐지하라고 명했다. 그러자 "랍비들은 금식을 선포했고 거룩하신 하나님이 밤에 악어를 왕에게 보내셨다. 악어는 침대에 누워 있던 왕을 집어삼켰고 그리하여 왕의 명령은 취소되었다"고 한다. 그런데 하이 벤 셰리라는 906년경부터 1006년경까지 번창한 품베디타 유대 학술원의 책임자였다. 따라서 사건이 있고 450년이 지난 뒤에 이 글을 썼다는 이야기다. 유대 전승에 야즈디가르 3세의 아들 피루즈는 포로 족장을 죽인 아주 사악한 인물로 묘사된다. 이 피루즈가 죽고 무법 상태가 이어졌다. 이 시기에 유대인 포로 족장 마르 주트라 2세(약 496-520년)가 400명의 전사와 함께 독립 국가를 세우고자 도모했고 실제로 성공해서 마호자를 수도로 삼았다. 그러나 7년 뒤 부패할 대로 부패한 이 나라는 결국 페르시아의 손아귀에 들어갔다. 유대인 포로 족장은 참수하여 십자가형에 처했다. 579년과 이듬해에 다시 한 번 박해의 비바람이 몰아쳤지만, 페르시아 왕 중에는 유대인을 후대하는 이도 있었다. 그래서인지 페르시아가 팔레스타인 땅에 쳐들어가 624년에 예루살렘을 점령했을 때 그곳 유대인은 페르시아 세력을 열렬히 환영했다.[164]

초기 그리스도인의 반유대주의

예루살렘을 정복한 페르시아 세력을 유대인이 환영했다는 사실은 그리 놀랄 일이 아니다. 팔레스타인 땅과 디아스포라 유대인이 거주하는 서부 지역에서는 유대인의 상황이 훨씬 좋지 않았기 때문이다. 313년 콘스탄티누스 황제가 기독교로 개종하면서 국가의 종교 탄압에 종지부를 찍었다. 그 후 관용의 시대가 아주 짧게 이어졌다. 그러다 340년 이후 기독교가 국가 종교의 양상을 띠기 시작했다. 이 무렵 이교 예배 금지 칙령이 처음 내려졌다. 360년대, 율리아누스 황제 시대에 잠시 이교로의 회귀가 있었고, 그 후 이교를 근절하기 위한 격렬하고 철저한 탄압이 이어졌다. 어느 새 기독교는 거대 종교가 되어 있었다. 동부 지중해 지역에서는 가끔씩 군중 심리를 이용하는 양상도 보였다. 인기 많은 종교 지도자가 횃불을 들고 대규모 집회를 열었다. 집회에 참석한 군중은 분노에 차서 소리를 질렀다. "가룟인을 교수대로!" "이바스는 키릴로스의 참된 가르침을 왜곡했다!" "친유대파를 타도하자!" 처음에는 교회 회의에 참여하는 사람들을 위협하기 위해 군중을 모으곤 했다. 그러나 일단 사람들이 모여 군중을 형성하면 우상을 파괴하고 이교의 신전에 불을 지르기 일쑤였다. 유대인을 공격하는 것은 시간문제였다.

4세기 후반까지 로마 제국 전역에서 기독교가 표준이 되면서 이교 세력은 쇠퇴했다. 그 과정에서 유대인이 주목을 받았다. 숫자가 많고 조직력이 좋고 경제적으로도 비교적 넉넉한 소수 민족, 교육 수준이 높고 신앙심이 돈독하고 무식해서가 아니라 완고해서 기독교로 개종하기를 거부하는 사람들. 기독교인의 입장에서 그들은 해결해야 할 문젯거리였다. 로마 황제가 기독교도를 박해할 때 유대인이 로마 당국에 협력했다고 믿는 그리스도인의 눈에 유대인이 곱게 보일 리 없었다. 그래서 율리아누스 황제 아래서 기독교가 아닌 이교가 부활하자 유대인은 한시름을 놓았다. 기독교에서는 율리아누스를 배교자라 칭하지만, 유대 전승에서 그는 그저 그리스인 율리아누스로 불렸다.

380년대, 테오도시우스 1세 시대에 종교 통일이 제국의 공식 정책이 되었다. 다수의 법률과 규칙이 제정되어서 이단과 이교를 비롯해 기독교를 따르지 않는 집단을 박해하는 데 활용되었다. 그 무렵 그리스도인이 무리를 지어 회당을 습격하는 일이 빈번하게 일어났다. 이는 제국의 정책에 반하는 행위였다. 유대인은 사회에 유익하고 존경받는 일원이었기 때문이다. 유대인은 정통 정부에 기꺼이 협력했다. 388년, 그리스도인 군중이 사제의 사주를 받아 유프라테스 강 유역의 칼리니쿰 마을에 있던 회당에 불을 질렀다. 테오도시우스 1세는 이 사건을 선례로 삼고자 그리스도인에게 자비를 들여 회당을 재건하라고 명했다. 이 때문에 그는 당시 가장 영향력 있는 교회 지도자였던 밀라노의 암브로시우스 주교에게 심한 비난을 받았다. 암브로시우스는 테오도시우스 황제에게 편지를 보내 황제의 명령은 교회의 권위를 현저히 손상시키는 행위라고 경고했다. "규율을 과시하는 것과 종교적 대의 중 어느 것이 더 중요합니까? 종교상의 이익에 비하면 사회 질서 유지는 보잘것없는 것 아닙니까?' 암브로시우스는 테오도시우스 황제의 면전에서 설교하면서 이렇게 자신의 주장을 피력했다. 그 때문에 테오도시우스는 명령을 철회했다.[165]

4세기 후반부터 5세기에 걸쳐 기독교 세계에 사는 유대인은 공동체의 권리와 특권을 거의 빼앗기고 말았다. 공직과 군대에서도 배제되었다. 유대교로 개종하라고 권유하거나 기독교도와 결혼하면 사형에 처했다. 기독교 지도자가 유대교를 무력으로 근절하려 했던 것은 절대 아니다. 로마 교회에서 가장 영향력 있는 신학자였던 아우구스티누스(354-430년)는 유대인의 존재는 하나님의 계획의 일부라고 주장했다. 유대인은 기독교의 가르침이 옳다는 것을 증명하는 존재로 그들의 실패와 치욕은 회당에 대한 교회의 승리를 상징하기 때문이라는 것이다. 따라서 작은 규모의 유대인 공동체를 약체로 유지시키는 것이 로마 교회의 방침이었다.

그러나 그리스 교회는 이교도 그리스인이 품고 있던 반유대주의를 그대로 이어받아 유대인에게 훨씬 더 적대적인 감정을 품고 있었다. 5세기 초, 그리스의 대표적인 기독교 신학자 요한네스 크리소스토무스(354-407년)는 안디옥에서 유대인에 반대하는 설교를 여덟 번이나 했다. 그리고 이것이 향후 유대인을 비난하는 하나의 틀이 되었다. 마태복음과 요한복음의 주요 기록을 최대한 이용해서, 혹은 오용해서 유대인을 공격했기 때문이다. 이렇게 해서 기독교 특유의 반유대주의가 탄생했다. 유대인이 그리스도를 살해했다는 새로운 개념이 이교도를 음해하는 기독교 세계의 수많은 악담 및 루머와 결합했던 것이다. 이렇게 해서 유대인 공동체는 그리스도인이 사는 모든 지역에서 위험에 처했다.

4세기 초부터 팔레스타인에서는 예루살렘을 비롯해 예수와 관련이 있는 모든 장소가 기독교식으로 변해 교회와 수도원이 들어섰다. 그러나 규모가 작은 유대인 공동체, 특히 갈릴리 지방의 유대인 공동체는 살아

남았다. 히에로니무스(342-420년)의 시대에 이 지방에서 예루살렘 탈무드가 완성되었다. 히에로니무스는 예루살렘에 개인 수도원을 마련하고 유대인의 빈곤과 참상을 전했다. 그가 죽고 얼마 지나지 않아 일단의 시리아 수도사가 광신적인 바르사우마의 지휘 아래 유대인이 거주하고 있던 팔레스타인에 대한 학살 계획을 세워 회당과 촌락을 모두 불태웠다. 팔레스타인은 암흑시대에 종교 대립 때문에 점점 더 황폐해졌고 인구도 줄어들었다.

펠라기우스파와 아리우스파, 나중에는 단성론에 관한 논쟁이 기독교를 분열시켰다. 어느 쪽이든 권력을 잡으면 다른 분파를 광적으로 철저하게 박해했다. 4세기에는 사마리아인이 세력을 회복했다. 이 시기에 새로운 회당이 최소한 여덟 개 이상 건립되었다. 그러나 그들의 융성은 비잔틴 제국의 적대감을 불러일으켰다. 438년에는 테오도시우스 2세가 반유대 법령을 사마리아인에게 적용시켰다. 약 45년 후 참다못한 사마리아인이 반란을 일으키고 그리스도인이 사는 마을에 쳐들어가 사람을 죽이고 교회에 불을 질렀다. 비잔틴 군대가 이들의 반란을 진압했다. 그 과정에서 그리심 산 위에 있던 사마리아인의 고대 성소가 파괴되었고 그곳에는 동정녀 마리아를 위한 교회가 들어섰다.

훨씬 더 엄격한 정통주의자 유스티니아누스(527-565년) 황제는 세례를 받은 자에게만 시민권을 주었고, 설사 그리스도인이라 해도 칼케돈 공의회의 결정에 따르지 않는 자는 박해했다. 이 시기에 사마리아인이 다시 반란을 일으켰고 피비린내 나는 응징이 뒤따랐다. 이 때문에 하나의 종족으로서 사마리아인은 거의 멸절되었고 유대교에서 뻗어나온 사마리아 종파도 흔적 없이 사라졌다. 이 시기에 유대인은 가만히 숨죽이고 있었다. 사마리아인을 돕지도 않았다. 그러다 7세기 전반에 포카스 황제와 헤라클리우스 황제는 할례받은 자들의 손에 제국이 멸망하고 말 거라고 위협하는 광신적인 수도사들의 말을 듣고 유대인에게 세례를 강요했다.

이슬람이라는 이단

여러 가지 요인 때문에 끝없이 이어진 종교 분쟁으로 쇠약해질 대로 쇠약해진 비잔틴 제국은 이제 다른 나라의 침략을 손 놓고 기다리는 형국이었다. 611년, 먼저 페르시아가 팔레스타인을 침략했다. 페르시아는 3년 후 20일간의 포위전 끝에 예루살렘을 점령했다. 유대인은 이때 페르시아군을 도왔다는 비난을 면치 못했다. 그리스도인은 그 대가로 페르시아군이 예루살렘을 유대인에게 돌려주기로 약속했다고 주장했다. 그 주장이 사실인지는 알 수 없으나 어쨌거나 약속은 지켜지지 않았다. 그리고 헤라클리우스 황제가 629년에 예루살렘을 탈환하자마자 유대인 학살이 이어졌다. 그러나 이 일은 그리스 세력이 팔레스타인에서 한 마지막 활동이 되었다. 같은 해에 무함마드가 메카 정복을 완수했기 때문이다. 636년 비잔틴 제국은 야르무크 전투에서 이슬람 군대와 싸워 패했고, 4년 후에는 이슬람교도가 팔레스타인 전역과 시리아 지역을 거의 다 점령했다. 칼케돈파, 단성론파, 네스토리우스교도, 콥트교도, 셀레우코스파, 아르메니아 교회파, 동방 라틴 교회파, 서방 그리스 교회파, 사마리아인, 유대인 할 것 없이 모두 이슬람의 홍수에 침몰하고 말았다.

이슬람교는 기독교와 마찬가지로 유대교 내부의 이설에서 출발했으나 교의가 너무 다르게 발전한 탓에 전혀 다른 종교가 되었고 그 후 세력이 급속히 팽창해 독자적인 특징을 갖추었다. 유대인은 아득한 고대부터 아라비아 지역에 살고 있었다. 남쪽으로는 지금의 예멘에서 BC 1세기에 유대 상인이 활동했고 북쪽 헤자즈에서는 그보다 훨씬 전부터 유대인이 살고 있었다. 아랍의 역사 전승에 따르면, 메디나에는 다윗 시대에 이미 유대인이 정착하기 시작했다. 다른 전승에 따르면 정착 시기가 모세 시대로 거슬러 올라간다. 1956년에 발견된 바빌로니아의 비문에는 유대인의 종교 공동체가 BC 6세기에 헤자즈에 생겼다고 쓰여 있으니 어쩌면 그전부터 있었을 가능성도 있다. 그러나 비문과 벽화에 남아 있는 이름으로 유대인의 활동을 확실히 증명할 수 있는 것은 BC 1세기 이후다. 어쨌든 초기 기독교 시대에 유대교는 아라비아 북부로 퍼져나갔고 그곳 토착 종족 중에 유대교로 완전히 개종한 자들이 있었다. 메디나 지방에서는 4세기에 유대인 시인들이 왕성하게 창작 활동을 한 흔적이 있다. 이 시기에는 유대인이 지배하는 국가가 있었을 가능성도 있다. 아랍 전승에 따르면, 메디나와 주변 지역에는 약 20개의 유대 부족이 살고 있었다.

오아시스에 정착한 이들 부족은 장사도 하고 목축도 했다. 이슬람교는 처음부터 사막 거주자의 종교라기보다는 반도회적인 상인의 종교였다. 그러나 사막은 중요했다. 예로부터 사막 주변에 살거나 나실인처럼 부패한 도시 생활에서 벗어나 사막으로 이주하는 사람들이 있었고 그들은 모두 엄격한 유대교를 믿었다. 특히 하나님은 한 분이라는 믿음에 관한 한 타협을 몰랐다. 바로 그 점이 무함마드의 눈길을 끌었다. 이슬람교 초기에 기독교의 영향은 매우 적었다. 무함마드의 눈에는 기독교가 엄밀한 의미의 유일신교로 보이지 않았기 때문이다. 무함마드는 유대교의 도덕적 유일신교를 아랍인이 알아들을 수 있는 말로 그들의 풍습에 맞게 전하면서 오아시스 지역 특유의 다신론적 이교를 모두 쓸어버리고 싶었는지도 모른다. 그는 유대의 신, 예언자, 성경이 제시한 율법의 관념을 받아들였다. 코란은 성경을 아라비아어로 바꿔 쓴 것에 지나지 않았다. 종교 법정에서 **구전 율법**을 적용하는 것도 유대교에서 들여온 관습이다.

유대인과 마찬가지로 이슬람교도는 구전 율법을 기록하길 망설였지만, 유대인이 그랬던 것처럼 결국은 기록으로 남겼다. 율법 해석에 관한 의문을 랍비에 해당하는 무프티에게 제출해서 유대교의 **레스폰사**에 해당하는 답장을 요구하는 관습도 발달시켰다. 초장기의 답장에는 의식적으로 유대교의 레스폰사 형식을 답습한 흔적이 있다. 또한 이슬람교도는 유대인과 마찬가지로 음식 및 정결 의식과 관련해 엄격하고 상세한 계율을 채택했다.

무함마드는 유대교를 자기 나름대로 아랍식으로 해석한 것을 메디나에 사는 유대인이 받아들일 기미가 없자 유대교와는 다른 길을 택했고 그렇게 새로운 종교를 발전시켰다. 만일 무하마드에게 아랍식 율법 해석, 즉 할라카를 완성할 능력과 인내심이 있었다면 결과는 달랐을지도 모른다. 그러나 그런 일은 일어나지 않았다. 유대교의 뚜렷한 특징 중 하나는 팔레스타인에서 멀리 떨어진 곳에 살더라도 현지 문화에 동화되지 않고 유대 공동체를 이어가는 끈기다. 유대인은 무함마드의 교의를 받아들이지 않았고 무함마드는 의식적으로 유대교와 다른 새로운 요소를 이슬람교에 덧붙였다. 예를 들면, 안식일의 성격을 바꾸어 안식일을 토요일에서 금요일로 옮겼다. 기도할 때는 예루살렘이 아니라 메카를 향하게 했다. 주요 절기도 바꾸었다. 가장 중요한 변화는 음식에 관한 규례에서 나타났다. 무함마드는 음식에 관한 유대인의 금기가 그들의 사악한 행위에 대한 처벌에 지나지 않는다고 선언하고 이를 폐지했다. 그러나 돼지와 피와 동물 사체에 관한 금지 규정은 이어받았고 도살에 관한 규정도 일부 남겨놓았다. 이런 변화는 윤리와 교리 면에서 아무리 공통점이 많아도 유대 공동체와 이슬람 공동체가 연합할 수 없게 만들었다. 나아가 이슬람교는 교리의 역동화를 추진했다. 기독교에서 그랬던 것처럼 신학 논쟁은 폭력을 동반한 분파 활동으로까지 발전했고 이슬람교의 핵심 과제가 되었다.

특히 이슬람교는 일찌감치 강제 개종 이론을 만들어 실행에 옮겼다. 이는 여호수아와 다윗, 하스몬 왕조 시대에 유대인이 했던 행동이다. 다만, 랍비 중심의 유대교는 이 관습을 암묵적으로, 그러나 결연히 폐지했다. 이슬람교는 놀라운 속도로 퍼져나갔다. 중동을 손에 넣고 지중해 남부를 휩쓸더니 스페인과 아시아의 광대한 지역까지 세력을 넓혔다. 8세기 초, 이슬람의 거대한 신정 체제는 서방 그리스 세계와 동방 라틴 세계에서 어렵게 명맥을 이어가던 유대 공동체를 완전히 삼켜버렸다. 어떤 의미에서 유대인이 만들고 거부한 것이라 할 수 있는 이슬람교가 어느새 유대인의 생사여탈권을 손에 쥐게 되었다. 상황이 이렇게 되자 유대인도 독자적인 생존 방법을 모색하지 않을 수 없었다. 그것이 바로 학자 지도 체제라는 독특한 자치 체제와 탈무드다.

3부

학자 지도 체제

투델라의 베냐민

1168년 보석상으로 추정되는 스페인 출신의 유대인 여행가가 위대한 동로마 제국의 수도 콘스탄티노플을 방문했다. 투델라의 베냐민으로 알려진 이 인물은 1159년부터 1172년까지 지중해 북부 연안부터 중동까지 광활한 지역을 여행했다. 그러나 뛰어난 관찰력으로 《여행기 *Book of Travels*》를 저술했다는 것 외에 베냐민에 대해서는 알려진 바가 별로 없다. 그가 쓴 책은 중세에 저술된 여행기를 통틀어 가장 예리하고 객관적이고 믿을 만한 저술로 꼽힌다. 1556년에 처음 출간된 뒤 거의 모든 유럽어로 번역되었고 그 시대를 연구하는 학자들에게 중요한 1차 자료로 활용되고 있다.[1]

베냐민은 자기가 방문한 유대 공동체 곳곳의 상황을 소상히 기록했다. 당시 세계 최대 규모였던 콘스탄티노플에 대한 묘사가 특히 더 세밀한 것으로 보아 다른 지역보다 콘스탄티노플에서 많은 시간을 보낸 듯하다. 베냐민은 콘스탄티노플에 약 2,500명의 유대인이 두 그룹으로 나뉘어 살고 있었다고 전한다. 다수를 차지하는 2,000명은 랍비의 전통을 바탕으로 미쉬나와 탈무드, 다양한 사고 체계에 입각한 주석을 모두 받아들였다. 나머지 500명은 모세오경만 인정하는 **카라이트**로 구전 율법과 구전 율법에서 파생된 것은 모두 거부했다. 8세기 이후 그들은 자기들만의 독특한 체계를 세웠다. 이 때문에 전체 디아스포라 세계에서 랍비 계열의 유대인은 그들을 적대시했다. 베냐민의 기록에 따르면, 유대인 거주지도 높은 담을 기준으로 두 구역으로 나눠져 있었다.

베냐민은 그들을 비단 만드는 장인이자 온갖 물품을 거래하는 상인으로 기록한다. 그중에는 부자도 많았지만, 아무리 부자라도 말을 타는 것은 법으로 금지되었다. "말을 타는 것이 허용된 사람은 왕의 주치의인 이집트 출신 랍비 솔로몬뿐이었다. 제국의 압제를 받던 유대인은 그를 보며 많은 위안을 받았다. 그들은 심한 압제에 시달렸다."

비잔틴 제국의 영향력 아래 있는 유대인은 유스티니아누스 황제의 법전과 후속 법령의 보호를 받으며 다른 이방인이나 이단자와 달리 법적지위를 보장받았다. 이론상으로 유대인의 회당은 법으로 보호받는 예배처소였다. 비잔틴 제국은 유대 법률을 집행하는 법정과 판사가 유대인의 문제를 조정하고 판결하도록 허용했다. 비잔틴 제국에서 유대인은 합법적인 사업을 하는 한 안전하다고 생각했다. 반유대주의 행위를 특별히 법으로 금지했기 때문이다. "단지 유대인이라는 이유로 무시해서는 안되며, 종교로 인해 모욕적인 고통을 받아서는 안 되며… 본 법률은 사적인 복수를 금지한다."**2**

그렇지만 유대인은 어디까지나 이류 시민이었다. 엄밀히 말해 유대인은 절대로 시민이 될 수 없었다. 425년이 되자 유대인은 행정직에 앉을 권리를 완전히 상실했다. 유대인을 고용하는 것이 재정적으로 부담되었기 때문이다. 그러나 도시 평의회 의장 자리는 강제로 떠맡아야 했다. 유대인은 새로운 회당을 건축할 수도 없었다. 유월절 날짜를 옮겨야 했고 그 결과 유월절은 항상 기독교의 부활절 이후에 치러야 했다. 유대인 공동체 안에서 성경을 히브리어로 읽는 것조차 불법이었다. 기독교로 개종한 유대인이 세례를 받기 위해 하는 신앙고백에는 어떤 위협을 느끼거나 혜택에 대한 기대 때문에 개종한 것이 아니라는 진술이 포함되었지만, 비잔틴 제국은 유대인이 쉽게 기독교로 개종할 수 있도록 법으로 지원했다. 개종한 유대인을 괴롭히는 유대인은 산 채로 불태웠고 기독교로 개종한 유대인이 다시 유대교로 돌아가면 이단자 취급을 받았다.[3]

그러나 베냐민에 따르면, 사람들이 유대인에게 적대감을 품는 이유는 종교가 아니라 직업 때문이었다. "유대인을 향한 대중의 증오는 대부분 가죽을 무두질하는 직공이 더러운 물을 문 밖으로 흘려보내 유대인 지역을 더럽히는 데에서 비롯되었다. 이 때문에 그리스인은 선량한 사람, 사악한 사람 구분 없이 무조건 유대인을 증오했고 그들에게 무거운 멍에를 지웠다. 거리에서 유대인을 구타하고 힘든 일을 시켰다." 한편 베냐민은 이렇게 글을 맺는다. "유대인은 부유하고 친절하고 자선을 베풀 줄 알았다. 성경의 계명을 준수하고 자신들에게 주어진 압제의 멍에를 기꺼이 받아들였다."[4]

투델라의 베냐민은 스페인 동북부를 거쳐 바르셀로나와 프로방스로 갔고 다시 마르세유, 헤로나, 피사를 거쳐 로마로 갔다. 그리고 살레르노와 아말피, 이탈리아 남쪽의 여러 도시를 방문하고 코르푸를 경유해 그리스로 갔다. 그다음에는 콘스탄티노플을 둘러본 뒤 에게 해를 거쳐 키프로스로 갔고, 다시 안디옥을 거쳐 팔레스타인으로 가서 알레포와 모술을 지나 바빌로니아와 페르시아로 갔다. 그리고 카이로와 알렉산드리아를 방문하고 시실리를 거쳐 스페인으로 돌아왔다. 베냐민은 유대인의 처지와 직업을 주의 깊게 살펴보았다. 파르나수스 산의 크리사에 있던 유대인 농업 정착지에 관한 이야기가 한 번 나오기는 하지만, 대부분은 도시 지역에 사는 사람들 이야기다. 알레포의 유리 제조업자, 테베의 비단 장인, 콘스탄티노플의 가죽 무두장이, 브린디시의 염색공, 그리고 각 지역에 사는 상인들의 이야기를 주로 기록했다.

원래부터 도시에 살던 유대인도 있지만, 암흑시대에는 거의 모든 유대인이 도시 주민이 되었다. 도시 근처에 있던 유럽 유대인의 정착지는 모두 매우 오래된 것이었다. 마카베오상에는 지중해 지역에 산재했던 유대인 거주지 목록이 나온다. 역사가 세실 로스가 묘사한 것처럼 문화적인 측면에서 볼 때 유대인은 최초의 유럽인이라 할 수 있다.[5] 로마 제국 초기에 북쪽으로는 리옹과 본, 쾰른에, 서쪽으로는 카디즈와 톨레도에 유대인 공동체가 있었다. 중세 암흑기에 유대인은 북쪽과 동쪽으로 더 멀리 퍼져나가 발트 해와 폴란드, 우크라이나 지역까지 이르렀다. 그러나 넓은 지역에 퍼져 있긴 해도 숫자는 많지 않았다. 예수가 살던 시대에만 해도 약 800만 명에 육박하는 유대인 인구가 로마 제국 전체 인구의 10퍼센트를 차지했는데, 10세기에는 100만 명에서 150만 명까지 그 수가 줄었다.

물론 이 시대에 로마 제국의 인구가 전체적으로 감소하기는 했다. 그러나 전체 인구 감소율과 비교해도 유대인 인구 감소율이 훨씬 높았다. 예를 들어 티베리우스 황제 시대에는 로마에만 총 100만 명의 인구 중 유대인이 5만 명에서 6만 명에 달했고 이탈리아에는 40개의 유대인 정착지가 있었다. 제국 말기에 이탈리아의 유대인 수는 감소했고 1638년에 이르러서는 총 2만 5,000명 정도, 다시 말해 전체 인구의 0.2퍼센트로 줄었다. 인구 감소의 원인으로는 경제적 요인과 이주 인구를 들 수 있지만, 그것은 어디까지나 부분적인 이유에 불과했다. 가장 큰 이유는 모든 지역, 모든 시대에 주변 민족에게 동화되고 융합되었기 때문이다.[6]

유대인과 암흑시대 도시의 탄생

암흑시대에 유대인은 이처럼 수적으로 미미했지만, 사회적으로는 아주 중요했다. 도시가 들어서고 도시 공동체가 형성되는 곳마다 얼마 지나지 않아 유대인 공동체가 형성되었다. AD 2세기에 팔레스타인 유대인 사회의 파멸이 임박했을 때 시골 지역에 살던 유대인이 이제 도시 주변 지역에서 살았다. 7세기 아랍의 정복 이후 바빌로니아에 자리 잡았던 거대한 유대 농경 공동체는 높은 세금으로 점점 피폐해졌고, 그 결과 이들 유대인 역시 도시로 흘러들어 장인과 상인, 무역업자가 되었다. 대부분 글을 읽고 쓸 줄 알고 계산에도 능했던 유대인은 형법이나 물리적 폭력 때문에 정착이 불가능한 곳이 아니면 어디든 잘 정착했다. 사실상 유럽에 정착한 유대인은 암흑시대 도시 생활에서 특히 중요한 역할을 했다. 그에 관한 증거를 찾기가 쉽지는 않지만, **레스폰사** 문학에서 많은 증거가 하나둘 수집되고 있다. 여러 모로 유대인은 고대 로마 제국의 도시와 새로 부상하는 초기 중세시대의 자치도시 사회를 잇는 유일하고도 실제적인 연결 고리였다. 자치사회를 뜻하는 코뮌이 이스라엘 총회 또는 공동체를 뜻하는 히브리어 카할을 번역한 것이라는 주장도 있다.[7]

유대인은 탁월한 기술을 지니고 있었다. 환시세를 계산하고 사업 문서를 작성하는 능력이 뛰어났고 무엇보다 광범위한 지역에 퍼져 있는 동족들의 종교적 연락망을 통해 문서를 배달하는 능력도 뛰어났다. 수많은 금지 조항 때문에 불편을 감수해야 했지만, 종교가 유대인의 경제생활에 힘이 된 것만은 부인할 수 없다. 고대 이스라엘의 신앙은 언제나 열심히 일해야 할 강력한 동기를 부여했다. 그 고대 신앙이 유대교로 성장하면서 노동에 대한 강조는 더욱 강해졌다. 그리고 AD 70년 이후 랍비가 부상하면서 경제 활동에 끼치는 종교의 영향력이 증대되었다.

때때로 역사가들은 여러 시대와 다양한 사회를 연구하면서 성직자 세력이 약화될 때 경제적 역동성이 강화되는 경향을 발견하곤 한다. AD 2세기에 유대 사회에서는 실제로 성직자의 교권주의가 사라졌다. 성전 제사장이었던 사두개파, 즉 국가의 후원을 받는 종교인이 모두 사라졌기 때문이다. 성직자의 자리를 대신한 랍비는 사회에 기생하는 특권 계급이 아니었다. 일부 학자가 공동체의 지원을 받은 것은 사실이지만, 학자들에게도 무역 기술을 습득하도록 권장했다. 랍비들은 기꺼이 그렇게 했다. 사실 랍비들은 누구보다 주도면밀하고 유능한 무역업자였다. 랍비들이 연구를 통해 내린 학문상의 결정과 **레스폰사**를 주고받은 길은 한편으로 무역로이기도 했다. 랍비 중심의 유대교는 하나님이 주신 능력을 최대한 이용하라고 권면하는 노동의 종교였다. 유대교는 근면함과 효율적으로 일하는 능력을 요구했고, 노동을 해야만 율법이 원하는 박애의 의무를 다할 수 있었다. 유대교 안에서 지성들의 연구도 동일한 방향으로 나아갔다.

경제적 진보는 합리주의의 산물이다. 랍비들은 추론 과정을 통해 고대 율법을 다양한 실제 상황에 적용했다. 유대인은 인류 역사 최초의 위대한 합리주의자라 할 만하다. 앞으로 살펴보겠지만 이것은 다양한 결과를 낳았고 세계적인 수준의 첫 성과를 꼽으려면 유대인을 문제 해결 능력이 뛰어난 조직적인 사업가로 변모시킨 것을 들 수 있다. 공정하고 정직하고 효율적인 상거래 체계를 만드는 것이야말로 암흑시대 유대 법률학자의 위대한 이상이었다.

이자 수취를 둘러싼 도덕 논쟁

유대인에게 대금업, 다시 말해 돈을 빌려주고 이자를 받는 행위는 중요한 화두였다. 이 문제는 유대교뿐 아니라 유대교에서 파생한 기독교와 이슬람교에서도 주요 현안으로 떠올랐다. 고대 근동에서 발생한 대부분의 원시 종교와 여기에서 나온 세속 법전은 고리대금을 금하지 않는다. 그들은 무생물도 동식물이나 인간처럼 살아 있는 것으로 간주하여 재생산할 수 있다고 생각했다. 따라서 식량 화폐, 즉 화폐 대용의 재화를 빌릴 때 이자를 부과하는 것은 합당했다.[8] 대략 BC 5000년경부터 올리브와 대추야자, 씨앗이나 동물 등의 식량 화폐를 빌려주곤 했다. 쐐기문자로 기록된 문서에 따르면, 함무라비 시대부터 어음 교환 형태로 양을 대여하는 일이 있었다. 일반적으로 채권자는 성전과 왕실 관료였다. 바빌로니아의 쐐기문자 기록에 따르면, 은에 대한 이율이 10퍼센트에서 25퍼센트, 곡식에 대한 이율이 20퍼센트에서 35퍼센트였다. 메소포타미아인과 헷 족속, 페니키아인, 이집트인 사이에서 이자를 받는 것은 합법이었고 국가에서 이율을 정하기도 했다.

그러나 유대인은 이 문제를 다르게 바라보았다. 출애굽기 22장 25절에는 이렇게 나와 있다. "너희가 너희 가운데서 가난하게 사는 나의 백성에게 돈을 꾸어주었으면, 너희는 그에게 빚쟁이처럼 재촉해서도 안 되고, 이자를 받아도 안 된다." 이 구절은 분명히 매우 오래된 본문이다. 만약 유대 율법이 왕국 시대처럼 좀 더 발전된 시대에 만들어졌다면, 이자받는 행위를 금지하지 않았을 것이다. 그러나 토라는 지켜야 마땅하고 시대를 막론하고 영원히 유효하다. 출애굽기 본문은 레위기 25장 36절에서 다시 강화된다. 네 동족에게는 "이자를 받아도 안 되고, 어떤 이익을 남기려고 해서도 안 된다." 신명기 23장 20절에도 같은 내용이 나온다. "외국 사람에게는 꾸어주고서 이자를 받아도 좋습니다. 그러나 동족에게서는 이자를 받지 못합니다."

이처럼 유대인은 동족 간에 이자를 받고 돈을 빌려주는 행위는 금지하면서도 이방인에 대해서는 허용하는 율법의 멍에를 지고 있었다. 아마도 이 규정은 집단으로 살아남기 위해 가난한 공동체를 보호하고 더불어 살아남기 위해 마련한 것으로 짐작된다. 외국 사람에게 돈을 빌려주는 행위를 박애주의로 간주하는 한편, 잘 알지도 못하고 돌보아야 할 책임도 없는 외국 사람에게까지 자비를 베풀어 이자를 면제해줄 의무는 없다고 보았다. 이런 이유로 이자를 받는 행위가 다른 민족들 사이에 적대감을 불러일으켰다. 물론 팔레스타인에 정착한 유대인도 다른 민족처럼 서로 돈을 빌릴 필요가 있었다. 성경 기록은 시간이 갈수록 유대인이 이자 수취를 금한 규정을 잘 지키지 않았음을 시사한다.**9** 엘레판티네의 유대 공동체가 남긴 파피루스도 같은 이야기를 들려준다. 그러나 종교 지도자들은 이자 수취 금지 조항을 엄격하게 집행하려고 노력했다. 그래서 이자를 부가하는 계약뿐 아니라 그런 계약을 방조하는 행위도 죄라는 원칙을 세웠다. 이자 받는 것을 숨기는 것도 잘못이었다. 이자 없이 돈을 빌린 것에 대해 차용인이 제공하는 선물이나 유용한 정보를 이자의 티끌이라 부르고 이 또한 금지했다. 탈무드의 규정은 약삭빠른 고리대금업자가 법의 허점을 이용해 차용인을 곤란에 빠트리지 못하도록 학자들이 수년에 걸쳐 얼마나 노력했는지 보여준다.**10**

동시에 탈무드 결의론자決疑論者들은 토라에 위배되지 않는 공정한 상거래를 이루기 위해 노력했다. 여기에는 물가 상승을 감안해 갚아야 할 금액을 올리거나 채권자에게 동업자로서 봉급을 지급하거나 이윤을 나누는 공동 상거래, 비유대인에게 이자를 받고 돈을 빌려주고 그 사람이 유대인에게 다시 돈을 빌려주는 장치 등이 포함되었다. 그러나 이자를 받은 것이 법정에서 명백히 밝혀지면 채권자에게 벌금을 부과할 수 있었다. 원금과 이자를 합한 부채는 무효가 되고 돈을 빌려준 자는 법정에서 증언할 수 없을 뿐 아니라 지옥에 떨어질 거라고 위협하는 소리를 들어야 했다.[11]

그러나 법률을 더 정교하고 더 이치에 맞게 적용하고 준수할수록 유대인과 비유대인의 관계는 그만큼 더 나빠졌다. 소수의 유대인이 거대한 이방 세계에 흩어져 작은 공동체를 이루고 있는 상황에서 유대인이 비유대인에게 돈을 빌려주는 것을 유대 법률로 허용했을 뿐 아니라 어떤 의미에서는 적극 조장한 셈이었기 때문이다. 사실 유대 당국자들 중에는 이런 위험을 인식하고 반대하는 이들도 있었다. 필론은 초기 형태의 법전이 유대인과 이방인을 구분한 이유를 정확히 이해하고, 종교와 상관없이 같은 국가에 속해 있고 같은 시민권을 가진 모든 사람에 대하여 이자 수취 금지 규정을 확대해서 적용해야 한다고 주장했다.[12] 돈을 빌려줄 때 유대인을 우선하되, 이자를 받지 않는 원칙은 유대인이나 이방인이나 동일하게 적용해야 한다고 주장하는 사람도 있었다. 이방인에게 이자를 받지 않으려 한 사람을 칭찬하는 사람도 있었다. 그런가 하면 이방인에게 이자를 부과하는 것에 원칙적으로 반대하면서도 유대인에게 삶을 영위할 다른 방법이 없는 때에는 이자를 받고 돈을 빌려주어도 된다고 말하는 이도 있었다.[13]

물론 유대인과 비유대인의 차이를 강조하는 이들도 있었다. 민족주의자 랍비 아키바가 기록한 것으로 짐작되는 신명기 본문에 관한 미드라시는 유대인이 외국인에게 이자를 부과해야 할 의무가 있는 것처럼 말한다. 14세기에 프랑스에서 살던 유대인 레비 벤 게르손도 여기에 동의했다. "이방인에게 돈을 꾸어주고 이자를 받아도 좋다는 구절은 적극적인 명령의 계명이다. 유대인은 우상 숭배자를 이롭게 해서는 안 되고… 의의 기준에 벗어나지 않는 범위에서 우상 숭배자에게 가능한 한 큰 손해를 입혀야 하기 때문이다." 다른 이들도 이 입장에 동조했다. 그러나 이들이 이자 수취를 합리화한 가장 큰 이유는 경제적 이유 때문이었다.

> 오늘날 우리가 비유대인에게 이자를 받는 것을 허용한다면, 그것은 제국의 여러 왕과 관리가 우리에게 부과한 멍에와 짐이 끝이 없기 때문이며, 우리가 취하는 모든 것은 우리의 생존을 위해 필요한 최소한의 것이기 때문이다. 또한 세계 열방에서 살아남으려면 비난을 감수하더라도 그들과 금전 거래를 하지 않고 삶을 영위할 다른 방법이 없기 때문이다. 그러므로 이자 수취를 금지해서는 안 된다.[14]

이것은 심히 위험한 주장이다. 경제적 압박은 유대인을 유독 미워하는 지역에서 생기게 마련이고, 유대인이 이방인에게 돈을 빌려주고 이자를 받는 일에 관심을 기울이면 압박과 함께 유대인에 대한 평판이 더 안 좋아졌기 때문이다. 이렇게 유대인은 악순환의 중심에 서 있었다. 기독교인은 성경 구절을 근거로 이자 수취를 철저히 비난했고 1179년부터 이자를 받는 사람을 교회에서 파문했다. 그러나 기독교인 역시 유대인에게 가장 무거운 경제적 짐을 지웠다. 기독교 세계의 법률은 실제로 기독교인과 유대인을 차별했고 그래서 유대인은 대금업 말고는 할 수 있는 일이 없었다. 그리하여 사람들은 유대인을 거론할 때마다 증오심을 불러일으키는 직업인 대금업을 떠올렸다. 15세기 후반에 프랑스어와 이탈리아어를 구사하던 랍비 요세프 콜론에 따르면, 프랑스와 이탈리아에 사는 유대인은 대금업 외의 다른 직업을 거의 가질 수 없었다고 한다.[15]

이슬람 세계의 유대인: 딤미

중세 초 스페인 대부분의 지역과 북부 아프리카 전체, 아나톨리아의 근동 지역 남부를 손에 넣은 아랍 무슬림 세력의 지배 아래 유대인의 처지는 일반적으로 편안했다. 비무슬림에 대한 이슬람의 법률은 무함마드가 헤자즈에 사는 유대인과 체결한 협정에 기초했다. 무함마드는 헤자즈 유대인이 자신의 예언자적 사명을 인정하지 않자 지하드라는 원칙을 적용했다. 이 원칙은 세상을 평화의 집과 전쟁의 집으로 양분한다. 전자는 법이 다스리는 평화로운 이슬람 세계를 가리키고 후자는 일시적으로 비무슬림의 지배를 받는 세계를 가리킨다. 지하드는 전쟁의 집을 상대로 영원히 계속할 수밖에 없는 필연적인 전쟁으로 이 전쟁은 온 세상이 이슬람에 복종할 때에 비로소 종식된다. 무함마드는 메디나의 유대인을 상대로 지하드를 일으켜 폭력을 행사하고 이슬람교로 개종하지 않은 모든 남자를 닥치는 대로 살해했다. 그리고 여자와 아이, 동물과 재산을 이슬람 추종자에게 나누어주었다. 메디나 외에 다른 지역에 사는 유대인은 비교적 관대하게 다루었는데, 이는 전적으로 무함마드의 마음이었다. 여호와 하나님이 여호수아에게 가나안 족속을 마음대로 처분하도록 허용한 것처럼, 알라 신이 무함마드에게 이교도를 임의로 처리할 절대적인 권리를 주었다는 논리였다.

이 논리에 따라 무함마드는 때때로 정치 수완을 발휘해 패배한 적과 딤마, 즉 협정을 체결했다. 이 협정에 입각하여 그들의 목숨을 살려주고 계속해서 땅을 경작하도록 허용했으며 생산물의 반을 자기에게 바치게 했다. 딤마는 갈수록 정교해졌고 딤미, 즉 딤마를 체결한 사람들은 생명 보장과 함께 자신의 종교를 신봉할 권리와 보호받을 권리를 보장받았다.

무슬림 통치자에게 특별한 세금을 바친 대가였다. 토지세 카라즈, 인두세 지즈야, 일반 무슬림보다 높게 책정된 상업세와 여행세, 통치자가 임의로 부과하는 특별세가 여기에 속했다. 딤미의 지위는 늘 불안했다. 사실 딤마는 피정복자를 죽이고 그의 재물을 탈취할 수 있는 정복자의 권리를 일시적으로 정지시키는 것에 불과했다. 따라서 무슬림 통치자가 원하면, 딤마는 언제든 일방적으로 폐기될 수 있었다.[16]

이론상으로는 기독교 세계에 사는 유대인보다 무슬림의 지배를 받는 유대인 딤미의 지위가 더 열악했다. 유대교를 믿을 수 있는 권리와 생존권이 무슬림 통치자에 의해 언제든 박탈될 위험이 있었기 때문이다. 그러나 실제로 7세기와 8세기에 문명 세계 절반을 빠르게 정복한 아랍 전사들은 확실한 세입을 보장하고 다양한 방식으로 통치 세력에 봉사하는 교양 있고 근면한 유대인 공동체를 전멸시킬 마음이 없었다. 그래서 거대한 아랍 세계의 행정을 관리하는 지식인 중에는 그리스도인 딤미와 유대인 딤미가 꽤 많았다.

유대인에 대한 아랍 무슬림의 증오가 빠르게 번져가지도 않았다. 무슬림의 입장에서 보면 유대인은 무함마드의 교리를 거부하는 죄를 짓긴 했지만 그렇다고 무함마드를 십자가에 매다는 극악무도한 죄를 지은 것은 아니지 않는가. 유대교의 유일신관은 이슬람의 유일신관만큼이나 단순하다. 유대교에는 공격적인 교리가 전혀 없었다. 식사와 정결 의식에 관한 율법도 여러 면에서 이슬람의 율법과 유사했다. 당시 이슬람 종교 문헌에는 반유대 논쟁이 거의 나타나지 않는다. 아랍인은 이방인인 그리스의 반유대주의를 물려받지도 않았고, 그 위에 새로운 적대감을 보태지도 않았다. 결정적으로 동로마와 서로마 제국 시대에 기독교가 이슬람에 위협이 되었던 것과 달리 유대교는 정치적으로나 군사적으로 이슬람에 위협이 되지 않았기 때문이다.

이런 이유로 유대인은 이슬람 세계에서 살기가 더 수월했다. 때때로 번영을 누리기도 했다. 아바스 왕조가 762년 이라크의 수도로 세운 바그다드에서 유대인은 대형 학술원 외에도 부유한 정착지를 구축했다. 유대인은 궁정에서 의사와 관료로 일했다. 처음에는 상거래를 하기 위해, 나중에는 학문을 하기 위해, 나아가 성경 주석을 달기 위해 아랍어 구어체와 문어체를 익혔다. 유대인 가정에서는 히브리어에 대한 지식을 소중히 간직하고 전수했으나 한편으로는 예전에 아람어를 익혔던 것처럼 아랍어를 배우고 아랍어로 말하기 시작했다. 유대인은 아랍 세계 전역에서 무역 활동을 했다. 8세기부터 11세기 초까지 이슬람은 국제 경제 체제를 확립했고 유대인은 자신들의 귀중한 연락망을 활용해 동양으로부터 비단과 향료를 비롯한 진귀한 상품을 수입했다. 또한 서양 기독교인에게서 이방인 노예를 사서 이슬람에 되팔았고 이 노예를 가나안 족속이라고 불렀다.

　　825년 리옹의 아고바르두스 대주교는 유대인이 노예무역을 하고 있다고 주장했다. 이 시기 무슬림의 기록과 유대인의 레스폰사는 유대인 상인들이 최고의 사치품을 생산하는 인도 및 중국과 무역을 했다고 말한다. 10세기부터 특히 바그다드에서 유대인은 무슬림 왕실을 섬기는 금융가로 활동했다. 금융가들은 유대인 무역업자의 예금을 예치하고 많은 돈을 칼리프에게 대출해주었다. 딤미의 신분임을 감안하면, 사실 그것은 대단히 위험한 거래였다. 무슬림 통치자의 입장에서 채무를 이행하지 않거나 채권자의 목을 베는 것은 수치스러운 일이 아니었고 종종 그런 일이 발생하기도 했다. 하지만 유대인을 은행업자로 활용하는 편이 무슬림 통치자에게도 훨씬 이득이었다. 은행업에서 나온 이윤의 일부는 학술원을 지원하는 데 사용되었고 은행업을 하는 가문의 수장들이 배후에서 이일을 관장했다.

유대인은 왕실에서도 영향력을 행사했다. 유대인 포로 족장은 아랍인에게 '우리 주 다윗의 아들'이라는 말을 들으며 공경을 받았다. 투델라의 베냐민은 1170년 바그다드에 도착했을 때 유대인 4만 명이 회당 28개와 **예쉬바**라 불리는 학당 10개를 세우고 그곳에서 안전하게 살고 있는 것을 목격했다.

유대인이 번영을 구가한 또 다른 도시는 튀니지 중북부에 있는 알카이라완이다. 이 도시는 670년에 세워진 이래 아글라브 왕조, 파티마 왕조, 지리 왕조의 수도가 되었다. 처음에는 이집트 출신 기독교인 콥트교도와 유대인 이주자가 정착했던 것 같다. 암흑시대와 중세 초기, 유대인 무역업자와 상인들이 지중해 지역과 유럽 북부와 서부에 아주 효율적인 도시 식민지를 건설했기 때문이다. 8세기에 바빌로니아에 불만을 품은 학자들이 이곳에 와서 학술원을 설립한 이래 250년간 알카이라완은 유대인 학자들의 중심지가 되었다. 알카이라완은 동양과 서양을 연결하는 무역 요충지였고, 여기서 성공한 유대 상인들이 학자들이 학문 연구에 매진할 수 있도록 후원해준 덕분이다. 또한 유대인은 왕실에서 의사, 천문학자, 관료로 일했다.

그러나 8세기부터 11세기까지 유대인이 가장 크게 성공한 지역은 스페인이다. 유대인 공동체는 로마 제국의 통치 아래 스페인에서 번영을 구가했고 비잔틴 제국 시대에도 어느 정도 번영했다. 그러다 서고트족 왕들이 통치하던 시대에 반유대주의 정책이 국가와 교회 차원에서 조직적으로 추진되었다. 톨레도에서는 왕실이 교회 회의를 계승하면서 정통 기독교 정책을 무시하고 유대인에게 세례를 강요하는 칙령을 반포하는가 하면 할례를 비롯한 유대교 의식과 안식일, 절기를 지키는 것까지 금지했다.

7세기 내내 유대인은 혹사당하고 박해받고 재산을 몰수당했다. 턱없이 높은 세금을 내야 했고 무역에 종사하지도 못했고 종종 세례를 강요받았다. 많은 유대인이 어쩔 수 없이 기독교를 받아들여야 했으나 개인적으로는 계속해서 유대 율법을 준수했다. 이로써 훗날 **마라노**로 불리게 된 숨어 있는 유대인이 역사에 출현했고 그들은 스페인과 스페인의 기독교 세계, 그리고 스페인의 유대교 세계에서 끊임없이 갈등을 일으키는 불온의 씨앗이었다.[17] 이러한 배경에서 711년 무슬림이 스페인을 침략했을 때 유대인은 그들이 스페인을 정복하도록 도왔고 진군하는 아랍 군대의 배후에서 아랍군이 정복한 도시를 수비하는 역할을 했다. 이런 일은 코르도바, 그라나다, 톨레도, 세비야에서 발생했고 이런 지역에는 곧 크고 부유한 유대인 공동체가 세워졌다. 사실 후대 아랍의 지리학자들은 루세나와 타라고나뿐 아니라 그라나다를 유대인의 도시로 언급한다. 스스로 칼리프를 옹립하고 유대인에게 특별히 호의와 관용을 베푼 우마이야 왕조는 코르도바를 수도로 삼았다. 유대인은 바그다드와 알카이라완에서 그랬듯 이곳에서도 장인, 무역업자, 의사로 활동했다.

우마이야 왕조의 위대한 칼리프 아브드 알 라흐만 3세(912-961년)의 시대에 궁정에서 그를 돌보던 유대인 의사 히스다이 이븐 샤프루트는 유대인 학자와 철학자, 시인, 과학자를 불러들여 코르도바를 유대인 문화의 중심지로 만들었다. 우마이야 왕조가 다스린 스페인에는 최소 44개가 넘는 도시에 부유하고도 안정된 유대인 공동체가 있었고, 많은 공동체가 고유의 예쉬바를 운영했다. 교양 있는 유대인 공동체가 관대한 칼리프들과 맺은 친밀한 관계는 고레스 시대를 떠올리게 했고, 스페인의 유대인 사회에 호의적이고 생산적이고 만족스러운 삶을 선물했다. 유대인은 19세기까지 그 어디에서도 그런 삶을 누리지 못했다.

그러나 위협이 없는 것은 아니었다. 이슬람 정치의 역동성은 신앙심이 강한 왕조에서 발생한 갈등에서 비롯되었다. 갈등은 엄격함과 정결에 관한 교리 논쟁으로 악화되곤 했다. 무슬림 왕조가 부유해지고 관대해질수록 근본주의 종파의 질투와 광신으로 왕조는 쇠약해졌다. 왕조가 붕괴하면 왕조의 보호를 받던 유대인은 즉시 딤미라는 취약한 사회적 지위 때문에 불안감에 시달렸다.

야만적인 베르베르인 무슬림이 1013년에 코르도바를 점령하면서 우마이야 왕조는 역사 속으로 사라졌고 저명한 유대인들도 함께 살해되었다. 그라나다에서도 유대인 학살이 벌어졌다. 기독교 군대가 남쪽으로 밀고 내려오자 압박을 받은 무슬림은 여유 있는 문화 수호자 대신 열정적이고 열광적인 전사를 자처했다. 11세기의 마지막 몇십 년간은 또 다른 베르베르인 왕조 알모라비조가 남부 스페인에서 권력을 잡았다. 그들은 폭력적이었고 예측할 수 없는 존재였다. 루세나의 거대하고 부유한 유대인 공동체를 위협하며 개종을 강요한 끝에 엄청난 배상금을 받아냈다. 유대인은 뇌물과 협상을 적절히 활용해 교묘하게 무슬림의 위협을 피해나갔다. 경제와 의학, 외교 기술로 정복자들에게 많은 것을 제공할 수 있었다. 유대인은 징세 도급인으로, 조언자로, 의사로 새로운 주인을 섬겼다. 그러나 이때부터 유대인은 기독교인 통치자 아래 있는 것이 무슬림 통치자 아래에 있는 것보다 안전했다. 소아시아의 사정도 비슷했다. 동로마 제국 시대 소아시아에서 유대인 공동체는 무슬림 통치 체제의 딤미 시절보다 더 안정적인 생활을 영유했다.

12세기 초, 아틀라스 산악지대에 새로 나타난 무슬림 근본주의의 물결은 종교 열정으로 가득한 베르베르인의 연합체 알모아데를 만들어냈다. 그들의 목표는 이슬람의 타락과 후퇴를 일소하는 것이었다. 그 과정에서 무슬림 근본주의자는 거의 1,000년 전부터 북서 아프리카에 있었던 기독교 공동체를 전멸시켰다. 유대인도 개종과 죽음 중 하나를 선택해야 했다. 1146년부터 알모아데의 광신주의는 스페인까지 파고들었다.

회당과 예쉬바가 폐쇄되었다. 서고트족 기독교인의 통치를 받던 시절처럼 칼날 앞에서 어쩔 수 없이 이슬람교로 개종한 유대인은 비밀리에 유대교를 신봉했고 이 때문에 무슬림의 의심을 사곤 했다. 유대인은 우스꽝스럽게 소매가 넓고 모양이 이상한 푸른색 튜닉을 입고 터번 대신 당나귀 안장 모양의 길고 푸른 모자를 써야 했다. 시클라라고 불리는 치욕의 표시를 몸에 달기도 했다. 이런 치욕을 모면한 유대인도 비교적 평범한 모양의 황색 옷을 입어야 했다. 소규모를 제외하고는 무역을 하는 것도 금지되었다. 스페인 남부에서 번영을 누린 유대인 정착지는 예전의 위엄과 영광에도 불구하고 이 박해를 견뎌내지 못했다. 많은 유대인이 북쪽 기독교 세계로 피신했다. 또 일부는 좀 더 관대한 무슬림 통치자를 찾아 아프리카로 이주했다.

피난민 중에는 모세스 벤 마이몬이라는 재기 넘치는 젊은 학자가 있었다. 그는 마이모니데스라는 이름으로 유명하고 유대인에게는 랍비 모세스 벤 마이몬을 줄인 람밤이라는 약칭으로 더 잘 알려져 있다. 그는 1135년 3월 30일 코르도바에서 학자의 아들로 태어났다. 알모아데 연합체가 도시를 점령했을 때 열세 살이었던 그는 여러 학문에서 비범한 능력을 보였다. 그와 그의 가족은 스페인에서 떠돌다 프로방스에 거주했던 것으로 보이고 1160년에 모로코 북부 도시 페스에 정착했다. 그러나 5년 뒤 강제 개종의 위협 때문에 다시 이주할 수밖에 없었다. 처음에는 바다를 통해 아크레로 갔다. 마이모니데스는 그곳부터 시작해 성지를 여행한 다음 이집트로 내려가 카이로의 옛 성 푸스타트에 정착했다. 그곳에서 마이모니데스는 점차 의사와 학자, 철학자로서 세계적으로 명성을 얻었다. 1177년 그는 푸스타트 공동체의 수장이 되었고, 1185년에 궁정 의사로 임명되었고, 무슬림 연대기의 표현대로라면 지혜와 가르침과 지위 면에서 매우 위대한 인물이 되었다. 다양한 학문을 폭넓게 다루었고 여러 분야에서 수준 높은 경지에 이르렀다. 보석 관련 무역업을 하는 동생 다비드의 후원을 받다가 동생이 죽고 나서는 직접 무역을 하거나 의사 수입으로 살아갔던 것 같다. 1204년 12월 13일 마이모니데스가 사망하자 유해는 그의 가르침에 따라 티베리아스(디베라)로 옮겨졌고 그곳에 있는 그의 무덤은 지금까지 경건한 유대인이 순례하는 장소가 되었다.

학자들의 통치

마이모니데스는 자세히 살펴볼 가치가 있는 인물이다. 개인적으로 중요한 인물이기 때문만이 아니라 중세 유대인 사회의 학문이 얼마나 탁월했는지를 보여주기에 가장 적합한 인물이기 때문이다. 그는 교권통치의 원형이자 그 분야에서 가장 탁월했던 인물이다. 유대교에서 다스림과 지식은 긴밀하게 연결되어 있다. 물론 여기서 말하는 지식은 기본적으로 토라에 관한 지식을 말한다. 토라는 단순히 하나님에 관한 책이 아니다. 하나님이 선재하신 것처럼 토라도 창조 이전부터 존재했다. 사실상 토라는 창조의 청사진이었다.[18] 랍비 아키바는 마치 마법사가 자기 책을 펼치고 주문을 읽는 것처럼 하나님이 사용하신 창조의 도구가 토라라고 생각했다. 시메온 벤 라키쉬는 토라가 창조 세계보다 2,000년 정도 먼저 존재했다고 주장했다. 엘레아자르 벤 요세는 하나님이 토라를 사용해 우주를 창조하시기 전 974세대 동안 하나님의 품에 있었다고 가르쳤다. 어떤 현자들은 토라가 70개의 상이한 민족에게 70개의 언어로 동시에 주어졌는데 모두 토라를 거부했으나 오직 이스라엘만 받아들였다고 주장한다. 그러므로 토라는 단순한 율법서와 종교서가 아니라 이스라엘의 지혜이자 유대인의 통치를 위한 열쇠다. 모세를 가리켜 이상적인 법률 수여자라고 했던 필론은 토라를 가리켜 철학자들의 이상적인 법률이라 칭했다. 모세에 관한 저작에서 필론은 이렇게 서술한다. "토라는 자연의 봉인으로 봉해졌고 우주에 대한 가장 완전한 청사진이다."[19]

토라에 대한 지식이 늘어날수록 특별히 유대인을 통치할 수 있는 권리 역시 강해졌다. 이상적으로 말해서 모든 공인은 뛰어난 학자여야 했고 모든 학자는 통치에 도움을 주어야 했다. 앵글로색슨 세계에서는 지적 능력, 책과 독서에 대한 열정이 직무를 수행하는 데 방해가 된다는 생각이 유행했는데, 유대인은 이런 주장을 한 번도 받아들인 적이 없다. 오히려 그 반대였다. 다른 이방 세계와 달리 유대인은 토라를 실제 삶과 동떨어진 무미건조한 학문으로 이해하지 않았다. 그들은 토라가 인간을 통치하는 데 필요한 지혜를 촉진시키고 겸손과 경건의 덕을 길러 권력이 타락하는 것을 방지한다고 보았다. 그래서 잠언의 말씀을 자주 인용했다. "내게는 지략과 건전한 지혜가 있으며, 명철과 능력이 있다."[20]

유대인의 입장에서 중요한 것은 학문과 통치를 어떻게 조화시킬 것인가였다. 하드리아누스 황제의 박해를 받던 시기에 룻다의 현자들이 절박한 상태에 빠진 공동체를 보면서 논의한 가장 긴급한 문제는 "연구가 더 중요한가, 아니면 행동이 중요한가?"였다. 의견을 나눈 뒤 학자들은 연구는 행동으로 이어진다고 보고 연구가 선행되어야 한다는 랍비 아키바의 견해를 만장일치로 지지했다. 영적인 가치에 비추어볼 때 연구를 통해 지혜를 추구하는 것과 공동체에 봉사하기 위해 지혜를 사용하는 것이 똑같이 중요하다고 본 것이다.

이 결론에 대해 현자들은 이렇게 설명했다. "만약 과부나 고아가 현자에게 조언을 들으러 왔는데, 현자가 연구할 게 너무 많아 고민을 들어줄 수 없다고 대답하면 하나님은 진노하시고 '너는 세계를 파괴한 것과 같다. 그 죄를 너에게 묻는다'라고 말씀하실 것이다. 책에 얼굴을 파묻고 있는 학자들은 세계를 파괴로 이끈다는 비난을 받을 것이다." 유대인은 실제로 지혜가 적용되지 않는 세계는 곧 산산조각이 날 것이라고 믿었다. 레위인은 쉰 살이 되면 은퇴해 연구에 전념할 수 있으나, 학자는 죽을 때까지 지혜로 공동체를 도와야 했다.

필론은 연구와 대중을 섬기는 일을 놓고 상충하는 견해에 대해 열정적으로 기술했다. 자신의 삶이 바로 그런 예에 해당했기 때문이다. 필론은 수많은 저술 작업을 하면서도 공동체의 지도자로 일해야 했고 로마 제국 시대에는 대사로 계속 봉사해야 했다. 특히 필론처럼 명성이 있는 학자는 조언을 구하러 오는 많은 사람을 만나야 했다. 다행히 필론은 디아스포라 유대인 가운데 가장 부유한 층에 속했던 형제와 통치 의무를 나눠서 졌다. 요세푸스는 그를 알라바르크라 칭한다.[21] 한편으로는 학문 연구과 주석 작업, 다른 한편으로는 율법에 바탕을 둔 통치 업무와 그 밖의 공무라는 대립된 요구를 해결하기 위해 형제가 서로 돕는 개념이 등장한 것은 유대인의 학자 지도 체제가 대체로 가계와 관련되어 있기 때문이다. 학자 가문은 서기관 계열에서 처음 시작되었고 BC 2세기 무렵 이미 유대인의 삶의 특징이 되었다. 이런 모습은 몇몇 유대인 사회에서 1차 세계대전까지 이어졌고 심지어 그 이후까지 지속된 예도 있다.

바빌로니아에서 포로 족장은 다윗 가문 출신이어야 했으나 학술원과 예쉬바에서 중책을 맡은 인물은 유명한 학자 가문에서 선택했다. 상인들의 후원 덕분에 학술원과 학당을 계속 운영할 수 있었지만, 학자 가문 출신이 아니라 상인 출신이라는 표현은 경멸의 의미를 내포했다. 바빌로니아의 학술원 대표인 **가온**은 6대 가문 출신이 맡았고 팔레스타인에서는 힐렐이나 서기관 에스라, 또는 다윗의 후손이 맡았다. 외부인이 방대한 학문 연구에 참여하는 것을 허용하기는 했지만, 실제로 그런 경우는 드물었다. 학술원의 위계질서에서도 출신 성분이 중요했다. 물론 중요하거나 세계적으로 유명한 학술원은 젊은이를 교육하는 곳이라기보다는 평의회에 가까웠다. 사실 예쉬바도 그리스어 쉰헤드리온에서 나온 산헤드린의 히브리어 표현이다. 중세 초까지도 학술원은 공식 토라 문서에서 대산헤드린으로 불렸다. 팔레스타인 학술원도 자칭 의로운 의회라 칭했다. 학술원은 학자들이 모여 권위 있는 규정을 만들어내는 장소, 다시 말해 학술원과 의회, 최고 법원이 결합된 형태였다.

마이모니데스 시대 직전 바빌로니아 학술원 출신 학자가 이집트에서 책을 쓰면서 학문의 상하 관계를 다음과 같이 묘사했다. 읽기 쓰기를 할 수 있는 일반 유대인은 모세오경과 기도서를 공부한다. 여기에는 구전 율법, 안식일, 절기에 관한 자료가 포함된다. 학자들은 여기에 더해 성경의 다른 부분과 여러 법령과 성문화한 법을 통달한다. 대학자, 이른바 박사들은 여기에 더해 미쉬나와 탈무드, 여러 주석서에 정통해야 한다. 학자는 설교하고 해설을 위한 편지를 쓰고 재판관을 보좌하는 일을 할 수 있다. 그러나 학문상의 판정을 내릴 수 있는 사람은 법 자료와 법 해설 문서를 이해하고 학술원의 구성원이라는 직함을 지닌 박사뿐이다.[22]

학술원은 박사와 원로 학자로 구성되었다. 바빌로니아에서 주요 지배층은 가온과 그의 대리인으로 활동하는 재판장, 재판을 기록하는 서기관, 이렇게 셋이었다. 학술원은 가온을 바라보도록 배열된 일곱 줄의 좌석으로 구성되었다. 각 줄에는 열 개의 좌석이 있고 각 줄에서 가장 뛰어난 학자를 로쉬 하 세데르, 즉 그 줄의 대표라 불렀다. 학술원의 구성원은 자리가 정해져 있었고 처음에는 나이순으로 자리를 정했다. 각 구성원은 학문 수행 정도에 따라 승진하거나 강등될 수 있고 봉급도 그에 따라 달라졌다. 그러나 학술원 일은 상근 업무가 아니라서 관리로 공동체를 위해 봉사하거나 기술과 무역으로 생계를 꾸려가야 했다.

학술원 구성원 전체가 모이는 총회는 일 년에 두 번, 여름과 겨울이 끝날 무렵에 한 달간 이루어졌다. 칼라, 즉 초봄에 여는 정식 회기에는 해외에서 보내온 문제를 논의해 관련 규칙을 선포하고 결정 사항은 유월절 직후 해외로 나가는 상인들 편에 전달했다. 두 번의 총회에는 교육 기간이 포함되었다. 그때 가온이 직접 탈무드 규정을 쭈그리고 앉아 있는 학생 2,000명에게 설명했다. 학생들은 가온의 대변인으로 활동했으며 투르게만이라고 불리는 통역자가 큰소리로 이를 전달했다. 교사들은 다양한 등급으로 분류되었고 암송자가 가장 낮은 등급이었다. 태어나면서부터 앞을 보지 못하는 이들이 암송자가 되곤 했다. 이들은 성경의 방대한 본문을 정확한 가락과 구두점, 강세를 지키면서 암기하는 훈련을 반복했다. 어떤 대학자가 논쟁의 핵심이 되는 본문을 깜박 잊었을 때에는 암송자가 불려 나가 그 부분을 정확히 암송했다. 대중 교육은 대부분 시끌벅적한 제창 형태의 암기식이었다. 이 방법은 한 세대 전까지도 카이로의 알 아자르 같은 무슬림 대학에서 사용되었다. 지금도 모로코의 유대인 학생들은 히브리어와 아람어로 기록된 상당히 긴 법률 규정을 암송한다. 예멘의 유대인에게도 구전 암송 전통이 남아 있어서 유럽 유대인이 오래전에 잃어버린 고대 본문의 정확한 발음법을 보존하고 있다.[23]

바빌로니아 학술원은 엄격하게 위계가 잡혀 있어서 세습 지위를 누린 현인 계층과 함께 근동 법정의 엄숙한 분위기와 복종 의식을 상당 부분 흡수했다. 학술원의 실무를 집행하던 포로 족장의 방식을 본받았던 것이다. 히브리인 연대기를 편찬한 요세프 벤 이사크 삼바리(1640-1703년)는 10세기의 전통을 언급하면서 **나시**에 대해 다음과 같이 설명했다.

그는 신실하신 이의 사령관이라는 권위에 의거해 모든 유대인 공동체에 광범위한 지배권을 소유하고 있다. 유대인과 이방인은 동일하게 그의 앞에서 일어나 인사를 드린다. 이를 따르지 않는 자는 누구든 채찍으로 100대를 맞았다. 칼리프가 그렇게 명했기 때문이다. 그는 칼리프를 알현하러 갈 때마다 유대인과 무슬림 기수의 호위를 받았으며, 그들은 앞서 가며 아랍어로 "우리 주 다윗의 아들을 위해 길을 비켜라"라고 외쳤다. 그도 말을 타고 비단 자수 의복과 커다란 터번을 착용했다. 터번 위에는 사슬이 달린 흰 스카프가 걸려 있었다. 그가 칼리프의 궁전에 도착하면, 왕실의 환관들이 인사하러 나왔고 알현실에 도착할 때까지 앞에서 안내했다. 나시를 앞에서 안내하는 종은 황금이 들어 있는 주머니를 가지고 갔는데, 칼리프의 명예를 위해 뿌리기 위해서였다. 칼리프 앞에서 나시는 엎드렸다 일어남으로써 노예로서 겸손을 표했다. 그러고 나면 칼리프는 환관들에게 그를 자기 왼편 가장 가까운 의자에 앉히게 했고 그는 원하는 바를 청했다. 청원 후에 그는 다시 일어서서 칼리프를 축복하고 떠났다. 그는 상인들에게 매년 고정된 세금을 거두어들이고 상인들이 세상 끝에서 가져온 선물을 받았다. 이것이 바빌로니아에서 그들이 지키던 관습이다.[24]

학술원의 가온과 원로 박사들도 이와 비슷한 대우를 요구했다. 그들은 당당한 직함과 함께 소개되었고 정교한 축복과 저주를 선포했다. 마치 중국의 관리처럼 세습 귀족 계층을 형성했던 것이다. 암흑시대에 바빌로니아 학자 지도 체제는 일종의 세습 사법부로 전체 디아스포라가 항소할 수 있는 최고 법정이었다. 그러나 엄밀히 말해서 학자들의 통치 체제에는 실제적인 강제력이 없었다. 군대는커녕 지역 경찰 병력도 갖추고 있지 않았다. 대신 제명권을 가지고 있었다. 제명은 두려움을 불러일으키는 제도로 에스라 시대부터 있었다. 학자 지도 체제는 당연히 학문에 대한 권위를 갖추고 있었다. 그러나 사실상 바빌로니아 학자 지도 체제의 권력은 거대한 무슬림 제국에 편승하는 동안에만 지속되었다. 바그다드 칼리프의 통치 영역이 축소되면 그들의 힘도 같이 줄어들었다.

스페인과 아프리카 북부 등지에도 옛 학술원 출신의 망명 학자를 주축으로 권위 있는 학문 중심지가 새로 등장했다. 예를 들어 1060년경에 카이로가 **할라카**의 중심지가 된 것은 알카이라완 출신 나흐라이 벤 니심과 유명한 선생이었던 유다 하 코헨 벤 요세프가 이 지역으로 이주해온 덕분이다. 다음 세대에 이들의 권위는 스페인 출신 학자 이자크 벤 사무엘가 물려받았다. 당시 문서에 따르면 "온 이집트에 군림하는 권위가 그의 수중에 있었다." 일반적으로 이런 인물은 자기가 위대한 학술원을 관장하던 가온의 후예라고 주장했다. 그리고 무역업으로 성공하거나 무역업에 종사하는 자들과 친분을 맺었다. 그러나 학술원을 관장해온 주요 가문이라도 계속해서 뛰어난 학자를 배출하지 못하면 부를 유지할 수는 있어도 명성을 유지하지는 못했다. 유대인 공동체의 자치는 모든 사람에게 권위를 인정받는 할라카의 판단과 결정으로 유지되는 것이고, 이러한 판단과 결정은 어느 누구도 도전할 수 없는 지고한 학식에서 나오기 때문이다. 간단히 말해서 어떤 역사가의 말대로 권위를 얻기 위해서는 가문도 중요하고 상업상의 성공도 중요하지만, 가장 중요한 것은 학식이었다.[25]

마이모니데스, 유대 역사의 중심인물

마이모니데스는 좋은 가문, 상업적 성공, 학문상의 업적까지 세 가지를 모두 갖춘 인물이다. 그는 자기가 쓴 미쉬나 주석에서 자기 선조를 7대에 걸쳐 나열한다. 이는 대다수 유대인에게서 흔히 볼 수 있는 모습이다. 이런 관습은 오늘날까지 이어져 예멘의 많은 유대인 가문, 심지어 매우 가난한 가문에서도 이 관습을 지키고 있다. 선조의 이름을 열거하는 목적은 조상이 학자였음을 과시하기 위함이다. 따라서 대개는 뛰어난 학자를 언급하는 것으로 시작한다. 여성의 이름은 거론하지 않았지만, 아주 탁월한 경우에는 여성의 이름도 족보에 올랐다. 마이모니데스의 장인의 경우 모계 계보가 14대나 열거된 반면, 아버지의 경우는 6대만 언급되는 것이 인상적이다. 명성이야 다양한 방법으로 얻을 수 있지만, 학문으로 얻은 명성이야말로 특별하고도 독보적인 명예였다. 배움에 대한 유대인의 신념은 실로 확고부동했다. 마이모니데스 시대의 것으로 지금까지 남아 있는 기록에는 이런 내용이 나온다. "이 문서는 바르고 정확하다. 이를 기록한 자의 아버지가 예쉬바의 학장의 외손자이기 때문이다."[26] 마이모니데스는 자신의 계보에 매우 만족했을 것이다. 그가 언급한 일곱 세대 중에 중요한 학자와 재판관이 네 명이나 있었으니 말이다. 마이모니데스 가문은 무역업을 통해 부까지 축적해서 가문에 속한 학자들을 후원할 수 있었다.

2세기부터 금세기 초까지, 유대인 개인과 유대인 사회에 관해 우리가 알고 있는 지식은 대개 단편적이다. 유대인은 더 이상 역사를 기록하지 않았고 불안과 방랑, 잦은 박해에 시달린 탓에 기록을 전수하기가 어려웠다. 그러나 다행히도 마이모니데스와 그가 살았던 12세기 이집트 유대인 사회에 대해서만큼은 많이 알려져 있다. 모든 회당에는 **게니자**라 불리는 방이 있었고 이 방에 너무 오래 되어 더 이상 사용할 수 없는 제기와 문서를 보관했다. 유대인의 율법은 이런 것을 파기하지 못하게 했다. 그 안에 하나님의 이름이 쓰여 있기 때문이다. 몇몇 게니자에는 거룩한 잡동사니 속에 세속적인 문서를 포함해 많은 문서가 섞여 있었다. 한두 세대 정도 지나면 이런 문서들은 습기와 곰팡이로 더 이상 읽을 수 없는 상태가 되기 마련이다. 그러나 놀랄 만큼 기후가 건조했던 이집트가 BC 1000년대와 그 이전 시대의 종이와 파피루스 조각을 보존해왔다는 사실은 학자들 사이에 잘 알려져 있다.

마이모니데스는 푸스타트의 에스라 회당에서 예배를 드리고 가르쳤다. 이 회당은 유대인이 매입한 콥트 교회의 폐허 위에 882년에 건축한 건물이다. 회당 안에 다락 형태로 만든 게니자에서 방대한 양의 중세 문서가 고스란히 보관되어 있었다. 19세기 말, 위대한 유대인 학자 솔로몬 셰터가 이 문서에 대한 체계적인 복원 작업을 시작했다. 대략 10만 페이지 분량의 문서가 캠브리지 대학 도서관으로 보내졌고, 또 다른 10만 페이지 이상의 문서가 전 세계 학술 중심지에 보관되어 있다. 이 문서가 보여주는 정보는 어마어마하다. 독일계 유대인 학자 쉴로모 도프 고이타인이 이 문서를 활용해 마이모니데스의 저작과 사상의 배경이 된 11-12세기 사회를 예리하고 생생하게 복원해냈다.[27]

카이로 게니자

카이로 게니자는 1,200통 이상의 상업용 서신을 완전한 형태로 보관하고 있다. 이 서신은 마이모니데스의 동생 다비드를 포함해 이집트 유대인이 매우 먼 거리를 여행하며 아주 다양한 물품을 거래했다는 사실을 보여준다. 염료는 유대인이 전문으로 다루던 물품 중 하나다. 염료 외에도 직물, 약제, 보석, 금속, 향수 등에도 관심을 보였다. 주요 무역 상대는 이집트 북부와 남부, 팔레스타인 해안, 시리아의 다마스쿠스였다. 푸스타트의 거상 모세스 벤 야코브는 건과, 종이, 기름, 식물, 동전 등을 거래했고 이 지역 무역을 석권한 덕분에 통근자라는 별명을 얻었다.

마이모니데스의 아들 아브라함의 육필 원고에 따르면, 푸스타트의 무역상은 말레이시아까지 세력을 뻗쳤다. 이 원고에는 아브라함과 거래하다가 수마트라에서 숨진 사람의 이야기도 나온다. 무역 규모 역시 대단했다. 11세기의 거상 요세프 이븐 아칼은 한 번에 180개의 짐을 선적할 정도였다. 그는 연락망을 통해 바빌로니아에 있는 대형 학술원 두 곳의 공식 대리인으로 활동하면서 학술원의 규정을 전체 유대인 세계에 전달하는 역할을 했다. 학술원의 결정 사항이 전달되기까지 많은 시간이 걸리기는 했지만, 인도 제국에 있는 작은 유대인 공동체와도 연락이 될 정도였다. 카이로에서 수마트라까지는 넉 달이 걸렸다.[28]

마이모니데스의 동생 다비드는 그렇게 긴 여행을 하다가 죽었다. 그가 형에게 보낸 편지가 지금까지 남아 있다. 편지에는 이집트 북부에서 발생한 불운한 사건이 여럿 담겨 있다. 그는 이집트를 떠나 인도로 가는 배를 타기 위해 홍해를 지나는 중이었다. 그 후로는 소식이 끊겼다. 마이모니데스는 이렇게 적고 있다.

인생에서 내게 엄습한 가장 큰 불행은 그(그의 추억에 축복 있으라)가 인도양에 가라앉아버린 일이다. 그는 내 돈과 자기 돈과 다른 이들의 돈을 포함해 많은 돈을 운반하고 있었으나, 이젠 어린 딸 하나와 미망인만 내게 남겼다. 충격적인 소식을 접하고 나는 앓아누웠고, 약 1년간 침대에 누워 슬픔을 쏟아냈다. 고열과 우울증으로 괴로워하며 거의 모든 일을 단념했다. 그 후 약 8년이 지났지만, 아직도 비탄 중에 있으며 위로를 받아들일 자신이 없다. 무엇이 내게 위로가 될까? 그는 내 무릎에서 자란 나의 형제이자 학생이다. 그가 시장에서 장사를 해서 돈을 번 덕분에 나는 집에 편안하게 앉아 있었다. 그는 탈무드와 성경에 정통했고 히브리어 문법을 잘 알았다. 내 인생의 낙이라면 그를 지켜보는 것이었다. … 그가 쓴 글이나 편지를 볼 때마다 다시 마음이 요동치고 슬픔이 엄습한다. "내가 울면서, 나의 아들이 있는 스올로 내려가겠다"고 한 야곱의 심정이 이랬을까.29

이 편지에는 동생을 향한 애정과 우울한 심정이 그대로 묻어난다. 마이모니데스가 일 년 동안이나 침대에 누워 지냈다는 말은 무시해도 좋다. 그에게는 본래 우환과 신체적 허약함을 강조하는 성향이 있다. 그러나 실제로는 범상치 않은 열정으로 많은 저술을 남긴 정력적인 인물이다. 우리는 중세 유대인 중 가장 위대한 이 인물이 어떻게 생겼는지 알지 못한다. 1744년에 출판된 선집 첫 번째 책에 실린 초상화가 계속 사용되고 있지만, 사실 작가가 상상력을 동원해 그린 창작품일 뿐이다. 대신 게니자에서 발견된 마이모니데스의 편지와 서적, 그 밖의 여러 자료가 그에 관해 많은 이야기를 들려준다.

마이모니데스는 르네상스가 일어나기 전인 12세기의 인물이다. 이 시기는 처음으로 암흑시대에서 벗어나 유대인뿐 아니라 아랍 세계와 유럽 기독교 세계에도 큰 영향을 끼친 시대다. 마이모니데스는 세계주의자였다. 아랍어로 저술 활동을 했지만, 다른 언어에도 능숙해서 자기에게 들어오는 질문에 대해 그 나라의 언어로 답변했다. 일평생 무슨 책이든 닥치는 대로 읽는 독서광이었다. 한 편지에서 그는 천문학에 관한 모든 논문을 읽었다고 주장했고, 또 다른 편지에서는 우상 숭배와 관련해 모르는 것이 없었다고 기록했다.30 종교 자료와 세속 자료를 막론하고 난해한 자료를 모두 흡수하는 능력을 타고난 것 같다. 그래서인지 아주 이른 나이에 수많은 자료를 합리적으로 정리해 유대인 세계에 다시 제시하기로 결심했다. 열여섯 살이 되기도 전에《논리에 관한 소고 *Treatise on Logic*》를 완성했다. 그 후 1158년에 천문학을 다룬《역법에 관한 소고 *Treatise on the Calendar*》를 완성했고 스물두 살에 첫 번째 주요 저작인《미쉬나 주석 *Commentary on the Mishna*》을 집필하기 시작해 1168년 푸스타트에서 완성했다. 이 작품은 기독교 스콜라 신학자들이 쓴 백과사전에 버금가는 것으로 동물, 식물, 꽃, 자연사뿐 아니라 인간의 심리에 관한 방대한 세속 자료를 담고 있다. 그중 많은 부분이 그와 가족이 안전한 거주지를 찾기 위해 노력하던 시기에 작성되었다. "나는 세상의 끝에서 끝으로 쫓겨났다. … 내가 방랑 중에 또는 배 안에서 여러 편의 글을 쓴 것을 하나님이 아신다."[31] 그 후 14권으로 이뤄진 탈무드 율법서《미쉬네 토라 *Mishneh Torah*》를 성문화하는 작업을 착수했다. 이 작업에는 10년의 세월이 걸렸고 1180년에야 완성할 수 있었다.

이 시기에 그는 동생의 죽음을 경험하고 의학 공부를 시작했다. 또한 재판관으로 활발하게 활동했고 그 과정에서 이집트 유대인 공동체의 대표가 되었으나 **나기드**라는 공식 직함을 취하지는 않았다. 세계 각지의 유대인 공동체에서 무수한 사람이 편지로 상담을 요청했고 여기에 히브리어로 답변한 레스폰사가 400개가 넘는다. 그러나 그가 세 권으로 이뤄진 가장 유명하고 뛰어난 저작《당혹스러워하는 자를 위한 지침 *Guide of the Perplexed*》을 쓰기 시작한 때는 1185년이다. 유대교의 기본 신학과 철학을 설명하는 이 저서는 1190년에 완성되었다.

마이모니데스는 매우 진지하게 의학 경력을 쌓아나갔고 비유대인 세계에서 상당한 명성을 얻었다. 그는 식이요법과 약물, 치료법에 관한 해박한 지식을 기록으로 남겼다. 그가 저술한 10편의 의학 저서가 남아 있으나 원래는 그보다 많았을 것으로 추정된다. 그는 유대교와 율법뿐 아니라 생리학과 치료학에 대해서도 강의했다. 살라딘의 고관 알 파디 알

바이사미를 진료하고 연봉을 받았다. 후에 그가 진료한 살라딘의 아들은 1198년에 술탄이 되었다. 잉글랜드의 사자왕 리처드나 예루살렘 왕국의 아모리 왕 중 하나로 추정되는 '프랑크족 왕'의 궁정 의사가 되어달라는 요청을 받았으나 거절했다. 아랍 문헌은 마이모니데스가 정신지체를 치료하는 전문 기술을 가진 세계적인 의사로 존경받았다고 밝힌다. 한때 다음과 같은 이야기가 회자되었다. "갈레노스의 치료는 육체만 고쳤지만, 마이모니데스의 치료는 육체와 영혼을 모두 고친다."[32] 마이모니데스의 인생은 초인적이라 할 정도로 근면과 봉사로 점철된 삶이었다. 아주 큰 공공병원에 방문해 환자를 돌보고 자기 집에서도 환자를 받았다. 총애하던 제자 요세프 이븐 아크닌에게 보낸 편지에는 다음과 같은 내용이 나온다.

이슬람 대법관과 아랍 왕족, 알 파드르 가문과 그 밖의 유력 인사들 사이에서 명성을 얻었네. 하지만 그들은 매우 인색하더군. 서민들은 치료를 받으러 내가 사는 푸스타트까지 오기 어려우니 카이로에 가서 환자를 돌보지 않으면 안 되네. 집에 돌아오면 너무 피곤해서 의학 연구를 할 수 없을 정도야. 자네도 알다시피 의학 분야에서는 자료를 검토하는 데만 많은 시간이 걸리지 않는가. 성실히 오랜 시간 연구에 매진해야만 자신이 믿는 모든 것이 철저한 논증과 적절한 권위로 뒷받침되고 있다고 확신할 수 있으니 말이야.

1199년에는 사무엘 이븐 티본에게 다음과 같은 편지를 썼다.

나는 푸스타트에 살고 술탄은 카이로에 계시네. 푸스타트와 카이로의 거리는 안식일에 여행할 수 있는 거리의 두 배[약 3.2킬로미터]야. 술탄을 위해 해야 할 일이 막중하네. 매일 아침 일찍 방문해야 하지. 술탄이 몸이 좋지 않다고 느끼거나 자녀나 후궁 중에 누가 아프면, 카이로를 떠나지 않고 궁정에서 훨씬 더 오랜 시간을 보낸다네. 궁정 관리 중에 아픈 사람이 있으면, 마치 다른 일은 아무것도 없는 것처럼 내내 궁정을 지키다가… 오후가 지나서야 푸스타트로 돌아와. 그때쯤이면 피곤과 허기가 몰려오는데 집에 오면 많은 사람이 나를 기다리고 있네. 지위가 높은 사람, 낮은 사람, 이방인, 신학자, 재판관 등 수많은 사람이 내 집 정원에 모여 있지. 그러면 나는 말에서 내려 손을 씻고 그날의 첫 끼니를 먹을 시간만 기다려달라고 부탁한다네. 그런 다음 환자를 진찰해. 사람들은 해질녘까지 줄을 서서 기다리는데, 때로는 새벽 2시를 넘기기도 하네. 나는 체력이 약하기에 등을 기대고 누운 채 그들에게 말하네. 밤이 되면 녹초가 되어 말하는 것조차 힘들어. 그래서 이스라엘 사람들은 안식일이 아니면 나와 사적인 이야기를 나눌 수 없네. 안식일 예배가 끝나고 사람들이 내게 오면, 나는 그들에게 다음 주에 할 일을 조언하지. 그 후에 그들은 정오까지 공부를 조금 하고 돌아간다네. 일부는 다시 돌아와 저녁 기도 시간까지 공부하기도 하고. 이것이 나의 일상이라네.**33**

이 편지를 쓴 이듬해에 마이모니데스는 개인적으로 계속 술탄을 방문하는 것이 불가능하다는 걸 깨닫고 주의사항을 기록해서 의사들에게 전했다. 그러나 1204년에 일흔 살의 나이로 세상을 떠날 때까지 술탄의 의사로, 재판관으로, 신학자로 임무를 수행했다.

중세 유대 합리주의의 목표

마이모니데스는 전심으로 유대인 공동체를 위해, 그리고 제한된 범위이 기는 하나 전 인류를 위해 헌신적인 삶을 살았다. 이런 삶은 유대교의 사회관과 일치한다. 그러나 푸스타트 공동체를 돕거나 카이로에 있는 좀 더 큰 이방인 공동체를 돕는 것으로는 충분하지 않았다. 마이모니데스는 자기에게 훌륭한 지적 능력이 있다는 사실을 잘 알았고 그런 능력을 생산적으로 사용하려면 많은 에너지와 집중력이 필요하다는 사실을 인식했다. 유대인은 인류라는 밀가루 반죽을 발효시키는 누룩이 되도록, 다시 말해 이방인에게 빛을 비추는 역할을 하도록 창조되었다. 비록 국가 권력이나 군사력, 넓은 영토를 소유하지는 못했어도 유대인에게는 뛰어난 지성이 있었다. 지성과 이성적인 논증이야말로 유대인의 무기다. 그래서 학자들은 사회에서 주목받는 위치에 있었고 그만큼 특별한 책임이 뒤따랐다. 지도자의 위치에 있는 학자는 상상할 수 없을 정도로 치열한 의무를 짊어졌다. 야만적이고 비합리적인 세상을 합리적인 세상으로, 하나님과 완벽한 지성에 순응하는 세상으로 바꾸기 위해 지도력을 발휘해야 했다.

유대인의 합리적 사고는 유일신관을 도입하고 그것을 윤리와 연결시키면서 시작되었다. 이 부분에서 모세가 아주 중요한 역할을 했다. 마이모니데스는 모세가 유일한 예언자이자 하나님과 직접 대화를 나눈 인물이라고 주장했다. 나아가 위대한 지성을 가지고 혼돈 속에서 법을 만들어내고 질서를 이룬 인물로 간주했다. 유대인은 하나님의 왕국에 지성이라는 영역을 추가하면서 이성의 경계를 확장해나갔다. 여러 면에서 마이모니데스의 선구자라 할 수 있는 필론도 유대인이 학문을 연구하는 목적을 같은 방식으로 이해했다.

유대인의 학문은 우선 유대인을 보호하는 방패였다. 그들은 인류와 하나님 사이에서 중재 역할을 하는 '탄원하는 민족'이기 때문이다. 또한 학문은 무섭고 비합리적인 세상을 문명사회로 바꾸는 수단이었다. 필론은 몽매한 인간의 상황을 암울하게 바라보았다. 알렉산드리아에서 있었던 무시무시한 유대인 학살에서 살아남은 필론은 《플라쿠스에 맞서 In Flaccum》와 단편 《칼리굴라의 대사 Legatio in Gaium》에 당시 사건을 기록했다. 이성이 없으면 인간은 동물보다 못한 괴물로 변할 수 있다. 유대 학자들은 반유대주의가 인간의 사악함을 보여주는 대표적인 예라 여겼다. 그 자체가 비합리적일 뿐 아니라 하나님을 거부하는 가장 고약하고 어리석은 행위이기 때문이다. 유대의 지성들은 저술을 통해 이런 어리석음에 맞섰다. 필론이 《모세의 생애 De Vita Mosis》에서 유대인의 합리적 사고를 이방 독자에게 전하려 한 것도, 《비유적 해석 Legum Allegoriarum》에서 유대인 독자를 위해 이해하기 어려운 모세오경을 비유로 쉽게 설명하려 한 것도 바로 그 때문이다.[34]

마이모니데스는 필론과 현대를 잇는 중간에 서 있다. 그는 필론처럼 하나님과 이성을 잃어버린 인간에게 어떠한 희망도 품지 않았다. 기독교 세계가 유대인에게 가하는 박해를 직접 경험하지는 않았지만, 그보다 더 쓰라린 이슬람의 야만성을 경험했다. 또한 예멘을 비롯해 세계 각지에 사는 이들이 푸스타트에서 조용히 사는 그에게 편지를 보내 유대인에 대한 잔혹 행위가 빈번히 자행되고 있다고 알려주었다. 마이모니데스는 예멘 사람들에게 보낸 편지에서 세상의 부조리에 대해 답하면서 이슬람에 대한 뿌리 깊은 경멸을 드러낸다.[35] 그러나 필론과 달리 마이모니데스는 알렉산드리아의 대도서관이 소장하고 있는 그리스의 합리주의 문헌을 접할 기회가 없었다. 그렇지만 이슬람에서 가장 유명한 철학자이자 과학자이며 의학과 아리스토텔레스 철학 연구에 기여한 이븐 시나(980-1035년)와 같은 아랍 학자들과 마이모니데스보다 나이가 조금 많은 스페인 출신의 이슬람 종교철학자 이븐 루슈드(1126-1198년)를 통해 다시 확산되고 있는 아리스토텔레스의 사상을 접할 수 있었다. 또한 마이모니데스는 1,000년의 전통을 지닌 유대교 주석을 접할 수 있었고 이 주석은 대부분 또 다른 형태의 합리주의였다.

마이모니데스는 기질적으로도 합리주의자였다. 필론의 저술과 마찬가지로 신중하고 온건한 태도로 일관하는 그의 저술에는 열광에 대한 불신이 배어 있다. 그는 언제나 시끄러운 말다툼을 피하려 했다. 특히 입장이 다르다는 이유로 서로에게 지독한 반감을 드러내는 신학자들과 거리를 두려고 했다. "사람들이 나를 모욕한다 해도 상관하지 않겠다. 친근한 말로 예의바르게 답하지 않을 거라면 침묵하는 편이 낫겠지." 자존심이 강했지만 오만하지는 않았다. "내게 오류가 없다고 말할 생각은 없다. 스스로 잘못을 발견하거나 남에게 오류를 지적받으면, 그것이 나의 저작이든 행동이든 성격이든 바꿀 준비가 되어 있다."

마이모니데스는 프랑스 남부 유대인 학자들이 《미쉬네 토라》를 비평한 것을 읽고 자신의 실수를 인정하면서 이미 몇 가지는 수정했고 다른 사항은 첨가할 거라면서 자신의 저서에 대한 이의 제기가 매우 적절하다고 화답했다. "애써 자신을 낮출 필요 없습니다. 여러분은 나의 선생은 아니지만, 나와 동등한 동료이자 친구입니다. 여러분이 제기한 질문은 다 그럴 만한 가치가 있었습니다."[36] 물론 마이모니데스는 엘리트주의자였다. 1만 명의 바보보다 한 사람의 지성인을 더 기뻐한다고 말한 바 있다. 그러나 포용력도 있었다. 경건한 사람은 그 신앙이 어떤 것이든, 모두 구원받을 것이라고 말했다. 경이로울 정도로 품격이 있고 평화를 신봉했으며 조용하고 분별력이 있었다. 무엇보다도 그는 과학자로서 진리를 탐구했고 결국에는 진리가 승리할 것이라고 확신했다.

마이모니데스는 진리가 충만한 합리적인 사회, 즉 하나님의 사회가 어떤 모습이어야 하는지 명확한 시각을 가지고 있었다. 그 사회는 육체적 또는 물질적 만족으로 이루어지지 않는다. 궁극의 행복은 하나님을 응시하는 인간의 지성에서 찾을 수 있다는 것이 마이모니데스의 입장이다.37 《미쉬네 토라》의 마지막 장에서 그는 메시아가 다스리는 사회를 이렇게 설명한다. "그의 지배는 견고하게 설 것이고 현자들은 율법과 지혜를 자유로이 연구하고, 그때가 되면 기아도 전쟁도 증오도 적대심도 없고… 이 땅에서의 수고도 없을 것이고 오직 주님에 대한 지식만 있을 뿐이다." 완전한 사회를 보증하는 것은 하나님의 율법이다. 당연히 법치국가가 좋은 국가이고 하나님의 율법의 지배를 받는 국가가 이상적인 국가다.38

그러기 위해서는 메시아가 오기를 기다려야 했고 마이모니데스는 신중한 과학자로서 종말론적 이상을 제시한 마지막 인물이다. 좋은 사회는 율법을 통해 이뤄진다고 생각했다. 마이모니데스는 《당혹스러워하는 자를 위한 지침》에서 토라에 대해 아주 합리적인 견해를 제시한다. "율법 전체는 두 가지 일을 지향한다. 하나는 영혼의 안녕이고 또 하나는 육체의 안녕이다." 영혼의 안녕은 인간의 지성을 발전시킬 때 찾아오고 육체의 안녕은 사람들 간의 정치적 관계를 개선할 때 찾아온다. 율법은 지성을 높이기 위해 어떤 견해가 참된 견해인지 밝히고 인간의 행동을 통제하는 규범을 세움으로써 이를 실현한다. 그리고 이 둘은 상호작용한다. 더 안정되고 평화로운 사회를 만들어갈수록, 사람들에게 지성을 증진시킬 시간과 에너지가 많아진다. 그러면 사람들은 사회를 계속 개선할 수 있는 지적 능력을 소유하게 된다. 이로써 눈에 보이는 무법 사회의 악순환이 아니라 도덕적인 선순환이 계속된다.39 마이모니데스는 메시아의 시대가 청천벽력처럼 갑자기 들이닥치는 것이 아니라 인간의 합리적 사고가 점차 향상되면 그 결과로 도래하는 것이라고 이해했던 것 같다.

따라서 인류 전체의 상황을 개선하고 개별적으로는 인류의 안내자로서 유대인의 역할을 유지하는 확실한 방법은 율법에 대한 지식을 넓히는 것이다. 율법은 합리성과 진보를 뜻하기 때문이다. 마이모니데스는 엘리트주의자였지만, 사회 안에서 엘리트가 끊임없이 늘어나는 모습을 생각했다. 그의 견해에 따르면, 모든 사람이 학자가 될 수 있다. 학구열이 높은 사회에서는 불가능한 일이 아니다. 유대인 사회에는 이런 금언이 있다. "가진 것을 모두 팔아 책을 사야 한다. 책을 늘리는 자는 지식을 늘린다고 현자들이 말하지 않던가." 특별히 가난한 자에게 책을 빌려주는 사람은 하나님의 은혜를 입는다고 생각했다. "어떤 사람에게 아들이 둘 있는데, 한 아들은 남에게 책을 빌려주기 싫어하고, 또 한 아들은 기꺼이 빌려준다면, 설사 후자가 나이가 적더라도 아버지는 그에게 자신의 장서를 물려주어야 한다." 이 말은 마이모니데스와 동시대 사람인 레겐스부르크의 유다 벤 사무엘이 한 말이다.

경건한 유대인들은 천국을 하나의 거대한 도서관으로, 유대교 전설에 나오는 가장 높은 천사 메타트론을 사서로 이해했다. 그 도서관 서가에 있는 책들은 서로 몸을 밀착하며 새로 들어오는 책에게 자리를 내주려고 애쓴다. 마이모니데스는 이런 예화를 우스꽝스러운 이야기라며 좋아하지 않았지만, 앞으로 다가올 세상이 하늘의 학술원이라는 추상적 개념에는 동의했다. 아마도 걸쇠를 걸기 위해 책을 무릎으로 누르거나 펜을 책갈피에 끼워놓거나 학자를 벌하기 위해 책을 던지거나 체벌 도구로 사용해서는 안 된다는 유다 벤 사무엘의 실용적인 권고에도 동의했을 것이다. 유다 벤 사무엘은 이 외에도 "사람은 책을 대할 때 존중하는 마음을 가져야 한다"는 멋진 말도 남겼다.[40] 배움 외에는 모든 것을 자제했던 마이모니데스는 책에 대한 열정이 대단했고 그러한 열정을 모든 유대인과 공유하기를 원했다.

모든 유대인에는 여인과 노동자도 포함되었다. 여성에게 공부하라고 요구하지는 않았지만, 공부하면 유익이 많을 것이라고 말했다. 모든 사람은 자기 능력에 따라 배워야 했다. 유능한 장인이라면 자기 일에 세 시간을 투자하고 토라를 공부하기 위해 아홉 시간을 남겨놓는 것이 좋다고 권면했다. "세 시간은 기록된 율법을 배우고, 세 시간은 구전 율법을 배우고, 세 시간은 하나의 규칙에서 다른 규칙을 어떻게 끌어내는지 숙고해야 한다." 배움의 시작이라고 명명한 이 분석은 그가 얼마나 근면했는지를 보여주는 하나의 지표가 된다.[41] 그러나 유대인에게 모든 수단을 동원해 배운 것을 생산적으로 활용하라는 말 없이 그저 공부하라고만 말했다면 별 소용이 없었을 것이다. 이성과 율법이야말로 유대인이 가지고 있는 진정한 방어 수단이고, 이 세계를 문명의 땅으로 만드는 유일한 도구라고 마이모니데스는 확신했다. 그러나 1,000년에 걸쳐 법률이 축적되고 다양한 주석이 등장하면서 율법에 비이성적인 요소가 많이 들어와 지독히 혼란스러운 상태라는 것도 잘 알고 있었다. 이 때문에 마이모니데스는 한평생 두 가지 일에 매달렸다. 하나는 율법을 질서 있게 배열하는 것이고, 또 하나는 완전히 합리적인 기반 위에서 율법을 재진술하는 것이다. 그는 첫 번째 과업을 이루기 위해 미쉬나 주석을 저술했다. 이 주석에서 처음으로 미쉬나 법률의 기본 원리를 규명해냈다. 또한 그는 탈무드 법률을 성문화했다. 토라의 바다 속에서 빠르고 쉽게 결정을 내릴 수 있게 하기 위해서였다.

마이모니데스는 "여러분은 주석이나 법전을 저술합니다. 그 자체로 볼 때 둘은 별개의 임무입니다"라고 말했다. 그러나 지적 거인이었던 그는 두 가지 임무를 다 수행했다. 유대인이 위험에 처해 있다고 본 그는 절박한 마음으로 저술에 임했다. "지금과 같은 박해의 시대에 사람들은 어려운 공부에 매진하는 데 필요한 평정심을 잃기 마련이다. 거의 모든 이들이 편찬자가 체계 없이 배열해놓은 탈무드 같은 과거 법률 저작에서 명쾌한 결정을 내리지 못하고 만다. 탈무드 자료에서 직접 율법을 추론해낼 수 있는 사람은 극소수다." 마이모니데스는 끝이 없는 자료를 명쾌하고 질서정연하고 간결하게 정돈했다. 하지만 바람대로 완벽하게 마무리하지는 못했다. 율법에 관한 결정적 의견을 제시하려는 시도가 다 그렇듯 마이모니데스가 과업을 수행하는 과정에서 새로운 책이 쏟아져 나왔다. 1893년에 드디어 마이모니데스 법전에 관한 220개의 주요한 주석 목록이 편찬되었다.[42] 완전하지는 않았지만 그의 책은 매우 효과적이었다. 마이모니데스와 동시대를 산 한 스페인 주석가에 따르면 재판관들이 그의 저작에 반대했다고 한다. 마이모니데스의 책 덕분에 율법에 문외한이라도 재판관의 결정이 옳은지 점검할 수 있었기 때문이다. 그것은 정확히 마이모니데스가 원하던 바였다. 유대인의 검과 갑주인 율법이 그들 모두를 위해 활동하는 자산이 되는 것 말이다. 마이모니데스는 법전과 주석서를 합리적으로 만들었다.

그러나 그가 《당혹스러워하는 자를 위한 지침》을 저술한 목적은 유대인의 신념이 하나님의 명령과 랍비의 권위로 강요된 막무가내의 주장이 아니라 이성을 통해 연역하고 증명할 수 있는 것임을 보여주기 위해서였다. 여기서 그는 필론 이래 유대교를 이성적 기반 위에 세우려고 노력한 최초의 유대인 철학자이자 유명한 논객이었던 수라 학술원의 가온, 사아디아 벤 요세프(882-942년)의 발자취를 따르고 있다. 마이모니데스는 사아디아 벤 요세프의 《신념과 견해에 관하여 _Emunoth ve-Deoth_》에 수록된 모든 내용에 동의하지는 않았다. 하지만 그 책은 그에게 유대인의 신앙과 철학을 결합시킬 용기를 주었다. 이븐 시나와 이븐 루슈드도 이슬람을 위해 똑같은 임무를 수행하고 있었고, 토마스 아퀴나스도 기독교를 위해 그와 비슷한 일을 했다. 그러나 마이모니데스는 그들 중 가장 위대한 합리주의자였다. 그는 예언이라는 중요한 문제를 놓고 예언자와 하나님 사이의 의사소통과 기적을 자연스러운 것으로 설명하기 위해 은유와 유비, 비유를 사용했다. 또한 예언자들이 개척한 신적 감화에 관한 이론을 확립했다. 환상을 만들어내도록 도움을 준 천사들은 예언자의 상상력으로 간주했다. 그리고 흔히 천사로 해석하는 그룹*cherub*이라는 단어를 지성을 지칭하는 데 사용했다.**43**

그러나 마이모니데스의 합리주의가 멈춘 지점이 있다. 그는 모세를 다른 예언자와 구별해야 한다고 생각했다. 그래서 다른 예언자의 예언은 유추한 것이거나 내용이 모호하다고 평가절하하면서 모세는 "다른 예언자처럼 우화를 통해 예언하지 않았다"고 강조한다. 모세는 하나의 존재가 다른 존재와 직접 관계를 맺듯 중재자 없이 하나님과 직접 대화했다고 역설한다. 나아가 인류에게 가장 자연스러운 최고의 경지가 한 인물을 통해 성취되었는데, 모세가 바로 그 인물이라고 주장함으로써 모세의 특수성을 설명한다. 마이모니데스가 효과적으로 이루려 한 목표는 유대교 안에서 비이성적인 특성을 줄이는 것이지 완전히 제거하는 것이 아니다. 그는 이성으로 설명할 수 없는 신앙의 핵심을 그대로 남겨두었다. 몇 가지 부분은 인간이 이성으로 이해할 수 있는 한계를 초월한다는 사실을 인정했다. 자유 의지와 예정 사이의 갈등을 다루면서 그는 전도서를 인용한다. "지혜라는 것이 무엇인지 너무도 멀고 깊으니, 누가 그것을 알 수 있겠는가?"**44** 그의 저술에도 율법에 순종하거나 불순종할 수 있는 자유 의지와 엄격한 결정론을 모두 지지하는 내용이 나온다. 한편 그는 점성가들이 율법을 쓸데없는 것으로 만들어버린다고 비난했다. 마이모니데스가 신앙의 원리로 제시한 13개 신조 중 첫 번째는 "하나님만이 홀로 모든 행동을 행하셨고 지금도 행하시고 앞으로도 행하시리라"였다.[45] 마이모니데스의 방대한 저술에서 모순을 지적할 수는 있다. 그러나 그런 부분은 놀라울 정도로 적다.

마이모니데스는 신앙에서 미신을 분리해내고 이성으로 남은 것을 지탱함으로써 신앙을 강화하려 했다. 그리고 그 과정에서 인간에게 훨씬 더 매력적인 신앙의 신비에 비판적 접근법을 도입하고 대중화했다. 순수 신앙이라는 병에서 꺼내놓으면 이성은 스스로 생명과 의지를 발전시키게 마련이다. 마이모니데스는 유대인의 미래, 아니 실은 인류의 미래를 내다본 선구자였다. 그의 저서《당혹스러워하는 자를 위한 지침》은 수세기에 걸쳐 유대인의 정신을 계속해서 변화시켰다. 물론 늘 그가 바라는 방향으로 나아가지는 않았다. 어떤 의미에서는 마이모니데스는 기독교 세계에서 에라스무스가 한 일을 유대교 안에서 했다고 말할 수 있다. 말하자면, 훗날 부화할 위험한 알을 낳아놓은 셈이다. 그는 육체와 영혼, 정신과 물질은 하나라는 유대교의 교리를 의학 분야에 접목했다. 덕분에 정신 질환에 관한 중요한 통찰을 얻었다. 이 부분에서 그는 프로이트의 선구자라 할 수 있다. 신학에서는 신앙과 이성이 양립한다는 신념을 받아들였다. 이것은 냉정하고 위엄 가득한 그의 정신에 잘 어울렸지만, 멀지 않아 스피노자를 유대교 밖으로 완전히 몰아내고 만다.

당시 마이모니데스의 신학적 태도에 우려를 표하는 유대인 지식인이 많았다. 프로방스에서 알비파 이단 때문에 상처를 입은 기독교가 정통 신앙을 고수하기 위해 도미니쿠스회 종교 재판소를 새로 설립하는 것을 본 랍비들은 유대교 당국도 마이모니데스에 대해 비슷한 조치를 취해주길 바랐다. 그들은 마이모니데스의 신학적 태도를 혐오하며 그가 쓴 책을 읽지 못하게 하려 했다. 1232년에는 도미니쿠스회 수사들이 유대교 내부 논쟁에 개입하면서 실제로 마이모니데스의 책을 불태워버렸다. 이 사건은 합리주의자들이 반격에 나서도록 힘을 실어주었다. 마이모니데스를 지지하는 이들은 다음과 같이 말했다. "사람의 육체에 영혼이 있는 한, 사람의 마음은 철학과 책을 떠날 수 없고… 사람들은 저 위대한 랍비와 그의 책의 명예를 위해 싸울 것이고 숨이 붙어 있는 한 저 거룩한 교리를 위해 돈과 자녀와 영혼을 바칠 것이다."[46]

대항 세력으로 등장한 비합리주의

유대교 안에서 논쟁을 통한 공격이 무성했지만, 실제 충돌은 거의 일어나지 않았다. 이론상으로 유대인의 법률은 이단에 엄격했다. 예를 들어 유대인 두 명이 누군가 우상 숭배하는 것을 보았다고 증언하면, 그에게 사형 선고를 내릴 수 있다. 그러나 실제 유대인 사회는 학자 지도 체제였을 뿐 독재 체제가 아니었기에 폭넓은 영역에서 놀라울 정도로 다양한 견해를 허용했다. 심지어 이단으로 판정된 사람이라도 다른 사람을 상대로 조직적으로 전도 활동을 하지 않는 한 물리적 형벌을 받지 않았다. 이 때문에 합리주의와 미신이 불안하게 조화를 이루며 공존할 수 있었고 때로는 한 인간의 내면에도 그런 공존이 가능했다.

유대인이 살아가면서 감수해야 했던 고통과 두려움을 감안하면, 비합리주의가 그토록 끈질기게 이어진 것은 그리 놀랄 일이 아니다. 마이모니데스는 지성과 이성을 유대인의 최상의 무기로 보았고 실제로도 그랬다. 지적으로 자신만만한 엘리트에게는 말이다. 그러나 일반 대중에게는 이성이나 지성보다 과거 기적에 관한 전설과 앞으로 일어날 기적에 대한 희망이 고난의 시대에 더 확실한 위안이 되었다. 유대인의 거룩한 문헌은 그 두 가지 요구에 부응했다. 지적 만족을 주는 주석 옆에는 어린아이들이 어머니의 무릎을 베고 누워 배우는 아가다와 **피유트**, 시, 불가사의한 미신 등 수많은 이야기가 공존했기 때문이다. 박해를 받을수록, 경제적 압박이 심할수록 유대인은 종교적인 옛날이야기에 마음을 기울였다. 미드라시에는 다음과 같은 내용이 나온다. "돈 걱정이 없었을 때 사람들은 미쉬나와 할라카, 탈무드에 귀를 기울였다. 그러나 돈이 떨어지고 힘들고 고된 상황이 계속되자 이제 축복과 위로의 말을 듣고 싶어 한다."[47] 유대인은 이슬람 세력과 기독교 세력으로부터 호된 시련을 당했다.

프랑스 스콜라 철학자 겸 신학자 피에르 아벨라르의 제자 중 한 사람은 부러운 듯 다음과 같은 기록을 남겼다. "가난한 유대인에게 열 명의 아들이 있으면, 열 명 모두에게 글을 가르칠 것이다. 기독교인들처럼 돈벌이를 시키기 위해서가 아니라 하나님의 율법을 이해하게 하기 위해서다. 아들뿐 아니라 딸에게도 마찬가지다."[48] 그러나 마이모니데스가 주장한 유대교의 합리주의를 제대로 받아들일 수 있는 이들은 상류 계층뿐이어서 대부분 부유층 안에서만 통용되었다. 게니자 문서가 보여주듯이 마이모니데스가 질색하고 비난했던 민간 신앙은 그가 살던 푸스타트에서 기세를 떨쳤다. 유대인 사회에서는 백마술과 흑마술이 모두 성행했다. 불을 사용하는 요술을 부리고, 새를 날지 못하게 만들었다가 다시 날게 하기도 하고, 가끔은 밤새도록 의식을 행하며 선하거나 악한 영혼을 불러내고 그다음에는 그것을 없애기 위해 연기를 피워 환각 상태를 만들었다. 황홀경 상태에 빠지기도 했고 죽은 자의 영혼과 만남을 시도하는 강령회를 열기도 했다. 안전한 여행을 위해, 말을 탈 때 이가 옮는 것을 막기 위해, 여자나 남자를 사랑에 빠뜨리기 위해, 또는 이른바 '천사의 선서'를 위해 축문을 외기도 했다. 심지어 보물이 있는 고대 이집트인 무덤으로 안내해준다는 유대 아랍어로 쓰인 비밀 안내서까지 있었다.[49]

그러나 종교에 대한 비합리적인 태도가 일반 대중에게서만 나타난 것은 아니다. 이런 태도는 상류 계층에도 파급되어 신비주의 형태로 나타났다. 마이모니데스의 아내는 유서 깊은 경건파 신비주의자 집안 출신으로 감정에 영향을 많이 받았다. 아들이자 후계자였던 아브라함 역시 아버지보다는 어머니를 많이 닮았다. 늘 아버지를 기억하고 아버지의 견해를 열정적으로 수호한 것처럼 보이지만, 정작 그가 쓴 방대한 학술서《경건한 자들을 위한 완벽한 지침서 *The Complete Guide for the Pious*》는 합리주의와 반대되는 입장이라 할 수 있는 경건주의를 생활 지침으로 제시한다.[50] 아브라함은 로쉬 콜 하 하시딤, 다시 말해 모든 경건한 자들의 대표로 알려졌고 전 세계 유대인 사회로부터 편지와 제자를 받았다. 열성적인 신자들은 낮에는 금식하고 밤에는 날이 새도록 서서 기도했다. 심지어 아브라함은 수피, 즉 무슬림 신비주의자들을 칭찬하면서 그들이 당시 유대인보다 이스라엘 예언자들의 제자가 되기에 더 적합하다고 말했다.[51] 무슬림 신비주의는 말할 것도 없고 유대 신비주의 저작까지 금지시킨 마이모니데스가 들었으면 분개했을 말이다.

합리주의자들에게는 안 된 일이지만, 신비주의는 유대교 안에 깊이 뿌리내리고 있었다. 사실 야훼 신앙 안에 그 뿌리가 있다고 보아도 무방하다. 종교 지도자의 입장에서 보면 하나님이 모세에게 오경에 기록된 율법과 함께 구전 형태의 율법도 주셨다는 개념은 참 편리하고도 위험한 개념이다. 하나님에 관한 지식이 구전으로 비밀리에 전수되었고 소수 특권층만 이것을 배우도록 허락받았다는 믿음으로 발전했기 때문이다. 탈무드에서 **카발라**라는 단어는 단순히 '받은〔교리〕' 또는 '전통'을 뜻하고, 오경과 구전의 가르침 이후의 성경 뒷부분을 가리키는 용어였다. 그러나 시간이 지나면서 소수 특권층이 하나님과 직접 교감할 수 있게 하는 비결, 또는 비이성적인 수단으로 하나님에 관한 지식을 얻는 비결을 의미했다. 잠언 8장과 욥기 28장은 각종 은유와 유비를 통해 지혜를 하나님과 우주를 이해할 실마리를 제공하는 창조적이고 생동적인 힘으로 묘사한다. 바로 이런 성경 본문이 신비주의 사상에 권위를 부여한 것으로 보인다. 그래서 합리주의를 주창하는 유대인이 신비주의를 근절하려 할 때마다 신비주의를 옹호하는 사람들은 성경 본문을 인용하며 반박했다. 물론 탈무드를 인용하기도 했다.

이때쯤 유대교는 밀교의 요소를 많이 갖게 되었다. 일부 학자는 밀교의 요소가 포로기에 페르시아에서 유래했다고 주장하는 반면, 어떤 학자들은 그리스 영지주의에서 비롯된 것이라는 좀 더 그럴 듯한 주장을 펼친다. 영지주의 또는 비밀스런 지식을 다루는 학문은 잠행성이 아주 강하고 주류 학문에 기생하는 특징이 있다. 마치 담쟁이덩굴이 다른 나무 줄기를 기반으로 한없이 뻗어나가듯 건강한 종교 줄기에 영지주의 사상을 덧붙였다. 기독교 초대교회 교부들도 신앙의 성장을 저지하는 영지주의를 막기 위해 필사적으로 싸웠다. 영지주의는 유대교에도 침투했고, 특히 디아스포라 유대인 사이에 파고들었다. 필론은 《명상의 삶 *De Vita Contemplativa*》에서 '하나님을 경배하는 사람들'이라 불리는 종파를 언급한다. 그들은 토라를 살아 있는 몸으로 이해하는 이론을 발전시켰다.[52] 전형적인 영지주의 사상이다. 영지주의는 팔레스타인에서 그리스 사상에 가장 완강하게 저항했던 바리새파와 에세네파, 쿰란 종파에도 침투했고 후에 타나임과 아모라임 사이에도 파고들었다. 요세푸스는 에세네파가 주술 문헌을 가지고 있다고 말했다. 묵시 문학에서 영지주의가 처음 모습을 드러낸 사례다.

신비주의와 카발라

앞에서 살펴본 것처럼 에녹과 모세, 노아, 바룩 등 유명한 인물의 이름 뒤에 진짜 저자의 정체를 감춘 묵시 문학은 이방인에 대한 혐오와 민족주의 성향, 선동성을 드러냈다. 묵시 문학은 중무장한 적에게 속수무책으로 당하며 그들에게 폭우와 폭풍이 몰아치기만을 고대하며 분노를 삭이는 피지배 민족의 피난처였다. 그래서 천사와 악마, 지옥과 천국, 불벼락과 세상의 종말, 다시 말해 그리스인과 로마인이 멸망할 때가 언급되어 있다. 이런 문헌은 비밀스러운 지식을 다루고 있으며 가장 독실하고 열성적인 유대인 외에는 모든 사람을 부정한다. 이것은 히브리어와 아람어로 된 에녹서를 가지고 있던 쿰란 수도사들의 전형적인 특징이기도 하다. 동시에 묵시 문학은 깃딤 사람과 하나님을 대적하는 자들을 쳐부수기 위해 불러낼 숨겨진 힘의 근원을 다룬다.

에녹서 14장은 에스겔서 1장에 암시되어 있는 전차 위에 있는 보좌의 신비를 이야기한다. 이것은 메르카바 신비주의로 이어졌다. 메르카바 신비주의자들은 솔깃해 하는 일반 대중에게 전차 앞에 선 천사와 하늘에서 쏟아지는 불, 경건한 영혼이 황홀경에 빠져 전차 위에 올라가는 것에 관한 이야기를 쏟아냈다. 떠들썩한 제창과 함께 공개적으로 이뤄지는 토라 교육과 달리 전차 지식은 특별히 선택된 학생들에게만 속삭이듯 은밀하게 전달되었다. 지식을 전수받을 제자는 특별한 윤리적 자질을 갖추고 관상가가 인정할 만한 얼굴 생김새와 손금을 소유한 사람으로 제한되었다. 한편 이 지식을 해설하는 사람은 불이나 광휘에 휩싸이기도 하고 황홀경에 빠지기도 했다. 그들은 예언자 엘리야처럼 기적적인 방식으로 낙원에 들어간다. 어떤 이는 낙원을 보고 죽었으며, 또 어떤 이는 보고 매료되었고, 또 어떤 이는 편안히 올라갔다가 편안히 내려왔다고 한다.[53] 황홀경을 맛보고 싶어 하는 사람들은 무릎 사이에 머리를 파묻고 영광의 보좌에 관한 노래나 고대의 성스러운 시를 암송했다.

1세기 이후 황홀경에 빠져 하나님과 직접 교감하는 주술 외에도 소수에게만 비밀스러운 지식을 전하는 책을 통해 하나님과 낙원에 관한 정보가 급류처럼 계속 쏟아져 들어왔다. 토라가 거룩하니 글자도 거룩하고 숫자도 마찬가지였다. 열쇠만 찾으면 비밀스러운 지식을 얻을 수 있다고 생각했다. 해결의 열쇠 하나는 시편 147편 5절이었다. "우리 주님은 위대하시며 능력이 많으시니." 신비주의자들은 이 구절을 근거로 하나님의 크기를 규명하려 했다. 글자 수 236에 천상의 동맹자 수 10,000을 곱한 숫자 부호가 신의 머리와 팔다리의 길이와 비밀스러운 이름을 나타낸다고 보았다. 이렇게 해서 얻은 비밀스러운 이름에는 아디리론, 자보디엘, 아크트리엘, 타자쉬, 조하라리엘이 있다. 이 이름은 낙원으로 이어진 환상적인 8개의 궁전을 통과하기 위해 천상의 문지기에게 말해야 하는 암호를 만드는 데 필요했다. 8이라는 숫자는 그리스 영지주의에서 나온 주술용 숫자이고, 권능과 권능의 발산을 상징하는 전차는 그리스어 아에온에 상응하는 것이다. 히브리어 자음 개수인 22도 주술용 숫자로 사용되었다. 천지창조가 히브리어 문자 조합을 통해 이뤄졌고 이 암호를 찾기만 하면 우주의 비밀이 밝혀질 것이라 생각했기 때문이다.

현자들은 터무니없는 미신에 매혹되기도 하고 진저리치기도 했다. 하나님의 신체 치수를 운운하는 신인동형론은 하나님은 창조되지 않았고 인간의 지혜로 파악할 수 없다는 유대교의 기본 교리에 역행하는 것이다. 현자들은 유대인에게 토라에만 집중하고 위험천만한 비밀스러운 지식을 탐하지 말라고 충고했다. "누구든 네 가지 일, 즉 위에 있는 것과 아래에 있는 것, 영원 전에 있던 것과 내세에 있을 일에 대해 생각하는 자는 태어나지 않는 편이 더 좋았을 것이다." 그러나 그렇게 충고한 현자들 역시 신비주의에 빠졌다. 엘리트주의자였던 그들은 특별히 선택된 사람에게만 전수된다는 지식에 흥미를 느끼지 않을 수 없었다. "창조 이야기는 두 사람 앞에서 설명할 일이 아니고, 전차에 관한 본문에 대해서는 사물을 제대로 이해하고 뚜렷한 자기 소견이 있는 현자가 아니면, 한 사람 앞에서도 이야기해서는 안 된다." 이것이 탈무드의 가르침이다. 탈무드뿐 아니라 다른 거룩한 문헌에도 의심스러운 자료가 상당량 포함되어 있었다.

마이모니데스 같은 합리주의자들은 탈무드에서 이런 요소를 발견하고 당황하며 분노했다. 탈무드에는 쉬우르 코마, 즉 하나님의 신체 치수라는 항목이 있었다. 이 내용을 기록한 본문은 아가서를 이스라엘을 향한 하나님의 사랑을 노래한 신비로운 비유로 해석하면서 당혹스러울 정도로 상세하게 하나님의 팔다리 길이와 비밀스러운 이름을 제시한다. 탈무드 중심의 유대교를 철저히 거부한 **카라이트** 종파는 코웃음을 치며 랍비들을 공격할 때 그 본문을 이용했다. 계산에 따르면 하나님의 얼굴은 코끝까지가 5,000엘(엘은 팔꿈치에서 가운데손가락 끝까지의 길이를 가리킨다—옮긴이)이다. 순전히 지어낸 이야기인데, 탈무드에 이런 황당한 내용이 담겨 있었다.

무슬림도 이를 빌미로 유대인을 공격하고 유대인 박해를 정당화했다. 후대의 어떤 주석가는 그 숫자들이 사실은 우주의 크기라면서 그것을 설명하려고 노력했다. 마이모니데스가 이런 탈무드 본문을 접하면서 얼마나 진저리쳤을지 충분히 상상이 간다. 처음에는 "이 문제는 한두 쪽으로 끝낼 수 있는 이야기가 아니다"라는 말로 논의를 시작하려다 결국 그 문장에 선을 그어 지워버렸다. 그가 쓴 미쉬나 주석 사본에 그 흔적이 남아 있다. 나중에는 모두 비잔틴 시대 한 설교자의 저술에 지나지 않는 완전

히 날조된 것이라고 비난했다.[54]

유다 하 레비와 나마니데스

마이모니데스로 대표되는 합리주의는 신비주의 문헌이 양산되어 유대인의 지적 생활에 침투하는 데 대한 반작용이었다. 어느 정도 효과는 있었다. 12세기와 13세기에 합리주의는 지적 책임감에 대한 주장을 토대로 주요 신비주의 문헌과 신념을 순화시켜 주술 성격의 불순물과 수 세기에 걸친 영지주의의 혼란을 없앴다. 12세기 후반 프랑스 프로방스에서 진보한 형태의 카발라라 할 수 있는 신비주의가 고개를 들기 시작했다. 신비주의의 출현은 여러 부분에서 확인되었다. 그중 하나가 시다.

스페인 서정시인 유다 하 레비(1075-1141년)의 시가 대표적이다. 그가 쓴 유명한 시 중에 350편이 **피유트**였다. 당시로서는 흔치 않은 일이었다. 독실한 시온주의자인 그는 〈시온의 시〉라는 제목으로 34편의 서정시를 썼다. 스페인에서의 생활은 비교적 안락했다. 그러나 앞으로 박해가 일어날 가능성도 있고 팔레스타인에서 사는 진정한 유대인의 삶과 비교하면 노예생활이나 다름없다고 여겼기에 결국 팔레스타인으로 떠났다. 유다 하 레비는 유대인을 상처받은 비극적인 민족으로 이해했다. 그리고 자신의 철학서, 즉 유대교에 대한 해명서를 멸시당한 신앙을 변호하는 책이라고 칭했다. 그 책에는 기독교와 이슬람뿐 아니라 아리스토텔레스의 합리주의에 대한 공격이 담겨 있었다. 박해받는 유대인은 말할 것도 없고 고난을 떠안고 있는 인간이 연역적인 논증으로 아무리 완전한 체계를 세운들 하나님을 직접 경험하는 것보다 나을 수 있겠느냐고 물었다.[55]

많은 교육을 받은 유복한 유대인이라도 박해의 시대에는 쉽게 대답하기 어려운 질문이었다. 확실히 기독교와 이슬람 세력이 유대인을 옥죌 때마다 사람들은 신비주의에 마음이 더 끌렸다.

　프로방스 신비주의자들은 신플라톤주의 철학을 이용해 고유한 철학 이론을 발전시켰다. 심지어 마이모니데스조차도 그들이 상당한 학식을 갖추고 있다는 사실을 인정하지 않을 수 없었다. 이븐 다우드, 일명 라바드는 마이모니데스의 《미쉬네 토라》를 공격하는 책을 집필했다. 이븐 다우드의 아들로 시각장애인이었던 이츠하크 사기 네호르(약 1160-1235년)는 하나님의 열 가지 속성을 바탕으로 카발라 체계와 비슷한 것을 만들었다. 과거에든 현재에든 모든 창조는 언어상의 발전, 즉 하나님의 말씀의 실현이라고 주장했다. 요한복음 첫머리에서 볼 수 있는 것과 같은 신플라톤주의의 로고스 개념을 끌어다 토라 연구와 기도서에 어울리게 손질한 것이다. 신비주의 카발라는 이츠하크가 사는 나르본으로부터 피레네 산맥을 넘어 헤로나, 부르고스, 톨레도 등 남쪽으로 퍼져나갔다. 나마니데스 또는 람반이라는 약칭으로 불리는 랍비 모세스 벤 나만(1194-1270년)의 지원을 받으며 카발라 신비주의의 입지는 한없이 높아졌다. 나마니데스는 젊은 시절에 신비주의 카발라로 돌아섰고 훗날 스페인에서 법률의 대가가 되었다.

　나마니데스는 50권이 넘는 책을 저술했다. 대부분 탈무드와 할라카에 관한 주석이다. 만년에는 토라에 관한 유명한 주석서도 썼다. 유별나게 카발라 성격이 강한 저작은 없지만 전체적으로, 특히 성경 주석에 카발라 사상이 깔려 있다. 나마니데스는 스페인 정통 유대교학에서 카발라가 주류를 형성하는 데 크게 기여했다. 나마니데스 덕분에 카발라 신비주의자들은 카발라 사상의 기원을 성경과 탈무드에서 찾을 수 있었고, 덕분에 가장 유서 깊고 우수한 유대교 전통을 고수하는 보수주의자로 자리매

김할 수 있었다. 그들 입장에서 고대 그리스의 이방 사상을 토라 연구에 도입한 혁신파는 오히려 합리주의자들이었다. 이 점에서 마이모니데스의 저작에 반대하는 운동은 헬레니즘 반대론자의 마지막 발악이라 할 수 있다.

조하르

나마니데스는 합리주의자를 겨냥한 마녀사냥에 관여한 적이 없다. 오히려 반대하는 입장이었다. 그 덕분에 카발라주의자들이 이단으로 몰리는 일을 피할 수 있었다. 실제로 그런 혐의를 받을 이유가 충분했지만 말이다. 카발라는 성경의 윤리적인 유일신관에 아주 이질적인 영지주의 개념을 도입했을 뿐 아니라, 어떤 의미에서는 전혀 다른 종교, 말하자면 범신론으로 빠졌다. 하나님의 말씀으로 창조가 어떻게 표현되었는지 설명한 카발라의 우주발생론과 신성 발산 이론은 모두 만물에 신의 성질이 깃들어 있다는 추론을 가능하게 한다.

1280년대 스페인의 대표적인 카발라주의자인 과달라하라의 모세스 벤 쉠 토브는 카발라 민간전승의 백과사전이라 할 수 있는 《세페르 하 조하르 *Sefer-ha-Zohar*》라는 책을 저술했다. 흔히 조하르로 알려진 책이다. 이 책은 카발라의 범신론적 특성을 가장 잘 보여주는 논설집이다. 하나님은 만유이시고 신비주의자들에게 알려진 것처럼 만유는 하나님 안에서 통합된다고 거듭 주장한다. 그러나 만약 하나님이 만유이시고 만유가 하나님 안에 있다면, 정통 유대교가 강력히 주장하듯 하나님이 어떻게 창조되지 않고 피조 세계를 완전히 초월하는 유일한 존재일 수 있단 말인가?

따라서 이는 조하르 카발라가 가장 간악한 형태의 이단임을 확실히 보여주는 주장이다. 그러나 기이하게도 이런 신비주의 형태의 범신론이 온건하고 합리적인 태도를 견지하던 현명한 사람들의 마음을 사로잡았다. 놀라운 역설이지만, 스피노자를 유대교에서 추방하게 만든 회의懷疑의 사조는 그를 범신론으로 이끌었다. 그리하여 그는 마이모니데스의 합리주의와 그 반대자들의 비합리주의가 만난 마지막 작품이 되었다.

그러나 이건 어디까지나 미래의 일이고, 중세 유대인 사회에는 종교적 권위가 널리 분산되어 있어서 경쟁 관계에 있는 사상이 공존할 수 있었다. 힘든 세상에서 가난한 사람들은 미신을 좇았고 통속 종교의 목적은 사람들을 위로하는 데 있었다. 반면 부자들은 지성을 갖춘 경우에는 합리주의를 지향했으나 그렇지 못한 경우에는 신비주의 카발라로 기울었다. 강제력을 동원해 누구도 원하지 않는 통일성과 내적 조화를 이루는 모험을 하기에는 유대교 외부에 적이 너무 많았다. 기본적으로 중세 유대교는 경제적 재앙과 질병, 독단적인 통치, 무엇보다도 거대한 기독교 세력과 이슬람 세력의 압박 등 많은 위험에 직면한 유대 사회를 하나로 단결시키기 위해 고안된 체제로 이해할 수 있다.

기독교 국가이건 이슬람 국가이건 유대인의 주적主敵은 국가가 아니었다. 실제로 국가는 유대인에게 좋은 친구였다. 유대인은 정당하게 권력을 잡은 통치 세력에 충성을 다했다. 종교적인 이유도 있었고 이익을 추구하는 개인적인 이유도 있었다. 유대인은 통치 세력의 호의에 기대어 보호를 받아야 하는 소수 민족이었다. 1127년부터 1131년까지 발굴된 게니자 문서는 유대인이 이슬람 통치자를 위해 공식 기도문을 정례적으로 낭독했다는 사실을 보여준다. 기도문은 200년 후에야 유대인 기도서에 나타난다. 동시대 무슬림 자료와 다르게 게니자 문서에는 당국에 대한 비판이 전혀 없다. 유대인의 이런 충성심에 부응하여 통치자들도 유대인을 공동체의 법을 철저히 준수하고 부를 창출하는 민족으로 간주했다. 통치자의 권세가 강해질수록 유대인도 더 안전해졌던 것 같다. 기독교 세계에서든 이슬람 세계에서든 재앙이 닥쳐올 때는 유대교 안에서 열렬한 과격파가 득세하고 근본주의 성향의 성직자가 통치자를 굴복시키거나 아예 그를 유대교 광신도로 바꾸어놓는 때였다.

—

유대인과 의학

언제 고난이 닥칠지는 전혀 예측할 수 없었다. 그래서 그런 경우에 미리 대비했다. 2세기에 무력 저항을 포기한 이래 20세기에 팔레스타인에서 다시 들고 일어나기 전까지 유대인은 한 번도 폭력으로 통치 세력에 대항하지 않았다. 대신 대안을 마련했다. 하나는 유능한 사람들이 지배 사회에 유익이 되고 기동력도 발휘할 수 있는 직업을 갖는 것이다. 이슬람 사회에서도 이것은 그리 어려운 일이 아니었다. 유능한 유대인들은 의사가 되는 길을 택했다. 이슬람 통치자들이 날마다 그들에게 진료를 받았다. 가난한 사람들도 할 수 있으면 유대인 의사를 찾았다. 변비나 설사 같은 작은 병도 유대인 의사와 상의한 것을 게니자에 남아 있는 처방전을 통해 확인할 수 있다. 이집트에는 도시마다 유대인 의사가 있었고 유대인이 정착한 지역에는 모든 촌락에 유대인 의사가 있었다. 유대인 의사들은 인기가 많았다. 큰 공공병원에서 환자를 돌보고 때로는 개인 병원을 운영하기도 했다. 어디든 갈 수 있었고 누구든 만날 수 있었다.

의사들은 유대인 공동체의 지도자이기도 했다. 이집트에 있던 최초의 **나기드** 가문은 집안사람 모두가 의사였다. 마이모니데스뿐 아니라 아들과 손자, 증손자도 의사였다. 알 암만 가문은 8대에 걸쳐 의사를 배출했고 그중 한 세대는 아버지와 다섯 아들이 모두 의사였다. 경우에 따라 딸들도 안과의사로 활동했다. 유다 하 레비도 의사였고 나마니데스도 의사였다. 의사 가문은 의술 관련 물품인 약품, 아편, 약초, 향수, 과학 서적의 무역에도 관여했다. 이렇게 해서 발달한 무역망을 통해 박해의 위협이 있을 때 가족과 함께 다른 지역으로 쉽게 이주할 수 있었다. 유대인 의사는 어디서나 환영받았다. 예외가 있다면 열성파들 때문에 종교 갈등이 심해질 때였다. 이런 때면 의사들은 환자에게 독약을 주었다는 거짓 고발을 당하곤 했다.[56]

중세 유대인 사회의 구조

가족을 단결시키는 것이야말로 유대인 사회를 가장 잘 보호하는 방법이었다. 핵가족보다는 대가족이 중요했다. 게니자 문서는 아버지, 아들, 형제, 자매에게는 신의를 지키면서 배우자에게는 그렇지 않았음을 보여준다. 형제자매 사이에 편지를 주고받는 일은 많아도 부부 사이에 편지를 주고받는 경우는 별로 없었다. 여자에 관한 이런 금언이 있었다. "남편은 얻으면 되고 자식은 낳으면 되지만, 고결한 형제는 어디에서 찾는단 말인가?"[57] 유언장을 들여다보면 남자가 자녀가 없는 상태로 죽은 경우 재산은 형제 또는 아버지 집안에서 가장 가까운 친척에게 상속되었다. 아내는 결혼 지참금을 받는 게 전부였다. 한 유언장에 나와 있는 대로다. "나머지 재산은 나의 아버지의 집으로 돌아간다."[58]

가족을 튼튼하게 유지하기 위해 남자들과 출산 적령기 여자들에게 결혼은 의무나 마찬가지였다. 게니자 문서에는 독신녀를 지칭하는 단어가 나오지 않는다. 이슬람과 달리 일부다처제를 금지한 것은 유대교가 경제적으로나 사회적으로 힘을 발휘할 수 있게 했다. 실제로 모세오경이 일부다처를 금하고 있는 것은 아니지만, 잠언 31장 10-31절은 일부일처제를 고수하는 듯 보이고 포로기 이후 유대인 사회는 줄곧 이 원칙을 따랐다. 랍비 게르솜(960-1028년) 시대부터 유럽 유대인 사회에서는 중혼과 일부다처를 파문이라는 가장 엄격한 형벌로 다스렸다.[59] 다만 마이모니데스는 죽은 자의 형이나 아우가 미망인과 결혼하도록 한 **수혼** 제도에 관해서만큼은 두 명의 아내를 동등하게 대한다는 조건으로, 다시 말해 하룻밤을 이 아내와 보냈으면 다음날 밤은 저 아내와 보내는 조건으로 중혼을 승인했다.[60]

중혼은 이집트 유대인 사회에서도 파문 사유가 되었다. 남자는 열세 살이 되면 성인으로 인정되어 예배 정족수에 포함되었고 성구 상자를 몸에 지닐 수 있었다. 13세기부터는 열세 살이 되면 계명의 멍에를 지게 되었음을 의미하는 **바르 미츠바**라는 의식을 치렀다.[61] 성인식 이후에는 형편에 따라 곧 결혼했다. 마이모니데스는 서른 살이 지나 결혼했는데, 당시로서는 아주 드문 일이다. 결혼은 사회 결속을 유지하기 위해 마련한 사회적·상업적 거래이므로 결혼 예식에서는 계약서인 **케투바**를 낭독하고, 향후 발생할 가능성이 있는 분쟁을 예방하고 문제 있는 결혼 계약을 취소할 목적으로 회사 합병 계약에 서명하듯 계약서에 서명했다. 1028년 1월 26일자 카라이트 종파의 결혼 계약서를 살펴보자.

신랑 히스기야는 신부에게 의식주를 마련해주고 능력이 닿는 한도 내에서 신부가 필요로 하는 것과 원하는 것을 공급할 것이다. 진실함과 신실함, 사랑과 애정으로 신부를 대하고 신부를 슬프게 하거나 학대하지 않을 것이다. 또한 신부가 유대인의 일상적인 수준에 해당하는 음식과 의복과 부부관계를 갖도록 할 것이다. … 신부 사르나는 히스기야의 말을 듣고, 그와 결혼해 그의 아내가 되며, 정결함과 거룩함과 하나님을 경외함 가운데 동반자가 되어 그의 말을 청종하고 그를 존경하고 소중히 대하며 그의 조력자가 되고, 덕을 지닌 유대인 여인이 마땅히 행해야 할 바를 행하며 그 앞에서 사랑과 존경의 마음으로 행동하고 그의 통치를 받고, 내가 원하는 바가 바로 그임에 동의한다.[62]

성경은 하나님이 이혼하는 것을 미워한다고 말하지만,[63] 결혼 계약서를 제대로 작성했다면 쉽게 이혼이 성립되었다. 핵가족이 아닌 대가족 제도라서 가능한 일이었다. 게니자 문서는 20세기 후반에 이를 때까지 유럽이나 미국의 유대인 가문보다 이집트 유대인 사회에서 이혼이 더 흔했음을 보여준다.[64] 미쉬나는 이혼 문제에서 남자에게 유리한 입장을 취한다. "아내가 원하든 원하지 않든 남편이 원하면 아내는 이혼을 받아들여야 하지만, 남편은 오직 그가 원할 때만 이혼한다."[65] 유럽 기독교 세계와 비교해보면 무슬림 사회인 아프리카와 아시아에서 유대인 여성의 사회적 지위가 더 낮았지만, 게니자 문서는 여성의 권리가 겉으로 보이는 것보다 더 강했음을 암시한다. 남편에게 구타를 당한 경우 재판을 신청할 수 있었고, 종종 아내의 영향력이 지나치게 크다는 이유로 남편이 법원에 보호를 신청하기도 했다. 남편이 무역 때문에 해외에 나가 있을 때 아내가 사업을 대신 경영한 사실이 여러 서신에서 분명하게 드러난다. 여자 중개상과 거간도 흔했다. 기록에 나오는 한 여성은 실제로 중개인이라는 별명으로 불렸다. 동업으로 사업을 경영했고 회당에는 들어가지 못해도 공공 기부자 명단에는 이름을 올리고 평생 부자로 살았다.[66]

여성은 교육 제도에서도 일정한 역할을 담당했고 이것이 유대 사회를 견고하게 결속시켰다. 여학생 학급 제도가 있었고 그 학급은 대개 시각 장애인 학자들이 가르쳤다. 여자 성경 교사도 흔했다. 드물기는 해도 여자도 학교를 운영할 수 있었다. 그러나 교육상의 주된 임무는 공동체의 후원을 받는 남자들이 맡았다. 실제로 유대법의 정의에 따르면, 시골과 대조되는 의미의 도시는 적어도 10명의 바틀란이 있는 지역을 가리킨다. 바틀란은 공동체를 위해 연구에 매진하고자 사익을 추구하는 일을 하지 않는 사람을 말한다. 11세기 말 푸스타트에는 29명의 바틀란이 있었고 카이로에는 14명의 바틀란이 있었다.[67] 여기에는 파티마 왕조 시대의 유대인 수장인 라이스, 최고 학자이면서 종교 권위자인 라베누, 재판관 2명, 예쉬바 학자 5명, 랍비 3명, 예배 때 성례 전문을 낭독하는 칸토르 6명, 교사 1명, 회당 관리 5명이 포함되었다.

유대교의 하부구조

유대인 사회는 학교와 회당의 복합 조직을 중심으로 움직였다. 카이로와 푸스타트 공동체는 해이하고 사치스럽다는 평까지 받았다. 음악을 싫어하는 마이모니데스는 예배 시간에 피유트를 노래하는 것에 찬성하지 않았지만, 사람들이 시를 사랑하는 것을 알기에 괜한 금지 조치가 훨씬 더 큰 문제를 초래하리라 생각했다. 그의 아들 아브라함은 회당에서 큰 방석과 몸을 기대는 베개를 사용하는 것을 두고 한탄했으나, 그 역시 대중의 요구를 꺾지 못했다. 그러나 사회 분위기가 해이하다는 평을 들은 푸스타트 공동체에서조차 주중과 안식일에 각각 세 번과 네 번의 예배를 드렸다.[68] 어디서든 안식일과 식사법을 엄격하게 준수했다. 유대교의 율법은 엄격했다. 그래서 자세한 기록은 없지만 지배 세력의 공동체로 사람들이 몰려들곤 했다. 그러나 동시에 엄격한 율법은 유대인을 결속시켜 공동체 전체의 사기를 높게 유지하는 역할을 했다.

안식일을 뜻하는 히브리어 **샤바트**는 하던 일을 그만둔다는 뜻이다. 안식일에는 모든 일이 금지된다. 출애굽 사건을 기념하는 의미로 특별히 불을 피우는 행위를 금했다. 미쉬나에는 불을 사용하는 39가지 노동이 열거되어 있다. 심지어 자기도 모르게 율법을 위반하는 일을 막기 위해 율법 주변에 울타리를 세우는 식으로 구전 율법의 금지 규정을 계속 추가했다. 불을 피우기 위해 나뭇가지를 잘라서도 안 되고 자기 소유의 동물은 안식에 쉬게 해야 하며 설사 자신의 소유가 아니더라도 말을 타서는 안 된다. 말채찍으로 쓰기 위해 부지불식간에 나뭇가지를 자를 수도 있기 때문이다. 예레미야서 17장 21절은 안식일에 짐을 지지 말라고 명한다. 이 때문에 미쉬나에는 사유지와 공공장소에 운반 가능한 짐의 최소량과 최대량의 차이를 다룬 주석이 두 편에 걸쳐 기술되어 있다. 출애굽기 16장 29절은 "이렛날에는 아무도 집을 떠나 밖으로 나가서는 안 된다"고 말한다. 이 때문에 안식일에 걷는 것과 관련해 엄청나게 많은 주석이 생겨났다.[69]

관리들은 이런 금지 규정을 잘 지키는지 감독했다. 식사법에 대해서는 특히 더 감독을 철저히 했다. 음식은 유대교에서 중요한 부분을 차지한다. 식사는 하나님과의 교제이기 때문에 허용된 범위 안에서 식재료를 구해야 할 뿐 아니라 정해진 양식에 따라 도살을 진행하는 동안 축복을 선포했다. 동물과 가금류를 자를 때는 칼에 흠이 없고 예리한지 확인하고자 손가락에 세 번, 손톱에 세 번 살짝 두드려본 뒤에 사용했다. 도축이 끝나면 허파에 질병의 징후가 없는지 확인하고 피를 머금은 혈관과 기름, 뒤쪽 힘줄을 함께 제거했다.

제의에 쓸 제물을 도축하는 **쇼헤트**는 랍비가 임명했다. 게니자 문서에 따르면, 신앙심과 선한 행실, 학식을 갖춘 사람 중에서 도살자를 선정했다고 한다. 역사가 고이타인이 지적한 것처럼 이것은 기술직에 종사하는 사람도 학식을 갖추어야 하는 당시 유대인 사회의 분위기를 보여주는 좋은 예다.[70] 쇼헤트가 작업을 모두 마치면 조리가 가능해질 때까지, 다시 말해 고기를 30분간 물에 담근 뒤 다시 1시간 동안 소금물에 담가 피가 모두 빠질 때까지 아무도 만지지 못하게 감독했다. 감독관은 우유를 짜고 치즈를 만드는 일도 정결법에 따라 관리하고 감독했다.

달걀이 **코셰르**, 즉 부정하지 않은 적절한 음식이 되려면 피가 묻어 있어서는 안 되고 모양은 끝이 살짝 뾰족한 타원형이어야 하고 노른자를 흰자가 덮고 있어야 했다. 주석가들은 새끼를 어미의 젖에 삶지 말라고 한 성경 구절을 고기와 유제품을 함께 섭취하는 것을 금하는 조항으로 해석했다. 대신 고기와 유제품의 비율이 60 대 1이면 무방하다고 보았다. 이 때문에 고기용과 유제품용으로 조리 기구와 그릇을 따로 사용하는 규정이 나왔다.[71]

이런 도축 작업은 유대인 공동체를 단결시키는 데 도움이 되었다. 가난한 유대인도 식사법을 엄격히 지켜야 했는데, 매주 금요일에 가족의 식사 열네 끼를 마련할 수 있는 금액이나 그에 상응하는 물건을 받았기 때문에 먹는 것만큼은 아쉬움이 없었다. 성전 시대부터 모금함 쿠파는 유대인 복지 공동체의 주축이었다. 이에 관해 마이모니데스는 이렇게 진술한다. "쿠파가 없는 유대인 공동체에서는 본 적도 들어본 적도 없다."[72] 쿠파를 관리하는 사람은 총 세 명으로 믿을 수 있는 사람이었다. 율법에 따르면 자선은 유대인의 의무에 해당한다. 따라서 능력이 있는데 기부를 하지 않으면, 재산을 압류할 수 있었다.

기부금은 용도를 상세하게 구분해서 운영했다. 의복, 가난한 자를 위한 학교, 가난한 소녀를 위한 혼인 지참금을 후원하고, 가난한 자와 고아, 노인, 병자를 위해 유월절 음식과 포도주를 마련하는가 하면, 가난한 자와 죄수, 피난민을 위해 매장지를 마련해주었다. 유대인 사회는 '각자 능력에 따라, 각자 필요에 따라'라는 원칙을 예수 시대 이전부터 아무리 힘든 시기에도 항상 실천해왔다. 능력이 있는 유대인이 지역 공동체에 거주한 지 한 달이 지나면 쿠파에 헌금을 해야 했다. 세 달이 지나면 무료 급식소 기금을, 여섯 달이 지나면 의복 기금을, 아홉 달이 지나면 장례 기금을 기부할 의무가 생긴다.[73] 가난한 사람을 돕는 것은 예전에 성전에서 드리던 희생 제사를 대신하는 것으로 하나님에게 감사를 표현하는 방법이다. 그래서 경건한 유대인은 최소한으로 내야 하는 액수보다 더 많이 헌금하곤 했다. 푸스타트에 있는 회당에는 하나님은 물론이고 사람들도 볼 수 있게 길고 자세한 기부자 명단을 게시해두었다.

그러나 유대인은 복지제도에 기대 사는 것을 혐오했다. 성경이 권하는 대로 가난한 자의 필요에 따라 도와야 한다고 말하면서도 이런 말을 덧붙였다. "그렇다고 그를 부자로 만들 의무는 없다."[74] 성경과 미쉬나, 탈무드, 주석서에는 열심히 일해서 독립적으로 살라는 명령이 가득하다. 식사 후에는 다음과 같은 은혜를 간구했다. "오 하나님, 당신의 손은 풍성하고 활짝 열렸으며 넘치고도 거룩하여 우리를 부끄럽게 하지 않으시니, 우리로 사람의 손이 아니라 오직 하나님의 손만 의지하게 하시기를 간청합니다." 현자들은 다음과 같이 가르쳤다. "필요하다면 시장에 나가 짐승의 가죽을 벗기는 일이라도 해서 네 삯을 받고, 나는 고귀한 사람이니 이런 일을 하는 것은 나의 위엄에 어울리지 않는다고 말하지 마라."[75]

그러나 수혜자와 기부자 명단을 기록한 게니자 문서는 복지 사업이 대규모로 이뤄졌다는 사실을 보여준다. 마이모니데스가 1150년에서 1160년경에 푸스타트에 도착했을 때 그 지역 유대인 3,300명 중 500명만 생업에 종사하고 있었고 후원금에 의존하는 세대가 130세대나 되었다. 1140년부터 1237년까지 기부자 네 명 당 한 명의 수혜자가 있었다.[76] 때로는 빈곤을 피하기가 어려웠다. 1201-1202년에는 기근과 질병 때문에 푸스타트 인구가 절반으로 감소했고 과부와 어린이들은 극빈 상황에 빠졌다. 게니자 문서에 따르면, 이슬람 제국의 최악의 정책이라 할 수 있는 인두세 지즈야에 때문에 가난한 사람들은 두려움에 떨었다. 인두세를 내지 않는 자가 있으면 친인척이 책임을 져야 하고, 해외에 나갈 사람은 출국 전에 납세증명서를 제출해야 했다.

언제나 등 뒤에는 반유대주의의 위협이 도사리고 있었다. 게니자 문서에는 이것을 증오를 뜻하는 시누트라는 단어로 묘사한다. 최악의 박해는 11세기 초 광신자이거나 진짜 미치광이였던 파티마 왕조의 칼리프 알 하킴의 시대에 발생했다. 알 하킴은 처음에는 기독교인을, 다음에는 유대인을 박해했다. 광적인 열기에 사로잡힌 또 다른 통치자로는 살라딘의 조카 알 말리크를 꼽을 수 있다. 그는 스스로 예멘의 칼리프를 자처했다. 1198년 예멘에서 온 편지에는 칼리프를 알현하는 곳으로 유대인을 소집해 강제로 개종시켰다고 쓰여 있다. "어쩔 수 없이 모두가 배교했다. 그 후 일부 경건한 사람들이 이슬람교에서 이탈했다가 목이 잘려 나갔다." 몇몇 이슬람 지역은 다른 곳보다 유대인에게 훨씬 더 가혹했다. 모로코는 거의 광적이었다. 북부 시리아도 마찬가지였다. 부유한 유대인 사회를 착취하기 위해 사치금지법과 같은 반(反)딤미 규정이 엄격하게 적용되었다. 1121년에 작성된 한 게니자 문서는 바그다드에서 유대인의 복장을 단속하던 법령을 다음과 같이 설명한다.

노란색 배지 두 개를 하나는 모자에, 하나는 목에 걸었다. 유대인은 무게가 3그램에 달하는 납 조각을 목에 걸었는데, 거기에는 딤미라는 글자가 적혀 있었다. 허리에 띠도 둘러야 했다. 여자들은 한쪽은 빨갛고 한쪽은 검은 신을 신고 작은 종을 목이나 신발에 달아야 했다. … 정부 고관은 잔인한 무슬림 남자들을 고용해 유대인 남자들을 감독하게 하고, 잔인한 무슬림 여자들을 고용해 유대인 여인들을 감시하게 하여 저주와 굴욕감을 안겨주었다. … 무슬림은 유대인을 조롱했고 폭도와 젊은이들이 바그다드의 거리에서 유대인을 구타했다.[77]

알렉산드리아에는 그리스 시대까지 거슬러 올라갈 정도로 반유대주의 정서가 뿌리 깊은 반면, 이집트는 상대적으로 유대인에게 안전한 곳이었다. 한 유대인 장로가 성폭행 혐의로 억울하게 고발당한 반유대주의 사건을 기록한 게니자 문서에는 다음과 같은 내용이 담겨 있다. "반유대주의 정서가 계속해서 새로운 형태를 띠었고 도시 사람들은 모두 유대인을 감시하는 경찰이 되어 증오감을 드러내고 있다."[78] 그러나 게니자 문서는 푸스타트와 카이로에서는 유대인과 기독교인, 무슬림이 한데 어울려 살면서 같이 사업을 했음을 보여준다. 고이타인은 이를 토대로 이집트에서는 반유대주의 정서가 특별히 강하거나 악화되지 않았다고 보았다. 파티마 왕조와 아이유브 왕조 시대에 이집트는 유대인을 비롯해 박해를 받는 많은 사람이 세계 곳곳에서 찾아오는 피난처였다.

라틴어권 유럽 기독교 제국의 유대인

이슬람 통치자들 밑에서 유대인에 대한 대우가 때와 장소에 따라 달랐다면, 서로마 제국의 영향 아래 있는 기독교 세계에서 유대인의 상황은 늘 열악했다. 그래도 1095년에 십자군을 소집하기 전까지는 견딜 만했다. 그 후 유대인의 상황은 거의 모든 지역에서 더 열악해졌다. 이슬람 세계에서처럼 당시 기독교 세계 권력자들은 유대인에게 우호적이었다. 유대인은 모든 이민자 중에서 최고였다. 유용한 무역망을 확보하고 흔치 않은 기술로 신속하게 부를 축적해서 세금을 징수하기 좋았다.

카롤링거 왕조 시대에 유대인은 번영을 누렸다. 경건왕 루트비히라고 불리던 루트비히 1세는 825년경에 유대인의 정착을 장려하기 위해 많은 특혜를 주었다. 리옹의 대주교 아고바르두스가 쓴 편지는 유대인이 황제에게 보호를 받았을 뿐 아니라 회당을 건축해도 좋다는 승인까지 받았음을 보여준다. 주기적으로 고난이 찾아오기는 했다. 1007년 프랑스에서의 박해, 1012년 마인츠에서 있었던 개종 압력이 대표적이다. 그러나 전반적으로 유대인 사회는 잘 지냈고, 1066년 이후 라인 강 하류 지방에서 라인 강변을 따라 잉글랜드까지 뻗어나갔다. 1084년에는 슈파이어의 대주교가 슈파이어에 유대인을 정착시키기 위해 유대인 구역에 방호벽을 건설하는 것을 포함해 여러 특혜를 보장하는 허가장을 발급했다. 1090년에는 헨리 4세가 이 특혜를 갱신해주었고, 보름스에서는 유대인에게 새로운 특혜를 주었다.

그러나 유대인을 대하는 태도에는 양가감정이 존재했고 이런 특성은 점점 확대되었다. 세속 영주들은 유대인을 사육할 수 있는 개인 재산으로 취급하는 경향을 보였다. 유대인의 수입뿐 아니라 필요하면 재산까지 빼앗았다. 교회 지도자들은 도시의 군주들과 마찬가지로 유대인의 경제적 가치는 높이 평가하면서도 성직자 입장에서는 혐오했다. 교황 그레고리우스 1세(590-604 재위)는 로마에 있는 유대인을 보호하면서도 기독교 내부에 반유대주의를 조장한 장본인이다. 그 여파는 유대인에 대한 물리적인 공격으로까지 이어졌다. 요컨대 그는 유대인이 기독교의 교리를 이해하지 못하는 것은 아니라고 보았다. 유대인은 예수가 메시아이고 하나님의 아들인 것을 알았다는 말이다. 그런데도 예수를 거부했고 지금도 거부하고 있는 이유는 유대인의 마음이 타락했기 때문이라고 했다. 유대인을 공격하는 근거는 유대인이 직접 쓴 성경에 있지 않느냐고 반문했다.[79]

　바로 여기에 유대인의 심각한 문제가 있다. 유대인이 받은 가장 위대한 은사 중 하나는 비판 능력이다. 그들에게는 언제나 비판력이 있었다. 비판 능력은 합리적 사고의 원천이자 무엇보다 유대인을 유일신관으로 이끌어주었다. 분별력과 비판 능력이 뛰어난 유대인으로서는 다신론이 안고 있는 어리석음을 용납할 수 없었기 때문이다. 그러나 유대인은 외부 세계에만 비판적인 것이 아니었다. 무엇보다 자기 자신에게 비판적이었다. 그래서 유대인은 뛰어난 역사가였고 적어도 고대 시대에는 꾸준히 그 자리를 지킬 수 있었다. 그들은 진실을 바라보았고 때로는 자기들에 관한 추한 진실을 직시하고 성경에 기록했다. 다른 민족이 자기 민족의 자부심을 확인하고 강화시키기 위해 민족의 서사시를 만들어낸 반면, 유대인은 자신들의 역사에서 올바른 것뿐 아니라 잘못된 것도 찾고 싶어 했다. 유대인이 죄 많은 민족으로, 때로는 하나님의 율법을 알면서도 너무 악하거나 완고해서 받아들이지 않는 족속으로 묘사되는 본문이 성경에 산재해 있는 이유도 이 때문이다. 사실 유대인은 자기들 스스로 박해받을 증거를 제시하고 있었던 셈이다.

반유대적 악마론

기독교 변증가들은 그리스도를 죽인 선조들의 죄 때문에 유대인이 처벌을 받아야 한다고 주장하지는 않았다. 그들의 논점은 이랬다. 예수 시대의 유대인은 예수가 행한 기적을 목격하고 그가 한 예언이 성취되는 것을 보고도 그가 그리스도인 것을 인정하지 않았다. 그 이유는 예수가 가난하고 비천한 신분이었기 때문이다. 그것이 그 시대 유대인의 죄였다. 그리고 후세대 모든 유대인은 자기 선조들처럼 똑같이 완고한 태도를 고수했다. 끊임없이 진실을 숨기거나 조작하거나 증거를 묵살했다. 히에로니무스는 예언서에 등장하는 삼위일체에 관한 언급을 유대인이 고의로 삭제했다고 비난했다. 순교자 유스티누스에 따르면, 에스라서와 느헤미야서에 삼위일체에 관한 단서가 있었는데 유대인이 삭제했다고 한다. 탈무드를 편찬한 옛 랍비들 역시 진실을 알고 있으면서 그 기록을 숨겼다고 했다. 기독교 변증가들이 논쟁에 탈무드를 끌어들이는 이유도 이 때문이다. 유대인 역사가였던 요세푸스조차 예수에 관한 진실을 기록했으나 유대인들이 애써 진실을 외면했다고, 그것은 무지가 아니라 악의에 의한 것이라고 기독교 변증가들은 주장한다. 그러나 사실 기독교인이 증거로 제시하는 일련의 사본은 기독교 시대에 삽입된 가필이 분명하다. 이즈음에서 12세기 웨일즈의 역사가였던 기랄두스 캄브렌시스의 이야기를 들어보자.

> 그들이 가지고 있는 히브리어로 된 책, 즉 그들이 참된 것으로 믿는 책이 증언하고 있는데도 그들은 그리스도를 인정하려 하지 않는다. 그러나 익히 보아왔듯이 노련하고 믿을 만한 옥스퍼드의 성 프리데스위드 소수도

원의 로버트는… 성경에 조예가 깊고 히브리어를 알고 있다. 그는 유대인의 거주지가 있는 잉글랜드의 도시와 마을에 사람을 보내서 히브리어로 기록된 요세푸스의 저술을 여럿 수집했다. … 그중 두 개의 저술에서 그리스도에 관한 충분하고도 긴 증거를 발견했으나 마치 최근에 지워진 듯했다. 나머지 기록에는 마치 그 내용이 원래 없었던 것처럼 일찌감치 삭제되어 있었다. 이 일과 관련하여 소환된 옥스퍼드의 유대인에게 유죄가 선고되었고, 그들은 그리스도에 대한 이 부정한 악의와 부당한 믿음으로 인해 혼란스러워했다.[80]

이러한 기독교 측의 논리는 새로운 반유대주의 정서로 나아가는 직접적인 동기가 되었다. 유대인이 기독교의 진리를 알면서도 여전히 거부하고 있다는 사실은 사람으로서는 할 수 없는 기괴한 행동으로 간주되었다. 여기에 음식과 도살, 요리와 할례에 관한 율법 때문에 유대인은 보통 사람과는 매우 다르다는 생각이 강화되었다. 그래서 유대인이 꼬리를 감추고 있다거나 혈액이 누출되는 이상한 병으로 고생한다거나 독특한 냄새가 난다는 이야기가 생겨났다. 이런 이야기는 유대인이 기독교로 개종하고 세례를 받자 곧 사라졌다. 그러나 곧이어 유대인이 악마를 섬기고 은밀한 의식을 통해 악마와 교통한다는 이야기가 돌았다.

십자군 프로그램

계속 쌓이고 쌓인 반유대주의 정서는 1095년 클레르몽페랑에서 십자군을 소집함으로써 분출되었다. 성지에서 학대당하는 기독교인에 관한 무수한 이야기가 십자군이라는 열정의 물결을 불러일으켰다. 이런 이야기에서 악역을 맡는 주역은 대개 무슬림이었지만, 유대인도 종종 사악한 조역으로 등장했다. 바야흐로 기독교 근본주의 시대가 다가와 교황의 권력을 강화하고 시토회 수도사와 같은 엄격한 성직자를 배출해냈다. 많은 사람이 세상의 종말을 주장하고 예수의 재림이 임박했다고 믿었다. 그래서 시급히 은혜와 죄의 용서를 받고 싶어 했다. 북서 유럽에서 무장한 사람들이 들고 일어나 도덕률 폐기론자들에게 반격의 기회를 마련해주었고 결국 사회질서 전체가 무너져내렸다.

사람들은 십자군 경비를 충당하기 위해 전 재산을 매각하거나 돈을 빌렸다. 십자군 원정이 성공하면 부채는 자연히 탕감되리라 생각했다. 상황이 상황인 만큼 운용자본, 다시 말해 즉시 쓸 수 있는 현금을 보유하고 있던 유대인이 위험에 노출될 수밖에 없었다. 그러나 열성파 십자군이라 해도 이웃에 사는 유대인을 공격하지는 않았다. 그들 역시 자기들과 똑같은 평범한 사람이라는 것을 알고 있었기 때문이다. 그러나 진군이 시작되자 다른 도시에 사는 유대인을 공격했다. 그러면 광기와 전리품에 대한 탐욕에 사로잡힌 그 지역 기독교인도 공격에 가담하곤 했다. 각 지역 통치자들은 갑작스러운 광란과 통제 불능 상황에 당황해 어쩔 줄 몰랐다.

12세기에 유대인 연대기를 편찬한 랍비 솔로몬 벤 삼손의 기록에 대학살에 관한 증언이 있다.[81] 학살 사건은 1096년 프랑스 루앙에서 시작되어 라인 강 연안의 도시로 퍼져나갔다. 폭도와 다를 바 없었던 십자군이 행진하면 해당 지역에 있던 유대인 공동체는 모두 위험에 처했다. 슈파이어의 주교는 무력을 사용해 주모자를 교수형에 처함으로써 폭동을 중단시켰다. 유대인의 말에 따르면 "그는 이방인 가운데 의인이었으며, 언제나 살아 계신 이께서 그를 통해 우리에게 구원을 베푸셨기 때문이다."[82] 쾰른의 대주교도 똑같이 했다. 그러나 마인츠 대주교는 살기 위해 피신해야 했다. 유대인은 십자군에 맞서 싸우려 했지만 제압당하고 말았다. 유대인 남자들은 살해되거나 강제로 개종당했다. 아이들이 기독교인으로 양육되는 것을 막기 위해 대량으로 학살했으며 대주교의 성에 격리되어 있던 여자들은 집단으로 자살했다. 1,000명 이상이 비명에 죽어갔다. 역사 깊고 부유하고 사람들로 붐비던 라인 강 연안의 유대인 지역은 파괴되었고 대부분의 유대인이 살해되거나 세례반으로 끌려갔다. 함께 살던 마을 사람들이 갑자기 납득할 수 없는 증오심을 드러내자 이에 경악한 유대인은 뿔뿔이 흩어졌다. 보호를 약속했던 증서가 이제는 항아리 덮개로 사용되는 양피지보다 쓸모없다는 사실을 깨달았다.

<hr />

최초의 피의 비방

적대적인 신화와 루머로 가득 찬 반유대주의 이념과 민간전승은 최초의 십자군 폭동을 촉발시키는 원인이 되었다. 1144년 당시 가장 부유하고 가장 많은 사람이 살고 있던 잉글랜드 동부 노리치라는 마을에서 불길한 사건이 발생했다. 원래 앵글로색슨계 잉글랜드에는 유대인이 거의 없었지만, 정복자 윌리엄의 침략으로 플랑드르에 살던 이들이 잉글랜드로 이주했다. 그중 절반은 런던에 정착했고 요크, 윈체스터, 링컨, 캔터베리, 노샘프턴, 옥스퍼드에도 유대인 공동체가 생겨났다. 유대인 거주 구역이 따로 있지는 않았지만, 대개 두 개의 유대인 거리가 있었다. 하나는 부유한 유대인이 사는 거리, 또 하나는 가난한 유대인이 사는 거리였다. 옥스퍼드에도 세인트 올데이츠 가 근처에 크고 작은 유대인 거리가 있었다.[83]

유대인은 근사한 가옥을 건축했는데, 종종 보안을 위해 건축재로 돌을 사용했다. 실제로 링컨에는 12세기 것으로 추정되는 유대인 가옥 두 채가 남아 있다. 이 두 가옥은 영국 최초의 석재 건물에 속하며 둘 중 하나는 회당으로 사용된 것으로 보인다.[84] 라인 강 연안 출신의 유대인이 정착한 노리치에 대규모 유대인 공동체는 없었다. 잉글랜드에 거주하는 유대인 수는 최대 5,000명을 넘지 않았고 노리치에는 기껏해야 200명 안팎의 유대인이 살고 있었다.

V. D. 리프먼은 당시 노리치에 살던 유대인의 활동을 철저하게 조사하고 연구했다.[85] 노리치 지역 유대인은 안전을 위해 시장과 성채 주변에서 기독교인 사이에 흩어져 살았다. 주요 직업은 토지와 임대료를 담보로 한 대금업이었다. 전당포도 운영했다. 일부는 의사로 활동했다.[86] 유대인이 정착한 잉글랜드의 17개 도시처럼, 노리치에는 유르네츠라는 매우 부유한 유대인 가문이 있었다. 다섯 세대에 걸친 이 가문의 활동을 연구한 자료가 있을 정도다. 그들은 런던에 동업자가 있었고 잉글랜드 전역을 여행하면서 전국에 영향력을 행사했고 상당한 규모의 자금을 운용했다. 킹 가(街)에 있던 유르네츠 가문의 커다란 석조 건물은 다른 유대인의 집과 멀리 떨어져 있었다. 유르네츠 가문은 탈무드 학자를 후원했으며 가문 사람 중에는 학자도 있었다.[87]

1144년 노리치의 작은 공동체는 섬뜩한 고발의 무대가 되었다. 3월 20일, 부활절과 유월절이 얼마 남지 않은 무렵, 부유한 농부의 아들이자 가죽상의 도제였던 윌리엄이라는 소년이 실종되었다. 유대인의 집으로 들어가는 것을 보았다는 목격담이 마지막이었다. 이틀 후, 고난주간의 수요일에 소년의 시신이 마을 동쪽 소프 숲에서 발견되었다. "재킷을 걸친 상태였다. 머리털은 남김없이 밀려 있었고 머리에는 신발이 놓여 있었으며 몸은 수없이 칼에 찔린 상태였다." 이에 대한 자세한 내용은 노리치 소수도원의 수도사였던 몬머스의 토머스가 사건 직후 편찬한 《노리치의 성인 윌리엄의 생애와 기적 *The Life and Miracles of St William of Norwich*》에 나와 있다.[88] 토머스에 따르면, 소년의 어머니 엘비라와 그 지역 신부 고드윈이 이 사건은 유대인이 그리스도의 수난을 재연한 것이라며 노리치에 사는 유대인들을 살인 혐의로 고발했다. 곧이어 유대인의 집에서 일하던 기독교인 하녀들의 증언이 잇달았다. 유대인들이 회당 예배가 끝난 후 소년을 붙잡아 재갈을 물리고 포박했으며 머리에 가시관을 씌우고 십자가에 매달듯 묶어 왼손과 발에 못을 박고 옆구리를 창으로 찌르고 몸에 뜨거운 물을 끼얹었다고 했다. 증인들은 이 모든 것을 문틈으로 똑똑히 보았다고 주장했다. 한 무리의 유대인이 신성모독죄로 종교 재판소에 고발되었다. 그러나 주 장관은 그곳 유대인이 왕의 소유라는 이유로 재판정에 세우는 것을 허락하지 않았고 안전을 위해 노리치로 돌려보냈다.

이즈음 소년의 시신과 관련된 기적의 이야기가 나돌기 시작했다. 처음에 지역 교회 지도자들은 세속 지도자들과 마찬가지로 이런 이야기를 좋아하지 않았다. 그러나 2년 뒤 그런 이야기가 사실이라고 믿는 수도사가 노리치의 주교로 임명되었다. 반유대주의가 수면으로 올라오는 시기에 수도원에서 그런 인물을 정식으로 임명했다는 점이 중요하다. 같은 해에 그 지역에서 대금업을 하는 유대인 엘레아자르가 채무자 시몬 드노버 경의 하인들에게 살해당했다. 이야기는 서서히 발전해나갔다. 유대인이 부활절에 기독교인 소년을 그리스도의 대역으로 삼아 살인 의식을 행했다는 이야기는 유대인이 예수가 그리스도인 것을 알면서도 거부했다는 기독교의 주장과 맞아 떨어졌다. 시신이 발견된 3월 22일이 유월절의 두 번째 날이라는 점도 눈길을 끌었다. 알다시피 유대인은 유월절을 위해 특별한 무교병을 만들었다. 반유대주의 전설에 따르면, 빌라도에게 "그 사람의 피를 우리와 우리 자손에게 돌리시오!"라고 외친 이래로 유대인은 치질로 고생했다고 한다. 그런데 치질을 고치는 길은 그리스도의 보혈뿐이라는 이야기를 들은 유대인이 그 말을 글자 그대로 받아들였다는 것이다. 그래서 치질에 효험이 있는 유월절 빵을 만드는 데 필요한 피를 얻으려고 매년 그리스도 대신 한 사람을 죽여야 했다는 이야기다. 유대교에서 기독교로 개종한 캠브리지의 시어벌드라는 사람은 이 이야기를 윌리엄 살인 사건과 결부시켰다. 매년 스페인에서 유대인 총회가 살인 의식을 할 도시를 제비 뽑았고, 1144년에 노리치가 뽑혔다는 터무니없는 주장이었다.[89] 이렇듯 한 사건에서 출발한 유대인에 대한 비난은 살인 의식에 대한 고발과 피의 비방(중세시대 유대인이 아이들을 유괴하고 죽여서 종교 의식에 쓸 피를 마련했다는 비방에서 유래한 용어로 특정 인물이나 집단에 대한 부당한 비방을 가리킨다 — 옮긴이)으로 뻗어나갔다.[90]

이로 인해 유대인은 목숨의 위협을 받았다. 유대인의 살인 의식에 의해 희생당했다는 죽음의 성격 때문에 소년 윌리엄의 죽음은 그리스도의 존엄과 기적을 행할 수 있는 권능을 획득했다. 그리하여 기적에 관한 이야기가 흘러나왔다. 이런 이야기는 유대인의 악의를 증명하는 더 확실한 증거가 되었다. 그때까지 로마 교회에서는 윌리엄을 성인의 반열에 올리는 문제를 전혀 고려하지 않았으나 여론의 요구로 논의되기 시작했다. 이렇게 자극적인 유형의 성인의 시체는 순례자를 불러모았고 그들이 바치는 선물과 기부금으로 시신을 안치한 교회는 부를 누렸다. 이 때문에 1168년 글로스터, 1181년 베리세인트에드먼즈, 1183년 브리스틀 등 유대인 정착지 근처에서 의문의 아동 살인 사건이 발생할 때마다 유대인이 살인 의식을 자행했다는 고발이 제기되었다.

십자군을 새로 구성할 때마다 반유대주의 정서는 더 세게 끓어올랐다. 1189-1190년에 시작된 3차 십자군은 리처드 1세가 주도했기 때문에 주로 잉글랜드에서 반유대주의 정서가 일어났다. 이미 살인 의식에 대한 고

발로 자극받은 군중의 분노에 기름을 부은 꼴이었다. 1189년 리처드 1세의 대관식에 참석한 부유한 유대인 대표 중 한 사람이 군중의 습격을 받았다. 이어서 런던의 유대인 사회에 대한 공격이 뒤따랐다. 이듬해 부활절이 다가오자 유대인을 학살하는 사건이 발생했다. 가장 심각한 사건은 요크에서 일어났다. 그곳 유대인 공동체는 성으로 피신했지만 학살을 피하지 못했다. 한 역사가는 노리치에 사는 유대인도 학살의 대상이었다고 기록한다. "예루살렘으로 십자군 원정을 서두르던 많은 사람이 먼저 유대인을 공격하기로 마음먹었다. … 그리하여 2월 6일 노리치에서는 집에 있던 유대인이 모두 학살되었고 일부는 성으로 피신했다."[91]

이 사건은 서로마 제국에서 유대 사회의 파멸을 불러오는 또 하나의 이정표가 되었다. 점점 세력이 강해지면서 권위적으로 변한 교황 정치는 12세기에 다시 이단이 기승을 부리자 유대교뿐 아니라 정통 신앙에서 벗어난 모든 종교 활동을 경계했다. 중세 교회 권력을 중앙집권화한 대표적인 인물이라 할 수 있는 교황 인노켄티우스 3세(1198-1216년 재위)가 1216년 4차 라테란 공의회에서 반유대 칙령을 제정하고, 특히 도시에서 정통 신앙을 강화하기 위해 도미니쿠스회와 프란치스코회라는 수도원을 만들도록 허락했다. 도미니쿠스회는 의심스러운 관습을 조사하고 용의자를 심문하고 재판하여 죄인으로 밝혀진 자를 처벌하도록 세속 권력에 넘겨줌으로써 이단을 제압하는 더 큰 권한을 위임받았다. 인노켄티우스는 기독론과 관련하여 새로운 성찬 의식을 시행했고 이것은 또 다른 반유대주의를 만들어냈다.

1243년 베를린 근처에서 유대인이 성체聖體를 훔쳐 악한 목적으로 사용했다는 혐의로 고발되었다. 이 사건 역시 유대인이 예수가 그리스도라는 사실을 알면서도 거부하고 있다는 기독교인의 생각에 잘 들어맞았다. 기독교인 소년을 납치해 극악한 의식으로 살해한 것처럼, 성체를 훔쳐 불경하게 다룸으로써 그리스도의 고난을 재현하려 한 거라고 본 것이다. 모든 음모론과 더불어 상상에 기초한 논리적 비약이 이루어지자 나머지 과정은 거기에 중독된 논리와 함께 발전했다. 1243년 이후 서로마 계열의 유럽 전역에서 성체 도난 사건이 보고되었다. 법정의 판례에 따르면, 범행이 탄로 난 이유는 모욕을 당한 성체가 고통 속에서 기적을 일으켰기 때문이다. 어떤 때는 공중으로 떠오르기도 하고 지진을 일으키기도 하고 장애자를 고치는 나비가 되기도 하고 천사와 비둘기를 내보내기도 하고 가장 흔한 경우는 고통스럽게 소리를 지르거나 어린이처럼 울었다고 했다.[92]

그러나 유대인에 대한 어떤 비방에 대해서도 입증할 만한 증거가 나오지 않았다. 어떤 고발은 순전히 오해에서 비롯된 것일 가능성이 크다. 예를 들어, 1230년에 노리치에서 다섯 살짜리 아이에게 강제로 할례를 행했다는 고발이 있었다. 이 일로 유대인들이 감옥에 갇히고 사건은 법정에 회부되어 1234년에 결국 벌금이 부과되었다. 이를 계기로 이듬해 노리치 시민들이 유대인에게 공격을 퍼부었다. 1240년경 대여섯 명의 유대인이 이 사건과 관련해 교수형을 받았다. 이 사건에 대한 가장 그럴싸한 설명은 유대인 가정에서 기독교로 개종한 아들을 다시 유대교로 개종시키려 했다는 것이다.[93] 그러나 유대인에 대한 비난은 대부분 완전히 조작된 것이었고 종교 재판소에서 성실히 심리를 하면 언제나 유대인 공동체의 결백이 밝혀졌다.[94]

대금업과 유대인 사육

유대인에 대한 이런 비방은 대금업이라는 배경에 비추어 이해해야 한다. 유대인의 대금업은 사회 전반에 영향을 끼쳤다. 13세기 프랑스 남부의 페르피냥에서 나온 자료에 따르면, 액수 면에서 시골 사람이 빌린 돈은 전체 차용금의 43퍼센트였다. 그러나 사람 수로 따지면 전체 차용인의 65퍼센트가 시골 사람이었다. 도시 사람이 빌린 돈은 전체 차용금의 41퍼센트에 달하고 차용인의 30퍼센트가 도시 사람이었다. 기사와 귀족은 전체 차용인의 2퍼센트였으나 차용 금액은 전체의 9퍼센트에 달했다. 성직자는 전체 차용인의 1퍼센트, 차용금의 5퍼센트에 달했다.[95] 잉글랜드에서도 상황은 비슷했다. 신앙심이 깊은 유력한 가문들과 지위 높은 귀족들도 유대인에게 돈을 빌려 썼으나 액수는 비교적 적었다. 잉글랜드나 프랑스나 많은 돈을 빌린 차용인은 대개 시골에 사는 가난한 상류계급이었다. 이들은 언제든 반유대주의자로 돌변할 수 있었다. 명예와 특권은 있지만 돈이 없고 저당 잡힌 토지까지 빼앗길 처지에 놓인 시골 유지들은 군중을 선동하기에 적합했다.

역사는 대금업이 시골 사회에서 문제가 되었음을 보여준다. 13세기 잉글랜드에서 작성된 유대인의 약혼 계약서에 따르면, 돈을 빌려주고 받는 이율은 연 12.5퍼센트 정도였다.[96] 중세 기준에서 그리 높은 이율은 아니다. 그러나 리프먼이 지적한 것처럼, 대금업자끼리 복잡한 거래를 하면서 빚이 여러 층으로 쌓이는 신디케이트가 형성되곤 했다. 거기다 어떤 식으로든 유대교의 율법이나 기독교의 법규에 저촉되지 않아야 했으므로 대부 활동이 더 복잡해질 수밖에 없었다. 그러다 보니 차용인이 내야 할 이자율은 계속 상승하고 유대인이 사람들을 약탈하고 있다는 비난을 피할 수 없는 상황이 조성되었다. 기독교인의 법정은 물론이고 유대인 법정에서도 이런 문제를 다루었다. 예를 들어 이런 기록이 있다. "유대인이 유대인에게 이자를 받아야 하는지를 두고 유대인 총회에서 이루어졌던 심리에 대해 브리스틀의 유대인 유다스는 금 2온스를 지불할 의무가 있다." 이런 기록도 있다. 요크의 아브라함 벤 조슈아는 유대인 재판관들에게 "유대인은 기독교인의 손에서 이자를 취할 수 있으며, 만약 이 결정이 반대 측에 부당하게 비쳐진다면, 총회의 율법의 대가들 앞에 상소하도록 해야 한다. 이런 유형의 문제는 다른 지역에서 수정하면 안 되기 때문"이다.[97] 도시 상인이라면 이런 일을 이해할 수도 있지만, 시골의 기사는 그렇지 못했다.

　이론상으로 그리고 실제로도 왕은 광범위한 유대인 공동체에서 생기는 막대한 이윤의 수혜자였다. 12세기에 노르망디와 잉글랜드, 아키텐, 아일랜드를 다스린 앙주 왕가의 왕들이 부유한 유대인 대금업자 덕분에 풍요로운 삶을 영위했다는 점은 의심의 여지가 없다. 유대인 특별 재무성은 각 도시에서 유대인 공동체와 함께 금고를 운영했다. 각 금고는 유대인 두 명과 기독교인 두 명이 운영했고 이들은 모든 채무 계약 기록을 보유하고 있었다. 본점에는 기독교인 심사관뿐 아니라 유대인 심사관과 조언을 해주는 랍비가 있었다.[98] 왕은 실제로 유대인이 하는 사업에서 이익을 취했기 때문에 누가 어떤 유대인에게 빚이 얼마나 있는지 알 필요가 있었다. 1186년 중세 영국에서 가장 성공한 유대인 금융업자였던 링컨의 아론이 죽었을 때, 그의 자산을 처리하기 위해 특별 재무성이 설립되었다. 유대인의 역사를 통틀어 주목할 만한 아이러니라고 아니할 수 없다. 아론은 담보를 받고 당시로서는 거금인 6,400마르크를 시토회에 빌려줌으로써 엄숙주의를 고수하는 시토회의 대규모 사업 확장에 필요한 자금을 조달해주었다. 왕은 아론의 채권을 상속했고 일부만 아론의

아들인 엘리아스에게 전매했다.[99]

이런 예기치 못한 횡재가 자주 생겼다면, 영국 왕들은 틀림없이 유대인 공동체를 계속 유지할 수 있게 조치를 취했을 것이다. 그러나 아론의 번영은 요크와 다른 지역 유대인 공동체를 파멸시킨 1190년대의 거대한 반유대주의 사건이 벌어지기 전의 일이다.[100] 1190년대 이후에는 영국에 사는 유대인이 돈을 벌기가 점점 더 어려워졌다. 1215년 라테란 공의회가 채택한 반유대 법령은 유대인의 짐을 가중시켰다. 영국 캔터베리의 대주교이자 반유대주의 구절을 담고 있는 마그나 카르타의 입안자 중 하나인 스티븐 랭턴은 유대인 사업을 배척하는 운동을 조직하려 했다. 13세기 내내 영국의 유대인은 경제적으로 쇠퇴기를 맞았다. 잉글랜드 베네딕투스 수도회 수사이자 연대기 저자인 매튜 패리스에게 무려 3만 마르크 이상을 왕에게 바쳤다고 고백한 요크의 아론은 1268년에 가난 속에서 죽어갔다.[101]

과거 십자군으로 활동한 바 있고 돈에 대한 탐욕이 대단했던 켈트 족의 우두머리 에드워드 1세의 시대에 유대인의 경제적 쇠퇴는 더 심각해졌다. 금융업자로서 왕을 위해 일하던 유대인의 역할은 예루살렘의 성전 기사단과 유럽에 있는 영지의 기사단, 다시 말해 최초의 기독교 은행업자들이 어느 정도 대신하게 되었다. 유대인은 일반 대중을 상대하는 소규모 대금업과 동전 교환, 전당포 같은 업종으로 밀려났다. 유대인을 조직적으로 착취하는 것이 에드워드 1세에게 더 이상 충분한 이득을 가져다주지 못했기 때문이다. 그는 유대인을 죽이고 유대인의 재산을 하루빨리 압류하고 싶었다. 그래서 1275년에 반유대 법안을 통과시키고 대금업을 불법화했다. 법을 어기고 대금업에 손을 대면 더 심각한 죄악인 신성모독으로 간주하고 처벌했다. 1278년 잉글랜드 전역에서 유대인이 체포되고 많은 사람이 런던탑으로 끌려갔다. 한 역사가는 300명이 교수형을 당했다고 말한다. 그들의 재산은 왕에게 귀속되었고 거기에 재미 들린 에드워드 1세는 계속 이 정책을 고수했다. 다음 단계로 그는 유대인이 습관적으로 금화 가장자리를 잘라낸다고 고발했다. 이런 혐의로 수십 명의 유대인이 노리치에서 교수형을 당했다. 결정적으로 1280년대 말 에드워드 1세는 이탈리아의 해군 제독 라우리아에게 포로로 잡힌 조카, 나폴리 왕 카를로 2세의 몸값 때문에 엄청난 현금이 필요했다. 그래서 1289년에 가스코뉴에 살던 유대인의 재산을 몰수하고 완전히 추방했다. 이듬해에는 대금업을 금지한 법률을 유대인이 교묘하게 빠져나가고 있다면서 잉글랜드에서 유대인을 추방하고 재산을 몰수했다. 노리치의 가장 부유한 유대인에게서 300파운드가 몰수되었다. 11개 지역에서 유대인은 총 9,100파운드를 빼앗겼고, 그중 18개 가정에서 약 6,000파운드가 압류되었다. 이렇듯 몰수 금액은 실망스러울 정도도 적었고 이 시기에 유대인 공동체의 규모는 전성기에 비해 절반 정도로 축소되었다. 남아 있는 추방 대상자도 고작 2,500명뿐이었다.[102]

당시 중세 기독교 국가들은 유대인 문제에 직면하자 추방이 최종적 해결책이라고 생각했다. 추방은 과거에도 있었다. 1012년 라인 강 연안 일부 지역, 1182년 프랑스, 1276년 오버바이에른에서 유대인을 추방한 바 있다. 추방 정책이 잉글랜드에서 그럭저럭 제 기능을 발휘할 수 있었던 것은 해협이라는 장벽이 있었기 때문이다. 상대적으로 영지가 많은 유럽 대륙에서는 추방을 강행하기가 어려웠다. 그래서 유럽 각국은 반유대주의 방안을 마련해야 한다는 이념적 압박에 계속 짓눌렸다. 라테란 칙령에서 인노켄티우스 3세는 유대인이 비양심적으로 경제력을 이용해 자연스러운 질서를 뒤집어서 자유인인 기독교인이 노예인 유대인의 종이 되었다고, 따라서 정부는 반드시 유대인을 무력화시켜서 자연 질서를 회복시켜야 한다고 주장했다.[103]

각국 정부 역시 같은 노력을 기울였다. 12세기 이후 유대인은 더 이상 제후들에게 쓸모 있는 존재가 아니었다. 유대인이 가지고 있던 무역 및 경제 기술은 모두 기독교인의 손에 넘어갔다. 그 시대는 새로운 도시 건설에 주목한 시대였으나, 유대인은 더 이상 도시 개척자로서 필요성이 부각되지 못했다. 기독교인만으로 얼마든지 도시를 건설할 수 있었기 때문이다. 사회 지배층 역시 살인 의식이라는 피의 비방 때문에 잦은 폭동의 원인이 되는 유대인을 더 이상 자비로운 시선으로 바라보지 않았다. 또한 지배 세력은 아주 현명하게도 유대인이 불온한 사상의 확산에 기여한다는 사실에 경각심을 가지기 시작했다. 중세 말에 이단은 종종 급진주의와 손을 잡곤 했다. 이단자는 때로는 학식이 있는 유대인과 접촉했고 유대인은 그들과 성경 본문을 두고 토론하고 그들에게 책을 빌려주기도 했다. 유대인은 항상 책을 가지고 있었는데, 기독교 세계의 지배자들은 그 책을 파괴적인 것으로 간주했다. 교회가 책을 빼앗으면, 유대인은 마치 노예를 되사듯 값을 치르고 책을 되찾으려 했다. 1190년 요크의 유대인 공동체가 파괴되자 그들은 자기 책을 간신히 쾰른으로 가져가 그곳 유대인에게 팔았다.[104]

　　이론상 유대인은 기독교인의 법에 의해 운영되고 기독교인이 만든 대학에 입학하는 것이 금지되었다. 그러나 대학이 있는 도시마다 유대인이 모여들었다. 언제나 그렇듯이 대학생들은 반유대주의의 선봉에 섰다. 토리노에서는 대학생들에게 첫눈이 오는 겨울에 눈덩이로 유대인을 공격할 권리를 주었고, 유대인들은 이를 면하기 위해 25더커츠를 지불해야 했다. 만토바에서는 사탕과 보고서를 대신 써야 했고, 파도바에서는 뚱뚱한 수탉 한 마리를 내야 했다. 피사의 대학생들은 성 캐서린 축일에 가장 뚱뚱한 유대인을 찾아 저울에 올려놓고 유대인 공동체에 그의 몸무게에 해당하는 사탕을 벌금으로 부과했다.

볼로냐에서 유대인은 학생들을 위해 연회를 마련해야 했다. 의과대학이 있는 곳에서는 유대인이 해부용 시신을 마련하거나 구입할 돈을 지불해야 했고, 이는 종종 유대인 공동묘지를 훼손하는 행동으로 이어졌다.[105] 일련의 사건을 통해 비록 인기는 없었어도 유대인이 대학 공동체의 일원으로 받아들여졌음을 알 수 있다. 유대인은 종종 대학에서 가르치기도 했다. 예를 들어 1300년에 야코브 벤 마길은 몽펠리에 의과대학의 학장이 되었다. 15세기 초, 엘리아스 사보트는 파비아 대학에서 의학을 가르쳤고 잉글랜드로 불려가 병든 헨리 4세를 치료하기도 했다. 기독교 세계 전역에 있는 대학에서 개종한 유대인은 두각을 나타냈다. 앞으로 살펴보겠지만, 때때로 개종자들은 과거에 같이 유대교를 신봉하던 동포들에게 괴로움을 안겨주는 자가 되었다. 가끔은 지식인들이 토론하는 자리에서 이의를 제기해 분란을 불러일으키는 비판적인 역할도 했다. 알비파 운동이나 15세기 보헤미아에서 있었던 얀 후스의 운동에서 유대인의 영향력이 감지되면 교회는 절대로 가만 두지 않았다. 유대인은 교회의 독점권을 깨뜨린 두 가지 동인, 즉 르네상스와 종교 개혁의 중심에서 활동했다. 유대인은 발효를 촉진하는 누룩과 같은 존재였다. 중세에 유대인에 대한 고발은 예외 없이 다 조작된 것이었다. 그러나 유대인이 지적으로 질서를 해치는 자라는 주장에는 어느 정도 일리가 있다. 빈의 유대인 작가 야코프 바서만도 유명한 자서전 《독일인이자 유대인으로서의 나의 삶 *Mein Weg als Deutscher und Jude*》에서 이 점을 지적하고 있다.

불행하게도 부추김을 받았건, 스스로 자원했건 박해자는 자신의 행동을 정당화할 만한 기반을 가지고 있다. 여기에 대해서는 반론의 여지가 없다. 인습을 타파하자는 온갖 사건과 동란, 사회적 도전을 보면 예나 지금이나 맨 앞에 유대인이 서 있다. 단호한 쇄신을 요구하는 모든 곳에서,

정치 변혁을 도모하는 이념에 불이 붙고 실행되는 모든 곳에서 유대인은 지도자였고 지금도 그러하다.[106]

유대인, 수도사, 흑사병

중세 서로마 제국은 유대인에게 지도자라는 호사를 허용하지 않았지만, 현명한 조언자로서의 유대인의 역할까지 전부 부정할 수는 없었다. 그래서 중세 후반기에 성직자들은 유대인이 사회 질서를 전복하는 것에 대항할 수 있는 세력을 만들어냈다. 가장 먼저 고려된 이들이 수도사다. 13세기에는 도미니쿠스회와 프란치스코회가 대학을 지배하고 중요한 주교직을 차지했다. 수도사들은 서로마 세계에서 유대인의 모든 삶을 감독했다. 아우구스티누스는 유대인을 그리스도의 증인으로 보호하고 그들이 자신의 신앙을 영위할 수 있게 해야 한다는 상대적으로 너그러운 입장을 피력했지만, 수도사들은 유대인이 더 이상 필요 없다는 입장이었다. 유대인이 가지고 있는 모든 권리를 폐기하고 싶었던 것이다.[107] 1236년에는 교황 그레고리우스 9세가 탈무드를 단죄해야 한다는 주장에 동의했다. 의도적인 것은 아니었지만, 이 사건은 사실상 아우구스티누스의 관용 원칙에서 벗어나는 전환점이 되었다.[108] 수도사들이 처음부터 반유대주의자로 출발했던 것은 아니다. 성 프란치스코는 유대인에게 적의를 보이지 않았고, 성 도미니쿠스가 성인의 반열에 오른 과정을 증언하는 자료에 따르면, 그는 부자와 가난한 자, 유대인과 이방인을 막론하고 모든 사람을 사랑했다.[109] 처음에 수도사들은 엄격한 신학 문제에만 집중했고 유대인이 살인 의식을 행한다는 비방을 잠재우기 위해 노력했다.

그러나 수도사들은 밀집된 도시 환경에서 거칠게 변해갔다. 극성스러운 전도자로서 그들은 유대인은 말할 것도 없고 타락한 기독교인과 이단자에게도 공격적으로 행동했다. 그들의 사명은 여러 도시에서 정통 기독교 신앙과 열광적인 헌신을 반복적으로 강조하면서 엄숙주의를 열렬히 북돋는 데 있었다. 그들은 유대인을 들볶는 거점이 될 수 있도록 수도원을 유대인 구역 안이나 근처에 세우길 좋아했다. 유대인은 다른 어떤 기독교 그룹보다 수도사를 두려워했다. 하나님이 신명기 32장 21절에서 모세를 통해 "이제 나도, 내 백성이 아닌 딴 백성을 내 백성으로 삼아서, 그들의 질투심에 불을 붙이고, 어리석은 민족을 내 백성으로 만들어 그들을 격분시키겠다"라고 경고하신 재앙이 수도사들을 통해 구현된 것이라고 보았기 때문이다.[110] 수도사들은 점차 유대인을 개종시키거나 추방하는 쪽으로 정책을 세웠다. 잉글랜드 왕실이 유대인이 도시의 사유지를 구입할 수 있는 권리를 폐지하는 칙령을 발표한 배경에는 프란치스코회 수도사가 있었고 그들은 유대인을 추방하는 데도 중요한 역할을 했다.[111] 수도사들은 곧 공공연한 반유대주의자로 돌변했다. 1247년 프란치스코회 수도사 두 명이 발레아에서 피의 비방을 회자시키는 데 일조했고 이는 피비린내 나는 유대인 학살로 이어졌다. 1288년 트루아에서 피의 비방이 발생한 직후 프란치스코회 수도사와 도미니쿠스회 수도사가 연합해서 그 지역 유대인에 대한 대학살을 촉발했다.

심지어 중세 말엽까지 유대인에게 비교적 너그러운 태도를 보이던 이탈리아에서조차 프란치스코회 수도사들은 위험한 세력이었다. 이탈리아 시 당국자들은 유대인이 규정에 따라 연간 세금을 일시불로 납부하는 조건으로 은행 개설을 승인했다. 유대인이 경쟁에서 살아남을 수 있었던 이유는 유대인이 받는 이율이 15-20퍼센트 정도로 기독교인의 이율보다 낮았기 때문이다. 프란치스코회 수도사들은 도시와 상인 문제에 집중했고 대금업에 특별히 관심이 많았다. 그들은 유대인을 철저히 감시하고 아주 사소한 규칙이라도 위반하면 무자비하게 박해했다. 프란치스코회 수도사들은 사랑을 설교했지만, 유대 민족에게는 사랑을 실천하지 않았다. 시에나의 수도사 베르나르디노는 다음과 같이 기술했다. "추상적이고 일반적인 사랑의 관점에서는 얼마든지 그들을 사랑할 수 있지만, 현실적인 측면에서는 절대로 그럴 수 없다."[112] 프란치스코회 수도사들은 불매 운동을 조직해 유대인 세력을 약화시키고 업계에서 유대인을 몰아내기 위해 경건 기금을 설립했다. 그 후에 그들은 유대인 축출을 요구했다. 카피스트라노의 요한네스와 같은 일부 프란치스코회 반유대주의자들은 알프스 산맥 양쪽을 아우르는 거대한 지역에 영향력을 행사했고 장외 대중 집회에서 그가 했던 설교는 종종 유대인 학살로 이어졌다. 요한네스의 제자이자 삼대째 프란치스코회 선동가였던 펠트레의 베르나르디노는 1475년 트렌토에서 유대인이 두 살 된 남자 아이를 살해했다고 고발했다. 그리하여 유대인 공동체 전체가 체포되고 많은 사람이 고문 후 사형을 당했고 살아남은 자들은 추방되었다.

지중해에서 북쪽으로 무서운 기세로 퍼져 나간 흑사병은 유럽 전역에서 반유대주의의 상부 구조에 또 하나의 포괄적인 층을 덧붙여 놓았다. 인구의 4분의 1 내지 절반이 죽어나가는데도 역병의 원인을 도저히 찾을 수 없었다. 사람들은 엄청난 충격에 휩싸였고 이 때문에 흑사병이 페스티스 마누팍타, 즉 인간이 악의적으로 퍼뜨린 질병이라는 확신을 갖게 되었다. 고문을 받다 겁에 질린 유대인들이 허위 자백을 한 뒤에는 모든 조사가 유대인에게 집중되었다. 1348년 9월 제네바 호의 시용 성에서 유대인들은 흑사병이 사보이의 요한이라는 사람의 작품이라고 인정했다. 그들은 랍비에게서 다음과 같이 지시를 받았다고 고했다. "자, 내가 너에게 반 뼘 정도 되는 작은 꾸러미를 주겠다. 그 꾸러미 속 비좁게 꿰맨 가죽 자루 속에는 독과 앙심의 혼합제가 들어 있다. 이것을 베네치아 주변의 우물과 물웅덩이, 샘에 뿌리고 그 밖에 네가 가는 곳마다 살포하라."[113]

많은 유대인이 고문을 이기지 못하고 허위 자백을 했고 상상으로 지어낸 이야기는 급속히 퍼져갔다. 프라이부르크에서 한 유대인은 "너희 기독교인이 오랫동안 우리를 지배하며 너무나 많은 유대인을 죽였기 때문이며… 우리 역시 지배자가 되고 싶어서" 그랬다며 전염병을 퍼뜨린 동기를 고백하기도 했다. 곳곳에서 샘에 독을 푼 혐의로 유대인을 고발했다. 1248년 9월 26일 교황 클레멘스 6세는 아비뇽에서 이런 잘못된 주장을 반박하면서 흑사병의 책임은 악마에게 있다는 교서를 내렸다. 그는 유대인도 다른 사회 구성원과 똑같이 처절하게 고통을 받고 있다는 점을 역설했다. 황제 카를 4세, 아라곤의 왕 페드로 4세, 그리고 다른 통치자들도 유사한 성명을 발표했다. 그럼에도 1096년 이래 최악의 반유대주의 물결이 300개가 넘는 유대인 사회를 삼켰다. 독일과 오스트리아, 프랑스, 스페인에서 특히 더 심했다. 유대인의 자료에 따르면, 마인츠에서 6,000명, 스트라스부르크에서 2,000명이 죽었다.[114]

카를 4세는 유대인을 살해한 도시에 면죄부를 발행하지 않을 수 없었다. "일류 시민들이 잘 알지 못하고 혹은 알지 못하는 곳에서 이런저런 방법으로 저지른 유대인 살해와 박멸을 포함한 모든 범죄에 대해 용서를 허하노라." 이 면죄부는 1350년에 나온 것으로 그 무렵에는 흑사병이 유대인이 퍼뜨린 것이 아니라는 사실을 일반 사람들도 알고 있었다. 그러나 불행하게도 한 번 반유대주의 정서가 퍼지자 곳곳에서 반유대주의 활동이 고개를 들었다. 어떤 지역 사람들이 인근에 사는 유대인을 공격하는 일이 생기면, 언제든 그런 일이 재발할 가능성이 생겼다. 흑사병은 모든 곳, 특히 독일어권 국가에서 이런 선례를 만들어놓았다.

스페인과 유대인 문제: 논쟁

중세 초기에는 물론이고 14세기에도 스페인은 서로마 세계에서 유대인에게 가장 안전한 곳이었다. 오랫동안 스페인은 유대인과 기독교인이 싸우기 위해서가 아니라 논쟁하기 위해 만나던 장소다. 그렇다고 스페인이 기독교와 유대교 전문가가 만나 격렬하게 토론하는 학문의 장이었다는 말은 아니다. 히암 매코비의 저서 덕분에 오늘날에도 당시 논쟁에 관한 복잡한 내막을 확실히 알 수 있다.[115] 1240년 파리에서 교황 그레고리우스 9세가 탈무드를 금지하면서 공식적인 논쟁이 시작되었다. 교황은 유럽의 제후들에게 보낸 편지에서 사순절의 첫 번째 토요일, 즉 유대인이 회당에 모일 때 그 저주받은 책을 모두 압수하고 압수한 것을 친애하는 도미니쿠스회 수도사와 프란치스코회 수도사가 보관하게 해달라고 요청했다.[116] 그러나 그레고리우스 9세의 싸움에 협조한 군주는 십자군의 지도자이자 반유대주의자였던 루이 9세뿐이었다. 1240년의 대결은 토론이라기보다 탈무드에 대한 재판이었다. 루이 9세는 유대인과 토론하는 가장 좋은 방법은 그들에게 칼을 휘두르는 일이라고까지 말했다. 문제 제기를 한 쪽은 예전에 유대인이었다가 열렬한 프란치스코회 수도사로 변신한 니콜라스 도닌으로 그레고리우스가 싸움을 시작하도록 부추긴 인물이다. 유대인 쪽 대변인 랍비 예히엘이 사실상 변론의 증인이었으므로 논쟁은 그에 대한 심문으로 진행되었다.

도닌은 탈무드를 잘 알기 때문에 기독교인이 반감을 품거나 그럴 만한 탈무드 본문을 하나하나 지적하며 랍비 예히엘에게 답변을 요구했다. 물론 탈무드 전체를 놓고 보면 이런 본문은 얼마 되지 않았다. 예를 들면 펄펄 끓는 지옥의 분뇨 속에 빠져 있는 예수의 모습을 묘사하여 그리스도를 모욕하는 본문, 그가 울고 있거나 논쟁에 지고 있는 것으로 묘사하여 하나님 아버지를 모독하는 본문, 유대인이 기독교인과 교제하는 것을 금하는 본문이 대표적이다. 마지막 내용에 대해 예히엘은 비록 대부분의 유대인이 속으로는 서로마 제국의 국민을 야만인으로 간주하는 것이 사실이라도 실제로 유대인과 기독교인의 교제를 금한 것은 기독교의 법이라고 반박했다. 예히엘은 다음과 같이 주장했다. "우리는 기독교인에게 가축을 팔고 기독교인과 협력하고 있으며 우리 스스로 그들과 함께 살아가는 것을 허락하고 있습니다. 또한 우리 자녀를 기독교인 유모에게 맡기고 우리는 기독교인에게 토라를 가르치고 있습니다. 그리하여 현재 히브리어로 기록된 책을 읽을 수 있는 기독교 신부가 많이 있습니다."[117] 그러나 1242년에 탈무드는 지체 없이 불태워지고 말았다. 공식적으로는 불경한 본문을 포함하고 있기는 해도 탈무드 전체가 이단적인 것은 아님을 인정했다. 이로써 소각보다는 검열의 의무가 생겼다. 도닌이 지적한 부분들은 곧 기독교 성직자들이 반유대주의 공격을 일삼는 상투적인 수단이 되었다.[118]

스페인에서의 논쟁은 적어도 잠시 동안은 꽤 진지했고 다루는 분야도 광범위했다. 대성당이 예루살렘 성전보다 나은가? 신부들 또는 랍비들은 결혼해야 하는가? 유대인은 대부분은 검고 못생겼는데, 이방인은 대부분은 하얗고 잘 생긴 이유는 무엇인가? 이에 대해 유대인은 "기독교 여인들은 생리 중에도 성관계를 함으로써 피의 붉은 기운이 아기 피부에 전해지고, 또 이방인이 성관계를 가질 때 아름다운 그림에 둘러싸여 있기 때문에 그것을 닮은 아기를 낳기 때문"이라고 답했다.[119] 1263년 7월 20일부터 31일까지 바르셀로나에서 최고의 토론을 주최한 장본인은 아라곤의 왕 하이메 1세였다. 토론회를 처음 제안한 사람은 역시 예전에 유대인이었던 파블로 크리스티아니였다. 파블로(바울)는 기독교로 개종한 유대인이 즐겨 쓰던 이름이다. 파블로는 아라곤의 도미니쿠스회 이단 재판소 소장이자 수도원 원장인 페냐포르트의 라이문두스와 스페인 프란치스코회 수도원의 페테르 데 하누아 원장의 후원을 받았다. 유대교 측은 단 한 명이지만 누구보다 뛰어난 대변인을 내세웠다. 대변인으로 나선 나마니데스는 훌륭한 가문 출신에 뛰어난 학식과 유창한 언변, 자신감까지 갖춘 인물이었다. 그는 바르셀로나에 와서 논쟁에 참여하는 데 동의했다. 하이메 1세가 많은 유대인을 관료로 등용할 만큼 유대인에게 호의적이라는 점을 알고 있었고 완전한 연설의 자유를 보장받았기 때문이다. 하이메 1세는 많은 정부와 서자를 둔 대단한 인물이었다. 첫 번째 아내와 이혼하면서 교황의 분노를 샀고 헤로나의 주교의 혀를 자르는 일도 서슴지 않았다. 또한 유대인 관료를 몰아내라는 로마 교황의 요구도 무시했다.

논쟁이 어떻게 진행되었는지 세세히 알기는 어렵다. 기독교 측과 유대교 측의 진술이 엇갈리기 때문이다. 기독교 측은 나마니데스가 모순에 사로잡혀 논쟁에서 패하고 침묵을 지키다 결국 혼란에 빠져 꽁무니를 뺐다고 설명한다. 그러나 나마니데스의 기록에는 그와 다른 내용이 더 명확히 나와 있다. 기독교 측은 탈무드 안에 있는 아가다와 설교문을 보면 메시아가 실제로 나타났고 그는 인간인 동시에 신이었으며 인류를 구원하기 위해서 죽었고 그 결과 유대교는 존재 이유를 상실했다고 공격했다. 나마니데스는 기독교인이 예로 든 본문을 그런 식으로 해석하는 것에 이의를 제기하며 유대인이 아가다를 받아들여야 할 의무가 없다고 반박했다. 아울러 메시아에 관한 교리는 유대인에게 가장 중요한 교리가 아니라고 주장했다. 그리고 예수를 믿으면 비참한 결과가 초래된다는 것이 입증되었다고 논박했다. 한때 세계의 주인이었던 로마 제국은 기독교를 받아들인 이래로 쇠퇴했고 이제 무함마드의 신봉자들이 그들보다 더 넓은 영토를 가지고 있다고 말했다. 나아가 예수의 시대부터 현재에 이르기까지 세계는 폭력과 부정으로 얼룩졌으며 기독교인은 그 어떤 민족보다 많은 피를 흘렸다고 덧붙였다. 그리고 성육신에 대해 다음과 같이 말했다. "기독교 신앙의 기초, 당신들이 믿는 이 교리는 이성으로는 도저히 용인할 수가 없습니다. 자연도 여기에 대해 어떠한 증거도 제시하지 않고 예언자가 이런 교리를 표명한 적은 한 번도 없습니다." 그는 하이메 1세에게 하나님이 인간의 자궁에서 나와 지상에서 살다가 처형을 당한 뒤 원래 자리로 돌아갔다는 교리를 이성적인 사람에게 납득시키려면 평생 세뇌를 시켜야 할 것이라고 말했다.[120] 유대교 측 진술에 따르면, 논쟁이 자기들에게 불리하게 진행되고 있다는 걸 알아챈 기독교 성직자들이 확실한 결론 없이 토론을 끝내려고 애썼다고 한다. 그리고 그다음 안식일에 하이메 1세가 회당에 참석해 연설을 한 후 나마니데스의 대답을 듣고 나서 300솔리도스가 들어 있는 지갑을 주며 그를 집으로 돌려보냈다고 한다.

이렇게 상반되는 양측의 진술은 각자의 입장에서 하고 싶은 말을 한 것일 뿐 실제로 그 논쟁에서 오고간 말로 보기 어렵다.[121] 일부 유대인 학자들은 나마니데스의 진술이 선전용 저술이자 불성실한 작품이라고 주장한다. 나마니데스가 쓴 글을 보면 토론에서 인정한 것 이상으로 아가다의 해석에 중점을 두고 있는 것을 보아도 그의 발언은 부정직했다고 말한다. 이 견해에 따르면, 파블로 크리스티아니가 유대교 내부의 합리주의자와 반합리주의자의 대립을 잘 알고 있었다는 이야기가 된다. 즉, 이 점을 이용해서 나마니데스를 모순으로 몰고 가거나 이전의 견해를 어쩔 수 없이 부정할 수밖에 없도록 주도면밀하게 논쟁을 이끌었다는 이야기다.[122]

그러나 매코비가 지적한 것처럼 논쟁에서 많은 부분이 서로 엇갈리고 있다. 유대교 안에는 메시아에 관한 견해가 매우 다양하기 때문에 그 주제에 관한 한 어떤 주장을 이단이라고 단정하는 것이 불가능할 정도였다.[123] 유대교는 율법과 율법을 준수하는 일에 집중했고 기독교는 교의신학에 집중했다. 유대인은 안식일 준수가 훌륭한 일이라고 여기고 있지만, 기독교인은 안식일과 관련된 자질구레한 규칙을 우스꽝스러운 것으로 여겼고, 유대인이 정당한 의견 혹은 논쟁할 수 있는 문제라고 여기는 신관을 기독교 안에서 주장했다가는 산 채로 화형을 당할 수도 있었다. 바르셀로나에서의 논쟁은 신앙의 핵심이 되는 문제를 솔직하게 토론함에 있어서 기독교인과 유대인이 가지고 있는 근본적인 난제를 분명히 보여주었다. 신앙의 핵심이 무엇인지에 대해서조차 서로 동의가 이루어지지 않았기 때문이다.

　유대인은 오랜 경험을 통해 위험이 임박했다는 징후를 포착했다. 그래서 처음에 나마니데스는 논쟁에 참석하는 것을 꺼린 것으로 보인다. 논쟁이 이어진다는 사실 자체가 불길한 징조였다. 이런 논쟁에서 유대인이 얻을 수 있는 것은 아무것도 없다. 그러나 기독교 성직자의 입장에서는 자기들의 종교적 열의를 드러낼 선전 도구로써, 그리고 자기들이 모르고 있던 유대교의 논리상의 약점을 발견하는 탐색전으로써 논쟁이 중요했다. 논쟁이 열린 다음 해에 페나포르트의 라이문두스는 탈무드의 신성모독 여부를 검증하는 임무를 맡았고, 1265년의 논쟁에서 자신이 진술한 내용을 출간한 일로 재판에 회부된 나마니데스의 재판에 참석했다. 나마니데스는 유죄를 선고받았다. 그리고 왕에게 가벼운 처벌을 받기는 했으나 이것을 끝으로 스페인을 떠나라는 판결을 받고 팔레스타인으로 갔다. 이렇게 스페인 유대교의 위대한 기둥은 제거되었다.

　나마니데스 시대에 스페인의 유대인이 자기들을 지성적으로 우월한 공동체라고 생각하는 이유가 있었다. 그들이 가지고 있는 기술은 절대적으로 필요한 것이라고는 할 수 없어도 기독교 통치자들에게는 매우 유용했다. 그러나 기독교인이 빠른 속도로 유대인을 따라잡았다. 13세기 말에는 아리스토텔레스 철학을 이해하고 직접 백과사전을 저술했고 무역과 행정 분야에서 유대인이 담당하던 일을 상당 부분 대체했다. 14세기에 유대인은 스페인에서도 차츰 쇠퇴하기 시작했다. 유대인의 경제적 지위는 반유대주의 법률에 의해 퇴색되었다. 강제 개종으로 유대인 수도 감소했다. 더욱이 야망을 품은 영리한 유대인들은 자발적으로 세례를 받는 것이 무엇을 의미하는지 이해했다. 세례는 더 넓고 진보한 문화 속으로 들어가는 길이었다. 나머지 유대인은 카발라와 아가다의 이야기, 미신, 시에서 피난처를 찾았다. 그것은 반합리주의의 승리였다. 마이모니데스와 그 밖의 합리주의자들의 작품이 퇴색하지는 않았지만, 부차적인 것으로 밀려났다. 흑사병과 수없는 잔학 행위를 겪고 나서 정통파 유대인 사이에는 하나님에게 맞서는 합리주의와 다른 죄악 때문에 이런 재앙이 닥친 거라는 생각이 유행했다.

유대인의 지적 삶의 퇴보

이 때문에 11세기와 12세기에 지성의 최전선에 서 있던 유대교가 내향적으로 바뀌었다. 마이모니데스는 유대 신앙의 일부로 메시아에 대한 믿음을 받아들였지만, 늘 묵시 운동과 메시아 신앙을 대중의 신화라고 한탄했다. 그는 《미쉬네 토라》에서 이렇게 기술했다. "메시아가 이적과 기적을 행해야만 한다고 생각하지 말라. … 그 모든 율법과 규례와 더불어 토라는 영원히 유효하며 무엇 하나 여기에 덧붙이거나 덜어낼 만한 것이 없다." "사물이 정상적인 침로에서 벗어나거나 정해진 질서에서 달라지는 것은 없고 성경 안에서 이에 반대되는 것을 암시하는 것이 있다면, 그 것은 비유적 표현에 지나지 않는다."[124] 그러나 유대인 공동체의 고통이 가중됨에 따라 묵시 운동과 메시아 신앙이 되살아나기 시작했다. 천사와 악마에 관한 이야기도 많아졌다. 양심의 가책과 불가사의한 헌신에 관한 이야기도 마찬가지였다. 랍비 야코브 벤 야카르는 수염으로 언약궤 앞을 닦곤 했다. 오스트리아의 랍비 샬롬은 고기 요리는 이 방에서 먹고 일상 적인 음식은 저 방에서 먹었으며 자신에게 물을 가져오는 이방인은 흰색 의복을 입어야 한다고 고집했다. 경건한 생활이 메시아의 출현을 앞당겨 압제자의 군대를 박살낼 것이라는 믿음이 널리 퍼져나갔다. 유대인 사회 안에서 밀고자에 대한 마녀사냥을 시작했고 밀고자들은 안식일마다 저 주를 받았으며 붙잡히면 처형당했다. 그러나 또 몇 가지 면에서는 놀라 울 정도로 관용을 보였다. 작은 공동체에서 부당한 대우를 받았다고 생 각하는 유대인은 기도나 토라 낭독을 중단시키는 소위 공인된 물의를 일 으킬 수 있었다. 그러나 점점 파문이라는 강경책을 쓰는 일이 늘어났다.

처벌에는 다음과 같은 등급이 있었다. 7일 동안만 추방당하는 나지파, 공동체로부터 격리되는 니두이, 그리고 훨씬 철저한 형태의 추방에 해당 하는 **헤렘**, 즉 파문이 있다. 헤렘은 기독교 왕실 관리의 손으로 범죄자의 재산을 몰수하는 것을 의미하기도 했다. 마이모니데스는 현자들이 니두 이에 해당한다고 결정한 24개의 위반 사항을 제시하는데, 학자를 모욕 하는 일(설사 그 학자가 죽은 뒤라도)부터 위험한 개를 키우는 일까지 다양 했다. 그러나 시간이 흘러감에 따라 처벌은 더 복잡하고 강력해졌으며 기독교인이 개입하는 처분의 영향도 있고 해서 헤렘은 극적이고 무시무 시한 의식으로 발전했다. 엄격한 헤렘은 회당 안 열려진 법궤 앞이나 토 라 두루마리를 들고 있는 상태에서 **쇼파르** 소리에 맞추어 선포되었다. 판결이 선포될 때 죄인은 공식적으로 파문되고 저주를 받았으며 그때 모든 촛불을 끄는 의식을 행했다.

폭동과 토르토사

기독교의 압력이 심해지자 엄격한 내부 규율도 개종을 막지 못했다. 13세기 말, 아라곤의 주교들은 기독교인 왕들이 유대인을 우대하고 있으며 유대인에 대한 억압이 충분하지 않다고 로마에 보고하곤 했다. 1282년에 아버지에게 반역을 일으킨 산초 왕자가 성직자들을 자기편으로 끌어들이기 위해 반유대주의라는 카드를 사용했다.[125] 유대인은 점차 왕실 관직에서 밀려났다. 흑사병 이후 잔혹한 비방과 반유대 전설이 사람들에게 각인되면서 스페인에서 유대인의 지위는 급속히 추락했다. 세비야에서는 1378년에 반유대주의 폭동이 일어났고 1391년에도 심각한 폭동이 발생했다.

이런 폭동이 일어난 데는 도미니쿠스회의 위대한 설교자이자 훗날 성인의 반열에 오른 빈켄티우스(1350-1419년)의 책임이 크다고들 말한다. 유대인의 입장에서 보면 그의 역할은 아주 미묘하면서도 악랄했다. 분명 빈켄티우스는 20세기에 폭풍우처럼 휘몰아친 반유대주의를 발전시키는 데 공헌했다. 그가 대중 앞에서 한 설교가 반유대주의 히스테리와 분노로 뒤엉켜 있었던 것도 사실이다. 그렇다고 폭동을 장려하지는 않았다. 오히려 폭동을 우려하는 쪽이었다. 빈켄티우스는 공식적으로 1391년의 폭동을 규탄했다. 폭도들이 직접 법을 집행하는 것은 악할 뿐 아니라 비기독교적이라고 생각했다. 합법적으로 행동에 나서고 법을 집행하는 것은 국가의 의무라고 믿었다. 어쨌거나 폭도들은 유대인이 사회에서 문제가 되고 있으며 그에 대한 해결책이 마련되어야 한다는 사실을 명확히 보여주었다. 그래서 빈켄티우스와 동료 성직자들은 스페인에 우호적인 대립교황 베네딕투스 13세가 반유대인 정책을 승인하게 했으며, 자기들에게 필요한 권한을 준 페르난도 1세를 아라곤의 왕으로 선출하기 위해 앞장섰다. 폭도들이 도맡던 유대인과의 전쟁이 교회와 정부의 공식 업무가 된 셈이다.[126]

바로 이러한 배경 아래 1413-1414년 토르토사에서 유대교와 기독교 사이에 마지막으로 중요한 논쟁이 벌어졌다. 순수한 토론이라기보다 군중을 위한 구경거리에 가까웠다. 여론 조작을 위한 재판이라고 해도 무방했다. 빈켄티우스는 이 토론에 공식적으로 참여하지 않고 배후에서 활동했다. 그의 목적은 유일하게 합당한 종교인 기독교에 사람들이 열정을 품게 하고, 토론을 사람들의 구경거리로 만들어 유대교의 주장을 뒤엎는 것이었다. 그래서 교회와 국가, 그리고 자기 뒤에 있는 대중과 손 잡고 사기가 꺾인 유대인을 상대로 대규모 개종 작업을 완수하려 했다. 사실 유대교 지도자들은 토론에 참여하고 싶어 하지 않았다. 그러나 랍비들 대부분이 선택의 여지없이 논쟁에 참여할 수밖에 없었다. 대립교황이 사회를 맡았는데, 빈켄티우스는 나중에 그의 합법성을 부정했다. 빈켄티우스가 왕으로 세운 페르난도가 이 행사의 정치적 기틀을 마련했다. 추기경과 주교, 귀족을 위해 약 70개의 좌석이 마련되었다. 베네딕투스는 서두에서 이 행사의 목적은 대등한 양측이 만나 토론을 하는 것이 아니라 탈무드 자료를 통해 기독교의 진리를 증명하는 데 있다고 분명하게 밝혔다. 사실상 유대인이 믿는 종교, 즉 유대교에 대한 재판이었던 셈이다. 기소를 맡은 법률 고문은 빈켄티우스가 개종시킨 인물로 여호수아 벤 호세프 이븐 비베스라는 이름을 쓰다가 개종 후 헤로니모 데 산테 페로 개명했다. 20명의 유대인이 참석했고 그중에는 중요한 철학자이자 변증가 요세프 알보도 있었다. 알보는 나중에 유대교 교리를 다룬 유명한 저서 《원칙의 책 *Sefer ha-Ikkarim*》을 저술했다. 그러나 토론에 참가한 랍비들은 예전에 나마니데스가 바르셀로나 토론에서 했던 것처럼 자유롭게 의견을 개진할 수 없었다. 헤로니모는 처음부터 그들에게 완고한 유대인, 기독교에 대항한 이단이라는 굴레를 씌워 위협했다. 이 굴레는 그들을 언제든 종교 재판소에 세울 수 있었다.[127]

원죄와 바빌로니아 유배 생활의 이유에 대해 논의하고 기독교 측에서 제시한 유대교 문헌의 기술적인 문제를 여럿 다루었지만, 토론의 핵심은 유대교 문헌으로 예수가 메시아임을 증명하는 것이었다. 기독교 측은 이 토론을 위해 만반의 준비를 갖춘 상태였고 헤로니모는 박학다식하고 현명했다. 21개월에 걸쳐 총 69번의 토론이 진행되었다. 토론에 참가하느라 랍비들이 토르토사에 있는 동안 빈켄티우스와 기독교 수도사들은 지도자가 자리를 비운 유대인 공동체를 순회하면서 개종자를 만들어냈다. 그리고 기독교가 승리했음을 과시하기 위해 토론이 진행 중인 토르토사에 개종자를 데려오기도 했다. 토론이 지루하게 계속되자 랍비 아스트루크 하 레비는 단호하게 이의를 제기했다.

> 우리는 집을 떠나 먼 이곳까지 왔습니다. 가진 돈도 거의 바닥이 난 상태입니다. 우리가 없는 사이 공동체는 막대한 손해를 입었습니다. 아내와 자녀들이 어떻게 되었는지도 우리는 알지 못합니다. 여기서 충분한 생계가 보장되지 않아 먹을 것도 부족합니다. 이곳에 있는 동안 터무니없이 많은 돈이 들었습니다. 이런 일로 고통받는 우리가 번영과 사치를 누리는 헤로니모와 기독교 측 대변인을 상대로 이런 논쟁을 이어가는 것이 정당합니까?[128]

랍비 아스트루크는 지루한 토론을 계속 되풀이하기만 할 거라면, 이미 갈 데까지 간 것이므로 결국은 이제 각 사람이 무엇을 믿느냐 하는 문제만 남았다고 주장했다. 적대감을 품고 시작한 토론에서 과연 무엇을 밝혀낼 수 있겠는가. 그는 다음과 같이 말했다. "사라센 사람들(무슬림)의 땅에 사는 기독교인이 이교도나 사라센 사람과의 논쟁에서 패할 수 있습니다. 그렇다고 사라센 사람들이 논리로 기독교인의 신앙을 깨뜨렸다고 할 수는 없지 않습니까?"[129] 논쟁이 막바지로 치달을 즈음 유대교 측은 질문을 이해하지 못하겠다면서 꿋꿋하게 침묵을 지키려고 노력했다.

토르토사에서의 토론은 유대교 측의 선전 실패였고 어떤 의미로는 지적 패배이기도 했다. 스페인에서 처음으로 유대인이 선진 문화권에서 몽매하고 비합리적인 외딴섬을 이루고 사는 자들로 간주되었기 때문이다. 결국 법적·경제적 압박과 함께 수도사들의 고압적인 개종 압력에 두려움을 느낀 많은 사람이 유대교를 버리고 기독교로 개종했다. 그리하여 빈켄티우스는 목표한 바를 상당 부분 이루었다.

그러나 불행하게도 개종이 유대인 문제를 해결해주지는 않았다. 스페인 당국은 유대인의 개종이 처리하기 어려운 새로운 문제를 야기한다는 사실을 이내 깨달았다. 유대인의 개종으로 종교 갈등을 넘어 인종 갈등으로 문제가 확대되었기 때문이다. 교회는 항상 유대인을 영적 위험 요소로 간주했다. 12세기 이래 사람들 사이에 떠도는 미신 역시 유대인을 사회의 위험 요소로 묘사했다. 유대인은 유대인이라는 이유만으로 위험한 존재로 취급받았다. 유대인이라는 사실이 사람들 앞에 공개되고 유대인임을 확실히 알 수 있는 공동체에 모여 살고 눈에 띄는 표식과 옷을 착용해야 했다. 그런데 유대인이 기독교로 개종하여 **콘베르소** 또는 **마라노**의 신분이 되면서 이들이 사회를 위협하는 새로운 잠재적 위험 요소가 된 것이다.[130] 콘베르소는 스페인어로 '개종한'이라는 뜻으로 기독교로 개종한 스페인의 유대인을 가리키는 말이고, 마라노는 스페인 사람들이 유대인에게 하던 욕설로 '돼지'를 뜻하는 스페인어에서 유래한 용어다. 스페인 사람들은 개종한 유대인이 진심으로 기독교로 개종한 것이 아니고 개종한 사실을 마뜩찮아 한다는 것을 알고 있었다. 대개는 두려움 때문에 개종했거나 사회적 편의를 위해 유대인으로 살기를 포기했다. 유대인이라는 이유로 그들은 법적 불이익을 감수해야 했기 때문이다. 그러나 이제 콘베르소 신분이 됨으로써 이론상으로는 다른 기독교인과 동등한 경제적 권리를 소유하게 되었다. 그래서 마라노는 계속해서 유대인으로 살아가는 사람들보다 평판이 좋지 못했다. 개종한 자들은 무역과 수공업 분야에 파고든 새로운 경쟁자로 경제적 위협 요인이었을 뿐 아니라, 혹시라도 겉으로만 기독교를 믿는 체하고 속으로는 여전히 유대교를 신봉하는 숨어 있는 유대인이라면 위선자이자 사회 전복을 꾀하는 은밀한 세력이 될 수 있기 때문이다.

신실한 랍비들은 개종자들에게 앞으로 발생할 수 있는 일에 대해 살벌하게 경고했다. 랍비 이츠하크 아라마는 개종자들에게 이렇게 말했다. "당신들은 이방인 사이에서 안식을 찾지 못할 것이고 당신들의 인생도 극히 불안해질 것이다." 아누심, 즉 강제로 개종당한 자들에 대해서는 이렇게 예언했다. "3분의 1은 불태워지고 3분의 1은 숨기 위해 이리저리 도망칠 것이고, 나머지는 죽음의 공포 속에서 살아갈 것이다."[131] 랍비 예후다 이븐 베르가는 아누심을 세 쌍의 멧비둘기에 비유했다. "한 쌍은 스페인에 남아 깃털이 뽑힐 것이다. 재산을 잃고 칼에 찔려 죽거나 불에 타 죽을 것이다. 그다음 한 쌍도 깃털이 뽑힐 것이나 몸통은 보존할 것이다. 재산은 빼앗길 것이나 곤란이 닥치면 도망쳐 목숨은 보전할 것이다. 그리고 가장 먼저 도망치는 마지막 한 쌍은 재산과 목숨을 모두 보전할 것이다."[132]

랍비들의 이런 비관적인 견해는 여러 사건을 통해 현실화되었다. 스페인에 사는 유대인은 개종을 해도 유대인을 향한 적대감을 피할 수 없었다. 많은 이들이 유대인 공동체를 떠나 다른 도시로 이주한 뒤에도 정말 예수 그리스도를 믿는지 신앙을 의심받았다. 그래서 기독교인 박해자들은 전략을 바꾸었다. 유대인의 개종으로 반유대주의는 종교 갈등에서 인종 갈등 문제로 비화되는 듯했다. 그러나 독일의 나치가 그랬던 것처럼 인종을 기준으로 유대인을 색출하거나 분류하는 것은 극도로 어렵다는 사실을 알게 되었다. 그래서 한발 물러나 다시 종교 문제를 끄집어낼 수밖에 없었다. 15세기 스페인에서 유대인은 유대인으로 태어나거나 부모가 유대인이라는 이유로 종교적인 박해를 받지는 않았다. 유대인을 박해하려면 어떤 형태로든 그가 아직 유대교를 신봉하고 있음을 밝혀야 했다. 카스티야의 왕 알폰소 7세는 "유대인 출신의 콘베르소는 공직을 맡을 수도 없고 톨레도에서 혜택을 받거나 사법권에서 혜택을 누릴 수 없으니, 이는 그리스도에 대한 그들의 믿음이 의심스럽기 때문"이라고 규정했다.[133]

그렇다면 그런 혐의는 어떻게 증명할 수 있었을까? 역사가 하임 베이나르트는 콘베르소가 당한 곤경을 자세히 조사했다. 베이나르트에 따르면, 시우다드레알에서 유대교에서 개종한 한 기독교인이 비밀리에 미츠바, 즉 유대교의 계명을 준수하고 있다는 고발이 1430년에 처음 제기되었다. 유대인이었다가 개종한 사람들은 일반적으로 근면했고 현명하게 처신하려고 노력했다. 그래서 많은 부를 이루었고 공직에서도 두각을 나타냈다. 그에 따라 고난도 커졌다. 1440년대에 톨레도에서 첫 반콘베르소 폭동이 일어났다. 1449년에는 시우다드레알에서 폭동이 2주간 이어졌다. 콘베르소는 반격에 나섰고 300명의 무장단을 조직해서 본토박이 기독교인을 죽였다. 이 충돌로 22명이 살해되고 많은 집이 불에 타 없어졌다. 그러다 1453년에 터키인이 콘스탄티노플을 함락했고 유대인의 오랜 적인 비잔틴 제국은 역사 속으로 사라졌다. 많은 유대인이 이제 메시아가 올 것이라고 믿었고 일부 콘베르소는 다시 유대교로 돌아갈 수 있을 것이라고 생각했다.[134] 터키로 가서 떳떳하게 유대인으로 살자고 제안하는 사람도 있었다.

시우다드레알에서는 1464년과 1467년, 1474년에도 폭동이 발생했고 마지막 폭동은 특히 맹렬했다. 아마도 반유대주의자로 구성된 준전문가 집단이 계획한 듯했다. 그들은 도시로 들어가 우호적인 기독교 신자의 집에서 묵었다. 1474년 폭동으로 시우다드레알의 콘베르소는 집과 가구, 교외에 있는 가축, 도시에 있는 상점과 자본을 잃었다. 폭도들은 채무 기록을 찾아 모조리 없앴다. 반유대주의 폭동이 일어나면 늘 있는 일이다. 겁에 질린 콘베르소는 코레히도르, 즉 성채의 영주를 찾아가 보호를 청했으나 공식 증언에 따르면 "폭도들이 그곳을 급습해 중앙 망대를 파괴하고 많은 이를 살해했으며 많은 코레히도르와 콘베르소가 추방을 당했다. 콘베르소의 성 출입이 금지되어 누구도 다시는 성에 들어갈 수 없었다"고 한다.[135] 일부는 코르도바 근처 팔마에 사는 한 친절한 귀족에게로 몸을 피해 그곳에서 3년간 머물렀다.

개종자를 공격하는 폭도들은 유대인을 공격하던 폭도들과 똑같이 행동했다. 정부는 민심이 흉흉한 증거라며 폭동에 두려움을 느꼈다. 하지만 폭도를 막을 방법도 없고 적절하게 처벌을 할 수도 없어서 되레 콘베르소를 공격해 폭동의 원인을 없애려 했다. 이것은 그리 어렵지 않았다. 사실 개종자 중 많은 사람이 숨어 있는 유대인이었다. 당시 유대인의 진술에 따르면, 팔마로 피신한 이들은 유대인으로서 당연히 지켜야 할 미츠바를 준수하고 안식일을 지켰으며 **욤 키푸르**에 금식하고 기도했고 유월절과 다른 절기를 지켰다.

프란치스코회 소속 광신자로서 콘베르소이거나 콘베르소의 자손으로 추정되는 알폰소 데 스피나는 《신앙의 요새 *Fortalitium Fidei*》라는 책에서 위험한 콘베르소를 색출하는 25가지 기준을 언급하고 있다. 이 목록에서 그는 은밀한 유대인의 풍습뿐 아니라 아주 쉽게 눈에 띄는 불량한 기독교인의 증거를 열거하고 있다. 성례를 회피하는 것, 주일에 일하는 것, 성호를 긋지 않는 것, 예수나 마리아에 대해 전혀 언급하지 않는 것, 미사에 형식적으로 참여하는 것 등이 대표적이다. 그는 여기에다 보통 사람들이 유대인의 죄악으로 간주하는 사항들, 이를 테면 성체를 훔치는 것과 같은 행위들과 철학적인 토론을 주고받는 것과 같은 새로운 죄악을 추가했다. 우리는 여기에서 기독교 세계가 유대인에게 느끼는 공포, 특히 콘베르소라는 신분 뒤에 숨어 사회에 불안과 대립, 의혹을 조장하는 유대인에 대한 공포를 다시금 확인할 수 있다.

콘베르소와 종교재판

수사 알폰소 데 스피나는 반유대주의를 한 단계 더 발전시킨 이론가였다. 그는 인종이 아니라 종교의 토대 위에서 숨어 있는 유대인을 색출하고 규정하는 것이 가능하다는 사실을 보여주면서 고립과 격리를 대안으로 제시했다. 대중은 유대인으로 의심 가는 콘베르소를 피해야 하고 국가는 그들과 진정한 기독교인 사이에 장벽을 설치해야 한다고 주장한 것이다. 동시에 국가와 교회가 힘을 합쳐 콘베르소 중에서 유대교를 신봉하는 자, 즉 법률상 이단자에 해당하는 자를 색출해서 없애야 한다고 했다. 이를 위해 과거 13세기에 있었던 종교 재판을 토대로 색출 및 처벌

방법을 아주 자세히 서술했다. 그러면서 스페인의 특수한 상황에 맞는 새로운 형태의 종교 재판을 마련해야 한다고 주장했다.[136] 얼마 후 스페인은 알폰소가 제시한 계획을 전부 채택했다. 스페인 의회는 1480년에 톨레도에서 격리법을 공표했다. 동시에 스페인 특별 종교 재판소가 설립되었다. 도미니쿠스회 주교대리를 포함한 최초의 종교 재판관이 임명되어 세비야부터 안달루시아까지 중점적으로 조사에 들어갔다. 재판은 1481년 1월에 시작해 8년 동안 700명 이상을 화형시켰다. 어떤 자료에 따르면 화형을 당한 인원이 무려 2,000명에 달한다.[137] 같은 해에 스페인 종교 재판소는 아라곤에 있던 전통적인 교황의 종교 재판소를 대체했고, 1483년 2월부터는 조직 전체가 스페인 중앙 재판소의 통제를 받았다. 재판장은 도미니쿠스회 수도사였던 토마스 데 토르케마다였다. 그가 재판장으로 있는 12년간 종교 재판소에서는 유대교를 비밀리에 신봉한다는 이유로 남녀를 통틀어 약 1만 3,000명의 콘베르소를 고발했다. 종교 재판소는 모든 대상을 샅샅이 조사했고 당연히 주 임무는 숨어 있는 유대인을 색출하는 것이었다. 종교 재판소가 문을 닫기 전까지 총 34만 1,000명의 희생자가 발생했다. 그중 3만 2,000명 이상을 화형에 처하고 1만 7,659명의 인형을 만들어 불태웠으며 29만 1,000명을 처벌했다. 죽임을 당한 이들의 절대 다수인 약 2만 226명은 1540년 이전에 일급 종교 재판소 소속 재판관 다섯 명에 의해 사형에 처해졌는데, 대부분이 유대인 출신이었다. 스페인에서 종교 재판을 거쳐 화형에 처하는 의식을 아우토다페라 부르는데, 1790년까지 아우토다페를 통해 희생자가 계속 나왔다.[138]

카스티야의 이사벨라 여왕이 1469년 아라곤의 페르난도 2세와 결혼했을 때 토르케마다는 여왕의 고해신부가 되었고 이 결혼은 1479년 두 왕국의 통일로 이어졌다. 반유대주의 정책은 이들 두 군주의 개인적인 작품이었다. 그들이 설립한 종교 재판소는 국내외에 많은 반대자를 낳았다. 그중 한 명이 여왕의 비서 페르난도 델 풀가르라는 인물로 콘베르소였다. 수석 대주교였던 톨레도의 페드로 곤잘레스 데 멘도자 추기경에게 보낸 편지에서 그는 개종자가 기푸스코아에 거주하는 것과 그곳 사람들과 결혼하거나 무역에 종사하는 것을 금지한 분리 법령에 불만을 표출했다. 그는 개종자 중 일부가 원래 믿던 종교로 돌아간 점은 인정했다. 예를 들어 안달루시아에는 부모의 집을 떠나지 않고 조상들의 생활방식을 자연스럽게 따르는 젊은 여성 콘베르소가 1만 명이 있다. 그렇다고 그들을 모두 화형에 처하는 것은 너무 잔인한 일이고 도피를 강요하는 행위라고 강조했다. 이에 대해 토르케마다의 동료들은 이단이 확산되는 것보다는 무죄한 자 몇 명을 화형에 처하는 것이 차라리 낫다고 답변했다. "두 눈을 가지고 지옥에 들어가는 것보다 차라리 한 눈으로 하나님의 나라에 들어가는 것이 낫다"고 말이다. 결국 풀가르는 왕실 비서에서 왕실 연대기 편찬자로 좌천당하고 말았다.[139]

교황청 역시 스페인의 종교 재판소에 반대했다. 교황의 권력과는 상관없는 왕실과 국가의 도구인데다 종교 재판소에서 자연법상의 정의를 위반하고 있는 게 분명했기 때문이다. 1482년 4월, 식스투스 4세는 종교 재판소와 관련해 다음과 같이 요구했다. "로마 교황청이 상고를 검토할 권리를 가져야 한다. 피고인에게 적의를 품은 증인의 이름을 알려야 한다. 어떠한 경우에도 피고에게 사사로운 악감정을 품은 사람과 예전에 그의 하인이었던 사람은 증인으로 나설 수 없다. 개전의 정을 보이는 이단자는 재판에 넘기는 대신 신앙고백을 하고 사면을 받을 수 있도록 허용해야 한다. 피고인에게 변호사를 선택할 수 있는 권리를 보장해야 한다." 페르난도 2세는 이런 요구 사항을 단호하고 정중하게 거절했다. 그리고 종교 재판 제도를 교회 단독으로 운영하면 이단이 융성할 위험이 있으므로 자기가 종교 재판관을 임명하는 것은 반드시 필요한 일이었다고 주장했다. 교황이 반대를 계속했지만 아무 소용이 없었다.[140]

페르난도와 이사벨라는 자기들이 정통 기독교 신앙에 대한 열정으로 행동한 것이라고 주장했다. 두 사람이 이런 일을 하는 이유는 유죄 선고를 받은 이단자의 재산을 몰수하기 위해서라는 비판자들의 소리는 모두 무시했다. 이사벨라는 로마에 있는 대리인에게 편지를 쓰면서 몰수된 재산에 대해서는 금전 하나라도 손을 대지 않았다고 강조했다. 몰수한 재산의 일부는 희생자 자녀들을 위해 혼인지참금 재단을 설립하는 데 사용했고 돈에 대한 집착으로 그런 일을 벌였다고 말하는 자들은 모두 거짓말쟁이라고 주장했다. 이사벨라는 신앙에 대한 열정과 헌신 때문에 왕실 소유의 도시를 폐허로 만들었고 도시 거주자들을 다른 곳으로 이주시켜 지역 전체를 폐허로 만들었다며 자랑했다.[141] 페르난도 역시 왕실 세입에 생긴 손해를 강조하면서, 종교 재판소를 국가 차원에서 운영하기로 결정하면서 모든 요인을 면밀하게 고려했으나 그럼에도 자기들은 "우리 주 하나님에 대한 예배를 우리의 임무보다 위에 두고 고려해야 할 다른 모든 요인보다 우선시했다"고 역설했다.[142] 사실 두 사람에게는 종교적·경제적 동기가 섞여 있었고 분할된 영토에 어떻게든 통일성을 부여하여 중앙집권체제를 확립하려는 목적도 있었다. 그러나 무엇보다 두 사람은 반유대주의라는 사악하고 비인간적인 논리에 사로잡혀 있었다. 당시 반유대주의의 사악한 논리가 힘과 세력을 키워가고 있었음은 역사가 증명하고 있다.

시우다드레알에 관한 하임 베르나르트의 연구는 인간이 어디까지 타락할 수 있는지 비참한 사례를 여실히 보여준다. 원고 측 증인의 이름을 밝히지 않는 이유는 가문이나 혈족 간의 피의 복수를 막기 위해서라고 했지만, 사실 이 때문에 종교 재판소는 인간의 가장 추악한 면을 드러내는 곳이 되고 말았다. 대다수의 사람이 부유하고 저명한 사람들에 대한 시기심과 적대감 때문에 고발을 제기했다. 두 왕의 비서로 일한 후안 곤살레스 핀타도도 그렇게 힘 있는 사람 중의 하나로 당연히 그를 시기하는 적이 주변에 많았고 그 때문에 그는 결국 산 채로 불태워지고 말았다. 아내가 남편을, 남편이 아내를, 아버지가 아들을, 아들이 아버지를, 동생이 누이를 고발하는 비참하고 비열한 일이 잇달았다.

최악의 제보자 중 하나는 페르난 팔콘으로 그는 아버지가 죽은 뒤에 벌어진 재판에서 아버지에게 불리한 증언을 했다. 그의 아버지는 숨어 있는 유대인 공동체의 지도자였던 것으로 추정된다. 그는 "신문 과정에서 아버지의 위법 행위에 대해 내가 진술한 내용은 모두 사실이고 그 외에도 종이 한 장을 더 채울 만한 죄가 있다"고 했다. 그는 1483-1485년에 시우다드레알에서 열린 모든 재판에 출석해 증언했고, 피의자에 대해 '어느 모로 보나 유대인'이라는 표현을 즐겨 썼다. 카롤리나 데 사모라라는 여성에 대해서는 "설사 내가 지옥을 서른 번 다녀와야 한다 하더라도 저 여자가 화형을 당하도록 주선할 것"이라고 말했다. 사실 카롤리나를 죽음으로 몰고 간 결정적인 증인은 수도사인 그녀의 아들이었다. 그는 자기 어머니가 화형에 처해지는 꼴을 보고야 말겠다고 선언했다. 그러나 다행히 카롤리나는 태형을 받고 풀려났다.

고발을 당한 여성들은 대부분 경건하고 교양 있는 인물이었다. 레오노르 곤살레스라는 여인은 죽을힘을 다해 포르투갈로 도망쳤다. 그러자 종교 재판소에서는 그녀의 아들 후안 데 라 시에라에게 포르투갈로 가서 어머니를 설득해 데려오게 했다. 아들은 시키는 대로 했고 그녀는 돌아와 재판에 회부되었으며 유죄 판결을 받아 산 채로 화형을 당했다. 탈출에 성공한 사람도 있고 탈출을 시도하다 체포된 사람도 있었다. 콘베르소 중에 그 도시에서 가장 부유했던 산초 데 시우다드는 배 한 척을 구입해 가족과 함께 발렌시아로 향했으나 풍랑 때문에 되돌아올 수밖에 없었다. 결국 가족이 모두 체포되어 톨레도에서 화형을 당했다. 피의자가 도주에 성공한 경우에도 재판을 열고 피의자를 본 따 만든 인형을 불태웠다. 죽은 다음에 유죄 판결을 받은 경우에는 시체를 파내어 불태웠다. 지옥에서 그 사람이 당할 일을 상징하는 처벌이었다.[143]

무죄 방면된 사람도 소수 있었지만, 대개는 증거가 하도 많아 무죄 판결을 기대하기 어려웠다. 이 시기에 시우다드레알에서는 두 번 정도만 고문하면 증거가 쏟아져 나왔다. 유죄 선고를 받은 사람은 대부분 엄격한 유대인이었다. 어떤 여자는 안식일에 초에 불을 붙이는 것을 피하고자 전날 초에 불을 붙이는 모습이 목격되어 유대인인 것이 발각되고 말았다. 또 어떤 사람은 돼지고기를 먹은 사람이 사용한 컵으로 물을 마시지 않으려고 피하다가 위험에 처했다. 도살에 관한 율법 규정을 엄격히 지키려다 많은 사람이 위험에 빠졌다. 그렇다고 이런 사람들이 모두 사형 선고를 받은 것은 아니다. 유대교 신앙을 버린다고 공개적으로 맹세한 콘베르소는 금고형으로 감형되기도 했고 부자는 벌금형으로 감형되기도 했다. 그러나 그런 사람은 최소 일 년 동안 두 개의 노란 십자가 모양이 새겨진 삼베옷을 입어야 했고 이를 지키지 않으면 렐랍소(재범)라는 낙인이 찍혀 화형을 당할 수 있었다. 또한 그에게는 종교 재판소에 거짓으로 개종한 콘베르소를 밀고해야 할 의무가 있었고 밀고를 하지 않으면 교회의 반역자로 낙인이 찍혀 화형을 당했다. 화형을 면해도 무수한 불이익을 받았다. 모든 성직은 물론이고 새로운 규칙이나 포고 사항을 알리는 마을의 관원이 될 수 없었다. 의사나 변호사, 서기관으로 일할 수 없고 무기를 지닐 수 없으며 돈이나 물품을 수령할 수 없었다. 돌을 조각하거나 선술집을 소유하거나 말을 타거나 이륜마차 또는 사륜마차를 타고 여행할 수 없었다. 금, 은, 진주를 비롯해 모든 유형의 보석을 지닐 수 없고 비단이나 수단으로 된 의복을 입을 수 없고 턱수염을 기를 수도 없었다.[144] 이런 금지 명령은 자녀들에게까지 적용되는데, 유죄 선고를 받은 사람이 여자인 경우는 다음 세대까지, 남자인 경우에는 그다음 세대까지 적용되었다.[145]

스페인 유대인 사회의 붕괴

이와 같은 잔인한 박해는 12년간 이어져 스페인에 있는 모든 유대인 공동체로 확산되었다. 고통과 손실은 소름이 끼칠 정도였는데, 그렇게 해서 얻은 것이 있다면 이른바 유대인 문제가 얼마나 심각한지를 당국이 똑똑히 알게 되었다는 것이다. 이 시기는 기독교 군주들이 그라나다의 옛 무어 왕국을 정복하는 시기와 맞아떨어졌다. 1492년 1월 2일, 기독교 군주들은 승리를 외치며 무너진 그라나다 성에 입성했다. 이로 말미암아 무슬림 공동체뿐 아니라 많은 유대인 공동체가 스페인 국가에 편입되었다. 공개적인 유대인이건 숨어 있는 유대인이건 유대인을 처리하는 것이 당시 정부가 해야 할 가장 중요한 임무였다. 감옥은 사람들로 가득 찼고 수만 명이 가택에 연금되고 일부는 굶어 죽었다. 종교 재판소의 조사와 탐욕스러운 밀고자에 대한 염려 때문에 콘베르소와 유대인 사이의 왕래가 뚝 끊긴 것에 몹시 실망한 군주들은 유대인 문제를 완전히 해결하기 위해 대규모 작전에 돌입하기로 결정했다. 3월 21일에 군주들은 결국 추방 칙령에 서명하고 한 달 뒤에 공표했다. 즉시 기독교로 개종하지 않으면, 모든 유대인을 스페인에서 추방하겠다는 내용이었다.

왕국 안에는 아직도 약 20만 명의 유대인이 있었다. 선임 랍비들과 지도자의 위치에 있는 가문을 포함해 상당수 유대인이 세례를 받는 쪽을 선택했다는 사실은 당시 유대인 공동체의 혼란스러운 상황을 보여줄 뿐 아니라 지난날 안전하게 살며 많은 위로를 받은 스페인에 대해 유대인이 여전히 애착을 품고 있었음을 보여준다. 약 10만 명은 터벅터벅 걸어서 국경을 넘어 포르투갈로 갔으나 4년 뒤에 포르투갈에서도 추방당하고 말았다. 약 5만 명은 지브롤터 해협을 건너 북부 아프리카로 가거나 배를 타고 터키로 갔다. 1492년 7월 말에 이르자 이제 추방은 기정사실이 되었다.

스페인 유대인 사회의 붕괴는 AD 2세기 중엽 이후 유대 역사에서 가장 중요한 사건이다. 솔로몬 시대부터 스페인에 유대인이 산 것으로 추정되고 스페인 유대인 사회는 주목할 만한 특징을 발전시켜왔다. 암흑시대와 중세 초기에 세계로 흩어진 유대인은 두 개의 주요 그룹으로 나뉘는 경향을 보였다. 하나는 바빌로니아 학술원과 왕래하는 부류이고 또 하나는 팔레스타인과 연계된 부류였다. 마이모니데스 시대에 푸스타트에도 두 공동체는 각각 회당을 가지고 있었다. (카라이트가 모이는 회당도 따로 있었다.) 그러다 14세기부터 디아스포라는 스파라디와 **아슈케나지**로 나뉘었다. 다시 말해 스페인계 유대인과 라인 강 연안에서 퍼져나온 독일계 유대인으로 나뉜 것이다.[146] 스파라디는 고유한 유대스페인어인 라디노를 만들었는데, 라디노는 아슈케나지의 영향을 받은 현대 히브리어 필기체와 대조를 이루는 랍비들의 필기체로 기록되었다. 스파라디는 박식하고 문학에 조예가 깊고 부유했으며 계보에 대한 긍지가 대단했다. 때로는 쾌락을 즐길 줄도 알고 지나치게 엄격하지도 않았고 요세프 카로의 관대한 법전을 따랐다. 스파라디는 아랍 문명권에서 서로마 세계의 교두보 역할을 했고, 서로마 세계에서 아랍 문명의 교두보 역할을 했다. 또한 고전 과학과 철학의 전수자였고 귀금속과 보석, 수학, 정밀한 도구 제조,

정확한 지도와 항해도 제작에 뛰어난 기술자들이었다.

피난민과 유댄자우

다재다능한 유대인 공동체는 지중해와 무슬림 세계로 퍼져나갔고 순식간에 스파라디 디아스포라가 포르투갈에서 프랑스와 북서 유럽으로 흩어졌다. 많은 이들이 기독교를 포용하고 그 안에 자신의 흔적을 남겼다. 예를 들어 크리스토퍼 콜럼버스는 법적으로는 제노바 사람이었으나 이탈리아어로 저술 활동을 하지는 않았다. 아마도 유대인 혈통의 스페인계 가문 출신으로 짐작된다. 콜럼버스라는 이름의 기원인 콜론은 이탈리아에 사는 유대인이 흔히 쓰던 이름이다. 콜럼버스는 자신이 다윗 왕과 이어져 있음을 자랑스럽게 생각했고 유대인 사회와 **마라노** 사회를 좋아했고 유대 미신의 영향을 받았다. 그를 후원하는 아라곤 궁정 사람들도 대부분 유대인이었다가 새로 기독교로 개종한 사람들이었다. 콜럼버스는 스파라디 유대인 아브라함 자쿠투가 작성한 항해도를 사용했고 포르투갈 태생의 유대인 조세 비지노가 완성한 기구를 사용했다. 아메리카 대륙으로 출발하기 직전에 세례를 받기는 했지만, 통역관 루이스 데 토레스도 유대인이었다. 이처럼 유대인은 구세계에서 스페인을 잃어버린 대신 신세계에 새로운 사회를 재건하는 데 힘을 보탰다.[147] 스파라디는 프랑스로 이주하기도 했는데, 프랑스에서 유대인의 역량을 드러낸 인물은 호화롭고 세련된 미셸 몽테뉴다. 그의 어머니 앙투아네트 로페스는 스페인계 유대인의 직계 후손이다.[148] 스페인이 잃어버린 것을 다른 이들이 손에 넣은 셈이다. 장기적인 안목에서 볼 때 유럽 전역으로 흩어진 스파라디 유대인은 유대인의 발전에 매우 창의적이고 치명적으로 중요한 역할을 했다. 그러나 스페인에서 추방당할 당시에만 해도 스페인 유대인 사회는 추방령을 엄청난 재앙이라고만 생각했다.

유럽의 중세가 끝날 무렵(유대인의 중세는 18세기가 거의 끝나갈 때까지 이어졌다), 유대인은 적어도 한동안 유럽의 경제와 문화에 눈에 띄는 공헌을 하지 못했다. 유대인은 있으나마나한 존재가 되었고 그 결과 사회에서 변방으로 밀려나고 만다. 유대인은 스페인에서 추방을 당하기 전에도 독일과 이탈리아에서 추방을 당한 전례가 있다. 1421년에는 빈과 린츠에서, 1424년에는 쾰른에서, 1439년에는 아우크스부르크에서, 1442년과 1450년에는 바이에른에서, 1454년에는 모라비아 왕실 소유 도시에서 추방당했다. 1485년에는 페루자에서, 1486년에는 비첸차에서, 1488년에는 파르마에서, 1489년에는 밀라노와 루카에서, 그리고 유대인에게 우호적인 메디치 가문이 몰락하면서 1494년에는 피렌체와 토스카나 전 지역에서 추방되었다. 1490년대 말에는 나바라 왕국에서도 쫓겨났다.

추방령이 떨어지면 유대인은 거주하던 곳에서 가까운 주변 국가로 흘러들었고 그렇게 해서 주변 지역의 유대인 수가 많아지면 각국 통치자들은 또 유대인을 추방했다. 15세기 말에 이탈리아에서 유대인은 주로 전당포를 운영하거나 가난한 사람들을 상대로 소규모 대금업을 하는 것이 전부였다. 사회 발전이 더딘 로마에서조차 은행가로서 유대인의 역할은 미미했다.[149] 기독교인 은행가와 장인들은 강력한 길드를 결성하자마자 업계에서 유대인을 몰아냈다. 유대인은 1500년까지 이탈리아, 프로방스, 독일의 대규모 교역 및 산업에서 밀려났다. 그리하여 유대인은 발전 속도가 느린 동쪽으로 이주했다. 처음에는 오스트리아, 보헤미아, 모라비아, 실레지아로 갔다가 그다음에는 폴란드로 들어갔다. 폴란드에서 다시 바르샤바, 크라쿠프, 리보프, 브레스트리토프스크로 갔다가 다시 리투아니아로 옮겼다. 아슈케나지 디아스포라 인구의 중심축이 유럽 중동부와 동유럽을 향해 수백 마일 이동한 셈이다. 이곳에서도 문제는 생겼다. 1348-1349년, 1407년, 1494년에 폴란드에서 반유대주의 폭동이 일어났다. 이듬해에 유대인은 크라쿠프와 리투아니아에서 추방당했다. 이주와 추방 사이에는 연관성이 있었다. 다행히 동유럽에서는 아직 유대인을 필요로 했기 때문에 그럭저럭 정착할 수 있었다. 1500년까지는 폴란드가 유대인에게 가장 안전한 나라로 인식되어 아슈케나지의 중심지가 되었다.

중세 말 유럽에서 유대인의 위상이 무너지고 경제 및 문화 분야에서 별로 공헌을 하지 못하면서 유대인에 대한 증오가 조금은 누그러지지 않았을까 하고 예상하겠지만, 그런 일은 일어나지 않았다. 비합리적인 행동이 대개 그렇듯이 반유대주의는 경제 법칙과 상관이 없었다. 오히려 사악한 유기체처럼 새로운 돌연변이를 만들어냈다. 특히 독일에서는 반유대주의가 유댄자우라는 이미지를 통해 발전하기 시작했다. 유댄자우는 돼지를 불결한 동물이라 여겨 먹지 않는 유대인을 폄하하기 위해 등장한 말로 유대인을 뜻하는 독일어 Juden과 암돼지를 뜻하는 sau가 결합한 합성어로 유대인의 돼지라는 뜻이다.

중세시대에는 이 세상의 모든 것을 이미지로 바꾸길 좋아했다. 기독교와 유대교의 대립이라는 소재가 대성당의 벽을 빼곡히 장식하는 거대한 파노라마를 형성한 것이 대표적인 예다. 그러나 그것을 조각한 조각가는 순수하게 신학적으로 그 소재를 표현했다. 놀라운 은총을 표현하는 가장 흔한 이미지 중에 하나는 승리한 교회와 슬픔에 빠진 회당의 모습이었다. 최소한 중세시대 조각가는 반유대주의를 소재로 삼지 않았다. 이를 테면, 유대인을 고리대금업자로 그리거나 우물에 독을 풀고 기독교인 어린이를 죽이고 성체를 고문하는 악마 같은 피조물로 묘사하지 않았다.

그러나 인쇄 예술에서는 황금 송아지, 부엉이, 전갈 등을 이용해 유대인을 표현하는 것이 유행했다. 독일에서는 중세 말기에 암퇘지가 유대인을 대변하는 이미지로 새롭게 부각되었다. 처음에 암퇘지는 남을 몰아세우기 위해 만들어낸 이미지가 아니었지만, 차츰 추악한 인간, 즉 죄인, 이단자, 그중에서도 특히 유대인을 상징하게 되었다.[150] 물론 이런 현상은 독일의 영향을 받은 지역에 한정되었지만, 독일에서만큼은 암퇘지가 유대인을 상징하는 가장 흔한 이미지가 되었고, 왜곡된 고정관념 중에서 가장 강력하고 지속력이 높은 편견으로 자리 잡았다.[151]

암퇘지 이미지는 혐오감을 안겨주는 다양한 형태로 나타났다. 유대인은 암퇘지를 숭배하고 젖꼭지를 빨고 궁둥이와 뒷다리를 그러안고 배설물을 게걸스럽게 먹어치우는 자로 묘사되었다. 이런 이미지는 통속적인 예술가들에게 풍부한 표현의 기회를 안겨주었다. 그들은 통상적인 표현과 단정한 법칙을 버리고 가장 노골적이고 외설적인 표현을 적극 활용했다. 실제로 이 이미지가 600년 넘게 인기를 끈 가장 큰 이유는 조악한 외설성 때문이다. 인쇄술의 발명과 함께 이 이미지는 삽시간에 퍼져 나가 독일 전역에서 볼 수 있었다. 서적뿐 아니라 판화, 동판화, 유화, 수채화, 지팡이 손잡이, 각종 도자기에도 등장했다.

이런 이미지가 끝없이 재생산되면서 이윽고 너무나도 비극적이고 중대한 의미를 지닌 일, 다시 말해 유대인을 비인격화하고 비인간화하는 일을 추진하는 원동력이 되었다. 유대인은 악의 세력과 손잡고 일하는 것을 좋아해 예수가 그리스도라는 사실을 알면서도 그를 거부했다. 따라서 유대인은 기독교인과 똑같은 인간일 수는 없다는 관념이 이미 사회 전반에 확고하게 확립되어 있었다. 유대인과 유댄자우의 억지스럽고 비인간적인 연관성으로 인해 이런 관념은 독일 대중의 마음속 깊이 자리를 잡았다. 특정 범주에 속하는 이들이 인간이 아니라면, 그들을 사회에서 배제할 수도 있지 않겠는가. 그런데 바로 그런 일이 실제로 일어나고 있었다. 유럽에서 게토가 출현하면서 유대인을 향한 증오의 벽은 허물어지기는커녕 아주 단단한 진짜 벽으로 바뀌어가고 있었다.

4부

게토

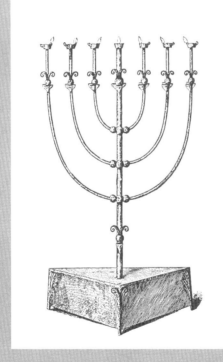

이븐 베르가와 미움받는 유대인에 관한 전설

1492년 스페인과 1497년 포르투갈에서 발생한 거대한 스파라디 디아스포라는 유대인을 세계 각처로 이동시키는 현상을 가져왔다. 일반적으로 많은 피난민의 출현은 또 다른 추방을 낳았기 때문이다. 거의 극빈자 상태가 된 유대인은 금지령이 선포된 도시로 들어갈 수 없게 되자 많은 수가 행상이 되었다. 방랑하는 유대인에 관한 전설이 이때부터 온전한 형태를 갖추게 된 것은 절대 우연이 아니다. 비아돌로로사, 즉 고난의 길을 가던 그리스도를 홀대한 탓에 예수가 재림할 때까지 방랑하는 벌을 받았다는 한 유대인에 관한 이야기가 처음 등장한 것은 1223년에 나온 볼로냐 사람의 연대기에서였다. 웬도버의 로저는 《역사의 만개 *Flores Historiarum*》를 저술한 지 5년 후에 그 이야기를 기록했다. 그러나 그 방랑자가 늙고 턱수염을 기르고 누더기 옷을 걸치고 슬픔에 젖은 아하스에루스가 된 것은 16세기 초반이다.[1] 슐레스비히의 주교는 1542년 함부르크의 한 교회에서 그를 목격했다고 주장했다. 아하수에루스에 대한 목격담은 100여 편 이상의 민간 설화로 인쇄되어 회자되었다.

1603년에는 뤼베크, 1604년에는 파리, 1640년에는 브뤼셀, 1642년에는 라이프치히, 1721년에는 뮌헨, 1818년에는 런던에서 그를 보았다는 목격담이 나왔다. 아하수에루스는 방대한 문학 작품의 소재가 되기도 했다. 실제로 방랑하는 유대인이 셀 수 없을 정도로 많았음은 의심할 여지가 없다. 방랑하는 유대인에 대한 설화는 르네상스 시대와 그 이후에 다시 아브라함처럼 나그네요 떠돌이가 된 유대인의 곤경을 말해준다. 그런 방랑자 중 한 사람이 바로 솔로몬 이븐 베르가(약 1450-1525년)다. 말라가 출신인 그는 스페인과 포르투갈에서 추방당한 다음 1506년에 이탈리아로 가서 방랑 생활을 했다. 만약 그가 마지막에 어딘가에 정착했다고 해도 그곳이 어딘지 우리로서는 알 도리가 없다. 그러나 로마에서 한때를 보낸 것만은 확실하다. 로마에서 쓴 《유다의 막대기 *Shevet Yebuda*》에서 그는 사람들이 유대인을 미워하는 이유에 대해 묻는다. 이 소론은 1400년 전 요세푸스의 《유대 고대사》 이후 최초의 유대인 역사서라 할 수 있다. 이븐 베르가는 이 책에서 유대인을 박해한 64가지 사건을 기록하고 있다. 그리고 이 기록에서 비록 희미하기는 하지만, 유대인의 역사적 자의식으로의 회귀라는 첫 신호를 보여준다.

이븐 베르가 생전에 책이 출간되지 못하고, 1554년 터키에서 최초로 인쇄되었다는 점은 당시 기독교 세계였던 유럽에서 유대인이 얼마나 처참한 곤경에 처해 있었는지 알려주는 증거가 된다. 그러나 그럼에도 이븐 베르가는 르네상스 시대 인물로서 합리주의자이면서 회의론자였으며 자유로운 정신을 가진 인물이었다. 탈무드에 대한 강력한 비판자였으며 마이모니데스를 조롱하고 유다 할레비의 견해를 풍자적으로 개작했다. 가상의 대화 형태로 많은 유대인 학자를 비웃었다. 유대인이 유린당했다면, 그것은 대부분 유대인에게 그만한 잘못이 있다고 보았다. 다른 민족의 눈에 너무 거만해 보이고 너무나 수동적으로 하나님에 대한 믿음만을 고집한 탓이라고 보았다. 막연한 희망을 품은 채 지나치게 순종적이어서 정치와 군사를 모두 소홀히 했고, 그 결과 두 번이나 발가벗겨졌다고 했다. 유대인이나 기독교인이나 경쟁하던 상대편 신앙의 실상을 인식하지 않고 양쪽 모두 미신과 전설을 장려했다고 했다. 기독교인이 종교적 관용을 보이지 않았다면, 유대인은 양보를 몰랐다고 분석했다. 또한 스페인과 프랑스의 왕, 귀족, 학식을 갖춘 이들과 위엄을 지닌 모든 이들이 대체로 유대인에게 우호적이었던 반면, 편견은 주로 무식하고 배우지 못한 가난한 이들에게서 비롯되었다고 지적했다.

그는 한 지혜자의 입을 빌어 이렇게 말했다. "나는 이성을 가진 사람이 유대인을 미워하는 것을 본 적이 없으며 일반 서민을 제외하고는 유대인을 미워하는 이들은 없다. 여기에는 한 가지 이유가 있다. 건방진 유대인은 항상 지배를 추구하기 때문이다. 유대인을 이리저리 내몰린 포로이자 노예라고 생각해서는 절대로 안 된다. 그들은 지배자와 주인이 될 방법을 추구하고 있다. 이런 이유로 대중은 유대인을 시샘하는 것이다."**2** 대체 왜 유대인은 더 조심스럽고 겸손하게 행동함으로써, 종교적 관용과 이해를 가르침으로써 편견을 없애기 위해 노력하지 않았을까?**3**

베네치아에 세운 최초의 게토

이븐 베르가는 히브리어로 글을 기록했고 자신의 비판이 지닌 정당성을 알 수 있을 만큼 교양 있는 유대인 독자에게 자기 입장을 분명히 밝혔다. 그러므로 그의 비판에 어느 정도는 비중을 둬야 할 것이다. 그러나 여러 증거를 통해 우리는 일반 대중에게 유대인이 공격받은 이유가 그들의 무지 때문이 아니라는 것을 알 수 있다. 분쟁의 일반적인 원인은 기존 유대인 공동체에 임계점을 넘어선 인구 증가를 초래한 유대인의 비정상적인 유입이었다. 예를 들면 10세기 이후 주요한 무역 국가로 활동하며 유대인이 정착하는 데 자연스러운 곳이 되었던 베네치아에서 유대인은 몇 가지 저항에 직면했다. 13세기에 그들은 스피나룽가, 즉 귀데카 섬에 거주하게 되었다. 그 외 시대에는 베네치아 시의 북서부 교외 지역인 메스트레에서 살아야 했다. 원형의 노란색 배지를 착용해야 했고 나중에는 노란 모자, 그다음에는 붉은 모자를 써야 했다. 그러나 유대인은 베네치아를 떠나지 않았고 사회적으로 성공을 거두었다. 무엇보다도 특별 세금을 냄으로써 베네치아 경제에 중요한 공헌을 했으며 콘도타라는 권리 헌장을 계속 받을 수 있었다.

1509년 5월 캉브레 동맹군이 아냐델로에서 베네치아 군대를 격파하자 당황한 육지 사람들은 주요 섬으로 피신했다. 피난민 중에는 5,000명이 넘는 유대인이 있었는데, 그들 가운데 많은 이들이 스페인과 포르투갈 출신 이주민이었다. 2년 후에 수도사들은 유대인을 추방하자는 선동적인 설교를 시작했다. 도시의 격리된 지역으로 유대인 공동체의 거주를 제한하겠다는 국가의 결정에 따라 1515-1516년에 추방은 절정에 이르렀다. 선정된 장소는 게토 누보라고 알려진 곳이다. 한때 활자 주물 공장이었고 산마르코 광장에서 가장 멀리 떨어진 섬이었다. 수로를 통해 그곳에 새로운 주물 공장을 세웠다. 공장 주변에는 높은 벽을 세우고 밖으로 난 모든 창은 벽돌로 봉쇄하고 두 개의 문에는 기독교인 감시자 네 명을 배치했다. 또 다른 감시자 여섯 명은 감시용 선박에 배치했다. 감시자 열 명의 월급은 유대인 공동체가 지불해야 했다. 그 시설을 항구적으로 임대하는 대가였는데, 당시 통용되던 임대료보다 3분의 1이나 높았다.[4]

유대인을 따로 격리하는 구역이라는 개념은 새로운 것이 아니다. 그 개념은 고대로 거슬러 올라간다. 대부분의 주요 이슬람 도시에는 그런 구역이 따로 있었다. 암흑시대 유럽에서 유대인은 도시에 정착하는 조건으로 종종 격리와 높은 벽을 받아들여야 했다. 그러나 유대인은 베네치아 당국의 제안에 대해서는 강력하게 반대했다. 이번 정책은 유대인으로부터 특별세를 포함해 경제적 이득을 최대한 얻어내기 위해 고안한 것이었고, 다른 한편으로는 나머지 주민과의 접촉을 최소화하려는 의도가 분명했기 때문이다. 실제로 유대인은 낮에는 자기 사업을 경영할 수 있는 허가를 받았으나 불편할 정도로 장거리 이동을 감수해야 했고 밤에는 그나마 이동이 금지되었다. 그러나 베네치아 당국은 격리 정책을 관철시켰고, 사실상 그 정책은 유대인을 모두 추방하기 위한 다음 단계, 즉 사회적 거부를 염두에 둔 것이었다.

최초의 유대인 강제 격리 구역인 게토 누보는 주로 독일 출신 이탈리아계 유대인을 수용했다. 1541년에는 동부 지중해 연안의 유대인이 옛 주물 공장 근처 또는 게토 베치오로 이주했다. 그리고 1633년에 그 지역은 서유럽 지역 유대인을 수용하기 위해 게토 노비시모를 추가하면서 더 확장되었다.[5] 1632년에 이르러 베네치아 전체 인구 9만 8,244명 중 2,412명의 유대인이 게토에 거주했다. 1655년에는 게토의 공간을 넓혀 거의 5,000명의 유대인을 수용하게 되었다.[6] 이렇게 격리 구역에 사는 대가로 유대인은 일반세와 관세뿐 아니라 1년에 1만 더커츠라는 특별세를 지불해야 했다. 이 세금은 강제로 징수되었다. 게토가 세워진 첫 번째 세기에는 최소한 6만 더커츠가 징수되었고 총 세액은 25만 더커츠를 넘으면 넘었지 부족하지는 않았다.[7]

그렇다면 왜 유대인은 이런 압제를 그렇게 끈질기게 감내했을까? 랍비로 57년간 그곳 유대인을 위해 일한 시모네 루차토(1583-1663년)는 베네치아 유대인에 관한 책에서 이븐 베르가가 그토록 비난한 유대인의 수동성은 신앙의 문제라고 주장했다. "그들은 자기들에게 일어나는 모든 변화가… 더 차원 높은 이유에서 비롯된 것일 뿐 인간의 노력에서 기인하는 것이 아니라고 믿었던 것이다."[8] 한때 거대하고 부유하고 강력했던 스페인의 유대인 공동체가 잔인한 추방에도 불구하고 아무런 저항도 하지 못할 때 많은 유대인이 혼란에 빠졌다. 어떤 이들은 고대에 유대인이 보여준 호전성과 현저한 차이를 지적했다. 왜 지금의 유대인은 조상 모르드개처럼 되려고 하지 않을까? 그들은 에스더서를 인용했다. "대궐 문에서 근무하는 신하들은, 하만이 드나들 때마다 모두 꿇어 엎드려 절을 하였다. … 그러나 모르드개는 무릎을 꿇지도 않고, 절을 하지도 않았다."[9]

그러나 그때나 지금이나 유대인이 사랑하는 동일한 본문은 또 다른 지침을 제시하고 있다. 모르드개의 충고대로 에스더는 자신이 유대인임을 밝히지 않았다. 많은 마라노가 지적한 것처럼, 에스더는 자기의 민족과 친족을 밝히지 않았다. 수동적인 유대인과 마찬가지로 자신의 정체를 감추고 숨어 있는 유대인도 성경만큼이나 오래된 기원을 갖고 있는 셈이다. 성경에는 림몬의 당에 들어가 몸을 굽혀야 했던 나아만이라는 인물도 나온다. 그러나 유대인은 에스더서가 일종의 경고를 포함하고 있다는 점을 주지했다. 악한 하만은 아하수에로 왕에게 유대인 전체를 이 땅에서 쓸어버리자고 제안했기 때문이다. 랍비 요세프 이븐 야히아는 1538년 볼로냐에서 출판된 에스더서 주석에서 하만의 논리, 즉 해외에서 여러 민족 중에 흩어져 살고 있는 유대인은 저항할 수 없는 무력한 자들이라는 논리가 당시 유대인에게 고스란히 적용되었다고 주장했다.[10]

압제를 받으며 종속적인 위치에 있던 유대인 공동체는 일관성 있거나 사전 경고가 주어지는 분명한 규칙은 감내하는 특성을 보였다. 그들이 가장 혐오한 것은 불확실성이었다. 게토는 안전과 심지어 안락함까지 제공해주었다. 유대인을 한 곳에 모으고 격리시킴으로써 게토는 여러 면에서 율법을 지키는 것을 용이하게 했다. 교회의 주장처럼 격리가 기독교인을 악한 유대인과의 접촉으로부터 보호하는 방편이었다면, 마찬가지로 격리는 유대인을 세속으로부터 보호했다. 많은 세대에 걸쳐 정통 유대인을 위한 권위 있는 할라카 지침으로 사용된 요세프 카로(1488-1575년)의 법전은 게토가 만들어낸 자기만족과 자기반성을 위한 대안이라 할 수 있다.

비록 격리되기는 했으나 유대인은 게토에서 강력한 문화적 삶을 추구했다. 게다가 종파를 초월한 접촉도 많아졌다. 게토가 창설되던 즈음 기독교인 인쇄업자 다니엘 봄베르그는 베네치아에 히브리어 인쇄기를 설치했다. 1520-1523년에 기독교인과 유대인, 개종자가 두 권의 탈무드를 편찬하는 거대한 작업에 함께 참여했고, 이때 이들이 페이지를 매긴 방식이 표준으로 자리 잡았다. 그곳에서 일하는 유대인 식자공과 교정자는 노란색 모자를 착용하지 않아도 되었다. 다른 히브리어 인쇄소도 등장했다. 그 결과 종교 고전뿐 아니라 당시 유대인의 저작이 인쇄되었다. 카로는 대중을 위해 자신의 엄청난 법전을 압축한 요약본 《슐칸 아루크 *Shulchan Aruch*》를 출간했고 1574년에는 휴대할 수 있는 형태의 법전도 등장했다. 휴대성이라는 이 책의 특성은 책 제목에도 뚜렷하게 나타났다. "이 책은 품에 넣고 다닐 수도 있으며 휴식할 때나 여행하는 동안 언제 어디서나 읽을 수 있다."[11]

국가의 가혹한 세금 징수에도 베네치아의 공동체는 번영을 누렸다. 공동체는 세 부류, 즉 스페인 출신의 페넨트 사람, 터키권에서 온 레반트 사람, 독일계로 오래 전부터 베네치아에 살아서 숫자는 많지만 가장 가난한 나치오네 테데스카로 나뉘었다. 그들만이 대금업을 할 수 있는 허락을 받았다. 언어는 이탈리아어를 사용했다. 그러나 베네치아 시민권을 얻지는 못했다. 심지어 18세기 말에는 "베네치아를 비롯해 어느 국가의 유대인도 시민권을 주장하거나 누릴 수 없다"고 법에 명시했다.[12] 셰익스피어는 《베니스의 상인 *The Merchant of Venice*》에서 이 점을 정확히 묘사하고 있다. 제시카의 입을 빌려 아버지 샤일록의 집에 보물이 가득하다고 말하게 했다는 점에서 셰익스피어의 눈은 정확했다.

성공한 유대인 대금업자는 종종 부채를 상환하지 못한 자들이 맡겨둔 상당한 양의 담보물, 특히 보석류를 쌓아두고 살았다. 이로 인해 유대인이 그런 전리품을 걸치지 못하도록 사치금지법이 제정되었다. 실제로 유대인도 자기네를 주시하는 이방인의 시샘과 증오를 피하기 위해 스스로 사치 금지 규정을 두고 있었다.[13] 의복 제한이 있었지만, 베네치아의 게토에서 유대인의 복장은 매우 화려했다. 당시의 한 인물은 심하트 토라(토라를 연간 계획에 따라 모두 읽었음을 경축하는 유대교 절기로 티쉬리 달 22일이나 23일에 거행되었다 — 옮긴이)라는 축제의 환희를 다음과 같이 묘사했다.

카니발에 준하는 축제가 이날 저녁에 열린다. 많은 소녀와 신부가 자기를 알아보지 못하도록 마스크를 쓰고 모든 회당을 방문하기 때문이다. 이때 호기심을 참지 못한 기독교인 숙녀와 신사가 그들에게 몰려든다. … 스페인 사람, 레반트 사람, 포르투갈 사람, 독일 사람, 그리스 사람, 이탈리아 사람, 그 밖에 여러 나라 사람이 자기 나라를 대표하는 복장을 하고 나타난다. 그들은 각자 자기들의 관습에 따라 노래한다. 악기를 사용하지 않는 대신 어떤 이들은 머리 위로 손뼉을 치고, 어떤 이들은 자신의 허벅지를 치고, 어떤 이들은 손으로 캐스터네츠 흉내를 내고, 어떤 이들은 자신의 상의를 튕기며 기타를 치는 시늉을 한다. 즉 그들은 이러한 소음과 뛰어오르거나 춤추는 행위, 그리고 얼굴과 입, 팔, 그 밖의 신체 부위를 이상하게 찡그리는 행동을 통해 카니발 기분을 내는 것 같다.[14]

악기를 사용하지 않은 것은 전적으로 랍비들이 반대했기 때문이다. 랍비들 대부분이 모든 예술 음악에 반대했다. 예술 음악이 기도문의 거룩한 단어나 특별히 하나님의 이름을 과도하게 반복해 사용한다는 이유에서였다. 그다지 설득력이 있는 것 같지는 않지만, 랍비들은 그런 반복을 통해 단순한 이들은 신이 둘이나 그 이상 존재한다고 믿을 가능성이 있다고 우려했다. (16세기와 17세기에 영국에서도 청교도들이 다성 음악에 반대하며 이와 비슷한 주장을 폈다. 청교도들은 기도의 각 음절에는 하나의 음만 붙어야 한다고 주장했다.) 안코나 근처의 세니갈리아에서는 그 지역 랍비와 지휘자 모르데카이 델라 로카 사이에서 일어난 격렬한 소동에 관한 기록이 지금도 남아 있다. 랍비는 탈무드와 카발라 신비주의자의 방대한 자료를 인용하면서 음악은 그저 본문의 의미를 전달하기 위해 존재하는 것이지 그 밖의 모든 것은 저속한 익살일 뿐이라고 주장했다.[15]

그럼에도 베네치아의 게토에는 분명히 17세기 초에 음악 학교가 있었다. 르네상스 시대 베네치아의 유대인 사회에 관한 세실 로스의 연구는 엄숙주의자들이 게토 생활에 나타난 사치와 세속성, 그리고 히브리어보다 이탈리아어를 선호하는 모습에 불만을 품고 있었음을 보여준다. 히브리어가 아닌 이탈리아어로 기도하는 문제를 두고도 랍비들의 항의가 있었다. 유대인은 희극 작품을 창작했고 수학, 천문학, 경제학에 관한 논문을 저술했으며 전부 이탈리아어로 기록했다. 그들은 또한 안식일에 곤돌라를 타는 것에 대해 독창적인 논쟁을 벌이기도 했다.[16] 게토 안에 자기들만의 학교를 세웠으나 근처 파도바에 있는 의과대학에 다니는 것이 허용되어 거기서 학위를 받았다. 많은 랍비가 게토의 벽을 더 높이 쌓고 싶어 했다.

논쟁가 유대인과 노예 유대인

역사상으로 볼 때는 유대인과 외부 세계의 관계가 문제인 것 같지만, 알고 보면 유대인은 가끔씩 게토 내부에서 일어나는 소란 때문에 어려움을 겪었다. 베네치아에 게토가 설립되던 무렵 이탈리아의 유대인 사회는 이마누엘 벤 노아 라파엘 다 노르사라는 인물을 응징해야 한다고 들끓었다. 노르사는 페라라에 있는 유대인 공동체를 전제 군주처럼 다스리던 부호로 다비드 피아치게토네라는 랍비를 수하에 두고 제 마음대로 통치했다. 노르사는 "나는 이곳 내 백성 속에 앉아 있으니, 나를 비난하고 싶은 사람은 이리 나와서 나를 고소해보라"라고 공언했다. 기독교인이든 유대인이든 모두 노르사를 보면 고개를 숙였다고 한다.

노르사의 악행은 아브라함 다 핀치라는 사람이 금화 5,000플로린과 루비와 에메랄드를 사취했다고 노르사를 볼로냐에 있는 랍비 법정에 고소하면서 세상에 드러났다. 노르사의 아들은 아버지가 부재중이라면서 영장 수령을 거부하고 "꺼져, 이놈들아" 하고 외쳤다. 노르사의 수하로 일하던 랍비도 직무 수행을 거부하며 "네까짓 놈들이 하는 일 따위 내 알 바 아니다. 이 하만의 졸개들아" 하고 소리쳤다. 재판은 이탈리아 전역을 돌며 여섯 곳의 랍비 법정에서 이루어졌다. 대부분 노르사에게 불리했지만, 노르사에게는 아브라함 민츠라는 용감한 전사가 있었다. 그의 아버지인 랍비 유다 민츠는 47년간 파도바 **예쉬바**의 대표로 있었고 나중에는 만토바의 랍비가 되었다. 노르사 편에 선 사람들은 고발장과 소환장을 찢으며 상대편 랍비들에게 쇠고랑을 채워 기독교 법정으로 끌고 가겠다고 협박했다. 노르사에게 맞서는 사람들은 노르사를 지지하는 랍비들이 가문과 학식이 변변치 못하다고 매도했다. 양측은 각자 자기 가문의 계보와 학문의 업적을 자랑했고 논쟁은 스파라디와 아슈케나지의 분열로 점점 더 독해졌다.

아브라함 민츠는 볼로냐의 랍비 아브라함 코헨에게 "매끄러운 말투를 지닌 스파라디로… 재판에서는 사탄"과 같은 존재라고 비난했다. 코헨은 이렇게 반박했다. "당신은 나의 선조들이 싸우는 걸 좋아하는 제사장이라고 부르는데… 나는 그 이름을 자랑스럽게 생각한다. 우리 스파라디는 온 세상 앞에 하나님의 이름을 시인하며 나는 가장 커다란 유혹을 통과했기 때문이다. … 당신은 천박하고 무가치하며 거짓말쟁이며 협잡꾼이다. … 무식하고 어리석고 단순하고 몰상식한 바보다." 또한 세상 이쪽 끝에서 저쪽 끝까지 사람들에게 악당과 조롱꾼으로 알려진 민츠가 언제나 약탈과 횡령으로 삶을 영위해왔다고 주장했다. 민츠가 자기 아버지의 후계자가 될 수 있었던 이유는 그저 양각나팔을 잘 불었기 때문이라고 했다. 결국 이탈리아 밖에서 온 랍비를 포함해 50명의 랍비가 재판에 관여했고 노르사는 굴복할 수밖에 없었다. 재판 내용이 아주 살벌해 보이지만, 현재 남아 있는 자료는 그의 반대편에 섰던 랍비가 편찬한 것이라는 점을 감안해야 한다. 양측 랍비들은 결혼을 통해 서로 관계를 맺고 있었고 법률과 교리 관련 내용은 몇 세대 전으로 거슬러 올라가는 왕조의 해묵은 반목으로 한층 더 복잡했다.[17]

노르사의 재판을 보면 이탈리아 유대인 공동체가 자기들을 보호할 능력이 있는 강한 집단이었다는 인상을 받는다. 다른 민족처럼 유대인도 자기들의 능력을 바탕으로 번영하는 경향을 보인다. 16세기 이탈리아에는 몇 가지 주목할 만한 유대인의 성공담이 있다. 예를 들어, 박학다식했던 아브라함 콜로르니라는 인물이 있다. 1540년 만토바에서 출생한 그는 페라라의 공작을 위해 일하는 기술자로 놀라운 명성을 얻었다. 레오나르도 다 빈치처럼 군용 기구를 전문적으로 다루었다. 지뢰, 폭약, 부교, 접을 수 있는 배, 접을 수 있는 포위 공격용 사다리, 요새를 고안해냈다. 초기 형태의 기관총인 화승총 2,000기를 만들었는데, 화약을 한번 넣을 때마다 10발씩 발사할 수 있는 총이었다. 또한 뛰어난 수학자로서 표를 집계하고 거리를 측정할 수 있는 새로운 반사경 장치를 개발했다. 나아가 그는 재기 넘치는 포박 탈출 곡예사였다. 암호문에 대해 저술하면서 손금 보는 것을 공공연히 비난하기도 했다. 특히 탁월한 마술사였던 그는 카드 마술을 전공했다. 그가 마법사 황제로 알려진 루돌프 2세의 눈부신 프라하 궁전에 초대를 받은 것은 그리 놀랄 일이 아니다.[18]

그러나 한쪽 끝에는 광범위한 지역에 걸쳐 피해자로 전락한 비참한 유대인이 살고 있었다. 지중해 지역에서 기독교인과 터키인 사이에서 전쟁이 일어나면 그들은 노예로 팔려갔다. 그래서 양쪽 모두와 좋은 관계를 유지하는 것이 유대인의 정책이었다. 1490년대에 스페인과 포르투갈에서 피신해온 유대인은 콘스탄티노플에서 환영을 받았으며 그에 대한 보답으로 그 지역 군수 산업을 일으키는 데 도움을 주었다. 그들은 오스만 제국 살로니카(데살로니가)에 있는 유대인 공동체를 발전시켰다. 1553년 경에는 그 도시에 거주하는 유대인이 2만 명이 넘었다. 당시로서는 세계 최대 규모였다. 지중해, 에게 해, 아드리아 해 전역에 유대인 무역업자가 있었고 때때로 베네치아의 유대인은 발칸 반도 및 그보다 더 동쪽 지역에 있는 이들과의 연락망 덕분에 베네치아의 동방 무역에서 중요한 비중을 차지했다. 유대인은 이탈리아의 다른 항구, 특히 안코나, 리보르노, 나폴리, 제노바에서 무역 활동을 했다.

유대인의 물건을 취급하지 않는 상선은 극소수에 불과했다. 그러나 오스만 제국과 기독교인의 전함, 해적의 위험이 늘 있었다. 유대인은 특별히 포로로 가치를 인정받았다. 비록 포로로 붙잡힌 자가 가난한 유대인이라 해도 어딘가에 있는 유대인 공동체가 그를 위해 몸값을 지불하도록 협상할 수 있다고 생각했으며 일반적으로 그 판단은 정확했기 때문이다. 만약 터키인이 기독교인의 배에서 유대인을 붙잡으면, 석방을 위한 협상은 대개 콘스탄티노플에서 이루어졌다. 유대계 레반트인과 포르투갈인 회중은 기독교인이 터키인 배에서 붙잡은 유대인 포로를 풀어주기 위해 특별 기구를 베네치아에 설치했다. 유대 상인들은 그 기구를 후원하기 위해 모든 상품에 특별세를 지불했으며 그것은 일종의 보험과 같았다. 그들 역시 피해자가 될 수 있었기 때문이다. 주요 약탈자였던 요한기사단은 자기들의 기지가 있던 몰타 섬을 유럽의 마지막 노예 매매 중심지로 삼았다. 그들의 목표는 언제나 유대인이었고 오스만 제국의 백성이라는 구실로 기독교인의 배에서조차 유대인을 붙잡았다. 기사들은 포로를 노예 막사에 두고 주기적으로 당시 시세보다 더 높은 값을 부르는 투기업자에게 팔았다. 유대인은 모두 부자라서 얼마든지 몸값을 지불할 수 있다고 생각했던 것이다.

베네치아의 유대인은 몰타 섬에 대리인을 상주시켜 유대인 포로가 도착하는지 지켜보다가 기금이 마련되면 석방을 주선했다. 노예 소유주인 기독교인은 터무니없는 가격을 요구하기 위해 유대인 해방 제도를 악용했다. 일흔다섯 살의 유대인 유다 수르나고는 두 달간 지하실에 벌거벗겨진 채 갇혀 있다가 결국 앞을 보지도 일어설 수도 없게 되었다. 노예 주인은 유대인 대리인에게 200더커츠를 지불하지 않으면, 유대인 노예의 수염과 속눈썹을 잡아 뜯고 사슬로 포박하겠다고 말했다. 그렇게 해서 결국 몸값을 받아냈지만, 그렇지 못한 경우도 있었다. 투기꾼이었던 주인에게 학대받던 로도스 섬의 아론 아피아를 위해 협상에 나선 유대인 측 대리인은 600더커츠를 지불하는 사람이 없으면 그 불쌍한 노예가 포로 상태로 죽을 수밖에 없으므로 주인도 재산상의 손해를 입을 거라고 말했다. 요세프 레비에게 실제로 그런 일이 일어났다. 주인은 더 높은 가

격을 받기 위해 그를 채찍질했고 결국 그는 매를 맞다가 죽었다.[19]

가증스러운 노예 사업은 300년 동안이나 계속되었다. 1663년에 올리버 크롬웰의 지지자였던 필립 스키폰은 몰타 섬의 노예 감옥에 대해 서술하면서 이렇게 말했다. "유대인과 무어인, 터키인이 노예가 되어 공공연히 시장으로 팔려나갔다. … 유대인은 모자에 붙인 의미 없는 노란색 천 때문에 다른 노예와 확연히 구분되었다. 우리가 감옥을 방문한 아침에 약 일 년 전에 붙잡혔다가 은화 400스쿠도에 팔려가는 부유한 유대인을 보았다. 그는 베네치아에서 발급받은 여권이 있으니 자신이 자유롭다고 생각했는지 한 상인을 구타했다가 이곳으로 보내졌다. 여기서 수염과 머리털을 밀리고 덜거덕 소리가 나는 무거운 사슬로 다리를 묶이고 50대의 장형을 맞았다."[20] 1768년에 이르러서도 런던의 유대인 공동체는 몰타 섬에 있던 한 무리의 유대인 노예를 해방시키기 위해 80파운드를 보냈고 이와 같은 거래는 30년 후 나폴레옹이 등장할 때까지 계속되었다.

유대인이 오스만 제국과 손을 잡고 스페인이 패하도록 도왔다는 소문이 퍼지면서 이탈리아 사람들은 유대인을 적으로 간주했다. 격리를 위해 만든 게토 체제가 낳은 부차적인 결과였다. 1565년에 엄청난 포위 공격으로 터키인이 몰타 섬을 장악할 수 있도록 유대인이 도왔다는 소문이 돌았다. 그러나 16세기 유럽 유대인의 운명에 영향을 끼친 가장 큰 요소는 종교개혁이다. 프로테스탄트의 출현은 유대인에게 엄청난 이득을 안겨주었다. 종교개혁은 서로마 제국 아래 유럽이 갖고 있던 완전한 통일성을 와해시켰다. 그것은 곧 기독교인이 더 이상 단 하나의 신앙으로 통합된 사회를 이루겠다는 큰 꿈을 품지 못하게 되었다는 의미다. 이로써 종교개혁은 기독교 사회에 순응하지 않는 유일한 그룹이었던 유대인을 공개적으로 격리하는 정책을 종식시키는 결과를 가져왔다. 광범위한 유럽 지역에서 종교개혁은 유대인이 가장 증오하는 적이었던 수도사의 파멸을 가져왔고 유대인의 이익에 반하는 활동을 부단히 계속해온 성직자의 독신 생활과 수도원 생활에 종지부를 찍었다.

르네상스, 종교개혁, 유대인

르네상스 학자들의 활동을 토대로 한 종교개혁은 히브리어 연구와 특히 구약성경 연구에 새로운 관심을 불러일으켰다. 가톨릭 변증가들은 프로테스탄트 사상가를 돕거나 부추긴 세력이 유대인, 그중에서도 특히 마라노라면서 유대인을 비난했다. 유대인 측에서도 스페인 국왕과 같은 유력한 기독교인이 마라노에게 휩쓸려 기독교를 내부로부터 붕괴시키기 위해 은밀하게 움직이고 있다는 소문을 흘렸다. 나바라에서 프로테스탄트가 일어난 요인의 하나로 마라노를 꼽는 역사가도 있다. 종교개혁자들이 구약성경에 관심을 가진 것은 분명하지만, 그래서 친유대 성향을 갖게 되었다는 증거는 별로 없다. 피코 델라 미란돌라(1463-1494년), 요하네스 로이힐린(1455-1522년), 1528년 이후 바젤에서 히브리어 교수로 일한 세바스티안 뮌스터, 그리고 필리프 멜란히톤(1497-1560년) 같은 기독교 헤브라이즘 학자들은 도미니쿠스회와 마찬가지로 유대교에 강력하게 반대했다. 비록 멜란히톤은 피의 비방이나 기타 반유대주의 폭력에는 반대했지만 말이다.

그들은 미쉬나와 탈무드, 그리고 사실상 카발라의 일부를 제외한 모든 유대교 주석을 거부했다. 그중 가장 중요한 인물로 꼽히는 에라스무스는 카발라 역시 거부했으며 유대인의 학문을 극도로 위험한 것, 중세

스콜라 신학자의 반계몽주의보다 더 파괴적인 신앙으로 간주했다. "이 질병보다 그리스도를 반대하며 대적하는 것은 아무것도 없다."[21] 그는 쾰른의 종교 재판관에게 다음과 같은 내용의 편지를 썼다. "우리 가운데 이러한 사람들을 증오하지 않는 이가 누가 있는가? … 만약 유대인을 미워하는 이가 기독교인이라면, 여기에 있는 우리 모두가 기독교인이다."[22]

종교개혁이 유대인의 적을 분열시켰기 때문에 처음에 유대인이 종교개혁을 환영한 것은 사실이다. 특히 루터가 성경에 대한 새로운 해석을 제시하며 교황의 주장을 반박하면서 유대인에게 지지를 호소했던 것 역시 사실이다. 루터는 1523년에 쓴 소논문 "유대인으로 태어나신 예수 그리스도"에서 이제 유대인이 그리스도를 받아들이지 않을 이유가 전혀 없다고 주장하면서 어리석게도 자발적인 대대적 개종을 기다렸다. 그러나 기대와 달리 루터의 해석보다 탈무드가 성경을 더 잘 이해하게 해준다는 논박이 나오자 루터는 1526년에 처음으로 유대인의 완고함을 비판했으며 1543년에는 분노에 차서 유대인을 공격했다.

비텐베르크에서 출간한 소논문 "유대인과 그들의 거짓말에 관하여"는 근대에 들어 처음 등장한 반유대주의 작품이자 유대인 대학살로 나아가는 첫 번째 계단이라 할 수 있다. 루터는 소논문에서 이렇게 주장했다. "우선, 유대인의 회당을 불태워야 하고 회당의 돌이나 타다 남은 찌꺼기조차 아무도 보지 못하도록 태우고 남은 것은 오물 속에 매장해야 한다. 유대인의 기도서를 폐기해야 하고 랍비의 설교를 금지해야 한다. 유대 민족을 다룰 때는 그들의 집을 박살내고 파괴해야 하고 그들과 동거하는 이들은 집시처럼 한 지붕 아래 또는 마구간 안에 두어서 그들이 우리 땅에서 주인이 아니라는 점을 가르쳐야 한다. 유대인은 길과 시장에 출입할 수 없게 해야 하고 재산을 압류하고 유해한 독을 품은 이 벌레들을 강제 노역에 징집해야 하고 이마에 땀을 흘리며 빵을 벌어먹게 해야 한다.

그들을 영구적으로 추방해야 한다."[23] 루터는 유대인에 대해 격론을 벌이며 고리대금업자라는 유대인의 직업에 집중했다. 유대인의 재산은 고리를 통해 독일인에게서 강탈한 것이니 그들의 것이 아니라고 주장했다. 고리대금업자에 대해 루터는 다음과 같이 주장했다.

> 고리대금업자는 도둑과 살인자로서 악에 깊이 물든 자다. … 타인의 자양분을 먹어치우고 망치고 훔치는 자는 누구든지 살인에 준하는 죄를 짓는 것이고, 사람을 굶주리게 하거나 파멸시킬 만큼 큰 죄를 짓는 것이다. 고리대금업자는 그런 일을 행하고도 마땅히 교수대에 달려야 할 바로 그때에, 길드의 조합원에게서 훔친 액수만큼 많은 까마귀 떼의 먹이가 되어야 마땅한 바로 그때에, 안전하게 자기 자리에 앉아 있다. … 그러므로 악마 다음으로, 이 세상의 돈을 움켜쥔 고리대금업자처럼 모든 인간 위에 군림하는 신이 되고자 하는 자보다 인간에게 더 큰 원수가 있겠는가. … 고리대금업자는 늑대 인간처럼 거대하고 무시무시한 괴물이다. … 우리가 노상강도와 살인자와 가택 침입자를 거혈형과 참수형으로 처벌한 이래로 얼마나 더 많은 고리대금업자를 거혈형에 처하고 죽이고… 추적하고 저주하고 참수해야 하는가!

루터는 말로만 비난하는 데 만족하지 않았다. 반유대주의 소논문을 저술하기 전인 1537년에 작센에서 유대인을 추방했고 1540년대에는 독일의 많은 도시에서 유대인을 몰아냈다. 루터는 1543년에 유대인을 브란덴부르크에서 추방하기 위해 유권자의 지지를 얻으려 했으나 실패하고 말았다. 루터의 추종자들은 계속해서 브란덴부르크의 유대인을 흔들어댔다. 1572년에는 베를린 회당을 약탈했고 이듬해에는 마침내 뜻을 관철했다. 유대인을 전 지역에서 추방한 것이다. 한편 장 칼뱅은 유대인에 대해 우호적인 태도를 보였다. 칼뱅은 이자를 받고 돈을 빌리는 문제에 대해 유대인의 입장에 동의하는 쪽이었다. 그래서 자신의 저작에서 유대인의 주장을 객관적으로 다루었다. 이 때문에 칼뱅은 루터파에게 유대교에 동화된 자라는 비난까지 받았다.[24] 그럼에도 유대인은 칼뱅파의 도시와 팔츠에서 추방당했다.[25]

반종교개혁의 충격

프로테스탄트의 적대감을 피해 유대인은 황제의 보호 아래로 들어갔다. 그러나 스페인 왕 카를 5세는 유대인의 친구가 아니었다. 그는 1543년에 교황으로 하여금 포르투갈에 종교 재판소를 세우게 했다. 7년 후에는 많은 마라노를 리스본에서 추방했고 1541년에는 나폴리에서 유대인을 몰아내고 플랑드르에 있는 자신의 영토에서도 유대인을 쫓아냈다. 그러나 독일에서 유대인이 유용한 동맹자라는 점을 깨달았다. 그는 1530년 아우크스부르크 회의, 1544년 슈파이어 회의, 1546년 레겐스부르크 회의에서 유대인을 두둔했고 덕분에 유대인은 간신히 추방을 면했다. 가톨릭 제후와 주교들 역시 유대인을 공개적으로 받아들일 준비까지는 아니어도 적어도 유대인이 프로테스탄트에 반대하는 유용한 동맹자라는 사실을 깨달았다. 아우크스부르크 평화 협정의 핵심이라 할 수 있는 '제후의 영지 내에서는 제후의 종교를 따른다'는 규정에서 교회 국가라는 항목이 빠지게 됨으로써 유대인은 독일에 남을 수 있게 되었다. 이 긴장의 시대에 유대인의 대변인으로 활동한 알자스의 중견 랍비 로하임의 요셀은 루터를 무법자라고 비난하는 한편, 카를 5세를 주의 천사라고 불렀다. 유대인은 회당에서 황제군의 승리를 위해 기도하고 돈과 식량을 후원했다. 이렇게 유대인의 새롭고 중요한 생존 방식이 자리를 잡아갔다.[26]

그럼에도 어느 정도 시간이 흐르자 반종교개혁 세력은 프로테스탄트와 마찬가지로 유대인을 가혹하게 다루었다. 가톨릭 제후들처럼 전통적으로 교황은 유대인을 이용하고 보호했다. 스페인에서 유대인을 추방하기 전에 이탈리아에는 5만 명의 유대인이 있었고 그 숫자는 스페인에서 추방당한 피난민 때문에 급격히 증가했다. 베네치아에서처럼 유대인의 유입이 문제가 되었으나 전반적으로 교황은 관대한 정책을 유지했다. 파울루스 3세(1534-1549년 재위)는 심지어 1541년에 나폴리에서 추방당한 유대인의 정착을 장려했고 6년 뒤에는 마라노까지도 받아들이면서 그들을 종교 재판으로부터 보호하겠다고 약속했다. 그의 뒤를 이은 율리우스 3세도 다시 한 번 보호를 약속했다. 그러나 유대인을 이단으로 보는 입장을 고수해 유대인에게 근심을 안겨주던 종교 재판소 소장이자 추기경 카라파가 1555년 5월에 교황 파울루스 4세로 즉위하자마자 교황청의 정책이 뒤집혔다. 당시 안코나에서뿐 아니라 이탈리아의 여러 도시에서 교황의 교회와 다른 교회, 기독교인과 유대인이 자유롭게 섞여 살고 있었다. 그러나 파울루스 4세는 유대교의 영향력이 신앙에 치명적인 위협이 된다는 에라스무스의 견해를 받아들였다. 교황으로 선출된 지 두 달 뒤에 그는 '부조리와 더불어'라는 교서를 통해 베네치아 식 해법을 로마에 적용했다. 로마의 유대인을 테베레 강 왼쪽 강변으로 쫓아내고 유대인 정착지 둘레에 담을 세웠다. 동시에 안코나에서 마라노를 추방하면서 그 중 25명을 사람들 앞에서 화형에 처했다.

가톨릭 국가의 모든 도시에 빠르게 게토가 설립되었고 1562년부터는 게토라는 용어가 반유대법에 공식 용어로 기록되었다. 로마뿐 아니라 볼로냐와 플로렌스에서도 히브리어 책을 태우는 거대한 모닥불이 등장했다. 피우스 5세(1566-1572년 재위)는 심지어 더 사나웠다. 1569년에는 유대인을 추방하기 위해 '히브리 민족'이라는 교서를 내려 추방하고 일부는 일정 지역에 격리시켰다. 그 후부터 교황이 바뀌어도 가톨릭 국가에서 유대인에 대한 게토 정책은 계속되었고 다른 통치자들에게도 이 정책을 시행하라고 압력을 행사했다. 이로써 1570-1571년에는 토스카나, 1601-1603년에는 파도바, 1599년에는 베로나, 1601-1603년에는 만토바에 게토가 도입되었다. 페라라의 공작들은 이 정책을 따르지 않았으나 유대인이 책을 출판하는 것을 금하는 것에는 동의했다.[27] 결국 리보르노가 어떤 형태의 게토도 만들지 않은 유일한 도시가 되었다.

유대인에게 갑자기 공격을 퍼부은 것은 교황청만이 아니다. 전통적으로 유대인 공동체를 열심히 보호해온 최강의 군주 국가들 역시 이단에 대해서는 맹렬했다. 유럽 지역에서 광범위하게 나타난 반종교개혁은 16세기 전반부에 유포된 불온사상에 대한 반작용이자 절제와 질서로의 회귀였으며 위로부터 시작해 대중으로부터 폭넓은 지지를 받았다. 반종교개혁은 인종차별, 사회전복, 혁신에 대한 공격이었다. 일반적으로 유대인, 특히 마라노를 불온한 요소로 간주했다. 반종교개혁자들은 개종자와 그들의 자손에게 유대인의 정통 교리로부터 결별할 것을 강요했으며 재세례를 포함한 모든 것을 공격하는 경향을 띠었다. 재세례는 고위층이 가장 혐오하던 것으로 이 용어는 종교적 불순종을 나타내는 총칭이었다. 많은 마라노가 기독교 신앙과 유대교 신앙을 혼합한 기이한 신앙을 발전시켰다. 그들은 동정녀 마리아와 성인들을 비웃었고 여러 성상과 경건한 관례를 조롱하는 회의론자였다. 그래서 모든 권위에 반대하는 그들만의 개인적 판단을 구축했다. 마라노는 이단자일 뿐 아니라 국가를 위협하는 잠재적 반역자로 간주되었다. 당국은 기독교인에서 유대인으로 돌아간 이들 중 가장 영향력이 강한 낙소스 섬의 백작 주앙 미구에즈를 대표적인 혐오 인물로 꼽았다. 그는 술탄에게 직접 조언을 했던 인물이다.

유대인, 사업체 이전과 확장

성직자든 일반인이든 반종교개혁가들은 이주자를 가장 의심했고 주요 대상은 마라노였다. 통치자들은 경험을 통해 이주가 문제를 일으키는 것으로 파악했다. 그래서 오래전에 정착한 유대인에게는 그리 많은 신경을 쓰지 않았다. 위험한 사상을 가지고 온 이들은 새로운 이주자였다. 이런 두려움은 여러 계층에서 나타났다. 베네치아의 제빵업자 길드는 이웃으로 이사 온 장인들을 다음과 같이 비난했다. "그들은 기독교계 독일인을 혼란에 빠뜨린 것을 자랑하면서 루터파의 발걸음을 답습하며… 현재 이곳에서 제빵업자의 길드를 와해시키는 데 온 힘을 다하고 있다." 상류층 중에서는 카를 5세가 베네치아에 파견한 대사가 이런 경고를 했다. "이단을 진압하지 못하게 하면, 이단은 국민의 지지를 받기 위해 제후에 대한 적대감을 키울 것이다. … 이단자는 봉신이 제후에게 순종하는 것을 원치 않으며 모든 지배력을 파괴하고 백성을 자유롭게 만들고 싶어 하기 때문이다."[28] 피우스 5세의 베네치아 주재 대사였던 지오반니 안토니오 파키네티는 베네치아가 터키와의 전쟁에서 진 것은 유대인과 이단자를 근절하지 않은 죄 때문이라고 말하기를 서슴지 않았다. 공화국에 전쟁을 일으킨 장본인은 터키인이 아니라 하나님이기 때문에 통치자들은 이렇게 자문해야 한다는 것이다. "어째서 위대하신 하나님이 이 나라에 분노하셔야 했는가?"[29] 고위층들은 부를 창출하는 유대인은 사랑했지만, 새로운 사상을 퍼뜨리는 유대인은 증오했다.

그러나 이 두 가지 행동은 동전의 양면과 같다. 경험에 비추어보면, 이주하는 유대인은 사람들이 동요할 만한 사상을 가지고 오기 쉬웠고, 또 국가의 부를 증진시킬 수 있는 새롭고 효율적인 방식을 도입할 수도 있었다. 이주와 재정착은 사상과 일을 처리하는 방식에 새로운 효과를 부여하고, 그 결과 이주자를 더욱 더 효율적인 경제인으로 만든다는 사실을 역사가 보여주고 있다. BC 8-7세기까지 거슬러 올라가는 가난한 헬라의 목동들과 올리브 재배자들은 고대로부터 자기 소유였던 경작지를 떠남으로써 지중해 전역에서 성공한 상인과 식민주의자로 발전해나갔다. 19세기에 스코틀랜드 북부 고지에서 굶주렸던 부족, 클래어와 케리의 지독한 습지 출신의 아일랜드인, 폴란드 출신의 준▒농노, 메초조르노 출신의 땅을 잃은 농민은 온타리오와 뉴질랜드, 보스턴과 뉴욕, 시카고, 미국 중서부, 아르헨티나와 뉴사우스웨일스에서 모험심 강한 시민으로 변모했다. 오늘날에도 우리는 타이완과 홍콩에 정착한 중국 본토 사람, 캘리포니아와 호주로 이민 온 베트남 사람, 플로리다로 이주한 쿠바 사람의 예에서 이주가 만들어낸 기적 같은 효과를 계속해서 목격하고 있다.

종교개혁과 반종교개혁, 그리고 종교 전쟁은 유럽의 인구 밀집 지역을 짓밟았고, 그로 인해 허둥대는 작고 근면한 공동체를 세계 각처로 떠돌게 만들었다. 공격과 박해를 피해 여러 번 이주한 끝에 유대인은 항구적인 정착지를 세울 수 있었다. 변함없는 사실은 마지막 정착지에서 번영을 이루었다는 점이다. 막스 베버와 영국의 경제사가 리처드 토니는 현대 자본주의가 근면과 재산 축적이라는 정신을 반복적으로 주입시킨 프로테스탄트 윤리와 칼뱅파의 구원 사상의 소산이라고 주장했다. 그러나 이 이론을 반박하는 이론이 수없이 많이 나왔고 현재에는 종교 이념보다는 장소의 이동이 핵심이라는 주장이 더 공감을 얻고 있다. 특히 영국과 네덜란드, 그리고 후에 북아메리카와 독일에서 국가 경제에 역동적인 자극을 준 것은 칼뱅파뿐 아니라 북부 이탈리아 출신의 루터파와 가톨릭 신자들, 그중에서도 유대인이었다.[30]

이런 이주 공동체가 공유한 것은 신학이 아니라 성직자 조직의 명령으로 종교와 윤리가 국가를 통제하는 상황을 달가워하지 않는 태도였다. 그들은 성직자의 위계에 따른 질서가 아니라 회중과 개인의 양심에 바탕을 둔 질서를 선호했다. 이런 점에서 이주 공동체의 특징을 가장 잘 드러내는 것이 유대인이다. 유대인은 제2 성전 파괴 후 교권주의를 거부했다. 그들은 어떤 프로테스탄트 교파보다 먼저 독립 교회 제도를 채택했다. 유대인 공동체는 랍비를 직접 선택했는데, 이렇게 공동체에 권한을 위임하는 것이 가능했던 이유는 교리신학의 부재와 지성에 기반을 둔 관용 정신 때문이었다. 무엇보다도 그들은 숙련된 정착민이었다. 유대인은 역사 이래 이주를 계속했다. 처음부터 나그네와 떠돌이였던 유대인은 수많은 세월이 흐르고 상황이 끊임없이 바뀌는 동안 다양한 이민 방법과 부를 축적하는 기술을 완성했다. 그 결과 상황이 위험해지면 재정착을 위해 신속하게 다른 지역으로 이동하는 것이 가능했다.

유대인의 무역과 기술, 민족 문화, 법이 한데 뭉쳐 그들의 창조적 이동성에 힘을 실어주었다. 그것이야말로 모든 불행 속에서도 유대인이 항상 새롭게 유동 자산을 손에 넣는 기술을 가진 것으로 보이는 이유다. 이에 대해 17세기 중반 유대인 변증가였던 므낫세 벤 이스라엘은 다음과 같이 기술했다.

그러므로 하나님이 우리를 떠나시지 않았다는 점을 확인할 수 있다. 누군가 우리를 박해하면, 다른 이들은 우리를 정중하고 친절하게 받아주었기 때문이다. 이 제후가 우리를 학대하면 또 다른 제후는 우리를 환대했다. 한 군주가 우리를 자기 나라에서 추방하면, 다른 군주는 수많은 특권을 부여하며 우리를 초대했다. 이탈리아의 몇몇 제후들, 덴마크의 가장 탁월한 왕, 그리고 니사의 강력한 사보이 왕가의 군주 역시 그랬다. 이스라엘 백성을 인정한 공화국이 크게 번영하고 있으며 무역의 증대가 이루어지고 있는 것을 우리는 목격하지 않았던가?[31]

돈에 대한 합리적 사고

유대인의 일반적인 성향에 덧붙여 말하자면 그들은 경제적 혁신과 계획에 관한 시대정신에 기여한 부분이 크다. 이미 살펴본 것처럼 중세에 유대인의 경제적 수완을 점차 주변 기독교 공동체도 확보하고 시간이 지나 유대인의 사회적·경제적 유용성이 소멸되면, 유대인은 종종 그 지역을 떠나라는 명령을 받거나 차별대우를 받았다. 그 경우 유대인은 여전히 자기들의 기술을 필요로 하는 덜 발전된 지역으로 이주했다. 대안은 새로운 기술을 개발하는 것이었고 유대인은 여기에도 정통했다. 그들은 기존 방법의 효율성을 증진시켜 가격과 시세를 내리거나 새로운 방식을 도입함으로써 경쟁에서 한발 앞서나갔다.

유대인의 혁신 정신이 가장 분명하게 드러날 때는 보통 그들이 새로운 지역으로 이주했을 때였다. 그때야말로 새로운 세대가 그들의 혁신 정신을 받아들이는 순간이기 때문이다. 이와 똑같이 중요한 것은 유대인이 새로운 현상과 상황에 신속히 대응했다는 점이다. 유대교는 그들에게 합리적으로 생각하는 법을 가르쳤다. 자본주의는 모든 발전 단계에서 합리성을 토대로 발전하면서 기존 방식의 혼란을 개선했다. 유대인이 그렇게 할 수 있었던 것은 협소하고 격리된 사회에서는 보통 강력한 보수성을 지녔던 반면, 인류 전체 사회에 대해서는 감정적인 집착을 보이지 않았으며 무너져가는 사회의 옛 전통, 생활방식, 제도를 아무런 고통 없이 지켜볼 수 있었기 때문이다. 사실 그들은 옛 제도가 붕괴하는 과정에서 중요한 역할을 수행했다. 이처럼 유대인은 천성적으로 자본주의 기업가였다.

이성의 논리에 따를 수 있는 이런 상대적 자유는 사회적으로 외부인이라는 지위 덕분이었고, 이러한 자유는 무엇보다 돈에 대한 태도에서 잘 나타났다. 유대인이 인류의 진보에 가장 크게 기여한 부분은 유럽 문화가 돈과 돈의 위력을 이해하고 받아들이게 한 것이다. 대부분의 인류 사회는 돈의 신비를 풀고 돈이 무엇을 위해 존재하는지 밝히는 데 아주 부정적이었다. 다른 모든 일용품처럼 돈의 가치는 상대적이라는 것을 이해하려 하지 않았다. 사실 그들은 모든 일용품에 절대적 가치를 부여하는 경향을 보였다. 사물의 가치가 시간과 공간에 따라 변한다는 점을 이해하지 못했던 것이다. 돈에 대해서는 특히 그랬다. 돈은 표면에 고정된 가치가 기록되어 있기 때문이다.

또한 그들은 특별한 도덕적 의미를 부여해 돈을 지출했다. 대체 왜 사도 바울은 돈을 사랑하는 것이 모든 악의 뿌리라고 말하고 경솔하게 그 말을 여러 번 반복한 것일까? 왜 땅이나 가축, 말이나 집, 그림에 대한 사랑이 아니라 돈에 대한 사랑을 언급한 것일까? 무엇보다 권력에 대한 사랑은 왜 언급하지 않은 걸까? 돈이 그런 불명예를 뒤집어써야 할 근거는 없다. 더욱이 돈과 다른 모든 생필품의 윤리적 구분이 소비 개념에 들어가면서 저축과 경제 발전을 위한 윤리적 틀을 구축하는 것이 매우 어려워졌다. 가축을 훌륭하게 기르고 곡식의 씨를 뿌리고 풍성하게 수확하는 것은 마땅하다고 보면서 돈으로 돈을 벌면 땀 흘리지 않고 이득을 취하는 기생충 취급을 하기 때문이다.

처음에는 유대인도 다른 이들만큼이나 이런 잘못된 생각을 하고 있었다. 사실 이런 생각을 만들어낸 장본인이 유대인이다. 그러나 유대교의 합리주의에서 나온 기술과 상인으로서 돈 때문에 당한 곤경이 유대인으로 하여금 적극적으로 그 문제를 직시하고 해결하게 했다. 앞에서 살펴본 것처럼 유대인은 돈과 관련하여 동족과 이방인을 상대할 때 이중 잣대를 사용하기 시작했다. 이러한 현상은 오늘날에도 일부 남아 있다. 이스라엘과 다른 지역에 있는 많은 유대계 은행은 유대인에게 대출을 할 때는 유대교의 율법을 준수할 것이라고 공고하고 있다. 그러나 15세기 말부터 유대인 합리주의자들은 돈의 신비를 벗기려고 했다. 1500년 페라라에서 열린 논쟁에서 아비뇽의 랍비 아브라함 파리손은 혁신자들의 친숙한 (그리고 조금 부정직한) 논법을 사용해 성경 시대 이래로 만물이 변화했으며 돈은 단순한 생활용품이 되었다고 주장했다.

> 이것은 새로운 상황과 새로운 의무를 야기한다. [가난한 자를 불쌍히 여기고 그들에게 무언가를 무상으로 주는 것은 당연한 일이지만] 어떤 사람이 무언가를 필요로 하고, 동포가 그것을 많이 가지고 있을 경우, 그 사람은 대가를 치르고 동포로부터 그것을 구입한다. 그러므로… 그 각각에 대해 값이 정해져 있으므로 값을 치르는 것이 관례가 되어 있다. 어려운 사람에게 손을 내밀고, 돈이 없는 사람에게 무이자로 빌려주는 것이 당연한 일이라고 한다면, 집과 말과 일손이 모자라는 사람에게는 그것을 거저 주어야 한다는 이야기가 되고 만다.[32]

물건의 값과 임금과 이자에 관해 모든 사람이 동의하는 체계가 있으면, 이는 질서 있는 사회에서 사람과 사람 사이의 경제적 유대를 평화적으로 통제하는 데 도움이 된다. 그것은 사회 전체로 볼 때 유익한 일이라고 파리손은 생각했다. 가지고 있는 돈으로 수입을 얻는 것은 가지고 있는 토지와 기타 물품으로 수입을 얻는 것과 다를 바 없다. "그것은 관습에도 들어맞고 동족의 돈으로 이익을 얻은 자는 갚아야 할 의무가 있다고 생각하는 것이 자연스럽다." 거의 동일한 시기에 이자키 아브라바넬은 1551년에 처음 출간된 신명기 주석에서 이와 유사한 입장을 취한다. "이자가 무가치한 것은 아니다. … 자신의 돈과 포도주, 곡식을 통해 이익을 내는 것이 적절하기 때문이다. 만약 어떤 사람이 다른 이로부터 돈을 빌린다고 할 때… 들판에 파종하기 위해 밀을 빌린 농부는 일반적으로 규정되어 있는 것처럼 농사가 잘되면 종자를 빌려준 이에게 10퍼센트를 지불해야 하는 이유가 뭔가? 이것은 정확하고 정상적인 사업 방식이다." 그는 이자를 받지 않는 거래는 같은 종교를 믿는 가난한 자처럼 특별히 호의를 베풀어야 할 이들을 위해 준비된 것이라고 덧붙였다.[33]

돈을 정직하고 합리적으로 다루기 위해 돈에 대한 사상을 직시하려는 자발성은 성경과 랍비 중심의 유대교에 기원을 두고 있다. 유대교는 신앙심과 경제적 번영을 따로 떼어서 생각하지 않는다. 청렴한 자를 칭찬하고 탐욕을 개탄하는 한편 실생활에 보탬이 되는 것과 윤리적 가치가 연관되어 있음을 언제나 시사하고 있다. 신명기에서 모세는 율법을 지키는 자에게 하나님의 보상이 있다고 역설한다. "또 당신들을 사랑하고 복을 주셔서 번성하게 하실 것입니다. 당신들에게 주시겠다고 당신들의 조상에게 맹세하신 땅에서, 당신들에게 복을 주셔서 자식을 많이 보게 하시고, 땅에 복을 주셔서 열매와 곡식과 새 술과 기름을 풍성하게 내게 하시고, 소와 양에게도 복을 주셔서 새끼를 많이 낳게 하여 주실 것입니다."[34] 이스라엘이 부유해진다고 말한다. "당신들이 많은 민족에게 돈을 꾸어주기는 하겠지만 꾸지는 않겠고."[35] 시편에서도 이렇게 노래한다.

"주님을 찾는 사람은 복이 있어 아무런 부족함이 없을 것이다."[36] 시편과 잠언, 솔로몬의 지혜서, 전도서, 집회서는 이와 같은 정서로 가득 차 있다. 탈무드도 이런 정서를 대변한다. "가진 것이 없을 때 부의 고마움을 가장 잘 알 수 있다." "의인의 눈에 아름답고 세상의 눈에 아름다운 것이 일곱 가지 있다. 그중 하나는 부다."

유대교의 할라카는 상거래에 관해 이론적인 문제뿐 아니라 실제적인 면에서도 정면으로 다루어왔다. 정당하게 이루어진 거래는 엄격한 윤리에 완전히 합치할 뿐 아니라 덕이 높은 행위라고 생각했다. 이를 통해 선한 사업과 유대인 공동체의 중심축이기도 한 조직적인 자선 사업이 가능해지기 때문이다. 구성원 대다수가 상업에 종사하고 있었기 때문에 율법학자 지도 체제는 상거래와 관련된 실제 조항을 성문화했다. 마이모니데스나 나마니데스는 서적에 기록된 문자와 부기에 기록된 문자가 질적으로 다르다고 생각하지 않았는데, 이것이 서로 다르다고 생각한 것은 기독교 지식인의 특징인 듯하다. 랍비 중심의 유대교가 상거래와 관련해 하는 이야기는 신앙을 강화하는 것과는 거리가 있었지만, 분별 있는 사람이라면 누구나 올바른 이야기임을 알 수 있었다.

그러므로 유대인은 16세기의 특징이라 할 수 있는 세계 경제 성장에 앞장설 준비가 되어 있었던 셈이다. 사실 이베리아 반도에서 쫓겨나고 유럽의 종교개혁과 반종교개혁 때문에 가혹한 대접을 받은 유대인은 더 뿔뿔이 흩어져서 타고난 상업적 자질을 발휘할 새로운 출구를 찾아 나설 수밖에 없었다. 재정과 기술 두 부분에서 유대인과 마라노의 도움을 받아 서쪽으로 배를 몰고 간 것은 콜럼버스만이 아니다. 추방당한 유대인은 신대륙으로 건너가 최초의 상인이 되었다. 그리고 공장을 세웠다. 예를 들어 세인트토머스에서 유대인은 최초로 거대한 식민 농장 소유자가 되었다. 유대인이 식민지로 이주하는 것을 금한 스페인의 법은 효력을 발휘하지 못하는 것으로 드러나 1577년에 폐지되었다.

유대인과 마라노는 특별히 브라질 정착에 적극적이었다. 1549년에 파견된 초대 총독이자 장군이었던 토마스 드 수자는 유대인 출신이 분명하다. 유대인은 설탕 농장 대부분을 소유했다. 또한 보석과 준보석류 무역을 관장했다. 1654년에 브라질에서 추방당한 유대인은 바베이도스와 자메이카에 설탕 산업을 일으키는 데 도움을 주었다. 새로운 영국 식민지에서는 유대인을 환영했다. 1671년에 유대인 추방을 요구하는 청원서를 기각한 자메이카의 총독은 "내가 섬기는 왕은 엄청난 부와 연락망을 갖추고 있는 유대인과 네덜란드인보다 더 쓸 만한 신민을 가질 수 없을 것이라는 것이 내 생각"이라고 편지에 적어 보냈다. 수리남 정부는 다음과 같이 선언했다. "우리는 히브리 민족이… 식민지에서 유용할 뿐 아니라 이익을 가져오는 존재임을 스스로 증명했다는 것을 알고 있다."[37]

최소한 헬라시대 이후 유대인은 동부 유럽에서는 러시아 국경지대, 특히 흑해 해안지대에서 활발히 활동했다. 사실 여러 전설은 약탈당한 북왕국 이스라엘의 구성원이었다가 사라진 열 지파와 아르메니아와 조지아에 도착한 유대인을 관련시키고 있다. 8세기 전반부에 카자르인의 왕국은 유대교로 개종한 바 있다. 중세 초기부터 유대인은 유럽과 아시아 남부를 넘나들며 적극적으로 무역과 포교 활동을 벌여왔다. 1470년대에는 급속하게 영토를 넓혀 나가고 있던 모스크바 공국에서 활약하면서 비밀결사 같은 것까지 탄생했다. 당국에서는 그들을 가리켜 유대화를 획책하는 자들이라고 부르면서 잔인한 수단으로 근절하려 했다. 이반 뇌제雷帝라 불리는 러시아 황제 이반 4세 바실리에비치(1530-1584년)는 기독교를 받아들이지 않는 유대인은 수장시키라는 명령을 내렸다. 유대인은 공식적으로 러시아령에서 쫓겨났고 18세기 말에 폴란드가 분할될 때까지 그 상태가 이어졌다.

동유럽의 유대인

러시아라는 장벽 때문에 동쪽으로 계속 이주하기 어려웠던 유대인은 폴란드와 리투아니아, 우크라이나에 집중적으로 정착했다. 암흑시대와 중세 초기 서부 유럽에서와 마찬가지로 유대인은 농업 및 무역 경제의 급격한 성장, 경이로운 인구 증가라는 특징을 보인 거대한 식민화 과정에서 중요한 요소로 기능했다. 대략 1500년경 폴란드에 거주하는 전체 인구 500만 중에 유대인은 2-3만 명 정도였다. 1575년에 이르러 전체 인구가 700만 명으로 증가했고 유대인 수는 15만 명으로 치솟았으며 이후 증가 속도는 더욱 급격해졌다. 1503년 폴란드 국왕은 랍비 야코브 폴락을 폴란드의 랍비로 임명했고 국왕의 후원을 받은 최고 랍비의 출현으로 유대인에게는 포로 족장의 종말 이래 잊고 있던 일종의 자치통치의 발전이 허용되었다.

1551년부터 최고 랍비는 유대인이 직접 선출했다. 그러나 확실한 민주 체제라기보다는 소수 독재 정치 체제였다. 최고 랍비는 법률과 경제에 관한 광범위한 권력을 소유했고 재판관과 여러 공직자를 임명했다. 그가 권력을 지방 의회와 나누기로 했을 때 투표권을 받은 유대인 세대주는 전체의 1-5퍼센트에 불과했다.[38] 왕이 유대인에게 권력을 위임한 이유는 당연히 자기에게 이득이 되기 때문이었다. 당시 폴란드 사람들은 유대인에게 상당한 적개심을 보였다. 예를 들어 지역 상인들이 막강한 위용을 떨치는 크라쿠프에서 유대인은 일반적으로 배제되었다. 왕은 바르샤바 같은 특정 도시와 마을에서 '유대인에 대한 관용'이라 명명한 특권을 파는 방식으로 유대인에게 돈을 거두어들일 방안을 마련했다. 유대인 공동체가 성장하도록 허용한 다음 그들을 쥐어짜서 더 많은 돈을 손에 넣었다. 최고 랍비와 지방 의회는 일차적으로 세금을 거두는 왕의 대리인이었다. 그들이 거두어들이는 세금의 30퍼센트만 사회 복지와 관료의 봉급으로 지출했고 나머지는 전부 보호에 대한 대가로 왕이 차지했다.

동부 유대인, 즉 아슈케나지는 공공 재원과 재원 마련 사업, 최고 랍비와의 협력을 통해 신용 경제라는 새로운 수단에 대한 할라카의 승인을 이끌어냄으로써 16세기 초 이탈리아인보다 한발 앞서나갔다. 여러 문명이 만나는 국경 근처에서 활동하던 폴란드 유대인은 네덜란드와 독일에 자리 잡은 유대인 가문의 상회와 연결망을 가지고 있었다. 랍비들은 새로운 종류의 신용 도구로 등장한 맘람을 승인해주었다. 1607년에 폴란드와 리투아니아의 유대인 공동체는 1퍼센트의 이자로 유대인이 다른 유대인에게 자금을 융자해줄 수 있는 대출 체계인 헤테르 이스카를 사용할 수 있는 권리 또한 승인했다. 이러한 법제화 덕분에 저명한 랍비 유다 로에프, 즉 프라하의 마하랄 같은 보수적인 인물들까지도 결국 이자를 받는 대금업을 인정했다.

신용 거래가 쉬워지면서 특별히 1560년대부터 계속해서 선구적인 유대인 정착민은 폴란드 동부와 리투아니아, 우크라이나의 발전에 주도적인 역할을 했다. 서부 유럽의 인구는 빠르게 증가했고 이에 따라 더 많은 곡식을 수입해야 했다. 수요를 충족시키기 위해 야심찬 폴란드 지주들은 시장에 곡식을 공급해줄 수 있는 새로운 경작지를 창출할 목적으로 유대인 사업가와 동업했으며 강을 따라 발트 해 항구까지 곡식을 가져가 서부 유럽으로 선적했다. 라지비우, 소비에스키, 자모이스키, 오스트로그스키, 루보미르스키 등 폴란드의 유력 가문들은 땅을 매입하거나 정복해나갔다. 항구는 독일 루터파가 운영하고 있었다. 대부분의 선박은 네덜란드의 칼뱅파가 소유하고 있었으나 나머지는 유대인이 소유하고 있었다. 유대인은 토지 운영뿐 아니라 경우에 따라서는 유동 자금을 위한 담보물 설정에도 관여했다.

　때때로 직접 토지를 임대하기도 했다. 배의 통행세를 거두기도 했고 방앗간과 증류주 제조장을 세우고 운영했다. 배를 소유해서 강을 통해 곡식을 내어가고 반대로 포도주와 직물, 사치품 등을 들여와 상점에서 판매했다. 또한 비누, 유리 세공, 제혁, 모피 판매에도 손을 댔다. 촌락과 **슈테틀**을 만들고 그 중심에 거주했다. 반면에 농부들(폴란드와 리투아니아 에서는 가톨릭교회 교인, 우크라이나에서는 러시아 정교회 교인)은 교외 지역에 거주했다.

　브레스트리토프스크 연방이 우크라이나에 폴란드인의 정착을 인정한 1569년 이전에 우크라이나에는 24개의 유대인 정착지와 약 4,000명의 유대인이 있었다. 1648년에는 정착지가 115개로 늘고 주민 수가 5만 1,325명으로 크게 증가했다. 토지 대부분은 그 지역에 살지 않는 폴란드 귀족이나 중간 상인과 농부 사이에서 중개자로 활동하는 유대인이 소유 했다. 사실 이 때문에 유대인은 훗날 위험에 처하게 된다. 유대인은 종종 권력자가 되기도 했다. 예를 들면, 16세기 말 즈워체프의 이스라엘이라 는 유대인은 수백 평방킬로미터에 달하는 지역 전체를 귀족들의 조합으로부터 임대해서 협회에 연간 금화 4,500즐로티라는 엄청난 임대료를 지불했다. 그리고 통행세 징수권, 선술집, 방앗간 등을 가난한 친척들에게 도급을 주었다.[39] 유럽 전역에서 유대인이 식민 과정에 참여하기 위해 모여들었다. 많은 정착지에서 유대인이 주민의 다수를 차지했고 그 결과 팔레스타인 바깥 지역에서는 최초로 지역 문화를 지배했다. 유대인은 사회와 행정 각 분야에서 중요한 위치를 차지했고 세금과 관세 징수 업무를 맡았다. 정부에 조언을 하기도 했다. 폴란드의 모든 권력자는 성에 유대인 고문을 두어 책을 보존하고 편지를 기술하며 경제를 운영하게 했다.

사실상 16세기 말에 이르자 동부와 중앙 유럽 권력자 중에 '요셉을 모르는' 사람은 거의 없었다. 위대한 유대인의 전형이 드디어 본래의 특성을 발휘하게 된 것이다. 16세기 마지막 사사분기에 이르자 반종교개혁 이념의 공격적인 기세가 누그러졌다. 스페인의 펠리페 2세가 교황과 긴밀히 공조하며 헌신한 마지막 제후다. 1597년에 그는 파울루스 4세의 방식으로 밀라노에 있는 공작령에서 유대인을 추방했다. 그러나 다른 제후들은 이익을 이유로 사실상 유대인을 몰아내라는 가톨릭이나 프로테스탄트의 주장에 등을 돌렸다. 제후들은 정략적이고 타협에 능한 인물로 변신했다. 교회의 권력과 영향력은 쇠퇴했고 국가의 권위가 증대되었다.

몽테뉴, 장 보댕, 립시우스, 프랜시스 베이컨 등 영향력 있는 법률학자와 정치학자는 대중 정치에 대해 세속적 견해를 지지했다. 국가는 종교 싸움에 휩쓸려 발전을 방해받거나 분열되어서는 안 된다. 합리적으로 문제를 해결하고 통일과 번영을 촉진하는 것이 국가의 역할이다. 관용과 현실 정치를 강조하는 이런 분위기에서 고도로 세련된 유대인은 여러 장점 덕분에 환영받았다.[40]

베네치아 공화국은 1577년부터 새로운 정책의 일환으로 마라노였던 달마티아 사람 다니엘 로드리게스에게 스팔라토(스플리트)에 새로운 항구를 만드는 일을 맡겼다. 유대인은 발칸 반도의 강을 따라 이어지는 무역망을 다시 여는 주목할 만한 일을 담당했다.[41] 토스카나의 공작은 리보르노에 사는 유대인에게 특별 면허장을 발부했다. 사보이의 공작은 니스와 토리노에 유대인 정착지를 세울 수 있는 법률을 제정했다. 프랑스 왕들은 유대인 상인을 보호하기 위해 증서를 발행했다. 심지어 앙리 4세는 도박사의 왕이라 불리던 마노엘 드 피멘텔이라는 유대인 상인과 카드놀이를 하기도 했다. 칼뱅파였던 암스테르담의 당국자들은 마라노나 1590년대에 도착한 스파라디, 1620년경에 이주해온 아슈케나지에게 종교가 무엇인지 캐묻지 않았다. 이들은 처음에는 개인적으로 종교 활동을 했으나 1616년부터는 토라 학교를 운영했고 1620년대부터는 필요한 책을 인쇄했다. 네덜란드인은 유용하고 행실도 바른 유대인을 상인 공동체 구성원으로 받아들였다.[42] 유대인 공동체가 아주 번성한 프랑크푸르트에서는 1562년과 1582년, 1603년에 전체 랍비 회의가 열렸다.

이전에 유대인을 추방했던 독일어권 마을과 의회가 16세기에 와서는 다시 정착을 허락했다. 합스부르크 왕가의 황제 막시밀리안 2세는 유대인이 보헤미아로 귀환하는 것을 승인했다. 1577년에는 후계자인 루돌프 2세가 유대인에게 특권을 약속하는 면허장을 발급했다. 빈에서는 옛 유대인 공동체가 재건되었고 루돌프가 궁전을 세운 프라하에는 16세기 말에 3,000명의 유대인이 살게 되었다. 마하랄, 에프라임 솔로몬 벤 아론 룬트쉬츠, 이사야 벤 아브라함 하 레비 호로비츠처럼 교사로 유명했던 랍비들은 야코프 바세비 폰 트로이엔베르크, 모르데하이 제마 코헨, 모르데카이 마이젤 같은 상인과 함께 유대인 지역에 살았다. 루돌프 2세는 궁전에서 마하랄과 더불어 거창한 회담을 가졌고 천문학자부터 보석 세공업자에 이르기까지 재능을 지닌 유대인이라면 누구나 후원했다. 그러나 무엇보다도 유대인이 재정가로서 자질이 뛰어나다는 사실을 알고 마이젤을 최초의 궁정 유대인으로 임명했다. 궁정 유대인은 중앙 유럽의 여러 나라에서 150년 동안 정부 재정을 관장했으며 1914년까지 매우 중요한 존재였다.

30년 전쟁의 비용 조달

유대인은 새로운 기회가 찾아올 때 재빨리 이용하는 능력이 뛰어났다. 예상치 못한 일이 벌어졌을 때 빠르게 상황을 인식하고 해결 방법을 고안해냈다. 기독교인은 오랜 시간에 걸쳐 전통적인 재정 문제에 대처하는 방법을 익혔지만, 보수적인 성향 때문에 새로운 상황에 반응하는 속도가 느렸다. 16세기가 저물어가던 시점에 이들에게 던져진 새로운 상황은 바로 점점 확대되는 전쟁의 규모와 비용이었다. 마이젤은 뛰어난 수집가인 루돌프 2세에게 골동품과 과학용 기구도 장만해주었지만, 무엇보다 터키와의 전쟁에 필요한 자금을 후원하는 중요한 역할을 했다. 황제는 이에 대한 보답으로 마이젤에게 보석 같은 저당물뿐 아니라 약속 어음과 토지를 담보로 돈을 대부하는 것을 허락했다. 영리하고 경건한 유대인 마이젤과 이기적이고 제멋대로인 루돌프 2세의 관계는 어쩔 수 없이 서로를 착취하는 형태를 띠었다. 1601년에 마이젤이 숨질 무렵 그가 남긴 유산은 금화 50만 플로린 이상이었다. 그런데 정부에서는 마이젤이 황제의 허가를 받고 사업을 했음에도 불법 상거래를 했다는 이유로 전 재산을 압류했다. 마이젤은 죽기 전에 이런 일이 있을 것을 미리 예견하고 프라하에 있는 유대인 공동체에 거액의 돈을 보냈다.

마이젤은 생전에 회당을 하나 지었는데, 루돌프 2세는 그 회당에 경찰이 무단으로 출입하지 못하게 보호하는 한편 다윗의 별을 게양하도록 허락하고 세금을 면제해주는 등 여러 가지 특권을 부여했다. 마이젤은 유대인 공동묘지를 위해 돈을 기부했고 병원을 세웠으며 유대인 구역의 도로까지 포장했다. 이 밖에도 폴란드에 있는 유대인 공동체에 자금을 후원했으며 팔레스타인에 있는 유대인 재단을 비롯해 모든 유대인 재단에 돈을 기부했다. 프라하에 남아 있는 묘비명 그대로다. "동시대 사람 중에 이처럼 많은 자선을 행한 자가 없다."**43** 유대인 공동체에서 지도자의 위치에 있는 사람들은 왕에게 착취를 당하곤 했지만, 왕에게 착취당하는 대신 다른 자들에게 착취당하지 않도록 보호를 받았기 때문에 공동체에는 그 편이 더 이득이었다.

최소한 이 시대에 합스부르크 왕가는 자신의 역할에 충실했다. 1614년에 프랑크푸르트에서 빈센츠 페트밀히가 이끄는 폭도가 유대인 구역으로 몰려가 유대인을 몰아내고 집을 약탈하자 신성 로마 제국의 마티아스 황제는 폭도를 반역자요 무법자라고 선언하고 2년 뒤에 폭도의 우두머리를 교수형에 처했다. 유대인은 살던 곳으로 돌아갔으며 새로운 특권까지 부여받았다. 일이 이렇게 흡족하게 마무리되자 유대인은 그날을 빈센츠의 부림절이라 칭하며 매년 축하했다.

그에 대한 답례로 유대인은 합스부르크 왕가를 도왔다. 1618년에 독일에서 30년 전쟁이 발발했고 전쟁 초기에 합스부르크 왕가는 거의 망할 뻔했다. 이때 합스부르크 왕가가 계속해서 권력을 잡을 수 있도록 도와준 이들이 유대인, 특히 자금 조달을 위해 뛰어다닌 프라하의 재무관 야코프 바세비였다. 덕분에 화이트 산 전투에서 전세가 역전되어 1620년에 황제의 군대가 도시를 수복했을 때 유대인 구역만 유일하게 약탈을 면했다. 황제 페르디난트 2세는 압류된 프로테스탄트의 가옥 중에서 가장 아름다운 두 채를 바세비에게 선물했다.

독일에 파산을 안겨준 이 처참한 전쟁은 유대인을 유럽 경제의 중심으로 떠밀었다. 엄청난 규모의 군대가 동시에 수년 동안 전쟁터에서 주둔해야 했고 때로는 겨울을 견뎌야 했다. 동부 유럽에서는 유대인의 보급망 덕분에 군에 필요한 식량을 조달할 수 있었다. 유대인은 주물 공장과 방앗간을 세우고 군대를 찾아 유럽과 동방을 누볐다. 무엇보다 황제의 부실한 자산을 활용할 수 있는 새로운 방법을 찾아내 필요한 재원을 마련했다. 1622년 왕자 리히텐슈타인과 황제의 장군 발렌슈타인과 손잡고 차관단을 세워 황제의 은 광산을 임대한 인물이 바로 바세비다. 덕분에 황제는 전쟁 비용을 조달할 수 있는 엄청난 재원을 얻었고 바세비와 그의 동료들은 화폐 주조 비용을 절감함으로써 손실을 만회했다. 유대인 군주라는 의미로 유덴퓌르스트라고 불리던 바세비는 작위를 받아 귀족이 되었다. 그러나 1631년에는 재산을 몰수당했고 뒤를 봐주던 발렌슈타인이 암살당하고 얼마 되지 않아 죽었다. 1634년에 바세비가 죽자 그가 누리던 특권은 모두 회수되었다. 전비 조달로 명성을 날린 유대인의 사회적 지위는 허약하기 짝이 없었다. 사실 언제 유대인의 지위가 허약하지 않은 적이 있었던가.

전쟁, 특히 발렌슈타인과 구스타프 아돌프가 새로 시작한 전면전이 일어나자 이데올로기나 종교, 인종, 전통 따위보다도 전쟁에서 이기는 것, 다시 말해 살아남는 것이 최우선이 되었다. 유대인은 부족한 보급품을 마련하며 황폐하고 적대적인 세상에서 재원을 조달해내는 비범한 능력 때문에 어느 진영에서나 없어서는 안 될 존재였다. 스웨덴에서 가톨릭이 전세를 뒤집었을 때에도, 독일에서 루터파가 대다수 유대인에게 지배력을 행사할 때에도 처음에는 강제 융자로 유대인을 괴롭혔다. 그러나 일 년이 채 되지 않아 유대인은 스웨덴 군대의 주요 도급자로 활동했다. 합스부르크 왕가에 식량과 군수품, 무엇보다 군마를 마련해주었다. 가톨릭인 합스부르크 왕가가 그랬던 것처럼 루터파의 사령관도 부리기 좋은 유대인을 마음에 들어 했다. 유대인은 이류 시민이자 소수 민족으로서 박해를 당할 때가 많아 신용 융자를 요구해도 군소리 않고 들어주고 대금 상환 대신에 보호와 특권을 받는 것으로 만족했기 때문이다. 사실 유대인 입장에서 보면 특권을 이용해 돈을 벌어들이면 현금을 받은 것이나 마찬가지였다.

　시간이 흐름에 따라 점점 더 많은 유럽 열강이 전쟁에 관여했고 라인 강 연안과 알자스의 유대인, 보헤미아와 빈의 유대인이 유럽 열강에 군수품을 공급했다. 솔로몬 곰페르츠는 네덜란드 군대에 정복당한 에머리히에서 군에 식량과 담배를 판매해 부자가 되었다. 유대인은 알자스에서도 추기경 리슐리외의 군대에 말과 사료를 판매했다. 그리고 이런 지원과 협력에 대한 보답으로 특권이 보장된 사회적 지위를 얻었다. 프랑스 해운업 전체를 관할하던 리슐리외는 항구에 사는 포르투갈 출신 마라노에게 특별한 지위를 부여했다. 그들이 진정한 기독교인이 아니고 사실은 유대인이라는 점이 명확했음에도 말이다. 1636년에 페르디난트 2세는 지휘관들에게 보름스의 유대인에게 강제 대부를 강요하거나 병사를 위한 숙소를 마련하도록 강요하거나 어떤 식으로든 괴롭히지 말라고 지시했다. 실제로 유대인을 징병하는 나라는 드물었다. 황제 밑에 있는 사령관뿐 아니라 스웨덴인과 루터파도 유대인 거주지를 약탈하지 못하도록 엄격하게 금했다. 덕분에 30년 전쟁 기간에 유대인은 다른 주민들과 비교할 때 푸대접을 받기는커녕 후대를 받는 상황이 벌어지기도 했다. 유대 민족 역사상 보기 드문 진기한 경험이었다. 독일이 역사상 최악의 약탈을 당하는 순간 유대인은 살아남았을 뿐 아니라 번영을 구가했다. 역사가 조너선 이스라엘이 지적한 것처럼 "30년 전쟁 동안 중앙 유럽의 유대인 사회가 규모 면에서 쇠퇴했음을 보여주는 어떠한 증거도 발견되지 않았다."[44]

궁정 유대인의 발흥과 쇠락

30년 전쟁이 막바지에 이를 때까지 궁정 유대인은 모든 진영에 식량을 보급하는 도급자로 활동했다. 사실 유대인이 도급자로 활동을 시작한 때는 1650년대로 거슬러 올라간다. 유대인은 전시뿐 아니라 평시에도 유용한 존재였다. 유대인은 절대 왕정 국가의 일부가 되어 거대한 바로크 스타일의 궁전을 건축하는 데 필요한 재원을 마련하고 주요 도시를 설계했으며 침몰 위험이 전혀 없어 보이는 중상주의 정책의 닻을 올렸다. 유대인의 대부금으로 빈에 거대한 카를 성당이 들어섰고 합스부르크 왕가의 화려한 쉔브룬 궁전이 완성되었다. 독일 군주 밑에서 수석 장관으로 활동하면서 정치력과 경제력이 궁에 집중되도록 돕고 군주들과 함께 혜택을 누리는 유대인도 있었다.

당시 내로라하는 유대인 궁정 명가가 20개 정도 있었다. 곰페르츠 가문은 3대에 걸쳐 뮌스터의 황족 주교를 위해 일했고 5대에 걸쳐 호엔촐레른 왕가를 위해 봉사했다. 베렌츠 가문은 하노버, 레만 가문은 작센의 궁정을 섬겼다. 퓌르스트 가문도 궁정 유대인 가문 중 하나다. 사무엘 퓌르스트는 역대 슐레스비히-홀슈타인 대공, 예레미야 퓌르스트는 메클렌부르크 대공을 섬겼고 이스라엘 퓌르스트는 홀슈타인 고토르프 궁정에서 일했다. 골트슈미트 가문은 독일의 군주와 덴마크의 왕가도 섬겼다. 독일의 유대인은 스파라디나 아슈케나지나 스칸디나비아의 궁정에서 활약했다. 데 리마가나 데 카세레 가문은 덴마크 군주를, 데 삼파이오 가문은 스웨덴 왕을 섬겼다. 폴란드의 국왕은 레만 가문과 아벤수르 가문을, 포르투갈의 국왕은 다 코스타 가문을, 스페인 국왕은 보카로스 가문을 중용했다.**45**

유대인에게는 거액의 현금을 조달해서 운용하는 능력이 탁월했는데, 이는 17세기 후반에 있었던 두 번의 군사 충돌 때 빛을 발했다. 그중 하나는 터키가 유럽으로 진군하려 하자 합스부르크 왕가가 항전해서 이를 저지하고 역습으로 전세를 뒤집었을 때, 또 하나는 루이 14세가 유럽 대륙을 지배하려 하자 연합군이 이를 저지했을 때다. 사무엘 오펜하이머 (1630-1703년)는 두 사건에서 주도적인 역할을 담당했다. 그는 1673년부터 1679년까지 프랑스와의 전쟁에서 오스트리아 왕가 소속 황제의 군량 징발관이었으며 1682년부터 터키와 오스트리아의 전쟁에서 군량을 공급하는 유일한 도급자가 되었다. 제복을 만들고, 부대에 식량을 배급하고, 임금을 지불하고, 말을 조달해서 먹이를 주고, 부상자를 위해 병원을 운영하고, 뗏목을 짜서 총과 말과 인원 수송을 담당했다. 1683년에 빈이 포위되어 허둥지둥 황제가 도망쳤을 때 도시를 구한 것도 오펜하이머다. 1686년에 부다페스트가 포위되고, 1689-1698년에 베오그라드가 포위 공격을 받을 때 결정적인 역할을 한 것도 오펜하이머다. 1688년에 오펜하이머는 루이 14세의 팔츠 침략을 저지하기 위해 소집된 군대에 장비를 공급하고 비용을 마련하는 일을 맡았다. 그리하여 몇 년 동안 두 전선의 전쟁 비용을 총괄했으며 독일과 네덜란드 전역에서 유대인 가문의 거대한 금융망을 통해 재원을 마련했다.

궁정 유대인은 궁정 중개인, 궁정 유대인, 왕실 조달자, 왕실 대리인, 내각 중개인, 상공업 고문관, 일반 조달자 등 여러 명칭으로 불렸다. 위대한 오펜하이머는 평화 시에는 최고 궁정 중개인이라 불렸으며 전시에는 왕의 최고 중개인으로 불렸다. 궁정 유대인은 엄청난 특권을 누렸다. 거리낌 없이 왕에게 나아갔고 원하면 언제 어디든 갈 수 있었다. 그리고 호프게리히트라고 불리는 왕후王侯 재판소 관할 아래 있어서 유대교의 법정은 말할 것도 없고 보통은 지방 재판소의 재판도 받지 않았다. 그들은 일반 사회뿐 아니라 유대인 사회에서도 독보적인 존재였다. 유대인은 이 방인과 결혼하는 일이 드물고 거의 전원이 친척 관계에 있었다. 그러나 이런 유대 관계가 언제나 유지된다는 보장은 없었다. 오펜하이머에게 가장 큰 경쟁자이자 대적은 조카인 삼손 베르트하이머였다. 그러나 기본적으로 유대인이 거액의 자금을 조달해서 효율적으로 운용할 수 있었던 것은 친척 간의 유대 관계 덕분이다.

두 개의 세상에서 사는 궁정 유대인에게 친족 간의 유대는 유대인 사회와의 결속을 더 강화해주었다. 궁정 유대인은 자신이 섬기던 화려한 귀족 사회에 동화되고 싶은 유혹을 받았다. 일부는 공식 직함과 함께 군대 제복을 입을 수 있는 특혜를 받기도 했다. 칼을 차거나 권총을 가지는 것도 허용되었다. 말이나 마차를 타는 것도 마찬가지였다. 궁정 유대인과 그들의 아내는 마음에 드는 옷을 입을 수 있었다. 무엇보다 원하는 곳에 거주할 수 있었다. 유대인 거주 구역 밖이나 심지어 유대인의 거주가 금지된 도시에서도 집을 구입할 수 있었다. 그리하여 오펜하이머는 자신뿐 아니라 자신과 관련이 있거나 자신을 의지하던 100여 개의 가문이 빈에서 생활할 수 있는 권리를 획득했다.

그러나 적어도 17세기에는 실제로 유대인 사회에서 벗어나려고 애쓰는 사람은 없었다. 생활방식 면에서 게토에 사는 유대인과 상당한 차이가 있었지만, 그들은 재산을 통해서나 권력자와의 협상을 통해서 동료 유대인을 위해 봉사했다. 친족과의 연락망과 유대인 사회의 포용이 고난이 올 때 유일한 피난처가 된다는 걸 잘 알고 있었다. 기독교인의 법률은 신뢰할 수 없었다. 기독교인 폭도는 언제라도 생겨날 수 있었다. 군주들은 대개 변덕스러워서 믿을 수가 없었다. 믿을 수 있는 군주라 해도 언젠가는 죽게 마련이고 그 후에는 적들이 마치 늑대처럼 그들에게 들이닥칠 것이 뻔했다.

특히 오펜하이머가 겪은 일은 궁정 유대인에게 시사하는 바가 컸다. 합스부르크 왕가를 위해 오펜하이머보다 애쓴 사람이 없었다. 그러나 1679년에 네이메헌 평화조약이 체결될 무렵 오스트리아 재무성은 오펜하이머가 받아야 할 금화 20만 플로린을 지불하지 않았다. 결국 그는 황제에게 개인적으로 호소해서 일부분의 상환만 보장받았다. 1692년에 금화 70만 플로린의 채권을 가지고 있었으나 재무성은 누명을 씌워 그를 옥에 가뒀다. 오펜하이머는 자유를 얻기 위해 하는 수 없이 50만 플로린을 탕감해주어야 했고 나중에 탕감액은 더 늘어났다. 1698-1702년에 잠깐 평화가 찾아와 그의 도움이 필요 없어지자 폭도들이 빈에 있는 그의 집에 쳐들어와 약탈했다. 마지막에 당국에서 조치를 취해 폭도 두 명을 교수형에 처했으나 1703년에 오펜하이머가 숨을 거두자 재무성은 다시 채무 이행을 거부했다. 오펜하이머가 여기저기서 돈을 빌려 국가에 대부를 해준 상황이었기 때문에 유럽에는 처음으로 금융 공황이 일어났다. 합스부르크 왕가는 스스로 자초한 궁지에서 벗어나기 위해 허리를 굽실거리며 오펜하이머의 경쟁자였던 베르트하이머에게 손을 내밀었다. 결국 오펜하이머의 상속자에게는 빚을 갚지 않았고 60년 후에는 부동산을 경매 처분했다.[46]

친척인 요제프 오펜하이머(약 1698-1738년)는 1733년부터 뷔르템베르크의 새 대공을 도와 공작령의 경제를 관리해주는 등 독재 국가 건립에 진력했으나 4년 후에 대공이 급사하자 비극적인 최후를 맞이했다. 대공이 죽은 그날 바로 체포되어 공동체의 권리를 파괴하고 공동체의 수입을 유용한 혐의로 고발되었고 유죄 판결을 받아 교수형을 당했다. 그의 주검은 철로 만든 우리에 담겨 전시되었다. 쥐스 또는 유대인 쥐스라고도 알려진 요제프 오펜하이머의 출세와 파멸은 이방인을 신뢰하던 유대인에게 하나의 경고가 되었고, 후에는 리온 포이히트방거가 쓴 유명한 소설의 주제가 되었다.

출세가도를 달릴 때 사실상 유대인이기를 포기했던 요제프 오펜하이머는 감옥에 투옥된 기간에 엄격한 정통 유대교로 회귀해 집행 유예의 조건이었던 세례를 거부하고 신앙을 고백하면서 죽었다. 당시의 한 인쇄물은 깨끗하게 면도한 그의 모습을 보여준다. 다른 궁정 유대인 중에도 수염을 깎은 이들이 일부 있었지만, 대부분은 거부했다. 작센의 한 선제후는 자신의 궁전 주위에 대략 20가정 정도의 유대인 가족을 고용하고 있었는데, 한 가장에게 수염을 밀면 은화 5,000탈러를 주겠다고 제안했다. 그러나 그는 제안을 거절했고 분노한 선제후는 가위를 가져와 직접 수염을 잘라버렸다. 삼손 베르트하이머는 수염을 깎지 않는 한편 폴란드 사람처럼 옷을 입었다. 대부분의 궁정 유대인은 자기들끼리 혼인관계를 맺었으나 지역의 유대인 공동체를 위해 봉사했고 때때로 공식 협상가로 활동했다. 위대한 사무엘 오펜하이머에게는 헝가리, 슬로바키아, 발칸반도 지역을 순회하는 대리인이 있었다. 그들은 오스트리아와 터키의 전쟁에서 붙잡힌 불쌍한 유대인 포로의 몸값을 치르고 해방시켜 안전한 공동체에 재정착하게 도왔다. 그러나 궁정에서 일하던 유대인은 부유하든 강력하든 자신이 실제로는 전혀 안전하지 않다는 사실과 절망적인 궁지에 빠진 유대인은 어디에나 있다는 사실을 잘 알고 있었다.

—

1648년 대재앙과 그 여파

1648-1649년에 폴란드 남동부와 우크라이나에 사는 유대인에게 대재앙이 닥쳤다. 앞으로 살펴보겠지만, 이 사건은 몇 가지 이유로 유대인 역사

에서 매우 중요하다. 이 일을 계기로 모든 지역의 유대인은 현재의 지위와 권력이 불안할 뿐 아니라 권력자에 의해 언제든 사전 경고 없이 공격을 받을 수 있다는 사실을 다시 한 번 확인했다. 30년 전쟁 때문에 폴란드에 있는 수출 식량 공급원은 차츰 압박을 받기 시작했다. 군에 다양한 식량 공급을 맡은 유대인은 이 일을 훌륭하게 완수했다. 폴란드에 있는 공급망 덕분이었다. 그러나 여기서 가장 큰 수익을 챙긴 이들은 폴란드인 지주들이고 주요 피해자는 폴란드와 우크라이나의 농부들이었다. 소작농이 생산한 곡물은 방대한 이윤을 덧붙여 군에 판매했다. 군인의 식욕은 한이 없어서 군에 판매하는 곡물의 양은 계속해서 증가했다. 폴란드의 귀족이 토지뿐 아니라 제분소, 양조장, 증류주 제조소, 숙박 시설 같은 고정 자산과 징세권을 모두 정액으로 지불한다는 조건으로 유대인에게 빌려주는 아렌다 제도 아래 유대인의 사업은 번창했고 인구는 급증했다. 그러나 이 제도는 처음부터 불안하고 불의한 제도였다. 돈 씀씀이가 헤펐던 부재지주는 계약을 경신할 때마다 유대인에게 임대료 인상을 강요했고 유대인은 이 부담을 소작농에게 전가했다.

이런 부정은 특히 우크라이나에서 분노를 샀다. 가톨릭 신자인 귀족들과 중개 역할을 하는 유대인이 그리스 정교회 신자인 농부들을 착취했기 때문이다. 유대인 지도자 가운데는 소작농의 반감을 재빨리 알아차리고 유대인에게 위기가 닥쳐오고 있다는 사실을 감지한 이도 있었다. 1602년에 랍비와 공동체 지도자가 볼리니아에 모여 회의할 때 유대인 임차인에게 안식일과 유대인의 절기에 농부들을 쉬게 하는 호의를 베풀라고 요청하기도 했다. "[유대인이] 아낌없이 주시는 분의 은혜를 잊는 일이 없길 바랍니다. 아낌없이 주신 물건이 이처럼 많이 쌓여 있으니 이를 통해 주님의 이름이 칭송되도록 하는 게 좋지 않겠습니까."[47] 그러나 많은 유대인이 자비를 베풀 수 있는 처지가 아니었다. 그들 역시 세를 내기 위해 농부들을 쥐어짜야 하는 전차인轉借人 또는 임차인의 전차인이었기 때문이다. 결국 의지할 수 있는 것은 대포밖에 없었다. 유대인과 폴란드인은 도시 방어를 강화했다. 총안을 갖춘 회당을 건축하고 지붕에는 총을 설치했다.

1648년 늦은 봄, 마침내 우크라이나 농부들이 들고 일어났다. 크림 반도 출신의 드네프르 코사크인과 타타르인의 지원을 받아 하급 귀족인 보흐단 흐멜니츠키(1595~1657년)가 앞장섰다. 원래 폴란드의 지배와 가톨릭교회에 불만을 품고 봉기한 것이라 폴란드인 귀족과 성직자가 많이 살해되었다. 그러나 소작농은 자기들과 접촉할 기회가 많았던 유대인에게 적대감을 품고 있었다. 막다른 골목에 이르자 폴란드인은 늘 그랬듯이 유대인 동맹자들을 나 몰라라 하고 자기들만 살려고 애썼다. 온 마을과 슈테틀에서 수천 명의 유대인이 앞다투어 방비가 단단한 큰 도시로 향했는데, 오히려 그곳이 죽음의 함정이 되었다. 툴친에서는 자기들의 목숨을 보존하기 위해 폴란드군이 유대인을 코사크인에게 넘겨주었다. 테르노필에서는 성의 수비대가 유대인이 들어오지 못하게 막았다. 바르에서는 요새가 무너져 모든 유대인이 몰살당했다. 나롤에서도 잔혹한 학살이 벌어졌다. 유대인 역사가의 기록에 따르면, 네미리프에서 코사크인은 폴란드인처럼 옷을 입고 요새 안으로 들어가 "성에서 6,000명을 살해했다. 수백 명을 익사시키고 온갖 잔인한 고문을 자행했다." 회당에서 의식용 칼로 유대인을 죽인 다음 건물을 불태웠고 거룩한 책을 찢어 발로 짓밟았으며 가죽으로 된 책 표지를 벗겨내 샌들을 만들었다.

정확히 얼마나 많은 유대인이 죽었는지는 알 수 없다. 유대인 연대기는 10만 명이 죽임을 당했고 300개의 공동체가 파괴되었다고 말한다. 반면에 한 현대 사학자는 대부분의 유대인이 탈출했고 이 사건이 "폴란드 유대인의 역사를 격변하게 한 전환점이 되지는 않았고 멈출 줄 모르는 유대인 사회의 성장을 잠시 멎게 한 잔인한 사건"일 뿐이라고 주장한 다.⁴⁸ 연대기 기록에 과장이 있는 것은 분명하지만, 난민의 참사 소식은 폴란드에 사는 유대인에게나 다른 공동체에 사는 유대인에게나 정신적 으로 깊은 타격을 주었다.⁴⁹

루리아의 카발라와 대중적 신비주의

과거에도 그랬듯 재난은 유대교 안에 비합리적이고 묵시적인 요소를 강화 했다. 특히 메시아의 구원에 관한 표징에 과민 반응하게 만들었다. 마이모 니데스의 저작에서 볼 수 있는 12세기의 합리주의적인 낙관론은 14세기 말에 유대인 공동체가 각지에서 압박을 받으면서 자취를 감추었다. 유대 인 상류 계층에서는 카발라주의자들의 신비주의가 득세했다. 스페인의 유대인 공동체가 1490년대부터 붕괴와 이산의 운명을 맞이하자 비합리 성이 두 가지 면에서 뚜렷하게 나타났다. 하나는 카발라의 대중화다. 그 때까지 교양 있는 엘리트 사이에서 구전이나 사본으로 비밀리에 회람하 던 카발라가 이제 일반 대중의 것이 되었다. 조하르의 여러 부분이 포함 된 문서와 카발라주의자의 선집이 각 지역의 유대인 공동체에서 유통되 었다. 여기에 박차를 가한 것이 유대인이 참여하게 된 출판 사업이다. 1558-1560년에는 크레모나와 만토바에서 두 개의 완전한 조하르 역본 을 앞다퉈 인쇄했다. 더 많은 인쇄물이 리보르노와 콘스탄티노플, 스미 르나, 살로니카, 특히 독일과 폴란드에서 쏟아져 나왔다.⁵⁰ 보급판 카발 라에는 보통의 유대인이 일상적으로 믿어온 통속적인 미신과 천박한 전 설이 뒤죽박죽으로 섞여 있었다. 그리고 이제 이런 것들이 일반 유대인의 신앙에서 큰 부분을 차지하게 되었다. 한두 세대가 지나면서 그런 마법과 비법이 혼연일체가 되어 어느 것이 어디에서 나온 전설인지 구별조차 할 수 없게 되었다.

또 하나는 카발라 자체가 역동적으로 변했다는 점이다. 이것은 스페인에서 추방된 자들이 카발라에 시온의 개념과 메시아의 출현으로 응축된 종말론적 요소를 끼워 넣은 결과다. 미신이 계속 덧붙는 가운데 카발라는 단순히 하나님에 관한 지식을 알려주는 신비로운 방법이 아니라 이스라엘의 구원을 앞당기는 역사적 동인이 되었다. 그리하여 이것이 유대교 신앙의 중심에 자리를 잡고 대중 운동의 양상을 띠기 시작했다.

이런 움직임을 조장한 것이 새로운 카발라 학파다. 추방된 유대인 중에는 팔레스타인으로 간 사람들도 있었다. 이들을 중심으로 갈릴리 북부 제파트에서 카발라 연구가 활발하게 이루어졌다. 처음으로 이름을 떨친 학자는 다비드 벤 솔로몬 이븐 아비 지므라다. 이집트에서 제파트로 이주한 인물로 라드바즈라는 이름으로 알려져 있다. 처음으로 카발라의 조직신학을 정리한 사람은 라마크(1522-1570년)라는 이름으로 알려진 모세스 벤 야코브 코르도베르다. 그러나 새로운 카발라 학파를 대표하는 천재적인 인물은 하 아리로 불린 이츠하크 루리아(1534-1572년)다. 아버지는 유럽 중동부 출신 아슈케나지로 예루살렘으로 가서 스파라디 여인과 결혼했다. 그 때문에 루리아는 카발라 문화를 전수할 때 두 공동체를 연결하는 교량 역할을 했다. 이집트 세금 징수원이었던 친척의 손에서 자란 루리아는 무역에 종사했으며 특히 후추와 옥수수를 전문으로 취급했다. 루리아는 사업이 지성인의 삶이나 강력한 신비주의적 사변과 양립할 수 없는 것이 아니라는 유대 전통에 가장 잘 맞는 예라 할 수 있다. 그는 평생 무역과 학문을 병행했다. 여기에서 그가 어렸을 때 습득한 카발라를 대중화할 수 있는 가능성이 보였다. 젊었을 때 그는 신비주의 색채가 없는 전통 유대교의 할라카에 정통했다. 할라카와 카발라를 절충시켜 둘 사이를 어려움 없이 오갈 수 있었던 것은 천부적인 재능이라 할 만하다.

루리아는 저술 활동을 거의 하지 않았다. 저서로 알려져 있는 것은 조하르의 일부인 '숨겨진 책'의 주해뿐이다. 그는 나일 강 유역의 한 섬에서 조하르를 깊이 음미하면서 1569-1570년까지 시간을 보낸 후 인생 후반에 제파트로 이주했다. 그러나 일단 제파트에 거주하게 되자 주변에 모인 다양한 학생들에게 매혹적인 영향력을 행사했다. 1930년대의 철학자 비트겐슈타인의 제자들처럼 루리아의 제자들은 그의 가르침을 기억했다가 훗날 그것을 책으로 기록했다. 루리아는 경건함뿐 아니라 힘과 권위도 발산했다. 어떤 사람들은 그가 메시아라고 생각했다. 새들의 언어를 이해하는 것처럼 보였고 종종 성경에 나오는 예언자들과 대화를 나누기도 했다. 제자들과 함께 제파트 주위를 거닐면서 직관적 지식을 통해 밝혀지지 않은 성인들의 무덤을 집어내기도 했다. 그렇게 제자들을 가르치다 수출입 무역 일을 하러 일터로 돌아갔다. 죽기 사흘 전에도 계산서 하나를 작성했다. 젊어서 세상을 뜨는 바람에 승천했다는 소문이 났고 루리아의 이름 뒤에는 으레 기적 이야기가 따르곤 했다.[51]

루리아는 하나님의 이름을 구성하는 철자에 집중함으로써 강력한 명상의 상태에 도달할 수 있는 방법을 제자들에게 가르치면서 영향력을 행사하기 시작했다. 대부분의 카발라주의자들처럼 토라의 실제 글자들과 그 글자들이 상징하는 숫자들이 하나님에게 직접 나아갈 수 있는 수단이 된다고 믿었다. 일단 그의 주장을 받아들이자 이 방식은 매우 유용했다. 루리아는 우주론도 주창했다. 그의 우주론은 메시아 신앙을 즉각적이고도 직접적으로 증언했고 모든 유대 신비주의 사상에 영향을 끼쳤다. 카발라에서는 우주가 다양한 층으로 이루어져 있다고 본다. 루리아는 유대인이 고통당하는 것은 그 우주가 붕괴할 징조라고 이해했다. 우주가 산산이 부서진 껍데기는 악이지만, 하나님의 빛인 조그마한 불꽃을 내포하고 있다. 이 갇혀 있는 빛이 바로 유대인의 방랑이다. 심지어 하나님의 **쉐키나**도 빛의 일부로서 악한 영향력에 종속되어 있다고 보았다.

이 망가진 우주에서 유대인은 상징과 행동이라는 이중적 의의를 지닌 존재다. 이방인이 유대인에게 가하는 해는 악이 빛을 어떻게 손상시키는지를 상징적으로 나타낸다. 우주를 원래대로 돌려놓는 것은 유대인의 책무다. 율법을 엄격하게 지킴으로써 유대인은 우주의 껍데기 안에 갇힌 빛의 불꽃을 해방시킬 수 있다. 이렇게 해서 우주가 제 모습을 찾으면 빛의 방랑이 끝나고 메시아가 와서 구원을 이룬다.

이 우주론은 평범한 유대인을 매료시켰다. 자기 손으로 운명을 개척할 여지가 있음을 실감하게 해주었기 때문이다. 고대 유대인은 이방인과 악을 상대로 싸웠고 패했다. 중세에는 어떤 부당한 일을 당해도 묵묵히 견뎌냈지만, 아무 일도 일어나지 않은 채 상황은 악화일로를 달렸다. 그러나 이번에는 우주의 드라마에서 유대인이 주역이라니 유대인을 덮치는 참사가 크면 클수록 드라마가 절정에 이르고 있다는 확신이 들었다. 경건한 삶을 살수록 절정을 앞당겨서 고난을 극복할 수 있다. 거대한 기도와 헌신의 물결을 일으키면 메시아가 이 물결을 타고 상황을 개선할 것이다.

그럼에도 카발라의 메시아 신앙이 유대인 대중에게 퍼지는 데는 100년이 넘게 걸렸다. 그 이유는 마이모니데스에게 있다. 마이모니데스는 메시아에게 매달리는 것을 반대했고 메시아 시대의 도래를 이성적으로 설명하려 했다. 메시아가 오는 때는 모든 유대인이 학문에 열중할 때라는 상식적이고 평범한 이야기밖에 하지 않았다. 마이모니데스는 오합지졸이 흥분해서 가짜 메시아에 환호했다가 나중에 환멸에 빠지지 않을까 우려했다.[52] 이러한 염려는 현실로 나타났다. 1492년의 유대인 추방령은 메시아를 출산하기 위한 산고라고 해도 좋았다.

1500-1502년에는 북이탈리아에서 랍비 아세르 래믈레인이 메시아 도래가 임박했다고 말했다. 당연히 자신이 메시아라고 말하는 사람들이 나왔다. 1523년에는 말 잘하는 젊은이 하나가 베네치아에 왔다. 아마도 에티오피아 출신의 팔라샤 유대인으로 추정되는데 자기가 다윗 왕의 자손이라고 주장했다. 아버지는 솔로몬이라는 왕이고 형제 중에 요셉이라는 왕도 있다는 소문도 돌았다. 요셉은 사라진 르우벤 지파와 갓 지파, 므낫세 지파의 반을 다스리는 지배자라고 했다. 이 때문에 이 젊은이는 다비드 르우베니로 불렸다. 그는 많은 유대인과 한때는 기독교인 군주까지 포섭했다가 결국 스페인에서 투옥되었다. 르우베니에게 자극을 받아서 솔로몬 몰코라는 인물도 1530년에 로마에서 자신이 메시아라고 주장했다. 몰코는 2년 후에 화형을 당했다.[53]

이런 실패담이 그 뒤로도 계속 이어지자 학식 있는 자들은 카발라의 방법으로 구원의 징조를 식별하는 일에 신중을 기했다. 법전을 편찬한 요세프 카로도 자페트를 방문한 적이 있지만, 법전에서 카발라 이야기는 언급도 하지 않았다. 메시아가 언제 올지 규명하려 하지도 않았다. 한편, 카로는 신비한 체험을 일기로 계속 기록했는데, 그중에는 사람의 모습을 한 미쉬나가 기이한 조언자 **마기드**로 등장한다.[54] 랍비 대다수는 메시아 대망 사상에 냉담했다. 메시아의 시대에 랍비가 어떤 역할을 할지, 랍비가 할 역할이 있기나 할지 알 수 없었기 때문이다. 루리아의 제자 중에서도 가장 걸출한 하임 비탈(1542-1620년)은 스승의 가르침을 대중에게 퍼뜨리려 하지 않았다. 비탈은 여생 동안 루리아의 가르침을 감췄다. 그러나 1610-1612년에는 과거 50년 동안 본 꿈을 기록한 자전적인 책《이상에 관하여 Book of Visions》를 내놓았다. 이것을 보면 비탈이 루리아가 메시아가 되었어도 이상할 게 없는 인물이고, 자신이 메시아로서 소명을 받을지도 모른다고 생각했다는 것을 알 수 있다. 한 번은 꿈에서 "큰 목소리로 이렇게 말하는 것이 들려 왔다. '메시아가 온다. 메시아가 내 앞에 선다.' 메시아가 뿔피리를 불자 이스라엘에서 수천수만 명이 모였다. 그는 우리에게 '나를 따라오너라. 그리하면 성전 붕괴의 앙갚음을 볼 수 있을 것이다'라고 말했다."[55] 1630년대가 되자 역시 루리아에게 가르침을 받은 요세프 이븐 타불과 하임 비탈이 루리아의 가르침을 수정해서 출간한 것을 많은 이들이 읽었다.

루리아의 카발라는 제파트에서 터키와 발칸 반도, 동부 유럽에 있는 유대 공동체로 차츰 확산되었다. 그 영향을 가장 광범위하게 많이 받은 지역은 유대인이 인쇄기를 가지고 있던 루블린을 비롯한 폴란드였다. 16세기 말에 이르자 카발라는 유대교의 일부로 간주되었다. 랍비 요엘 시르키스는 한 레스폰사에서 카발라에 관한 학문에 이의를 제기하는 자는 파문을 면할 수 없다고 규정했다. 17세기 전반부에 폴란드, 리투아니아, 우크라이나의 수많은 유대인 슈테틀과 게토에는 지식인의 신비주의와 고행을 비롯해 허황된 미신까지 포용한 유대교가 각 공동체의 기본 종교가 되어 있었다.

게토에는 여러 가지 미신이 있었고 역사가 오래된 것도 많았다. 천사와 악마 이야기는 성경에 별로 나오지 않지만, 탈무드 시대 초기에 유대교에 끼어들었고, **아가다**를 통해 공식적으로 인정되었다. 루리아를 둘러싼 온갖 기적 이야기가 유포되었고 옛 현자들에 관한 비슷한 이야기도 있었다. 루리아처럼 힐렐도 새들이 하는 이야기를 이해했고 다른 모든 동물, 심지어 나무와 구름의 대화도 이해할 수 있었다고 했다. 현자들은 온갖 교훈적 우화를 쏟아냈다. 힐렐의 제자 요하난 벤 자카이는 세탁소 비유와 여우 우화를 알고 있었다고 한다. 랍비 메이어는 300개의 여우 우화를 알고 있었다고 알려져 있다.

악마라는 개념을 유대교에 도입한 이도 바로 현자들이다. 물론 성경은 마술을 비난하고 있다. 예를 들면, 출애굽기 22장 17절은 마술을 부리는 여자는 살려두어서는 안 된다고 말한다. 또한 유대교에서는 모든 것은 하나님의 뜻에 따라 결정된다고 믿기에 이원론이 성립할 여지가 없다. 그럼에도 고대의 백마술과 흑마술의 흔적이 성경 본문에서 사라지지 않은 채 암묵적으로 용인되고 있다. 대제사장의 의복에 달린 종은 악마와 싸우기 위해 고안한 것이다. 경건한 유대인에게 가장 소중한 것 중 하나라고 할 수 있는 **테필린**도 그런 것이라고 말할 수 있을지 모른다.

성경에 많이 나오지는 않지만, 악마가 나오는 것은 사실이다. 죽음의 신 메베트, 아이들을 훔쳐가는 릴리트(때로는 올빼미), 전염병의 신인 레쉐브, 또 다른 질병의 신 데베르, 악마의 사령관 벨리알, 하나님을 반대하는 무리의 지도자 사탄, 광야에 풀어놓은 속죄 염소의 신 아사셀이 대표적이다.[56] 따라서 악마에 관한 이야기가 BC 150년부터 AD 300년 사이에 처음으로 유대교에 침투한 것은 아니다. 말할 필요도 없이 힐렐은 악마의 언어 역시 이해할 수 있다고 했다. 악마는 아주 다양한 모습을 하고 있지만, 아크레의 이츠하크 벤 사무엘에 따르면 모두 엄지손가락이 없다고 한다. 사탄과 벨리알은 아주 무시무시한 존재다. 한편, 탈무드에서 루아흐 테자지트라고 부르는 사악한 영 또는 부정한 영은 사람에게 옮아붙거나 속에 들어가서 사람의 입을 빌려 말을 하기도 했다.

루리아의 제자들이 기록한 카발라 문서에는 이렇게 으스스한 존재의 이야기가 넘쳐난다. 아슈케나지 유대인이 사는 게토, 특히 폴란드의 게토에서는 이런 것들을 디벅이라고 불렀다. 카발라 문서에는 악령을 떨쳐내는 방법도 쓰여 있다. 학식이 있는 **바알 쉠**이 루리아의 불꽃을 사용하면 악령이 쓰인 사람을 구할 수 있다고 한다. 카실과 라즈라는 시끄러운 소리를 내는 장난꾸러기 악마도 있는데, 거룩한 책을 덮지 않고 펼쳐놓은 사람이 있으면 그에게 물건을 던진다. 릴리트 말고도 여자 악마가 더 있다. 그중 하나가 시바의 여왕이다. 계절이 바뀔 때면 여자 악마가 부정한 생리혈을 우물이나 강에 흘려보내기 때문에 마시면 위험하다고 게토의 유대인은 믿었다.

이런 악마와 싸우려면 천사의 군대가 있어야 했다. 성경에도 이런 사상을 용인하는 듯한 구절이 있다. 미가엘, 가브리엘, 라파엘, 메타트론 같은 천사는 알파벳을 가지고 있었다. 이는 고대의 쐐기문자나 예전 히브리 문자에서 파생한 것으로 문자에는 눈 같은 작은 원이 몇 개 달려 있어서 부적과 주술 쪽지에 이 글씨를 기록해서 악마를 내쫓을 수 있다. 또 글자들의 특별한 조합을 발음함으로써 악마를 물리치기도 했다. 또는 문자의 특별한 배열을 외워서 요물을 물리칠 수도 있다. 예를 들면, 아브라카다브라와 눈을 멀게 한다는 샤브리리라는 것도 있다.[57]

문자를 조합해서 거는 마법, 즉 신과 천사의 숨겨진 이름을 주문처럼 외우는 것을 실천적 카발라라고 불렀다. 이론상으로는 백마술을 사용할 수 있는 사람은 아주 거룩한 경지에 있는 이들뿐이고 그 외의 사람은 시도해서는 안 된다고 했지만, 실제로는 대량으로 만든 부적이 게토 안에 나돌았다. 또 부정한 이름을 조작해 마법을 거는 흑마술도 있었다. 조하르에 따르면, 이 금단의 마술은 창세기에 나오는 선악을 알게 하는 지식의 나무 잎에서 유래한 것으로 수행을 위해 암흑의 산을 헤매던 마술사에게 타락천사인 아사셀과 아자가 가르쳐주었다고 한다. 덕이 높은 카발라주의자만 학문을 위해서 이런 재주를 사용할 수 있다고 했지만, 실제로 게토에서는 위험한 마술도 성행했다.

가장 엄청난 마술은 골렘을 창조하는 것이다. 이름의 주인이라는 바알 쉠이 신의 숨겨진 이름 중 하나를 주문으로 외우면, 그 몸에 생명을 불어넣을 수 있다고 한다. 이 이야기는 하나님이 아담을 창조하는 장면에서 유추한 것으로 추정되지만, 골렘에 관한 이야기는 시편에 딱 한 번 나온다.[58] 그러나 탈무드에는 골렘에 관한 전설이 많이 있다. 예레미야도 골렘을 하나 만들었고 벤 시락도 하나 만들었다고 한다. 15-17세기에 이런 생각이 탄력을 받아 뛰어난 학자로 카발라의 지식이 있으면 누구나 골렘을 만들 수 있다고 했다. 골렘에게 생명을 불어넣는 이유는 다양한 임무를 수행하게 하기 위해서다. 그중에는 유대인을 이방의 적으로부터 보호하는 일도 포함된다. 골렘은 신의 숨겨진 이름을 구성하는 문자를 올바른 순서로 입에 넣으면 움직이고 반대로 넣으면 멈추게 되어 있는데, 때로는 말을 듣지 않고 마구 날뛰었다. 그래서 무시무시한 이야기가 새로 등장했다. 악마와 천사와 골렘을 비롯한 불가사의한 생물이 게토 내 민간전승의 주역이 되었고 여기서 다시 미신이 무수하게 돋아났다. 그것은 게토 안에 기이할 정도로 응집된 생명력을 부여했다. 섬뜩함을 안겨주기도 하고 위로를 안겨주기도 하면서 생기와 흥분을 자아냈기 때문이다.

1738년에 런던에서 출판된《유대인의 종교와 의식, 기도에 관한 책 *The Book of Religion, Ceremonies and Prayers of the Jews*》에는 16-17세기의 관습이 몇 가지 소개되어 있다. 저자는 가말리엘 벤 페다주르로 되어 있지만, 실제로는 아브라함 메아르스라는 배교자가 쓴 것이다. 이 책에 따르면, 악령은 피어오르는 먼지나 쓰레기 더미에 있다고 한다. 나쁜 유령은 어둠 속에서 사람에게 나쁜 짓을 저지르지만, 혼자 있을 때에만 그런 일이 가능하다. 두 명이 있을 때에는 모습을 드러내긴 해도 나쁜 짓은 하지 않는다. 세 명이 있으면 아무 짓도 하지 못한다. 횃불에도 같은 효력이 있다. 마녀는 잘게 부수지 않고 버린 도자기와 달걀 껍데기, 끝을 묶어 놓은 녹색 채소가 버려진 것을 보면 나쁜 짓을 할 수 있다.

장례식과 결혼식에 관한 전설도 많았다. 예를 들면, 생전에 그에게 나쁜 짓을 많이 해서 죽은 자에게 용서를 구하고 싶으면 관의 발치에 서서 죽은 자의 엄지발가락을 손으로 잡고 용서해달라고 기도한다. 만일, 코피가 나오면 용서를 해주지 않은 것이다. 결혼식 피로연에서 컵을 밟아서 깨뜨리는 것은 불운을 털어내려는 행동이다. 앞에 소개한 책에 따르면, 독신자들은 깨진 그릇 조각을 주우려고 기를 썼다. 그래야 곧 결혼할 수 있다고 믿었기 때문이다. 미신은 부지불식간에 민간 의학에도 스며들었다.

모든 병을 치료할 수 있다고 가정하는 이들 중에는 특정 부류의 여인들이 있는데, 그들은 훈증 소독을 통해 불운에서 벗어날 수 있다. 환자가 입었던 의복 일부를 그런 여의사에게 보내면, 그녀는 고유의 비법으로 만든 연기가 나는 특정 재료 위에 의복을 들고 서서 단어를 읊조린다. 그리고 몇 분 후 그 의복을 곧바로 입을 수 있도록 환자에게 돌려보내고 반드시 위로의 말을 건넨다. 그 늙은 여인이 연기를 피우는 데 시간이 너무 오래 걸려 환자들이 불쾌감을 느끼지만 않는다면 말이다. 일반적으로 아이의 모자에 연기를 쐬는 가격은 1실링이다. 여인의 페티코트는 2실링, 남자의 승마용 바지는 0.5크라운이고 스페인계 유대인은 더 많이 지불해야 한다. 연기를 피우는 자들이 독일인이기 때문이다.**59**

마법과 메시아 신앙

게토의 민간전승에는 악마, 죄(특히 원죄), 윤회, 그리고 무엇보다 메시아와 관련된 것이 많다. 그중에서 메시아 신앙은 정통파 유대교가 용인할 확률이 높았다. 메시아 신앙은 게토에서 믿는 초자연적 현상을 모두 합친 것이라고 할 수도 있고 그런 현상의 종착지라고 할 수도 있다. 가장 합리적이고 교양 있는 랍비도, 가장 세속적인 장사꾼도, 그럭저럭 읽고 쓸 줄 아는 우유장수의 아내도 메시아가 곧 올 거라고 믿었다. 메시아 신앙에는 사라진 지파의 이야기가 으레 뒤따랐다. 이 땅에 하나님나라를 재건하기 위해 메시아가 저 멀리 포로의 땅에서 그 지파들을 불러들인다. 그들은 강한 군대가 되어 행진하며 메시아를 다윗 왕의 보좌에 앉힌다고 믿는 사람이 많았다.

믿을 만한 이슬람 상인에게 들은 이야기라면서 1489년에 다음과 같이 기록한 것은 게토의 허풍쟁이가 아니라 위대한 미쉬나 주석가 베르티노로의 오바디야 벤 아브라함 야레다. "사막을 가로질러 50일간 여행하면 큰 삼바티온 강에 도달하는데, 그곳에서는 이스라엘 자손들이 그럭저럭 살고 있다. … 그들은 천사처럼 고상하고 순진하며 그곳에는 죄인이 하나도 없다. 삼바티온 강 바깥쪽에는 해안의 모래알처럼 많은 이스라엘 자손이 살고 있다. 왕과 영주도 있지만, 강 안쪽에 사는 사람만큼 고상하고 순진하지는 않다."[60] 이 수많은 사람이 모여서 메시아가 이끄는 정복군을 조직한다고 믿었다.

역사를 돌아보면 구원 방법을 명확하게 실천적으로 설명하는 종교 사상이 전파 속도가 빠르다. 루리아의 카발라가 그랬다. 보통의 유대인이 기도를 하거나 경건한 삶을 삶으로써 메시아 시대를 앞당길 수 있다고 명확히 이야기하기 때문이다. 고상한 면과 저속한 면을 아울러 루리아의 사상을 가장 빠르고 폭넓게 받아들인 것은 1630년대에 태어난 세대다. 카발라 신비주의가 유대인 공동체에 끼친 영향을 연구하는 데 인생을 바친 위대한 역사가 게르숌 숄렘은 머지않아 엄청난 사건이 일어난다는 신앙이 17세기 중엽의 유대인 공동체에 널리 퍼져 있었다고 강조한다.[61]

1648년부터 동유럽 아슈케나지 유대인 사회를 엄습해 1650년대 스웨덴 전쟁에서 절정에 달한 대재앙은 메시아에 대한 기대를 증폭시키는 강력한 요소였다. 고난이 심해질수록 구원에 대한 열망은 더욱 더 간절해졌다. 1650년대와 1660년대에 각지의 유대인 공동체에는 수용해야 하는 수천 명의 피난민이 있었고, 그들을 후원하기 위해 자금을 마련하는 활동은 메시아에 대한 기대를 자꾸 더 키웠다. 그리고 루리아의 가르침 덕분에 모로코처럼 폴란드에서 일어난 참사에 대해 거의 알지 못하는 멀리 떨어진 공동체에서도 메시아가 오기를 열망했다. 흥분의 물결은 살로니카와 발칸 지방, 콘스탄티노플과 터키 전역, 팔레스타인과 이집트에서 특히 거셌다. 리보르노와 암스테르담, 함부르크 같은 완고한 무역 중심지에서도 흥분이 감지되었다. 부유한 자나 가난한 자, 지식이 있는 자나 없는 자, 위기의식을 느끼는 공동체나 안전하다고 자부하는 공동체 할 것 없이 모두 메시아에 대한 기대로 달아올랐다. 1660년대가 되자 메시아가 오실 길을 예비하는 루리아의 역할은 어느 정도 끝나고 메시아가 무대에 등장하기만을 기다리는 형국이 되면서 두 대륙에 흩어져 있는 수백 개의 유대인 공동체가 하나로 단결되었다. 어느 새 통속적인 미신과 학문적인 신비 사상이 하나가 되었다.

샤베타이 체비, 가자의 나탄, 침투성이 강한 영지주의

1665년 5월 31일, 마치 신호를 받기라도 한 것처럼 가자(가사)에 샤베타이 체비(1626-1676년)라는 인물이 나타나 메시아로 선포되었다. 그러나 모든 계획을 짜고 배후에서 조종한 주모자는 아브라함 나탄 벤 엘리샤 하임이라는 아슈케나지였다. 흔히 가자의 나탄(1643-1680년경)으로 불리는 인물이다. 이 젊은이는 박학다식하고 영리하고 창의적이고 지략이 풍부했다. 그는 예루살렘에서 존경받는 랍비 계열 학자이자 카발라주의자의 아들로 태어났다. 가자의 부유한 상인의 딸과 결혼해 가자에서 살면서 1664년부터 루리아의 카발라를 철저히 연구했다. 그리고 곧 루리아의 명상법과 황홀경에 빠지는 법을 통달했다. 1665년 초에는 장시간 환상을 볼 수 있을 정도가 되었다. 그러나 여기서 중요한 것은 나탄이 자기가 마음속에 그리던 메시아의 모습에 어울리도록 루리아의 가르침을 수정했다는 점이다. 훗날 유대인의 지성이 세속적인 분야에서 실력을 발휘하게 되었을 때 위험하다 싶을 정도의 뛰어난 상상력이 세계에 공헌하게 되는데, 나탄은 그런 의미의 전형적인 유대인이었다. 그가 내세우는 설명과 예측 방법은 매우 그럴싸할 뿐 아니라 아주 유연해서 엄밀성에 구애를 받지 않았다. 그래서 새로운 사건, 가끔은 난처하기도 한 새로운 사건이 벌어져도 얼마든지 대응할 수 있었다. 나탄의 이론은 천만가지로 변화해서 현상을 서서히 흡수하는 침투성을 갖추었다. 게다가 나탄이 침착한 어조로 이야기하면, 놀라울 만큼 설득력이 있었다. 이 점에서는 마르크스나 프로이트에 견주어도 손색이 없을 정도로 재능이 뛰어났다.

예루살렘에 머무는 동안 나탄은 샤베타이 체비를 만났다. 체비는 나탄보다 열여덟 살 많았는데 괴짜로 유명했다. 나탄은 체비에게 별로 관심이 없다가 루리아의 카발라를 공부하고 스스로 만족할 만큼 환시와 예언 능력을 익히고 나자 문득 체비가 떠올랐다. 그래서 그를 자신의 사상 체계에 끼워 맞추었다. 체비는 모든 면에서 나탄보다 못했다. 교양 면에서도 독창성 면에서도 나탄보다 한 수 아래였다. 다만 자아도취 성향이 유별났다. 메시아로서 없어서는 안 될 소질을 타고난 셈이다.

체비는 무역 거점으로 발전 중인 스미르나에서 태어났다. 아버지는 네덜란드와 영국 회사 대리업자였고 두 형제도 상업으로 성공했다. 체비는 책벌레로 랍비 밑에서 교육을 받고 열여덟 살에 졸업한 뒤에 카발라를 배웠다. 요즘 말로 말하면 조울 증세가 있어서 기분이 좋을 때면 공연히 활기를 띠다 갑자기 침울해지곤 했다. 이는 어느 종교를 막론하고 신비주의자에게서 흔히 볼 수 있는 현상으로 신이 광휘를 발하거나 얼굴을 감출 때 그런 증상이 나타난다고 생각했다. 그래서 마음이나 행동이 갑자기 달라진다고 해서 그 사람의 고결함이 손상되는 일은 없었다. 고약하게도 체비는 조증에 빠질 때 율법에 어긋나는 짓을 하고 불경한 말을 내뱉는 버릇이 있었다. 입에 담어서는 안 될 신의 이름을 입에 올리기도 하고, 세 개의 절기를 합쳐서 동시에 기념하기도 하고 혼인 예식을 위해 쳐놓은 천막 아래서 토라와 결합하는 비밀스러운 의식을 행하기도 했다.

1648년의 대학살을 기점으로 체비는 메시아를 자처했다. 신비주의자는 해서는 안 되는 짓을 하고 나서 자신의 행동을 정당화하곤 하는데, 체비도 예외가 아니었다. 예를 들면, 자기를 위해 '금지된 것을 허용하는 자를 위한 축도'를 하곤 했다. 1650년대에 체비는 스미르나, 살로니카, 콘스탄티노플에서 차례로 쫓겨났다. 흥분 상태가 가라앉아서 정상일 때도 있었다. 이럴 때면 자신이 본 것은 말도 안 되는 환상이라면서 치료할 궁리를 하기도 했다. 하지만 그럭저럭 시간을 보내는 사이에 다시 고약한 충동이 되살아나는 일이 반복되었다. 두 번 결혼해서 두 번 다 부부의 연을 맺기 전에 이혼했다. 1664년에 카이로에서 조증에 빠졌을 때는 사라라는 소녀와 세 번째 결혼을 했다. 사라는 대학살을 피해 카이로에 온 난민으로 평판이 별로 좋지 않았다. 하지만 이것도 전례가 없는 것이 아니다. 예언자 호세아도 창녀와 결혼하지 않았던가. 겨울이 되자 체비는 다시 내면에 있는 마물을 퇴치해볼 요량으로 도움을 줄 만한 사람을 찾아 나섰다. 나탄이라는 젊은 카발라주의자에게 기가 막힌 환시 능력이 있다는 말을 듣고 체비는 나탄을 찾아갔다. 때는 1665년 봄이었다.

두 사람이 만난 4월 무렵 나탄이 본 환상 속에서는 그가 예루살렘에서 본 메시아라고 주장하는 사나이의 모습이 부각되고 있었다. 그래서 실제로 체비가 도움을 청하러 나타나자 나탄은 하나님이 두 사람을 만나게 해준 것으로 생각했다. 체비는 마물을 퇴치해주기는커녕 타고난 지략과 언변을 동원해 당신은 메시아가 맞다고 체비를 설득했다. 그리고 체비의 태생과 성격을 성경의 정경과 외경, 그리고 자기 나름대로 고친 루리아의 가르침에 끼워 맞추었다. 나탄은 이 작업을 훌륭하게 마치고 체비를 메시아로 받들었다. 나탄의 말에 수긍한 체비는 확신에 찼고 곧 조증에 접어들었다. 나탄에게 열렬한 지지를 받은 체비는 자신이 메시아라고 공언했고 이번에는 사람들도 그의 주장을 인정했다. 체비는 마치 왕이라도 된 것처럼 말을 타고 가자 일대를 누비고 다녔고 이스라엘의 모든 지파를 불러모으기 위해 대사를 임명했다.

16세기에는 체비 외에도 메시아를 자처하는 인물이 몇 명 더 있었다. 하지만 체비는 그들과 달랐다. 체비를 배후에서 조종하는 나탄은 정통파 유대교에 속해 있었다. 나탄은 정통파 유대교의 가르침을 토대로 체비가 메시아라고 주장했고, 이 주장은 유대인이라면 이제 모르는 사람이 없는 루리아의 카발라 사상과도 일치했다. 타이밍도 적절했다. 지성적인 분위기도 무르익어 있었다. 예언자 나탄은 확신에 차서 정확한 지식을 쏟아내는 거룩한 불꽃이었고 체비는 사람을 끌어들이는 힘과 위엄 가득한 겸손을 겸비한 메시아였다. 이 단짝은 가자에서 대성공을 거두었고 랍비들도 하나같이 환호성을 질렀다.

그러나 예루살렘에서는 일이 썩 잘 풀리지 않았다. 나탄의 옛 선생을 포함해 예루살렘 랍비들은 체비를 메시아로 인정하지 않고 추방해버렸다. 그러면서도 체비가 진짜 메시아로 밝혀질 경우에 대비하느라 각지의 유대인 공동체에 가짜 메시아를 조심하라는 경고를 하지 않았다. 예루살렘 안팎의 랍비들 중에 의심이 많은 사람들은 침묵을 지키는 것이 최선이라고 판단했지만, 대다수의 랍비가 체비에게 넘어갔다. 나중에 모든 거품이 꺼지고 나자 자기는 체비가 하는 말에 이의를 제기했다고 주장하는 자들이 뒤를 이었다. 그러나 숄렘이 지적한 대로 현존하는 자료를 토대로 판단하건대 그런 사실은 없었던 듯하다.

1665년부터 이듬해의 후반까지 예루살렘 당국은 새로운 메시아에 대해 아무런 이의도 제기하지 않았다. 나탄이 일련의 사건을 그럴 듯하게 포장해서 전 세계 유대인 공동체에 편지를 보냈지만, 아무도 반박하지 않았다. 물론 유대인 대부분이 메시아가 오면 기적을 행할 거라고 믿었지만, 마이모니데스의 이론을 비롯해 기적이 일어나지 않는 것을 무마할 근거도 충분했다. 나탄은 기적이 일어나지 않을 것을 내다보고 루리아의 가르침을 교묘하게 수정해놓은 상태였다. 유대인의 기도와 신앙으로만 메시아가 오실 길을 예비할 수 있다. 따라서 한 점의 의구심도 없는 순수한 믿음만 있으면 메시아가 주어진 사명을 다할 수 있다고 나탄은 말했다. 그래서 기적이 없어도 체비와 나탄은 꿋꿋이 버틸 수 있었다. 사실 그렇게 조심할 필요도 없었다. 체비 주위에서는 일어나지 않았지만, 다른 곳에서 기적이 확실하게 일어났으니 말이다.

유대인은 종종 풍설로 들은 참사와 승리를 흥분 가운데 길게 써서 세상에 퍼뜨리는 습관이 있는데, 그러다 보면 기적 이야기가 자연스럽게 덧붙었다. 예를 들면, 콘스탄티노플에서 리보르노에 보낸 편지에는 카이로에서 일어난 불가사의한 사건이 상세히 적혀 있었다. 살로니카에서 기적이 일어났다는 소식은 로마를 거쳐 함부르크에 닿고, 다시 폴란드에 닿았다. 가장 서쪽에 사는 유대인의 귀에 처음 닿은 소식은 체비와는 아무 관계도 없었지만, 사라져버린 이스라엘 열 지파가 페르시아나 사하라 사막에서 집결해서 메카나 콘스탄티노플로 진군하고 있다는 내용이었다.

1665년 9월, 나탄은 메시아가 앞으로 할 일을 개괄한 장문의 편지를 보냈다. 편지에서 나탄은 메시아의 행적이 루리아의 신학을 대체하게 되었으며 역사의 새로운 단계를 개척했다고 주장했다. 메시아는 모든 죄인을 용서할 능력이 있다. 메시아는 우선 터키의 왕관을 쓰고 술탄을 종으로 삼는다. 다음으로 삼바티온 강으로 가서 그곳에 사는 지파를 집결시켜 모세의 딸이 환생한 열세 살의 레베카와 결혼한다. 메시아가 국외에 나가 있는 사이에 터키인이 반란을 일으켜 유대인을 괴롭힐 가능성이 있으므로 모든 유대인은 당장에 죄를 회개해야 한다고 했다.

그 무렵 체비는 북쪽으로 승리의 행진을 시작했다. 우선 알레포로 갔고 그곳에서 스미르나를 거쳐 콘스탄티노플로 향했다. 이 시점에서 유대인 대중은 급속히 이상한 흥분에 휩싸였다. 체비는 조증에 빠지면 이상한 짓을 하곤 했는데, 이런 행동이 대중을 더 흥분시켰다. 체비는 "거룩한 신의 이름을 입에 올리거나 금지된 기름진 고기를 먹거나 하나님과 율법을 더럽히는 짓을 하면서 다른 사람에게도 같은 짓을 하라고 강요했다."[62] 이제 체비가 어디를 가나 따르는 무리가 생겼다. 혹시라도 트집을 잡는 랍비가 있으면, 군중이 그의 집을 습격할 태세였다.

스미르나에서 체비는 도끼를 들고 자기를 메시아로 인정하지 않는 스파라디 회당에 가서 문을 부수고 들어갔다. 그러고는 믿음이 없는 랍비는 부정한 동물과 똑같다면서 성경을 팔에 들고 스페인의 연가를 부르더니 구원의 날은 1666년 6월 18일이라고 선언했다. 또한 터키 술탄의 왕위를 당장 박탈하겠다면서 전 세계의 왕국을 자기 추종자들에게 나누어 주었다. 그의 말을 믿지 않는 랍비가 증거를 요구하자 체비는 그를 그 자리에서 파문하고 군중을 끌고 와서 금지된 이름을 부르게 하면서 이것이 바로 증거라고 했다. 이어 유대인 여성을 이브의 저주로부터 해방하여 자유를 주고 콘스탄티노플에 사자를 보내어 1665년 12월 30일에 배를 타고 갈 테니 맞이할 준비를 하라고 전했다.

1665년에서 1666년으로 넘어가는 겨울과 이듬해 내내 유대인 사회에는 일대 소동이 벌어졌다. 나탄은 유대인 공동체에 회개를 촉구했고 그의 말은 프랑크푸르트, 프라하, 만토바, 콘스탄티노플, 암스테르담에서 대량으로 인쇄되어 전달되었다. 유대인은 그의 권고를 받아들여 기도와 단식을 하고 몸을 정결하게 하기 위해 쉴 새 없이 목욕했다. 눈이 내리는 가운데 벌거벗고 누워서 고행을 하는 자도 있었다. 메시아를 직접 보기 위해 전 재산을 팔아 성지로 순례를 떠나는 사람도 생겼다. 구름을 타고 실려 갈 것으로 믿는 사람도 있었다. 재산을 처분해서 도항권을 구한 사람도 있었다. 암스테르담에서도 가장 부유한 유대인에 속하는 아브라함 페레이라는 가족을 모두 데리고 팔레스타인으로 향했지만, 리보르노에서 앞으로 더 나아가지 못했다.

이 시기에 나온 시와 책에는 '새로운 예언과 새로운 왕국이 시작된 첫 해'라는 연호를 사용했다. 군중의 행진도 벌어졌다. 천년왕국을 믿는 기독교인도 1666년은 무슨 일이 일어날 해라고 믿고 술렁거렸다. 폴란드의 모든 도시에서 폭동이 일어나고 5월에는 국왕이 유대인의 시위를 금지했다. 유대인이 이렇게까지 달아오르자 이슬람 세계도 가만히 있을 수 없었다. 이런 분위기에 동조하는 사람과 반대하는 사람이 충돌하자 터키 당국은 경계를 강화했다.

그래서 1666년 2월에 체비가 탄 배가 터키 영해에 도착하자 배는 즉시 나포되었고 메시아는 쇠사슬에 묶인 채 육지로 끌려왔다. 그러나 터키 당국은 체비를 명예 포로처럼 대우하고 방문객을 만날 수 있게 허용했다. 나탄은 이 사건을 자신의 이론과 짜 맞추기 위해 정당화 작업을 시작했다. 우선, 메시아의 투옥은 피상적인 현상이라고 설명했다. 빛나는 힘은 거룩한 불꽃을 발하지만, 사악한 힘은 이를 방해한다. 메시아의 투옥은 이 사악한 힘을 상대로 메시아가 내적 전투를 치르고 있음을 상징하는 것이라고 했다. 체비는 구류되어 있던 갈리폴리의 요새 안에서도 자기가 메시아라는 주장을 꺾지 않았고 각지에서 파견을 받은 유대인 대표단은 이런 모습을 보고 기쁜 마음으로 돌아갔다.

베네치아의 공동체에서 이 일에 대해 문의하자 콘스탄티노플에서는 불안해하지 말라는 답장을 보냈다. 답장은 상업 통신문처럼 보이도록 다음과 같이 기록했다. "우리는 그 건을 조사했고 랍비가 이스라엘의 상품을 검사했습니다. 이곳에서는 그 물건을 직접 볼 수 있으니까요. 우리는 그 상품이 매우 가치가 있다고 결론을 내렸습니다. … 그러니 거대한 시장이 열리는 대축제일까지 기다려야 합니다."**63**

1666년 여름으로 예정된 대축제일은 아무 일 없이 지나갔다. 9월 초에 느헤미야 하 코헨이라는 폴란드의 카발라주의자가 체비를 찾아와 반대 심문을 했다. 어쩌면 그는 터키의 첩자이거나 메시아를 자처하는 체비의 경쟁자였을 가능성도 있다. 심문을 마치고 하 코헨은 체비의 답변이 충분하지 않다면서 터키 당국에 체비를 사기꾼으로 고발했다. 9월 15일, 체비는 콘스탄티노플 법정에 소환되었다. 술탄은 격자 구조로 된 법정 안쪽 방에서 재판을 방청했다. 체비는 자신이 메시아라고 주장한 적은 한 번도 없다고 말했다. 결국 이슬람교로 개종하든지 사형을 당하든지 둘 중 하나를 선택해야 할 처지에 놓였다. 유대인이었다가 배교하고 술탄을 돌보는 의사가 개종을 종용하자 그는 터번을 집어 들었다. 아지즈 메흐메드 에펜디로 개명하고 궁정의 문지기가 되었으며 이후로는 정부에서 매일 150피아스타의 급여를 받았다.

체비가 메시아 노릇을 할 때 못지않게 그가 유대교를 버린 후에 일어난 일에서도 많은 교훈을 얻을 수 있다. 배교 소식이 알려지자 처음에는 많은 사람이 이 사실을 믿으려 하지 않았지만, 유대 세계를 감싸고 있던 행복감은 일시에 사라지고 말았다. 랍비들과 공동체에서 지도자의 위치에 있던 사람들은 체비가 하는 말을 믿은 사람이나 믿지 않은 소수의 사람이나 일제히 이 사건에 대해 입을 굳게 다물었다. 이 일은 인간의 지혜를 뛰어넘는 하나님의 뜻에 따른 것이므로 이 사건을 다시 검토하는 것은 하나님에게 대항하는 행위라는 말도 나왔다. 자칫했다가는 오스만 제국에 대한 반란이 될 수도 있는 사건인지라 순순히 체비를 따른 유대인 지도자를 상대로 터키인이 마녀 사냥을 하지는 않을까 우려하는 목소리도 있었다. 그래서 역사를 고쳐 쓰거나 아예 기록으로 남기지 않으려고 애쓰면서 아무 일도 일어나지 않은 것처럼 가장했다. 그리하여 이 사건을 기록한 공동체의 문서는 모두 파기되었다.

한편, 가자의 나탄은 체비의 배교를 합리화하면서 자신의 이론을 다시금 확장했다. 배교는 어쩔 수 없는 역설 또는 변증법적 모순으로 탈바꿈했다. 그것은 배신과는 거리가 먼 것으로 사실상 이방인, 특히 이슬람 사이에 퍼져 있는 루리아의 불꽃을 해방시키기 위한 새로운 사명의 시작이라고 주장했다. 유대인은 유대인 사이에 흩어져 있는 불꽃을 회복시키는 쉬운 일을 맡고 메시아는 이방 세계에 있는 불꽃을 모으는 훨씬 더 어려운 과업을 맡은 것이다. 오직 체비만이 그 과업을 수행할 수 있고 그것은 악의 영역으로의 하강을 의미했다. 얼핏 보면 악의 영역에 굴복하고 있는 것처럼 보여도 실제로는 원수의 진영에 들어간 트로이의 목마와 같다. 나탄은 자기 임무에 열중하면서 체비가 항상 기이한 일을 해왔다고 지적했다.

이번 일도 그런 일 중 하나일 뿐이다. 특히 이번 사건에는 메시아로서 승리하여 완전한 영광을 드러내기 전에 마지막으로 배교의 수치까지 끌어안으려는 메시아의 뜻이 숨겨져 있다고 보았다. 숨겨진 의미라는 개념은 카발라를 연구하는 이들에게 친숙한 것이었다. 일단 표피상의 배교라는 개념을 받아들이자 터키의 감독 아래 이루어진 체비의 행동을 포함해 다른 모든 것이 새로운 이론을 확증해주었다. 이를 위해 나탄은 신속하게 성경, 탈무드, 카발라주의자의 문헌을 동원해 거대한 증거 자료를 준비했다. 나탄은 수차례 체비를 방문했고 그리하여 나탄의 이론과 체비의 행동을 꿰맞출 수 있었다. 때때로 체비는 조울증 증세를 보였고 그 기간에 이따금씩 자신이 메시아라고 거듭 주장했다. 또한 그는 성적으로 난폭하고 기괴한 행동을 보였다. 이에 체비에게 맞서는 콘스탄티노플의 유대인과 무슬림이 연합해서 술탄을 설득하고 뇌물을 바쳐 체비를 알바니아로 유배 보냈다.

체비는 그곳에서 1676년에 죽음을 맞았다. 나탄은 체비가 죽어도 당황하지 않았다. 그는 체비의 죽음을 단순한 엄폐라고 천명했다. 하늘로 승천해서 천상의 빛에 흡수된 것이라고 했다. 나탄은 그로부터 4년 후인 1680년에 죽었다. 세상을 떠나는 순간까지 나탄은 체비가 한 행동뿐 아니라 앞으로 어떤 난처한 상황이 벌어지더라도 대응할 수 있을 정도로 유연한 사상 체계를 완성하고 있었다. 루리아를 비롯한 카발라주의자는 빛은 한 쌍뿐이라고 했지만, 나탄은 두 쌍의 빛이 있다고 했다. 하나는 배려 깊은 좋은 빛이고 또 하나는 배려가 없는, 중립이지만 나빠질 수 있는 빛이다. 창조는 양자 사이에서 변증법적으로 진행되는데, 여기서 메시아가 독특한 역할을 한다. 보통 인간과는 달리 메시아는 영웅과 같은 희생을 하지 않으면 안 될 때가 있다. 다른 이들을 정결하게 하기 위해서 자기 자신 안에 악을 발생시키는 것도 그중 하나다. 이것은 체비가 다시 살아오거나 대리인을 보내더라도, 또는 눈과 귀로 포착할 수 없는 존재가 되더라도 적용할 수 있는 이론이었다. 카발라의 대안 또는 이설이라

할 수 있는 이런 체계를 설계하느라 나탄은 자신의 이론을 매우 면밀하고 상상력 풍부한 변증법으로 승화시켰다.

세계교회주의자 야코브 프랑크

이 때문에 샤베타이 운동은 메시아가 배교를 한 뒤에도 사라지지 않았고 때로는 공공연히 때로는 비밀리에 100년 넘게 이어졌다. 대다수의 랍비들은 이 운동을 혐오했다. 나탄의 마지막 이론에서 이단의 냄새가 풍긴 것도 이유라면 이유지만, 무엇보다 1700년과 1706년에 체비가 재림한다는 예언이 이루어지지 않자 많은 사람이 실망하고 기독교와 이슬람교로 개종했기 때문이다. 그러나 샤베타이 운동을 지지하는 신비주의자 랍비도 있었고, 합리주의 입장에 서 있지 않은 유대인 중에서 융통성이 있는 나탄의 사상에 끌리지 않은 사람은 거의 없다고 해도 좋을 정도였다. 운동은 이어졌지만 분열되었다. 그리고 여기서 다시 비주류 분파가 나타나더니 마침내 체비가 환생했다고 주장하는 야코브 프랑크(1726-1791년)가 독립적인 종교를 만들었다.

프랑크의 본명은 야코브 벤 유다 레이브로 아버지는 폴란드에서 사업을 하면서 비상임 랍비로 활동했다. 프랑크는 포목상이 되었는데, 학식은 별로 없는 편이었고 스스로 프로스타크, 즉 서민이라 불렀다. 그럼에도 발칸 여러 나라에서 무역을 하던 시절에는 과격한 비밀 샤베타이 운동에 참여했다. 프랑크는 예언자가 되었고 마침내 체비의 영혼을 가진 자로서 신에 준하는 지위를 주장하기에 이른다. 폴란드에 돌아간 뒤에는 정통파 스파라디인 것처럼 행동했다. 이디시어로 스파라디를 의미하는 프랑크라는 이름을 쓴 것도 이 때문이다. 그러면서 유대교 지하 운동의 우두머리로서 비밀리에 샤베타이파의 의례를 지켰다.

프랑크와 그를 추종하는 세력은 토라에서 금지한 성행위에 빠지기도 했다. 그들은 가자의 나탄이 확립한 편리한 변증법을 따르면서 통상적인 할라카에 바탕을 둔 토라와 자기들이 믿는 토라를 구분했다. 그러나 자기들이 더 높고 더 영적인 토라, 이른바 발산하는 토라를 따르고 있다고 주장하면서도 사실 그것이 무언지도 알지 못했다.

1756년에 프랑크는 브로디에 있는 랍비 법정에서 파문당했다. 체포 당하지 않으려고 터키로 도망친 프랑크는 터키에서 이슬람교를 포용하는 것이 효과적이라는 사실을 깨달았다. 한편 정통파 유대인은 폴란드 가톨릭 당국에 프랑크파를 쫓아내게 도와달라고 요청했다. 그러나 프랑크파 역시 가톨릭에 손을 내밀었다. 자기들은 탈무드를 버렸으니 로마 가톨릭과 많이 비슷해졌다면서 말이다. 주교들은 반색했다. 공개 토론회를 마련하고 랍비뿐 아니라 프랑크와 그를 추종하는 세력에까지 참석을 강권했다. 1757년에 토론이 성사되었다. 토론의 사회를 맡은 뎀보프스키 주교가 프랑크파에게 호의를 보이면서 탈무드 사본을 카미에니에츠 광장에서 불태우라고 명했다. 그러나 공교롭게도 뎀보프스키 주교는 갑작스러운 화재로 비명횡사했다.

랍비들은 이것이야말로 하나님의 뜻을 보여주는 계시라고 보고 프랑크파를 열렬히 핍박했다. 그 앙갚음으로 프랑크는 추종자를 데리고 가톨릭 신앙을 따르기로 하고 1759년에 세례를 받았다. 프랑크는 가톨릭에서 피의 비방을 연구하는 일에 협력했다. 그러더니 이른바 열두 자매를 선발해 첩으로 삼았고 갖가지 악행을 저지르다 결국 감옥에 갇혔다. 그리고 이번에는 러시아 정교회로 눈을 돌렸다.

프랑크는 유대교와 이슬람교, 로마 가톨릭과 그리스 정교회를 두루

섭렵하는 동안 나탄의 확장된 신학 이론을 따랐다. 그리고 '좋으신 하나님', '위대한 형', '그녀'로 이루어진 새로운 삼위일체설을 창안했다. 마지막 그녀는 쉐키나와 동정녀 마리아를 결합한 것이다. 마침내 그는 메시아 사상은 모든 종교에서 똑같이 추구할 수 있고 세속적인 계몽주의자나 박애주의자도 추구할 수 있는 사상이라고 선언했다. 이로써 고대 말엽에 애매하고 불분명한 영지주의에서 출발한 카발라는 18세기 말에 다시 애매하고 불분명한 영지주의로 회귀했다.

프랑크가 자기 종파를 법적으로 보호하기 위해 기독교와 이슬람교에 귀의한 것처럼 행동한 것은 주목할 만하다. 이 부분에서 프랑크와 동시대 인물인 사무엘 야코브 하임 파알크(약 1710-1782년)는 매우 대조적인 모습을 보였다. 갈리시아에서 태어난 파알크는 프랑크보다 학식이 높은 카발라주의자이자 모험가였다. 파알크 역시 율법 때문에 갈등했다. 베스트팔렌에서는 마법사로 몰려 화형당할 뻔하다가 가까스로 모면했다. 쾰른의 주교는 파알크를 자신의 영지에서 추방하기도 했다. 1742년에 그는 잉글랜드로 갔다. 잉글랜드에서는 누구의 방해도 받지 않고 종교적 사명을 다할 수 있었던 것으로 보인다. 런던 웰클로스 광장에 있는 한 저택을 사실 회당으로 운영했고 런던브리지에는 카발라 실험실을 차려놓고 연금술을 실천했다. 런던 대회당 문설주에 마법의 명문銘文을 붙여 회당을 화재에서 구했다는 이야기가 전해지고 있다. 당시 그는 런던의 **바알 쉠**으로 통했다.[64]

파알크 같은 유대인이 영국의 법률 아래서 자유로이 살 수 있었다는 사실이 유대인의 역사에서 갖는 의미는 헤아릴 수 없을 정도로 크다. 로마 제국 이후 처음으로 유대인이 시민권에 가까운 무언가를 향유할 수 있는 나라가 생겼으니 말이다. 어떻게 그럴 수 있었을까? 이 의문을 풀려면 1648년으로 돌아갈 필요가 있다. 1648년에 일어난 유대인 학살은 동유럽 유대인에게 8년간 계속된 절망적인 재난을 알리는 사건으로 1차 십자군 전쟁 이래 최악의 반유대주의 사건이었다. 유대인은 이제까지 수백 년 동안 주로 동쪽으로 이동해왔다. 그러나 이 시점에서 그 흐름이 바뀌었다. 동유럽 공동체에는 아슈케나지 인구가 늘어나고 나름 번영을 누리기는 했지만, 안전하다고 느낀 적은 한 번도 없었다. 그래서 진취적인 유대인은 안전한 삶을 찾아 점점 서쪽으로 눈을 돌렸다. 그런 의미에서 1648년은 2차 세계대전의 홀로코스트로 나아가는 암울한 이정표인 셈이다. 사실 학살과 고난으로 점철된 1648년은 사람에 따라서는 하나님의 섭리라고 부를 만한 우연한 사건이 겹쳐 유대 민족의 독립 국가 건설이라는 거대한 퍼즐을 완성할 첫 번째 조각이었다.

므낫세 벤 이스라엘과 유대인의 잉글랜드 귀환

이 새로운 단계에서 활약한 인물 중에는 암스테르담의 훌륭한 유대인 학자 므낫세 벤 이스라엘(1604-1657년)이 있다. 그는 마데이라에서 마라노로 태어나 마노엘 디아스 소에이로라는 이름으로 세례를 받았다. 그러나 아버지가 리스본 종교 재판소에서 아우토다페를 당할 위기에 처하자 네덜란드로 피신했고 이를 계기로 온 가족이 유대인으로 돌아갔다. 므낫세는 17세에 처음 책을 쓰고 탈무드 신동이 되었다. 그는 이방인이 유대교에 좋은 이미지를 갖게 하려면 어떻게 해야 할지를 평생 고민했다. 그가 쓴 책은 대부분 기독교인 독자를 염두에 두고 쓴 것이다. 저술 활동을 통해 기독교와 유대교 사이에는 생각보다 공통점이 많다는 것을 보여주려 노력했고 기독교 근본주의자 사이에서 좋은 평판을 얻었다.

1648년의 대학살을 피해 유대인이 서유럽에 흘러들기 시작하자 므낫세를 비롯한 암스테르담의 유대인은 곤궁한 아슈케나지가 자기네 공동체로 몰려오지는 않을까 걱정했다. 네덜란드에서 유대인의 위치는 불안했다. 시민권이 없어서 길드에 들어갈 수도 없었다. 대신 네덜란드 정부는 유대인이 남의 눈에 띄지 않게 신앙을 지키는 것은 간섭하지 않았다. 그래서 실제로 네덜란드 유대인 공동체, 특히 암스테르담 공동체는 번영을 누렸다. 하지만 피난민이 들이닥치면 어찌될지 알 수 없었다. 사실 함부르크에서는 대규모 난민이 밀려오자 1649년에 한동안 유대인을 추방하기도 했다. 그래서 므낫세는 잉글랜드에서 유대인 난민을 받아들이면 어떻겠냐는 과감한 제안을 했다.

1290년에 에드워드 1세가 유대인을 추방한 뒤 잉글랜드에서는 유대인의 거주를 법으로 허용하지 않을 거라고 생각하는 사람이 많았다. 사실 그동안에도 잉글랜드에는 의사나 무역 일을 하는 소수의 유대인이 살고 있었다.[66] 예를 들어 리처드 3세 시대에 건지 섬의 총독을 지낸 에드워드 브램턴의 본명은 두아르테 브란당으로 포르투갈 출신의 유대인이다. 엘리자베스 1세의 의사였다가 마녀사냥의 피해자가 되어 1593-1594년에 반역죄로 재판을 받은 로드리고 로페스 박사도 유대인이다.[67] 우크라이나에서 대학살이 일어났을 때 영국군에 옥수수를 공급하기로 계약한 상인 중 한 명인 안토니오 페르난데스 카르바할도 유대인이다. 카르바할은 1630년에 런던에 와서 해마다 10만 파운드의 은을 수입했다. 그러나 공식적으로 잉글랜드에서는 유대인의 입국을 허락하지 않았다.

므낫세는 영국에서 왕당파가 패하고 1649년에 왕이 처형되는 것을 보면서 유대인이 영국에 들어갈 수 있는 좋은 기회라고 생각했다. 왕과 대립하는 청교도가 사실상 영국을 움직이고 있는데, 청교도는 영국에서 대표적인 친유대 세력이었다. 성경을 길잡이 삼아 당시 일어나는 일을

해석하던 청교도는 예언자 아모스의 말을 빌려 성실재판소를 규탄하는
가 하면 선박세의 원형으로 성경에 나오는 나봇의 포도원 이야기를 거론
하기도 했다. 청교도의 관습법 변호사 헨리 핀치 경은 1621년에《세계의
위대한 회복 또는 유대인의 소명 *The World's Great Restoration or Calling of the Jew*》
을 출판했고 왕은 그의 저작이 불경죄에 해당한다고 선언했다.[68] 이 책
에 따르면 메시아의 재림이 멀지 않았다고 느끼는 사람이 꽤 있었는데,
신명기 28장 64절과 다니엘서 12장 7절을 보면 유대인이 땅 이 끝에서
저 끝까지 흩어지기 전까지는 재림이 일어나지 않는다고 암시되어 있다.
그렇다면 영국에 유대인이 들어오기 전까지는 천년왕국이 오지 않는다
는 말이 아니겠는가.

영국의 근본주의자와 마찬가지로 므낫세도 그렇게 생각했다. 땅 끝을
뜻하는 크체 하 아레츠는 중세 히브리어로 영국을 가리키기도 했으므로
영국이 유대인을 맞아들이면 메시아의 재림을 앞당길 수 있다고 믿었다.
므낫세는 1648-1649년 겨울에 에드워드 니콜라스라는 필명으로 쓴《고
귀한 유대 민족을 위한 변명 *An Apology for the Honourable Nation of the Jews*》으로 작
전을 개시했다. 이어 1650년에는 좀 더 중요한 저작《이스라엘의 희망
Esperança de Israel》을 발표해서 천년왕국을 지지하는 논의를 전개했다. 1차
영국-네덜란드 전쟁이 일어나자 한동안 아무 일도 하지 못하다가 1655년
9월에 직접 런던으로 가서 올리버 크롬웰에게 청원서를 제출했다. 유대
인의 입국을 금하는 법을 폐지하고 정부에서 정하는 조건으로 유대인에
게 입국 허가를 내주길 바란다는 내용이었다.[69]

이때부터 영국은 혼란에 휩싸였다. 이 사건은 유대인의 역사에서 중
요한 의미가 있는 만큼 자세히 살펴볼 필요가 있다. 크롬웰은 므낫세의
청원에 수긍하여 이것을 의회에 회부했다. 1655년 11월 12일, 의회는
문제를 조사하기 위해 소위원회를 구성하고 전문가에게 법률 조언을 구

했다. 12월 4일, 수석 재판관 존 그린 경과 재무부의 윌리엄 스틸 남작을 비롯한 25명의 법률가가 화이트홀에서 열린 회의에 참석했다. 회의를 통해 유대인의 입국을 금지하는 법률은 영국에 존재하지 않는다는 결론이 나왔고 보고를 들은 정치가들은 크게 놀랐다. 에드워드 1세가 1290년에 유대인을 배척하기 위해 내린 명령은 군주의 권한에 따른 것으로 지금으로서는 구속력이 없다고 했다. 생각해 보면 불합리한 일이지만, 위원회에서는 유대인의 입국을 허용하는 조건을 마련하기로 했다. 그러나 영국 안에는 유대인에게 우호적인 세력뿐 아니라 적대적인 세력도 있었기 때문에 합의에 이르기가 쉽지 않았다. 크롬웰은 네 번에 걸친 회의로도 결론이 나지 않자 12월 18일에 위원회를 해산시켰다. 이에 크게 낙심한 므낫세는 새해가 되자 암스테르담으로 돌아갔다.

그러나 사실은 므낫세가 영국의 일 처리 방식을 제대로 이해하지 못한 거였다. 영국인은 원론적인 해결책보다 실용적인 해결책을 선호했다. 만약 위원회에서 유대인 이주자에게 특별한 법적 지위를 부여하는 쪽으로 의견을 모았다면, 유대인은 이류 시민으로 낙인찍히고 말았을 것이다. 더구나 영국은 1660년에 왕정으로 복귀했다. 따라서 찰스 2세가 위원회의 결정을 거부하거나 재협의를 지시해도 이상할 것이 없다. 그렇게 되면 유대인 문제가 대중의 관심을 끌 테고 반유대주의 정서가 퍼질 가능성도 무시할 수 없다. 따라서 특별한 합의문을 작성하지 않고 실용적으로 문제를 해결하는 편이 훨씬 나았다.

므낫세가 런던에 있을 때 사실상 유대인이면서 법적으로만 마라노인 안토니오 로드리게스 로블레스라는 인물이 스페인인 체류자로 고소를 당한 일이 있다. 당시 영국과 스페인이 전쟁 중이었기 때문이다. 1656년 3월, 스무 가정 정도되는 마라노가 스스로 유대인임을 공표하고 이 문제를 해결하려 했다. 그들은 자기들이 스페인의 종교 재판을 피해 영국에 온 난민이라면서 신앙을 지킬 수 있는 권리를 보장해달라고 청원했다. 5월 16일에 의회는 로블레스에 대한 기소를 중지하게 하고 6월 25일에 이들의 청원을 승인한 것 같다. 그러나 어찌된 영문인지 이 날의 의사록은 폐기되었다. 어쨌든 8월 4일에 암스테르담에서 질 좋은 양피지에 율법을 기록한 두루마리, 노란 색 벨벳으로 된 덮개, 낭독용 책상을 덮는 붉은 천, 붉은 호박단으로 수놓은 향료 상자가 도착했다. 런던의 유대인들은 크리처치 거리에 있는 건물을 빌려서 회당으로 삼았다.

이리하여 유대인에게 특별한 신분을 부여하는 문제는 흐지부지되었다. 유대인의 입국을 막을 근거가 없으니 유대인은 영국에 왔고 의회가 개인의 종교 생활을 허락하니 유대교를 신봉했다. 1664년에 비국교도에 대한 종교법이 통과되자 유대인은 새로운 랍비 야코브 사스포타스의 주도로 찰스 2세에게 새로운 법안과 관련해 우려 사항을 전달했다. 찰스 2세는 웃으면서 침을 뱉으며 걱정할 필요 없다고 했다. 후에 추밀원은 유대인이 국왕의 법률에 순종하고 그의 통치에 저항하지 않고 평화롭고 조용하게 살면 과거와 동일한 호의를 기대할 수 있다는 내용을 문서로 확인해주었다.

이처럼 영국의 유대인은 특별 조례를 만들지 않은 덕분에 완전한 시민이 되었다. 가톨릭을 비롯한 비국교도와 마찬가지로 영국 국교회에 소속되지 않았다. 기독교식 서약을 하지 않기로 한 탓에 잠재적으로 문제를 남겨두긴 했지만, 이를 제쳐 놓고 보면 법률상 아무런 제약도 없었다. 다음 세대에서는 여러 가지 법률 규정이 마련되어 소송을 제기하고 법정에 증거를 제출할 수 있는 권리가 생겼고 그런 경우에 종교 문제가 얽힐 수밖에 없다는 사정도 양해를 받았다. 물론 유대인은 다른 비국교도와 마찬가지로 국회의원이 될 수 없고 일을 할 수 없는 부처도 많았다. 그러나 경제 활동에서는 아무런 법적 제약이 없었다.

사실상 차별의 문제는 주로 유대인 공동체 내부에서 일어났다. 다수를 차지한 스파라디는 가난한 아슈케나지가 영국에 흘러들어오자 그들을 보살펴야 하는 문제 때문에 불안해하고 반발했다. 1678-1679년에 독일계 유대인은 공직에 나아갈 수 없고 회의에서 투표할 수 없고 두루마리를 낭독할 수 없다는 결정이 내려졌다. 그러나 이 결정은 유대교의 율법에 어긋나는 것이어서 수정하지 않을 수 없었다. 영국 재판관은 부지런히 일하고 법을 준수하고 왕에게 반항하지 않는 시민을 좋아했다. 그래서 1732년에는 자칫 목숨을 위협할 수도 있는 중상모략으로부터 유대인을 보호하는 법적 조치가 마련되었다. 이런 우연이 겹쳐서 영국은 현대적인 유대인 공동체가 탄생할 수 있는 첫 번째 땅이 되었다.

뉴욕의 유대인

이어서 미국에서 일어난 일은 좀 더 중요하다. 1654년에 프랑스의 사략선私掠船 세인트 캐서린 호를 타고 유대인 난민 23명이 브라질 레시페에서 네덜란드의 식민 도시 뉴암스테르담에 도착했다. 암스테르담뿐 아니라 네덜란드에서 지배하는 모든 식민지에서 유대인의 위치는 불안했다. 칼뱅파는 루터파에 비해 좀 나았지만, 유대인에 대한 박해와 반유대주의 정서가 고개를 들 가능성은 충분했다. 뉴암스테르담의 총독 페트루스 스토이베산트는 네덜란드 서인도회사 사람에게 맘몬의 발아래 꿇어 엎드린 사악한 종교를 믿는 거짓말쟁이 민족이 뉴암스테르담에 살고 있다는 것이 맘에 안 든다고 불만을 터트렸다. 그 지역에서 내쫓지는 않았지만, 아무 권리도 주지 않았고 서인도회사와 총독이 결탁해서 회당도 세우지 못하게 했다. 그러나 1664년에 이 지역이 영국의 수중에 들어가 뉴욕이 되면서 모든 불안이 일시에 사라졌다. 그 후 유대인은 영국 시민으로서의 특권은 물론이고 식민주의자들이 신세계에 마련해준 종교의 자유를 누리게 되었다.

뉴욕 최초의 영국 총독 리처드 니콜스는 1665년에 종교의 자유에 대해 강조하면서 기독교를 믿는 자는 누구나 신학적 입장이 다르다고 해서 괴롭힘을 당하거나 벌금을 내거나 투옥되지 않는다고 선언했다. 유대교에 대해 언급하지 않은 것은 단순한 실수였다. 영국인은 상거래를 하기 위해 무역 중개상을 구하고 있었다. 리처드 니콜스의 뒤를 이은 에드먼드 안드로스 총독은 기독교뿐 아니라 어떤 종교를 믿건 법을 준수하는 자는 동등한 대우와 보호를 받을 것이라고 약속했다. 영국 본토에서와 마찬가지로 유대인이냐 아니냐는 문제가 되지 않았다. 유대인은 뉴욕 땅에 들어가 집을 짓고 동등한 권리를 누렸으며 선거에서 투표권도 행사했던 것으로 보인다. 관직에 오른 사람도 있었다.[70]

이윽고 유대인은 다른 지역에서도 살기 시작했다. 그중에서도 델라웨어 강 유역과 로드아일랜드에 많이 살았다. 이들 지역은 로저 윌리엄스가 세운 자유 식민지로 종교에 대한 제약이 전혀 없었다. 뉴욕에 유대인 묘지를 만들겠다고 했을 때는 조금 문제가 되었지만, 1677년에는 뉴포트에 유대인 묘지가 생겼고 나중에 롱펠로우가 이 묘지를 소재로 시를 쓰기도 했다. 5년 뒤에는 뉴욕에도 유대인 묘지가 생겼다. 1730년에는 쉐아리트 이스라엘 회중이라는 단체가 뉴욕에 처음으로 회당을 세웠고, 1763년에는 뉴포트에도 아주 훌륭한 회당이 생겼다. 뉴포트에 있는 회당은 지금도 대표적인 회당으로 손꼽는다.

영국의 항해 조례는 영국 시민이 아닌 사람이 식민지와 본국을 오가며 무역 활동을 하지 못하게 했지만, 제국의회가 북미 대륙 식민지에 대한 귀화법을 제정하자 유대인은 식민지에 사는 기독교인과 동등한 시민권을 얻었다. 유대인이 양심에 거리낌을 느끼지 않도록 일부러 두 가지 조항을 삭제하기까지 했다. 1740년에 뉴욕을 방문한 스웨덴 식물학자 겸 탐험가 페르 캄은 유대인이 "이 도시와 다른 지방에 사는 다른 민족과 똑같이 특권을 누리고 있다"고 기록했다.[71] 필라델피아에서도 마찬가지였다. 덕분에 필라델피아에 세워진 유대인 거주지는 1730년대 이후 성장을 거듭했다.

미국 유대인 사회: 새로운 현상

이렇게 해서 미국 유대인 사회가 탄생했다. 미국 유대인 사회는 처음부터 다른 유대인 사회와 달랐다. 유럽과 아시아, 아프리카에서는 어디를 가나 이런저런 종교의 벽이 있었고 유대인은 언제나 협상을 통해 특별한 신분을 손에 넣었다. 그래서 어디에 살든 법적 한계가 분명한 독특한 공동체를 형성할 수밖에 없었다. 유대인의 사회적 위치는 늘 비참하고 불안했다. 그러나 정도의 차이는 있지만, 이들 유대인 공동체에서는 자치가 이루어졌다. 예를 들어 폴란드 왕국에서 유대인은 일종의 지방 자치를 허락받았다. 자치는 부유한 구성원이 선출한 지역 의회를 통해 이루어졌다. 주변 폴란드인보다 무거운 세금을 내고 진정한 의미에서 자위권도 없었지만, 그 외의 일은 스스로 결정할 수 있었다. 유럽 대륙에 있는 다른 유대인 공동체도 그 정도까지는 아니어도 어느 정도 자치를 이루고 있었다. 직접 학교와 법정, 병원을 운영하고 구제도 했다. 관리와 랍비, 재판관, 도축업자, 할례 시행자, 학교 교사, 제빵업자, 청소부를 직접 임명하고 급료도 지급했다. 유대인 전용 상점도 있었다. 어디에서 살든 유대인은 그 나라 안에 작은 나라를 만들었다. 이것이 게토 체제다. 암스테르담처럼 제도적인 게토가 없는 곳에서도 유대인은 일종의 게토를 만들었다.

그러나 북아메리카는 미국이 독립하기 전부터 다른 지역과 사정이 달랐다. 사실상 종교를 규제하는 법률이 없어서 유대교 내부의 계율 문제만 아니라면 굳이 별도의 법 제도가 필요 없었다. 모든 종교에 대해 원칙적으로 동등한 권리가 주어졌기 때문에 공동체를 따로 구성하는 것도 의미가 없었다. 모두가 공동 사회의 일원이었다. 그래서 미국의 유대인은 당초부터 공동체를 형성하지 않고 교회와 같은 회중 조직을 만들었다. 유럽의 경우에는 회당이 온갖 요소를 갖춘 유대인 공동체의 일부에 불과했지만, 북아메리카에서는 회당이 유대인으로서의 삶을 규율하는 유일한 장소였다. 유럽의 유대인은 특정 유대인 공동체에 소속되었지만, 북아메리카의 유대인은 특정 회당에 소속되었다. 회당은 크게 스파라디 회당과 아슈케나지 회당으로 나뉘었다. 아슈케나지 회당은 다시 독일계, 영국계, 네덜란드계, 폴란드계로 나뉘었고 모든 회당은 의식에 관한 세부 규정이 달랐다. 프로테스탄트가 자신의 교회에 가는 것처럼 유대인은 자신의 회당에 다녔다. 한편, 유대인이나 프로테스탄트나 모두 일반 시민이고 유대인은 세속적인 단체의 일원일 뿐이었다. 이로써 유대인은 종교를 포기하지 않고도 차별을 받지 않는 사회적 신분을 처음 획득했다.

북아메리카의 유대인 인구가 급격히 늘어나자 이와 같은 사회적 통합은 장기적으로 엄청난 결과를 불러왔다.[72] 이제 더 이상 유대 사회가 에레츠 이스라엘과 디아스포라로 구분되는 이원 체제가 아니기 때문이다. 유대인은 이제 전 세계적으로 세 개의 구심점을 형성했다. 하나는 이스라엘, 또 하나는 디아스포라, 마지막 하나는 미국 유대인 사회다. 그중에서 미국 유대인 사회는 그 어떤 디아스포라 정착지와도 달랐고 결국 이 세 번째 구심점이 시온주의 국가 설립을 가능하게 했다.

시온주의 국가를 설립하는 것이야 미래에 이루어질 일이지만, 현대 초 앵글로색슨이 권력을 장악한 지역에서 유대인을 받아들이면서 경제 부문에서 유대인이 하는 역할이 점점 커졌고 경제 활동에서 과거에는 절 대 갖지 못했던 지속성과 안정성을 얻게 되었다. 고대부터 암흑시대와 중세시대를 거쳐 17세기에 이르기까지 유대인은 늘 뛰어난 무역업자이 자 실업가였고 큰 성공을 거둔 이들도 종종 있었다. 그러나 유대인의 경 제력은 법적으로 보장을 받지 못했기 때문에 불안하기 짝이 없었다. 기 독교 세계와 이슬람 세계에서는 유대인의 재산을 언제든 강제로 압류할 수 있었다. 1933-1939년에 나치가 유대인이 소유한 기업을 공격한 일이 나 1948-1950년에 아랍 국가가 유대인의 재산을 몰수한 일은 규모나 강 도가 컸을 뿐 유대인이 늘 겪어왔던 일이다.

17세기 중엽까지 유대인은 부를 이루어도 일시적인 성격이 강하고 유 동성이 컸다. 그래서 국제적인 기업 경제 성장에 유대인이 공헌할 수 있 는 부분도 제한적일 수밖에 없었다. 유대인은 언제나 자본을 이동하고 양도하는 데 능숙했다. 그러나 이제 앵글로색슨 사회에서 안전하게 자리 를 잡고 법적 안정성이 보장되자 자본을 축적할 수 있게 되었다. 권리가 보장되자 유대인의 활동 영역은 자연스럽게 확장되었다. 지금까지 유대 인은 법적 안전성이 없어서 언제든 숨기기 쉽고 운반하게 쉬운, 부피는 작고 가치는 높은 보석 같은 물품을 주로 다루는 무역업에 종사했다. 하 지만 이제 더 이상 무역업에 매달리지 않아도 되었다.

유대인과 자본주의의 부상

18세기의 미국을 보면 유대인의 변천의 양상을 잘 알 수 있다. 18세기 초 미국의 유대인은 거의 모두가 해상 무역에 집중하면서 보석, 산호, 직물, 노예, 코코아, 생강을 거래했다. 1701년에 뉴욕 전체 인구의 1퍼센트를 차지하던 유대인은 해양 무역의 12퍼센트를 담당했다. 그러나 1776년에 이르자 그 비율이 1퍼센트까지 떨어졌다. 상황이 안정되고 정착이 가능해지자 전통적인 탈출로였던 바다에서 등을 돌려 내륙 개발을 시작했기 때문이다. 유대인은 정착자가 되어 총기와 주류, 포도주, 철 제품, 유리 제품, 모피, 식품류를 판매했다.

유럽에서는 루이 14세에게 맞서는 거대한 연합 세력이 조직되었다. 유럽에서 루이 14세의 군사 지배를 와해시키도록 물질적 지원을 해준 것도 주로 유대인이다. 1672년부터 1702년까지 연합 세력을 이끈 인물은 나중에 영국의 윌리엄 3세가 된 오라녜의 빌럼 3세로 주로 헤이그에서 활동하던 네덜란드 스파라디 유대인으로부터 재정 지원을 받았다. 빌럼 3세는 안토니오 알바레스 마차도와 자코브 페레르를 뛰어난 조달 장군이라고 불렀다. 그러나 앞에서 살펴본 것처럼 제국의 제후들을 돕던 이런 인물들도 개인적으로는 매우 불안한 위치에서 활동해야 했다. 예를 들어, 빌럼 3세와 오스트리아 황제의 든든한 지원이 없으면 마차도나 그의 대리인이 안전하게 쾰른과 같은 도시에 들어갈 수 없었다.

이와 대조적으로 영국은 유대인이 활동하기에 훨씬 안전했다. 1688년에 로페스 수아소 가문은 빌럼 3세에게 영국을 침공할 때 경비로 쓰라고 은화 200만 길더를 주면서 이렇게 말했다. "만약 폐하께 행운이 따른다면, 이 돈을 제가 갚아주실 것을 알고 있습니다. 만약 폐하께 불운이 따

른다면, 저는 이 돈을 잃어버렸다고 생각하겠습니다."[73] 그가 전쟁에서
승리해 영국의 윌리엄 3세로 취임하자 많은 유대인 재정가가 런던으로
이주했고 이를 주도한 인물은 페레르의 아들 이사크였다. 그는 런던에서
병참장관이 되었고 1690년 9월부터 1691년 8월까지 선박 건조와 군수
품 조달에 사용한 총 9만 5,000파운드라는 거금을 돌려받았다.[74]

　런던에서는 윌리엄 3세 시대에 금융 시장이 번창했고 유대인이 그 기
초를 닦았다. 유럽 대륙에서는 유대인이 국가와 손을 잡으면, 반드시 유
대인을 갈취하는 자가 나타나곤 했다. 외무장관 슈루즈버리 백작은
1690년에 런던 시장에게 다음과 같은 편지를 보냈다. "정부의 호의 아래
런던에 사는 유대인이 무역 활동을 하며 많은 이윤을 내고 있다는 점을
감안하면, 고작 1만 2,000파운드의 기부금은 기대에 훨씬 못 미칩니다."
슈루즈버리 백작은 최소한 2만 파운드나 3만 파운드는 되어야 한다면서
이렇게 덧붙였다. "시장님이 재고하겠다고 하면, 그들이 새로운 해결책
을 제시할 것입니다."[75] 그러나 영국 정부는 강압적인 소송을 통해 유대
인의 재산을 압류하거나 탈취하지 않았다. 헤이그 협회의 런던 수석대표
로 많은 비행을 저지른 솔로몬 드 메디나는 한 번도 소환된 적이 없다.
솔로몬은 연합국 총사령관 말버러 공작에게 1707년부터 1711년까지 매
년 6,000파운드의 뇌물을 바쳤다고 시인했다. 윌리엄 3세는 1699년에
리치몬드에서 그와 연루된 혐의를 부인했고 이듬해 그에게 기사 작위를
주었다. 솔로몬은 결국 도산하고 말았지만, 어디까지나 자신의 계산 착
오 때문이지 반유대주의 때문이 아니었다.[76]

　한편 중앙 유럽에서는 오펜하이머가 대부해준 부채 상환이 이루어지
지 않아 경제 위기가 일어날 뻔했는데, 재산상의 보호를 받고 있던 런던
의 유대인이 국가를 도와 금융 위기를 피할 수 있었다. 앤 여왕 시대에는
므낫세 로페스 가문이, 조지 1세부터 3세 시대에는 기드온 가문과 살바

도르 가문이 런던 금융 시장을 안정시키는 데 중요한 역할을 했다. 덕분에 그들은 남해포말사건, 즉 18세기 초 영국 남해회사의 주가를 둘러싼 투기 사건을 피할 수 있었다. 1745년에 제임스 2세 지지 세력이 부상하여 런던이 혼란에 빠지자 샘슨 기드온(1699-1762년)은 사태를 진정시키기 위해 170만 파운드를 정부에 지원했다. 기드온은 유대교를 버리고 상원에 들어갔는데, 다른 나라였으면 정부가 탈취했을 50만 파운드의 유산은 상속자의 손에 제대로 들어갔다.[77]

차분하게 재무를 처리하고 일반 경제 절차를 합리화하는 것은 유대인의 무의식적이고 집단적인 본능이다. 중세와 근대 초기에 유대인 소유로 알려진 자산이나 명백히 유대인의 것으로 판명된 자산은 늘 몰수당할 위험이 있었다. 당시 국제 무역 중심지였던 지중해 지역에서도 마찬가지였다. 스페인 해군과 몰타의 기사단은 유대인과 용선 계약을 맺은 선박과 물품을 약탈하는 것을 불법이라고 생각하지 않았다. 그래서 유대인은 해양 보험을 포함해 국제 문서에 허위로 기독교인 이름을 기재했다. 이것은 나중에 개인의 이름을 특정하지 않는 문서 양식으로 발전했다. 신용장이 발전하면서 유대인은 송금을 위해 특정 개인의 이름을 지정하지 않는 무기명 채권을 만들어냈다. 유대인 공동체의 재산은 언제나 위협을 받았고 갑자기 강제로 이주당하는 일이 잦았기에 환어음이든 유가증권이든 보편적으로 신뢰할 수 있는 지폐의 출현은 유대인에게 상당한 축복이었다.

그래서 근대 초기 유대인의 경제 활동은 이런 수단을 다듬고 보편화하는 것으로 집약된다. 예를 들어 유가증권의 가치를 높이는 제도와 조직이 등장했을 때에는 이를 강력하게 지원했다. 그중 하나가 유가증권을 발행할 수 있는 권리가 법으로 보장된 잉글랜드은행(1694년 설립)이고 또 하나가 증권거래소다. 유대인은 암스테르담 증권거래소를 지배했다. 서

인도회사와 동인도회사의 주식 상당량을 보유하고 동시에 거대한 규모의 무역을 안전하게 운영한 최초의 주인공이 되었다. 그리고 한 세대 후인 1690년대에 런던에 동일한 변화를 불러왔다. 명목상으로는 프로테스탄트였으나 실제로는 유대인이었던 암스테르담의 요세프 데 라 베가가 1688년에 주식 거래 계좌를 처음 개설함으로써 유대인은 영국 최초의 전문 주식 거래자 겸 중개인이 되었다. 1697년에 런던 주식거래소에서 활동한 중개인 100명 중 20명이 유대인이거나 외국인이었다. 유대인은 1792년에 뉴욕 증권거래소를 만드는 데도 기여했다.

유대인이 부 창출 과정에서 경제 발전에 이바지한 가장 큰 부분은 신용 대출 제도를 마련하고 이어서 유가증권을 고안하고 대중화한 것이다. 유대인은 자신들의 위치가 불안한 지역뿐 아니라 안전한 지역에서도 유가증권 사용을 서둘렀다. 전 세계를 하나의 시장으로 이해했기 때문이다. 이런 선구안을 가질 수 있었던 이유는 여기저기 흩어져 이곳저곳 옮겨 다니며 사느라 국제적인 시각이 몸에 배었기 때문이다. 국가가 없는 민족에게 세계는 하나의 고향이었다. 시장이 확대될수록 기회도 그만큼 커졌다. 10세기에 카이로에서 중국과 정기적으로 교역을 하던 민족에게 18세기에 대서양과 인도양, 태평양에 통상로를 개척하는 일은 그리 어렵지 않았다. 오스트레일리아 최초의 도매상인은 몬티피오리 가문 사람이었다. 사순 가문은 봄베이에 최초의 직물 공장을 건립했다. 벤저민 노르덴과 새미 마크스는 케이프 식민지에서 제조업을 시작했다. 유대인은 남극과 북극에서도 고래잡이도 했다. 이런 개별적인 개척 사업도 대단하지만, 그 이상으로 중요한 것이 현대 통상의 주요 품목인 밀, 양털, 아마포, 직물, 증류주, 설탕, 담배 시장을 전 세계에 개척했다는 점이다. 유대인은 많은 위험 부담을 안고 새로운 분야에 발을 들여놓으면서 다양한 품목을 취급했고 그 물량도 엄청났다.

경제사학자들은 18세기에 유대인이 광범위한 지역에서 금융 및 무역 활동을 한 점을 들어 유대인을 현대 자본주의 체제를 창출한 핵심 동인으로 지목하곤 한다. 1911년에 《유대인과 경제생활 *Die Juden und das Wirtschaftsleben*》을 출간한 독일의 경제사가 베르너 좀바르트는 이 책에서 길드에서 배제된 유대인 무역업자와 생산업자가 중세의 상업 기반을 파괴했다고 주장한다. 중세의 통상은 고풍스러워서 도저히 진보적이라고 말할 수 없는 원리를 따랐다. '정당'하다고 생각되는 정해진 액수의 임금과 가격, 공평한 제도를 추구했던 것이다. 여기서 말하는 공평한 제도란 합의를 통해 시장에서의 분배율을 정하고 검소한 이윤을 보장하고 생산 한도를 설정하는 제도를 가리키는 말이다. 유대인은 이런 제도에서 배제되었기 때문에 이를 파괴하고 대신에 근대 자본주의를 채택했다는 것이 좀바르트의 주장이다. 근대 자본주의에서는 경쟁에 제한이 없으며 고객을 기쁘게 만드는 것 말고는 아무런 제약이 없다.[78]

훗날 나치가 유대인의 상업적 세계주의와 독일의 국민 문화를 구분하는 근거로 좀바르트의 저작을 이용했을 뿐 아니라, 좀바르트 역시 1934년에 출간한 《독일 사회주의 *Deutscher Sozialismus*》에서 독일 경제에서 유대인을 몰아내려는 나치의 정책을 지지한 탓에 그의 저작은 신뢰를 잃었다. 좀바르트의 이론에 어느 정도 일리가 있는 것은 사실이다. 문제는 지나치게 과장된 결론을 끌어낸 데 있다. 막스 베버가 자본주의 정신이 칼뱅파의 윤리에서 비롯되었다고 주장할 때 그랬던 것처럼 본인의 이론과 모순되는 사실은 가볍게 무시해버렸다. 좀바르트는 유대교 안에 있는 강력한 신비주의 요소를 무시했다. 막스 베버와 마찬가지로 유대교를 포함하여 종교 제도가 힘을 가지고 영향력을 행사하는 지역에서는 통상이 번영하지 못했다는 사실을 인정하려 하지 않았다. 유대인 상인은 칼뱅파 상인과 마찬가지로 종교 색이 짙은 전통적인 환경을 떠나 새로운 땅으로 이주했을 때 힘을 발휘하는 일이 많았다.

어쨌든 유대인이 현대적인 상업 체계를 창조하는 데 큰 영향을 끼친 것만은 틀림없는 사실이다. 유대인은 이전까지 안일하고 인습적이며 때때로 반계몽적이었던 과정을 합리화했다. 유대인의 영향력은 다섯 가지 방식으로 나타났다. 첫째, 유대인은 혁신을 지지했다. 주식 시장이 대표적인 예다. 주식 시장은 재원을 조달해 가장 생산적인 목적에 재원을 할당하는 능률적이고 합리적인 방식이다. 그러나 시장에서 우연히 발생하는 잉여 생산물과 재화의 근본 가치를 구별할 수 없었던 전통적인 중상주의 입장에서는 주식 시장에 반감을 보였다.

1733년 국회의원 존 바너드 경은 모든 정당의 지지를 받아 증권 매매업이라는 악명 높은 관습을 불법화하는 법안을 제출했다. 1757년에 출간한 《포슬스웨이트의 무역 및 상업 사전 *Postlethwayt's Universal Dictionary of Trade and Commerce*》에서는 주식 중개인을 사기꾼이라고 힐난했다. 증권매매업은 국가에는 수치이고 대중에게는 불만의 씨앗이라고 비난했다. 포르투갈의 유대인 요세프 드 핀토는 1771년에 출간한 《신용 거래와 유통의 특징 *Traite du credit et de la circulation*》에서 이러한 비난에 대해 다루었다. 일반적으로 18세기에 많은 비판을 받은 유대인의 경제 혁신은 19세기에 받아들여졌다.

둘째, 유대인은 판매 기능의 중요성을 무엇보다 강조했다. 여기에 대해서도 전통적 입장에서는 많이 반대했다. 일례로 대니얼 디포는 1747년에 출간한 《완벽한 영국 상인 *Complete English Tradesman*》에서 상품진열창에 제품을 요란하게 진열하는 것을 부도덕한 행위라며 비난했다. 《포슬스웨이트의 무역 및 상업 사전》 1751년판에는 광고라는 새로운 고안물에 관해 "몇 해 전까지만 해도 평판이 높은 상인은 신문 광고로 서민에게 읍소하는 짓은 천하고 창피한 행위라고 생각했지만, 지금은 평가가 많이 달라졌다. 상업계에서 신망이 두터운 사람들의 경험으로 보건대 전국 구석구석으로 무언가를 알리고 싶다면 이보다 나은 방법이 없다"는 논평이 나온다. 1761년의 한 파리 법령은 실제로 무역업자가 구매자를 찾을 다른 방편에 열중하거나 제품에 관심을 불러일으키는 전단을 나누어주는 것을 금했다. 사실상 유대인은 전시와 광고, 판매 촉진 부분에서 선구자의 역할을 했던 것이다.

셋째, 유대인은 가능한 한 시장을 넓히려고 애썼다. 유대인은 당시에도 규모의 경제를 이해하고 있었다. 중세시대에 은행업과 대금업 분야에서 그랬던 것처럼 유대인은 전체 매상을 높이기 위해 수익이 조금 덜 남는 장사도 기꺼이 하려 했다. 그래서 가격을 낮추기 위해 노력했다. 이것이 유대인의 네 번째 특징이다. 유대인은 기존 무역업자들보다 질이 낮고 값이 싼 제품을 만들어 서민에게 판매하려 했다. 그렇다고 유대인이 이런 방식을 처음 만들어낸 것은 아니다. 조시아 차일드 경은 1752년에 발표한 《무역론 *Discourse on Trade*》에서 다음과 같이 지적했다. "만약 세계 무역을 할 생각이라면 최상의 제품뿐 아니라 최악의 제품도 만드는 네덜란드인을 모방해야 한다. 그것은 곧 우리가 모든 시장과 모든 기호를 충족시킬 수 있는 능력을 갖춘다는 의미다." 유대인은 상품을 남보다 싸게 파는 능력 때문에 사기를 친다거나 밀수품이나 몰수품을 판다는 비난과 함께 많은 이들의 분노를 샀다.

유대인은 질이 낮은 물건도 기꺼이 팔았고 폐기물도 이용했다. 값이 싼 원자재를 이용하거나 대체품이나 합성품을 고안했다. 가난한 사람에게는 그들 수준에서 구입할 수 있는 값이 싸고 질이 낮은 물건을 팔아 수익을 올렸다. 또한 아주 다양한 물건을 파는 만물상을 열어 경제 규모를 확대했다. 특정 상품만 전문으로 취급하는 전통 상인들은 당연히 이런 행태에 분노했다. 특히 유대인이 요즘으로 치면 특가 상품을 앞세워 손님을 끌어갈 때 크게 분노했다. 무엇보다 유대인은 상업 거래에서 궁극적인 조정자는 소비자이고 길드의 이익보다 소비자의 이익에 봉사해야 사업이 번창한다는 사실을 최대한 활용했다. 유대인 상인에게 소비자는 언제나 옳고 최종 재판관은 시장이었다. 그렇다고 이러한 원칙을 유대인이 만들어낸 것은 아니다. 기존의 원리를 적용하는 데 누구보다 민첩했을 뿐이다.

마지막으로 유대인은 상업 정보를 수집하고 활용하는 능력이 뛰어났다. 시장이 모든 상거래에서 중요한 요소가 되고 동시에 시장이 세계로 확장됨에 따라 정보가 무엇보다 중요해졌다. 유대인이 무역 및 경제 분야에서 성공한 가장 큰 요인은 바로 이 정보력에서 찾을 수 있다. 산업혁명 시대까지 2,000년간 유대인은 대부분 가족 중심의 무역망을 이용해 넓은 지역으로 진출했고 언제나 서신 왕래를 즐겼다. 리보르노, 프라하, 빈, 프랑크푸르트, 함부르크, 암스테르담, 그리고 나중에는 보르도, 런던, 뉴욕, 필라델피아에서 예민하고 신속한 정보망을 운영했다. 이 정보망 덕분에 정치적·군사적 사건, 지역과 국가, 변화하는 세계 시장의 요구에 신속히 대응할 수 있었다. 보르도의 로페스 가나 멘데스 가, 함부르크의 카르케레 가, 바그다드의 사순 가, 페레이라 가, 다코스타 가, 코넬리아노 가, 알하디브 가처럼 여러 도시에 지부를 차려 활동하던 가문들은 세계에서 정보가 가장 빨랐다. 로스차일드 가문이 고유한 상업용 디아스포라를 구축한 것은 그로부터 한참 뒤의 일이다.

전통적인 중세의 상거래는 물적 오류라는 문제를 내포하고 있었다. 이는 상품이 변동하지 않는 절대 가치를 가지고 있다는 사고에서 비롯되는 문제다. 사실상 가치란 공간과 시간에 따라 바뀌게 마련이다. 시장이 크고 거리가 멀어질수록 변수는 많아진다. 정확한 상품을 정확한 지점에서 정확한 시간에 받는 것은 상업적으로 성공하기 위해 필요한 기본 요건이다. 확장일로에 있던 18세기의 시장 규모와 범위는 이것의 중요성을 더욱 부각시켰다. 또한 사업에서 전략적인 결정을 하는 것도 그만큼 중요해졌다. 이때 정보의 질이 결정을 좌우하는 것은 당연하다. 이 점에서 유대인의 정보망은 최고였다.

이런 특징 때문에 유대인은 인구수와는 전혀 어울리지 않게도 현대 자본주의 창설에 크게 이바지했다. 물론 유대인이 없었어도 자본주의는 발생했을 것이다. 실제로 몇몇 지역에서는 유대인의 세력이 미미하거나 전무했다. 예를 들어 영국 산업혁명 초기에 유대인이 직접 담당한 부분은 매우 적다. 그러나 대규모 자금 조달이 필요한 몇몇 분야에서는 두드러진 강세를 보였다. 일반적으로 유대인은 18세기 경제체제에 합리적 접근이라는 강력한 사조를 가져왔다. 합리적 접근은 사물을 대하는 기존 방식은 전혀 타당하지 않기에 더 우월하고 더 용이하고 더 저렴하고 더 신속한 방식을 찾을 수 있고 또 그래야 한다는 신념이다. 유대인은 다분히 이성적으로 상업에 접근했고 애매함이나 속임수와는 거리가 멀었다.

게토 내 합리주의와 비합리주의

처음에는 조금 머뭇거리는 소심한 형태였지만, 유대인 사회 내부에서도 합리적 사고가 일어나고 있었다. 동일한 시기에 게토가 경제적 혁신과 종교적 보수주의를 키워나가고 있었다는 점은 하나의 역설이라고 하겠다. 근대 초기 유대인은 기이할 정도로 이원론적이었다. 그들은 종종 제삼자의 입장에서 아주 명료한 안목으로 외부 세계를 바라보았으나, 자기들 안으로 시선을 돌릴 때는 안목이 흐려졌고 이상은 불투명해졌다. 12세기에 마이모니데스는 유대교를 자연법상의 이성과 조화시키기 위해 각별히 노력했다. 그 노력은 14세기에 와서 주춤하다 결국 지하로 잠적하고 말았다. 게토는 내적으로 유대 전통을 유지하는 데 일조했다. 전통적인 권위를 강화하고 사변을 억제했다. 공동체의 의견에 반대하는 소수에 대해서는 훨씬 더 가혹하게 처벌했다. 유대인이라면 자신의 신앙을 완전히 버리지 않고는 게토를 떠날 수 없었다. 그렇다고 게토가 합리주의 정신을 완전히 말살할 수는 없었다. 유대교와 할라카의 실천법에 합리주의 정신이 내재해 있기 때문이다. 게토 안에서도 유대교는 학식을 갖춘 이들이 지배하는 사회, 즉 학자 지도 체제로 남아 있었다. 학자가 있는 곳에서는 반론이 분출하고 여러 사상이 순환하기 마련이다.

　게토는 또한 책의 저장소였다. 유대인은 곳곳에 인쇄기를 설치했다. 적대적인 종교 지도자의 반격이 종종 있기는 했지만, 그들은 인상적인 도서관을 구축해나갔다. 오펜하이머 가문의 구성원으로 1706년부터 1736년까지 프라하의 랍비장이었던 다비드는 삼촌 사무엘에게 물려받은 유산으로 히브리어로 인쇄된 모든 책을 구하려 했다. 그는 매우 부자였지만 과격한 인물은 아니었다. 기독교인은 다비드가 정선된 보물을 얻기 위해 파문의 권한을 이용한다고 비난했다. 사실 그는 가톨릭을 신봉하던 보헤미아에서 종교 재판을 피하기 위해 함부르크에 도서관을 두어야 했다. 현재 옥스퍼드 대학 보들리 도서관의 히브리관을 구성하고 있는 그의 소장품은 한때 책 7,000권과 사본 1,000개가 넘었다. 랍비 오펜하이머는 1722년 신성 로마 제국의 카를 6세로부터 관할권을 부여받아 프라하에서 유대 연구를 독점할 수 있는 권리를 얻었다. 그가 평생에 걸쳐 수집한 장서는 합리주의로 나아가는 의식 개혁의 기초가 되었다.[79]

　그럼에도 유대교 세계 안에서 합리주의 정신은 더디게 발전했다. 새로운 사상을 가진 사람들이 비난이 두려워 전통에 도전하는 것을 주저했기 때문이다. 경험으로 미루어볼 때 보수적인 종교를 변화시키는 가장 효과적인 방법은 역사 비평을 채택하는 것이다. 마이모니데스는 성경 비평이라는 현대적 방법을 예시하면서도 역사 비평 같은 것은 전혀 사용하지 않았다. 메시아와 무관한 역사 연구를 아무짝에도 쓸모없는 시간 낭비로 간주한 것은 그의 약점 중 하나다.[80] 이런 마이모니데스의 시각에 영향을 받아서인지 일찍이 역사를 기록한 일이 있으면서도 유대인은 한번 내려놓은 붓을 좀처럼 들려 하지 않았다. 그러나 결국 16세기 후반부에 역사 서술을 재개한다. 선구적이면서도 단순했던 이븐 베르가의 저서 이후 만토바의 아자리야 데이 로시(약 1511-1578년)가 1573년에 드디어 유대사에 관한 천재적인 저서 《눈의 광명 Me' or Eynayim》을 출간했다. 이방인의 자료와 르네상스 시대에 기독교인이 발전시킨 비평 기술을 사용하면서 아자리야 데이 로시는 현자들의 저술을 합리적으로 분석했다. 기본 입장은 변증적이고 논조도 겸허해서 옛 현자들이 저지른 잘못을 지적하는 일을 즐기는 투가 아니었다. 그러나 유대력에 관한 저작에서는 메시아가 언제 올 것인가를 산출하는 종래의 원리를 뒤흔들어놓았고 그 밖에도 여러 가지 의문을 제기했다.[81]

아자리야 데이 로시의 저작은 학식을 갖춘 정통 유대인 사이에서 엄청난 분노를 일으켰다. 당시 가장 영향력 있는 학자였던 법전 편찬자 요세프 카로는 그 책을 불태울 것을 명하는 법령에 서명하기 직전에 숨을 거두었다. 프라하의 마하랄로 유명한 차세대 지도자 랍비 유다 로에프 벤 베자렐도 아자리야 데이 로시의 책에 비판적이었다. 그는 탈무드의 전설과 유대 역사를 회의적으로 바라보는 아자리야 데이 로시의 시선이 권위를 훼손하고 믿음을 파괴한다고 생각했다. 그의 견지에서 보면, 아자리야 데이 로시는 하나님과 자연이라는 전혀 다른 지적 과정을 구별하지 못했다. 자연 세계를 연구할 때에나 적합한 방식으로 하나님의 섭리를 이해하려고 하는 것은 말이 안 된다는 것이 로에프의 입장이었다. 그것은 어떤 의미에서 마이모니데스를 완전히 부정하는 꼴이지만, 로에프는 계몽주의와 합리주의를 그다지 대적하는 입장이 아니었고 유대교의 다양한 동향을 관망하는 입장이었다. 그러던 그가 아자리야 데이 로시에 대해 이처럼 비판적인 것을 보면, 당시 유대인 사회가 새로운 시각을 가진 사람에게 얼마나 냉담했는지 알 수 있다.[82] 아자리야 데이 로시의 책은 금서가 되었고 유대인 학생은 랍비의 특별한 허가를 받지 않는 한 그의 책을 읽을 수 없었다.

아자리야 데이 로시에 대한 반대는 모든 지적 혁신가가 직면해야 했던 반대를 시사한다. 이런 정통의 힘은 암스테르담의 바뤼흐 스피노자(1632-1677년)와 관련된 비극적 사건에서 단적으로 드러났다. 실제로도 그렇지만 일반적으로 스피노자는 철학사에서 중추적인 인물로 평가받는다. 그러나 사실 스피노자는 유대인과 기독교인의 역사에서 훨씬 더 중요하다. 몇 가지 점에서는 거의 파괴적이라 할 정도다. 스피노자는 네덜란드 상인으로 성공한 스파라디의 아들로 태어났다. 직업으로 보면 학자이자 광학 렌즈 연마공이었다. 아마도 므낫세 벤 이스라엘 밑에서 공부했을 것이다. 성격은 우울하고 금욕적이었다. 가무잡잡한 피부, 긴 곱슬머리, 크고 초롱초롱한 눈에 마른 편이었다. 버터를 조금 넣은 포리지와 건포도를 섞은 오트밀 외에는 먹지 않았다. 스피노자의 집에 묵은 일이 있는 루터파 목사 요한네스 콜레루스가 쓴 전기는 스피노자의 전기 중 가장 오래된 것인데, 그에 따르면 스피노자는 고기와 술 같은 것을 그다지 좋아하지 않았다.[83]

스피노자, 범신론, 무신론

지적 계보로 볼 때 스피노자는 마이모니데스의 추종자였다. 그러나 오경의 기원에 관한 견해는 그보다 이전에 살았던 합리주의자 아브라함 이븐 에즈라(1089-1164년)의 저술에 나오는 베일에 싸인 암시에서 유래한 것으로 보인다. 지성적인 면에서 볼 때 스피노자는 1650년대 당시 세계에서 가장 급진적인 풍조를 보인 도시에 사는 조숙한 젊은이로 일찍이 다양한 종교의 자유사상가들이 모이는 모임에 드나들었다. 그 모임에서는 예수회 출신의 프란시스쿠스 판 덴 엔덴, 마라노였던 후안 데 프라도, 악명 높은 학교 교사 다니엘 데 리베라를 비롯한 소치니파와 삼위일체론 및 교권주의에 반대하는 자들이 어울렸다. 한 세대 전에는 유대인 우리엘 다 코스타가 영혼 불멸을 부인한 일로 두 번씩이나 암스테르담 공동체에서 추방당했다. 스피노자가 스물세 살이 된 1655년에는 한때 칼뱅파였던 아이작 라 레이레르가 쓴 《비평 *Praedamnitiae*》이 암스테르담에서 출판되어 세상을 놀라게 했다. 이 책은 전 지역에서 금지되었으나 스피노자는 그 책을 읽은 것이 틀림없다. 아이작 라 레이레르는 무신론자가 아니었다. 오히려 메시아를 믿는 마라노이자 열광적인 카발라주의자였고 10년 후에 샤베타이 체비를 유명하게 만든 종파의 일원이었다. 그러나 아이작 라 레이레르는 성경을 계시가 아니라 비판적으로 검토해야 할 세속 역사서로 대하는 경향을 보였다. 그의 책은 이전에 이븐 에즈라와 마이모니데스의 저서를 읽으며 생겨난 의심을 더욱 키웠다. 얼마 후 스피노자와 후안 드 프라도는 유대인 당국에 연행되었다. 후안 드 프라도는 사과했지만, 스피노자는 공식적으로 파문당했다.

1656년 7월 27일에 기록되어 랍비 사울 레비 모르테이라를 비롯한 여러 사람이 서명한 실제 판결문이 지금도 남아 있다.

평의회의 장로들은 다음과 같은 것을 모두에게 전한다. 바뤼흐 스피노자의 사악한 생각과 행위에 대해서는 이전부터 들어온 바 있으며 장로들은 온갖 수단을 동원해 스피노자를 악으로부터 벗어나게 하려고 했다. 그러나 개선이 되지 않을 뿐 아니라 오히려 나쁜 소문만 날로 늘어났다. 소문에 따르면 스피노자는 사악한 가르침을 말하고 스스로 실천하는 등 극악무도한 짓을 하고 있다. 그 모든 사항에 대해 스피노자가 있는 데서 신뢰할 수 있는 증인이 선서를 하고 증언하여 유죄를 입증했다. 랍비가 동석하여 검증한 끝에 평의회는 랍비의 조언을 받아 스피노자를 파문에 처하고 이스라엘 백성으로부터 끊어내기로 결정했다.

이어서 파문과 저주가 뒤따른다.

천사들의 판단과 성인들의 판결로 더불어 우리는 스피노자를 파문하고 통렬히 비난하고 저주하고 추방하는 바이다. … 여호수아가 여리고를 저주했던 그 저주로, 엘리사가 아이들을 저주했던 그 저주로, 오경 안에 수록된 모든 저주로 그에 대한 저주를 선포하는 바이다. 그는 낮에 저주받고 밤에 저주받으리라. 자리에 누울 때나 일어날 때나, 나올 때나 들어갈 때나 저주를 받으리라. 주께서 더 이상 그를 용서하시지 않고 그를 알아주시지도 않기를 바라노라! 지금부터 주의 분노와 노여움이 이 사람을 향하여 불타며 오경에 기록된 모든 저주로 그를 괴롭히시며 그의 이름을 하늘 아래로부터 지워버리시기를 바라노라! … 그리하여 아무도 그와는 한 마디도 하지 않고 편지로 연락하지도 않고 누구도 그에게 봉사하지 않으며 그와 더불어 같은 지붕 아래 거하지 않고 네 규빗 이내로 그에게 접근하지 않고, 그가 받아 적게 하거나 그의 손으로 기록한 문서를 아무도 읽지 말도록 모든 이들에게 경고하는 바이다.[84]

저주문을 낭독하는 동안 "이따금씩 울부짖는 소리와 거대한 양각나팔 소리가 길게 들려왔고 처음부터 환하게 불타고 있던 불빛은 파문 의식이 진행됨에 따라 하나씩 꺼졌고 결국 마지막 남은 불까지 꺼졌다. 이것은 파문당한 사람의 영적 생명의 파멸을 상징한다. 완전한 어둠 속에서 회중은 그곳을 떠났다."[85] 스물네 살의 스피노자는 이로써 아버지 집에서 쫓겨났으며 곧이어 암스테르담에서도 추방당했다. 스피노자는 어느 날 밤 극장에서 돌아오던 길에 누군가 자기를 죽이려 했다며 단도에 구멍이 뚫린 코트를 보여주곤 했다. 부친이 사망하자 욕심 많은 누이들이 유산을 가로채려 했다. 스피노자는 자신의 권리를 지키고자 법적 조치를 취했으나 결국 벽걸이 천이 달린 침대 하나만 빼고 모든 지급 청구를 취소했다. 마지막에 헤이그에서 살았던 스피노자는 렌즈 만드는 일로 생계를 유지했다. 국가로부터 소액의 연금과 친구가 남긴 연금으로 연명했다. 도움을 주겠다는 이들이 있었지만 거절했고 하이델베르크에서 교수로 오라는 제안도 거절했다. 스피노자는 가난한 학자로서 금욕적인 삶을 살았다. 아마 정통 유대인으로 남았더라도 같은 삶을 살았을 것이다. 결혼은 하지 않았다. 자유분방한 것과는 정반대의 사람이었고 삶은 절제로 가득했다. 스피노자는 다음과 같이 주장했다. "우리는 지저분하고 추레한 몰골을 한 현자가 되고 싶지 않다. 일부러 젠체하며 옷차림에 무신경한 듯이 구는 것은 오히려 마음이 가난한 증거다. 그런 가난한 영혼은 참다운 지혜가 머무르기에 합당한 곳이라 할 수 없으며 과학은 무질서와 혼란에 빠지고 말 것이다."[86] 스피노자가 마흔네 살의 나이에 결핵으로 세상을 떠나자 누이 레베카는 유산이 너무 적다는 이유로 유산 관리를 거부했다.

스피노자와 유대인 당국자들 사이에 있었던 불화의 원인과 본질이 무엇인지는 명확하지 않다. 스피노자는 천사의 존재, 영혼 불멸, 토라가 하나님의 영감에 의한 것이라는 점을 부인했다는 이유로 고발당했다. **헤렘** 직후 스피노자가 자신을 변호하고자 스페인어로 저술한《변명 *Apologia*》은 지금 남아 있지 않다. 그러나 1670년에 서명 없이 출간한《신학정치론 *Tractatus Theologico-Politicus*》에서 그는 성경에 대한 비평 원칙을 제시했다. 그 안에 이단적인 주장이 들어 있다. 스피노자의 주장에 따르면, 성경은 과학적 사고로 연구해야 하며 다른 자연 현상과 똑같이 조사해야 한다. 성경 연구는 역사적이어야 하며 히브리어를 분석하는 것으로 시작해서 성경에 나타나는 표현을 분석하고 분류하는 과정으로 나아가야 한다. 그다음 단계는 역사 정황을 조사하는 것이다. 성경 각 권을 저술한 저자의 생애와 행적, 저술 목적, 다시 말해 그가 누구이고 저술 시기와 연대가 언제이고 어떤 독자를 대상으로 저술했고 어떤 언어로 저술했는지 다루어야 한다. 그런 다음에는 각 책의 역사, 즉 처음에 그 책이 누구에게 어떻게 주어졌고 각기 다른 역본은 얼마나 되고 누구의 조언에 따라 정경으로 인정되었는지, 마지막으로 어떻게 모든 책이 보편적으로 거룩한 책으로 인정되어 하나로 통일되었는지를 다루어야 한다.

스피노자는 자신의 분석법을 성경에도 적용했다. 오경의 어떤 부분을 실제로 모세가 기록했는지 논했고 에스라의 두루마리, 정경의 편찬, 욥기와 다니엘서 같은 책들의 유래, 전체와 부분별 저작 연대 등을 논했다. 요컨대 스피노자는 성경의 기원과 진정성에 관한 전통적 견해를 완전히 거부하면서 내적 증거로 대안적인 설명을 제시했다. 이렇게 스피노자는 성경 비평 작업을 시작했다. 그리고 이는 그 후 250년에 걸쳐 성경의 문자적 진실에 대한 교육을 받은 이들의 신앙을 파괴했고 불완전한 역사

기록으로 성경의 위치를 끌어내렸다.[87] 스피노자의 저술과 영향은 기독교의 자신감과 내적 단결성에 괴롭고도 치유하기 어려운 상처를 입혔다. 곧 살펴보겠지만, 그것들은 유대 공동체에도 장기간에 걸쳐 새롭고 치명적인 문제를 제기했다.

전통적인 공동체의 제약을 벗어난 유대 합리주의는 엄청난 파괴력을 갖게 되는데, 그 최초의 전형이 바로 스피노자다. 스피노자는 살아 있는 동안은 물론이고 사후에도 오랫동안 주요 종교 그룹으로부터 무신론자 취급을 받았다. 스피노자의 저서는 모든 지역에서 금지되었다. 하지만 또 모든 지역에서 보존되고 끊임없이 인쇄되었다. 1671년에 스피노자는 유대인 지도자 오로비오 데 카스트로에게 보낸 편지에서 자신이 무신론자라는 주장을 부인하는 한편 자신이 쓴 《신학정치론》이 반종교 문헌이라는 주장을 반박했다. 그러나 사후에 출간된 《윤리학 *Ethics*》은 그가 전형적인 범신론자였음을 보여준다. 이상하게 들릴지도 모르지만, 특정 형태의 범신론은 17세기 유대교와 양립할 수 있는 것으로 생각했다. 당시 많은 유대인이 받아들인 카발라도 범신론의 경향을 보였다. 일례로 조하르는 하나님이 만유이며 만유가 하나님이라는 점을 제시하는 많은 본문을 수록하고 있다.

스피노자가 죽은 지 20년 후 런던의 스파라디계 랍비 다비드 니에토 (1654-1728년)는 하나님과 자연을 동일시하는 저작 《하나님의 섭리에 관하여 *On Divine Providence*》를 스페인어로 출간하면서 심각한 문제에 부딪혔다. 그 논쟁은 암스테르담의 위대한 탈무드 학자 츠비 아슈케나지에게 넘어갔다. 츠비 아슈케나지는 니에토의 주장이 유대교의 교리에 반하지 않을 뿐 아니라 일부 유대교 사상가 사이에서 오래 전부터 오갔던 이야기라고 판결했다.[88]

그러나 스피노자의 경우에는 무신론과 확실히 구분하기가 어려울 정도로 범신론을 밀고 나간 것이 문제였다. 그는 우리가 보고 다루는 물질 세상이 하나님이라고는 말하지 않았다. 《윤리학》에서 개체는 좀 더 큰 개체의 일부를 이루고 있을 가능성이 있으며 이를 되풀이하다 보면 자연 전체는 하나의 개체라는 것을 쉽게 알 수 있다고 주장했다. 그런데 스피노자는 하나님을 하나의 인격으로 이해하지 않았다. 그는 하나님을 의지나 지성을 가진 존재로 생각하는 것은 흔히 천랑성天狼星이라 부르는 시리우스를 향해 네 이름이 이리니 한 번 짖어보라고 요구하는 것과 같다고 진술한다. 실제로 스피노자는 역사적이고 감정적인 이유로 하나님이라는 단어를 계속 사용했다. 스피노자는 하나님을 모든 실재와 동일시했기에 무신론자들이 실재는 신인 부분과 신이 아닌 부분으로 구분될 수 없다고 주장할 때 동의하지 않을 수 없었다. 양자 사이에는 이렇다 할 차이가 없기 때문이다.[89]

그러나 만약 신을 사물로부터 구별할 수 없다면, 일반인이 이해하는 의미에서 신이 존재한다고 말하는 것은 불가능해진다. 스피노자는 다음과 같이 말하고 있다. "우리가 생각해온 그런 의미로 하나님이 존재하는 것은 아니다." 대부분의 사람에게 그 말은 곧 무신론으로 들렸다. 독일의 수학자이자 철학자 고트프리트 빌헬름 폰 라이프니츠(1646-1716년)는 스피노자를 잘 이해했고 이 문제에 대한 그의 입장을 정확히 파악하고 있었다. 그러나 출세 지향적이었던 라이프니츠는 스피노자가 비난을 받자 그와 거리를 두려 했고 이 때문에 종종 소심하다는 비난을 받았다. 그래도 라이프니츠는 종교에 관한 스피노자의 입장을 다음과 같이 정확히 요약했다. "의를 기준으로 행운과 불운을 분배하는 식의 신의 섭리를 그는 일절 인정하지 않았다. 그런 의미에서 그는 진정한 무신론자였다."[90]

스피노자는 유대인의 정신에서 한쪽 측면, 즉 지성적 사유가 과도하게 발달한 경우라고 할 수 있다. 스피노자는 모든 논란과 의견 차이를 논리로 해결하는 것과 인간이 완전한 경지에 도달하는 것이 가능하다고 생각했다. 그는 윤리 문제가 기하학적 증거를 통해 해결될 수 있다고 주장했다. 또한 세계의 완전한 평화가 이성을 통해 이루어질 수 있다고 주장한 마이모니데스의 전통 안에 있었다. 이를 통해 우리는 스피노자가 메시아 시대를 어떻게 이해했는지 짐작할 수 있다. 마이모니데스는 고귀한 합리적 사고를 통해 율법을 완전하게 지킬 때 메시아 시대가 이른다고 생각했다. 토라를 통한 계시의 기반 위에서 메시아 시대가 이를 것이라고 본 것이다. 그러나 스피노자는 계시를 믿지 않았고 토라를 폐기하고 싶어 했다. 그는 메시아 시대가 순수한 지성을 통해 이뤄질 것이라고 생각했다.

그 생각은 스피노자를 반인본주의로 이끌었다. 스피노자는 스스로 '감정을 치유하는 교정법'이라 칭한 것을 인간에게 부여하고자 했다. 제한된 범위에서 그것은 매력적이었다. 스피노자는 열정을 극복하기를 원했다. 또한 자신이 가르친 것을 분명히 실천했다. 많은 도발이 있었지만, 살면서 한 번도 화를 내지 않았고 평정을 유지했다. 절제를 알았고 영웅의 자질이라 할 수 있는 극기심을 보였다. 모든 죄는 무지에서 비롯된 것이라고 주장했다. 불행은 원인과의 관계에서 이해해야 하며 전체 자연 질서의 일부로 이해해야 한다고 보았다. 일단 사람들이 이런 사실을 이해하면 슬픔이나 증오, 복수에 대한 욕구를 보이지 않을 거라고 주장했다. "증오는 주고받으면서 더욱 커진다. 다른 한편으로 그것은 사랑에 의해 파괴될 수 있다. 사랑에 의해 완전하게 정복당한 증오는 사랑으로 변화한다. 그런 까닭에 사랑은 미움이 따라잡을 수 없는 더 위대한 것이다." 그러나 스피노자가 말한 사랑은 하나의 독특한 사물이다.

만물은 예정되어 있다. 그는 자유의지를 믿지 않았다. 그러므로 희망과 공포는 바람직하지 않은 것이다. 겸손과 회개도 마찬가지다. "회개를 하는 이는 두 배로 불쌍하거나 우유부단한 인물이다." 행복은 어떤 형태든 하나님의 뜻이다. 지혜로운 자는 하나님이 보는 방식으로 세계를 보려고 노력한다. 오직 무지만이 우리로 하여금 미래를 바꿀 수 있다고 생각하게 만든다. 일단 이 사실을 이해하면 우리는 공포로부터 자유로울 수 있다. 이로써 우리는 자유로운 상태에서 죽음이 아니라 생명에 대해 명상한다. 열정이 제거된 자신과 감정을 이해하게 될 때 우리는 하나님을 사랑할 수 있다. 그러나 물론 이것은 한 개인으로서 인간과 인간 사이의 사랑이 아니다. 하나님은 한 개인이 아니라 만유이기 때문이며 사랑은 열정이 아니라 이해이기 때문이다. 하나님은 열정이나 기쁨 또는 고통을 가지고 있지 않다. 아무도 사랑하거나 미워하지 않는다. 그러므로 "하나님을 사랑하는 이는 그에 대한 보답으로 하나님이 자신을 사랑하게끔 하기 위해 노력할 수 없다." 또는 다시 "하나님을 향한 정신의 지성적 사랑은 하나님이 자신을 사랑하는 데 사용하는 무한한 사랑의 일부다."[91]

스피노자가 지성인 중에 버트런드 러셀 같이 무정한 철학자에게 호소한 이유나 다른 사람들이 스피노자를 냉혹하거나 심지어 불쾌하다고까지 말한 이유를 이해하는 것은 그리 어렵지 않다. 스피노자는 홉스처럼 동시대인에게 진정한 두려움을 느끼게 했다. 아마도 스피노자는 홉스에게 냉혹한 엄격함을 배웠을 것이다. 만약 적나라하게 '하나님'이라는 표현을 사용하지 않고 평이하게 적었더라면 반대를 덜 받았을지도 모른다. 유럽 작가들에게 스피노자가 미친 영향력은 가늠할 수 없을 만큼 지대하다. 그는 볼테르 같은 프랑스의 지식인과 고트홀트 레싱 같은 독일인을 매혹시켰다. 레싱은 이렇게 말한 적이 있다. "스피노자의 철학 외에 다른 철학은 존재하지 않는다." 그러나 유대인과 관련해서 스피노자는 단순히 한 흐름에만 집중했다. 마이모니데스의 합리주의 전통을 유대교의 한계를 넘어 논리적 귀결로 이끌었던 것이다.

18세기 유대인의 경건주의: 바알 쉠 토브와 하시드

물론 비합리주의 전통도 남아 있었고 그 전통은 14세기에 승리를 거두었다. 비합리주의 전통이 낳은 카발라는 규범적인 유대교 안에 수용되었다. 그 전통은 샤베타이 체비의 배교와 함께 충격적인 타격을 입었다. 그로 인해 샤베타이 운동은 지하로 잠적했다. 야코브 프랑크의 기괴한 행동은 이 전통 역시 유대교에서 열광적인 지지자와 완고한 반대자를 만났다는 점을 보여준다. 1660년대 메시아 운동에 힘을 실어주었던 거대한 감정적 힘과 열정도 남아 있었다. 그 운동을 표명하게 할 방법은 없었을까? 동시에 느슨한 관계로나마 유대교에 메시아 운동을 장착할 수는 없었을까?

18세기에 와서 그 문제는 유대교에만 국한되지 않았다. 산업혁명보다 앞서 발생한 과학혁명은 이미 1700년 즈음 진행되고 있었다. 냉혹한 수학 법칙으로 통제되는 역학적 우주에 관한 뉴턴의 이론이 승리를 거두었다. 사회의 정점에서는 회의주의가 확산되었다. 기성 종교 지도자들은 냉정하고 점잖고 세속적이었으며 관용의 경향을 보였다. 선조들이 목숨보다 소중히 여기며 지켜온 세세한 교리에 깊이 신경 쓰지 않았기 때문이다. 그러나 고단한 삶을 사는 일반 대중에게는 더 많은 것이 필요했다. 그래서 그들의 필요를 채워주고자 많은 사람이 일어났다. 독일에서는 경건 운동이 일어났고 영국에서는 웨슬리 형제가 감리교 운동을 시작했다. 미국에서는 1차 대각성운동이 시작되었다. 전체 유대인의 절반 이상이 살고 있는 동유럽에서는 **하시드** 운동이 일어났다.

폴란드의 유대인 사이에 나타난 경건하고 열정적인 하시드 운동은 단순한 종교 세력이 아니었다. 그들은 급진적인 성향을 품고 있었다. 유대인 사회는 권위적이고 종종 압제적이었다. 부유한 상인과 법률가 랍비 가문이 혼인관계를 맺고 과두 정치를 하고 있었다. 평의회 체제는 이 엘리트 그룹에 막강한 권력을 부여했고 평의회를 선출하는 선거권은 소수에 국한되어 있었다. 소수 독재 정치는 폐쇄적인 체제는 아니었다. 교육이 출세를 위한 사다리를 제공했기 때문이다. 이론상으로는 가난한 사람도 출세의 사다리에 아무 제약 없이 접근할 수 있었다. 그러나 학자 지도 체제 역시 필연적으로 엘리트 계층으로 이루어졌고 가난한 사람들은 대부분 가난한 상태로 남았으며 스스로 무력한 존재라고 느꼈다. 그들은 회당에서 아무것도 아니었다. 랍비에게 청원을 할 수는 있지만, 집안 배경이 특출하지 않으면 아무도 관심을 기울이지 않았다.

이와 대조적으로 여러 지역의 법령은 도시 저명인사의 행동을 두고 수군거리고 조롱하는 사람을 모두 처벌했다. 압박감은 공동체 안에서만이 아니라 가문 안에서도 심했다. 게토도 마찬가지로 가부장 체제였다. 아들이 열두 살이 되면 아버지는 아들에게 토라를 가르치기 위해 폭력을 사용할 수 있는 권리를 부여받았다. 아들이 열세 살이 되면 완고한 아들에 관한 신명기의 율법이 적용되었다. 이론상 아들이 반항하면 장로들 앞에 끌고 가 유죄 판결을 받아 돌로 쳐 죽일 수 있었다. 심지어 태어나 처음 잘못한 것이어도 채찍질을 할 수 있었다. 탈무드는 그런 경우는 한 번도 없었다고 말하지만, 아들에게는 율법의 그림자가 무겁게 드리워져 있었다. 딸은 미성년자일 때도 아버지에 의해 결혼 계약을 맺을 수 있었다. 이론상으로는 딸이 12.6세, 즉 보게레트(성인)가 되면 남편감을 거부할 수 있지만, 그런 경우는 거의 없었다. 자녀들은 부모를 공경하는 것이 하나님을 공경하는 것과 같다고 배웠다.[92] 요약하면 게토에서는 과도한 종속관계가 자리하고 있었다. 그러나 유대인이 자기들이 임명한 당국자에게 그저 유순하게 복종하지 않는 점은 그들의 장점 중 하나다.

유대인은 영원한 항의자다. 그리고 유대인의 전통은 그리 달가워하지는 않아도 늘 항의자를 위한 자리를 마련해주었다. 또한 성인聖人에게는 규범적인 종교 구조 밖에서 활동하는 것을 허용했다. 앞에서 살펴본 바알 쉠이 좋은 예다. 이런 유형은 바빌로니아의 가온 시대까지 거슬러 올라간다. 16세기부터 아슈케나지 유대인 사회에는 그런 인물이 늘어나 실용적 카발라 활동을 수행했다. 순수한 학자는 소수였다. 대부분은 부적을 쓰거나 특별한 기도와 주문, 약초, 동물의 작은 뼈 조각을 사용하는 민간요법으로 치료 행위를 했다. 정신적 혼란과 죽은 사람의 혼을 쫓아내는 일이 그들의 전문 분야였다.

이런 인물 중 한 사람이 1736년경의 이스라엘 벤 엘리에제르(1700-1760년)다. 훗날 바알 쉠 토브 또는 베쉬트라는 이름으로 알려진 그는 처음부터 그러한 소명을 느꼈다. 그는 포돌리아 뒤쪽 오코프 출신의 고아였다. 여러 번에 걸쳐 의식용 도살장에서 일을 거들었고 카르파티아 산맥의 점토 채취장에서 일했고 회당의 경비원과 관리인으로 봉사했으며 여관을 경영했다. 초상화 속에서는 항상 파이프를 손에 들거나 입에 물고 있다. 그는 평범한 사람이었다. 이론상으로는 모세까지 거슬러 올라가는 선별된 랍비 그룹과는 매우 동떨어져 있다. 교육은 거의 받지 못했다. 그가 쓴 것으로 생각되는 진정성 있는 저작은 아무것도 남아 있지 않다. 그의 서명이 적힌 편지는 위조된 것일 가능성이 크다. 그의 설교는 제자들이 기록한 것이다. 그는 회당 체제 밖에서 활동했고 회당에서 설교한 적은 한 번도 없었던 것 같다.

그러나 존 웨슬리처럼 나라 전역을 여행했다. 부적을 쓰기도 했다. 사람을 고치고 사람에게서 악한 영혼을 쫓아내고 일반적으로 성인이 할 수 있는 모든 일을 했다. 아울러 순수한 카리스마를 가지고 있었다. 사람들은 그와 함께 있을 때 한 차원 높은 포부를 지닐 수 있고 더 순수한 행동을 할 수 있다고 느꼈다. 비록 수수하기는 했으나 이 강력한 신성함에 대한 인상은 때때로 장관을 연출했던 그의 치료에 의해, 정확하게 사건을 예언하던 꿈에 의해, 신비적 상태에 의해, 그에게서 비롯된 것으로 생각되는 기적에 의해 강화되었다.[93]

이 모든 것은 그를 영향력 있는 인물로 만들었다. 널리 이름을 떨치게 되자 그는 유명한 랍비처럼 자신의 법정을 세웠고 사람들은 그를 만나기 위해 멀리서 찾아왔다. 그러나 그를 한 운동의 설립자로 만든 것은 그의 창의성이다. 그는 두 가지 새로운 관습을 대표했다. 우선 **차디크**라는 고대의 개념을 회복시켰다. 차디크, 즉 의로운 사람에 대한 사상은 노아만큼이나 오래된 것이다. 그러나 바알 쉠 토브는 차디크에게 특별한 역할을 부여했다. 샤베타이 체비의 배교와 더불어 메시아 운동은 불신을 받았다. 그래서 유대인의 유일신론에서 멀어진 프랑크 운동이나 다른 메시아 종파에 시선을 돌릴 수 없었다. 그가 언급한 것처럼 "쉐키나는 통곡하며 지체가 몸통에 붙어 있는 한 치료에 대한 희망은 있다고 말한다. 그러나 그것이 몸통에서 떨어져나갔을 때는 회복될 수 없다. 그리고 모든 유대인은 쉐키나에 속한 하나의 지체다." 한마디로 그는 단절로 나아갈 의도는 없었던 셈이다. 그러나 자취를 감춘 메시아가 유대인의 마음속에 아쉬움을 남겼다는 점을 인식하고 있었다. 그래서 하나님의 은총과 자비와 함께 하늘로부터 내려온 차디크를 회복시킴으로써 빈자리를 채워주었다. 바알 쉠 토브의 가르침에 나오는 차디크는 메시아는 아니지만 평범한 인간도 아니다. 말하자면 그 둘 사이에 있는 존재다. 더구나 차디크는 메시아의 역할을 고집하지 않기 때문에 많은 차디크가 존재할 수 있다. 이로써 새로운 유형의 종교적 인물들이 나타나 그 운동을 이어가고 퍼뜨렸다.

둘째, 그는 혁신적인 대중 기도를 창안했다. 이것이 중요한 이유는 비천한 일반인에게도 무언가 공헌할 수 있는 기회를 주었기 때문이다. 루리아의 카발라 운동이 가진 강력한 힘은 기도와 경건으로 메시아의 출현을 앞당길 수 있다고 보았던 대중의 열정에 있었다. 그래서 바알 쉠 토브는 자신과 후계자들이 가르쳤던 기도에 대한 새로운 이론을 통해 대중이 참여할 수 있는 자리를 마련했다. 그는 기도가 인간의 행동이 아니라 사람으로 하여금 자연적 실존의 벽을 깨뜨리고 하나님의 세계에 도달할 수 있게 하는 초자연적 행위라고 강조했다. 사람이 어떻게 이것을 행하게 되는가? 그는 기도서를 가지고 글자들에 온 정신을 집중한다. 읽는 것이 아니라 간절히 원하는 것이다. 그렇게 함으로써 글자의 실제 모습들은 사라진다. (사실 이것은 전형적인 카발라 사상이다.) 그리고 그 글자 속에 숨겨져 있던 하나님의 속성들이 영적으로 가시화된다. 그것은 마치 투명한 물체를 통해 보는 것과 같다. 그는 그것을 기도의 글자 속으로 들어가는 것 또는 천상의 홀로 들어가는 것이라고 불렀다. 사람은 그 기도의 홀로 들어갈 때 자신이 가치 있는 존재라는 것을 알게 된다고 했다.[94]

바알 쉠 토브는 기도의 홀로 들어가기 위해 자신의 개성을 제압하고 무의 상태가 되어야 한다고 가르쳤다. 이로써 공백 상태가 만들어지고 초자연적 존재에 의해 그 공백이 채워지고 그 존재는 기도하는 이를 위해 행동하며 말하게 된다. 기도서의 글자들이 흐릿해지고 한 점으로 모이게 될 때 글자의 변형이 이뤄지고 사람이 자기 말을 하는 대신 말씀이 그의 입에 주어지게 된다는 것이다. 입은 계속 말하지만, 영이 사고를 대신한다. 바알 쉠 토브는 "나는 내 입이 말하고 싶은 바를 말하게 한다"고 말했다.[95] 그의 후계자이자 하시드 운동의 다음 세대 지도자인 도브 베르는 이렇게 하나님에게 붙잡히는 현상을 가능하게 하는 영적 권능이 발생하게 된 것은 토라와 하나님이 사실상 하나이며 하나님의 힘이 실제로 책의 글자 속에 저장되어 있기 때문이라고 설명했다. 묵상 기도가 잘만 이루어지면, 이 힘을 풀어놓을 수 있다. 도브 베르는 또 다른 비유를 사용해 이렇게 설명했다. "사람이 공부하거나 기도할 때는 힘을 쥐어짜서 단어를 발음해야 한다. 그것은 체내에서 한 방울의 정액을 사정할 때와 마찬가지로 혼신의 힘이 그 한 방울에 쏟아 부어지는 것이다."[96]

이 때문에 하시드 운동의 예식은 매우 소란한 가운데 시작된다. 그들은 회당을 경멸했다. 자기들만의 쉬티블레크, 즉 기도처를 가지고 있었고 거기서 소박한 의상과 모피로 만든 챙이 넓은 모자를 쓰고 모였다. 필요하면 담배를 피우거나 술을 마시기도 했다. 기도 소리가 최고조에 달하면 때때로 몸을 흔들거나 손뼉을 쳤다. 니군이라 불리는 곡을 노래했고 그 곡에 맞춰 춤을 추었다. 그들은 폴란드계 아슈케나지의 기도와 루리아풍의 스파라디의 기도가 혼합된 자기들만의 기도문을 가지고 있었다. 그들은 가난하고 거친 사람들이었다. 그들의 의식이 폴란드와 리투아니아 전역으로 퍼져나가면서 그들은 유대인 주류에게 충격을 안겨주었다. 그들이 바로 비밀스런 샤베타이파라는 비난이 일었고 그들을 제지해야 한다는 분노의 목소리도 들려왔다.

—

빌나의 가온과 하시드 운동에 대한 박해

빌나의 가온이었던 엘리야 벤 솔로몬 잘만(1720-1797년)은 초기 하시드 운동에 강하게 반대한 인물이다. 어린 천재가 드물지 않은 유대인의 기준에 비추어보아도 잘만은 엄청난 아이였다. 여섯 살에 빌나의 회당에서 설교했고 종교 지식뿐 아니라 세속 지식 역시 입이 딱 벌어질 정도였다. 열여덟에 결혼하고 독립할 수 있는 수입을 갖게 되자 빌나 외곽에 작은 주택을 구입하고 오로지 연구에만 주력했다. 그의 아들은 그가 하루에 2시간 이상 잔 적이 없고 한 번에 30분 이상 자지 않았다고 말한다. 정신이 산만해지는 것을 피하기 위해 심지어 낮에도 덧문을 닫은 채 촛불을 켜고 연구했다. 졸음이 온다는 이유로 난방을 하지 않았고 발도 찬물로 씻었다. 빌나에서 그의 권위와 영향력이 커질수록 연구에 대한 헌신도 그만큼 더 강해졌다.

잘만은 카발라를 멸시하지는 않았지만, 모든 것은 할라카의 요구에 따라야 한다고 주장했다. 그래서 하시드 운동을 불법 행위로 간주했다. 탈혼 상태, 기적, 환상에 대한 주장이 모두 거짓이고 기만이라고 단언했다. 차디크 사상도 그가 보기엔 인간을 섬기는 우상 숭배에 지나지 않았다. 무엇보다도 기도에 관한 이론으로 유대교에서 가장 중요한 학문을 대체하는 것은 학문에 대한 모욕으로 간주했다. 교권주의의 화신이었던 잘만은 하시드 운동에 어떻게 대처할지 묻자 이렇게 대답했다. "그들을 박해하라."[97] 정통 유대교 입장에서는 다행스러운 일이었다. 하시드 운동은 쉐비타, 즉 의식용 도살 작업에 율법에 맞지 않는 칼을 사용하기 시작했다. 그들에 대한 최초의 헤렘이 1772년에 선포되었다. 대중 앞에서 그들의 책을 불태웠다. 또 다른 헤렘이 있었던 1781년의 기록도 남아 있다. "그들은 처자를 데리고 우리의 공동체를 떠나야만 하며… 하룻밤도 더 지체해서는 안 된다. 그들의 쉐비타는 금지한다. 그들과의 상거래, 그들과의 결혼, 그들의 장례를 돕는 것도 금지한다." 잘만은 다음과 같은 글을 남겼다. "그들과 관계를 끊고 온갖 고통스러운 수단을 동원해 그들을 괴롭히며 복종시키는 것은 모든 신실한 유대인의 의무다. 그들은 마음에 죄를 가지고 있으며 이스라엘이라는 몸에 난 종기이기 때문이다."[98]

그러나 하시드 운동은 이런 파문 선고를 순순히 받아들이지 않았다. 우선 자기들의 입장을 변호하기 위해 소책자를 발행했다. 이에 잘만은 자신의 남은 생을 정리하기 위해 이스라엘 땅으로 떠나기 전에 특별히 리투아니아와 빌나에 할라카 정통주의자와 학자로 구성된 별도의 체제를 만들었다. 그러나 그 외의 다른 지역에서 하시드 운동은 유대교에서 없어서는 안 될 한 부분을 차지했다. 하시드 운동은 서쪽에 있는 독일로 확산되었고 독일에서 다시 세계로 퍼져나갔다. 하시드 운동을 파괴하려는 정통주의자들의 노력은 무위로 끝나고 말았다. 사실상 학자들과 열성적인 신자들은 공동의 새로운 적인 유대 계몽주의, 즉 **하스칼라**에 함께 맞서느라 하시드 운동을 없애려는 시도를 곧 단념했기 때문이다.

하스칼라는 유대인의 역사에서 특별한 사건이고 마스킬, 즉 하스칼라 운동을 지지하는 유대인은 유대교 밖에서는 볼 수 없는 특이한 유형이었다. 그러나 유대 계몽주의는 사실상 유럽 전역에서 일어나고 있던 계몽주의 운동의 흐름 속에서 살펴볼 필요가 있다. 특히 유대 계몽주의는 독일 계몽주의와 단단히 결합되어 있었는데, 여기에는 그만한 이유가 있다. 프랑스와 독일의 계몽주의 운동은 하나님에 대한 인간의 태도를 검토하고 재건하는 데 관심을 기울였다. 그러나 프랑스 계몽주의는 하나님을 거부하거나 격하시키고 종교를 무기력하게 만드는 것이었던 반면, 독일 계몽주의 운동은 인간 내부의 종교적 심성에 대한 새로운 이해와 화해에 도달하기 위해 성실히 노력하는 것으로 보였다. 프랑스의 계몽주의 운동은 화려했으나 근본적으로는 보잘것없었다. 반면 독일의 계몽주의 운동은 진지하고 진실했으며 창조적이었다. 그러므로 계몽된 유대인의 관심을 끌어 지대한 영향을 미치고 그들로 하여금 견실한 공헌을 하게 한 것은 바로 독일의 이상이었다.[99]

아마도 이때 독일에 있던 유대인은 처음으로 독일 문화에 각별한 친근함을 느끼기 시작했고 이로써 마음에 가공할 만한 미망의 씨앗을 뿌린 셈이다. 기독교 사회 내부의 지성인에게 계몽주의가 던진 질문은 실제적이었다. 점점 늘어나는 세속 문화에서 하나님이 활동하신다면, 얼마나 넓은 범위에서 활동하셔야 하는가? 유대인에게는 그 질문이 조금 다르게 제기되었다. 하나님의 문명에서 세속의 지식이 역할을 한다면 어떤 부문에서 해야 하는가? 유대인은 여전히 전적으로 종교적 사회라는 중세의 환상에 휩싸여 있었다. 마이모니데스가 세속 과학을 인정하기 위해 강력한 논쟁을 펼치고 과학이 어떻게 토라와 조화를 이룰 수 있는지 제시한 것은 사실이다. 그러나 그의 주장은 대부분의 유대인에게 확신을 주지 못했다. 심지어 프라하의 마하랄처럼 비교적 온건한 사람조차도 정확히 종교적인 문제에 세속의 기준을 적용한다는 이유로 아자리야 데이로시를 공격했다.[100] 예를 들어, 소수의 유대인은 파도바에 있는 의과대학에 다녔다. 그러나 저녁에 게토로 돌아오는 순간 토라 밖의 세상에 등을 돌렸고 이것은 유대인 사업가들도 마찬가지였다. 물론 세상에 나왔다가 다시 돌아가지 않은 이들도 많았다.

그러한 현상은 언제나 있었다. 스피노자의 예에서도 알 수 있는 것처럼 문제는 유대교의 생명을 치명적으로 망가뜨리지 않고서는 이방 지식의 샘물을 마실 수 없다는 것이다. 그 결과 게토는 단순히 하나의 사회가 아니라 지성적인 우주로 남아 있었다. 18세기 중반에 이르자 안타깝게도 그 결과를 모두가 확실히 인식하게 되었다. 오래전 15세기 초에 있었던 토르토사 논쟁에서처럼 유대인 지성들은 퇴행적인 반계몽주의자가 되었다. 300년이 지난 시점에 유대인은 교육을 받은 기독교인, 심지어 교육을 받지 못한 기독교인이 보기에도 우스꽝스러운 옷을 걸치고 고대의 어리석은 미신에 붙잡혀 마치 사라진 이스라엘 열 지파처럼 현대 사회로부터 완전히 격리된 경멸과 조롱의 대상이었다.

이방인은 유대인의 학문에 대해 별반 아는 것이 없었을 뿐 아니라 신경도 쓰지 않았다. 고대 헬라인이 그랬듯이 심지어 그런 것이 있는지도 몰랐다. 유럽의 기독교 세계에는 유대인 문제가 엄연히 존재했다. 중세시대에도 마찬가지였다. 어떻게 이 고집 센 소수가 종교 진리와 사회 질서를 오염시키는 것을 막을 것인가? 그러나 이제 더 이상 그런 두려움은 없었다. 이방인 지성들에게 그 문제는 이제 다른 성격의 문제였다. 어떻게 이 애처로운 민족을 무지와 암흑 상태에서 구해낼 것인가?

1749년에 젊은 프로테스탄트 극작가였던 고트홀트 레싱은 〈유대인〉이라는 단막극을 상연했다. 이 작품은 유럽 문학에서 최초로 유대인을 세련되고 합리적인 존재로 묘사한 작품이다. 그것은 관용의 제스처였고, 레싱과 동시대 인물인 모제스 멘델스존(1729-1786년)이라는 데사우의 유대인이 이 작품에 열렬한 찬사를 보냈다. 두 사람은 친구가 되었고 그 훌륭한 극작가는 이 유대인을 문학계에 소개했다. 척추 만곡으로 고생하던 멘델스존은 결국 직장을 그만두고 환자로서 조심스럽게 살아야 했다. 그러나 그는 무서운 정력을 지니고 있었다. 멘델스존은 지역 랍비에게 충분한 교육을 받았고 부기 계원으로 훈련받았고 일생을 상인으로 활동했다. 독서력이 대단했고 엄청난 범위의 세속 지식을 구비했다. 그래서 레싱의 도움으로 철학 서적을 출간하기 시작했다. 프리드리히 2세는 그에게 베를린 거주권을 수여했다. 그와 대화를 나눈 사람은 모두 그의 지식에 경탄을 금치 못했고 그리하여 멘델스존은 상류 사회의 명사가 되었다.[101] 그는 빌나의 가온보다 열 살이 적었고 바알 쉠 토브보다는 서른 살이 적었지만, 그들 사이에는 마치 수백 년이 가로막고 있는 것처럼 보였다. 열렬한 탈무드 학자, 신비적 열광주의자, 도시풍의 합리주의자, 근대 유대 사회는 이 세 유형의 인물을 중심으로 움직였다.

멘델스존과 유대 계몽주의 운동

처음에 모제스 멘델스존은 계몽주의 운동에서 유대인의 특별한 이해관계에 대해 아무런 말도 하지 않았다. 그는 단순히 계몽주의를 즐기고 싶어 했다. 그러나 이방 세계 곳곳에서 접한 유대교에 대한 무지와 비방 때문에 자신이 가지고 있는 유대인의 신념을 알리지 않을 수 없었다. 전통적인 이방 세계는 유대인이라면 으레 복종시키거나 추방하라고 말했다. 계몽된 이방 세계는 "어떻게 하면 이 가련한 유대인들이 유대인이 되지 않도록 최선을 다해 도울 것인가?"라고 말했다. 이에 멘델스존은 이렇게 대답했다. "우리가 공통의 문화를 공유할 수 있게 하고 유대인은 유대인으로 남게 하라."

1767년에 그는 플라톤의 대화법 형태로 저술한 영혼의 불멸성에 관한 연구서《파이돈 *Phaedon*》을 출간했다. 교양을 갖춘 독일인은 여전히 라틴어나 프랑스어로 저술하고 유대인은 히브리어나 이디시어로 저술하던 당시에 멘델스존은 독일어를 지적 교훈을 전달하는 언어로 만들었고 그 거대한 자원을 개발하려고 노력하던 레싱의 입장을 따랐다. 멘델스존은 《파이돈》을 매우 고상하게 저술했으며 성경적 암시보다는 고전문학적 암시로 본문을 채웠다. 이것이 마스킬의 특징이다. 이방 세계에서는 그 책을 널리 인정해주었으나 그를 인정하는 방식에 멘델스존은 괴로움을 느꼈다. 심지어 1772년에는 그의 프랑스어 번역가조차 저속한 무지함으로 침체해가는 민족의 일원으로 태어나 자란 자가 기록한 것이라는 점을 감안하면 주목할 만한 작품이라고 선언했다.[102] 영리한 젊은 스위스 목사 요한 카스파르 라바터는 그의 서투른 기예를 칭찬하면서 저자는 개종할 준비를 갖춘 것이 틀림없다고 기술했다. 이런 상황은 멘델스존으로 하여

금 공식적으로 유대교를 변호하도록 자극했다.

이로써 멘델스존은 본의 아니게 합리주의 입장에서 유대교를 변호하는 자가 되었다. 더 정확하게 말하면, 어떻게 유대인이 고유 신앙의 근간을 고수하면서 일반 유럽 문명의 일원이 될 수 있는지 제시했다. 멘델스존의 활동은 다양하게 나타났다. 우선 오경을 독일어로 번역했다. 저속하고 부도덕한 파생 언어라고 스스로 개탄하던 이디시어에 반대하면서 독일 유대인의 히브리어 연구를 육성하기 위해 노력했다. 명성이 높아지면서 멘델스존은 자신이 이방인의 권위에 대항해 지역 유대인 공동체의 최전선에서 싸우고 있다는 사실을 깨달았다. 그는 드레스덴에서의 유대인 추방과 스위스에서의 새로운 반유대 법안에 반대했다. 또한 유대인의 기도가 반기독교적이라는 일반적인 비난을 조목조목 논박했다. 세속의 관계 당국을 위해서 혼인과 서약에 관한 유대 율법을 해설하기도 했다.

그러나 이렇게 가능한 최선의 방식으로 외부 세계에 유대교를 알리는 한편 유대교의 용납하기 어려운 측면을 제거하고자 변화를 장려하는 데 힘을 쏟았다. 특히 1750년대에 알토나에서 발생한 **샤베타이파**에 대한 마녀 사냥을 계기로 헤렘 제도를 혐오했다. 그는 국가는 사회 계약에 기초한 강제 사회인 반면, 교회는 확신에 기초한 자발적 사회라는 견해를 취했다. 그러므로 사람은 자신의 의지와 달리 하나의 종교에 귀속되도록 강요받거나 그 종교로부터 추방되어서는 안 된다고 주장했다.[103] 독자적인 유대인 사법기구를 폐지하는 것이 최상이라고 생각했으며 국가가 유대인의 법정을 인정해주기를 바라는 이방인 진보주의자들의 의견에 반대했다. 그는 유대인에 대한 모든 박해와 차별의 종식을 촉구했으며 이것은 이성이 승리를 거둘 때 실현될 것이라고 믿었다. 같은 맥락에서 유대인도 합리적인 인간의 자유, 특히 사상의 자유를 제한하는 습관과 관습을 폐지해야 한다고 생각했다.

멘델스존은 팽팽한 줄 위를 걷고 있었다. 스피노자의 길을 반복하고 있는 것 같아 두려워했으며 그런 식의 비교가 이루어질 때는 당혹스러워했다. 대중 논쟁에서 유대교에 대한 변호가 기독교의 입장에서 받아들일 수 없는 비판을 초래해 기독교의 분노를 사지 않을까 두려워했다. 라바터와의 논쟁에서 그는 압도적인 다수의 신조를 두고 논쟁하는 것이 위험천만한 일이라는 점을 지적하면서 이렇게 덧붙였다. "나는 압제당하고 있는 민족의 일원입니다." 사실 그는 기독교가 유대교보다 훨씬 더 비합리적이라고 믿었다. 또 한편으로는 신뢰할 수 있는 유대인과 접촉하면서 언제나 계몽주의로 나아가기 위해 고심했다. 그 때문에 종종 상대에 따라 태도를 바꾸기 위해 노력했다. 자신의 핵심 입장을 아무 혼란 없이 제시하기란 여간 어려운 일이 아니었다.

종교 진리를 이성으로 증명할 수 있다고 주장한 점에서 그는 마이모니데스의 입장을 따랐다. 그러나 마이모니데스가 계시에 의해 강화된 합리적 진리를 추구했던 반면, 멘델스존은 계시를 제거하고 싶어 했다. 유대교는 계시된 종교가 아니라 계시된 법률이었다. 모세가 시내 산에서 율법을 받은 것과 유대 민족이 율법을 통해 영적 행복을 이루는 것은 역사적 사실이다. 사실은 정당성을 확인해줄 기적을 필요로 하지 않는다. "참된 철학 논쟁을 통해 지고한 신적 존재에 대해 확신하게 된 지혜자는 기적보다는 자연 전체와 연결되어 있으며 분별할 수 있는 자연의 사건에 더 많은 영향을 받기 마련이다."[104] 그러나 하나님의 존재를 증명하기 위해 멘델스존은 오래된 형이상학, 즉 연역적 또는 존재론적 증명과 귀납적 또는 우주론적 증명에 의존했다. 이 두 가지는 1781년 멘델스존의 노년에 칸트가 발간한《순수 이성 비판 *Kritik der reinen Vernunft*》으로 와해되었다.

게다가 유대인의 종교를 변호하는 변증가로서 멘델스존은 그리 성공적이지 못했다. 사실 선민사상, 인류를 위한 사명, 약속의 땅 등 유대교 안에 포함된 여러 사상을 그조차 믿지 않았기 때문이다. 멘델스존은 유대교의 신조는 어떤 특정인에게 어울리는 것이며 가능한 한 합리적인 방법으로 개개인이 지켜야 할 것이라고 생각했던 것 같다. 문명 전체가 토라 안에 포함될 수 있다는 사상은 그에게 우스꽝스러운 것이었다. 유대인은 집에서는 종교 활동을 해야 하지만, 세상에 들어오면 일반 유럽 문화에 참여해야 한다. 그러나 이러한 논리는 개개의 유대인이 우연히 어울려 살게 된 사람들의 문화에 소속되어야 한다는 뜻이다. 따라서 1,500년간 지독한 학대에도 전 세계적으로 통일성을 유지해온 유대인 공동체는 점차 해체되고 개인적이고 고백적인 신앙만 남게 될 것이라는 말이다. 이것이 현대의 위대한 유대교 변증가 예체즈켈 카우프만(1889-1963년)이 멘델스존을 유대교의 루터라고 부른 이유다.[105]

그러나 멘델스존은 토라 문화를 거부하는 논리를 스스로 제창했으면서도 실상은 그것이 마음에 들지 않았던 것 같다. 유대인이 여러 열방의 문화에 흡수되어 점차 이스라엘의 하나님을 믿는 신앙까지 잃어버릴 수 있다는 생각에 그 역시 괴로워하지 않을 수 없었다. 기독교에서 비합리적인 부분을 도려내고 나면 유대교와 기독교가 서로 다가설 수 있다고 한 것은 사실이지만, 해방을 위해 유대인이 기독교로 개종한다는 발상은 참을 수가 없었다. 멘델스존은 프러시아 관리였던 크리스티안 빌헬름 폰 돔이 1781년에 유대인의 자유를 위해《유대인을 시민으로 높이는 일에 관하여 On the Improvement of the Jews as Citizens》를 출간하도록 격려했으나 그 논조가 만족스럽지 못하다는 점을 알게 되었다. 사실 돔은 다음과 같이 말하고 있었다. "유대인은 매우 못마땅한 민족이지만, 본래부터 악한 민족은 아니다. 무엇보다 기독교의 학대와 그들의 미신적 종교가 그들을 그렇게 만들었다. 유대인은 모든 수단을 통해 이익을 추구하는 대금업에 대한 사랑이 지나친 경향이 있다. 이러한 결함은 랍비들의 궤변뿐 아니라 그들의 종교적 훈계에서 기인한 자발적 격리 생활에 의해 악화되었다. 여기에서 상거래와 금지된 물품의 수입과 수출, 돈과 귀금속의 밀수를 제약하는 국가의 법률에 대한 위반이 뒤따랐다." 돔은 이러한 그들의 타락을 치유함으로써 더 나은 민족, 더 유용한 시민으로 만드는 국가의 개혁을 지지했다.[106] 여기에는 당연히 유대인의 종교가 근본적으로 변화되어야 한다는 주장이 함축되어 있다.

이러한 상황에서 멘델스존은 1783년에 《예루살렘 또는 종교적 힘과 유대교에 관해서 *Jerusalem, or upon Religious Power and Judaism*》를 통해 유대인의 사회적 역할에 대한 자신의 입장을 명확히 해야 할 필요성을 느꼈다. 그는 유대교가 교리에 얽매이지 않는 종교라고 변호했다. 유대교는 인간에게 교훈과 삶의 규칙을 부여하지만, 인간의 사고를 통제하려 하지는 않는다고 주장했다. "신앙은 명령을 받아들이지 않는다. 논리적으로 생각해서 그렇다고 확신할 수 있는 일밖에는 받아들이지 않는다"라고 말했다. 다행히 사람들은 진리를 찾고 발견하려고 한다. 그러므로 진리는 모든 민족이 신조를 가지고 접근할 수 있어야 하는 것이다. 유대교는 하나님이 진리를 계시하기 위해 사용한 유일한 매개체가 아니다. 유대인을 포함한 모든 인류는 진리를 추구할 수 있도록 허락을 받은 것이 분명하다. "대중의 안녕을 방해하지 않고, 법률을 준수하며, 여러분과 동료에게 의롭게 행한 모든 이들이 자신이 생각하고 있는 것을 말할 수 있도록 허용하고, 자신이나 선조들의 고유한 방식을 따라 하나님에게 기도할 수 있도록 허용하며, 그가 영원한 구원을 발견할 수 있다고 생각하는 그곳에서 구원을 얻을 수 있도록 허용하자." 이것은 유대인에 대한 처우 개선을 보장하기 위한 글이었으나 유대교를 변호하는 글은 아니었다. 사실 종교적 견지에서 유대인이 공헌해온 자연 종교와 자연 윤리를 위한 글일 뿐이었다. 우레같이 큰 모세의 소리는 영영 사라져버린 것이다.

더욱이 유대인이 계몽주의를 수용하고 유대교의 독특한 목소리를 포기한다고 해서 평온한 삶이 보장되는 것도 아니었다. 멘델스존의 이상에 가장 근접한 나라는 영국의 의회정치와 관용적인 종교다원주의라는 확고한 기틀 위에 계몽주의가 자리를 잡은 미국이었다. 멘델스존이《예루살렘 또는 종교적 힘과 유대교에 관해서》를 저술하고 있던 1782년에 토머스 제퍼슨은《버지니아에 고함 *Notes on Virginia*》에서 양식을 갖춘 윤리적 종교의 다양성은 물질적이고 정신적인 진보와 인간의 자유에 대한 최상의 보장이라고 주장했다. 후에 시인 유다 라입 고든이 '장막에서는 유대인, 문 밖에서는 한 사람'으로 간결하게 요약한 멘델스존의 유대인 문제에 대한 이중적 해결책은 종교에 관한 미국의 이상과 잘 맞아떨어졌다. 비록 일부 유대인은 독립에 반대했고 일부는 중립을 지켰지만, 아메리카 대륙의 유대인 대부분이 독립 운동을 지지했다. 독립 전쟁에서 독보적인 역할을 수행하는 이들도 많았다. 새 국가의 창건을 경축하기 위해 1789년에 필라델피아에서 공식 축제가 열렸을 때에는 유대인의 식사법을 준수한 음식으로 차린 특별한 테이블이 마련되었다.[107]

유대인은 경축할 무언가를 갖게 된 것이다. 유대인의 역사에 비추어 볼 때 그들은 다른 어떤 그룹보다 미국의 새로운 헌법으로부터 더 많은 것, 이를 테면 교회와 국가의 분리, 보편적인 양심의 자유, 임용에서 모든 종교 시험의 철폐 등을 얻을 수 있는 입장에 서 있었다. 미국 헌법은 실제로 유대인에게 자유를 주었다. 물론 주에 따라서는 조금 늦어진 곳도 있었다. 프로테스탄트가 많은 노스캐롤라이나 주에서는 소소한 것이기는 하지만, 유대인에 대한 제한이 1868년까지 사라지지 않았다.

어쨌거나 유대인은 미국에서 자유를 실감했고 확실히 존중받고 있다고 느꼈다. 유럽과 달리 신앙을 착실하게 실천하며 회당의 성실한 구성원으로 사는 것이 아무 문제가 되지 않는다는 사실은 미국에서 존경받는 지위로 나아갈 수 있는 승차권과 같았다. 미국에서는 모든 경건 전통을 사회를 지탱하는 기둥으로 평가했다. 그리하여 유대인은 미국에서 새로운 시온을 발견한 것은 아니지만, 적어도 항구적인 안식처와 가정을 찾게 되었다.

유럽에서의 계몽주의는 유대인에게 희망을 안겨주었지만 그 희망은 환상으로 드러났고, 기회를 부여했으나 이것 역시 새로운 문제로 불거졌다. 몇몇 지역에서는 이성에 기초한 통치가 전혀 이루어지지 않았다. 1772년, 1793년, 1795년, 세 번에 걸친 폴란드의 분할에 이어, 당시까지 유대인 입국을 허락하지 않던 러시아 제국이 폴란드 영토에 대한 탐욕으로 100만 명에 이르는 유대인을 받아들였다. 이제 러시아도 유대인에게 거주권을 부여했으나 그것은 **러시아 유대인 집단거주지**라는 울타리 안으로 제한되었고 그곳에서 유대인 인구와 빈곤, 무력함은 급속히 증가했다. 이탈리아, 특히 가톨릭 세력이 강한 주에서 유대인의 지위는 적대적이었던 교황 피우스 6세(1775-1799년 재위) 아래서 강등되었고 교황의 기나긴 통치의 시작과 더불어 반포된 유대인에 대한 법령은 강제 세례로 이어졌다. 유대인은 법률에 따라 경멸적이며 모욕적인 설교를 들어야 했으며 세례식 같은 것이 유대인 아이에게 행해지면 후에 교회는 아이에 대한 소유권을 주장할 수 있었다. (대개 가톨릭교도인 하녀들이 비밀리에 수행한 경우였다.) 그런 경우 교회의 예비 신자의 집으로 아이를 데려갔고 거기서 나가려면 성인이 된 뒤라도 허락을 받아야 했다. 한때 유대인에게 관대했던 페라라는 이제 로마보다 상황이 더 열악했다. 1817년에 대주교의 법정이 고용한 무장한 이들이 안젤로 안코나의 어린 딸을 부모에게서 강제로 데려갔다. 이유는 유모가 5년 전 생후 2개월이었던 갓난아이에게 세례를 주었다고 주장했기 때문이다. 이 사건은 나중에 거짓으

로 판명되어 기각되었다. 이 사건은 페라라 게토에서 공포의 통치로 이어졌다.[108]

자국이 계몽 국가라고 자부하는 국가들도 단지 주변과 비교했을 때 조금 나은 수준이었을 뿐이다. 오스트리아의 마리아 테레지아 대공은 1744-1745년에 사실상 프라하에서 유대인을 추방했다. 비록 3년 후에 유대인의 입국을 다시 허용하기는 했지만 말이다. 프리드리히 2세는 계몽주의를 개인적으로 지지했음에도 1750년에 일반 유대인과 특별 유대인을 구분하는 유대인에 관한 법을 제정했다. 후자는 세습적인 거주권이 없었으며 전자의 경우에도 자녀 한 명에 한해서만 거주권을 주었다. 유대인은 보호 명목의 세금과 병역 의무를 대신하는 상납금을 내야 했고 국가의 생산품을 의무적으로 구입해야 했다. 또한 제한된 범위의 상업에만 종사할 수 있고 제한된 직업만 가질 수 있었다. 중앙 유럽에서 최초의 진정한 개혁은 마리아 테레지아의 아들 요제프 2세에 의해 1781년 이후에 도입되었다. 그 개혁은 유대인에게 유리한 것도 있었지만 불리한 것도 있었다. 요제프 2세는 특별 인두세와 노란색 배지, 유대인의 대학 출입 금지와 상거래에서의 몇 가지 제약을 폐지했다. 그러나 또 한편으로 사업과 공문서에서 이디시어와 히브리어의 사용을 금했고, 랍비들의 재판권을 폐기했으며, 유대인에게 병역 의무를 부과했다. 유대인은 여전히 빈과 다른 지역에서 거주의 제한을 받았고 종종 새로운 권리는 유대인에게 적대적인 관료에 의해 취소되기도 했다.

유대인 개혁과 현대 반유대주의의 탄생

유대인에게 관용을 베푸는 여러 법률이 시행되었지만, 유대인에게 자기자리를 빼앗길까 봐 두려워하던 적대적이고 소심한 관료들 때문에 제대로 실현되지 못했다. 예를 들어 1787년에 오스트리아의 한 법률은 유대인이 독일어식으로 발음되는 성과 이름을 채택하도록 강제했다. 스파라디 유대인이 오래전부터 스페인식 성을 채택하고 있던 반면, 아슈케나지 유대인은 매우 보수적이라서 히브리어나 이디시어 형태로 된 자기 이름에 부친의 이름을 덧붙이는 고대의 관습을 따르고 있었다. 예를 들어 야코브 벤 이츠하크(이삭의 아들 야곱) 같은 식이다. 히브리어로 들리는 이름은 전반적으로 금지되었고 관료들은 용납 가능한 이름 목록을 만들었다. 꽃이나 보석에서 유래한 릴리엔탈, 에델스타인, 디아만트, 자피아, 로젠탈 같은 멋진 성을 확보하려면 반드시 뇌물을 써야 했다. 현명하다는 뜻의 클링거와 행복하다는 뜻의 프뢸리히는 더 큰 뇌물을 바쳐야 얻을 수 있는 이름이었다. 일에 싫증을 느낀 관리들은 잔인하게도 대다수 유대인을 네 가지 범주, 즉 피부가 희면 바이스, 검으면 슈워츠, 키가 크면 그로스, 작으면 클라인으로 나누어 일괄적으로 이름을 붙였다.

그보다 더 가난한 많은 유대인은 악랄한 성직자들이 몰래 기입한 불쾌한 이름을 갖게 되었다. 그러한 예로는 악당이나 부랑자를 뜻하는 갈근슈트레크, 당나귀 머리를 뜻하는 에젤코프, 소매치기를 뜻하는 타쉔그레거, 돼지비계를 뜻하는 슈말츠, 돈을 빌려주지 않는다는 뜻의 보르게니히트 등이 있다. 제사장 가문이나 레위 지파 후손으로 코헨, 칸, 카츠, 레위 같은 이름을 쓸 수 있는 유대인에게도 카츠만, 콘슈타인, 아론슈타인, 레빈탈 같이 독일식으로 바꾼 이름을 쓰도록 강요했다. 규모가 큰 그룹에게는 출신지 명칭을 이름으로 쓰게 했다. 브로디, 엡스타인, 긴즈버그, 란다우, 샤피로 또는 슈파이어, 드레퓌스 또는 트리어, 호로비츠, 포스너 등이 대표적이다.[109] 독일 정부에서 유대인에게 그런 이름을 부여한 주목적이 세금 징수와 징집을 쉽게 하는 데 있었기 때문에 이런 굴욕적인 절차가 주는 고통은 더욱 심했다.

소위 개화된 전제 군주의 내적 모순은 프랑스에서 구체제의 마지막 몇 년 동안 취한 유대인 정책을 보면 완벽하게 드러난다. 1784년에 루이 16세는 유대인에 대한 인두세를 폐지했다. 그러나 6개월 후 알사스의 유대인은 유대인에 관한 개혁 조치를 통해 대금업과 가축 및 곡식 거래에서 권리를 제한받고, 결혼하기 전에 반드시 국왕의 허락을 받아야 하며, 거주 요건을 갖추지 못하면 추방을 당하게 되었다.[110] 동부 프랑스에서 나타난 반유대주의 정서를 그대로 반영한 조치였다. 당시 그곳에는 아슈케나지 유대인이 매우 많았고 그들은 대중으로부터 미움을 많이 받았다. 이와 같은 모순된 경향은 프랑스 혁명이 일어난 후에도 완전히 해소되지 않았다.

이론상으로 혁명은 유대인을 포함한 모든 사람을 평등하게 대한다는 대의를 가지고 있었다. 대신에 유대인은 분리주의를 모두 포기해야 했다. 이 논조는 클레르몽 토네르의 백작 스타니슬라스 마리 아델라이드가 제기한 것이다. 1789년 9월 28일에 유대인 문제에 관한 첫 번째 토론에서 그는 하나의 민족 안에 또 다른 민족이 존재할 수 없다고 주장했다. 따라서 하나의 민족으로서 유대인이란 있을 수 없으며 모든 권리는 개인으로서 받아야 한다. 모든 면에서 적절한 주장이었지만, 어디까지나 개화된 엘리트의 목소리일 뿐이었다. 일반 대중의 목소리는 사뭇 달랐다. 알사스 출신의 급진 좌파 의원인 장 프랑수아 뢰벨은 "근면하고 정직하면서 유복하지 못한 수많은 나의 동포를 대표해서 알자스의 유대인에게 평등한 권리를 주는 것에 강력히 반대한다. 이 잔학한 유목민이 아프리카에서 와서 이 고장에 기생하며 나의 동포를 학대하고 괴롭혔기 때문이다"라고 주장했다.

1791년 9월 27일에 프랑스 국민의회가 유대인을 위한 완전한 해방을 위해 투표하게 된 것은 거대한 저항이 있고 난 뒤였다. 이 법률에는 프랑스 동부에서 유대인에게 갚아야 할 채무를 정부가 감독해야 한다는 불길한 조항이 추가되었다.[111] 그럼에도 법률은 효력을 발휘했다. 프랑스의 유대인은 이제 자유였고 시계 바늘은 다시 되돌릴 수 없었다. 더군다나 프랑스의 혁명 정신이 전해지는 곳마다 해방이 일어났다. 로마 교황의 지배 아래 있던 아비뇽(1791), 니스(1792), 라인 강 연안 지역(1792-1793)에서 게토와 유대인 격리 지역이 해체되었다. 혁명은 네덜란드로 확산되었고 바타비안 공화국이 들어서면서 1796년에는 법을 통해 유대인에게 완전한 권리를 정식으로 부여했다. 1796-1798년에 나폴레옹 보나파르트는 이탈리아의 많은 게토를 해방시켰고 프랑스 군대와 젊은 유대인, 열성적인 그 지역 사람들이 무너져가던 오래된 벽을 맨손으로 허물었다.

이때 최초로 미숙한 상태로 존재해왔던 새로운 유대인의 전형이 출현하기 시작했다. 바로 혁명가 유대인이다. 이탈리아에서는 교황주의자들이 갈리아 사람들과 자코뱅 당원, 유대인에 대한 증오를 불태웠다. 1793-1794년에 유대인 자코뱅 당원들은 바욘 외곽 유대인 거리 생에스프리에 혁명 정권을 세웠다. 전통을 중시하는 사람들은 종교개혁 때도 그랬지만, 토라와 파괴 활동은 역시 무관하지 않다고 느꼈다. 파괴 활동을 하는 유대인은 다양한 형태로 묘사되었다. 저질스러운 풍자화에도 곧잘 등장하고 더러는 풍자극에도 등장했다.

영국에서 이를 체현한 인물이 로드 조지 고든이라는 기인이다. 그는 원래 프로테스탄트 광신자로 그를 따르는 폭도가 1780년에 런던에서 테러를 벌이기도 했다. 3년 후 유대교로 갈아탔지만, 듀크스 플레이스에 있는 대회당 랍비 다비드 쉬프가 받아주지 않자 함브로 회당으로 갔다. 함브로 회당에서는 그를 받아주었다. 영국 작가 찰스 디킨스의 소설 《바너비 러지 *Barnaby Rudge*》에서 게쉬퍼드라는 인물로 묘사된, 스코틀랜드 출신의 개혁가 로버트 왓슨 박사에 따르면, 가난한 유대인들은 "로드 조지 고든을 제2의 모세로 생각하고, 분별없이 그가 하나님의 섭리를 통해 자기들을 조상의 땅으로 인도하도록 예정되어 있다"고 생각했다.[112] 1788년에 고든은 프랑스 여왕에 대한 모욕적인 책을 출간해 뉴게이트에서 2년 형을 선고받았다. 그는 쾌적한 방을 배정받고 이스라엘 바르 아브라함 고든 각하라는 호칭을 얻었다. 벽에는 히브리어로 된 십계명이 걸리고 가방에는 성구함과 탈리트가 들어 있었다. 요크와 클래런스의 왕족과 대공을 비롯해서 그를 찾아오는 유명인이 줄을 이었다. 그중 한 명인 존 웨슬리에 따르면 "그것은 형무소라기보다는 자택에서 은둔하고 있는 자의 서재라고 할 만한 분위기였다."

그는 유대인 하녀이자 정부였던 폴리 레위에게 성대한 식탁을 준비하게 했는데, 그 식사에 함께한 손님이 여섯 명 이하였던 적은 한 번도 없었고 때로는 음악을 연주하는 악단까지 있었다. 앞으로 근신하겠다는 서약을 거부하자 법정은 프랑스 혁명의 초기에 계속해서 그를 감옥에 가둬두었다. 그는 백파이프로 급진적인 만가를 연주하고 존 혼 툭 같은 위험 인물을 식사에 초대하는 등 소란스럽게 프랑스 혁명을 반겼다. 에드먼드 버크는 《프랑스 혁명에 관한 성찰 *Reflections on the Revolution in France*》에서 파리의 새로운 정부에 인물 교환을 제안했다. "귀국의 가톨릭 대주교를 보내주신다면, 우리나라의 프로테스턴트 랍비를 보내드리겠습니다." 마리 앙투와네트가 파리에서 단두대의 이슬로 사라지고 몇 시간 후에 고든은 감옥에서 혁명의 노래 〈사 이라〉의 한 소절인 "잘 될 거야. 귀족을 목을

졸라라!"를 외치면서 숨을 거두었다.[113]

보나파르트는 제1 총통으로서 임기 초기에 이 노래를 금지시켰다. 질서에 대한 요구와 더불어 이성의 시대를 통합하려는 노력의 일환으로 그는 유대인을 잠재적 또는 실제적 위험요소가 아니라 건실한 시민으로 사회에 편입시키기 위해 고군분투했다. 그가 승리를 거둔 몇 년 간 다른 군주들도 여기에 동참했다. 특히 프러시아에서는 1812년에 유대인을 완전한 시민으로 인정하고 법률 제약과 특별 세금을 폐지했다. 실제로 최고의 교육을 받은 유대인은 그 어느 나라보다 프랑스가 그들에게 많은 것을 베풀었다고 생각했다. 이런 공감대는 한 세기 동안 이어지다가 드레퓌스 사건으로 산산조각 났다.

유대인은 프랑스의 제국주의 아래서 예민하게 자기들의 이익을 위해 저울질했다. 혁명의 공포가 확산되면서 영국 유대인은 1793년에 외국인 단속 조례를 탄생시킨 외국인 혐오 현상이 확산될 것을 우려했다. 런던에 있던 포르투갈계 회당장들은 랍비들에게 왕과 국가를 위하는 유대인의 헌신을 보여줄 수 있도록 유대인의 의무를 강조하는 설교를 행하라고 지시했다. 이에 랍비 솔로몬 히르쉘이 먼저 대회당에서 트라팔가르 해전의 승리에 감사하는 설교를 했다. 당시 〈젠틀맨스 매거진〉은 그 설교가 참된 경건과 위대한 충성, 보편적 사랑의 기풍을 담고 있다고 보도했다.[114] 유대인은 지원병으로 참전하기 위해 런던으로 몰려들었다. 하이드 공원에서 그들을 둘러본 조지 3세는 큰소리로 "승냥이, 곰, 사자 같은 동물 이름이 그득하군 그래. 대체 이게 무슨 일이야!" 하고 소리쳤다. 그다운 행동이었다. 유럽의 동쪽 끝 러시아에서는 하시드 운동 세력이 프랑스 스타일의 계몽주의와 부를 거부했다. 이에 관해 한 랍비는 다음과 같이 말했다. "만약 보나파르트가 승리한다면, 이스라엘의 부는 증가할 것이고 이스라엘의 위대함은 드높여질 것이나 그것들은 이스라엘의 마음을 하늘에 계신 아버지로부터 떠나가게 할 것이다."[115]

유대인을 의심스러운 눈길로 바라보는 시선이 있었지만, 유대인은 거기에 대해 정당함을 입증할 만한 여지가 충분했다. 그러나 혁명의 여신이 그들에게 건넨 사과에는 벌레가 있었다. 1789년에 일어난 사건은 프랑스 계몽주의의 산물이었고 사건의 기반은 강력한 반교권주의였고 종교에 대해서는 적대적이었다. 이것은 문제를 일으킬 수밖에 없었다. 18세기 프랑스에서는 유능한 저술가에게 많은 것이 허용되었지만, 가톨릭교회를 직접 공격하는 것은 위험했다. 프랑스의 계몽철학자는 처음에 스피노자의 기독교 비판을 본받으려 했지만, 결국 유대교에 대한 고발을 본받는 편이 안전하다고 생각했다. 아우구스티누스는 유대교를 잘 살펴보면 기독교가 올바르다는 것을 알 수 있다고 말한 바 있는데, 계몽철학자는 이를 역으로 받아들인 셈이다. 즉, 유대교를 살펴보면 기독교가 지어낸 것이고 미신이고 새빨간 거짓이라는 것을 알 수 있다는 논리였다. 그들은 기독교를 강조하고 싶은 특징만 부각시킨 유대교의 캐리커처이자 모조품으로 간주했다. 그리고 종교에 노예가 된 민족이 어떻게 왜곡되는지 유대인이 그 전형이라고 주장했다.

볼테르는 1756년에 출간한 《철학사전 *Dictionnaire philosophique*》에서 근대 유럽 사회를 위해 기본적인 법률과 신념을 유대인에게서 찾는 것은 우스꽝스러운 일이라고 주장했다. "유대인이 바빌로니아와 알렉산드리아에 살면서 지혜와 지식을 습득했을 수는 있으나, 그것은 어디까지나 모든 이에게 고리대금의 기술을 훈련시키는 데 국한된다. … 그들은 전적으로 무지한 민족으로서 오랜 세월에 걸쳐 비열한 탐욕과 가장 반역적인 미신에다 자기들에게 관용을 베푼 모든 민족을 향한 폭력적 증오를 결합시켰다." 그러면서 큰 선심이라도 쓰듯이 이렇게 덧붙였다. "그렇다고 그들을 불태워 없애서는 안 된다."[116]

《백과전서 *Encyclopedie*》의 편집자 드니 디드로는 유대인을 그렇게까지 매도하지는 않았지만, "유대인의 철학"이라는 논문에서 유대인은 무식하고 미신적인 민족에게서 전형적으로 나타나는 결점을 모두 보여준다고 결론을 내렸다. 돌바크 남작은 여러 책을 통해 여기서 훨씬 더 나아갔다. 특히 1770년에 《유대교의 정신 *L' Esprit du Judaisme*》에서 그는 모세를 기독교 사회마저 타락시켰고 유대인을 인류의 적으로 전락시킨 잔인하고 피에 굶주린 체제의 창시자로 묘사했다. "유대인은 항상 열방의 도덕성과 법률의 가장 명확한 명령을 모욕해왔으며… 그들은 잔인하고 비인간적이며 인내가 부족하며 도둑과 반역자와 진리에 대한 배신자가 되라는 명령을 받았다. 이 모든 것을 하나님이 기뻐하신다고 믿는다."[117] 이 반종교적 분석을 기초로 돌바크는 사회와 상업 부문에서 공통으로 나타나는 유대인에 대한 불평을 열거했다.

그러므로 프랑스 계몽주의는 단기적인 측면에서는 유대인이 동경하던 것을 주었지만, 어둠침침한 유산도 남겼다. 이와 같은 프랑스 작가들의 저서와 무엇보다 볼테르의 저작이 유럽 전체에서 폭넓게 읽혔기 때문이다. 모방 작품도 쏟아져나왔다. 요한 고트리이프 피히테 같은 독일의 이상가들이 동일한 주제를 다루기까지는 그리 오랜 시간이 걸리지 않았다. 볼테르와 그의 동료들의 저작은 근대 유럽 지성인들의 권리 증서이자 필독서였다. 따라서 그 안에 악의에 찬 반유대적 글이 들어 있다는 것은 유대인에게는 매우 비참한 일이었다. 이렇게 해서 역사적으로 쌓이고 쌓인 반유대 논법에 또 하나의 새로운 층이 가세했다. 이교의 토대와 기독교의 주된 층계 위에 이제는 종교와 관계가 없는 상층 구조가 마련된 것이다. 어떤 의미에서는 이보다 심각한 일도 없었다. 지금까지 유대인에 대한 증오를 지탱해온 것은 주로 광신적인 기독교인이었는데, 비종교적인 상부 구조는 신앙심이 사그라져도 이어질 테니 말이다.

더욱이 이 새로운 세속적 반유대주의는 이론상으로는 서로 배타적이지만 실제로는 하나였다. 그들은 잔인한 대조를 이루는 두 가지 독특한 주제를 발전시켜나갔다. 한편에서 볼테르의 입장을 따르며 부상하던 좌파는 유대인을 전 인류의 진보를 가로막는 반계몽주의 대적으로 이해했다. 다른 한편에서 고대 질서의 붕괴가 유대인에게 가져다준 이득에 분개하던 전통 보수 세력은 유대인을 무정부 상태의 동맹자와 선동자로 묘사했다. 양쪽의 주장 모두 사실이 아니었다. 그러나 사람들은 두 가지 모두 사실로 믿었다.

두 번째 신화는 유대인 문제를 직접 해결해보려 했던 나폴레옹의 노력에 의해 부지중에 촉진되었다. 1806년 5월에 그는 라인 강 연안 지역을 포함해 프랑스 제국 전역과 이탈리아 제국 전역에 유대인 명사회를 소집하라는 명령을 내렸다. 그는 이미 가톨릭과 프로테스탄트와 새 국가 사이에 항구적인 관계를 구축했는데, 유대인과도 똑같은 관계를 쌓아보려 했던 것이다. 유대인 공동체 지도자들이 선택한 111명의 대표가 1806년 7월부터 1807년 4월까지 회합을 가졌다. 정부 당국자들이 제시한 12개의 질문, 즉 결혼법과 국가와 내부 조직, 대금업에 관한 태도와 관련해 유대인은 답안을 마련했다. 이 답변을 기초로 나폴레옹은 옛 자치단체 조직을 종교 법원으로 대체했다.[118] 이제 이들을 유대인이 아니라 모세 신앙을 지닌 프랑스 시민으로 이해했고 그들의 행위는 종교 법원으로 규제했다.

당시 기준에 따르면 진일보라 할 만했다. 그러나 불행하게도 나폴레옹은 토라와 할라카의 전문적인 문제에 자문을 구하기 위해 랍비들과 학식을 갖춘 일반인으로 구성된 연석회의를 소집해서 이 세속적인 법원을 보완했다. 유대교 내에 좀 더 전통적인 입장을 고수한 인물들의 응답은 조악했다. 나폴레옹이 그러한 위원회를 소집할 수 있다는 것은 고사하고 그런 위원회를 설립할 수 있는 권리를 갖고 있다는 사실조차 인정하지 않았다. 그럼에도 랍비들과 학자들은 1807년 2~3월에 매우 화려하고 적절한 의식을 갖추어 만났다. 그 법인은 산헤드린으로 불렸다.[119] 그것은 진지한 세속적 회합보다 훨씬 더 많은 관심을 불러일으켰고 나폴레옹의 유대인 정책이 잊힌 후에도 오랫동안 유럽인의 기억에서 사라지지 않았다. 유대인은 실제로 급진적인 활동을 하기도 했고 그런 소문이 나기도 했으므로 우익 진영에서는 매우 떨떠름하게 생각했고 1,500년 동안이나 끊어져 있던 산헤드린이라는 이름의 그룹이 생기자 음모설에 불이 붙었다.

남몰래 소집해온 비밀회의를 양성화하면서 정당화하려는 것 아닐까? 의식용 살인을 위해 매년 도시를 선택하기 위해 모인다고 소문이 난 비밀스런 유대인 회의에 관한 기억이 꿈틀거렸다. 이로써 대수도원장 오귀스탱 바뤼엘이 《자코뱅주의 역사에 도움이 되는 기록 *Memoire pour servir a l'histoire du jacobinisme*》을 발행한 바로 그해에 새로운 음모론이 등장했다. 그것은 후에 시온의 장로들과 비밀스런 음모에 관한 허황된 이야기가 출현할 것을 예시했다. 전통 질서를 뿌리부터 위협하는 세력에 대항하기 위해 중동부 유럽의 독재 국가가 만들어낸 신종 비밀경찰 기관도 산헤드린에 주목했다. 결국 비밀경찰이라는 환경에서 《시온 장로 의정서》가 탄생했다고 할 수 있다. 그러므로 게토의 벽이 허물어지고 자유를 향해 발을 내딛기 시작할 때 유대인은 의혹이라는 새로운 게토에 발을 들여놓았음을 깨닫게 되었다. 그것은 지금까지의 게토처럼 확연히 눈에 띄는 것은 아니지만, 적의敵意라는 면에서는 더하면 더했지 못할 것이 없었다. 고대의 제약이 사라진 자리에 들어온 것은 현대의 반유대주의였다.

5부

해방

유대인 문제를 해결하려는 시도: 세례

1817년 7월 31일, 열두 살의 조숙한 소년 벤저민 디즈레일리가 홀번의 세인트앤드루스 크로스에 있는 영국 국교회에서 팀블비 목사의 집전으로 세례를 받았다. 이 일은 유대인의 행동 원리를 놓고 소년의 아버지 아이작 디즈레일리와 베비스막스 회당 간의 논쟁이 절정에 이를 무렵 발생한 사건이다. 앞에서 살펴본 것처럼 유대교에서 공동체에 대한 봉사는 선택이나 특권이 아니라 의무다. 1813년에 부유한 아이작 디즈레일리는 베비스막스 총회의 엄격한 법률 규정에 따라 **파르나스**, 즉 회당의 평신도 대표로 선출되었다. 디즈레일리는 이 사실에 분개했다. 물론 그는 유대인 공동체에 세금을 꼬박꼬박 내고 스스로 유대인이라 생각했다. 희귀한 고문서에 관심이 많았던 그는 실제로 "유대교의 특성"이라는 논문을 저술하기도 했다. 그러나 그의 대표작은 순교자 찰스 대왕의 생애를 다룬 다섯 권의 책이다. 아이작 디즈레일리는 유대교와 유대인을 그리 높게 평가하지 않았다. 《문학에 관한 호기심 *Curiosities of Literature*》에서 그는 탈무드를 유대인의 야만스러운 학문의 완성체라고 말했다.

그에 따르면 유대인 중에는 "특별히 기억해야 할 천재성이나 재능을 지닌 인물이 없다. 천재라고 해봐야 유대 역사를 통틀어 열 손가락에 꼽을 정도다. 10세기라는 긴 세월 동안 유대인은 위대한 인물을 고작 열 명도 배출하지 못했다."[1] 또한 아이작 디즈레일리는 자신은 유대인의 생활습관을 그만두었고 늘 장로들의 관할권 밖에서 살아왔으니 자기 같은 인간은 하기 싫은 의무를 억지로 감당할 수 없다는 편지를 장로 의회 앞으로 보냈다.[2] 40파운드의 벌금을 부과하는 것으로 그 일은 그냥 그렇게 넘어갔다. 그런데 3년 후에 공동체에서 다시 하기 싫은 의무를 억지로 떠맡기자 아이작 디즈레일리는 유대교와 완전히 결별하고 자녀들에게 세례를 받게 했다. 이 결별은 아들 벤저민에게나, 대영 제국에게나, 그 밖의 많은 이들에게나 아주 의미심장한 사건이다. 1858년까지도 유대인의 의회 입성은 법으로 허용되지 않았다. 따라서 세례를 받지 않았다면 벤저민 디즈레일리는 절대 총리가 되지 못했을 것이다.

벤저민 디즈레일리가 세례를 받은 지 7년 만인 1824년 8월 26일에 독일 트리어에서 비슷한 일이 일어났다. 이번에는 카를 하인리히 마르크스로 개명한 여섯 살 소년이 주인공이었다. 이 가족의 배교는 문제가 더 심각했다. 소년의 조부는 1789년에 숨질 때까지 트리어에서 랍비로 활동했다. 삼촌은 여전히 랍비로 활동하고 있었다. 어머니는 유명한 랍비와 학자를 배출한 유서 깊은 가문 출신으로 이 가문은 16세기 파도바의 탈무드 대학 학장을 지낸 마이어 카체넬른보겐까지 거슬러 올라간다.[3] 그러나 아버지 하인리히는 열렬한 계몽주의자이자 볼테르와 루소의 제자였다. 또한 야심 많은 변호사이기도 했다. 트리어는 당시 프러시아에 속해 있었고 프러시아 유대인은 1812년 3월 11일에 칙령이 발표되면서 해방을 맞이했다. 나폴레옹이 전쟁에서 패했지만, 그 칙령은 여전히 유효했다. 그러나 실제로는 흐지부지된 상태였다. 그래서 유대인은 법률 공부를 할 수는 있어도 법조계에 종사할 수는 없었다. 이 때문에 하인리히 마르크스는 기독교인으로 개종했고 트리어 법정의 수석 변호사가 되었다. 카를 마르크스는 예쉬바에 다니는 대신 트리어 고등학교에 다녔고 그 후 교장의 지도를 받으며 진보주의 입장에 섰다. 그가 받은 세례는 벤저민 디즈레일리가 받은 세례보다 세계사에서 훨씬 중요한 사건이었다.

해방 시대를 맞은 유대인 중에 기독교로 개종하는 이들이 꽤 있었다. 예전에는 박해를 피하기 위해 세례를 받았다. 그러나 이제 더 이상 박해를 피하기 위해 세례를 받을 필요는 없었다. 사실 18세기 말부터는 유대인이 세례를 받는 일이 아주 흔했다. 세례를 받는 것은 이제 더 이상 배반을 의미하지도, 한 세계에서 다른 세계로 옮겨가는 것을 의미하지도 않았다. 사회에서 종교의 역할이 붕괴하면서 개종은 종교적인 행위보다는 세속적인 행위에 가까웠다. 그래서 개종은 냉소의 대상이 되기도 했다. 카를 마르크스의 뒤를 이어 그해에 세례를 받은 하인리히 하이네 (1797-1856년)는 세례 행위를 가리켜 유럽 사회에 들어가기 위해 필요한 입장권이라고 칭했다. 19세기에 중동부 유럽에서 25만 명 이상의 유대인이 그 입장권을 구입했다.[4] 유대인의 훌륭한 친구였던 독일인 역사학자 테오도어 몸젠은 기독교가 종교를 지칭하는 용어가 아니라 "수많은 민족으로 이루어진 세계가 통일성을 느끼는 장으로서 오늘날의 국제 문명을 표현하는 유일한 단어"라고 지적했다.[5] 20세기 사람들이 영어를 배워야 한다고 느끼듯이 19세기 사람들은 기독교인이 되어야 한다고 느꼈다. 이것은 비단 유대인뿐 아니라 수많은 비백인계 민족도 마찬가지였다.

미국을 제외한 다른 지역 유대인에게 유대인으로 남는 것은 곧 물질적 희생을 의미했다. 오스트리아의 소설가이자 신문 편집자였던 카를 에밀 프란초스(1848-1904년)는 유대인이 각기 다른 삶의 방식을 선택했다고 말했다. "첫 번째 유형은 자신을 희생할 수 없어서 세례를 받는다. 두 번째 유형은 자신을 희생하지만, 마음속으로는 유대교를 재앙으로 간주하고 미워한다. 세 번째 유형은 지금까지 치른 희생이 너무 커서 유대교에 더 가까이 다가간다."[6] 세례는 충분한 보상을 안겨주었다. 영국에서는 18세기 중반부터 유대인이 세례를 받으면 사회적으로 높은 지위에 오를 수 있도록 마지막 남은 장애물을 치워주었다. 백만장자 샘슨 기드온은 자신은 희생을 감수해도 아들에게까지 희생을 강요할 수는 없었다. 그래서 자신은 여전히 이튼에 살면서 아들 샘슨 기드온 주니어는 준남작으로 만들었고 시간이 흘러 소년은 국회의원과 아일랜드 상원의원이 되었다. 데이비드 리카도 역시 같은 수순을 밟았다. 유대인으로서는 세 번째로 하원의원이 된 랠프 버널은 위원회 의장(하원 부의장) 자리에 올랐다.

유대교인이라는 사실은 유럽 대륙에서 다양한 경제 활동을 하는 데도 장애가 되었다. 심지어 나폴레옹은 1806년에 유대인에게 몇 가지 법적 제재를 가했다. 물론 이런 제재는 1815년에 폐기되었고 다시 권좌에 앉은 부르봉 왕가는 왕가의 명예를 위해 이전의 법적 제재를 갱신하지 않았다. 그러나 유대인은 법의 보호를 받는다는 느낌을 받지 못했다. 옛 유대인 서약은 15년이나 더 이어졌고 1831년에 가서야 기독교인과 동등한 권리를 얻었다. 1815년의 독일 연방 조항은 나폴레옹 시대에 얻은 유대인의 권리 중 많은 부분을 박탈했고, 특히 브레멘과 뤼베크에서는 한동안 유대인을 다시 추방했다. 함부르크, 프랑크푸르트, 메클렌부르크에서도 마찬가지였다.

프러시아에서 유대인은 인두세와 매년 할당받은 유대인세, 등록세, 숙박 부가세를 납부해야 했다. 땅을 소유할 수 없고 무역업이나 전문직에 종사할 수 없었다. 할 수 있는 일이라고는 길드가 관여하고 싶어 하지 않는 긴급 거래나 대금업뿐이었다. 1847년에 조금 더 진보한 프러시아

개혁이 단행되고 이듬해에 혁명이 일어나 독일 민족의 기본 권리를 제정하면서 종교에 기반을 두지 않은 시민권을 확립했다. 이것은 대부분의 독일 주 헌법에 포함되었다. 그러나 1860년대까지 대부분의 주에서 여전히 유대인의 거주를 제한했다. 오스트리아에서는 1867년에 가서야 전반적인 법률상의 해방이 이루어졌다. 이탈리아에서는 나폴레옹의 몰락으로 시계바늘을 거꾸로 돌려 유대인에 관한 개혁 조치를 뒤집었고 한 세대가 더 지나고 1790년대에야 비로소 유대인의 권리를 다시 회복시켰다. 토스카나와 사르데냐에서는 1848년이 되어서야 항구적인 해방이 찾아왔다. 모데나와 롬바르디아와 로마냐(1859), 움브리아(1860), 시칠리아와 나폴리(1861), 베네치아(1866), 로마(1870)가 그 뒤를 이었다. 위의 이야기는 숱한 후퇴와 철회, 예외로 점철된 길고 복잡한 해방 과정을 간단히 요약한 것이다. 심지어 서유럽에서도 1789-1791년에 해방 작업이 시작된 이래 프랑스에서 법률로 완성되기까지 80년의 세월이 걸렸다. 동유럽의 경우, 특히 러시아와 루마니아에서 유대인에 대한 제약이 여전히 심했다.

이처럼 해방의 과정이 지지부진하고 불확실했던 정황을 생각하면, 왜 그토록 많은 유대인이 세례를 통해 유럽 사회에 들어가는 입장권을 구하려 했는지 이해할 수 있다. 그런데 19세기에는 유대인이라는 '문제'를 푸는 또 다른 해결책이 등장했다. 많은 유대인에게 가장 이상적인 해결책을 제시한 주인공은 로스차일드 가문이다. 로스차일드 가문은 18세기 경제의 새로운 현상이라 할 수 있는 사립 은행의 전문가가 되었다. 사립 은행을 세울 만큼 많은 재원을 갖춘 가문은 대개 유대인 가문이었고 특히 궁정 유대인의 자손이 많았다. 그러나 세례와 파산을 피한 가문은 로스차일드 가문뿐이다. 로스차일드 가문은 양립하기 어려운 조건을 네 가지나 동시에 만족시키는 방법을 고안했다. 첫째는 거대한 부를 빠르고 정직하게 취득하기, 둘째는 많은 정부의 신임을 얻으며 부를 널리 분배하기, 셋째는 거대한 이윤을 계속 내면서도 대중의 적개심을 유발하지 않고 이윤을 잘 활용하기, 넷째는 법률적으로도 정신적으로도 유대인으로 남기. 로스차일드 가문처럼 많은 돈을 벌고 마음대로 사용하면서도 대중의 인기를 얻은 유대인은 없었다.

로스차일드 가문이 선택한 길

로스차일드 가문을 제대로 파악하기는 쉽지 않다. 이들에 관해 정확한 사실을 밝혀주는 책이 없기 때문이다.[7] 사실 로스차일드 가문에 관한 책은 터무니없는 내용이 많다. 그 책임은 로스차일드 가문에 있다. 《로스차일드 가문에 관한 거짓말 *Lies About the Rothschilds*》이라는 책을 쓰려고 했다가 포기한 한 여성은 이렇게 말했다. "거짓말을 밝혀내는 건 비교적 쉬웠다. 그러나 진실을 찾아내는 것이 불가능하다는 걸 알게 되었다."[8] 로스차일드 가문은 보안이 철저했다. 물론 사설 은행업자이니 이해 못할 일은 아니다. 로스차일드 가문은 무수한 개인 고객뿐 아니라 여러 정부와도 은밀한 관계를 맺었다. 유대인인 탓에 파괴적인 결과가 예상되는 소송에 특히 취약했다. 그래서 꼭 필요한 문서 외에는 보존하지 않았다. 개인적인 이유로 또한 사업상의 이유로 모든 서류를 조직적으로 파기했다. 특히 일상의 아주 사소한 것도 반유대주의를 부채질하는 데 이용되지 않도록 철저히 주의를 기울였다. 이 때문에 로스차일드 가문 사람이 죽으면 빅토리아 여왕의 가족이 죽을 때보다 훨씬 더 철저하게 엄청난 양의 사문서를 파기했다. 로스차일드 가문 출신의 역사가 미리암 로스차일드는 여기에 다른 이유가 있었다고 주장한다. 로스차일드 가문은 기록 보관실도 없었고 자기 가문의 역사를 남기는 데 관심이 없었다. 예의상 조상을 공경하고 조심스럽게 내일을 준비했지만, 언제나 현재를 위해 살았을 뿐 과거나 미래에 특별히 관심을 두지 않았다는 것이 미리암의 주장이다.[9]

그래도 로스차일드 가문에 관한 몇 가지 사실은 아주 분명하게 남아 있다. 유대인이 거대한 규모의 재력을 처음 쌓은 계기가 30년 전쟁이었던 것처럼, 로스차일드 가문이 그만한 재력을 가질 수 있었던 것도 나폴레옹이 주도한 여러 전쟁 덕분이다. 전시에는 유대인의 창의성이 전면에 드러나고 이방인의 편견은 뒤로 물러난다. 로스차일드 가문의 부는 나탄 마이어 로스차일드가 런던에서 쌓아올렸다. 1790년대 중반 프랑스 혁명 전쟁 초기까지만 해도 유럽 투자금융업은 비유대인이 관장했다. 런던의 베링 가문, 암스테르담의 호프 가문, 프랑크푸르트의 게브뤼더 베트만 가문이 그 주인공이다. 전쟁은 금융시장을 빠르게 확대했고 새로운 인물이 참여할 기회를 대폭 열어주었다.[10]

그 기회를 잡은 이들 중에 독일계 유대인 그룹인 오펜하임 가문, 로스차일드 가문, 하이네 가문, 멘델스존 가문이 있다. 로스차일드라는 이름은 붉은 방패를 뜻하는 독일어 rot schild에서 나온 것으로 16세기 프랑크푸르트 게토 안에 있던 그들의 집에 걸려 있던 붉은 방패에서 유래했다. 로스차일드 가문의 시조인 마이어 암셀 로스차일드(1744-1812년)는 환전상으로 골동품과 오래된 동전을 취급했다. 그러다 직물업으로 사업을 확장했고 이 때문에 영국과 관계를 맺었다. 그리고 독일에 있던 옛 란트그라프 영지인 헤센카셀의 대선제후 프리드리히 빌헬름에게 오래된 동전을 팔면서 그의 경제 대리인이 되었다. 선제후는 영국 군대에 용병을 공급하면서 많은 부를 축적했고 이를 통해 마이어 암셀 로스차일드는 영국과의 연대를 강화했다.

1797년에 마이어 암셸 로스차일드는 아들 나탄을 영국에 보내 업무를 관장하게 했다. 나탄은 당시 초기 산업혁명의 중심지이자 세계 목화 산업의 중심지로 급부상 중인 맨체스터로 갔다. 나탄은 면을 직접 생산하지 않고 소규모 방적업자에게 면을 사서 날염업자에게 맡긴 다음 시장을 거치지 않고 유럽 대륙에 있는 구매자에게 완제품을 직접 팔았다. 나탄이 고안한 이 방법을 나중에 다른 유대계 직물업자들도 채택한다. 예를 들면, 리즈의 베렌 가문과 브래드포드의 로텐슈타인 가문 등이다.[11] 나탄은 3개월의 신용거래 방식으로 직거래를 했고 이것은 런던 금융 시장을 이용하는 것을 의미했다. 나탄은 아버지의 거래처 레비 바렌트 코헨 밑에서 업무를 익히고 코헨의 딸 한나와 결혼했다. 1803년에 나탄은 활동 무대를 런던으로 옮겼다. 전쟁이 확대되자 정부 공채 사업에 진출하기 위해서였다. 영국 정부는 매년 2,000만 파운드의 국채를 발행했다. 시장에서 다 흡수할 수 없는 금액이라 그중 일정액은 고객을 유치하는 도급업자가 매입해야만 했다. 직물업계에서 환어음 거래로 좋은 평판을 얻은 나탄 로스차일드는 이런 도급업자들이 모인 기업 연합에 참여하는 한편 국제 환어음을 인수하는 인수업자로 활동했다.[12]

나탄은 남들이 부러워할 정도로 유동 자금을 마련하는 재주가 남달랐다. 1806년의 비참한 예나 전투 이후 헤센카셀의 대선제후는 영국 유가증권에 투자하기 위해 런던에서 활동하는 나탄에게 자산을 보냈다. 이로써 나탄은 프리드리히 빌헬름이 수익을 얻도록 봉사하는 동시에 자기 소유의 자산을 축적하게 되었다. 그리하여 나탄은 런던에서 확고한 명성을 얻었다. 또한 나탄은 유대인답게 여러 악조건 속에서 신속하고 안전하게 금은괴를 옮기는 능력도 뛰어났다. 1811년부터 1815년까지 6년 동안 나탄 로스차일드와 수석 병참장교 존 해리스는 4,250만 파운드를 금괴 형태로 스페인에 있는 영국군에게 안전하게 보내는 일을 담당했다. 그중 절반 이상을 나탄이 직접 처리하거나 프랑스에서 활동하는 동생 제임스가 처리했다.[13] 나폴레옹이 워털루에서 대패할 때까지 로스차일드 가문의 자산은 13만 6,000파운드에 이르렀고 영국에서 활동하는 나탄이 9만 파운드를 소유하고 있었다.[14]

제임스가 1811년부터 파리에서 활동했다는 것은 로스차일드 가문의 네트워크가 넓어졌다는 뜻이다. 둘째 아들 살로몬 마이어는 1816년에 빈에 지점을 설립했고 넷째 아들 카를 마이어는 1821년에 나폴리에 지점을 세웠다. 1812년에 아버지 마이어 암셸 로스차일드가 죽자 맏아들인 암셸 마이어가 프랑크푸르트 지점을 이어받았다. 이 네트워크는 1815년에 막이 오른 새로운 평화 시대의 금융에 안성맞춤이었다. 군대에 필요한 막대한 재원을 마련하는 작업은 지폐와 신용 거래에 기초한 국제 금융 체제를 만들었고, 이제 각국 정부는 그 체제를 어떤 목적으로든 사용할 수 있다는 것을 알게 되었다. 1815년부터 1825년까지 10년 동안 이전 한 세기 동안 유통된 것보다 더 많은 유가증권이 유통되었고, 나탄 로스차일드는 런던 최고의 금융 권위자로서 옛 베어링 가문의 자리를 대체했다. 나탄은 라틴아메리카의 변덕스러운 정권과는 거래하지 않고 주로 믿을 수 있는 유럽 독재 국가, 즉 신성동맹으로 알려진 오스트리아, 러시아, 프로이센과 거래했다. 1822년에 나탄은 신성동맹 국가를 위해 막대한 재원을 마련했다. 1818년부터 1832년까지 런던에서 발행된 26개 외국 정부의 공채 중 7개를 나탄이 주관했고, 한번은 연합을 통해 2,100만 파운드, 즉 전체 자금의 39퍼센트를 만들어내기도 했다.[15]

빈에서 로스차일드 가문 사람들은 합스부르크 왕가를 위해 채권을 팔고, 오스트리아의 정치가 메테르니히를 보좌하고 오스트리아 최초의 철도를 부설했다. 프랑스 최초의 철도는 로스차일드 가문이 파리에 세운 은행 로스차일드 프레르가 부설했다. 로스차일드 가문은 부르봉 왕가 사람, 오를레앙 왕가 지지자, 나폴레옹 지지자에게 자금을 조달했고 벨기에의 새 국왕에게도 자금을 대주었다. 프랑크푸르트에서도 많은 독일 군주를 위해 어음을 유통시켰다. 나폴리에서는 사르데냐, 시칠리아, 교황령을 위해 재원을 마련했다. 로스차일드 가문의 총 자산은 1818년에 177만 파운드에서 1828년에 430만 파운드로 늘었고, 1875년에는 3,435만 파운드로 증가했다. 그리고 그중 690만 파운드를 런던 지점에서 운용했다.[16] 네트워크가 광범위하게 확장되면서 로스차일드 가문이 실제로 운용할 수 있는 자금력은 훨씬 더 막강해졌다. 그들은 유대인 특유의 정보 수집 능력과 전달 능력을 십분 활용했다. 19세기 중반에 이르자 유대인은 은행업에서 통신업으로 업종 전환을 꾀했다. 본명이 이스라엘 요사파트인 파울 율리우스 로이터(1816-1899년)는 1848년에 세계 최대의 통신사를 설립하기 위해 괴팅겐에 있는 친척의 은행을 떠났다. 헨리 블로비츠(1825-1903년)는 〈타임스〉 파리 특파원으로 필요할 때를 대비해 사설 전신기까지 갖추고 유럽에서 가장 훌륭한 사설 통신망을 구축했다. 그러나 경제 뉴스에 관한 한 어떤 신문도 로스차일드 가문의 정보력을 따라잡지 못했다. 1930년대까지 로스차일드 가문은 워털루 전투에서 군함용 소형 선박을 몰고 포크스턴 지역에서 해협을 횡단해 급보를 전하던 선원들의 후손 중에서 특파원을 모집했다.[17]

옛 궁정 유대인과 달리 로스차일드 가문이 세운 새로운 국제 기업은 지역민의 공격에 타격을 입지 않았다. 1819년에 마치 새로 얻은 유대인의 권리는 환상에 불과하다는 것을 증명이라도 하듯 반유대주의 폭동이 독일 곳곳에서 일어났다. 헤프헤프 폭동으로 불린 일련의 폭동으로 프랑크푸르트에 있는 로스차일드 가문도 습격을 받았지만, 큰 피해는 없었다. 1848년의 혁명 중에 또 다시 공격이 있었지만, 이번에도 마찬가지였다. 이미 돈은 그곳에 없었다. 세상에 유통되고 있는 것은 돈이 아니라 어음이었다. 유대인은 수 세기 동안 재산 강탈이라는 폭력으로부터 합법적으로 일군 재산을 지키기 위해 노력했고 드디어 로스차일드 가문이 그 방법을 찾아냈던 셈이다. 이때부터 유대인의 재산은 폭도의 손이 미치지 못했고 탐욕스러운 전제 군주들조차도 건드리지 못했다.

로스차일드 사의 부를 일구어낸 금융 천재 나탄 마이어 로스차일드는 1836년에 프랑크푸르트에서 장남 라이오넬과 나폴리 지점의 대표인 동생 카를의 딸 샤를로트의 결혼식에 참석하던 중 사망했다. 로스차일드 가문은 항상 자기들끼리 결혼했다. 로스차일드 가문 사람이 출신이 다른 사람과의 결혼을 언급할 때 그것은 비유대인과의 결혼을 의미하는 것이 아니라 다른 가문 사람과의 결혼을 의미했다. 근친결혼을 하는 목적은 신부의 혼인 지참금으로 나가는 돈을 회사에 귀속시키기 위해서였다. 아내의 증여 재산은 남아메리카 철도 주식처럼 남편이 처분했으면 하는 주식과 같았지만 말이다.[18] 라이오넬과 샤를로트의 결혼식은 유대인 거리에 있던 가문의 고택에서 거행했다. 그 고택에는 여든넷이 된 나탄의 노모가 아직 살고 있었다. 결혼 전 이름이 구둘러 슈나퍼스였던 그녀는 19명의 자녀를 낳았고 나탄이 죽은 뒤 10년 정도 더 살았던 것 같다. 나탄의 죽음은 상당히 중요한 문제였다. 부고를 전하기 위해 런던으로 날려 보낸 비둘기는 브라이턴에서 누군가 쏜 총에 맞아 떨어졌는데, 프랑스어로 '그가 죽었다'는 메시지가 쓰여 있었다고 한다.[19]

그러나 나탄이 운영하던 N. M. 로스차일드, 즉 로스차일드 사의 본사는 평상시와 다름없이 힘차게 성장했다. 런던은 세계 경제의 중심이었고 로스차일드 사는 가장 신뢰할 수 있는 기둥이었다. 1860년부터 1875년까지 16년간 외국 정부들은 7억 파운드 이상의 재원을 런던에서 조달했다. 이 일에 관여한 50개의 은행 중 10개는 유대계 은행이었다. 그중에는 함브로, 새뮤엘 몬터규, 헐버트 와그 같은 중요한 이름이 포함되어 있다.[20] 그러나 50개 은행 중 가장 많은 은행, 그리고 가장 다양한 역할을 수행한 은행은 단연 로스차일드 가문이 소유한 은행이다.

이런 경제력은 자연스럽게 정치적으로도 영향력을 갖게 해주었다. 유대인과 토리당은 원래부터 동맹이었다고 처음 주장한 인물은 벤저민 디즈레일리라는 젊은이였다. 그는 1841년 6월과 1843년 10월에 런던 시에서 있었던 주요 선거 결과가 유대인의 표심에 따라 결정되었다고 지적했다. 나아가 곡물법에 반대하는 자유당에 의석을 주기 위해 로스차일드 가문이 안식일인 토요일에 유대인을 동원하는 일도 마다하지 않았다고 지적했다.[21] 1858년에 유대인에 대한 법률 규제가 완전히 사라질 때까지 의회에 진출할 수 없었던 라이오넬은 드디어 1847년 시의회 선거에서 승리했다. 토리당의 지도자 조지 벤팅크 경은 존 윌슨 크로커에게 보낸 편지에서 그 선거의 중요성을 다음과 같이 지적했다. "런던 시가 라이오넬 로스차일드를 대표자로 선출했소. 전혀 예상하지 못했던 일이오. 이번 일은 유대인의 이익에 반하는 문제를 제기했다가는 우리 정당에 좋을 것이 없다는 여론을 보여주는 것이오. 같은 이유로 클레어에서는 오코넬이, 요크셔에서는 윌버포스가 뽑혔소. 클레어는 가톨릭 문제를 해결했고, 요크셔는 노예무역 문제를 해결했고, 이제 런던 시는 유대인 문제를 해결했소."[22]

그러나 현명하게도 로스차일드 가문은 어떤 문제도 힘으로 돌파하려 하지 않았다. 시간이 자기들 편이라는 것을 알기에 차분히 때를 기다렸다. 로스차일드 가문은 경제력을 불법적으로 이용하거나 사람들에게 그렇게 비치는 것을 싫어했다. 한결같이 평화를 사랑하고 각국에 있는 지점들은 해당 국가가 지향하는 정치적 목표를 지지하는 경향을 보였다.[23] 최근에 면밀히 조사한 자료에 따르면, 마음만 먹으면 얼마든지 권력을 장악할 수 있었던 영국에서도 정부를 압박하는 일에 주도적으로 나선 적이 거의 없다.[24] 1884년 이집트 위기 때 그랬던 것처럼 외국에서 일어난 사건과 관련하여 의혹이 불거지면, 장관을 찾아가 정부가 무엇을 원하는 지 물었다. 그것이 로스차일드 가문의 관습이다.

돈을 늘 쇳덩어리라고 부르던 로스차일드 가문은 돈을 천하게 여기는 영국인의 시각을 취했고 돈은 그저 사회적 지위를 위해 필요하다는 입장이었다. 로스차일드 가문은 화려한 게토를 하나는 도시에, 또 하나는 시골에 세웠다. 도시의 게토는 피커딜리의 아래쪽 변두리, 즉 파크레인과 연결되는 지점에 있었다. 노쇠한 나탄은 1825년에 런던의 세인트스위딘 거리 뉴코트 2번지에 있는 상점 위층에서 사는 삶을 청산하고 쿠츠 부인이라는 한 은행가의 미망인에게 피커딜리 107번지를 사들여 게토를 만들기 시작했다. 영국과 유럽 대륙에 사는 가문 사람들도 나탄의 뒤를 따랐다. 아들 라이오넬은 1860년대에 앱슬리 하우스 옆 피커딜리 148번지에 집을 지었다. 그 집에는 런던에서 가장 세련된 무도장도 있었다. 딸에블리나와 빈에 사는 사촌 페르디난트의 결혼식과 겸하여 신축 축하연을 열었다. 벤저민 디즈레일리가 신부를 위해 건배를 제의했다. 페르디난트도 피커딜리 143번지에 집을 장만했는데, 그 집에도 유명한 무도장이 있었다. 그 옆 142번지에는 페르디난트의 누이 앨리스의 집이 있었다. 레오폴트 데 로스차일드는 그 뒤쪽에 있는 해밀턴 광장 5가의 건물을 구입했다. 모퉁이를 돌면 보이는 시모어 플레이스 1번지에는 유명한 멋쟁이 알프레드 데 로스차일드의 집이 있었다. 로즈버리 백작과 결혼한 한나 로스차일드는 나탄이 맨 처음에 구입한 107번지를 물려받았다.[25]

나탄은 1835년에 액턴 근처의 거너스버리를 구입하기 위해 2만 파운드를 지불했다. 그것이 시골 게토의 시작이었다. 나탄의 미망인이 버킹엄셔의 에일즈버리 계곡에 있는 멘트모어 근교에 집을 사들이면서 시골의 게토가 형성되기 시작했다. 로스차일드 가문은 차츰 버킹엄 주에 정착했고 하트퍼드셔 근처로 퍼져나갔다. 마이어 로스차일드는 왈라톤 홀을 본 떠 멘트모어 타워를 건축했다. 안토니 데 로스차일드 경은 애스턴 클린턴으로 이주했다. 1873년에 라이오넬은 하트퍼드셔 트링 지역을 25만 파운드에 구입했다. 그는 홀턴에도 1,400에이커의 부동산을 소유하고 있었다. 이 부동산은 나중에 알프레드 데 로스차일드가 물려받았다. 레오폴트 데 로스차일드의 에스코트 저택은 레이턴버저드 근처 윙에 있었다. 1870년대에 페르디난트 남작은 워즈던 저택을 건축했고 레이턴버저드와 어퍼윈첸던에도 저택을 가지고 있었다. 그의 누이 앨리스는 에이스로프 프라이오리를 소유하고 있었다. 그리하여 에일즈버리 계곡은 로스차일드 가문의 고장이 되었다. 그들은 그곳에 3만 에이커의 땅을 소유했으며 1865년부터 1923년까지 의회에서 그 지역을 대표했다.

시골 게토의 본부는 트링에 있었고 라이오넬의 아들이자 상속자인 나탄은 1만 5,000에이커로 지경을 넓혔다. 그는 최초의 로스차일드 경이 되고 버킹엄셔의 주지사가 되었다. 유대교의 전통에 따라 그는 트링을 작은 복지 국가로 만들었다. 수도와 전기, 난방 시설, 도서관, 시민 농원, 보건 서비스, 심지어 개를 위한 공동묘지까지 마련했다. 일꾼들을 위해 휴일 캠프와 연금 제도, 도제 제도, 실업 대책, 식료품 바구니와 파티도 마련했다. 토지는 축산, 산림 육성, 양에 대한 실험과 환경 보호 실험에 활용했다.[26]

로스차일드 경의 아버지 라이오넬은 아일랜드 기근 구제를 위해, 크리미아 전쟁을 위해, 이집트 총독이 가지고 있는 수에즈 운하 주식을 사들이기 위해 여러 건의 정부 차관을 인수했다. 그는 디즈레일리와 매우 가까웠으며 런던 생활이나 공공생활 모든 면에서 디즈레일리와 친하게 지내는 것이 이롭다는 사실을 알고 있었다. 그는 사욕이 없는 인물이었던 것 같다. 반유대주의를 견지하는 러시아 정부를 위해 1억 파운드의 채권을 발행하면 200만 파운드의 수익을 낼 수 있는데도 주저 없이 포기했다.[27] 윌리엄 글래드스턴 총리와 그랜빌 외무장관과 긴밀한 관계를 맺었고 토리당원과도 관계를 유지했다. 유대인의 기득권을 습관적으로 욕하던 랜돌프 처칠 경을 확실한 친유대주의자로 바꾸어놓기도 했다. 또한 아서 밸푸어의 마음을 돌려 유대인이 교제를 나눈 인물 중 가장 유능한 영국인 친구로 바꾸어놓았다. 부친이 사망한 1879년부터 자신이 숨을 거둔 1915년까지 트링을 대변하는 비공식 대변인으로 활동했다. 조카딸 미리암 로스차일드는 그를 언급하면서 고대 이래로 전 세계에서 가장 영향력 있는 유대인이라고 평했다.[28] 로이드 조지는 1909년에 라임하우스 연설에서 이렇게 말했다. "로스차일드 경이 이 지역의 독재자였습니까? 그는 절대 그런 인물이 아니었습니다. 그저 인정이 많고 영향력이 있는 인물이었습니다." 1915년에 로스차일드 경은 임종을 앞두고 피커딜리 148번지에서 당시 외교 업무를 맡고 있던 홀데인 경의 방문을 받았다. 홀데인 경은 독일로 금을 수송하는 중립국 선박의 운항을 중지시켜달라고 요구했다. 로스차일드 경은 대답했다. "그건 매우 간단한 일입니다." 그리고 봉투 뒷면에 지시 사항을 긁적였다.[29]

로스차일드는 인기가 있었다. 지혜롭고 조직적이면서 유별난 자선 행위 덕분이었다. 마차 주변에 몰려드는 아이들에게는 반짝이는 10실링 금화를 뿌려주곤 했다. 아내 엠마는 이것을 무분별하고 모욕적인 행동이라고 비난했으나 아이들은 그렇게 생각하지 않을 거라고 대답했고 그의 생각은 옳았다. 트링에 사는 한 늙은 여성은 그 일을 오래 기억했노라고 미리암 로스차일드에게 이야기했다. 로스차일드 가문 사람들이 영국에서 평판이 좋았던 이유는 경주마를 아주 잘 끌었기 때문이 아니라 말의 고삐를 잡아당기지 않았기 때문이다. 그래서 세계 최고라 할 수 있는 로스차일드 부인의 요리사 그로스티븐 시니어가 생선장수에게 1년에

5,000파운드를 지출해도 사람들은 크게 신경 쓰지 않았다. 로스차일드 경은 이스트엔드 지역 마부들에게 성탄절마다 꿩을 한 쌍씩 선물하곤 했다. 그가 죽자 과일 행상들은 수레 위에 검은색 천을 달았다. 〈펠 멜 가제트〉지는 이런 기사를 실었다. "지난 세대에 다른 국가들이 곤혹스러워한 다양한 형태의 인종 갈등을 대영 제국이 피할 수 있었던 것은 로스차일드 경 덕분이다. 그는 이스라엘의 군주이자 모든 영국인이 자랑스러워하는 영국인이었다."

디즈레일리는 돈을 벌고 쓰는 능력을 포함하여 유대인의 자질을 있는 그대로 기쁘게 발휘하는 로스차일드의 방식을 많이 알려야 한다고 생각했다. 젊은 시절에 디즈레일리는 거너스버리에서 로스차일드의 환대를 받고 1843년에 누이 한나에게 다음과 같은 편지를 썼다. "나는 오랜 친구 에이미에게서 환대를 받고 있어. 에이미는 나에게 대단한 자본가를 소개해주었어. 에이미가 소개해주지 않았으면 이런 인물이 있는지도 몰랐을 거야."[30] 디즈레일리는 로스차일드 가문 사람들이 유대인에게 수많은 기회를 열어줄 유대 민족의 큰 재산이라고 생각했다. 앞으로 살펴보겠지만, 디즈레일리는 마르크스가 유대인 문제를 두고 악의적이며 파괴적인 견해를 취한 1844년에 정치 소설 《코닝스비 Coningsby》를 출판했다. 여기에는 선견지명이 있는 시도니아라는 현명한 지도자가 나오는데, 디즈레일리는 그 인물의 모델이 라이오넬 로스차일드라고 밝혔다. 그는 이 소설을 통해 로스차일드를 많이 미화했다. 디즈레일리는 라이오넬 로스차일드의 지혜와 선견지명을 과장하는 데서 그치지 않고 로스차일드 가문의 업적에 신비롭고 극적인 효과를 부여했다. 1876년에 터키 정부에서 파견한 이집트 총독의 주식을 사들인 일을 선정적으로 다룬 장본인도, 로스차일드 가문과 관련한 우스꽝스러운 신화를 만들어낸 주범도 디즈레일리다. 물론 디즈레일리의 눈에는 그런 신화가 귀중하고 창의적으로 보였을 테지만 말이다.

영국, 친유대 사회

물론 디즈레일리는 영국의 정치·사회 분위기가 유대인에게 호의적이기 때문에 로스차일드의 성공담을 마법 같은 전설로 묘사하는 것이 통한다는 걸 알고 있었다. 모든 제약이 사라진 1826년부터 유대인은 어디에서든 자유롭게 영국에 올 수 있었다. 1833년에 대법관 헨리 브로엄은 영국에 들어와 귀화한 유대인의 신분을 이렇게 요약했다. "국왕의 신민으로서 유대교를 믿는 자에게는 국왕의 다른 신민과 마찬가지로 모든 권리와 특권, 은혜가 주어진다. 그러나 그런 권리와 특권, 은혜를 그들에게서 박탈하는 법률이 따로 제정되어 있는 경우에는 예외로 한다."[31] 그런 규제는 실제로 있었고 유대인은 선례를 통해 그런 규정을 찾아냈다. 그러나 일단 어떤 규제가 있는지 밝혀지고 그에 대한 비난이 쏟아지면, 의회와 관련 단체가 유대인이 동등한 권리를 누리도록 힘썼다. 예를 들어 헨리 브로엄의 선언이 있은 1833년에 유대인은 변호사로 일할 수 있게 되었다. 13년 뒤 유대인이 자유로이 토지를 소유할 수 있느냐는 어려운 질문이 제기되었을 때도 법령을 통해 유대인에게 유리한 쪽으로 결론이 났다.

영국은 일찍부터 유대인을 환영하고 받아들였을 뿐 아니라 외국에서도 유대인을 도울 준비를 했다. 최초의 사건은 1745년에 일어났다. 그해 마리아 테레지아가 프라하에서 유대인을 추방하자 동맹관계에 있던 조지 2세는 외교 통로를 통해 항의했다. 1814년에는 외무장관 로버트 스튜어트 캐슬레이 자작이 특사 클렌카티 백작에게 독일 전역에서 유대교를 신봉하는 사람들에게 관용을 베풀도록 장려하라는 지시를 내렸다. 당연히 로스차일드 가문 사람들을 염두에 두었던 그는 프랑크푸르트 공동체를 위해 특별한 노력을 기울였다. 영국은 엑스라샤펠회의에서도 유대인을 도왔다.[32]

헨리 존 템플 파머스턴 자작은 정책적인 이유뿐 아니라 유대인이 예루살렘으로 귀환하는 것이 예수의 재림을 앞당길 것으로 믿는 장인 섀프츠베리 백작 때문에 유대인의 권익을 위해 적극적으로 일했다.[33] 영국의 노력에 힘입어 1827년부터 1839년까지 예루살렘에 거주하는 유대인 수가 550명에서 5,500명으로 증가했고 팔레스타인에서는 유대인 인구가 1만 명에 이르렀다. 이때부터 실제로 약속의 땅으로의 귀환이 시작된 셈이다. 1838년에 파머스턴은 W. T. 영을 예루살렘 최초의 서양인 부영사로 임명하면서 다방면에서 유대인을 보호하라고 지시했다.[34] 2년 후에 그는 콘스탄티노플 주재 영국 대사 아서 폰슨비에게 편지를 써서 유대인이 유럽에서 팔레스타인으로 귀환하는 것을 허용하도록 터키에 압력을 넣으라고 지시했다. 그는 로스차일드 가문의 후원을 받아 근면하게 일하는 유대인이 터키 제국의 재원을 상당 부분 증가시킬 것이고 문명의 진보를 촉진시킬 것이라고 주장했다. 섀프츠베리는 이에 대해 다음과 같이 기록했다. "파머스턴은 하나님의 옛 백성을 위해 일하는 선한 도구로 하나님에게 선택을 받았다." 아서 폰슨비에게 보낸 편지는 "고레스 왕의 칙령에 버금가는 전조였다."

다마스쿠스 사건

파머스턴은 서양의 부유한 유대인이 곤경에 처해 있는 유대인을 구하도록 도왔다는 점에서 선택받은 도구였다. 1840년 2월, 다마스쿠스에서 카푸치노 수도회의 수사와 그의 하인이 살해당하는 사건이 발생했다. 이 사건은 어이없게도 중세시대의 피의 비방을 부활시켰다. 카푸치노 수도회에서는 유대인들이 유월절에 필요한 피를 마련하기 위해 두 사람을 살해한 것이라고 주장했다. 기독교 공동체를 보호할 책임을 맡고 있던 터키 총독과 프랑스 영사는 수도회의 고소를 받아들여 조사에 착수했다. 유대인 이발사 솔로몬 네그린이 고문에 못 이겨 죄를 인정하고 공범으로 다른 유대인의 이름을 불었다. 그중 두 명이 고문으로 죽고 한 명은 목숨을 구하기 위해 이슬람으로 개종했다. 또 어떤 이들은 거짓으로 다른 유대인의 이름을 대서 많은 유대인이 체포되었다. 잔학 행위는 유대인 자녀 63명을 체포하는 데서 극에 달했다. 어머니들이 피를 숨긴 장소를 실토할 때까지 아이들을 인질로 잡아둔 것이었다.[35]

체포된 유대인 중 한 사람은 오스트리아 시민이어서 이 문제는 이해관계가 얽힌 열강 간의 문제로 비화되었다. 런던에서는 영국 유대인을 대표하는 모지스 몬티피오리 경(1784-1885년)이 파머스턴에게 도움을 요청했다. 리보르노 출신의 몬티피오리는 런던 시에서 활동하는 유대인 주식 중개인 12명 중 하나로 유디트 코헨과 결혼하여 나탄 로스차일드의 처남이 되었고 나탄 밑에서 주식 중개인으로 일했다. 그는 각지에서 압제받는 유대인을 돕기 위해 1824년에 사업에서 은퇴했다. 아마도 사회적 지위를 이용해 유대인을 박해하는 정부에 압력을 가하고 절충안을 이끌어낸, 최후의 걸출한 유대인이 있다면 바로 그일 것이다. 몬티피오리는 빅토리아 여왕과도 친분이 두터웠다. 여왕은 소녀 시절에 램즈게이트에 있는 몬티피오리의 해상 주택에 머물기도 했고 후에 그에게 작위를 수여했다. 빅토리아 여왕이 유대인에게 우호적인 태도를 보인 것은 아마도 몬티피오리의 영향이었을 것이다.

파머스턴의 도움을 받아 몬티피오리는 저명한 프랑스 변호사 아돌프 크레미외(1796-1880년)를 포함한 서유럽 유대인으로 대표단을 구성해 시리아의 통치자 무함마드 알리를 만나기 위해 알렉산드리아로 출발했다. 1840년 8월에 몬티피오리와 그의 동료들은 유대인 포로를 석방시켰을 뿐 아니라 터키의 술탄을 설득해 피의 비방이 유포되는 것과 그런 이유로 유대인을 체포하지 못하게 하는 칙령을 공표하게 했다. 이 사절단의 성공이 발단이 되어서 이 밖에도 많은 사절단이 결성되었고 몬티피오리는 백 살이 넘게 살면서 부당한 대우를 받는 유대인을 돕기 위해 외무부와 함께 일했다.[36] 영국 정부도 독자적으로 중재에 나섰다. 1854년에는 스위스의 유대인을 위해 협상을 벌였고, 1856년에는 발칸 반도의 유대인을 위해 부쿠레슈티 주재 영국 공사에게 유대인이라는 특별한 신분을 가진 자들을 문명 세계의 보호 아래 두도록 지시했다. 그리고 1876년 베를린 회의에서는 디즈레일리가 유대인을 위해 종교상의 평등한 권리를 확보하고자 고군분투했다.[37]

디즈레일리와 유대교적 기독교

그러나 디즈레일리는 유대인을 위해 정의를 구현하려는 호소가 조금 효과를 발휘하는 정도로 만족하지 않았다. 유대인은 타고난 자질과 빛나는 과거를 보더라도 각별한 존경을 받을 자격이 있다고 믿었다. 그래서 남다른 대담함과 상상력을 발휘해 유대인이 그런 존경을 받을 수 있도록 노력했다. 기독교인으로 성장하기는 했지만, 1830년부터 1831년까지 지중해와 성지를 순례하는 동안 인종에 대한 관심이 생겼다고 한다. 온갖 어려움에도 시리아 곳곳에서 번영을 누리는 유대인을 보고 매료되어 그들을 동방의 로스차일드라고 부르기도 했다. 이때 모은 대부분의 자료를 소설에 활용했다. 터키의 고관들은 필요할 때면 언제든 박해할 수 있어서 유대인 금융업자를 기용하길 좋아한다고 기록했다. "그들은 다른 사람이 거래 내용을 해독하기 어려운 히브리어로, 그나마도 장식 문자로 기록했다." 디즈레일리는 소설《탄크레드 Tancred》에서 이런 인물을 아담 베소로 묘사했다.[38] 그는 예루살렘을 어느 곳보다 사랑했고 1847년에 출판한 소설에 15년 전에 받은 인상을 선명하게 묘사했다. 디즈레일리는 그 작품을 가장 마음에 들어 했고 빅토리아 시대의 정신이 깃든 자서전 형식의 소설이라 칭했다.[39]

디즈레일리는 유대인이 다른 인종보다 못하지 않다는 방어적인 자세를 취하지 않았다. 오히려 유대인이 더 우수하다고 생각했다. 인간은 태어나면서 평등하다는 근대의 해로운 교의가 마음에 들지 않는다고 말했다. 어떤 현대 역사가는 디즈레일리를 마라노로 간주하는데, 이 분석을 지지하는 사람도 꽤 많다.[40] 디즈레일리는 이 시대에 처음 나타나기 시작한 스파라디의 오만함과 자만심, 공상벽癖을 전형적으로 보여주었다. 유대인이 겪는 고난을 당연한 죄의 결과라고 보는 아슈케나지의 자기 파괴적인 성향은 그와 거리가 멀었다. 디즈레일리는 이스라엘이 인간의 몸의 심장으로 인류의 불의로 인해 부당하게 무거운 짐을 짊어지게 되었다는 스파라디의 입장을 지지했다.[41] 일단 해방이 되기만 하면 반짝이는 유대인의 재능이 세계를 깜짝 놀라게 할 것이다. 그 재능은 유대인이 받은 선물이다. 디즈레일리는 소설에 나오는 유대의 초인 시도니아의 입을 빌려 이렇게 말했다. "모두 인종에서 기인한 것이다. 다른 것은 아무것도 없다."

이처럼 디즈레일리는 사회진화론자나 악명 높은 히틀러보다 훨씬 먼저 특정 인종의 우월성을 주장했다. 그는 심리 소설《콘타리니 플레밍 Contarini Fleming》에서 시도니아를 가리켜 "세계에서 가장 오래된 민족의 직계 후손이고 잉글랜드의 원주민이 반 벌거숭이로 숲에서 도토리를 주울 때 고도의 문명을 발전시킨 독보적이고 순수한 베두인족의 후손"이라고 말했다.[42] 소설《코닝스비》에서는 "시도니아와 그의 형제들은 색슨족과 그리스인, 그 밖의 백인종이 잃어버린 우수성을 지니고 있다. 히브리인은 순수한 민족이다"라고 말했다. 이런 순수성은 말을 타는 유일한 유대인인 사막의 아랍인과 공유하고 있는 히브리인의 특권이었다. 디즈레일리는《탄크레드》에서 모세가 "모든 면에서 카프카스인의 완벽한 특성을 갖춘 인물이고 창조된 직후 에덴동산에 막 발을 디딘 아담만큼이나 완벽하다"고 생각했다. 그리고 베두인처럼 사막에 살면서 혈통을 보존하지 않는 이상 민족의 붕괴는 필연적이라고 생각했다. 그런데 유대인은 박해와 지속적인 이주와 이민을 통해 순수성을 보존해온 것이다.

모세의 아랍인[즉 유대인]은 도시에 사는 민족 중에 유일하지는 않아도 가장 오래전부터 이어져 내려온 순수한 민족이다. 우수한 유기적 결합체인 순수한 민족은 태생적으로 귀족이다. … 아득한 옛날에 그들을 박해하는 혼혈 인종 속에 흡수되지도 않았고, 오히려 혼혈 인종이 시들해져서 소멸하는 동안 박해의 희생자인 그들은 아시아 인종의 타고난 생명력을 유지하면서 번영하고 있다. 이것은 카프카스인의 순수한 혈통과 위대한 법률을 제정하는 탁월한 재능 덕분이다. _《코닝스비》

이 소설에서 디즈레일리는 다음과 같이 같은 이야기를 반복한다. "어떤 형법도 신체상의 어떤 고문도 소용없다. 박해하는 혼혈 인종이 사라지는 곳에서 박해받던 순수한 인종은 살아남는다." 그렇다면 디즈레일리의 기독교는 어떤 모습을 하고 있었을까? 역설 화법에 능한 디즈레일리는 그 문제에 대해서도 대답을 제시했다. "나는 구약성경과 신약성경 사이에 누락된 페이지다." 디즈레일리는 기독교인은 유대교의 장점을 인식하지 못하고, 유대인은 기독교가 완성된 유대교라는 사실을 인식하지 못한다고 비난했다. 1849년에 《코닝스비》 서문에서 그는 다음과 같이 기술했다. "인류의 마음을 돌이키는 그리스도의 교회의 권리를 옹호하면서, 나는 기독교를 창시한 인종을 바르게 평가해야 할 시기가 왔다고 생각한다." 유대인은 모세와 솔로몬, 그리스도, 즉 "최고의 법률 제정가, 최고의 행정가, 최고의 개혁가를 낳았다. 이미 사라졌거나 현존하는 어떤 민족이 이런 인물을 배출할 수 있겠는가?" 그러나 이와 마찬가지로 디즈레일리는 유대인이 유대 종교의 앞부분만 받아들이는 것은 불합리하다고 생각했다. 1863년경 휴엔덴 저택에서 기록한 글에는 다음과 같은 내용이 있다.

나는 교회를 유일하게 현존하는 유대인의 제도라고 생각한다. 내가 아는 한 교회밖에 없다. 만약 교회가 없었다면, 유대인이 알려졌을 리 없다. 교회는 유대인에 의해 설립되었고 계속해서 그 기원에 충실했다. 유대인의 역사와 문학이 세상에 알려진 것은 교회 덕분이다. … 교회는 공공연히 유대인의 역사를 읽고 공적인 기억을 보존했으며 전 세계에 그 시를 퍼뜨렸다. 유대인은 교회에 빚을 졌다. … 유대인의 역사는 발전이냐 무無냐, 둘 중의 하나다.[43]

디즈레일리는 토리당이 유대교 신앙을 지키는 유대인의 의회 진출을 허용하는 법안에 반대하는 것은 비논리적이라고 생각했다. 전통, 계층의 권위, 세속의 삶에 활기를 불어넣는 종교적 영성의 필요성에 관한 스파라디의 신념은 기본적으로 토리당의 정신과 일치하기 때문이다. 그는 《조지 벤팅크 경의 생애 *Life of Lord George Bentinck*》에서 1847년에 그 법안이 상정되었을 때 토리당에서는 자기와 벤팅크, 토머스 베어링, 밀른스 개스켈만 찬성했고 네 사람이 의회 발언 기회를 독점하다시피 했다고 서술했다. 이때 벤팅크가 유대인의 권리에 대해 연설했는데, 이 때문에 그는 하원에서 토리당의 지도자 자리를 내놓아야 했다. 유대인을 대변했다는 이유로 벤팅크를 징계하면서 디즈레일리가 토리당의 지도자가 된 것은 디즈레일리를 기쁘게 한 역설적 전개였다. 디즈레일리는 그 결정이 옳다고 믿었다. 그는 귀족정치와 능력주의 사회의 결합을 주장했는데, 유대인은 거기에 딱 맞는 최고의 실력자였기 때문이다. 디즈레일리는 훌륭한 유대인의 업적을 자랑했을 뿐 아니라 곳곳에서 천재적인 유대인을 발견해냈다. 최초의 예수회 수도사도 유대인이고 나폴레옹 수하의 가장 훌륭한 장군 술트와 나폴레옹이 므낫세라고 부르던 앙드레 마세나도 유대인이다. 모차르트도 유대인이다.

디즈레일리의 친유대적 선전이 유럽 대륙에까지 영향을 끼치지는 못했던 것 같다. 유럽의 유대인이 디즈레일리의 상상력이 만들어낸 미로 속에 들어가는 일은 없었다. 그럼에도 19세기 초에 접어들자 학식 있는 유대인은 유대교를 중세의 반계몽주의의 잔재로 보는 견해를 부정했다. 그리고 스피노자를 토대로 볼테르가 형성한 종교적 유대인의 추악한 이미지를 지적이고 매력적인 이미지로 바꾸려고 시도했다. 맨 처음에 해야 할 일은 랍비의 학문 중에서 가장 훌륭한 것과 세속의 지식 사이에 다리를 놓는 일이었다. 스피노자와 그의 학파는 유대교를 깊이 연구하면 할 수록 유대교에 대한 반론과 의문이 생긴다고 주장했다. 모제스 멘델스존은 널리 유포되어 있는 이런 인상을 논리적으로 깨뜨릴 수 없었다. 그러기에는 전통적인 유대 문화에 대해 잘 알지 못했다. 조금 더 과격한 그의 후계자들은 유대 문화를 알고 싶어 하지도 않았다. 나프탈리 헤르츠 홈베르크나 나프탈리 헤르츠 베셀리 같은 인물은 히브리어 공부를 열심히 장려했지만, 전통적인 유대교의 종교 교육을 부인하고 토라와 탈무드를 폐기하고 일종의 자연 종교를 수용하려 했다.

그러나 마스킬 2세대 중에는 계몽 교육을 받으면서 유대교에 대해서도 공부한 사람이 있었다. 그들은 신앙을 지키면서도 세속적인 학문 연구 방법에도 능통했다. 독일 중부 출신의 교사 이자크 마르쿠스 요스트(1793-1860년)는 전통적인 유대교의 방법론과 근대의 세속적 방법론의 중간에 서서 아홉 권으로 된 이스라엘인의 역사를 썼다. 이스라엘의 역사를 다룬 작품 중에 일반 대중에게 감명을 준 것은 이 책이 처음이다. 그러나 그보다 더 중요한 인물은 일평생 집요하고 끈기 있게 고전적인 유대교의 학문을 재검토하고 근대의 과학적 정신에 입각해 유대학을 세상에 소개한 레오폴트 춘츠(1794-1886년)다.

춘츠와 유대학

춘츠와 나폴레옹 후대에 함께한 그의 친구들은 자기들의 연구를 유대학이라고 불렀다. 그들은 1819년에 의욕적으로 일을 시작했고 처음에는 비교적 성공을 거뒀다. 헤프헤프 폭동 직후의 일이었고, 근대적 사고를 가진 독일인조차도 유대인을 받아들이는 데 필요한 사상적 기반이 얼마나 허약한지 드러나던 때였다. 그들은 유대교의 특질을 근대적인 학문 연구 방법으로 연구하고 유대인이 가지고 있는 지식의 보편적인 가치를 알리기 위해 유대문화학술협회를 설립했다. 그리고 이 협회에서 유대교의 사고방식과 역사에 관해 강의하고 잡지를 발행했다. 유대인은 일찍이 문화 전반에 지대한 공헌을 했지만, 편협하고 종교적인 수구주의에 빠지고 말았다는 가설에서 유대학은 출발했다. 지금이야말로 유대의 학문이 다시 숨을 쉬도록 회복하지 않으면 안 된다. 임마누엘 볼프는 〈자이트쉬리프트〉 창간호에 유대인은 인류에게 공통의 과업을 수행하는 용감한 동지로서의 기개를 보여주지 않으면 안 된다고 썼다. "유대인은 유대인과 유대인의 원리를 과학적인 수준으로 끌어올리지 않으면 안 된다. … 언젠가 인류 전체를 단결시킬 끈이 있다면, 그것은 과학의 끈이며 순수 이성의 끈이다."[44]

매우 훌륭한 이야기였지만, 심각한 문제를 여럿 안고 있었다. 우선 현실적으로 1819년에 독일의 유대인은 해방을 아직 반밖에 맛보지 못했다. 세속적인 학문 연구를 하면서 유대인으로 살아가는 것은 어디까지 가능한 걸까? 유대문화학술협회 설립자 중 가장 열성적인 인물인 에두아르트 간스(1798-1839년)는 젊고 유능한 역사법학 강사였다. 베를린 대학에서 강사 자리를 얻었고 강의는 대성황이었다. 그러나 유대인이라는 이유로 학자로서 성공할 수 있는 길이 막혔다. 에두아르트 간스 외에도 비슷한 곤경에 처한 사람이 많았다. 순수 이성의 끈은 아직 없었고 유대교를 신봉한다는 이유로 치러야 할 희생이 너무나 컸다. 이 때문에 협회는 1824년 5월에 해산했다. 다음해에 간스는 기독교로 개종해서 교수직과 명성을 손에 넣었다. 저명한 몇몇 사람도 같은 길을 택했다. 이들의 계획을 처음부터 의심의 눈초리로 보고 있던 정통파 유대인들은 그럴 줄 알았다는 듯 점잖게 고개를 끄덕였다. 세속화의 끝은 신앙의 사멸이었다.

춘츠는 착실히 연구를 계속했다. 방대한 양의 유대 문학, 특히 미드라시와 전례시를 번역했다. 유대사에서 역사철학을 만들고 백과사전 집필에 기여했다. 자료를 조사하기 위해 주요 도서관을 모두 돌았다. 바티칸 도서관에서는 출입을 허락하지 않았다. 그러나 유대학을 연구하다보니 두 번째 문제, 즉 유대학은 유대교의 정신에 어긋나는 것이 아닌가하는 문제가 제기되었다. 춘츠가 정말 하고 싶은 작업은 백과전서로 유대인의 지적 역사를 집대성하는 것이었다. 그 과정에서 유대 문학을 세계의 다른 위대한 문학과 나란히 소개할 생각이었다. 춘츠는 유대인의 작품을 신학자로부터 해방시켜 역사적인 관점에서 바라보게 하고 싶었다.[45] 그런데 역사적 관점이란 무엇을 의미하는가? 그것은 유대 문학의 주요 테마인 유대인의 역사를 세계사의 일부로 받아들이는 것을 의미한다. 일반적인 독일 사람들과 마찬가지로 춘츠는 밑에서부터의 진보를 주장하는 헤겔파에 영향을 받았다. 그는 이 변증법적 사고를 유대교에도 적용시켰다.

춘츠에 따르면, 유대인의 역사에서 내적 정신과 외적 형태가 일치해서 세계사의 중심에 선 때는 한 번밖에 없다. 바로 고대 국가 시대다. 그후 유대인은 줄곧 다른 민족의 지배를 받았다. 유대인의 내적 역사는 사상의 역사가 되고 외적 역사는 오랜 박해의 역사가 되었다. 춘츠는 세계사에서 헤겔적 사고가 정점에 달하는 것은 최종적으로 모든 역사 발전이수렴하는 때라고 생각했고 그것을 메시아의 시대로 이해했다. 이때 탈무드나 이를 표방하는 모든 것은 무의미해질 것이다. 그렇게 되기까지 유대인은 새로운 역사 과학을 통해 메시아 시대를 이루는 데 공헌해왔음을증명해야 한다. 즉, 유대 사상에서 끌어낸 유산이 계몽된 인류의 공유 재산이 되었음을 보증해야 한다는 말이다.[46]

어떤 의미에서는 아주 매력적인 전망이었다. 그러나 그것은 유대교가 아니었다. (엄밀한 의미에서 경건하지 않은 유대인은 있을 수 없지만) 경건한 유대인은 종교 지식과 세속 지식이라는 두 가지 지식이 존재한다는 걸 인정하지 않는다. 지식은 하나뿐이다. 지식을 얻는 목적도 하나뿐이다. 하나님의 뜻을 정확히 분별하여 하나님을 따르기 위해 인간에게는 지식이 필요하다. 따라서 혼란스러운 독립 학문으로서의 유대학은 유대교에 반하는 것이다. 더 심각한 것은 유대학이 학문을 대하는 진정한 유대인의 태도와 정확히 반대되는 입장에 서 있다는 것이다. AD 4세기에 랍비 히야가 말한 것과 있다. "만일 율법을 준수할 생각이 없이 율법을 배우는 것이라면, 그런 자는 태어나지 않는 편이 좋았을 것이다."[47]

진정한 유대인은 유대인의 역사를 세계사의 일부라고 생각하지 않는다. 그들에게는 유대인의 역사야말로 진정한 역사다. 이스라엘 사람이 없었다면 세계가 존재하지 않았을 테니 이스라엘이 없으면 역사도 없다고 믿는다. 하나님은 많은 세계를 창조하시고 마음에 들지 않아 파괴하셨다. 하나님은 토라를 위해 지금 이 세계를 만드셨고 그것을 보고 기뻐하셨다. 그러나 하나님이 토라를 주셨을 때 이스라엘이 이를 거부했다면 (탈무드 학자는 실제로 그런 일이 일어날 뻔했다고 생각한다), 그 세계는 아무것도 없는 이전 상태로 되돌아갔을 것이다. 그러므로 두 번째 성전 파괴와 바르 코크바 반란의 실패는 단순한 유대 역사의 사건이 아니라 전체 역사의 사건이다. 타나임에 따르면 하나님은 다음과 같이 말씀하셨다. "내가 나의 집을 파괴하고, 나의 성전을 불태우며, 그들을 세계의 여러 민족 사이로 쫓아내게 만든 죄를 지은 이들에게 화가 있을지어다."[48] 유대인은 그때부터 역사 기록을 그만두었다. 기록해야 할 역사가 없다고 생각했기 때문이다. 역사는 멈춰버렸다. 메시아가 오면 역사는 다시 시작될 것이다. 그때가 되면 지금까지 일어났던 일은 즉시 잊힐 것이다. 랍비 나탄이 말한 것처럼 신부가 될 왕녀가 뱃길에서 폭풍을 만났더라도 신랑이 있는 왕국에 도착하고 나면 지난 일을 잊어버리는 법이니 말이다.

히르슈와 신정통주의

춘츠는 유대인의 역사와 학문을 전 세계의 자산으로 과학적 또는 학문적으로 제시함으로써 비유대 사회에 어느 정도 영향을 끼쳤다. 그러나 어쨌건 그것은 대다수 경건한 유대인과의 단절을 의미했다. 그래서 19세기 정통파 유대교의 가장 뛰어난 대변자인 랍비 삼손 라파엘 히르슈 (1808-1888년)에게 종교적인 측면에서 반박할 수 없는 신랄한 비판을 받았다. 프랑크푸르트에서 37년간 랍비로 활동한 함부르크 태생의 삼손 라파엘 히르슈는 반계몽주의자는 아니었다. 무엇보다 그는 아름다운 독일어를 사용했다. 젊은이들을 상대로 유대교 신앙을 설명한 《유대교에 관한 19통의 편지 *Nineteen Letters on Juadism*》를 1836년에 출간하여 큰 반향을 일으켰다. 세속 교육에 대해서는 아무런 이의를 제기하지 않았을 뿐더러 오히려 그 의의를 인정했기 때문이다.

삼손 라파엘 히르슈는 토라의 지식도 세속의 지식도 연구 대상으로 합당하다고 말한 랍비 가말리엘의 말을 종종 인용했다. 그는 이상적인 이스라엘 사람은 계율을 준수하는 계몽주의 유대인이라고 말했다.[49] 그럼에도 세속 지식을 이용하는 유대인과 유대교를 흡수한 세속 지식 사이에는 엄청난 간극이 있다. 이스라엘은 세속 공동체가 아니라 하나님의 공동체다. 유대인을 공동체로 다룬 학문은 모두 신학이고 필연적으로 그럴 수밖에 없다. 유대인의 행위와 그들에게 일어난 사건에 관한 역사는 세속 역사의 일부일 수 없다. 유대인의 역사는 하나님의 뜻을 분명히 드러내는 것이고 하나님의 계시이기 때문이다. 일반 문화와 유대 문화가 대립하는 것은 아니지만, 둘은 전혀 다르고 둘을 혼동하는 것은 유대교를 손상시키는 것과 다름없다. 만일 유대인의 역사를 세속 역사와 하나로 묶는다면 유대 역사의 신성함이 파괴될 것이고 역사의 주제인 살아 있는 사상을 죽이는 것이다. 신랄하고 설득력 있는 글에서 삼손 라파엘 히르슈는 그것이 어떤 의미인지 설명했다.

> 모세와 헤시오도스, 다윗과 사포, 드보라와 티르타이오스, 이사야와 호메로스, 델포이와 예루살렘, 피티아의 제단과 그룹의 지성소, 예언자와 신탁을 전하는 자, 시편과 만가. 지금 이것들은 한 상자 안에 평온하게 담겨 있으며 하나의 무덤에 평온하게 누워 있다. 허무한 과거 속에서 하나의 인류라는 동일한 기원과 동일한 중요성을 가지고 있다. 구름은 다 흩어졌다. 우리 조상의 눈물과 한숨은 이미 우리의 마음을 채우지 못한 채 도서관에 보관되어 있을 뿐이다. 조상의 심장에서 울려나온 따스한 고동은 우리 민족의 문학이 되었다. 그들의 뜨거운 숨결은 우리 서고의 먼지가 되었다. … 이처럼 지나가버린 영혼은 문학을 통해 오늘날 우리 세대로부터 충분히 감사를 받고 있는 것일까. 그들은 누구를 자기들의 진정한 후계자로 생각할까. 그들이 드리던 기도를 되풀이하면서도 그들의 이름을 망각해버린 사람들일까, 아니면 기도는 잊어버렸으면서 이름을 기억하고 있는 사람들일까.[50]

19세기 후반에 니체는 이 요점을 좀 더 확실하게 논증했다. 종교사를 과학적으로 연구할 수 있는 시점에 이르렀다면 종교는 이미 죽은 것이라고 니체는 말했다.

삼손 라파엘 히르슈의 비판 논리를 따른다면, 유대인은 계몽 시대 이전으로 돌아가야 한다. 늘 두 종류의 지식을 구별하지 않으면 안 된다. 세속의 지식은 일 또는 오락을 위한 것이고, 유대교의 지식은 진리를 이해하기 위한 것이다. 이것은 "천막 안에서는 유대인, 밖에서는 평범한 개인"이라 말한 고든의 이분법과 같은 것이다. 일반 사회의 일원으로 받아들여지길 원하는 유대인의 입장에서 이것은 치명적인 장벽이었다. 타협점을 찾는 건 정말 불가능한 것일까?

크로흐말, 그레츠, 유대 역사 서술

갈리시아 유대인으로 최초의 유대학 운동에 참여한 나흐만 크로흐말(1785-1840년)이 그 타협점을 찾기 위해 애썼다. 유대인의 지적 융화가 쉽게 이뤄질 것으로 생각하지는 않았다. 나흐만 크로흐말은 헤겔파였지만, 마이모니데스의 합리주의의 영향을 더 많이 받았다. 실제로 《당혹스러워 하는 자를 위한 지침》을 개정하려고 노력했다. 그러나 출판에 대해서는 소극적이었다. 결국 크로흐말이 수정한 원고는 춘츠가 완성하여 크로흐말이 죽은 후인 1851년에 출판했다. 크로흐말은 유대인 계몽주의자와 낡은 사상에 빠진 유대교 정통파 중 어느 쪽도 받아들일 수 없었다. 전자는 유대교를 무력화하고 후자는 유대교에 혐오감을 갖게 한다고 보았다. 19세기 상황에서 이 둘은 똑같이 사람들을 배교로 이끌었다.

문제는 어떤 유형의 유대인이건 유대 역사에 대한 감각이 없다는 데 있었다. 계몽주의자는 유대 역사는 어려서 배우는 것이고 성장하고 나면 세속적인 성인의 역사를 배우는 것이라고 생각했다. 한편, 정통파 유대인은 역사를 완전히 무시했다. 토라 안에는 앞도 뒤도 없다면서 말이다. 그래서 크로흐말은 유대인의 역사철학을 만들자고 제안했다. 나중에 마르크스가 한 것처럼 헤겔의 역사 발전 이론을 채택했지만, 그 속에 함몰되지 않고 유대식으로 바꾸었다. 크로흐말은 유대사를 세 개의 주기로 나눈다. 첫째는 성장, 둘째는 원숙, 셋째는 쇠퇴와 붕괴다. 유대인의 역사를 이렇게 구분한 것은 "분열과 파괴의 시대가 끝날 때 우리가 어떻게 새로운 정신과 생명으로 소생했는지, 우리가 쓰러질 때 어떻게 다시 일어서고 용기를 얻었는지" 보여주고 "우리 주 하나님이 우리를 버리지 않으신 것"을 보여주기 위해서였다.

이는 분명히 단순한 세속 역사와는 다르다. 그러나 또 한편으로 이 사상은 역사를 운명의 수레바퀴로 본 고리타분한 중세시대의 사상이나 20세기 중엽에 아널드 토인비가 널리 알린 성장과 쇠퇴의 주기에 관한 사상과 별반 다를 것이 없다. 그러나 크로흐말은 여기에 한 가지를 첨가함으로써 헤겔파의 사조를 받아들였다. 즉, 이 모든 주기를 통해 인간의 의식이 계속 상승한다는 것이다. 바꾸어 말하면, 순수한 자연 상태에서 그 근원으로부터 출발해서 순수한 정신과 인간의 의식이 하나 되는 방향으로 변천한다는 것이다. 모든 민족의 역사는 이러한 변천을 어느 정도 보여주지만, 다른 민족의 역사가 일시적인 것인 데 비해 유대인의 역사는 영원하다. 유대인은 하나님이라는 절대 정신과 특별한 관계를 맺고 있기 때문이다. 따라서 유대교의 역사는 진정한 의미에서 의식 교육의 역사로 여기에는 처음과 과정과 끝이 있다.[51]

불행하게도 크로흐말의 역사철학은 정통파 유대인을 만족시키지 못했다. 애매한 은유적 의미로 생각하지 않는 한 메시아 시대를 그 도식에 끼워 맞출 수 없었고 실제로 그렇게 하지 않았기 때문이다. 크로흐말의 연구는 비유대인의 흥미도 끌지 못했다. 그러다 하인리히 그레츠(1817-

1891년)가 등장함으로써 유대인은 마침내 역사가를 배출했다. 그것도 아주 대량으로 말이다. 계몽주의 유대인만 그들의 저작을 읽고 받아들인 것이 아니라 비유대인 역시 그들의 저작을 읽고 받아들였다. 1856년부터 1876년까지 그레츠는 19세기에 저술된 역사서 중 기념비적인 작품인 11권짜리 《유대인의 역사 *History of the Jews*》를 출간했다. 이 책은 여러 형태로 요약되고 여러 언어로 번역되어 전 세계에 출판되었다. 오늘날에 도 상당히 중요한 자료로 남아 있다. 구조적으로 볼 때 이 작품은 세속적이라기보다는 유대교적이다. 주로 토라와 토라 연구의 입장에서 유대인의 역사를 기록했기 때문이다. 더불어 그레츠가 제시한 역사의 원동력은 종교적인 힘이다.

그레츠는 유대인은 다른 민족과 다르다는 단호한 입장을 취했다. 유대인은 정치적으로나 종교적으로 매우 독특한 유기체의 일부이며 그 혼은 토라이고 그 육체는 성지라고 주장했다. 전형적인 유대인은 세계사에서 중추적이고 역동적인 역할을 한다. 4권 첫머리에서 그레츠는 역사적이고 신성한 숙명을 짊어진 유대인의 모습을 멋지게 묘사했다. "한편에서는 노예가 된 유다가 방랑자의 지팡이를 손에 들고, 나그네의 배낭을 메고, 어두운 얼굴을 들어 하늘을 본다. 지하 감옥의 벽과 고문 도구와 시뻘겋게 달군 인두가 주변에 널려 있다. 그러나 또 한편에서는 같은 인물이 서재에서 거룩한 모습으로 전 세계 온갖 언어로 기록한 방대한 문헌에 둘러싸여 무언가를 찾고 있다. … 그는 사유가라는 긍지를 가진 노예다."[53]

그레츠는 수많은 언어로 된 방대한 자료를 활용했지만, 유대인에 관한 이상은 제2 이사야서, 특별히 고난의 종에 뿌리를 두고 있다. 유대인은 항상 인류의 구원을 위해 종교의 측면에서나 도덕의 측면에서나 강력하고 생산적으로 공헌했다. 유대교는 하나님의 섭리를 통해 스스로를 창조했다. 이 점에서 어떤 종교와도 다르다. 번득이는 그 불꽃이 기독교에 불을 붙였고 그 씨앗이 이슬람이라는 열매를 맺었다. 스콜라 철학과 프로테스탄트 정신은 모두 유대교에서 통찰력을 얻었다는 것이 그의 주장이다.[54] 유대인의 운명은 계속 이어질 것이다. 그레츠는 메시아를 인간이 아닌 집단으로 생각했다. 유대인은 메시아적 민족이라는 것이다. 헤겔처럼 그레츠는 완전한 국가라는 개념을 주장했고 유대인의 마지막 사명은 종교적인 국가 체제를 준비하는 것이고 여기에서 황금시대가 시작된다고 보았다.

사실 이 정도의 간략한 요약으로는 그레츠의 사상을 온전히 보여줄 수 없다. 그러나 그의 사상을 제대로 보여주기는 쉽지 않다. 세계의 여러 문제를 해결하는 유대인의 방식에 대해 논하는 경우 문제를 해결하려는 열의가 얼마나 강한지에 따라 유대인이 공헌하는 수준이 크게 달라지기 때문이다. 그레츠의 저작에는 유대인이 실제로 세계를 지도한다고 생각하는 듯한 대목이 있는가 하면, 단순히 도덕적인 본을 보이는 것으로 그치는 대목도 있다. 그러나 어떤 경우든지 유대인을 뛰어난 민족으로 그리고 있다. 시온주의자는 아니지만, 아주 특이한 민족주의자였다. 유대인의 주장을 제시할 때에는 디즈레일리처럼 비현실적인 역설을 동원해 사람을 끌어들이는 대신 같은 유대인이라도 지나치게 공격적이라고 느낄 만한 어투를 썼다. 비유대인, 특히 독일인이라면 불쾌감을 느끼지 않을 수 없는 어조였다. 그레츠의 저작은 유대사 연구에서 매우 중요한 위치를 차지하지만, 정작 유대교와 세속 세계를 잇는 문제에 대해서는 아무 해답을 제시하지 않았다. 역사로서는 유용했지만, 철학으로서는 결국 누구에게도 받아들여지지 않았다. 그를 불쾌하게 생각한 사람은 비단 독일의 민족주의자만이 아니었다.

그레츠는 유대교의 신비주의에 대해 거의 알지 못했던 것 같다. 카발라와 하시드 운동에 대해서는 무시로 일관했다. 동시대의 하스칼라 연구자에 대해서는 시대에 뒤떨어진 폴란드의 탈무드 학자로 치부했다. 이디시어를 우스꽝스럽게 생각했고 그 때문에 동유럽에 사는 대다수 유대인에게 현실적인 메시지를 전하지 못했다. 그레츠는 삼손 라파엘 히르슈의 문하생으로 출발해서 청년 시절인 1836년에 《유대교에 관한 19통의 편지》를 읽고 구원을 받았다고 한다. 자신의 신앙이 본질적으로 유대적이라고 이해했지만, 삼손 라파엘 히르슈는 그레츠의 저작이 피상적이고 터무니없다고 일축했다. 그렇다면 그를 반긴 사람은 아무도 없었던 것일까? 아마도 그랬던 것 같다.

가이거와 개혁파 유대교

유대 문화를 세속 문화와 어떻게 관련시킬지 만족스러운 해법을 찾지 못해도 유대교인의 신앙생활을 근대 세계와 조화시키는 것이 가능할까? 이런 의문을 해결하려는 시도도 있었다. 개혁파라고 불리는 유대교 일파는 해방과 계몽 운동의 효과가 유대인 사회에서 처음으로 충분히 감지된 1810년대의 소산이다. 유대교와 이방 세계 사이에 새로운 관계를 구축하려 한 다른 시도들과 마찬가지로 이 운동은 주로 독일에서 시작되었다. 첫 번째 시도는 1810년에 제젠에서 있었다. 이어 1815년에는 베를린에, 1818년에는 함부르크에 개혁파 유대교 회당이 문을 열었다. 이런 일련의 사건은 프로테스탄트가 승리를 구가하는 시대적 배경에서 나왔다. 프로테스탄트 국가가 곳곳에서 성공을 거두는 듯했다. 프로테스탄트 세력이 우세한 프로이센은 독일 역사에서도 가장 강력하고 뛰어난 국가로 성장하고 있었다. 같은 프로테스탄트의 나라 영국은 최초의 공업 국가가 되어 나폴레옹을 굴복시키고 전 세계에서 일찍이 볼 수 없었던 풍요로운 산업 제국이 되었다. 역시 프로테스탄트의 나라인 미국은 서구세계의 신흥 강국으로 떠올랐다. 프로테스탄트 신앙이 들어서는 곳마다 번영을 누린다. 그렇다면 이 현상은 하나님의 은혜가 임한 증거가 아닐까? 적어도 종교사회학적 측면에서 중요한 교훈이 되지 않을까? 가톨릭을 신봉하는 나라, 특히 프랑스의 정치저술가들은 프로테스탄트 세력이 세계를 지배할지 모른다는 두려움과 가톨릭이 사회에서 가장 효과적인 프로테스탄트의 특성을 받아들여야 하는 것 아니냐는 불안을 드러냈다.

그렇다면 받아들여야 할 특성은 과연 무엇일까? 우선 밖으로 드러나는 예배에 주목했다. 프로테스탄트의 예배는 대개 엄숙한 편이지만, 품위 있고 간소해 보였다. 특히 그 나라의 언어로 예배를 드리고 설교자가 설교를 충분히 준비하고 강단에 서는 것이 인상적이었다. 이에 비해 가톨릭에서는 향과 등불, 양초, 특이한 예복, 성유와 성상, 이해하는 사람이 거의 없는 의식용 언어 등 중세시대의 고리타분하고 골치 아픈 종교성을 그대로 유지하고 있었다. 이 모든 것을 바꿀 필요가 있다는 주장이 제기되었다.

그러나 중앙집권적이고 엄격한 통제 아래 있는 가톨릭교회에서는 이런 개혁 요구를 거들떠보지도 않았다. 게다가 전통적인 가톨릭 방식을 강력히 옹호하는 자들도 있었다. 1802년에 《그리스도교의 정수 *Le Genie du Christianisme*》를 써서 새로운 가톨릭 인민주의의 기초를 세운 프랑수아 샤토브리앙이 대표적이다. 프로테스탄트의 최후 거점인 영국에서도 가톨릭의 전통을 강조하고 국교회의 권위를 회복하려는 옥스퍼드 운동이 일어났다. 사실 가톨릭이 다수를 차지하는 나라에서는 프로테스탄트에 열등감을 느끼거나 괴로워할 필요가 없었다. 그래서 변혁은 150년이나 늦어졌고 1960년대에 이르러서야 로마 교회의 혼란이 표면화되었다.

독일 같이 진보한 국가에 사는 유대인에게는 이와는 다른 문제가 있었다. 계몽주의 유대인은 유대교의 전통 제의를 부끄럽게 여겼다. 과거에 대한 지독한 중압감에 눌려 있다고, 내용이 지적이지 못하다고, 정통파 유대인이 기도하는 방식이 시끄럽고 품위 없다고 생각했다. 프로테스탄트 국가에서는 기독교인이 회당을 방문하는 일이 유행했고 회당을 방문한 기독교인은 유대인을 보고 경멸하는 마음과 애처로움을 동시에 느꼈다. 그래서 개혁파는 유대교 제의에서 우스꽝스러워 보이는 오점을 우선 제거하려 했다. 종교적으로 적절한 정신 상태를 만든다는 목표 아래 계몽과 헌신이라는 슬로건을 내걸고 기독교식 설교를 도입했다. 교사이자 데사우 공동체의 서기관으로 멘델스존의 열렬한 지지자였던 요제프 볼프(1762-1826년)는 독일 최고의 프로테스탄트 설교자를 모델로 삼았다. 새로운 것을 빠르게 습득하는 능력이 탁월한 유대인답게 프로테스탄트 설교 방식을 금세 익혔다. 이윽고 베를린 회당에서의 설교는 오히려 프로테스탄트 목사가 찾아와 배울 정도로 수준이 높아졌다. 그렇게 해서 프로테스탄트와 개혁파 유대교는 서로 조언을 주고받았다.[55] 독일 프로테스탄트의 또 하나의 특징인 오르간 음악도 도입해서 회당에서 유럽 양식의 합창곡도 불렀다.

유대문화학술협회가 설립된 1819년에 함부르크 회당은 새로운 기도서를 도입했다. 이로써 심미적인 변화를 꾀하던 초기의 움직임은 좀 더 근본적인 변화로 이어졌다. 거추장스럽다는 이유로 제의 방식을 폐기할 수 있다면, 우스꽝스럽고 불편한 교의를 폐기하지 말라는 법이 어디 있는가. 그리하여 메시아에 대한 언급이 사라지고 성지로의 귀환에 대한 이야기도 꼬리를 감췄다. 이렇게 한 이유는 루터의 개혁 정신으로 유대교를 정화하고 다시 활성화하기 위해서였다.[56] 그러나 유감스럽게도 루터의 종교개혁과 계몽주의 유대인의 개혁 운동 사이에는 중요한 차이가 있다. 루터는 남이 하는 일을 흘금대거나 흉내 내지 않았다. "나는 달리 행동할 수 없다"라고 말했듯 루터는 좋건 나쁘건 자기 내면의 강력한 충동을 있는 그대로 드러냈다. 루터는 유례를 찾기 힘든 독창적인 사람이었고, 명확한 교리와 특별한 예배 양식으로 독창적인 기독교를 제시했다. 반면에 계몽주의 유대인은 신념 때문이 아니라 사회의 시선을 의식하는 마음과 품격을 높이고 싶다는 욕망에 따라 움직였다. 종교적이라기보다는 세속적인 생각이었다. 오귀스트 콩트의 실증주의부터 에스페란토에 이르기까지 19세기에 있었던 여러 이상주의적인 시도와 마찬가지로 충분히 의미는 있지만, 지극히 인위적인 변화였다.

만일 이 운동이 동유럽의 하시드 운동이 다양하게 고안해낸 기발한 양식을 하나라도 만들어냈다면 상황이 달라졌을지도 모른다. 그러나 개혁파 유대교는 자기들의 루터를 막연히 기다리고 있었다. 가장 적합한 인물은 랍비 아브라함 가이거(1810-1874년)였다. 가이거는 브레슬라우, 프랑크푸르트, 베를린에서 계속해서 개혁 운동을 이끌었다.[57] 열정적이고 경건하고 학식과 분별력을 갖춘 인물이었는데, 아마도 지나치게 현명했던 모양이다. 그에게는 종교 혁명에 필요한 오만한 배짱과 파괴도 마다하지 않는 의지가 부족했다. 가이거는 1836년에 쓴 편지에서 유대교의 제도를 모두 폐지하고 새로운 기반 위에 다시 구축할 필요가 있다고 말했다. 그러나 그것이 실현 가능하다고 생각하지는 않았다. 히브리어로 기도하는 것에 반대하면서도 그것을 없애는 조치는 취하지 않았다. 할례를 유혈이 따르는 야만 행위라고 생각하면서도 할례 폐지에는 반대했다. 안식일에 금지하는 몇 가지 사항은 해제해야 한다고 인정하면서도 안식일의 원칙을 완전히 버리고 기독교의 일요일을 채택하지는 않았다. 시온으로의 귀환을 다룬 성경 본문과 역사적 맥락에서 시대에 뒤떨어져 보이는 몇 부분을 생략하기는 했지만, 모세 율법의 원칙을 완전히 포기하지는 못했다. 가이거는 방대하게 축적된 유대교 신앙에서 보편적인 종교 요소를 추출해내려 했다. 그의 생각대로라면 그것은 전 세계에 흩어져 있는 유대인의 연대를 더 이상 당연하게 받아들이지 않는다는 의미다. 그래서 그는 다마스쿠스에서 발생한 잔학 행위에 항의할 때에도 적극적으로 나서지 않았다. 그러나 학식 있는 많은 유대인이 그러하듯 가이거는 나이가 듦에 따라 전통적인 유대교에 매료되었고 결국에는 변혁에 대한 열의마저 잃어버렸다.

만일 개혁파가 신앙과 실천에 관한 교의를 명확히 정립하고 고수했다면, 더 큰 영향을 끼쳤을지도 모른다. 그러나 신앙의 마지막 귀착점을 발견하는 데 실패한 인물은 비단 가이거만이 아니다. 가이거 외에도 다양한 개혁가가 있었다. 폴란드 포즈나뉴 출신으로 베를린에서 새로운 개혁파의 지도자로 생애를 마친 랍비 사무엘 홀트하임(1806-1860년)은 온건파로 출발했다. 처음에는 단순히 토라 낭송을 그만두길 바라는 정도였다가 점차 급진파로 변신했다. 가이거는 점진적 계시를 믿었다. 유대교의 의식은 하나님의 뜻이 계시될 때마다 주기적으로 바뀌어야 한다고 생각했다. 이에 대해 홀트하임은 회당도 유대교의 제의도 즉시 폐지하고 탈무드도 대부분 버려야 한다고 생각했다. "탈무드의 시대에는 탈무드가 옳았다. 우리 시대에는 우리가 옳다." 그는 유대인이 인류 공동체의 일원이 되는 것을 전통적인 유대교가 방해한다고 생각했다. 개혁파 입장에서는 유대인이 인류 공동체의 일원이 되는 때가 곧 메시아의 시대였다. 따라서 홀트하임은 할례를 받지 않은 자라도 유대인일 수 있다고 주장했고 안식일을 엄격히 지키는 것보다 직업상의 의무를 다하는 것이 더 중요하다고 생각했다. 베를린에서 유대교 제의를 근본적으로 바꾸었을 뿐 아니라 마지막에 가서는 제의를 일요일에 거행했다. 그래서 홀트하임이 죽은 후 그를 랍비의 묘지에 매장해도 되는지를 놓고 대소동이 벌어졌다.

가이거의 개혁 운동에 대안을 제시한 것은 홀트하임만이 아니다. 프랑크푸르트에서는 할례에 반대하는 집단이 등장했다. 런던에서는 성경은 하나님의 저작으로 인정하고 받아들여도 탈무드는 인간의 저작이라며 거부했다. 개혁 운동이 해외로 퍼져나가면서 점차 많은 유파가 나타났다. 어떤 그룹은 정통파 유대인과 관계를 유지했고 어떤 그룹은 완전히 관계를 끊었다. 랍비들의 회의가 열렸지만, 별 효과가 없었다. 새로운 기도서를 간행할 때마다 새로운 논쟁이 벌어졌다. 어떤 개혁파는 학식 있는 수많은 유대인에게 신앙심을 표현하는 적절한 방식을 제시하는 데 성공했다. 영국에서는 비교적 전통 유대교의 성향이 강한 개혁파뿐 아니라 조금 과격한 자유주의 집단도 등장해 자리를 잡았다. 나중에 살펴볼 테지만 미국에서는 보수적인 개혁파부터 진보적인 개혁파까지 주요 세력으로 자리를 잡았고 미국 개혁파 유대교는 유대인 세계를 떠받치는 세 기둥 중 하나가 되었다.

그러나 개혁파 유대교는 유대학과 마찬가지로 유대인 문제를 해결하지 못했다. 개혁파는 소수자를 대변하는 데 그칠 뿐 유대인을 사회 표준에 맞추어주지 못했다. 어떤 형태로든 유대교와 관련은 맺고 있지만, 일반 사회에 도전할 정도로 신앙이 강하지는 않고 그저 하나님을 경외하는 마음을 가지고 있는 정도의 유대인에게 개혁파 유대교는 기독교로 개종하고 사회에 완전히 동화되는 대신에 선택하는 대안에 지나지 않았다. 1840년대 말에는 계몽된 독일에서조차도 개혁파가 유대교를 대신하지 못한다는 게 확실해졌다. 19세기 말엽에는 몇몇 나라에서 개혁파의 명맥을 잇기 위해 제도적인 지원을 받긴 했지만, 창조적인 힘은 이미 다 소진된 상태였다. 전통주의자인 작가 존 레이먼은 1905년에 이렇게 썼다. "오늘날 새로운 혁신을 주장하는 그룹 안에는 썰렁한 분위기가 감돈다.

유대교 개혁을 숙원 사업으로 여기고 전심전력을 다하며 자신을 작은 루터나 츠빙글리, 칼뱅이라 여기던 사람들이 한때 있었다는 것을 상상하기 어려울 정도다."[58]

루차토와 히브리어의 길

유대교를 버리지 않고 근대 세계에 제대로 참여하고 싶어 하던 유대인이 실제로 활용 가능한 신앙 고백문을 만들지 못한 이유 중 하나는 언어 선택 문제를 합의하지 못했기 때문이다. 후보는 셋이었다. 하나는 오래되고 거룩한 언어인 히브리어, 또 하나는 각 국가에서 사용하는 언어, 나머지 하나는 거의 모든 유대인이 실제로 쓰고 있는 이디시어였다. 또는 이세 언어를 모두 조합하는 것도 가능했을지 모른다. 유대 계몽주의자인 하스칼라는 히브리어의 부활을 열망했다. 실제로 히브리어로 하스칼라는 이해와 이성을 의미한다. 계몽주의자는 진리의 원천을 계시가 아니라 이성에서 찾는다는 것을 보여주기 위해 그 단어를 썼다. 교육 문헌을 히브리어로 고쳐 써서 히브리어 문헌을 출판했다. 그러나 그들의 계획은 힘을 받지 못했다. 우선 계몽주의자 중에 히브리어로 글을 쓸 수 있는 사람이 극소수였다. 하스칼라 지도자였던 멘델스존도 히브리어를 거의 쓸 줄 몰랐다. 계몽주의자는 자신을 표현하는 언어로 히브리어를 선택한 것이 아니다. 그런 목적이라면 독일어가 훨씬 나았다. 종교적인 이유로 히브리어를 존중한 것도 아니다. 그들이 히브리어의 부활을 바란 이유는 히브리어가 유럽 기독교 세계의 문화유산인 라틴어나 그리스어에 필적할 만한 유대인의 자랑스러운 지적 유산이라 여겼기 때문이다.

바야흐로 근대 언어 연구의 여명이 밝아오는 시대였다. 유럽 곳곳에서 전문가들이 문법을 종합하고 방언을 기록 언어로 포용하면서 문법 규칙과 구문론을 정리했다. 이렇게 해서 지역 방언이었던 핀란드어, 헝가리어, 루마니아어, 아일랜드어, 바스크어, 카탈로니아어가 근대어의 지위를 얻었다. 마스킬은 히브리어도 이런 과정을 거쳐 근대어로 승격되길 바랐다. 논리적으로 보면 유대인이 실제 쓰고 있는 이디시어를 채택하는 것이 옳았다. 그러나 마스킬은 이디시어를 공식 언어로 채택하는 것에 질색했다. 그들은 이디시어가 게토와 구제 불능의 유대교, 빈곤과 무지, 미신, 악덕을 보여주는 언어라고 생각했다. 이디시어를 과학적으로 연구할 필요가 있는 사람은 도둑의 은어를 알아야 하는 경찰뿐이라고 말할 정도였다.

그래서 마스킬은 히브리어를 부활시켰다. 그러나 히브리어로 무엇을 기록해야 할지는 알지 못했다. 그들이 세운 가장 거대한 계획은 히브리어와 독일어를 혼용해서 성경을 소개하는 것이었다. 이 계획은 꽤 성공해서 수만 명의 유대인, 특히 일반 학교에 다닌 경험이 없는 구세대 유대인이 독일어 문어체를 배우는 데 열중했다. 그러나 이것은 히브리어에 실이 되면 되었지 득이 되지 않았다. 독일어로 된 문헌을 읽고 세속 문화를 받아들이자 히브리어에 대한 흥미는 줄어들거나 아예 사라져버렸고, 많은 사람이 결국 유대교 신앙까지 잃어버렸다. 신앙을 지키는 사람들마저도 제의 때나 기도서 낭독에 히브리어를 사용할 필요가 없다는 걸 알게 되자 곧 독일어를 사용하기 시작했다.

그래도 문학 쪽에서는 히브리어로 기록하는 전통이 조금 남아 있었다. 그러나 마스킬은 이념적인 이유로 그것마저 불쾌하게 생각했다. 마이모니데스처럼 위대한 학자는 아랍어를 썼다. 그러나 이슬람이 지배하는 스페인에서도 히브리어로 기록하는 관습은 이어져왔고 르네상스 시대 이탈리아에서 다시 고개를 들었다. 17세기에 이탈리아에 살던 일부 유대인은 아름다운 히브리어를 사용했다. 이 전통 아래서 모세 하임 루차토(1707-1746년)라는 천재가 나왔다. 루차토는 파도바에서 가장 유서 깊고 가장 유명한 이탈리아계 유대인 집안 출신이다. 신동 소리를 들으며 최고의 교사 밑에서 공부했고 파도바 대학을 졸업했다. 유대교의 학문 전반은 물론이고 세속의 과학, 고전, 근대 이탈리아어까지 배웠다.

루차토는 품격 있는 학술체로 난해한 글을 저술하는 재능이 특별했는데, 동시에 복잡한 것을 일반 대중에게 단순하고 쉽게 설명하는 능력도 뛰어났다. 고대어든 근대어든 온갖 언어로 자기 생각을 표현할 수 있었다. 저서 중 하나는 아람어로 썼다. 아람어는 원래 조하르를 기록하기 위해 사용한 언어다. 평소에는 히브리어를 사용했다. 친구들을 위해 상당히 많은 히브리어 시를 지었다. 그중에는 지금 남아 있지 않은 종교시도 있고 세속적인 시도 있다. 히브리어로 시극詩劇도 세 편이나 썼다. 그러나 가장 주목할 작품은 윤리관을 다룬 《정의의 길 Mesbillat Yesbarim》이다. 18세기 말부터 19세기를 통틀어 동유럽 유대 세계에서 가장 영향력이 큰 히브리어 책이자 가장 많이 읽힌 책이다.[59] 그렇다면 루차토야말로 히브리어 부활을 이끌 이상적인 선구자가 아니었을까? 독일의 계몽주의 유대인에게는 그렇지 않았다. 그들에게 루차토는 자기들이 거부하고 폐기하고 싶어 했던 것을 상징하는 인물이었다. 루차토는 카발라주의자이자 신비주의자였기 때문이다. 어쩌면 숨어 있는 샤베타이파나 그와 유사한 부류였는지도 모른다. 스스로 인정했듯이 루차토는 가자의 나탄이 쓴 위험할 정도로 매혹적인 책을 즐겨 읽었다. 나탄의 책은 한 번만 비합리적인 비약을 하고 나면 무엇이든지 다 설명할 수 있다는 걸 보여주었다. 루차토는 위험한 생각에 손을 대어보고 싶어 하는 영리한 젊은이들을 파도바에 그러모았다. 이에 베네치아의 랍비들이 루차토의 집을 조사해서 마법을 행한 증거물을 찾아냈다. 논쟁에 휘말리지 않으려고 암스테르담으로 갔지만, 카발라의 실천을 금지하는 것은 그곳도 마찬가지였다. 마지막으로 성지로 향했지만, 아코에서 전염병에 걸렸다.[60]

모세라는 이름을 가진 루차토는 십보라라는 소녀와 결혼했다. 아마도 자기가 모세의 환생이고 아내는 십보라의 환생이라고 생각했던 것 같다. 동방의 많은 유대인이 그에게 동조하거나 그를 성인으로 간주했다. 그러나 독일의 계몽주의 유대인은 이런 일을 용납할 수 없었다. 개인적인 주장은 무시한다 하더라도 그가 제시한 윤리관은 마스킬이 받아들일 수 있는 내용이 아니었다. 《정의의 길》과 또 하나의 책 《분별력 있는 지식 *Da' at Tevunot*》에서 루차토는 세상을 향한 하나님의 계획, 유대인의 역할, 언약과 디아스포라에 관한 역사를 훌륭하게 개괄했다. 오늘날 유대인이 세상에 존재하는 이유가 무엇인지, 유대인의 정당성을 증명하기 위해 무엇을 해야 할지 명확히 제시했다. 인생의 목적에 관한 생각이 실로 확고했고 타협의 여지가 없었다.

이 세상에서 인간의 존재 목적은 계명을 지키고 하나님을 경배하고 유혹을 물리치는 데 있다. 마음을 다해 인간의 의무를 다하도록 도움을 주는 마음의 만족과 평화 이상으로 세상의 행복에 의미를 부여해서는 안 된다. 창조주(그를 송축하라)에게 헌신하는 데 모든 관심을 쏟고, 하나님(그를 송축하라)에게 가까이 가는 것과 인간을 주관자에게서 떼어놓는 장애물을 모두 타파하는 것에 모든 행동의 초점을 맞춰야 한다. 크든 작든 다른 목적이 있어서는 안 된다.[61]

루차토는 히브리어로 글을 쓰면서 엄격하고 일관된 철학을 제시했다. 그 철학은 수백만 명의 유대인을 감동시키고 오늘날까지도 유대교의 전통 안에 살아 숨 쉬고 있다. 그러나 계몽주의자에게 그것은 하나님의 저주였다. 게토를 탈출한 유대인을 근대 세계로 인도하고 근대 세계에서 당당하고 명예로운 지위를 얻도록 격려하기는커녕 정반대의 목적을 위해 히브리어를 사용했기 때문이다. 루차토는 유대인에게 돌이켜 경건한 유대인이 늘 그래왔던 것처럼 하나님을 바라보라고 촉구했다. 이런 살아 있는 히브리어 전통이 계몽주의자의 계획과 맞을 리 없었다. 이처럼 독일어와 히브리어를 함께 사용한다는 계획은 실패하고 말았다. 유대인은 독일어를 배우면서 독일 사회에 동화되었다. 마스킬은 히브리어가 신비적인 메시아 사상과 더불어 자기들이 가장 혐오하던 시온주의의 도구가 되어 유대인의 삶에 다시 파고들 것을 전혀 예견하지 못했다.

이디시어라는 대안

얄궂게도 19세기에 가장 크게, 또 가장 자연스럽게 발달한 유대인의 언어는 이디시어다. 독일어를 구사하는 것을 계몽주의자의 증표처럼 여기던 마스킬은 유감스럽게도 이디시어에 대해 아는 것이 거의 없었다. 이디시어는 그저 범죄자의 은어나 망가진 독일어의 일종이라 여겼다. 그런가 하면 경건한 유대인은 이디시어가 신학성도 역사성도 없는 일시적인 언어라고 생각했다. 메시아의 시대가 이르러 역사가 다시 움직이기 시작하면 유대인은 다시 토라의 언어인 히브리어를 쓰게 될 것이라고 보았다. 어쨌든 제의와 학문은 물론이고 자치 조직 운영 등 중요한 분야에서 히브리어를 사용하고 있었다. 그러나 일시적인 언어로 치부하기에는 이디시어가 몇몇 유럽 언어만큼이나 오래된 언어였다.

이디시어는 프랑스와 이탈리아의 유대인이 독일어를 사용하는 로트링겐에서 살 때 그 지역에서 쓰는 독일어 방언에서 발전시킨 언어다. 1250년부터 1500년까지 사용하던 고대 이디시어는 독일어를 쓰는 유대인과 쿠나니크라는 방언을 쓰는 슬라브족 유대인이 접촉했다는 사실을 보여준다. 이어 1500년부터 1700년까지 200년 동안 중세 이디시어가 출현해 점차 슬라브어 방언으로 변화했다. 그리고 18세기에 근대 이디시어가 등장했다. 동유럽의 여러 도시에 흩어져 있던 유대인 사이에 이디시어 신문과 잡지가 쏟아져나오고 이디시어로 저술한 일반 서적의 거래가 활발해져서 이디시어 문어체 정리를 위해 1810년에 체르노프치에서 세계 이디시어 회의가 열릴 정도였다. 동유럽 유대인 인구가 증가하면서 더 많은 사람이 이디시어로 말하고 읽고 글을 썼다. 1930년대 말에는 이디시어가 약 1,100만 명의 제1 언어가 되었다.

이디시어는 풍부하고 살아 있는 언어이자 도시 주민이 실제로 쓰는 언어였다. 그러나 처음부터 한계가 있었다. 이디시어에는 새와 짐승을 표현하는 단어가 거의 없다. 사실상 군사 용어도 없다. 이런 결함은 독일어, 폴란드어, 러시아어 단어로 보충되었다. 이디시어는 다른 언어를 차용하는 것을 장기로 삼았다. 아랍어가 되었든 히브리어가 되었든 차용할 수 있는 언어는 모두 차용했다. 한편으로는 이디시어 단어가 히브리어와 영어에 녹아들기도 했다. 이디시어는 인간의 성격과 감정을 묘사하는 데 탁월한 강점을 가지고 있다.[62] 이디시어는 사회 약자의 언어다. 통속적인 지혜와 유머, 강렬한 역설, 미신과 뒤엉킨 비애감, 체념, 고통을 표현하는 언어다. 이디시어를 가장 잘 구사한 아이작 바셰비스 싱어는 강자들이 사용한 적이 없는 유일한 언어가 이디시어라고 지적했다.

이디시어는 많은 유대인이 실제로 사용하는 살아 있는 언어였기에 활기를 찾은 유대 민족에게 가장 자연스러운 언어였다. 19세기 후반에는 이디시어로 이야기, 시, 희곡, 소설 같은 주요 작품이 쏟아져나왔다. 그러나 이디시어가 정해진 운명을 다할 수 없었던 데에는 많은 이유가 있다. 우선 역할 자체가 모순투성이었다. 랍비들은 대부분 이디시어를 여자의 언어라고 생각했다. 다시 말해 히브리어를 공부할 만큼 현명하지 않고 교양도 없는 자의 언어로 간주했다. 그런가 하면 독일의 마스킬은 이디시어 사용이 퇴보, 미신, 비합리주의를 조장한다는 이유로 이디시어를 정통파와 한 덩어리로 묶었다. 헝가리 유대인 사회에서는 일상생활에서는 그 지역 언어를 사용하고 종교 교육에는 이디시어를 사용했다. 그래서 유대인 소년들은 히브리어와 아람어로 된 본문을 이디시어로 번역해야 했다. 그리하여 이디시어를 순수한 정통파와 연관시켜 생각했다. 그러나 러시아 유대인 집단거주지와 오스트리아에 합병된 갈리치아에서는 이디시어가 세속 언어였다. 19세기 후반에는 동유럽의 거의 모든 유대인 공동체에서 무신론자와 과격파의 모임을 볼 수 있었는데, 그들이 반항심을 표출하는 언어가 이디시어였다. 그들은 자기들의 생각을 확증해주는 이디시어 책과 정기 간행물을 읽었다.

그러나 유대인 대다수가 이디시어를 사용하는 동유럽에서도 이디시어는 일반 사회에서 사용하는 유일한 언어가 되지 못했다. 정치적 과격파는 서서히 독일어와 러시아어를 사용하기 시작했다. 비정치적이고 세속적인 사람들은 보통 순수한 마스킬이 하는 것처럼 히브리어에 특별한 지위를 부여했다. 에밀 졸라와 귀스타브 플로베르, 기 드 모파상의 작품을 히브리어로 번역한 나훔 슬루쉬츠는 이렇게 말했다.

해방된 유대인은 히브리어 대신에 자기들을 받아준 나라의 언어를 사용했다. 랍비들은 종교적이지 않은 것은 무엇이든 의심했고 부유한 후원자들은 상류 사회에 들어가는 데 도움이 되지 않는 문학을 후원하려 하지 않았다. 반면에 멀리 떨어진 작은 지방 도시의 지성인인 마스킬, 멸시받기 일쑤고 유명하지도 않지만 목숨을 걸고 신념을 지키는 폴란드의 메하베르(저술가)는 온 마음과 힘을 다해 히브리어 문학의 전통을 자랑스럽게 지켰다. 그들만이 성경의 언어인 히브리어가 처음부터 짊어진 진정한 사명에 충실할 수 있었다.[63]

맞는 말이다. 그러나 그들 못지않게 용맹하고 감동적으로 자신의 목소리를 내고 유대인의 정신적 지주가 되었던 이디시어 작가도 많았다.

정리하자면, 19세기 초 유대인의 언어 상황과 미래는 혼란스러웠다. 여기에는 역사적이고 신앙적인 이유가 있다. 사실 언어적 혼란은 좀 더 광범위한 문화적 혼란의 단면에 불과했다. 그리고 문화적 혼란은 유대인 사이에 싹트고 있던 종교적 혼란에 원인이 있었다. 이 혼란을 한 문장으로 요약하면 다음과 같다. 과연 유대교는 삶의 일부인가, 아니면 전부인가? 만일 유대교가 삶의 일부에 불과하다면, 근대 문화와 타협이 가능하다. 그러나 그러면 유대인은 다수 사회에 매몰되고 말 것이다. 만일 유대교가 삶의 전부라면, 돌로 담을 쌓아 격리했던 게토를 지성의 게토로 대체하는 꼴이다. 그러면 또 많은 사람이 이 감옥으로부터 탈출하려 할 것이고 율법과는 영원히 단절될 것이다. 지금까지 살펴본 모든 타협안은 냉혹한 선택의 논리 앞에 무너지고 말았다.

19세기 전반부에 유대인이 이런 곤경에 처한 이유는 일치된 계획과 통일된 지도력이 부재했기 때문이다. 압제에 반발하여 일어선 다른 민족이 민족주의와 독립의 기치 아래 힘을 결집했던 반면, 유대인은 뚜렷한 목표가 없이 들고일어났다. 무엇에 맞서야 하는지는 알고 있었다. 우선, 마지못해 시민권을 쥐여주고 여전히 유대인에게 적의를 품고 있는 사회에 맞서야 했다. 그리고 게토 안에서 사람들의 숨통을 조이는 유대교에 맞서야 했다. 그러나 무엇을 위해 맞서야 하는지는 알지 못했다. 그럼에도 이제 막 시작된 유대인의 반항은 진지했다. 공통의 목표는 없었지만, 개개인은 만만치 않은 인물이었다. 그들이 뭉쳤다 하면 선이 되었건 악이 되었건 거대한 세력을 형성했다. 지금까지는 해방이라는 문제를 한쪽 측면에서만 살펴보았다. 게토에서 해방된 유대인이 어떻게 사회에 적응했는가 하는 문제다. 그러나 다른 측면도 중요하다. 유대인 사회는 해방된 유대인에게 어떻게 적응했는가 하는 문제 말이다.

아주 큰 문제였다. 1,500년간 유대인 사회는 지식인을 배출하는 환경을 조성했기 때문이다. 유대인은 토라를 주신 하나님을 섬기는 성직자 지식인이었다. 그들은 지식인의 특징을 모두 갖추고 있었다. 사람들을 희생시켜서라도 이념을 추구하는 성향, 끝없이 예리해진 비판 능력, 강한 창조력, 그리고 그에 못지않게 강한 파괴력을 갖추고 있었다. 유대인 사회는 이런 능력을 육성하는 구조를 가지고 있었다. 공동체의 랍비는 그 지역의 주主로 임명을 받고 모세의 영적 후손으로서 최고의 존경을 받았다. 그 지역 유대인의 이상형이자 카리스마를 지닌 현자였다. 난해한 자료를 흡수하고 연구하여 자신의 의견을 세상에 제시하며 인생을 보냈다. 그래서 그 지역 소수 유력자들이 경제적으로 후원해주길 기대했고 실제로 후원을 받았다.

서양의 복지 국가가 문화 조성 기금을 마련하기 몇 백 년 전부터 유대인은 유대 문화를 장려하기 위해 기금을 냈다. 유복한 상인은 현자의 딸과 결혼했다. 예쉬바에 다니는 뛰어난 학생은 학업을 계속하기 위해 부유한 집안에서 신붓감을 물색했다. 그리하여 현자와 상인이 함께 공동체를 운영하는 체제는 부를 집중시키는 대신 부를 재분배하는 역할을 했으며, 공동체 구성원에게 지식을 추구할 기회를 주어 많은 지성인을 배출했다. 그런데 이렇게 효율적으로 지식인을 배출하던 유대 사회가 1800

년경에 돌연 그 용도를 바꾸기 시작했다. 일반 사회로부터 완전히 격리된 랍비들의 연구에 모든 자원을 투자하는 대신 차츰 세속 생활에 자원을 투자하게 된 것이다. 이는 세계사에서 중요한 의미가 있는 사건이다.

세속적인 유대 지성인의 부상: 하이네와 유대인의 자기혐오

하인리히 하이네(1797-1856년)는 이런 새로운 현상을 대표하는 인물이다. 뒤셀도르프에서 상인의 아들로 태어난 하이네는 50년 전에만 태어났더라도 틀림없이 랍비나 탈무드 학자가 되었을 것이다. 그러나 불행인지 다행인지 혁명의 회오리바람이 끊이지 않는 시대에 태어났다. 열여섯 살이 될 때까지 태어난 고장을 떠나지 않았는데 국적이 여섯 번이나 바뀌는 경험을 했다. 하이네의 가족은 반쯤 해방된 유대인이었다. 어머니 피에라 반 겔데른은 아들이 세상에서 성공하길 열망했다. 나폴레옹의 군대가 마을로 진군했을 때는 아들이 궁정 대신이나 장군, 정치가나 장관이 되기를 기대했다. 그러다 프랑스군이 퇴각하자 억만장자 사업가가 되길 바랐다.[64] 어머니가 가톨릭 고등학교에 보낸 탓에 하이네는 유대식 교육을 거의 받지 못했다. 그래서 개인적이고, 종교적이고, 인종적이고, 민족적인 정체성을 형성할 기회가 없었다. 원래 이름은 하임이었지만, 소년 시절에는 해리로 불렸다. 나중에 하인리히라는 이름을 썼지만, H. 하이네라고 줄여 쓰기를 좋아했다.[65]

소년 시절에 하이네는 나폴레옹 시대의 산물인 베르크 대공국에서 살았기 때문에 자신은 프랑스인의 정신을 지니고 있다고 주장했다. 그러나 소년 시절에 그에게 가장 중요했던 책은 루터가 번역한 독일어 성경이었다. 1831년에 파리로 거처를 옮긴 뒤에는 두 번 짧게 방문한 것 외에 다시는 독일로 돌아가지 않았다. 그러나 자격 요건을 갖추고도 프랑스 시민권은 신청하지 않았다. 글은 모두 독일어로 썼다. 하이네는 독일인이 종종 악의에 차 있기는 하지만 지적으로 깊이가 있다고 생각했다. 반면에 프랑스인은 표피적인 삶을 산다고 생각했다. 프랑스인의 시를 가리켜 향수를 뿌려놓은 치즈덩어리라고 말하기도 했다.[66]

유대교에 대한 애매한 태도는 여러 책에 충분히 드러나 있다.[67] 하이네는 히브리어를 제대로 배우지 않았고 자기가 유대인이라는 사실을 혐오했다. "세 가지 사악한 질병이 있으니, 빈곤과 고통, 그리고 유대인이라는 사실"이라고 글을 쓸 정도였다. 1822년에 유대문화학술협회와 잠시 관계를 맺었지만 활동은 하지 않았다. 유대교를 믿지 않았고 되레 반인류적 세력으로 간주했다. 이듬해에는 이런 글을 썼다. "유대인의 권리와 사회적 평등을 위해 노력할 생각은 있다. 그런데 시대가 고약해서 독일인 군중도 내 목소리를 들을 것이다. 독일의 술집과 대저택에 내 이야기가 알려지는 걸 피할 수 없을 것이다. 그러나 태어날 때부터 실재하는 모든 종교를 혐오하는 나는 인간에게서 흠을 캐내어 끊임없이 고통을 안겨주는 저 종교를 옹호할 생각이 눈곱만큼도 없다."[68]

하이네는 탈무드의 유대교를 거부하듯 새로 등장한 개혁파 유대교 역시 경멸했다. 치료사를 자처하는 개혁파는 "살갗에 돋아난 종기를 치료한다며 피를 짜내고 합리주의라는 구멍이 숭숭 난 거미집 같은 붕대를 아무렇게나 가져다 붙인다. 이스라엘은 과다출혈로 죽고 말 것이다. … 우리에게는 더 이상 수염을 기르고 금식하고 증오하고 증오를 견뎌낼 힘이 없다. 이것이 개혁파가 행동하는 동기다. 개혁파는 프로테스탄트의 기독교를 유대교라는 회사로 바꾸어놓았다. 하나님의 어린양의 털로 **탈리트**를 만들고, 성령의 깃털로 조끼를 만들고, 그리스도의 사랑으로 속바지를 만들겠지만, 곧 도산하고 말 것이다. 그리고 그들의 후계자는 하나 님그리스도 주식회사로 불릴 것이다."**69**

하이네는 정통파든 개혁파든 모두 싫어했고 마스킬은 특히 더 혐오했다. 마스킬을 기독교로 개종하고 싶어 하는 출세주의자로 보았다. 멘델스존의 자녀 여섯 명 중에 네 명이 개종했다고 지적하기도 했다. 멘델스존의 딸 도로테아는 프리드리히 슐레겔과 재혼하여 보수 가톨릭교도가 되었다. 멘델스존의 손자 펠릭스는 기독교 음악계의 뛰어난 작곡가가 되었다. 멘델스존이 생전에 한 일 중에 가장 유대인다운 행동은 기독교인이 된 것이다, 라는 말은 하이네가 한 말이 아닌지도 모른다. 그러나 이런 말을 한 것만은 분명하다. "만약 내가 모제스 멘델스존의 손자로 태어나는 행운을 잡았다면, 아기양이 오줌 누는 소리를 음악으로 만드는 데 재능을 낭비하는 일은 없었을 것이다."**70** 에두아르트 간스가 기독교로 개종했을 때는 비열한 놈, 중죄와 반역죄를 범한 자라고 비난하면서 혁명의 대의를 배반한 반역자 버크보다 사악하다고 말했다. 그리고 기독교로 개종한 간스를 두고 〈배교자에게〉라는 신랄한 시를 썼다.

그러나 하이네 역시 불과 몇 달 전, 박사 학위를 취득한 지 사흘 만에 프로테스탄트가 되었다. 순전히 세속적인 이유에서였다. 1822년 8월에 제정된 법률에 따라 유대인은 국립대학에서 일자리를 얻을 수 없었다. 이 법률은 특히 간스를 겨냥한 것이었다. 10년 후에 하이네는 프로테스탄트로 개종한 자신을 변호하며 그것은 부정에 대한 항의였고 치열한 교회 투쟁에 뛰어든 과감한 열정이라고 설명했다. 그러나 말이 안 되는 소리다. 하이네는 프로테스탄트 정신이 종교적인 것이 아니라고 말했기 때문이다. "티치아노의 그림에 나오는 활짝 핀 육체, 이것이 프로테스탄트 정신의 전부다. 티치아노가 그린 비너스의 허리는 비텐베르크 교회 문짝에 독일 수도사가 붙인 논제보다 훨씬 더 근원적이다." 세례를 받고는 친구인 모제스 모저에게 이런 글을 썼다. "내가 세례를 받은 것을 호의적인 눈으로 보지 말아 주게. 장담하건대 만약 율법이 은수저를 훔치는 것을 허용했다면, 나는 이런 짓을 하지 않았을 것이네."[71] 하이네는 세례를 가리켜 유럽 문화에 들어가는 입장권이라고 칭했고, 이 말은 두고두고 회자되었다.[72]

자기도 똑같이 개종을 하고서 하이네는 왜 간스를 비난한 걸까? 만족할 만한 설명은 어디에서도 찾을 수 없다. 하이네는 파괴적인 감정으로 괴로워했는데, 해방이 되고 나서 배교한 유대인들 사이에 공통으로 나타나는 현상이었다. 그것은 특수한 형태의 자기혐오였다. 간스를 비난하면서 사실은 간스 안에 있는 자신을 공격했던 셈이다. 나중에 하이네는 세례를 받은 것을 후회한다는 말을 종종 했다. 물질적인 면에서 아무 이득이 없었다고 말이다. 그러나 자신이 유대인이라는 사실을 드러내려 하지는 않았다. 1835년에 하이네는 한 번도 회당에 발을 들인 적이 없다고 말했다.

하이네가 반유대주의 발언을 많이 한 이유는 유대인 특유의 자기혐오와 자기 안에 있는 유대인의 기질을 부인하고 싶은 욕구 때문이었다. 특히 로스차일드 가문을 표적으로 삼고 보수 열강에 자금을 조달했다고 비난했다. 그런 행위는 비난받아야 마땅하다는 것이 하이네의 입장이었다. 하이네가 가장 심한 공격을 퍼부은 상대는 파리에서 자기에게 친절을 베푼 제임스 데 로스차일드 남작과 그의 아내였다. 하이네는 로스차일드 남작의 요강에 절을 하는 주식 중개인을 보았다면서 그를 파리의 샤일록이라고 칭했다. "그곳에는 오직 하나의 신이 있을 뿐이다. 그 신은 바로 맘몬이다. 로스차일드는 맘몬의 예언자다." 로마 교황의 대사가 분기마다 어김없이 로스차일드 남작에게 대출 이자를 가져오지 않으면 안 되기 때문에 지난날 유대인의 방패막이었던 탈무드가 그곳에서는 더 이상 필요 없다고 냉소적으로 말하기도 했다. 그러면서도 후원은 계속 받았고 로스차일드 가문과 관계가 돈독하다고 자랑했다.[73]

하이네는 랍비 같은 학자가 아니라 세속의 지식인이면서 부유한 유대인이 후원해주길 기대했다. 아버지가 사업을 하다 완전히 망하는 바람에 혼자 힘으로는 아무 일도 할 수 없었다. 그래서 함부르크의 은행가로 유럽에서도 손꼽히는 부자인 삼촌 솔로몬 하이네에게 늘 의지했다. 수입이 많은데도 항상 돈이 모자랐다. 루이 필리프 정부로부터 연간 4,800프랑의 비밀 연금을 받기도 했다. 주로 삼촌 솔로몬을 괴롭히며 돈을 요구했다. 1836년에는 솔로몬에게 이런 편지를 쓰기도 했다. "저와 같은 성을 쓴다는 것이 삼촌에게는 최고의 영예 아닌가요." 솔로몬은 하이네가 하는 일을 시답지 않게 생각했고 "만약 그 아이가 무엇이든 배우기만 했다면, 책을 쓸 필요도 없었을 텐데…"라고 말했다. 솔로몬은 하이네를 **쉬노레르**와 비슷하게 생각했다. 그러나 고대의 전통을 충실히 지키기 위해 돈은 보내주었다. 1844년에 솔로몬은 하이네에게 유산을 남기면서 솔로몬과 그의 가족을 공격해선 안 된다는 단서를 달았다. 유산 액수가 기대에 미치지 못하자 하이네는 유언장을 놓고 솔로몬의 아들과 오래도록 다투었다.[74]

하이네의 놀라운 천재성 이면에는 이런 배경이 있다. 1820년대에 하이네는 바이런을 제치고 유럽에서 가장 칭송받는 시인이 되었다. 전환점이 된 책은 1827년에 발표한 《노래책 *Buch der Lieder*》이다. 여기에는 〈로렐라이〉, 〈노래의 날개 위에〉 같은 유명한 서정시가 수록되어 있다. 독일인은 하이네를 괴테 이후 가장 위대한 문학가로 여겼다. 파리에 있을 때 하이네는 유럽 문화의 영웅으로 환대를 받았다. 그가 쓴 산문은 시만큼이나 훌륭했고 인기도 많았다. 번뜩이는 재치로 여행기도 저술했다. 신문 문예란에 싣는 가벼운 에세이를 통해 프랑스 문학에 새로운 장르를 확립하기도 했다. 그러나 무엇보다 하이네는 격렬한 논쟁과 인신공격에 많은 에너지를 허비했다. 그런 식으로 자기혐오를 배출할 통로를 만들었고 상대방에 대한 공격이 얼마나 심하고 터무니없었는지 대개는 희생자에게 대중의 동정이 쏟아졌다. 그럼에도 하이네의 명성은 계속 퍼져나갔다. 척추에까지 성병이 침투하여 생애 마지막은 소파에 기대어 살 수밖에 없었다. 그럼에도 그가 마지막에 쓴 시들은 그 어떤 시보다 훌륭했다. 특히 하이네의 서정시는 독일의 새로운 가곡에 맞추어 완벽하게 개작되어 유럽과 북아메리카에 퍼져나갔고 슈베르트와 슈만 이후 대부분의 주요 작곡가들이 하이네의 시에 곡을 붙였다. 그 시대나 그 후나 하이네에게 매력을 느끼지 않은 독일인은 거의 없었다. 심지어 하이네 생전에 그의 작품이 교과서에도 실릴 정도였다.

그러나 또 많은 독일인은 유대인인 하이네가 독일어를 완벽히 이해한다는 사실을 인정하고 싶어 하지 않았다. 그래서 하이네가 깊이 있는 독일의 사상과는 반대되는 유대인의 천박함을 가지고 있다고 비난했다. 그러나 그런 비난을 계속할 수는 없었다. 너무나 명백한 거짓이었기 때문이다. 하이네의 작품은 게토에서 몇 세대에 걸쳐 비밀스럽게 배양된 극상품의 재능이 아주 강력한 유전자를 얻어 19세기 초 독일어를 통해 불쑥 발현된 것으로 이해할 수 있다. 유대인과 독일인은 특별한 지적 연관성을 가지고 있었다. 독일의 유대인은 유럽 문화에서 분명히 새로운 사건이었다. 독일의 반유대주의자는 하이네를 통해 극명히 드러난 이 현상을 견디기 힘들어했다. 하이네의 천재적인 재능을 부정할 도리는 없지만, 그 재능이 독일어로 발현되는 것까지 참아줄 수는 없었다. 독일 문학의 중심에 자리를 잡은 하이네의 존재는 이윽고 나치로 하여금 이유 없는 분노와 유치한 파괴 행위로 치닫게 했다. 그들은 하이네의 모든 책을 출간 금지시켰다. 그러나 명시 선집에 있는 시까지 삭제할 수는 없었다.

그래서 모든 학생이 뻔히 하이네의 작품인 줄 아는데도 작자미상이라는 문구를 달고 다시 인쇄했다. 한때 바이에른의 엘리자베트가 소장했던 하이네의 동상은 압류해서 사격 연습용 표적으로 사용했다. 1941년에는 히틀러의 명령으로 몽마르트 공동묘지에 있던 하이네의 무덤을 파괴했다. 그런다고 달라지는 건 없었다. 독일인은 40년간 독일 문학에서 하이네의 작품을 다른 누구의 작품보다 더 널리 더 활발하게 논의했다.

하이네의 작품은 그가 살아 있는 동안에도 메테르니히의 주장으로 판금된 적이 있다. 하이네가 유대인이어서가 아니라 파괴분자라는 이유 때문이었다. 여기에는 유대인과 관련된 또 하나의 역설이 자리하고 있다. 해방 이후 유대인은 기성 사회의 비위를 맞추며 사회에 진입해 사회를 지배하려 한다는 비난과 사회를 완전히 파괴하려 한다는 비난을 동시에 받았다. 이 양쪽의 고발은 어느 정도 사실이다. 하이네의 가족이 그 좋은 예다. 여섯 왕국과 황제로부터 여러 직함을 받은 로스차일드 가문 다음으로 하이네 가문은 유럽에서 가장 출세한 가문이다. 하이네의 둘째 동생인 구스타프는 남작의 작위를 받아 겔데른의 남작, 구스타프 하이네 폰 겔데른이 되었다. 셋째 동생 막시밀리안은 러시아 귀족과 결혼해 귀족 작위를 받아 폰 하이네가 되었다. 여동생의 아들은 배런 폰 엠브덴이 되었고 그녀의 딸은 이탈리아의 제후와 결혼했다. 하이네의 가까운 친척 중 한 사람은 뮈라 공작부인이 되었고, 또 다른 이는 모나코의 왕자와 결혼했다.[75] 그러나 하이네는 유럽 문학계에서 완전히 새로운 유형의 작가였다. 자신의 능력과 명성, 인기를 이용해서 기성 질서의 지적 자부심을 뿌리부터 흔들어놓은 과격한 유대계 문인이었다.

하이네가 평생 과격했다는 표현은 한정적으로 사용할 필요가 있다. 적어도 하이네는 정치적 진보론자와 자신과 같은 문학적 진보론자를 확실히 구별했으며 정치적 진보론자의 엄격한 기질을 싫어했다. 하이네는 그런 인물을 이렇게 비판했다. "당신들은 간소한 복장, 절도 있는 습관, 시대에 뒤떨어진 오락을 요구한다. 그런데 우리는 감미로운 술과 진미, 자줏빛 외투, 화려한 향기, 관능적 쾌락, 사치품, 아름다운 처녀들의 즐거운 춤, 음악과 희극을 요구한다."[76] 더구나 하이네는 나이를 먹을수록 보수적으로 변했다. 1841년에는 구스타프 콜프에게 이런 글을 썼다. "나는 프롤레타리아 통치의 잔혹함에 두려움을 느끼네. 너무 두려운 나머지 내가 보수주의자가 되어가고 있다는 것을 자네에게 고백하네." 고질병 때문에 매트리스무덤이라고 부르던 침대에 누워 지낼 수밖에 없게 되면서 하이네는 유대교로 귀의했다. 1850년에는 이런 말로 자신을 합리화했다. "나는 내가 유대교를 신봉한다는 사실을 감추려 하지 않았으며 유대교로 되돌아가지도 않았다. 나는 유대교를 떠난 적이 없기 때문이다."

가장 위대한 시 모음집인 1851년의 《로만체로 *Romanzero*》와 1854년의 《시문집 *Vermischte Schriften*》은 종교적 주제를 다루기도 하고 유대적 사고를 보여주기도 했다. 이전의 뛰어난 유대인들과 마찬가지로 건강하고 힘이 있을 때는 그리스 사상을 탐구하는 지적 모험을 누리다 나이가 들고 고통이 찾아오자 고유의 신앙으로 돌아간 것이다. 하이네는 친구에게 다음과 같은 편지를 보냈다. "나는 이제 더 이상 침울한 기독교인을 내려다보며 미소 짓는 건강한 그리스 사람이 아니라네. 이제 죽을병에 걸린 유대인, 고통으로 여윈 불행한 사내라네." 다른 편지에서도 이렇게 말했다. "무신론 철학에 신물이 나서 보통 사람들의 겸손한 신앙으로 돌아온 것이네."[77]

그러면서도 하이네는 압도적으로 과격한 인물로 분류되었고 거의 그런 인물상에 들어맞았다. 수세대에 걸쳐 유럽의 지식인은 하이네의 인생과 작품을 자유를 향한 시로 받아들였다. 특히 유대인에게 하이네는 인류 진보의 실화로서 프랑스의 진보적 전통을 대표하는 인물이었다. 인류의 진보야말로 우수한 젊은 남녀가 각 시대에 이루어야 할 목표였다. 다음과 같은 글을 썼을 때 하이네는 자신의 신앙을 거의 공개적으로 표현했다고 할 수 있다.

자유는 새로운 종교, 즉 우리 시대의 종교다. 그리스도는 이 새로운 종교의 신이 아닐지는 몰라도 고위 성직자이기는 하다. 그리고 그의 이름은 사도들의 마음속에 기쁨으로 빛나고 있다. 프랑스인은 새로운 종교를 위해 선택된 백성이요 그들의 언어는 최초의 복음과 교의를 기록하고 있다. 파리는 새로운 예루살렘이고 라인 강은 팔레스타인 땅과 거룩한 자유의 땅을 구분하는 요르단 강이다.

한때 하이네는 생시몽의 제자가 되었다고 생각했다. 하이네에게는 히피적인 구석이 있다. 생시몽의 격언을 인용해 이런 글을 쓰기도 했다."꽃이나 나이팅게일은 혁명의 편이다. 미래는 우리의 것이다." 하이네는 특정한 혁명적 사회주의 이론에 가담한 적이 없다. 그러나 파리에서 사회주의 이론을 만들려고 노력하는 인물들과 교류한 것은 사실이다. 그들 중에는 유대인 출신이 심심찮게 있었다.

—

마르크스와 유대인의 반유대주의

그중 한 사람이 카를 마르크스였다. 마르크스는 1843년에 파리에 왔다. 쾰른의 급진적인 신문 〈라인 신문〉의 기자였다. 이 신문은 유대인 사회주의자 모제스 헤스(1812-1875년)의 도움으로 1842년에 창설했으나 15개월

만에 프로이센 정부에 의해 발매 금지를 당했다. 이 때문에 마르크스는 헤스와 함께 파리에 망명을 온 것이다. 그러나 두 사람에게는 공통점이 거의 없었다. 헤스는 진정한 유대인이었다. 과격한 성향은 유대인의 민족주의 형태를 띠었고 마지막에는 시온주의로 흘렀다. 마르크스는 이와 반대로 유대식 교육을 받은 적이 없고 받으려 하지도 않았다. 파리에서 그는 하이네와 친구가 되었다. 두 사람은 함께 시를 썼다. 하이네는 갓난아기였던 마르크스의 딸 제니가 경련을 일으켰을 때 목숨을 구해주기도 했다. 두 사람이 교환한 편지가 몇 통 남아 있는데, 아마 실제로는 훨씬 많은 편지를 주고받았을 것이다.[78]

하이네가 종교를 정신적 아편이라 비웃자 마르크스는 이를 변주해 민중의 아편이라 말했다. 1960년대 독일 학계에서는 하이네가 세례 요한이고 마르크스가 그리스도라고 하는 소리가 유행했는데, 가당치도 않은 말이다. 두 사람은 기질적으로 너무나 다른 인물이다. 아르놀트 루게에 따르면 마르크스는 하이네에게 이렇게 말했다. "사랑에 관한 한없는 탄식은 그만 집어치우고 어찌해야 할지를 서정시로 써주세요. 이왕이면 통렬한 채찍의 일격도 덧붙여서 말입니다."[79] 그러나 그것이야말로 하이네가 두려워하던 것이었다. 하이네는 이렇게 썼다. "[사회주의자의] 미래에서 가죽 채찍과 피, 무자비와 응징의 냄새가 난다. 이런 흉악한 우상파괴주의자가 힘을 갖게 될 때를 생각하면 나는 불안과 공포에 싸일 뿐이다. 완고한 나의 친구 마르크스는 하나님을 믿지 않고 자신을 신이라고 생각하는 인간이다." 그리하여 하이네는 마르크스와 인연을 끊었다.

두 사람에게 가장 큰 공통점은 극단적인 증오였다. 두 사람은 이 증오심을 적을 향해서뿐 아니라 친구와 은인을 향해서도 악의에 찬 공격으로 표출했다. 이는 배교한 유대인들 사이에 공통적으로 나타나는 일종의 자기혐오다. 마르크스는 하이네보다 훨씬 극단적이어서 유대교를 삶에서 몰아내려 했다. 하이네가 1840년에 있었던 다마스쿠스 사건 때문에 매우 당혹스러워했던 것과 달리 마르크스는 유대인이 당한 온갖 부당 행위에 어떠한 관심도 드러내지 않으려 했다.[80] 그러나 이처럼 유대교를 무시했지만, 유대적 소양을 지니고 있었던 것만은 틀림없다. 하이네나 다른 이들과 마찬가지로 마르크스의 사상은 헤겔의 영향을 강하게 받았다. 그러나 역사를 철권통치와 무신론자의 토라로 통치되는 인간 사회의 긍정적인 역동성으로 바라보는 그의 역사관은 기본적으로 유대적이었다. 마르크스가 생각한 공산주의자의 천년왕국은 유대교의 묵시 사상과 메시아 사상에 깊이 뿌리박고 있다. 그가 생각해낸 지배란 학자 지도 체제에 의한 지배였다. 혁명을 통제하는 세력은 원문을 숙독해서 공부하고 역사의 법칙을 이해하는 엘리트 지식 계층이다. 그들이 마르크스가 말하는 관리 기구, 즉 간부를 구성한다. 자산이 없는 프롤레타리아는 단순한 수단이고 복종하는 것만이 그들의 의무다. 서기관 에스라와 마찬가지로 마르크스는 프롤레타리아를 법을 모르는 사람들, 단순한 그 땅의 거민으로밖에 보지 않았다.

마르크스는 연구방법론에서도 랍비의 특징을 보인다. 마르크스가 내린 결론은 주로 책에서 끌어낸 것이다. 한 번도 공장에 발을 들인 적이 없다. 공장에 데려가겠다는 엥겔스의 제의도 거절했을 정도다. 빌나의 가온처럼 마르크스는 책 속에 갇혀서 서재에서 만물의 신비를 풀어헤쳤다. "나는 책을 탐독하도록 선고된 기계다"라고 말한 그대로다.[81] 마르크스는 자신의 저작이 과학적이라고 평했지만, 사실 신학과 다름없이 과학적이지 않았다. 종교적인 기질을 가진 인간으로 객관적이고 경험적인 연구를 하는 데에는 아주 무능했다. 그의 연구는 이미 도달한 결론을 논증하기 위해 적당한 자료를 닥치는 대로 조사하는 것에 지나지 않았다. 그가 끌어낸 결론은 랍비와 카발라주의자의 결론과 마찬가지로 독단적이었다. 카를 야스퍼스가 마르크스의 방법론에 대해 다음과 같이 정확히 요약한 바 있다.

> 마르크스의 저술 양식은 연구자의 방식이 아니다. … 그는 자신의 이론에 반대되는 예를 인용하거나 모순되는 사실을 제시하지 않고, 자신이 궁극적인 진리라고 생각하는 것을 명확하게 지지하거나 확증해주는 내용만 제시한다. 그런 연구는 해명이지 연구가 아니다. 그것은 과학자가 아니라 신앙인의 신념에 비추어 완전한 진리로 선언된 것을 정당화하는 것에 지나지 않는다.[82]

과시용 증거 자료를 빼고 보면 역사와 계급, 생산이 기능하고 발전하는 방식에 관한 마르크스의 이론은 메시아 시대를 다루는 루리아의 카발라 이론과 본질적으로 다르지 않다. 특히 아무리 까다로운 상황에도 적용할 수 있다는 점에서 가자의 나탄이 수정한 카발라 이론과 다를 것이 없다. 요컨대 마르크스의 이론은 과학적인 이론이 아니라 그럴싸한 유대인의 미신에 불과하다. 또 한 가지, 마르크스는 돈에 관한 태도에서도 랍비와 다를 것이 없었다. 마르크스는 자신이 연구를 계속할 수 있도록 누군가 재정 지원을 해주길 기대했다. 처음에는 가족에게, 나중에는 실업가였던 엥겔스에게 그런 후원을 기대했다. **쉬노레르**처럼 무턱대고 돈을 요구하는 여러 통의 편지가 이를 증명해준다.

그러나 학식 있는 랍비들의 경우처럼 학문에는 끝이 없었다. 《자본론 *Das Kapital*》1권을 출간한 뒤 마르크스는 틀을 잡지 못해 혼란스럽기 짝이 없는 상태로 논문을 방치하고 말았다. 이를 그러모아 엥겔스가 2권과 3권을 마무리한 것이다. 그래서 역사의 법칙에 관한 장대한 해설은 혼미한 가운데 끝나버리고 만다. 메시아가 와서 토지를 빼앗은 이들로부터 토지를 몰수할 때 무슨 일이 일어나는가? 마르크스는 대답할 수 없었다. 거기에 대해 알지 못했기 때문이다. 그럼에도 마르크스는 1849년, 1850년 8월, 1951년, 1852년, 1852년 11월에서 1853년 2월 사이, 1854년, 1857년, 1858년, 1859년에 메시아 혁명이 일어날 것이라고 예언했다.[83] 마르크스가 만년에 한 일은 가자의 나탄과 마찬가지로 왜 혁명이 일어나지 않는지 설명하는 것이 대부분이었다.

마르크스는 단순한 유대인 사상가가 아니다. 사실 그는 반유대주의 사상가다. 바로 그 안에 역설이 있다. 그 역설은 마르크스주의자의 발달사와 소련에서의 성공, 그리고 그 결과에 중요하고도 비극적인 영향을 미쳤다. 마르크스의 반유대주의는 점점 깊어졌다. 우리는 이미 볼테르 같은 계몽주의 작가의 저작에 나타난 반유대적 논쟁을 살펴보았다. 이 전통은 두 가지 흐름으로 이어졌다. 하나는 독일 이상주의 흐름이다. 이 흐름은 요한 볼프강 폰 괴테, 요한 고틀리프 피히테, 게오르크 빌헬름 프리드리히 헤겔, 브루노 바우어로 이어졌다. 이들에게서는 반유대적 요소가 현저히 나타났다. 다른 하나는 프랑스의 사회주의 흐름이다. 이 흐름은 19세기의 시작을 알린 산업혁명과 상업 확대와 유물론이 유대인과 관련이 있다고 보았다. 1808년에 출판한 책에서 프랑수아 마리 샤를 푸리에는 상업을 모든 악의 근원으로 보고 유대인을 상업의 화신으로 규정했다.[84] 프랑스 사회주의자 피에르 조제프 프루동은 한걸음 더 나아가 유대인이 유럽 전역에 지위 고하를 막론하고 자기들과 비슷한 부르주아를 만들어왔다고 비난했다. 유대인은 "반사회적인 민족이며 완고하고 극악무도한… 인류의 적이다. 우리는 이 민족을 아시아로 돌려보내거나 멸종시켜야 한다."[85] 반유대주의 잡지 〈팔랑주〉를 발행한 푸리에의 추종자 알퐁스 투스넬은 인류를 상대로 상업적 음모를 꾸미는 자들이 유대인이라면서 1845년에 "유대인: 시대의 일인자, 금융 자본 지배 세력의 역사"라는 글을 통해 전면 공격을 단행했다. 이 글은 이후 수십 년간 여러 언어로 번역되어 반유대주의 문학의 원전이 되었다.

마르크스는 두 가지 흐름을 모두 흡수하고 그 혼탁한 물에 번민의 감정까지 섞었다. 사학자 로버트 위스트리치는 혁명적 유대인에 대해 논하면서 일부 유대인이 보여준 자기혐오는 사회 소수인 탓에 자신의 능력을 제대로 발휘하여 재능에 걸맞은 지위와 명성을 얻을 수 없었던 명석한 인물들이 품고 있던 분노를 반영하는 것으로 보았다. 프랑스와 독일의 계몽주의 사상가는 한결같이 유대인이 자유로워지기 전에 유대교의 못마땅한 특성을 제거해야 한다고 주장했다. 사회에서 차별받던 유대인은 그들의 주장을 받아들임으로써 자기들과 완고한 유대인을 모두 박해하던 이들보다 변절하지 않은 유대인에게 더 자주 분노를 드러냈던 것이다.[86]

이런 자기혐오는 특히 게토의 유대인에게 집중적으로 쏟아졌다. 대부분의 유대인이 실제로 어떻게 사는지 거의 알지 못했던 하이네는 자기혐오에 빠질 때마다 널리 알려진 반유대주의의 진부한 표현을 총동원했다. 하이네보다도 아는 것이 없었던 마르크스는 비유대인 학생들이 모인 카페에서 반유대주의 욕설을 하기도 했다. 그들은 자기들처럼 학식을 갖추고 세례를 받은 유대인, 특히 동료 진보주의자들을 호되게 비판하기 위해 게토의 풍자 예술을 이용했다. 하이네는 루트비히 뵈르네(1786-1837년)에게 이해할 수 없는 지독한 비난을 퍼부었다. 뵈르네의 원래 이름은 주다 뢰브 바루흐이며 프랑크푸르트암마에서 태어나 기독교로 개종한 유대 급진주의 작가로 자라난 배경이나 사상이 하이네와 비슷했다.[87] 마르크스도 하이네에게서 이런 방식을 배운 것 같다.[88] 자신이 유대인이라는 사실을 감추려고 애쓰는 한편, 유대인을 공격할 때는 그들이 유대인이라는 사실을 감추지 못하고 있다고 공격했다. 런던의 〈데일리 텔레그라프〉

의 소유주로서 기독교로 개종한 조지프 모세스 레비에게는 "어째서 앵글로색슨 인종으로 인정받으려 하는가? … 어머니인 자연이 얼굴 한복판에 큰 글자로 출신성분을 적어놓았는데 말이다"라고 힐난했다.[89]

그러나 마르크스가 자기혐오를 가장 극렬히 드러낸 인물은 동료 사회주의자 페르디난트 라살레(1825-1864년)였다. 브레슬라우 출신의 유대인인 그는 프랑스 혁명의 영웅을 기념해 이름을 라살에서 라살레로 개명하고 대중 운동으로 독일 사회주의의 주창자가 되었다. 사실 이 부분에서는 라살레가 마르크스보다 공로가 크다. 그럼에도, 아니 어쩌면 바로 그 때문에 마르크스는 엥겔스에게 보낸 편지에서 라살레를 지독하게 매도했다. 마르크스는 라살레를 이치히 남작(유대인을 모욕할 때 쓰던 용어) 또는 유대인 니그로라고 불렀다. 라살레가 폴란드계 유대인이라고 생각한 마르크스는 폴란드계 유대인은 모든 인종 중에서 가장 너절하다고 비난했다.[90]

1856년 3월 7일에 엥겔스는 마르크스에게 다음과 같은 편지를 보냈다. "[라살레]는 슬라브 접경 출신의 진정한 유대인이며 언제나 사적인 목적을 위해 정당의 업무를 이용하려 하지. 귀족 사회에 끼고 싶어서 안달하는 것을 보면 정말 구역질이 난다니까. 그는 포마드 기름과 번쩍이는 보석으로 치장한 불결한 유대인이야."[91] 마르크스는 라살레의 유대인 기질을 공격하고 매독에 걸린 것을 조롱할 때 구태의연한 반유대적 중상모략을 동원하면서 양심의 가책을 전혀 받지 않았다. 그는 엥겔스에게 1861년 5월 10일에 다음과 같은 편지를 보냈다. "라살레, 즉 나사로에 관하여. 렙시우스는 이집트에 관한 위대한 연구에서 유대인의 출애굽은 마네토가 이야기한 바와 같이 이집트에서 문둥병 환자들을 추방한 사건에 지나지 않는다는 것을 증명했네. 이 문둥병 환자들의 우두머리가 이집트인 제사장 모세였지. 문둥병 환자인 나사로는 유대인의 원형이고,

그러니 라살레는 전형적인 문둥이야."[92] 이듬해인 1862년 7월 30일에는 이런 편지를 보냈다. "그가 이집트에서 탈출한 모세의 대열에 합류했던 검둥이의 후예라는 것을 두상과 머리털을 보면 확실히 알 수 있지. 그게 아니면 어머니의 할머니나 아버지의 할머니가 검둥이 사이에서 난 혼혈이겠지. 흑인종에서 나온 유대인과 독일인의 결합은 괴상망측한 잡종을 낳기 마련이거든."[93]

그러나 마르크스가 하이네와 큰 차이를 보이는 부분이 있다. 마르크스의 사적인 반유대주의는 실제로 불쾌한 것이었지만, 그것이 그의 필생의 작업에 끼친 영향은 하이네의 경우보다는 적었다. 물론 그의 사적인 반유대주의가 조직적이고 이론적인 반유대주의의 일부가 아니라고 볼 때 그렇다는 말이다. 마르크스는 하이네와 달리 조직적이고 이론적인 반유대주의를 마음에 품고 있었다. 실제로 마르크스의 공산주의 이론은 그의 이론적인 반유대주의의 최종 산물이라고 해도 과언이 아니다.

스피노자는 유대교에 대한 비판이 세상에 관한 급진적 결론에 이르게 된다는 것을 최초로 보여주었다. 프랑스의 계몽주의자는 스피노자의 행동을 답습했다. 비록 유대교에 대한 그들의 입장은 훨씬 더 적대적이고 인종적인 색깔을 보였지만 말이다. 과격한 독일 저술가 사이에서는 유대인 문제를 해결하는 것이 인류의 문제를 해결하는 열쇠가 될 것이라는 견해가 많았다. 이것은 1820년대와 1830년대에 심하게 공박을 당한 루트비히 뵈르네가 사회주의로 나아가게 된 이유다.[94] 1843년에 헤겔주의 좌파의 반유대주의 지도자였던 브루노 바우어는 유대인에게 유대교를 완전히 버리고, 종교와 국가를 향해 유대인의 평등한 권리를 요구하기보다는 인류를 해방하는 일반 운동으로 나아가라고 요구하는 소론을 출판했다.[95]

바우어의 주장에 답하면서 마르크스는 디즈레일리가 《탄크레드》를 출판한 1844년에 《독일 프랑스 연감 *Deutsch-Francosische Jahrbucher*》에 두 편의 논문을 게재했다. 논문에는 "유대인 문제에 부쳐"라는 제목을 붙였다.[96] 마르크스는 바우어의 논쟁에 나오는 잔혹한 반유대적 내용을 완전히 수용했다. 그 논쟁에 대해 마르크스는 다음과 같이 언급했다. "그 논의는 힘차고 적절한 언어로 쓰여 있고 대담하고 날카롭고 기지가 번득이고 철저하다." 그는 바우어의 허락을 얻어 "유대인은 전체〔오스트리아〕제국의 운명을 자기들의 재력으로 결정하며… 유럽의 운명을 결정하고 있다"는 과장된 주장을 인용했다. 차이점이 있다면 유대인의 반사회적 성격이 종교에서 시작되었고, 유대인을 유대교로부터 격리함으로써 반사회성을 치유할 수 있다는 바우어의 견해를 거부했다는 점이다.

마르크스의 견해에 따르면, 그 악은 사회적이고 경제적인 악이다. 그는 "실제 유대인을 연구해보자. 안식일의 유대인이 아닌… 일상생활 속의 유대인을 말이다"라고 기술했다. 그는 묻는다. "유대교의 현실적인 기초는 무엇인가? 실제적인 욕구, 즉 사리사욕이다. 유대인의 세속적인 제의는 무엇인가? 악독한 행상이다. 그들의 세속적인 신은 무엇인가? 돈다."[97] 마르크스는 유대인이 이 실천적인 종교를 모조리 사회에 전하고 있다고 보았다. 돈은 이스라엘의 질투하는 신이다. 돈 외에 다른 신은 존재하지 않는다. 돈은 인류의 모든 신을 깎아내리고 그 신들을 상품으로 변화시킨다. 돈이란 사물이 지닌 자기충족적 가치다. 그러므로 돈은 전 세계로부터, 즉 인간 세계와 자연 세계로부터 고유하고도 적절한 가치를 박탈해왔다. 돈이란 인간의 노동과 실존으로부터 소외된 실재다. 이 실재는 인간을 지배하고 인간은 그 실재를 숭배한다. 유대인의 신은 세속화되었고 이 세상의 신이 되었다.[98]

마르크스는 계속해서 주장한다. 유대인은 기독교인을 자기들의 복제품으로 만들고 있는 중이다. 그 결과 한때 철두철미했던 뉴잉글랜드의 기독교인이 이제는 탐욕의 신인 맘몬의 노예가 되었다. 유대인은 재력을 사용해 자신을 해방시키고 계속해서 기독교인을 노예로 만들고 있다. 유대인에 의해 타락한 기독교인은 이웃보다 더 부유해지는 것 외에 다른 길은 없다고 확신하고 있으며 세상은 주식 거래소가 되었다. 정치적 권리에 대한 이론의 부재와 유대인의 효과적인 정치력 사이의 모순은 정치학과 일반적 의미에서의 재력 사이의 모순을 말하는 것이라고 마르크스는 주장했다. 정치권력이 돈보다 앞선다고 생각하지만, 사실상 정치권력은 돈의 노예가 되었다. 그러므로 시민 사회는 내부에서부터 부단히 유대인을 양산하고 있는 것이다.[99]

이렇게 마르크스의 해결책은 바우어의 해결책과 달리 종교적이지 않고 경제적이다. 돈과 유대인은 보편적인 반사회적 요소라고 보았다. 유대인을 무능하게 만들기 위해 유대인이 악명을 떨치고 있는 경제적 행위의 전제 조건과 가능성을 아예 없애야 한다는 것이다. 일단 경제적 틀이 바뀌면 유대인의 종교적 의식은 실제적이며 생명을 주는 사회 여건 속에서 무미건조한 망상처럼 사라지게 되리라고 보았다. "돈을 대하는 유대인의 태도를 파괴하라. 그러면 유대인과 그들의 종교, 그리고 그것이 세계에 준 타락한 형태의 기독교는 쉽게 사라질 것이다. 마지막 단계의 유대인 해방은 유대교로부터 인류를 해방하는 것이다. 행상과 돈으로부터 해방되면 우리의 시대는 실제적이고 실리적인 유대교로부터 해방될 수 있다."[100]

유대인에 관한 마르크스의 두 논문은 초기 형태이기는 하나 인간 갱생에 관한 이론의 정수를 담고 있다. 경제적 변화를 통해, 특히 사유 재산과 돈에 대한 사적 추구를 거부함으로써 유대인과 사회의 관계뿐 아니라 모든 인간관계, 나아가 인간의 인성 자체를 변화시킬 수 있다는 논리다. 그가 견지한 반유대주의는 소위 마르크스주의를 위한 마지막 예행연습이었다. 19세기 후반에 독일 사회민주당의 아우구스트 베벨은 "반유대주의는 바보들의 사회주의다"라는 말을 만들어냈고 레닌은 이 말을 자주 이용했다. 이 말의 배후에는 다음과 같은 유치한 논리가 자리 잡고 있다. "우리 모두는 손에 물 한 방울 묻히지 않는 유대인 자본가가 가난한 노동자와 농민을 착취하고 있다는 사실을 알고 있다. 그렇다고 유대인만 비난하는 자들은 어리석은 자들이다."

성숙한 사람들, 즉 사회주의자들은 유대인이 질병의 한 징후일 뿐 질병 자체가 아니라는 점을 파악하고 있다. 그 질병은 돈의 종교이고 이 종교의 근대 형태가 자본주의다. 노동자와 농민은 유대인뿐 아니라 전체 부르주아, 즉 자본가 계급에 착취당하고 있다. 따라서 유대인이라는 요소뿐 아니라 계급 전체를 타파해야 한다. 이런 점에서 1840년대 후반에 마르크스가 채택한 호전적 사회주의는 그의 초기 반유대주의가 확장되고 변형된 형태임을 알 수 있다. 그의 원숙한 이론은 미신이고, 그것도 악의 음모를 믿는다는 가장 위험한 종류의 미신이다. 그것은 본래 음모론 중에서도 가장 오래된 반유대주의에 뿌리를 둔 것이다. 마르크스는 1840년대 말부터 1850년대에 이르기까지 이 음모론을 포기하기는커녕 오히려 확대하면서 부르주아 계급 전체에 대한 세계적인 음모론을 포섭하기에 이른다. 마르크스는 무역을 통한 부와 재원의 창출이 본질적으로 기생적이며 반사회적 행위라는 처음의 미신을 잊지 않았고, 이제는 그것을 민족이나 종교의 기반이 아니라 계급의 기반 위에 둔 것이다. 물론 그러한 확장이 이론의 유용성을 증진시키지는 않았다. 이론을 실천에 옮길 때의 위험성을 높였을 뿐이다. 표적의 범위를 넓혀서 음모 가담자로 간주되는 사람과 희생자 수를 늘려놓았기 때문이다.

마르크스는 더 이상 특정 유대인에 관한 마녀 사냥에 관심을 두지 않았다. 이제 그의 관심은 일반화된 인류의 마녀에게로 옮겨갔다. 그 이론은 여전히 비합리적이었으나 더 세련된 외양을 갖추었고 학식을 갖춘 급진주의자에게는 아주 매력적인 이론이 되었다. 베벨의 경구를 거꾸로 뒤집으면, 반유대주의가 바보들의 사회주의라면 사회주의는 지성인의 반유대주의였다. 러시아의 반유대주의로 발생한 유대인 학살의 비합리성을 명확히 인식했고 그런 일을 행하는 것을 부끄럽게 여기던 레닌 같은 지성인도 일단 표적이 전체 자본가 계급으로 확장되자 그 생각을 완전히 수용하고 엄청난 학살을 자행했다. 개인의 죄 때문이 아니라 비난받는 그룹의 구성원이라는 이유로 수십만 명을 죽인 것이다.

자본에 관한 자신의 이론에서 반유대주의가 일반화되자 유대인에 대한 마르크스의 관심은 뒷전으로 밀려났다. 그의 관심은 종종 재사용한 양피지에 남아 있는 글씨처럼 《자본론》에 다시 모습을 드러내곤 했다. "모든 상품은 아무리 저급해 보이고 악취가 나더라도 틀림없이 돈이 된다는 것을 자본가는 알고 있다. 말하자면 그들은 할례를 받은 유대인인 것이다."[101] 더 중요한 것은 전반적으로 반유대주의의 특징인 공격적이고 감정적인 음색을 유지했다는 점이다. 유대인의 원형은 자본가의 원형으로 대체되었으나 풍자적인 특징은 본질상 같았다. 예를 들어 마르크스가 자본가를 괴물로 묘사한 글을 살펴보자.

자본가는 의인화한 자본인 경우에만 역사적인 가치를 지닌다. ⋯ 그는 가치를 착취하는 일에 열중해서 냉혹하게 생산을 위한 생산으로 인간을 내몬다. ⋯ 그는 부를 부로서 추구하는 정열을 수전노와 나누어 가지고 있다. 그러나 수전노에게서는 망령된 고집의 형태로 나타나는 것이 자본가에게는 그 자신 역시 하나의 톱니에 지나지 않는 사회 조직 안에서 다른 것에 영향을 끼치고 있다. ⋯ 그의 활동은 자본으로서 기능할 뿐이지만, 그라는 매개를 통해 자본은 의지와 의식을 부여받는다. 따라서 자본

가는 자신의 개인적인 소비를, 축재를 토대로 해서 벌인 약탈이라고 보아야 한다.[102]

이처럼 일그러진 인간성을 드러내는 언어가 과거에 있었을까? 반유주의에서 볼 수 있는 전형적인 유대인이 현실 세계에서 대체 언제 실재했다는 말인가? 마르크스가 감정적으로 유대인과 자본가를 계속 혼동했다는 사실은 위에서 인용한 단락에 덧붙인 각주에도 잘 나타나 있다. 그는 고리대금업자를 언급하면서 구시대의 잔재이나 계속 새롭게 변신하는 자본가의 한 형태라고 말했다. 마르크스는 독자들 대부분이 마음속으로 고리대금업자를 유대인과 동일시한다는 것을 알고 있었다. 투스넬이 지적한 것처럼 마르크스의 저작에서 고리대금업자와 유대인이라는 용어는 서로 바꿔 쓸 수 있는 말이었다. 대부분의 각주는 고리대금업자에 대한 루터의 격렬한 논쟁으로 이루어져 있다. 마르크스가 과학적이라고 자처하는 저서에서 그런 잔혹한 말살 권고를 반유대주의 저자로부터 인용하고 있는 것은 그의 격한 성품, 그리고 처음에는 반유대주의로, 나중에는 경제 이론으로 표현된 그의 감정적인 비합리성을 드러낸다.

그러나 마르크스가 만들어낸 유대인의 특징과 반유대주의의 역설적인 결합도 성장하고 있던 유대인 인텔리겐치아가 그의 저작에 매료되는 것을 막지 못했다. 오히려 그 반대였다. 특히 동부 유럽에서 해방을 맞은 많은 유대인에게 《자본론》은 새로운 토라가 되었다. 분명 이 둘 사이에는 신앙 면에서 넘나들기 어려운 현격한 차이가 있었지만, 마르크스주의는 할라카의 논리적 강점을 지니고 있었다. 사물의 추상적인 해석을 강조하는 면에서 탈무드 연구에 일생을 바친 조상을 두었거나 본인이 예쉬바에서 연구를 시작했다가 나중에 그곳을 뛰쳐나온 명석한 유대인에게 마르크스주의는 매우 구미가 당겼다. 19세기에 학자 가문이나 상인 가문 출신으로 랍비가 되려다 종교에 등을 돌린 유대인 수는 지속적으로 증가했다. 19세기 말에 이르러 정통파 유대인 사회는 폭발적인 인구 증가에도 불구하고 거의 모든 지역에서 이런 출혈을 인식하게 되었다. 학술적으로나 영적으로나 지도자를 자처하던 보헤미아와 모라비아의 오래된 유대인 공동체는 훨씬 뒤처진 지역에서 랍비를 모셔 와야 하는 처지가 되었다.

자취를 감춘 랍비는 대부분 급진주의자가 되어 자신들의 유대교와 유대적 기질에 모욕과 분노를 쏟아냈다. 부모가 속해 있는 계급에 대해서도 공격했는데, 많은 이들이 유복한 가정 출신이었기 때문이다. 마르크스의 아버지는 변호사였고 라살레의 아버지는 비단을 파는 상인이었다. 오스트리아 사회민주당 지도자 빅토어 아들러는 부동산 투자자의 아들이고, 오스트리아 사회주의의 지도자 오토 바우어는 직물업계 큰손의 아들이고, 독일 사회주의의 지도자 아돌프 브라운은 실업가의 아들이고, 독일 사회주의의 또 다른 지도자 파울 싱어는 의류 제조업자의 아들이고, 카를 회흐베르크는 프랑크푸르트 은행가의 아들이다. 그 외에도 많은 예가 있다. 과거와 가족, 공동체와 단절하면서 자기혐오를 갖게 된 그들은 종종 부정과 파괴의 기질, 인습파타의 기질, 때로는 제도와 모든 유형의 가치를 전복하려는 허무주의 기질을 촉진시켰다. 19세기 말에 이르러 비유대인 보수주의자들은 이를 가리켜 유대인의 사회적이고 문화적인 질병으로 규정했다. 유대인이 일반 정치에 참여하면 처음에는 진보 진영으로 몰렸다가 결국에는 극좌파로 이동하는 데, 여기에는 네 가지 이유가 있다. 성경의 사회 비판 전통이 첫 번째 이유다. 이것을 흔히 아모스 신드롬이라고 부른다. 아주 옛날부터 사회의 부정을 폭로하고, 가난한 자들의 쓰라림과 곤궁을 대변하고, 권력자를 회개시키기 위해 선택받은, 논리 정연한 유대인이 있었다. 또한 탈무드에는 공동체 차원에서 위기에 대처하는 전통이 있다. 이 전통 역시 성경에 기원을 둔 것으로 근대 형태의 국가 집산주의의 윤곽을 희미하게나마 보여준다.

19세기의 사회주의자가 된 유대인이 3,000년의 역사를 통해 민족의 본성이 된 이런 원리를 그 시대의 언어로 표현하며 자유방임형 자본주의가 파생한 불평등한 부의 분배를 공격한 것이다. 그러나 디즈레일리가 주장한 것처럼 유대인 역시 권위와 계급, 전통 질서를 매우 존중했던 것 또한 사실 아닌가? 물론 맞는 말이다. 다만 여기에는 조건이 있다. 앞서 살펴본 것처럼 유대인은 인간에게 절대 권력을 부여한 적이 없다. 토라에 내재한 규칙과 인간에게 주어진 대리적 권위는 한계가 있는 일시적인 권력으로 언제든 회수될 수 있는 것이다. 서로마 제국의 기독교와 달리 유대교는 왕권신수설에 관한 이론을 발전시킨 적이 없다. 유대인은 윤리적인 법치를 가장 존중했다. 그래서 미국과 영국처럼 헌법에 기초한 체제를 헌신적으로 지지하는 지지자가 될 수 있었고 실제로도 그랬다.

종종 디즈레일리가 유대인은 타고난 토리당원이라고 주장한 것도 사실이다. 그러나 유대인은 인위적이고 독재적이고 비논리적이며 시대에 뒤떨어진 권위에는 늘 적대적이었다. "모든 교황이 예수회 수도사에 의해 지탱되는 것처럼, 모든 전제 군주는 유대인에 의해 지탱되고 있다는 사실을 우리는 깨닫는다. 실제로 사상을 억누르기 위한 예수회 수도사들의 군대와 재산을 약탈당하기 위한 한 줌의 유대인이 없었더라면, 압제자들의 요구가 충족될 가망은 거의 없었을 것이고 전쟁의 실용성 역시 의심했을 것이다"라고 한 마르크스의 주장은 잘못된 것이다.[103] 절대 군주에게 제공한 로스차일드 가문의 돈은 전제 정치를 강화하는 데만 사용된 것이 아니다. 유대인이 더 나은 대우를 받게 함으로써 전제 정치를 약화하는 데도 기여했다. 물론 여기에 대해 마르크스는 관심을 보이지 않았다. 19세기 유대인의 재력은 일반 정책과 관련해 평화적이고 법치적인 경향을 보였다. 윌리엄 글래드스턴이 내건 자유당의 슬로건, 평화, 절약, 그리고 개혁은 로스차일드 가문의 가훈이기도 했다.

또한 디즈레일리가 유대인의 영향을 오해한 데는 중요한 이유가 있다. 그는 스파라디를 유대인의 전형으로 이해했다. 스파라디는 실제로 고대 역사 제도를 매우 존중했고 이 때문에 디즈레일리가 가지고 있는 유대인의 이미지와 잘 어울렸다. 그러나 그가 논의에서 무시한 아슈케나지는 스파라디보다 훨씬 활동적이고 혁신적이며 비판적이고 심지어 파괴적이었다. 당시에는 이런 아슈케나지의 인구 역시 크게 늘어나고 있었다.

아슈케나지의 인구 폭발

해방을 맞은 유대인을 좌파로 이끈 두 번째 요소는 인구 변동이다. 1800년부터 1880년까지 대략 디즈레일리가 살아 있는 동안 전체 유대인 사회에서 스파라디의 비율은 20퍼센트에서 10퍼센트로 하락했다. 대부분이 아시아와 아프리카의 지중해 지역에 집중되어 있었고 19세기 전반기에 그 지역의 위생 상태는 원시 수준에 머물러 있었다. 예를 들어 알제리의 수도 알제에서 유대인 주민을 상세히 분석한 모리스 아이젠베스는 16세기에 최대 5,000명에서 인구가 증가하기 시작해 1700년경에는 1만 명에서 2만 명으로 최고점에 이르렀고, 다시 1818년에 이르러 5,000명으로 하락했음을 밝혀냈다.[104] 1800년부터 1880년까지 아프리카와 아시아에서 유대인 인구는 전체적으로 증가했으나 50만 명에서 75만 명으로 증가한 데 그쳤다.

그런데 같은 시대 유럽에서는 총 인구가 200만 명에서 700만 명으로 껑충 뛰었다. 유대인, 특히 아슈케나지는 유럽을 제일 먼저 휩쓴 인구 혁명이라는 근대의 주요 특징의 수혜자였다. 그들은 유럽인의 평균 인구 증가율마저 앞질렀다. 아슈케나지는 비교적 일찍 결혼했다. 남자는 15세에서 18세 사이, 여자는 14세에서 16세 사이에 결혼하는 것이 보통이었다. 거의 모든 유대인 소녀가 결혼했으며 사춘기 직후 자녀를 낳았다. 그들은 대체로 자녀를 잘 돌보았고 공동체의 복지제도 덕분에 영아 사망률은 유럽인의 평균을 훨씬 밑돌았다. 유대인의 결혼생활은 유럽인보다 안정적이었다. 평균수명도 더 길었다. 예를 들어 1855년에 프랑크푸르트에서 수행한 조사에 따르면, 유대인의 평균 수명이 48.9세였던 반면 비유대인은 36.8세였다.[105]

　이런 차이는 동유럽에서 더욱 두드러졌다. 러시아 유럽 지역에서 유대인의 사망률은 연간 1,000명당 14.2명이었다. 이는 소수인 유복한 프로테스탄트의 사망률보다 낮고, 다수를 차지하는 그리스정교회 신자의 사망률 31.8명과 비교하면 절반도 안 되는 수치다. 그 결과 1880년부터 1914년까지 유대인 인구는 매년 평균 2퍼센트씩 증가했다. 이것은 유럽인의 평균 인구 증가율을 훨씬 웃도는 수치다. 유대인 전체 인구는 750만 명에서 1,300만 명으로 증가했다. 새로 늘어난 유대인은 아슈케나지가 압도적으로 많았고 대도시에 몰려 있었다. 1800년에는 도시에 형성된 유대인 사회가 1만 명을 넘는 경우는 매우 드물었다. 그런 경우는 전 세계에서 서너 개에 불과했다. 그런데 1880년에 이르자 바르샤바에는 12만 5,000명의 유대인이 살았고 빈, 부다페스트, 오데사, 베를린에는 5만 명이 넘는 유대인이 살았다. 뉴욕에도 이 정도의 유대인이 살았고 이 시기부터 북아메리카는 유럽에서 엄청난 비율로 증가하는 유대인을 받아들였다. 그럼에도 유대인 인구는 계속 증가했다. 1914년에 이르러서는

800만 명의 유대인이 동유럽과 중앙 유럽의 대제국과 러시아, 오스트리아에 거주했으며 거의 대부분이 도시에 살았다. 요약하면 유대인의 인구 변동은 유럽의 인구 혁명과 도시화 특징을 확대해서 보여주었던 셈이다. 사람들이 오밀조밀하게 살고 있던 게토가 지난날 유대인의 신앙을 배양한 것처럼, 이제는 인구가 밀집한 새로운 도시, 혹은 확장된 도시 공업 지구가 세속적인 유대인의 격렬한 급진주의를 함양했다. 정통파 유대인은 당시 그런 곳에서 유대인다운 삶을 영위하기 위해 악전고투했다.

세 번째 이유는 불의에 맞서는 유대인의 의식이 잠들지 않았다는 점이다. 16세기와 17세기에 세계 곳곳에서 메시아에 관한 속삭임을 찾아내는 데 촉각을 곤두세웠던 유대인은 19세기에 이르자 유대인에게 자행된 불법 행위에 민감하게 반응했다. 수백 종의 유대인 신문이 이러한 불법 행위를 보도했고 실제로 모든 유대인이 그 보도를 읽었다. 세속화한 지식인 계층에서 옛날 것이건 현재 것이건 민족의 고난을 죄의 결과로 보는 경향은 더 이상 찾아볼 수 없었다. 1840년에 다마스쿠스에서 발생한 피의 비방 사건은 유대인이 과격파로 돌아서는 계기가 되었다. 당시 열다섯 살이었던 라살레는 1840년 5월 21일에 이런 일기를 썼다. "전쟁 때문이 아니라 고문 때문에 죽어가면서도 봉기하지 않는 우리의 둔한 기질을 기독교인마저도 의아해한다. … 만약 유대인이 들고 일어나 다마스쿠스 전역에 불을 지르고 화약고를 폭파하고 박해자를 죽음으로 몰아넣는다면, 이보다 더 의로운 혁명이 있을까? 비겁한 당신들은 더 나은 운명을 맞이할 자격이 없다."[106] 그런 사건들은 세속 사회에 동화된 유대인 젊은이들 사이에서 유대인뿐만이 아니라 인류에 대한 불의에 대항해 항쟁하고 그러한 불의를 영원히 끝장내기 위해 차츰 늘어나는 정치적 기회를 이용해야겠다는 결심을 부채질했다. 라살레는 최초로 강력한 독일 노동조합을 조직했으며 독일 사회민주주의를 창건했다. 무수한 유대인 젊은이들이 같은 길을 택했다.

여기에는 몇 가지 계기가 있었다. 예를 들면 1858년 6월 23-24일 밤, 볼로냐에서 가족과 함께 살고 있던 여섯 살짜리 유대인 남자아이 에드가르도 모르타라가 로마 교황의 경찰에게 체포되어 로마에 있는 예비 신자의 전당으로 끌려갔다. 기독교인 하녀가 5년 전에 그 아이가 죽어가고 있다고 생각해 세례를 주었다고 증언했기 때문이다. 교황의 영향권 아래 있는 국가의 법률 아래서 경찰과 교회는 자기들의 권리를 만끽한 반면, 부모에게는 아이를 구할 방도가 없었다. 범세계적으로 유대인뿐 아니라 기독교 성직자와 정치인까지 반대했지만, 교황 피우스 9세는 뜻을 굽히지 않았고 그 아이는 가톨릭의 보호 아래로 들어갔다.[107] 이에 1860년 유대인의 시민권과 종교의 자유를 지키기 위해 프랑스범이스라엘동맹이 결성되었고 다른 유대인 기구도 속속 발족했다. 그리고 이것은 곳곳에서 발생한 전제정치에 대한 유대인의 세속적 증오를 더욱 부채질했다.

제정 러시아의 유대인 정책

유대인에 대한 학대가 가장 조직적으로 자행되어 분노를 불러일으킨 곳은 제정 러시아였다. 사실상 차르의 통치는 모든 급진주의자에게 독재정치의 가장 악랄하고 확고한 축약판이었다. 차르의 통치에 특별한 혐오감을 느끼던 유대인에게 차르 체제는 그들을 좌파로 몰고 간 네 번째 요소이자 가장 중요한 요소였다. 그러므로 그 자체로 혐오감을 폭발시킨 러시아의 유대인 학대는 근대 세계사의 중요한 일부이기에 자세히 검토할 필요가 있다. 우선 차르의 통치가 처음부터 유대인에게 특별한 적개심을 가지고 있었다는 점을 알아야 한다. 오스트리아와 프러시아, 심지어 로마의 다른 독재 권력은 유대인을 박해하기도 하고 보호하며 이용하기도 하고 착취하며 쥐어짜기도 하는 등 애매모호한 태도를 보였다. 그런데 유독 러시아에서는 항상 유대인을 용납할 수 없는 이방인으로 취급했다. 1772-1795년에 폴란드 분할을 시도하기 전까지 러시아는 자국 땅에서 유대인을 몰아내는 데 비교적 성공했다. 그러다 폴란드 영토에 대한 탐욕 때문에 수많은 유대인을 받아들이면서 유대인 거주민을 학살이나 추방으로 해결해야 할 문제로 인식했다.

러시아가 취한 태도는 사회공학 분야에서 최초의 근대적 실험을 하는 것과 다름없었다. 유대인을 주위에서 퍼내야 할 흙이나 콘크리트처럼 다룬 것이다. 먼저 러시아 유대인 집단거주지에 유대인을 가두었다. 1812년에 최종 형태가 갖추어질 때까지 집단거주지는 발트 해에서 흑해에 이르는 25개 지역에 설치되었다. 특별한 법률상의 허락 없이는 집단거주지 밖에 거주하는 것은 고사하고 여행조차 할 수 없었다. 다음으로 1804년부터 하나둘 제정된 법령은 유대인이 어디서 살 수 있고 그곳에서 무엇을 할 수 있는지까지 정했다. 그중에서도 유대인을 가장 괴롭힌 규정은 일반 마을에서 살거나 일할 수 없고 농부에게 술을 팔 수 없다는 것이었다. 마을에서 부동산 임대업에 종사하거나 여관을 운영하는 유대인 주민 3분의 1의 생계 기반을 파괴하는 규정이었다. (그 외 3분의 1은 무역에 종사했고 나머지는 대부분 장인이었다.) 이론상의 목적은 유대인을 생산적인 토지 노동에 투입하기 위해서였다. 그러나 이용 가능한 땅이 거의 없거나 전무했다. 사실 유대인의 거주지와 직업을 제한한 실제 목적은 유대인을 개종시키거나 러시아 땅에서 쫓아내는 데 있었다. 실제로 그 조치로 유대인은 가난해졌고 집단거주지로 향하는 가난한 유대인의 행렬을 끊임없이 만들어냈다.

다음 단계의 탄압은 1827년 독재 군주 중 가장 야만적이었던 니콜라이 1세가 징집에 관한 칙령을 선포함으로써 모습을 드러냈다. 칙령에 따라 12세에서 25세까지 모든 유대인 남자를 징집하고 이보다 어린 소년들은 신병 훈련소가 있는 군사 학교에 배치했다. 그곳에서 어린 소년들은 강제로 세례를 받았다. 그런 일은 전체적으로 일어났다. 또한 러시아 정부는 유대인 학교를 폐교시키고 싶어 했다. 유대인 아이들을 강제로 국립학교에 보내기 위해 꾸준히 노력했고 학교 수업에서는 러시아어와 폴란드어, 독일어만 사용했다. 이 정책의 목적도 세례를 촉진하는 데 있었다. 1840년에는 유대인을 위한 위원회를 만들었다. 공식적으로 바람직하지 못한 준범죄 공동체가 받아야 할 대우에 관한 윤리 교육을 촉진하기 위해서였다. 유대인의 종교 서적은 검열하거나 폐기했다. 빌나와 키예프에 있던 유대인 출판사 두 곳만 허용했다. 3년 후에는 키예프에서 유대인을 완전히 추방했다. 러시아 정부는 매우 교활하게 유대인 공동체를 분열시키고 마스킬이 정통파 유대인에게 대항하도록 부추겼다. 예를 들어 1841년에는 마스킬 막스 릴리엔탈(1815-1882년)에게 새로운 국립 유대인 학교를 맡겼다. 이 학교는 반탈무드 시설로 정통파 유대인이 주장한 것처럼 유대인 자녀들을 하스칼라의 몰렉에게 바치기 위해 고안한 것이었다. 결국 릴리엔탈은 감당할 수 없을 정도의 신랄한 공격을 받고 4년 후 슬그머니 러시아를 떠나 미국으로 이주했다.

러시아 정부는 유대인이 키파나 카포타 같은 전통 의상을 걸치는 것도 금지했다. 또한 유대인을 유용한 유대인과 쓸모없는 유대인으로 구분해서 후자에 해당하는 그룹에게는 징집 할당량을 세 배로 부과했다. 19세기 내내 유대인을 차별하고 행동을 규제하는 법률이 엄청나게 쌓였다. 그중 어떤 것은 아예 집행되지 않았다. 많은 법률이 뇌물을 받은 관료들 때문에 실패했다. 부유한 부모들은 돈을 지불하고 자녀들을 국립학교나 군대에서 빼내올 수 있었다. 여행을 하거나 도시에 거주하거나 유대인에게 금지된 직업에 종사할 수 있도록 허가하는 법적 증명서도 돈을 주고 구입했다. 유대인 문제를 해결하기 위한 노력은 또 다른 사회 문제를 양산하고 문제를 크게 악화시켰다. 국가의 근간을 흔들 정도로 관료들의 타락이 아주 심해진 것이다.[108] 더구나 정부 정책은 일관성 있게 이어지지 못했다. 자유 정책과 억압 정책 사이에서 갈피를 잡지 못할 때가 많았다. 1856년에 취임한 러시아 황제 알렉산드르 2세는 진보적인 입장을 취했고 장기 근속하는 군인과 대학 졸업생, 유용한 상인의 경우에 한해 유대인에게 특정 권리를 부여했다. 그러나 이런 정책은 1863년에 발생한 폴란드 반란과 황제 암살 시도 때문에 철회되었다. 1870년대에도 진보적인 정책을 추진하려는 시도가 있었으나 다시금 황제를 노린 습격 사건으로 막을 내리고 말았다. 게다가 이번 습격은 성공이었다. 그 후 러시아에서 유대인의 지위는 급격히 하락했다.

19세기 후반, 유대인에 관한 제정 러시아의 공식 규정은 인간의 잔인함과 어리석음, 무익함을 증명하는 거대한 유적이 되었다. 1914-1915년에 주석을 첨부한 마지막 법령집 〈유대인에 관한 짐펠슨의 법령〉은 거의 1,000페이지에 달했다.[109] 영국의 사학자 루시앤 울프는 이 법령집의 취지를 요약해서 편찬하면서 몇 가지 사실을 확인해주었다.[110] 유대인은 당시 러시아 인구의 24분의 1일을 차지했다. 그중 약 95퍼센트는 집단거주지 안에 갇혀 살았다. 다시 말해서 제국 전체 인구의 23분의 1이 제국 영토의 2,000분의 1에 해당하는 집단거주지와 **슈테틀**에 갇혀 산 것이다. 유대인의 신분증에는 유대인이라는 사실과 거주 가능한 장소가 적혀 있었다. 심지어 집단거주지 안에서도 대부분의 지역은 유대인에게 금지되었고 그나마 합법적인 지역마저 계속 줄어들었다. 유대인은 세바스토폴과 키예프에서 추방당했다. 돈 강 유역이 갑자기 거주지에서 제외되었고 나중에는 카프카스 지역의 쿠반과 테레크도 제외되었다. 폐질환 때문에 얄타에 있는 요양지에서 치료를 받던 유대인 학생은 칙령의 효력이 발생하자 바로 추방당했다. 코카서스의 광천수를 사용하고 싶은 유대인은 군 장교가 시행하는 시험을 통과해야 했다. 일부 요양지는 개방되었지만 할당량이 있었다. 어떤 계절이든지 24가정만 다르니차에 들어가는 것이 허용되었다. 다른 거주지의 요양지는 어떤 상황에서도 출입을 금지했다.

한편, 유대인 중에도 여행이나 집단거주지 밖에 거주하는 것이 허용된 특권층이 있었다. 퇴역 군인, 졸업생, 유용한 상인, 그리고 각자의 소임을 다하는 정비사, 증류주 제조업자, 양조업자, 장인이 여기에 해당했다. 그러나 그들에게도 특별 허가증이 필요했다. 허가증을 발부받는 것은 매우 어려웠을 뿐 아니라 계속 갱신해야 했다. 게다가 1881년 이후에는 범주가 축소되었다. 그 결과 퇴역 군인으로 대우받을 수 있는 자격은 1874년 이전에 복무한 이들로 제한되었다. 상인의 경우에는 사무원이나 종을 데려오는 것이 금지되었다. 특권층 장인의 부류에서 담배 제조자, 피아노 조율사, 푸주한, 고무신 수리자, 벽돌공, 대장장이, 미장이, 정원사가 제외되었다. 매춘부를 제외하고 여성 노동자에 대해서는 특별히 더 엄격히 규제했다. 매춘부 중에서도 돈을 벌 수 없게 되면 경찰이 신속히 파악하여 게토로 돌려보냈다.[111]

집단거주지 밖에서 일할 수 있었던 유대인 산파는 남편 역시 특권을 받은 사람이 아니면 자녀를 데리고 있을 수 없었다. 러시아 대학의 유대인 할당제 때문에 외국에서 학위를 취득한 학생들도 특권 계급에 포함되지 못했다. 카프카스에서는 소위 산악 유대인이 거주권을 가졌다. 그들은 자기들의 조상이 BC 597년에 느부갓네살에 의해 그곳으로 유배되었다고 주장했다. 그렇지만 그들은 그 외 다른 지역에는 갈 수 없었다. 집단거주지 밖에서 거주할 수 있는 특권을 받은 유대인이라 하더라도 자녀 역시 특권을 받은 경우가 아니면 자녀를 집에서 재울 수 없었다. 또한 특권을 받은 유대인이라 해도 집단거주지 밖에서 부가적인 규제에 직면했다. 처음으로 규정을 위반했을 때는 벌금이 부과되고 두 번째 위반한 경우에는 추방되었다. 이것을 정한 법률은 예외 없이 복잡했다. 법령은 상원의 투표와 내각의 회장, 지방 관료의 재정, 상하급 관리의 자의적인 결정에 따라 끊임없이 바뀌었다.

계속 바뀌는 법령은 타락한 경찰이나 관료를 제외한 모든 사람에게 악몽이었다. 서부 유럽에서 온 방문객은 한밤중에 급습하는 경찰 수색대에 의해 이른 아침에 거리로 내몰린 겁에 질린 유대인을 보고 충격을 받았다. 경찰은 밤사이에 필요하면 모든 공권력을 동원해 주택에 들어가 성별이나 연령에 관계없이 모든 사람에게 거주권에 관한 증빙 서류를 요구할 수 있었다. 증빙 서류를 제시하지 못하는 사람은 누구든 경찰서로 연행되었다. 유대인은 비유대인 이웃 앞에서 끊임없이 모욕을 당했고, 이를 통해 유대인이 그들과는 다른 종족이고 질이 낮은 인간이라는 시각이 이어졌으며 대량 학살의 본능이 영속화되었다. 심지어 경찰은 일류 호텔에서도 유대인처럼 보이는 이들이 있으면 세워놓고 심문했다. 차르의 경찰은 유명한 외국인도 임의로 추방할 수 있었다. 콘스탄티노플 주재 미국 대사 오스카 스트라우스도 비슷한 일을 경험했다. 유대인 피아니스트들은 상트페테르부르크에서 열리는 루빈슈타인 국제 콩쿠르에 참여할 수 있는 허가를 받았는데, 대신 상트페테르부르크에서 밤을 보내지 않는다는 조건이 붙었다.

때때로 경찰은 대규모 유대인 사냥을 벌이기도 했다. 바쿠에서는 주식 거래소를 포위하고 모든 유대인을 체포해 경찰서로 압송했다. 그곳에서 모든 사람은 거주권에 대한 증거를 제시해야 했다. 1909년 스몰렌스크 지역의 포치노크에서는 말을 탄 경찰들이 도시 전체를 포위해서 고작 불법 체류자 10명을 체포했다. 이에 그들은 숲을 샅샅이 뒤지는 거대한 사냥을 감행했고 숲에서 74명을 더 찾아냈다.[112] 거주에 관한 법률은 경찰 조직 전체를 타락시켜 유대인을 쥐어짜게 만들었다. 경기가 침체되면 경찰서장들은 기독교인으로 하여금 유대인이 지역사회에 불만을 야기한다는 이유로 추방을 요구하는 청원서를 제출하도록 부추겼다. 그러면 가난한 유대인은 추방당하고 부유한 유대인은 돈을 빼앗겼다. 집단거주지로 돌아간 가난한 이들은 사회 문제가 되었다. 예를 들어 오데사에서는 30퍼센트 이상이 유대인 자선 기구에 의존했다. 그러나 주거법은 유대인에게 닥친 고난의 서곡에 불과했다. 러시아 정부는 지방의 공동체에 일정 비율로 유대인 징병을 요구했다. 여기에 이주 인구는 고려되지 않았다. 유대인은 신병의 4.3퍼센트만 담당게 되어 있었지만, 정부는 6.2퍼센트를 요구했다. 실제로는 5.7퍼센트 가량이 징집되었다. 그런데 유대인 병사가 부족하다는 불만이 공식적으로 제기되면서 유대인이 징병을 기피한다는 반유대적인 중상모략이 많아졌다. 그러나 실제로 유대인은 정당한 할당량보다 20-35퍼센트 정도를 더 제공하고 있었다.[113] 1886년부터는 징집을 이행하지 않은 법적 책임을 가족이 지게 되었고 과중한 벌금이 부과되었다. 엄청난 뇌물을 내지 않고서는 징집을 피할 도리가 없었다. 그런데 러시아 정부는 유대인을 억지로 군인으로 만들고 나서도 복무할 수 있는 범위에 많은 제약을 가했다. 유대인이 근위병이나 해군, 국경 경비, 검역 업무, 헌병대, 병참, 서기관으로 근무할 수 없었다. 1887년에는 모든 군사 학교와 각종 군 시험에 응시하는 것을 금지했다. 그리하여 유대인이 장교가 되는 길을 효과적으로 차단했다. 1888년에는 군 의무실에서 복무하는 것을 금지했고, 1889년에는 군악대에서도 근무할 수 없게 했다.

직책을 막론하고 유대인은 모스크바와 상트페테르부르크에 있는 국가 기관에서 일할 수 없었다. 이론적으로는 석사 학위나 박사 학위를 가진 유대인은 부대 내 어떤 부서에서든 근무할 자격이 있지만, 루시앤 울프에 따르면 세례 의식을 거치지 않고 유대인이 공직에 앉기 위해 필요한 예비 조건을 모두 충족시키기가 매우 어려웠다고 한다.[114] 국가 기관에는 유대인 교사가 한 명도 없었다. 유대인 대학 교수도 없었고 강사만몇 명 있었다. 사법부에도 유대인이 없었고 심리 담당 치안 판사도 없었다. 마지막 진보주의 시대에 임명된 판사가 딱 한 명 있었다. 정부 규정은 유대인을 경감으로 임명하는 것도 금지했다. 첩자나 정보 제공자로만활용했다. 유대인은 여섯 개 지역에서 다수를 이루었고, 많은 마을에서절대 다수를 형성했음에도 시의회 선거에 투표하거나 공직에 진출할 수없었다. 집단거주지 안에서도 통치 기관에서 일하는 관료는 전체의 10분의 1까지만 유대인을 임명할 수 있었다. 유대인은 배심원이 될 수도 없었고 보호시설이나 고아원에서도 밀려났다.

1880년부터는 공증인으로 일할 수 없었고, 1890년부터는 특별 허가가 없는 한 법정 변호사와 사무 변호사로 일할 수 없었다. 루시앤 울프는15년간 특별 허가를 받은 이가 아무도 없었다고 보고한다. 집단거주지와 슈테틀을 벗어난 땅의 매매나 경작도 금지했다. 심지어 공동묘지로쓸 땅조차 구입할 수 없었다. 군복무와 마찬가지로 유대인은 땅을 경작하기 싫어한다는 비난을 받았지만, 실상은 각종 규제 때문에 경작이 불가능했고 기존의 소수 유대인 농업 정착지는 파멸에 이르렀다. 더욱이유대인이 제삼자와의 계약을 통해 재산법을 피해나갈지도 모른다는 우려에서 동업 및 공동자본 회사와 관련한 엄청난 조항이 추가되었다. 많은 회사에서 유대인이 주주가 되지 못하게 차단하고 이런 사실을 주권株券에 명시했다. 유대인은 법률에 의해 광업에서도 배제되었고 일련의 규정은 유대인이 금, 석유, 석탄, 그 밖의 광물을 취급하지 못하게 했다.

거주 요건 다음으로 유대인이 가장 증오한 반유대주의 법률은 교육에 관한 법령이었다. 상트페테르부르크의 토목 기사 대학, 군 의과대학, 상트페테르부르크 전기 대학, 모스크바 농업 대학, 상트페테르부르크 연극학교, 카르코브 수의과 대학, 그 밖의 다양한 광업 대학 같은 최고 교육기관에서 유대인을 완전히 배제했다. 유대인이 2차 교육기관과 고등학교에 진학하는 것도 유대인 학생 수 제한 조항으로 관리했다. 유대인은 집단거주지 안에 있는 교육기관의 10퍼센트만을 할당받았다. 거주지 밖에서는 겨우 5퍼센트, 모스크바와 상트페테르부르크에서는 겨우 3퍼센트만 할당받았다. 30만 명의 학생이 다니던 2만 5,000개의 유대인 초등학교인 **헤데르**에서 러시아어를 가르치는 것을 금지했다. 유대인이 2차 교육을 받지 못하게 하려는 조치였다. 이러한 조치 때문에 상급학교에서 유대인 수는 급감했고, 부모들은 자녀를 진학시키기 위해 권한이 제한되어 있는 비유대인 교장에게까지 뇌물을 쓰며 필사적으로 노력했다.

이처럼 제정 러시아의 반유대주의 법령은 국가 제도의 제반 요소를 타락시켰다. 법령은 중세 게토를 염두에 두고 노예제 국가 소비에트를 지향하는 과거와 미래의 이상한 융합물이었다. 결국 이런 법령은 유대인 문제를 해결하기는커녕 사실상 유대인을 과격하게 만들어 유대인이 차르의 문제를 해결하는 것으로 끝을 맺었다. 일련의 규제에도 일부 유대인은 계속해서 번영을 누렸다. 차별은 전적으로 종교에 기초한 것이라서 이론상 세례를 받으면 규제를 완벽히 피할 수 있었다. 예를 들어 러시아 음악에서 중요한 인물인 안톤 루빈슈타인(1829-1894년)과 그의 형제 니콜라이 루빈슈타인(1835-1881년)의 부모는 기독교로 개종한 유대인이다. 두 형제는 다년간 상트페테르부르크와 모스크바 국립음악학교를 운영했고 러시아 심포니와 오페라의 전성기에 음악계를 평정했다. 심지어 기독교로 개종하지 않은 유대인도 급격히 팽창하는 경제에서 번영하는 방법을 찾아냈다. 그들은 양조업, 담배, 가죽, 직물, 곡식, 은행업, 조선, 철도, 그리고 취업 금지 조항에도 불구하고 기름과 광업에서 두각을 보였다.[115]

이렇듯 러시아 정부의 법률은 유대인 문제를 전혀 해결하지 못했다. 오히려 기독교로 개종한 약삭빠른 유대인이 덕을 보는 한편, 그 밖의 유대인을 빈곤에 빠뜨리고 범죄로 몰아갔다. 그 결과 러시아 민족은 유대인에 대해 질투와 경멸의 양가감정을 품게 되었다. 유대인은 향수 냄새를 풀풀 피우면서도 불결하기 짝이 없고 탐욕적이고 가난하고 무절제한데다 우둔하고 아무짝에도 소용이 없다고, 그런데 나머지 반은 또 지나치게 유용하다고 비난했다. 러시아의 반유대주의는 온갖 요소를 두루 갖추고 있었던 셈이다. 차르의 정부는 유대인 외에 다른 소수민족도 박해했는데, 그들이 서로를 대적하게 만드는 데 능했다. 특히 폴란드인, 레트인, 우크라이나인, 카자흐인이 유대인을 공격하게 했다. 사실 이 시기에 러시아는 유럽에서 반유대주의를 공식 정부 정책으로 내건 유일한 국가였다. 정부 정책은 유대인 학살부터 《시온 장로 의정서》를 출판하기까지 다양한 형태로 나타났다.

정부의 목적은 가능한 한 신속하고 과감하게 유대인 수를 줄이는 데 있었다. 차르 정부의 심리 상태는 시온주의 계획에 도움을 청하기 위해 1903년에 상트페테르부르크에서 장관들을 면담한 테오도르 헤르츨의 일기에서 확인할 수 있다. 차르의 기준에서 보면 진보주의자였던 재정장관 세르게이 비테 백작은 헤르츨에게 다음과 같이 말했다.

유대인이 적대감을 불러일으킬 충분한 이유를 제공하고 있다는 점을 인정해야 합니다. 그들에게는 특유의 오만함이 있어요. 그런데 대부분의 유대인은 가난하고, 가난하기에 불결하고 불쾌한 인상을 풍기고 있소.

그들은 또한 뚜쟁이와 고리대금업처럼 온갖 추한 직업에 종사하고 있습니다. 이 때문에 유대인의 친구들이 유대인을 변호하기가 어렵다는 사실을 당신도 이해하게 될 것이오. 그리고 난 아직도 유대인의 친구라오.

헤르츨은 이렇게 대꾸했다. "그렇다면 우리가 확실히 원수가 될 필요는 없겠군요." 비테는 혁명 운동에 가담한 유대인이 많다고 불평했다.

> 헤르츨: 이 운동이 어떤 상황에서 비롯되었다고 보십니까?
> 비테: 나는 그것이 우리 정부의 잘못이라고 믿습니다. 유대인 역시 압제받고 있지요. 나는 돌아가신 황제 알렉산드르 3세에게 "폐하, 만일 600-700만 명의 유대인을 흑해에서 익사시키는 것이 가능하다면 소신은 단연코 그 제의에 찬성할 것입니다. 그러나 그것은 가능하지 않으니 그들을 살려주셔야 합니다"라고 말하곤 했소. 도대체 러시아 정부에 원하는 게 뭡니까?
> 헤르츨: 확실한 후원을 원합니다.
> 비테: 유대인은 후원을 받고 있습니다. 타국으로 이주하도록 말입니다. 예를 들면 엉덩이를 발로 차는 것이라고 할까요.[116]

근대 최초의 러시아 유대인 학살은 1871년 오데사에서 발생했다. 주요 선동자는 그리스 상인이었다. 1870년대에 있었던 대부분의 소동은 인종이 문제가 되었고 슬라브 민족주의자는 반유대주의자 중에서도 특히 더 폭력적이었다. 그러나 1881년 알렉산드르 2세 암살 사건 이후 러시아 정부가 반유대주의를 받아들이면서 유대인의 엉덩이를 발로 차는 일이 연속적으로 신속하게 발생했다. 1881년 4월 29일에 시작된 엄청난 학살은 광적인 범슬라브주의자였던 내무장관 니콜라이 이그나티예프가 선동하거나 용인하거나 체계적으로 조직한 것이다. 학살은 100곳이 넘는 지역으로 퍼져나갔고 거의 일 년 동안 이어졌으며 경우에 따라서는 대규모 폭도가 연루되기도 했다. 정부뿐 아니라 경찰과 무수한 인종주의 그룹이 여기에 가담했다. 극좌파도 참여했다. 사회혁명을 추구한 러시아 인민주의자의 비밀조직인 인민의 의지파는 "귀족과 유대인의 황제에게 맞서 봉기하라"고 외치며 1881년에 우크라이나인에게 유대인을 살해하라고 선동했다.[117] 투르게네프와 톨스토이 같은 위대한 진보주의 작가들은 침묵했다. 대학살 이후에는 5월법으로 알려진 대규모 반유대주의 법령을 입안했다.

사실 유대인 학살은 그러한 법을 정당화하는 데 이용되었고 다음과 같은 주장이 유포되었다. "폭도들이 유대인을 공격하고 있다. 그 자체로는 통탄할 일이나, 이는 이 반사회적인 소수 인종에 대한 대중의 분노가 어떠한지를 보여준다. 그러므로 이 소수 집단의 활동은 제한해야 마땅하다." 물론 처음부터 러시아 정부는 폭도의 행동을 조장하고 용인했다. 정부의 목적은 손쉬운 목표물을 공격함으로써 떨어지는 인기를 만회하려는 데 있었다. 나중에 나치도 폭력에서 법률 제정으로 나아가는 동일한 수법을 사용했다. 그래서 1881년부터 1911년까지 30년 동안 반유대적 행위가 연이어 나타났다. 1882년에는 5월법을 제정했고, 1886-1889년에는 유대인의 직업과 거주지를 제한했고, 1891년에는 모스크바에서 1만 명이 넘는 유대인을 추방했고, 1893-1895년에는 집단거주지 이외의 지역에서 엄청난 추방을 단행했고, 1894-1896년에는 독주 독과점과 더불어 유대인에 대한 경제적 격변이 시작되었고, 1903년 이후에는 약탈뿐 아니라 살인으로 이어지는 사악한 유대인 학살이 이어졌다. 1905년에는 키시네프에서 50명의 유대인이 살해당하고 500명이 부상을 입었다. 1905년에는 오데사에서 나흘간 자행된 학살로 400명이 넘는 유대인이 살해당했다. 1906년에는 경찰과 군대가 비아위스토크에서 유대인 학살에 가담했다. 1908년부터 1911년까지는 여러 번에 걸쳐 대규모의 추방이 있었다.

1881년 이후 러시아 탈출과 그 여파

1881년부터 러시아 유대인 사회는 점점 더 사악하고 강력한 압력을 받았다. 압력이 갈수록 심해지자 어쩔 수 없이 유대인은 러시아 서쪽으로 미친 듯이 탈출했다. 이 때문에 1881년은 1648년 이래, 그리고 1492년에 스페인에서 있었던 추방에 이어 유대인 역사에서 가장 중요한 해가 되었다. 그 여파는 매우 포괄적이고 중요하므로 1881년은 세계 역사에서 중요한 해로 평가해야 한다. 최초의 탈출 행렬은 1881-1882년에 발생했다. 그 후 매년 평균 5만 명에서 6만 명의 유대인이 러시아를 떠났다. 모스크바에서의 추방으로 1891년에는 11만 명, 1892년에는 13만 7천 명이 러시아를 떠났다. 1905년에서 1906년 사이에는 대학살 때문에 20만 명이 넘는 유대인이 러시아를 떠났다. 탈출은 러시아에만 국한되지 않았다. 1881년부터 1914년 사이에 35만 명이 넘는 유대인이 오스트리아의 갈리치아를 떠났다. 그보다 더 많은 유대인이 자기들을 압제하는 루마니아를 떠났다. 그 결과는 동유럽의 유대인 수가 감소하는 것으로 끝나지 않았다. 1914년에 러시아에는 아직도 550만 명의 유대인이 있었고, 오스트리아 제국에는 250만 명이 있었다. 유대인의 탈출은 자연적 인구 증가분인 약 250만 명을 다른 곳으로 옮기는 결과를 초래했다. 이는 유대인에게나 전체 세계에나 중대한 결과를 불러왔다. 이제 그 여파를 차례로 살펴보자.

미국으로 이주한 사람만 200만 명이 넘었다. 가장 명확하고도 가시적인 여파는 거대한 미국 도시에 유대인 사회를 건설하는 것으로 나타났다. 이것은 완전히 새로운 현상이었고 전 세계에 끼치는 유대인의 영향력을 완전히 바꾸어놓았다. 아메리카 대륙에서 최초의 유대인 정착지는 소규모였고 확장 속도도 더뎠다. 1820년에 미국에는 유대인 인구가 4,000명뿐이었고 미국 최초 13개 주 중 7개 주만이 유대인을 정치적으로 승인했다. 공동체의 더딘 성장은 이해하기 어려운 현상이었다. 앞에서 살펴본 것처럼 유대인이 미국 사회에 진출하는 데는 법적 장애가 거의 없었다. 그러나 노스캐롤라이나 주는 프로테스탄트가 아닌 이들이 공직에 진출할 수 없도록 규정했다. 1809년에 유대인 제이콥 헨리가 훗날 유명해진 한 연설에서 주의 하원의원이 될 권리를 양보할 수 없다고 주장했고 의회는 그의 주장을 받아들였다. 메릴랜드 주는 비기독교인이 관직에 오르거나 법조계에 종사하는 것을 금하고 있었다. 이에 유대인 솔로몬 에팅이 1797년부터 이 장벽을 없애기 위해 끈질기게 싸웠다. 1826년에 마침내 성공을 거두었고 그 직후 에팅은 볼티모어 시의원으로 선출되었다.

안식일과 주일에 관한 논쟁에서 몇 가지 문제가 발생했다. 1816년에 에이브러햄 울프는 펜실베이니아 주에서 주일, 즉 일반적으로 일요일이라고 부르는 요일에 세속적인 일을 해왔다는 이유로 유죄 선고를 받았다. 즉시 항소했지만 패했다. 그러나 이 모든 사건은 구대륙에서 유대인을 괴롭혀온 근본적인 문제와 무서운 불의와 비교하면 그다지 중요하지 않아 보인다. 1820년에 조지아 주 사바나에서 새 회당을 봉헌하는 자리에서 의사 제이콥 드 라 모타는 이런 감사 설교를 했다. "이스라엘이 이 이상의 은혜와 특권을 향유하고, 이 이상의 높은 사회적 지위를 보장받고 명예로운 자리에서 존엄을 유지할 수 있는 장소가 이 지구상에 어디에 또 있겠는가? … 크게 기뻐해야 하지 않겠는가?"[118]

1826년에 에팅이 승리했을 때 미국에는 6,000명의 유대인이 있었고, 1840년에 다마스쿠스 사건 당시에는 1만 5,000명, 남북전쟁 직전에는 15만 명이 있었다. 뉴포트나 노퍽처럼 오래된 정착지는 성장하지 않았다. 바이에른, 독일 북부, 폴란드의 독일계 유대인 지역, 보헤미아, 헝가리 출신으로 주로 독일어를 사용하는 유대인 이주민은 가난했고 질서를 잘 지켰으며 근면했다. 많은 이들이 행상으로 시작했다가 상점을 운영하거나 소규모 사업체를 세웠다. 그들은 뉴욕 주 알바니, 시러큐스, 버펄로, 로체스터, 시카고와 디트로이트, 클리블랜드와 밀워키에 정착했다. 한동안 신시내티는 뉴욕 다음으로 큰 유대인 중심지였다. 세인트루이스, 미니애폴리스, 루이빌, 뉴올리언스 역시 유대인의 중심지가 되었다. 1840년대에는 약 1만 명의 유대인이 금광을 찾아 캘리포니아로 갔다. 남북전쟁이 발발하자 뉴욕에는 4만 명의 유대인 사회가 들어섰고 필라델피아도 이에 버금가는 수준이 되었다. 유대인이 미국에서 안전하게 살았다는 확실한 증거는 그곳에 있던 유대인 공동체가 적극적으로 더 많은 유대인의 이주를 독려했다는 점에서 알 수 있다. 친지들이 보낸 열정적인 편지와 입에서 입으로 전해지는 이야기, 독일 지역 신문에 보도된 성공 사례를 통해 유대인은 이민에 더욱 박차를 가했다. 1836년에 밤베르크의 〈다스 퓔호른〉지는 다음과 같은 기사를 실었다.

수습 기간을 마친 바이에른 출신의 유대인 제빵업자는 일할 준비가 되어 있었고 일할 의지도 있었다. 10년 동안 독일을 거쳐 주변 국가를 유랑했지만 그가 얻은 일은 거의 없었고, 이런 방식으로는 생계를 꾸릴 수가 없었다. 그는 지난해 여름 북아메리카로 이주했다. 그는 고향에 있는 부모에게 그곳에 도착한 직후 피터즈버그 제과점에서 일자리를 구했고 한 달 급료로 금화 40플로린에다 자유로운 출입, 세탁, 주거용 방을 제공받았다는 편지를 보내왔다. 이 얼마나 자유와 번영의 혜택을 받은 나라란 말인가![119]

미국에서 유대인은 별다른 어려움 없이 새로운 삶에 적응할 수 있었다. 미국의 프로테스탄트처럼 그들은 각 회당의 자치를 허용하는 회중주의를 채택해 다양한 종교 성향에 맞는 회당을 많이 건립했다. 그들은 다마스쿠스 사건에 저항하는 동안 자의식을 갖게 되었고 그 사건은 그들을 하나의 민족 공동체로 묶어주었다. 그러나 대부분의 경우 유대인은 독자적인 생활방식을 그대로 유지했다. 다른 민족이나 종교 그룹처럼 몇 군데에 유토피아적인 농업 정착지를 세웠다. 또한 다른 그룹처럼 선구자와 괴짜를 배출했다.

한 미국인 선장은 세인트토머스에 있는 부영사를 두고 미국 정부에 다음과 같이 불만을 토로했다. "추신. N. 레비는 유대인이며 흑인 여자와 함께 사는데, 모든 미국인이 수치스럽게 생각할 정도로 서로 팔짱을 끼고 거리를 산책하곤 합니다. 이를 치욕으로 생각하는 미국인은 그런 광경에 대해 증언할 필요를 느끼고 있습니다." 그럼에도 부영사 레비는 해임되지 않았다.[120]

모르데카이 노아, 개혁, 독일계 유대인의 미국

더 흥미로운 사건은 외교관이 된 최초의 유대인 모르데카이 노아의 사건이다. 제임스 먼로 대통령이 1815년에 튀니스 주재 미국 영사로 일하던 그를 해임했다. 그가 신봉하는 종교가 영사의 일을 수행하는 데 장애가 된다는 것이 이유였다. 해임 이유에 수긍하지 못한 노아는 그 사건을 글로 썼다. 그는 자신의 입장을 당당히 밝힌 최초의 미국계 유대인이었다. 100년 후였다면 아마 영화의 주인공이 되고도 남았을 것이다. 모르데카이 노아는 1785년에 필라델피아에서 도산한 행상인의 아들로 태어났다. 도금장이, 조각사, 미 재무부 사원, 정치가를 거쳐 〈찰스턴시티 가제트〉지 편집자가 되었고, 기금을 유용한 혐의로 고발당한 튀니스에서 잠시 공백기를 가진 후 〈뉴욕 내셔널 에드버케이트〉지의 편집자, 뉴욕의 주 장관을 거쳐 1824년에 뉴욕 시 민주당 중앙위원회 태머니홀의 고위 간부가 되었다.

일 년 후에는 나이아가라 강 버펄로 맞은편에 있는 섬에 유대인을 위한 도피성을 세운다는 야심찬 계획을 발표했다. 그 계획에 필요한 자금을 마련하기 위해 로스차일드 가문과 그 밖의 유대계 은행가, 세계 각지의 랍비에게 편지를 써서 전 세계 유대인에게 매년 은 3세겔이나 스페인 달러로 1달러의 인두세를 징수해 각 회중의 출납원이 수집하게 하자고 제안했다. 그는 새로운 정착지, 곧 상업의 도시는 전 세계에서 온 유대인에게 이전 시대의 편협함과 악한 정치로 거부되었던 평화와 안락함과 행복을 제공할 것이라고 공식적으로 발표했다. 여기에 그는 인도와 아프리카의 흑인 유대인과 더불어 **카라이트**와 사마리아 유대인, 코친과 중국의 유대인, 말라바르 해변의 종파까지 포함시켰다. 그리고 다음과 같이 덧붙였다. "아메리카 대륙의 인디언은… 십중팔구는 아시리아 왕에게 포로로 잡혀온 이스라엘의 잃어버린 지파의 후손일 터이니 그들로 하여금 자신의 신분을 깨닫게 하여 최종적으로 자기들의 형제, 즉 선택받은 민족과 연합할 수 있는 방안을 마련할 것입니다." 노아는 섬세한 비단 가운을 입고 목에는 금 사슬을 걸고 다니며 자신을 미국 시민, 상술한 도시 국가와 튀니스 왕국의 전 영사, 뉴욕 주 장관, 율법 상담가, 하나님의 은총에 의한 이스라엘의 총독이자 사사라고 소개했다. 노아는 경쟁 관계에 있던 신문 편집자와 유럽의 유대인 신문사로부터 조롱을 받았고 계획한 일은 아무것도 실현하지 못했다. 그러나 그는 부지당의 전신인 토착미국당을 만들고 다마스쿠스 사건에 맞서 유대인의 저항 운동을 조직하는 일을 계속했다. 1836년에는 텍사스 반란을 후원했고 판사로 생을 마쳤다.[121]

유대인 정착민이 매 사안마다 의견을 달리했던 이유는 그들이 처한 상황 때문이다. 예를 들어 북부에 사는 노아는 노예제도 폐지론자였다. 그러나 남부에 사는 유대인은 노예를 소유한 남부인이었다. 찰스턴의 경매인이었던 제이컵 제이콥스는 다음과 같은 유언장을 썼다. "진심으로 사랑하는 아내 케이티 제이콥스에게 그녀가 과부로 있는 동안 유산을 증여한다. 내가 소유하고 있던 모든 흑인과 그 밖의 노예, 토비, 스키피오, 제크, 제니와 그녀의 세 자녀 피터, 존, 이브, 그리고 플로라와 그녀의 두 자녀 레이첼과 루시, 그리고 내가 앞으로 소유할지도 모르는 모든 노예는 내가 죽은 뒤 자유의 몸이 된다." 신앙과 명예에 상처를 입은 남부 유대인이 남부의 방식에 반항한 것이다. 1832년에 사바나의 유력한 유대인 가문 출신의 필립 미니스는 러딩턴의 술집에서 조지아 주 의회 의원 제임스 스타크에게 모욕을 당했다. 제임스는 그를 저주받은 유대인, 저주받은 이스라엘인이라 칭하며 경멸할 가치도 없는 놈이라고 쏘아붙였다. 사과를 위한 협상이 열리고 결투 끝에 시티 호텔의 술집에서 스타크가 권총을 꺼내 들자 미니스가 그를 쏘아 죽였다. 그는 과실치사로 재판에 회부되었으나 무죄로 풀려났다. 남부 사람들은 이 판결에 만족했다.[122]

미국 유대인은 자기들이 지역 주민이라고 생각했다. 따라서 남북 전쟁 당시 거주하는 주의 정책에 따라 분열된 것은 그리 놀라운 일이 아니다. 약 7,000명의 유대인이 북부군으로 참전했고 3,000명의 유대인이 남부군으로 참전했다. 유대인이 단체로 대응하는 일은 거의 일어나지 않았지만, 유대인의 권리에 도전하는 특별한 일이 생겼을 때는 어김없이 집단적으로 반응했다. 남북전쟁 중이던 1862년 12월 17일, 율리시스 그랜트 장군이 테네시에서 발부한 명령서 때문에 생긴 일은 유명하다. "재무부와 재무부의 명령으로 확립된 무역에 관한 규정을 어기는 유대인을 추방하라." 유대인은 즉시 엄청난 기세로 반발했다. 결국 링컨 대통령의 훈령에 따라 그랜트는 1863년 1월 6일에 명령을 철회했다.

이 기간에 미국의 유대인 사회는 독일 유대인의 계몽주의 정신을 이어받았다. 그 정신은 진보적이고 낙관적이고 온건하고 합리적이고 애국적이고 검소하고 매우 존경할 만한 것이었다. 유대인 이민자들은 독일어 억양이 강한 영어를 사용했다. 자녀들도 일요일에는 유대인 학교에 다녀도 주중에는 공립학교에 다녀서 지역사회에 완전히 동화되었다. 1840년대 이후 계속해서 개혁파 유대교가 미국에 급속히 퍼졌다. 여기에는 다비드 아인혼, 사무엘 히르슈, 아이작 마이어 와이즈와 사무엘 아들러 같은 진보 성향 랍비들의 자극이 있었다.

미국계 유대인을 주도한 이들은 메시아나 시온에 관심을 두지 않았다. 그들은 전 세계에 윤리적 유일신론의 메시지가 확산되면 구원에 이를 수 있다고 생각했다. 그것은 정확히 미국 종교의 일반적인 흐름과 일치했다. 조금 보수적인 성향은 유대교의 중심지였던 필라델피아에서 현저히 나타났다. 웨스트팔리아 출신으로 열정이 남다른 랍비 아이작 리서(1806-1868년)가 유대인이 번역한 최초의 영문판 성경을 출간하고 아슈케나지와 스파르디 기도서의 영문 번역본을 완성하고 최초의 성공적인 유대인 신문 〈디 악시던트〉 지를 창간했다. 그는 후에 최초의 미국 유대인 출판협회를 조직하고 미국 유대인 학교 교재도 출간했다.[123] 그러나 독일계의 영향력이 강해지면서 개혁파 유대교가 미국 유대인 사회에서 우위를 차지하게 되었다.

미국에서 사업에 성공해 주요 인물로 부상하기 시작한 사업가들에게 가장 호소력이 있는 유대교는 바로 개혁파 유대교였다. 그 대표적인 인물이 그랜트 대통령이 재무장관 자리를 제의한 은행가 조지프 셀리그먼 (1820-1880년)과 1885년에 쿤 뢰브 사의 대표가 된 제이컵 헨리 시프 (1847-1920년)다. 30년 전쟁과 나폴레옹이 주도한 여러 전쟁이 그랬듯이 남북전쟁은 많은 유대인 은행가, 도급업자, 의류 제조업자에게 조직적이고 경제적인 토대를 마련해주었다. 그리하여 1860년대 이후 계속해서 유대인은 미국의 상업 부문, 특히 뉴욕에서 유력한 세력으로 성장했다.

그들의 과감한 자선 행위는 유대교에 거대한 기금을 갖춘 제도적 틀을 제공해주었다. 이에 따라 유대교는 필연적으로 강력한 진보적 방향성을 갖게 되었다. 1873년에 미국 히브리회중연합이 창립되었고, 2년 후에는 히브리 유니온 칼리지가 세워졌으며, 1889년에는 미국 랍비중앙협의회가 설립되었다. 토라의 모든 율법을 현대 문명의 관점과 습성에 맞지 않는 것으로 보고 거부한 랍비 카우프만 콜러가 1885년에 입안한 피츠버그 교의는 1937년까지 개혁파 유대교의 기본 신조가 되었다. 그 신조는 식사, 정결, 의복에 관한 오랜 규정을 거부하고 유대인은 더 이상 하나의 민족이 아니라 종교 공동체라고 역설했다. 아울러 부활, 천국, 지옥을 부정하고 시온으로의 귀환을 포기했으며 메시아 신앙을 근대 사회에서 진리와 정의, 의를 위한 투쟁으로 묘사했다. 그리고 그 투쟁에 다른 종교를 믿는 사람들과 함께 선한 의지를 가진 일반인의 동참을 호소했다.[124]

이처럼 이민이 한창 진행되던 시대에 미국 유대인 사회는 신세계에서 볼 수 있는 다양한 종교라는 천의 한 오라기 실로 존재했고 점차로 쇠약해져서 언젠가는 세속 사회에 매몰되고 말 운명처럼 보였다. 그러나 1881년의 대재앙으로 태동된 공포는 이런 전망을 완전히 바꾸어놓았다. 1881년부터 1892년까지 10년 동안 일 년에 평균 1만 9,000명의 유대인이 미국에 도착했고, 1892년부터 1903년까지 10년 사이에 도착한 이들은 일 년 평균 3만 7,000명으로 크게 늘었다. 1903년부터 1914년까지 12년 사이에는 연평균 7만 6,000명이 미국 땅을 밟았다. 이들 200만 명의 유대인 피난민은 기존에 미국에 정착한 유대인과는 완전히 달랐다. 새 이주자를 맞이한 25만 명의 유대인은 우아하고 유복하며 미국 정신을 가진 개혁파 유대인이었다. 반면에 새로 이주해온 유대인은 대부분 이디시어를 사용하는 정통파 내지는 하시드로서 분노와 공포에 사로잡혀 있었고 미신적 요소가 강했으며 처절할 정도로 가난했다. 이에 처음으로 미국 유대인 사회는 새로운 이주자를 두려워하기 시작했다. 대규모 이민으로 말미암아 반유대적 반응이 나올 수밖에 없을 것으로 판단했고 그 판단은 틀리지 않았다.

지금까지 미국의 주요 프로테스탄트는 영국에서처럼 유대인보다는 교황 정치 예찬론자에게 부정적이었다. 그러나 남북전쟁 후 유대인이 전쟁을 통해 이득을 챙겼다는 인식이 확산되자 반유대주의가 부상하기 시작했다. 1876년에는 뉴저지 주 해안에 있는 호텔에서 앞으로 유대인을 받지 않겠다고 여러 신문에 공식적으로 발표했다. 조지프 셀리그먼도 새러토가 휴양지에 있는 고급 호텔에 투숙하려다 거절당했다. 그러자 유대인 사업가들은 새러토가에서 몇 개의 호텔을 인수했고 그 결과 뉴저지 주 전역의 유흥지 호텔은 유대인을 받는 호텔과 받지 않는 호텔로 나뉘었다. 이런 풍조는 여관과 골프장까지 퍼져나갔고 일부 학교와 대학에서도 러시아식 할당제를 적용하기 시작했다.

가난한 아슈케나지 유대인이 대규모로 뉴욕에 들어온 일은 이러한 반유대주의 하류 문화가 급속히 확산되는 요인이 되었다. 그러나 이보다 더 중요한 것은 아슈케나지 이주민이 미국 유대인 사회가 기사회생할 수 있는 길을 제공했다는 점이다. 그들은 우아하게 사라질 뻔했던 미국 유대인 사회를 활력이 넘치는 생명체로 바꾸어놓았다. 그 생명체는 관대한 정부의 보호를 받으며 세계 최대의 유대인 도시의 마천루에서 자기들의 신앙과 정통을 고스란히 지키며 자유롭게 살아가는 민족이 되었다. 그곳은 진정한 도피성으로 전 세계 유대인을 위해 효과적으로 힘을 발휘할 수 있는 권력의 핵심이 되었다.

에마 래저러스와 뉴욕 유대인 사회

뉴욕의 부유한 유대인들은 그때까지도 유럽으로부터의 탈출 사건이 창출할 새로운 기회를 제대로 파악하지 못하고 있었다. 1648년의 대학살을 비롯해 유대 역사에 있었던 수많은 사건처럼 그 피신을 결국 비극으로부터 승리를 가져오는 하나님의 계획으로 해석할 수도 있었지만, 그들은 그런 시각으로 사건을 이해하지 않았다. 있는 그대로 묘사하자면 그들은 두려움을 누른 채 동유럽 출신 유대인을 환영하고 흡수하기 위해 모든 역량을 끌어 모아 할 수 있는 일을 다 했다. 그러나 그중에는 훨씬 더 강하고 예리한 통찰력으로 상황을 읽는 이들이 있었다. 젊은 여류 시인 에마 래저러스(1849-1887년)는 워드 섬에 있는 유대인 이민 기구에서 일했다. 에머슨이 일찌감치 그녀의 재능을 알아보고 지원을 아끼지 않았다. 에마 래저러스는 고대와 근대 유대인 문화에 대한 낭만적인 열정을 불태웠다. 중세의 위대한 시인 유다 하 레비의 작품을 번역하고 하이네의 작품도 번역했다. 뉴포트 공동묘지에 관한 롱펠로우의 감동적인 시에 깍듯이 예를 표하면서도 죽은 민족은 결단코 다시 일어서지 못하리라고 결론을 내린 마지막 구절에 대해서는 한탄했다. 사실은 그렇지 않았다. 유대인은 다시 일어설 터였다! 유서 깊고 유복한 스파라디 가문 출신인 에마 래저러스는 짐 꾸러미 하나 들고 미국에 이민 와서 살 길을 개척하고 있는 가난한 아슈케나지 유대인에게서 미국과 이스라엘 양쪽에 예루살렘을 재건할 미래의 군대의 모습을 발견했다. 그래서 1882년에는 〈뉴 센츄리〉 지에서 반유대주의 모략에 맞서 그들을 변호했다. 그녀는 유럽에서 박해받는 불쌍한 이들에게 미국의 사상과 미국이라는 국가가 지니는 의의를 당시 미국에 있는 누구보다 잘 이해했던 것 같다. 뉴욕 항에 자유의 여신상을 세울 때 그녀가 지은 시가 〈새로운 거인〉은 자유의 여신상에 불멸의 목소리를 불어넣었다.

> 당신의 피로와 가난을 내게 맡기세요.
> 그대, 어지러이 뒤엉킨 군중이 자유를 숨 쉬고파 하는군요.
> 저 풍요로운 해변에 쓰레기처럼 내쳐진 이들
> 집도 없이 폭풍우에 시달린 저 사람들을 내게 맡기세요.
> 나는 황금 문짝 옆에 횃불을 들고 서 있을게요.

에마 래저러스는 특히 전 세계 유대인 사회에 미국이 얼마나 중요한 존재인지 이해하고 있었다. 구시렁대던 군중은 이윽고 똑바로 서고 강인해져서 신세계로부터 구세계를 향해 굳건한 팔을 뻗을 것이다. 그녀의 시 〈유대인의 깃발〉은 시온주의 작품이다. 〈히브리인에게 보내는 편지 한 통〉은 미국과 성지의 상호작용을 통해 유대인의 문명이 회복될 것을 예견한다. 뉴욕의 슬럼가에서 절정을 이룬 아슈케나지 유대인 사회, 가련하게 버려진 그들에게서 생명과 희망을 발견했던 것이다.[125]

확실히 거기에는 놀랄 정도로 풍부한 생명력이 있었다. 새로운 이주자들이 뉴욕에 유입되자 상류 계층이 다니던 독일 양식의 회당은 맨해튼의 고지대로 이동했다. 피난민이 로워이스트사이드, 즉 바워리 가, 서드 애브뉴, 캐서린 스트리트, 14번 가, 이스트 강과 인접한 3.2제곱킬로미터의 지역을 가득 메웠다. 여기에서 54만 명의 유대인이 1910년까지 건물 밑 부분이 아령처럼 생긴 좁은 아령식 셋방에서 생활했다. 셋방에는 반드시 통풍구를 설치해야 한다는 1879년도 시의회 규례 때문에 생겨난 건물이다. 건물은 5층에서 8층 높이였고 폭은 7.5미터 내부 길이는 30미터였으며 각 층에는 14개의 방이 있고 그중 하나 정도가 햇볕을 받을 수 있었다. 뉴욕 유대인 사회의 심장부는 인구가 아주 조밀하게 들어찬 제 10 구였다. 이곳에는 전체 47개의 블록에 산재한 1,196개의 셋방에 7만 4,401명이 살았다. 인구 밀도가 1에이커당 701.9명이라는 뜻이다. 또한 이곳은 의류업의 중심지였다. 이주자 대다수가 의류업에 종사했다. 일주일에 70시간씩 12명이 작은 방에 모여 기성품에 쓸 옷감을 자르고 꿰매는 일을 했다. 1888년에 이르자 뉴욕의 의류 상사 241개 중에 234개를 유대인이 소유했고 1913년에 의류업은 뉴욕 최대의 산업이 되었다. 거의 모두가 유대인 소유인 1만 6,552개의 공장에서 31만 2,245명을 고용하고 있었다.

일종의 노동 착취라고 볼 수 있을까? 실제로 그랬다. 그러나 더 높은 지위로 나아가는 견인차 역할을 한 것도 사실이다. 처음 뉴욕에 도착했을 때 피난민은 두려움에 떨며 굴종적인 자세를 보였다. 이디시어로 발행하는 한 신문은 1884년에 다음과 같은 기사를 실었다. "우리 귀족적인 독일계 유대인의 자선 사업 협회에는 온갖 장식이 되어 있는 아름다운 사무소, 책상 등이 있다. 그곳에 근엄하고 굳은 표정을 한 사람들이 들어온다. 가난한 사람들은 마치 범죄자라도 되는 것처럼 질문을 받고 멸시를 받는다. 불운한 사람들은 모두 굴종을 견디며 사시나무처럼 떤다. 마치 러시아 관리들 앞에 서 있는 것처럼."[126] 20년이 지나자 그런 굴종의 태도는 사라졌다. 유대인은 노동조합 운동을 조직하고 네 번에 걸친 극적인 파업으로 영향력을 갖추었다. 동유럽 출신의 유대인은 바느질을 하면서도 독립과 존엄을 얻기 위해 노력했다. 유대인 이민자가 로워이스트사이드에 체류하는 기간은 평균 15년이었다.

처음에는 한때 부유한 독일계 유대인이 살던 할렘으로 옮겼고 다음에는 브롱크스와 워싱턴 하이츠로, 그다음에는 코니아일랜드, 플랫부시, 버로우 파크, 이스턴 파크웨이로 옮겼다. 자녀들은 칼리지와 종합 대학에 진학했고 많은 이들이 의사와 변호사가 되었다. 작은 상점에서 시작해 큰 기업을 경영하는 사업가가 되기도 했다. 과거에 행상을 하던 이들이 미국 전역에서 통신 판매 회사를 세웠다. 줄리어스 로젠왈드의 시어스로벅 사가 대표적이다. 작은 상점과 작업장에서 사업을 시작해 거대한 백화점을 세우는 이들도 있었다. 바이에른 출신으로 1872년에 포목점을 개업한 벤야민 블루밍데일 가문은 1888년에 이스트사이드에 직원을 1,000명이나 거느린 큰 사업체를 일구었다. 알트만 형제의 상점에는 직원이 1,600명이나 되었다. 이지도르 슈트라우스와 나탄 슈트라우스는 뉴욕에 있는 R. H. 메이시 백화점을 인수했다. 이 밖에도 여러 유대인 가문에서 김벨스, 슈테른, 브루클린의 에이브러햄앤슈트라우스 등의 백화점을 창립했다.

1900년대에는 이디시어를 쓰는 인구가 100만 명에 이르면서 뉴욕에서는 하루에 60만 부가 팔리는 세계 최대의 이디시어 신문을 발행했다. 4대 신문은 과격한 민족주의 계열의 〈바르하이트〉, 정통 보수 계열의

〈주이시 모닝 저널〉, 사회주의 계열의 〈포워드〉, 정통 시온주의 계열의 〈타게블라트〉였다. 얼마 안 되어 유대인은 영문으로 발행되는 일간지까지 장악했다. 아서 헤이스 설즈버거와 아서 오크스 설즈버거는 〈뉴욕 타임스〉를 이끌었고 도로시 시프와 데이비드 슈테른은 〈뉴욕 포스트〉를 운영했다. 때맞추어 유대인이 운영하는 대형 출판사도 등장했다. 호레이스 리버라이트는 리버라이트앤보니 사를, 조지 오펜하임과 해럴드 긴즈버그는 바이킹프레스 사를, 리처드 사이먼과 링컨 슈스터는 사이먼앤슈스터사를 세웠고 베네트 서프는 랜덤하우스 사를 발전시켰고 알프레드 노프는 알프레드에이노프 사를 세웠다. 이 시기에 맨해튼과 브루클린에는 각각 60만 명이 넘는 유대인이 거주하고 있었다. 브롱크스에서는 인구의 38퍼센트를 차지했고 뉴욕 전체로 보면 인구의 29퍼센트를 차지했다. 당시로서는 가장 큰 집단이었다. 1920년에 164만 명의 유대인이 살고 있던 뉴욕은 지구상에서 가장 큰 유대인 도시이자 가장 큰 이디시어 도시가 되었다. 1880년에 미국 전체 국민 5,000만 명 중 유대인 인구는 25만 명이 조금 넘었다. 40년 뒤에는 전체 국민 1억 1,500만 명 중 450만 명으로 18배나 증가했다.

이렇게 많은 유대인이 미국 사회에 조용히 녹아들 가능성은 없었다. 미국에는 성향이 다른 온갖 유대인 사회가 있었고 그중에는 아주 열정적으로 유대교 신앙을 고수하는 이들도 있었다. 1880년에 미국에는 200개가 넘는 회당이 있었고 그중 약 90퍼센트가 개혁파 회당이었다. 그러나 새로 온 이주민이 각자 자기 목소리를 내고 영향력을 갖게 되자 개혁파가 주도적인 위치를 계속 유지할 수 없었다. 1883년에는 개혁파 랍비들이 미국에 처음 세운 히브리 유니온 칼리지의 첫 졸업 만찬에서 악명 높은 사건이 발생했다. 새우를 비롯해 유대인이 먹어서는 안 되는 음식이 나왔던 것이다. 소동이 일어났고 충격을 받은 랍비들은 불쾌한 얼굴로 만찬장을 나왔다. 그 후 미국 유대인 사회는 빠르게 재편되었다. 1886년에는 보수파가 미국 유대교신학교를 건립했다. 정통파에서도 제도적인 장치를 마련했다. 1890년에 이르자 533개의 회당 중에 316개가 정통파의 회당이었다. 결국 보수파가 선두에 서고 정통파가 다음, 개혁파가 그 다음에 오는 삼중 구조가 형성되었다.

　1910년까지 미국에는 다양한 유대교가 확산되었다. 조금 더 부유했던 개혁파의 회당에서는 설교자가 영국 국교회풍 복장을 하고 영어로 예배를 드렸다. 남녀를 구분하지 않은 좌석과 성가대, 오르간도 갖추고 있었다. 당시 유행하는 스타일에 맞춰 지은 임마누엘 회당의 랍비 유다 마그네스는 회중에게 자랑스럽게 말했다. "다른 도시에 사는 저명한 기독교인 변호사가 제게 말했습니다. 일요일 아침 예배를 시작할 때 여기에 들어왔는데 설교자가 그곳이 회당이라고 말하기 전까지 자기가 회당에 들어와 있다는 것도 알지 못했다고요."127 그러나 그곳에서 8킬로미터도 떨어지지 않은 곳에는 프라하의 마하랄이나 바알 쉠 토브, 빌나의 가온도 고향처럼 느낄 만큼 고풍스러운 유대인 교구가 있었다. 한편 이즈음 미국 유대인 사회는 세속적인 흐름을 모두 보여주었다. 그러나 아직은 세계 유대인 사회를 이끌 만한 지도력을 갖추지도 못했고 특정한 방향을 제시할 수 있는 위치에 있지도 않았다. 그러나 서서히 조직을 갖춰가고 있었다. 1906년에는 미국 유대인위원회를 창설했다. 전 세계 유대인이 장차 유대 민족의 앞날을 놓고 다수의 합의에 이를 때 그 뜻을 관철하는 데 필요한 수적, 재정적, 경제적, 정치적 힘을 갖기 위해서였다. 이 모든 것은 1881년에 일어난 비극의 직접적인 결과였다.

시온주의자의 계획: 모제스 헤스

다른 결과도 나타났다. 마치 역사가 각각의 조각을 하나씩 제자리에 끼워 넣으며 퍼즐 맞추기라도 하는 것 같았다. 미국의 대규모 유대인 사회도 퍼즐을 완성하는 하나의 조각이었다. 또 하나의 조각은 시온주의자의 계획이었다. 1881년 사건은 시온주의자의 계획을 전면에 부각시켰다. 러시아에서 유대인을 대량 학살하는 사건이 있기 전까지 많은 유대인이 장차 자기들이 주변 사회에 동화될 것이라 생각했다. 그러다 그 사건이 벌어지자 일부에서 실현 가능한 대안을 찾아 나섰다. 사고의 중심축이 이동한 것이다. 낙관론과 자신감이 자취를 감추고 좀 더 선동적인 사상이 부각되었고, 그 결과 상상력과 독창성도 더 강해졌다. 러시아가 조장한 공포 속에서 유대인은 생각했다. 그저 안전하거나 괴롭힘이 없거나 관용이 있는 사회에서 사는 것에 만족하지 않고, 우리를 환영해주고 우리가 주인이 될 수 있는 이상적인 공동체를 건설할 수는 없을까? 물론 시온주의는 새로운 사상이 아니다. 바빌로니아 땅으로 유배를 갈 때부터 유대인은 고향 땅으로의 귀환을 꿈꾸었다. "우리가 바빌로니아의 강변 곳곳에 앉아서, 시온을 생각하면서 울었다"라고 시편 기자가 노래하지 않았던가?[128]

1,500년 넘게 이어져온 유대인 공동체에는 어느 시대 어느 공동체에든 시온을 꿈꾸는 자가 한두 명은 있었다. 어떤 이들은 개인적으로 티베리아스, 제파트, 시온으로 떠남으로써 꿈을 이루기도 했다. 어떤 이들은 소규모 회중 조직이나 정착지를 세우는 방안을 생각했다. 이들은 모두 종교적 시온주의자였다. 이런저런 방식으로 메시아의 시대를 앞당기고 싶어 했다. 독일계 랍비 츠비 히르슈 칼리셔(1795-1874년)도 그런 이상을

품었다. 칼리셔는 그 첫 단추로 무함마드 알리에게 이스라엘 땅, 최소한 예루살렘만이라도 구입하기 위해 프랑크푸르트의 로스차일드 가문에 후원을 요청했다. 1840년에 모지스 몬티피오리 경과 아돌프 크레미외가 다마스쿠스 공동체를 구출하는 것을 보고 베오그라드 제문의 랍비 유다 알칼라이(1798-1878년)는 이런 생각을 했다. 이번 구제 작전을 모델로 전 세계 유대인이 함께 모여 지금 시대에 맞게 고친 히브리어를 공용어로 사용하고 팔레스타인 땅에 고대하던 메시아의 미래 왕국을 세울 수는 없을까? 알칼라이는 수많은 홍보물로 이 계획을 알리고 자신의 진심을 증명하기 위해 이스라엘 땅에 정착했다.

　1840년대부터는 세속화한 사람들도 시온을 꿈꾸었다. 모제스 헤스(1812-1875년)는 마르크스와 마찬가지로 헤겔 철학에서 사회주의로 전향했으나 독일에서 마르크스가 행한 이론적 해석과 라살레가 행한 실천적 노력으로 나타난 집산주의 사회의 삭막한 국제주의에 흠칫 놀랐다. 그래서 많은 유대인이 그랬듯 중년에 접어들면서 자신의 뿌리로 돌아오기 시작했다. 그러나 그가 돌아간 유대교는 종교가 아니라 민족주의 형태를 취했다. 헤스가 꿈꾼 민족 국가는 역사 발전에 따른 자연스러운 결과였다. 따라서 주변 사회에 완전히 동화된 계몽주의 유대인은 고유한 본성을 배반하고 있는 셈이었다. 1859년에 헤스는 오랫동안 분열되어 있던 또 하나의 고대 민족 이탈리아가 민족의 정체성을 회복하는 것을 보고 한껏 고무되었다. 유대인이라고 통일 운동을 조직하지 못할 이유가 무어란 말인가?

　헤스는 위대한 저서 《로마와 예루살렘 *Rom und Jerusalem*》에서 유대인의 민족 국가를 세우는 계획을 옹호했다.[129] 헤스는 마스킬처럼 생존을 위해 고유한 정체성을 버리고 주변 사회에 동화되려 하는 지나친 태도도 예방하고, 주변 세상을 완전히 무시하고 싶어 하는 정통파 유대인의 지나친 태도도 예방하려 했다. 국가를 건설하여 기독교의 미신과 이슬람의 오리엔탈리즘을 모두 배척하고 유대교의 사상을 실천함으로써 유대인이 이방 세계에 빛을 비추는 정치적 등불이 될 수 있다고 보았다. 동시에 유대인의 경제적 기능을 파괴하려는 마르크스의 부정적인 계획을 통해서가 아니라 이상 국가를 세우는 긍정적인 활동을 통해 유대 민족을 구원할 수 있다고 보았다.[130]

다른 목표도 있었지만, 시온주의자의 가장 큰 이상은 예루살렘 안이나 주변에 정착지를 건립하는 것이었다. 모르데카이 노아까지도 결국에는 이상적인 유대인 공동체는 나이아가라 근처가 아니라 요르단 강 근처에 세워야 마땅하다고 생각했다. 유대인은 소수이기는 하지만 주기적으로 팔레스타인 땅을 떠돌았다. 그러나 알칼라이조차도 실제로 정착지를 세우지는 못했다. 그러나 종교적인 공동체건 세속적인 공동체건 두 가지 성격을 모두 지닌 공동체건 정착 과정 없이 어떻게 새로운 시온을 건설할 수 있겠는가? 그렇게 정착에 생각이 미치자 무엇보다 영국에 관심이 쏠렸다. 영국은 19세기 식민지 대국이었고 지구상의 4분의 1을 손아귀에 넣으려 하고 있었다. 더욱이 유대인의 이상주의, 특히 시온주의자의 다양한 생각을 포용했다. 앞에서 살펴본 것처럼 영국 외무장관 파머스턴은 유대인이 팔레스타인에 재정착할 수 있도록 적극 지원했다. 영국의 위대한 총리 벤저민 디즈레일리는 심지어 더 멀리 내다보았다. 그의 소설 《알로이 _Alroy_》는 유대인을 위해 예루살렘을 재건하고자 모색한다. 이 주제는 유대인을 묘사한 더 중요한 소설 《탄크레드》에서 다시 반복된다. 물론 디즈레일리를 영국 정계에서 활약한 몽상적이고 상상력이 아주 풍부한 스파라디로 일축할 수도 있다. 그러나 디즈레일리는 뜬구름 잡는 것 같은 이상을 실현하는 능력이 아주 뛰어났다. 인도에서는 상업 회사 하나를 화려한 제국으로 키우기도 했다. 평소 시온주의 계획을 마음속에 묻어

두기는 했지만, 그런 계획을 가지고 있었던 것만은 틀림없다. 1851년에 디즈레일리는 동료 스탠리 경과 함께 하이위컴에 있는 캐링턴 공원을 산책했다. 스탠리는 일기에 이렇게 썼다.

그날은 추웠다. 날씨에 늘 민감한 사람인데, 그날은 마치 온도 따위는 잊어버린 것 같았다. 자신의 생각을 좀 더 인상적으로 전달할 요량으로 정원수 옆에 멈춰 서서 진지하고 상세하게 설명했다. 그에 따르면 팔레스타인에는 이용할 수 있는 자연이 아주 풍부하다. 부족한 것이 있다면 노동력과 노동자에 대한 보호다. 토지 소유권은 터키 정부로부터 사들이면 된다. 자금을 준비하는 것은 어렵지 않다. 로스차일드 가문이나 유력한 히브리인 자본가가 후원해줄 것이다. 터키 제국은 쇠락하는 중이다. 그러니 돈이 된다면 무슨 일이든 할 것이다. 토지에 대한 권리를 손에 넣은 다음 정착지를 건설하고 적대 세력으로부터 정착지를 안전하게 지키기만 하면 된다. 국적 문제는 이런 문제를 먼저 해결할 때까지 미뤄둬야 할지도 모른다. 그는 많은 유대인이 이런 생각을 하고 있다고 덧붙였다. 이일을 수행하는 인물이 차기 메시아, 백성을 구원할 진정한 구세주라고 했다.

스탠리는 이런 말을 덧붙였다. "화를 내거나 기뻐하거나 흥분하는 모습을 여러 번 보았지만, 내 앞에서 이렇게 감정을 격하게 드러낸 것은 그때뿐이다."[131] 디즈레일리는 눈을 감으며 이 이상을 떠올렸는지도 모른다. 죽어가면서 히브리어로 혼자 중얼거렸다는 이야기가 전해 내려오고 있다.[132]

디즈레일리가 유대인과 시온주의에 공감한 것은 단지 그가 유대인이어서만은 아니다. 영국에는 친유대주의 전통이 있었다. 디즈레일리 역시 그 영향을 받았다. 특히 흠정역 성경을 읽으며 자란 영국 작가들은 유대인의 과거에 관심이 아주 많았고 당시 곤경에 처해 있는 유대인을 보고 많이 안쓰러워했다. 바이런이 쓴《히브리 가곡 *Hebrew Melodies*》이 대표적인 예다. 물론 소설 속에서 유대인을 불쾌한 존재나 반사회적인 인물로 묘사하고 싶어 하는 유혹도 있었다. 찰스 디킨스는 1837년부터 1838년까지 연재한《올리버 트위스트 *Oliver Twist*》에서 이 유혹에 지고 말았다. 소설에서 악한 페이긴은 명확히 유대인의 특징을 보이는 것도 아닌데 노골적으로 유대인으로 매도된다. 런던에서는 유대인이 많은 범죄를 저질렀는데, 특히 가난한 아슈케나지 공동체에서 심했다. 오스트레일리아로 쫓겨난 사람 중에는 유대인이 가장 많았다.

1852년에 그 제도가 폐지되기까지 1,000명이 넘는 유대인이 오스트레일리아로 이송되었다. 그중에는 장물아비로 유명한 아이작 아이키 솔로몬이 있다.[133] 디킨스는 그를 보고 페이긴이라는 인물을 탄생시킨 것 같다. 그러나 디킨스는《올리버 트위스트》가 반유대적이라는 비판에 크게 분노했다. 마치 그러한 주장에 반박이라도 하듯 1864년부터 1865년까지 연재한 소설《우리 모두의 친구 *Our Mutual Friend*》에서 등장인물 중 가장 덕망이 높은 리어 씨를 자기 민족에게 깊이 감사하는 점잖은 유대인으로 묘사했다. 때로는 소설 속 인물이 유대인을 가리키는지 그렇지 않은지 분명하지 않은 때도 있었다. 빅토리아 여왕 시대에는 유대인 하면 지저분한 붉은색 머리칼을 지닌 사람을 떠올리곤 했는데, 혐오스러운 인물로 묘사되는 등장인물 중에 붉은색 머리칼을 가진 이들이 더러 있었다.《데이비드 코퍼필드 *David Copperfield*》에 나오는 유라이어 히프, 앤서니 트롤럽의《바체스터의 탑 *Barchester Towers*》에 나오는 오바디야 슬로프 목사가 대표적인 예다. 트롤럽은 유대인을 악당으로 묘사하는 것 때문에 종종 비판을 받았다. 트롤럽이 정치 소설에서 도브니 씨로 등장시킨 디즈레일리를 싫어했던 것은 분명하다. 그러나 당시 디킨스와 윌리엄 새커리를 비롯해 디즈레일리를 싫어하는 작가가 꽤 있었고, 꼭 그가 유대인이어서 미워했던 것은 아니다. 더욱이 디즈레일리는 1881년에 발표한 마지막 소설 《엔디미온 *Endymion*》에서 디킨스와 새커리를 풍자하는 것으로 응수했다.

트롤럽은 많은 소설을 썼고 19세기 작가 중에서 가장 많은 곳을 여행한 사람답게 소설 속에 외국인을 자주 등장시켰다. 그의 작품을 주의 깊게 읽어보면 유대인에 대한 편견이 없다는 것을 알 수 있다. 트롤럽이 쓴여러 정치 소설에 등장하는 마담 맥스 고즐러는 명망이 높은 유대인이다. 1865년에 발표한 《니나 발라타카 *Nina Balataka*》에 나오는 안톤 트렌델존은 호감 가는 유대인이다. 1875년에 발표한 《지금 우리가 사는 방식 *The Way We Live Now*》에 나오는 허풍쟁이이자 금융계의 악당 오귀스트 멜모트도 사실은 유대인으로 규정하지 않았다. 트롤럽은 애써 그의 출신을 모호하게 묘사한다. 물론 이 인물이 1831년에 더블린에서 행상인의 아들로 태어나 에이브러햄 고트하이머에서 개명한 앨버트 그랜트를 모델로 삼은 것은 사실이다. 앨버트 그랜트는 키더민스터의 국회의원을 지냈고 런던 소호에 있는 레스터 스퀘어를 개발했으며 크레디크 폰시 앤 모빌리에 총지배인으로 일했고 사기성이 짙은 회사를 세웠으며 1899년에 가난뱅이로 죽었다.[134]

그러나 멜모트는 상당히 중요하다. 트롤럽이 멜모트라는 인물을 작품에 등장시킨 시기와 유대인을 대하는 영국인의 태도가 바뀐 시기가 일치하기 때문이다. 1870년대 전까지 학식 있는 영국인은 대개 친유대주의 성향을 보였다. 그런데 1870년대에 경기 침체가 이어지고 재정난에 허덕이는 사람이 늘어나면서 미묘한 변화가 생겼다. 1870년대 중반부터 유대인이 대규모 시세 조작에 연루되어 있다는 생각이 팽배해졌다. 유럽 대륙, 특히 프랑스와 독일, 오스트리아에서도 이런 분위기가 감지되었다. 그러나 다른 나라의 경우에는 기존에 퍼져 있던 반유대주의 정서가 심해진 것이지만, 영국의 경우에는 새로운 현상이었다. 변화된 사회 분위기에 친유대주의자는 당혹스러워했고 그중 일부는 유대인 문제를 해결할 방법을 찾아야겠다고 생각했다. 대표적인 인물이 예루살렘 성전 벽을 최초로 발굴한 찰스 워런 경이다. 멜모트가 트롤럽의 소설에 등장한 1875년에 워런은 《약속의 땅 *The Land of Promise*》을 출간했다. 영국 정부의 지원 덕분에 팔레스타인의 유대인 인구는 서서히 늘어나 1840년대에는 1만 명을 넘어섰다. 워런은 디즈레일리의 방식으로 터키의 국채를 일부 떠안는 대가로 팔레스타인을 식민지로 만들기 위해 그곳에 영국 회사를 세우자고 제안했다. 순수하고 소박한 유대인을 데려와 최종적으로 이 지역을 점유하고 다스린다는 분명한 목표를 염두에 둔 제안이었다. 워런은 재정과 조직, 과학적인 개발이 뒷받침되면 팔레스타인 지역이 1,500만 명을 부양할 수 있을 것으로 전망했다.

다니엘 데론다를 기다리며

그해 봄 조지 엘리엇이 〈블랙우드〉에 소설 《다니엘 데론다 *Daniel Deronda*》를 연재하면서 워런의 주장은 더 힘을 얻었다. 《다니엘 데론다》는 지금은 거의 읽히지 않고 있으며 당시에도 예술적으로는 실패작으로 간주되었다. 그러나 영향력만 따지면 19세기 소설 중에서 가장 영향력 있는 소설로 꼽을 만하다. 이 소설은 시온주의자의 퍼즐판에서 아주 중요한 조각이다. 조지 엘리엇은 열일곱 살이 되던 해에 요세푸스의 저작을 읽으면서 유대인에게 지대한 관심을 갖기 시작했다. 성경 주석과 비평을 열심히 읽고 다비드 슈트라우스가 쓴 《예수의 생애 _Das Leben Jesu_》와 스피노자의 글을 번역했다. 반유대주의 농담을 들으면 불쾌해했다. 기독교인이 유대인에게 적대감을 품는 것은 불경하고 어리석은 짓이라고 생각했다. 1866년에 조지 엘리엇은 학식이 있는 유대인 이마누엘 도이치를 만났다. 도이치는 대영박물관 장서 목록 편집자로 일하는 한편 〈쿼털리 리뷰〉를 통해 기독교인 독자에게 탈무드를 소개하면서 기독교와 유대교 사이에 다리를 놓은 논문을 막 출간한 참이었다. 도이치는 엘리엇에게 히브리어를 가르쳤다.

1869년에 도이치는 팔레스타인을 방문해 열렬한 시온주의자가 되었고 예루살렘에서 이런 편지를 보냈다. "동방! 내가 품어온 뜨거운 동경을 마침내 실현했다!"[135] 도이치는 암으로 사망했다. 조지 엘리엇은 도이치가 병상에 있는 동안 자주 방문했고 그의 열정에 매료되었다. 1870년대 초 엘리엇은 유대인에 관한 소설을 쓰기 위해 방대한 문헌을 읽고 회당을 방문하기 시작했다. 연민과 이해심을 가지고 유대인을 대하고픈 강한 충동을 본성으로 느끼고 지식으로 깨닫는다고 했다. "기독교 세계에서 자란 우리 서구인은 히브리인에게 특별히 빚을 지고 있으며 우리가 인정하든 안하든 종교적으로나 도덕 감정으로나 그들은 우리의 완벽한 동료다."[136]

1876년에 완결한 《다니엘 데론다》를 집필하고 연재하는 동안 엘리엇은 큰 감동을 받았고 눈물이 그렁한 눈으로 집필을 마쳤다. 이 책에는 현명하고 성실한 조언자 겸 시온주의 대변가로 병상에 누워 있는 학자 모르데카이가 나온다. 도이치를 모델로 엘리엇이 창조한 모르데카이는 빈곤과 어둠에 싸여 질병으로 쇠약해진 몸과 마음으로 죽음의 그림자가 다가오는 것을 느끼고 있으나 눈에 보이지 않는 과거와 미래 속에서 열정적으로 살아가는 인물이다. 엘리엇은 모르데카이의 입을 통해 자기가 품고 있는 시온주의의 소망을 이야기한다. "이스라엘이 좋아지면 세상도 그만큼 좋아진다. 위대한 민족의 문화와 공감을 가슴에 품은 하나의 공동체가 동방의 선구자로 구축되기 때문이다. 그곳은 적대감이 사라지고 서양의 벨기에처럼 동양을 위한 중립의 땅이 될 것이다." 이 구절은 1914년 세대부터 우리 세대에 이르기까지 비극적인 아이러니로 다가온다.

그러나 당시에는 시온을 재건하면 야만스러운 지역이 안정을 찾고 문명사회로 나아가게 될 것이라는 생각이 친유대주의 지식인 사이에 팽배했다. 이런 정서는 《탄크레드》에 나오는 것과 같은 메시아적 인물을 요구했다. 조지 엘리엇은 소설의 주인공 다니엘 데론다를 통해 메시아의 모습을 보여준다. 다니엘은 모르데카이가 지명한 인물이다. 소설 막바지에 다니엘은 미라와 결혼하고 동방으로 떠날 준비를 한다. 세계 곳곳에 흩어져 있는 유대 민족을 정치적 존재로 부활시켜 다시 하나의 민족으로 만들고 영국인이 가지고 있는 것과 같은 민족의 구심점을 부여하기 위해서였다.

조지 엘리엇의 작품은 전 세계로 엄청나게 팔려나갔다. 엘리엇은 영국은 물론이고 유럽 대륙과 북미 대륙 지성인에게 가장 존경받는 19세기 소설가가 되었다. 유럽 및 북미 지역 지성인과 특별히 주변 사회에 동화된 수십만 명의 유대인에게 엘리엇의 소설은 시온으로의 귀환 가능성을 처음으로 제시했다. 그 소설을 읽지 않은 몇 안 되는 사람 중 하나가 디즈레일리였다. 엘리엇의 소설을 읽었느냐고 묻자 디즈레일리는 이렇게 대답했다. "저는 소설이 읽고 싶으면 직접 씁니다." 그러나 대부분의 사람이 엘리엇의 소설을 읽었다. 뉴욕에서 그 소설은 에마 래저러스에게 활력을 불어넣었다. 1911년에 개정된 《브리태니커 백과사전》에 '시온주의'라는 항목을 집필하면서 루시앤 울프는 엘리엇의 소설이 샤베타이 체비 이후로 유대 민족정신에 가장 큰 자극을 주었다고 평했다.[137] 엘리엇의 소설은 정계에서도 폭넓게 읽혔다. 아서 밸푸어는 책이 나온 이듬해인 1877년에 조지 엘리엇을 처음 만났는데, 밸푸어의 세대에게 엘리엇의 소설은 유대인의 입장을 이해하는 입문서나 다름없었다.[138] 그러나 모든 사람이 알고 싶은 사실은 따로 있었다. 누가 다니엘 데론다가 될 것인가? 그는 언제 출현할 것인가? 사실 그것은 메시아를 기다리는 것과 같았다.

현대의 인종차별, 드레퓌스 사건과 프랑스인

1895년 1월 5일 파리의 사관학교에 있는 몹시 추운 법정에 다니엘 데론다가 나타났다. 그날 법정에서는 유대인으로서는 유일하게 프랑스군에서 육군 장교로 복무 중이던 알프레드 드레퓌스 대위의 직위를 강등하는 문제를 다루었다. 드레퓌스는 독일에 프랑스 군사기밀을 유출했다는 혐의로 고발당했고 재판을 거쳐 유죄 선고를 받았다. 그러나 훗날 그의 혐의를 입증하는 증거로 제시된 자료가 날조된 것으로 드러났다. 신문기자 몇 명이 그 재판을 참관했고 그중에는 테오도르 헤르츨(1860-1904년)이 있었다. 헤르츨은 빈에서 발행하는 진보적인 일간지 〈노이에 프라이에 프레세〉 파리 특파원이었다. 2주 전, 헤르츨은 재판에 참석해 드레퓌스가 유죄 선고를 받는 모습을 지켜보았다. 다라 장군이 드레퓌스에게 소리쳤다. "알프레드 드레퓌스, 귀관은 무기를 들 자격이 없다. 프랑스 국민의 이름으로 우리는 귀관을 파면한다!" 그러자 드레퓌스가 큰소리로 외쳤다. "병사들이여, 무고한 사람이 파면당하고 있습니다. 병사들이여,

무고한 사람이 굴욕을 당하고 있습니다. 프랑스 만세, 프랑스군 만세!" 선임 하사관이 드레퓌스의 제복에서 배지와 단추를 떼어냈다. 하사관은 드레퓌스의 칼을 꺼내 자기 무릎에 대고 부러뜨렸다. 법정을 나오면서도 죄수는 계속 자신의 무죄를 주장했다. 재판정 밖에서 기다리던 흥분한 군중이 그의 말을 듣고 휘파람을 불며 소리쳤다. "드레퓌스에게 죽음을! 유대인에게 죽음을!" 헤르츨은 군중의 외침을 들으며 그곳을 빠져나왔다.[139] 그리고 정확히 6개월 뒤 현대 시온주의를 실행에 옮기게 한 《유대국가 Der Judenstaat》의 초고를 완성했다.

드레퓌스 재판과 헤르츨이 시온주의로 귀의한 사건은 유대 역사의 발전 과정을 보여준다. 여기에는 퍼즐을 맞추는 데 필요한 조각이 두 개 이상 있고 모두 자세히 살펴볼 필요가 있는 중요한 조각이다. 우선 드레퓌스 사건과 이 사건이 보여준 암울한 상황은 서유럽 사회에 동화된 유대인의 낙관적인 생각, 즉 유럽 사회가 자기들을 무리 없이 받아들이고 있으며 완전한 유럽인이 될 날이 멀지 않았다는 망상에 종지부를 찍었다. 1871년에 하인리히 그레츠는 11권으로 된 《고대로부터 현대에 이르는 유대인의 역사 Geschichte der Juden von den ältesten Zeiten bis auf die Gegenwart》를 마무리하며 승리에 찬 음성으로 말했다. "나는 그 어떤 선조보다 행복하다. 문명 세계에서 유대 부족이 드디어 정의와 자유뿐 아니라 확실한 인정을 찾은 것을 기뻐하며 이 책을 마무리할 수 있기 때문이다. 유대 민족은 자비를 통해서가 아니라 수없이 많은 고난을 통해 얻은 권리로 마침내 재능을 꽃피울 수 있는 무한한 자유를 얻었다."

안전하다는 확신은 프랑스에서 가장 강했다. 프랑스에서 유대인은 1789년 혁명이 남긴, 자유라는 유산을 만끽하고 있었다. 수적으로는 여전히 소수였다. 그런데 얄궂게도 프랑스는 1870년에 전쟁에 패하면서 알자스로렌을 잃었다. 이 때문에 독일어를 사용하는 아슈케나지는 유대인 인구가 가장 많지만 잘 알려지지 않은 정착지 알자스를 내놓아야 했다. 드레퓌스 재판이 있을 당시 프랑스 전체 인구 4,000만 명 중에 유대인은 8만 6,000명이었다.[140] 유대인 공동체는 종교 장관 소속으로 정부의 후원을 받는 종교국 관할이었다. 종교국은 랍비 선출 규칙을 하달했고 봉급을 정해 지불했다. 다시 말해 프랑스 유대교는 어느 정도 국가 교회의 특징을 가지고 있었고 그런 식으로 기능했다. 유대인의 기도서에는 다음과 같이 프랑스를 위한 기도가 수록되어 있다. "이스라엘과 인류의 전능하신 보호자시여, 모든 종교 가운데 우리 종교가 당신의 손으로 지으신 것이라서 당신에게 가장 소중한 것이라면, 프랑스는 모든 국가 중에서 당신이 가장 아끼는 나라이니 이는 이 나라가 당신에게 가장 가치 있는 것이기 때문입니다." 기도문은 이런 구절로 끝난다. 프랑스가 "모든 이를 위한 관용과 정의를 독점하지 않게 하소서. 프랑스에는 그것이 영광이나 다른 나라에는 굴욕입니다. 프랑스를 본받는 많은 국가가 생겨나게 하시고 프랑스가 자신의 기호와 언어, 문학 작품, 예술을 세계에 선사한 것처럼 더 중요하고 소중한 원칙을 세계에 선사하게 하소서."[141]

1891년에 파리의 랍비장으로 임명받은 J. H. 드레퓌스는 프랑스의 천재성과 유대교의 근본주의 정신사이의 연관성을 주제로 설교했다. 특히 프랑스 민족을 현대의 선민으로 보고 두 민족 사이의 윤리적 유사성을 강조했다. 남부 도시 님의 랍비 칸은 프랑스 혁명을 가리켜 "우리의 출애굽 사건이자… 우리의 현대판 유월절 사건"이라고 칭했다. 랭스의 랍비 헤르만은 프랑스가 "인류의 운명을 제시하고… 과거에는 전적으로 이스라엘의 세습 재산이었던 위대하고 아름다운 정의와 평등과 박애의 사상을 전 세계에 퍼뜨리도록 하나님이 만드셨다"고 말했다. 미국의 개혁파 유대교처럼 프랑스의 유대교는 그 지역 종교 풍토와 조화를 이루기 위해 할 수 있는 노력을 다했다. 랍비들은 거의 가톨릭 사제처럼 옷을 입었다.

심지어 안식일인 토요일에 드리는 예배를 주일인 일요일로 옮기는 문제까지 고려했다. 아이들에게 하는 의식은 세례나 성찬 의식과 비슷했다. 관에 헌화하고 헌금 접시를 돌리고 임종을 앞둔 사람을 찾아가는 일을 비롯해 성가, 오르간, 설교 등 모든 면에서 기독교의 의식을 본받았다. 그리하여 프랑스 전역에서 진정한 의미의 정통파 유대인은 고작 500명밖에 남지 않았다.

유대인은 일반적으로 늘 행동을 조심하고 강한 애국심을 드러냈다. 그랑 에콜에 입학하고 각종 콩쿠르와 학술대회에서 수상하고 레지옹도뇌르 훈장처럼 나라에서 주는 상을 받기 위해 치열하게 경쟁했다. 레옹 알레비는 "프랑스인은 나라와 제도를 통해 프랑스인이 된다. 모든 사람〔프랑스 유대인〕이 관습과 언어를 통해 프랑스인이 되어야 한다. … 유대식 이름은 장식일 뿐이고 프랑스식 이름을 본명으로 써야 한다"고 말했다.[142] 에르네스트 크레미외 푸아는 기도 시간을 제외하고는 유대인이나 기독교인이나 구별이 없게 하자고 말했다. 프할스 고등연구원 원장으로 승진한 제임스 다르메스테테르는 감사 연설을 하면서 이스라엘 문화와 프랑스 문화는 본질적으로 같다고 주장했다. 프랑스 혁명은 유대교의 이데올로기를 나타낸 것이며 진보를 깊이 신봉하는 이 두 선민이 이 땅에서 정의가 승리하는 메시아의 시대를 열어갈 것이라고 했다. 이런 사람들은 반유대주의는 독일에서 들어온 것으로 프랑스와는 인연이 없고 피상적인 이야기로 그치고 말 것이라고 주장했다.

그러나 불행히도 그 판단은 틀렸다. 19세기는 인종론을 둘러싼 사이비 과학이 판을 치던 시대였고 프랑스도 그 흐름에서 한 축을 담당했다. 언어의 기원을 연구하던 독일 언어학자가 제일 먼저 산스크리트어에 뿌리를 둔 아리안인 및 인도 유럽 민족을 히브리 어족에 뿌리를 둔 셈족과 구별했던 것은 사실이다. 그러나 언어와 인종을 혼동하면서 이런 개념을 널리 퍼뜨린 것은 프랑스다. 1853년에 프랑스 외교관 조제프 아르튀르 드 고비노(1816-1882년)가 악명 높은 저서 《인종 불평등론 *Essai sur l' inegalite des races humaines*》을 출판했다. 이 책에서 고비노는 아리아 인종의 덕목과 셈족 및 라틴 계열의 퇴보를 대비시켰다. 독일 반유대주의자는 이 책을 필독서로 삼았다. 특히 리하르트 바그너는 이 책에 지대한 영향을 받았다. 박학다식하고 완고한 에르네스트 르낭(1823-1892년)도 《셈어의 일반 역사와 체계 비교 *Histoire Générale et Systèmes Comparés des Langues Sémitiques*》에서 셈어의 열등함을 부각시켰고 이 책은 1847년에 볼네이 상을 받았다. 이어 1863년에 출간한 《예수의 일생 *Vie de Jesus*》은 반교권주의자에게는 독선적인 만족을, 가톨릭 신자에게는 전율에 가까운 죄책감을 안겨주었다. 이 책은 19세기를 통틀어 프랑스에서 가장 많이 팔린 책이다.

르낭은 인도 유럽 민족과 비교할 때 셈족은 인간성이 열등하다고 주장했다. 그리고 예수를 인본주의적 영웅으로 묘사하면서 "그의 민족이 지니고 있는 결점을 거의 가지고 있지 않았고… 한없는 사랑과 탁월한 성품을 갖추고 있었다"고 주장했다. 에두아르 드뤼몽은 유대 민족의 열등함을 다룬 르낭의 이론을 유대인의 금융사기에 관한 투스넬의 이론과 교묘하게 결합했다. 이 이론은 1886년에 두 권으로 출간한 방대한 저서 《프랑스 유대인 *La France juive*》으로 결실을 맺었다. 이 책은 반유대주의 연구 중에서 가장 그럴듯하고 명쾌한 작품으로 단시간에 100쇄를 찍었다. 이를 계기로 드뤼몽은 1889년에 반유대주의 동맹을 결성하고 사악한 일간지 〈라 리브르 파롤〉을 발행했다.

이렇듯 프랑스 반유대주의를 형성한 첫 번째 층은 사이비 과학이었다. 두 번째 층은 질투심이었다. 유대인이 인종적으로 열등하다면, 그들이 그렇게 성공하는 이유는 뭘까? 그 이유는 사기를 치고 모종의 음모를 꾸미기 때문이라고 보았다. 당시 프랑스에서는 유대인 상류 부르주아 계층의 자녀가 모든 분야에서 상을 휩쓰는 경향이 있었다. 수년 후에 쥘리앵 방다는 이렇게 기록했다. "방다 형제가 전국 대회에서 우수한 성적을 거둔 일이 15년 후에 겪어야 했던 반유대주의의 핵심 요인 중 하나라고 나는 생각했다. 유대인이 이를 깨달았든 깨닫지 못했든 유대인의 성공이 다른 프랑스인에게는 폭력으로 다가왔던 것이다."[143] 대표적인 예가 레이나슈 형제다. 변호사이자 정치가인 조제프 레이나슈(1856-1921년), 고고학자 살로몽 레이나슈(1858-1932년), 고전학자 테오도르 레이나슈(1860-1928년)는 상이란 상은 모두 휩쓴 천재였다. 그들은 매번 자기 분야에서 다른 프랑스인을 물리치고 수상했다.

1892년에 발생한 파나마 운하 사건은 시세 조작과 사기 행각이 뒤엉킨 대형 사건으로 그 중심에는 레이나슈 삼형제의 삼촌인 자크 드 레이나슈 남작이 있었다. 의혹에 쌓인 그의 죽음 내지 자살은 유대인을 박해하는 사람들 사이에 소란과 분노를 키우는 결과를 낳았다. "그것 봐! 그들은 내내 우리를 속여 왔어!" 유대인이 연루된 1882년의 전체 노동조합 스캔들, 1889년의 조합 은행 스캔들은 복잡한 범죄의 서막에 불과했다. 일련의 사건은 드뤼몽이 책에서 지적한 금융 음모론을 확증하는 것처럼 보였고 〈라 리브르 파롤〉 지는 거의 매일 새로운 반유대주의 이야기를 심층 보도했다. 파리는 런던 다음으로 큰 유럽 경제의 중심지였고 도이치부터 밤베르거, 하이네, 리프먼, 페레르, 에프루시, 슈테른, 비쇼프스하임, 히르슈, 레이나슈까지 파리 은행가 대다수가 유대인이었다. 더구나 이런 현상은 계속될 것만 같았다![144]

프랑스 반유대주의의 세 번째 층에는 성직자가 있었다. 로마 가톨릭은 19세기의 마지막 4반세기에 이르러 프랑스와의 끝없는 불화로 혼란에 빠져 있었다. 그들은 성직자를 거의 통제하지 못했고 수도회, 특히 성모승천회에 대해서는 더더욱 통제를 하지 못했다. 교황은 로마나 루르드 같은 새로운 기적의 장소를 중심으로 순례 여행을 조직함으로써 프랑스를 다시 기독교화하려 했고 이 수도회는 교황의 지지를 받고 있었다. 성모승천회는 1847년 창립되었고 신앙 부흥 운동에 상업적인 수단을 대규모로 적용한 첫 번째 수도회다. 그들은 사람들을 많이 모으기 위해 특별기차를 임대했다. 출판사 라본프레스 사를 설립하고 1883년에는 일간지 〈라 크루아〉를 창간해 성공을 거두었다.[145]

유사한 부분이 많은 도미니쿠스회와 프란체스코회 수사들처럼 그들에게도 적이 필요했다. 그래서 프로테스탄트, 프리메이슨, 유대인이라는 세 개의 적을 만들어냈다. 이 셋은 서로 관련이 있었다. 가톨릭의 극단적인 음모론의 하나로 프리메이슨 음모론은 사이비 과학을 앞세운 반유대주의보다 훨씬 일찍 등장했다. 프랑스에서는 그 기원을 1789년까지 거슬러 올라갈 수 있다. 가톨릭의 수많은 소책자와 서적에 따르면, 프리메이슨의 교훈과 의식 중 많은 것이 유대인의 카발라와 관계가 있다. 그리고 16세기 이래 많은 프로테스탄트가 마라노, 즉 숨어 있는 유대인이었으므로 이 셋을 사탄의 삼총사로 묶는 것은 어렵지 않았다. 1882년에 가톨릭 은행 조직인 위니옹 제네랄이 도산하자 성모승천회는 이것이 그들의 음모 때문이라고 주장했다. 이듬해에 성모승천회는 음모에 맞서 싸우기 위해 신문을 창간했고 그 이듬해에 그들의 보호자 레오 13세는 공식적으로 프리메이슨을 악마 활동이라고 비난했다. 〈라 크루아〉 지는 가증스러운 삼총사와 싸울 것을 맹세했다. "그 삼총사는 프랑스의 영혼인 가톨릭을 파괴하고 싶어 하는 프로테스탄트, 프랑스의 몸인 부를 탈취하고 싶어 하는 유대인, 프랑스의 몸과 영혼을 동시에 파괴하고 싶어 하는 이 둘의 자연스런 결합체 프리메이슨을 말한다!"[146]

이런 증오와 비방을 배경으로 러시아에서 1881년에 발생한 사건과 그 여파는 일반 프랑스 국민, 특히 파리 시민에게 유대인 문제를 부각시키는 생생한 시각 자료가 되었고 이로써 프랑스에 있던 기존 유대인 사회에 치명적인 타격을 입혔다. 한 세대에 걸쳐 프랑스는 12만 명의 유대인 피난민을 수용했고 그 결과 프랑스 유대인 사회는 규모가 두 배 이상 커졌다. 새로 유입된 유대인은 가난한 아슈케나지가 대부분이었고 드뤼몽과 〈라 크루아〉 지가 퍼뜨린 풍자적인 모습과 정확히 일치했다. 게다가 이들 외에도 독일의 지배 아래 있을 수 없었던 알자스 공동체의 유대인이 끊임없이 프랑스에 흘러들어왔다. 그중에는 1871년에 파리에 온 드레퓌스 일가도 있었다. 그들은 파리에 이주한 후로도 독일 국경에서 가까운 밀루즈 시와 상업 루트는 유지했다. 드레퓌스 가문은 아주 열렬한 프랑스 애국자였다. 프랑스군 장교가 되는 것이 알프레드 드레퓌스의 어린 시절 꿈이었다. 뒤늦게 참모진이 재편되고 더 넓은 사회 계층에서 인력을 채용하면서 유대인 최초로 참모직에 오른 그는 엄청난 자부심을 느꼈다. 그러나 1890년대에 프랑스에서는 알자스의 유대인을 의심의 눈초리로 바라보았다. 당시 프랑스는 편집광의 나라였다. 전쟁에 패해 영토를 잃으면서 엄청난 타격을 입은 프랑스는 과대망상에 가까운 복수심으로 잃어버린 땅을 회복하려고 기를 쓰는 한편 언제 있을지 모르는 독일의 공격을 두려워했다.

1894년 1월에 프랑스는 독일에 맞서 새로운 동맹 제정 러시아와 비밀 군사협정에 서명했다. 이를 계기로 프랑스인은 유대인을 좀 더 의심스럽게 바라보았다. 유대인은 각종 의식을 통해 차르의 통치에 대한 증오심을 드러냈기 때문이다. 프랑스의 유대인은 이런 시선을 무마하기 위해 최선을 다했다. 파리에 있는 모든 회당에서는 가장 반유대적인 러시아 황제 알렉산드르 3세의 생일을 맞아 그를 위해 특별 기도를 드렸다. 그래도 아무 소용이 없었다. 반유대주의자는 애국심을 증명하려는 유대인의 몸짓에 냉소를 보냈다. "그 놈들, 아주 용을 쓰는군. 안 그래?"

1894년 7월에 낭비벽이 심한 노름꾼으로 제74 보병을 맡고 있던 에스테라지 백작이 독일 대사에게 자신이 가지고 있는 군사 정보를 놓고 값을 흥정했다. 8월에 그는 독일 대사관 수위에게 돈을 받고 전달 예정인 서류 목록을 적은 명세서를 건넸다. 9월 26일에 그 서류는 반스파이 활동을 위한 은신처였던 일반 참모부 통계 분대 소속 위베르 앙리 소령의 손에 들어갔다. 조직 재편에도 불구하고 참모 본부는 무능한 인물의 집합소였고 통계 분대는 그중에서도 최악이었다. 통계 분대는 실제로 어떤 기록도 보관하고 있지 않았다. 허위 정보를 흘리기 위해 끊임없이 문서를 위조했지만, 세부 내용을 기록하지 않은 탓에 거짓 문서와 진짜 문서를 혼동하기 일쑤였다.

한번은 분대에서 낡은 금고를 팔았는데, 금고를 산 사람이 그 안에서 극비 문서를 발견하기도 했다. 그곳에서는 언제든 일어날 수 있는 일이었다. 만약 그 분대에 유능한 전문가가 한 명이라도 있었다면, 드레퓌스 사건은 절대 발생하지 않았을 것이다. 에스테라지는 누가 봐도 최악의 스파이였기 때문이다. 명세서에 담긴 모든 증거가 그를 범인으로 지목하고 있었다. 피의자 드레퓌스가 이 사건에 연루되었음을 암시하는 내용은 전혀 없었다. 오히려 일부 증거는 드레퓌스가 범인이 아니라는 사실을 명확히 보여주었다. 그러나 통계 분대의 장 콘라드 산데르 대령은 알자스 출신이지만 독일인을 혐오하는, 가톨릭으로 개종한 반유대주의자였다. 또 다른 반유대주의자 위베르 앙리 소령이 드레퓌스의 이름을 꺼내자 산데르 대령은 무릎을 치며 외쳤다. "그렇지, 바로 그거야. 왜 진작 그 생각을 못했지!"[147]

그러나 드레퓌스 사건을 둘러싸고 프랑스군 안에 반유대주의 음모가 있었던 것은 아니다. 관련자들은 모두 성실하게 행동했다. 유일한 예외가 있다면, 드레퓌스에게 불리하도록 증거를 조작한 위베르 앙리였다.

사건이 터지자 드뤼몽과 성모승천회에서 들고일어났다. 유대인 장교가 반역죄로 체포되었다는 소식을 처음 보도한 것은 〈라 리브르 파롤〉지였다. 재판이 있기 몇 주 전인 1894년 11월 9일, 이 신문은 "이 반역자 뒤에 유대인 집단이 있다"고 선언했다. 〈라 크루아〉 지도 마녀사냥에 가세했다. 다섯 명의 장성을 포함한 유대인 공동체 지도자들은 경악했으며 사태를 수습하기 위해 노력했다. 드레퓌스가 유죄 판결을 받고 프랑스의 유형 식민지 악마의 섬으로 후송되자 그들은 그의 유죄를 받아들였다. 그 일을 깊이 부끄러워하면서도 하루 빨리 사건이 잊히기를 바랐다. 드레퓌스의 가족은 그의 무죄를 확신했다. 그들은 신중한 변호사를 고용하고 이면에서 증거를 수집하는 등 신속히 대응하며 사면받기를 바랐다. 전형적인 유대인의 대응 방식이었다.

라자르, 레이나슈, 프루스트, 인텔리겐치아의 부상

분노에 차서 행동에 나선 유대인은 헤르츨만이 아니다. 본명이 바루크 하가니인 베르나르 라자르(1865-1903년)라는 님 출신의 젊은 상징주의 작가도 그중 하나다. 라자르는 프랑스 사회에 완전히 동화될 수 있다고 믿는 무정부주의자였다. 그랬던 그가 처음으로 유대인 문제에 관심을 보이기 시작했다. 라자르는 사건을 조사하려 했으나 드레퓌스 가족은 냉정하게 거절했다. 라자르는 부당한 일을 당하고도 분개하지 않는 유대인에게 반감을 느꼈다. 그것은 "오랜 박해에서 비롯된 행동이다. 다시 말해 공격을 받아도 저항하지 않고 몸을 움츠리고 폭풍이 지나가기만을 기다리며 번개에 맞지 않으려고 죽은 자처럼 반응하는 통탄할 만한 습관이다." 혼자 사건을 조사한 끝에 라자르는 드레퓌스가 무죄이고 음모의 희생자라고 확신했다. 1896년 말, 라자르는 브뤼셀에서 〈법의 오류: 드레퓌스 사건의 진상〉이라는 소책자를 출간했다. 처음으로 유대인의 편에서 반유대주의 문제를 제기한 책이었다. "그는 유대인이라서 체포되었고 유대인이라서 유죄 판결을 받았고 유대인이라는 이유로 그를 변호하는 정의와 진실의 목소리를 들을 수 없었다." 라자르에게 드레퓌스는 전형적인 유대인 순교자였다.

> 그는 희생자들이 수 세기에 걸쳐 당한 박해의 고통뿐 아니라 현재의 고뇌까지도 체현하고 있다. 그를 통해 나는 러시아 감옥에서 고생하는 유대인을 본다. … 인간의 권리를 부정당한 루마니아의 유대인, 이자 때문에 굶주리고 농민에게 약탈당하며 사제의 부추김에 광신자가 된 갈리치아의 유대인, 구타와 약탈에 시달리는 알제리의 유대인, 뉴욕과 런던의 게토에서 기근으로 죽어가는 불운한 유대인을 본다. 자포자기에 빠진 그들은 인간 세상에서 아득히 먼 곳에서 피난처를 찾으려 한다. 전 인류에게 필요한 최선의 것, 바로 정의를 발견할 수 있는 안식처를 말이다.[148]

라자르는 소책자를 발행하는 것으로 끝내지 않았다. 저명한 유대인에게 드레퓌스 사건의 재심에 참여해달라고 요청했다. 그리고 마침내 젊고 생기 넘치는 전향자를 만들어냈다. 그는 바로 위대한 유대인 변호사 조제프 레이나슈였다. 레이나슈는 유대인 공동체를 위해 사건 관련 정보를 제공했다. 사태는 아주 심각해졌다. 많은 젊은 유대인이 드레퓌스 재판을 비난했다. 그중에는 마르셀 프루스트도 있었다. "나는 최초의 드레퓌스 지지자다. 아나톨 프랑스에게 서명을 받으러 간 것도 내가 처음이다."[149] 저명한 작가들의 지지를 이끌어내기 위해 추진한 지식인 탄원서 이야기다. 비유대인 급진주의자의 관심을 이끌어냈다는 점에서 꽤 성공적이었다. 그중에는 당시 프랑스에서 가장 인기가 많았던 작가 에밀 졸라도 있었다. 에밀 졸라는 사건을 조사한 다음 드레퓌스의 입장을 변호하는 방대한 기사를 써서 진보적인 매체 〈오로르〉지를 발행하며 한창 주가를 올리고 있던 정치인 조르주 클레망소에게 건넸다. 클레망소는 "나는 고발한다!"라는 제목으로 1898년 1월 13일자 신문 1면에 그 기사를 실었다. 진짜 드레퓌스 사건은 그때부터 시작되었다. 나흘 뒤 반유대 폭동이 낭트에서 일어나 낭시, 렌, 보르도, 투르농, 몽펠리에, 마르세유, 툴루즈, 앙제, 르아브르, 오를레앙 등 여러 도시로 번졌다. 프랑스에서는 학생과 하층민이 유대인 상점의 창문을 깨뜨리는 수준에 그쳤지만, 알제에서는 나흘간 폭동이 계속되었고 유대인 지구 전체에 대한 약탈로 이어졌다. 주모자는 아무도 체포되지 않았다.

드레퓌스 사건이 주요 현안으로 떠오를 때 유대인 사회가 두려워했던 일이 벌어지고 있었다. 이제 누구도 분극화 현상을 잠재울 수 없었다. 실수를 인정하라고 요구하자 군 당국은 이를 거부하고 해당 부서를 폐지했다. 에스테라지가 스파이 조직에 가담했으며 드레퓌스에게 죄를 뒤집어씌운 편지의 필적이 에스테라지의 것이라는 증거를 육군 중령 피카르가 찾아냈지만, 도리어 그를 체포하고 투옥했다. 에밀 졸라는 재판을 받고 프랑스를 떠나야 했다. 1898년 2월 드레퓌스 지지파는 드레퓌스를 석방시키기 위해 인권동맹이라는 전국 조직을 결성했다. 이에 맞서 샤를 모라스를 위시한 반反드레퓌스파는 프랑스군과 프랑스의 명예를 지키기 위해 프랑스조국동맹을 결성했다. 라자르는 드뤼몽과 결투를 했다. 두 사람 다 상처는 입지 않았다. 그러나 이 문제와 관련하여 32건이 넘는 결투가 벌어졌고 유대인 한 명이 살해되었다. 1898년 1월 하원에서 장 조레스가 단상에 오른 사이 하원 앞에서 흥분한 군중이 맹렬한 주먹싸움을 벌였다. 콘스탄티노플에서 파리로 돌아온 외교관 폴 캉봉은 다음과 같이 불만을 토로했다. "무슨 소리를 하고 무슨 짓을 하건 유대인 편 아니면 군부 편, 아군 아니면 적군으로 분류되고 만다."[150]

드레퓌스 사건은 장장 10년간 프랑스를 들썩이게 만들었다. 유대인의 역사뿐 아니라 프랑스의 역사, 사실상 유럽의 역사에서 중요한 사건이 되었다. 이 사건을 계기로 유럽 사회의 주요 세력으로 지식인 계층이 출현했으며 인텔리겐치아라는 말이 생겨났다. 해방을 맞은 유대인도 그 안에서 아주 중요한 역할을 했다. 이즈음 또 하나의 문제가 새롭게 제기되었다. 누가 우리의 문화를 지배하는가? 이 문제는 비단 프랑스에만 국한된 문제가 아니었다. 프랑스의 프롤레타리아는 방관으로 일관했다. 폭도는 학생과 프티부르주아였다. "노동자 계급은 이 문제에 아무런 흥미를 느끼지 못하는 것 같다. 나는 이 사실을 인정하지 않을 수 없다"고 클레망소는 고백했다.[151] 그러나 교육을 받은 계층은 이번 사건을 아주 중요한 문제로 인식했다. 카롱 다쉬가 그린 풍자만화에는 박살난 가구를 배경으로 식당과 복도에서 싸우는 손님이 등장했다. 만화의 제목은 "누군가 그 문제를 언급했다"였다. 파리 사회는 귀족이건 부르주아건 두 진영으로 분열되었다. 두 진영의 싸움은 프루스트의 《장 상퇴유 *Jean Santeuil*》, 에밀 졸라의 《진실 *La Verite*》, 아나톨 프랑스의 《펭귄의 섬 *L' Ile des pingouins*》, 《파리의 베르주레 씨 *Monsieur Bergeret a Paris*》를 비롯해 앙리 라브당, 샤를 모리스 도네의 희곡, 샤를 모라스, 로제 마르탱 뒤 가르, 샤를 페기, 장 바루아의 작품에 계속 등장했다.[152]

브리삭 공작, 로슈푸코 가문, 뤼네 가문, 위제스 공작부인이 이끄는 파리 근교의 귀족 사회는 반드레퓌스파가 압도적이었다. 폴 발레리와 모리스 바레스를 비롯한 많은 작가가 이 진영에 합류했다. 저명한 화가 에드가르 드가는 어느 날 정신을 차리고 보니 유대인 친구들과 서먹한 사이가 되어 있었다. 1899년에 프랑스조국동맹에 서명한 이들 중 70퍼센트 이상이 고등 교육을 받은 학생, 변호사, 의사, 대학 교수, 예술가, 문인이었다. 그중에는 콜레주드프랑스와 연구소 회원 87명, 아카데미프랑세즈 회원 40명 중 26명이 포함되어 있었다.[153] 반드레퓌스파의 본부는 프루스트의《잃어버린 시간을 찾아서 *À la Recherche du Temps Perdu*》에 등장하는 스완 살롱의 모델인 마르텔 백작부인의 살롱이었다.[154] 그들은 유대인과 프리메이슨, 무신론자의 비밀 조직이 있다고 굳게 믿으며 그것을 신디케이트라고 불렀다. 폴리냐크 공작은 프루스트에게 이렇게 질문하곤 했다. "그 대단한 신디케이트는 지금 무얼 하고 있나?"

드레퓌스파는 프루스트의 소설에 나오는 게르망트 공작부인의 모델이 된 마담 쥬느비에브 슈트라우스가 운영하는 살롱에서 주로 모였다. 유대계 프로테스탄트 상류층 부르주아 가문 중에서도 가장 저명한 알레비 가문 출신으로 예술계, 음악계, 문학계 사람들과 교류하며 지성인들이 살롱에 모여 탄원서를 작성하도록 도왔다.[155] 드레퓌스파의 책임자는 제임스 레이나슈였다. 레옹 도데에 따르면, "걸걸한 목소리를 가진 그는 자기만족에 빠진 고릴라처럼 이 자리에서 저 자리로 옮겨 다니며 가슴을 드러낸 여자 손님에게 관심을 표했다." 그러나 도데의 발언은 편견에 치우쳐 있다. 프루스트는 조금 더 조심스러운 표현을 썼다. "웃기기는 해도 사람은 좋았다. 마치 그가 키케로의 환생이라도 되는 것처럼 대해주어야 하는 어려움이 있었지만 말이다." 드레퓌스를 지지하는 여성 중에는 쥬느비에브 외에도 생 빅토르 부인이 있는데, 흔히 개정판 성모 마리아로 불렸다. 프루스트의 소설에 나오는 마담 베르뒤랭의 모델이 된 메나르 도리앙 부인은 라 프장드리 거리에서 드레퓌스파 요새로 유명한 과격 좌파 살롱을 운영했다. 사건의 배후에 성직자와 군부의 음모가 있다는 친유대주의자의 음모론이 시작된 장소가 바로 여기다. 그러나 오데르농 부인처럼 양쪽 진영과 모두 관계를 맺고 두 진영의 이야기를 듣는 것을 즐기는 이들도 있었다. 드레퓌스파가 그녀의 살롱에 드나드는 것을 못마땅하게 여긴 반드레퓌스파가 "이 유대인들과 대체 무얼 하고 있는 건가?"라고 묻자 그녀는 "하고 싶은 대로 하게 놔둡니다"라고 대답했다.[156]

그러나 이런 사교계의 허식 뒤에서 유대인에게 실제적이고 비극적인 문제가 형체를 갖추어나갔다. 드레퓌스의 사건은 아주 단순한 소송을 양 진영의 급진파가 달려들어 사태를 키운 전형적인 사례다. 드뤼몽과 성모 승천회는 드레퓌스의 유죄 판결을 전면에 내걸고 반유대주의 운동에 그 사건을 이용했다. 정의를 실현하기 위해 손을 잡은 젊은 유대계 지식인과 급진파는 완전한 승리와 복수를 원했다. 그러한 행동을 통해 그들은 반대 세력이 두려움을 느끼도록 유대인과 친유대주의 지성인의 위력을 과시했다. 드레퓌스 사건 초기에는 과거에 늘 그랬듯이 반유대주의자가 결정적인 카드를 쥐고 있었다. 특히 그들은 언론 매체를 장악하고 있었다. 드뤼몽의 악의에 찬 반유대주의를 합법화한 것이 종교 단체에 대한 비판 금지 조항을 없애면서 저널리스트가 가톨릭교회를 취재하고 보도할 수 있게 한 1881년의 자유 언론법이라는 사실은 참으로 아이러니하다. 나중에 바이마르 공화국에서도 그랬듯이 적어도 초기에는 언론의 자유가 유대인에게 불리하게 작용했다. 드레퓌스의 사건이 일어나기 전에 유대인이 〈라 리브르 파롤〉 지에 대응하기 위해 1893년에 창간한 〈라 브레 파롤〉은 대실패였다. 초기에 언론은 드레퓌스에 반대하는 입장이 압도적이었다. 발행 부수가 20만 부에서 30만 부 정도인 반유대주의 신문과 더불어 110만 부를 발행하는 〈르 프티 주르날〉, 75만 부를 발행하는 〈르 프티 파리지엥〉, 50만 부를 발행하는 〈르 주르날〉 등 인기 신문이 모두 기존 체제를 지지했기 때문이다.[157]

1897년부터는 〈오로르〉와 여성지 〈라 프롱드〉의 창간과 맞물려 유대인과 동맹자들도 반격에 나섰다. 소송을 뒤집을 만한 설득력 있는 주장을 내놨고 논지를 펴는 기술도 점차 좋아졌다. 세속 유대인이 자기들의 입장을 표명하기 위해 하나의 계층을 이루어 함께 일한 것은 그때가 처음이다. 그들은 사진과 영화라는 새로운 매체의 힘을 빌렸다. 알제리 대량 학살에 관한 사진을 촬영했다.[158] 1899년에는 영화계의 선구자 조르주 멜리에스가 11편의 단편 영화로 그날의 사건을 재현했다. 영화를 상영할 때마다 관객 사이에 싸움이 벌어졌다.[159] 드레퓌스파는 차츰 매스컴의 역학 관계를 자기들에게 유리하게 이끌었다. 중립적인 신문과 잡지도 그들의 편에 섰다. 프랑스 밖에서는 드레퓌스파의 호소력이 훨씬 컸다. 프랑스 내에서도 대중매체를 장악하는 힘이 커졌고 그 결과 정치적 영향력도 커졌다. 드레퓌스 사건은 우연히 발생한 기이한 사고에 의해 계속해서 추진력을 얻곤 했다. 드레퓌스파가 돌파구를 찾는 데 가장 중요한 역할을 한 것은 1899년 2월 16일 발생한 사건이다. 그날 반드레퓌스파를 이끌던 과격파 펠릭스 포르가 급사했다. 애첩인 마담 스타인하일과 정사를 나누다 뇌출혈로 쓰러지면서 스타인하일의 머리카락을 힘껏 움켜쥔 채 사망했다. 여자의 비명을 들은 참모들이 뛰어가 잠겨 있는 서재의 문을 부수었다.

이 사건 이후 반드레퓌스파는 쇠퇴하기 시작했다. 드레퓌스는 악마의 섬에서 나왔지만, 머리는 하얗게 새고 말라리아에 감염되어 거의 말도 하지 못하는 상태였다. 프랑스군은 재심을 해서 다시 유죄 판결을 내리되 무조건 사면하는 안을 제안했다. 가족과 유대인 기구의 압력에 못 이겨 드레퓌스는 그 안을 받아들였다. 드레퓌스 지지 운동으로 이득을 얻고 있던 클레망소 같은 급진파 정치인과 유대계 및 비유대계 지식인은 펄쩍 뛰었다. 샤를 페기는 분노에 차서 "우리는 드레퓌스를 위해 죽을 준비가 되어 있는데, 드레퓌스는 그렇지 않았다"라고 기록했다.[160]

드레퓌스가 제안을 받아들일 수밖에 없었던 이유는 뭘까? 재판을 계속해봐야 프랑스에서 반유대주의가 심해져서 결국에는 제도화되고 말 거라는 유대인 사회 원로들의 생각에 동의했기 때문이다. 레옹 도데에 따르면, 드레퓌스는 자기를 열렬히 지지하는 사람들에게 "악마의 섬을 나온 뒤 한순간도 평화롭지 못했다"느니, "제발 잠자코 있으시오. 그렇지 않으면 그냥 자백해버리겠소"라고 말하곤 했다.[161] 유대인 특유의 통렬한 비아냥거림을 곁들여 "당신들도 알겠지만, 아니 땐 굴뚝에 연기 나겠소?"라고 말하기도 했다. 그러나 급진 좌파와 연합한 새로운 언론의 힘을 막기에는 이미 늦은 뒤였다. 그들은 복수와 완전한 승리를 손에 넣기 위해 돌진했고 결국 성공했다. 프랑스는 성모승천회를 추방했고 1906년 선거에서는 좌파가 압도적으로 승리했다. 드레퓌스는 복권되어 다시 군에 복무하며 소령으로 진급했고 피카르는 전쟁 장관이 되었다. 프랑스는 드레퓌스파의 손에 들어갔고 그들은 교회를 상대로 파괴적인 운동을 벌였다. 급진파는 사건을 만드는 일에서나 승리를 쟁취하는 일에서나 모두 성공한 것이다.[162]

그러나 거기에는 지불해야 할 대가가 있었고 결국 그 대가를 지불한 이는 유대인이었다. 반유대주의가 제도적으로 뿌리를 내린 것이다. 샤를 모라스의 프랑스조국동맹은 1914-1918년의 전쟁 후에도 친파시스트 반유대주의 운동을 계속했다. 그리고 이 운동은 1941년부터 1944년까지 이어진 비시 정권의 최악의 요소가 된다. 그들은 프랑스인과 난민을 막론하고 수십만 명의 프랑스 유대인을 죽음으로 내몰았다. 드레퓌스파가 승리하자 많은 프랑스인이 유대인의 음모가 정말 있다고 믿었다. 그러나 유대인은 말할 것도 없고 그 누구도 음모를 꾸미지 않았다. 의뢰인의 결백을 입증했을 뿐 아니라 소송 과정을 처음부터 끝까지 기록한 조제프 레이나슈는 여섯 권으로 이루어진 책 마지막 권에서 지지자들의 지나친

행동을 자신이 얼마나 탄식하고 두려워했는지 토로했다.[163]

　주모자라 할 만한 사람도 없었다. 그나마 가장 주도적인 위치에 있던 인물이 프랑스 국립 고등 사범학교인 에콜노르말쉬페리외르의 사서 루시엥 에르였다. 더구나 에르는 유대인 그룹이 아니라 프로테스탄트 그룹의 핵심 인물이었다.[164] 그러나 드레퓌스 사건을 통해 드러난 유대계 지성인의 저력, 프랑스 지식인 사회에서 활개를 치는 유대인 작가들의 대담성, 사건 관련 기록의 90퍼센트가 드레퓌스파에서 나온 것이라는 사실 때문에 그동안 유대인에게 동정적이었던 프랑스 사람들까지 불안해했다. 1914년 1월 24일에 프로테스탄트 소설가 앙드레 지드는 친구이자 드레퓌스파의 젊은 유대인 지도자이고 나중에 프랑스 총리가 된 레옹 블룸에 관한 의미심장한 글을 일기에 썼다.

　　늘 유대인에게 우호적인 입장을 취했고 유대인에게 관심을 가져온 블룸의 결의는 유대인이 우수한 민족이고 오랫동안 지배를 받아온 끝에 이제 지배자로 부름을 받았다는 신념에서 비롯된 것이다. 블룸은 유대 민족이 승리할 수 있도록 전력을 다하는 것이 자신의 의무라고 생각한다. … 앞으로 유대인의 시대가 올 것이고, 지금 중요한 일은 예술과 지식, 산업 등 모든 부문, 모든 영역에서 유대인의 우수성에 대한 인식을 확립하는 것이라고 그는 생각한다.

　지드는 유대인이 프랑스 문화를 지배하는 것에 반대하는 목소리를 냈다. 그렇다면 어째서 유대인은 다른 언어로 저술하지 않은 걸까? 왜 군이 프랑스어로 저술해야 했을까? 오늘날 프랑스에는 유대 문학이 있는데, 그것은 프랑스 문학이 아니다.

우리나라 문학이 고유한 특징을 포기함으로써 풍요로워진다면, 그런 풍요가 무슨 의미가 있을까? 프랑스인의 실력이 떨어져서 다른 민족이 프랑스인의 이름으로 프랑스인의 역할을 대신하게 하느니 차라리 프랑스인이 사라지는 편이 훨씬 나을 것이다.[165]

헤르츨이 늘 두려워했던 논쟁이 벌어진 것이다. 실제로 유대인은 유럽 문화에 침투하여 크게 성공했지만, 그로 인한 저항도 만만치 않았다. 헤르츨은 이런 현상을 우려하여 1895년 1월 아침에 드레퓌스가 반역 혐의로 종신형을 선고받기 전에 시온주의로 나아갔다. 헤르츨의 고향 빈에서는 유대인의 지역 문화 침투가 프랑스에서보다 더 심각해서 훨씬 큰 반발과 원망을 사고 있었기 때문이다. 헤르츨도 원망의 대상 중 하나였다.

—

헤르츨과 독일의 반유대주의

헤르츨은 유대 역사에서 가장 복합적인 인물에 속한다. 디즈레일리처럼 번지르르하고 과장된 태도로 비참한 속내를 감추기 일쑤였다. 헤르츨에 관한 문서는 실로 방대하다. 자신이 쓴 메모와 영수증, 티켓까지 모두 모아두었기 때문이다.[166] 헤르츨은 1860년에 부다페스트에서 태어났다. 아주 유복한 은행가였던 아버지는 1873년의 대공황으로 모든 것을 잃었다. 독일 인문주의자이자 민족주의자인 어머니는 그라쿠스 형제의 어머니라고 불릴 정도로 엄격한 인물이었다. 당시 오스트리아에서는 동유럽 출신 유대인이라는 표현이 가장 큰 모욕이었던 터라 헤르츨의 가족은 자기들이 스파라디라고 주장했다. 그러나 사실은 주변의 많은 유대인과 마찬가지로 슐레지엔 출신의 아슈케나지였다. 헤르츨은 유대식 교육을 단편적으로만 받았다. 그래서 히브리어나 이디시어를 전혀 알지 못했다. **바르 미츠바**를 견신례라 부를 정도였다.

헤르츨은 오스트리아 사회에 완전히 동화되길 바랐다. 극작가로 성공하는 것인 인생의 목표였다. 백만장자 석유 상인의 딸 울리 나샤우어와 결혼했고 신부가 가지고 온 거액의 지참금 덕분에 풍류를 즐기는 문인으로 살 수 있었다. 언제나 화려한 옷을 입고 새까만 아시리아식 수염을 과시하고 다녔다. 검은 눈동자는 늘 낭만적으로 반짝거렸다. 어느 날은 아르투어 슈니츨러와 빈 궁정극장을 지나가면서 이렇게 떠벌렸다. "언젠가 이곳에 내 작품을 올릴 거야." 그러나 헤르츨은 어느 모로 보나 오스트리아 극작가처럼 보이지 않았다. 오히려 유대의 **나시** 같아 보였다. 마르틴 부버는 헤르츨의 용모를 두고 메시아의 광휘로 빛났다고 기술했고 무신론자 막스 노르다우는 섭리에 따른 작품이라고 칭했다. 프란츠 로젠츠바이크는 헤르츨을 보고 모세가 실존 인물임을 알았다고 말했으며 프로이트는 그를 만나기 전부터 이 비범한 인물의 꿈을 꾸었다고 주장했다.[167] 물론 헤르츨을 추켜세우는 사람만 있었던 것은 아니다. 사촌 라울 아우어른하이머는 헤르츨이 모욕당한 아랍 족장 같아 보였다고 말했다.

헤르츨은 자신의 용모를 반유대주의 농담으로 웃어넘기려 했다. 오스텐데에서 부모에게 이런 편지를 썼다. "빈과 부다페스트에서 온 많은 유대인이 모래사장에 있더군요. 그들 빼고 나머지 휴가객은 아주 반가웠습니다." 베를린에서는 이렇게 썼다. "어제 트라이텔 가문에서 주최한 큰 파티에 갔었습니다. 못생기고 키 작은 유대인 남녀가 삼사십 명 남짓 있었습니다. 어디 한군데 눈을 둘 데가 없었습니다." 빈의 유대인은 기분 나쁜 농담과 반유대주의 냉소를 잘했다. 오스트리아의 총리 에두아르드

타페가 올뮈츠의 대주교 테오도르 코헨이 개종한 것인지 묻자 갈리치아 하원 의원 요세프 블로흐는 이렇게 답했다. "걱정 마십시오. 총리 각하. 만약 그가 아직도 유대인이라면, 더 이상 코헨이라고 불리지 않을 겁니다." 그들은 이런 농담도 했다. "반유대주의는 유대인이 돕지 않으면 성공하지 못했다."[168] 일부 유대인은 그 문제를 물려주지 않기 위해 일부러 자식을 갖지 않았다. 헤르츨 같은 이들은 자식이 세례를 받게 하는 방안을 고려하기도 했다.

> 내가 개종하는 일은 절대 없겠지만, 개종을 지지한다. 내가 개종할 가능성은 없지만, 아들 한스를 생각하면 걱정이 된다. 내 인생이 볼품없고 암울했던 것처럼 자식의 인생도 볼품없고 암울하게 만들 권리가 내게 있는지 모르겠다. … 그러므로 유대인 소년에게 세례를 받게 하는 것이 좋다. 아이들이 스스로 결정을 할 수 있는 나이가 되기 전에, 부모의 결정에 반항할 수 있는 나이가 되기 전에, 개종을 연약함으로 해석하기 전에 세례를 받아 군중 속에 섞여 들지 않으면 안 된다.[169]

그런데 유대인이 과연 군중 속에 녹아들 수 있을까? 독일에서 반유대주의는 여전히 종교를 기반으로 이루어졌다. 특히 남부가 심했다. 서민들 사이에서 반유대주의 정서는 여전히 유덴자우 형태로 드러났다. 그러나 유대인의 사회적 지위가 올라가면서 반유대주의는 좀 더 세속적이고 문화적이고 민족적인 형태를 띠었다. 따라서 이제는 세례를 받는 것으로 해결할 수 없었다. 19세기에 들어 유대인을 향한 독일의 증오는 민족주의 형태를 띠었다. 이는 나폴레옹에 맞서는 민족 봉기와 함께 시작되었다. 첫 번째 사건은 이른바 민족 문화를 오염시키는 외국인의 서적을 불사르는 것이었다. 이를 위해 독일 대학생 학우회가 1817년 바르트부르크 성에서 결집했다.[170] 19세기에 독일과 오스트리아에 널리 퍼진 문화 침투 이념은 온화하고 유기적이며 자연스러운 문화와 타락하고 인위적이며 빈약한 문명을 구분했다. 모든 문화는 하나의 정신을 가지고 있다. 그 정신을 결정하는 것은 지역의 특징이다. 따라서 독일 문화는 전 세계적이고 이질적인 문명과는 영원히 적대 관계에 있다. 그렇다면 문명의 교리를 대표하는 자는 누구인가? 어떻게 된 일인지 그 대표자는 독자적인 나라도 지역의 특성도 문화도 없는 유대인이었다. 문명 논쟁은 유대인이 무엇을 하든지 물고 늘어졌다. 만약 게토의 유대교를 고수하면 바로 그 때문에 유대인이 이질적이라고 주장했고, 세속 사회에 동화되면 이질적인 세계 문명의 일부가 되었다고 주장했다.

민족주의에 기반을 둔 반유대주의는 다양한 형태로 나타났다. 젊은이들이 독일 전역을 돌며 모닥불을 피워놓고 서툰 기타 연주에 맞춰 노래를 부르면서 유대인을 배척했고, 이 운동에서 배척당한 유대인 젊은이들은 자기들만의 운동을 만들었다. 이 운동이 학생들 사이에 퍼지면서 독일 사회에 중요한 흐름이 생겼다. 학생들은 자기들의 클럽에서 유대인을 몰아냈다. 헤르츨도 모임에서 탈퇴하기 전에 제명당했다. 유대인에게는 잃을 명예가 없다는 이유로 결투 신청조차 받아주지 않았다. 녹색당의 전신인 환경 보호 운동도 등장했다. 이 운동은 산업과 로스차일드 가문으로 대표되는 거액 융자, 세계주의 유대인을 키워낸 대도시를 거부했다. 특히 베를린과 빈을 유대인의 도시로 여겨 혐오했다. 그들의 바이블은 뮌헨 대학 교수이자 박물관 관장이었던 빌헬름 하인리히 폰 릴이 쓴 《땅과 민족 *Land und Leute*》이었다. 릴은 중세 형태의 소도시를 복원하고 싶어 했고 그가 자주 쓰는 표현대로 뿌리가 없는 프롤레타리아, 특히 이민 온 노동자와 독일 정신의 무덤인 대도시를 만들어낸 유대인을 배제하고 싶어 했다.

민족주의 형태의 반유대주의는 근절하기가 어려웠고 정제되지 못했으며 장소를 가리지 않았다. 빌헬름 폰 폴렌츠가 1895년에 발표한《자작농 뷔트너 *Der Buttnerbauer*》, 헤르만 뢴스가 1910년에 발표한《늑대인간 *Der Werwolf*》처럼 농민의 삶을 다룬 소설에서 유대인은 농부를 속이고 땅을 훔치는 파렴치한 중간상인이나 장사치로 묘사되었다. 독일 농민 조합은 강한 반유대주의를 표방했다. 민족주의 형태의 반유대주의는 역사학계에서도 나타났다. 그 선봉에는 하인리히 폰 트라이치케가 있다. 트라이치케는 유대인이 독일의 자연스러운 역사 발전에 이질적이고 파괴적으로 침입했다고 비난하고 학계에 반유대주의 모임을 만들었다. 그 모임에는 과학자뿐 아니라 찰스 다윈의 이론을 오용해 적자생존을 위해 여러 민족이 서로 투쟁한다는 사회진화론을 창출한 사이비 과학자들도 있었다. 알프레트 크루프는 사회진화론을 국가 정책에 적용하는 방안을 제시하는 논문 공모전을 후원했다. 유대인과 그 밖에 타락한 인종을 대포의 희생양으로 전선에 배치하여 독일 민족을 보존하자는 논문이 우수작으로 채택되는 어이없는 일이 벌어졌다.

신新이교주의 사상이라는 새로운 요소도 반유대주의를 부추겼다. 파울 데 라가르데는 기독교를 고안한 장본인이 유대인 바울이라며 독자적인 독일의 민족 종교로 기독교의 자리를 대체하려 했다. 독일의 민족 종교는 국제적인 물질주의자인 유대인과 유대인의 음모를 신성한 독일 땅에서 완전히 뿌리 뽑는 십자군을 이끌 터였다. 그는 독일인과 유대인의 아마겟돈을 예언했다. 그런가 하면 1870년부터 독일 음악계를 장악한 리하르트 바그너를 중심으로 형성된 그룹도 있었다. 그들은 조제프 아르튀르 드 고비노의 이론과 나중에는 휴스턴 스튜어트 체임벌린의 인종론을 흡수하고 이교에 바탕을 둔 순수한 독일 민족 문화와 유대인에게 오염된 세계주의 사상을 강렬하게 대비시켰다.

이런 입장을 취하는 자들의 폭력성은 실로 무시무시했다. 본명이 뵈티허인 파울 데 라가르데는 유대인이라는 사회적 해충을 상대로 전쟁을 해야 한다고 주장했다. "사람은 기생충이나 세균과는 협상하지 않을 뿐더러 기생충과 세균은 교육에 순응하지도 않는다. 따라서 가능한 신속하고 완벽하게 그들을 박멸해야 한다." 바그너 역시 유대인의 소멸을 지지했다. "나는 유대 인종이 순수한 인간성과 거기에 깃든 고귀한 모든 것의 적이라고 생각한다. 우리 독일인은 그들 앞에 파멸하게 될 것이다. 예술을 사랑하는 사람으로서 나는 이미 모든 것을 지배하기 시작한 유대성에 어떻게 대항해야 할지 알고 있는 마지막 독일인일 것이다." 러시아의 대학살로 동유럽 유대인이 중부 유럽으로 몰려든 1881년에 출간한 《종교와 예술 *Religion and Art*》에서 바그너는 그렇게 밝혔다.

바그너는 특히 개인적인 입장뿐 아니라 셀 수 없이 많은 예를 덧붙여 유대인이 점진적으로 독일 문화, 특히 음악 분야에서 최후의 거점을 탈취할 것이라는 주장을 반복적으로 발전시킴으로써 중상류층 사이에 반유대주의를 강화하는 역할을 했다. 더욱이 그는 소위 유대인 천재들, 이를테면 자코모 마이어베어, 멘델스존, 하이네 같은 인물이 실제로는 독창적이지 않고 어쩌다 유대인 중간상인들이 비평적인 신문과 출판사, 극장, 오페라 극장, 미술관 등을 장악하는 바람에 그렇게 보인 것뿐이라고 주장했다. 오이겐 뒤링이 분노에 찬 말을 내뱉은 것도 바그너의 글을 읽고 나서다. 바그너는 1880년대에 유대인을 공격하는 과격한 책을 출간했고 많은 사람이 그의 책을 읽었다. 자신의 책에서 바그너는 죽음과 전멸로 유대인 문제를 해결해야 한다고 천명했다.

공격은 전 방위 전 영역에서 이뤄졌다. 좌파와 우파, 귀족과 인민주의자, 산업계와 농가, 학회와 빈민굴, 음악과 문학, 과학계에서 유대인을 공격했다. 유대인은 무얼 해야 한단 말인가? 하이네가 쓸쓸하게 말한 것처럼 유대성이란 어떠한 치료도 소용이 없는 불치병이라서 유대인은 능동적이든 수동적이든 공격을 받게 마련이었다. 아르투어 슈니츨러는 이렇게 썼다. "당신에게는 선택지가 있다. 무감각, 둔감, 뻔뻔함으로 일관하거나 신경과민, 비굴함, 박해받고 있다는 생각으로 괴로워하거나 둘 중 하나를 선택하는 것이다."[171] 1881년부터 1882년까지 벌어진 러시아 대학살 사건을 접하고 1882년에 《자기해방 *Autoemancipation*》을 출간한 러시아 태생의 유대인 레온 핀스케르는 결국 유대인이 주변 사회에 동화되는 것은 불가능하다고 포기했다. 유대인은 모든 관점에서 공격을 받을 가능성이 있고 실제로 공격을 받아왔기 때문이다. "살아 있는 자들에게 유대인은 송장이나 다름없다. 한 나라의 국민에게는 이방인이요 방랑자이고 자산가에게는 거지다. 가난한 자에게는 착취하는 자요 억만장자이고 애국자에게는 나라 없는 족속이다. 유대인은 모든 계급에게 가증스러운 적이다."[172] 빈에 사는 유대인은 누구보다 이 사실을 잘 알고 있었다. 야코프 바서만이 웅변한 것처럼 유대인은 변화무쌍한 반유대주의에 현실적인 답을 가지고 있지 않았다.

사람들의 눈에 띄지 않으려고 해봐야 소용없다. 그들은 말한다. 비겁한 자는 사악한 마음 때문에 슬슬 기어 다니며 몸을 감춘다고. 그들 속에 들어가 손을 내밀어도 소용없다. 그들은 말한다. 유대인답게 참 끈질기게도 치근덕거린다고. 전우나 시민으로서 성실히 의무를 다하려 해도 소용없다. 그들은 말한다. 유대인은 프로테우스처럼 수십 가지 모습으로 돌변할 수 있다고. 노예의 사슬을 벗게 도와도 소용없다. 그들은 말한다. 무언가 이득이 있으니까 달려드는 거라고. 이 독을 중화시키려 해봐야 아무 소용없다.[173]

반유대주의 풍조가 정책에 반영되면서 주변 민족에 동화된 유대인의 절망은 갈수록 깊어졌다. 1870년대에는 금융 위기와 각종 추문으로 반유대주의가 불타올랐다. 1880년대에는 동유럽 유대인이 러시아에서 몸을 피해 이주하면서 불길이 더욱 세어져 1890년에는 의회에서 반유대주의 법안을 제정해야 할 것만 같은 기세로 문제가 커졌다. 1879년에는 함부르크에서 소책자를 출판하는 무정부주의자 빌헬름 마르가 반유대주의 동맹을 결성하면서 반유대주의라는 용어를 정치 용어로 도입했다. 같은 해에 베를린의 궁정 목사 아돌프 슈퇴커는 기독교사회주의노동자당이라는 군소 정당을 창립하고 반유대주의 정치 강령을 채택했다. 1882년에는 드레스덴에서 최초의 반유대주의 국제회의가 열렸다. 1886년에는 카셀에서, 1889년에는 보훔에서 비슷한 회의가 열렸다. 그 무렵 기독교 사회주의자이면서 급진주의자인 카를 뤼거는 빈과 주변 지역에 과격한 반유대주의 운동을 구축했다. 1886년에 독일에서는 공공연히 반유대주의를 내세운 후보가 의원으로 처음 선출되었다. 1890년에는 그 숫자가 4명으로 늘었고 1893년에는 16명이 되었다. 1895년에 이르자 반유대주의자가 하원의 다수를 차지했고 빈에서는 자유당이 71석, 카를 뤼거가 이끄는 기독교사회당이 56석을 차지했다. 독일어를 사용하는 많은 도시에서 유대인에 대한 공격이 자행되고 반유대주의 학생들이 유대인 교수의 수업을 막았다는 보고가 있었다.

헤르츨이 동화론자로서의 입장을 포기한 것은 이런 위협적인 상황에 직면했기 때문이다. 그 전까지 헤르츨은 유대인이 주변 사회에 녹아들게 만드는 온갖 무모한 방안을 검토했다. 하나는 유대인을 재사회화하는 거대한 계획이었다. 재사회화를 통해 유대인에게 타인을 배려하는 마음과 명예심을 가르치려 한 것이다. 또 하나는 교황과 협정을 맺고 모든 유대인이 자유롭고 영예롭게 기독교로 개종할 수 있도록 운동을 벌일 계획이었다. 그 대가로 교황으로 하여금 반유대주의에 반대하는 운동을 이끌게 할 심산이었다.[174] 그러나 유대인에 대한 증오가 걷잡을 수 없게 커져서 이런 계획이 아무 가망 없다는 사실을 깨달았다.

헤르츨은 유대인을 격리시키던 옛 게토의 벽이 편견이라는 새로운 벽으로 대체되고 있다는 사실을 보여주는 〈새로운 게토〉라는 희곡을 쓰기 시작했다. 그러다 프랑스에 체류하는 동안 미몽에서 완전히 깨어났다. 독일에 사는 학식 있는 유대인들처럼 헤르츨은 프랑스가 관용이 살아 있는 최후의 거점이라고 생각했다. 그러나 프랑스에 체류하는 동안 반유대주의가 프랑스 사회를 뒤덮는 것을 직접 목격했다. 파리에서 그가 전하는 소식에는 불안의 그림자가 짙게 드리워 있었다.[175] 그 와중에 육군사관학교에서 엄청난 사건이 일어났다. 헤르츨은 좋은 일이건 나쁜 일이건 상황을 극단적으로 바라보곤 했다. 드레퓌스가 고발을 당하는 모습과 절망 속에서 무죄를 주장하는 고독한 목소리를 듣고 헤르츨은 드디어 결심을 하기에 이른다. 드레퓌스는 새로운 게토가 만들어낸 피해자가 아닌가? 프랑스까지 유대인을 혐오한다면, 유럽 어디에서 유대인을 받아줄 곳을 찾을 수 있다는 말인가? 헤르츨의 이런 근심을 확증이라도 하듯이 프랑스 국민의회에서 유대인이 공직에 진출하는 것을 금하는 반유대주의 법안을 268 대 208로 간신히 기각하는 일이 벌어졌다.

1895년의 시점에서 헤르츨은 드레퓌스파의 승리를 예측할 수 없었다. 한 세기가 지난 지금 돌아보건대 유럽의 반유대주의는 1890년대에 절정에 달했다. 유대인 대학살을 자행한 러시아에서 빠져나온 대규모 피난민이 유럽 사회에 유입되면서 발생한 일이지만, 당시의 반유대주의는 헤르츨의 생각만큼 저항 불능의 상태는 아니었다. 그러나 헤르츨은 그런 사실을 알지 못했다. 당시는 반유대주의자가 승리한 것처럼 보였다. 1895년 5월에 카를 뤼거가 빈의 시장이 되었다. 헤르츨은 유럽 땅에서 곧 추방당하고 말 유대인을 위해 피난처를 마련하는 것이 시급하다고 생각했다. 유대인에게는 그들의 나라가 필요했다!

1895년에서 1896년으로 넘어가는 겨울에 헤르츨은 자신의 목표를 개괄한 《유대 국가》의 원고를 완성했다. 초고는 1896년 1월 17일 런던 〈주이시 클로니클〉 지에 실렸다. 86쪽 분량의 길지 않은 원고였다. 요지는 간단명료했다.

우리는 하나의 민족이다. 우리는 우리의 신앙을 지키는 일만큼은 양보하지 않았지만, 성실한 태도로 주변 민족 공동체에 녹아들고자 했다. 그러나 그것은 허용되지 않았다. … 우리는 예술과 과학 분야에서 업적을 쌓아 국가의 영광을 드높이고 상업에 공헌하여 국가의 재산을 증식시키려고 공허한 노력을 하고 있다. … 우리는 외국인이라고 비난을 받고 있다. … 그들이 우리를 가만히 내버려둔다면 좋겠지만… 그런 기대를 할 수 없다는 상황이다.

그래서 헤르츨은 유대 민족을 수용할 수 있을 정도로 넓은 지역에 대한 주권을 유대인에게 부여해달라고 제안했다. 장소는 어디든 상관없었다. 백만장자 모리츠 폰 히르슈(1831-1896년)가 유대인 6,000명으로 농업 식민지를 세운 아르헨티나여도 좋고, 로스차일드 가문의 후원을 받는 팔레스타인 식민지여도 좋았다. 문제는 유대인 다수의 찬성을 이끌어내는 데 있었다. 찬성만 한다면 그곳이 어디든 주는 대로 받아들이면 되었다. 이런 견해를 담은 헤르츨의 저작은 1896년 2월 빈에서 처음 책으로 출간되었다. 그리고 훗날 18개 언어로 80번에 걸쳐 개정판이 출간되었다.[176]

유대 국가와 시온주의 운동

《유대 국가》에 의해 다니엘 데론다는 책 속 허구의 세계에서 나와 현실 역사 무대에서 활보했다. 무대라는 표현이 정확하다. 헤르츨은 신중하고 침착한 유대인 정치가 마이모니데스처럼 조용하고 지혜로운 말로 상황을 변화시키는 역할을 감당할 수 있는 인물이 아니었다. 헤르츨은 본인이 관심을 쏟은 유일한 분야인 쇼 비즈니스 방식을 유대인의 세계 정치에 접목했다. 그는 이스라엘 자손이 약속의 땅으로 귀환하는 대형 작품의 배우이자 감독이었다. 노골적이고 간단한 계획이었지만, 헤르츨의 머릿속에는 온갖 멋지고 상세한 그림이 가득했다. 헤르츨은 이 상세한 그림을 모두 기록해두었다. 그 계획은 토지를 획득하기 위한 장대한 원정이 될 터였다. 베네치아를 모델로 귀족적인 정치 체제를 구성할 생각이었다.

우선 로스차일드 가문 사람을 총독으로 선출하고 모리츠 폰 히르슈는 부총독이 될 것이다. 산마르코 광장과 팔레 루아얄 같은 화려한 광장도 세울 것이다. 헤르츨은 대관식과 자신의 이름을 붙인 헤르츨 기병대라는 호위군까지 생각하고 있었다. 유대인의 역사가 깃든 지역을 새로운 곳에 재건할 계획이었다. 그곳에는 세계적인 규모의 극장, 서커스, 카페 콘서트, 샹젤리제 거리 같은 호화로운 도로, 국립 오페라 하우스도 설립할 것이다. 성대한 축제를 열고 정장을 입은 신사들과 한껏 멋을 부린 숙녀들이 행진하는 모습도 떠올렸다. 이런 발상은 대부분 바그너에서 힌트를 얻은 것으로 이 무렵 헤르츨은 바그너의 작품을 귀가 닳도록 들으러 다녔다. "바그너의 공연이 없는 밤에는 나의 사상이 올바른지 의문이 들곤 했다." 헤르츨은 약속의 땅을 향한 다음번의 탈출은 모세의 출애굽에 필적하는 것으로 참회의 화요일의 희곡과 바그너의 오페라의 관계와 같다고 떠벌렸다.[177] 여기에는 디즈레일리가 품었던 환상과 비슷한 면이 있었고 당시 헤르츨에게는 모르데카이 노아처럼 손님을 끄는 흥행 수완이 있었다.

헤르츨은 죽을 때까지 연극적인 기질을 보였다. 예를 들어 시온주의자가 모일 때는 격식을 갖춰 정식으로 회합을 가져야 하고 설사 모임 시간이 아침 11시라 하더라도 참석자는 모두 야회용 정장을 입어야 한다고 고집했다. 옷차림에 아주 까다로워서 시온주의자 대표로 공식 방문을 할 때면 신중하게 솔질한 실크해트와 흰 장갑, 완벽한 플록 코트를 입었고 같이 가는 유대인도 똑같이 격식을 갖춰야 한다고 주장했다. 이것은 꾀죄죄하고 품이 큰 옷을 대충 걸치고 다니던 게토의 유대인에 관한 해묵은 이미지를 없애기 위한 노력의 일환이었다. 헤르츨은 언제나 침착하고 꼼꼼하게 집회와 회담을 치렀다. 그러나 연극 같은 과장된 몸짓은 자기 어깨에 놓인 임무의 중대성을 인식하면서 차츰 약해졌다. 그의 인생과 용모에 아로새겨진 비극의 중압감이 더 두드러졌다.

헤르츨은 포로의 땅에서 늘 해왔던 방식으로 유대 국가를 설립하는 방안을 생각했다. 즉, 사회 정상의 위치에 있는 부유한 유대인이 나머지 유대인을 위해 최상의 해결책이 무엇인지 결정하고 이를 실행하는 방식이다. 그러나 그게 불가능하다는 사실을 곧 알게 되었다. 유럽 전역의 유대인 기득권층에서 헤르츨의 계획에 반대했기 때문이다. 정통파 랍비들은 헤르츨을 비난하거나 무시했다. 개혁파 유대인도 마찬가지였다. 주변 사회에 동화되는 것을 불가능하다고 보고 포기한 헤르츨의 견해는 개혁파가 추구하는 모든 것을 부정하는 것이나 다름없기 때문이다. 부자들은 가볍게 받아넘기거나 정면으로 반대했다.

세계 유대인 사회에서 가장 중요한 인물인 로스차일드 경은 헤르츨을 만나주지도 않았고 반대 의사를 분명히 밝혔다. 팔레스타인에 있는 유대인 거주지 9개를 후원하고 있던 에드먼드 로스차일드는 1896년 7월 19일에 파리에서 헤르츨을 반갑게 맞았지만, 헤르츨의 계획은 전혀 현실성이 없을뿐더러 이미 이뤄놓은 기반까지 위험에 빠뜨릴 거라고 말했다. 그는 과욕을 부려서는 안 된다는 말을 되뇌었다. 모리츠 폰 히르슈 남작도 헤르츨을 만나긴 했지만, 무식한 테러범이라며 멀리했다. 그는 헤르츨에게 유대인을 위한 식민지 건설 계획에서 중요한 것은 우수한 농업 노동자라고 말했다. "우리의 불행은 모두가 너무 높은 곳으로만 올라가고 싶어 하는 데서 비롯된 것입니다. 우리에게는 지식인이 너무 많아요." 그러나 지식인들 역시 헤르츨의 계획을 지지하지 않았다. 헤르츨의 고향인 빈의 지식인은 특히 더 심했다. 당시 이런 우스갯소리가 떠돌았다. "우리 유대인이 2,000년 동안이나 유대 국가를 기다려왔는데, 그런 일이 내게 일어난단 말인가?" 헤르츨이 글을 기고하던 〈노이에 프라이에 프레세〉지는 특히 더 적대적이었다. 이 신문의 재정을 맡고 있는 모리츠 베네딕트(1849-1920년)는 분노하며 경고했다. "그 누구도 막중한 윤리적 책임을 지고 이런 위험한 도박을 할 권리는 없다. 유대 국가를 세우기 전에 우리가 지금 속해 있는 나라를 잃게 될 것이다."[178]

물론 예외도 있었다. 예를 들어 빈의 유대인 대학생 지도자 나탄 비른바움은 1893년에 실제로 시온주의라는 단어를 만들어냈다. 대영 제국의 아슈케나지 랍비장이었던 헤르만 아들러는 헤르츨을 '다니엘 데론다'에 비유했다. 당시 헤르츨은 그 책을 읽지 않았다. 빈의 랍비장 모리츠 귀데만은 헤르츨의 계획에는 회의적이었지만, 그래도 이렇게 말해주었다. "아마도 당신은 하나님의 부르심을 받은 인물인 것 같군요." 가장 중요한 인물은 철학자 막스 노르다우(1849-1923년)였다. 그는 1892년에 그 시대의 병폐를 진단한 《타락 *Entartung*》에서 반유대주의를 하나의 징후로 간주하고 헤르츨에게 이렇게 말했다. "만일 당신이 미친 거라면, 우리 모두 미친 거겠지요. 우리를 믿으세요."[179] 노르다우의 저서는 1895년에 런던에서 영어판이 출간되어 큰 성공을 거두었다. 터키인의 반감을 피하기 위해 유대 국가를 뜻하는 유덴슈타트라는 용어를 고향 집을 뜻하는 하임슈테테로 바꿔야 한다고 지적한 사람도 노르다우다. 영문판에서 이 단어는 내셔널 홈으로 번역되었지만, 헤르츨의 계획을 승인받으려면 이러한 용어적 구분이 상당히 중요했다. 초기 시온주의 실천 강령을 거의 대부분 작성한 사람도 노르다우다.

그러나 헤르츨은 유대교의 원동력은 서구 사회에 적응한 엘리트가 아니라 동유럽의 가난한 서민이라는 사실을 이내 깨달았다. 그가 처음 운동을 시작했을 때는 전혀 알지 못했던 이들이다. 헤르츨은 런던 이스트엔드에서 가난한 유대인, 즉 피난민 앞에서 연설을 하면서 비로소 그 사실을 깨달았다. 그들은 헤르츨을 서민의 대표자라고 불렀다. "연단에 올라섰을 때 나는… 기이한 흥분을 느꼈다. 나의 전설이 탄생하는 것을 보았다." 헤르츨은 동유럽에 사는 가난한 사람들 사이에서 전설적인 인물이 되었다. 다비드 벤 구리온(1886-1973년)은 러시아령 폴란드에서 열 살때 들은 소문을 기억했다. "메시아가 왔다. 키가 크고 잘생긴 남자, 빈에서 교육을 받은 박사 같은 인물이다." 서유럽의 세련된 중류층 유대인과 달리 동유럽 유대인은 이런저런 선택지를 놓고 고를 줄도 몰랐고 자신이 러시아인 또는 폴란드인이라고 여기지도 않았다. 그들은 자기들이 유대인일 뿐이고 자기가 사는 나라의 국민이 아니라는 사실을 알고 있었다. 러시아 지배자들이 한시도 그 사실을 잊지 않게 해주었기 때문이다. 그래서 동유럽 유대인은 당시 헤르츨이 내미는 기회가 어딘가에서 진정한 시민이 될 수 있는 유일한 기회라고 생각했다. 베를린 대학 2학년생이던 하임 바이츠만(1874-1952년)에게 헤르츨의 제안은 청천벽력과도 같았다.

소피아에서는 랍비장이 헤르츨을 메시아로 선포하기까지 했다. 그 소식이 퍼지면서 꾀죄죄하고 홍분을 잘하는 유대인들이 멀리서 헤르츨을 보기 위해 찾아왔다. 이 광경에 세련된 헤르츨의 아내는 당황했고 시온주의라는 말 자체를 혐오하게 되었다. 당시 헤르츨을 찾아온 자들 중에서 나중에 시온주의 군대의 보병과 장교가 나왔다. 헤르츨은 그들을 **쉬노레르** 군단이라고 불렀다.

동부 유대인과 바이츠만

이 군대는 1897년 8월 29일에 바젤 시립 카지노의 대형 홀에서 정식으로 처음 모였다.[180] 1차 시온주의자 회의로 명명한 이 모임에는 16개국 대표가 참가했다. 대부분 가난한 사람들이라 헤르츨이 회의 경비를 충당할 수밖에 없었다. 그래도 헤르츨은 참석자들을 잘 차려 입혔다. 축제 개회식에는 검은 정장과 흰 넥타이 착용을 의무화했다. 그렇게 차려 입은 사람들이 고대 유대인처럼 "임금님 만세! 임금님 만세!" 하고 외치며 헤르츨을 맞았다. 영향력 있는 유대인들은 이 모임을 무시하려 했다. 〈노이에 프라이에 프레세〉지는 이 모임에 대한 보도를 전면 거부하고 그 대신 옥스퍼드에서 열린 유대인 양복 재단사 회의를 화려하게 보도했다. 자전거를 타는 여성에게 어울리는 복장을 검토하는 회의였다. 그러나 헤르츨은 자기가 무얼 해야 하는지 잘 알았다. 그래서 이 첫 번째 회의에 26개 신문사의 특파원을 불러 모았다.

2차 회의는 1898년에 바그너의 〈탄호이저〉 서곡의 웅장한 선율과 함께 개최했다. 그때쯤 되자 시온주의자 회의는 확고한 조직이 되어 있었다. 정책 문서를 작성한 시온주의 운동의 대들보 노르다우뿐 아니라 유능한 부관도 여럿 생겼다. 그리고 쾰른에서 목재상을 하는 다비드 볼프존이 헤르츨의 뒤를 이어 조직의 수장이 되었다. 1898년 회의부터는 바이츠만도 참가했다. 헤르츨과 달리 두 사람은 동유럽 유대인을 잘 알았다. 볼프존은 유대인의 기도용 숄의 색깔인 청색과 백색을 시온주의자의 깃발 색으로 선택했다. 그들은 유대인 서민의 종교적·정치적 기류를 이해했다. 유대인 학생 운동 내부에는 사회주의를 표방하는 반대자들의 공격이 거셌고 바이츠만은 이미 이들의 공격에 맞서 싸우고 있었다. "플레하노프 씨, 당신은 황제가 아닙니다."[181] 시온주의 운동 지도부에서는 헤르츨을 유대인 내부의 치열한 파벌 싸움으로부터 멀찍이 떼어놓으려 했다. 러시아 시온주의자 메나헴 우시쉬킨은 이렇게 말했다. "그는 유대인에 관해 아주 초보적인 사실도 알지 못한다. 시온주의를 방해하는 장애물은 외부에만 있고 내부에는 없는 것으로 믿고 있다. 굳이 그가 현실에 눈 뜨게 할 필요는 없다. 그러지 않는 편이 신념을 강화하는 데 도움이 될 테니까 말이다."[182]

부득이하게 시온주의 운동에 가담한 전문 정치인과 조직책은 헤르츨의 사고방식을 플록 코트의 시온주의라고 부르며 비아냥거렸다. 그러나 그것은 퍼즐을 완성하는 데 필요한 소중한 조각이었다. 헤르츨도 서서히 깨달은 것처럼 시온주의는 세기가 바뀔 때 등장하는 무수한 국제적인 대의 중 하나로 간단히 치부될 우려가 있었다. 시온주의를 중요한 문제로 진지하게 받아들이게 하려면 개인적으로 사람을 만나 설득하는 뛰어난 외교 수완이 필요한데 헤르츨은 그런 일에 적임이었다. 헤르츨은 유럽국가 관계자를 만나 차례로 승인을 받았다. 터키, 오스트리아, 독일, 러시아의 중요한 인물을 만나 설득했다. 헤르츨이 꼼꼼히 기록한 일기에는 이런 인물과의 만남이 상세하고 흥미롭게 쓰여 있다.[183] 심지어 반유대주의자까지도 시온주의 운동에는 유용하게 쓰였다. 반유대주의자는 유대인을 자기네 땅에서 쫓아내기 위해 종종 시온주의 계획을 실행에 옮기도록 도와주었기 때문이다.

러시아의 내무장관으로 유대인 대학살을 지휘한 경험이 있는 벤젤 폰 플레베는 헤르츨에게 이렇게 말했다. "말하자면 당신은 이미 개종한 사람에게 설교를 하는 셈입니다. … 우리는 수백만 명의 유대인을 수용할 수 있는 유대인의 독립 국가 건립을 진심으로 바랍니다. 물론 유대인을 모두 잃고 싶지는 않습니다. 뛰어난 지식인은 남겨두고 싶어요. 헤르츨 박사, 당신이 바로 그 좋은 예라고 생각합니다. 그러나 우둔하고 가진 것도 없는 유대인은 딱 질색입니다."[184] 독일의 황제도 또 하나의 출애굽을 지원했다. "우리는 유대 놈들이 팔레스타인으로 떠나주기를 진심으로 바라오. 빠르면 빠를수록 좋소." 술탄과 콘스탄티노플에서 토론하며 헤르츨의 계획을 지지한 빌헬름 2세는 헤르츨과 정식으로 만남을 추진했다. 헤르츨에게는 중요한 기회였다. 한낮의 더위에도 불구하고 그는 대표단에게 야회복을 갖추어 입으라고 지시하고는 그들의 신발과 넥타이, 셔츠, 장갑, 양복, 모자를 신중하게 검사했다. 그중 한 사람은 쓰고 있던 모자를 더 고급스러운 것으로 바꾸게 했고 볼프존에게는 얼룩진 커프스를 갈아 끼우게 했다. 황제와의 만남으로 헤르츨의 국제적인 입지는 탄탄해졌다. 그러나 독일 황제는 유대인에게 거주지를 내주도록 터키를 설득하지 못했다. 그래서 당시 터키와의 동맹 관계를 적극 추진하던 독일은 그 계획에서 손을 뗐다.

이제 남은 것은 영국이었다. 헤르츨은 영국을 가리켜 시온주의라는 지렛대를 떠받치는 아르키메데스의 받침점이라고 불렀다. 맞는 말이다. 정계 엘리트는 상당히 호의적이었다. 많은 사람이 《탄크레드》를 읽었고 《다니엘 데론다》를 읽은 사람은 더 많았다. 당시 영국에서는 러시아에서 탈출해 영국으로 흘러드는 대규모 유대인이 반유대주의 정서를 자극할 우려가 있다고 보고 이민 할당 제도를 실시할 생각을 하고 있었다. 1902년에 왕립 외국인 이민 위원회가 설립되었고 로스차일드 경도 이 위원회에 참여했다. 위원회에서 헤르츨에게 증언을 요구한 터라 로스차일드 경은 결국 며칠 일찍 그를 만나기로 했다. 입국을 거부당한 유대인 피난민에 대한 탄원에 힘을 싣는 발언을 하지 않겠다는 확인을 받기 위한 사적인 만남이었다. 노골적으로 반대의 입장을 표명하던 로스차일드 경이 우호적이고 중립적인 태도로 바뀐 것만 해도 헤르츨에게는 큰 수확이었다. 헤르츨은 1902년 7월 7일에 매우 기쁜 마음으로 위원회에 참석해서 이렇게 말했다. "영국에 오는 유대인을 앞으로도 받아주어야겠지만, 피난민 문제를 푸는 궁극적인 해결책은 유대인을 하나의 민족으로 인정하고 그들이 법적으로 인정받을 수 있는 국가를 찾아주는 것입니다."[185]

위원회 참석을 계기로 헤르츨은 정부 주요 인물과 안면을 익혔다. 특히 식민 장관 조 체임벌린, 외무 장관 랜즈다운 후작과 친분을 쌓았다. 두 사람 다 유대인을 고향으로 보낸다는 생각에 원칙적으로 동의했다. 문제는 장소였다. 먼저 키프로스를 검토했고, 다음으로 이집트 국경에 있는 알아리시를 검토했다. 헤르츨은 알아리시가 팔레스타인과 가까워 유대 민족의 집결지가 될 것이라고 생각했다. 그래서 위험을 무릅쓰고 강력한 주장을 담은 문서를 영국 내각에 보냈다. "영국은 전 세계의 모든 영역에서 활동하는 1,000만 명의 신민, 겉으로 드러나지 않는 충성스러운 신민 1,000만 명을 단번에 얻게 될 겁니다." 그러나 이집트 정부에서 이의를 제기했고 현장 조사 결과는 만족스럽지 못했다. 그래서 동아프리카에서 돌아온 체임벌린이 새로운 대안으로 우간다를 제시했다. "그곳에 가서 보니 여기야말로 헤르츨 박사를 위한 땅이라는 생각이 들었습니다. 물론 그는 감상적인 인물이니 팔레스타인이나 그 근처를 원하겠지만 말입니다." 사실 헤르츨은 그 무렵 러시아에서 다시 벌어진 피비린내 나는 유대인 학살 때문에 위협을 느끼던 터라 우간다라도 좋다고 생각했다. 랜즈다운 후작은 헤르츨에게 이런 편지를 썼다. "유대인 식민지 신탁 단체와 왕립 위원회가 적당하다고 판단하고, 영국 정부에 위탁할 만한 용지를 찾을 수 있다면, 랜즈다운 후작은 유대 민족이 국가의 관습을 준수한다는 조건 아래 유대인 정착지 설립을 위해 유리한 제안을 할 용의가 있습니다." 대단한 발전이었다. 시온주의 국가 초안을 두고 외교상의 승인을 받은 것이나 다름없었다. 헤르츨은 민첩하게 대응했다. 자유당의 떠오르는 젊은 정치인 데이비드 로이드 조지가 있던 변호사 사무소에 정착지 설립 허가서 초안 작성을 의뢰해 로이드 조지의 관심을 끌었다. 헤르츨이 랜즈다운의 편지를 6차 시온주의 회의에서 낭독하자 다들 영국의 관대한 제안에 놀랐다. 그러나 많은 대표자가 영국의 제안을 받아들이는 것을 시온주의에 대한 배신행위로 간주했다. 러시아 대표는 회의 도중 자리를 박차고 나갔다. 이에 헤르츨은 이런 말로 회의를 마무리했다. "팔레스타인이야말로 우리 민족이 안식할 수 있는 유일한 땅이다."[186] 1905년에 열린 7차 회의에서 우간다 안은 정식으로 부결되었다.

시온주의에 대한 종교적 반대

헤르츨은 마흔네 살의 나이로 세상을 떠났다. 집념이 남다른 인물이었다. 10년 넘게 파란만장한 시대를 살며 장렬하다고 할 만큼 시온주의 운동에 온 힘을 다했다. 그 덕분에 몸이 부서졌고 결혼생활도 파국으로 치달았다. 가족에게 남긴 유산은 아주 적었다. 아내 율리아는 남편이 죽은 지 3년 만에 세상을 떠났다. 딸 폴린은 헤로인에 중독되어 1930년에 사망했고 프로이트에게 치료를 받던 아들 한스는 얼마 후 자살했다. 또 다른 딸 트루데는 나치 수용소에서 굶어죽었고 그녀의 아들 슈테판은 1946년에 스스로 목숨을 끊었다. 그리하여 헤르츨 가문은 대가 끊겼다. 그러나 헤르츨에게는 시온주의라는 자손이 있었다. 헤르츨은 죽기 몇 달 전에 슈테판 츠바이크에게 이렇게 말했다. "너무 늦게 시작한 건 나의 실수였네. … 허비한 세월을 생각하면 얼마나 가슴이 쓰린지 자네는 모를 걸세."[187] 그러나 헤르츨이 눈을 감을 때쯤에 시온주의 운동은 기반이 탄탄해졌고 영국에서 힘 있는 지지자도 얻은 상태였다. 헤르츨이 1895년에 시온주의 운동을 시작한 덕분에 유대인은 이 부분에서 아랍 민족주의자보다 20년 이상 앞서게 되었다. 그리고 이것이 결정적이었다는 사실이 나중에 증명되었다. 따라서 드레퓌스의 유죄 판결이 시온주의 운동을 태동시켰다는 점에서 드레퓌스 사건은 1648년과 1881년에 일어난 무시무시한 사건과 마찬가지로 하나님의 섭리로 이해할 수 있었다.

그러나 헤르츨이 세상을 떠날 무렵 시온주의는 종교적·세속적 발전이라는 유대 역사의 큰 물줄기 속의 작은 물줄기에 지나지 않았다. 시온주의에 대한 반대는 대개 철저한 무관심으로 나타났다. 그러나 적극적으로 반대하는 자들도 있었다. 1차 세계대전 때까지 개혁파, 보수파, 정통파를 막론하고 대다수의 랍비들은 세속적인 시온주의 운동에 강력히 반대했다. 서유럽 사회에 동화된 세속적인 유대인은 시온주의 운동이 자기들의 사회적 지위를 위협하고 시민으로서의 충성심을 의심받게 할 것이라고 생각했고 랍비들도 그 생각에 동의했다. 그리고 동유럽, 특히 시온주의 운동 지지자가 많은 러시아에서는 종교적인 반대가 훨씬 더 강하고 심지어 광적이기까지 했다.

이것은 결국 이스라엘이라는 국가에 중요한 영향을 끼쳤다. 시온주의 창시자는 대부분 서유럽 출신일 뿐 아니라 정통파의 눈으로 볼 때 무신론자였다. 헤르츨과 노르다우는 1차 시온주의 회의가 있기 전날 함께 안식일 예배를 드리러 갔는데, 두 사람 다 유년 시절 이래 처음 있는 일이라서 감사기도에 관한 지도를 받아야 할 정도였다.[188] 정통파는 이런 사실을 모두 알고 있었다. 정통파 대다수는 세속적인 시온주의 운동이 계몽주의 운동에 쏟아진 온갖 비난을 똑같이 받아야 마땅하다고 생각했다. 나아가 시온주의 운동이 유대교 신앙에서 가장 거룩하고 핵심이 되는 부분을 모독하며 악용한다고 생각했다. 종교적 시온주의와 세속적 시온주의가 동전의 양면이라는 지적은 완전히 잘못된 것이다. 신앙심이 깊은 유대인에게 시온으로의 귀환은 유대인을 전 인류의 지도자로 삼으시려는 하나님의 계획의 과정이다. 세속적인 국가 건립이라는 인간의 수단으로 인간의 문제, 즉 주변 사회가 유대인을 받아들이지 않아 떠돌아 다녀야 하는 문제를 해결하려는 세속적인 시온주의와는 아무 상관이 없다.

19세기 말, 중유럽과 동유럽 유대인 사이에는 세 가지 종교 전통이 있었다. 첫 번째는 바알 쉠 토브의 전통을 잇는 하시드 운동이고, 두 번째는 리투아니아의 정통파 현자들이 쓴 서적에 기초를 둔 무사르라는 도덕주의 전통이다. 이 운동은 이스로엘 살란테르(1810-1883년) 덕분에 다시 부흥해서 예쉬바를 통해 퍼져나갔다. 세 번째는 삼손 라파엘 히르슈 계통의 개혁 운동이다. 이 운동은 근대 교육을 무기로 세속화를 공격하고 '문명과 함께 나아가는 토라'를 주장했다. 히르슈는 이 운동이 토라의 수준에 맞추어 시대의 수준을 끌어올리려는 것이지 시대의 수준에 맞추어 토라의 수준을 끌어내리려는 것이 아니라고 주장했다. 히르슈의 자손들은 신앙을 잃지 않고도 세속 교육을 받을 수 있다고 주장하며 이스라엘 연합운동인 아구다 운동을 조직하는 데 기여했다. 이는 유대교의 여러 세력이 힘을 합쳐 세속화에 반대하고 토라를 준수하는 보편적인 조직이다. 러시아의 대학살에 희생된 자들을 위해 모은 원조 기금이 세속 조직의 손에 의해 신앙심이 깊은 유대인을 차별하는 데 사용되는 것에 분노하여 결성했다. 이 세 계통은 모두 시온주의에 반대했고, 특히 시온주의자가 유대 민족 전체를 대변한다는 주장에 크게 반발했다.[189]

동유럽의 현자들은 시온주의자가 이득을 얻을 만한 모든 움직임에 강하게 반대했다. 이스라엘 땅을 방문하는 것도 그중 하나였다. 루블린의 자독 하 코헨(1823-1900년)이 쓴 글에 이런 특성이 잘 나타나 있다.

> 예루살렘은 가장 고귀한 장소이고 이스라엘 자손의 마음은 모두 그곳을 향해 있다. … 그러나 우리가 예루살렘을 방문하는 일까지 시온주의 활동을 승인해달라는 몸짓으로 해석되지는 않을까 겁이 난다. 나는 주님을 믿으며, 우리의 영혼을 구원하는 날이 온다는 하나님의 말씀을 믿고 기다리고 있다. 나는 하나님에게 기름 부음을 받은 자가 오기를 기다리며 긴장을 늦추지 않고 지켜보고 있다. 그러나 300번의 쇠 채찍으로 나를 괴롭힌다 해도 나는 나의 자리에서 움직이지 않을 것이다. 나는 시온주의자를 위해 그곳에 가는 짓 따위는 하지 않겠다.[190]

정통파는 박해를 통해 이스라엘을 유혹하다 절망한 사탄이 계몽주의 운동의 온갖 해악을 동원하는 한편 성지를 우상숭배의 수단으로 끌어들이는 더 교활한 방법으로 이스라엘을 시험하도록 허락을 받았다고 주장했다. 따라서 시온주의는 가짜 메시아보다 더 나쁜 가짜이며 악마의 종교라고 했다. 세속 국가는 하나님을 믿지 않는 시민 정신을 일깨우고 모세에게 과두제의 길을 가라고 하신 하나님의 명령을 거스르는 것이라고 주장하는 이들도 있었다. 하나님은 출애굽기 3장에서 모세에게 이스라엘의 장로들을 모으라고 말씀하셨다. 리투아니아 남부 코브노(카우나스)

의 현자 두 명은 "대중과 여자가 사회의 일반적인 필요에 관한 회합이나 견해를 두고 왈가왈부하는 것을 하나님이 금하셨다"고 말하기도 했다.[191] 1912년 5월 11일에는 폴란드 중남부 카토비체에서 정통파 현자들이 힘을 합쳐 시온주의 운동에 맞서기 위해 아구다 운동을 조직했다. 정통파 유대인 중에 시온주의를 종교적인 목적을 위해 이용할 수 있다고 믿는 자들이 있었던 것은 사실이다. 랍비 아브라함 이츠하크 쿠크(1865-1935년)는 애국적인 입장에서 유대인이 토라를 준수하게 하는 데 새로운 이스라엘의 국가 정신을 이용할 수 있다고 주장했다. 덕분에 그는 나중에 시온주의자의 지지를 받아 팔레스타인 랍비 대표로 선출되었다.

그러나 당시 이스라엘 땅에 살고 있던 신앙심 깊은 유대인은 대부분 시온주의자에 관한 소문을 듣고 공포를 느꼈다. 랍비 요세프 하임 소넨펠드(1848-1923년)는 이렇게 썼다. "성지에 사는 사람들은 매우 당황했다. 세상에 유일하신 한 분과 그분의 거룩한 토라를 부정하는 사악한 인간들이 자기들의 힘으로 이스라엘의 구원을 앞당기고 땅 끝까지 흩어져 있는 이들을 다시 모을 것이라고 공언하기 때문이다." 헤르츨이 성지에 도착하자 소넨펠드는 이렇게 말했다. "그와 함께 악이 들이닥쳤는데 우리는 이스라엘 전체를 파괴할 그에게 어떻게 맞서야 할지 아직 알지 못한다. 주여, 우리를 불쌍히 여기소서."[192] 이렇듯 경건한 유대인 그룹이 시온주의자의 계획에 반대했기 때문에 이 계획을 이어받을 사람은 결국 세속적인 급진주의자밖에 없었다.

그러나 세속적인 대다수 유대인에게도 시온주의는 별로 매력이 없었고 일부는 적대감을 드러냈다. 러시아에서는 박해가 계속되면서 수법이 날로 잔인해져서 탈출을 꿈꾸는 유대인이 점점 늘어났다. 정통파든 세속적인 유대인이든, 시온주의자든 아니든 유일한 피난처는 팔레스타인이었다. 그러나 유럽에 있는 계몽주의 유대인 사회에서는 1890년대 반유대주의 물결로 조성된 공황 상태가 그럭저럭 가라앉고 있었다. 드레퓌스파가 완전히 승리하면서 프랑스에서는 유대인의 안전을 확보했을 뿐 아니라 정치적·문화적 영향력이 크게 늘었다. 독일에서도 표면상으로는 반유대주의 소동이 가라앉고 있었다. 그래서 주변 사회에 동화될 수 있다는 생각이 학식 있는 유대인 사이에서 다시 주류를 형성했다. 사실 독일에 사는 유대인이 조국에 대한 충성심을 강하게 표출하고 독일인과 유대인의 문화적 친밀함이 가장 깊어진 것은 1차 세계대전이 일어나기 직전인 바로 이 시기였다.

실제로 악의에 찬 반유대주의 정서가 독일에 오래 전부터 있었고 유덴자우라는 모멸적인 명칭까지 유행했음에도 유대인은 독일을 고향처럼 생각했다. 독일은 학자들이 존경받는 사회이고 일부 가치관은 유대인 사회의 학자 지도 체제와 일치했다. 노력하면 얼마든지 성공할 수 있는 이 황금기에 유대인은 예쉬바에서 독일 대학으로 자연스럽게 자리를 옮겼다. 유대인은 지적 업적을 제대로 인정해주고 경의를 표하는 나라에 살면서 자신들 앞에 하나둘 열리는 기회를 마음껏 누렸다. 독일의 유대인은 온 힘을 다해 노력했다. 그리하여 곧 노벨상을 받기 시작했다. 1차 세계대전 전에 생리학과 의학 분야에서 두 명, 화학 분야에서 네 명, 물리학 분야에서 두 명의 노벨상 수상자를 배출했다.[193] 페르디난트 율리우스 콘은 세균학의 기초를 다졌다. 파울 에를리히는 화학 요법을 처음으로 실용화했고 프란츠 보아스는 문화인류학이라는 학문을 정립했다. 독일의 유대인은 일 중독자처럼 잠시도 가만히 있지 못했다. 에두아르트 데프린트는 친구 펠릭스 멘델스존을 두고 "어머니의 영향으로 쉴 새 없이 일하는 습관이 몸에 밴 탓에 쉬는 것 자체를 참지 못했다"고 썼다. 멘델스존은 늘 시간에 쫓기듯 시계를 쳐다보았다.[194] 구스타프 말러는 자신의 집에서 빈 오페라 하우스에 있는 사무소까지 늘 뛰어다녔다. 집에 돌아올 때는 베토벤 교향곡 8번 서곡 부분을 휘파람으로 불었다. 집에 있는 사람들에게 자신이 거의 도착했음을 알려서 점심 식사를 준비하는 시간을 단축하기 위해서였다.

독일인과 유대인

유대인이 독일인과 공유한 것은 지적 습관만이 아니었다. 지적 본질도 공유했다. 독일계 유대인은 정치가 가브리엘 리서(1806-1863년)가 한 말에 공감했다. "만일 우리가 독일인이 아니라면, 우리에게 고국은 없다." 공직에 진출한 유대인은 페르디난트 라살레 같은 사회주의자가 되었든 에두아르트 라스커(1829-1884년)나 루트비히 밤베르거(1823-1899년) 같은 급진주의자가 되었든 유대교의 합리주의 정신과 근대 독일의 자유주의 사이에 강력한 연관성이 있다고 느꼈다. 그래서 사회 문제를 참을성 있게 합리적으로 해결하고자 애썼다. 유능한 독일계 유대인 중에 칸트와 헤겔의 영향을 받지 않은 사람은 거의 없었다.

유대교 사상가들도 마찬가지였다. 빌헬름 황제가 통치하던 시절에 독일은 기독교 신학이 부활하려는 참이었고 유대인 작가들도 이런 강렬한 자극을 함께 받았다. 마이모니데스의 마지막 계승자라고 할 수 있는 마르부르크 대학의 철학 교수 헤르만 코헨(1842-1918년)은 이렇게 말했다. "유대교야말로 내가 이성의 종교라고 명명한 종교의 본질적 통찰이 발견되는 최초의 종교다. 그렇다고 유대교가 그 공식을 독점하는 것은 아니다. 지성 발달 단계에서 일정 수준에 이르면, 그 나라의 국민은 이성의 종교를 받아들일 수 있다." 그에 따르면 근대 국가 중에 독일은 이성과 종교 감정이 가장 수월하게 공존하는 나라였다. 독일에는 철학적 이상주의, 순수 종교에 대한 경의, 윤리적인 휴머니즘이 있는데, 독일의 선구자 역할을 한 것이 유대인의 역사이기 때문이다. 헤르만 코헨은 독일 문화와 유대인의 세계주의가 대립한다는 생각을 터무니없고 말이 안 된다고 일축했다. 유대인과 독일인을 비교해서 둘의 차이를 지적한 하인리히 폰 트라이치케 교수의 이론을 논박하기도 했다. 그리고 "유대인은 우리의 불행이다"라고 주장한 트라이치케 교수의 유명한 슬로건이 사실은 정반대라고 말했다.

실제로 유대교의 이상이 독일의 정신에 주입되기는 했지만, 성공한 프로테스탄트 종교 개혁의 그늘에 가려져 있었다. 새로운 유형의 근대 종교 사상가는 프로테스탄트가 되었든 진보적인 유대인이 되었든 궁극적으로는 유대인의 성경에 기록된 종교적 이상과 에너지가 그 뿌리라는 사실을 인정했다. 그러므로 교권주의에 반대하는 합리주의자의 견해, 다시 말해 세속적인 계몽주의라는 가증스러운 프랑스 정신과는 대조적으로, 독일인과 유대인의 윤리적 성경 해석에 따르면 성경이 인류의 진보를 위한 도구가 될 수는 있어도 장애가 되는 일은 없다.[195]

개종 직전까지 갔던 프란츠 로젠츠바이크(1886-1929년)는 코헨의 강의를 듣고 유대교에 대한 관심이 다시 생겼고 결국 가장 위대한 근대 유대교 신학자가 되었다. 로젠츠바이크는 프로테스탄트로 개종한 사촌 오이겐 로젠슈타크 후에시와 개종 문제를 놓고 글을 통해 논쟁했다. 그들은 1차 세계대전이 발발하기 전 수년간 편지를 주고받았다. 이들의 편지를 보면 유대교와 프로테스탄트 사상이 얼마나 밀접한 관계가 있고 유대인이 독일 철학 안에서 얼마나 유연하게 사고할 수 있는지가 드러난다.[196] 레오 베크(1873-1956년)처럼 기독교를 공격하며 유대교와의 차이를 강조한 독일 유대인 사상가들까지도 독일식 용어를 사용했다. 1905년에 레오

베크는 프로테스탄트 신학자 아돌프 폰 하르나크가 1900년에 출간한 《기독교의 본질 Das Wesen des Christentums》에 맞서 《유대교의 본질 Das Wesen des Judentums》을 출판했다. 이 책에서 레오 베크는 유대교가 이성의 종교인 데 반해 기독교는 낭만에 빠진 비이성적인 종교라고 논박했다. 그는 사도 바울을 모든 사태의 원흉으로 지목했다. 더구나 루터는 "그리스도를 믿는 모든 이들 안에서 이성을 죽을 것이다. 그러지 않으면 신앙이 그들을 주관할 수 없다. 이성이 신앙에 맞서 싸우기 때문이다"라고 하지 않았던가? 기독교에 대한 이런 비판은 독일 회의주의에 뿌리를 두고 있다. 니체가 이미 사도 바울에 대한 공격 지침을 마련해둔 상태였다. 사도 바울은 독일 반유대주의자의 마음에 쏙 드는 표적이었다. 실제로 신학 논쟁은 유대인이 독일인의 정신세계에서 얼마나 자유롭게 활동할 수 있었는지, 그리고 독일에서 얼마나 광대한 정신 활동의 무대를 찾을 수 있었는지 잘 보여준다.

인류가 직면한 모든 문제를 한층 더 어렵고 위험하게 만든 육체와 정신의 대재앙이라 할 수 있는 1차 세계대전이 발발하기 한두 세대 전에 재능 있는 수많은 유대인이 일상생활에서 경쟁력 있는 모습을 드러내고 있었다. 특히 독일어권에서 다양하고 인상적인 공헌을 했다. 유대인의 업적을 조사하다 보면 독일이야말로 재능을 발휘하기 적합한 장소라고 느끼지 않았을까 하는 생각이 든다. 독일은 바야흐로 견고한 철학적 토대 위에서 세계 문화의 지도자가 되려 하지 않았던가? 이 목적을 이루도록 독일인을 돕는 역할을 유대인보다 잘 할 사람이 있었을까? 이것이야말로 이방을 비추는 빛이 되라는 고대의 가르침을 세속 사회에서 제대로 실현하는 것 아닐까? 독일인이 세계 지도자가 되도록 돕는 방법에는 여러 가지가 있었다. 독일은 당시 세계 지성계에서 지도자의 위치에 있었을 뿐 아니라 산업 강국이었다. 지식과 산업을 융합시키는 일을 유대인

만큼 훌륭하게 해낼 자가 또 있을까? 그들은 강력하고 유구하고 쓰라린 역사를 통해 지적 예민함이 경제적 강점을 만드는 데 얼마나 도움이 되는지 자각하고 있었다.

이런 좋은 기회를 잘 파악하고 있던 사람 중에 발터 라테나우(1867-1922년)가 있다. 그는 아버지의 뒤를 이어 AEG라는 대형 전기 회사 사장이 되었고 나중에는 독일 외무장관이 되었다. 라테나우는 단순한 독일의 사업가가 아니었다. 국가와 사회, 경제에 관한 평론을 다섯 권이나 썼고 독일에서 논쟁을 불러일으키는 작가였다. 또한 독특한 이상을 품은 인물이었다. 라테나우는 다른 이들과 마찬가지로 독일의 반유대주의를 매우 안타까워했다. "독일의 유대인은 젊은 시절 평생 잊을 수 없는 쓰라린 순간을 맞이한다. 그 순간은 바로 자신이 이류 시민으로 태어난 탓에 아무리 능력 있고 업적이 있어도 이 상태에서 벗어날 수 없다는 사실을 처음으로 확실히 자각하는 순간 찾아온다."197 그래도 라테나우는 절망하지 않았다. 독일 사회에 동화될 수 있다고 진심으로 믿었다. 독일의 반유대주의는 본래 귀족주의의 산물이므로 귀족 정치가 끝남과 동시에 소멸하고 기업가 출신의 새로운 지배층에 의해 어둠 속으로 사라질 것이라고 생각했다.198 그때에 비로소 완전하고 최종적인 동화가 이루어질 것이고 이를 통해 프롤레타리아는 사라지고 자유주의적 관용이 사회를 지배할 것이라고 보았다. 나아가 미국이나 미국보다 더 훌륭하고 풍요롭고 새로운 사회를 건설하기 위해 경제 및 산업 분야에서 유대인이 결정적으로 공헌할 수 있을 거라고 믿었다.

라테나우 같은 인물에게 개종이나 시온주의 운동은 아무런 해결책이 되지 못하는, 시련으로부터의 비겁한 도피에 지나지 않았다. 유대인은 인간인 동시에 독일인이라는 사실을 주장하지 않으면 안 된다. 모든 면에서 독일식으로 행동하지 않으면 안 된다. 신체적 용기야말로 유대인의 특성이 아닌가? 그렇다면 그것을 하나로 합쳐야 하지 않겠는가? 유대계 학생들은 이방인 융커 당원이 되느니 성마른 투쟁가가 되었다. 비유대인 클럽이 유대인의 결투 신청을 거부하기 위해 이념적이고 인종적인 이유를 만들어냈다는 사실은 그들이 두려움의 대상이 되었음을 말해준다. 그들은 훈련을 거듭하고 시합에 출전했다. 올림픽 경기가 부활한 뒤 처음 20년 동안 독일의 유대인은 플뢰레 경기와 사브르 경기에서 금메달 13개와 은메달 3개를 획득했다. 독일 여자 펜싱 챔피언으로 금메달 2개를 받은 헬레네 마이어는 금발의 헬레네로 불렸다. 유대인은 장교가 될 수 있는 길이 사실상 막혀 있었지만, 그래도 최선을 다했다. 전쟁에 관한 어휘가 없는 이디시어를 구사하는 조상의 후손인 유대인이 1914년부터 1918년까지 3만 1,500개가 넘는 철십자 훈장을 받을 정도였다.[199]

유대인과 모더니즘

이러한 독일 귀속 의식은 1차 세계대전 이전 마지막 세대의 문화 및 과학 혁명을 배경으로 일어났다. 그런데 이 혁명은 전혀 엉뚱한 방향으로 돌진하고 있었고 유대인이 혁명을 조종하는 것으로 보였다. 사회 전체를 분열시킨 지적 무기 경쟁은 유럽 대륙을 분열시키면서 충격을 안겨준 육해군 군비 경쟁에 비견할 수 있다. 예술계와 지성계에 영향을 끼친 모더니즘이 힘을 얻기 시작하더니 어느 순간 더 이상 저항할 수 없을 정도로 세력이 커졌다. 전통을 고수하는 보수 세력은 견고한 대항 세력을 형성하지는 않아도 모더니즘에 맞서 저항했고, 1차 세계대전이 발발하기 전 10년간 모더니즘이 추구하는 것이 무엇인지 확실해지자 저항은 점차 과격해졌다. 다른 민족과 마찬가지로 양쪽 진영 모두에 유대인이 있었다. 정통파든 하시드파든 경건한 유대인은 유럽에서 가장 보수적이고 반동적인 사람들로 예술과 과학에서 일어난 변화에 탄식하고 슬퍼했다. 그러나 비유대인의 세계에서는 아무도 유대인에게 관심을 보이지 않았고 심지어 그들의 존재를 의식조차 하지 않았다. 그저 인류 사회의 전통 비품 정도로만 생각했다. 그들은 유대인과 유대인의 특성을 늘 가장 극단적인 형태의 모더니즘과 동일시했다.

유럽에 사는 유대인이 게토에서 해방되어 지성계와 예술계로 진출하면서 변화 속도가 한층 빨라진 것은 부인할 수 없는 사실이다. 유대인은 본래 인습타파주의자다. 그들은 옛 예언자처럼 인습이라는 우상을 모두 때려 부수고 전복하는 데서 강렬한 희열을 느꼈다. 유대인은 전통적으로 유대인의 것이 아니었던, 혹은 유대인에게 금지되었던 영역에 침범해 곧 그 영역의 핵심이 되었다. 예를 들어 유대 음악은 그 어떤 유럽 음악보다 전통이 깊다. 유대교 예배에는 오래 전부터 음악이 빠지지 않았고 독창자는 랍비와 견줄 정도로 중요한 위치를 차지했다. 그러나 기독교로 개종한 사람을 제외하고 유대인 음악가 중에 유럽 음악 발전에 기여한 사람은 아무도 없었다. 따라서 19세기 중엽, 수십 년에 걸쳐 상당수의 유대인 작곡가와 연주가가 음악계에 등장한 일은 매우 주목할 만한 현상이다. 유대교를 믿느냐 여부는 화젯거리가 아니었다. 일부는 멘델스존처럼 기독교로 개종했다. 자크 오펜바흐(1819-1880년)처럼 유럽 사회에 동화되어 종교에 무관심한 사람도 있었다. 소수이기는 해도 프로망탈 알레비(1799-1862년)나 자코모 마이어베어(1791-1864년)처럼 경건하게 신앙을 지키는 사람도 있었다. 그러나 음악계는 그들이 유대인이라는 사실을 알고 있었다. 작곡뿐 아니라 오케스트라 지휘, 음악 학교, 오페라 하우스, 음악 극장에서 유대인의 영향력이 커지고 있다는 사실도 알고 있었다. 또한 수많은 유명 음악가가 유대계라는 인식이 널리 퍼져 있었다. 1839년에 프랑크푸르트에서 로스차일드 가문의 결혼식에 참석한 조아키노 로시니가 유대인이라고들 믿었다. 저명한 빈 음악 가문의 창시자 요한 슈트라우스는 부다페스트에서 기독교로 개종한 유대인 여관 주인의 아들이 틀림없다고들 했다. 심지어 아무 근거도 없이 바그너까지 유대계가 아닐까 두려워했다. 사람들은 음악계에 혁신의 바람을 주도한 장본인이 유대인이라고 의심했다.

구스타프 말러와 아르놀트 쇤베르크

1860년에서 1914년까지 혁신에 대한 일반인의 저항은 음악을 아주 진지하게 생각하는 빈과 같은 도시에서 특히 심했다. 어떤 음악사가가 말한 대로 급격한 양식 변화와 음악계의 성장이 결합하여 그렇지 않아도 어려운 예술가와 대중의 관계를 병적으로 뒤틀어놓았다.[200] 음악가는 의도적으로 도발적인 태도를 보였고 대중은 종종 폭력으로 응수했다. 인습 타파를 추구하는 유대인의 특성은 도발하는 쪽에서나 반응하는 쪽에서나 극단적인 양상으로 나타났다. 1897년에 독일 음악계에서 가장 중요한 위치라 할 수 있는 빈 궁정오페라극장의 지휘자로 말러를 임명하자 빈의 대중은 분노했다. 물론 말러는 실력으로 그 자리에 올랐다. 말러는 독일 최고 지휘자 중 한 명이었고 작품의 다양성과 우수성으로 자격을 충분히 입증하여 10년간 그 자리에 재직했다. 그러나 빈 궁정오페라극장의 지휘자로 적임이라는 사실을 입증하려면 가톨릭으로 개종해야 했다. 말러의 개종은 유대인이라는 낙인을 없애주기는커녕 그가 일으킨 혁신을 혐오하던 사람들로 하여금 그 사실에 주목하게 하는 결과를 가져왔다. "그는 자신을 속이는 인간이 아니다. 자신이 유대인이라는 것을 사람들이 잊을 리가 없다는 것을 알고 있었다. … 그 사실이 잊히기를 원하지도 않았다. … 그는 자신이 유대인 출신이라는 것을 결코 부정하지 않았고 오히려 강조했다"고 그의 아내는 증언하고 있다.[201]

말러가 빈 궁정오페라극장에서 일하는 동안 파란이 끊이지 않았다. 결국 말러는 적대적인 음모 때문에 뉴욕으로 떠나지 않을 수 없었다. 사실 말러가 작곡한 도발적인 교향곡은 그의 생전에 연주된 적이 거의 없다. 따라서 이 모든 일은 도발적인 그의 작품과 상관없이 일어난 일이다. 아르놀트 쇤베르크(1874-1951년)의 경우는 말러와는 또 달랐다. 쇤베르크는 빈에서 유대인으로서 태어나 가톨릭교도로 성장했다. 열여덟 살에는 프로테스탄트로 개종해서 세상을 떠들썩하게 만들었다. (1933년에는 유대교로 회귀했다.) 1909년에 작곡한 피아노 소품 작품 11번 1악장은 전통적인 조성과 완전히 결별했다. 2년 후인 1911년에는 말러의 추천으로 빈 왕립음악원에 자리를 얻었다가 오스트리아 의회로부터 맹렬한 항의를 받았다. "이곳 빈은 유럽 음악의 수도이자 세계 문화라는 왕관의 보석과도 같다. 그런데 유대교의 배교자인지 가톨릭의 배교자인지 알 수 없는 이 유대인에게, 빈을 모욕하는 이런 자에게 이 자리를 넘겨주자는 말인가?" 문화적으로 모욕을 당했다는 느낌은 여느 반유대주의 정서보다 훨씬 심각했다. 보통의 경우라면 절대로 반유대주의 정서를 드러내지 않았을 사람들을 일시적으로 반유대주의자로 바꾸어놓았다고 해야 할지도 모르겠다. 유대인이 문화 전통을 파괴하는 모습을 보일 때마다 대중은 격하게 분노했다. 쇤베르크의 웅장하고 전통적인 칸타타 〈구레의 노래〉를 1913년 2월에 빈에서 상연했을 때에는 박수갈채가 15분간 이어졌다. 그러나 같은 달 같은 도시에서 실내 교향곡 작품 번호 9번 1악장을 연주

하고, 이어서 비유대인 제자 알반 베르크의 〈알텐베르크 가곡〉을 연주하
자 대폭동이 일어나 경찰이 출동했다. 대중은 말러가 착수한 일을 쇤베
르크가 계승했고 이 두 유대인이 알반 베르크 같은 젊은 아리아인 작곡
가를 타락시켰다고 성토했다.

레온 박스트, 마르크 샤갈

혁신에 에로티시즘이 곁들여지면 왜곡은 한층 더 심해지게 마련이다. 에
로티시즘은 레온 박스트(1866-1924년)가 본래 유대인의 창작품은 러시아
발레단 발레뤼스에 주입한 요소다. 그의 아버지는 멀리 그로드노에서 상
트페테르부르크까지 짐을 지고 떠도는 행상인이었다가 크림전쟁에서 전
투복 만드는 직공으로 성공한 인물이다. 레온 박스트는 머리카락이 붉었
고 유대인이라는 긍지가 아주 강했다. 렘브란트 판 레인과 살로몬 판 로
이스달이라는 유명한 예술가가 유대인 출신이라고 믿었다. 자신의 이름
이니셜을 새긴 편지지에는 다윗의 별을 그려 넣었다. 박스트는 그리스도
로 인해 슬피 우는 성모 마리아를 주제로 한 공모전에 작품을 출품했다
가 상트페테르부르크의 미술아카데미에서 추방당했다. 그리스도와 그의
어머니 마리아가 유대인임을 강조하기 위해 리투아니아 게토의 유대인
사이에 두 사람을 그려 넣었기 때문이다. 분개한 심사위원은 그의 캔버
스에 붉은 크레용으로 사납게 줄을 휘갈겼다.[202]
　무용수 파블로바와 바츨라프 니진스키를 위해 의상을 디자인하고 두
사람을 세르게이 디아길레프에게 처음 소개한 사람도 박스트다. 발레단
이 결성되자 유대인 가브리엘 아스트루크가 재정을 지원했고 그 뒤에는

차르의 궁정 유대인 귄츠부르크 남작이 후원했다. 박스트는 무대 장치와 의상뿐 아니라 발레 안무까지 창작했다. 그는 이러한 모험에 압도적인 에로티시즘을 도입했고 베일을 이용해 아슬아슬하게 가리거나 졸라매어 강렬한 모습을 구현했다. 1909년 5월 19일, 박스트는 파리 샤틀레 극장에서 역사적인 프로그램의 개막을 장식한 〈클레오파트라〉를 이렇게 소개했다. "나일 강변의 거대한 신전, 원기둥, 타는 듯이 무더운 날, 동양의 향기, 그리고 아름다운 육체를 지닌 아리따운 여성들." 주인공 역할을 맡은 인물은 박스트가 발굴한 루빈스타인이었다. 전형적인 유대의 미를 갖춘 루빈스타인이 박스트가 만든 의상을 입고 화려하게 무대에 등장하면서 공연은 시작되었다. 세르주 리파르가 말한 대로 그 모습은 한 편의 그림이었고 러시아 발레단은 그렇게 파리를 매료시켰다.[203] 긴 다리, 셈족 특유의 얼굴 윤곽, 동양적인 이미지를 갖춘 루빈스타인은 아널드 하스켈이 말한 대로 박스트가 창조한 살아 있는 그림이었다.[204] 이듬해에 박스트는 러시아 발레단에서 가장 크게 성공한 〈셰에라자드〉를 창작했다. 근육과 골격이 잘 발달한 흑인들과 미녀들이 문란하게 성행위를 하는 하렘을 묘사한 작품으로 복수에 의한 대량 살육으로 막을 내렸다. 말 그대로 문화 충격이었다.

박스트가 보여준 관능미가 유대적 특성이듯이 색에 대한 감각과 색채 윤리학 역시 그랬다. 박스트는 자신이 추구하는 감정을 그대로 관객에게서 끌어내기 위해 색이 지닌 종교적 특성을 이용했다. 막달라 마리아의 푸른색과 클라우디우스 황제의 세 번째 부인 메살리나의 푸른색이 따로 있었다.[205] 박스트는 상트페테르부르크의 학교에서 제자 마르크 샤갈(1887-1985년)을 만났고 그에게 이를 전수했다. 샤갈은 유대교 제의용 제물을 도살하는 **쇼헤트**의 손자로 태어났다. 이 유대인 예술가의 출현은 또 하나의 기이한 현상이었다. 수 세기에 걸쳐 유대 예술에는 수많은 동물이 등장했다. 토라 두루마리를 덮는 휘장에는 사자가, 유대 동전에는 부엉이가, 가버나움의 기둥 받침에는 여러 동물이, 5세기 튀니스에 있던 네로 회당의 분수 둘레에는 새가 그려져 있었다. 동유럽에 있는 회당의 대들보에는 동물이 새겨져 있었다. 실제로 유대의 목각은 근대 조형 예술의 원형이라 할 수 있다. 1920년에 비테프스크에서 출판된 민속 장식에 관한 이디시어 책은 샤갈이 그린 동물 우화집과 매우 흡사했다.

그러나 20세기 초까지도 경건한 유대인은 살아 있는 존재의 이미지를 묘사하는 것에 거부감이 상당했다. 하시드파의 가난한 재단사의 아들이었던 생 수틴(1893-1943년)은 기억을 더듬어 스밀라비치 랍비의 초상화를 그렸다가 아버지에게 채찍으로 맞았다. 나무통에 담은 생선 운반을 업으로 삼은 샤갈의 아버지는 아들이 초상화가 예후다 펜의 화실에서 공부하려 하자 못마땅해 하며 수업료 5루블을 땅바닥에 던졌다.[206] 샤갈은 종교적 배경으로부터 벗어나고 싶은 충동이 강했고 러시아를 떠날 필요도 있었다. 허가 없이 상트페테르부르크에 들어가려다가 몇 주를 감옥에서 보내기도 했다. 박스트는 아버지가 특권을 누리는 유대인이었음에도 세계적으로 명성을 얻은 1912년까지 상트페테르부르크에 들어가지 못했다.

결국 유대인 화가들은 파리에 가서 전통을 깨는 혁신 정신을 발휘하며 예술적 모험의 선봉에 선다. 샤갈은 1910년에 파리에 가서 예전에 페르낭 레제, 알렉산더 아르키펭코, 레닌 등이 살았던 보지라르 거리에서 조금 떨어진 유명한 아틀리에 라 뤼세에 있는 정착지에서 살았다. 그리고 그곳에서 유대인 조각가 오시 자킨(1890-1967년), 자크 립시츠(1891-1973년)를 만났다. 모이즈 키슬링(1891-1953년)도 파리에 있었다. 이들은 대개 폴란드나 러시아 출신 아슈케나지였다. 스파라디도 몇 명 있었다. 루마니아에서 온 줄 파스킨(1885-1920년)과 리보르노 출신의 이탈리아인

아메데오 모딜리아니(1884-1920)가 대표적이다. 파리에 도착한 모딜리아니는 생 수틴과 간이침대 하나를 번갈아 가면서 썼다. 이미 예술계 일선에서 활약 중인 유대인도 있었다. 카미유 피사로(1830-1903년)와 그의 아들 뤼시앙 피사로(1863-1944년), 독일에 인상주의 화법을 소개한 막스 리베르만(1847-1935년)이 대표적이다. 그러나 새로 온 젊은 유대인은 야성적이었다. 이른바 야수파다. 새로운 시온에 아름다움을 더하기 위해 인생을 바친 샤갈을 제외하고 나머지 예술가들은 종교적 유산에 전혀 경의를 표하지 않았다. 훗날 수틴은 자신이 유대인이고 빌나에서 태어났다는 사실을 부정했다. 그러다 마지막에는 랍비의 자녀에게 자기 무덤 주위에서 춤을 춰달라고 유언하며 사탕을 사 먹으라고 100프랑을 남겼다. 어쨌거나 그들은 새로운 문화 영역에 가차 없이 밀고 들어오는 유대인 특유의 추진력을 갖추고 있었다.

지그문트 프로이트: 현대 유대 영지주의자

유대인에게 모더니즘을 포용할 수 있는 보편적인 성향이 있었던 것은 아니다. 모더니즘을 전 세계에 전파할 계획이 없었을 뿐 아니라 그런 유대적 세계관도 가지고 있지 않았다. 어떤 문화사가는 모더니즘을 유대인의 탓으로 돌리는 것은 전적으로 반유대주의 편견이거나 친유대주의 편협성이라고 말하기도 했다.[207] 자기 분야에서 혁신을 일으킨 것은 분명하지만, 사실 유대인은 일상생활에서 보수적일 때가 많았다. 1879년에 예수를 유대 소년으로 묘사한 〈성전에서 가르치는 어린 그리스도〉라는 작품으로 독일인에게 충격과 경종을 울린 막스 리베르만은 자신이 완벽한 부르주아라고 으스댔다. 그는 부모가 사는 집에서 살며 "나는 규칙적인 교회 종소리에 맞추어 먹고, 마시고, 자고, 산책하고, 일을 한다"고 말했다.[208]

유대인 혁신자 중에서도 가장 위대한 인물이라 할 수 있는 지그문트 프로이트(1856-1939년)는 거의 모든 형태의 모더니즘을 혐오했다. 특히 근대 예술을 경멸하고 그런 작품을 만드는 자들은 시각에 선천적인 결함이 있다고 비난했다.[209] 고대 이집트와 중국, 그리스, 로마의 조각상을 수집하길 좋아했고 조각상에 둘러싸여 책상 앞에 앉아 있는 모습은 가문의 수호신과 함께 있는 아브라함 같았다. 그러나 그중에 르네상스 시대보다 오래된 것은 하나도 없었다. 막스 리베르만처럼 프로이트의 일상생활은 하루, 한 주간, 한 달, 한 해 단위로 엄밀히 계획되어 있었다. 오전 8시부터 오후 1시까지 환자를 보고 오후 1시부터 2시까지는 점심을 먹는다. 식사는 바로 나와야 했다. 오후 2시부터 3시까지는 운동 삼아 산책을 한다. 날씨가 나쁜 날과 노년에는 넓은 집안을 성큼성큼 걸어 다녔다. 오후 3시부터 4시까지는 상담을 하고 늦은 저녁 식사 때까지 환자를 보고 다시 한 번 운동 삼아 산책을 한 뒤 오전 1시까지 집필한다. 주간 일정도 엄격하게 짰다. 격주 화요일에는 유대인 문화 교육 촉진 협회인 브네이 브리스 모임에 참석하고, 수요일에는 전문가 회의에 참석하고, 목요일과 토요일 오후에는 대학에서 강의를 하고, 토요일에는 유일한 취미인 타록 게임을 하고, 일요일 아침에는 어머니를 방문했다.[210] 프로이트를 만나고 싶은 제자는 미리 약속을 하거나 정해진 산책 코스에서 기다리면 되었다.

딸들에게는 무엇을 배우거나 일하러 다니지 못하게 하고 집에서 우아하게 재봉질을 하거나 수채화를 그리거나 피아노를 치라고 명한 마르크스처럼, 프로이트도 대가족을 가부장적으로 다스렸다. 마르크스도 프로이트도 자신의 이론을 가정이나 식구들에게 적용하지 않았다. 프로이트는 강인한 어머니의 장남이었고 어머니와 함께 다섯 명의 누이 위에 군림했다. 결혼하면서 그에게 순종하는 사람이 하나 더 늘었다. 아내는 프로이트를 위해 모든 일을 챙겼다. 옛날 하인처럼 남편의 칫솔에 치약을 묻히는 일까지 했다. 프로이트는 자기 생각을 아내와 의논하는 일 따위는 하지 않았다. 아내에게는 토론을 빨리 종결짓는 성향이 있었기 때문이다. "여자는 항상 그런 문제를 안고 있다. 그렇다고 그것을 극복하기 위해 정신분석을 할 필요는 없다. 폐경 후에는 좀 더 조용해지고 체념하기 때문이다." 프로이트는 자기 이론을 자녀에게 적용하지도 않았다. 자녀들에게 성교육을 하기 위해 담당 의사에게 보냈다. 그러면서 자신의 행동은 늘 훌륭하고 존경받을 만하다고 생각했다.[211]

프로이트의 사례는 살펴볼 가치가 있다. 상당히 중요한 인물일 뿐 아니라 그가 일을 추진하는 방식이 유대 정신과 유대 역사의 중요한 주제를 많이 반영하고 있기 때문이다. 프로이트에게는 전형적인 유대인이라고 할 만한 특성이 여럿 있었다. 그렇다고 그가 신앙을 가졌거나 토라를 믿었다는 말은 아니다. 프로이트는 종교란 망상이 모여 형태를 이룬 것뿐이라고 보았고 종교 형태의 신앙이든 다른 형태의 신앙이든 모두 인위적이라는 사실을 연구를 통해 증명하려 했다. 그가 히브리어와 이디시어를 얼마나 알고 있었는지에 대해서는 의견이 분분하다.[212] 그가 받은 교육은 유대식이라기보다는 유럽식이었고 고전적이고 과학적인 교육이었다. 뛰어난 독일어를 구사했고 괴테 상을 수상할 정도로 문체가 탁월했다.

그러나 프로이트의 부모는 모두 하시드의 영향력이 강한 갈리치아 출신이고 특히 어머니는 하시드 성향이 극도로 강한 브로디 출신이다. 자녀들은 아무도 개종하지 않았고 비유대인과 결혼하지도 않았다. 아들 에른스트는 시온주의자가 되었다. 프로이트는 언제나 자신을 유대인으로 규정했고 죽기 전 10년간은 자신은 오스트리아인도 독일인도 아닌 유대인이라고 공언했다. 헤르츨을 알고 존경했으며 헤르츨의 저서를 히브리어나 이디시어로 번역할 때는 인세를 받지 않았다. 프로이트의 전기 작가 앨프리드 존스에 따르면, "자신이 순수한 유대인이라고 느꼈고… 유대인이 아닌 친구는 거의 사귀지 않았다."[213] 연구에 대한 평판이 좋지 않을 때는 브네이 브리스에 들르곤 했다. 이에 대해 그는 나중에 이렇게 설명했다. "나는 고독한 가운데 내가 한 일의 대담함과는 상관없이 나를 따뜻이 맞아주는 선별되고 고결한 사람들의 모임에 가고 싶은 마음이 강하게 들곤 했다. … 여러분이 유대인이라는 사실만으로 나는 기쁘다. 내가 유대인이고 그 사실을 부인하는 것은 부끄러운 일일 뿐 아니라 아무 의미가 없는 일이라 여기기 때문이다."[214]

프로이트가 유대인 사이에서 얻은 것은 단순한 위로만이 아니었다. 그에게 유대 정신은 위대한 힘의 원천이었다. 오스트리아 음악평론가 막스 그라프에게 이런 말을 하기도 했다. "만일 당신이 자식을 유대인으로 키우지 않는다면, 그 무엇으로도 바꿀 수 없는 힘의 원천을 그에게서 빼앗는 셈입니다." 유대인은 프로이트가 찬양해 마지않은 헤아릴 수 없이 큰 힘을 가지고 있을 뿐 아니라 사상에 최고의 가치를 부여했고 프로이트는 이것을 아주 중요하게 생각했다. "우리는 사상을 통해 통일성을 유지해왔다. 이것이 있었기에 오늘날까지 살아남은 것이다." 그는 유대인 사회의 학자 지도 체제에 최고의 권위를 부여했고 야브네 학술원 설립을 두고 유대 역사에서 가장 중요한 하나의 계시였다고 말했다.[215]

갑자기 정신분석 이론을 내놓고 의사에서 치유자로 태도를 바꾼 것은 일종의 개종이라면 개종이지만 여기에도 유대의 특성이 나타난다. 프로이트는 삼십 대 중반까지 의사로 활동했다. 그러다 갑자기 상투적인 내과 치료에 흥미를 잃었다. 신비 체험은 중년이 될 때까지 기다리는 것이

유대의 전통이었다. 마이모니데스는 합리주의자였지만, 이 생각을 받아들여 나이가 들 때까지 정신의 병을 다루려 하지 않았다. 특별히 서른여섯이라는 나이를 중요하게 생각했다. 바알 쉠 토브도 서른여섯 살에 자신의 정체성을 드러냈다. 실제로 앨프리드 존스는 프로이트가 서른한 살이던 1887년 말부터의 기간을 잠복기라 칭하고 정확히 서른여섯 살이 된 1892년에 최면 요법 성공 사례를 발표하면서 정점에 이르렀다고 말한다.

그러나 프로이트는 그런 과학적 발견은 갑작스러운 기적을 통해 이루어진다는 이론을 믿고 있었고 그래서 그 시기를 3년 후로 잡았다. 그리고 자신이 결정적인 꿈을 꾼 집에 대리석으로 기념비를 세워야 한다며 이런 비명을 제시했다. "1895년 7월 24일, 이 집에서 지그문트 프로이트 박사에게 꿈의 비밀이 계시되었다." 그러나 존스는 그 전에 인격적인 변화가 일어났다고 말한다. 분명한 것은 이 시점부터 프로이트가 인간이 자신을 관찰하는 새로운 방법을 탐색했다는 사실이다. 존스가 말한 대로 프로이트는 사람이 어떻게 해서 그 자신이 되는가 하는 중대한 문제의 답과 인간 내면의 비밀이라는 궁극의 목표를 탐구하고 있었다.[216] 이는 본질적으로 종교적 탐구였고 새로운 종교의 창시자가 그렇듯 프로이트는 옛 동료들과 급속히 멀어졌다. "새로운 모험에 한 걸음 내딛을 때마다 프로이트는 동료들과 멀어졌다. 동료들은 지난날 프로이트가 착실히 수행한 의학 연구와 그가 새로 관심을 기울이는 분야나 연구 방법이 어떤 관련이 있는지 이해하지 못했다."[217] 번뜩이는 통찰력은 완전히 새로운 신앙으로 뻗어나갔다. 동료 한스 작스에 따르면, "처음에 정신병리학의 작은 실마리에 불과했던 것이 독창적이고 흔들림 없는 정신 집중을 통해 확대되어 결국 심리학, 인류 문명, 그리고 종국에는 모든 유기적 발전에 관한 기본 개념으로 자리를 잡았다."[218]

프로이트에게 종교 창시자 내지는 위대한 이단 창시자로서의 능력이 있었던 것은 의심의 여지가 없다. "나는 유대인이기 때문에 다른 사람이 지적 능력을 사용하는 데 제약이 되는 숱한 편견으로부터 자유롭다"라고 말하는가 하면 이런 말도 했다. "조상들이 성전을 지킬 때 발휘한 저항 정신과 열정을 전부 계승한 나는 역사적 순간을 위해 나의 인생을 바칠 수 있다는 느낌이 든다." 친구 빌헬름 플리스에게 털어놓은 대로 프로이트는 과학자나 실험자, 관찰자라기보다는 활동가였다. "나는 기질적으로 정복자이자 모험가다. … 내게는 그런 인물 특유의 호기심과 대담성, 끈질김이 있다."[219] 프로이트는 아브라함이 아니라 모세가 유대교의 창시자라고 주장했다. 그는 이 위대한 입법가에게 매료되었고 특히 미켈란젤로가 로마에 세운 모세 조각상에 마음을 빼앗겼다. "1913년 쓸쓸한 9월에 나는 3주간 매일 그 조각상 앞에 있는 교회에 서서 그 작품을 온전히 이해할 때까지 연구하고 찬찬히 살피고 사색했다."[220] 또한 꿈꾸는 자이자 선견자였던 요셉과 자신을 동일시하면서 알렉산더 대왕의 참모 중에 꿈을 해석하는 전문가가 있었다는 사실을 지적하곤 했다.

프로이트는 유대교에서 많은 요소를 받아들였다. 꿈 해석 방법은 조하르에서 사용하는 방법과 어떤 의미에서 비슷했다.[221] 프로이트는 카를 융에게 보낸 편지에서 '나의 신비주의 중에서 특별히 신비적인 특질'이라고 칭한 것, 무엇보다도 수의 의미와 예견 특성의 매력을 친구 빌헬름 플리스에게서 끌어냈다.[222] 그리고 도플갱어를 몹시 무서워할 정도로 그런 개념을 믿었다. 아르투르 슈니츨러에게 이런 글을 써 보내서 그를 놀라게 하기도 했다. "자네를 만나는 일을 피해온 것 같군. 내 분신을 만나기 싫었거든." 또한 죽음에 대한 공포로 괴로워하기도 했다.[223]

프로이트의 학설에 마르크스 이론과 마찬가지로 미신에 가까운 특성이 있다 해도, 가자의 나탄이 주창한 메시아적 카발라 이론처럼 불편한 사실이 불거져 나와도 얼마든지 수용하는 침투성이 있다고 해도 놀랄 일이 아니다. 모두 똑같은 배경에서 나왔기 때문이다. 과학을 표방했지만 그 과학이란 것은 실체가 아닌 허구였다. 그러나 프로이트 학설에 반영된 유대성은 신비적 요소가 강한 하시드 계열이 아니라 모세 계열에 가까웠다. 프로이트는 종교법에 견줄 만한 새로운 법률 체계를 발견하길 바랐다. 그 안에는 모든 힘과 영원성이 구비되어야 할 터였다. 프로이트는 "우리는 진리를 소유하고 있다"라고 말했다. 그 어떤 종교 지도자도 이보다 교조적인 말을 할 수 없을 것이다.[224]

새로운 교의는 두 가지 점에서 유대적 특성을 보였다. 이 신조의 토라라고 부를 만한 중요한 문헌은 프로이트의 저작과 임상 사례로 성경처럼 완성도 높은 짧은 이야기로 이루어져 있다. 이야기를 통해 하나의 이론을 제시하는 기술은 하시드 운동으로 다시 나타난 현자들의 특징이기도 하다. 프로이트는 여기에 과학적이고 세속적인 지위를 부여했다. 프로이트가 당시에, 그리고 지금까지도 사람들에게 영향을 끼치는 강한 힘이 바로 여기에서 나온다. 1901년에 도라 이야기를 정리한 "히스테리 분석에 관한 단편"을 발표하면서 프로이트는 다음과 같이 만족감을 드러냈다. "이것은 내가 지금까지 쓴 글 중에서 가장 미묘한 문제를 다루고 있으며 흔히 생각하는 것보다 더 가공할 만한 영향을 끼칠 것이다."[225] 스티븐 마커스가 지적한 것처럼 프로이트가 저작의 의도를 부인할 때만큼 설득력이 없는 경우도 없다. 프로이트는 "내가 만약 정신을 해부하는 의사가 아니라 소설을 위해 이런 정신세계를 지닌 인물을 창조하는 작가라면, 지금부터 다룰 이런 혼화混化 문제까지는 다룰 생각도 하지 않았을 것이다"라고 내숭을 떠는가 하면 이런 글을 쓰기도 했다. "내가 기록한 사례가 단편 소설처럼 읽힌다거나 학술 논문의 진지한 특성이 빠져 있다는 말은 당치도 않다. 왜 그런 말을 하는지 도무지 이해할 수 없다."[226] 사실

프로이트는 아서 코난 도일과 윌리엄 서머셋 모옴처럼 의사이자 단편 소설 작가였던 동시대 다른 인물들 못지않게 출간을 위해 사례 정리와 문체에 신경을 썼다. 거기에 열왕기상의 저자에게서나 볼 수 있는 설득력과 끈질기고 근원적인 신념을 곁들였다. 도라, 쥐인간, 꼬마 한스, 슈레버, 늑대인간과 같은 사례는 그에게 계시의 중심이자 본질이었다.

둘째로, 프로이트 학설은 주로 유대인이 퍼뜨리고 실천한 교의였다. 흔히 말하는 것처럼 빈의 유복한 유대인 여성을 치료하다 정신분석을 시작했다는 말은 사실이 아니다. 그러나 프로이트의 세례 요한이라 할 수 있는 요제프 브로이어도 유대인이고 최초의 정신분석학자는 모두 유대인이다.[227] 프로이트에게 카를 융이 중요했던 이유는 융이 그를 매료시킨 최초의 비유대인 제자였기 때문이다. 그래서 1910년에 뉘른베르크에서 열린 2차 정신분석학회에서 프로이트는 반대를 무릅쓰고 융을 종신 의장으로 지명했다.

여러분은 대부분 유대인입니다. 그러므로 이 새로운 가르침을 많은 사람에게 전하고 동료를 얻기에 적합하지 않습니다. 유대인은 기초를 쌓는 역할에 만족해야 합니다. 내가 일반 과학계와 관계를 맺는 것은 꼭 필요한 일입니다. 나도 이제 늙었고 끊임없이 이어지는 공격에 진저리가 납니다. 우리는 위험에 처해 있습니다. … 이 스위스인[융]이 우리를, 나를, 그리고 여러분 모두를 구원해줄 겁니다.[228]

프로이트는 자기가 옳다고 확신하는 면에서도 모세와 비슷했다. 여러 지도자와 다양한 견해를 허용하는 관대한 유대인의 전통에는 관심이 없었다. 꼬마 한스의 아버지인 막스 그라프는 프로이트의 연구실 분위기가 흡사 종교 재단 같았다고 말한다. 환자들은 사도였고 프로이트는 사생활에서는 선량하고 남을 배려할 줄 알지만, 자기 생각을 제시할 때는 근엄하고 무자비했다.[229] 프로이트에게는 하시드 현자의 제자단 같은 소규모 친위 그룹이 있었다. 이 그룹은 1902년에 처음 결성되었고 그 안에서는 프로이트에게 이의를 제기하는 것이 허용되지 않았다. 이 모임에 처음부터 참가한 알프레트 아들러(1820-1937년)는 딱 한 번 프로이트에게 이의를 제기했다가 비평적인 동료가 아니라 이단의 우두머리 취급을 받았다. 마르크스주의자의 용어를 빌리자면 변절자 취급을 받았다. 막스 그라프에 따르면 "그것은 일종의 재판이었고 그의 죄목은 이단이었다. … 프로이트는 교회 수장으로서 아들러를 추방했다. 아들러를 공식 교회에서 내쫓은 것이다. 몇 년 동안 나는 그곳에서 교회의 발전사를 모두 경험했다." 그 후 **헤렘**이 종종 있었고 그중 가장 주목할 사례는 이단의 우두머리 카를 융이었다. 존스가 기록한 대로 프로이트가 모세라면 융은 여호수아였기 때문에 융과의 절연은 프로이트에게 특히 더 견디기 어려웠다. 지난날 융에 관해 이야기할 때면 프로이트는 언제나 얼굴이 환해지곤 했다. "이는 내 사랑하는 아들이요 내가 매우 기뻐하는 자다. 내가 구축한 제국에 후손이 없다면, 융이 모든 것을 상속하리라."[230]

이단을 발견하고 추방하는 과정에서 완고한 신학자들은 서로 증오하기 마련이다. 한스 작스의 말대로 프로이트는 강철처럼 냉혹하고 날카로운 혐오감을 드러냈다. 《아이의 성생활 *The Sexual Life of the Child*》의 저자 알베르트 몰을 지적인 면에서나 도덕적인 면에서나 협잡꾼 변호사이자 짐승이라고 비난하며 연구실에서 쫓아낸 뒤 "악마 같은 놈이 온 방 안을 악취로 가득 채운다"고 말하기도 했다. 아들러를 두고는 독기와 허영이 가득한 쓰레기라고 비난했다. 또 다른 사도 빌헬름 슈테켈에게는 천문학자의 머리에 들끓는 이라고 욕설을 퍼부었다. 이 욕설은 프로이트가 지독히 미워했던 하이네에게서 빌려온 것이다. 카를 융은 이단자, 신비주의자가 되었고 프로이트 학파에서는 융설融이 최악의 단어였다. 예전에 제자였던 사람과 길에서 마주쳐도 외면했고 책에 그들의 문헌을 인용한 부분이 있으면 개정판에서 삭제하거나 전前 정신분석자 누구누구로 수정했다. 프로이트의 책 개정판에서는 몇 년간 융이 프로이트에게 보낸 편지가 모두 사라졌다.[231]

이처럼 혹독한 논쟁 속에서 프로이트는 다시 하이네의 말을 인용했다. "사람은 자신의 적을 용서하지 않으면 안 된다. 그러나 그들을 처형한 다음에 해도 늦지 않다." 처형에 관한 증거는 많아도 용서에 관한 증거는 하나도 없다. 아들러가 1937년에 애버딘에서 죽었을 때 여든 살이 넘은 프로이트는 아르놀트 츠바이크에게 이런 편지를 썼다. "아들러를 애도하는 자네 마음을 나로서는 이해할 수 없군. 빈 교외에서 태어난 유대 소년이 애버딘에서 죽었으면 그것만으로도 대단히 출세한 것 아닌가?"[232]

이렇듯 프로이트는 에스라의 편협함과 학자 지도 체제가 안고 있는 특유의 결점도 드러냈지만, 몇 가지 영웅다운 미덕도 지니고 있었다. 진리라고 믿는 것을 지키는 불굴의 용기, 이를 추구하는 열정과 노력, 탐구 정신은 사건의 연속이었던 인생의 마지막 순간까지 계속되었다. 모르핀 때문에 정신이 흐려지느니 통증에 시달리더라도 생각을 할 수 있는 편이 낫다며 모르핀을 거부하고 서서히 암세포에 점령당하여 숭고한 죽음을 맞이했다.[233] 그를 마지막으로 본 아서 케스틀러는 그에게서 히브리 족장의 불멸의 생명력을 갖춘 조그맣고 연약한 현자를 발견했다.[234] 프로이트는 유대 전통 중에서도 비합리주의 계보에 속하고 마이모니데스보다는 나마니데스나 바알 쉠 토브에 가까웠다. 아마도 그런 까닭에 대체로 비합리적이었던 20세기 지성계에서 핵심 인물이 될 수 있었을 것이다. 은유를 다양화하기 위해 그는 인류에게 새로운 거울을 주었다. 인간이 자기를 바라보는 방식을 되돌릴 수 없을 정도로 과격하게 바꾼 인물은 일찍이 없었다. 사람들이 자기 자신에 대해 이야기할 수 있게 된 것은 프로이트가 내성內省이라는 어휘를 바꾸어놓았기 때문이다.

아인슈타인과 유대인의 합리주의 정신

우리 자신을 바라보는 방식을 프로이트가 바꾸어놓았다면, 알베르트 아인슈타인(1879-1955년)은 우주를 바라보는 방식을 바꾸어놓았다. 이를 통해 아인슈타인은 20세기 주요 인물이 되었다. 아마 21세기에도 그의 중요성은 퇴색하지 않을 것이다. 역사가 증명하듯이 갈릴레이, 뉴턴, 다윈의 경우처럼 새로운 과학 법칙을 정립하면 그것이 장기간에 걸쳐 사회에 영향을 끼치기 때문이다. 아인슈타인은 독일 남부 울름 출신의 유대인이다. 아버지는 작은 전기화학 회사를 운영했다. 아인슈타인은 베른에 있는 스위스 특허청에서 근무하다가 1905년에 특수 상대성이론, 1915년에 일반 상대성 이론을 발표했다. 프로이트의 경우와 마찬가지로 중요한 발견은 1차 세계대전 전에 이루어졌다. 그 후 좀처럼 성과가 나지 않았지만 일반 분야의 이론을 계속 연구해 양자물리학을 수용했고 이 이론을 체계화하는 데도 중요한 역할을 했다.[235]

아인슈타인은 상식적인 의미로는 신앙을 실천하는 유대인으로 보이지 않는다. 이 점에서 프로이트와 비슷하다. 그러나 프로이트와는 달리 하나님을 믿는 신앙을 환상으로 치부하지 않았다. 오히려 이를 새롭게 정의하려 했다. 지적 측면에서 볼 때 아인슈타인은 마이모니데스와 스피노자의 합리주의 전통에 서 있다. 그는 가장 엄밀한 유형의 경험주의 과학자였다. 정확한 입증을 위해 이론을 체계화했고 자신의 견해를 정당화하기 전에 반드시 검증을 해야 한다고 주장했다. 이 점에서 프로이트의 교조주의와는 정반대되는 지점에 서 있다. 그러면서도 입증할 수 없는 진리의 존재를 인정하려 했다. 이 점에서 그는 프로이트보다 정직하다. 프로이트는 자신이 신비주의자이면서도 신비적인 진리를 부인했다. 이에 비해 아인슈타인은 합리주의를 고수하면서도 신비의 영역을 인정했다. 그에게는 신비는 사실이 아니라 감정의 영역에 속하는 것으로 진정한 예술과 진정한 과학이 태어나는 곳에 존재한다. 가장 깊은 이성과 가장 빛나는 아름다움을 초월한 곳에 가장 원시적인 형태로 인간 정신에 받아들여지는 미처 헤아릴 수도 없는 진리가 있다고 보았다. 이를 깨닫는 것이 진정한 종교 감정의 본질을 이루며 "그런 의미에서 나는 매우 종교적인 인간이다"라고 말했다.[236]

마지막 말은 진리를 인식하려면 이성과 계시라는 상호보완적 수단이 필요하다는 마이모니데스의 신념을 상기시킨다. 그러나 아인슈타인은 계시를 배제했다는 점에서 그가 높이 평가한 스피노자 쪽에 훨씬 가깝다. 아인슈타인에 따르면, 직감적 사고란 엄정한 과학적 개념 체계에서 빼놓을 수 없는 것으로 눈을 감고 일종의 거대한 이론적 일반화에 뛰어드는 것이다.[237] 이 점에서 그는 프랑스 유대인 철학자 앙리 베르그송(1859-1941년)과 공통점이 많다. 베르그송은 과학의 신비적이고 직감적인 요소와 시간과 물질의 상호작용을 강조한 아인슈타인의 관점을 공유했다.[238] 그러나 아인슈타인의 견해와 실제 연구 활동을 보면 직감이 어떤 원리를 끄집어내면 과학과 이성이 이를 이어받았다.

아인슈타인은 하나님이 이 세계를 어떻게 창조하셨는지 알고 싶다고 했다. 그러나 이는 거의 신비에 가까운 목표였다. 더구나 아인슈타인으로서는 그 지식을 수학 공식으로 끌어내고 천문학으로 확인해야 했다.

어떤 의미에서 아인슈타인이 하는 일은 카발라주의자가 시도한 것처럼 숫자로 천지 창조를 기술하는 일이었다. 그러나 카발라주의자의 숫자는 직감적이고 마법적이어서 입증이 불가능한 데 비해 아인슈타인의 숫자는 머리로 이해하고 망원경으로 확인할 수 있는 것이었다. 우주는 지금까지 생각해온 것처럼 혼돈 상태가 아니라 시간과 공간의 여러 법칙에 지배를 받고 있다. 그 법칙은 그가 뉴턴의 법칙을 수정했던 것처럼 시간이 지나면 수정될 것이다. 그러나 근본적으로 그 법칙은 인간의 지성으로 이해할 수 있는 것이다. 바로 여기에 "우리의 지식이 발전함에 따라 점차 심오해지는 기적이 있다"고 말했다.[239]

아인슈타인은 대우주와 소우주는 같은 법칙에 지배를 받고 있으며 일반 상대성 이론은 결국 모든 전자기 분야를 지배하는 통일장 이론의 일부가 될 것이라고 믿었다. 그래서 물질세계의 모든 물리적 관계는 단 몇 쪽의 방정식으로 정확히 기술할 수 있다고 보았다. 아인슈타인은 "자연현상의 인과관계에 관한 지식을 얻으려는 노력이 성공할 가능성이 거의 없어 보이지만, 모든 현상에는 인과관계가 있다는 것을 굳게 확신한다"고 말한 스피노자에게 친밀감을 느꼈다. 300년 늦게 세상에 나온 아인슈타인이 스피노자를 계승한 셈이다. 우주에 대한 포괄적인 진리 법칙, 이른바 과학의 토라를 추구해야 할 필요성을 느껴서 이러한 탐구 활동을 했다는 점에서 이는 상당히 유대적이다. 일반 이론을 대신하는 것은 불확실성이고, 불확실성은 유대인이 특히 혐오하던 개념이다. 불확실성이 모든 도덕과 역사, 정치, 법의 확실성을 무너뜨리는 것처럼 보였기 때문이다.[240] 그리하여 40년에 걸친 아인슈타인의 연구는 결국 결론에 이르지 못했다. 마이모니데스가 법전과 주석서, 《당혹스러워하는 자를 위한 지침》에서 거대한 유대 유산을 적당한 크기의 명확하고 합리적인 지식 체계 안에 정리하려 했던 것처럼 아인슈타인은 우주를 단순하고 쉽게 설

명하고자 했다.[241]

실제로 아인슈타인의 업적은 상대성 이론에서 멈추었다. 그의 이론이 정확하다는 사실은 수차례 입증되었고 60년 넘게 과학 지식의 중심에 자리했다. 그러나 일반인에게 그의 이론은 거대하고 새로운 단순성이 아니라 거대하고 새로운 복잡성을 안겨주었다. 상대성 이론을 상대주의, 특히 도덕적 상대주의와 혼동했기 때문이다. 적어도 대중의 인식 속에서 아인슈타인과 프로이트의 조합은 아인슈타인이 마음속으로 믿고 있던 유대교와 기독교 윤리의 절대적 확실성에 파괴적인 일격을 가했다.[242] 이는 어리석은 사람들이 유대인을 잘못 평가하게 하는 또 하나의 무거운 짐이 되었다. 상대성 이론의 출현을 계기로 지식인들은 과학적 발견과 발을 맞추기를 단념했다. 유대인 철학자 라이어넬 트릴링은 다음과 같이 그 결과를 기술했다.

근대의 공적이라고 이야기하는 사상 양식으로부터 우리 대다수를 배제한 이 사건은 분명 우리의 지적 자긍심에 상처가 된다. 이 굴욕에 대해 우리는 모두 침묵하고 있다. 그러나 그 사건이 정신의 자산을 형성하는 모든 가치 판단에서 반드시 참작해야 하는, 의혹과 소외라는 중요한 요소를 정신생활에 도입했다는 점에 관한 한 어떻게 이의를 제기할 수 있겠는가?[243]

카프카와 지옥에 떨어진 영혼

세기의 전환기에 일어난 이 맹렬한 지적 활동과 문화 혁신, 다시 말해 유대인이 주도적 역할을 한 이런 활동은 진보주의자와 보수주의자 사이에 갈등을 일으켰을 뿐 아니라 곤혹과 불안이라는 감정을 잉태했다. 유대계 세속 지식인은 누구보다 이것을 강하게 느꼈고 작품 속에서 이를 확실히 드러냈다. 기억 속에 떠오르는 확실성에 대한 동경은 마르셀 프루스트가 《잃어버린 시간을 찾아서 *A la Recherche du temps perdu*》라는 대작을 쓰는 원동력이 되었다.

프란츠 카프카(1883-1924년)의 작품 전체를 지배하는 원리는 이해할 수 없는 감정전이다. "나는 내가 알지도 못하고 더 이상 갈 수도 없는 여기 이곳에 있다. 우리의 배에는 키가 없다. 배는 훨씬 먼 죽음의 세계를 향해 부는 바람에 의해 움직이고 있다."[244] 쇤베르크도 이와 비슷한 감정을 느끼며 묘한 은유로 자신의 인생을 요약한다. "펄펄 끓는 물로 가득한 대양에 빠졌는데 헤엄도 칠 줄 모르는 형국이다. … 나는 최대한 팔과 다리를 휘저어 헤엄을 치려 했다. … 절대로 단념하지 않았다. 대양 한복판에서 어떻게 체념할 수 있단 말인가?"[245] 본명이 한스 다비드손인 표현주의 시인 야코브 폰 호디스는 1910년에 〈세계의 종말〉이라는 시를 발표함으로써 곤혹의 감정을 요약하고 증폭시켰다. 이 시는 한때 독일에서 가장 널리 알려진 악명 높은 시였다. 호디스는 표현주의 지도자이자 랍비 힐렐의 자손이라고 주장하는 쿠르트 힐러가 주최한 모임에서 이 시를 낭송했다. 첫 소절은 이렇게 시작된다. "부르주아의 뾰족한 머리에서 모자가 날아갔다." 이유를 알 수 없지만, 이 시는 즉각 모더니즘 지지자와 반대자를 갈라놓았고 반대자를 종잡을 수 없는 분노 속에 몰아넣었다.[246] 1914년에 이 젊은 시인은 미쳐버렸고, 곧이어 실제로 유럽 전체가 거대한 파멸의 춤을 추며 유대인의 전망과 상황을 완전히 뒤집어놓았다.

6부

홀로코스트

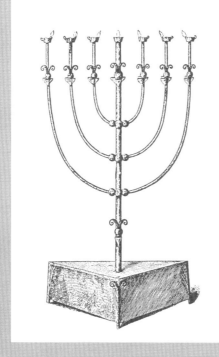

A HISTORY OF THE JEWS

1차 세계대전과 유대인

1914년 11월 9일, 런던 시청사에서 영국 총리 허버트 애스퀴스가 극적인 발표를 했다. "터키 제국은 자살 행위를 자행하고 말았다." 터키 황제에게 시온주의 운동에 대한 적극적인 지지를 포기하라고 한 독일의 구애가 마침내 성공을 거둔 것이다. 술탄은 친히 독일에게 승리를 확약했고 영국을 상대로 지하드, 즉 성전聖戰을 시작하려 했다. 애스퀴스는 1억 명에 달하는 대영 제국의 무슬림이 터키에 합류하는 것을 막으려 했다. 그의 연설은 오스만 제국을 무너뜨리고 그 국민에게 자유를 주자는 내용이었다.[1] 그러나 연설을 하면서 애스퀴스는 부지중에 시온주의 국가의 퍼즐에 또 하나의 중요한 조각을 추가했다. 팔레스타인과 다른 지역에서 터키의 통치가 종식된다면, 유대 민족의 국가가 권력의 진공 상태로 이동하는 것을 막을 방법이 없어지기 때문이다.

막 시작된 무시무시한 전쟁에서 독일이 패배하면 유대인에게 이로울 거라는 생각은 당시 대부분의 유대인에게 우스워 보였다. 유대인에게 진저리나는 적은 제정 러시아였고 당시 독일군은 러시아를 산산조각 내는 중이었다. 유대인 거리가 있던 런던 북동부 이스트엔드에서 유대인이 독일과의 전쟁에 지원하기를 주저했던 이유도 그 때문이다. 모든 사람이 유대인의 문화적 지도력을 독일과 연계시켰다. 극좌파 반전론자를 제외하고 막스 리베르만이 이끄는, 독일어를 사용하는 모든 유대계 지식인은 독일의 전쟁 목적을 지지하는 탄원서에 서명했다. 서명을 거부한 사람은 아인슈타인뿐이었다.

타넨베르크에서 러시아군을 격파한 독일군이 러시아 치하의 폴란드로 밀고 들어오자 유대인은 환호하며 맞이했다. 그중 한 사람이 제에브 도브 베긴으로 훗날 이스라엘 총리가 된 메나헴 베긴의 아버지다. 그는 히브리어, 이디시어와 함께 독일어를 사용했고 폴란드어는 반유대주의 언어라며 거부했다. 어린 아들과 훗날 할페린 여사가 된 어린 딸에게 이렇게 말했다. "봐라, 독일인이 올 거야. 독일은 완전히 다른 문화지. 러시아가 아니란다." 퇴각하던 러시아군은 유대인 공동체를 한데 몰아 채찍질하며 시베리아로 내몰았다. 스탈린의 소수민족 정책에 따른 조치였다. 베긴의 가족은 카자흐족이 유대인 마을에 불을 지르는 광경을 지켜보았다. 훗날 할페린 여사는 독일군이 당도했을 때를 이렇게 회상했다. "독일인은 경이로운 방식으로 유대인을 대했어요. … 아이들에게 사탕과 비스킷을 주었지요. 그들은 우리가 알던 독일인이 아니었어요. 다른 시대에 사는 독일인이었지요."[2]

팔레스타인에 있던 유대인 정착지에서도 독일어를 공용어로 삼는 경향이 있었다. 많은 정착민이 유대인 학교에서 히브리어보다는 독일어를 사용하고 싶어 했다. 독일어를 시온주의자 회의의 공식 언어로 채택할 때도 별다른 이의가 없었다. 베를린 시온주의 운동 사무소는 곧 세계 시온주의 운동 본부로 이해했고, 그곳에서 활동하는 시온주의자는 무슬림뿐 아니라 유대인에 대해서도 독일에 보호를 요청했다. 독일 편에서 싸

우도록 터키를 압박한 것이 살로니카(데살로니가)에 있는 거대한 유대인 공동체라고 다들 믿었다.[3]

그러나 통찰력이 있는 많은 이들은 오스만 제국을 분할하기로 한 대영 제국의 결심이 무엇을 의미하는지 알아챘다. 그중 한 사람이 테오도르 헤르츨이 죽은 뒤 서유럽 시온주의 운동에 지대한 영향을 끼친 하임 바이츠만이다. 바이츠만은 애스퀴스 총리의 연설에 흡족해하면서 이런 글을 썼다. "이제 공개적으로 말할 수 있는 시간이 되었다. 팔레스타인을 대하는 유대인의 입장을 전 세계에 보여줄 시간 말이다."

바이츠만은 유대 역사에서 가장 고상하고 중요한 인물 중에 하나다. 시온주의 지도자로서 세계 정치인을 다루는 능력이 헤르츨만큼이나 탁월하고 동유럽 유대인에게도 영향력이 있는 인물이었다. 물론 바이츠만도 동유럽 출신이다. 폴란드 모톨의 프리페트 습지대에서 살던 바이츠만의 집안은 전통을 중시하는 분위기였다. 목재를 잘라 발트 해에 띄우는 일을 하던 아버지는 요세프 카로의 법전을 술술 외울 정도였고 마이모니데스의 《당혹스러워하는 자를 위한 지침》을 즐겨 읽었다. 집 벽에 마이모니데스와 모리츠 폰 히르슈의 초상화가 나란히 걸려 있었지만, 시온으로의 귀환은 어디까지나 종교적인 것으로 이해했다. 그 지역 랍비는 바이츠만에게 이렇게 말했다. "그 일을 수행할 자격을 갖추려면, 사람들은 많은 일을 하고, 많은 것을 배우고, 많은 것을 알아야 하고, 또 많은 고난을 받아야 하네."[4]

바이츠만과 영국 지배층

바이츠만은 현대식 교육을 받기 위해서도 많은 고생을 해야 했다. 집에서는 신문을 구독하지 않았다. 숨어 있는 **마스킬**이었던 학교 교사는 예언서를 가르친다고 둘러대고 자연과학 히브리어 교과서를 몰래 들여왔다. 제정 러시아 정부가 들어서면서부터는 유대인 할당제 때문에 공립 중등학교 정원의 최대 10퍼센트까지만 유대인을 받았다. 심지어 전체 인구의 50퍼센트 이상이 유대인인 도시에서도 마찬가지였다. 러시아 정부는 유대인의 대학 진학을 막기 위해 모든 조치를 취했다. 후에 바이츠만은 이렇게 기록했다. "사람들은 매년 상트페테르부르크에서 쏟아져나오는 복잡한 칙령을 보면서 거대한 러시아 제국의 모든 조직이 오로지 유대계 국민을 속박하는 규칙과 규정을 고안하고 양산하기 위해 존재하는 것 같다는 인상을 받았다." 그 때문에 교육 현장에는 궤변과 속임수와 굴욕이 끊이지 않았다.[5] 바이츠만은 교육 과정에서 근면과 놀라운 인내와 끈기를 배웠고 유럽 3대 명문 과학학교로 꼽히는 베를린 종합기술학교에 가까스로 진학했다. 그리고 나중에 스위스로 가서 프라이부르크 대학에서 1899년에 화학 분야 박사학위를 취득했다.

그러나 바이츠만이 필생의 사명을 찾은 곳은 영국이다. 영국 맨체스터 대학에서 생화학을 가르치던 그가 찾은 사명은 대영 제국 지배층의 호의를 바탕으로 유대인의 국가를 건설하는 일이었다. 1910년에 영국 시민이 된 바이츠만은 영국을 언제나 관용이 있고 공정함과 자유와 정의를 사랑하는 나라로 평가했다. 이렇듯 그는 감정이라는 자산을 영국 지배층의 마음에 차곡차곡 예금했다가 나중에 상당한 배당을 받았다. 1914년이 되기 몇 해 전부터 바이츠만은 영국 지배층과 관계를 구축했다. 진보 매체 〈맨체스터 가디언〉 지의 영향력 있는 편집자 찰스 스콧을 만났고, 그를 통해 보수당 지도자 아서 밸푸어, 윈스턴 처칠 같은 랭커셔의 국회의원을 만났다. 스콧은 가장 절친한 정치적 동지 데이비드 로이드 조지에게도 바이츠만을 소개했다. 그리고 이들은 모두 시온주의를 지지하는 든든한 아군이 되었다.

바이츠만은 자유당 하원의원 허버트 새뮤얼과도 뜻밖의 동맹관계를 맺었다. 새뮤얼은 유대인 사회의 지도층으로 확실한 반시온주의자였다. 종종 악의적으로 반시온주의 입장을 드러내곤 했다. 아버지는 새뮤얼 몬터규라는 은행을 설립해 성공 가도를 달렸다. 그 은행에서 일하던 사촌 에드윈 몬터규는 나중에 정계에 진출했는데, 그 역시 손꼽히는 반시온주의자였다. 새뮤얼은 무신론의 둥지라 할 수 있었던 옥스퍼드 대학교 베일리얼 칼리지에 다녔고 그곳에서 믿음을 잃었노라고 어머니에게 고백했다. 그러나 표면적으로는 계속해서 회당에 기부금을 냈고 유대인임을 당당하게 밝혔다. 그리하여 1909년에 내각에 입성한 그는 내각에서 일하는 첫 번째 유대인이 되었다. 그런데 유대인이 거주하는 화이트채플에서 공무를 수행하다가 빈곤과 타락의 섬뜩한 광경을 목격하고 시온주의자로 돌아섰다. 1911년에 발생한 마르코니 사건에 관여하면서 관용이 있다는 영국에서조차 잔혹한 반유대주의가 존재한다는 사실을 실감하고 시온주의에 대한 확신을 굳혔다.

새뮤얼은 냉정하고 조용하고 내성적이었다. 자신의 생각을 쉽게 드러내지 않았다. 심지어 바이츠만조차도 그가 시온주의자인 걸 알지 못했다. 그러나 새뮤얼은 개인적으로 터키를 활용할 방안을 모색하고 있었다. 그는 애스퀴스 총리가 연설을 하던 바로 그날 외무장관 에드워드 그레이 경을 찾아가 중요한 대화를 나누었다. 유대인의 국가를 어떻게 생각하느냐고 묻자 그레이는 그 계획에 애착을 가지고 있고 기회가 되면 그 일을 위해 이바지할 준비가 되어 있다고 답했다. 두 사람은 세부사항을 논의했다. 새뮤얼은 유대 국가의 영토에 베이루트와 다마스쿠스까지 포함시킬 수는 없다고 말했다. 그곳에는 유대 민족에 동화될 수 없는 대규모 비유대인이 살고 있었기 때문이다. 덧붙여 시리아의 남은 지역을 프랑스가 합병하면 큰 이점으로 작용할 것이라고 했다. 터키보다는 유럽 열강이 유대인 국가의 이웃이 되는 편이 훨씬 낫다고 판단했기 때문이다. 이 방안은 후에 사이크스피코협정에서 윤곽을 잡고 베르사유 조약으로 이행한 영국과 프랑스의 영토 분할, 즉 영국이 팔레스타인을 차지하고 프랑스는 시리아와 레바논을 차지한다는 조약의 밑그림이 되었다. 그러나 그것이 곧 유대인의 국가가 생긴다는 의미는 아니었다. 같은 날 새뮤얼은 영국 재무장관 로이드 조지에게 도움을 청하기 위해 재무부를 찾았다. 그리고 팔레스타인에 유대인 국가를 세우는 일에 관심이 많다고 말했다.[6]

그리하여 바이츠만과 새뮤얼은 계획을 실행에 옮겼다. 사회주의를 표방하는 페이비언협회와 연결되어 있는 〈뉴 스테이츠먼〉지는 유대인의 고향을 보호해달라고 영국에 요청하며 다음과 같이 주장했다. "시온주의자의 소망은 하나의 이상에서 실제 정치 문제로 옮겨가고 있다."[7] 가야 할 길이 멀었다. 새뮤얼이 계획안을 내각에 제출하자 사촌인 반시온주의자 에드윈 몬터규가 격렬히 반대했다. 고상한 반유대주의자 애스퀴스 총리는 경멸하는 눈빛으로 두 사람을 흥미롭게 지켜보았다. 그리고 여자 친구인 베네치아 스탠리에게 보낸 편지에 두 사람의 언쟁에 대해 적었다. 1915년 1월 28일자 편지에 이런 내용이 있다.

[새뮤얼은] 우리가 별 가망이 있어 보이지도 않는 이 지역에 300만 내지 400만 명의 유대인을 이주시켜야 하고, 이 일은 뒤에 남은 이들(내 생각

에는 새뮤얼도 포함해서)에게 좋은 결과를 안겨줄 것이라고 생각해. … 마치《탄크레드》의 최신 개정판을 읽는 것 같지 뭐야. 나는 이런 제안에 책임감은커녕 아무 매력을 느끼지 못해. 하지만 허버트 새뮤얼의 질서 정연하고 조직적인 뇌에서 아름답고 열정적인 폭발이 계속되는 것을 보고 있자니 이거야말로 디지가 애용하는 "민족이 전부다"라는 격언의 흥미로운 실례가 아닐까 하는 생각이 들어.**8**

1915년 3월 13일, 애스퀴스 총리는 팔레스타인에 집착하는 새뮤얼의 제안을 다시 언급했다. "흩어진 유대인이 때를 맞춰 세계 곳곳에서 무리지어 돌아오고 그 과정에서 자치를 획득한다니, 이 얼마나 매력적인 공동체야! 참으로 기묘한 일은 이 제안을 지지하는 유일한 인물이 로이드 조지라는 거야. 유대인에게는 관심도 없으면서 그저 성지에서 불가지론자이자 무신론자인 프랑스인을 몰아내고 싶은 것일 테지." 나흘 뒤 애스퀴스 총리는 베네치아 스탠리에게 허버트 새뮤얼의 사촌 몬터규, 그의 표현대로라면 그 아시리아 놈이 도발적인 논평으로 반박했다고 전했다. 이 논평에서 몬터규는 사촌 허버트를 가리켜 제안서의 한 구절도 히브리어로 번역할 줄 모르는 사람이 하나님의 섭리를 앞질러 유대인을 성지로 귀환시키려는 것은 뻔뻔하고 불경스러운 시도라고 비난했다. 애스퀴스는 같은 유대인끼리 주고받는 독설에 어안이 벙벙했다고 고백했다.**9** 장관들 중 그 자리에 함께 있던 유일한 인물인 육군장관 허레이쇼 허버트 키치너가 팔레스타인은 영국에 아무 가치가 없을 거라고 말하자 애스퀴스는 의심을 굳혔다.

그러나 모든 사건이 시온주의자에게 유리하게 전개되었다. 키치너는 군수품 서류를 로이드 조지에게 넘길 수밖에 없었고 이를 계기로 로이드 조지는 전쟁에 총력을 기울이고 있던 바이츠만과 만나게 되었다. 그 후

키치너가 러시아로 가는 도중에 익사하는 바람에 로이드 조지가 국방 업무를 완전히 장악했다. 이를 기점으로 지중해 동쪽 지역으로 군수 물자를 운반하기 시작했고 영국이 팔레스타인을 정복할 가능성은 더 높아졌다. 바이츠만은 정부 고위 인사들을 만날 기회가 더 많아졌다. 1916년 8월 18일에 바이츠만은 외무부에서 로버트 세실 경을 만나 설득했다. 그리고 그날의 만남을 이렇게 기록했다.

> 이 나라에서조차도 유대인은 항상 완전한 영국인도 완전한 유대인도 아닌 자신의 처지를 설명해야 하는 실정이라고 말했다. 그리고 그런 일이 다른 나라보다 훨씬 심각하게 나타나고 있다고 알렸다. … 그가 내 말에 어떤 인상을 받았는지는 그가 한 말에 담겨 있다. "나는 공상을 좋아하는 사람이 아닙니다. 그럼에도 유대인이 처한 비참한 현실에 대해 듣다 보니, 이 이야기가 다 지어낸 이야기였으면 하는 생각이 듭니다."

로버트 세실은 불쾌하고 불결하기까지 한 그의 외모를 잊게 만들 정도로 바이츠만의 태도가 인상적이었다고 고백했다.[10] 4개월 뒤 애스퀴스는 총리직에서 물러났고 로이드 조지가 총리가 되었다. 그는 아서 밸푸어를 외무장관에 임명했다. 이것이 아주 결정적이었다. 애스퀴스는 로이드 조지를 크게 오해하고 있었다. 로이드 조지는 친유대주의자인 동시에 시온주의자였다. 좀 무모하게 행동하던 시기에 로스차일드 가문을 비난하기도 했지만, 전쟁이 발발하고 여러 재정가과 함께 로스차일드 경을 재무부로 불러 이야기를 나누면서 깊은 인상을 받았다. "로스차일드 경, 우리 두 사람은 정치적으로 껄끄러운 관계입니다." 그러자 로스차일드가 이렇게 대꾸했다. "지금은 그런 걸 생각할 때가 아닙니다. 제가 어떻게 도우면 되겠습니까?" 훗날 로이드 조지는 이렇게 말했다. "그 늙은 유대인만 말이 통하더군."[11] 바이츠만은 자신과 로이드 조지가 소수 민족의 공통 기반에 공감하고 있다는 사실을 깨달았다. 신임 총리는 웨일스 출신의 열정적인 애국자였고, 새뮤얼은 자신의 계획을 추진하면서 팔레스타인이 웨일스 크기의 지역임을 늘 강조했다. 또한 열광적인 복음 전도자라는 사실 때문에 시온주의자는 로이드 조지를 호의적으로 바라보았다. 그는 다음과 같은 글을 남겼다. "팔레스타인에 관해 이야기할 때마다 바이츠만 박사는 서부 전선의 지명보다도 훨씬 친근한 지명을 열거하곤 했다."[12]

아서 밸푸어 역시 중요한 동맹이었다. 그는 내성적인 성격 뒤에 강철 같은 의지를 숨기고 있는 인물이었고, 외무부 직원들과 동료들의 우유부단함을 극복하려면 그런 강한 의지가 필요했기 때문이다. 일단 특정 사건에 확신을 가지면 좀처럼 생각을 바꾸지 않는 사람이라 바이츠만이 공을 들인 가장 중요한 인물이기도 하다. 영국이 1905년에 유대인의 국가를 건설할 지역으로 추천한 우간다를 시온주의자 회의에서 거부한 일을 두고 1906년 선거 기간에 밸푸어는 바이츠만을 신랄하게 비판했다. 그리고 이를 계기로 두 사람은 처음으로 오랜 시간 이야기를 나누었다. 바이츠만이 밸푸어에게 말했다. "제가 런던 대신 파리를 주겠다고 하면, 받아들이시겠습니까?" "이봐요, 런던은 이미 우리 손에 있습니다." "맞습니다. 하지만 런던이 아직 소택지였던 시절에 우리는 예루살렘을 소유하고 있었습니다."[13]

1914년 12월 12일, 두 사람은 중요한 대화를 나누었고 상당한 진전이 있었다. 이 대화는 바이츠만의 설득력을 잘 보여주기 때문에 살펴볼 만한 가치가 있다. 바이츠만이 시온주의 운동을 실행에 옮기자 밸푸어는 자기 생각에 영국에 있는 유대인이 완전히 동화되거나 팔레스타인에 정상적인 유대인 공동체가 설립될 때까지는 유대인 문제가 미완으로 남을

것 같다고 말했다. 그러면서 1912년에 이 문제를 악명 높은 반유대주의
자 코지마 바그너와 논의했으며 그녀도 자기 의견에 동조했다고 비아냥
거리는 투로 덧붙였다. 그러자 바이츠만이 대답했다. "그렇고말고요. 아
마 그 여자는 유대인이 독일의 문화와 과학과 공업까지 지배하고 있다고
말했겠지요." 그리고 이렇게 말을 이었다.

> 그러나 대부분의 비유대인이 간과하고 있고, 유대인의 비극의 핵심이라
> 할 수 있는 가장 본질적인 문제는 유대인이 독일을 살찌우기 위해 열정
> 과 지성을 바쳐 일하면서도 정작 유대인 사회를 위해서는 일하지 않는다
> 는 데 있습니다. … 그들은 자신의 지성과 능력을 독일인의 수준에 맞추
> 기 위해 자기 신앙을 은폐해야 합니다. 그들이 위대한 독일을 건설하는
> 데 적지 않은 공헌을 했다는 말입니다. 비극은 우리는 그들을 유대인으
> 로 인식하지 않고 바그너 여사는 그들을 독일인으로 인식하지 않는다는
> 것입니다. 그래서 우리는 독일에서 가장 많이 착취당하면서도 가장 크게
> 오해를 받는 민족으로 살고 있습니다.

밸푸어는 감동해 눈물을 흘렸다. 그리고 바이츠만의 손을 꼭 잡고 고
난 가운데 있는 위대한 민족이 걸어온 발자취를 덕분에 확실히 알았다고
말했다.[14]
이로써 밸푸어는 철저한 시온주의 동맹이 되었고 외무부에서 이 일을
위해 힘썼다. 상황이 유리하게 전개되고 있었다. 1917년 1월에 영국군
은 팔레스타인 정복에 나섰다. 그리고 같은 달에 제정 러시아 정부가 붕
괴했다. 연합국 입장에서는 유대인 후원을 방해하는 유일하고도 가장 큰
장애물이 제거된 셈이었다. 임시 총리 알렉산드르 케렌스키는 러시아의
반유대주의 법률을 폐기했다. 그달 말에 독일은 무차별 U보트 전쟁을

개시했고 이로써 미국이 연합군으로 참전하지 않을 수 없게 되었다. 미국 정부는 거의 자동적으로 팔레스타인에 유대인의 국가를 세우는 계획의 강력한 후원자가 되었다.

장애는 여전히 있었다. 프랑스는 유대인의 사상을 증오했고 예루살렘에 가톨릭과 무신론의 국가인 프랑스 대신 프로테스탄트 국가인 영국 정부가 들어서는 것을 무엇보다 불쾌해했다. 비밀 보호 협정을 위해 협상에 참여한 영국 대표 마크 사이크스 경에 따르면, 프랑스 대표 조르주 피코는 파리에서 발생한 대학살을 언급했다. 프랑스에서는 드레퓌스 사건에 대한 기억이 아직 생생했다. 그래서 "이 주제를 대하는 그는 거의 정상적으로 보이지 않았다." 아랍의 이익이나 아랍 세력을 대표하는 정부 부처에서도 적극적인 반대 의견을 제시했다. 그러나 아랍인은 신속히 행동에 나서지 못했고 전쟁 준비에 아무 도움도 주지 않았다. 그들이 일으킨 이른바 아랍의 반란도 그리 인상적이지 않았다. 더욱이 사건의 책임을 맡은 토머스 로렌스 대령은 팔레스타인을 영국이 보호하고 유대인의 국가를 건설한다는 계획에 호의적이었다. 가장 만만치 않은 반대는 반시온주의 유대인, 특히 에드윈 몬터규로부터 나왔다. 몬터규는 당시 인도 총독의 자리에 있었고 그 자리는 이 문제와 관련해 상당히 중요한 자리였다. 이 일은 나중에 중대한 결과를 초래했다.

로스차일드와 밸푸어 선언

외무장관 아서 밸푸어는 영국 유대인 공동체 대표 로스차일드 경에게 보낸 편지에 유대인 국가 건립을 약속했다. 편지에는 양측이 미리 동의한 내용이 담겨 있었다. 월터 로스차일드 경 2세는 유대 역사에서 가장 결정적인 사건에 개입하도록 선택받은 기이한 인물이다. 1915년에 사망한 부친 로스차일드 경 1세와 달리 그는 전형적인 시온주의자였다. 그러나 연설에 서툰 것을 비롯해 여러 문제를 안고 있었다. 공무와 유대인 공동체 업무 외에 인류 문명에서 가장 훌륭한 것들을 수집하는 데 열정을 쏟았다. 찰스 2세가 자신의 정부 넬 귄에게 선물했던 트링 저택을 사들여 나방 및 나비 225만 점, 박제 새 30만 점, 새알 20만 점, 그리고 150년이나 된 세계에서 가장 큰 거북이를 포함해 144마리의 살아 있는 거북이를 수집했다. 또한 1,200편이 넘는 학술 논문과 책을 출간하고 5,000종의 새로운 종을 발견했다. 그중 250종에 자기 이름을 붙였다. 여기에는 기린, 코끼리, 호저, 산악 왈라비, 극락조, 찌르레기, 눈이 튀어나온 파리, 장에 기생하는 벌레 등이 포함되었다. 몇 안 되는 친척을 비롯해 누구에게도 알려지지 않은 사실이지만, 파렴치한 귀족 부인과 그녀의 남편이 그의 재산을 야금야금 먹어치우고 있었다.[15] 그 여자의 남편은 로스차일드를 40년 넘게 협박했다.

그러나 로스차일드는 바이츠만을 비롯해 다른 사람의 충고를 잘 받아들이는 편이었다. 로스차일드는 바이츠만에게 조언을 받아 1917년 7월 18일에 중요한 세 가지 원칙을 포함하는 영국의 약속 초안을 밸푸어에게 전달했다. 첫째는 팔레스타인 땅을 유대 국가의 영토로 재편한다는 원칙이고, 둘째는 무제한의 유대인 이민을 보장한다는 원칙이고, 셋째는 유대인의 자치를 지원한다는 원칙이었다. 시온주의자가 요구하기에 합당하다고 생각하던 모든 것을 주는 셈이었다. 바이츠만은 죽는 날까지도 몬터규가 반대하지만 않았으면 그 세 가지를 전부 얻을 수 있었다고 믿었다. "외부의 방해만 없었다면 그 계획은 [전쟁 내각을 통해] 빠르면 8월에 우리가 제출한 그대로 수용되었을 것이다. 여기에는 추호의 의심도 없다. 그러나 외부의 방해란 것이 사실은 전부 유대인에 의한 방해였다!"[16] 내각은 영국의 약속을 담은 그 문안을 10월 31일까지 승인하지 않았고 결국에는 대폭 수정했다.[17] 수정안은 팔레스타인을 더 이상 유대인의 국가가 들어설 땅으로 간주하지 않을 뿐더러 무제한적인 이민이나 자치에 대한 언급도 없었다. 도리어 아랍인의 권리를 보호하는 내용만 추가되었다.

1917년 11월 2일에 확정된 내용은 다음과 같다. "폐하의 정부는 유대인을 위해 팔레스타인에 민족국가를 건설하는 계획을 긍정적으로 보고 이 목표를 달성하기 위해 최선의 노력을 다하고 있다. 이 일은 팔레스타인에 현존하는 여러 비유대인 공동체의 시민권과 종교적 권리, 혹은 다른 나라에서 유대인이 누리고 있는 권리와 정치적 지위에 어떠한 불이익도 끼치는 것이 아니라는 점을 분명히 밝히는 바이다." 내각으로부터 내용을 전달받은 사이크스는 바이츠만에게 이렇게 말했다. "축하합니다. 아들입니다." 그러나 내용을 자세히 살펴본 바이츠만은 이렇게 대꾸했다. "별로 마음에 들지 않습니다. 내가 원했던 아이가 아닙니다."[18]

그럼에도 밸푸어 선언은 유대인 국가를 건설하는 데 상당히 중요한 퍼즐 조각이다. 이 조각이 없었다면 유대인 국가는 존재할 수 없었을 테니 말이다. 헤르츨과 바이츠만 덕분에 유대인은 타이밍을 잘 잡을 수 있었다. 바야흐로 민족주의와 민족통일주의가 세계를 삼키고 있었다. 승리와 평화 분위기가 무르익으면서 식민 지배를 받던 민족에게 인종이나 언어나 민족에 상관없이 정확한 인구수를 토대로 영토에 대한 권리를 보장해야 한다는 피지배 민족의 요구가 빗발쳤다. 유대인은 팔레스타인 땅에 대해 낭만적이면서도 역사적인 소유권을 주장했다. 아주 오래 전부터 있었던 주장이지만, 베르사유 조약에 명시된 기준에 따르면 실제로 그들이 가질 수 있는 것은 아무것도 없었다. 밸푸어 선언을 공포했을 때 팔레스타인의 총 인구 60만 명 중에 유대인은 8만 5,000명에서 10만 명 사이였다. 나머지는 거의 다 아랍인이었다.

만약 아랍인이 전쟁 기간에 적절한 외교 활동을 했다면, 다시 말해 팔레스타인의 아랍인이 바르게 결집했더라면, 밸푸어 선언이 나오는 일은 없었을 것이다. 사실 12개월만 늦었어도 밸푸어 선언이 나오는 건 불가능했다. 그러나 바이츠만은 다시없을 기회의 창이 잠시 열린 그 순간을 놓치지 않고 시온주의자를 그 속에 밀어 넣었다. 《탄크레드》와 《다니엘 데론다》라는 작품 덕분에 바이츠만은 성공적으로 영국 지배층의 낭만적 본성에 호소할 수 있었다. 그리고 이를 통해 강대국의 은혜로 시대정신에 역행하는 선물을 품에 안았다.

유대인의 팔레스타인 정착

로이드 조지와 밸푸어는 인류 역사상 가장 추잡한 전쟁을 이용해 유대인에게 국가를 마련해주는 선행을 베풀 심산이었다. 휴전일에 로이드 조지 총리와 점심을 먹던 바이츠만은 그가 눈물을 흘리며 시편을 읊조리는 것을 알아챘다. 그 후 로이드 조지는 바이츠만에게 그 전쟁에서 유일하게 관심이 가는 부분이 팔레스타인이었다고 말하곤 했다.[19] 그러나 런던에 있는 계몽 군주가 약속을 하는 것과 팔레스타인 현장에서 약속을 이행하는 것은 전혀 별개였다.

앨런비 장군은 밸푸어 선언이 있고 한 달 뒤에 예루살렘을 탈환하고 고고하면서도 겸손하게 걸어서 거룩한 도성에 들어갔다. 1918년에 앨런비를 만나러 간 바이츠만은 그가 시온주의자의 계획에 우호적이기는 하지만, 처리해야 할 군사 문제와 행정 문제에 둘러싸여 있다는 사실을 깨달았다. "지금으로서는 아무 일도 할 수 없습니다. 이곳 주민의 감정을 건드리지 않도록 극도로 조심해야 합니다." 대부분의 영국군 장교는 밸푸어 선언에 대해 전혀 알지 못했다. 한두 명 정도가 친유대주의자였고 일부는 반유대주의자였다. 일부는 친아랍주의자로 언젠가는 아랍인이 봉기해 유대인을 학살할 것으로 예상했다. 그들은 팔레스타인에 거주하는 유대인을 러시아에서 온 쓰레기나 볼셰비키의 일원으로 간주했다. 윈덤 디즈 경은 바이츠만에게 타자로 작성한 서류를 건넸다. "주의 깊게 읽어보는 것이 좋을 겁니다. 그것이 미래에 당신에게 엄청난 고통을 안겨줄 테니까요." 그것은 《시온 장로 의정서》 사본으로 카프카스에서 러시아의 니콜라이 대공과 함께 복무하던 대영 제국 군사사절단이 가지고 온 거였다. 팔레스타인에 있는 모든 영국군 장교가 그 문서를 가지고 있었던 것으로 보인다.[20]

그럼에도 영국은 계획을 계속 추진했고 평화 교섭 끝에 팔레스타인 위임 통치권을 확보했다.[21] 유대인의 국가를 건립하기 위한 활동이 계속 이어졌다. 영국이 팔레스타인을 접수했을 당시 그곳 유대인은 두 유형으로 나뉘었다. 첫 번째 유형은 종교 공동체다. 학자와 현자 들이 이 공동체를 구성하고 있다. 19세기에 들어 점차 늘어나긴 했지만, 그 전부터 팔레스타인에 살던 사람들이다. 그들은 예루살렘 유대인 게토에서 살며 전 세계 유대인이 보낸 자선기금으로 생활한다. 그들이 사는 세상은 밸푸어 선언을 이해하지 못하고 늘 불평과 요구로 가득하다. 바이츠만이 그들을 만나러 가자 그들은 바이츠만에게 앨런비를 설득해 최상품 은매화가 나는 트리에스테로 배를 보내달라고 말했다. 그래야 초막절을 잘 지킬 수 있다고 했다.[22] 바이츠만은 격분했다. 하지만 바이츠만에게 우선순위가 있는 것처럼 그들에게도 우선순위가 있었다. 그들에게 우선순위는 토라를 엄격하게 지키는 것이었다. 토라가 없는 민족국가는 그들에게 무의미했다. 그들은 토라를 진지하게 지켰다. 따라서 의식에 매인 종교라는 표현은 유대교에 어울리지 않는다.

두 번째 유형은 모지스 몬티피오리 같은 박애주의자의 도움을 받아 팔레스타인에 정착한 농업 공동체다. 에드먼드 로스차일드가 설립하고 후원하는 정착지는 거의 다 개인 소유지였다. 1881년 러시아 대학살 때문에 처음으로 **알리야**, 즉 본격적인 팔레스타인 이주가 이뤄지자 로스차일드는 그들이 잘 정착할 수 있도록 보호하고 후원했다. **모샤브**라 부르는 새로운 정착지를 위해 행정 기관과 학교, 의사들을 준비했다. 유대의 에크론(에글론), 게데라(그데라), 리숀레지온, 페타티크바, 갈릴리의 로시피나와 예수드하마알라, 사마리아의 지크론야코브에 모샤브가 들어섰다. 1896년에 로스차일드는 메툴라와 베에르투비야에도 정착지를 세웠다. 정착지 조성을 위해 이때까지 마련한 기금 170만 파운드 중 10만 파운드가 로스차일드의 호주머니에서 나왔다. 그는 헤르츨을 정치적 선동가, 바이츠만을 러시아 출신 얼간이로 여겨 만나주지 않았다. 막스 노르다우를 포함한 시온주의자 대표단에게 "이곳은 내가 만든 정착지이니 내 마음대로 할 것"이라고 말했다.[23] 그러나 로스차일드는 1900년에 새 유대인이주협회에 땅을 넘기고도 계속해서 기금을 후원했다. 레호보트와 하데라에 정착지를 조성했고 20세기에 접어들자 크파르타보르, 야브넬, 메나헤미야, 킨네레트에도 정착지를 만들었다. 모든 정착지가 농업용은 아니었다. 공장도 세웠다. 야파, 하이파, 예루살렘에도 새로운 유대인 정착지를 만들었다.

1904년부터 러시아에서 더 끔찍한 형태로 대학살이 재발하자 2차 알리야가 이루어졌다. 4만 명이 넘는 이주자가 발생했다. 그중 일부는 1909년에 야파 교외에 비옥한 전원도시를 건설했고 이곳은 나중에 텔아비브라는 대도시가 되었다. 같은 해에 대부분 젊은이로 구성된 새로운 정착민이 데가니아알레프에 최초의 **키부츠**를 세웠다. 이로써 아랍인 노동자를 유대인이 감독하는 농장 체제가 막을 내렸다. 유대인은 늘 이런 체제를 명예롭지 못하다고 생각했었다. 다비드 볼프존이 시온주의 운동 팔레스타인 사무소를 운영하기 위해 임명한 아르투르 루핀(1876-1943년)의 지도 아래 시온주의자는 체계적인 정착 사업을 진행했다. 자발적인 집단 농장 키부츠는 시온주의자에게 재정을 후원받는 대표적인 유형으로 마침내 그 수가 200여 개에 이르렀다. 이 외에도 구성원의 사유 재산을 인정하되 공동으로 장비를 구입하여 함께 일하는 농업 마을 모샤브 오브딤이 생겼다. 주택만 개인이 소유하고 땅은 공동으로 경작하는 모샤브 쉬트피도 있었다. 프러시아 출신의 유대인 아르투르 루핀은 경험이 풍부한 사회학자이자 경제학자이며 통계학자였다. 루핀은 시온주의자의 이상을 실현하기 위해 부지런하고 끈기 있게 일했고 유대인의 결점을 냉정하게 분석할 줄 알았다. 그는 새로운 나라를 건설하는 데 필요한 너트와 볼트, 빵과 버터를 책임졌다.

야보틴스키와 유대인의 자기방어

약탈자로부터 새로운 정착지를 지켜야 하는 문제도 발생했다. 2차 알리야 때 팔레스타인에 온 젊은이 중에는 러시아 대학살에 저항하여 유대인 자위 조직에 참여한 이들이 있었다. 이들이 1909년에 하쇼메르라는 방위군을 만들었다. 당시 사진에는 어깨에 탄띠와 카빈 소총을 걸치고 러시아 부츠를 신고 아랍 머리장식을 한 이들의 모습이 있다. 마치 대학 교육을 받은 코사크 촌장처럼 보인다. 그리고 조금 더 중대한 임무를 수행해야 할 때가 오자 적합한 인물이 나타났다. 그가 바로 제에브 야보틴스키(1880-1940년)다. 헤르츨처럼 작가 겸 극예술 애호가로 유대인의 도시 중에 가장 낭만적인 오데사 출신이다. 흑해에 있는 이 부유한 곡물 수출항은 유대인의 역사에서 특별한 위치를 차지한다. 오데사는 분명히 러시아령이었지만, 국제 도시의 성격이 강하고 따뜻한 남쪽의 숨결이 느껴지는 지중해풍 도시였다. 야보틴스키는 러시아어와 독일어, 영어, 불어, 이디시어뿐 아니라 히브리어까지 구사했다. 트로츠키를 비롯한 대부분의 오데사 출신 유대인처럼 뛰어난 웅변가였다. 1900년대에 오데사에는 약 17만 명의 유대인이 살고 있었다. 전체 인구의 3분의 1에 해당했다. 이 때문에 오데사는 가장 잔인한 반유대주의 활동의 중심지인 동시에 유대 문화의 중심지였다. 그러나 그 문화는 세속적이었다. 오데사 유대인 공동체는 마스킬이 운영한 최초의 공동체다. 오데사 공동체를 증오하는 정통파 랍비들은 경건한 유대인에게 그곳에 발도 들이지 말라고 경고했다. 대영 제국의 쓰레기를 끌어모은 또 하나의 소돔이라고 비난하기도 했다. "오데사 주변 10파라상까지 지옥의 불길이 타오를 것이다." 오데사는 《자기 해방 *Auto-Emancipation*》의 저자 레온 핀스케르와 초기 시온주의 운동을 주도한 철학자 아하드 하암 같은 1세대 시온주의자를 대거 배출했다. 비판의 목소리를 강하게 내는 유대인 출판사도 있었다. 야보틴스키는 오데사에서 호전적이고 공격적인 시온주의자로 두각을 나타냈다. 또한 오데사 방위군에 들어가 활발하게 활동했다.

1차 세계대전이 발발하자 야보틴스키는 모스크바 신문의 특파원 신분으로 중동으로 향했다. 터키는 팔레스타인 유대인을 잠재적인 반역자로 여겼다. 터키의 공포정치로 유대인 인구가 8만 5,000명에서 6만 명 이하로 감소했다. 알렉산드리아에는 1만 명 정도의 유대인 피난민이 있었다. 그들은 비참한 생활을 하면서도 내부 갈등으로 분열되어 있었다. 아슈케나지와 스파라디는 무료 급식 시설을 따로 마련해달라고 요구했다. 텔아비브에 있는 헤르츨 김나지움 출신 학생들은 히브리어로 말을 걸지 않으면 협력할 생각을 하지 않았다. 가브리엘레 단눈치오 같은 시인 겸 행동파라는 평가가 딱 들어맞는 야보틴스키는 유대인을 단결시키려면, 나아가 무기력하게 학대를 감수하는 태도를 바꾸려면 군대가 필요하다고 결론을 내렸다. 그리고 러일전쟁에서 한쪽 팔을 잃은 요세프 트룸펠도르(1880-1920년)도 같은 생각을 하고 있다는 것을 알게 되었다. 두 사람은 영국의 반대를 무릅쓰고 유대인을 결집시키고 전쟁에서 특별한 공헌을 하기 위해 유대인 부대를 창설하는 데 성공했다. 먼저 시온혼합군을 만들고 뒤이어 런던 이스트엔드의 제38 대대, 미국인 지원병 제39 대대, 정착촌 이슈브에서 모집한 제40 대대 등 왕실 보병 대대를 편성했다.[24] 야보틴스키는 제38 대대에 복무하며 요르단 강 도하 작전을 이끌었다. 그러나 팔레스타인 시온주의자 본부는 유대인 군단을 유지하는 데 열의를 보이지 않았고 영국은 즉시 이 군단을 해산시켰다. 야보틴스키는 이런 상황에 크게 놀라고 실망했다. 그러나 그가 암암리에 창설한 방위군 조직은 훗날 하가나라는 강력한 군대의 기초가 되었다.[25]

아랍 민족주의의 발흥

유대인 국가 건립 계획에 팔레스타인에 사는 아랍인의 적대감이 눈에 띄게 심해지자 야보틴스키는 불안했다. 헤르츨이 이끄는 시온주의자 조직은 언제나 아랍인을 과소평가하는 경향이 있었다. 런던을 처음 방문했을 때 헤르츨은 팔레스타인을 잘 아는 윌리엄 홀먼 헌트가 한 말을 믿었다. "아랍인은 그저 나무나 하고 물이나 긷는 존재다. 유대인에게 유용할 것이다. 그러니 굳이 내쫓을 필요 없다."[26] 그러나 실제로는 아랍인도 유대인처럼 민족주의 정신을 드높이고 있었다. 차이가 있다면 조직화 작업이 유대인보다 20년 늦었다는 점이다. 유대인의 민족주의, 즉 시온주의는 19세기에 나타난 유럽 민족주의 운동의 일부다. 이와 달리 아랍인의 민족주의는 20세기 아프리카와 아시아에서 발흥한 민족주의 운동의 일부다. 아랍 민족주의 운동이 실제로 시작된 것은 1911년에 파리에서 알파타라는 비밀 단체가 조직되었을 때다. 이 단체는 터키 젊은이라는 단체를 모델로 만든 것으로 처음부터 시온주의에 강하게 반대했다. 앞에서 살펴본 대로 처음부터 영국의 위임 통치를 달가워하지 않았던 프랑스는 베르사유 조약 기간에 배후에서 영국에 적대적인 행위를 계속했고 알파타가 다마스쿠스에 영국과 시온주의 반대 활동의 거점을 마련하는 것을 용인했다.[27]

유대인 문제를 해결하기 위해 팔레스타인을 이용하다가는 역으로 아랍 문제를 유발할 수 있다고 예견한 시온주의자는 극소수였다. **에레츠 이스라엘**을 방문한 아하드 하암은 헤르츨이 시온주의 운동을 전개하기 6년 전인 1891년에 "팔레스타인이 전하는 진실"이라는 글을 썼다. 이 글에서 그는 무슨 일이 일어나고 있는지 이해하지 못하는 어리석은 미개인이 아랍인이라고 가볍게 치부하는 것은 시온주의자의 큰 실수라고 경고했다.

사실 다른 셈족과 마찬가지로 아랍인은 날카로운 지성과 위대한 지혜를 가지고 있다. … 그 지역에서 우리가 하는 일과 목적을 꿰뚫어보고 있으면서도 침묵을 지키는 것은 자기들의 미래에 닥칠 어떤 위험도 두려워하지 않기 때문이다. 그러나 팔레스타인에서 우리 민족의 삶이 그 토착 민족이 느끼기에 위협적인 수준에 도달하면, 그들은 쉽게 양보하지 않을 것이다. 우리는 그곳에 거하고 싶어 하는 이방 민족을 다룰 때 주의를 기울여야 한다! 그들을 존중하고 친절하게 대하는 것이 얼마나 중요한지 모른다! … 만약 우리의 활동이 자기들의 권리를 압제하고 탈취하는 행위라는 판단을 내리게 되면, 비록 침묵하며 때를 기다린다 할지라도 그들의 마음속에는 분노가 끓어오를 것이다.[28]

대부분의 시온주의자가 이 경고를 무시했다. 정착민이 늘면서 땅 값이 상승했고 유대인 정착민과 중개인들은 아랍인이 까다로운 매매자라는 사실을 실감했다. "정착 사업이 진행되면서 공개 시장에서 우리의 정착 사업에 필요한 두남당 토지 가격을 훨씬 높게 불러야 했다. 정착 사업이 발전할수록 특정 지역의 땅 값이 올라갔고 아랍인 지주들은 돈을 벌기 위해 높은 값에 땅을 팔았다. 우리는 팔레스타인 토지를 유대인의 황금으로 도배해야 한다는 사실을 깨달았다"고 바이츠만은 토로했다.[29] 그래서 유대인은 아랍인을 욕심 많은 지주나 단순 노동자로 보는 경향이 있었다. 그리고 시온주의 덕분에 아랍인도 이득을 보지 않느냐며 양심의 가책을 털어버렸다. 아랍인을 인류 사회의 단순한 풍경으로 치부하고 무시했다. 아하드 하암은 1920년에 이렇게 기술했다. "팔레스타인 정착 사업 초기부터 우리는 마치 아랍 민족이 존재하지 않는 것처럼 생각했다."

아랍 민족주의는 아랍 군대가 연합국과 주축국 양쪽으로부터 참전 요청을 받고 양쪽에서 전쟁을 수행한 세계대전 기간에 역동성을 발휘했다. 연합국은 자기들 편에서 전쟁에 지원해줄 무수한 민족에게 어음을 남발했다. 평화가 찾아오자 그 어음 중 일부는 부도가 났다. 특히 아랍인은 자기들이 위조 어음을 받았다는 사실을 깨달았다. 시리아와 레바논은 프랑스 보호령이 되었고 팔레스타인과 트란스요르단, 이라크는 영국의 보호령이 되었다. 평화에 오점을 남긴 교섭과 투쟁으로 최종적인 승리를 거머쥔 아랍인은 아라비아 반도의 사우디족뿐이었다. 영국의 후원을 받은 하심 가문의 수장 파이살 1세는 트란스요르단을 손에 넣은 것으로 만족해야 했다. 그가 유대인의 정착에 우호적이었던 이유는 유대인이 정착하면 아랍의 생활수준이 올라갈 것이라고 믿었기 때문이다. 파이살 1세는 1919년 3월 3일에 펠릭스 프랭크퍼터에게 이런 편지를 썼다. "우리 아랍인, 특히 우리 중에 학식을 겸비한 이들은 시온주의 운동에 호의를 보이고 있소. … 우리는 고향을 찾으려는 유대인의 소망을 뜨겁게 환영하는 바이오."[30]

그러나 파이살은 유대인과 협력할 준비가 되어 있는 아랍인 온건파의 수와 용기를 과대평가했다. 실제로 영국은 세계대전 중에 유대인의 국가 건립에 관한 루머가 사실로 입증되면 문제에 봉착하게 될 것이라는 경고를 받아왔다. 사이크스의 정보원은 정치적으로 볼 때 팔레스타인에 유대인 국가가 생기면, 중동에서 평화를 유지하는 데 끊임없는 위협이 될 것이라고 보고했다.[31] 책임을 맡고 있던 영국 지배층, 앨런비와 루이스 볼스 장군, 참모총장, 예루살렘 총독 로널드 스토스 경은 그 사실을 잘 알기에 민족국가 건립을 강조하지 않으려 했다. 밸푸어 선언에는 이 사안을 아주 은밀하게 다루고 어떤 이유로도 어떤 형태로도 공표해서는 안 된다는 명령이 담겨 있었다. 어느 시기에 이르면 파이살을 팔레스타인의 왕으로 앉혀야 한다는 이야기까지 나왔다.[32]

그러나 아랍인을 진정시키기 위해 영국 당국이 무진 애를 썼고 이 때문에 일부 유대인으로부터 반유대주의 행태라는 비난까지 받았지만, 변한 것은 아무것도 없었다. 전쟁이 끝나자 많은 유대인이 이집트에서 팔레스타인으로 귀환했다. 그리고 우크라이나의 백러시아인이 자행한 대학살을 피해 더 많은 유대인이 팔레스타인으로 피난을 왔다. 아하드 하암의 말을 빌리자면, 아랍인은 이 시점부터 위협을 느끼기 시작했다. 1920년 3월에 아랍인이 갈릴리에 있는 유대인 정착지를 공격했다. 그 와중에 트룸펠도르가 살해당했고 이날의 공격은 예루살렘 폭동으로 이어졌다. 처음으로 방위군을 실전에 투입한 야보틴스키는 하가나 조직원과 함께 체포되어 군사재판에 회부되었고 15년 노역형을 받았다. 폭동을 일으킨 아랍인 역시 유죄 선고를 받고 투옥되었다. 그중에 하즈 아민 알후세이니는 외국으로 도주한 까닭에 궐석 재판을 통해 10년 형을 선고했다.

새뮤얼과 무프티

로이드 조지는 폭동 이후 벌어진 소동을 수습하면서 치명적인 실수를 저질렀다. 영국군이 유대인의 생명과 재산을 보호하기 위해 아무 조치도 취하지 않았다고 주장하는 유대인을 달랠 방안을 찾던 그는 허버트 새뮤얼을 고등판무관으로 파견했다. 유대인은 환호하며 승리를 외쳤다. 새뮤얼은 도착하자마자 온갖 불평과 요구에 직면했다. 로이드 조지의 결정에 바이츠만은 격노했다. 바이츠만은 시온주의자 팔레스타인 사무소의 에두 박사에게 이런 편지를 썼다. "새뮤얼은 아주 정나미가 떨어져서 다른 사람들처럼 유대인에게 등을 돌리고 말 겁니다. 최상의 기회가 날아가 버릴 거란 말입니다."[33]

그러나 진짜 문제는 따로 있었다. 새뮤얼은 유대인의 끈질긴 요구에 신경 쓰지 않았다. 그가 마음에 두었던 것은 불평등을 규탄하는 아랍인이었다. 자신이 유대인이었기 때문이다. 새뮤얼은 매사를 중립적인 입장에서 처리하려고 노력했다. 어떤 시온주의 기관에도 몸담지 않는 유대인이고 싶어 했다. 그리고 이제 아랍인을 거스르지 않고 유대인의 국가 건립을 추진하고자 했다. 그러나 그것은 불가능했다. 팔레스타인에 사는 아랍인은 주요 유대인 정착지에서 완전한 권리를 누릴 수 없다는 것, 이것이 시온주의자가 처음부터 가지고 있던 생각이다. 그러나 밸푸어 선언은 기존 비유대인 공동체의 사회적·종교적 권리를 보장했고, 새뮤얼은 아랍인에게 동등한 권리와 기회를 주어야 한다는 결론을 내리기 위해 이 선언서를 이용했다. "실천적 시온주의는 이 기본 조건을 충족시키는 시온주의다."**34** 새뮤얼은 이 문구를 늘 마음에 새기고 자신의 사명을 수행했다. 자신이 이 독특한 사회를 조화시킬 수 있을 것으로 믿었다. 야훼를 믿지 않았던 새뮤얼에게는 블랙번의 존 몰리 경이 쓴《협상에 관하여 On Compromise》가 곧 성경이었다. 따라서 새뮤얼은 유대인을 달래기 위해서 팔레스타인에 온 것이 아니라 가르치기 위해서 왔다. 새뮤얼은 고등판무관으로서 팔레스타인에 오기 전에 아랍 문제를 주요 고려 대상으로 인식했다. 그는 시온주의자가 아랍 민족주의 운동의 힘과 가치를 인식하지 못하고 있다고 비판했다. 아랍 민족주의 운동은 매우 실제적인 것이며 전혀 허세가 아니다. 누군가를 달래야 한다면, 그는 바로 아랍인이라는 것이 그의 생각이었다. 유일한 대안은 탄압 정책을 취하는 것이다. 그러나 이것은 원칙상 잘못된 것이며 실제로도 성공하지 못할 것이 뻔하다. 따라서 유대인은 반드시 충분한 희생을 치러야 한다.

새뮤얼은 1921년 8월 10일에 바이츠만에게 이런 편지를 썼다. "아주 세심하게 조율하지 않으면 시온주의라는 배는 아랍이라는 암초에 걸려 좌초하고 말 것입니다." 팔레스타인에 있는 유대인 지도자에게는 이렇게 말했다. "아랍인을 무시하는 것은 대학살을 불러들이는 것과 같습니다. 여러분은 침묵으로 그들을 무시합니다. … 그들을 이해하기 위해 아무런 일도 하지 않고 있습니다. 여러분은 영국 정부에 어떻게 항의할 것인가 하는 것밖에 모릅니다. … 시온주의자는 토착민의 동의를 얻기 위해 아무것도 한 일이 없습니다. 그러나 토착민의 동의 없이 이주는 불가능합니다."[35]

아주 훌륭한 충고였다. 그러나 시온주의자에게는 아주 곤란한 요구였다. 1920년대 초 고난의 시대에 정착 사업을 추진하는 것만으로도 너무나 힘겨워서 아랍인에게 화해의 손을 내밀 여력이 거의 없었기 때문이다. 새무얼은 시온주의자에게 이런 충고를 하면서도 그들이 이 충고를 받아들일 가능성의 싹을 잘라버리는 행동을 했다. 그는 유대인과 아랍인을 동등하게 대우하고 모든 일을 공평하게 처리해야 한다고 주장했다. 그러나 유대인과 반유대주의자를 동등하게 대우할 여지가 없는 것처럼 유대인 정착민과 그들의 존재를 조금도 인정하지 않는 아랍인을 공평하게 대우하는 것이 불가능하다는 사실을 이해하지 못했다. 새뮤얼은 우선 1920년에 폭동을 일으킨 아랍인을 사면했다. 야보틴스키를 석방하는 것이 목적이었지만, 그러려면 동등의 원칙에 따라 폭동을 시작한 아랍인 과격파도 석방해야 했기 때문이다.

그 후 새뮤얼은 중대한 실수를 저지르고 말았다. 영국은 아랍인 문제를 해결할 때마다 어려움에 봉착했다. 그들에게 공식적인 지도자가 없었기 때문이다. 파이살 1세가 발행한 칙령의 효력은 요르단 강을 넘지 못했다. 그래서 그들은 무프티, 즉 예루살렘 이슬람 법률고문이라는 직함을 만들었다. 1921년에 그 지역 유력 가문의 수장으로 그 직책을 맡고 있던 인물이 사망했다. 마침 그의 동생이자 악명 높은 폭도 하즈 아민 알후세이니가 사면을 받고 정치 일선에 복귀한 상태였다. 경건한 아랍 무슬림으로 구성된 지역 선거위원회가 후보 세 명을 선출하고 정부에서 그중 한 사람을 임명하는 방식으로 새로운 무프티 임명 절차가 마련되었다. 당시 이십 대 중반이었던 하즈 아민은 나이로 보나 학식으로 보나 자격 미달이었다. 밸푸어 선언 이후 그는 열성적인 영국 반대론자가 되었고 평생토록 유대인을 증오하고 폭력 행위를 일삼았다. 이전에 일으킨 폭동으로 10년 형을 선고받아 경찰 기록에도 위험한 선동가로 올라 있었다.

선거위원회는 대부분 중도파였다. 따라서 하즈 아민이 고작 8표를 얻어 최하위를 차지한 것은 놀랄 일이 아니었다. 학식을 갖춘 중도파 히삼 알딘이 무프티로 선출되었고 새뮤얼은 기쁜 마음으로 승인했다. 그러자 알후세이니 가문과 1920년에 폭동을 주도한 과격한 민족주의자가 악의에 찬 중상모략을 시작했다. 예루살렘 전역에 선거위원회를 공격하는 포스터를 붙였다. "여러분 모두가 알고 있는 저주받을 배반자들이 유대인과 결탁해 그들 파당 중 한 명을 무프티로 임명했다."**36**

불행히도 영국 참모진에는 로널드 스토스 경의 보좌관이자 건축가 출신의 어니스트 리치먼드가 있었다. 그는 무프티의 조언자로 활동한 열성적인 반시온주의자였다. 수석 비서관이었던 길버트 클레이던 경은 그를 가리켜 시온주의자 조직의 상대역이라고 칭했다. 식민국 비밀 의사록에는 "자신이 시온주의 정책의 적이라고 공개적으로 선언하고 폐하의 정부의 유대인 정책에 반대하는 적이라는 사실을 노골적으로 공언했다"고 기록되어 있다. "리치먼드처럼 당파적인 인물은 사무국에서 배제하는 편이… 정부에 유익할 것이다."**37** 중도파 히삼 알딘에게 자리에서 물러나라고 설득하고 하즈 아민을 무프티로 임명하면, 아랍인에게 우호적인 제스처를 취하는 것으로 보일 것이라고 새뮤얼에게 확신을 심어준 이도 리치먼드다. 1921년 4월 11일에 새뮤얼은 하즈 아민을 만나 알후세이니 가문과 그의 영향력을 평화 증진에 쏟겠다는 확약을 받았다. 그러나 3주 후에 야파 등지에서 폭동이 발생해 유대인 43명이 살해당했다.**38**

별로 중요하지 않은 영국의 보호령에서 대수롭지 않은 것으로 간주했던 신임 무프티 임명은 20세기의 가장 비극적이고 결정적인 실수로 밝혀졌다. 양식 있는 아랍 지도부 아래서라면 유대인과 협력하여 팔레스타인의 평화를 증진시키겠다는 약속이 실행되었을지 알 수 없다. 그러나 하즈 아민이 무프티가 되면서 그런 일은 완전히 불가능해졌다. 새뮤얼은 잘못된 판단을 무마하기 위해 무슬림 최고회의 결성을 재촉했고 그 바람에 첫 번째 오판의 영향을 더 악화시켰다. 무프티와 그의 동료들이 신속히 최고회의를 장악해 공포 정치의 도구로 삼았기 때문이다. 설상가상으로 새뮤얼은 팔레스타인 아랍인에게 이웃 국가 무슬림과 연락을 취하도록 권유해서 범아랍주의를 촉진시켰다. 이로써 무프티는 범아랍주의 운동을 폭력적인 반시온주의 운동으로 둔갑시켰다. 하즈 아민은 나긋나긋한 말투를 가진 살인자이자 살인자들의 조직책이었다. 그가 살해한 사람은 대부분 동족 아랍인이었다. 팔레스타인에서 아랍인 온건파의 입을 막는 것이 가장 큰 목표였고 완벽한 성공을 거두었다. 그는 중동에서 영국에 맞서는 가장 저명한 인물이 되었다. 시간이 지남에 따라 나치와 같은 주장을 펼쳤고 히틀러의 최종적 해결을 강력히 지지했다. 그러나 그의 비뚤어진 인격이 만들어낸 1차 피해자는 팔레스타인에 사는 평범한 아랍인이었다. 역사가 엘리 케두리가 적절히 지적한 대로 1947년까지 팔레스타인의 정치 전략을 지도한 알후세이니 가문은 팔레스타인을 완전한 파멸로 이끌었다.[39]

하즈 아민이 이룬 암울한 업적은 유대인과 아랍인 지도자들 사이에 절대로 회복될 수 없는 균열을 만든 것이다. 그가 지배권을 얻기 1년 전인 1920년에 산레모 회의에서 영국의 위임 통치안과 밸푸어 선언이 베르사유 조약의 일환으로 정식 비준되었고 아랍인과 유대인 대표단은 로얄 호텔에서 한 테이블에 둘러앉아 경축했다. 그러나 1939년 2월에 아랍인과 유대인의 불화를 해결하기 위해 런던에서 삼자회담이 열렸을 때 아랍인은 유대인과 한자리에 앉지 않겠다고 고집했다.[40] 하지 아민의 농간이었다. 결국 아랍인은 유대인과의 협상을 거부하고 단독 행동에 나섰다가 팔레스타인을 잃었다.

유대인과 아랍인의 이익이 서로 충돌하는 탓에 두 민족이 동등한 권리를 갖는 단일 국가를 이루는 건 불가능하고 어떤 형태가 되었든 분할을 꾀해야 했다. 만약 이런 사실을 처음부터 인지했다면, 합리적인 해결책을 찾을 기회가 훨씬 많았을 것이다. 그러나 불행히도 위임 통치는 베르사유 시대에 탄생했다. 보편적인 이상과 인류의 형제애가 뿌리 깊은 불화와 갈등을 극복할 수 있다고 믿던 시대다. 아랍인과 유대인이 영국의 호의적인 시선과 국제연맹의 감독 아래 조화롭게 발전하지 못할 이유가 어디 있단 말인가? 그러나 아랍인과 유대인은 동등한 입장에 서 있지도 않았다. 아랍인은 이미 여러 국가를 세운 상태였다. 그리고 그 숫자는 곧 더 늘어날 전망이었다. 반면에 유대인에게는 국가가 없었다. 유대인이 안전하다고 느낄 수 있는 곳에 유대인의 국가를 세워야 한다는 것이 시온주의의 기본 원칙이다. 유대인의 손으로 국가를 관리할 수 없다면 어떻게 안전하다고 느낄 수 있겠는가? 이것은 곧 이원 체제가 아니라 단일 체제를 의미했다. 주권을 분할하지 않고 유대인이 통치하는 나라가 필요했던 것이다.

1921년 6월 22일에 식민장관 윈스턴 처칠이 이끄는 제국 내각 회의에서 설명한 것처럼 밸푸어 선언에는 이런 내용이 내포되어 있었다. 캐나다 총리 아서 미언이 처칠에게 물었다.

미언: 밸푸어 선언 아래서 팔레스타인에 대한 우리의 책임이 무엇이라고 보십니까?

처칠: 유대인이 민족국가를 건설할 기회를 얻을 수 있도록 최선을 다해 정직하게 노력하는 것이지요.

미언: 그렇다면 그들에게 정부의 통제권을 주자는 말입니까?

처칠: 만약 수년이 지나 그들이 그 땅의 다수가 된다면 자연히 그것을 손에 넣으려고 하겠지요.

미언: 아랍인에 비해서 말입니까?

처칠: 그렇습니다. 우리는 아랍인을 쫓아내지 않을 것이고 그들의 정치적·사회적 권리를 침해하지 않겠다고 똑같이 약속했습니다.[41]

팔레스타인의 미래는 전적으로 유대인 이민자 수에 달려 있는 셈이었다. 모든 유대인이 자유롭게 민족국가로 돌아올 수 있어야 한다는 것이 시온주의의 또 다른 원칙이었다. 영국 정부는 처음부터 이것을 인정했고 당연하다고 생각했다. 팔레스타인에 민족국가를 세우자는 논의를 처음 할 때만 해도 팔레스타인으로 이주하는 유대인 수가 너무 적을까 봐 걱정했지 많을까 봐 걱정하지는 않았다. 로이드 조지가 지적한 것처럼 "유대인이 영원히 소수자로 남도록 이민을 인위적으로 제한해야 한다는 생각은 정책 기획에 관여한 어느 누구도 생각해본 적이 없다. 그런 생각은 우리가 대변해온 사람들에 대한 부정이자 배신으로 간주했다."[42]

위임 통치 기간의 유대인 이주

그럼에도 이민은 곧 논쟁의 대상이 되었다. 바로 그 문제 때문에 아랍의 저항은 점차 집중되고 있었다. 이것이 놀랄 일이 아니었던 것은 유대인이 소수로 남아 있는 한 위임 통치체제를 발전시키려는 영국의 욕망에 유대인이 저항할 터이기 때문이다. 야보틴스키가 지적한 대로다. "두려움 가운데 있는 우리는 여기서 정상적인 헌법을 갖기를 원치 않습니다. 팔레스타인의 상황이 정상적이지 않기 때문입니다. 선거인 대다수가 아직 이 나라로 돌아오지 않았습니다."[43] 공교롭게도 비난을 불러일으킬 수 있는 이 논쟁은 검증을 할 방법이 없었다. 1922년 8월 아랍인도 그들만의 이유로 영국의 정책에 협조하기 않기로 결정했기 때문이다. 그러나 아랍인은 처음부터 유대인의 이주가 궁극적인 유대인 정치권력에 대한 열쇠가 될 것을 알고 있었기에 유대인 이주를 중지시키려고 들썩였다. 새뮤얼이 이 전술에 속아 넘어간 것이다. 고등판무관이라는 자리에 올랐을 때 새뮤얼은 아랍인에게 호의를 품고 있다는 표시로 〈팔라스틴〉 지의 재발간을 허용했다. 이 과격한 아랍 신문은 인종에 대한 증오를 선동한다는 이유로 1914년에 터키에서 폐간한 바 있다. 이 사건과 무프티 임명, 그 밖의 몇몇 유사한 행동은 결국 1921년의 대학살을 불러왔다. 아랍인에 의한 유대인 대학살은 유대인이 모든 것을 차지할 것이라는 공포에서 비롯되었다.

이 폭동에 대한 새뮤얼의 반응은 한동안 유대인의 이민을 중지시키는 것으로 나타났다. 폴란드와 우크라이나에서 대학살을 피해온 세 척의 배가 이스탄불로 돌아갔다. 새뮤얼은 자신이 지적한 것처럼 대규모 이민이 불가능함을 분명하게 인식해야 한다고 주장했다. 그는 데이비드 에두에게 자신은 제2의 아일랜드 사태를 원하지 않으며 시온주의자의 정책을 계속 추진할 수 없다고 말했다.[44] 이 말은 많은 유대인의 신랄한 저항을 불러일으켰다. 에두는 새뮤얼을 가룟 유다라고 불렀다. 루핀은 새뮤얼이 유대인이 보는 앞에서 시온주의 운동의 배신자가 되어버렸다고 말했다. 바이츠만은 1921년 7월에 처칠에게 유대인의 국가를 위해 싸우겠다는 약속이 이제는 아랍인의 국가를 위한 싸움으로 변형되었다고 불평했다.[45] 과장이었다. 1920년대에 유대인의 국가는 성장 속도가 조금 느렸을 뿐이다. 그것도 영국의 이민 제재가 주요인은 아니었다. 첫 해에 어려움을 겪고 나서 새뮤얼은 뛰어난 행정가의 면모를 보였다. 그의 후임 허버트 플러머(1925-1928년)는 훨씬 나았다. 현대식 편의시설이 들어서고 법질서가 안정되면서 팔레스타인은 몇백 년 만에 처음으로 수수하게나마 번영을 누리기 시작했다. 그러나 유대인은 이 배경을 이용해서 1917년에 밸푸어 선언이 가능하게 만든 정착촌 건설을 신속히 추진하지 못했다. 왜 그랬을까?

한 가지 이유는 목적과 방법을 놓고 유대인 지도부가 분열했기 때문이다. 인내심이 강한 바이츠만은 시온주의 국가 건설에는 긴 시간이 필요하고 하부구조와 기초를 탄탄하게 할수록 그만큼 오래 번영을 누릴 수 있다고 주장했다. 장기간 영국의 보호 아래서 활동하는 것에 만족했다. 우선 팔레스타인에 지속 가능하고 탁월한 사회, 문화, 교육, 경제 제도를 마련하기를 원했다. 그는 이렇게 언급했다. "나에게는 나할랄과 데가니야, 대학, 루텐베르크의 전기 공사, 사해 개척권이 강대국 정부와 유력한 정치세력이 하는 어떤 약속보다 정치적으로 훨씬 더 의미가 있다."[46]

벤구리온과 사회주의적 시온주의

유대인 지도부는 각자 우선순위가 달랐다. 1920년대에 이스라엘에 출현한 대정치가는 다비드 벤구리온이다. 벤구리온에게는 시온주의 사회의 정치적·경제적 성격과 그것이 만들어낼 국가가 가장 중요했다. 러시아령 폴란드 프롱스크 출신으로 젊고 영리한 수많은 동유럽 출신 유대인처럼 자본주의의 틀 안에서는 유대인 문제를 해결할 수 없다고 믿었다. 유대인 특유의 집단주의로 돌아가야 한다고 본 것이다. 러시아에서 대부분의 유대인 사회주의자는 마르크스 국제공산주의 방향으로 나아갔다. 그리고 유대적 특성이란 사멸 중인 유대교와 자본주의 부르주아 사회가 낳은 시대착오적인 결과로 결국 구시대의 유물과 함께 사라질 것이라고 주장했다. 초기 사회주의적 시온주의자였던 나흐만 시르킨(1868-1924년)은 유대인이 고유한 운명을 지닌 독특한 민족이라고 주장했으나 그것은 오로지 협동 집산주의 국가에서만 이룰 수 있다고 주장했다. 따라서 유대인의 국가는 처음부터 사회주의 국가여야 했다.

벤구리온도 이 논리를 지지했다. 열렬한 시온주의자였던 아버지 아비그도르 그륀은 아들을 현대식 히브리 학교에 보냈고 일반 과목은 개인교사를 고용해 가르쳤다. 벤구리온은 여러 번 자신이 마르크스주의자라고 했으나 가정교육의 결과 그에게 생명의 책은 《자본론》이 아니라 성경이었다. 비록 성경을 세속 역사서와 생활 지침서로 취급하기는 했지만 말이다. 벤구리온 역시 유대인 사회에서 자주 볼 수 있는 천재였다. 그러나그는 단호한 의지와 열정과 기운을 학문이 아닌 행동에 쏟아부었다. 열네 살에 시온주의 청년 모임을 운영했다. 열일곱 살에는 시온주의 노동자 단체인 포알레이 시온의 열성 회원이 되었다. 스무 살에는 에레츠 이스라엘에 정착해 당 중앙위원이 되었고 1906년 10월에는 최초의 당 강령을 입안했다.

젊은 시절에 벤구리온은 국제무대에서 활동했다. 살로니카와 이스탄불, 이집트의 유대인 공동체에서 살았다. 1차 세계대전 기간에는 유대인 군단에서 복무하기는 했지만, 대부분의 시간을 뉴욕에서 보내면서 팔레스타인 이민을 지도하는 헤 할루츠 사무국을 조직했다. 그리고 이 모든 활동은 세 가지 원칙 아래서 이루어졌다. 첫째, 유대인은 그 땅으로 돌아가는 것에 우선권을 두어야 한다. "그 땅에서의 정착이 유일하고 참된 시온주의이며 그 밖의 다른 것은 자기기만이자 공허한 말잔치이고 단순히 소일거리에 지나지 않는다."[47] 둘째, 새로운 공동체 조직은 반드시 사회주의의 틀 안에서 여기에 도움이 되는 방향으로 만들어야 한다. 셋째, 시온주의 사회를 하나로 묶는 문화적 매개는 반드시 히브리어여야 한다. 벤구리온은 절대 이 세 가지 원칙에서 벗어나지 않았다. 그러나 이 원칙을 이행하는 데 필요한 정치 수단은 끊임없이 바꾸어나갔다. 시온주의자의 전형적인 특징이다. 지난 세기에 끊임없이 변화한 시온주의 정당에 관한 이야기를 여기서 자세히 논의할 생각은 없다.

벤구리온은 특히 정당을 만들고 분열시킨 인물로 악명이 높다. 1919년에 벤구리온은 아흐두트하아보다당 설립 위원회를 발족했다. 약 10년 후인 1930년에는 포알레이 시온과 합당해 시온주의 노동당인 마파이당을 만들었다. 시온주의 노동조합 운동인 히스타드루트는 조금 더 단단하고 영속성이 있는 조직이었다. 1921년에 히스타드루트 서기장으로 취임한 벤구리온은 이 조직을 단순한 노동조합 연합을 뛰어넘는 조직으로 바꾸어놓았다. 앞에서 말한 세 가지 원칙에 입각해 히스타드루트를 이주민의 정착을 돕는 기관으로 만들어 농공업 사업을 적극 추진하며 자금을 조달했다. 시간이 흐르면서 히스타드루트는 주요 토지 소유주 겸 자산가로 변모했고 결국 사회주의적 시온주의 기구의 중추가 되었다. 벤구리온은 1920년대에 궁극적으로 시온주의 국가를 세우는 기반이 될 본질적이고 제도적인 특징을 만들어냈다. 그러나 여기에는 많은 시간과 열정이 필요했고 궁극적인 목표가 유대인의 이주 속도를 높이는 것이었음에도 결과가 즉각 나타나지는 않았다. 국가의 하부구조는 모습을 갖추어가고 있었지만, 그곳에 거할 사람들은 걸음이 느리기만 했다.

세계대전과 영국의 정책

야보틴스키의 가장 중요한 관심사이자 절대적인 우선순위는 가능한 빨리 최대한 많은 유대인을 팔레스타인에 이주시키고 정치 조직과 군사 조직을 갖추는 것이었다. 바이츠만이 말한 것처럼 교육 계획과 경제 계획도 당연히 추진했다. 그러나 가장 중요한 것은 이민자 수였다. 벤구리온의 말대로 팔레스타인 땅에 정착하는 것도 중요하다. 하지만 그러려면 먼저 정착할 사람이 있어야 할 것 아닌가. 바이츠만과 벤구리온은 정착자의 유형을 구분해야 한다고 주장했지만, 야보틴스키는 그런 생각을 비웃었다. 벤구리온은 아랍의 노동력에 의존하지 않으려면 힘든 육체노동을 기꺼이 감당할 할루침이 필요하다고 보았다. 벤구리온과 바이츠만은 시온주의자의 종교 진영에 적대적이었다. 그 진영은 1902년에 미즈라히당을 창당하고 1920년에 활동 영역을 팔레스타인으로 옮겼다. 미즈라히당은 세속적 시온주의자 세력에 필적할 만한 자신들 고유의 학교 조직과 학원을 건립하고 그들 나름의 이민 사업을 추진했다. 바이츠만의 입장에서 미즈라히당은 잘못된 유형의 유대인 이민을 장려하고 있었다. 그들은 바로 동유럽, 특히 폴란드 출신의 유대인이었다. 바이츠만은 그들이 땅을 경작할 마음이 없고 대도시 텔아비브에 정착하고 싶어 할 거라고 생각했다. 자본가식 사업을 벌이고 약삭빠른 무리는 땅 투기에 관여할 것이라고 여겨 탐탁지 않아 했다.

늘 친시온주의자였던 처칠은 1922년에 이민 규제를 철폐했다. 그러나 같은 해에 공표한 백서에서 이민은 제한할 필요 없지만 새로운 이주민을 흡수할 때에는 국토의 경제적 수용 능력을 반영하지 않으면 안 된다고 강조했다. 사실 이 말은 2,500달러를 지불할 능력이 있는 유대인만 정착 비자를 받을 수 있다는 의미였다. 따라서 자본가, 즉 미즈라히 유형의 이민자가 절대 다수를 차지할 것이라는 게 바이츠만의 주장이었다. 야보틴스키는 이것을 부차적인 일로 생각했다. 그에게 우선 중요한 것은 이민자 수였다. 팔레스타인에 유대인의 국가를 건설하기까지 몇백 년이 걸리더라도 그 나라는 할루침의 나라여야 한다고 보고 그 속도에 맞춰 일을 처리하는 바이츠만과 영국 정부를 보면서 야보틴스키는 만족할 수 없었다. 그는 빠른 성장을 원했다. 지금에 와서 되돌아볼 때 바이츠만이나 영국 정부보다 야보틴스키가 추악한 현실에 대한 직관력이 뛰어났다는 사실을 짚고 넘어갈 필요가 있다. 야보틴스키는 영국의 이민 관리를 받아들일 생각이 추호도 없었다. 그는 유대인 정책 입안자가 이민 업무를 독점적으로 처리하길 원했다. 그의 견해에 따르면, 유대인 정책 입안자는 국가 제도 확립을 시급한 문제로 보고 그것을 향해 나아가야 했다. 이러한 이유로 그는 1923년에 시온주의 집행부를 떠났고, 2년 후에는 팔레스타인에 가장 짧은 시일 안에 최대한 많은 유대인을 데려오는 데 유대인 자본을 전부 사용하기 위해 수정주의적 시온주의자 연합을 결성했다.

야보틴스키는 동유럽, 특히 폴란드에서 거대한 추종 세력을 결집했다. 폴란드에서는 호전적인 젊은 수정주의자 그룹인 베타르가 제복을 착용하고 교련 훈련과 사격 훈련을 했다. 젊은 메나헴 베긴이 이 조직의 창시자다. 강한 의지로 군사 작전을 통해 유대인 국가를 건설하는 것이 베타르의 목표였다. 사실상 이 세 유대인 지도자는 1920년대에 팔레스타인으로 이주하려는 유대인의 의지를 과대평가했다. 전후 몇 년 동안의 혼란, 특히 폴란드와 우크라이나에서의 대학살 이후 유대인은 다른 민족과 마찬가지로 10년간 번영을 누리고 있었다. 하이파로 향하는 배를 타려는 충동은 수그러들었다. 1920년과 1921년의 폭동도 팔레스타인행을 부추기지 못했다. 그래도 1920년대에 팔레스타인의 유대인 인구는 두 배로 늘어나 16만 명에 달했다. 농업 정착지의 숫자도 같은 비율로 증가했다. 1920년대 말에 이르자 110개의 농업 정착지에서 3만 7,000명의 유대인 노동자가 17만 5,000에이커를 경작했다. 그러나 총 이민자 수는 고작 10만 명에 불과했다. 그중 25퍼센트는 팔레스타인에 정착하지 않았기 때문에 이민자의 대략적인 비율을 따져보면 연간 8,000명 정도였다. 사실상 1920년대 번영의 절정을 이룬 1927년에는 겨우 2,713명이 팔레스타인에 들어왔고 5,000명 이상이 떠났다. 세계 경제의 분수령이 된 1929년에는 들어오는 숫자와 떠나는 숫자가 비슷했다.

그동안 엄청난 기회가 그대로 지나가버렸고 이것은 비극을 불러왔다. 상대적으로 팔레스타인이 개방되어 있던 평화 시기에 유대인은 이주하려 하지 않았다. 그러다 1929년부터 유럽 전역에서 유대인은 경제적·정치적 지위가 추락하고 안전을 위협받기 시작했다. 그러나 팔레스타인으로 떠나려는 욕구가 커질수록 이민을 가로막는 장애도 늘어났다. 1929년에 또 다시 아랍인이 대학살을 자행했고 150명이 넘는 유대인이 살해당했다. 영국은 예전과 마찬가지로 이민자 수를 줄이는 것으로 대응했다. 노동청 식민정책 장관 시드니 웨브는 팔레스타인 이민에 대한 이해가 없었다. 1930년에 발표한 그의 백서는 영국 공문서에 처음으로 반시온주의가 나타나는 전조가 되었다. 그의 아내 비어트리스 웨브는 바이츠만에게 이렇게 말했다. "나는 유대인이 팔레스타인에서 자기네 민족 몇십 명이 살해되었다고 그토록 소란을 피우는 이유를 모르겠어요. 런던에서도 매주 교통사고로 많은 사람이 죽어가지만 아무도 신경 쓰지 않아요."[48] 그러나 영국 총리 제임스 램지 맥도널드는 조금 더 세심했다. 덕분에 이민은 다시 회복되었다.

두려움에 휩싸여 팔레스타인으로 이주하려는 유대인이 크게 늘었다.

그리고 아랍은 유대인 이민에 더욱 폭력적으로 반응했다. 야보틴스키는 이민자 수가 연간 3만 명 정도면 좋겠다고 생각했다. 그런데 1934년에는 그 목표를 훌쩍 뛰어넘어 4만 명이 도착했다. 이듬해에 이민자 수는 50퍼센트 증가해 6만 2,000명에 달했다. 1936년 4월에는 아랍인이 중대한 반란을 일으켰고 영국은 처음으로 팔레스타인 위임 통치령이 붕괴하고 있다는 험악한 현실을 직시했다. 윌리엄 필의 지도 아래 1937년에 보고서를 제출한 필위원회는 유대인 이주자의 수를 연간 1만 2,000명으로 줄이고 토지 구입도 규제해야 한다고 권고했다. 그러나 위원회는 또한 세 부분으로의 분할을 제안했다. 길쭉한 해안 지역, 갈릴리, 에스드라엘론 평야는 유대인의 영토가 되어야 한다. 반면 유대 산악지대와 네게브, 에브라임은 아랍의 영토가 되어야 한다. 영국은 예루살렘으로부터 로드(룻다)와 람라를 거쳐 야파에 이르는 두 지역에 위임 통치령을 운영한다는 계획이었다.

아랍인은 여기에 격렬히 반대했고 1937년에 또 다시 반란을 일으켰다. 이듬해에 카이로에서 열린 범아랍회의에서는 시온주의 국가가 더 이상 발전하는 것을 막기 위해 모든 아랍 국가와 공동체가 국제적 행동을 취하기로 서약했다. 영국은 분할안을 폐기했고 처음부터 아랍인이 원하지 않았던 삼자회담이 1939년 초 런던에서 실패로 끝난 뒤에는 밸푸어 선언 역시 신속히 폐지되었다. 5월에 발행한 새로운 백서는 앞으로 5년간 7만 5,000명 정도의 유대인에게 입국 허가를 주되, 그 후에는 아랍의 동의가 없는 한 더는 입국 허가를 주지 못하도록 규정했다. 동시에 팔레스타인은 점진적으로 독립을 향해 나아가야 했다. 당시 팔레스타인에는 50만 명의 유대인이 있었다. 꽤 숫자가 늘었지만, 여전히 아랍인이 대다수였다. 그러므로 영국이 이 계획을 그대로 추진한다면 앞으로 팔레스타인에 출현할 국가는 어떤 형태든 아랍인의 수중에 들어갈 것이고 유대인은 추방당할 게 뻔했다.

이 일련의 비극 앞에 시온주의자는 대응 방식을 놓고 분열했다. 미즈라히당의 선동으로 바이츠만은 1931년에 세계시온주의자회의 의장직에서 물러났다. 같은 해 팔레스타인에서 열린 시온주의 대표자 회의 선거에서는 총 71개 의석 중 마파이당이 31석, 수정주의자가 16석, 미즈라히당이 5석을 차지했다. 분열은 군사 부분으로도 확대되었다. 수정주의자와 미즈라히당, 그 밖의 비사회주의 계열의 시온주의자는 하가나를 떠나 이르군이라는 라이벌 군대를 조직했다.

마파이당과 수정주의적 자본주의자의 갈등은 초창기부터 시온주의 국가 정책에 영향을 끼쳤고 두 진영은 서로를 비방하며 적의를 드러냈다. 수정주의자는 마파이당이 영국과 공모해 시온주의 운동을 배신하고 있다고 비난했다. 한편 수정주의자에게는 파시스트라는 비난이 쏟아졌다. 벤구리온은 야보틴스키를 블라디미르 히틀러라고 불렀다. 1933년 6월 16일에는 전 세계 유대인의 힘을 결집하고자 1929년에 결성한 유대인협회의 정치 수뇌 하임 아를로소로프가 텔아비브 앞바다에서 살해되었다. 그는 마파이당 소속의 열성적인 시온주의자였다. 그래서 과격한 수정주의 세력이 의심을 받았다. 브리트 하비리오님이라는 수정주의 과격 단체에 소속된 아브라함 스타비스키와 제비 로젠블라트가 살인 혐의로 체포되었다. 이 단체의 정신적 지도자 아바 아히메이르도 공모 혐의로 고발당했다. 스타비스키는 한 사람의 증언으로 유죄가 입증되어 교수형을 선고받았으나 상고심에서 한 사람의 증언만으로 사형 선고를 내릴 수는 없다는 옛 터키 법에 따라 무죄 판결을 받았다. 이 사건은 끝내 미제로 남았고 반세기 동안 양 진영에 쓰라린 상처로 기억되었다. 마파이당은 수정주의자가 살인을 방조했다고 주장했고, 수정주의자는 이방인이 유대인을 박해하기 위해 사용한 피의 비방이라는 간사한 꾀를 이용할 정도로 치사해졌다고 마파이당을 비난했다.

분열의 배후에는 유대인의 행동에 관한 고뇌에 가득 찬 딜레마가 있었다. 어떤 이들은 밸푸어 선언이 유대인 문제를 해결하는 첫 단추라고 생각해왔다. 그러나 밸푸어 선언은 불가능한 선택지를 제안하고 있을 뿐이었다. 전 세계적으로 유대인 이상주의자는 지도부에게 아랍인과 타협하라고 요구했다. 1938년에 이르러서도 당시 가장 위대한 유대인이었던 알베르트 아인슈타인은 여전히 유대인의 국가를 유토피아적인 시각에서 바라보았다. "유대인 국가를 건립하는 것보다는 다 함께 평화롭게 살 수 있는 토대 위에서 아랍인과 합리적인 협정을 체결하는 모습을 보고 싶다. … 내가 알기로 유대교에는 국경과 군대, 세속 권력을 갖춘 유대인 국가라는 사상에 저항하는 본질적인 특성이 있다. 어느 정도가 적당한 것인지는 문제가 되지 않는다. 나는 유대교가 감내해야 할 내적 손상이 걱정된다. 특별히 우리 안에서 편협한 민족주의의 발전이 야기하는 손상 말이다."**49**

다른 이들 역시 이 손상을 두려워했다. 그렇지만 그들은 국가라는 피할 수 있는 은신처가 없는 상태에서 체포되는 상황을 더 두려워했다. 어떻게 그런 국가를 아랍의 동의를 얻어 만들 수 있단 말인가? 야보틴스키는 아랍 민족주의자가 자기들만큼이나 완고하고 힘이 세다는 것을 유대인이 명심해야 한다고 주장했다.

우리와 아랍인 사이에 자발적인 의견 일치를 기대하는 것은 말도 안 됩니다. … 지금도 불가능하고 앞으로도 마찬가지입니다. … 계몽 민족이든 원시 민족이든 모든 민족은 자기네 땅을 민족의 고향으로 이해하고, 바로 그곳에서 그 땅의 유일한 소유주로서 영원히 거하기를 원하는 법입니다. 그런 민족은 절대로 새로운 땅 주인을 기꺼이 받아들이거나 그와 동반자로 사는 것에 동의하지 않을 것입니다. 토착 민족은 새로운 정착민을 제거할 수 있다는 희망이 있는 한 계속해서 그들과 싸우려 할 것입니다. 그들은 행동할 것입니다. 마찬가지로 [팔레스타인] 아랍인도 팔레스타인이 에레츠 이스라엘로 바뀌는 것을 자기들이 막을 수 있다는 희망이 마음속에 조금이라도 있는 한, 그렇게 행동할 것입니다.

야보틴스키는 유대인의 총검으로 만든 철벽만이 아랍인에게 불가피성을 받아들이게 할 수 있다고 결론 내렸다.[50] 야보틴스키는 1923년에 이런 모진 연설을 감행했다. 그 후 20년 동안 유대인이 이상론을 받아들일 여유가 없다는 그의 논리는 더욱 힘을 얻었다. 그것은 단순히 팔레스타인에서 유대인의 안전을 확보하기 위해 유대인의 팔레스타인에 총검의 철벽을 세우는 문제가 아니었다. 점차 거의 모든 나라가 유대인에게 적대적으로 돌아서는 상황에서 유럽 유대인 사회가 생존할 수 있느냐의 문제였다. 베르사유 조약이 유대인에게 쓰라린 실망을 안겨준 것은 비단 팔레스타인에만 국한된 이야기가 아니었다. 1914-1918년의 전쟁은 옛날 방식의 현실 정치를 철폐하고 정의의 시대를 불러들이는, 전쟁을 끝내는 전쟁으로서 옛 세습 제국을 일소하고 모든 민족에게 자치를 안겨주었다. 팔레스타인에 유대인을 위한 민족국가를 세우는 것은 이런 이상주의의 일부였다.

대부분의 유럽 유대인에게 중요한 것은 평화협정을 통해 유럽의 디아스포라 전체가 시민으로서 완전한 권리를 보장받는 것이었다. 1878년에 베를린 국제회의에서 주요 열강은 디즈레일리에게 이끌려 처음으로 유대인의 최소한의 권리를 보장하려고 시도했다. 그러나 조약 규정을 제대로 지키는 곳은 거의 없었고 루마니아에서는 특히 심했다. 두 번째 시도는 베르사유 조약이었다. 케렌스키가 이끄는 임시정부는 러시아의 유대인에게 완전한 권리를 부여했다. 베르사유 조약으로 건국, 확대, 축소된 모든 나라, 즉 폴란드, 루마니아, 헝가리, 오스트리아, 체코슬로바키아, 유고슬라비아, 터키, 그리스, 리투아니아, 라트비아, 에스토니아에서 유대인을 포함한 모든 소수 민족에게 권리를 주자는 문구가 조문에 들어갔다. 따라서 이론적으로는 유대인이 가장 큰 수혜자였다. 이 조약을 기초한 미국 대통령 우드로 윌슨과 로이드 조지 같은 인물도 그렇게 생각했다. 유대인은 팔레스타인에 민족국가를 소유하게 될 터이고 혹시라도 지금 사는 나라에 그대로 사는 쪽을 선택하더라도 완전한 시민권이 보장되기 때문이다.

그러나 베르사유 조약은 유대인이 겪은 모든 비극 중 가장 큰 비극을 잉태하는 중요한 요인이 되었다. 베르사유 조약은 유럽의 지도를 다시 그리게 했고 강제력이 있는 물리적 수단을 제공하지도 않으면서 오랜 분쟁을 해결하라고 강요했던 것이다. 베르사유 조약 규정은 지독한 증오를 야기했고 이로써 국제 사회는 20년간 불안에 휩싸였다. 불만과 간헐적인 폭력, 불확실성이 지배하는 분위기에서 유대인의 사회적 지위는 나아지기는커녕 더 불안해졌다. 시대가 혼란스러워지면 지역사회의 불안과 갈등의 화살이 유대인 공동체를 향하곤 했고 유대인은 이런 상황에 익숙했다. 그러나 이번에는 거기에서 끝나지 않고 유대인과 볼셰비즘을 하나로 보는 분위기가 형성되었다. 유대인을 증오할 이유가 또 하나 생긴 것이다.

로자 룩셈부르크, 레온 트로츠키; 비유대적 유대인

이와 관련해서는 유대인에게도 책임이 있다. 더 정확히 말하자면, 19세기 후반 급진적인 정치 성향을 보인 비유대적 유대인, 다시 말해 유대인이라는 것이 존재한다는 사실 자체를 부인했던 유대인에게 책임이 있다. 이 그룹에 속하는 유대인은 모두 사회주의자였고 짧은 기간이지만 유럽과 유대 역사에서 아주 중요한 역할을 했다. 그중 대표적인 인물이 로자 룩셈부르크(1871-1919년)다. 러시아령 폴란드 자모시치 출신으로 집안 배경은 완벽하게 유대적이었다. 로자 룩셈부르크는 12세기까지 거슬러 올라가는 랍비의 자손이다. 랍비의 딸이자 누이인 로자의 어머니는 딸에게 끊임없이 성경을 들려주었다. 로자 룩셈부르크는 마르크스처럼 여러 이유로 유대교나 이디시 문화에 관심을 보이지 않았다. 그러나 유대 사회주의를 연구하는 역사가 로버트 위스트리치가 지적한 것처럼 로자가 유별나게 사회 정의에 관심을 쏟으며 변증법적 논쟁에 심취할 수 있었던 것은 수 세대에 걸쳐 랍비의 학문을 배운 결과로 보인다.[51] 하지만 그 외에는 모든 면에서 극단적인 마스킬이었다. 로자는 보통의 유대인에 대해서는 아는 것이 없었다. 부유한 목재 상인이었던 아버지는 딸을 바르샤바에 있는 특수학교에 보냈다. 주로 러시아 고관의 자녀들이 공부하는 학교였다. 열여덟 살에 로자는 몰래 국경을 넘어 취리히로 갔고 거기서 교육을 마쳤다. 1898년에는 독일 시민권을 얻기 위해 독일 인쇄업자와 형식적으로 결혼했다. 그 후 전 생애를 혁명 정치에 바쳤다.

로자에게는 마르크스와 비슷한 특징이 몇 가지 있다. 마르크스처럼 부모에게 계속해서 재정 지원을 받을 수 있는 특권층 가정에서 태어났다. 또한 마르크스처럼 노동자 계층에 대해 아는 것이 없었다. 유대인 노동 계층에 대해서도 전혀 알지 못했고 알려고 노력하지도 않았다. 또한 마르크스처럼 중산 계층의 정치적 음모와 저술, 정강 연설, 카페에서의 논쟁을 이끌었다. 그러나 유대인으로서 마르크스의 자기혐오가 미숙한 형태의 반유대주의로 나타난 반면, 로자는 유대인 문제라는 것이 애초에 존재하지 않는다고 주장했다. 반유대주의는 독일의 지주 계층인 융커와 러시아 황제의 측근들이 이용한 자본주의의 역기능이라는 것이 로자의 주장이다. 마르크스 방식으로 문제를 이해하자면, "유대인 문제를 종교나 인종의 영역에서 떼어내 사회적으로 보면 흔히 유대교라고 부르고 박해하는 일은 장돌뱅이나 사기꾼의 정신에 지나지 않고 착취가 지배하는 모든 사회에서 나타나는 현상"이라고 했다.[52] 그러나 사실 마르크스는 그렇게 말하지 않았다. 로자가 마르크스의 말을 의도적으로 왜곡한 것이다. 더욱이 로자의 주장은 사실이 아니다. 또 다른 유대인 사회주의자 에두아르트 베른슈타인(1850-1932년)이 지적한 것처럼 반유대주의는 대중들 사이에 깊이 뿌리 내린 탓에 마르크스주의라는 마법으로 쉽게 지워버릴 수 있는 것이 아니었다. 에두아르트 베른슈타인은 런던 이스트엔드에서 열린 대중 집회에서 자신이 유대인이라고 당당히 밝힌 마르크스의 딸 엘리노어를 매우 존경했다.

이와 대조적으로 로자 룩셈부르크는 설사 유대인이라는 출신 성분을 밝혀서 영향력을 얻을 수 있다 하더라도 절대로 그 사실을 발설하지 않았다. 그녀는 자신에 대한 반유대주의 공격을 무시하려고 노력했다. 하지만 종종 독일 신문에 등장하는 풍자만화는 그녀를 화나게 만들었다. 더욱이 독일 노동조합원과 노동자 신분의 사회주의자도 로자를 공격하는 강력한 반유대주의 색채를 보였다. 그들은 지적으로 우월해 보이는 말투와 노동자가 원하는 것이 무엇인지 안다는 거만한 태도를 싫어했다. 로자는 이런 비난을 무시하며 이렇게 기술했다. "노동자 계급이 그러했던 것처럼 마르크스 추종자에게 유대인 문제 같은 것은 존재하지 않는다." 로자는 유대인에 대한 공격이 러시아 남부와 베사라비아 벽지의 작은 마을, 즉 혁명 운동이 약하거나 존재하지 않는 지역에만 국한된 것이라는 입장을 취했다. 유대인에 대한 잔학 행위에 관심을 가져달라고 요구하는 사람에게는 완고하게 말했다. "어째서 유대인의 불행만 특별하게 취급해야 하죠? 나는 푸투마요의 가련한 인디언 희생자나 아프리카의 흑인도 똑같이 불쌍하다고 생각합니다. … 게토에만 특별히 마음을 내줄 생각이 없습니다."[53]

도덕적으로나 감정적으로 일그러진 로자 룩셈부르크의 태도는 사람들이 행동하는 방식으로 사상이 발전하게 놔두기보다는 사람들을 사상의 구조 속에 끌어들이려고 애쓰는 지식인 특유의 논리에서 비롯되었다. 동유럽 유대인은 자본주의 체제에서 생겨난 인위적인 창작물이 아니다. 그들은 고유한 언어와 종교와 문화를 가지고 있는 실존 인물이다. 심지어 그들은 1897년에 창당한 분트라는 사회주의 정당도 가지고 있었다. 그들의 슬픔 역시 실재했고 그들이 박해를 받은 이유는 다른 것이 아니라 유대인이기 때문이다. 리투아니아와 폴란드, 러시아에 있던 유대인 노동자 연맹인 분트는 유대인의 완전한 시민권을 위해 투쟁했다. 그러나 노동자들의 공화국이 들어서자 유대인에게 자치 국가를 허락해야 하는가 하는 문제를 놓고 분트는 분열했다. 그들은 시온주의에 대해서도 당혹스러워했다. 이민이 이어지는 바람에 일반 당원의 수는 자꾸 줄어들었다. 그래서 그들은 이디시어의 민족 문화를 지킨다는 명목으로 일반 당원을 묶어두려 했다.

유대인 문화의 독특성에 대한 이 같은 주장은 특히 로자 룩셈부르크처럼 유대인의 모든 사회적·문화적 특성을 부인한 유대인 사회주의자에게 분트를 혐오스러운 존재로 만들었다. 그들은 분트의 주장을 거부하는 데 열성적이었다. 그리고 유대인의 독자적 정치 기구에 대한 그들의 적대감은 혁명 좌파의 정통이 되었다. 특별히 레닌은 유대인의 권리에 대해 맹렬한 적대자가 되었다. "유대인의 국가에 관한 사상은 명백히 반동적인 것으로서 이를 지속적으로 지지하는 시온주의자에 의해 사상이 심화되었고, 아울러 그것을 사회민주주의 사상과 결합하려는 분트 당원의 입술에서 심화되었다. 유대인 국가에 대한 사상은 유대인 프롤레타리아의 이익에 반하는 방향으로 나아가고 있다. 그 사상이 직접적이건 간접적이건 동화에 적대적인 정신, 즉 게토의 정신을 그들에게 심어주기 때문"이라고 1903년에 기술했다. 1913년에 레닌은 다시 다음과 같은 글을 썼다. "직접적이건 간접적이건 유대인의 민족문화라는 슬로건을 내거는 이들은 어떤 선한 의도를 가지고 있든지 프롤레타리아의 원수이고 옛 세상과 유대인의 노예로서의 지위를 지지하는 자이고 랍비들과 공범이고 부르주아다."[54]

그러므로 프롤레타리아 혁명에 관한 모든 철학은 왜곡된 사회·경제 체제에 의해 조성된 환상일 뿐이고 유대인 같은 것은 존재하지 않았다는 가정 위에 서 있었다. 그 체제를 파괴하면 풍자적 유대인의 역사는 자취를 감추게 될 것이고 유대인은 탈유대인, 즉 일반인이 될 것이다. 현 시점에서 이 이론을 주장한 이들, 즉 교육을 많이 받고 고도의 지성을 갖춘 유대인을 이해하기란 쉽지 않다. 그러나 그들 중 수천 명이 그 이론을 지지했다. 그들은 자신이 유대인이라는 사실을 증오했고, 현실에서 벗어나는 방법 중에서 윤리적으로 받아들이기 가장 쉬운 방법이 혁명 투쟁이었다. 그리하여 그들은 혁명 투쟁에 열정을 불어넣었다. 혁명이 성공하면 전 인류를 독재 정치에서 해방시킬 수 있을 뿐 아니라 개인적으로도 유대인이라는 멍에를 벗어버릴 수 있다고 믿었기 때문이다.

이들 비유대적 유대인은 모든 혁명 정당에서, 실제로는 모든 유럽에서 1차 세계대전 직전과 전쟁 기간, 그리고 전쟁 직후에 왕성하게 활동했다. 그들은 독일과 오스트리아의 패전 이후에 나타난 봉기에서도 주도적인 역할을 했다. 벨라 쿤(1886-1939년)은 1919년 3월과 8월 사이에 헝가리에서 권력을 잡은 공산주의 정권의 독재자였다. 쿠르트 아이스너(1867-1919년)는 1918년 11월 바이에른에서 발생한 혁명 봉기를 주도했고 넉 달 후 살해되기 전까지 공화국을 통치했다. 독일에서 활동한 사회주의 혁명 단체 스파르타쿠스단의 배후에 있던 사상가 로자 룩셈부르크는 아이스너보다 몇 주 먼저 살해당했다. 유대인을 가장 두드러지게, 그리고 가장 화려하게 혁명적인 폭력 세력으로 규정한 곳은 러시아였다. 러시아에서 1917년 10월 볼셰비키 정권의 초석을 놓은 폭동의 설계자는 비유대인인 레닌이다. 그러나 폭동을 실행에 옮긴 인물은 레프 다비도비치 브론시테인에서 개명한 레온 트로츠키(1879-1940년)다. 트로츠키가 나중에 클라크라고 칭한 그의 아버지는 우크라이나 농부였지만, 트로츠키는 오데사 세계주의가 낳은 인물이다. 참고로 그가 다니던 학교는 루터파 학교였다. 그는 유대교도 반유대주의도 자신의 발전에 영향을 주지 않았다고 주장했다. 유대인 분트 당원을 몰아내고 볼셰비키가 승리한 1903년 러시아 사회민주당 런던 회의에서 트로츠키는 유대인에게 부자연스러울 정도로 강한 증오심을 드러냈다. 그는 헤르츨을 수치를 모르는 투기꾼이자 불쾌한 인물이라고 비난했다. 그리고 로자 룩셈부르크처럼 유대인이 당하는 끔찍한 고난을 외면했다. 권좌에 올랐을 때도 유대인 대표를 만나는 것을 거부했다. 다른 비유대적 유대인과 마찬가지로 정치적 입지에 따른 압박감은 자기 가족에게도 적용되었다. 그는 아버지의 불행에 관심을 두지 않았다. 혁명으로 모든 것을 잃은 그의 아버지는 발진티푸스로 사망했다.

트로츠키는 유대인에 대한 무관심을 혁명가로서의 화산 같은 정열과 무자비함으로 대신했다. 그가 없었다면 볼셰비키 혁명이 성공하지도 계속 이어지지도 못했을 것이다. 레닌에게 노동자 평의회의 중요성과 그것을 어떻게 활용할지 가르친 인물도 트로츠키다. 실제로 임시정부를 전복하고 볼셰비키를 권력의 자리에 올려놓은 무장 봉기를 몸소 조직하고 이끈 인물도 트로츠키다. 적군赤軍을 창설해 1925년까지 통제한 인물도 트로츠키다. 새 공산주의 정권을 파괴할 뻔했던 내전에서 정권의 실질적인 생존을 확보한 인물도 트로츠키다.[55] 트로츠키는 볼셰비즘의 폭력성과 악마 같은 힘, 세계를 붉게 물들이려는 굳은 결의를 상징하는 인물이다. 대중이 혁명을 유대인의 작품으로 규정하는 데 대한 책임은 전적으로 트로츠키에게 있다.

이러한 인식이 단기적으로나 장기적으로나, 지역적으로나 세계적으로나 유대인에게 미친 영향은 엄청났다. 소비에트 정권을 타도하려 한 백러시아 군대는 모든 유대인을 적으로 여겼다. 우크라이나에서 발생한 내전은 유대 역사상 가장 심각한 대학살로 발전했다. 유대인이 살해되는 사건이 1,000건 이상 발생했다. 우크라이나에서는 700개 이상의 공동체, 러시아에서도 수백 개가 넘는 공동체가 이런 사건에 휘말렸다. 6만 명에서 7만 명 정도의 유대인이 살해당했다.[56] 동유럽의 다른 지역에서도 유대인을 볼셰비키와 동일시하면서 직접적으로 아무 해도 끼치지 않은 유대인 공동체에 잔혹한 공격을 감행했다. 볼셰비키의 침략이 무위로 끝난 직후 폴란드에서 벌어진 공격과 벨라 쿤 정권이 붕괴한 뒤 헝가리에서 벌어진 공격은 특히 더 잔인했다. 루마니아에서는 1920년대 내내 그런 공격이 간헐적으로 발생했다. 폴란드와 헝가리, 루마니아에서 지역 공산당을 창당하고 운영한 인물은 주로 비유대적 유대인이지만, 이에 대한 대가를 치른 이들은 바로 게토와 시골 마을에 살던 비정치적이고 전통적이고 순종적인 유대인이었다.

모든 사건의 비극적인 아이러니와 함께 러시아의 평범한 유대인은 혁명을 통해 아무 혜택도 받지 못했다. 오히려 그 반대였다. 그래서 그들은 케렌스키 임시정부로부터 많은 것을 얻어내고자 봉기했고 정부는 완전한 투표권과 고유한 정당과 문화 기관을 설립할 수 있는 권리를 포함한 시민권을 부여했다. 우크라이나에서 그들은 임시정부에 참여했다. 한 유대인은 유대인 업무를 담당하는 독립 부서를 운영했다. 소수민족의 권리를 보장한 베르사유 조약의 엄호 사격을 받은 셈이다. 1939년까지 소련이 감히 합병하지 못한 리투아니아에서 권리를 보장받은 소수가 매우 활발하게 활동했고 그곳에 있던 대규모 유대인 공동체는 아마도 전쟁 중에 동유럽에서 가장 만족스러운 생활을 했을 것이다.

　　그러므로 유대인에게 레닌의 반란은 시계바늘을 거꾸로 돌리는 것과 같았고 궁극적으로 공산 정권은 재앙이나 다름없었다. 한동안 레닌주의자가 반유대주의를 반혁명으로 여긴 것은 사실이다. 1918년 7월 27일자 법령에서 인민위원 평의회는 모든 노동자 평의회, 농민, 군인 대표에게 반유대주의 운동을 뿌리부터 근절시킬 수 있는 조치를 취하라고 지시했다. 정부는 반유대주의를 비난하는 레닌의 연설을 축음기를 동원해 퍼뜨렸다.[57] 그러나 이 미약한 노력마저 레닌이 정치 자금 조달자라고 칭한 착취자와 부당 이득자를 향한 맹렬한 공격으로 완전히 사라졌다. 이런 명칭은 다분히 유대인을 지칭하려는 의도로 쓰였고 그렇게 해석되었다. 반유대주의 음모 이론에 뿌리를 두고 민족의 모든 범주를 계급상의 원수로 규정하고 나중에 그들을 박해한, 마르크스주의에 기반을 둔 레닌 정권은 유대인에게 적대적인 풍토를 만들어낼 것이 분명했다. 실제로 반사회 집단이라며 레닌 정권이 공격한 피해자 중에는 유대인 상인이 많았다. 많은 이들이 숙청당했다. 약 30만 명의 유대인이 국경을 넘어 폴란드와 발트 해 연안 국가, 터키와 발칸 반도로 몸을 피했다.

볼셰비키의 일반 당원뿐 아니라 고위 계층에도 유대인은 눈에 띄었다. 정당 대표 회의에서 15-20퍼센트는 유대인이었다. 그러나 이들은 어디까지나 비유대적 유대인이다. 사실 볼셰비키는 제정 러시아 시대 이후 유대인의 목표와 이익에 적극적으로 반대한 유일한 정당이다. 실제로 일반적인 유대인은 비유대적 유대인이 정권에 참여하는 바람에 더 큰 고난을 받았다. 유대인 볼셰비키 당원은 인민위원, 조세 감독관, 관료뿐 아니라 체카라는 비밀경찰로도 활동했다. 그들은 농민으로부터 곡물을 착취하기 위해 레닌과 트로츠키가 조직한 공격부대에서도 주도적인 역할을 했다. 이 모든 행위는 유대인에 대한 증오를 키웠다.

역사적으로 유대인은 모순되는 이유로 공격을 받곤 했다. 한편으로는 반사회적 정치자금 조달자였고 또 한편으로는 볼셰비키였다. 1917년부터 1938년까지 스몰렌스크의 역사를 다룬 유일한 서방 문서는 농부의 입장에서 보면 소련 정권이나 유대인 중간 상인이나 똑같았다고 말한다. 1922년 인민위원이 교회에서 황금 장식을 가져가면 "단 한 사람의 유대인도 살아남지 못할 것이고 우리는 밤중에 그들을 모두 살해할 것"이라는 협박이 나돌았다. 유대인을 치고 러시아를 구하라고 외치며 폭도들이 거리를 배회했다. 1926년에는 의식용 살인을 고발하는 피의 비방이 재현되었다. 그러나 이 문서는 유대인 역시 볼셰비키 정권을 두려워했다는 사실을 보여준다. 시민군은 차르의 경찰 못지않게 두려움의 대상이었다.[58]

소련 정부에 대한 유대인의 두려움은 충분한 근거가 있었다. 1919년 8월에 소련 정부는 유대인의 종교 공동체를 해산하고 재산을 몰수하고 대다수의 회당을 영원히 폐쇄했다. 히브리어 연구와 히브리어로 된 세속 서적의 출간도 금지했다. 이디시어로 쓴 책의 출판은 허용했으나 반드시 음가를 표시해야 했고 이디시 문화도 한동안 허용하다 엄격히 감독했다.

공산당 지부에 설치한 유대인 감독 기구 예프세크치야에서 고용한 사람은 비유대적 유대인이었다. 이들은 유대 문화의 배타성을 적발하는 특별한 임무를 수행했다. 분트를 와해시키고 나중에는 러시아의 시온주의를 파괴하려 했다. 1917년에 이 기구는 30만 명의 회원과 1,200개의 지부로 이뤄진 가장 강력한 정치적 특징을 지닌 러시아 유대인 사회가 되었다. 볼셰비키 당원보다 수적으로 우세했다. 1919년부터 예프세크치야는 비유대적 유대인의 명령을 받은 비밀경찰 체카를 이용해 전면에 서서 시온주의자를 공격했다. 상트페테르부르크에서 시온주의자의 본부를 접수하고 운영진을 체포했으며 본부에서 발행하는 신문을 폐간했다. 모스크바에서도 같은 일을 자행했다. 1920년 4월에는 한 유대인 소녀의 고발을 접수한 체카가 러시아의 시온주의 협의회를 모두 무너뜨렸다. 협의회 대표 75명이 체포되었다. 1920년부터 러시아 시온주의자 수천 명이 수용소 생활을 했고 거기서 빠져나온 사람은 거의 없었다.

1922년 8월 26일에 소련 정부는 시온주의 정당에 대해 다음과 같이 발표했다. "시온주의 정당은 민주주의의 가면을 쓰고 유대인 젊은이를 유혹해서 영국과 프랑스 자본가의 이익을 대변하는 반혁명적 부르주아의 품에 던지려 한다. 팔레스타인 국가를 회복하기 위해 유대인 부르주아 대표들은 푸앵카레, 로이드 조지, 교황과 같은 탐욕스런 제국주의자를 포함하여 반동 세력에 의존하고 있다."[59] 철저한 반유대주의자 스탈린이 권력을 잡자 유대인에 대한 압박은 더 심해졌다. 1920년대 말에 이르자 유대인의 모든 활동이 와해되거나 무력화되었다. 스탈린은 예프세크치야를 해산하고 유대인에 대한 감독을 비밀경찰에게 맡겼다. 이 시기에 정부 요직에 있던 유대인은 거의 다 숙청당했고 반유대주의 세력이 다시 한 번 당 안에서 기세를 떨쳤다. 1926년 3월 4일에 트로츠키는 분노와 경악 속에 니콜라이 부하린에게 편지를 보냈다. "우리 당에서, 모스크바에서, 그리고 노동자 세포 조직에서 반유대주의 선동을 처벌도 하지 않고 놔두는 것이 가능하단 말인가?"[60] 처벌하지 않은 것이 아니다. 오히려 조장하고 있었다. 유대인, 특히 공산당 내부에 있던 수많은 유대인이 스탈린에게 희생되었다.

이사크 바벨 사건

러시아 혁명이 배출한 위대한 유대인 작가 이사크 바벨(1894-1940년)도 스탈린에게 희생된 인물 중 하나다. 그가 겪은 비극은 소련 치하 유대인에게 일종의 우화가 되었다. 트로츠키와 마찬가지로 바벨 역시 오데사가 낳은 인물이다. 아버지는 오데사에서 상점을 운영했다. 아홉 살 무렵 이사크 바벨은 아버지를 가리켜 비굴하고 복종적인 게토 유대인의 전형으로 묘사했다. 수 세기에 걸친 대학살 기간에 코사크 관리의 발 앞에 무릎을 꿇었기 때문이다. 바벨의 표현에 따르면, 그 관리는 레몬 빛깔의 세무 장갑을 끼고 뚫어지게 앞을 응시했다. 오데사에서는 뛰어난 유대인, 특히 재능이 있는 유대인이 많이 태어났다. 영리했던 바벨은 아버지가 자신을 큰 머리에 꽃자루처럼 가느다란 목, 간질 때문에 붉어진 볼을 가진, 노래하는 난장이로 만들어버릴까 봐 두려워했다. 바벨은 트로츠키처럼 비유대적 유대인이 되기를 원했다. 오데사의 게토 몰다반카 출신의 악명 높은 유대인 갱이나 코사크 기병 같은 폭력적인 인물이 되기를 원했다. 그래서 제정 러시아 군대에 들어갔다. 혁명이 일어나자 체카에서 일했고 볼셰비키 당원으로 음식을 구하기 위해 농장을 습격하기도 했다. 그리고 마지막으로 세묜 부돈니 장군 밑에서 코사크 사람과 함께 싸우며 소원을 이뤘다. 바벨은 이런 경험을 토대로 1926년에 대작 《기병대 _Konarmiya_》를 저술했다. 그가 말한 대로 이 작품은 "같은 또래의 사람을 죽이는, 숙련을 요하는 기술 중에서 가장 단순한 기술"을 익히기 위해 그가 기울인 노력을 놀라울 정도로 세밀하게 묘사한다.

소설은 성공했지만 그의 노력은 실패로 끝났다. 바벨은 천성적으로 폭력적인 인물이 될 수 없었다. 그는 전형적인 유대 지성인, 그의 표현대로 라면 "코 위에는 안경을, 마음에는 가을을 걸친 사람"으로 남았다. 그는 소설을 통해 유대인이 자신의 문화적 배경에서 벗어나 사람을 죽음에 몰아넣는 일에 종사하기가 얼마나 어려운지를 반복해서 다루었다. 소설 속에서 한 젊은이는 부상당한 전우에게 차마 총을 쏘지 못해 죽는다. 상점을 운영하는 한 늙은 유대인은 혁명의 결과가 수단을 합리화한다는 사실을 받아들이지 못하고 인터내셔널 오브 굿 맨이라는 단체에 도움을 청한다. 사망한 젊은 유대인 병사가 남긴 몇 안 되는 물품에는 레닌과 마이모니데스의 초상화가 있다. 바벨이 비참한 경험을 통해 깨달은 것처럼 레닌과 마이모니데스는 조화를 이룰 수 없는 인물이다.

비유대적 유대인이란 개념은 가능하지 않았다. 스탈린에게 바벨은 그저 다른 이들과 똑같은 유대인이었을 뿐이다. 스탈린의 러시아에서 바벨은 은총의 자리에서 망각의 구렁으로 미끄러졌다. 1934년에 그는 작가협의회에 나타나 신비하고 역설적인 연설로 정당이 작가로부터 오직 하나의 자유, 조악한 글을 쓸 수 있는 자유만 남겨두는 무한한 자비심을 베풀었다고 주장했다. 자신은 새로운 문학 장르를 연습하고 있으며 침묵의 달인이 되고 있다고 말했다. "나는 독자에게 말로 할 수 없는 엄청난 존경을 품고 있다"고 덧붙였다.[61] 이 일로 그는 체포되어 세상에서 영원히 사라졌다. 1940년 초쯤 총살당한 것 같다. 근거 없는 그의 죄목은 문학적인 음모에 가담했다는 것이었지만, 실제 이유는 단순히 그가 쫓겨난 소련의 비밀경찰의 수장 니콜라이 예조프의 아내를 알고 있었기 때문이었다. 스탈린이 지배하는 러시아에서 그 정도 이유면 총살당하고도 남았다. 특히 그가 유대인이라면 말이다.[62]

시온 장로 의정서와 볼셰비즘

그러나 소련에서 반유대주의가 새로운 형태로 살아나 유대인 사회를 파괴하고 스탈린주의 아래서 유대인에 대한 실제적인 위협이 증가하고 있다는 사실이 외부에는 거의 알려지지 않았다. 유대인이 볼셰비즘을 선동하는 데 앞장섰으니 특별한 혜택을 받을 거라는 추측만 나돌았다. 순종적인 동화주의자, 시온주의자, 실제로 혁명에 이바지한 비유대적 유대인이 어떻게 다른지는 전혀 고려하지 않았다. 《시온 장로 의정서》와 볼셰비즘 사이에서 이해관계 때문에 생기는 갈등은 유대인 특유의 정체성을 고수하기 위한 단순한 속임수일 뿐이라는 반유대주의 음모가 늘 있었다. 유대인이 은밀히 일을 꾸민다는 이야기는 가장 흔한 반유대주의 중상모략이다. 유대인 현자들의 비밀스런 회합을 비롯해 유대인의 음모에 관한 일반적인 개념은 중세의 피의 비방에서 시작된 것으로 수많은 사례가 전해지고 있다. 나폴레옹 1세가 산헤드린을 소집한 것은 그 음모론에 또 하나의 엔진을 장착해준 불행한 사건이다. 그 후 제정 러시아의 비밀경찰 오크라나는 이런 중상모략을 상투적으로 활용했다. 러시아 황제들이 급진적인 음모, 특히 유대인의 음모를 주도면밀하게 적발하고 파괴하지 못했다는 불만이 터져 나왔다.

1890년대 특정 시기에 오크라나의 파리 첩보원은 니콜라이 2세에게 유대인의 음모의 실체를 똑똑히 보여줄 문서를 위조해달라는 요구를 누군가에게 받았다. 그 첩보원의 정체가 무엇이었든지 간에 이 일은 세계 정복의 야심을 품고 있던 나폴레옹 3세의 작품으로 짐작된다. 첩보원은 모리스 졸리가 1864년에 만든 소책자를 활용했다. 원본에는 유대인에 대한 언급이 전혀 없지만, 그는 군주를 위해 내용을 조작했다. 유대인 지도자들이 현대 민주주의를 이용해 자기들의 목표를 거의 이루었다고 진술하는 비밀회의 내용으로 바꾼 것이다. 이것이 《시온 장로 의정서》의 원본이다. 문서를 위조한 본래의 목적을 이루지는 못했다. 러시아 황제는 속지 않았고 문서를 두고 이렇게 말했다. "가치 있는 대의는 악한 수단으로 지키는 것이 아니지." 그러나 비밀경찰은 다양한 지역에 문서를 흘렸고 1905년에 세르게이 닐루스의 《작은 자 속의 위대함 *The Great in Little*》의 부록으로 처음 인쇄되었다. 그러나 당시에는 별 관심을 불러일으키지 못했다.

의정서에 성공적으로 두 번째 생기를 불어넣은 것은 1917년 볼셰비키의 승리다. 레닌의 혁명에 유대인이 깊이 관여했다는 소문이 영국과 프랑스를 중심으로 널리 보도되면서 유대인의 인적 자원을 고갈시키는 기나긴 전쟁의 가장 절망적인 단계에 들어서게 되었다. 케렌스키의 임시정부는 독일과의 전쟁에서 러시아를 지키기 위해 최선을 다했다. 레닌은 그 정책을 뒤집고 거의 모든 표현을 사용해 독일과의 즉각적인 평화를 추구했다. 연합군에게는 엄청난 타격으로 이어졌다. 독일 부대가 러시아 전선에서 서부 전선으로 이동했기 때문이다. 이 때문에 일부 사람들의 마음속에서 유대인과 독일인을 동일시하는 사고가 되살아났다. 예를 들어 영국에서는 힐레어 벨록과 세실 형제, G. K. 체스터턴이 이끄는 작지만 호전적인 작가 그룹이 있었다. 반유대주의를 마음에 품은 이들은 1911년 마르코니 사건을 놓고 로이드 조지와 법무장관 루퍼스 대니얼 아이작스 레딩 후작을 상대로 지독한 싸움을 벌였다. 그들은 유대인이 영국에서 반전론을 부추기고 있다는 사실을 밝히려고 러시아에서 발생하는 사건을 유심히 살폈다. 1917년 11월 말, 한 연설에서 체스터턴은 위협적인 발표를 했다. "유대인을 향해 한마디 하고 싶습니다. … 만약 그들이 평화주의에 관한 어리석은 이야기를 자꾸만 들먹거려서 병사와 그 아내와 미망인을 계속해서 들뜨게 만든다면, 반유대주의가 무엇인지 난생 처음 제대로 알게 될 겁니다."[63]

영국에서

10월 혁명을 계기로 《시온 장로 의정서》는 급속히 퍼져나갔다. 반유대주의가 살롱에서나 주고받는 이야깃거리일 뿐 거리에서는 화젯거리도 되지 않던 영국마저도 한동안 충격으로 들썩였다. 〈타임스〉 지의 러시아 특파원 로버트 윌턴과 〈모닝 포스트〉 지의 빅터 마즈던은 볼셰비키에 반대하는 입장을 견지하며 반유대주의로 나아가고 있었다. 그들은 자기들이 읽은 《시온 장로 의정서》 사본을 믿을 만한 자료로 받아들였다. 〈타임스〉는 1919년 11월 27일에 베락스라는 이름으로 온 투고를 포함한 통신문을 "유대인과 볼셰비즘"이라는 제목으로 다루었다. "유대교의 정수는… 무엇보다도 민족적 자존심, 유대인의 우월성에 대한 자부심, 자기들이 최종적으로 승리할 것이라는 믿음, 유대교 지성이 기독교 지성보다 우월하다는 확신, 유대인이 선민이며 언젠가 인류의 지배자와 입법자가 될 운명을 가졌다는 확신에서 찾을 수 있다." 이에 대해 〈주이쉬 월드〉 지는 이렇게 논평했다. "베락스의 편지는 새로운 악의 시대가 시작되었음을 보여준다. … 다른 무엇보다 성경을 사랑한 이 나라에는 반유대주의가 존재하지 않는다는 말을 이제 더는 할 수 없게 되었다."[64]

이듬해 초 〈모닝 포스트〉 지의 편집자 H. A. 가인은 《시온 의정서》에 기초한 《세계 불안의 원인 The Causes of World Unrest》이라는 작자 미상의 책에 서문을 썼다. 그는 유대인이 천재일 수도 아닐 수도 있다고 기술했다. "진실일 수도 아닐 수도 있지만, 중대한 문제는 1905년에 출판된 책에 기록되어 있을 뿐 아니라 오늘날 《시온 장로 의정서》에 개괄되어 있는 계획을 유대인 볼셰비키가 거의 글자 그대로 실행하고 있다는 사실이다." 그는 현재 볼셰비키 정권의 95퍼센트 이상이 유대인이라고 기술했다. 그는 이 책에 정부 구성원 55명의 명단을 필명과 함께 실명이 실려 있고 이들 중에 러시아인은 여섯 명, 독일인은 한 명, 나머지는 모두 유대인이라고 주장했다.[65] 〈타임스〉는 1920년 5월 8일에 그 의정서가 사실이라는 전제로 "유대인의 위험"이라는 제목의 기사를 실었다. 그리고 영국이 팍스 주다이카Pax Judaica에 들어가기 위해 팍스 게르마니카Pax Germanica에서 탈출한 것이냐고 물었다.

볼셰비키의 잔학 행위에 대한 보도가 늘어나면서 반유대주의 동요는 더 거세졌다. 일평생 유대인의 친구였던 처칠은 러시아 수도에서 발생한 영국 해군 살인 사건으로 크게 흔들렸다. 그는 유대인이 지구상에서 가장 놀라운 민족이고 그들의 종교적 공헌은 모든 지식과 원리보다 가치가 있다고 말한 바 있다. 그러나 이제는 "이 놀라운 민족은 윤리와 철학에서 또 다른 체제를 만들어냈다. 기독교가 사랑으로 흠뻑 젖어 있는 것처럼 그 체제는 증오로 흠뻑 젖어 있다"고 말했다.[66] 볼셰비키의 감옥에 갇혀 있던 빅터 마즈던은 무시무시한 소문을 가지고 귀국했다. 〈모닝 포스트〉는 다음과 같이 보도했다. "마즈던 씨에게 그가 겪은 박해에 대한 책임이 누구에게 있느냐고 묻자… 그는 한마디로 대답했다. 유대인."[67] 〈타임스〉

의 로버트 윌턴은 유대계 볼셰비키 당원이 모스크바에 가롯 유다의 동상을 세웠다고 주장하는 책을 출간했다.[68] 그러나 결국 의정서가 위조된 것임을 처음 보도한 것도 〈타임스〉였다. 1921년 8월에 위조에 관한 기사가 나왔다. 그 후 영국의 반유대주의는 등장했을 때처럼 빠르게 가라앉았다. 벨록은 이 소동을 이용해 볼셰비키의 불법 행위가 영국에 최초로 반유대주의를 만들어냈다고 주장하는 《유대인 *The Jews*》을 저술했다. 그러나 1922년에 그 책이 세상에 나왔을 때는 이미 대중의 관심이 없어져 싸늘한 반응만 돌아왔다.

프랑스에서

프랑스에서는 반유대주의가 전혀 다른 문제였다. 프랑스에서는 반유대주의가 고유한 민족문화라는 깊은 뿌리를 가지고 있었고 쓰라린 열매를 내놓았기 때문이다. 드레퓌스 사건에서의 위대한 승리는 프랑스 유대인에게 드디어 자신들이 받아들여졌다는 잘못된 생각을 심어주었다. 이것은 개명 신청을 하는 유대인이 크게 줄어든 사실에서도 확인할 수 있다. 1803년부터 1942년까지 개명 신청이 377건밖에 되지 않았다.[69] 프랑스 지도층은 유대인에 대한 증오가 이질적인 것이고 독일 같은 외국에서 들어온 것이라고 강력하게 주장했다. 퇴역 군인이 발행한 한 소책자는 인종차별주의와 반유대주의가 반역 행위라고 주장했다. "그것은 외국에서 온 것이다. 내전을 원하고 다시 외국과 전쟁을 하길 원하는 자들이 들어온 것이다."[70] 1906년에 드레퓌스가 거둔 승리의 절정에서 유대인 단체 위니옹 이스라엘리트는 반유대주의가 죽었다고 선언했다. 그러나 그로부터 2년 후에 샤를 모라스가 이끄는 악시옹 프랑세즈와 반유대주의 청년 단체 카믈로 뒤 루아가 생겨났다.

1911년에 카믈로 뒤 루아는 청년 시절에 군에서 탈주한 경력이 있는 앙리 베른슈타인의 희곡 〈내가 죽은 뒤에〉를 코메디 프랑세즈 극장에서 상연하는 것을 저지하기 위해 폭력 시위를 조직했다. 결국 이 소동으로 상연을 중단할 수밖에 없었다.**71** 영국과 달리 프랑스에는 원래부터 반유대주의 선동가를 후원하는 이들이 있었던 것 같다. 그들은 볼셰비키에 대한 공포와 여러 번 불어판으로 출간된 《시온 장로 의정서》가 만들어낸 신화에 끈질기게 매달렸다. 프랑스 반유대주의의 초점은 유대인을 재력가에서 사회 전복세력으로 보는 쪽으로 이동했다. 레옹 블룸 같은 유대인 사회주의자들은 그 생각에 반박하려는 어떤 시도도 하지 않았다. 블룸은 사회혁명가로서 유대인이 지닌 메시아적 역할을 자랑스럽게 여겼다. 유대인의 "집단적 자극은 그들을 혁명으로 이끌었다. 유대인의 비판 능력(나는 그 단어를 가장 수준 높은 의미로 사용한다)은 현실과 조화를 이루지 못하거나 이성적으로 받아들일 수 없는 모든 사상과 인습을 파괴하도록 그들을 자극했다"고 기술했다.

그는 유대인의 길고도 슬픈 역사에서 언젠가 이 세상이 "이성, 곧 모든 사람에게 보급된 한 가지 원리에 의해 질서를 갖추게 되며 그 결과 모든 이들이 자기들의 마땅한 권리를 받을 것"이라는 신념, 즉 필연적 정의에 대한 사상이 그들을 존속시켰다고 주장했다. "이것은 사회주의 정신이 아닌가? 그것은 그 민족이 오래 전부터 가지고 있던 정신이다."**72** 블룸은 그런 이야기를 1901년에 기술했다. 전후 상황에서 유대인은 더욱 위험해졌다. 그러나 전시 프랑스 유대인 사회에서 가장 눈에 띄는 인물이었던 블룸은 사회주의의 행진을 인도하는 것이 유대인의 역할이라는 점을 거듭 주장했다. 그는 부유한 유대인도 그 행진에 참여할 거라고 생각했던 것 같다.

실제로 반유대주의 우파가 블룸을 유대적 급진주의의 화신으로 보았던 반면, 좌파에서는 그가 유대인 부르주아의 은밀한 대리인이라고 비난했다. 파리 은행업자 가운데 3분의 1이 유대인이었다. 좌파 입장에서 그것은 누가 권력을 잡든지 유대인이 정부 재정을 지배할 수 있다는 그럴싸한 주장의 근거가 되었다. 장 조레스는 "은행업과 상업에 오랫동안 종사함으로써 그들은 자본주의 범죄 방면에 정통했다"고 말했다.[73] 전쟁이 끝나고 사회주의 좌파가 프랑스 공산당을 결성했을 때 법률에 명시한 반유대주의 요소는 대부분 블룸을 겨냥한 것이다. 대부분의 지도자급 프랑스 유대인과 더불어 블룸은 우파와 좌파를 막론하고 프랑스의 반유대주의를 늘 과소평가했고 이것은 문제 해결에 도움이 되지 않았다.

미국에서

볼셰비즘이 급진적인 유대인을 수용하고 그들과 연합함으로써 가장 심각한 결과를 초래한 곳은 미국이다. 프랑스 우파와 좌파가 유대인을 비난하기는 했지만, 프랑스는 1920년대를 통틀어, 심지어 1930년대에도 유대인 난민을 받아들이는 데 관대했다. 그러나 1881년부터 1914년까지 동유럽 유대인 사회를 구원하고 미국 내에 거대한 유대인 사회가 존재할 수 있게 해준 미국 이민 정책은 볼셰비키의 위협으로 사실상 끝장나고 만다. 전쟁 전부터 할당제를 통해 유대인의 이민을 제한하려는 움직임이 있었지만, 이와 같은 움직임이나 그 밖의 다른 위협과 싸우기 위해 1906년에 설립된 미국 유대인협회는 임무를 성공적으로 수행했다.

그러나 전쟁은 미국 민주주의 팽창이라는 극히 자연스러운 과정에 종말을 가져왔다. 실제로 전쟁은 외국인 혐오를 불러왔고 이것은 약 10년 동안 이어졌다. 1915년에 미국의 사회 규범과 윤리 규범에 도전했다며 유대인을 비롯한 소수민족을 통제하기 위해 KKK단이 재건되었다. 같은 해 매디슨 그랜트가 저술한 《위대한 민족의 멸망 The Passing of the Great Race》은 미국의 뛰어난 인종적 가계가 무제한적인 이민에 의해, 그중에서도 동유럽 유대인의 이주에 의해 파괴되고 있다고 주장했다. 미국은 세계대전 참전 이후 1917년 첩보 행위에 관한 법률, 1918년 치안 방해에 관한 법률을 연이어 제정했고, 이런 법률은 외국인을 배반자와 관련시키는 영향력을 지니고 있었다.

러시아의 공산화로 이 새로운 체계에 대한 공포는 극에 달했다. 그 결과 민주당 출신의 법무장관 미첼 파머가 '외국 태생의 파괴분자와 선동가'로 부르던 이들을 겨냥해 1919-1920년에 적색공포라는 단체가 생겨났다. 미첼 파머는 "미국에 트로츠키의 정책에 따라 조직된 선동가가 6만 명이 있고 트로츠키는 뉴욕 시에 알려져 있는 모든 유형의 인간 중에서도 가장 질이 나쁜 인간"이라고 주장했다. 미첼과 그의 동료들이 유포한 많은 자료는 반유대적인 것이었다. 한 자료는 소련의 정상급 지도자 31명 중 레닌을 제외한 모든 사람이 유대인이라고 주장했다. 또 다른 자료는 상트페테르부르크의 구성원을 분석하고 388명 중 러시아인은 16명뿐이고 나머지는 다 유대인이고 그중 265명은 뉴욕 이스트사이드 출신이라고 주장했다. 또 다른 자료는 제정 러시아 정부를 전복하려는 결정을 1916년 2월 14일에 백만장자 제이컵 시프를 포함한 뉴욕 유대인이 내렸다고 주장했다.[74]

결과는 1921년 이민할당법으로 나타났다. 이 법은 한 해 이민자 수가 1910년 기준으로 미국에 거주하는 각 민족 수의 3퍼센트를 넘지 못하게 했다. 1924년의 존슨리드 법은 그 비율을 2퍼센트로 낮추고 기준이 되는 해도 1890년으로 바꾸었다. 그리하여 연간 이민자 수가 15만 4,000명으로 줄었고 폴란드인, 러시아인, 루마니아인의 할당율을 줄임으로써 유대인 이민자 수는 총 8,879명으로 줄었다. 이 법은 실제로 유대인의 대규모 미국 이민에 종지부를 찍었다. 그 후 유대인 조직은 이러한 할당율이 완전히 축소되는 것을 막기 위해 힘겹게 싸워야 했다. 1933년부터 1941년까지 이 어려운 시기에 그들은 15만 7,000명의 독일계 유대인을 미국에 입국시켰다. 이 숫자는 1906년 한 해 동안 미국에 입국한 유대인 수와 거의 같았다. 그러나 당시에는 이 정도도 큰 수확이라 여길 수밖에 없었다.

1차 세계대전과 2차 세계대전 사이에 미국 유대인 공동체는 궁지에 몰리지 않았다. 1925년에 450만 명에 이른 미국 공동체는 세계에서 가장 크고 가장 부유하고 가장 영향력이 큰 유대인 공동체였다. 유대교는 미국의 세 번째 종교가 되었다. 유대인은 단순히 수용된 것이 아니라 미국의 핵심이 되었고 미국의 기반을 형성하는 데 결정적인 공헌을 했다. 그들은 유럽 국가 사이에서 굳게 유지했던 경제적 수단을 전혀 소유하지 않았다. 1920년대에 이르러 미국 경제가 너무나 방대해져서 아무리 거대한 집단이라 해도 독점적인 우위를 점할 수 없었기 때문이다. 그러나 제과업과 주식중개업, 부동산, 소매업, 유통업, 엔터테인먼트 부분에서 입지를 다지고 있었다. 더 중요한 것은 전문 직종에서 성공하는 유대인 수가 점차 증가했다는 점이다. 아마도 미국에서 허락된 기회를 바탕으로 자녀들에게 고등교육을 시키기 위해 최선을 다한 결과일 것이다. 아이비리그에 속한 대학 중 일부는 유대인 할당제를 적용했다. 그러나 실제로 고등교육을 받으려는 유대인을 가로막는 수적 제한은 없었다. 1930년대 초에 이르자 뉴욕 시에 있는 대학생의 약 50퍼센트가 유대인이었다. 전국적으로 보면 총 10만 5,000명으로 전체 대학 등록자의 9퍼센트를 상회했다.

브랜다이스와 미국 연방대법원

유대인은 고대 이후 최초로 미국에서 일반 사회의 유익을 위해 랍비의 전통을 통해 오랫동안 숙성시켜온 독창적인 법률 제정 능력을 활용할 수 있었다. 1916년에 인준을 위해 4개월의 싸움을 벌인 끝에 루이스 브랜다이스(1856-1941년)가 유대인 출신으로는 처음으로 연방대법원의 일원이 되었다. 또 하나의 천재였던 그는 프라하에서 온 진보적 유대인 가정의 막내아들이었다. 하버드 법대에서 역대 최고 성적을 받았고 마흔 살에 무려 200만 달러가 넘는 재산을 형성하기도 했다. 시온주의가 실현 가능하다는 생각이 들자 안심하고 이를 받아들인 점은 미국 유대인다운 특징이다. 그래서 브랜다이스도 주도적인 시온주의자가 되었다. 그러나 이보다 더 중요한 것은 그가 미국 법체계의 방향을 바꾸기 위해 노력했다는 점이다. 그는 연방대법원에 들어오기 전에도 멀러 대 오리건 사건(1903년)에서 브랜다이스 변론 취지서를 통해 여성의 노동 시간을 제한한 오리건 주의 법을 변호했다.

이 변론 취지서에서 그는 판례뿐 아니라 수천 페이지에 달하는 통계 자료를 포함해 법률이 나아갈 방향에 대한 윤리적·사회적 논쟁을 함께 언급했다. 이 취지서는 진보적인 학자 지도 체제에 대한 창의적 해석과 철학, 근면함과 열정을 전부 반영하고 있다. 연방대법원 판사로서 브랜다이스는 미국 법철학의 중심에 사회학적 법체계 원리를 적용했고 이로써 법원을 헌법 아래 있는 창의적인 입법기구로 변화시켰다. 그는 미국의 대중 정신을 아테네와 예루살렘의 결합으로 이해한 고전 교육을 받은 진보적 유대인으로서 법정이 종교 단체와 경제 단체 등의 의견을 더 많이 수렴해야 한다고 생각했다. 사실상 그는 현대판 필론이었다! 브랜다이스는 휘트니 대 캘리포니아 사건(1927년)에서도 다음과 같은 내용을 주장했다. "사상, 희망, 혹은 상상을 방해하는 것은 위험한 일이다. 공포는 억제를 낳는다. 억제는 증오를 낳는다. 증오는 안정된 정부를 위험에 빠뜨린다. 안정을 얻는 길은 불만이 있을 만한 사안에 대해 자유롭게 논의할 수 있는 기회를 가지고 이에 대한 치유책을 내놓는 것이다. 나쁜 의회를 고치는 치료제는 좋은 의회다."[75]

1939년에는 펠릭스 프랭크퍼터(1882-1965년)라는 중요한 추종자가 브랜다이스가 있는 연방대법원에 합류했다. 프랭크퍼터는 열두 살 때 로워이스트사이드로 이주했고 뉴욕 주립대학을 거쳐 하버드 대학에 진학했다. 그리고 유대 율법의 핵심 문제, 즉 개인의 자유와 공동체를 어떻게 조화시킬 것인지를 세속적인 맥락에서 논의하는 일에 매달렸다. 프랭크퍼터가 국기에 경의를 표하는 문제를 놓고 소수(여호와의 증인) 의견에 맞서 국가의 편을 든 것은 국가의 일부로서 미국의 유대인 공동체가 긍정적인 성숙을 이루었음을 보여준다. "역사상 가장 많이 비방을 들으며 박해를 받아온 소수 집단에 속한 자가 우리 헌법이 보장하는 자유에 무감각할 리 없다. … 그러나 판사로서 나는 유대인도, 이방인도, 가톨릭교도도, 불가지론자도 아니다. … 설혹 내가 마음속에 다른 생각을 품고 있다 하더라도 이 재판소의 일원으로서 나의 개인적 견해를 헌법에 명시하는 행위는 정당화될 수 없다."[76]

브로드웨이와 할리우드의 유대인

미국에서 유대인은 법체계를 비롯한 기존 제도를 근본적으로 수정할 뿐 아니라 새로운 제도를 도입하고 전파하는 데도 힘을 쏟았다. 파리와 빈에서 알레비부터 오펜바흐를 거쳐 슈트라우스에 이르는 유대인 음악가는 무대와 극장, 오페라하우스, 오케스트라를 위한 음악회라는 새로운 범주를 만들어냈다. 이런 재능의 결합은 곧 뉴욕에서도 이루어졌다. 오스카 해머스타인 1세(1847-1919년)는 1863년에 미국에 도착해 다른 유대인처럼 처음에는 시가 공장에서 일했다. 그리고 20년 후, 그의 아들 오스카 해머스타인 2세(1895-1960년)는 새로운 형태의 종합 드라마인 미국 스타일의 뮤지컬을 만드는 작가로 활동했다. 1924년에 〈로즈 마리〉, 1926년에 〈사막의 노래〉를 만든 그는 1927년에 전형적인 미국 뮤지컬 〈쇼 보트〉를 창작하기 위해 뉴욕 출신의 제롬 컨(1885-1960년)과 합류했다. 그 후 1940년대 초반부터 리처드 로저스(1902-1979년)와 함께하며 1943년에 〈오클라호마〉, 1945년에 〈회전목마〉, 1949년에 〈남태평양〉, 1951년에 〈왕과 나〉, 1959년에 〈사운드 오브 뮤직〉이라는 작품을 무대에 올렸다. 그리고 이를 통해 미국의 예술 유형에서 가장 특징적인 장르를 키워나갔다.

미국 뮤지컬 작가들은 다양한 경로를 통해 작곡에도 관여했다. 로저스는 콜롬비아 대학과 음악예술 학교에서 수학했다. 러시아 합창단 지휘자의 아들 어빙 벌린(1888-1989년)은 1893년에 뉴욕에 와서 노래를 부르는 웨이터 직업을 구했으나 음악 훈련을 받지도 않았고 악보 읽는 법을 배운 적도 없었다. 조지 거슈윈(1898-1937년)은 악보 출판사의 싸구려 피아니스트로 일을 시작했다. 그들의 공통점은 지독한 근면성과 완전히 새로운 사고를 하고 있었다는 것이다. 제롬 컨은 〈올 맨 리버〉, 〈그대 눈에 비친 우수〉를 포함해 104편의 무대극과 영화를 위해 1,000곡이 넘는 곡을 썼다. 어빙 벌린도 〈애니여 총을 잡아라〉부터 시작해 1,000곡이 넘는 곡을 작곡했다. 1911년도 작품 〈알렉산더의 레그타임 밴드〉는 사실상 재즈 시대를 열었다고 해도 과언이 아니다. 13년 후 폴 휘트먼 오케스트라가 연주한 조지 거슈윈의 작품 〈랩소디 인 블루〉는 재즈 장르를 상당한 경지로 끌어올렸다. 프레데릭 뢰베의 〈마이 페어 레이디〉, 프랭크 뢰서의 〈아가씨와 건달들〉, 해럴드 알런의 〈오즈의 마법사〉, 레너드 번스타인의 〈웨스트사이드 스토리〉는 끊임없이 혁신을 꾀하며 매회 매진을 기록한 흥행작이다.[77]

미국 유대인은 이상과 조직을 갖춘 쇼 비즈니스의 재능을 새로운 기술과 접목시킬 줄 알았다. 1926년에 데이비드 사르노프(1891-1971년)는 RCA의 공급망인 최초의 라디오 체인 NBC를 창설하고 1930년에 회장이 되었다. 같은 시기에 윌리엄 페일리(1901-1990년)는 경쟁사인 CBS를 세우고 있었다. 시간이 흘러 두 회사는 흑백텔레비전을 소개했고 이어서 컬러텔레비전을 소개했다. 유대인은 혁신적인 이런 매체의 1세대에 속하는 유능한 연예인을 배출했다. 시드 캐서, 에디 캔터, 밀튼 버얼, 알 졸슨, 잭 베니, 월터 윈첼, 데이비드 서스킨드가 대표적이다.[78] 브로드웨이 뮤지컬, 라디오, 텔레비전은 모두 유대인 디아스포라 역사의 기본 행동 원리를 보여주는 실례라 하겠다. 유대인은 사업과 문화라는 백지 위에 완전히 새로운 분야를 개척하고, 다른 사업가들이 그 분야에 발을 딛기 전에 입지를 확고히 하고 길드나 전문가의 요새를 세워 다른 이들의 진입을 차단했다.

그러나 유대인의 활약이 가장 두드러진 분야는 영화였다. 영화 산업은 전적으로 유대인이 이루었다고 해도 과언이 아니다. 유대인이 공헌한 분야 중 영화가 가장 중요한 부분인지는 이론의 여지가 있다. 아인슈타인은 21세기 우주론을 창조했고 프로이트는 정신에 관한 독특한 가설을 확립했다. 하지만 보편적이고 대중적인 문화를 마련한 것은 영화다. 그러나 이와 관련해서는 반론도 있다. 사실 유대인이 영화를 발명한 것은 아니다. 1888년에 토머스 에디슨이 최초의 실용적 영화 촬영기인 키네토스코프를 만든 것은 엔터테인먼트를 위해서가 아니다. 에디슨에게 그 기기는 동방의 신비로운 전승과 맞서 세상을 있는 그대로 보여줌으로써 리얼리즘의 도덕적 힘을 제시하는 계몽 민주주의를 위해 만든 궁극적인 이성의 기기였다.[79] 영화를 합리주의 관점에서 활용한다면 유대인 선구자에게도 충분히 관심의 대상이 될 수 있었을 것이다. 실제로 그들은 영화를 완전히 다른 무언가로 바꾸어놓았다. 영화에 대한 에디슨의 비전은 실효를 거두지 못했기 때문이다. 학식 있는 중산층은 그것을 무시했다. 영화가 발명된 초기 10년 동안은 어떠한 발전도 이루어지지 않았다.

그 후 1890년대 말, 가난한 이주민이었던 유대인은 자기들 같은 사람을 위해 만든 또 다른 시설, 즉 여흥을 위한 아케이드를 영화와 접목시켰다. 1890년에 뉴욕에는 아케이드가 하나도 없었다. 그러나 1900년에 이르자 1,000개가 넘게 생겼고 그중 50개는 영화관을 갖추고 있었다. 8년 후에는 뉴욕에만 400개의 영화관이 있었고 영화관은 북부 도시 전역으로 퍼져나갔다. 관람비는 5센트로 도시의 극빈자도 충분히 지불할 수 있는 금액이었다. 그들을 위해 제작한 수백 편의 단편영화는 무성영화였다. 그리고 그것이 오히려 강점이었다. 대부분의 고객은 영어를 거의 또는 전혀 알아듣지 못했기 때문이다. 영화는 전적으로 이민자의 예술이었다. 결국 영화는 유대인이 모험에 나서는 이상적인 배경이 되었다. 처음부터 유대인이 창의적이고 독창적인 면에 관심을 두었던 것은 아니다. 그들은 5센트 영화관, 아케이드, 극장을 소유했다. 초기 단편 영화는 대부분 미국에서 태어난 프로테스탄트가 제작했다.

하나의 예외가 지그문트 루빈이다. 그가 거점으로 삼고 있던 필라델피아의 대규모 유대인 지역을 영화 산업의 중심 도시로 만들 수도 있을 것 같았다. 그러나 극장 소유주가 영화 애호가인 이민자들이 원하는 단편 영화를 제작하기 시작하자 루빈은 다른 특허권 소유자와 함께 대형 특허 회사를 설립해서 영화 프로듀서에게 특허 사용료를 거두어들였다. 유대인은 앵글로색슨계 백인 프로테스탄트가 지배하는 미국 북동부라는 이집트에서 캘리포니아라는 약속의 땅에 영화산업을 이끌고 새로운 출애굽을 감행했다. 특히 로스앤젤레스는 태양이 환하게 비치고 법규가 느슨한데다 특허 회사 법률가의 감시를 피해 멕시코로 도피할 수 있는 편리한 도시였다.[80] 캘리포니아에 자리를 잡은 유대인은 합리화 능력을 발휘하기 시작했다. 1912년에 100개가 넘는 소규모 영화제작사가 생겨났다. 제작사들은 신속하게 8개의 거대한 제작사로 통합되었다. 그중 유니버설 스튜디오, 20세기 폭스, 파라마운트, 워너브라더스, 메트로 골드윈 메이어, 콜롬비아 픽처스는 기본적으로 유대인의 작품이고 다른 두 제작사 유나이티드 아티스트와 RKO 라디오 픽처스에서도 유대인이 주도적인 역할을 했다.[81]

영화계에 종사하는 유대인은 비슷한 이력을 가지고 있었다. 대개 이주자이거나 이주자의 직계 자손이었다. 가난했고 일부는 처참할 정도로 가난했다. 많은 사람이 형제가 12명이 넘는 가정 출신이다. 칼 레믈리 (1867-1939년)는 독일 라우프하임 출신의 이주민으로 열세 형제 중 열째로 태어났다. 5센트 영화를 개척하기 전에 부기 계원과 옷 가게 점원으로 일했다. 5센트 영화관을 체인으로 만들었다가 다시 영화 배급사로 전환해 최초의 대형 스튜디오인 유니버설을 1912년에 설립했다. 마커스 로(1872-1927년)는 로워이스트사이드에서 이주민 출신으로 웨이터 일을 하는 아버지 밑에서 태어났다. 여섯 살에 신문을 팔았고 열두 살에 인쇄소에서 일하기 위해 학교를 그만두었다. 나중에는 모피를 팔기 시작해 열여덟 살에 모피 중개상으로 독립했다. 서른 살이 될 때까지 두 번이나 파산했지만, 극장 체인을 토대로 메트로 골드윈 메이어를 세웠다.

헝가리에서 열두 형제 중 하나로 태어난 윌리엄 폭스(1879-1952년)는 어린 시절에 뉴욕 캐슬가든 이민 사무소를 통해 미국에 왔다. 열한 살에 학교를 떠나 의류 공장에 취직했다가 나중에 작은 회사를 세웠고 브룩클린 아케이드를 거쳐 영화 체인 사업으로 발전시켰다. 루이스 마이어 (1885-1957년)는 러시아 태생으로 히브리어 학자의 아들이다. 그 역시 캐슬가든 이민 사무소를 통해 어린 시절에 미국에 왔다. 여덟 살에 고철상에 들어가 열아홉 살에 자기 소유의 고철 회사를 갖게 되었다. 스물두 살에는 극장 체인을 소유했고 1915년에는 최초의 장편 성인 영화 〈민족의 탄생〉을 제작했다.

워너 형제는 폴란드 출신의 가난한 구두수선공의 자식으로 태어났다. 형제는 총 아홉 명이었다. 그들은 고기와 아이스크림을 팔고 자전거를 수선하고 박람회장의 호객꾼이나 떠돌아다니는 흥행사로 일했다. 1904 년에 그들은 영사기를 하나 구입해 쇼를 제작했다. 누이 로즈가 피아노를 연주하고 열두 살의 잭이 소프라노로 노래를 불렀다. 할리우드에서 그들은 유성영화라는 돌파구를 만들었다. 유나이티드 아티스트의 공동 설립자 조지프 스켕크는 놀이 공원을 운영했다. 새뮤얼 골드윈은 대장장이의 조수로, 장갑 판매원으로 일했다. 로워이스트사이드 출신의 해리 콘은 전차 안내원으로 일하다 보드빌 배우로 활동했다. 제시 래스키는 코넷 연주자였다. 샘 카츠는 사환으로 일하다 십 대에 영화관 세 개를 손에 넣었다. 도어 쉐어리는 유대인 휴가지에서 웨이터로 일했다. 랍비 집안 출신의 아돌프 주커는 모피 판매원으로 일했다. 대릴 재닉도 모피코트의 호크를 새로 개발해 돈을 벌었다. 모든 선구자가 부자가 되고 자기만의 스튜디오를 소유했던 것은 아니다. 도산하는 이들도 많았다. 폭스와 스켕크는 교도소에 수감되기도 했다. 그러나 주커는 자신의 인생을 이렇게 정리했다. "헝가리에서 열여섯 살 고아 소년이었던 나는 속옷 안에 겨우 몇 달러를 챙겨서 미국에 왔다. 상쾌하고 진한 자유의 공기를 들이마시며 감격했다. 미국은 내게 친절을 베풀었다."[82]

사회 약자였던 이들은 같은 사회 약자를 위해 이 모든 것을 창조했다. 뉴욕의 은행들이 그들을 주목하기까지는 꽤 많은 시간이 걸렸다. 그들을 가장 먼저 후원한 은행가는 캘리포니아 이주민 A. P. 자니니. 그가 세운 이탈리아 은행은 나중에 세계 최대 은행인 뱅크오브아메리카가 되었다. 그들은 여러 세기에 걸쳐 박해를 받은 사람들이었고 외모에서도 그런 분위기가 풍겼다. 다들 키가 작았다. 영화사를 연구한 필립 프렌치는 이렇게 썼다. "영화계 거물이 모여 있는 곳에서 지면으로부터 1.65미터 높이에서 큰 낫을 휘둘러도 대부분의 사람이 전혀 위험을 느끼지 못할 것이다. 몇몇은 휙휙 하는 소리조차 듣지 못할 것이다."[83]

그들은 자기들 주변에 사는 가난한 이들의 삶을 물질적으로나 문화적으로 향상시키려는 강한 욕망을 느끼며 힘을 얻었다. 주커는 프롤레타리아의 아케이드를 중산층을 위한 호화로운 아케이드로 변모시킨 것을 자랑하곤 했다. "누가 불결한 영화관을 깨끗하게 만들었지? 누가 값비싼 의자를 설치했지?"라고 묻곤 했다. 골드윈은 예술과 세련된 감성을 바탕으로 영상을 만드는 것이 자신의 목표라고 정의했다. 그들이 구축한 새로운 영화 문화는 유대인의 전통적 특징에서 크게 벗어나지 않았다. 풍자적 유머에서 특히 그러했다. 막스 형제는 패자들이 기존 세계를 바라보는 시각을 보여주었는데, 사실 그것은 유대인이 다수자 사회를 바라보던 시각이었다. 〈파티 대소동〉에서는 앵글로색슨계 백인 프로테스탄트를 풍자했고, 〈오페라의 하룻밤〉에서는 문화를, 〈풋볼 대소동〉에서는 대학 캠퍼스를, 〈빅 스토어〉에서는 상업을, 〈식은 죽 먹기〉에서는 정치를 풍자하면서 기존 관습에 도전했다. 그들은 고요한 평화를 흐트러트리고 평범한 사람들을 혼란스럽게 만들었다.[84]

그러나 할리우드의 지배자들은 일반적으로 혼란을 좋아하지 않았다. 1930년대에 그들은 독일 영화계 출신의 유대인 디아스포라에게 피난처를 제공하면서 순응의 정신을 주입하려고 노력했다. 그것이 기존 사회에 동화되는 그들의 방식이었다. 18세기에 소매업을 합리적으로 바꾸고 19세기에 최초의 거대한 상사를 세운 선조들처럼 그들은 소비자를 섬겼다. 골드윈은 이렇게 말했다. "관객이 어떤 영화를 좋아하지 않는다면, 그만한 이유가 있게 마련이다. 대중은 절대 틀리는 법이 없다."[85] 그 덕분에 그들의 시장은 극대화되었다. 여기에도 역설이 존재한다. 고대 그리스 시대 이후로 영화는 모든 사람이 향유한 최초의 문화 양식이다. 그리스 폴리스에 거주하던 모든 사람이 경기장, 극장, 공회당, 음악당에 드나들던 것처럼 이제 미국인은 모두가 영화를 볼 수 있게 되었다. 1929년에 인디애나 주 먼시에서 조사한 바에 따르면 9개의 영화관에 한 주에 드나드는 관객 수가 전체 인구의 세 배에 달했다.[86] 나중에 텔레비전의 원형이 된 영화는 이처럼 20세기 후반의 소비자 사회를 향해 나아가는 첫 걸음이었다. 영화는 그 무엇보다 빠르게 일반 노동자에게 더 나은 삶에 대한 이상을 안겨주었다. 그러므로 법무장관 미첼 파머와 매디슨 그랜트의 생각과 달리 미국 생활방식이라는 개념을 만들고 세련되게 가꾸고 대중화시킨 이들은 할리우드의 유대인이다.

범죄자 유대인

당연히 미국 생활방식에도 부정적인 측면이 있었다. 1차 세계대전과 2차 세계대전 사이에 미국의 유대인은 전형적인 미국인에 가까워졌다. 그리고 미국의 불쾌한 현상의 일부가 되기도 했다. 브로드웨이 뮤지컬과 할리우드의 영화에 참여했던 것과 똑같이 모험심 강한 유대인은 일반 범죄나 새로 등장한 특수 범죄에 연루되었다. 이런 영역에 발을 딛는 데는 다른 민족의 방해가 전혀 없었다. 유럽에서 유대인은 종종 장물 취득, 소매치기, 소소한 사기 행각과 같이 가난에서 비롯된 생계형 범죄에 연루되었다. 그리고 백인 매춘부 매매처럼 고도의 조직이나 원거리 연락망이 필요한 범죄를 발전시켰다.

19세기 말에는 유대인의 높은 출생률과 함께 이 범죄가 동유럽에서 라틴아메리카 대륙으로 이동했다. 여기에서도 유대인의 강렬한 특징이 드러났다. 놀라울 정도로 많은 유대인 매춘부가 안식일과 유대인의 절기, 식사법을 지켰다. 아르헨티나에서는 심지어 자기들만의 회당을 가지고 있었다. 게다가 유대인은 나쁜 짓에 관해서도 남다른 구석이 있었기 때문에 공인된 반유대인 조직이 전 세계에서 유대인 범죄자를 박멸하기 위해 싸웠고 이를 위해 특별한 단체를 조직하기도 했다.[87] 뉴욕에서 유대인의 범죄는 일반 범죄 외에도 보호료 착취, 방화, 라이벌 경주마 독살 등에 집중되었다. 이에 유대인 사회는 열심히 교정 시설을 만들고 범죄 방지 운동에 앞장섰다.[88] 덕분에 소규모 유대인 범죄가 크게 감소했다. 사실 금주령만 없었다면, 유대인 범죄 단체는 1920년대 말에 작은 그룹으로 전락했을 것이다.

금주법은 알코올 불법 거래를 합리화하고 조직화할 기회를 주었고 약삭빠른 유대인은 이 유혹을 뿌리치지 못했다. 유대인 범죄자들은 폭력을 거의 사용하지 않았다. 유대인 사회학의 대가 아르투르 루핀이 지적한 것처럼 기독교인은 손으로 범죄를 저지르지만 유대인은 머리로 범죄를 저질렀다. 전형적이고 걸출한 유대인 범죄자를 꼽자면 알 카포네의 장부와 회계를 담당한 제이컵 '그리지 섬' 구지크(1887-1956년)를 들 수 있다. 대기업 범죄의 선구자 아놀드 로스스타인(1882-1928년)도 있다. 데이먼 러니언의 이야기에는 브레인으로, 프랜시스 스콧 피츠제럴드의 《위대한 개츠비 *The Great Gatsby*》에는 마이어 울프쉐임으로 묘사된 인물이다. 이 외에도 도박의 제국을 만들었다가 망한 메이어 랜스키가 있다. 그는 1971년에 이스라엘 시민권을 신청했다가 거부당했다.

그러나 상류층으로 이동하는 유대인 범죄자가 늘어나면서 서서히 폭력을 쓰기 시작했다. 루이스 버챌터(1897-1944년)가 대표적인 인물이다. FBI에서 그를 가리켜 미국에서 가장 위험한 범죄자라고 부를 정도였다. 그는 범죄연합 두목이자 살인주식회사로 널리 알려진 살인 청부 조직의 설립자로 살인죄가 드러나 1944년에 싱싱형무소에서 사형당했다. 살인주식회사의 킬러가 버챌터의 지시에 따라 더치 슐츠로 개명한 아르투르 플레겐하이머(1900-1935년)를 살해했다. 그 킬러는 버챌터의 명령을 어기고 토머스 듀이를 죽이려 한 갱 소속이었다. 라스베이거스에 살인 청부 조직을 만들었다가 나중에 버챌터와 관계를 끊은 벅시 시걸(1905-1947년) 살인 사건도 그들 소행이다. 새미 퍼플이라는 이름으로 불리던 새뮤얼 코엔은 디트로이트에서 악명 높은 유대인 갱을 조직했다. 그들은 마피아가 접수하기 전까지 디트로이트 시 이스트사이드를 지배했다. 그러나 미국에서 유대인과 이탈리아인의 범죄를 비교하려는 시도는 의미가 없다. 악명 높은 유대인 범죄자 중 놀라울 정도로 많은 숫자가 전통적인 유대교 방식으로 장례를 치렀지만, 유대인 범죄자들은 시칠리아의 마피아와 달리 특수한 상황에 대응한 것이 아니므로 공동체의 지지를 받지 못했다. 다시 말해 유대인 범죄 집단은 일시적인 현상이었다.[89]

버나드 바루크와 거액 융자

유대인의 범죄 행위, 특히 백인 매춘부 매매에 대해서 유대인 공동체는 치욕과 공포를 느꼈다. 그래서 전력을 다해서 공동체 안의 범죄자를 재교육했는데, 이 무렵에 이르자 좋고 나쁘고를 떠나 유대적 특성이라는 개념을 좋아하지 않는 미국 유대인이 많아졌다. 그들은 유대적 특성을 완전히 없애려고 온 힘을 다했다. 단순히 회당에 나가지 않고 율법 준수를 그만두는 것이 아니라 자신이 유대인이라는 생각을 하지 않으려고 의도적으로 노력했다. 유대인 최초로 연방대법원 판사가 된 브랜다이스조차 1910년까지는 "출신성분 때문에 타고난 생활방식과 사고방식의 차이를 그대로 간직하려는 성향은 바람직하지 않다면서 형제애를 추구하는 미국의 이상과 맞지 않다"고 공격했다. 유대적 특성을 강조하는 것은 미국에 대한 배신행위라는 말이다.[90] 그러나 브랜다이스의 사례처럼 이런 생각은 갑작스러운 반유대주의에 직면하여 무너졌다. 결국 브랜다이스는 정반대 입장을 견지하게 되었다. "좋은 미국인이 되기 위해 더 나은 유대인이 되어야 하고 더 나은 유대인이 되기 위해서는 반드시 시온주의자가 되어야 한다."[91]

일부 유대인은 두 극단 사이에서 불안하게 배회했다. 대표적인 예가 성경의 요셉 같은 모습을 보여준 버나드 바루크(1870-1965년)다. 여러 대통령의 고문으로 일한 그는 1929년 대공황 때 주식시장이 몰락하기 직전에 주식을 모두 팔아 큰돈을 벌었다는 소문이 났다. 그러나 이 소문이 잘못된 것이라는 사실을 지금은 다 알고 있다.[92] 유대인을 대상으로 한 디트로이트 라디오 설교자 찰스 코글린 신부는 그를 미국의 대리 대통령, 월스트리트의 무관의 제왕이라고 부르곤 했다. 바루크는 유대인 이미지를 벗기 위해 최선을 다했다. 아내가 프로테스탄트였던 덕분에 시프 가문, 구겐하임 가문, 셀리그먼 가문, 워버그 가문 사람들이 아직 이름을 올리지 못한 사교계 명사 명단에 이름을 올렸다. 그리고 비유대인만 드나들던 애디론댁 휴양지에서 휴가를 즐겼다. 그러나 어느 순간 한계에 직면했다. 여기까지는 괜찮지만 더 이상은 안 된다고 경고하는 듯한 일이 벌어진 것이다. 1912년에 딸 벨이 맨해튼 사립학교 브리얼리 스쿨 입학시험에 합격하고도 아무 이유 없이 입학 불허 통지를 받는 수모를 겪었다. 그의 인생에서 가장 쓰라린 경험이었다. 딸은 상처를 받았고 그 후 여러 해 동안 비참한 기분을 느꼈다. 바루크 역시 오클랜드 골프 클럽 회원이 되기 위해 애를 써야 했고, 유명한 마주馬主임에도 경주로가 있는 벨몬트 공원 사유지에 들어가기 위해 엄청난 투쟁을 해야 했다. 유니버시티 클럽이나 메트로폴리탄 클럽에는 들어가지 못했다.[93] 부유하고 영향력 있고 집안이 좋은 자라도 유대인이라는 이유로 미국에서까지 거부당할 수 있었던 것이다. 그리고 바로 이것이 그 어떤 이유보다 유대인 공동체를 하나로 결속시켰다.

월터 리프만: 최대한 눈에 띄지 않게

일부 극단적인 동화론자는 실제로 스스로 만족할 정도로 유대적 특성을 버리기도 했다. 당시 바루크만큼이나 영향력이 있던 저널리스트 월터 리프만(1889-1974년)은 일생을 미국 사회에 녹아들어 살았다. 독일 출신 직물 제조업자였던 부유한 부모님은 그를 상류층 자제들이 다니는 삭스 소년 학교에 보냈다. 가족은 임마누엘 회당에 다녔다. 그들은 자기들이 이디시어를 안다는 사실을 인정하지 않았다. 동양적으로 보이는 것을 피하기 위해서였다. 그들은 동유럽 출신 유대인의 이민 행렬을 보고 공포를 느꼈다. 〈아메리칸 히브리〉에 그들이 느낀 두려움이 잘 드러나 있다. "우리는 우리와 같은 종교를 가진 저 사람들에게 우리가 어떤 빚이 있는지 알아야 할 뿐 아니라 우리의 이웃인 이방인들의 눈에 우리가 저 사람들, 즉 우리 형제들의 후원자로 보인다는 사실을 알아야 한다." 하버드 대학에서 골드 코스트라는 유명한 클럽에 가입하려다 거절당하자 리프만은 잠깐 동안 사회주의자가 되었다. 그러나 곧 반유대주의란 넓게는 유대인이 자신을 너무 눈에 띄게 만들어 스스로 자초한 형벌이라고 결론을 내렸다. "나는 개인적으로 다른 사람들보다 유대인의 실수에 훨씬 더 엄한 태도를 취했다"고 그는 기술했다.[94] 리프만은 시온주의자의 이중적인 충성심을 공격했으며 "미국 대도시에 사는 부유하고 통속적이고 우쭐대는 유대인이야말로 유대 민족에게 가장 큰 불행"이라고 비난했다.[95]

리프만은 유대인으로 분류되고 싶어 하지 않았을 뿐 진보적이고 교양이 있는 인물이다. 민족, 신앙, 인종, 계급, 지역에 따라 차별하는 입학시험이 있어서는 안 된다고 생각했기 때문에 반유대주의 정책으로 나온 하버드 대학 유대인 할당제에 서명하지 않았다. 그러면서 또 한편으로는 유대인이 전체 입학생의 15퍼센트를 넘는 것은 재앙이라는 생각에 동의했다. 매사추세츠 주에 유대인 대학이 생기고 하버드 대학에서 더 넓은 지역에서 학생을 모집하면 유대인의 비율이 줄어들 것이라고 생각했다. "나는 유대인을 무고한 피해자로 여기지 않는다. 그들은 쓰라린 역사를 통해 수집하고 바리새파의 신학을 통해 강화한, 개인과 사회에 괴로움을 주는 관습을 많이 가지고 있기 때문이다. 이방인의 예법과 관습은 유대인에게 없는 것이고 널리 유행하는 예법과 관습보다 분명 우월한 것이다."[96] 유대인 특유의 이런 자기혐오는 리프만이 중요하게 생각했던 사회적 명예를 얻지 못함에 따라 더 심해졌다. 뉴욕의 리버 클럽과 워싱턴의 메트로폴리탄 클럽에 들어가는 데는 성공했지만, 링크스 골프 클럽과 니커보커 클럽에는 끝내 들어가지 못했다.

자신의 정체성을 부정하거나 정체성에서 자연스럽게 솟아나는 감정을 억누른 유대인에게 가장 비극은 의도적으로 무시를 받는 것이었다. 반세기 동안 리프만은 미국의 시사 해설자 중에서 가장 현명한 인물이라 할 수 있다. 단 유대인과 관계된 문제는 예외였다. 프랑스의 레옹 블룸처럼 리프만은 히틀러의 반유대주의를 중요하지 않은 것으로 치부했고 그를 독일 민족주의자로 분류했다. 1933년 5월에 나치가 유대인의 책을 소각하자 "누군가를 정복해야겠다고 느끼는 나치의 욕망을 충족시키기 위해 유대인을 박해하는 것은… 유럽을 보호하는 일종의 피뢰침"이라고 말하기도 했다. 소수 벼락 출세가로 유대인 전체를 판단해서는 안 되듯이 나치의 반유대주의로 독일 전체를 평가하거나, 공포정치로 프랑스 전체를 평가하거나, KKK단으로 프로테스탄트 전체를 평가해서는 안 된다고 생각했다. 그는 히틀러의 연설을 두고 "정치 수완이 있는 진정 개화한 민족의 믿을 만한 음성"이라고 말했다.[97]

그러나 나치와 유대인에 관한 이 두 번의 언급 이후 12년에 걸친 재난의 시대에는 그 주제에 대해 침묵으로 일관했고 죽음의 수용소에 대해서는 일체 언급하지 않았다. 현실을 무시한 또 하나의 실례는 로자 룩셈부르크의 해법을 그대로 차용한 재기 넘치는 극작가 릴리언 헬먼(1905-1984년)이다. 1934년의 〈어린이의 시간〉과 1939년의 〈작은 여우들〉은

1930년대 대표적인 브로드웨이 성공작이다. 헬먼은 자신의 유대적 박애주의를 왜곡시켜 대다수 유대인 지식인 계급과 마찬가지로 당시 유행하던 스탈린주의 양식에 끼워 맞췄다. 베르사유 조약을 체결한 세대의 무책임한 이기심을 그린 1941년도 작품 〈라인의 감시〉는 유대인이 처한 곤경을 외면하고 있다. 자기가 속해 있는 인종의 운명에 대한 저항을 정의감으로 자연스럽게 표현하지 않고 유대 민족의 분노를 랍비들의 완강함으로 무장한 정통파의 뻔뻔한 이데올로기로 왜곡했다. 유대인의 현실을 외면해야 할 필요성 때문에 사실을 허구로 얼버무리고 만 것이다. 1955년에는 〈안네 프랑크의 일기〉 각본 작업에 참여하면서 이 비극에서 유대적 요소를 모두 빼버렸다.

미국 유대인 사회, 특히 지식인 계층에서 나타난 이런 혼란과 분열, 어리석음은 미국 유대인이 막강한 힘을 가지고 있으면서도 1차 세계대전과 2차 세계대전 사이에 유럽에서 발생한 사건에 영향력을 행사하거나 미국 내에서 우호적인 여론을 조성하지 못한 이유를 설명해준다. 여론 조사에서도 볼 수 있듯이 미국의 반유대주의는 1930년대에 서서히 등장하기 시작해 1944년에 절정을 이루었다. 1938년 여론조사에 따르면, 미국인의 70-85퍼센트가 유대인 난민을 돕기 위해 이민 할당율을 높이는 데 반대했다. 여론 조사원 엘모 로퍼는 이렇게 경고했다. "반유대주의가 전국에 퍼져 있고, 특히 도시 지역은 유대인에 대한 적의가 가득하다."[98]

전후 독일의 유대인

이제 유럽과 미국의 상황을 바탕으로 독일에서 발생한 사건을 살펴볼 차례다. 경제, 군사, 문화 강국인 독일에서 1933년부터 1945년까지 계속된 유대인에 대한 공격은 현대 유대사에서 가장 핵심이 되는 사건이다. 사실 여러 면에서 이상한 사건이다. 넋을 잃게 만드는 어마어마한 분량의 문서를 통해 입증되 사실과 사건의 원인을 살펴봐도 의아하기만 하다. 당시 독일은 세계 최고의 교육 수준을 자랑하는 국가였다. 성인이면 누구나 읽고 쓸 줄 아는 최초의 국가였다. 1870년부터 1933년까지 독일의 대학들은 실제로 모든 분야에서 세계 최고였다. 그렇다면 고도의 문명국가인 독일이 유대인에게 분별없는 야만 행위를 조직적으로 가한 이유는 뭘까? 희생자의 이야기가 드러날수록 의혹은 깊어지기만 한다. 19세기 독일인과 유대인의 운명은 매우 긴밀하게 얽혀 있다. 역사가 프리츠 슈테른이 지적한 대로 1870년부터 1914년까지 유대인이 영향력 있는 민족으로 부상한 것처럼 독일인도 활동적이고 강한 민족으로 급부상했다.[99] 두 민족은 서로에게 큰 도움을 주었다.

무엇보다 두 민족은 교육에 대한 열정이 광적으로 강하다는 공통점이 있다. 유능한 유대인이 독일을 사랑한 이유는 독일이 세계에서 학문 연구에 가장 적합한 장소였기 때문이다. 그리하여 현대 유대인 문화는 필연적으로 독일의 틀을 지니게 되었다. 바이츠만과 밸푸어가 나눈 유명한 대화에서도 알 수 있듯이 유대인은 독일을 위해 섬세하게 노력했고 독일이 위대한 국가가 되도록 힘썼다. 예를 들어 노벨상이 제정된 때부터 1933년까지 독일은 전체 수상자의 약 30퍼센트를 차지할 정도로 다른 나라보다 더 많은 상을 받았다. 그러나 독일인 수상자 중 3분의 1은 유대인이었고 의학 부문에서는 절반에 이르렀다.[100] 그러므로 독일의 유대인 학살은 단순한 대량 학살이 아니다. 실제적인 의미에서 그것은 대량 존속살인이다. 대체 어떻게 그런 일이 발생한 것일까?

원인을 밝히려는 시도가 다양하게 이뤄져 도서관 서가를 가득 채울 정도지만, 결과는 그리 만족스럽지 않다. 늘 무언가 부족해 보인다. 역사상 가장 큰 규모의 그 범죄는 여전히 이해할 수 없는 사건으로 남아 있다. 그래도 중요한 원인을 정리하는 것은 가능하다. 가장 중요한 원인은 1차 세계대전일 것이다. 1차 세계대전으로 독일은 몹시 놀랐다. 독일 민족의 상승세가 정점에 이르렀다고 자신하면서 그들은 전쟁에 돌입했다. 그러다 무시무시한 희생을 치르고 자신감을 잃었다. 슬픔과 분노가 마음을 어지럽혔다. 속죄양이 절실히 필요했다. 전쟁은 부수적인 변화도 불러왔다. 독일의 방식을 바꾸어놓은 것이다. 전쟁 이전에 독일은 유럽에서 법을 가장 잘 지키는 국가였다. 가장 비독일적이라 할 수 있는 사회적 폭력에 관한 이야기는 듣기 어려웠다. 반유대주의 정서가 퍼져 있었지만, 반유대주의 폭동은 고사하고 유대인에게 물리적 폭력을 행사하는 일은 발생하지 않았고 독일에서 그런 일은 발생할 수도 없었다. 하지만 전쟁이 모든 것을 바꾸어버렸다. 전쟁은 곳곳에서 사람들을 폭력에 길들였고 독일에서는 절망에 의한 폭력을 낳았다.

1918년에 1차 세계대전이 막을 내렸지만, 중앙 유럽과 동유럽에 평화가 찾아오지는 않았다. 1차 세계대전과 2차 세계대전 사이에 20년의 휴지기가 있었지만, 20년 동안 정치가들은 폭력이라는 수단을 이용해 목적을 이루기 일쑤였다. 좌파와 우파 모두 폭력을 사용했다. 레닌과 트로츠키는 1917년 반란을 통해 폭력을 통한 해결 방식을 확실하게 굳혔다. 공산주의 동맹국과 그들의 모방자들은 1918-1920년에 독일에서 그 방식을 따랐다. 강제로 기존 질서를 전복시키려는 시도에서 눈에 띄는 인물은 유대인이었다. 바이에른의 공산 정권에는 쿠르트 아이스너 같은 유대인 정치가뿐 아니라 구스타프 란다우어, 에른스트 톨러, 에리히 뮈잠 같은 유대계 작가와 지성인까지 참여했다. 우파는 퇴역 군인 출신 민간인으로 구성된 군사 집단 프라이코어를 조직하며 대응했다.

폭력 충돌은 러시아 좌파와 독일 우파를 이롭게 했다. 로자 룩셈부르크와 쿠르트 아이스너 같은 유대인 과격파가 암살당했다. 유대인 정적을 처리하는 것은 더 이상 이상한 일이 아니었다. 1919년부터 1922년까지 4년 동안 독일에서는 376건의 정적 암살 사건이 발생했다. 그중 좌파 22명을 제외하고 대부분이 유대인이었다. 유대인 출신 외무장관 발터 라테나우도 그중 하나다. 퇴역 군인 출신 암살자를 법원은 가볍게 다루었다. 재판을 받은 인물은 소수였고 그중에서도 극히 일부만 4개월 이상의 형을 선고받았다.[101] 나이 많은 저명한 유대인 작가 막시밀리안 하르덴이 1922년에 반유대주의자 두 명에게 죽기 직전까지 구타를 당하는 일이 발생했을 때도 법원은 비애국적인 그의 논문이 범행의 원인이 되었다며 형을 감해주었다.

히틀러의 반유대주의

아돌프 히틀러가 등장한 때는 과격한 퇴역 군인의 폭력이 난무하던 바로 그 시기였다. 히틀러는 1889년에 오스트리아와 바이에른의 국경 지대에서 하급 관리의 아들로 태어났다. 린츠에 살다가 나중에는 빈에 있는 카를 뤼거의 집에서 살았다. 전쟁에서 공훈을 많이 세웠고 허풍이 아주 심했다. 1924년에 출간한 《나의 투쟁 *Mein Kampf*》에서 히틀러는 젊은 시절부터 유대인 문제를 인지했다고 말한다. 아버지가 반유대주의자였기 때문에 유년 시절과 청년 시절 내내 반유대주의 사고에 노출되었을 것이다. 그는 일평생 유대인에게 집착했다. 독일이 유대인을 상대로 벌인 전쟁의 중심에는 히틀러 개인의 열정과 강한 의지가 있다. 히틀러가 없었다면 그런 전쟁은 일어나지 않았을 것이다. 그러나 또한 그가 정권을 잡은 독일에 그런 폭력적인 풍토가 없었다면, 히틀러는 그런 엄청난 재앙을 일으키지 못했을 것이다.

히틀러는 서로 다른 힘의 원천을 하나로 합쳐 그 합보다 더 큰 정치적 힘을 만들어내는 비상한 재주를 가지고 있었다. 작은 사회주의 단체였던 독일 노동자당을 퇴역 군인으로 구성된 폭력적인 민간 군대와 결합시켰고, 거기에 반유대주의 강령을 더해 나치라는 대규모 정당을 만들고 호전적인 나치 돌격대까지 갖추었다. 나치 돌격대는 히틀러의 집회를 보호했고 정적들의 집회를 공격했다. 그다음으로 히틀러는 전쟁의 두 가지 결과, 즉 속죄양에 대한 요구와 폭력 제전을 결합시켰다. 그 결과 유대인에게 모든 시선이 쏠렸다. 히틀러는 《나의 투쟁》에서 이렇게 밝히고 있다. "만약 전쟁 전이나 전쟁 중에 모든 계층의 우수한 우리 노동자가 전선에서 어려움을 겪고 있을 때, 1만 2,000명 내지 1만 5,000명의 더러운 히브리인을 독가스로 처리할 수만 있었다면, 수백 만 명의 희생은 절대 헛되지 않았을 것이다."[102]

히틀러의 반유대주의는 유대인에 대한 기독교인의 증오부터 사이비 과학의 인종 이론까지 온갖 상투적인 요소를 갖추고 있다. 그러나 또한 두 가지 부분에서 독특했다. 첫째, 그에게 반유대주의는 세상에 대한 완벽한 설명, 즉 세계관 자체였다. 독일의 다른 정치 집단은 장난삼아 반유대주의에 손을 대거나 관심을 쏟았지만, 나치는 반유대주의를 계획의 핵심이자 최종 목표로 삼았다. 물론 청중이 누구냐에 따라 강조점에 변화를 주기는 했다. 둘째, 히틀러는 오스트리아 태생이지만 범게르만주의자가 되어 1914년에 오스트리아군이 아니라 독일군에 합류했다. 그래서 그의 반유대주의는 독일의 모델과 오스트리아의 모델이 결합된 형태였다. 독일에서 히틀러는 유대계 볼셰비키 당원이 장악한 러시아에 대한 무시무시한 공포와 《시온 장로 의정서》를 통해 급격히 확산되는 신화를 흡수했다.

전후 독일에는 독일 출신 러시아 피난민과 독일계 발트인, 러시아 초국가주의 운동 블랙 헌드레즈, 이 단체의 무장 세력 옐로우 셔츠, 러시아 인민연합 같은 제정 러시아 시대 반유대주의 집단으로 북적였다. 그들은 모두 유대인과 볼셰비키의 연관성을 강조했고 이것은 히틀러의 이데올로기의 핵심이 되었다. 독일계 발트인 알프레트 로젠베르크는 나치 이론가가 되었다. 러시아인 게르트루드 폰 자이틀리츠는 히틀러가 1920년에 당기관지 〈민족의 관찰자〉를 장악하게 한 다음 그것을 반유대주의 일간지로 바꾸어놓았다.[103] 근대에 들어 독일, 특히 프로이센은 다른 어떤 나라보다 러시아를 두려워했다. 히틀러는 이 위협을 반유대주의 정서와 결합시키는 데 성공했다. 그리고 이때 활용한 것이 빈에서 익힌 반유대주의 사상이다. 빈에서는 동유럽 출신 유대인, 다시 말해 피부가 거무튀튀하고 열등한 유대 인종이 게르만 민족의 혈통을 더럽힐지도 모른다는 두려움이 강했다.

히틀러는 두 가지 주제에 흥미를 느꼈는데, 둘 다 동구 유대인에 관한 것이었다. 하나는 유대인이 빈을 중심으로 벌이고 있는 백인 매춘부 매매였고, 또 하나는 당시 아직 항생제가 나오지 않았던 매독의 확산이었다. 히틀러는 독일에 대한 정치적·군사적 위협이 유대계 볼셰비키의 정책에서 비롯된 것일 뿐 아니라 더 치명적인 생물학적인 위협이 유대 인종과의 성적 접촉을 통해 이루어지고 있다고 생각했고 그렇게 가르쳤다.[104] 히틀러의 반유대주의에서 나타난 성적 또는 의학적 성격은 히틀러 추종자들에게 가장 중요한 부분이다. 이를 통해 그저 단순한 편견을 가지고 있던 사람들이 광적인 사상가로 바뀌어 비합리적이고 잔인한 행위를 아무렇지 않게 저질렀기 때문이다.

더 정확히 말해 중세 반유대주의자가 유대인을 인간 이하의 악마나 짐승으로 보고 증오했던 것처럼, 나치 과격파는 히틀러의 사이비 과학을 흡수해 유대인을 세균이나 아주 위험한 기생충으로 간주했다. 이런 사고방식은 유대인이 처한 상황이나 생각과 관계없이 그들을 하나로 묶어 처리할 수 있게 해주었다. 교수로 재직하며 나무랄 데 없는 독일어로 저술 활동을 했고 전쟁 기간에는 줄곧 독일을 위해 싸우다 철십자 훈장까지 받은 유대인이 한순간에 유대계 볼셰비키 인민 위원과 똑같이 독일 민족을 오염시키는 위험인물이 되었다. 독일 사회에 동화된 유대인은 마치 띠 달린 긴 소매 옷을 입은 늙은 랍비처럼 병원균을 보유하고 있는 것이 분명하고 비유대계 백인 여성을 감염시킬, 히틀러의 표현을 빌리자면 '능욕할' 가능성이 다분하기 때문에 훨씬 더 위험한 인물이 되었다. 히틀러가 추종자에게 주입한 이 사상이 어느 정도였는지는 1943년에 법무장관 오토 게오르크 티라크가 보낸 편지에서 확인할 수 있다.

한 유대인 여자가 아기를 낳은 후에 모유를 여의사에게 팔면서 자신이 유대인이라는 사실을 숨겼습니다. 반듯한 독일 혈통을 지닌 아기가 병원에서 이 젖을 받아먹었습니다. 여자는 사기 혐의로 추궁을 받고 있습니다. 모유를 구입한 자가 피해를 입은 것은 분명합니다. 유대인 여성의 모유는 독일인 젖먹이가 먹기에 적합하지 않기 때문입니다. 그러나 정식 기소 절차는 밟지 않고 있습니다. 이런 사실을 모르는 아이 부모에게 공연한 걱정을 끼치지 않기 위해서입니다. 이 사건이 인종 위생에 미치는

영향에 대해서는 보건장관과 협의하겠습니다.[105]

수준 높은 교육을 받은 독일 민족이 어떻게 이런 어처구니없는 이야기를 할 수 있느냐고 묻는다면, 답은 간단하다. 다소 아리송한 면이 있기는 했지만, 히틀러는 자신의 이론을 보강하는 데 필요한 과학 이론을 얼마든지 손에 넣을 수 있었다. 프로이트가 정신분석학이라는 이름으로 정립한 '파렴치한' 학문과 그의 가르침은 나치의 이론을 증명하는 중요한 증거로 채택되었다. 프로이트의 가르침이 난잡한 성행위에 양심의 가책을 느끼지 않게 만들어 그런 행위를 부추긴다고 주장했다. 나치의 논리에 따르면, 프로이트는 유대인 남성이 아리아인 여성에게 접근하도록 도운 셈이다. 한때 프로이트의 제자였던 카를 융이 히틀러가 유대 성격의 프로이트학파와 다른 정신의학을 구별하게 도왔다.

프로이트와 아들러가 유럽인의 정당한 대표라고는 도저히 말할 수 없다. … 유대인은 원래 유목민의 성향을 가지고 있고 한 번도 자신의 문화 체계를 만든 경험이 없을뿐더러 앞으로도 없을 것이다. 그들의 직관과 재능은 그들이 붙어살고 있는 다른 민족에게 늘 의존하기 때문이다. … 나의 견해로는 임상심리학을 유대인에게 적용하는 것은 잘못이다. 애당초에 유대인에게도 들어맞지 않는 이것을 기독교인인 독일인이나 슬라브인에게 적용한다는 게 말이 되는가. 이 방법을 채용하다 보면 게르만 민족 특유의 가장 위대한 비밀, 즉 마음속 깊이 뿌리 내린 창조적인 영혼의 인식 능력이 보잘것없고 유치한 마음속의 웅덩이 정도로 치부되고 만다고, 나는 계속해서 경고해왔다. 그러나 사람들은 수십 년 동안 그것을 반유대주의라고 의심했다. … 지금 전 세계가 두려운 마음으로 국가사회주의를 주목하고 있다. 이 강력한 운동을 사람들이 조금 더 제대로 이해하게 할 수는 없는 걸까?[106]

이와 비슷하게 과학계에서는 아인슈타인의 업적을 쓸데없는 유대인의 물리학이라며 배척하려고 했다.

학생, 교수, 유대인

전체적으로 볼 때 독일의 대학은 히틀러의 사상이 힘을 얻는 것을 막기는커녕 오히려 나치가 권력을 장악하도록 도왔다. 나치가 승리하는 데 결정적인 역할을 한 것은 19세기의 마지막 10년 동안 독일 반유대주의에 감염되어 1920년대까지 지도적인 자리에 있던 선생들이다.[107] 그들이 채택한 교과서에서도 똑같은 경향을 엿볼 수 있다. 대학 강단도 회의적인 경험주의 대신 만병통치약과 정신의 재생을 통한 민족의 구원을 설교함으로써 나치의 영향력을 키우는 데 일조했다.[108] 무엇보다 히틀러는 대학생들에게 지지를 얻었다. 대학생은 히틀러의 첨병이었다. 나치가 약진하는 단계마다 학생이 보통 선거민보다 언제나 한 발 앞서 있었다. 나치는 1919년에 민족적이고 종교적인 이유에서 유대인을 배척하는아이제나흐 결의문을 채택함으로써 대학생 단체에 침투했다.[109] 영향력이 점차 커지자 학생들 사이에서 1920년대에 압도적으로 힘을 발휘한 호호슐링 운동을 벌였고 1920년대 말에는 나치 학생동맹을 조직했다. 이것은 나치의 평등주의와 과격한 강령에 온 몸을 내던질 준비가 되어 있는 열성적인 젊은이가 넘쳐났기에 가능했다.[110]

나치와 학생들을 이어주는 중요한 끈은 유대인에 대한 폭력 시위였다. 정부 요직과 교직 같은 전문직에서 유대인을 추방하기 위해 보이콧 운동과 서명 운동을 처음 벌인 것도 학생들이다. 이런 행동은 실제 폭력으로 발전했다. 1922년에는 베를린 대학에서 개최될 예정이었던 유대계 외무장관 발터 라테나우의 추도 집회가 학생 폭동에 대한 염려로 무산되었다. 세계대전 이전에는 생각도 할 수 없는 일이었다. 목표한 바를 이루기 위해 폭력을 일삼는 학생들만 문제가 아니라 그들의 압력에 너무나 쉽게 굴복한 대학 당국의 나약함이 더 큰 문제였다. 유대인 학생과 유대인 교수진에 대한 공격은 날로 격렬해져서 많은 교수가 대학에서 쫓겨났다.

1927년에는 정부에서 폭력 행위를 일삼는 독일 학생연맹의 공인을 취소하기에 이르렀다. 그러나 이런 조치가 있고 나서도 사태는 조금도 개선되지 않았다. 대학은 폭력적인 학생을 내쫓기 위해 구체적인 정책을 시행하지 않았다. 교수들이 친나치 세력이었던 것은 아니다. 다만 바이마르 체제와 민주 정치에 익숙하지 않아 학생들의 행동이 옳지 않다는 것을 알면서도 그에 맞설 용기가 없었을 뿐이다. 이것은 나중에 보게 될 독일 국민의 나약한 정신에 대한 일종의 예시였다. 알고 보면 나치는 국가 권력을 탈취하기 2-3년 전부터 대학 캠퍼스를 실질적으로 지배하고 있었던 셈이다.

유대인에 대한 미디어 폭력과 바이마르 문화

나치의 주장에 힘을 실어준 폭력적인 풍토는 언어와 이미지를 동원한 언론의 폭력을 통해 유지되었다. 설사 아무리 야만적이라 할지라도 풍자는 본래 자유로운 사회의 건강을 재는 척도이므로 어떠한 규제도 가해서는 안 된다는 주장이 있기는 하다. 그러나 유대인의 역사는 이러한 견해를 지지하지 않는다. 유대인은 다른 어떤 집단보다 자주 그런 공격의 목표가 되어왔다. 더욱이 길고도 쓰라린 경험을 통해 언론의 폭력이 종종 피가 낭자한 실제 폭력의 서곡이 된다는 사실을 알고 있다. 독일의 기준에 따르면 바이마르 공화국은 극히 진보적인 사회여서 언론에 대한 대부분의 규제를 없앴다. 아랍의 과격한 신문이 팔레스타인에서 새뮤얼의 진보주의를 이용한 것과 마찬가지로 나치는 바이마르의 승인 아래 비열한 행위를 마음껏 즐겼다. 특히 독일과 오스트리아에서는 오래 전부터 반유대주의에 외설적인 혐오스러움이 깃들어 있었다. 유대인을 유덴자우라고 부르는 사고 자체가 이런 경향을 보여준다.

성과 인종의 순결을 강조하는 히틀러의 사고방식이 바이마르의 관용주의와 결합하면서 나타난 것은 한층 더 질이 나쁜 반유대주의 선전이었다. 대표적인 예가 미텔프랑켄의 나치 지도자 율리우스 슈트라이허가 발행하는 주간지 〈슈튀르머〉다. 이 신문은 유대인에 대한 폭력을 강화해야 한다고 줄기차게 이야기하며 폭력 행위를 정당화했다. 유대인은 인간이 아니므로 인간이라면 당연히 받아야 할 보호가 필요 없다는 식이었다. 물론 이런 생각을 퍼뜨린 것은 이 신문만이 아니다. 그러나 이 신문은 선을 넘은 야비한 삽화를 곁들여 유대인을 점점 더 심하게 공격했다. 게다가 바이마르 공화국의 법률로 이런 풍토를 단속하기는 쉽지 않았다. 슈트라이허가 처음에는 주 의회, 나중에는 중앙 의회 의원이 되어 면책권을 가지고 있었기 때문이다. 그리하여 1927년에 약 1만 3,000부 밖에 발행하지 않던 이 신문은 나치가 정권을 잡을 무렵 전국 규모로 구독자를 얻었다.[111]

불행하게도 미디어를 통해 폭력을 휘두른 것은 나치만이 아니었다.

거리에서 조직적인 폭력 행위를 일삼으며 온 나라에 폭력을 퍼뜨린 공산주의자와 나치는 물론이고 진보주의자, 특히 유대인 진보주의자 역시 독하고 폭력적인 말을 토해냈다. 유대계 언론의 유대인 풍자도 어렵지 않게 찾아볼 수 있었다. 하이네가 가시 돋친 언어로 유대인을 공격하는 데 앞장섬으로써 후배 유대인 작가에게 본을 보인 꼴이었다.

하이네와 마찬가지로 세례를 받고 기독교로 개종한 빈의 유대인 작가 카를 크라우스(1874-1936년)는 1899년부터 1936년까지 〈파켈〉이라는 잡지를 발행했다. 이 잡지는 공격적인 풍자에 과격함을 더해 근대 시온주의 운동의 창시자 헤르츨이나 프로이트 같은 많은 유대인을 공격했다. "정신분석이야말로 유대인의 새로운 질병이다." "무의식의 영역은 인간의 사고를 들쑤셔놓은 게토다." 독설로 약점을 콕콕 찌르는 크라우스의 특이한 재능은 바이마르 시대의 독일에서 칭송을 받으며 널리 모방되었다. 크라우스의 자극적인 스타일을 모방한 대표적인 예로는 쿠르트 투홀스키(1890-1935년)와 〈벨트뷔네〉 지를 꼽을 수 있다. 이 잡지는 1931년에 발행 부수가 겨우 1만 6,000부밖에 되지 않았지만, 우파 독일인이 신봉하는 가치관을 노골적으로 공격하여 논쟁을 불러일으켰다. 투홀스키가 1929년에 발표한 《독일, 모든 이 위의 독일 *Deutschland, Deutschland uber Alles*》은 사법부, 교회, 경찰, 파울 폰 힌덴부르크, 사회민주당, 노동조합 지도자를 철저하게 공격하고 "동물들이 그대를 응시하고 있다"라는 제목 아래 독일 장군들을 야유하는 합성사진을 게재했다.[112]

미디어를 이용한 좌파의 공격은 처음부터 반유대주의자가 바라던 바였다. 카를 게레케는 1920년에 발행한 소책자 〈반유대주의 독본〉에서 〈벨트뷔네〉를 교묘하게 이용했다. 그리고 나치는 이 소책자를 자주 활용했다. 군에 대한 유대인의 비판은 아주 위험하고 이용당하기 딱 좋은 먹잇감이었다. 유대인 퇴역 군인 단체는 공식 통계를 토대로 세계대전 참가자와 전사자, 부상자, 훈장 수여자 중에 유대인의 비율이 전체 독일 인구 중 유대인의 비율과 완전히 일치한다는 사실을 증명했다. 그럼에도 히틀러와 나치는 유대인이 병역을 회피하고 독일 육군의 등에 비수를 꽂았다는 속설을 믿었고 널리 퍼뜨렸다. 이 때문에 이런 소문이 사람들 입에 계속 오르내렸다. 육군과 융커를 철저히 풍자한 것은 독일 화가 게오르게 그로스다. 그는 유대인이 아니다. 그러나 유대인 화가와 문필가가 그와 함께 일을 한 탓에 그로스가 유대인에게 이용당했다는 소문이 무성했다. 쿠르트 투홀스키는 문학계의 게오르게 그로스라 할 만한 인물이었다. 대부분의 글을 남을 화나게 하려고 썼다. "독일군에 외국에 넘기는 것을 주저해야 할 정도의 기밀은 아무것도 없다"고 공언하기도 했다.[113]

도가 지나친 이런 풍자에 사람들은 강한 분노를 느꼈다. 그러나 전문 작가가 아닌 대다수의 사람들은 자신의 분노를 글로 표현할 수가 없었다. 그래서 폭력으로 나아가기도 했고 더러는 폭력적인 정당에 투표하기도 했다. 투홀스키와 동료 풍자가들 때문에 분노한 이들은 직업 군인만이 아니었다. 군에 징집당해서 전쟁터에서 목숨을 잃은 수많은 병사의 유족들도 분노했다. 반유대주의와 민족주의를 내세우는 신문은 투홀스키의 논설에 독기가 더해질수록 발행 부수가 늘어날 것으로 굳게 믿었다. 유대인은 애국심도 없고 볼셰비즘 지지자라는 이미지를 없애려고 필사적으로 몸부림친 사람도 있었다. 유대인의 어린 자녀들은 직공과 농부가 되기 위해 교육을 받았다.[114] 1920년대 초에 육군 대위로 전역한 베를린의 법률가 막스 나우만 박사는 독일 애국주의 유대인 연맹이라는 조직을 결성했다. 카메라덴과 유대인 참전용사 전국 연맹이라는 유대인 우파 청년 단체도 탄생했다. 그러나 나우만은 한 가지 결정적인 잘못을 저질렀다. 유대인에 대한 히틀러의 증오를 과소평가한 나머지 그를 가리켜 독일에 다시 번영을 안겨줄 천재적인 정치가라고 칭찬했던 것이다. 나우만의 일파는 나치와의 거래가 가능할 거라는 달콤한 생각을 품고 있었다.[115] 그러나 그들의 노력으로 유대인에 대한 반감이 줄었다는 증거는 아무것도 없다.

애국적인 독일의 유대인이 극복하기 어려웠던 장벽은 바이마르 공화국 자체였다. 바이마르 공화국은 1차 세계대전에서 경험한 독일의 패배를 계기로 탄생한 만큼 패전과 밀접한 관계가 있었다. 게다가 많은 독일인이 바이마르 공화국을 유대인과 관계가 깊다고 의심하며 유대 공화국이라고 불렀다. 처음부터 끝까지 바이마르 공화국은 유대인에게 무거운 멍에였다. 그러나 아주 초창기를 제외하고 유대인이 바이마르 공화국에서 담당한 역할은 아주 미미했다. 외무장관을 지낸 발터 라테나우, 1923년과 1928년에 재무장관을 지낸 루돌프 힐퍼딩이 처음이자 마지막이었다.

유대인이 독일 공산당 성립에 도움이 되었던 것은 사실이다. 그러나 스탈린주의가 득세하면서 고위직에서 밀려난 소련의 유대인과 마찬가지로 그들은 독일에서도 당 핵심부에서 밀려났다. 1932년의 총선거에서 공산당은 500명의 후보를 내서 100명이 당선되었는데, 그중에 유대인은 한 명도 없었다.[116] 그런가 하면 사회민주당을 지탱한 것은 비유대계 노동자 계급으로 이루어진 노동조합이다. 그들은 대부분 유대인 좌파 운동가를 바람직하지 못한 중산층 출신의 인텔리로 간주하여 기피했다. 또한 바이마르 공화국의 헌법과 비례대표제는 나치와 같은 과격한 정당에 아주 유리했다. 영국에서처럼 단순다수득표제를 채택했다면, 나치는 절대 합법적으로 정권을 잡을 수 없었을 것이다. 게다가 투홀스키 같은 유대인 풍자 작가는 나치 못지않게 바이마르 공화국을 매섭게 공격했다.

이런 상황에도 불구하고 바이마르 공화국과 유대인을 동일시하는 시각이 있었다. 여기에는 문화적인 배경이 있다. 유대인을 싫어하는 자들은 유대인이 독일 문화를 변형시켜 아주 이질적인 문화로 만들어버렸다고 비난하면서 이를 문화 볼세비즘이라고 불렀다. 문화를 훔친다는 개념은 강력하고도 위험하기 짝이 없는 개념이다. 유대인 작가 중에서도 앞서 그 위험성을 경고한 이가 있다. 프란츠 카프카는 이렇게 말했다. 유대인이 독일어를 사용하는 것은 "이방인의 재산을 가로채는 것과 같다. 정당하게 손에 넣은 것이 아니라 훔친 것이다. 언어를 비교적 빨리 익히고 책잡을 것이 하나도 없을 정도로 유창하게 구사할 수 있다 하더라도 결국은 남의 것이다." 세계대전 이전에도 모리츠 골트슈타인은 〈쿤스트바르트〉 지에 게재한 "독일 유대인 문단"이라는 기사에서 유대인이 앞장서서 발전시키려 하는 것은 그들에게 그럴 권리가 없는 독일 민족의 문화라고 말했다.[117] 바이마르 공화국의 탄생과 함께 유대인은 독일 문화 창조의 최전선에 섰다. 그들이 오랫동안 독일 사회에 융화되면서 키워온 진보 사상을 받아줄 만한 환경이 마침내 조성되었기 때문이다. 1920년에는 인상파 화가 막스 리베르만이 유대인으로서는 처음으로 프러시아 아카데미 회장으로 뽑혔다.

그러나 바이마르 공화국이 들어서면서 유대인이 독일 문화를 가로챘다는 주장은 당치않다. 실제로 1920년대에는 그 어느 때보다 독일인의 재능이 빛을 발했다. 예전부터 음악과 문학 분야에서 두각을 나타냈지만, 이 시기에는 시각 예술에서도 세계적으로 인정을 받았다. 베를린은 한때 세계 문화의 중심지였다. 하지만 베를린처럼 반유대주의자가 혐오한 도시도 없다. 1920년에 베를린에서 한바탕 일을 벌이려던 히틀러의 주구走狗쯤 되는 볼프강 카프는 다음과 같은 슬로건을 내걸었다. "유대인의 놀이터로 전락하고 말다니 베를린에서 대체 무슨 일이 벌어지고 있는 것인가."[118] 분명 유대인은 바이마르 문화에서 중요한 역할을 담당했다. 유대인이 없었더라면 그 정도로 활기를 띠지는 못했을 것이다. 그렇다고 압도적인 힘이 있었던 것은 절대 아니다. 분야에 따라서, 특히 건축과 회화에서는 그리 큰 공헌을 하지 못했다. 물론 유대인 작가는 많았다. 알프레트 되블린, 프란츠 베르펠, 아르놀트 츠바이크, 비키 바움, 리온 포이히트방거, 알프레트 노이만, 브루노 프랑크 등이 대표적이다. 그러나 토마스 만처럼 가장 유명한 작가는 유대인이 아니었다.

유대인은 음악 분야에서도 공헌을 많이 했다. 야샤 하이페츠, 블라디미르 호로비츠 같은 위대한 연주가와 아르투르 슈나벨, 아르투르 루빈슈타인 같은 거장이 등장했다. 베를린에서 활약한 유명한 지휘자 오토 클렘페러와 브루노 발터도 유대인이다. 1928년에 쿠르트 바일은 베르톨트 브레흐트가 쓴 〈서푼짜리 오페라〉의 음악을 작곡했다. 이 오페라는 초연한 해에 유럽에서 4,000회나 상연되었다. 이 외에도 아르놀트 쇤베르크와 그의 제자들이 이끄는 전위음악 작곡가 그룹이 있었다. 하지만 쇤베르크의 수제자 알반 베르크와 안톤 폰 베베른은 유대인이 아니다. 유대인 음악가의 숫자도 많고 재능도 뛰어났지만, 이 시절 독일 음악계는 매우 활기찼고 유대인은 그중 일부에 지나지 않았다. 1929년에 열린 베를린 음악제에는 리하르트 슈트라우스, 아르투로 토스카니니, 파블로 카잘스, 조지 셀, 알프레드 코르토, 자크 티보, 빌헬름 푸르트뱅글러, 브루노 발터, 오토 클렘페러, 베니아미노 질리 등 쟁쟁한 음악가가 참여했다. 이것은 무엇을 의미할까? 음악은 그야말로 국제 예술이고 베를린 시민은 참으로 행운아였다는 뜻이다.

1920년대에 유대인은 독일 영화 발전에 매우 중요한 공헌을 했다. 전쟁 중에는 영국과 프랑스 영화 수입이 금지되었고 전쟁이 막바지에 이를 때는 미국 영화도 수입이 금지되었다. 독일 영화관 2,000개와 오스트리아 영화관 1,000개의 수요를 맞추기 위해 1913년에 30개밖에 없던 영화제작사가 6년 뒤에 250개로 급증했다. 전쟁이 끝나자 독일 영화는 유럽을 주름잡았다. 1921년에는 미국에서 제작하는 영화 편수와 거의 비슷한 246편의 장편영화를 제작했다. 1925년에는 228편을 제작했다. 영국과 프랑스에서 제작한 영화를 합친 것보다 두 배가 많은 수치다.[119] 유대인은 독일 영화가 질적으로나 양적으로 성장하는 데 중요한 역할을 했다. 〈칼리가리 박사의 밀실〉은 한스 야노비츠와 카를 마이어가 각본을 쓰고 에리히 폼머가 제작했다. 〈메트로폴리스〉의 감독은 프리츠 랑이다. 이 외에도 화제작이 많았다. 감독 에른스트 루비치, 빌리 와일더, 막스 오퓔스, 알렉산더 코르더와 배우 페터 로레, 엘리자베트 베르그너, 폴라 네그리, 콘라트 파이트는 독일 영화의 황금기를 열었다. 히틀러가 권력을 잡자 이들은 할리우드와 런던, 파리로 뿔뿔이 흩어졌다. 독일 영화계에 유대인이 영향을 끼친 것은 틀림없는 사실이다. 프리츠 랑과 게오르그 빌헬름 파브스트 감독은 유대 신화 속 골렘 이야기에 매료되기도 했다.[120] 그러나 1920년대 독일 영화계는 정치나 문화 운동을 이끌었다기보다 그저 화려하고 모험적이었다고 보는 편이 옳다. 영화계에서 활약한 것을 두고 독일 문화를 훔친 증거라고 문제 삼는 것은 과대망상에 가깝다.

유대인의 영향이 가장 강했던 분야는 연극이다. 특히 베를린에서 그러했다. 카를 슈테른하임, 아르투어 슈니츨러, 에른스트 톨러, 에르빈 피스카토어, 발터 하젠클레버, 페렌츠 몰나르, 카를 추크마이어 같은 극작가와 막스 라인하르트 같은 유명한 연출가가 한때 독일 연극계를 석권했다. 그들의 연극은 당시의 풍조를 좇아 좌파적이고 공화국 친화적인데다가 실험적이고 성에 대한 표현이 대담했다. 그러나 혁명 일변도는 절대 아니었고 유대적 특성보다는 세계주의 기조가 두드러졌다.

발터 벤야민 사건

바이마르 공화국에서 반유대주의자가 묘사하는 문화 볼셰비즘의 이미지와 어느 정도 일치하는 유일한 사례는 1923년에 설립한 프랑크푸르트 사회연구소였다. 테오도어 아도르노, 막스 호르크하이머, 허버트 마르쿠제, 에리히 프롬, 프란츠 노이만 등의 이론가가 조금 더 인간적인 마르크스주의를 열심히 설명했다. 그들의 이론은 현실 정치보다 문화 쪽에 치우쳐 있었다. 그리고 유대인 특유의 태도와 생각이 분명히 드러났다. 그들은 소외에 관한 마르크스의 이론에 집중했다. 정신분석의 중요성을 깊이 인식하고 온갖 형태로 마르크스주의를 프로이트 방식으로 설명하려고 애썼다. 그리고 사회경제적 가정이 어떻게 절대적인 문화를 결정하는지 마르크스주의자의 방식으로 논증하려고 했다. 그런 시도는 다분히 반체제적 색채가 짙었고 1950년대 이후 큰 영향력을 발휘했다. 그러나 당시 독일에서 프랑크푸르트학파에 주의를 기울이는 사람은 거의 없었다. 이 학파에서 가장 유명한 발터 벤야민(1892-1940년)마저도 거의 주목을 받지 못했다. 벤야민은 자신의 사상을 인쇄물로 발표하는 데 매우 서툴렀기 때문에 생전에 남긴 기록이라고 해봐야 겨우 몇 편의 기사와 수필, 박사 논문, 금언에 관한 책과 독일의 문화 부흥에 관한 해설뿐이다. 벤야민의 저작은 그가 세상을 뜬 뒤 테오도어 아도르노가 1955년에 출판했다.

　벤야민은 종교를 믿지 않았지만, 근대 독일 사상가 중에 가장 유대적인 인물로 꼽힌다. 가까운 친구이자 역사가인 게르숌 숄렘이 지적한 것처럼 벤야민의 사상은 기본적으로 두 가지 유대 관념을 중심으로 이루어졌다. 하나는 거룩한 책을 통해 진리를 드러내는 계시이고 또 하나는 구원이다.[121] 벤야민은 늘 메시아의 출현을 고대했다. 1914년 이전까지는 혈기왕성했다. 구스타프 비네켄이 조직한 유대인 중심의 급진적인 청년 운동 단체의 지도자로 활약하기도 했다. 그러나 1914년에 전쟁이 시작됨과 동시에 애국주의로 전향한 비네켄을 비판했고 전쟁 후에는 문학을 메시아로 여겼다. 유대교의 토라와 같은 책을 도덕적 구원의 열쇠로 삼아 해석하고 연구하지 않으면 안 된다고 주장했고 카발라의 핵심 교리를 문학에 응용했다. 책에 기록된 토라의 말씀이 하나님과 연결되어 있는 것처럼 언어는 신성한 것이라고 보았다. 신의 언어와 인간의 언어가 관계를 맺고 있기 때문에 인간은 창조를 완성해야 할 책임을 맡고 있다고 보았다. 만물에 이름을 붙인 언어와 관념을 형상화시키는 사색을 통해 창조 과정에 참여한다고 본 것이다.

벤야민은 '언어의 창조적인 힘'이라는 말을 만들고 중요한 책에 대해서는 언어의 표면적인 의미만이 아니라 그 속에 깊이 깃들어 있는 진정한 의미와 구조를 파악할 수 있도록 연구하지 않으면 안 된다고 주장했다.[122] 그런 의미에서 벤야민은 마르크스나 프로이트와 마찬가지로 비합리적이고 영지적인 유대 전통에 서 있는 사람이다. 겉으로 드러난 현상 밑에 깊숙이 숨어 있는 인생의 진리를 발견해야 한다고 보았다. 처음에는 문학, 그다음에는 역사에 응용한 이 방법은 오래지 않아 일반적인 학문 연구 방법으로 발전해서 클로드 레비스트로스의 인류학과 놈 촘스키의 언어학에도 활용되었다. 영지주의는 비합리주의 사상 중에서도 가장 그럴싸하고, 특히 지식인에게 호소하는 힘이 강하다. 벤야민이 창출한 이 비합리적 사고는 1950년대 이후 지식인에게 강한 영향을 끼친 구조주의로 전개되었다.

벤야민은 지배 계급이 자신의 필요와 착각과 기만을 영속시키기 위해서 역사를 조작한다는 것을 보여주기 위해 노력했고 이 부분에서 많은 영향을 끼쳤다. 1930년대에 정세가 악화되자 자기가 세 번째 메시아로 삼은 마르크스주의를 해석하는 데 몰두했다. 시간이 오래 걸리고 흡족하지 못한 개혁 과정을 대신할 대안으로 마르크스주의자의 시대 또는 마르크스주의자의 천년 왕국이라는 개념을 제시했다. 그리고 계몽과 사회민주주의로 혁명을 대신하기 위해 '과거를 비판하는 현재'라는 역사의 연속성을 날려버리는 것이 중요하다면서 메시아 사건으로 알려진 혁명이 일어날 때 시간은 정지한다고 주장했다. 《역사 철학 테제 *Über den Begriff der Geschichte*》에서는 단순히 현재와 미래를 통제하려는 맹렬한 물리적 투쟁만이 아니라 과거의 기록을 통제하려는 지적 투쟁이 정치라고 주장했다. "심지어 죽은 자라 할지라도 승리를 거둔 적(파시스트)의 손에서 안전할 수 없을 것"이라는 암시적인 말을 하기도 했다.[123] 대다수의 지식은 상대적이고 부르주아의 산물이므로 계급을 초월하여 무산 계급에게도 진리가 되게 하려면 하나하나 철저하게 다시 개조해야 한다고 보았다. 그리고 이처럼 탁월하고 파괴적인 통찰은 과학적·역사적 유물론의 성과라고 믿었다. 그러나 아이러니하게도 이 사상은 분명 유대적 비합리주의에서 태동한 것이다. 벤야민의 이론은 더 이상 신을 믿지 않게 된 지극히 영적인 사람들이 어떻게 종교 교리를 대신할 대체품을 만드는지 보여주는 대표적인 예다.

벤야민이 종교를 완전히 버렸다고 말할 수는 없다. 그가 쓴 글은 시간과 운명에 대한 관념으로 가득하고 악과 악마에 관한 언급도 빈번히 나온다. 종교의 틀을 벗어나서는 어찌해야 할지 몰랐고 힘을 발휘하지 못했다. 히틀러가 권력을 잡자 벤야민은 파리로 몸을 피했다. 레되마고 카페에서 인생의 설계도라고 부른 절망적인 미로를 그렸지만, 역시 자기답게 그것마저도 잃어버리고 말았다.[124] 1939년 말에는 스페인에 가려 했지만, 프랑코 치하의 스페인 국경을 넘을 수 없었다. 투홀스키를 비롯한 많은 유대계 지식인처럼 벤야민의 절친한 친구가 자살하는 일이 벌어졌다. 인생 막바지에서 벤야민은 죽음을 통해 얻는 구원의 한 형태로 자살을 이해한 것 같다. 그 역시 오래지 않아 목숨을 끊었고 시신은 바다가 내려다보이는 포르부의 묘지에 묻혔다. 그러나 그를 매장할 때 아무도 찾아간 사람이 없어서 1940년에 한나 아렌트가 무덤이 어디 있는지 알아보러 갔다가 찾지 못했다. 지금도 어디 있는지 알지 못한다. 마치 마지막 순간까지 소외당한 채 표류하며 살던 새로운 시대 유대 지식인의 인생을 상기시키는 듯하다. 바이마르 시대가 배출한 문화 혁신가 중에서 장기적으로 볼 때 가장 영향력이 있는 인물임에도 당시 독일에서 벤야민을 주목하는 사람은 거의 없었다.

히틀러의 권력 장악과 반유대주의의 이중성

그렇다면 유대인이 바이마르 문화를 지배했다는 독일 민족주의자의 주장은 근거가 없는 음모에 불과한 걸까? 꼭 그렇지만은 않다. 유대인은 중요한 신문과 출판사를 운영하기도 했다. 베를린과 뮌헨, 함부르크, 그 밖의 주요 도시에서 출판사와 발행 부수가 많은 주요 신문을 운영하는 것은 비유대인이었지만, 〈베를리너 타게블라트〉, 〈포시쉐 차이퉁〉, 〈프랑크푸르터 차이퉁〉 등 유대계 진보 신문이 훌륭한 평론가를 갖추고 문화적으로 영향력을 발휘한 것도 사실이다. 쿠르트볼프, 카리어스, S. 피셔 등의 유대계 출판사도 양서 출간으로 평판이 좋았다. 연극, 음악, 회화, 문학 평론가로 활동하는 유대인이 많았고 화랑과 같은 중요한 문화 사업에도 진출했다. 유행을 선도하고 명성도 자자했다. 문화계 유대인 세력은 시기와 절망, 분노를 불러일으킨 좌파 인텔리겐치아 세력과 혼동되곤 했다. 사람들은 유대계 지식인과 좌파 인텔리겐치아를 한 덩어리로 생각하는 경향이 있었다. 그리고 유대인이 독일 문화를 점령했다는 주장은 히틀러가 독재 권력을 창출하는 데 유용하게 쓰였다.

그러나 대공황이 일어나지만 않았어도 나치가 정권을 잡는 사태는 벌어지지 않았을 것이다. 독일은 미국을 제외한 그 어떤 나라보다 심한 타격을 받았다. 1932년 여름에 경기가 바닥을 쳤으나 1933년에 접어든 뒤에도 반등할 조짐이 보이지 않았다. 유례없이 높은 실업률에 양국 유권자는 여권을 맹비난했다. 미국에서는 공화당에, 독일에서는 바이마르 공화국에 화살이 돌아갔다. 1932년 11월에 이틀 간격으로 양국에서 총선거가 있었다. 선거는 미국과 독일의 정치 변혁을 불러왔다. 여기에는 맹목적이고 잔인한 우연의 요소가 자리 잡고 있다. 11월 6일에 독일 유권자의 33.1퍼센트가 나치당에 투표했다. 투표율은 같은 해 7월 선거보다 낮았다. 이틀 뒤 미국 대통령 선거에서는 프랭클린 루스벨트가 압승했다. 전통적으로 공화당을 지지해온 미국 유대인의 85-90퍼센트가 민주당으로 돌아섰다. 분노에 찬 변혁 요구로 루스벨트가 미국 대통령이 되었다. 나중에 히틀러는 루스벨트를 유대인과 동일시했다. 독일에서는 총리 지명이 교착 상태에 빠졌다가 1933년 1월 30일에 마침내 히틀러가 총리가 되었다.

독일에 반유대 체제가 들어서는 것을 막을 도리는 없었을지도 모른다. 그러나 1933년 2월부터 3월까지 겨우 8주 만에 히틀러가 개인과 당의 독재체제를 굳히면서 유대인을 향한 조직적 공격이 곧 시작될 것은 자명했다. 유대계 작가와 예술가, 지식인은 히틀러가 자기들을 겨냥할 것으로 예측했다. 그래서 대부분 가능한 신속하게 독일을 떠났다. 결과만 놓고 보면 사실 히틀러가 독일에서 죽인 유대계 지식인 수는 스탈린이 러시아에서 죽인 유대계 지식인 수보다 적다. 엄밀히 말해서 나치당의 유대인 정책은 국가 차원의 반유대주의로 회귀하는 것에 지나지 않았다. 1920년에 나치당은 유대인에게서 시민권을 박탈하고 공직에 앉을 권리와 투표권을 빼앗는 정책을 채택했다. 유대인을 손님으로 간주하고 1914년 이후 독일에 입국한 자는 추방한다는 방침도 세웠다. 유대인의 재산을 몰수하겠다는 막연한 위협도 있었다.[125] 히틀러는 《나의 투쟁》에서뿐 아니라 수많은 연설을 통해 유대인에게 폭력을 행사하겠다고 공언했다. 1922년에 요제프 헬과 개인적으로 만나 이야기하면서는 여기에서 한 걸음 더 나아가 단호하게 말했다. 권력을 장악하는 날에 "내가 처리해야 할 최우선 과제는 유대인 말살입니다. … 일단 유대인을 향한 증오가 끓어오르고 싸움이 시작되면, 저항은 즉시 진압될 것입니다. 유대인에게는 자기들을 보호할 수단이 없고 아무도 그들을 보호하려 하지 않을 테니까요." 히틀러는 요제프 헬에게 혁명에 성공하려면 적대감을 한 곳으로 모은 다음 대중이 증오를 토해낼 배출구를 마련할 필요가 있다고 피력했다. 신념 때문만이 아니라 정치적인 계산 끝에 유대인을 선택한 것이다. "대중은 유대인과의 전쟁을 지지할 것이고 성공할 겁니다." 요제프 헬과의 대화는 증오로 끓어오르는 감정과 냉정하고 합리적인 판단이 결합한 반유대주의 노선의 이중성을 잘 보여준다. 히틀러는 요제프 헬에게 타당한 근거와 분노를 동시에 표출했다.

예를 들면, 뮌헨 마리엔 광장에 교통에 방해가 되지 않는 범위 내에서 최대한 많은 교수대를 설치할 생각입니다. 그리고 유대인을 하나씩 매다는 거지요. 위생에 문제가 생기지 않는 한도 내에서 오랜 시간, 악취가 진동할 때까지 그대로 매달아둘 겁니다. … 시체 하나를 교수대에서 내리면 다음 사람을 매달 겁니다. 뮌헨 거리에 유대인이 하나도 남지 않을 때까지 계속할 거예요. 다른 도시에서도 똑같이 해서 독일에 유대인이 한 명도 남지 않게 몰살할 겁니다.[126]

히틀러의 이중성은 유대인에게 폭력을 행사할 때에도 그대로 나타났다. 즉흥적이고 지나치게 감정적이고 억제가 안 되는 폭력과 학살을 자행하는가 하면, 침착하고 조직적이고 합법적이고 통제된 국가에 의한 폭력을 법과 공권력을 통해 휘둘렀다. 그러나 권력을 장악할 때가 오자 감정에 치우친 폭력 행위가 밖으로 드러내지 않게 신경 쓰면서 한층 더 교묘하게 합법적인 수단을 전면에 내세웠다. 사람들이 바이마르 공화국에 품고 있는 가장 큰 불만 중 하나는 거리에서 법이 지켜지지 않는 무법 상태였다. 히틀러는 이런 무법 상태에 종지부를 찍겠다고 약속했고 독일 국민은 그런 히틀러에게 호감을 보였다. 그러나 약속과는 반대로 권좌에 앉기 훨씬 전부터 히틀러는 이중적인 반유대주의 정서를 마음껏 표현할 수단을 준비하고 있었다. 하나는 나치당 안에 있는 불한당이다. 특히 1932년 말에 그 수가 50만 명에 이를 정도로 크게 성장한 나치 돌격대가 거리에서 유대인을 습격하거나 살해했다. 또 하나는 엘리트 집단인 나치 친위대다. 친위대는 국가 권력을 이용해 경찰과 수용소를 지휘하며 아주 조직적으로 유대인을 박해했다.

히틀러가 권좌에 앉아 있던 12년간 이런 이중성은 꾸준히 이어졌다. 마지막 순간까지 개인적인 차원에서 유대인에게 갑작스럽고 무분별한 폭력을 일삼는 동시에 국가 권력을 통해 조직적으로 대규모 잔학 행위를 일삼았다. 전쟁이 시작되기 6년 전부터 히틀러는 이 두 가지 유형의 폭력을 번갈아가며 휘둘렀다. 그러다 전쟁이 시작되고 상황이 암울해지자 국가 차원의 폭력에 더 힘을 쏟으면서 규모가 어마어마해졌다. 히틀러는 상황에 따라 즉흥적으로 전술을 바꾸는 능력이 뛰어났다. 규모가 커지고 수단이 악랄해지면서 어느 순간 멈추고 싶어도 멈출 수 없는 상황에 접어든 것도 사실이다. 그러나 그런 순간에도 히틀러는 늘 전략을 세웠고 끝까지 상황을 통제하려고 애썼다. 모든 계획은 히틀러의 반유대주의 정서에서 나왔다. 홀로코스트는 계획 범죄였고 이 범죄를 계획한 사람은 히틀러다. 이 무시무시한 사건을 이해하려면 그렇게 생각하는 수밖에 없다.

대학살을 향한 첫 발

정권을 장악하자마자 반유대 정책을 시행하려고 했지만 두 가지 장애가 있었다. 우선, 독일 경제를 신속히 재건하는 것이 급선무였다. 유대인 상류층에게서 재산을 빼앗고 추방하면 경제 활동에 공백이 생길 것이 뻔했다. 그런 상황은 피해야 했다. 또한, 가능한 신속하게 군비를 확충해야 했다. 그러려면 독일 내에서 대규모 잔학 행위가 발생할 리 없다고 국제 여론을 안심시켜야 했다. 그래서 히틀러는 14세기와 15세기에 스페인에서 구사한 수법을 활용했다. 개인의 폭력 행위를 장려해서 국가 차원에서 유대인을 통제할 법적 수단을 마련할 구실을 만드는 것이다. 이 일을 수행할 유능한 인재는 많았다. 선전장관 파울 요제프 괴벨스는 대중 선동의 명수로 도미니쿠스회의 비센테 페레르에 견줄 만한 인물이다. 그런가 하면 친위대의 총책임자 하인리히 힘러는 용서를 모르는 냉혹한 인물로 스페인 최초의 종교재판소 소장 토르케마다에 견줄 만한 인물이다. 히틀러가 정권을 잡은 지 얼마 되지 않아 괴벨스의 열변과 반유대 언론에 힘입어 돌격대와 당원들이 유대인 상점 불매운동을 벌이고 상인들을 협박하기 시작했다.

히틀러는 이런 사적인 공격을 용인하지 않는다는 입장을 표명했지만, 실제로는 불법 행위를 처벌하지 않고 방치했다. 1935년 여름에 긴장감이 최고조에 달했다. 히틀러는 불법 행위에 대한 대책이라며 9월 15일에 뉘른베르크 법령을 반포했다. 그리고 이 법령을 통해 1920년에 세운 당방침을 전면 실행에 옮겼다. 유대인에게서 기본권을 빼앗고 일반 국민과 격리했다. 중세 시대 유대인 대책을 가장 비열한 형태로 재현한 것이다. 매우 고약한 형태를 취했지만, 사실 과거 유대인 관리 수법을 재현한 것으로 어떤 의미로는 매우 낯익은 것이었다. 그래서 외국인과 마찬가지로 대다수의 유대인이 쉽게 속아 넘어갔다. 나치 독일에서 상황이 조금 열악해지기는 했지만, 법률을 통해 어느 정도 안정된 지위를 보장받는 것으로 오해한 것이다. 그들은 히틀러가 연설 중에 덧붙인 말을 간과하고 있었다. 만일 격리를 통한 세속적 해결책이 효과가 없으면 유대인 문제를 당이 나서서 최종적으로 해결하기 위해 법률을 제정해야 할지도 모른다는 경고 말이다.[127] 실제로 이를 위한 준비를 착착 진행하고 있었다. 히틀러가 정권을 손에 넣은 지 7개월 만에 힘러가 다하우에 최초의 강제수용소를 세웠다. 그리고 이를 시작으로 유대인을 박해하는 일을 전담할 경찰 조직을 만들었다. 스탈린 치하의 러시아를 제외하고는 유례가 없는 일이었다.

뉘른베르크 법령을 근거로 유대인에게서 행동의 자유를 빼앗는 상부 구조를 매우 빠르게 구축해나갔다. 1938년 가을에 유대인은 경제력을 모두 잃었다. 한편 독일 경제는 다시 호황을 누렸다. 군비 확충도 착착 진행되고 있었다. 이미 20만 명이 넘는 유대인이 독일을 떠났지만, 독일이 오스트리아를 합병하는 바람에 오스트리아에 사는 유대인 숫자가 그만큼 다시 늘어난 형국이었다. 결국 유대인 문제는 해결되지 못한 채로 그대로 남았다. 그리하여 히틀러는 다음 단계에 착수한다. 유대인 문제를 국제 문제로 비화시키기에 이른 것이다. 독일에서 유대인이 힘을 잃어도 다른 나라에 유대인이 살아 있는 한 그들에게는 전쟁까지도 일으킬 만한 힘이 있다는 논리를 연설을 통해 계속 강조했다.

1938년 11월 9일에 사태는 새로운 국면에 접어들었다. 헤르셀 그린 츠판이라는 유대인이 파리에서 나치 외교관을 저격해서 살해하는 사건이 발생했다. 이 사건으로 히틀러는 다시금 이중적인 기술과 대리인을 모두 활용해 새로운 행동에 나설 구실을 얻었다. 사건 당일 저녁에 뮌헨에서 열린 나치 지도자 회의에서 괴벨스는 복수심에 불타는 반유대 폭동이 이미 시작되었다고 말했다. 그러자 히틀러는 폭동이 확대되더라도 막지 말라고 지시했다. 간부들은 이를 당이 나서서 폭동을 조직하라는 지령으로 해석했다. 이른바 크리스탈나흐트(수정의 밤) 사건은 이렇게 시작되었다. 나치 당원이 유대인 상점으로 쳐들어가 상품을 약탈했다. 돌격대는 모든 회당에 불을 지르라는 명령을 받았다. 친위대가 이 사건에 대해 처음 보고를 받은 시각은 오후 11시 5분이었다. 힘러는 그 순간을 이렇게 기억했다. "명령을 내린 곳은 선전부다. 괴벨스가 권력에 굶주려 있다는 사실은 예전부터 알고 있었다. 머리가 텅 빈 그 놈이 국제 정세가 매우 암울한 이 비상시국에 이런 일을 벌린 것이다. … 총통에게 상황을 물었지만, 현 사태에 대해 전혀 모르는 듯했다."[128]

두 시간 뒤 힘러는 더 이상의 약탈을 막고 2만 명에 달하는 유대인을 수용소로 옮기기 위해 경찰과 친위대 병력을 모두 출동시켰다. 중요한 사안에 대해서는 반드시 구두로만 지시를 내리는 것이 히틀러의 방식이다. 이 사건이 일어났을 때에도 괴벨스와 힘러에게 모순되는 명령을 구두로 내린 듯하다. 역시 히틀러다웠다. 그러나 이 사건은 계획된 사건이기는 해도 생각했던 대로 일이 진행되지는 않았고 여기저기서 혼란이 생겼다. 어쨌든 히틀러는 처음에 생각했던 대로 유대인을 더 심하게 박해하기 위해 이 사건을 이용했다. 유대인에게 폭동의 책임을 물어 10억 마르크의 벌금을 물렸다. 그러나 손해 배상은 대부분 보험회사의 몫이었다. 골치 아픈 법률문제가 많이 발생했다. 유대인이 제기한 배상 청구 소송은 특별 법령에 의해 기각되었다. 유대인 살해 혐의를 받은 나치 당원 26명에 대한 소송도 마찬가지로 기각되었다. 유대인 여성을 강간한 나치 당원 4명은 제명 처분을 받은 것이 전부였다. 이상적인 동기에 따른 것이냐 이기적인 동기에 따른 것이냐에 따라 같은 범죄라도 다르게 취급했다.[129]

그러나 유대인 박해에 대한 여론은 외국에서뿐 아니라 독일 내에서도 좋지 않았고 이 때문에 히틀러는 골치가 아팠다. 그래서 전술을 바꾸었다. 괴벨스에게는 반유대 선전 활동만 맡기고 이를 실행에 옮기는 모든 임무는 힘러에게 인계했다. 여전히 모든 폭력 행위를 유대인에게 법적 조치를 취하는 구실로 악용했지만, 전과 달리 실행 과정이 고도로 관료화되었다. 모든 행동은 나치당의 이론가가 아니라 경험이 풍부한 관리들이 미리 철저하게 검토한 뒤 합법적으로 조직했다. 홀로코스트 연구로 유명한 역사가 라울 힐베르크에 따르면, 학살의 규모를 키워 전대미문의 민족 말살로 바꾸어놓은 것은 정책의 조직화와 관료화였다.

반유대 정책의 전술이 바뀌면서 독일 정부의 거의 모든 부처와 민간인 다수가 유대인 박해를 거들었다. 히틀러 개인에게서 시작된 싸움이 독일이라는 나라와 독일 국민 전체를 휩쓰는 운동이 되어버렸다. 정책을 실행에 옮기려면 우선 상대가 유대인이라는 사실을 확인하고 재산을 몰수하고 한 곳에 모아 수용할 필요가 있었다. 유대인 확인 절차에는 의사와 교회를 동원했다. 인종 차원에서 유대인임을 밝혀내는 건 도저히 불가능하다는 사실이 곧 판명되었다. 그래서 나치는 유대인을 모든 공직에서 추방하기 위해 종교적인 잣대를 들이댔다. 1933년 4월 11일의 기본법은 한쪽 부모 또는 조부모 중 한 명이 유대교를 신봉하는 자를 비非아리안계로 규정했다. 그러나 이런 정의는 곧 논쟁을 불러일으켰다. 1935년에 나치당의 의료 책임자 게르하르트 바그너 박사, 독일 의사협회 회장 쿠르트 블로메 박사, 인종정책청의 하인리히 그로스 박사가 모여 혈통의 4분의 1이 유대계인 사람은 독일인으로 보고, 혈통의 반이 유대계인 사람은 유대인으로 보기로 결론을 내렸다. 블로메 박사에 따르면, 혈통의 반이 유대계이면 유대인 유전자가 통제가 불가능할 정도로 강해지기 때문이라고 했다.

그러나 공무원 조직은 이 원칙을 받아들이지 않고 부모 중 한 사람이 유대교 신자이거나 유대인과 결혼한 사람도 유대인으로 보았다. 승부는 공무원 조직의 승리로 끝났다. 1935년 11월 14일의 시민법을 비롯해 유대인에 대한 정의를 법령에 상세히 기록한 이들이 공무원이기 때문이다. 지난날 세관 직원으로서 관세 품목을 분류하던 베른하르트 로제너 박사가 내무부에서 27개조의 인종에 관한 규칙 제정에 관여했다. 직장을 구하려면 아리안계임을 증명하는 서류를 의무적으로 제출해야 했다. 친위대에 들어가려면 1750년까지 거슬러 올라가 자신의 혈통에 문제가 없다는 사실을 밝혀야 했고 하급 관리도 7통의 증명서를 제출해야 했다. 1875-1876년 이전까지는 교회에서만 출생증명서를 보관했기 때문에 교회의 도움이 반드시 필요했다. 가계의 혈통을 조사하는 새로운 직업까지 생겼다. 유대인의 피가 섞인 자는 혼혈이라는 낙인과 함께 제3 인종으로 분류하고 그 안에서도 1등급과 2등급으로 나누었다. 유대인이나 혼혈인으로 분류된 사람들 중에 재분류(해방)를 해달라는 분류 변경 신청이 끊이지 않았다. 제정 러시아에서 그랬던 것처럼 이 과정에서 온갖 부정부패가 일어났다. 히틀러가 총애하던 총통부 고위 관리는 2등급 혼혈이었지만, 1938년 크리스마스이브에 가족이 함께 모여 있는 자리에서 해방 통지를 받았다. 총통이 하사한 크리스마스 선물이었다.[130]

유대인의 재산을 강탈해 업계에서 유대인을 강제 추방하는 이른바 아리안화가 산업 전반에서 이루어졌다. 힘러와 율리우스 슈트라이허가 가세하면서 국가의 전면 지원을 받은 불매운동위원회는 1935년 8월 이후 독일인에게 자산과 사업체를 싼 값에 넘기라고 유대인을 압박했다. 은행도 이런 거래에 적극 참여하여 모든 단계에서 확실하게 이익을 챙겼고 유대인의 자산을 자기 주머니에 넣는 경우도 많았다. 욕심에 눈이 먼 대다수 독일 기업이 악법을 이용해 합법적으로 이윤을 내기만 한 것이 아니라 히틀러의 최종적 해결에 가담한 셈이다. 명분과 속내가 다른 히틀러의 이중 전술이 모든 국면에서 유용하게 쓰였다. 합법적인 수단과 불법적인 수단을 총동원해 유대인의 재산과 사업체를 빼앗았다. 화학 기업 이게파르벤과 독일 은행이 유대계 오스트리아 신용 은행과 자회사를 흡수 합병하기 직전에 돌격대가 이 은행 경영자 중 한 명을 납치하여 달리는 자동차에서 밖으로 내동댕이쳤고, 또 한 명은 가택 수색을 하다가 발로 걷어차 죽였다. 루이스 로스차일드 남작도 경찰에 체포되어 헐값에 재산을 넘기는 데 가족들이 동의할 때까지 인질로 잡혀 있었다. 이 사건이 있고 나서 드레스드너 은행은 힘러의 수석 보좌관에게 가격 인하를 위해 협조해주어 고맙다는 편지를 보냈다.[131]

일반 국민 사이에서 유대인을 격리하여 별도로 관리하는 작업도 전국적으로 진행했다. 고도로 복잡하고 힘든 작업이라서 수많은 관료의 협력이 없이는 불가능했다. 관료들은 최종적으로 유대인을 학살할 때와 다르지 않은 냉혹하고 잔인한 태도로 이 일을 처리했다. 보통의 독일인들도 무슨 일이 일어나고 있는지 다 알고 있었다. 일부 반유대 조항은 언론에 공개되지 않았지만, 일상생활에서 유대인이 자기들과는 다른 지독한 취급을 받고 있다는 사실은 누구나 알 수 있었다. 크리스탈나흐트 사건 이후 결혼과 성관계에 관한 법률은 더욱 엄격해졌고 법을 위반한 사람은 누구든 용서받지 못했다. 아리아인과 친하게 지내는 유대인도 수용소로 보냈다. 더러는 유대인과 가까이 지내는 아리아인도 수용소로 보내는 경우가 있었지만, 길어야 3개월의 재교육을 받는 것으로 그쳤다.

1938년 11월이 되자 모든 학교에서 유대인을 추방하고 열차와 대합실, 식당에서 일반인과 동석하지도 못하게 했다. 유대인을 정해진 주거 지역에 격리하는 조치도 시행했다. 복잡한 규칙에 따르는 경우도 있고 아무 법적 근거 없이 시행하는 경우도 있었다. 처음부터 끝까지 히틀러는 합법적인 수단과 불법적인 수단, 계획적인 폭력 행위와 충동적이고 어이없는 폭력 행위를 한데 뒤섞어 유대인을 박해했다. 1938년 이후 힘러는 독단적으로 유대인의 운전면허를 모두 무효화하여 행동의 자유를 제한하고 강제 수용에 용이하게 만들었다. 재산을 몰수당한 유대인은 하는 수없이 대도시에 몰려들었다. 그러나 역시 같은 방법으로 재산을 빼앗긴 유대계 복지시설은 그들을 도울 수 없었다. 그리하여 1939년 3월의 법령에 따라 직업이 없는 유대인은 강제 노동에 투입되었다.

전시: 굶주림과 가혹한 노동

그리하여 1939년 9월에 전쟁이 시작되기 전부터 장차 일어날 무시무시한 재앙의 그림자가 이미 짙게 드리웠고 여기에 필요한 조직도 서서히 형태를 갖추어나갔다. 그럼에도 전투가 시작되자 두 가지 점에서 중요한 변화가 생겼다. 하나는 전쟁을 시작함으로써 히틀러가 유대인 박해를 도덕적으로 정당화할 새로운 근거를 얻게 되었다는 점이다. 아무리 조잡한 근거라도 홀로코스트를 단행하려면 도덕적 근거가 있어야 했다. 독일 국민의 암묵적인 합의 내지는 무관심을 확보해야 하는 괴벨스에게도, 조직적으로 박해를 실행에 옮길 사람들의 사기를 높여야 하는 힘러에게도 도덕적 근거가 필요했다. 전쟁을 시작하기 전에 히틀러가 내놓은 주장은 이러했다. 유대인은 여러 세대에 걸쳐 독일인을 사취해왔기 때문에 현재 소유하고 있는 재산에 대한 도덕적 권리가 전혀 없다. 따라서 그들에게서 재산을 빼앗는 행위는 원래 있던 자리로 되돌려놓는 것이나 다름없다. 전쟁이 시작되자 히틀러는 여기에 새로운 논리를 더했다. 예전부터 히틀러는 만약 전쟁이 벌어진다면 그것은 유대인의 국제적인 음모에 따른 것이라고 주장했다. 그러다 실제로 전쟁이 벌어지자 전쟁터에서 병사들이 죽어가는 것이 다 유대인 탓이라고 했다. 이 논리를 파고들면 결국 유대인은 이 땅에 살 권리조차 없는 존재가 되고 만다. 실제로 히틀러는 전쟁이 유대인 문제에 대한 최종적 해결을 촉진하는 것이라고 반복해서 말했다.

이것은 전쟁이 시작되면서 생긴 두 번째 결과로 그대로 이어졌다. 1933년부터 1939년까지 추진한 반유대 정책에 대한 국민의 지지도를 살펴보며 히틀러는 생각을 조금 수정하지 않을 수 없었다. 추상적으로 증오를 강조하는 것은 효과가 있었다. 그러나 유대인을 상대로 저지른 공공연하고 광범위한 폭력 행위를 최소한 평시에는 독일인이 쉽게 인정하지 못한다는 사실을 깨달았다. 그런데 전쟁이 시작되면서 비상사태라는 대의명분이 생겼다. 개개의 행동을 감추기도 쉬웠다. 대학살을 감행하는 데에는 전쟁이 안성맞춤이었다. 히틀러의 주장대로 유대인이 전쟁을 일으킨 것이 아니라 히틀러가 유대인을 전멸시키기 위해 전쟁을 일으킨 것이다. 게다가 그는 독일의 유대인에 국한하지 않고 유럽의 유대인 전체를 목표로 삼았다. 히틀러가 평소에 주장하던 대로 유대인 문제는 국제적인 문제이므로 전쟁은 이 문제를 국제적인 차원에서 최종적으로 해결할 수 있는 더 없이 좋은 기회였다. 전쟁은 이를 위한 구실이었을 뿐 아니라 잔학 행위를 은폐하기 위해서도 필요했다. 그리고 전 유럽의 유대인을 손에 넣으려면 이들의 주 근거지인 폴란드와 러시아를 상대로 전쟁을 벌이지 않으면 안 되었다.

전쟁과 함께 유대인에 대한 압박은 급속히 심해졌다. 1939년 10월 이후 유대인은 저녁 8시가 지나면 외출할 수 없었다. 게다가 일정한 시간대로, 지역에 따라서는 하루 종일 유대인의 이동을 제한했다. 분주한 시간, 경우에 따라서는 하루 종일 대중교통 이용을 금지했다. 전화기 소유 및 사용도 금지했다. 공중전화에는 유대인의 사용을 금지한다는 안내문을 붙였다. 1938년에 발급한 유대인 신분 증명 서류는 전시에 그들의 권리를 빼앗는 데 유용하게 사용했다. 배급표에는 J라는 도장이 찍혔고 이것은 어떠한 형태의 수탈도 가능하다는 표시였다. 1939년 12월 이후에는 배급량을 줄이는 동시에 제한된 시간 외에는 쇼핑을 허용하지 않았다. 히틀러는 1차 세계대전에서 독일이 패한 이유 중 하나가 유대인 상인들 뒤에서 농간을 부리는 바람에 식량이 부족해진 탓이라고 굳게 믿었다. 그래서 이번 전쟁에서는 유대인에게 생존에 필요한 최소한의 식량 외에는 주지 않으리라 결심했다. 그리하여 식품부가 박해를 실행하는 중요한 역할을 맡게 되었다. 식품부 관료들이 중심이 되어 유대인이 굶어 죽을 수밖에 없는 엄격한 식량 제한 조치를 계속해서 고안해냈다.

동시에 유대인은 말 그대로 죽을 때까지 일을 해야 했다. 유대인에게는 근로자의 권리를 보장하는 고용법 규정을 적용하지 않아도 되었다. 독일인 고용주는 이것을 이용해 유대인에게 휴일 근무 수당을 지불하지 않았다. 1940년 초반에는 유대인에게 지불하던 각종 수당을 법률로 금지했다. 1941년 10월에는 유대인에게만 적용되는 고용법 규정이 나왔다. 이를 통해 열네 살밖에 안 된 유대인 소년을 시간에 구애받지 않고 고용하는 것이 가능해졌다. 작업 안전을 위해 필요한 작업복과 용접용 보호경, 장갑도 지급하지 않았다. 1941년 9월 이후 여섯 살 이상의 유대인은 모두 한가운데에 유대인이라는 글자가 박힌 노란색 바탕에 검은색 다윗의 별이 그려진 표식을 달았다. 손바닥만 한 이 표식 덕분에 유대인을 알아보기가 훨씬 수월해졌다. 나치 독일은 이 표식을 각종 규칙 위반을 적발하는 수단으로 활용했다. 이리하여 모든 독일 국민이 유대인을 감시하고 박해하는 경찰 역할을 했다. 이 과정에서 유대인은 견디기 어려운 굴욕을 맛보았다.

히틀러는 전쟁을 시작하자마자 폴란드 영토의 절반과 폴란드에 사는 유대인 200만 명을 손에 넣었다. 피점령국 폴란드에서는 무슨 짓이든 마음대로 할 수 있었다. 그리하여 히틀러의 이중 전술이 다시 발동했다. 독일에서 그랬던 것처럼 우선 유대인에게 충동적인 폭력을 휘둘렀다. 독일에서보다 규모도 훨씬 크고 훨씬 더 잔혹했다. 50명이 넘는 유대인이 회당에서 예배를 드리던 도중에 살해당했다. 나치 친위대는 이곳저곳에서 난동을 벌였다. 1940년 초에는 나시엘스크에서 유대인 1,600명이 밤새 구타를 당했다. 친위대를 혐오하던 독일 군대가 이 광경을 기록으로 남겼는데 이 와중에 살아남은 유대인도 있었다.[132] 이런 무질서한 학대를 지켜보던 사람들은 좀 더 절도 있는 해결책을 요구했고 이는 조직적인 박해로 이어졌다.

1939년 9월 19일에 히틀러는 폴란드 영토 대부분을 독일에 합병하기로 했다. 해당 지역에 살던 약 60만 명의 유대인은 총독부 관할 지역으로 옮기고 철길 주변에 마련한 몇 개의 게토에 수용했다. 히틀러는 내친 김에 독일에 사는 유대인도 폴란드에 마련한 게토로 강제 이주시키라고 지시했다. 그리고 독일 제국 철도와 철도 직원 50만 명, 작업 인력 90만 명을 이 일에 투입했다. 만일 철도가 없었다면 홀로코스트는 불가능했을 것이다. 전담 철도원은 전쟁에 투입된 다른 기차 운행이 비는 시간에 강제 이동을 위한 특별 열차를 운행했다. 친위대가 지정한 장소에 차질 없이 정확히 수송하기 위해 최선을 다했다. 유대인을 태운 열차 운행을 최우선으로 삼았다. 1942년 7월, 266사단을 중심으로 러시아 공격을 단행하면서 군사 작전 이외의 철도 이용이 전면 금지된 뒤에도 친위대는 유대인 5,000명을 트레블링카로 실어 나르는 열차를 매일 운행했다. 이 외에도 유대인 5,000명을 베우제츠로 실어 나르는 열차를 매주 두 번씩 운행했다. 심지어 독일군이 스탈린그라드에서 퇴각하는 혼란 가운데서도 힘러는 다음과 같은 편지를 교통부 장관에게 보냈다. "모든 일을 조속히 해결하려면 수송 열차가 더 필요하니 열차를 더 보내주시오." 교통부 장관은 이 요청을 거절하지 않았다. 열차 운행 상황을 면밀히 살펴보면 히틀러에게 유대인 문제가 얼마나 중요했고, 히틀러가 계획을 추진하는 데 평범한 독일인의 협력이 얼마나 요긴했는지 확인할 수 있다.[133]

일단 유대인을 격리하고 동원하여 히틀러가 1940년 10월 2일에 거대한 폴란드 노동 수용소라고 부른 총독부 관할 지역으로 옮긴 뒤에 강제 노동을 본격적으로 시작했다. 최종적 해결, 다시 말해 홀로코스트 2단계에 접어든 것이다. 가혹한 노동을 시키는 목적은 유대인을 죽이기 위해서였다. 강제 노역 징병 책임자 프리츠 자우켈은 최소의 비용으로 최대의 효과를 거둘 수 있게 유대인을 적극 활용하라고 명령했다.[134] 노동자는 일주일 내내 해가 뜨는 순간부터 해가 질 때까지 누더기를 걸치고 빵과 묽은 수프, 감자, 그리고 어쩌다 한 번 나오는 찌꺼기 고기만 먹고 갖은 혹사를 당했다. 1940년 2월, 적군 탱크의 진입을 막기 위해 동부전선을 따라 기다란 참호를 파는 작업이 유대인에게 주어진 첫 번째 노역 업무였다.[135] 그 후 모든 산업 분야에서 이 시스템을 활용했다. 일꾼이 필요하면 필요한 수만큼 전화로 요청했다. 자재를 실어 나르듯 유대인을 화차에 실어 필요한 곳에 배송했다. 이게파르벤 사는 네덜란드 유대인 여성 250명을 라벤스브뤼크에서 다하우까지 화물 열차로 실어오게 했고, 같은 화물 열차를 회송해서 폴란드 유대인 여성 200명을 다시 다하우까지 배달시켰다.[136]

강제 노동에 종사하는 사람은 100파운드나 되는 콘크리트를 넣은 무거운 부대를 나를 때에도 보통 걸음보다 두 배 빠른 아우슈비츠 속보速步로 걸어야 했다. 히틀러의 고향인 린츠 부근에 있는 마우트하우젠에는 힘러가 운영하는 채석장 근처에 노동 수용소가 있었다. 노동자는 도끼와 곡괭이만 가지고 186개나 되는 좁고 가파른 계단을 오르내리면서 무거운 화강암 덩어리를 채석장에서 노동 수용소까지 날라야 했다. 노동자의 평균 수명은 6주에서 길어봐야 3개월이었다. 그것도 사고나 자살, 체벌에 의해 사망한 경우는 제외한 수치다.[137]

강제 노동은 일종의 살인 행위였다. 나치 지도자 역시 그렇게 생각한 것이 분명하다. 1942년 9월 14일과 18일에 법무장관 오토 게오르크 티라크 박사와 괴벨스, 힘러가 나눈 대화에 노동을 통한 절멸이라는 말이 반복해서 나온다.[138] 1940년 5월부터 1943년 12월까지 아우슈비츠 수용소 소장으로 일하고 보안 본부에서 반유대 정책을 총괄한 루돌프 회스는 1944년 말까지 유대인 40만 명이 독일 군수 산업에서 강제 노역에 종사했다며 이렇게 증언했다. "노동 조건이 특히 가혹한 직장에서는 매월 노동자의 5분의 1이 사망하거나 근무가 불가능한 상태가 되어 수용소로 돌아가 죽임을 당했다." 이렇게 독일 산업계는 히틀러의 최종적 해결에 자진해서 가담했다. 노동자는 이름 대신 몸에 새긴 번호로 식별했다. 사망자가 나와도 공장 책임자는 사인을 밝힐 의무가 없었다. 그를 대신할 노동력을 요청하기만 하면 되었다. 루돌프 회스의 증언에 따르면, 유대인 노동자를 안정적으로 공급해달라고 요구하는 쪽은 늘 기업이었다. "수용소 측에서는 기업에 노동자를 제공하겠다고 말한 적이 한 번도 없다. 늘 기업에서 요청을 해서 수용자를 보낸 것이다."[139]

이 일에 연루된 모든 기업이 당시 무슨 일이 벌어지고 있는지 정확히 알고 있었다. 기업 수뇌부와 강제 노동 실무에 직접 관여한 사람만 실태를 파악하고 있었던 것이 아니다. 수용소를 찾은 사람은 아주 많았다. 방문했을 때 느낀 점을 글로 남긴 경우도 있었다. 1942년 7월 30일에 아우슈비츠의 강제 노동 수용소를 방문한 이게파르벤의 사원은 당시 독일인 사이에서 흔히 볼 수 있었던 비아냥대는 투로 프랑크푸르트에 있는 동료에게 이런 편지를 써보냈다. "네가 상상하는 대로 유대 민족은 여기서 특별한 역할을 하고 있어. 이런 유형의 인간에게 주는 식사와 처우는 우리의 목적에 부합하지. 체중이 늘어난 사람은 한 명도 없다더라. 조금이라도 불온한 기색이 보이면 당장에 총알이 쌩하고 날아가는 데다 일사병으로 이미 많은 사람이 목숨을 잃은 것도 사실이야."[140]

그러나 히틀러는 유대인에게 변변한 먹을거리도 주지 않고 죽을 때까지 일을 시키는 것만으로는 성에 차지 않았다. 그래서 유대인을 대량 학살할 생각으로 요제프 헬 소령과 상의했다. 히틀러는 가급적 서면으로 명령을 하달하지 않았다. 유대인에 관한 글은 아무것도 남기지 않으려고 애썼다. 1933년 봄에 힌덴부르크가 1차 세계대전에서 싸운 유대인에게는 반유대 규정을 적용시키지 말라고 요구한 것에 대한 답신이 히틀러가 유대인 정책에 관하여 기록한 가장 긴 글이다.[141] 히틀러의 명령이 기록된 서류가 없는 탓에 최종적 해결은 힘러의 소행이고 히틀러는 그런 명령을 내리지 않았을 뿐 아니라 무슨 일이 벌어지고 있는지도 몰랐다는 주장도 간혹 나온다.[142] 그러나 이는 절대로 받아들일 수 없는 주장이다.[143] 제3제국 행정에 어쩌다 혼란이 생기기도 했지만, 원칙은 늘 확실했다. 모든 주요 안건은 히틀러의 결재가 반드시 필요했다. 유대인 문제는 특히 더 그러했다.

유대인 문제는 히틀러의 최대 관심사였고 모든 행동의 동기가 여기에서 나왔다. 나치 지도자 중에 히틀러처럼 마음속 깊이 유대인을 증오하는 사람은 없었다. 히틀러의 눈에는 슈트라이허마저도 유대인에게 속아넘어간 것으로 보였다. 1941년 12월에 히틀러는 이렇게 말했다. "그는 유대인을 이상적으로 묘사하고 있어. 유대인은 그가 묘사하는 것보다 훨씬 더 비열하고 사납고 악마 같은 놈들인데 말이야."[144] 히틀러는 가장 극단적인 형태의 유대인 음모론을 굳게 믿었다. 유대인은 본래 마음이 사악하고 악의 화신인 동시에 악의 상징이라고 생각했다.[145] 평생 유대인 문제를 종말론적인 관점에서 이해했기 때문에 홀로코스트는 당연한 귀결이었다. 유대인 학살을 실시하라는 명령을 구두로만 내렸지만, 힘러를 비롯한 나치 지도자들은 유대인 학살을 실행할 때마다 총통 각하의 소망, 총통의 의지, 총통의 동의로, 나의 명령은 총통 각하의 뜻과 조금도 다르지 않다 등의 정연한 문구로 히틀러의 강력한 권위를 인용했다.

유대인 말살 정책의 기원

최종적 해결을 결정한 날은 전쟁을 시작한 1939년 9월 1일일 것이다. 그해 1월 30일, 히틀러는 전시에 취해야 할 정책을 확실하게 정리했다. "만일 국제 금융을 지배하는 유대인이 유럽 안팎에서 여러 국가 사이에 세계대전을 다시 한 번 일으키는 데 성공한다면, 세계의 공산화를 허용해서 유대인이 승리하게 해서는 절대 안 된다. 기필코 유럽에서 유대 인종을 말살해야 한다." 히틀러에게는 전쟁이 유대인 학살을 밀어붙일 절호의 기회였기에 전쟁이 발발한 바로 그날 과학적인 방법을 실행에 옮기기 시작했다. 총통부에서 최초의 살육 실험 계획을 세우고 1939년 9월 1일에 히틀러의 개인용 편지지에 기록하여 명령을 하달했다. 치료가 불가능한 정신지체자의 처형을 허가한다는 내용이었다. 이 명령은 총통부가 있는 티어가르텐 가 4번지를 의미하는 T4로 불렸다. 친위대의 관여, 완곡한 말투, 속임수, 그 뒤로 이어지는 대학살의 주요 요소가 모두 담겨 있다. 친위대의 안락사 계획을 맡은 최고 책임자 레오나르트 콘틴 박사가 총통이 서명한 명령서를 요구했다가 바로 파면당한 사실은 매우 중요하다. 그를 대신해 임명을 받은 친위대의 의사 필리프 보울러 역시 구두로 명령을 받았다.[146]

친위대는 유대인 학살을 시작하면서 일산화탄소 가스와 치클론 B라는 시안화계 살충제 등 다양한 독가스를 실험했다. 최초의 가스실은 1939년 후반에 브란덴부르크에 있는 안락사 시설에 마련했다. 이곳에서 정신지체 환자 네 명을 우선 시험한 것에 대해 히틀러의 주치의 카를 브란트가 증언했다. 브란트는 히틀러에게 결과를 보고했고 히틀러는 일산화탄소 가스만 사용하라고 지시했다. 그 후 다섯 개의 안락사 시설에 가스실을 새로 마련했다. 가스실은 샤워실로 불렸다. 희생자는 20명에서 30명씩 한 조를 이루어 샤워를 하라는 말을 듣고 가스실에 들어갔다. 일단 사람이 안으로 들어가면 방을 밀폐한 다음에 당번 의사가 가스를 방출했다. 나중에 대량 학살을 자행할 때 사용한 방식과 같았다. 가스실에서 죽은 사람만 8만 명에서 10만 명에 이른다. 이 시스템은 1941년 8월에 중지했다. 교회에서 항의가 들어왔기 때문이다. 교회가 히틀러의 살육 행위를 중지시킨 유일한 사례다. 그러나 그 전까지 정신지체 환자뿐 아니라 질병으로 거동을 할 수 없는 강제 수용소의 유대인도 가스실에서 죽음을 맞았다. 방법과 장치, 전문가를 비롯해 모든 면에서 안락사 프로그램과 최종적 해결은 긴밀히 연결되어 있었다.[147]

1940년부터 1941년 봄까지 폴란드에서 많은 유대인이 계속 죽어나갔지만, 진정한 의미에서 대량 학살이 시작된 것은 1941년 6월 22일에 히틀러가 러시아 침공에 돌입하고부터다. 이 작전의 목적은 유대계 볼셰비키의 총본산지를 섬멸해서 당시 소련의 지배 아래 있던 유대인 500만 명을 손에 넣는 데 있었다. 살육을 위해 두 가지 방법을 활용했다. 하나는 아인자츠그루펜이라는 특별 행동 부대이고 또 하나는 특정 지역에 세운 죽음의 수용소다. 특별 행동 부대는 히틀러가 1940년 7월 22일에 독일 군대에 대량 살육이 수반되는 전면전에 대한 구상을 제시하면서 조직되었다. 전술상의 이유로 친위대의 살인 조직을 군대 아래 두면서 독일군도 최종적 해결에 깊이 관여하게 되었다. 1941년 3월 3일에 알프레트 요들 장군은 군사 일지에 대소련 작전을 시작하는 날에 유대계 볼셰비키 지식인층을 박멸하기 위해 친위대 헌병 조직을 육군 최전선 지역에 배치할 필요가 있다고 한 히틀러의 결정을 기록했다.[148]

특별 행동 부대

이것이 아인자츠그루펜이라는 특별 행동 부대의 기원이다. 이 부대는 제국 보안 본부 수장 라인하르트 하이드리히의 지휘를 받았다. 하이드리히는 힘러의 명령을 받고 힘러는 히틀러의 명령을 받는 구조였다. A, B, C, D 네 개 부대로 구성되었고 각 부대는 500명에서 900명의 정예군으로 이루어졌다. 러시아에 침투한 독일군 네 부대에 하나씩 배치되었다. 친위대, 게슈타포, 경찰 출신이 많았고 지식인이나 법률가도 여럿 있었다. D부대를 지휘한 오토 올렌도르프는 세 개의 대학에서 학위를 받고 법학박사학위를 소지한 인물이고, C부대 지휘관 중 한 사람인 에른스트 비버슈타인은 프로테스탄트 목사이자 신학자이며 교회 관료였다.

소련 영내의 유대인 400만 명은 1941-1942년에 독일 군대가 침입한 지역에 살고 있었다. 그중 250만 명은 독일군이 침입하기 전에 탈출했다. 나머지 주민의 90퍼센트가 도시에 모여 있어서 특별 행동 부대가 살육을 자행하기가 쉬웠다. 특별 행동 부대는 정규 독일군 뒤를 바짝 따르면서 주민들이 무슨 일이 일어나고 있는지 분간할 새도 없이 유대인을 한 명씩 사냥하기 시작했다. 보고에 따르면 1941년 10월부터 12월까지 이어진 살육 작전 1단계에서 4개 부대가 각각 12만 5,000명, 4만 5,000명, 7만 5,000명, 5만 5,000명을 죽였다. 많은 유대인이 후방 지역에 남아 있었고, 이에 특별 행동 부대는 다시 출동해서 그들을 잡아 죽였다. 독일군은 유대인을 특별 행동 부대에 넘기는 일에 협조하면서 유대인을 가리켜 빨치산 또는 쓸데없는 식충이라고 부르며 죄책감을 덜었다. 독일군이 직접 유대인을 죽이는 경우도 있었다. 때로는 특별 행동 부대와 독일군, 친위대가 자기들의 수고를 덜기 위해 지역 주민을 선동해서 유대인을 학살하게 했다. 유대인은 거의 저항하지 않았다. 어떤 지역 시장이 유대인을 도우려고 애썼다는 보고가 있기는 했지만, 러시아 민간인은 대체로 협조적이었다.[149] 소그룹의 살육자가 방대한 수를 처리했다. 리가에서는 장교 1명과 병사 21명이 1만 600명을 죽였고 키예프에서는 C부대 2개 소대가 3만 명이 넘는 유대인을 죽였다.

1941년 말부터 1942년 말까지 대학살 작전 2단계에 돌입했다. 이 시기에 90만 명이 넘게 희생되었다. 거의 모든 유대인은 도시 외곽에 있는 웅덩이 옆에서 살해당했다. 웅덩이는 그대로 무덤이 되었다. 두 번째 작전에서는 큰 구덩이를 먼저 판 다음에 소비에트 비밀경찰이 흔히 사용하던 정어리 통조림 방식으로 유대인을 살해했다. 우선 첫 번째 그룹이 구덩이 바닥에 배를 깔고 엎드리면 병사들이 구덩이에 둘러서서 목 뒤쪽을 노려 총을 쏜다. 그다음에는 두 번째 그룹이 첫 번째 그룹 시체의 발에 머리가 가도록 반대 방향으로 누워 똑같이 죽임을 당한다. 이렇게 해서 5단 내지 6단으로 시체를 쌓고 그 위에 흙을 덮어 무덤을 만든다.

유대인 중에는 방바닥 밑이나 지하실에 몸을 숨긴 사람도 있었다. 그들은 수류탄을 맞아 죽거나 산 채로 불태워졌다. 살아남기 위해 살인자에게 몸을 내주는 여자들도 있었다. 그들은 밤새 능욕을 당하고 아침이 되면 똑같이 죽임을 당했다. 총을 맞고도 금방 죽지 않고 몇 시간, 때로는 며칠씩 고통을 받다 숨진 유대인도 있다. 잔학 행위가 수없이 벌어졌다. 더러는 살인을 하는 쪽에서 주저하기도 했다. 아무리 특별 행동 부대원이라도 아무 저항도 하지 않는 수많은 사람을 무참히 살육하다 보면 진저리가 났을 것이다. 살육 작전 중에 목숨을 잃은 부대원은 하나도 없다. 기록에 따르면 힘러는 딱 한 번 처형 작전을 시찰했다. 1941년 8월 중순에 유대인 100명을 사살하는 모습을 지켜보았다. 그러나 차례로 사격 소리가 울리고 유대인이 사살당하는 모습을 도저히 똑바로 쳐다볼 수 없었다. 그러자 현장 지휘관이 힘러를 비난했다. "각하, 이건 겨우 100명이 아닙니까?" "무슨 뜻인가?" "특별 행동 부대원의 눈을 보십시오. 그들이 얼마나 떨고 있는지 보이십니까! 이들의 남은 인생은 이미 끝난 것이나 다름없습니다. 여기에서 우리가 어떤 인간을 양성하고 있는지 아십니까? 신경과민 환자이거나 무뢰한이거나 둘 중 하나입니다." 그제야 힘러는 정신을 차리고 부대원에게 당의 지고한 도덕률에 복종하라고 연설했다.[150]

죽음의 수용소

특별 행동 부대는 학살 과정에서 처형자와 희생자 사이에 접촉이나 감정이입이 발생하지 않도록 다른 살해 방법도 시도했다. 다이너마이트도 사용해봤지만 실패로 끝났다. 그래서 다음으로 가스실을 갖춘 화물차를 도입했다. 독가스 차를 각 부대에 두 대씩 보냈다. 그러는 사이 특별 행동 부대가 하던 일을 죽음의 수용소에서 대량 처형으로 보강하기 시작했다. 독일에 합병된 폴란드의 헬름노와 아우슈비츠, 폴란드의 총독부 관할 지역에 있는 트레블링카, 소비부르, 마이다네크, 베우제츠, 이렇게 여섯 곳에 죽음의 수용소를 설치하고 필요한 시설을 갖추었다.

죽음의 수용소라는 명칭을 다른 수용소와 구별해서 사용하다가는 오해를 부르기 십상이다. 당시 1,634개의 집단 수용소와 부대시설, 900개 이상의 강제 노동 수용소가 있었다.[151] 이들 수용소에서도 많은 유대인이 굶주림과 과로로 죽었고 사소한 규칙 위반으로 처형당했으며 어떤 때는 아무 이유도 없이 죽임을 당했다. 따라서 이를 감안하면 모든 수용소가 죽음의 수용소라고 해도 좋을 것이다. 다만, 앞에서 말한 여섯 개의 수용소는 마치 공장처럼 기계적으로 대량 살육을 자행할 목적으로 건설하거나 확장했다는 점에서 다른 수용소와 차이가 있다.

히틀러가 수용소를 통해 대량 살육을 시작하라고 명령한 때는 특별 행동 부대를 도입한 1941년 6월이었을 것으로 짐작된다. 그러나 앞에서 살펴본 대로 독가스를 활용한 대규모 살육은 이미 실시하고 있었다. 1941년 3월에 힘러는 아우슈비츠 수용소 소장 루돌프 회스에게 대량 살육을 위해 시설을 확장하라고 지시했다. 철도 운행이 용이하고 인구 밀집 지역에서 멀리 떨어져 있어서 아우슈비츠를 선택한 것이라고 했다.

그리고 얼마 지나지 않아 힘러는 루블린 친위대 및 경찰 총수 오딜로 글로보츠니크에게 마이다네크 수용소를 건설하라고 지시했다. 글로보츠니크는 마이다네크 수용소에다 베우제츠와 소비부르까지 죽음의 수용소 세 곳의 책임자가 되었다. 히틀러가 힘러에게 명령을 내리면 힘러가 각 수용소 소장에게 전달했다. 그런가 하면 헤르만 괴링은 4개년 계획의 책임을 맡아 부처 간의 이해관계를 조정하고 협조를 이끌어냈다. 이 점이 매우 중요하다. 실제로 학살을 자행한 것은 친위대이지만, 독일의 모든 부처와 군대, 산업계, 당이 무시무시한 범죄에 가담했다는 사실을 보여주기 때문이다. 역사가 라울 힐베르크가 지적한 것처럼 조직 간에 아주 완벽한 협력이 이루어져서 모든 조직이 한 몸을 이룬 거대한 기구처럼 학살 작전을 자행했다고 보아도 무방하다.[152]

괴링은 조정 실무를 하이드리히에게 맡겼다. 제국 보안 본부 수장이자 비밀경찰의 우두머리였던 하이드리히는 정부와 당을 연결하는 다리 역할을 했다. 1941년 7월 31일에 괴링은 하이드리히에게 서면으로 다음과 같이 지시했다.

> 1939년 1월 24일자 조례에 따라 유대인 문제는 가능한 바람직한 방식으로 이주와 배제를 통해 해결하도록 예전에 귀관에게 일임했다. 그러나 현재 상황을 감안할 때 유럽 내 독일 세력권에서 유대인 문제를 어떻게 하면 완전히 해결할 수 있을지 유기적이고 실질적이고 재정적인 관점에서 할 수 있는 모든 준비를 할 것을 귀관에게 다시 지시하는 바이다. 다른 중앙 조직에 협조를 요청하면, 언제든 응할 것이다.[153]

지시를 받은 하이드리히는 유대인 업무와 후송 업무를 맡고 있는 제국 보안 본부 아돌프 아이히만에게 지시를 전달했다. 힘러가 각 수용소 소장을 통해 부대를 총괄하고 있었지만, 사실 아이히만이야말로 홀로코스트 행정을 담당한 총책임자라 할 수 있다. 괴링이 서명한 1941년 7월 31일자 명령서를 기초한 것도 아이히만이다. 그러나 동시에 히틀러의 구두 명령은 하이드리히를 통해 아이히만에게 전달되었다. "방금 총통을 뵙고 왔다. 유대인을 섬멸하라는 명령을 내리셨다."**154**

1941년 여름부터 가을까지 대량 학살을 위한 시설을 건설했다. 함부르크에서 민간인 두 명이 아우슈비츠를 방문해 가장 효과적인 살해 방법으로 결론을 내린 치클론 B 취급 방법을 수용소 요원에게 가르쳤다. 9월에 아우슈비츠 2블록에서 가스를 이용한 처형을 처음으로 실행했다. 유대인 입원 환자 250명과 러시아인 포로 600명이 살해당했다. 이어서 아우슈비츠의 살인 센터라 할 수 있는 비르케나우에서 작업을 시작했다. 가장 먼저 완공한 죽음의 수용소는 우츠키에 주 우지 근처의 헬름노 수용소다. 1941년 12월 8일에 이동 차량 배출가스를 이용해 첫 번째 처형을 진행했다.

한편, 제국 보안 본부가 주최하는 유대인 문제 관련 회의가 다음날 베를린 근교 그로센반제에서 있을 예정이었다가 마침 그날 발생한 진주만 공격으로 1942년 1월 20일로 연기되었다. 나치 고위직 사이에서는 불안감이 감돌기 시작했다. 러시아의 필사적인 저항과 미국의 참전으로 독일이 전쟁에서 승리하기 어렵다는 사실을 대다수가 실감하고 있었다. 반제 회의에서는 최종적 해결 방침을 다시 확인하고 이를 위해 필요한 시설을 조정했다. 점심 식사 시간이 되어 웨이터가 브랜디를 따르는 동안 회의 참석자들 사이에서 일을 좀 더 빠르게 처리해야 한다는 이야기가 나왔다. 이 시점을 계기로 독일 제국은 그 어떤 목적보다도 홀로코스트 완수를 최우선 목표로 삼았다. 전쟁 결과가 어찌되든 유럽에 있는 유대인을 모두 전멸시키고야 말겠다는 히틀러의 굳은 의지를 반영한 결론이었다.

반제회의가 있고 나서 사태가 긴박하게 전개되었다. 2월에는 베우제 츠에서 처형 준비를 했다. 3월에는 소비부르 수용소 건설 작업을 시작했 다. 동시에 마이다네크와 트레블링카 강제 수용소가 죽음의 수용소로 바 뀌었다. 총독부 관할 지역 총책임자 글로보츠니크로부터 보고를 받은 괴 벨스는 1942년 3월 27일에 이렇게 썼다. "야만적인 유대인을 심판할 날 이 다가오고 있다. … 유대인이 세계대전을 다시 일으킬 것이라는 총통 의 예언이 지금 가장 무시무시한 형태로 실현되고 있다."[155]

일기에만큼은 솔직한 심정을 토로했지만, 극소수만 회람한 비밀 명령 서에는 늘 대학살을 완곡하게 표현했다. 반제회의에서도 하이드리히는 완곡한 화법을 구사했다. 모든 유대인을 '동쪽으로 대피'시켜 노동부대 로 편성했다고 말했다. 대다수는 '자연적 쇠퇴를 통해' 사라지지만, 유대 인 사회를 재건할 우려가 있는 생명력이 강한 자에 대해서는 '적절히 대 처한다'는 식이다. 적절한 대처란 살육을 뜻하고 이는 특별 행동 부대 보 고서에도 자주 등장하는 용어다. 살인을 자행하는 자들이 사용하는 용어 이지만, 외부 사람들도 그것이 무슨 뜻인지 충분히 이해하는 완곡한 표 현이 무수히 많았다. 이를 테면 보안 경찰의 방식, 보안 경찰 방식으로 처치하다, 행동, 특별 행동, 특별 취급, 동쪽으로 이동, 재정착, 적절한 처리, 정화, 대청소 작전, 특별 조치를 강구하다, 제거, 해결, 청소, 해방, 끝내다, 이주, 유랑, 떨어져나가다, 사라지다 등이다.

대략 학살을 저지르는 사람들로서도 너무나 무시무시한 악행을 앞두 고 양심의 가책을 최소화하려면 완곡한 표현을 사용하지 않을 수 없었을 것이다. 당시 직접적으로든 간접적으로든 나치의 지배 아래 있는 유럽 지역에는 886만 1,800명의 유대인이 있었다. 나치는 그중 67퍼센트에 해당하는 593만 3,900명을 살해한 것으로 추정된다. 가장 많은 330만 명이 살고 있던 폴란드에서는 90퍼센트 이상이 살해당했다. 발트 해 국가와 독일, 오스트리아에서도 유대인의 90퍼센트가 살해당했다. 보헤미아 보호령과 슬로바키아, 그리스, 네덜란드에서는 유대인의 70퍼센트가 살해당했다. 백러시아, 우크라이나, 벨기에, 유고슬라비아, 루마니아, 노르웨이에서는 50퍼센트 이상이 죽임을 당했다.[156] 살인은 주로 죽음의 수용소에서 이루어졌다. 아우슈비츠에서는 200만 명 이상, 마이다네크에서 138만 명, 트레블링카에서는 80만 명, 베우제츠에서 60만 명, 헬름노에서 34만 명, 소비부르에서 25만 명이 처형당했다. 죽음의 수용소에서는 가스실을 아주 효율적으로 활용했다. 트레블링카에는 가스실이 10개나 있었고 한 곳에서 한 번에 200명을 처리할 수 있었다. 루돌프 회스는 아우슈비츠 수용소 가스실에서 한 번에 2,000명까지 처리할 수 있다고 자랑했다. 아우슈비츠 수용소에 있는 다섯 개의 가스실에서 치클론 B의 결정체를 사용해 24시간 동안 6만 명을 처리할 수 있었다. 1944년 여름에만 헝가리의 유대인 40만 명을 죽였다. 모든 기간을 합하면 유대인과 비유대인을 통틀어 적게 잡아도 250만 명을 가스로 죽이고 소각했으며, 50만 명이 굶주림과 질병으로 죽었다고 회스는 증언했다. 나치는 1942년, 1943년, 1944년에 각각 수개월 동안 매주 10만 명 이상을 냉혹하게 살해했고 희생자 대부분은 유대인이었다.[157]

비록 전시였고 독일군의 보호막 뒤에 감추어져 있었다고는 하나 이처럼 대규모 잔학 행위가 문명화된 유럽에서 자행되었다는 사실은 독일 국민과 독일의 동맹국, 우호국, 피정복국, 영국과 미국, 그리고 피해자인 유대인에게 많은 의문을 품게 한다. 이제 여기에 대해 하나씩 살펴보도록 하자.

독일 국민의 역할

독일 국민은 나치가 자행하는 대학살을 알고 있었다. 그런데도 이를 어쩔 수 없는 일로 생각하고 묵인했다. 친위대만 해도 숫자가 90만 명에 달했고 철도 관련 일에 종사하는 사람만 120만 명이나 되었다. 독일인은 철도를 통해 무슨 일이 일어나고 있는지 충분히 알 수 있었다. 사람들을 빼꼭히 쑤셔 넣은 열차가 한밤중에 요란한 소리를 내며 지나가는 것이 무엇을 뜻하는지 대부분의 독일인은 알고 있었다. 누군가 이렇게 중얼거렸다는 기록도 있다. "망할 놈의 유대인들. 저놈들 때문에 잠도 제대로 못 자고 이게 뭐야."[158] 독일인은 대량 학살을 통해 이득을 얻는 입장이었다. 희생자에게서 수탈한 수만 개의 남녀 손목시계, 만년필, 샤프펜슬은 군인들이 나눠가졌다. 한번은 아우슈비츠 수용소 가스실에서 희생된 자들에게서 6주 동안 수거한 남성복 22만 2,269벌, 여성복 19만 2,652벌, 아동복 9만 9,922벌을 모아 독일 국내 전선에서 분배하기도 했다.[159] 물품을 받아든 사람들은 그것이 어디에서 온 것인지 대충 알고 있었다.

　국가가 유대인에게 자행하는 일에 대해 독일 국민이 항의하거나 유대인의 도피를 도와준 흔적은 거의 없다. 물론 예외는 있었다. 히틀러 제국의 심장부 베를린에서 유대인 16만 명 중 수천 명이 도피해서 지하에 몸을 숨기는 데 성공했다. 그들은 U보트라고 불렸다. 비유대계 독일인의 협력이나 묵인이 없이는 불가능한 일이었다.[160] 1942년에 U보트가 된 학자 한스 히르쉘이 대표적인 예다. 그는 애인이었던 마리아 폰 말찬 백작 부인의 아파트로 피신했다. 그녀는 열렬한 나치 당원 발터 폰 라이헤나우 육군 원수의 처제였다. 마리아는 숨을 쉴 수 있게 작은 구멍을 낸 상자 모양의 침대를 만들어 한스 히르쉘을 들어가게 한 다음 매일 물과 기침 방지용 약을 주었다. 하루는 그녀가 집에 돌아와 보니 한스 히르쉘과 또 한 명의 U보트 빌리 부쇼프가 목청껏 노래를 부르고 있었다. "이스라엘은 들으십시오. 주님은 우리의 하나님이시요, 주님은 오직 한 분뿐이십니다."[161]

오스트리아인, 러시아인, 프랑스인, 이탈리아인

오스트리아인은 독일인보다 질이 더 나빴다. 인구가 적었다는 점을 감안하면, 독일인보다 더 지독한 짓을 했다고 볼 수 있다. 히틀러도, 아이히만도, 게슈타포 수장 에른스트 칼텐브루너도 오스트리아인이다. 네덜란드에서도 아르투르 자이스잉크바르트와 한스 라우터라는 두 명의 오스트리아인이 유대인 학살을 지휘했다. 유고슬라비아에서는 5,090명의 전범 중 2,499명이 오스트리아인이었다. 특별 행동 부대에서도 오스트리아인이 중요한 역할을 했다. 친위대원으로 구성된 특별 행동 부대원의 3분의 1이 오스트리아인이었다. 죽음의 수용소 여섯 개 중 무려 네 곳에서 오스트리아인이 소장으로 일했다. 유대인 희생자 600만 명 중 거의 절반을 그들이 죽였다.[162] 오스트리아인은 독일인보다 훨씬 지독한 반유대주의자였다. 1차 세계대전 때 부상을 당해 의족을 하고 있던 상이군인 메나쉐 마우트너가 어느 겨울날 빈 시내에서 빙판길에 넘어져 세 시간 동안 꼼짝하지 못하고 도움을 청하는데도 지나가는 사람 누구 하나 손을 내밀지 않았다는 이야기가 있다. 가슴에 유대인의 표식인 다윗의 별을 달고 있는 것을 보고 도와주기를 거부한 것이다.[163]

　루마니아인도 오스트리아인만큼 몰인정했다. 어떤 의미에서는 더 질이 나빴다. 전쟁 전에 루마니아에는 75만 7,000명의 유대인이 살고 있었다. 그들은 전 세계에서 가장 학대받은 유대인 집단 중 하나였다. 루마니아 정부는 히틀러의 반유대 정책을 성실하게 모방하고 실천에 옮겼다. 효율 면에서는 독일을 따라갈 수 없었지만, 증오심만큼은 뒤지지 않았다. 1940년 8월 이후 법률을 통해 유대인의 재산을 몰수하고 직장에서 내쫓고 보수도 없이 강제 노동을 시켰다. 집단 폭력 사태도 곳곳에서 발생했다. 1941년 1월에는 부쿠레슈티에서 유대인 170명을 살해했다. 대소련 작전에서 중요한 역할을 하긴 했지만, 사실 루마니아인에게 소련과의 싸움은 유대인과의 싸움이기도 했다. 베사라비아에서는 유대인 20만 명을 죽였다. 가축용 화물차에 실어 먹을 것도 마실 물도 주지 않고 목적지도 알리지 않은 채 쫓아냈다. 옷을 벗기고 행진시키기도 했다. 벌거벗은 사람도 있고 신문지로 간신히 알몸을 가린 사람도 있었다. 특별 행동부대 D부대와 러시아 남부에서 함께 싸운 루마니아 군대는 독일인조차 몸서리를 칠 정도로 잔악무도했고 자기들이 살해한 자들을 묻어주지도 않았다. 1941년 10월 23일에는 오데사에서 루마니아 군 본부가 지뢰 때문에 폭파되자 유대인을 닥치는 대로 죽였다. 다음 날에는 유대인을 커다란 창고 네 개에 몰아넣더니 몸에 석유를 뿌리고 불을 붙였다. 2만 명에서 3만 명이 산 채로 불에 타죽었다.

루마니아는 독일의 승인 아래 우크라이나에서 트란스니스트리아를 할양받아 이곳에서 최종적 해결에 가담했다. 이 지역에서 러시아 출신의 유대인 약 13만 명과 루마니아 출신의 유대인 8만 7,757명, 총 21만 7,757명이 살해당했다. 그중 13만 8,957명은 루마니아인이 직접 처리했다.[164] 루마니아인은 독일인과 오스트리아인 다음으로 유대인을 많이 학살했다. 툭하면 폭행하고 고문하고 부녀자를 유린했다. 장교들은 일반 병사보다 질이 더 나빴다. 난교 파티를 위해 가장 아름다운 유대인 소녀들을 골라 유린했다. 돈이 되는 일이면 뭐든 했다. 유대인을 살해한 다음에 시체를 그 지역 농부에게 팔았다. 그러면 농부는 시체에서 옷을 벗겨 갔다. 돈만 되다면 유대인을 산 채로 팔기도 했다. 그러다 1944년 이후 연합국의 승리가 확실해지자 호전적인 태도가 조금 누그러졌다.[165]

프랑스 안에도 히틀러의 최종적 해결에 기꺼이 협력하려는 이들이 있었다. 프랑스의 반유대주의자는 1906년에 드레퓌스 사건에서 패한 일을 잊지 않았고 유대인에 대한 증오는 1936년에 레옹 블룸의 인민전선 내각이 들어서면서 더욱 고조되었다. 독일과 마찬가지로 반유대 진영에는 작가를 비롯해 다양한 지식인이 있었다. 그중에 셀린이라는 필명으로 작품을 발표하는 루이페르디낭 데투슈라는 의사가 있다. 그가 1937년에 본명으로 발표한 《학살해 마땅한 것들 Bagatelles pour un massacre》은 유대인을 비방하는 작품으로 전쟁 전부터 전시 내내 매우 큰 영향을 끼쳤다. 이 책에서 그는 프랑스가 강간당한 여인처럼 유대인에게 점령당한 나라가 되었다며 히틀러의 침략은 곧 해방이라고 주장했다. 이 과격한 책은 영국인과 유대인이 한패가 되어 프랑스를 파괴하려 한다는 뿌리 깊은 음모론을 되살려냈다. 드레퓌스 소송이 한창 진행될 때 과장된 영국 억양으로 외치는 "오, 예스"는 반유대주의 함성이었다. 데투슈는 여기에서 영감을 얻어 《학살해 마땅한 것들》에서 영국인과 유대인의 음모를 야유하는 슬로건을 정리했다. "따따따 쾅! 디! 예! 아이쿠! 국왕 폐하 만세! 로이드 만세! 타후르 만세! 도시국가 만세! 심슨 부인 만세! 성경 만세! 빌어먹을! 이 세상은 유대인의 매음굴이다!"[166]

프랑스에는 반유대 정치 조직이 10개 넘게 있었고 그중 몇 개는 나치의 재정 지원을 받아 유대인 박멸을 외쳤다. 이 조직들이 공동 정책을 채택하지 않은 것이 그나마 다행이었다. 그러나 비시 정부가 반유대 정책을 채택하면서 반유대주의자는 자기들 시대가 되었다고 생각했다. 비시 정권은 1938년에 프랑스 반유대 동맹을 조직한 루이 다르키에 드 펠푸아 남작을 1942년 5월에 유대인 문제 담당 장관으로 임명했다.[167] 대다수의 프랑스인이 히틀러의 최종적 해결에 협력하려 하지 않았지만, 일부는 독일인보다 더 열성적이었다. 그리하여 히틀러는 프랑스의 유대인 9만 명을 살해하는 데 성공했다. 전체의 26퍼센트에 해당하는 숫자다. 나아가 히틀러는 프랑스 당국의 힘을 빌려 7만 5,000명을 국외로 추방했다. 그중에 살아남은 사람은 겨우 2,500명에 지나지 않았다.[168] 전시에 프랑스에서 나타난 반유대주의는 개개인의 증오심이 강하다는 특징이 있다. 1940년에 비시 프랑스와 나치 독일은 특정인(모두가 유대인은 아니었다)을 비방하는 편지를 300만-500만 통이나 받았다.[169]

히틀러의 기대에 가장 못 미친 것은 동맹국 이탈리아였다. 교황의 통치가 끝난 19세기 중반 이후 유럽 국가 중 이탈리아만큼 유대인이 많이 몰려든 나라도 없다. 1904년에 국왕 비토리오 에마누엘레 3세는 헤르츨에게 이렇게 말했다. "유대인은 어떤 지위에도 오를 수 있고 실제로도 그렇게 하고 있다네. … 우리에게 유대인은 완전한 이탈리아인이야."[170] 이탈리아의 유대인은 세계에서 가장 오랜 역사를 자랑하는 집단이기도 했다. 베니토 무솔리니가 "사빈느의 여인들이 겁탈을 당한 그 시대부터 유대인이 의복을 공급했다"고 농담했을 정도다. 총리 두 명과 국방장관 한 명을 배출했고 대학 교수와 장군, 제독 중에도 유대인 출신이 많았다.[171] 무솔리니는 일평생 친유대주의와 반유대주의를 오갔다. 무솔리니가 1차 세계대전에 참전하도록 돕고, 그리하여 마르크스 국제주의에서 국가사회주의로 돌아서도록 도운 것도 유대인 그룹이다. 1919년에 결성한 전투자동맹에 관여한 사람 중에도 유대인이 다섯 명이나 있었다. 파시스트 운동에서도 유대인은 크게 활약했다. 《파시스트 백과사전 *Fascist Encyclopaedia*》에서 반유대주의 항목을 박식하게 정리한 사람도 유대인 학자다. 무솔리니의 전기 작가 마르가리타 사르파티와 재무장관을 지낸 구이도 융도 유대인이다. 히틀러가 정권을 손에 넣자 무솔리니는 유대인의 보호자를 자처했다. 슈테판 츠바이크가 "무솔리니, 멋지다!"라고 칭찬했을 정도다.[172]

그러던 무솔리니가 히틀러의 마법에 넘어가 반유대주의 성향을 드러냈다. 그러나 그 뿌리는 그리 깊지 않았다. 파시스트당과 이탈리아 정부 안에 반유대 과격파가 있었던 것은 맞지만, 비시 프랑스의 반유대파와 비교하면 훨씬 온건한 편이었고 대중으로부터 광범위한 지지를 받지도 못했다. 1938년에 독일의 압력을 받아 이탈리아에서도 인종법을 도입하고 전쟁이 일어나자 유대인을 수용소에 보내기도 했다. 그러나 힘러는 1943년에 이탈리아가 항복하고 영토의 반이 독일군의 통제 아래 들어가고 나서야 비로소 이탈리아에서 최종적 해결에 착수할 수 있었다. 9월 24일에 힘러는 로마 친위대장 헤르베르트 카플러에게 연령과 성별을 불문하고 모든 유대인을 붙잡아 독일로 보내라고 지시했다. 그러나 이탈리아인 애인이 집에 유대인 가족을 숨겨주는 것을 눈감아주고 있던 로마 주재 독일 대사는 군의 지시에 협력하지 않았고, 육군 원수 알베르트 케셀링도 진지 구축을 위해 유대인이 필요하다고 말했다.

헤르베르트 카플러는 유대인 사회를 갈취하는 데 힘러의 명령을 이용했다. 독일 대사관에서 유대인 사회 지도자 단테 알만시와 우고 포아를 만나 마치 암흑시대를 재현하기라도 하듯이 금괴 50킬로그램을 36시간 안에 가져오지 않으면 유대인 200명을 죽이겠다고 협박했다. 두 사람이 리라(이탈리아 화폐)로 지불해도 괜찮겠냐고 묻자 리라라면 자기가 얼마든지 찍어낼 수 있다고 코웃음을 쳤다. 두 사람은 나흘 뒤 게슈타포에게 금괴를 건넸다. 교황 피우스 12세가 필요한 만큼 금을 제공하겠다고 했지만, 비유대인, 특히 교구 사제들이 충분한 금을 기부한 덕분에 교황의 도움까지는 필요하지 않았다. 사실 이때 유대인 사회가 입은 가장 큰 손실은 따로 있었다. 유대인 공동체의 도서관에 있던 유대교의 고문서를 대량 빼앗긴 것이다. 그 문서는 알프레트 로젠베르크의 개인 서가에 꽂혔다.

재물이 아니라 살아 있는 유대인을 원했던 힘러는 카플러의 행동에 불같이 화를 냈다. 그리고 유대인을 처리하기 위해 납치 전문가 테오도르 다네커와 친위대 살인 병기 44명을 파견했다. 다네커는 파리와 소피아에서 같은 임무를 수행한 적이 있었다. 로마 주재 독일 대사는 교황에게 위험을 알렸고, 교황은 로마의 성직자들에게 유대인을 교회 내 성역에 숨겨주라고 지시했다. 바티칸은 유대인 477명을 보호했고 4,238명은 수도원으로 몸을 피했다. 습격은 실패로 끝났다. 카플러는 이렇게 보고했다. "작전을 진행하는 동안 유대인을 우리 앞에 끌고 오는 자는 어디에도 없었습니다. 경찰로부터 유대인을 지키려는 사람들뿐이었습니다." 그럼에도 체포 작전을 통해 1,007명의 유대인을 붙잡아 곧장 아우슈비츠로 보냈다. 그중 살아남은 사람은 16명에 불과하다.[173] 다른 이탈리아 도시에서도 유대인 포획 작전을 벌였지만, 주민의 방해로 목적을 달성하지 못했다. 생존자 중에 버너드 베런슨이라는 사람이 있다. 그는 리투아니아의 유대교 랍비 집안에서 태어난 극단적인 책벌레로 이탈리아 르네상스 회화에 관한 세계적인 권위자였다. 어느 날 지역 경찰이 그에게 나치의 손길이 곧 미칠 거라는 정보를 은밀하게 전했다. "선생님, 독일인이 선생님 댁을 방문하고 싶다는데 저희가 주소를 몰라서요. 내일 아침에라도 갈 수 있게 길을 알려주십시오." 독일의 점령이 이어지는 동안 이탈리아인들이 그를 계속 숨겨주었다.[174]

그 밖의 다른 유럽 국가에서도 친위대는 지역 주민의 도움을 기대할 수 없었다. 그렇다고 유대인을 체포하는 데 실패했다는 말은 아니다. 독일군이 점령한 그리스에서도 주민의 협력은 없었지만, 살로니카의 유대인 약 6만 명을 거의 다 죽였다. 살아남은 사람은 겨우 2,000명에 불과했다. 벨기에에서도 주민들이 저항했지만, 유대인 6만 5,000명 중에 4만 명을 살해해서 안트웨르펜의 유명한 다이아몬드 무역 지대를 거의 쓸어버리다시피 했다. 네덜란드에서는 친위대 활동이 특히 더 사납고 냉혹했다. 네덜란드 국민은 유대인을 보호하기 위해 총파업까지 벌였지만, 14만 명 중 10만 5,000명이 죽임을 당했다. 독일의 동맹국인 핀란드 국민도 유대인 2,000명을 독일군에 넘기길 거부했다. 덴마크는 유대인 주민 5,000명을 거의 다 스웨덴으로 도피시켰다. 한편 전통 있는 헝가리의 유대인 사회에서는 전쟁이 끝날 무렵 많은 이들이 희생되었다. 2만 1,747명이 헝가리 안에서 죽었고 59만 6,260명이 추방당했다. 그중 살아남은 사람은 11만 6,500명에 불과하다.[175]

헝가리에서 대량 학살이 벌어지고 있을 때 연합군은 제공권을 완전히 장악해서 진격을 이어가고 있었다. 이즈음에서 이런 질문을 제기하지 않을 수 없다. 유럽의 유대인을 구하기 위해 연합군이 효과적인 수단을 강구할 수는 없었을까? 러시아군은 홀로코스트 현장에서 가장 가까운 위치에 있었는데도 유대인을 구출하려는 시늉조차 하지 않았다. 오히려 그 반대였다. 부다페스트에서 유대인의 목숨을 구하려고 애쓰던 스웨덴 외교관 라울 발렌베리가 적군赤軍이 도착함과 동시에 행방불명이 되었다. 스웨덴 사람들은 소비에트 군 당국이 라울 발렌베리의 신병과 재산을 보호하기 위해 필요한 조치를 강구했다는 이야기를 들었다. 그러나 그 후 그를 본 사람은 아무도 없었다.[176]

영국과 미국의 역할

영국과 미국 정부는 원칙적으로는 유대인에게 동정적이었다. 그러나 실제로는 지나치게 친유대 정책을 추진하다가 히틀러가 유대인을 대량 추방하면 도의적으로 그들을 받아주지 않을 수 없다는 점 때문에 걱정했다. 나치는 국외 추방을 최종적 해결의 일부로 여겼다. 그러나 현재 남아 있는 증거를 토대로 판단하건대, 당시 히틀러는 추방보다는 학살 쪽으로 마음을 굳힌 상태였다. 그러나 히틀러가 마음만 먹으면 연합국이 난처해지게 정책을 수정하는 것쯤은 어렵지 않았다. 괴벨스는 1942년 12월 13일자 일기에 이렇게 썼다. "영국과 미국도 우리가 유대인 쓰레기를 박멸하는 것을 기뻐할 게 분명하다." 물론 사실이 아니다. 그러나 두 나라 다 대규모 난민을 받아들여 유대인의 생명을 구할 준비가 되어 있지도 않았다.

1930년대에 유럽 열강 중에 반유대주의 정서가 가장 약했던 국가는 영국이다. 오즈월드 모슬리 경이 1932년에 조직한 검은셔츠단 운동이 실패로 끝난 가장 큰 이유는 유대인을 공격했기 때문이다. 그러나 영국 정부는 대규모 유대인 난민이 영국으로 흘러들어 반유대주의가 확산되지는 않을까 걱정했다. 1939년 백서에서 규정한 팔레스타인 이민 규제를 철회할 생각도 없었다. 늘 시온주의자 편이었던 윈스턴 처칠은 유대인 이민자를 더 많이 받아들여야 한다고 생각했지만, 외무장관 로버트 앤서니 이든은 팔레스타인을 유대인에게 개방했다가는 영국의 동맹인 아랍 국가와 반목하게 되고 중동에서 영국군의 입지가 약화될 것이라는 입장을 굽히지 않았다. 뉴욕의 유대인 지도자인 랍비 스티븐 새뮤얼 와이즈는 1943년 3월 27일에 워싱턴에서 이든과 만나 독일이 점령한 유럽 지역에서 유대인이 탈출할 수 있도록 영국과 미국이 독일과 교섭해달라고 요청했다. 이든은 실현 불가능한 이야기라고 일축했다. 그러나 사적인 자리에서는 "우리가 그런 제의를 하면 히틀러가 받아들일지도 모른다"라고 말했다.[177] 외무부에서는 유대인 난민을 받아들이는 문제에 소극적이었고 유대인 사회로부터 그런 요청을 받는 것 자체를 싫어했다. 외무부 고위 관료는 비탄에 잠긴 유대인을 상대하는 데 너무나 많은 시간을 낭비하고 있다고 불만을 토로하기도 했다.[178]

그나마 미국은 유대인 난민을 수용할 능력이 있었다. 그러나 전쟁 중에 겨우 2만 1,000명밖에는 입국을 허가하지 않았다. 이 수치는 법률로 정한 이민 할당 인원의 10퍼센트밖에 되지 않는다. 여론이 좋지 않았기 때문이다. 재향군인회부터 해외종군군인회까지 애국 단체들이 이민 전면 금지를 요구했다. 미국 역사에서 2차 세계대전 때만큼 반유대주의 정서가 강해진 때도 없다. 여론 조사에 따르면, 1938년부터 1945년까지 35-40퍼센트의 국민이 반유대 입법을 지지했다. 1942년에 실시한 조사에 따르면, 미국 국민은 유대인 집단을 일본인과 독일인 이후 가장 큰 위협 요인으로 인식했다. 일례로 1942년부터 1944년까지 뉴욕 워싱턴 하이츠에서 모든 회당이 훼손당했다.[179]

영국과 미국은 히틀러가 유대인 학살 계획을 추진하고 있다는 사실을 알고 있었다. 1942년 5월에 폴란드유대인노동자연합이 런던에 있는 폴란드인민위원회 유대인 회원 두 명에게 확실한 증거가 담긴 보고서를 보내왔기 때문이다. 이 보고서에는 헬름노 독가스 차 이야기와 70만 명이 이미 학살당했다는 이야기가 담겨 있었다. 〈보스턴 글로브〉지는 "폴란드 유대인 대량 학살, 70만 명 이상"이라는 기사를 게재했다. 그러나 12면에 실려서 주목을 받지 못했다. 〈뉴욕 타임스〉도 역사상 최대의 학살이라고 보도했지만, 5센티미터 크기의 작은 기사였다.[180]

일반적으로 홀로코스트 소식은 크게 보도되지 않았고 속속 들어오는 전황 보도에 묻혀 주목을 받지 못했다. 게다가 미국 시민은 홀로코스트를 사실로 받아들이려 하지 않았다. 미군이 수용소 지역으로 진격한 뒤에도 마찬가지였다. 〈네이션〉 지에 기고하는 제임스 에이지는 나치의 잔학 행위를 폭로하는 다큐멘터리 시청을 거부하며 이를 프로파간다라고 비난했다. 미군은 고국에 있는 사람들이 자기들이 직접 목격한 내용이나 사진 속 장면을 사실로 받아들이려 하지 않자 몹시 화가 났다.[181]

구체적인 조치를 취하는 데 가장 방해가 된 인물은 루스벨트 대통령이다. 그에게는 반유대주의 성향이 조금 있었고 상황에 대한 정확한 보고도 받지 못하고 있었다. 카사블랑카 회담에서 유대인 학살 문제가 거론되자 루스벨트는 "독일인이 유대인에게 불만을 품는 것도 이해가 됩니다. 전체 인구 중 유대인 숫자는 얼마 되지도 않는데 법률가, 의사, 교사, 대학 교수의 50퍼센트 이상이 유대인이니 말입니다"라고 말했다.[182] 참고로 실제 숫자는 법률가가 16.3퍼센트, 의사가 10.9퍼센트, 교사가 2.6퍼센트, 대학 교수가 0.5퍼센트였다. 루스벨트는 국내 정치 상황만 고려했던 것 같다. 유대인의 90퍼센트가 대통령을 지지하는 상황에서 굳이 유대인을 위해 모험에 나설 필요가 없다고 보았다. 조직적인 유대인 학살이 사실로 밝혀진 뒤에도 루스벨트는 14개월간 어떤 조치도 취하려고 하지 않았다. 1943년 4월에 늦게나마 영국과 미국이 버뮤다에서 이 문제를 논의했지만, 루스벨트는 여전히 열의가 없었고 결국 구체적인 조치는 아무것도 취할 수 없다는 입장만 확인했다. 그뿐 아니라 이 회담은 히틀러가 유대인을 추방하여 난민이 발생하는 사태가 벌어지게 해서는 안 된다고 경고했다.[183] 결국 전쟁난민위원회가 설립되었다. 그러나 정부의 지원은 거의 없었고 필요한 자금의 90퍼센트를 유대인의 기부금으로 충당했다. 전쟁난민위원회는 유대인 20만 명과 비유대인 2만 명을 구출하는 데 성공했다.

헝가리 유대인 학살이 시작된 1944년 여름에 가스실과 같은 시설을 폭격하는 문제를 검토하기는 했다. 특히 처칠은 유대인의 참상에 몸서리를 치며 구체적인 행동에 나서야 한다고 생각했다. 그는 이번 학살이 세계 역사에서 가장 규모가 큰 최악의 범죄 행위일 것이라고 기록했다. 처칠은 1944년 7월 7일에 이든에게 "동원할 수 있는 공군력을 모두 동원하여 작전에 돌입하고 필요한 것이 있으면 무엇이든 이야기하라"고 지시했다.[184] 실현 가능한 작전은 하나였다. 1944년 7월 7일부터 11월 20일까지 아우슈비츠에서 75.6킬로미터 떨어진 정유 시설을 자그마치 열 번이나 공격했다. (사실 이 시점에 힘러는 홀로코스트를 이미 끝내고 수용소를 모두 파괴하라고 명령을 내린 상태였다.) 8월 20일, 하늘의 요새라고 불리는 폭격기 127대가 아우슈비츠 수용소 가스실에서 동쪽으로 8킬로미터도 떨어지지 않은 공장을 폭격했다.[185] 그 폭격이 유대인의 목숨을 구하는 데 도움이 되었는지는 확인할 길이 없다. 친위대는 어떠한 물리적·군사적 장애도 개의치 않고 광적이라 할 정도로 집요하게 유대인을 살해하는 데 매달렸다. 그래도 폭격은 시도해볼 가치가 있었다. 그러나 미국과 영국 정부에서 폭격을 지지한 사람은 처칠뿐이었다. 양국 공군은 적군이나 군사시설 외에 다른 표적을 공격하는 작전을 수행하고 싶어 하지 않았다. 심지어 미 국방부는 실행 가능성을 검토도 하지 않고 계획을 파기했다.

여기서 우리는 가혹하고도 중요한 사실에 직면한다. 유대인 구출 작전에 병력을 투입하지 않기로 한 것은 전반적인 전쟁 정책에 부합했다. 영국과 미국은 유대인 공동체와 협의를 통해 신속하고 완벽하게 히틀러를 타도하는 것이 유대인을 살리는 가장 좋은 방법임을 확인했다. 그래서 조직과 세력이 상당한 미국 유대인 사회는 폭격에 크게 집착하지 않았다. 그러나 전쟁에서 승리하는 것을 최우선 목표로 받아들이자 최종적 해결 역시 그러한 시각에서 이해해야 했다. 사실 최종적 해결은 처음부터 끝까지 나치의 전쟁 수행 능력을 떨어뜨리는 자상행위自傷行為였다.

군 지도자이건 산업계 지도자이건 합리적인 사고방식으로 전쟁에 접근하는 독일인은 누구나 최종적 해결에 반대했다. 이 일을 수행하려면 수천수만 명의 군인이 필요했기 때문이다. 유대인을 수용소로 실어 나르느라 중요한 전투 도중에 철도 기능이 마비되기도 했다. 무엇보다 300만 명이나 되는 부지런한 노동력을 쓸데없이 죽이는 건 산업계에 도움이 되지 않았다. 그들은 대부분 우수한 숙련공이었다. 군수 시설에서 일하는 유대인 노동자는 자신의 운명을 어렴풋이 깨닫고 전쟁에서 승리하려면 자기들이 없어서는 안 된다는 사실을 납득시키고자 온 힘을 다해 일했다. 산업에 종사하는 독일인이 유대인 직원을 수용소로 보내지 않으려고 노력했다는 증거도 많이 있다. 독일군이 점령한 러시아 땅에서 군수 공장을 관리하던 사람은 이렇게 보고했다.

가장 해결하기 어려운 문제는 전문 관리직 부족입니다. 이전 경영자는 대부분이 유대인이었습니다. 이들 기업은 모두 소비에트 정부에 접수되었습니다. 볼셰비키 정치 위원은 모습을 감추었습니다. 우크라이나인 관리자들은 무능해서 믿을 수 없고 아주 소극적입니다. … 제대로 된 전문가와 최고의 두뇌는 모두 예전에 회사 경영자이거나 기술자였던 유대인입니다. … 그들은 생산력을 최대로 끌어올리려고 최선을 다하고 있습니다. 급료도 거의 받지 않고 그저 자기들이 없어서는 안 된다는 사실을 확인시키기 위해서 말입니다.186

물론 이들도 모두 죽임을 당했다. 히틀러가 전쟁에서 패한 가장 중요한 원인 중 하나가 홀로코스트인 것은 분명하다. 영국과 미국 정부도 이 사실을 알고 있었다. 그들이 제대로 파악하지 못한 사실이 있다면, 홀로코스트 덕분에 군사적으로 이득을 보는 것은 적군赤軍이고 정치적으로 이득을 본 궁극의 수혜자는 소련 제국이 될 거라는 점이었다.[187]

유대인의 묵종과 저항

유대인 스스로 나치에 저항했다면, 연합국이 다른 작전을 펼쳤을지도 모른다. 그러나 저항은 일어나지 않았다. 여기에는 여러 가지 이유가 있다. 유대인은 1,500년 동안 박해를 받은 경험 때문에 저항하는 것이 득이 되기보다는 해가 된다고 생각했다. 유대인의 역사, 신학, 전통 문화, 사회 구조, 심지어 그들이 사용하는 어휘까지도 타협하고, 값을 치르고, 애원하고, 항의하되 싸우지는 말라고 가르쳤다. 게다가 유대인 공동체, 특히 동유럽 유대인 사회에서 여러 세대에 걸쳐 인력이 빠져나가 힘을 잃어가고 있었다. 가장 야심이 큰 사람은 미국으로 건너갔다. 가장 활력 있고 모험을 좋아하고 무엇보다도 전투적인 젊은이는 팔레스타인으로 갔다. 우수하고 총명한 유대인이 전쟁 전부터 외국으로 빠져나가고 있었다. 야보틴스키는 일치감치 홀로코스트가 닥칠 것이라고 예견했지만, 폴란드 유대인 그룹이 전투 훈련을 받고 제복을 입고 무기를 든 것은 히틀러에게 맞서기 위해서가 아니라 유대인을 팔레스타인으로 보내기 위해서였다. 예를 들어 메나헴 베긴은 전쟁이 시작되자 유대인 1,000명을 이끌고 루마니아 국경을 넘어 중동으로 향했다. 사실 그 덕분에 베긴도 화를 면했다.[188] 그들 입장에서는 충분히 의미 있는 일이었다. 이왕 싸울 거라면 아무 희망이 없는 유럽보다는 그래도 희망이 있는 **에레츠 이스라엘**에서 싸우고 싶었다.

　유럽에 남은 유대인은 대부분이 신앙심이 깊었다. 그들은 속았고 또 스스로 속이고 있었다. 아무리 박해가 잔인해도 언젠가는 끝나게 마련이라고 믿었다. 박해하는 자가 아무리 억지를 부려도 협상을 통해 합의에 이를 수 있다고 역사가 가르쳐주지 않았던가. 그래서 '남은 자'를 보존하는 것이 그들의 전략이었다. 유대인의 재산 일부나 대부분을 요구하는 적은 많이 만났어도 말 그대로 유대인 자체를 요구하는 적은 4,000년 역사를 통틀어 처음이었다. 그저 몇 명을 요구하는 것도, 많은 수를 요구하는 것도 아니었다. 젖먹이부터 노인까지 모든 유대인의 목숨을 요구하는 적은 상상해본 적이 없었다. 누가 그런 괴물을 상상이나 했겠는가. 기독교인과 달리 유대인은 악마가 인간의 탈을 쓰고 나타나리라고는 생각지 못했다.

　나치는 저항의 가능성을 최대한 줄이기 위해 유대인 사회의 특성과 심리를 교묘하게 이용했다. 독일에서 나치는 각 도시의 유대인 공동체와 각 지역의 주연합회, 전국 차원의 유대인민족연합회를 이용해 유대인 관리들이 최종적 해결을 스스로 준비하게 했다. 유대인 명부를 준비하고, 출생 및 사망 신고를 하고, 새로운 규정을 전달하고, 게슈타포 명의의 특별 계좌를 개설하고, 특정 거주지 안에 유대인을 모으고, 이송을 위해 도표와 지도를 준비하게 했다. 나중에 나치는 점령 지역에서도 이 방식을 그대로 도입해 유대인 위원회로 하여금 최종적 해결을 돕게 만들었다. 약 1,000개가량의 유대인 위원회가 조직되었고 1만 명이 그 안에서 일했다. 대부분 전쟁 전에 유대인 공동체에 살던 사람들이다. 소련 점령 지역에서는 독일군이 도착하기 전에 미리 공동체의 가장 용감한 지도자를 살해했다. 독일군은 불순분자를 적발하는 데 유대인 위원회를 이용했고 발견 즉시 사살했다. 이 때문에 유대인 지도자들은 고분고분해졌고 두려움에 떨며 아첨하는 경향까지 보였다. 처음에 나치는 유대인에게서 모든 귀중품을 빼앗는 데 유대 지도자들을 이용했고, 그다음에는 강제 노동 수용소나 죽음의 수용소로 이송하는 데 이들을 이용했다. 그 대가로 그들은 유대인을 감독하는 특권을 누렸다.[189]

이런 시스템을 가장 대규모로 가장 가증스럽게 악용한 곳은 폴란드 최대의 게토인 바르샤바와 우지였다. 우지의 게토에는 유대인 20만 명이 모여 있었다. 한 방에 평균 5.8명이 들어갔다. 게토 자체가 죽음의 수용소였다. 4만 5,000명이 질병과 기아로 죽었다. 바르샤바의 게토에는 44만 5,000명이 모여 있었다. 한 방에 평균 7.2명꼴이었다. 여기에서도 20개월이 지나지 않아 8만 3,000명이 기아와 질병으로 목숨을 잃었다. 유대인은 게토에 격리되었다가 죽음의 수용소로 향하는 기차를 탔다. 게토는 일종의 소규모 독재 체제로 하임 모르데하이 룸코프스키 같은 인물이 지배했다. 그는 우지 게토에서 권력을 휘두르며 자기 흉상을 넣은 우표를 제작하기도 했다.

지배자들은 비무장 유대인 자치 경찰을 통해 게토를 장악했다. 바르샤바 게토에는 이런 경찰관이 2,000명이나 있었고 폴란드 경찰이 이들을 감독했다. 물론 무장한 독일 보안 경찰과 친위대가 게토 구석구석에서 눈을 번득이며 지켜보고 있었다. 게토가 문명으로부터 격리되어 있었던 것은 아니다. 빈약한 자원이나마 최대한 활용하고자 사회 복지 사업에 힘썼다. 은밀히 **예쉬바**를 조직했고 바르샤바와 우지, 빌나, 코브노(카우나스)의 게토에는 오케스트라도 있었다. 공식적으로는 유대인 작곡가의 곡만 연주해야 했지만 말이다. 비밀리에 신문도 발행하여 돌려보았다. 중세풍의 공동체를 이루고 있던 우지의 게토에서는 그에 걸맞게 연대기를 기록했다.[190] 그러나 독일이 게토를 만들고 유대인 지도자에게 권한을 준 데에는 분명한 목적이 있었다. 게토는 오로지 전쟁에 도움이 되는 일을 하고 유대인을 질서 있게 수용소로 실어 나르기 위해 존재했다. 우지에는 117개, 비아위스토크에는 20개의 소규모 군수 공장이 있었다.

독일은 유대인의 저항을 가능한 억제하기 위해 늘 거짓말을 하고 정교한 속임수를 사용했다. 게토에서 수용소로 이송할 때는 늘 공장에 가는 것이라고 말했다. 강제 수용소로 이송한 유대인에게는 게토에 있는 이들에게 발트제 우표를 인쇄한 엽서에 "잘 지내고 있다. 일도 잘 하고 건강하다"라는 글을 쓰게 했다. 트레블링카 수용소로 가는 길에는 매표소와 '비아위스토크 방면'이라고 쓴 표지판까지 갖춘 가짜 역까지 건설했다. 샤워실로 보이게 위장한 가스실 문에는 적십자 마크를 붙였다. 친위대는 종종 유대인이 줄을 서서 샤워실로 향하는 동안 수용자로 이루어진 오케스트라에게 음악을 연주하게 했다. 이런 위장과 속임수는 끝까지 계속되었다.

한 희생자의 주머니에서 나온 쪽지에는 이렇게 쓰여 있었다. "긴 여정 끝에 간신히 여기에 도착했다. 입구에는 샤워실이라는 팻말이 걸려 있다. 밖에서는 사람들이 비누와 수건을 받아들었다. 저들이 우리에게 무슨 짓을 하려는 걸까?"[191] 1942년 8월 18일에 친위대 소독 전문가 쿠르트 게르슈타인은 베우제츠 수용소에서 줄지어 가스실로 들어가는 유대인 남녀와 아이들을 보고 친위대 장교가 이렇게 외치는 소리를 들었다. "여러분에게 해로운 건 아무것도 없다. 숨을 깊게 들이마셔라. 폐가 튼튼해질 거다. 전염병을 예방하려는 것이다. 아주 효과 좋은 소독제다."[192]

속임수는 효과가 있었다. 많은 유대인이 정말 그렇게 믿고 싶어 했기 때문이다. 그들에게는 희망이 필요했다. 친위대는 일부 유대인만 수용소 행 기차를 탈 것이라는 거짓말을 게토에 퍼뜨렸다. 나치 독일에 협조만 잘하면 얼마든지 살 수 있다고 유대인 지도자들을 부추겼다. 게토의 유대인은 죽음의 수용소가 있다는 사실을 믿으려 하지 않았다. 1942년에

헬름노 수용소에서 탈출한 유대인 젊은이 두 명이 그곳에서 본 것을 증언해도 고생을 많이 해서 정신이 나간 것 같다고 생각했고 신문도 그들의 이야기를 보도하지 않았다. 4월에 들어 베우제츠에서 나온 보고가 헬름노의 증언과 일치한다는 것을 확인하고서야 바르샤바의 유대인은 죽음의 수용소가 존재한다는 사실을 믿었다. 7월에는 바르샤바 게토의 지도자 아담 체르니아코프가 어린아이들조차 구할 수 없다는 사실을 깨닫고 청산가리를 마시고 자살했다. 그는 다음과 같은 글을 남겼다. "나는 너무나 무력하다. 비탄과 연민으로 가슴이 터질 것 같다. 더는 견딜 수가 없다. 나의 행동이 모든 사람에게 무엇이 진실인지 증명해줄 것이다."[193] 그러나 상황이 이 지경이 되었는데도 많은 유대인이 전부 죽지는 않을 거라는 희망을 버리지 못했다. 빌나의 게토 지도자 야코프 겐스는 사람들 앞에서 이렇게 말했다. "그들이 1,000명을 보내라고 하면, 보낼 생각입니다. 우리가 자발적으로 보내지 않으면 그들이 강제로 데려갈 테니까요. 그리고 그렇게 되면 그들은 1,000명이 아니라 수천 명을 데려가겠지요. 수백 명을 보내서 1,000명을 구하고 1,000명을 보내서 1만 명을 구할 겁니다."[194]

유대교의 가르침도 수동적인 태도를 부추긴 요인 중 하나다. 경건한 유대인은 대부분 자신의 운명을 하나님의 뜻으로 받아들일 준비가 되어 있었다. 그들은 성경 말씀을 인용했다. "당신들은 언제나 생명의 위협을 느낄 것이며, 밤낮 두려워하여, 자신의 목숨을 건질 수 있을지조차도 확신할 수 없을 것입니다."[195] 그러면서 기도용 숄을 두르고 시편을 암송하며 소용소행 기차를 탔다. 하나님의 영광을 위해 순교하는 것이라고 믿었다. 만일 하나님의 은혜로 생명이 연장된다면 그건 기적이라 생각했다. 홀로코스트 기간에 하나님이 얼마나 많은 사람의 목숨을 구하셨는지 구원의 기적을 전파하는 일화가 하나둘 쌓였다.[196] 한 유대인 공동체 지도자는 이런 글을 남겼다. "참으로 경건한 자들은 믿음이 더 강건해졌다. 매사에 간섭하시는 하나님의 손길을 보았기 때문이다."

수용소에는 살해된 수용자의 시체를 소각장으로 나르는 수용인 그룹이 있었다. 이들을 존더코만도라고 불렀는데, 아우슈비츠 수용소에서 시체가 가득한 가스실을 청소한 존더코만도의 일원은 헝가리와 폴란드에서 온 경건한 유대인 그룹이 가스실로 들어가기 전에 어디에서 구했는지 브랜디를 마시고 춤추고 노래하는 모습을 목격했다고 증언했다. 곧 메시아를 만나게 될 것이라고 굳게 믿었기 때문이다. 그들보다 더 세속적인 유대인들도 공포 속에서 하나님의 뜻을 받아들이는 기쁨을 발견했다. 네덜란드의 유대인 여성 에티 힐레숨이 아우슈비츠에서 기록한 일기는 홀로코스트에 욥의 전통이 살아 있었음을 보여준다. "주님의 대지에 발을 단단히 붙이고 수용소 한 귀퉁이에 서서 주님이 계시는 하늘을 바라보자 눈물이… 감사의 눈물이 뺨을 타고 흘러내렸다."**197**

게토에서 사람이 점점 줄어들자 맞서 싸우기로 결심하는 유대인이 생기기 시작했다. 그러나 정치적 갈등으로 한 가지 계획에 합의하기까지 시간이 걸렸다. 바르샤바 게토에서는 공습에 대비하여 방공호를 건설한다면서 하수도로 연결되는 지하도를 팠다. 지도자는 모르데카이 아니엘레비치라는 스물네 살의 청년이었다. 그는 전사 750명을 모으고 소총 9정과 권총 59정, 수류탄 몇 개를 손에 넣었다. 이에 나치는 무장한 친위대를 투입해서 1943년 4월 19일에 바르샤바 게토를 파괴하는 작업에 착수했다. 당시 그곳에 남아 있는 유대인은 6만 명밖에 되지 않았다. 주로 지하에서 벌어진 절망적인 전투에서 유대인 전사들은 독일인 16명을 죽이고 85명에게 부상을 입혔다. 아니엘레비치는 5월 8일에 전사했지만, 남은 사람들이 8일 동안 전투를 계속했다. 결국 수천 명의 유대인이 잔해 속에서 죽었다. 잘 무장된 군대를 갖춘 유럽 국가도 나치를 상대로 이토

록 오래 저항하지는 못했다.[198]

심지어 1944년 10월 7일에는 아우슈비츠에서 폭동이 일어났다. 크루프 공장에서 일하던 유대인이 폭약을 몰래 가지고 나왔고 소련군 포로가 이것을 가지고 수류탄과 폭탄을 제조했다. 폭동을 일으킨 것은 제3 소각로와 제4 소각로에 배치된 존더코만도였다. 이들은 제3 소각로를 폭파해서 친위대원 세 명을 죽였다. 이 일로 수용소 경비대의 손에 약 250명이 죽임을 당했고 27명이 탈출에 성공했다. 폭약을 수용소로 몰래 반입한 유대인 소녀 네 명은 몇 주에 걸쳐 고문을 받으면서도 절대 입을 열지 않았다. 그중 한 명인 로자 로보타는 나머지 소녀들에게 "강하고 담대하세요"라는 말을 남기고 숨을 거두었다. 고문을 끝까지 견딘 소녀 두 명은 아우슈비츠에 수용된 모든 여자들이 보는 앞에서 교수형을 당했다. 그중 한 명은 죽어가면서 "복수를!" 하고 외쳤다.[199]

그러나 일반적으로 유대인 학살 과정에서 저항은 찾아보기 어려웠다. 독일인은 언제나 압도적인 병력으로 갑자기 들이닥쳐 일을 신속히 처리했고, 유대인은 공포와 절망으로 마비되었다. 우크라이나의 두브노에서 한 목격자는 이렇게 기록했다.

대규모 친위대가 순식간에 게토를 포위했다. 우크라이나인 민병대의 세 배나 되었다. 게토 안과 주변에 있는 아크등에 불이 들어왔다. … 너무나 정신없이 사람들을 끌어내는 바람에 어린아이를 침대에 두고 떠밀려나왔다. 거리에서 여자들은 아이를 찾으며 울부짖고 아이들은 부모를 찾으며 울었다. 친위대는 전혀 개의치 않고 붙잡은 자들의 등을 떠밀며 종종걸음으로 화물 열차에 오를 때까지 계속 때렸다. 사람들이 화물 열차를 가득 채웠고 울부짖는 여자들과 아이들의 소리, 사나운 채찍 소리와 총성이 끊이지 않고 울렸다.[200]

많은 유대인이 수용소로 가는 도중에 죽었다. 간신히 살아서 목적지에 도착하면 곧장 가스실로 들어갔다. 1942년 8월의 어느 이른 아침, 쿠르트 게르슈타인은 유대인 6,700명이 기차를 타고 아우슈비츠에 도착하는 모습을 목격했다. 1,450명은 이미 죽어 있었다. 가죽 채찍을 든 우크라이나인 200명이 기차의 문을 열고 생존자에게 밖으로 나오라고 명령했다. 기차에서 내리는 사람들은 채찍을 맞고 땅바닥에 뒹굴었다. 모두 탈의하라는 확성기 소리가 귓전을 때렸다. 그들은 사나운 손길로 모든 여자의 머리를 밀었다. 그리고 소독용 샤워를 해야 한다면서 전원을 벌거벗겨 가스실에 밀어 넣었다.[201] 저항할 기회는 없었다. 할 수 있는 일이라고 해봐야 감추어둔 지폐를 잘게 찢어서 나치가 쓸 수 없게 만드는 것뿐이었다. 그것이 그들이 마지막으로 할 수 있는 유일한 저항이었다.[202]

아무도 히틀러의 대재앙을 피하지 못했다. 체코슬로바키아에 있는 테레지엔슈타트 수용소에는 노인이 가득했다. 유대인을 수용소에 모으는 것은 그곳에 이주시켜 살게 하려는 것이라고 위장하기 위해 운영하는 수용소였다. 이곳에는 이른바 특권층 유대인을 이송했다. 1급 철십자훈장 이상의 훈장을 받은 이들이 주를 이뤘고 장애가 있는 상이군인이 50퍼센트가 넘었다. 그러나 1945년 5월 9일에 연합군이 수용소를 해방했을 때 전체 수용인 14만 1,184명 중에 살아남은 사람은 1만 6,832명에 불과했다. 8만 8,000명이 넘는 노인과 용사들이 가스실에서 똑같이 죽음을 맞았다.[203] 나이가 많다고 봐주는 경우는 없었다. 독일이 오스트리아를 합병하자 프로이트의 친구들이 나치에게 몸값을 지불하고 늙고 병들어 죽어가는 그를 살려내 영국으로 보냈다. 빈에 남은 프로이트의 나이든 누이 네 명이 위험하다는 생각은 프로이트를 포함한 그 누구도 하지 못했다. 결국 누이들은 나치의 손아귀에 들어갔다. 여든한 살의 아돌핀은 테레지엔슈타트 수용소에서 죽었고, 여든 살의 폴린과 여든두 살의 마리는 트레블링카 수용소에서, 여든네 살의 로즈는 아우슈비츠에서 죽었다.

어리다고 봐주는 경우도 없었다. 나치는 죽음의 수용소에 도착한 여자들의 머리를 모두 밀었다. 머리카락은 상자에 넣어 독일로 보냈다. 삭발하는 데 젖먹이가 성가시게 하면 경비병이 아기 머리를 잡고 벽에 쳐서 죽였다. 뉘른베르크 재판에서 한 목격자는 이렇게 증언했다. "독일인이 얼마나 즐거운 얼굴로 이런 만행을 저질렀는지, 자기 눈으로 직접 보지 않고는 믿지 못할 겁니다. 아이를 벽에 서너 번 패대기쳐서 죽일 때 얼마나 즐거워했는지, 아기 시체를 어머니에게 돌려주며 얼마나 만족스러운 얼굴을 했는지!"[204] 트레블링카에서는 수용소에 도착하자마자 어머니에게서 아기를 빼앗아 죽이고 중환자나 장애자와 함께 구덩이에 던졌다. 갓난아기의 가냘픈 울음소리가 구덩이에서 새어나오기도 했다. 구덩이를 지키는 경비병은 적십자 완장을 차고 있었고 그 구덩이는 양호실로 불렸다.

갓난아기의 머리를 벽에 쳐서 죽였다는 사실은 이중적인 반유대주의 폭력이 마지막까지 이어졌다는 것을 보여준다. 한편에서는 과학적인 방법으로 조직적인 학살을 자행하고, 또 한편에서는 충동적인 잔학 행위를 일삼았던 것이다. 유대인은 가장 비열한 인간이 생각할 수 있는 가장 잔인한 방법으로 죽임을 당했다. 마우트하우젠의 채석장에서는 미성의 이탈리아 유대인에게 다이너마이트를 설치한 바위 위에 서서 〈아베 마리아〉를 부르게 했다. 수백 명의 네덜란드 유대인을 낙하산 부대원의 절벽이라 부르는 높은 절벽에서 채석장을 향해 뛰어내리게 했다.[205] 수천 명의 유대인이 사소한 규칙을 위반했다는 이유로 맞아죽었다. 동전이나 결혼반지를 소지하고 있거나, 죽은 유대인의 옷에서 유대인 표식을 떼어내는 일을 게을리하거나, 수용소 밖에 있는 제과점에서 빵 조각을 얻어먹거나, 허가 없이 물을 마시거나, 담배를 피우거나, 경례를 반듯하게 하지 않았다는 게 이유였다. 그중에는 목이 잘려 죽은 사람도 있다. 트레블링카 수용소의 부소장 쿠르트 프란츠는 사나운 개를 몇 마리 키웠고 이 개를 유대인을 물어 죽이는 데 활용했다. 때로 경비병은 손에 잡히는 대로 아무것이나 들고 유대인을 죽였다. 베우제츠의 한 목격자가 수용소에 갓 도착한 어린 소년의 이야기를 증언했다.

> 그 소년은 건강하고 힘이 넘치는 청춘의 상징 같은 존재였습니다. 발랄한 그의 태도에 놀라곤 했지요. 주변을 둘러보며 즐거운 듯 이렇게 말했습니다. "여기서 아무도 도망치지 못했나요?" 그걸로 충분했습니다. 경비병 한 명이 이 소리를 듣고 소년을 끌고가 죽을 때까지 고문했습니다. 벌거벗겨서 교수대에 거꾸로 매달아 세 시간 동안 방치했습니다. 소년은 강했고 아직 기운이 남아 있었습니다. 그러자 경비병들은 소년을 교수대에서 내려 땅에 눕히더니 죽을 때까지 막대기로 입에 모래를 쑤셔 넣었습니다.[206]

결국 제3제국이 붕괴하고 처음에는 힘러가, 다음에는 수용소의 다른 지휘관들이 자제력을 잃으면서 과학적으로 유대인 문제를 해결하는 방법을 포기했다. 그러자 이중적으로 발현되던 반유대주의 폭력이 통제 불능의 충동적인 잔학 행위로 폭발했다. 남아 있는 유대인을 마지막 순간까지 닥치는 대로 죽일 심산이었다. 존더코만도, 룸코프스키를 포함한 게토의 지도자, 유대인 경찰, 친위대 스파이 모두 죽임을 당했다. 전선이 붕괴하자 친위대는 느긋하게 죽이기 위해서 유대인을 후방으로 옮기려고 애썼다. 제3제국의 붕괴가 돌이킬 수 없을 정도로 명확해진 뒤에도 친위대는 대량 학살 임무에 광적으로 집착했다. 인류 역사상 가장 소름

끼치고 이해하기 어려운 일이다. 살인자들이 반란을 일으킨 사례도 있다. 마우트하우젠 수용소의 위성 조직이자 독일에 마지막 남은 수용소 에벤제에서 폭탄을 설치한 터널 속에 들어가지 않고 버티는 유대인 3만 명을 사살하라는 명령을 친위대원이 거부했다. 그러나 수용소가 해방된 뒤에도 학살은 계속되었다. 1945년 4월 15일에 영국 탱크 부대는 베르겐벨젠 수용소를 점령하고도 상부로부터 정확한 명령을 받지 못해 헝가리인 친위대를 48시간 동안이나 그대로 두었다. 그 사이 친위대는 주방에서 감자 껍질을 훔쳤다는 식의 사소한 이유로 유대인 72명을 죽였다.[207]

반유대주의의 잔재

이렇게 해서 거의 600만 명에 가까운 유대인이 죽임을 당했다. 2,000년에 걸쳐 이교도, 기독교인, 비종교인, 미신을 믿는 사람, 이지적인 사람, 서민, 학자 할 것 없이 다양한 사람들 사이에서 쌓이고 쌓인 증오심이 하나로 합쳐져서 히틀러를 통해 거대한 괴물로 둔갑했다. 그리고 이 괴물은 히틀러 특유의 기력과 의지를 흡수해 무력한 유럽 유대인 공동체를 짓밟았다. 아직 난민 수용소에는 유대인 25만 명이 있고 다른 곳에도 생존자가 흩어져 있기는 했다. 그러나 동유럽의 위대한 아슈케나지 유대인의 계보는 사실상 끊어지고 말았다. 실제로 한 민족을 말살한 것이다. 수용소가 해방되고 그곳에서 얼마나 잔인한 일이 벌어졌는지 밝혀지면서 일부 유대인은 순진하게도 전 세계 사람들이 범죄의 중대성을 깨닫고 한 목소리로 이렇게 말하길 기대했다. "이것으로 충분해. 반유대주의는 끝내야 해. 단번에 완전히 사라져야 해. 이 엄청난 잔학 행위가 다시 일어나게 해서는 안 돼. 이 일은 여기서 끝내고 이제 역사를 새로 시작해야 해."

그러나 인류 사회는 그런 식으로 굴러가지 않는 법이다. 특히 반유대주의 충동은 그렇게 쉽게 사라지지 않는다. 반유대주의는 예전 모습을 벗고 새로운 형태를 취하는 유도 단백질처럼 변화무쌍하다. 홀로코스트의 여파로 유대인을 향한 증오는 동유럽과 중앙 유럽에서 중동으로 이동했다. 아랍 지도자들은 히틀러의 최종적 해결이 완성되지 못하고 어정쩡하게 끝나버릴까 봐 걱정하고 있었다. 1942년 5월 6일에는 이슬람 법률고문 무프티가 유대인이 팔레스타인으로 향하는 것을 놓고 불가리아 정부에 항의했다. 강력하고 효과적인 감시 아래 그들을 폴란드로 돌려보내야 한다고 주장했다.[208]

심지어 유럽에서도 어쩔 줄 몰라 하는 생존자들을 보고 연민을 느끼기보다는 혐오감을 느꼈다. 잔인한 취급을 받아 몸에 밴 습관과 헐벗은 모습은 다시 반유대주의를 불러일으켰다. 다른 장군들보다 유대인 난민을 많이 상대해야 했던 패턴 장군은 그들에게 극도의 혐오감을 보였다. 그는 유대인 난민을 가리켜 현대 문화나 교양과는 아주 상관없는 인간 이하의 종족이라고 칭했다. 그 어떤 민족도 겨우 4년이라는 짧은 기간에 이렇게 심하게 퇴화할 수는 없을 것이라고도 했다.[209] 가련한 생존자를 향한 적대감은 그들이 원래 살던 국가, 특히 폴란드에서 심하게 표출되었다. 유대인 난민은 본국에서 자기들을 기다리는 것이 무언지 잘 알고 있었다. 그래서 본국 송환을 필사적으로 거부했다. 시카고 출신의 한 유대인 미군 병사는 폴란드행 화물 열차에 유대인 생존자를 태울 때의 광경을 이렇게 회상했다. "사람들이 내 앞에 무릎을 꿇고 옷을 찢으며 부르짖었다. '지금 당장 죽여주시오! 차라리 여기서 죽여달란 말이오. 폴란드에 돌아가면 어차피 죽을 것 아니오?'라고 말했다."[210] 그들의 말이 현실로 증명되는 경우도 더러 있었다. 1945년 8월에 폴란드 크라쿠프에서 반유대 폭동이 발생했고, 폭동은 소스노비에츠와 루블린으로 확대되었다. 나치 수용소에서 크라쿠프로 돌아간 루바 진델은 8월의 첫 번째 안식일에 회당이 공격을 받은 사건을 이렇게 서술했다. "그들은 우리가 비밀 의식을 통해 사람을 저주하고 죽였다고 소리쳤다. 그리고 우리를 향해 총을 쏘기 시작했다. 내 옆에 앉아 있던 남편이 얼굴에 총탄을 여러 발 맞고 쓰러졌다." 루바 진델은 서유럽으로 도망치려고 했지만, 패턴 장군의 군대가 저지했다. 바르샤바 주재 영국 대사는 조금이라도 유대인처럼 보이는 사람은 폴란드에서 해를 입을 위험이 있다고 영국 정부에 보고했다. 전쟁이 끝나고 7개월 동안 폴란드에서는 유대인을 살해하는 사건이 350건이나 발생했다.[211]

전범 재판

그러나 홀로코스트가 워낙 잔인무도했던 탓에 국제 사회는 유대인을 상대로 벌이는 폭력 행위에 대해 이전과는 질적으로 다른 반응을 보였다. 먼저 홀로코스트에 대한 처벌과 배상이 필요하다는 데 합의하고 실행에 옮겼다. 전쟁 범죄자에 대한 재판이 1945년 11월 20일에 뉘른베르크에서 시작되었다. 기소장에서 제시한 주요 죄목은 바로 최종적 해결이었다. 나치 지도자에 대한 1차 재판은 1946년 10월 1일에 끝났다. 마침 그날은 유대교의 **욤 키푸르**였다. 피고인 12명은 사형을 선고받았고, 3명은 종신형, 4명은 금고형, 3명은 무죄 판결을 받았다. 그 후 뉘른베르크 후속 재판으로 알려진 나치 전범 재판이 열두 번에 걸쳐 열렸고 그중 네 번의 재판에서 최종적 해결이라는 계획 수립 및 실행의 책임을 물었다. 열두 번의 재판에서 나치 당원 177명이 유죄 판결을 받고 12명이 사형, 25명이 종신형을 선고받았다. 나머지 피고인은 장기형을 선고받았다. 뉘른베르크 외에도 미국과 영국, 프랑스가 점령한 독일 지역에서 재판이 열렸고 거의 모든 재판에서 유대인에게 행한 잔학 행위를 단죄했다.

1945년부터 1951년까지 총 5,025명의 나치 당원이 유죄 판결을 받고 806명이 사형 선고를 받았다. 그러나 실제로 처형당한 사람은 486명에 불과하다. 1951년 1월에는 독일 주재 미국 고등 판무관이 사면령을 통과시켜 미국이 점령한 독일 지역에서 복역 중인 고위급 전범 상당수를 풀어주었다. 국제연합 전쟁범죄위원회는 (일본인을 포함한) 3만 6,529명의 전범 명단을 작성했는데, 대다수가 유대인에게 잔학 행위를 저지른 자들이었다. 전쟁이 끝나고 3년간 연합국 8개국에서 추가로 재판이 열렸고 전범 명단에 오른 3,470명 중 952명이 사형, 1,905명이 금고형을 선고받았다.

이 외에도 전쟁에 참여한 거의 모든 나라에서 여러 번 전범 재판이 열렸다. 약 15만 명이 재판을 받았고 약 10만 명이 유죄 선고를 받았다. 대다수가 유대인에게 잔학 행위를 저지른 자들이었다. 최종적 해결에 가담한 수천 명의 나치 당원과 독일 동맹국 장교가 소련 수용소 군도에 수감되었다. 1945년에는 독일 법원이 기능을 회복하면서 여기에서도 전범 재판을 시작했다. 그 후 4반세기에 걸쳐 12명이 사형, 98명이 종신형, 6,000명이 금고형을 선고받았다.[212] 뒤에서 살펴보겠지만, 1948년에는 이스라엘이라는 국가가 탄생하면서 이스라엘도 응징에 참여했다. 나치 전범을 적발하고 체포해서 신문하는 노력은 홀로코스트가 끝난 지 40년이 넘은 1980년대 후반까지 계속되었다. 물론 정의가 완전히 실현되었다고 말할 수는 없다. 최종적 해결에 참여한 지도자 중에는 꼭꼭 숨어서 평온하게, 또는 아무도 모르게 자기 수명을 다한 사람도 있다. 재판을 받기는 했지만, 죄질에 비해 너무나 가벼운 형을 받은 사람도 있다. 그러나 역사상 가장 극악한 범죄를 저지른 인간을 벌하기 위해 많은 노력을 기울였고 지금도 부단히 노력하고 있다는 사실을 의심하는 사람은 없다.

피해 보상

피해 보상을 위한 투쟁의 결과 역시 착잡했다. 1945년 9월 20일에 유대인협회를 대표해서 하임 바이츠만이 독일을 점령한 미국, 영국, 프랑스, 소련에 배상을 요청했다. 그러나 아무 소득이 없었다. 아직 평화 조약에 대한 협상도 조인도 이뤄지지 않은 탓이었다. 미국과 영국, 프랑스는 나치 소유의 재산을 몰수하고 매각해서 유대인 피해자를 위한 배상 기금으로 삼았다. 그러나 피해자는 개인적으로 손해 배상을 청구해야 했고 선의에서 시작한 배상 계획은 복잡한 절차 때문에 혼란에 빠지고 말았다. 1953년까지 겨우 1만 1,000건의 손해 배상이 진행되었다. 배상액은 8,300만 달러에 불과했다.

　1951년 1월에는 이스라엘 총리 다비드 벤구리온이 독일 연방 정부에 15억 달러의 집단 배상을 청구했다. 이스라엘이 받아들인 독일 난민 50만 명에 대해 1인당 3,000달러씩 계산한 금액이었다. 배상을 청구한다는 것은 독일과 직접 협상을 해야 한다는 뜻이다. 수용소에서 살아남은 사람들 입장에서는 받아들일 수 없는 일이었다. 그러나 벤구리온은 "우리 민족을 학살한 살인자들이 희생자들의 유산까지 차지하게 해서는 안 된다"며 동의를 이끌어냈다. 독일은 8억 4,500만 달러의 배상금을 14년에 걸쳐 지불하기로 합의했다. 아랍 국가의 방해가 있었지만, 1953년 3월에 독일 의회의 비준을 거쳐 이 협정은 발효되었고 독일은 1965년까지 모든 지불을 완료했다. 이 협정을 근거로 독일 의회에서 연방배상법이 통과되어 피해자 본인과 피부양인에게 인명 손실, 신체 손실, 건강 손상, 경력 단절, 직업 상실, 연금 및 보험 손해에 관하여 배상하기로 약속했다. 피해자가 빼앗긴 자유에 대해서도 배상하기로 했다. 수용소에 갇히거나 게토에 격리된 기간이나 다윗의 별을 달고 다닌 기간에 대해 하루에 1달러씩 계산해서 배상액을 산정했다. 가족의 생계를 책임지던 가장을 잃은 가정은 연금을 받고, 과거에 공직에 있던 사람들은 승진을 했고, 교육 기회를 빼앗긴 경우에도 배상을 받았다.

피해자는 재산상의 손실에 대해서도 배상을 청구할 수 있었다. 약 5,000명의 판사와 공무원, 사무관이 포괄적인 배상 업무를 담당하며 1973년까지 총 427만 6,000건의 배상 청구 중 95퍼센트 이상을 처리했다. 4반세기 동안 독일 연방 예산의 약 5퍼센트를 배상금으로 지출했다. 이 책을 쓰고 있는 1987년까지 약 250억 달러가 지불되었다. 20세기 말에는 이 수치가 300억 달러에 이를 것으로 추정된다.[213] 이 정도를 가지고 충분하다거나 후하다고 말할 수는 없다. 그러나 독일 정부는 바이츠만과 벤구리온이 기대한 것보다 훨씬 많은 배상금을 지불했다. 독일 연방 정부는 배상금을 지불함으로써 진심으로 자기들이 지은 죄를 보상하려는 열의를 보였다.

이 외에 유대인에 대한 보상은 그리 만족스럽지 않게 끝났다. 강제 노동 계획에 가담한 독일 산업계에서는 누구 하나 도의적으로 책임을 지려 하지 않았다. 피해자가 민·형사 소송을 제기하면, 당시 강제 노동은 위법이 아니었다며 늘 무죄를 주장했다. 배상금 청구 소송을 제기하면, 한 푼도 배상하지 않기 위해 철두철미하게 소송에 응하고 비열하고 오만한 태도로 일관했다. 독일 사업가 프리드리히 플리크는 이렇게 말했다. "나를 비롯해 지금 이 자리에 있는 피고들을 잘 아는 사람 중에 우리가 반인류 범죄를 저질렀다고 믿는 사람은 아무도 없고, 더욱이 우리가 전범이라고 납득할 만한 증거는 어디에도 없습니다."[214] 플리크는 단 1마르크도 배상하지 않았다. 1972년에 아흔 살의 나이로 세상을 떠날 때 그의 재산은 무려 10억 달러가 넘었다. 독일 기업이 지불한 배상금은 총 1,300만 달러에 불과하고 보상을 받은 유대인은 1만 5,000명도 되지 않는다. 아우슈비츠에 있는 이게파르벤 사에서 강제 노역에 종사한 사람은 일인당 1,700달러를 배상받았고, 아에게텔레풍켄 사에서 일한 사람은 일인당 500달러 또는 그보다 적은 금액을 배상받았다. 강제 노역을 하다 사망한 사람의 가족에게는 배상금을 한 푼도 주지 않았다.[215] 그러나 공산주의 정권에 비하면 자본주의자들은 양반이었다. 동독 정부는 배상 요구에 대꾸조차 하지 않았다. 루마니아 정부도 마찬가지였다. 1945년 이후 억압적인 공산주의 정권이 들어선 광범위한 지역에서 유대인은 아무 보상도 받지 못했다.

단연 최악은 오스트리아였다. 오스트리아는 국민 대다수가 합병을 지지했고 국민 700만 명 중 55만 명이 나치 당원이 되었고 독일인과 함께 2차 세계대전이 끝날 때까지 치열하게 싸우며 전체 유대인 희생자의 거의 절반을 죽였다. 그런데도 영국과 소련, 미국 정부는 전쟁 중인 1943년 11월 모스크바 회의에서 오스트리아가 히틀러 정권의 침략에 첫 번째로 희생당한 자유 국가라고 선언했다. 이에 따라 전쟁 후에 개최한 포츠담 회담에서 오스트리아에 배상 책임을 부과하지 않았다. 이렇게 법적 책임에서 벗어난 오스트리아에서는 모든 정당이 똘똘 뭉쳐 자기네는 오히려 피해자이기 때문에 도의적으로 책임을 져야 할 위치가 아니라는 입장을 확인했다. 1946년에 오스트리아 사회민주당이 밝힌 대로다. "보상을 해야 할 나라는 오스트리아가 아니다. 오스트리아는 오히려 보상을 받아야 할 나라다." 연합국에서는 오스트리아에 전범 처리를 위한 법률을 제정하게 했지만, 1963년이 되어서야 전범 기소를 담당할 검찰 기구를 설립했다. 게다가 기소당한 전범 대다수가 법령에 따라 사면을 받았고 재판이 열리는 경우에도 무죄 판결을 받기 일쑤였다. 유대인이 배상 청구를 하면, 몰수당한 재산이 오스트리아에 있다는 사실을 구체적으로 증명하지 않는 한 독일에 가서 알아보라는 게 보통이었다. 1,000달러 이상을 보상받은 사람은 극소수다.

한편 기독교회는 다소 늦기는 했지만, 도의적 책임을 다하기 위해 활발히 움직였다. 사실 가톨릭과 루터파는 중세 이후 몇 세기에 걸쳐 반유대주의를 유지하면서 유대인에 대한 증오를 부추겼다. 그것이 히틀러를 통해 절정에 이른 셈이다. 전쟁 기간에 어떠한 종파도 바르게 처신하지 않았다. 특히 로마 교황 피우스 12세는 최종적 해결에 대해 알고 있으면서도 규탄하지 않았다. 유대인의 입장을 옹호한 인물이 한두 명 있기는 했다. 베를린 성 헤드비지스 대성당의 베른하르트 리히텐베르크 신부는 1941년에 공개적으로 유대인을 위해 기도했다. 나치 독일은 리히텐베르크의 집을 수색한 끝에 설교 요지를 적은 메모를 찾아냈다. 유대인이 모든 독일인을 죽이려 한다는 음모론을 믿어서는 안 된다고 신자들에게 호소하는 내용이었다. 이 때문에 리히텐베르크는 2년간 감옥에 갇혔고 형기를 마친 뒤에는 다하우 수용소로 끌려갔다. 그러나 리히텐베르크 외에는 다른 예를 찾기 어렵다.

1943년 10월 16일에 로마에서 유대인 사냥을 목격한 사람 중에 예수회 신부 아우구스틴 베아가 있다. 독일 바덴 출신으로 피우스 12세의 고

해신부였다. 20년 뒤 추기경이 된 베아는 2차 바티칸 공의회에서 그리스도인일치촉진사무국 초대 국장이 되었다. 이를 계기로 베아는 유대인이 예수 그리스도를 죽인 자들이라고 비난하는 오랜 전통을 완전히 없애기로 결심했다. 베아는 "유대인에 관하여"라는 제목의 공의회 개요를 작성하고 이것을 "교회와 기독교 이외의 종교와의 관계에 관한 선언"으로 확대했다. 힌두교, 불교, 이슬람교, 유대교가 여기에 포함되었다. 공의회는 이 선언문을 검토한 뒤 1965년 11월에 정식으로 채택했다.

아직 어설픈 부분이 많았고 베아가 원한 만큼 솔직하지도 않았다. 유대인 박해에 대한 사과가 빠졌고, 기독교 성립 과정에서 유대교가 기여한 부분을 충분히 인정했다고 볼 수도 없었다. 선언문의 핵심 내용은 다음과 같다. "유대교 당국과 추종자들이 그리스도를 죽이도록 압력을 행사한 것은 사실이다. 그러나 그리스도가 고난을 받을 때 그들이 한 행동에 대해 당시 그들의 입장을 고려하지 않고 모든 유대인을 비난하고 나아가 오늘날의 유대인까지 비난해서는 안 된다. 교회가 하나님의 새로운 백성이긴 하지만, 마치 성경이 그렇게 말하기라도 하는 것처럼 하나님이 유대인을 내쳤다거나 저주했다고 주장해서는 안 된다."[216] 대단한 선언은 아니다. 그러나 의미는 있다. 이 선언을 채택하기까지 격렬한 반대가 있었다는 점을 감안하면, 큰일을 했다고 할 수도 있다. 또한 이 선언은 문명 세계가 반유대주의를 제도적으로 후원하는 것을 근절해나가는 과정의 일부였다.

당연히 환영할 일이었다. 그러나 문명 세계를 어떻게 정의하든, 유대인은 이른바 문명 세계가 신뢰할 수 없는 존재라는 사실을 간파했다. 유대인은 홀로코스트를 통해 필요하다면 적으로부터 모든 유대인을 안전하게 보호할 수 있는 영속적이고 자급자족할 수 있고 무엇보다 주권을 지닌 피난처를 반드시 확보해야 한다는 아주 중요한 교훈을 얻었다. 1차 세계대전은 시온주의 국가 건설을 가능하게 했다. 2차 세계대전은 시온주의 국가 건설을 필수불가결한 것으로 만들었다. 압도적 다수가 어떤 대가를 치르더라도, 대가를 치러야 할 사람이 자기들이든 다른 이들이든, 유대인 국가를 반드시 건설해야 한다고 확신했다.

7부

시온

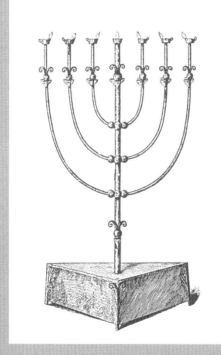

유대 역사에 나타난 재난과 섭리

홀로코스트와 새로운 시온은 유기적으로 연결되어 있다. 600만 명에 이르는 유대인 대학살은 이스라엘이라는 국가를 건설하는 중요한 동인이 되었다. 이는 '고난을 통한 구원'으로 집약되는, 고대부터 유대 역사에서 끊임없이 되풀이된 역동적인 주제와 일맥상통한다. 수천 명의 경건한 유대인이 가스실로 들어가면서도 신앙고백을 노래했다. 자기들이 받는 이형벌은 하나님이 하시는 일이고, 자기들이 받는 고난은 하나님이 자기들을 선택했다는 증거이고, 히틀러와 나치 친위대는 그저 하나님이 쓰시는 도구일 뿐이라는 믿음이 있었기 때문이다. 예언자 아모스에 따르면 하나님은 다음과 같이 말씀하셨다. "나는 이 땅의 모든 족속들 가운데서 오직 너희만을 선택하였으나, 너희가 이 모든 악을 저질렀으니 내가 너희를 처벌하겠다."[1] 따라서 아우슈비츠에서 당한 수난은 단순한 해프닝이 아니라 아모스를 통해 하신 하나님의 말씀이 실현된 것으로 하나님의 계획의 일부이자 앞으로 도래할 영광을 확증하는 증거였다. 더욱이 하나님은 유대인에게 분노하기만 하신 것이 아니다. 하나님은 그들 때문에 슬퍼하셨다. 하나님은 유대인과 함께 눈물을 흘리셨다. 그 옛날 그들과 함께 바빌로니아 땅으로 유배를 가신 것처럼 그들과 함께 가스실로 들어가셨다.[2]

종교적이고 철학적인 관점에서 홀로코스트의 원인과 결과를 설명하자면 그렇다. 물론 역사적인 관점에서도 그렇게 해석할 수 있다. 이스라엘의 건국은 유대인이 경험한 여러 고난의 결과다. 우리는 지금까지 없어서는 안 되는 퍼즐 조각이 제자리를 찾아가는 것처럼 각각의 사건이 어떻게 연결되는지 살펴보았다. 1648년에 동구권에서 발생한 대학살은 유대인 공동체가 영국과 아메리카 대륙으로 이주하는 원인이 되었고, 이를 통해 세계에서 가장 영향력이 강한 유대인 사회가 태동했다. 그리고 이것은 또한 이스라엘이라는 국가가 태동하기 위해 지정학적으로 꼭 필요한 사건이었다. 1881년에 발생한 대학살 역시 같은 결과를 낳았다. 유대인의 이주는 드레퓌스 사건의 배경이 되고, 드레퓌스 사건은 헤르츨이 현대 시온주의 운동을 조직하는 직접적인 원인이 되었다. 제정 러시아의 유대인 박해는 유대인 운동을 조직하는 기폭제가 되었고, 유대인 운동은 팔레스타인 지역의 긴장감을 고조시켜 1917년 밸푸어 선언을 이끌어냈다. 그리고 밸푸어 선언을 이행하기 위해 국제연맹이 팔레스타인을 위임통치하기 시작했다. 그리고 마지막으로 시온주의 국가 건설을 부추기는 대재앙의 대미를 장식한 것이 히틀러의 유대인 박해다.

2차 세계대전 이전에도 히틀러의 반유대주의 정책은 팔레스타인에 있는 유대 공동체를 강화시키는 결과를 가져왔다. 히틀러는 유대인의 국가를 잠재적인 적, 제2의 바티칸, 유대 코민테른, 전 세계 유대 세력이 집결하는 새로운 기반으로 이해했다.[3] 그러나 1930년대에 나치는 잠시 동안 독일에 거주하는 유대인이 팔레스타인으로 이주할 수 있게 적극 도왔다. 그리하여 독일에 살던 유대인 6만 명이 고향 땅에 도착했고 그들의 자산은 팔레스타인에서 공업 및 산업 기반을 세우는 데 쓰였다.

전쟁은 히틀러의 주적인 유대인에게 철저한 물리적 폭력을 가했을 뿐 아니라 유대인이 연합국과 함께 히틀러를 공격할 기회도 제공했다. 결국 전쟁이 시온주의자의 계획에 박차를 가하는 계기가 된 셈이다. 1939년 전쟁 발발 이후 가능한 빨리 이스라엘이라는 국가를 건설하는 것이 시온 주의자의 가장 중요한 목표였고 이 목표는 전 세계 수많은 유대인 공동 체에 전파되었다. 그러나 시온주의자가 극복해야 할 장애물은 여전히 많 았다. 히틀러를 무너뜨리는 것만으로는 부족했다. 전쟁에서 승리한 영국 과 미국, 소련의 반대를 모두 꺾어야 했다.

영국과 시온주의 국가

팔레스타인을 점령하고 있는 영국이 가장 중요했다. 더구나 1939년에 발표한 정부 백서에서 대영 제국은 사실상 밸푸어 선언을 폐기하고 유대 인 인구가 팔레스타인에서 절대 다수를 차지하는 것을 용인하지 않는 정 책으로 돌아서고 있었다. 전쟁 중에만 해도 유대인은 영국의 협력자였 다. 그러나 이제 시온주의자는 영국의 대對팔레스타인 정책을 뒤집어야 했다. 벤구리온은 두 가지 목표가 양립할 수 있다고 생각했다. "우리는 마치 백서가 없는 것처럼 히틀러와 싸워야 하며, 히틀러가 없는 것처럼 백서와 싸워야 합니다."**4** 만약 유대인이 하나로 뭉쳐 싸우는 것을 영국이 허용한다면, 벤구리온의 판단이 옳다고 할 수 있다. 군대를 조직하면 나 중에 팔레스타인에서 진가를 발휘할 수 있을 테니 말이다. 군부와 외무 부, 식민부를 위시한 영국 당국은 바로 그 이유 때문에 유대인 부대를 편성하는 것을 꺼렸다. 실제로 1942년 말에 영국군이 이집트 북서부 지중 해에 있는 알라메인 마을에서 승리하면서 중동 지역에서 독일의 위협이 사라지자 이 지역 영국군 사령부는 유대인의 군사 행동에 의심의 눈길을 보냈다.

그러나 유대인에게는 처칠이라는 강력한 지원군이 있었다. 처칠은 소 규모의 기존 유대인 부대를 중심으로 기동성 있는 공격 부대를 편성하자 는 하임 바이츠만의 제안을 지지했다. 영국 군부에서 이 계획을 여러 번 저지하려 했지만, 처칠이 밀어붙였다. 처칠은 1944년 7월 12일에 국방 장관에게 다음과 같은 글을 적어 보냈다. "나는 유대인이 중부 유럽에서 그들의 동포를 죽인 살인자들을 직접 잡겠다는 생각에 찬성합니다. 그들 이 원하는 것은 독일과의 싸움입니다. … 세계 각지에 흩어져 어떤 민족 도 당한 적 없는 고통을 맛본 이 민족이 스스로 일어서겠다는데, 그것을 막아야 할 이유를 나는 도무지 모르겠습니다."[5] 2개월 뒤 2만 5,000명으 로 구성된 유대인 여단이 편성되었다. 처칠이 없었다면 유대인이 이런 정규 군단을 조직할 기회는 없었을 것이다. 이때 여단을 편성해 함께 활 동했던 경험이 4년 뒤 이스라엘 건국에 매우 중요하게 작용했다.

그렇지만 영국은 팔레스타인 정책을 뒤집을 생각이 없었다. 히틀러를 제압하느라 국가 경제가 어려워진 탓에 중동에 보유한 유전의 가치가 더 높아졌다. 따라서 아랍 세계가 영국에 등을 돌릴지도 모르는 대규모 유 대인 이주를 허용할 생각이 없었다. 아랍과의 우호관계를 깨뜨리지 않고 팔레스타인에서 철수할 수 있을 때까지는 위임 통치를 그만 둘 생각도 없었다. 그래서 영국은 유대인 이민자가 불법으로 팔레스타인 땅에 상륙 하는 것을 막고, 몰래 숨어 들어온 유대인을 체포해서 강제 송환한다는 방침을 세웠다. 1940년 11월에 강제 송환자 1,700명을 태우고 모리셔스 로 향하던 파트리아 호가 하가나의 공격을 받고 하이파 만에서 침몰해

난민 250명이 익사했다. 1942년 2월에는 루마니아에서 난민을 태운 스트루마 호가 팔레스타인 영국 당국의 상륙 허가를 받지 못해 회항하다가 터키의 공격을 받고 흑해에서 침몰해 770명이 익사했다. 이런 비극적인 사건이 연이어 일어나도 유대인의 팔레스타인 이주를 제한하기로 한 영국의 결심은 전쟁 중에도 전쟁이 끝난 뒤에도 흔들리지 않았다. 유대인 25만 명이 난민 수용소에 갇혀 있을 때도 마찬가지였다. 1945년에 시온주의를 지지하는 영국 노동당이 총선거에서 승리한 뒤에도 상황은 달라지지 않았다. 노동당 내각의 새 외무장관 어니스트 베빈은 외교관과 장군 들의 의견을 거스르려 하지 않았다.

당시 영국은 여전히 세계의 4분의 1을 지배하고 있었다. 팔레스타인에 사는 유대인을 다 합해봐야 60만 명에 불과했고 팔레스타인에 주둔하고 있는 영국군은 10만에 달했다. 그런 상황에서 시온주의자가 막무가내로 계획을 밀어붙일 이유가 없었다. 노동당 정권이 들어선 지 18개월 만에 어니스트 베빈은 팔레스타인을 내팽개쳤다. 소설가 에블린 워는 예루살렘에 관한 책을 쓰면서 영국의 이러한 조치를 비통한 심정으로 언급했다. "우리는 저급한 동기, 즉 비겁함과 나태함, 인색함 때문에 성지에 대한 위임 통치권을 포기했다. 독일 황제가 거들먹거리며 말을 타고 지나간 길을 에드먼드 앨런비는 겸손하게 걸어서 갔는데, 이제는 견문과 학식, 장비까지 갖춘 대군이 소규모 무장 집단 앞에서 싸워보지도 않고 꽁무니를 빼는 한심한 모습이라니, 눈물이 앞을 가린다."[6] 대체 왜 이런 사태가 벌어지고 만 걸까?

메나헴 베긴과 유대 테러리즘

이에 대한 답은 현대 세계에서 두드러지게 나타나는 유대인의 행동 특성에서 찾을 수 있다. 자유주의 통치자들의 의지를 무너뜨린 교묘한 테러 행위가 바로 그 주범이다. 그 후 40년 동안 테러가 아주 흔해져버렸지만, 사실 1945년에만 해도 테러는 매우 낯설었다. 어찌 보면 테러는 홀로코스트의 산물이라고 할 수 있다. 홀로코스트를 겪지 않았다면 상황이 아무리 절망적이라도 테러와 같은 무자비한 행위를 머릿속에 떠올리지 않았을 테니 말이다. 테러에 가장 뛰어난 기량을 보인 인물은 폴란드 유대인 청년 운동단체 베타르의 초대 의장을 지낸 메나헴 베긴이다. 마치 홀로코스트가 안겨준 비통한 슬픔에 피가 돌고 살이 붙어 베긴이라는 인물이 탄생한 듯했다. 베긴의 고향 브레스트리토프스크는 전체 인구의 70퍼센트가 유대인이었다. 1939년에는 3만 명 이상의 유대인이 살고 있었다. 그런데 1944년에는 고작 10명만 살아남았다. 베긴의 가족도 대부분 살해당했다. 유대인에게는 시체를 매장하는 것조차 허락되지 않았다. 베긴의 아버지는 유대인 묘지에 친구를 매장하기 위해 구덩이를 파다가 발각되어 그 자리에서 사살되었다.[7]

그러나 태생적으로 베긴은 생존력이 뛰어났다. 복수심은 덤이었다. 리투아니아에서 체포되었지만, 역시 살아남았다. 스탈린 비밀경찰의 심문을 견뎌낸 몇 안 되는 사람 중 하나가 베긴이다. 심문 끝에 조사관은 화를 내며 말했다. "너 같은 놈은 두 번 다시 보고 싶지 않아." 훗날 베긴은 그때를 이렇게 회상했다. "그의 신념과 나의 신념의 싸움이었다. 심문실에서도 내게는 싸워야 할 상대가 있었다."[8] 베긴은 바렌츠 해 근처 북극권에 있는 소련의 강제 노동 수용소에 갇혔고, 그곳에서 코틀라스와 보르쿠타 사이에 철도를 건설하는 작업에 투입되었다. 여기에서도 살아남은 베긴은 폴란드인 사면 정책 덕분에 노동 수용소에서 해방되어 폴란드군 사병으로 중앙아시아를 거쳐 예루살렘으로 향했다. 1943년 12월에 베긴은 수정주의자의 군대 조직인 **이르군**의 지휘권을 장악했다. 그리고 두 달 후 팔레스타인 영국 행정 당국에 전쟁을 선포했다.

영국을 바라보는 유대인의 시각은 세 가지였다. 바이츠만은 여전히 영국을 신뢰했다. 벤구리온은 영국이 유대인에게 선의를 품고 있는지 의심하긴 했지만, 어쨌거나 2차 세계대전에서 영국이 승리하길 바랐다. 전쟁 이후에도 벤구리온은 저항 운동과 테러를 철저히 구분했고 이것은 **하가나** 군 정책에 반영되었다. 그러나 이르군 안에는 지도자 아브라함 스테른의 이름을 따서 스테른 갱으로 불리는 과격파가 있었다. 전쟁이 발발하자 이들은 영국과의 전투를 중지하라는 야보틴스키의 명령을 어기고 전투를 계속했다. 결국 아브라함 스테른은 1942년 2월에 살해되었다. 그래도 이츠하크 샤미르와 나탄 옐린 모르의 지휘 아래 스테른 갱은 영국군에 무차별 공격을 이어갔다. 한편 베긴은 바이츠만이나 벤구리온과 다른 입장을 취했다. 베긴은 하가나는 너무 소극적이고 스테른 갱은 조악하고 악랄하고 무식하다고 생각했다. 베긴에게 적은 대영 제국이 아니라 팔레스타인에 있는 영국 행정 당국이었다. 그래서 그들에게 망신을 주려 했다. 팔레스타인 영국 행정부를 쓸데없이 돈만 많이 드는 무력한 기구로 전락시키려 한 것이다. 베긴에게는 600명의 행동 대원이 있었다. 암살에는 반대했지만, 영국 방위위원회 사무실과 이민관리국 건물, 국세청 같은 목표물을 폭파했다.

하가나, 이르군, 스테른 갱 사이에는 늘 긴장이 감돌았고 서로 적대적일 때가 많았다. 이런 관계가 나중에 이스라엘 정치에 우울한 결과를 안겨주었다. 1944년 11월 6일에 스테른 갱은 영국의 중동 문제 담당 장관 월터 기니스를 살해했다. 이에 경악하고 격노한 하가나는 스테른 갱과 이르군을 상대로 이른바 사냥철 작전에 돌입했다. 하가나는 이들 중 일부를 생포해 지하 감옥에 가두었다. 그리고 고약하게도 스테른 갱과 이르군 소속 조직과 구성원의 이름 700개를 영국 방위위원회에 넘겨주었다. 시온주의 지도부에서 나온 정보를 토대로 최소 300명, 많게는 1,000명 정도가 체포되었다. 영국군의 추적을 피한 베긴은 하가나를 비난하면서 "가인아, 우리가 네게 복수할 것이다"라는 도전적인 성명서를 발표했다.

그러나 상황 판단이 빠른 베긴은 하가나를 상대로 전쟁을 벌이는 어리석은 짓은 하지 않았다. 베긴이 어떠한 공격에도 휘둘리지 않는 지하 군사 조직을 만든 것도 영국군 및 동족인 유대인과 몇 달간 대치하던 이때였다. 베긴은 팔레스타인에서 영국을 철수시키려면 하가나도 결국 자기와 손을 잡을 수밖에 없을 거라고 확신했다. 그가 옳았다. 1945년 10월 1일에 벤구리온은 바이츠만과 의논도 없이 하가나의 사령관 모세 스네에게 암호로 된 전문을 보내 영국군에 맞서 군사 행동을 취하라고 지시했다.[9] 이렇게 해서 하나로 통일된 유대 저항 전선이 만들어졌다. 통일 전선은 10월 31일 밤, 철도를 폭파하는 것으로 공격을 개시했다.

그러나 통일 전선을 결성하고도 목표에 대해서는 여전히 의견이 갈렸다. 하가나는 어떠한 형식이든 테러는 사용하지 않으려 했다. 당당히 군사 작전이라 칭할 수 있는 무력행사만 추구했다. 베긴은 스테른 갱이 1946년 4월 26일에 영국의 낙하산 부대원 여섯 명을 침실에서 냉혹하게 살해한 것과 같은 행동은 절대로 인정하지 않았다. 베긴은 당시에도 그후에도 테러리스트로 불리고 싶어 하지 않았다. 그러나 윤리적 또는 물리적 위험은 기꺼이 감수했다. 애당초 여호수아가 없었다면, 유대인이 어떻게 약속의 땅을 손에 넣을 수 있었겠는가? 여호수아서는 하나님의 명령대로 그 땅을 정복하기 위해 이스라엘 자손이 얼마나 많은 준비를 했는지 보여주는 충격적인 기록이 아니던가.

베긴은 영국이 결국 팔레스타인에서 철수할 수밖에 없었던 두 가지 사건에도 깊이 관여했다. 1946년 6월 29일에 영국군은 유대인협회를 급습해 유대인 2,718명을 체포했다. 좀 더 온건한 지도부를 구성하기 위해서였다. 그러나 작전은 실패했다. 영국군은 이르군에 아무 해를 입히지 못했다. 덕분에 베긴의 입지가 더 탄탄해졌다. 베긴은 영국 행정부에서 사용하고 있던 킹 데이비드 호텔을 폭파하는 계획을 세우고 하가나의 동의를 얻었다. 어디까지나 영국에 망신을 주기 위함이지 사람을 죽이려는 것은 아니었다. 하지만 다수의 사상자가 발생할 위험이 다분했다. 폭파 계획을 사전에 알아챈 바이츠만은 세계 시온주의 기구 총수직을 사임하면서 사임 이유를 세상에 알리겠다고 위협했다.[10] 하가나는 폭파 계획을 중지하자고 했지만, 베긴은 꿈쩍도 하지 않았다. 1946년 7월 22일 점심시간에 예정 시간보다 6분 일찍 700파운드 가까이 되는 고성능 폭탄이 호텔 한쪽 면을 완전히 무너뜨렸다. 이 폭발로 영국인 28명, 아랍인 41명, 유대인 17명, 그 밖의 외국인 5명이 사망했다. 정해진 수순에 따라 열여섯 살 여학생이 호텔에 폭파를 경고하는 전화를 한 것까지는 확인이 되었지만, 그 뒤에 일어난 일에 대해서는 말이 엇갈렸다. 베긴은 사전에 경고를 충분히 했으므로 사상자가 발생한 책임은 영국 정부에 있다고 주장했다. 그리고 유대인 희생자에 대해서만 애도를 표했다.[11]

그러나 이런 테러 행위에서는 폭탄을 설치한 쪽에서 사상자에 대해 모든 책임을 져야 한다. 그것이 유대인 지배 계층의 견해였다. 이 일로 하가나 사령관 모세 스네가 자리에서 물러나야 했다. 하나로 연합했던 저항 운동 조직은 여러 개로 분열되었다. 그럼에도 다른 여러 사건과 맞물려 호텔을 폭파한 본래 목표는 이루었다. 영국 정부는 팔레스타인을 세 부분으로 분할하자고 제안했다. 유대인과 아랍인 모두 이 계획에 반대했다. 그러자 1947년 2월 14일에 영국 외무장관 어니스트 베빈은 팔레스타인 문제를 국제연합에 위임한다고 발표했다.

영국의 위임 통치 포기

그러나 이것이 영국군의 조속한 철수를 의미하지는 않았다. 그리하여 테러가 계속 이어졌다. 베긴이 책임져야 할 사건이 또 하나 터졌다. 베긴은 스테른 갱의 암살 방식에는 동의하지 않았지만, 영국 행정 당국이 이르군을 대한 방식과 똑같이 영국군을 상대할 도덕적인 권리가 있다고 주장했다. 영국은 이르군 병사에게 교수형과 태형을 집행했다. 이르군도 영국군에 똑같이 했다. 1947년 4월에 아크레 교도소를 습격해 수감자 251명을 탈옥시킨 사건으로 이르군 세 명이 재판에 회부되었다. 베긴은 만일 이 세 사람에게 유죄를 선고하고 교수형을 집행하면, 반드시 보복하겠다고 위협했다. 7월 29일에 세 사람은 교수형을 당했다. 몇 시간 후 이르군의 작전 참모 기디 파글린이 베긴의 명령에 따라 보복을 위해 포로로 잡아둔 영국 하사관 클리퍼드 마틴과 머빈 파이스를 교수형에 처했다. 파글린은 두 사람의 시신까지 훼손했다. 무고한 마틴과 파이스를 섬뜩하게 살해한 일로 많은 유대인이 충격을 받았다. 유대인협회는 범죄자들이 무고한 사람에게 자행한 비겁한 살인이라고 비난했다.[12] 이 사건에 대한 반감은 당시보다 나중에 더 심해졌다. 35년 후에 클리퍼드 마틴의 어머니가 유대인이라는 사실이 밝혀졌기 때문이다.

이 사건은 영국 사회에 엄청난 분노를 불러일으켰다. 분노한 시민들이 더비 시에 있는 유대교 회당에 불을 질렀다. 런던과 리버풀, 글래스고, 맨체스터에서는 반유대 폭동이 일어났다. 13세기 이후 영국에서 발생한 첫 번째 폭동이다. 폭동은 영국 정책에 중대한 변화를 불러왔다. 이전까지 영국은 모든 분할 정책을 자기들이 직접 감독하고 집행해야 한다고 생각했다. 그러지 않으면 아랍 군대가 유대인을 전멸시킬 거라고 생각했기 때문이다. 그러나 이제는 가능한 빨리 팔레스타인 문제에서 손을 떼고 아랍인과 유대인에게 맡기기로 결정했다.[13] 그리하여 영국을 철수시키려 한 베긴의 계획은 성공했다. 그러나 그 뒤에는 크나큰 위험이 도사리고 있었다.

이제 중요한 것은 초강대국인 미국과 소련이었다. 결과적으로 시온주의자는 미국과 소련에서 일어난 사건으로 이득을 보았고 각자 취향에 따라 이를 행운 또는 하나님의 섭리로 이해했다. 먼저, 1945년 4월 12일에 루스벨트가 사망하는 사건이 발생했다. 루스벨트는 불과 몇 주 전 얄타 회담 후 사우디아라비아의 국왕 이븐 사우드를 만나고 반시온주의자로 돌아선 참이었다. 친시온주의자였던 루스벨트의 보좌관 데이비드 나일스는 훗날 이렇게 단언했다. "만일 루스벨트가 살아 있었다면, 과연 이스라엘이라는 국가가 탄생할 수 있었을지 의문이다."[14]

루스벨트의 뒤를 이어 대통령이 된 해리 트루먼은 훨씬 진솔하게 시온주의를 바라보았다. 감정적인 행동이기도 했고 계산적인 행동이기도 했다. 트루먼은 유대인 난민을 불쌍하게 생각했고 팔레스타인에 있는 유대인을 약자라 여겼다. 그러나 유대인의 표심에 대해서는 루스벨트보다 더 자신이 없었다. 1948년 선거에서 승리하려면 뉴욕, 펜실베이니아, 일리노이 같은 전략 지역에서 유대인 단체의 지지가 절실했다. 그래서 트루먼은 영국이 팔레스타인 위임 통치에 대한 권한을 포기하자 유대인 국가를 세우기 위해 노력했다. 1947년 5월에 팔레스타인 문제는 국제연합으로 이관되었다. 계획을 입안하기 위해 특별위원회가 구성되었고 위원회는 두 가지 계획안을 제출했다. 소수는 연방제 형태의 이중 국가 체제를 추천했고, 다수는 새로운 분할 계획을 제시했다. 아랍 국가와 유대 국가가 공존하게 하고 예루살렘에 국제 구역을 설치하는 계획이었다. 1947년 11월 29일에 트루먼의 강력한 지지를 힘입어 이 분할 계획은 국제연합 총회에서 승인되었다.

미국과 러시아, 그리고 기회의 창

세계 좌파 진영을 주도한 소련과 아랍 국가는 나중에 자본주의자와 제국주의자의 음모 때문에 이스라엘이라는 국가를 탄생한 거라고 주장했다. 그러나 사실은 그 반대다. 미국 국무성과 영국 외무성은 유대인 국가를 원하지 않았다. 팔레스타인 지역에 유대인 국가가 들어설 때 서구 세계에 일어날 참사를 예견했기 때문이다. 영국 육군성도 강하게 반대했다. 미국 국방부도 같은 입장이었다. 국방장관 제임스 포레스틀은 유대인의 로비 활동을 강하게 비난했다. "이 나라의 정책을 좌지우지하여 국가안보를 위협하는 단체는 그 어떤 단체라도 용납할 수 없다."**15** 영국과 미국 정유 회사들의 반대는 더 심했다. 맥스 손버그는 트루먼이 도덕적으로 미국의 위신을 떨어뜨리고 아랍 세계의 신뢰를 무너뜨렸다고 비난했다.**16** 영국이나 미국이 경제적 이익을 기대하고 이스라엘이라는 국가를 건설했다고 볼 수는 없다. 영국이든 미국이든 이스라엘 국가 건립을 지지하는 압도적 다수는 좌파였다.

그러니 만약 정말로 팔레스타인에 이스라엘이라는 국가를 건립하려는 음모가 있었다면, 소련이 그 선봉에 섰을 것이다. 2차 대전 중에 스탈린은 전술상의 이유로 반유대주의 정책 일부를 중단했다. 심지어 소련 정보국 안에 반파시스트위원회라는 유대인 모임을 만들기도 했다.[17] 1944년부터 짧은 기간 스탈린은 대외정책에서 친시온주의 입장을 취했다. 물론 국내정책에서는 그러지 않았다. 스탈린이 대외정책에서 친시온주의 입장을 취한 이유는 이스라엘이라는 신생 국가를 통해 사회주의 국가가 하나 더 생길 수도 있고, 이를 통해 중동에서 영국 세력을 약화시키는 데 박차를 가할 수 있다고 판단했기 때문이다.[18]

1947년 5월에 팔레스타인 문제가 국제연합에 위임되자 소련 외무차관 안드레이 그로미코가 소련 정부는 유대인 국가 건립을 지지한다고 발표하여 세상을 놀라게 했다. 10월 13일에 국제연합 소련 대표 세묜 차라프킨은 분할안에 대한 투표에 앞서 유대인 대표를 향해 "미래의 유대인 국가를 위하여" 하고 건배를 제안하기도 했다. 11월 29일에 국제연합 총회 투표에서 동구권 전체는 이스라엘 국가 건립에 찬성표를 던졌다. 그후 소련과 미국 대표단은 영국의 팔레스타인 철수 계획에 따라 함께 움직였다. 이게 전부가 아니다. 이스라엘이 1948년 5월 14일에 독립을 선언하고 트루먼 대통령이 독립을 사실상 승인하자 스탈린은 사흘도 채 지나지 않아 거기서 한걸음 더 나아가 이스라엘의 독립을 법률로 승인했다. 무엇보다 중요한 것은 체코 정부가 스탈린의 지시에 따라 이스라엘이라는 신생 국가에 무기를 팔기로 결정한 것이다. 비행장 하나를 통째로 텔아비브에 무기를 공수하는 데 사용했다.[19]

이스라엘이라는 국가의 탄생과 존속에 절대적으로 중요한 것은 타이밍이었다. 1948년 1월에 스탈린은 유대계 러시아인 배우 솔로몬 미호엘스를 살해하라고 지시했다. 지독한 반유대주의 정책의 서곡과도 같은 사건이었다. 대외정책에서 반시온주의로 돌아서기까지는 조금 더 긴 과정이 필요했지만, 1948년 가을에 결정적인 조짐이 드러났다. 그러나 이때까지 이스라엘은 안전한 상태였다. 미국 정책도 변하기 시작했다. 점점 치열해지는 냉전은 2차 세계대전 후 느슨해진 분위기를 경직시켰고 트루먼 대통령은 국방부와 국무부의 의견에 좀 더 귀를 기울였다. 만약 영국의 팔레스타인 철수가 일 년 뒤로 미뤄졌다면, 미국은 이스라엘 국가 건립을 그다지 원하지 않았을 것이고 소련은 분명히 반대하는 쪽으로 돌아섰을 것이다. 따라서 영국의 정책 변화를 불러온 테러 행위는 이스라엘 국가 건립이라는 전체 계획에 아주 결정적인 역할을 했다고 볼 수 있다. 사실 이스라엘이라는 국가는 1947년에서 1948년으로 넘어가는 몇 달 사이 잠깐 열린 기회의 창을 통해 역사에 존재하게 된 셈이다. 행운이라면 행운이고 하나님의 섭리라면 섭리였다.

베긴의 무자비한 계획이 영국이 팔레스타인에서 철수하는 데 결정적인 역할을 했다면, 이스라엘이라는 국가를 탄생시킨 사람은 벤구리온이라 할 수 있다. 벤구리온은 팔레스타인에 사는 유대인에게 대재앙을 불러올 수도 있는 결정을 내려야 했다. 국제연합에서 팔레스타인 분할을 결정하자 아랍인은 유대인 정착지를 파괴하기 위해 전력을 쏟으며 유대인을 공격했다. 아랍연맹 사무총장 아잠 파샤는 라디오 방송에서 이렇게 말했다. "이것은 몰살을 위한 전쟁이 될 것이고 대학살이 될 것이다."[20] 유대인 지휘관들은 자신감에 차 있었지만, 가지고 있는 물자는 미미한 수준에 불과했다. 1947년 말에 하가나의 병력은 소총 1만 7,600정, 경기관총 2,700정, 기관총 약 1,000정과 훈련 수준이 천차만별인 2만 명에서 4만 3,000명의 병사가 전부였다. 기갑부대도, 중화기도, 전투기도 없었다.[21]

아랍 측은 상당한 규모의 팔레스타인해방군을 소집했다. 여러 아랍 국가에서 정규군도 동원했다. 이집트 병사 1만 명, 시리아 병사 7,000명,

이라크 병사 3,000명, 레바논 병사 3,000명, 여기에 영국군 장교를 포함한 트랜스요르단의 우수한 병사 4,500명까지 가세했다. 1948년 3월까지 1,200명이 넘는 유대인이 아랍의 공격으로 사망했다. 그중 절반은 민간인이었다. 마침내 체코에서 무기가 도착해 4월에는 전선에 배치되었다. 영국의 위임 통치 기한은 5월 15일까지였다. 그러나 4월에 접어들자 벤구리온은 일생일대의 중대한 결심을 했다. 팔레스타인 땅 곳곳에 흩어져 있는 유대인 거주지를 하나로 연결하기 위해 국제연합에서 이스라엘에 할당한 지역을 최대한 확보하라고 하가나에 명령한 것이다. 이 도박은 완벽에 가까운 성공을 거두었다. 유대인은 하이파를 정복하고 티베리아스와 갈릴리 동부 지역으로 가는 길을 확보했다. 또한 제파트와 야파, 아크레를 점거했다. 이스라엘 국가의 핵심이 될 지역을 확보함으로써 전쟁을 시작하기도 전에 실질적인 승리를 거두었다.[22]

이스라엘 독립 전쟁

5월 14일 금요일에 벤구리온은 텔아비브 박물관에서 독립 선언문을 낭독했다. "우리 민족의 권리에 입각하여, 나아가 국제연합 총회의 결의에 따라 우리는 팔레스타인에 유대인 국가를 건립했음을 선언하는 바이며 이는 이스라엘이라 한다." 즉시 임시정부를 꾸렸다. 그리고 그날 밤 이집트의 공습이 시작되었다. 다음 날 마지막으로 남아 있던 영국인까지 일제히 팔레스타인 땅을 떠났고 아랍 군대가 쳐들어왔다. 그러나 한 가지를 제외하고는 별 소득이 없었다. 아랍연맹은 압둘라 왕을 위해 예루살렘 구시가지를 점령했고 이스라엘군은 5월 28일에 구시가지에서 철수했다. 예루살렘 동쪽 유대인 정착지에 있던 사람들은 마을을 떠나야 했다. 이것만 빼면 이스라엘이 더 많은 지역을 확보했다.

6월 11일에 한 달간의 휴전을 결정했다. 휴전 기간에 아랍 국가는 군대를 강화했다. 이스라엘은 체코뿐 아니라 프랑스에서 중화기를 많이 들여왔다. 프랑스는 영국을 자극할 심산으로 이스라엘에 무기를 제공했다. 7월 9일에 전쟁이 재개되자 이스라엘의 우세가 자명해졌다. 이스라엘은 로드와 람라, 나사렛, 그리고 국제연합이 할당한 경계선을 넘어 더 넓은 지역을 손에 넣었다. 아랍인은 열흘 만에 두 번째 휴전에 동의했다. 그러나 간헐적으로 전투가 벌어졌고 10월 중순에 이스라엘은 네게브 정착지로 통하는 도로를 확보하기 위해 공격을 재개했다. 브엘세바를 탈환할 때까지 공격을 계속했다. 그해 말에 이스라엘 군대는 병력이 10만 명에 이르렀다. 만반의 준비를 갖추고 누구에게도 패하지 않을 최강의 군대로 탈바꿈했다. 1949년 1월 12일 로도스 섬에서 휴전 회의를 열고 이집트가 2월 14일, 레바논이 3월 23일, 트란스요르단이 4월 3일, 시리아가 7월 20일에 각각 이스라엘과 휴전 협정에 서명했다. 이라크는 휴전에 동의하지 않았고 결국 아랍 5개국은 계속해서 이스라엘과 전쟁 상태로 남았다.

1947년부터 이듬해인 1948년에 발생한 사건은 이스라엘의 건국으로 이어지는 동시에 오늘날까지 해결되지 않고 남아 있는 아랍과 이스라엘의 문제를 야기했다. 여기에는 난민과 국경이라는 두 가지 중요한 측면이 있다. 국제연합 통계에 따르면, 영국령 팔레스타인에 살던 아랍 주민 65만 6,000명이 이스라엘이 장악한 지역에서 피신했다. 그중 28만 명은 요르단 강 서안지구로, 7만 명은 트란스요르단으로, 10만 명은 레바논으로, 4,000명은 이라크로, 7만 5,000명은 시리아로, 7,000명은 이집트로, 19만 명은 가자 지구로 피신했다. 이스라엘의 통계에 따르자면, 피난민의 수는 55만 명에서 60만 명 선이다. 어쨌거나 아랍 주민이 팔레스타인을 떠난 이유는 네 가지다. 첫째는 전투에 휘말려 죽기 싫어서, 둘째는 행정 기구가 붕괴되었기 때문에, 셋째는 아랍 라디오 방송을 통해 퇴거 지시를 받았거나 오판을 했거나 당황해서, 넷째는 1948년 4월 9일에 이르군과 스테른 갱이 데이르 야신에서 저지른 학살 때문이다.

데이르 야신 사건과 난민 문제

데이르 야신에서 일어난 사건은 신생 국가 이스라엘의 윤리적 신뢰성과 관련되어 있으므로 자세히 살펴볼 필요가 있다. 아랍군의 연이은 테러에 고압적으로 대응하기는 했지만, 1920년부터 그때까지 유대인은 아랍인 정착지에 대한 테러 공격을 자제해왔다. 1947년에서 1948년으로 넘어가는 겨울에 전투가 발발하자 주민이 1,000명 미만인 채석장 마을 데이르 야신은 예루살렘 서부 지역 기바트 샤울과 불가침 조약을 체결했다. 그러나 근처에 있는 유대인 정착지 두 곳이 아랍인의 침략을 받아 파괴되자 유대인은 복수심에 불탔다. 스테른 갱은 아랍인에게 교훈을 주기 위해서는 데이르 야신을 파괴해야 한다고 주장했다. 이에 대해 이르군 선임 장교 예후다 라피도트는 이렇게 증언했다. "분명한 목적은 아랍의 사기를 꺾고 예루살렘에 있는 유대인 공동체의 사기를 높이는 데 있었다. 예루살렘 유대인 공동체는 끊임없이 공격을 당해왔고, 특히 최근에는 아랍군이 유대인 시체를 모욕한 일로 예루살렘 유대인들이 큰 충격을 받았기 때문이다."[23]

베긴은 데이르 야신을 공격하는 데 동의하면서 자동차에 확성기를 장착해 마을 주민이 유혈 참사 없이 항복할 기회를 주어야 한다는 조건을 달았다. 하가나 지휘관은 마지못해 찬성하면서 거기에 또 다른 조건을 달았다. 마을을 습격하는 데에는 이르군 80명과 스테른 갱 40명이 투입되었다. 확성기를 장착한 자동차는 개천에 빠져 써먹지도 못했다. 싸우는 것을 선택한 아랍인은 실제로 더 강하고 잘 정비된 군대를 보유하고 있었다. 이에 이르군과 스테른 갱은 기관총과 2인치 박격포로 무장한 소대를 데이르 야신에 파견해 아랍인의 저항을 종식시켰다.

마을로 들어간 특공대가 통제에서 벗어난 건 바로 이 시점이다. 특공대에 섞여 있던 하가나 스파이는 이를 무차별 대학살이라고 묘사했다. 특공대는 남자 23명을 채석장으로 데리고 가서 총으로 쏴 죽였다. 한 아랍인 목격자는 그 외에 93명이 마을에서 더 살해되었다고 증언했다. 다른 증인에 따르면, 살해된 사람 수가 250명에 이르렀다. 베긴은 전투 상황을 자세히 파악하지도 않고 여호수아서의 정신에 따라 이렇게 선언했다. "빛나는 정복 행위에 대한 나의 찬사를 받아주소서. … 데이르 야신에서처럼 우리는 모든 지역에서 적을 공격하고 쳐부술 것입니다. 하나님, 당신은 정복을 위해 우리를 선택하셨습니다."[24] 잔악 행위에 관한 소문이 한껏 부풀려져 빠르게 퍼져나갔다. 그다음 두 달 동안 많은 아랍인이 이스라엘 구역에서 피신했다. 데이르 야신 사건이 처음부터 이것을 노리고 진행되었다는 증거는 없다. 그러나 다른 요인과 맞물려 이 사건으로 이스라엘 영토 내 아랍 인구가 16만 명까지 줄어들었다. 그것은 매우 유리한 형국을 조성했다.

한편 2,500년 전부터 유대인 공동체가 있었던 여러 아랍 국가에서도 유대인에게 출국을 권유하거나 강요했다. 1945년에 아랍권에는 50만 명이 넘는 유대인이 살고 있었다. 1948년 5월 15일에 전쟁이 발발하여 1967년에 전쟁이 끝날 때까지 대다수의 유대인이 이스라엘 영토로 피신해야 했다. 모로코에서 25만 2,645명, 알제리에서 1만 3,118명, 튀니지에서 4만 6,255명, 리비아에서 3만 4,265명, 이집트에서 3만 7,867명, 레바논에서 4,000명, 시리아에서 4,500명, 아덴에서 3,912명, 이라크에서 12만 4,647명, 예멘에서 4만 6,447명이 이스라엘 땅으로 피신했다. 총 56만 7,654명에 달하는 유대인 난민 수는 이스라엘에서 피신한 아랍 난민의 수보다 적지 않았다.[25] 난민을 처리하는 방식의 차이는 순전히 정책상의 문제였다. 이스라엘 정부는 민족국가 정책의 일환으로 모든 난민을 체계적으로 재정착시켰다. 이와 달리 아랍 국가들은 국제연합의 원조를 받아 아랍 난민을 난민촌에 거하게 하고 팔레스타인 재정복에 매달렸다. 하지만 마음먹은 대로 되지 않았다. 그리하여 1980년대 후반에 이르러 아랍 난민의 수는 40년 전보다 더 늘어났다.

난민 문제를 처리하는 방식이 이렇게 대조적인 이유는 협상에 접근하는 방식이 전혀 다르기 때문이다. 유대인은 2,000년 동안 억압받는 소수민족이었기 때문에 협상 대신 무력행사를 선택할 기회가 없었다. 때로는 습관적으로, 때로는 생존을 위해 협상을 해야만 했다. 협상은 당연히 불리한 입장에서 이뤄졌다. 덕분에 유대인은 몇 세기 동안 협상 기술뿐 아니라 협상 철학까지 발전시켰다. 타협이 불가능해 보이는 사안에 대해서도 신기하게 협상을 이끌어냈고, 협상 결과가 못마땅하고 협상으로 인한 혜택이 전혀 없어도 결과를 받아들이는 법을 배웠다. 앞으로 더 나은 협상 조건을 위해 노력하면 형편이 나아질 수 있다는 것을 알고 있었기 때문이다. 무력보다는 대화가 낫다는 생각이 마음속 깊이 자리 잡고 있었다. 증거가 산더미처럼 쏟아져나온 뒤에서 유대인이 가늠할 수 없을 정도로 거대한 히틀러의 악을 이해할 수 없었던 이유도 여기에 있다. 타협의 여지없이 오로지 자기들의 목숨만 원하는 인간을 유대인의 사고로는 도저히 이해할 수 없었다.

반면 아랍인은 정복 민족이다. 아랍인의 종교 문헌은 다른 민족, 즉 경멸의 대상인 **딤미**에 대한 과격한 입장을 부추겼다. 문제 해결을 위해 타협하는 것은 원칙을 배반하는 행위다. 휴전은 필요할 수도 있다. 나중에 다시 무력을 행사할 수 있는 선택권이 보장되기 때문에 얼마든지 받아들일 수 있다. 그러나 협상은 다르다. 협상은 일종의 항복이다. 아랍 정부가 난민의 재정착을 원하지 않은 것도 그 때문이다. 난민을 재정착시키는 것은 자신들의 도덕적 가치를 팔아치우고 타협하는 것을 의미하기 때문이다. 카이로 라디오 방송은 이에 대해 다음과 같이 보도했다. "난민은 이스라엘에 대한 아랍의 투쟁을 위한 초석이다. 난민은 아랍인과 아랍 민족주의의 무기다."[26] 그래서 아랍 국가는 1950년에 국제연합이 제시한 재정착 계획안을 어떠한 논의도 없이 거부했다. 이스라엘이 제시한 배상 계획도 25년 넘게 받아들이지 않았다. 이런 태도는 난민과 그들의 후손에게 비참한 삶을 안겨주었다. 또한 이것은 아랍 국가가 불안정할 수밖에 없는 근본 원인이기도 하다. 이 상황에서 요르단은 1960년대에 거의 붕괴될 처지에 놓였고, 1970년대와 1980년대에는 균형을 이루고 있던 레바논 사회마저 무너져버리고 말았다.

시온의 국경

협상을 바라보는 이런 상이한 태도는 이스라엘의 국경을 정하는 데 중요한 역할을 했다. 유대인에게 나라를 다시 세우는 것은 세 가지 의미가 있었다. 새로운 나라는 민족국가이자 약속의 땅이고 시온주의 국가여야 했다. 첫 번째 조건은 만족시키기 어렵지 않았다. 만일 유대인이 원하는 것이 유대 민족을 안전하게 보호해줄 땅이라면, 그 땅이 어디든 문제될 게 없다. 그래서 아르헨티나, 우간다, 마다가스카르를 제안했지만, 유대인은 이런 제안에 전혀 관심을 보이지 않았다. 그나마 살짝이라도 관심을 보인 것이 알라리시 안案이다. 비교적 팔레스타인 근처이기 때문이다. 두 번째는 약속의 땅으로 바라보는 시각이다. 주변 사회에 동화되어 어디로든 돌아갈 의향이 없는 사람들을 제외하고, 시온으로의 회복이 메시아 사건의 일부라고 주장하는 경건한 유대인을 비롯한 모든 유대인이 약속의 땅으로 돌아가는 것에 관심을 보였다. 그렇다면 약속의 땅이란 정확히 무엇일까? 앞에서 살펴보았듯이 하나님은 이 땅을 아브라함에게 주실 때 구역을 정확히 정해주시지 않았다.[27] 약속의 땅은 이스라엘이 실제로 살았던 지역을 가리킬까? 만일 그렇다면, 어떤 시대를 기준으로 삼아야 할까? 사실 두 개의 성전이 있었던 것처럼 다윗 왕조와 하스몬 왕조, 두 개의 정부가 있었다. 일부 시온주의자는 현대 이스라엘을 세 번째 정부로 보았고 지금도 그렇게 보고 있다.

그렇다면 이 세 번째 정부는 앞의 두 왕조 중 어느 쪽을 이어받은 것일까? 솔로몬 시대에는 아니었지만, 다윗 왕국의 영토에는 시리아까지 포함되었다. 하스몬 왕가 또한 한때 광활한 지역을 다스렸다. 두 왕국 다 하나의 작은 제국으로 유대인 혼혈인과 비유대인도 함께 살았다. 따라서 두 왕국을 시온주의 국가의 모델로 삼을 수는 없었다. 시온주의 국가를 건설하는 중요한 목적은 유대인에게 민족국가를 마련해주는 데 있기 때문이다. 한편 고대 유대인이 살았던 팔레스타인 땅에 대한 권리를 주장하는 저변에는 강한 정서적 신념이 깔려 있다. 이것은 1919년 파리 평화 회담에서 시온주의자가 제안한 계획에도 잘 나타나 있다. 시온주의자는 라파에서 사이다(시돈)까지의 해변 지역, 요르단 강 서안과 동안, 다마스쿠스와 암만, 헤자즈를 통과하는 철도 바로 서쪽에 있는 동부 국경 지역을 유대인에게 분할해달라고 요구했다.[28] 예상대로 이 안은 기각되었지만, 야보틴스키를 위시한 수정주의자는 오랫동안 미련을 버리지 못했다.

마지막으로 시온주의 국가여야 한다는 시각이다. 이는 유대인이 현실적으로 요구할 수 있고 정착해서 개발하고 지켜낼 수 있는 영토를 가리킨다. 이러한 경험주의적 접근은 주요 시온주의 그룹이 채택한 것으로 실제로 이스라엘의 정책이 되었다. 이것이 현명한 방식이라 할 수 있는 이유는 그 개념이 유대인의 협상 기술에 가장 넓은 시야를 제공해주기 때문이다. 덕분에 유대인 지도자들은 유대인의 거주지와 경계가 명확하고 방어가 가능한 지역을 포함하는 국경 안에 정착하겠다고 말할 수 있었다. 위임 통치 기간과 그 이후 단계마다 유대인은 자기들에게 주어진 모든 합리적 분할 제안에 매우 융통성 있게 대응했으며, 또한 그런 제안을 기꺼이 받아들이려 했다. 1937년 7월, 필 분할 계획위원회는 그들에게 메툴라에서 아풀라까지의 갈릴리, 그리고 가자 북쪽 약 32킬로미터 지점에서 아크레에 이르는 좁고 긴 해변 땅만을 제안했다. 그나마 후자는 예루살렘 주위로 형성된 영국 소유의 전략적 요충지에 이르는 전용도로로 인해 잘린 상태였다.[29] 내키지는 않았지만 유대인은 이 계획을 받아들였다. 그러나 팔레스타인의 4분의 3을 할당받게 될 아랍인은 논의도 해보지 않고 제안을 거부했다.

1947년 국제연합이 차기 분할 계획을 제안한 시기에도 정착은 이어졌고 새로운 분할 계획은 이를 반영했다. 이 분할 계획은 당시 주로 아랍인이 거주하고 있던 아크레와 갈릴리 서쪽 지역을 유대인에게 할당하지 않는 대신, 유대인의 몫으로 네게브 지역 거의 대부분과 사해 지역 일부분을 덧붙였다. 필 분할 계획위원회가 유대인에게 팔레스타인 땅 중에서 겨우 20퍼센트만 배당해주었던 것과는 달리, 국제연합은 그들에게 50퍼센트의 땅을 배당해준 것이다. 명확하게 말하자면 이곳은 약속의 땅이 아니었다. 유대와 사마리아, 요르단 강 서안 지구 전체, 그리고 무엇보다 예루살렘을 제외했기 때문이다. 분할 방식이 마음에 들지 않았지만, 유대인은 이를 받아들였다.

그들의 경험주의 철학에 대해서는 전 옥스퍼드 대학 교수 아바 에반이 명료하게 설명한 바 있다. 그는 수년 동안 이스라엘 외무장관을 지냈고 이 신생 국가의 최고 협상가이기도 했다. 그의 설명에 따르면, 유대인은 종교적으로나 역사적으로 중요한 지역을 잃는 것도 받아들였다. 영토 분할이라는 요소는 유대 국가 건설이 정치적으로 구체화된 시점, 즉 국제연합에 의한 위임 통치가 시작된 시점부터 유대 국가 형성 과정에 이미 내재되어 있었기 때문이다. 시온주의자는 기존 인구 분포가 보여주는 현실과의 갈등을 피하는 방향으로 이주 정책을 세웠다. 아랍인이 완전히 소유하지 못한 장소에 유대인을 정착시키려는 계획이다. 아랍 정착지가 고대 이스라엘의 정착지가 있던 곳에 세워졌기에 현대 유대인은 아랍인이 말라리아 때문에 외면한 블레셋의 옛 해안 평야와 에스드라엘론 평원으로 나아갔다. 에반에 따르면, 유대인의 이주 원리는 언제나 실용적이고 현실적이었을 뿐 절대 종교적이거나 역사적이지 않았다. 그래서 국제연합 협상에서 유대인 대표는 이렇게 말했다.

> 우리는 역사적 관련성이라는 일반적인 전제에 의존했지만, 고대로부터 깊은 관련을 맺고 있는 특정 지역이 분할 지역에 포함되든 포함되지 않든 어떠한 이의도 제기하지 않았다. 헤브론은 아랍인으로 가득 차 있기 때문에 우리는 헤브론을 요구하지 않았다. 베에르세바(브엘세바)는 실질적으로 비어 있었기 때문에 우리는 성공적으로 그것을 요구할 수 있었다. 시온주의자의 핵심 명제는 **에레츠 이스라엘** 안에서 아랍 사람을 쫓아내지 않고도, 그리고 그들의 뿌리 깊은 사회적 유대에 간섭하지 않고

도 인구가 조밀한 유대 사회를 세울 수 있는 공간은 얼마든지 있다는 것이다.[30]

그들의 철학이 이러했기 때문에 분할 계획에 의해 경계가 정해지고 나면 국가의 운영과 방위가 몹시 어려워진다는 것을 알면서도 유대인은 국제연합의 분할 계획을 받아들였다. 그러나 아랍인은 또다시 자기들에게 팔레스타인 국가를 안겨줄 수도 있었던 그 계획을 논의도 해보지 않고 반대했으며, 폭력을 통해 뜻을 관철하려 했다. 이렇게 시작된 전쟁과 1948년 6월부터 11월까지 벌어진 다툼의 결과로 이스라엘은 팔레스타인 땅의 80퍼센트를 차지하게 되었다. 그 국경선 덕분에 아직 좀 어설프기는 하지만, 그래도 이제 국가로서 기능을 할 수 있고 방위할 수 있는 체제를 갖추었다. 반면 팔레스타인의 아랍인은 국가를 세울 수 없었다. 그들의 손에 들어온 지역은 가자 지구와 요르단이 장악한 요르단 강 서안 지구뿐이었다.

경험을 통해 아랍인이 협상을 원치 않는다는 것을 알면서도 이스라엘은 1949년의 휴전선에 근거해 항구적 국경에 관한 동의를 얻고자 했다. 이것은 특정 지역을 포기한다는 의미였다. 만일 최종적 결정만 얻을 수 있다면, 이를 수용할 수도 있었다. 그러나 협상을 제안조차 할 수 없었다. 원초적으로 아랍은 이스라엘과의 직접 교섭을 거부했기 때문이다. 아랍은 국제연합 팔레스타인조정위원회를 통해 이루어진 수많은 회담에서 이스라엘이라는 신생 국가를 전혀 인정하지 않고 이스라엘이 1947년에 국제연합이 정한 분할선(사실 그들은 이것도 받아들이지 않았다) 뒤로 물러가야 한다고 고집했다. 이스라엘이 휴전을 평화의 전조로 보았던 것과 달리 아랍인은 휴전 이상의 다른 의미를 부여하지 않았다. 그들은 휴전을 그야말로 자기들이 유리할 때 재개할 수 있는 전쟁의 전조라고 생각했다. 더욱이 아랍 국가는 수많은 휴전 협약을 지키려 하지 않았다. 그들은 이스라엘 시민을 향한 아랍 무장 게릴라 조직 페다인 부대의 침략과 테러, 이스라엘 경제에 대한 불매운동과 봉쇄를 단행할 수 있는 보호막으로 휴전 협정을 이용했다. 아랍인에게 휴전은 수단만 바꾼 전쟁의 연장이었다. 그러므로 실질적인 의미에서 이스라엘은 1947년부터 지금까지 주변 아랍국과 전쟁 중에 있는 것이나 다름없다.

경비가 삼엄한 국가

이런 현실은 시온주의 국가의 본질에 대해 처음부터 다시 생각하게 했다. 세속적인 초기 지도자들은 시온주의 국가를 평화주의와 협동주의를 기초로 한 유토피아로 파악했고, 종교적인 선구자들은 거룩한 신정 국가로 간주했다. 그러나 이제는 양쪽이 보조를 맞추어 모든 힘을 국가 안보를 최대한 확립하는 데 쏟아야 했다. 어떤 의미에서 이는 자연스러운 발전 과정이다. 현대의 정착민은 언제나 아랍의 습격자로부터 자기들을 보호해줄 수 있는 방벽을 세워야 했다. 1차 세계대전과 2차 세계대전 사이에 이 방벽은 점점 더 정교해지고 전문화되었다. 그러나 1949년 이후에는 여기에서 한 걸음 더 나아가 안전 보장이 국가 전체의 항구적이고 가장 중요한 과제라는 현실을, 내키지 않아도 인정하지 않을 수 없었다. 갈수록 교묘해지는 아랍의 테러에 대응하려면 좀 더 꼼꼼하게 안보 대책을 강구해야 할 뿐 아니라 외적에 대비하여 방위 체제를 다각도로 구축해야 했다. 군은 모든 아랍 국가가 동시에 이스라엘을 공격할 때에도 대처할 수 있어야 했다. 신생 국가 이스라엘은 이러한 현실을 토대로 국방 예산을 책정하고 외교를 펼쳤다.

수에즈 위기

사실상 1948년부터 1978년까지 신생 국가가 설립되고 처음 30년 동안 이스라엘은 살아남기 위해서 부단하고 때로는 아찔한 투쟁을 해야 했다. 휴전은 아무 의미가 없었다. 처음 7년 동안에 1,300명이 넘는 이스라엘 사람들이 아랍의 습격으로 살해당했고 이스라엘은 점점 더 모질게 보복했다. 1951년 7월 20일에 아랍의 마지막 온건주의자인 요르단의 압둘라 왕이 암살당했다. 1952년 7월 23일에 군사평의회는 이집트 왕정을 몰아냈다. 그리고 1954년 2월 25일에 이스라엘의 파멸을 위해 헌신한 가말 압둘 나세르의 인민당 독재정치로 나아갔다. 스탈린은 죽기 한 달 전인 1953년 2월에 이스라엘과의 관계를 단절했다.

이집트와 체코가 군사협정에 서명하자 동구권은 1955년 9월부터 아랍 군대에 현대식 무기를 대량 공급하기 시작했다. 이러한 새로운 동맹이 가져다준 안전장치를 바탕으로 이집트 대통령 나세르는 이스라엘을 압박하고 전멸시키기 위한 계획을 행동에 옮겼다. 비록 1951년 9월에 국제연합 안전보장이사회가 규탄하고 나섰지만, 이집트는 계속해서 이스라엘 선박이 수에즈 운하를 사용할 수 있는 권리를 승인하지 않았다. 1956년부터 나세르는 이스라엘 선박이 아카바 만에 접근하는 것도 금했다. 4월에는 사우디아라비아, 예멘과 군사협정을 맺었고, 7월에는 수에즈 운하를 장악했으며, 10월 25일에는 요르단, 시리아와 더불어 군 지휘권을 통합했다.

이스라엘은 목이 점점 조여 오는 것을 느끼고 10월 29일에 시나이 반도에 위치한 군사 요충지 미틀라 관문을 장악하기 위해 낙하산 부대를 투입함으로써 선제공격을 감행했다. 이것으로 시작된 짧은 전쟁 동안 운하 지역에 상륙한 영국과 프랑스 군대와 협력해 이스라엘은 시나이 전체를 정복했고, 가자를 점령했으며, 아랍 게릴라 활동을 종식시키고 아카바로 가는 해변로를 뚫었다.[31]

6일 전쟁

영국과 프랑스의 참전으로 이스라엘의 군사력이 크게 부각되지는 못했지만, 시나이 전쟁은 이스라엘에 소련 최신 무기에 맞서 국가를 방어할 군사력이 있다는 사실을 입증했다. 전쟁이 끝나고 협정을 체결했지만, 역시 만족스럽지 못했다. 이집트가 시나이 반도를 재무장하지 않고 국제연합 병력이 보호 완충지대를 만든다는 조건으로 이스라엘은 시나이 반도에서 철수했다. 이 협정은 불만족스러운 것이기는 했지만 10년 동안 지속되었다. 그러나 침략과 테러는 계속되었다. 시리아 역시 동구권을 통해 무장했다. 1967년에 군대를 다시 조직하고 무장시킨 나세르는 또다른 공격을 감행했다. 5월 15일에 나세르는 10만 명의 병사와 기갑부대를 배치하고 국제연합군의 퇴각을 주장하며(국제연합군은 이에 따랐다) 시나이 반도를 재무장했다. 5월 22일에 나세르는 또다시 이스라엘 선박이 티란 해협에 들어오지 못하게 함으로써 아카바를 봉쇄했다. 여드레후 요르단의 후세인 왕이 카이로에서 군사 협정에 서명하자 올가미는 더욱 조여졌다. 같은 날 이라크는 병력을 요르단에 배치했다.

그래서 6월 5일에 이스라엘은 또다시 선제공격을 감행하지 않을 수 없었다. 실제로 그날 아침에 지상에 있는 이집트 공군을 전멸시켰다. 요르단과 시리아는 이스라엘의 승리를 오판하고 지체 없이 이집트 편에 서서 전쟁을 시작했다. 그에 대한 보복으로 이스라엘은 독립 전쟁 때 남은 최악의 기형적 상황을 아무 제약 없이 제거해야 할 필요성을 느꼈다. 6월 7일에 이스라엘은 예루살렘 구시가지를 탈환했고 이로써 예루살렘 전 지역을 이스라엘의 수도로 확보했다. 그다음 날이 저물 무렵, 이스라엘은 요르단 강 서안 전체를 점령했다. 그다음 이틀간 이스라엘은 시리아의 골란 고원을 습격했으며, 다마스쿠스에서 불과 48킬로미터 떨어진 곳까지 진지를 구축했다. 동시에 이스라엘은 시나이 반도 전역을 재점령했다. 6일 전쟁으로 이스라엘은 수도와 역사적 유산을 지니고 있는 명소뿐 아니라 처음으로 방어에 용이한 전선을 차지했다.[32]

그러나 이 유명한 승리가 안전을 보장해주지는 않았다. 오히려 그 반대였다. 승리는 수에즈 운하 동쪽의 소위 바르 레브 전선 같은 고정된 방어선에 대한 잘못된 의존과 그에 대해 허황된 확신을 갖게 했다. 모든 홍보전에서 승리했으나 모든 군사작전에서는 패한 나세르가 죽자 더 만만찮은 안와르 사다트가 나타났다. 권력을 마음껏 휘두르기 위해 사다트는 1972년 7월에 이집트의 소련 군사 고문을 몰아냈다. 이러한 조치에도 소련은 이집트에 소련의 군수품을 계속 조달했다. 사다트는 나세르가 다른 아랍 열강과 맺은 정치·군사 동맹과의 협력을 생략하고 계획을 은밀히 조종하는 데 만족했다. 지금까지 이스라엘 병력은 이론상으로는 한 수 아래에 있었다. 그래서 이스라엘은 1948년 4월, 1956년 10월, 그리고 1967년 6월에 전술상 유리한 위치에 서기 위해 기습적으로 선제공격을 할 수밖에 없었다. 이제 이스라엘은 자신이 더 우세하다고 믿었고, 사다트는 이를 틈타 시리아인과 제휴해 역으로 1973년 10월 6일 대속죄일, 즉 **욤 키푸르**에 경고도 없이 완벽한 기습공격을 감행했다.

욤 키푸르 전쟁

이집트와 시리아도 이스라엘의 국경을 침범했다. 대전차포와 대공 미사일을 사용해 효과적으로 이루어진 아랍의 기습공격은 이스라엘 전투기와 기갑부대에 막대한 손실을 입혔다. 건국 후 첫 4반세기가 지날 무렵 이스라엘은 최초로 결정적인 패배, 아마도 제2의 유대인 학살을 야기할 수 있을 정도의 패배 위험에 직면했다. 그러나 시리아의 진격은 10월 9일에 저지되었다. 다음 날 이스라엘은 미국에 필사적으로 도움을 요청했고 리처드 닉슨 대통령은 최신 무기를 긴급 공수하기 시작했다. 이틀 후, 이스라엘 병력은 과감하게 이집트에 반격을 시작하면서 수에즈 운하의 서쪽 지대를 도하했고, 시나이 반도에 주둔하고 있는 최신 이집트 병력 전체를 괴멸할 수 있는 위협을 가했다. 이것이 전쟁의 분수령이 되었다. 이스라엘은 1967년처럼 신속하게 승리를 향해 결정적인 행보를 내디뎠다. 그리고 10월 24일에 정전이 이루어졌다.[33] 이스라엘이 이 정전 명령을 기꺼이 받아들인 것은 군사적인 이유보다 정치적이고 심리적인 이유 때문이었다. 네 번의 전쟁에서 힘의 균형이 존재했던 적은 한 번도 없었다. 아랍 국가는 여러 번 전쟁에서 패해도 끄떡없었지만, 이스라엘은 단 한 번의 패배도 치명적이었다. 한 번의 승리는 곧장 평화를 안겨주지 않지만, 한 번의 패배는 곧 대재앙을 의미했다.

이스라엘은 항상 이집트를 가장 위험한 적, 즉 이스라엘에 압도적인 타격을 가할 위험이 가장 큰 적으로 간주해왔다. 그러나 이집트 또한 이스라엘의 적들 중 가장 복합적인 전쟁 이유를 가지고 있었다. 이집트 국민은 진정한 아랍인이 아니다. 이집트는 중동 지도권에 자신의 입지를 확고히 하기 위해, 이스라엘에 감정의 골이 깊어서가 아니라 자국의 특권을 확고히 하기 위해 이스라엘에 맞섰다. 이스라엘이 점령한 이집트의 영토는 분명 유용했다. 1967-1973년에는 그곳에서 본격적으로 유전을 개발했다. 그러나 유대인의 역사 유산과는 거리가 먼 지역이다. 이러한 이유로 이집트와의 평화는 얼마든지 가능했다. 평화를 방해하는 요소는 바로 군사적 명예라는 측면에서 이집트가 받은 상처다. 그러나 1973년의 승리로 상처는 아물었고 시간이 지나면서 선전이 효과를 발휘해 이때의 승리가 실제보다 더 크고 대단해 보이기까지 했다.

장애물은 또 있었다. 이스라엘은 처음부터 노동당이 주를 이루는 연립 내각이 통치했다. 국경에 대한 이들의 융통성에 대해서는 앞서 아바 에반의 진술로 요약된 그들의 실용주의 철학을 설명하면서 다룬 바 있다. 그러나 야당은 국경 문제를 두고 야보틴스키의 비타협 전통을 고수했다. 이집트와의 평화는 실제적으로, 그리고 잠재적으로 이스라엘 영토의 보다 큰 희생과 관련될 수도 있었다. 또한 그것은 국가적 차원의 동의가 필요한 일이었다. 야당은 이것을 부인하려 했다. 그러므로 노동당 연립 내각이 1977년 5월 선거에 패배해 최초로 베긴의 리쿠드당을 구성한 수정주의자에게 정권을 넘겼을 때 민주사회에는 익숙한 역설적 상황이 전개되었다. 이러한 변화가 평화를 가능하게 할 수 있을 것 같았다. 정확하게 말하면 베긴은 자신의 과격한 정책 때문에 벤구리온 이후 노동당 지도자 누구도 감행하지 못한 방식으로 안보를 위해 영토를 거래할 수 있는 입장에 놓였다.

압둘라 이후 아랍 최초의 현실주의자 사다트는 이러한 핵심을 곧 간파했다. 1977년 11월 9일에 우익 연합정당 리쿠드의 승리 후 여섯 달이 채 지나지 않아 그는 평화 협상을 제안했다. 평화의 과정은 길고도 복잡했으며 어려웠다. 지미 카터 대통령은 배후에서 그 회담을 조정했으며 재정적인 부분은 관대한 미국 납세자들이 해결했다. 이 모두가 없어서는 안 될 조건이었다. 최종 협상은 미국 대통령의 여름 별장인 캠프데이비드에서 1978년 9월 5일부터 13일까지 쉬지 않고 이어졌다. 이 기간에 한 발짝도 별장 밖으로 나가지 못했던 베긴은 캠프데이비드를 초호화 강제 수용소라고 불렀다. 합의 내용을 상세한 조약으로 정리하는 데는 다시 6개월이 걸렸다.

이집트와의 강화조약

여기서 합의한 절충안은 진심에서 우러난 것이었으므로 지속될 수 있었다. 이집트는 이스라엘의 생존 권리를 인정해주었으며 군사 대치 상황에서 한 걸음 후퇴함으로써 이스라엘의 남쪽 국경을 보장해주었다. 이것은 최초로 이스라엘에 어느 정도 진정한 안보를 제공해주었다. 반대로 이스라엘은 자기들에게 정서적으로 매우 중요한 지역인 시나이 반도와 이 지역의 유전, 공군기지와 정착지를 넘겨주었다. 이스라엘은 또한 요르단강 서안지구의 많은 부분에 대한 협상에 착수했다. 심지어 팔레스타인의 아랍인과 다른 아랍 국가와의 보충 협상을 위해 필요하면 예루살렘까지 양보하려 했다. 그러나 정작 각오했던 이 마지막 희생에 대한 요구는 없었다. 캠프데이비드에서의 회담은 팔레스타인 아랍인에게 1947년의 국제연합의 분할 계획 이래로 최고의 기회를 선사했다. 그러나 또다시 그들은 협상하려는 시도도 하지 않고 기회를 무산시켰다. 그로 인해 당시까지 국제적으로 이스라엘의 소유라기보다는 여전히 점령 지역으로 간주해온 유대와 사마리아를 이스라엘에 넘기고 말았다. 역사적 협상이 으레 그렇듯이 이 조약은 조약에 서명한 자에게 크나큰 희생을 요구했다. 베긴은 가장 오래된 정치 동료를 몇 명 잃었다. 이스라엘의 적 중에서 가장 위험해서 마음을 놓을 수 없지만, 누구보다 용감하고 도량이 큰 사다트는 암살당했다.[34]

역사적 맥락에 비추어볼 때 이스라엘과 이집트의 강화조약은 그 자체뿐 아니라 시기 선택에서도 말할 수 없을 정도로 중요했다. 1920년대부터 아랍의 경제력과 외교력의 원천은 항상 페르시아 만과 이라크 북부의 유전이었다. 1970년대 후반에 석유의 중요성은 극적으로 상승했다. 석유에 대한 수요는 1960년대에 공급량보다 더 빠르게 상승했다. 이러한 경향은 욤 키푸르 전쟁에 대응해 중동의 산유국이 1973년에 취한 정치적 조치에 의해 급속히 심해졌다. 유가가 1배럴당 3달러에서 10달러까지 세 배나 뛰었다. 1977년 말에 이르자 유가는 12.68달러까지 올랐다. 1979-1980년에 유가는 다시 세 배로 뛰어서 1980년 말에는 1배럴당 38.63달러까지 치솟았다.

아랍 국가가 석유로 벌어들이는 수입이 열 배 이상 늘어나면서 유가혁명은 아랍이 무기를 구입하고 반이스라엘 테러를 지원하는 데 필요한 엄청난 금액을 충당해주었다. 이것은 또한 서방 세계와 제3세계 국가와의 관계에서 아랍의 외교력을 키웠다. 예를 들어, 프랑스는 이라크에 첨단 원자로를 세웠고, 이스라엘은 급격히 발전하는 이들의 전투력을 억제하기 위해 1981년 6월 7일에 원자로를 폭격했다. 아랍의 압력 때문에 몇몇 제3세계 국가는 이스라엘과의 외교를 단절했다. 국제연합에서도 아랍의 영향력은 놀랄 만큼 성장했다. 결과적으로 1975년에 국제연합 총회는 시온주의와 인종차별주의가 같은 것이라는 결의안을 통과시켰다.

무프티의 후계자이자 아랍 최대 테러 그룹인 팔레스타인해방기구의 지도자 야세르 아라파트는 국제연합과 지금까지 이스라엘에 호의를 표명한 많은 국가로부터 정부 수반의 자격을 부여받았다. 당시 남아프리카공화국이 처해 있던 국제 사회의 게토에 이스라엘도 들어갈 수 있다는 우려가 현실로 다가왔다.

이러한 배경에서 이집트의 평화 조약과 이것이 두 진영에서 완전히 실현되었다는 사실은 세계무대에서 이스라엘의 위치를 떠받치는 매우 커다란 힘이 되었다. 이 시기에 팔레스타인 사람들이 진지하게 협상에 임했다면, 이스라엘은 요르단 강 서안지구의 대부분을 양도할 수밖에 없었을 것이다. 그러나 그 기회는 무익한 테러에 의해 사라졌고 기회의 창은 굳게 닫혔다. 1981년에서 1985년까지 공급이 수요와 균형을 이루면서 유가는 서서히 하락했다. 1986년 1월에 이르자 유가는 1배럴에 25달러가 되었고, 그해 4월에는 10달러까지 내려갔다. 인플레이션을 감안하면, 욤 키푸르 전쟁 이전의 수준이었다. 경제적이고 외교적인 힘의 균형은 다시 한 번 이스라엘 편으로 돌아서기 시작했다. 1980년대 말에 이스라엘은 20년 동안 요르단 강 서안지구와 이스라엘 국경 지역을 소유하고 있었다. 비록 임시이기는 했지만, 영구히 이렇게 고정되는 분위기였다.

사실상 협상을 거부하는 아랍의 의식 저편에 깔려 있는 가정, 즉 시간은 이스라엘이 아니라 자기들 편이라는 가정, 그리고 그에 대한 예로 즐겨 제시한 중세 십자군 국가에 대한 비유는 이스라엘 국가가 탄생하고 40년이 지나자 모두 잘못된 것으로 판명되었다. 이스라엘은 기본 목표나 자유를 포기하지 않고 협상 테이블에서 유연성과 실용주의를 견지하면서 성공적으로 최대한의 안보 체제를 갖춘 국가가 되었다. 시간은 아랍이 아니라 이스라엘 편이었다. 게다가 아랍 측이 계속해서 전쟁을 통해 문제를 해결하려 한다는 사실 자체가 이스라엘로 하여금 역사적 관점에서 국경 문제를 생각하도록 부추겼다.

이러한 사고방식은 심지어 이스라엘 경험주의자 사이에서도 나타났다. 1951-1952년도 이스라엘 정부의 공식 연감은 다음과 같은 내용을 수록하고 있다. "우리나라는 원래 이스라엘에 속하는 영토의 극히 일부에 세워졌다." 대다수 유대인은 이스라엘의 계속적인 승리가 영토 확대를 도덕적으로 정당화하는 것으로 생각했다. 믿음이 돈독한 유대인에게는 하나님의 섭리로 보였고 세속적인 유대인에게는 누가 봐도 확실한 운명으로 보였다.

1968년에 스파라디 랍비장은 새로 정복한 영토를 돌려주지 않는 것이 종교적 의무라고 주장했다. 같은 해 종교 단체를 대표하는 키부츠 다티는 독립기념일에 다음과 같은 기도를 드렸다. "주님이 우리 선조에게 약속하신 것처럼, 우리 땅의 경계가 유프라테스 강에서 이집트의 강까지 확장되게 하소서. 주님의 거룩한 성, 이스라엘의 수도 예루살렘을 세우소서. 솔로몬 시대처럼 주님의 성전이 건축되기를 원하나이다." 바르 일란 대학의 총장 해럴드 피쉬 박사는 이렇게 주장했다. "언약에 대한 믿음과 약속 안에서 그 땅을 소유할 단 하나의 민족만 있을 뿐이며, 그것은 바로 유대 민족이다. 그 어떤 일시적 인구 변화도 유대 신앙의 기반을 이루는 이 기본적인 사실을 바꿀 수는 없다. 한 아내가 두 명의 남편을 가질 수 없는 것과 마찬가지로 하나의 땅에 두 개의 주권 국가가 있을 수 없는 것이다."[35]

또한 1967년의 승리는 '이스라엘 땅'으로 알려진 여러 정당이 참여하는 운동을 만들어냈다. 이 운동은 약속된 땅의 한 부분이라도 포기하는 것은 이스라엘 시민만을 대표하는 신생 국가 이스라엘의 실질적인 권한에 속한 것은 아니라고 주장했다. 약속의 땅은 유대 민족 전체의 소유이고 그들이 최종적으로 다시 모여드는 사건, 즉 **알리야**를 위해 이 약속의 땅을 보존해야 하기 때문이다. 야보틴스키는 물론이고 헤르츨과 벤구리온이 지지한 이 신시온주의는 전 세계 유대인의 5분의 1만이 이스라엘에 정착하고 있다고 주장했다. 시온주의의 궁극적인 목적은 민족 전체의 귀환이어야 했다. 그리고 그들을 수용하기 위해서는 약속의 땅 전체가 필요했다.[36]

유대인에 대한 정의

이것은 실제로는 이스라엘이 항상 거부했던 유형의 과장된 어구였으며 일종의 이데올로기적 정책이었다. 반면, 몇 가지 측면에서 이스라엘이라는 국가는 체질적으로 이상주의적인 모습을 보였다. 정착하기 위해 이스라엘로 이주한 유대인을 의미하는 올레 *oleh* 에 대해 국가는 이주를 원하는 모든 유대인을 수용해야 하는 불가피한 의무로 받아들였다. 이것이 이스라엘을 세운 주목적이다. 이런 사항은 1897년 최초의 바젤 계획안, 1922년 위임통치령 제6조, 그리고 1948년 5월 14일 독립선언서에 수록되었으며, 1950년의 귀환법에 정식으로 법제화되었다.[37] 이 법률의 4조 B항은 유대인 어머니에게서 태어났거나 유대교로 개종하고 다른 종교를 신봉하지 않는 사람을 유대인으로 정의한다. 그러나 실제로 누가 유대인인가 하는 문제를 결정하는 것은 그다지 쉬운 일이 아니다. 이것은 유대인의 역사에서 사마리아인들의 시대부터 계속 이어져온 가장 난처한 문제 중 하나다. 세속주의의 성장과 함께 이것은 훨씬 더 어려운 문제가 되었다. 근대 유럽에서 유대인에 대한 정의는 유대인에 의해서가 아니라 반유대주의자에 의해 내려지곤 했다. 오스트리아의 정치가 카를 뤼거는 이렇게 말했다. "유대인이란 내가 유대인이라고 말하는 모든 이들이다." 대부분의 현대 유대인은 자기가 유대인이라고 생각하는 사람이 유대인이라고 말한다.

그러나 이것을 법원의 판단 기준으로 삼을 수는 없었다. 할라카의 규정은 종교적 요소를 고집했다. 이것은 이스라엘에서 혼혈 결혼으로 태어난 자손이 비록 이스라엘의 시민이고 히브리어를 쓰고 유대 역사의 정신을 배우고 이스라엘 군대에서 복무한다 할지라도 특별한 개종 절차를 거치지 않으면 법적으로 유대인이라 할 수 없다는 것을 의미했다. 그러면서도 할라카는 다른 종교로 개종한 유대인에 대해서는 계속 유대인으로 규정했다.

유대인에 대해 순수하게 세속적인 정의를 내리는 것이 불가능하기 때문에 내각은 여러 위기와 소송에 휘말렸다. 기독교로 개종해 카르멜회의 수도사가 되어 다니엘 형제로 불린 유대인 혈통의 오스발트 루페이센이 귀환법을 근거로 이스라엘로 이주하려 하자 이 사건(1962년 루페이센 대 내무장관 사건)은 대법원까지 올라갔다. 실베르크 판사는 다수를 위해서 귀환법이 세속 법규라고 판결했다. 이러한 요지로 할라카에 의거하지 않고 다음과 같은 일반 용어로 유대인을 정의했다. "우리가 보는 바로는 이 문제에 대한 답은 명확하다. 기독교로 개종한 유대인은 유대인으로 볼 수 없다."[38]

추수

그러나 거의 모든 소송에서 유대인에 관한 정의 때문에 문제가 생기지는 않았다. 이스라엘은 처음부터 이주자에게 활짝 열려 있었다. 이스라엘은 아랍 국가에서 온 난민뿐 아니라 유럽에서 강제 추방당한 뒤 이주를 희망하는 유대인 역시 받아들였다. 이스라엘 건국 이래 3년 반 동안 유럽에서 온 30만 4,000명의 이주민을 포함해 68만 5,000명의 이주민이 갑작스럽게 유입되면서 인구는 두 배로 증가했다. 1955-1957년에는 16만 명에 달하는 두 번째 거대한 이주의 물결이 있었다. 그리고 1961-1964년에 21만 5,000명이 이동한 세 번째 이주 물결이 있었다. 6일 전쟁은 또다시 이주민 수를 늘리는 촉진제 역할을 했다. 아랍 지역에서 온 유대인과 유럽에서 온 유대인의 수는 엇비슷했다. 1948년부터 1970년까지 22년간 거의 60만 명의 유대인이 유럽을 떠나 이스라엘에 도착했다. 루마니아에서 온 사람이 22만 9,779명으로 가장 많았고 폴란드가 15만 6,011명으로 그 뒤를 이었다. 또한 이 기간에 헝가리에서 2만 4,255명, 체코슬로바키아에서 2만 572명, 불가리아에서 4만 8,642명, 프랑스에서 2만 6,295명, 영국에서 1만 4,006명, 독일에서 1만 1,522명이 이스라엘로 왔다.

터키에서 온 이주민도 5만 8,288명이 있었고, 이란에서도 6만 명이 넘는 유대인이 이주해왔고, 인도에서 이주해온 사람도 2만 명 정도 되었다. 러시아에도 이주를 희망하는 사람이 많았지만, 실제 이주민 수는 소련의 정책에 따라 들쭉날쭉했다. 1948-1970년 사이에는 2만 1,391명의 유대인이 러시아에서 이스라엘로 이주했으나, 1971부터 1974년까지 4년 동안에는 10만 명 이상의 유대인이 이주해왔다.[39]

이스라엘 건국 이후 처음 25년 동안 주로 이민을 통해 이스라엘의 인구는 65만 명에서 300만 명 이상으로 증가했다. 새로 이주해온 사람들을 받아들이고, 주거지를 마련하고, 교육하고 고용하는 데 들어가는 비용은 이스라엘 예산에서 가장 큰 비중을 차지하는 기본 치안 및 국방 예산의 뒤를 이어 두 번째로 큰 비중을 차지했다. 유대인을 소위 시련의 땅에서 빼내오는 일은 때때로 공해상의 수송 같은 특별한 노력을 필요로 했다. 이러한 방식으로 이스라엘은 1949년 6월부터 1950년 6월까지 한 해 동안 예멘에서 4만 3,000명의 유대인을 데려왔으며, 1980년대 중반에 에티오피아에서 2만 명의 팔라샤 유대인을 비밀리에 공수해왔다.

현대 언어로 부활한 히브리어

새로운 국가 공동체를 하나로 결속시키는 문제에서 가장 중요한 매개가 된 두 가지는 군대와 히브리어다. 이스라엘 방위군은 비타협적인 아랍인 덕분에 시온주의 국가의 특징을 가장 잘 드러내는 키부츠의 뒤를 이어 이스라엘의 대표적인 특징이 되었고, 세계를 바라보는 유대인의 시각을 변화시키는 데 큰 역할을 했다. 또 군대는 이민자 자녀가 사회에서 정서적으로 대등한 입장에 서게 해주었다. 히브리어를 모국어로 채택한 것은 훨씬 더 놀랄 만한 성과를 거두었다. 19세기 말까지는 어느 누구도 히브리어를 모국어로 사용하지 않았다. 게다가 성경시대 말에 이르러서는 종교 의식 외에는 히브리어를 거의 사용하지 않았다. 생활언어로서의 히브리어는 아람어로 대체되었다. 물론 히브리어는 유대교의 일차적인 기록 언어로 남아 있었다. 예루살렘에서 만난 유대인 학자들은 비록 아슈케나지와 스파라디의 상이한 히브리어 발음 때문에 어려움이 많았지만, 어쨌거나 히브리어로 소통할 수 있다는 사실을 깨달았다. 시온주의 국가는 간편하게 독일어나 이디시어를 사용할 수도 있었다. 만일 그랬다면 결과는 비참했을 것이다.

1881년에 팔레스타인으로 이주한 엘리에제르 벤 예후다(1858-1922년)는 히브리어를 공용어로 채택하기 위해 피나는 투쟁을 했다. 원래 이름이 드보라 요나스인 아내와 함께 야파에 도착한 뒤에 서로 히브리어로만 대화하기로 했다. 그들의 가정은 그 땅에서 최초로, 아울러 세계에서 최초로 히브리어를 쓰는 가정이었다. 첫째 아들 벤 시온은 고대 이래 처음으로 히브리어로 옹알이를 하는 아이가 되었다. 아일랜드어처럼 언어의 부활을 위한 많은 노력이 대부분 실패했지만, 히브리어는 현대 언어로 자리 잡는 데 성공했다. 오로지 히브리어로만 계승된 유대교가 일, 주택 공급, 요리, 조명과 난방, 여행과 생계 등 현실적인 문제를 구체적으로 상세하게 다루어왔기 때문이다. 물론 히브리어의 가장 큰 힘은 기도 언어라는 점이었으나 히브리어는 또한 행위의 언어였다. 일단 사람들이 자발적으로 히브리어를 쓰려고 하자 이 언어는 매우 신속하게 일상에서 필요한 것을 채워주었고 더 발전할 수 있는 유기적 능력이 있다는 것을 증명했다. 위임 통치 시대인 1919년에 히브리어에 영어나 아랍어와 동등한 지위를 부여한 영국 정부의 결정도 히브리어가 공용어로 발달하는 중요한 계기가 되었다. 독일어를 사용하자는 주장은 결국 히틀러 때문에 폐기했고, 1930년대 말 1,000만 명 이상의 유대인이 사용하던 이디시어를 쓰자는 주장은 1945년 이후 아랍 국가에서 이주해온 엄청난 수의 스파라디 유대인이 거부했다. 히브리어가 자리를 잡은 것은 이스라엘 국군이 히브리어를 사용한 덕분이다. 게다가 히브리어를 사용하는 덕분에 군이 잘 운영되었다. 이렇게 해서 이스라엘은 근대 언어사회학의 모든 법칙을 거스르며 히브리어를 부활시키고 자립하게 만들었다.

히브리어가 정착하는 과정에서 조금 강제성이 부여되기도 했는데, 특히 이름에 관해서 그랬다. 물론 아브라함 시대 이후로 유대인은 종교적·애국적·문화적 목적으로 이름을 바꾸는 데 익숙했다. 페렐만이라는 이름을 벤 예후다로 바꿈으로써 엘리에제르 벤 예후다는 새로운 히브리어 관습을 주도했다. 초창기 세 번의 이주 바람을 타고 정착한 이주민 중 많은 사람이 히브리어를 배우자마자 이러한 관습을 따랐다. 이렇게 해서 데이비드 그륀은 다비드 벤구리온이 되었다. 나중에는 강제 개명 정책도 추진했다. 이를 보면서 신랄한 역사의 아이러니를 느끼지 않을 수 없다. 19세기 독일과 오스트리아의 지배를 받던 유대인은 이름을 튜턴화, 즉 튜턴 계열의 언어인 독일어, 네덜란드어 등 북유럽 민족어로 바꾸도록 강요받았다. 히틀러는 이 과정을 다시 뒤집었다. 1939년에 히틀러는 독일에 사는 유대인이 독일식으로 성을 바꾸지 못하게 했고 강제로 유대식 성을 다시 사용하게 했다. 이름을 지을 때 유대인은 공식적으로 제한된 남자 이름 185개, 여자 이름 91개 안에서 골라야 했다. 루스, 마리아, 요제프, 다비드처럼 비유대계 독일인이 좋아하는 성경의 특정 이름은 쓸 수 없었다. 금지된 이름을 가진 유대인은 남성이면 이스라엘, 여성이면 사라라는 이름을 덧붙여야 했다. 프랑스의 비시 정권과 노르웨이의 제5열 정권도 유사한 법을 통과시켰다.

그러나 그 어느 것도 벤구리온을 저지하지는 못했다. 히브리어에 대한 그의 단호하고 맹렬한 지지는 히브리어가 다시 부활할 수 있었던 요인 중 하나다. 남아프리카공화국 순방에 사용한 배를 비시니에프스키라는 선장이 운행했다는 말을 듣고 벤구리온은 히브리어로 된 성을 갖고 있지 않은 장교는 대표 자격으로 외국에 파견할 수 없다고 규정했다.[40]

이스라엘 통치 계층은 벤구리온의 지시를 따랐다. 모셰 쉐르토크는

모세 샤레트로, 엘리야후 엡스타인은 엘리야후 엘랏으로, 레비 쉬콜니크
는 레비 에슈콜로 개명했다. 히브리어작명위원회가 발족하고 히브리 이
름 목록과 개명 원칙을 만들었다. 포르트노이는 포라트, 타이텔바움은
아고시, 융은 엘렘, 노빅은 하다쉬, 볼프존은 벤 제에브로 바꾸었다. 절
름발이라는 뜻의 잉크디거는 강하다는 뜻의 아디르로, 거짓말쟁이라는
뜻의 뤼그너는 진실을 말하는 사람을 뜻하는 아미티로 바꾸어 심술궂은
오스트리아 관료들이 저지른 악행의 흔적을 깨끗이 지웠다. 성뿐 아니라
이름도 히브리어로 바꾸었다. 예를 들면, 펄은 마르갈리트로 바꾸었다.
그러나 유대인은 성을 바꾸는 것에 비해 이름을 바꾸는 것은 그다지 좋
아하지 않았다. 골디 마이어슨은 1959년에 외무장관이 되었을 때 이스
라엘 외무부 내규에 따라 성을 메이어로 바꾸었지만, 이름을 제하바로
바꾸는 것은 거부하고 골디를 골다로만 바꾸었다. 히브리어 이름에 대한
수요가 늘면서 새로운 이름을 찾기 위해 성경을 샅샅이 뒤졌다. 이로써
이갈, 야리브, 야엘, 아브넬, 아비탈, 하기트 같은 이름이 유행했으며, 심
지어 오므리와 스룹바벨이라는 이름도 사용하기 시작했다.

인위적으로 고안한 이름도 있었다. 밸푸어의 이름을 딴 발푸라, 헤르
츨의 이름을 딴 헤르츨리아가 대표적이다. 유대식 이름 전문가였던 랍비
벤지오브 카가노프에 따르면, 성경 속 이름의 부활은 유대교의 많은 금
기 사항, 특히 성경에서 아브라함 이전 시대에 속한 이름에 대한 금기에
신중한 도전을 불러일으켰다. 이스라엘 사람들은 자녀에게 유발, 아다,
펠레그, 그리고 무엇보다도 인류 역사에서 가장 사악한 악당 다섯 명 중
하나로 탈무드에 소개된 니므롯의 이름을 붙여줌으로써 이러한 금기를
깨뜨렸다. 유행이 되어버린 또 다른 악인의 이름으로는 레우마, 델리야,
아탈리쉬, 치포르가 있다. 메나헴 베긴은 성경에서 "여호와 보시기에 악
을 행하여"라고 언급되는 므나헴의 이름을 따랐다.

히브리어는 이스라엘을 하나로 단결시키기만 한 것이 아니다. 히브리어는 다른 많은 국가, 특히 신흥국의 골칫거리 중 하나인 언어 문제가 복잡해지는 것을 막아주었다. 행운이었다. 그렇지 않아도 이스라엘은 수많은 균열 요소를 안고 있었기 때문이다. 1942년 후반 바르샤바 게토에서 유대인 정당들이 어떻게 나치에 저항해야 할 것인가를 놓고 치열하게 토론했다는 사실은 이데올로기적 분열의 깊이를 짐작하게 해준다.

이러한 (그리고 그보다 더 많은) 분열은 역시 이스라엘에서만 볼 수 있는 상황이었다. 히스타드루트 노동조합 진영과 하가나 군대를 가진 노동당(때로 마파이라고 불렸다)과 특정 단계에서 헤루트 또는 가할이라 불리다 최종적으로는 리쿠드로 불린 수정주의자 사이의 근본적인 분열은 앞에서 살펴본 것처럼 1933년에 발생한 하임 아를로소로프 살인사건에 의해 적대감으로 이어졌다. 그들의 관계는 독립전쟁 동안 발생한 충격적인 사건으로 더욱 악화되었다. 벤구리온은 마치 이르군이 독자 병력으로 활동할 수 있도록 승인받은 것처럼 국제연합의 분할안을 거부하고 경계를 넓히기 위해 싸우려 했던 베긴의 행동을 우려했다. 베긴은 1948년 6월 1일에 이스라엘 국군과 이르군이 합병하는 데 동의했지만, 계속해서 독자적인 무기 공급선을 유지했다. 첫 번째 휴전 기간에 이르군의 군함 알탈레나가 텔아비브에 정박했을 때 정부는 베긴과 이 배에 탄 모든 이들을 인정하지 않았다. 벤구리온은 각료에게 다음과 같이 말했다. "두 개의 국가가 있을 수 없듯 두 개의 군대도 있을 수 없습니다. … 우리는 베긴에게 권력을 넘겨줄지, 아니면 이런 분리주의 행동을 멈추라고 그에게 경고할지 결정해야 합니다. 만일 그가 굴복하지 않는다면, 우리는 공격을 개시해야 할 것입니다."[41]

내각은 국방장관에게 그 땅의 법을 실행하라는 지시를 내렸다. 텔아비브 해안에서 전투가 발생하자 베긴은 군대를 보호하기 위해 배에 올랐다. 하가나의 상비 병력 팔마츠의 지휘관 이갈 알론과 그의 부관 이츠하크 라빈은 리츠 호텔에서 작전을 지시하면서 배를 폭격해 침몰시키라는 결정을 내렸다. 베긴은 해안까지 헤엄쳐 가야 했고 이르군 대원 14명이 사망했다. 이것은 이 조직의 실질적인 최후가 되었다. 베긴은 노동당 연립 내각을 범죄자의 정부, 폭군의 정부, 배반자의 정부, 형제 살인자의 정부라고 불렀다.[42] 그리고 벤구리온은 베긴을 히틀러라고 매도했다.

사회주의 법인형 국가

그 후 1977년까지 노동당과 그 지지 정당이 이스라엘을 통치했다. 그들은 키부츠와 히스타드루트, 하가나, 그리고 다수파를 차지하는 유대인협회를 산하에 두고 독립 이전 위임 통치 시대에 이미 지배층을 형성하고 있었다. 독립 후에도 이 체제를 유지했고 군부와 관료 기구, 노동조합을 통해 이스라엘 산업계도 지배했다. 이스라엘은 위임 통치 기간에 영국의 정치, 정부, 법률 기관을 많이 물려받았다. 그러나 한 가지 면에서 영국과 상당한 차이를 보였다. 이스라엘은 동유럽의 사회주의 정당으로부터 당이 곧 국가라는 개념을 끌어냈다. 이러한 측면에서 보면 소련과 더 유사했다. 이스라엘에는 영국식 의회민주주의의 두드러진 특징인 직업 정치인과 직업 공무원 사이의 구별이 거의 없었다. 알론은 팔마츠 지휘관에서 장관을 거쳐 부총리가 되었다. 이츠하크 라빈은 이스라엘 방위군의 참모장이 되었으며 후에 총리가 되었다. 또 다른 이스라엘 방위군 지도자 하임 바르 레브와 다비드 엘아자르 또한 노동당에서 두각을 나타냈다. 이스라엘 방위군 사령관 중에서 가장 유명한 모세 다얀은 마파이 청년 운동을 통해 부각되었다. 마찬가지로 벤구리온 밑에서 국방부를 주관한 시몬 페레스도 때가 이르자 총리가 되었다. 한 사람이 이스라엘 국회의 구성원이면서 장군, 장관, 대사, 국영 라디오 방송국 대표가 될 수 있었다.

이스라엘은 한 정당이 지배하는 국가였지만 절대 일당독재 국가는 아니었다. 가장 중요한 결정을 반드시 내각에서 내리는 것은 아니었다. 공무원 임명은 정당 엽관 제도에 기초해 선거 결과에 따라 각 당에 분배되었다. 각 정당은 자신들이 주관하는 행정 부서에서 누가 일할 것이고 누가 무엇을 할 것인지, 그리고 누가 이 내각에서 승진할지를 결정했다. 노동당은 일률적으로 군대, 산업, 주택, 건강 보험과 분배 등 많은 분야를 포함하는 농공 복합 정착 단지를 형성했다. 노동당은 일반적으로 정부 기능에 속하는 거대한 영역을 좌우했다. 노동관계, 교육, 공중위생과 이민 분야 등이 여기에 속했다. 이 가운데 많은 부분은 위임 통치 아래 그 땅에 정착하는 과정에서 나타났다.[43] 저항 운동, 강렬한 민족주의 운동, 때로는 테러를 통해 식민지에서 독립하여 국가를 이룬 제3세계 국가는 일반적으로 공통의 약점을 가지고 있었다. 이스라엘 역시 예외가 아니었다.

다수당 체제는 민주정치를 수호했다. 그러나 정당들은 끊임없이 특별한 목적을 위해 분열하고 재조직하고 개명하고 연합을 형성했다. 1947년부터 1977년까지 마파이와 노동당의 지지율은 한 번도 32.5퍼센트 밑으로 떨어지지 않았지만, 40퍼센트 이상으로 오르지도 않았다. 그 결과 노동당이 집권하는 구조에서 선거 때마다 또는 선거가 끝날 때마다 어렵게 제휴를 모색하는 고도의 불안정한 상태가 이어졌다. 벤구리온은 모셰 샤레트에게 총리직을 양보한 1953-1955년의 시기를 제외하고 1948년부터 1963년까지 총리로 재직했다. 종종 독단적인 인사, 예를 들면 장군의 임면을 단행했는데, 이는 내부의 정치적 움직임에 대응하기 위한 조치였다. 자기가 임명한 국방장관 핀하스 라본이 이집트 첩보 활동 중에 저지른 실수를 두고 벤구리온이 오랫동안 증오를 드러낸 이유는 그의 실수가 당내 권력 다툼에 빌미를 제공했기 때문이다.

정당은 정치 이념을 실현하는 단체이기도 하지만 이익단체이기도 했다. 따라서 그들은 특별히 이민자 중에서 새 당원을 모집했다. 이것은 땅 정착이 정당의 주요 기능이었던 양차대전 사이로 거슬러 올라간다. 1930년대 초반, 부족한 땅을 나누는 과정에서 정당 간의 동의가 있었다. 독립 이후 실제로 농사를 지을 수 있는 땅이 충분했기에 정당 관리들은 사람들을 붙잡기 위해 여객 운송 역을 순회했다. 민족적이고 종교적인 기준에 따라 비공식적인 구분이 발생했다. 예를 들어 루마니아인과 불가리아인, 유고슬라비아인은 세속 정당(주로 마파이)에 가입했고, 북아프리카인은 연합을 이룬 종교 그룹 미즈라히에 입당했다. 마파이당의 예멘인 관리들의 수완이 워낙 좋아서 예멘 이민자들은 마파이당이 독점하다시피 했다. 그러나 미즈라히의 항의 이후 마파이의 몫은 60-65퍼센트로 줄었다. 또 마파이와 미즈라히는 10만 명 이상의 모로코 이민자도 나누어 가지기로 합의했다. 마파이는 아틀라스 남부지역에서 온 이주민을 가지고, 미즈라히는 아틀라스 북부 지역에서 온 이주민을 가졌다. 그러나 멋대로 소속이 결정되고 정치 교육을 받게 된 것에 분개한 모로코 출신의 이주민 일부가 폭동을 일으키는 바람에 1955년에 이러한 거래가 만천하에 드러났다.[44]

다비드 벤구리온과 메나헴 베긴

바이츠만은 시온주의자 간에 벌어지는 모든 정쟁을 혐오했다. 건국 후 초대 대통령이 되었지만, 미국 방식으로 대통령의 권한을 확보하는 싸움에서는 패하고 말았다. 그래서 바이츠만은 정당에 맞서 국가와 국민의 이익을 변호할 수 있는 처지가 아니었다. 그 일은 벤구리온이 맡았다. 그를 위해 변명을 하자면, 벤구리온은 당 조직과 싸우려 했다. 평생 직업적 정당인이었던 벤구리온은 마지막까지 공격적으로 싸웠다. 벤구리온은 총리로서 정당과 국가를 분리하고 정당의 지배에서 국가를 구해내기 위해, 그리고 정책 및 임용 조사, 특히 권력 남용에 대해 조사하는 노동당 운동 기구(대부분 벤구리온이 만든 것이다)와 싸우기 위해 최선을 다했다. 벤구리온은 정당 소유로 된 총리직, 국방장관, 군대와 학교를 전부 바꾸었다. 그러나 사실상 히스타드루트가 맡고 있던 보건 제도는 개혁하지 못했다. 결국 그는 동료 정치인을 혐오하게 되었고, 그 때문에 1965년에 새로운 정당을 만들었다. 이 정당이 실패하자 그는 총리직을 사임하고 네게브 지방에 있는 스데보케르라는 키부츠에서 씁쓸한 유배 생활을 시작했다.[45]

헤르츨, 바이츠만, 야보틴스키와는 달리 벤구리온은 자신을 유럽인으로 보지 않고 중동의 유대인으로 여겼다. 그는 개척 세대에 이스라엘에서 태어난 토박이, 즉 사브라가 이스라엘을 독특한 국가로 만드는 것은 말할 것도 없고, 이스라엘을 유럽의 식민지에서 고유한 아시아 국가로 변모시킬 것이라고 믿었다. 벤구리온은 불굴의 메시지를 가지고 이스라엘 백성에게 피와 눈물, 수고와 땀을 제안한 구약 성경의 모세 같은 인물이다. 1969년에 벤구리온은 인생의 종착역에서 이스라엘은 아직 국가가 아니라고 말했다.

> 이스라엘은 여전히 광야에서 이집트의 고기 가마를 그리워하는, 포로 상
> 태의 민족이다. 네게브 지역과 갈릴리 지역이 정착될 때까지, 또 수백만
> 명의 유대인이 이스라엘로 이주하기 전까지, 그리고 정치인의 윤리적 행
> 위에 필연적으로 요구되는 도덕적 기준과 시온주의의 고도의 가치가 굳
> 건히 서기전까지는 국가로 여겨서는 안 된다. 이스라엘은 군중도 아니고
> 국가도 아니다. 이스라엘은 여전히 포로기, 즉 구원받았지만 완전한 회
> 복이 이뤄지지 않은 과거에 얽매여 있다.[46]

노동당의 고무된 정신은 아직 유럽 사회주의 상태에 머물러 있었다.
노동당은 도시 지식인의 정당이었고 키부츠는 그들의 주말 별장이었다.
노동당 구성원은 대학 교육을 받은 이들로 문화적으로 볼 때 중산층이었
다. 노동자에게, 특히 아프리카와 아시아계 스파라디 이민자에게 이 계
층은 로자 룩셈부르크가 한때 독일의 프롤레타리아 계급에게 훈계했던
것처럼, 그들에게 무엇이 유익이 되는 것인지 참을성 있게 설명하는 방
향으로 나아갔다. 그들은 신생 국가의 자연발생적 귀족 계층이거나, 아
마도 세속적 교권주의자라고 불러야 할 것이다. 정부와 야당은 옷차림부
터 아주 달랐다. 노동당원은 앞이 트인 셔츠 등 단순한 간편복을 입었다.
베긴의 리쿠드는 빈틈없이 깔끔한 정장과 넥타이를 고집했다. 이것은 천
성적인 인민주의자와 사회주의 지식인 계급의 차이였다.
벤구리온이 은퇴한 이후 점차 줄고 있던 유럽의 이민 그룹에 대한 노
동당의 의존도는 더욱 뚜렷하게 나타났다. 이와 대조적으로 아랍 지역에
서 새롭게 도착한 이민자는 야당으로 흘러들었다. 이것은 두 번의 세계
대전 시기로 거슬러 올라간다. 야보틴스키는 항상 지중해 지역의 스파라

디에게서 지지를 이끌어냈다. 그는 라디노어로 말하는 법을 배웠다. 히브리어에 대한 스파라디식 발음을 지지했다. 베긴은 힘들이지 않고도 이러한 전통에 빠져들어갔다. 얼마 남지 않은 폴란드 출신 유대인으로서 그는 아랍 땅에서 잔인하게 쫓겨난 유대인의 상황에 자연스럽게 친밀감을 느꼈다. 그들처럼 베긴은 자기들이 이스라엘에 거하는 이유를 해명할 필요를 느끼지 못했다. 베긴은 그들과 더불어 아랍인에 대한 증오를 공유했다. 또한 고난이 부여한 도덕적 권리를 내세워 어떠한 고려사항보다도 유대인의 이익을 우선시했다.

중동과 북아프리카 태생의 유대인처럼 베긴은 아랍인이 이스라엘의 생존권을 좌지우지할 수 있는 선택권을 가졌다는 인식을 죽은 자들에 대한 모욕으로 받아들였다. "우리는 거의 4,000년 전, 인류 문명의 여명이 희미하게 비추기 시작할 때부터 우리 조상의 하나님에 의해 존재할 권리를 부여받았다. 수 세기 동안 유대인의 피로 신성해진 그 권리를 위해, 우리는 열방의 역사에서 유례없는 값을 치렀다."[47] 엄밀하게 노동당 권력 체제와는 대조적으로 베긴과 아랍 지역에서 쫓겨난 유대인은 공통의 귀중한 특징을 갖고 있었다. 죄책감의 완전한 부재가 바로 그것이다.

노동당의 정부 지배는 매우 강력했고 아주 더디게 약화되었다. 베긴은 여덟 번의 선거에서 연속으로 패하고도 자리를 계속 지킨, 역사상 유일한 정당 지도자다. 그러나 그 뒤를 이은 총리 레비 에슈콜(1963-1969), 골다 메이어(1969-1974), 이츠하크 라빈(1974-1977) 아래서 노동당에 대한 지지는 점차 감소했다. 오랜 집권의 종말을 향해 나아가면서 벤구리온의 경고와 국가와 정당의 분리에 대한 거부를 당연시하는 가운데 노동당은 몇 번의 결정적인 추문에 휩싸였다. 이로써 1977년 5월 선거에서 노동당은 마침내 다수당의 위치를 상실했다. 이 선거에서 15퍼센트나 되는 득표율이 떨어져나간 결과 고작 32석밖에 얻지 못했다. 베긴이 이끄는 리쿠드당이 43석을 확보해서 어렵지 않게 연립 내각을 구성했다. 그는 1981년 6월에 실시한 선거에서도 승리했다. 그가 은퇴한 다음 1984년 선거에서는 노동당과 비기는 바람에 리쿠드와 노동당이 교대로 총리를 내는 형태로 연립 정권이 들어섰다. 이렇게 해서 이스라엘에는 처음으로 일종의 양당 체제가 탄생해서 일당 영구 지배 체제의 위험을 피할 수 있게 되었다.

종교 정당들

대개 폭력적인 사건으로 악화된 이스라엘 정파 간의 차이는 세속적인 문제와 관련이 있고 결국에는 언제나 실용적인 타협점을 찾아냈다. 더 심각한 문제는 시온주의 국가의 세속성과 유대교 신앙의 차이였다. 새로운 문제는 아니다. 어느 시대이건 율법의 요구사항과 세속의 요구사항은 유대 사회에 늘 긴장감을 조성했다. 유대인이 직접 유대인의 일상을 책임지면서 이러한 긴장감은 즉시 표출되었다. 많은 경건한 유대인이 이방인의 통치 아래 있는 것이 유대인에게는 더 나았다고 믿는 이유다. 그러나 그것도 이방인의 호의가 있을 때에나 가능한 일이다. 근대의 경험에 비추어볼 때 이방인의 호의라는 것은 신뢰할 만한 것이 못 된다. 새로운 시온은 19세기의 반유대주의에 대응해 착상했고 홀로코스트 직후에 태어났다. 따라서 시온주의 국가는 유대 신정정치를 위한 청사진이 아니라 유대인의 생존을 위한 정치적·군사적 수단이다.

　예언자 사무엘의 시대와 비슷한 상황이었다. 당시 이스라엘 백성은 블레셋에 몰살당할 위기에 처해 있었고 살아남기 위해 왕정으로 전환했다. 사무엘은 슬픔과 염려 속에 이러한 변화를 받아들였다. 왕정 또는 우리가 지금 부르는 국가는 율법에 의한 통치와는 조화를 이룰 수 없는 갈등 관계에 있다는 사실을 정확히 인식했기 때문이다. 결국 그가 옳았다. 사람들은 율법을 무시했고 하나님은 분노하셨으며 바빌로니아 포로 생활이 뒤따랐다. 제2 성전 시대 역시 똑같은 문제에 부딪혀 멸망했다. 이로써 유대인은 디아스포라가 되었다. 인간이 고안한 정치적 해결이 아니라 하나님이 정하신 선한 때에 이루어질 하나의 초자연적 사건에 의해 포로 상태가 끝나리라는 것이 유대교 신앙의 정수다. 따라서 시온주의 국가는 또 하나의 사울에 불과하다. 시온주의 국가가 현대판 메시아라고 주장하는 것은 잘못일 뿐 아니라 불경한 행동이다. 위대한 유대인 학자 게르숌 숄렘이 경고한 것처럼, 그것은 또 다른 거짓 메시아를 만들어낼 뿐이다. "시온주의자의 이상과 메시아의 이상은 별개다. 대중 집회에서 떠벌리는 장광설 속에서나 그 둘이 일치할 뿐이다. 젊은이들이 그런 집회에 참석해 실패할 것이 뻔한 새로운 형태의 샤베타이 사상에 솔깃해하고 있다."**48**

거의 비종교적이거나 반종교적이기까지 했던 시온주의자가 유대교에 도움을 호소한 것은 사실이다. 시온주의자에게는 다른 대안이 없었다. 유대교가 없다면, 신앙으로 하나가 된 민족이라는 사상이 없다면, 시온주의는 아무것도 아닌 그저 매우 유약한 분파에 불과하다. 그들은 또한 성경에 호소했다. 성경에서 온갖 정치 윤리, 유세용 수사, 청년들에게 통할 만한 이상적인 호소를 끌어냈다. 벤구리온은 군사 전략을 위한 지침서로 성경을 사용했다. 그러나 그것은 예전에 동유럽에 등장했던 일종의 유대 계몽주의와 다르지 않았다. 시온주의 안에 하나님이 거하실 곳은 어디에도 없었다. 시온주의자에게 유대교는 민족의 에너지와 문화를 퍼올릴 수 있는 편리한 샘일 뿐이고 성경은 역사 기록에 불과했다. 그래서 신앙심이 깊은 정통파 유대인은 처음부터 시온주의자를 의심했고 대놓고 적대감을 드러냈다. 이미 살펴본 것처럼 일부 유대인이 시온주의가 사탄의 작품이라고 주장한 이유가 여기에 있다.

그러나 사무엘이 사울에게 기름을 부어 왕으로 세우는 것에 동의했던 것처럼 신앙심이 깊은 유대인은 시온주의자를 인정하고 지지했다. 여기에는 오랜 시간에 걸쳐 나름대로 수정된 몇 가지 사상 동향이 있다. 그들은 모두 정통파다. 개혁파는 팔레스타인 정착과 이스라엘 건국에 별다른 역할을 하지 않았다. 최초의 개혁파 회당은 1958년에 이르러서야 예루살렘에 들어섰다. 그러나 정통파가 시온주의를 승인하는 정도는 각양각색이었다. 시온주의자가 건국을 위해 유대교를 이용한 것과 마찬가지로 일부 경건한 유대인은 이스라엘 자손이 유대교 신앙을 회복하도록 시온주의를 이용할 수 있다고 믿었다.

시온주의자의 지지로 유럽의 랍비장으로 임명된 아브라함 이츠하크 쿠크(1865-1935년)는 율법 준수를 고수하는 유대인이 조직화에 성공한다면 유대인의 새로운 애국심을 기반으로 토라 준수의 불을 지필 수 있다고 보았다. 그래서 1911년에 10차 시온주의자 회의에서 토라를 가르치는 학교보다 일반 학교를 건설하는 것이 바람직하다는 결정을 내리자, 이에 맞서 최초의 종교 정당 미즈라히가 탄생해서 시온주의 한가운데에 토라를 확립하기 위해 투쟁했다. 이 정당은 위임 통치 시대에 시온주의자와 함께 일했고 이스라엘 건국 초기부터 연립 내각에서 중요한 역할을 담당했다. 마즈라히는 이스라엘에서 세속적인 유대인과 종교적인 유대인 사이가 아주 틀어지는 것을 막았다. 하지만 마즈라히는 종교 세력이라기보다는 두 진영을 중재하는 중재자에 가까웠다.

정통파 입장에서 이것은 배신이다. 미즈라히의 배신에 대응해 정통파 현자들은 1912년에 아구다라는 연합 운동을 시작했다. 아구다 운동은 영국이 팔레스타인을 점령하자 조직을 갖추고 활동에 들어갔다. 터키가 통치할 때에는 종교 지도자들을 통해 소수 민족에게 권력을 위임하는 고대 체제가 유지되었다. 이것은 당연히 정통파에게 유리하게 작용했다. 그런데 1922년에 영국은 위임 통치 조약 4조에 근거하여 유대인의 정치적 대표권을 모두 시온주의자에게 주었다. 유대인 국가위원회는 완전히 세속 세력의 수중에 들어갔고 종교 업무는 미즈라히가 담당했다. 아구다는 이에 맞서 1923년에 거대한 운동을 조직했다. 이 운동은 '토라의 위인 평의회'가 관리했고 평의회 각 지부는 경건한 유대인을 지도해서 평의회가 지명한 후보에게 투표하게 했다. 이렇게 해서 제2의 종교 정당이 탄생했다. 동유럽에서 아구다 운동은 독자적으로 간행물을 발행하고 압력단체를 운영할 정도로 세력이 강했고 반시온주의를 강하게 표명했다.

그러나 히틀러가 권력을 잡은 후에 공포에 질려 팔레스타인 이민용 비자를 구하는 사람이 늘어나자 타협할 수밖에 없었다. 모든 이주자는 시온주의자가 장악한 유대인협회를 거쳤고 유대인협회는 정착에 필요한 자금을 조달하기 위해 조성한 주요 기금을 통제했다. 블레셋 족속과 맞닥뜨렸던 옛 이스라엘 백성처럼 아구다 운동은 나치즘 앞에서 자기들의 원리를 어떻게 유지해나갈지 알지 못했다. 밸푸어 선언이 하나님이 정해준 탈출 방법은 아닐까? 1937년에 국가 지도자이자 유명한 랍비였던 히르슈의 손자 이자크 보이어는 토라의 위인 평의회에 공식적으로 질문을 제기했다. 밸푸어 선언이 하나님이 주신 임무를 유대인에게 부여함으로써 국가를 세우라고 하는 것인가? 아니면 사탄의 계략인가? 평의회는 그 질문에 일치된 답변을 하지 못했다. 평의회가 답을 하지 못하자 보이어는 스스로 답변을 준비했다. 홀로코스트를 배경으로 나온 그의 답변은 시온주의자와의 타협을 정당화했다. 새 국가는 박해받는 이스라엘 백성에게 주는 하나님의 선물이자 구원의 시작일 수 있으며 이는 토라가 이

*끄*는 바에 따라 마련된 것이라고 그는 주장했다. 여기에는 아구다의 이데올로기가 깔려 있다.[49]

건국 작업이 시작되자 아구다 운동은 국가가 토라의 법률적 기초를 갖추어야 한다고 요구했다. 요구는 받아들여지지 않았다. 1947년 4월 29일에 유대인협회는 아구다 운동에 다음과 같은 편지를 보냈다. "국가 건설은 국제연합의 인준이 필요하고, 모든 시민을 위해 국가가 양심의 자유를 보장하지 않는다면, 또한 이스라엘이 신정국가를 세울 목적이 아님을 분명히 하지 않는다면, 국제연합의 인준은 불가능할 것이다." 국가는 세속적이어야 했다. 그러나 유대인협회는 학교 내 종교의 자유를 보장하되 안식일, 식사법, 결혼에 관해서는 종교적 입장을 따르기로 동의했다. 이러한 양보로 아구다 운동은 국가 초창기부터 임시정부 위원회에 참여했고 이스라엘 4대 종교 정당 연합인 연합종교전선의 일원으로 1949-1952년의 연립 내각에 참여할 수 있었다. 아구다 운동의 견해는 1952년 10월 10일에 다음과 같이 확립되었다.

세상은 이스라엘을 위해 창조되었다. 토라를 준수하고 완수하는 것은 이스라엘의 임무이자 이스라엘이 존재하는 이유다. 이스라엘 사람들이 정착해서 토라를 준수하도록 예정된 장소는 바로 이스라엘 땅이다. 이것은 세상이 존재하는 이유가 이스라엘 땅에 토라 정권을 건설하는 것임을 의미한다. 이 이상을 구현할 기반이 마련되었다. 이제 유대인은 자기들의 고향에서 살고 있고 이 땅에서 토라를 이행하고 있다. 그러나 아직 완전히 성취되지는 않았다. 아직은 모든 이스라엘 자손이 이스라엘 땅에서 살고 있지 않고, 또한 모든 이스라엘 자손이 토라를 준수하는 것은 아니기 때문이다.[50]

요약하면, 아구다 운동은 흩어진 유대인을 모아 최종적으로 신정 국가를 세우기 위해 시온주의를 이용하기로 다짐한 것이다.

미즈라히의 타협이 아구다 운동을 낳은 것처럼 아구다의 타협은 도시의 수호자를 자처하는 엄숙주의자 그룹을 낳았다. 이 그룹은 1935년에 아구다 운동에서 떨어져 나온 뒤 국가 건설에 철저히 반대했고, 선거를 비롯한 모든 국가 활동에 참여하기를 거부했으며, 예루살렘을 배교자들의 손에 맡기느니 차라리 국제적인 공동 관리 체제 아래 두는 편이 낫다고 선언했다. 이 그룹은 비교적 소규모였고 세속적 사고방식에 극단적으로 맞섰다. 그러나 전체적으로 유대인의 역사는 이렇듯 엄격한 소수가 결국 승리하는 다수가 되는 경향이 있다. 더 나아가 본래 유대교가 그렇듯 이 구성원들은 최초의 전제를 제시하며 강한 논리적 일관성을 보여주었다. 그들은 유대인이란 그 삶이 초월적인 하나님의 질서에 의해 통제되고 일반 정치, 경제, 물질문명의 성공이나 실패에 의존하지 않는 사람들이라고 보았다. 유대인은 다른 민족과 달리 다른 모든 민족을 흥망성쇠하게 하는 요인에 종속되지 않는다고 보았다.[51]

그러므로 시온주의 국가 건립은 역사상 세 번째 국가를 통해 역사에 재진입한 것이 아니라 훨씬 더 위험한 새로운 포로 생활로 나아가는 시작점이었다. "이제 사악한 자들의 성공을 앞세워 마음 놓고 유혹할 수 있는 면허증이 주어졌기" 때문이다. 그들은 종종 자기들이 시온주의에 지나치게 나약하게 대항했다는 것을 보여주기 위해 헝가리 랍비들이 아우슈비츠에 도착했을 때 하나님이 자기들을 이렇게 처벌하시는 것이 정당하다고 한 말을 인용하곤 했다. 히틀러의 소각장이 유대인의 육체만 태우고 그들의 영혼을 해방시켜 영원한 생명을 누리게 한 것과 달리, 이스라엘 사람들을 대표하는 것처럼 가장하는 시온주의자의 가면은 유대인의 영혼을 불태우는 중이라고 비난했다. 그들은 시나이 반도 전쟁과 6일 전쟁에서의 승리를 개탄했다. 매혹적인 승전이 유대인을 시온주의로 안내하고 영원한 파멸의 길로 유인할 것이라 여겼기 때문이다. 승리는 사탄의 농간이고 결국은 엄청난 패배로 끝날 것이라고 생각했기 때문이다. 도시의 수호자들은 시온주의자가 벌이는 전쟁과 정복은 물론이고 시온주의에 의한 구원과 보호도 거부했다.

> 우리는 어떠한 증오나 적개심, 특별히 다른 민족과의 싸움과 전쟁에 찬성하지 않는다. 그 이유는 거룩한 토라가 포로 상태에 있는 우리에게 정반대를 명하기 때문이다. 만일 우리가 수많은 죄로 〔하나님을 거스르는〕 이런 반역자의 운명에 동참하려 한다면, 하나님이 허락하지 아니하실 것이다! 우리가 할 수 있는 일은 거룩하신 그분에게 기도하는 것뿐이다. 그를 송축할지라. 그분은 우리를 운명에서 해방시켜 구원해주실 분이다.

도시의 수호자들은 자기들이 엘리야 시대에 바알에게 무릎 꿇고 절하기를 거부했던 남은 자, 이세벨에게 녹을 얻어먹길 거부했던 남은 자라고 정의했다. 시온주의는 왕 중 왕에 대한 반역이고 유대인의 국가는 홀로코스트보다 더 끔찍한 재앙으로 막을 내릴 것이라는 게 그들의 신학이다.

그러므로 세속적인 시온주의 국가는 처음부터 세 가지 종교적 반대에 직면했다. 첫째는 연립 내각 내부로부터의 반대, 둘째는 연립 내각 밖이기는 하지만 시온주의자와 의견을 같이하는 사람들로부터의 반대, 셋째는 이런 결집된 의견에 반대하는 국내 세력으로부터의 반대다. 이러한 반대는 유치한 것에서부터 매우 격렬한 것에 이르기까지 아주 다양한 형태로 나타났다. 우표를 거꾸로 붙이거나, 주소를 적을 때 이스라엘이라는 글자를 빼거나, 신분증을 찢어버리거나, 선거권을 거부하거나, 시위를 하거나, 전면적인 폭동을 일으켰다.

　신생 국가 이스라엘은 그리스 로마 시대의 지배자들이 그랬던 것처럼 아무리 사소한 사항이라도 충분히 심사숙고하지 않고 결정했다가는 예고도 없이 버럭 화부터 내는 사람들, 특히 예루살렘 사람들을 상대해야 했다. 그러나 일반적으로 종교 세력은 **크네세트** 안에서, 특별히 내각 안에서의 철저한 교섭 활동을 통해 의견을 제시했다. 이스라엘의 처음 네 개 정부에서 종교 문제로 다섯 번이나 내각의 위기가 발생했다. 1949년에는 금지된 음식을 수입하는 문제로, 1950년 2월에는 임시 거주지에 있는 예멘 아이들의 종교 교육 문제로, 1951년 10월과 1952년 9월에는 정통 유대교 가정의 젊은 여성을 군에 징집하는 문제로, 1953년 5월에는 학교 관련 문제로 위기가 발생했다. 이러한 행태는 이스라엘 건국 이래 처음 40년간 이어졌고 이념상의 차이나 국방 또는 외교 문제보다 종교가 단합을 방해하는 가장 큰 원인이라는 점을 증명했다.

안식일, 교육, 결혼

유대교가 엄격한 도덕적 신학 안에서 지평을 확대함에 따라 갈등의 영역도 매우 넓어졌다. 이로써 법률적·국가적 차원에서 지위를 부여받은 안식일에 일을 금하는 39개의 항목과 추가적으로 중요한 내용이 보완되었다. 여기에는 자동차를 타거나 자동차로 여행하기, 필기, 악기 연주, 전화 걸기, 전등 켜기, 돈 만지기 등이 포함되었다. 더욱이 유대의 가장 공통된 법률은 "공공연하게 안식일을 더럽히는 모든 사람은 모든 측면에서 비유대인과 같다. 그가 만진 포도주는 금지된 포도주가 되고, 그가 구운

빵은 비유대인의 빵과 같고, 그가 요리한 음식은 비유대인이 요리한 음식과 같다"라고 진술하고 있다.[52] 그러므로 안식일법은 연쇄 효과를 통해 무장한 군대, 공무원, 거대한 규모의 공적이고 집단적인 산업과 농업 영역에서 심각한 문제를 불러일으켰다.

안식일에 키부츠에서 소젖을 짜는 문제, TV 방송을 하는 문제를 놓고 신랄한 논쟁을 벌였고 결국 엄청나게 많은 법률과 규례를 제정했다. 이로써 하이파에서는 안식일에 버스가 다녔지만 텔아비브에서는 다니지 않았다. 텔아비브에서는 식당이 문을 열었지만, 하이파에서는 열지 않았다. 예루살렘에서는 두 가지 모두 금지했다. 그런가 하면 국립 항공사인 엘알이스라엘항공사가 안식일에도 운항하는 문제로 내각에 또 한 번 위기가 발생했다. 국립해운회사에서 정결법에 위배되는 음식을 사용하는 것 때문에 내각에서는 상당히 장기적인 투쟁이 있었다. 식사법은 정치 의석을 확보하는 데 아주 중요한 논쟁거리였다. 호텔과 레스토랑은 랍비 회의로부터 식사법을 정확히 엄수하고 있다는 확인증을 받아야 했다. 1962년에 제정된 법은 돼지 농장을 전면 금지했다. 아랍계 기독교인이 거주하는 나사렛 인근 지역과 연구 목적으로 운영하는 경우만 예외였다. 1985년에는 돼지고기의 매매와 유통을 금지하려는 입법 운동도 시작되었다. 양돈업자들은 동인도네시아의 멧돼지 바비루사의 경우 포유동물에다 발굽이 갈라져 있고 되새김질을 하니 식사법에 어긋나지 않는다고 주장했다. 이에 정부와 랍비들이 바비루사의 적격 여부를 검토하기도 했다. 부검 및 성지 매장 관련 논쟁이 내각의 의석수를 좌우했다.

교육은 끊임없이 복잡한 문제를 불러일으켰다. 위임 통치 시대에 유대인 학교는 네 가지 유형이 있었다. 종교와 관계없는 일반 과목을 가르치는 시온주의 학교, 일반 과목과 공동체 교육을 병행하는 히스타드루트, 토라와 일반 과목을 함께 가르치는 미즈라히, 오로지 토라만 가르치는 아구다가 있었다. 1953년 통합교육법령은 이것을 두 가지 유형으로 통합했다. 하나는 일반 교육을 하는 공립학교이고 또 하나는 종교 교육을 하는 공립학교다. 아구다 운동은 이 체제에서 이탈해 별도로 학교를 운영했지만, 일반 과목을 가르치는 시간이 충분하지 않으면 정부 보조금을 받을 수 없었다. 교육·종교 분리론자들은 아구다 학교가 일주일에 32시간의 수업 시간 중 과학과 지리, 역사 수업을 줄여 성경과 탈무드, 히브리어 교육에 18시간을 할애하고 있다고 비판했다. 남학생에 비해 여학생은 탈무드보다 성경 교육에 치중했다.

신앙심이 깊은 유대인은 국립학교가 32시간의 수업 시간 중에서 겨우 8시간만 종교 교육에 할애하고 있다고 비판했다.[53] 그중 세 시간은 히브리어 교육에 할애하고, 성경은 초기 시온주의 역사로 제시된 일부분을 제외하고는 세속 정신 아래 신화처럼 다루고 있다는 점도 문제 삼았다. 1950년대 후반에 일반 학교에는 유대 의식을, 종교 학교에는 국가 의식을 심어주기 위해 내각이 제시한 절충안은 갈피를 못 잡고 헤매다가 더 많은 문제를 양산했다.[54] 1959년에는 중동과 북아프리카 태생의 정통파 유대인 자녀를 대상으로 이루어지는 비종교적 선전 활동에 반대해 세 곳에서 폭동이 일어났다. 한 정통파 랍비는 이에 대해 통렬하게 한탄했다.

〔그들은〕 고귀함에 이르는 지혜가 부족한 젊은이들을 충동질해 자만심을 불어넣은 반면, 지혜를 이미 가지고 있는 장로들은 먼지구덩이에 던져버렸다. 그들은 학교에서 아이들에게 이곳, 바로 이스라엘의 땅에서 토라의 계명을 준수할 필요가 없다고 가르쳤다. 학교에서 돌아온 소년에게 부모가 기도하라고 하면, 소년은 선생님이 기도는 불필요하다고 했다고, 또는 선생님이 기도는 무의미하다고 했다는 식으로 대답했다. 랍비가 소년들에게 안식일을 준수하라고 해도 말을 들으려 하지 않았다. 클

럽에서 축구 시합이 예정되어 있거나, 아이들을 해변으로 태우고 갈 차가 기다리고 있기 때문이다. … 만일 랍비가 애원하며 눈물을 흘리면, 그들은 랍비의 얼굴을 보고 웃음을 터트릴 것이다. 교사에게 그렇게 배웠기 때문이다. … 토라의 현자들은 점점 구석으로 몰리고 당원 카드를 소지한 소년은 점점 많아졌다.[55]

또한, 신앙심이 깊은 정통파 유대인은 수많은 제도가 성 구별과 관련하여 고대의 율법을 위반하고 있다고 격분했다. 정통파의 중심지 근처에 들어선 무도회장과 혼탕에 분노했다. 여성 징병 제도에 대해서는 토라의 위인 평의회가 설혹 목숨을 잃는 한이 있더라도 무시해야 할 법률이라고 낙인을 찍었다. 이는 정통파가 승리를 거둔 수많은 투쟁 가운데 하나다.

정통파 유대인은 결혼 문제와 관련해서도 승리를 거두었다. 세속 국가 이스라엘은 회당에서 정식으로 결혼의식을 치르지 않는 민법상의 혼인 제도를 보류할 수밖에 없었다. 이스라엘은 결혼과 이혼에 관한 1953년도 랍비 법정 관할법 1조와 2조에 근거해 정통파의 법을 비종교적인 결혼에까지 적용했다. 이스라엘 의회의 종교·교육 분리론자도 그 법에 찬성했다. 그러지 않으면 이스라엘은 결국 서로 간에 결혼도 허용되지 않는 두 개의 집단으로 분리될 것이 뻔했기 때문이다. 그러나 비유대인과 세속적인 유대인뿐 아니라 개혁파 랍비들과 개종자들이 이 법을 상대로 끊임없이 소송을 제기했고 소송은 오랫동안 이어졌다. 정통파 랍비들은 개종자를 승인하는 문제에서 독점적인 권리를 누렸고 개혁파를 받아들이려 하지 않았기 때문이다. 정통파 결혼 및 이혼 전문가들은 유대인 이민자 전체를 아주 엄격하게 검토했다. 그들 입장에서는 당연한 일이었다. 이를 통해 1952년 봄베이에서 온 베네이스라엘 6,000명의 이혼을 불법으로 규정했고(나중에는 결국 인정했다), 1984년에는 에티오피아에서 온 팔라샤 유대인의 결혼도 문제 삼았다.

재혼과 이혼을 두고 신랄한 논쟁이 끝없이 이어졌다. 신명기 25장 5절은 자녀 없는 미망인과 죽은 남편의 형제에게 결혼의 의무를 지운다. 이러한 의무는 할리자, 즉 시동생이 거부하면 사라진다. 그러나 만일 시동생이 미성년자이면, 미망인은 그가 성인이 될 때까지 기다려야 한다. 그가 귀머거리에 벙어리라서 "나는 형수를 취하기 싫습니다"라고 말할 수 없으면, 미망인은 다른 남자와 재혼할 수 없다. 실제로 이런 경우가 1967년 아슈도드(아스돗)에서 있었다. 더욱이 귀머거리에 벙어리인 시동생은 이미 결혼한 상태였다. 랍비는 중혼 조항을 적용해 둘을 결혼시키고 다음 날 이혼하게 했다.[56] 결혼한 당사자 중 한쪽이 이혼에 동의하지 않을 때도 문제였다. 이혼을 거부한 쪽이 여자라면 이혼이 어려운 정도이지만, 만일 남자 쪽에서 이혼을 거부하면 이혼은 아예 불가능했다. 예를 들어 1969년의 재판에서 남편은 여섯 번의 부당한 폭행과 세 번의 성폭행으로 14년 형을 선고받았다. 아내는 이혼을 청구했고 남자는 거부했다. 랍비 율법에 따르면 이 부부는 혼인을 유지할 수밖에 없었다. 이스라엘에는 아내를 위한 민사상의 구제책이 전혀 없었다. 종교장관을 지낸 랍비 제라흐 바르하프티흐는 이 문제에 비교적 온건한 태도를 취했다. "우리는 언제나 국민을 격려하는 법체계를 가지고 있다. 이 법체계가 때로는 개인을 찌르는 가시를 내포하고 있을 수도 있다. 우리의 관심은 이런저런 개인이 아니라 국민 전체다."[57]

표현은 조금 서툴지만 그의 말은 이스라엘이라는 신생 국가가 직면한 어려움, 즉 유대교가 완벽주의자의 종교라는 사실에 주목하게 한다. 유대교는 약점과 강점을 함께 지니고 있다. 유대교를 실천하는 사람들이 엘리트인 이유는 유대교가 이상적인 사회 건설을 추구하기 때문인 듯하다. 여러 면에서 유대교는 이스라엘 같은 신생 국가에 아주 이상적인 종교다. 유대교의 법률은 국가 건립 3,200년 전에 형성되었지만 말이다. 유대교가 가진 독특한 지속성으로 인해 대부분의 고대 법률 중 많은 조항이 여전히 유효했고 경건한 사람들은 이 조항을 성실히 지켰다. 법률은 종교 진리보다는 의식을 반영하는 것이 많지만, 유대인에게는 의식이라는 용어가 부정적인 의미가 아니라는 점을 이해해야 한다. 이에 대해 바르 일란 대학의 총장 해럴드 피쉬 박사는 다음과 같이 기술했다.

> 의식이라는 단어가 경멸의 의미를 갖게 된 것은 프로테스탄트 전통에서 비롯되었다. 히브리어로 이 단어는 미츠보트이고, 인간과 인간의 관계, 인간과 하나님의 관계에 모두 도덕적 효력을 지닌다. 소위 의식에 관한 계명을 구체화한 것이 법전의 후반부이고 이 계명은 윤리 계명만큼이나 절대적으로 필요한 것이다.[58]

의식적인 정신의 정수는 율법을 철저하게 준수하는 것에 있으며 이것은 특별히 신생 국가에 잘 적용된 유대교의 강점이다. 모든 국가는 과거의 위엄을 가지고 스스로를 신성시할 필요가 있다. 1945년 이후에 독립한 100개가 넘는 국가는 과거 자기들을 지배한 식민 통치자의 제도와 전통을 빌려오거나, 대부분의 경우 기록되지 않은 과거 역사로부터 그런 제도와 전통을 만들어내야 했다. 다른 나라에 비해 이스라엘은 자신의 과거를 오랫동안 풍부하고 자세하게 연대순으로 기록했을 뿐 아니라, 확고한 지속성을 가지고 보존했기에 운이 좋은 편이다. 우리는 역사 서술에서 유대인이 가진 천재성이 요세푸스 시대와 19세기 사이에 소멸했다는 사실을 살펴본 바 있다. 그러나 일단 시온주의 국가가 건설되자 그 천재성은 역사뿐 아니라 고고학에서도 빛을 발했다. 벤구리온, 모세 다얀, 이가엘 야딘 같은 정치가와 장군, 그리고 수천 명의 일반인이 아마추어로서 또는 전문가로서 열성적인 고고학자가 되었다. 아득한 고대에 관한 연구가 이스라엘 국민을 뜨겁게 사로잡았다.

이런 현상은 유기적으로 결속된 국가를 이루는 데 중요한 요소가 되었다. 그러나 유대 민족을 형성하고 현재의 랍비들로 하여금 그 계승권을 모세까지 거슬러 올라갈 수 있게 한 유대교의 생명력에 비길 것은 못 된다. 정확히 말해서 유대인은 그들의 의식을 엄수했으며 이러한 의식을 위해 죽을 준비가 되어 있었기에 생존할 수 있었다. 엄격한 율법 준수를 중시하는 것이 시온주의 공동체의 핵심이 되어야 한다고 본 것은 옳고도 유익한 판단이었다.

성전산

1967년의 6일 전쟁에서 유대인의 용기와 하나님의 섭리로 성전산이 예루살렘 구시가지와 함께 마침내 이스라엘의 손에 들어왔다. 율법 엄수의 대표적인 예는 당시 그들의 태도에서 엿볼 수 있다. 1948년 독립 전쟁 중에 예루살렘의 유대인이 쫓겨난 지역을 다시 수복하기로 결정하는 것은 쉬웠다. 문제는 성전이었다. 성전은 고대에 완전히 파괴되었다. 그러나 비록 파괴되었어도 성전 지역은 마이모니데스가 규정한 것 이상의 권위, 즉 신성함을 지니고 있었다. **쉐키나**는 한 번도 이곳을 떠난 적이 없다. 유대인이 늘 이 지역 근처, 특히 지성소에서 가장 가깝다고 믿는 서쪽 통곡의 벽에 기도하러 오는 것도 이 때문이다.

그러나 성전 지역은 여전히 신성했기에 실제로 유대인은 이 지역에 들어오기 전 정결 의식을 행해야 했다. 성전 관련 정결 규례는 무엇보다 엄격했다. 지성소는 대제사장을 제외하고 모든 사람의 접근을 차단했다. 대제사장조차도 일 년에 겨우 한 번, 욤 키푸르에만 들어갈 수 있었다. 성전 지역을 광야에서 성소를 둘러싸고 있던 모세의 이스라엘 장막과 동일시했기 때문에 민수기의 정결 규정은 여기에도 적용되었다.[59] 민수기에서 하나님은 모세에게 부정의 원인과 이를 정결하게 하는 방법을 분명히 말씀하셨다. 시체나 무덤 또는 인간의 뼈를 만지거나 이런 것과 같은 지붕 아래에 있으면 부정해진다. "그렇게 부정하게 되었을 때에는, 붉은 암송아지를 불사른 재를 그릇에 떠다가, 거기에 생수를 부어 죄를 씻는 물을 만든다. 그렇게 한 다음에, 정한 사람이 우슬초를 가져와서, 그것으로 이 물을 찍어, 장막 위, 모든 기구 위, 거기에 있는 사람들 위, 뼈나 살해당한 자나 죽은 자나 무덤에 몸이 닿은 사람 위에 뿌린다."[60]

이때 암송아지는 흠 없는 온전한 붉은 색에 아직 멍에를 메어 본 일이 없어야 했다. 무엇보다 이 과정에서 부정을 피하기 위해 아론의 정통 후계자인 엘르아살이 이 작업을 수행해야 했다. 그가 율법이 정한 대로 혼합물을 만들면, 이것을 정결한 장소에 보관했다가 필요할 때 꺼내 썼다. 그들은 이 계율을 매우 엄격하게 해석했고 적격 판정을 받을 수 있는 암송아지는 흔치 않고 매우 비쌌다. 붉지 않은 털이 한두 가닥만 섞여 있어도 그 재에는 효력이 없었다. 고대에 몇 마리의 암송아지를 불태웠는지에 관해서는 의견이 분분하다. 일곱 마리라는 사람도 있고 아홉 마리라는 사람도 있다. 성전이 파괴된 후에는 새로운 재를 준비할 수 없었다. 다행히 비축해둔 것이 남아 있어서 아모라임 시대까지 사체를 만진 사람을 정결하게 하는 데 사용했다. 그 후에는 재가 다 떨어져서 메시아가 나타나서 열 번째 암송아지를 태워서 새로운 재를 준비할 때까지는 정결의식이 불가능했다. 정결에 관한 계율, 특히 죽은 자에 관한 계율은 예나 지금이나 매우 엄격하기 때문에 지금 유대인은 모두가 정결하지 않다고 랍비들은 입을 모은다. 더구나 정결하게 하는 재가 없는 이상 어떤 유대인도 성전산에 발을 들여놓아서는 안 된다고 주장한다.[61]

붉은 암송아지에 관한 규정은 후카의 대표적인 예다. 후카란 합리적인 설명은 없지만 의문의 여지없는 하나님의 명령이 분명하기 때문에 엄수하지 않으면 안 되는 율법을 가리킨다. 이방인은 이런 계율을 지키는 유대인을 늘 비웃었다. 그러나 유대인은 어떤 불이익을 당하더라도 이런 계율을 꿋꿋하게 지키며 정체성을 유지해왔다. 그래서 적어도 1520년까지는 서쪽 벽에서 기도할 수 있었지만, 절대 성전산 안에는 들어가지 않았다. 1948년에 아랍 국가는 예루살렘 유대인 지역을 함락한 뒤 유대인이 서쪽 벽을 이용하거나 심지어 멀리서 바라보는 것마저 금지했다. 그런 상태가 19년간 계속되었다.

1967년에 예루살렘 구시가지 수복과 함께 다시 서쪽 벽을 사용할 수 있게 되자 그해 칠칠절 첫날에만 25만 명의 정통파 유대인이 그곳에서 동시에 기도를 드리려 했다. 서쪽 벽 정면을 전부 깨끗이 치우고 포장까지 해서 확 트인 공간을 마련했다. 그러나 성전산 안에는 들어갈 수 없었다. 일부만이라도 들어갈 수 있게 해보려고 랍비들이 온갖 지혜를 짜냈다. 그러나 결국 진정으로 유대교를 믿는 자는 성전산 어느 구역에도 들어갈 수 없다는 것이 최종 결론이었다.[62] 최고 랍비 회의와 종교국은 유대인이 성전산에 들어가지 못하게 금했고 이 규율을 위반한 자는 카레트(제거 또는 영생의 상실)의 대가를 치러야 한다고 경고했다. 사람들은 수천 명의 유대인이 그 경고를 무시했다며 이는 랍비들의 무력함을 증명하는 것이라고 말한다. 그러나 성전산에 들어가고 싶은 마음이 아주 강렬한데도 수많은 경건한 유대인이 그 경고를 지켰다는 사실 또한 의미가 있다.

예루살렘의 랍비들이 이 문제를 놓고 엄격한 입장을 고수한 데는 부차적인 이유가 있다. 그들은 유대인이 예루살렘 구시가지 재탈환과 같은 시온주의자의 군사적 승리를 메시아에 대한 예언이 성취된 것으로 이해하는 것을 원하지 않았다. 성전을 재건하자는 제안도 같은 맥락에서 반대했다. 사실 어떤 형태가 되었든 성전 재건은 이슬람 세계가 심하게 반대할 게 분명했다. 성전 터에 역사적으로나 예술적으로 매우 중요한 가치가 있는 이슬람 건물이 두 채나 있기 때문이다. 그럼에도 성전 재건 계획에 대해서는 랍비 특유의 치밀함을 가지고 철저하게 논의했다.

하나님의 명령에 따라 처음 바빌로니아 포로지에서 돌아왔을 때 유대인은 성전을 재건하지 않았던가? 대규모 유랑 생활이 끝난 지금이야말로 그 때의 성전 재건을 본받아야 할 때가 아닌가? 그렇지 않다. 유대인의 대다수가 이 땅에서 살게 되었을 때에나 그런 선례를 따라야지, 지금은 아직 그 단계에 이르지 못했다. 하지만 에스라 시대에는 바빌로니아에서 돌아온 유대인 수가 오늘날의 유대인 인구보다 적었는데도 성전을 재건하지 않았는가? 맞는 말이다. 그러나 아직은 하나님으로부터 그 어떤 명령도 받지 못했다. 세 번째 성전은 하나님의 직접적인 개입이라는 초자연적 방식으로 세워질 것이다. 그러나 그런 이론은 지난날 시온주의를 반대할 때 사용하지 않았는가? 그리고 그 후의 사건으로 잘못이 입증되지 않았는가? 또한 솔로몬이 건축했다고는 하지만, 첫 번째 성전 역시 하나님이 하신 일이라고 하지 않았는가? 맞는 말이다. 그러나 허구한 날 전쟁만 하던 다윗의 시대에는 성전을 건설하지 못했다. 성전 건설은 평화로운 솔로몬 시대까지 기다려야 했다. 지금도 마찬가지다. 궁극적인 평화가 찾아올 때까지 기다려야 한다. 그리고 설혹 그때가 오더라도 건축을 시작하려면 진정한 예언자가 필요하다.[63] 당초에 하나님이 다윗에게 직접 건네신 성전 설계에 관한 세부 내용이 없어져버렸으니 말이다. 맞다. 하지만 세 번째 성전의 세부 사항은 에스겔서에 이미 나와 있다. 그럴 수도 있다. 그러나 기술적인 논쟁을 잠시 제쳐두더라도 현 세대는 성전과 성전의 제의를 재건할 준비가 되어 있지 않고 그럴 의지도 없다. 성전을 재건하려면 영적 각성이 필요하다. 정확한 지적이다. 그렇다면 성전을 다시 건축하는 것보다 영적 각성에 더 좋은 방법이 무엇이란 말인가?[64] 논쟁이 계속되면서 결국 아직은 어떤 행동도 취해서는 안 된다는 결론에 이르렀다. 심지어 유월절에 양의 희생 제사를 드리자는 제안마저도 정확한 제단의 위치를 찾을 수 없고 오늘날의 **코헨**, 즉 제사장의 정확한 계보와 관련하여 아직 의심스러운 구석이 있을 뿐더러, 특히 제사장의 예복을 정확하게 복원하는 데 필요한 자료가 너무 부족하다는 이유로 거부했다.[65]

성전과 그와 관련된 논쟁은 지난날의 신앙생활을 상징하는 것이지만, 신생 이스라엘 사회에서 여전히 살아 숨 쉬며 이스라엘 사람을 하나로 묶어주는 힘이다. 그러나 유대인에게는 이런 종교적인 과거뿐 아니라 세속적인 과거도 있고 여기에서 탈피하기 위해 세운 것이 시온주의 국가다. 홀로코스트는 그러한 과거의 상징이다. 아니, 사실은 상징 이상이다. 이스라엘 국가의 탄생에 그늘을 드리우고 유대 민족의 공통의 기억 속에 오랫동안 남을 것이 틀림없는 무서운 현실이다. 유대교는 언제나 율법뿐 아니라 인간적인 견지에서 율법의 목적, 즉 정의에 관심을 기울여왔다. 포로지에서 끝없이 반복된 유대 역사의 쓸쓸한 특징은 단지 유대인이라는 이유로 상처를 받았다는 사실과 이방인 사회가 범죄자를 재판정에 세우지 못했다는 점이다. 유대인 국가 건립은 어떤 의미에서 그런 극악한 부정에 대한 반응이었다. 신생 국가가 할 일 중 하나는 응징 기관으로서 역할을 하는 것이다. 드디어 유대인이 자기들의 권리를 침해한 자들에게 유대 법률을 적용할 수 있게 되었다는 사실을 세상에 보여주는 일 말이다. 앞에서 살펴본 것처럼 홀로코스트라는 죄악은 너무나 엄청난 것이라서 뉘른베르크 전범 재판과 유럽 각국에서 실시한 재판으로는 충분하지 않았다.

　이미 1944년에 미래의 총리 모세 샤레트의 주도로 유대인 정치국 소속 조사반이 나치 전범에 관한 자료를 수집하고 있었다. 건국 후에는 범죄자를 추적해 재판에 회부하는 것이 이스라엘 정보국과 비밀 첩보원의 임무였다. 그러한 노력은 이스라엘에 국한되지 않았다. 세계유대인회의를 포함해 국내외 유대인 단체가 이 일에 동참했다. 생존자들도 똑같이 이 일에 함께했다. 5년에 걸쳐 부헨발트와 마우트하우젠을 포함해 여러 수용소에서 살아남은 서른여덟의 체코 출신 유대인 시몬 비젠탈은 1946년에 수용소에 수감된 유대인 30명과 함께 유대인역사기록센터를 세웠고 이 센터는 결국 빈에 항구적으로 자리를 잡았다. 이 기관은 아직까지 재판도 처벌도 받지 않은 나치 전범을 찾아내는 데 온 힘을 기울이고 있다.

　홀로코스트에 관한 연구는 처벌을 위해서만이 아니라 학술적이고 교육적인 목적으로도 이루어지고 있다. 1980년대에는 미국과 캐나다 대학에서 홀로코스트 연구 강좌를 93개나 개설했고 연구소 6개가 전적으로 이 주제에만 매달렸다. 예를 들어, 로스앤젤레스에 세운 비젠탈 홀로코스트 연구센터에서는 멀티스크린과 다중 음성 채널이라는 최신 기술을 이용해 홀로코스트 시청각 경험을 제공한다. 이 장치는 높이 12미터, 길이 6.9미터의 아치 형태의 스크린과 영사기 3대, 특별한 시네마스코프 렌즈, 슬라이드 영사기 18대, 5중 음성 장치를 사용하고 있다. 이 장치는 모두 동시에 통제할 수 있도록 중앙 컴퓨터에 연결되어 있다. 홀로코스트 따위는 없었다거나 극단적으로 과장된 이야기라고 주장하는 반대주의자가 아직도 기승을 부리는 것을 감안하면 이렇게 극적인 방법으로 홀로코스트를 재현하려는 시도가 지나치다고 할 수 없다.[66]

　그러나 홀로코스트 자료를 정리하는 기본 목적은 정의를 세우는 데 있다. 비젠탈은 나치 당원 1,100명을 고발했다. 그가 제공한 많은 자료 덕분에 이스라엘 정부는 힘러 다음으로 홀로코스트 실행의 책임이 있는 아돌프 아이히만의 신원을 밝혀내고 체포하여 재판에 회부하고 유죄 판결을 내렸다. 아이히만은 1960년 5월에 아르헨티나에서 이스라엘 요원들에게 체포되어 극비리에 이스라엘로 후송되었다. 그리고 1950년의 나치 및 공범자 처벌법에 의해 15개 죄목으로 기소되었다.[67] 여러 이유로 아이히만의 재판은 이스라엘인과 전체 유대 민족에게 중요하고 실제적이며 상징적인 사건이다. 아이히만의 재판은 가장 놀라운 방식으로 유대인을 살해한 이들이 처벌받지 않는 시대가 끝났고 세계 어디에도 그들을 위한 은신처는 없다는 사실을 보여주었다. 976명의 외국 특파원과 166명의 이스라엘 기자가 이 사건을 보도했다. 대학살의 서곡이 되었던 사건뿐 아니라 홀로코스트를 전체적으로 다루는 고발 보도의 성격상 대량 학살의 실체를 수백만 명에게 알리는 계기가 되었다. 또한 이 사건은 가장 감정적으로 치우칠 수 있는 재판에서 이스라엘의 정당성을 매우 신중하게 논증하는 기회가 되었다.

아이히만 재판

체포당했을 때 아이히만은 처음에 자신의 신분과 죄를 인정하고 자신을 처벌할 수 있는 유대인의 권리를 인정했다. 1960년 6월 3일 그는 이렇게 말했다. "속죄 행위에 더 큰 의미를 부여하는 계기가 된다면, 공개적으로 교수형을 받을 각오와 준비가 되어 있다."[68] 그러나 후에 그는 비협조적으로 변했다. 자신은 단순히 다른 이의 명령을 실행하는 작은 톱니바퀴에 불과하다고 주장했다. 뉘른베르크 전범 재판에서 자주 들었던 변명이다. 이 소송을 진행하면서 검사 측은 적극적이고 교묘하고 완고하고 비열한 변명을 계속 들어야 했다. 이스라엘 의회는 외국인(독일 변호사 로베르트 제르바티우스)에게 아이히만을 변호하도록 승인하는 법률을 통과시켰다. 수임료 3만 달러는 이스라엘 정부가 부담했다. 재판은 오래 끌었고 철저한 심리를 거쳤다. 마침내 1961년 12월 11일에 판결이 내려졌다. 이 판결을 통해 법원은 아이히만의 범죄 사실을 인정했을 뿐 아니라 체포 정황을 감안하더라도 이스라엘 법원에 아이히만을 재판할 권리가 있음을 면밀하게 논증하고 주장했다.

압도적인 증거가 있어서 유죄 판결은 불가피했다. 12월 15일에 아이히만은 사형 선고를 받았고 항소는 1962년 5월 29일에 기각되었다. 대통령 이츠하크 벤 즈비는 자비를 베풀어달라는 청원서를 받고 꼬박 하루를 고민했다. 이스라엘은 그 전까지 (또는 그 이래로) 사형을 집행한 적이 없었고 이스라엘 땅과 외국에 있는 많은 유대인은 교수형만은 피하기를 바랐다. 그러나 절대 다수는 그 판결이 옳다고 믿었고 대통령은 아이히만의 형을 감해줄 만한 사유를 찾지 못했다. 람라 감옥의 방 하나를 사형 집행실로 개조했다. 1962년 5월 31일 자정 무렵에 사형을 집행했고 아이히만의 시체는 화장하여 바다에 뿌렸다.**69**

아이히만 재판은 이스라엘의 기동성과 공명정대함, 그리고 굳은 결의를 보여주었다. 최종적 해결의 원혼을 떨쳐버리는 데도 어느 정도 도움이 되었다. 이 재판은 이스라엘의 역사에 필요한 사건이었다. 그러나 여전히 홀로코스트는 이스라엘의 민족의식에서 잊을 수 없는 사건이다. 1983년 5월에 이스라엘 여론조사 기관 스미스 연구소는 홀로코스트에 관한 이스라엘인의 태도를 철저하게 조사했다. 조사에 따르면, 83퍼센트에 달하는 압도적인 다수가 홀로코스트를 중심으로 세계를 이해했다.

연구소 소장 하노크 스미스는 이렇게 보고했다. "홀로코스트로 인한 상처는 이스라엘인의 마음속에 압도적인 자리를 차지하고 있다. 심지어 2세대와 3세대도 마찬가지다." 사실상 홀로코스트에 관한 견해가 이스라엘 건국의 핵심에 자리 잡은 것은 적절했다. 91퍼센트에 달하는 압도적 다수는 서방 지도자들이 대량 학살을 알고 있었으나 유대인을 구하기 위해 아무 조치도 취하지 않았다고 믿었고, 87퍼센트는 다음과 같은 주장에 동의했다. "홀로코스트를 통해 우리는 유대인이 비유대인에게 의존할 수 없다는 교훈을 배웠다." 약 61퍼센트는 홀로코스트를 이스라엘 건국의 주요인으로 생각했고, 62퍼센트는 이스라엘 국가가 그런 사건이 다시는 반복되지 않게 할 것이라고 믿었다.[70]

파라오가 지운 멍에에 대한 집단적인 기억이 이스라엘 초기 사회를 지배한 것처럼, 홀로코스트는 새로운 국가의 모습을 결정했다. 어쩔 수 없이 그 국가에는 상실감이 만연했다. 히틀러는 전체 유대인의 3분의 1을, 특히 경건하고 가난한 이들, 즉 유대교에 특별한 힘을 불어넣은 이들을 학살했다. 그 손실은 세속적인 관점으로도 확인할 수 있다. 19세기와 20세기 초 세계는 옛 게토에서 해방된 인재들 덕분에 아주 부유해졌다. 그 인재들은 현대 유럽과 북아메리카 문화에 독창적인 기운을 불어넣었다. 그들의 공헌은 히틀러가 그 근원을 완전히 파괴해버릴 때까지 계속되었다. 이 때문에 인류가 얼마나 많은 것을 상실하고 말았는지 가늠도 할 수 없다. 이스라엘에 그 상실감은 파괴적이었다. 지극히 많은 이스라엘 시민이 가족과 어린 시절의 친구를 거의 모두 잃어버렸기 때문에 개인의 차원에서도 상실감은 컸다. 동시에 나라를 함께 건설할 수도 있었을 사람들의 3분의 1이 없어졌기 때문에 집단 차원에서도 상실감은 이루 말할 수 없었다. 그러나 아마도 가장 크게 다가온 상실감은 정신적인 공백일 것이다.

아이히만의 목숨을 빼앗기 전에 이스라엘이 그토록 오랜 시간 진지하게 사형 집행의 시시비비를 논한 이유는 유대교가 인간의 생명에 최고의 가치를 두기 때문이다. 그런 만큼 그처럼 많은 사람이, 하나님이 특별히 사랑하신 가난하고 경건한 사람들이 그렇게 죽어간 것을 이해하기 어려웠다. 그 문제를 이해하려면 욥기에 버금가는 또 하나의 책이 있어야 할 듯했다. 이 문제를 다룬 사람이 아브라함 요수아 헤셸(1907-1973년)이다. 그는 대재앙이 발발하기 6주 전에 폴란드를 빠져나온 행운아이자 위대한 유대교 신학자였다. 헤셸은 이렇게 기술했다. "나는 사탄의 더 큰 영광을 위해 수백만 명의 생명을 파괴하고 다른 수많은 것, 거의 2,000년 동안 많은 이의 마음속에서 자라나고 소중히 간직되어온 하나님의 형상, 하나님의 정의와 연민에 대한 믿음, 성경과 관련된 비밀과 능력에 대한 믿음을 삼켜버린 사탄의 제단 불 속에서 타다 남은 나뭇조각이다."[71] 대체 왜 그런 일이 발생한 것일까? 새로운 시온은 답이 없는 질문, 아마도 답을 할 수 없는 질문부터 시작했다.

그러나 홀로코스트 이전과 비교하면 전 세계적으로 유대인의 지위가 많이 개선되었다. 유대인의 국가가 건설되었다. 물론 건국이 유배 생활을 종식시키지는 않았다. 어떻게 그럴 수 있겠는가? 아서 코헨이 지적한 것처럼 유배 생활은 세속적인 국가 건립으로 바뀌는 사건이 아니다. 오히려 그것은 구원받지 못한 이들의 역사 계수(係數)라는 형이상학적 개념이다.[72] 유대인 사회는 대부분 여전히 이스라엘 영토 밖에 있다. 바빌로니아 포로기 이후 줄곧 그랬다. 제2 성전 시대에 그랬던 것처럼 세 번째 통일 국가라고 할 수 있는 이스라엘에 거주하는 유대인은 전체의 4분의 1에 불과하다.

이스라엘 건국 40주년이 눈앞에 다가온 시점까지 이 비율이 근본적으로 바뀔 조짐은 보이지 않았다. 그럼에도 세속적인 시온의 실현은 세계 유대인 사회에 그들이 2,000년 동안 소유하지 않았던, 살아서 박동하는 심장을 부여했다. 경건주의에 입각한 오래된 정착지, 그리고 귀환이라는 이상을 가슴에 소중히 품어왔지만 실제로는 제공하지 못했던 세계 공동체를 위한 구심점을 시온이 마련해주었다. 20세기 이스라엘의 건국은 성전 재건에 비견할 만했다. 여기에는 헤롯 대왕 시대의 성전처럼 만족스럽지 못한 측면이 있었다. 그러나 어쨌든 국가가 생겼다. 국가가 있고 국가를 방문할 수 있고 국가를 함께 향유할 수 있다는 사실은 디아스포라 유대인에게 완전히 새로운 국면을 제공해주었다. 늘 관심을 기울이고 때로는 걱정도 하고 가끔씩은 자랑스럽게 생각할 대상이 생겼다. 일단 이스라엘을 건국하고 국가를 자국민을 지킬 수 있고 이스라엘의 정당성을 입증할 수 있다는 점을 확인하자 디아스포라 중에 누구도 자기가 유대인이라는 사실을 더는 부끄럽게 생각하지 않았다.

계속되는 디아스포라

이것은 중요한 의미가 있다. 20세기 말에도 디아스포라는 부와 빈곤이라는 극단적인 특징과 이해하기 어려울 정도의 다양성을 유지했기 때문이다. 1930년대 말 전체 유대인 인구는 거의 1,800만 명이었다. 1980년대 중반에 이르러서도 유대인은 홀로코스트에서 죽은 이들의 수를 회복하지 못했다. 총 1,350만 명의 유대인 중 350만 명이 이스라엘에 거주했다. 단연 최대의 유대인 사회는 575만 명이 사는 미국이다. 캐나다에 31만 명, 아르헨티나에 25만 명, 브라질에 13만 명, 멕시코에 4만 명이 살고 있다. 이렇듯 주요 유대인 공동체와 수십 개의 작은 그룹을 포함해 유대인 사회의 절반에 해당하는 660만 명이 아메리카 대륙에 살고 있다.

미국과 이스라엘 다음으로 가장 큰 유대인 공동체는 동구권 유대인 사회로 약 175만 명에 달한다. 아직도 상당한 규모의 유대인 공동체가 헝가리(7만 5,000명)와 루마니아(3만 명)에 있다. 동구권에 있는 유대인 수를 합하면 무려 13만 명에 이른다. 서유럽에는 125만 명이 넘는 유대인이 있다. 프랑스에 67만 명, 영국에 36만 명, 독일에 4만 2,000명, 벨기에에 4만 1,000명, 이탈리아에 3만 5,000명, 네덜란드에 2만 8,000명, 스위스에 2만 1,000명이 살고 있다. 아프리카에는 남아프리카공화국(10만 5,000명)과 그 수가 점점 줄고 있는 모로코(1만 7,000명)와 에티오피아(약 5,000명)를 제외하면 유대인이 거의 없다. 아시아에는 아직도 3만 5,000명의 유대인이 이란에 살고 있고 터키에도 2만 1,000명이 살고 있다. 오스트레일리아와 뉴질랜드에는 모두 합해 7만 5,000명 정도의 유대인이 살고 있다.[73]

이국 분파

이들 공동체의 역사와 구성, 기원은 매우 복잡하다. 예를 들어 인도에는 1940년대 말 크게 세 가지 유형으로 분류할 수 있는 약 2만 6,000명의 유대인이 있었다. 그중 약 1만 3,000명은 소위 베네이스라엘을 형성하고 서쪽 해안 봄베이(뭄바이) 주변에서 살았다. 이들은 고유의 기록과 책을 잃어버렸지만, 이주에 관한 강력한 구전을 가지고 있었다. 그리고 이 구전은 1937년에 글로 기록되었다.[74]

기록에 따르면 그들은 안티오코스 4세 에피파네스(BC 175-163년)의 박해 기간에 갈릴리를 떠났다. 그들이 탄 배는 봄베이 남쪽 약 48킬로미터 지점에서 난파당했고 일곱 가정만 겨우 살아남았다. 그들에게는 종교 서적이 하나도 없었고 히브리어도 곧 잊어버렸지만, 계속해서 안식일과 몇몇 유대 절기를 지켰고 할례와 식사법을 준수했고 **쉐마**를 기억했다. 마라티어를 사용하고 인도의 카스트 제도를 받아들여 피부색이 검은 유대인(칼라)과 하얀 유대인(고아)을 구분했다. 이것은 두 가지 정착 흐름이 있었음을 말해준다. 다음으로 한때 약 2,500명에 달하는 코친 유대인이 서부 해안 남서쪽 약 1,045킬로미터 지점에 거주했다. 974년에서 1020년 사이의 것으로 추정되는 두 개의 구리판에 고대 타밀어로 특권을 새겨 넣은 일종의 종족 유래 문서가 전해지고 있다. 코친 유대인은 여러 번에 걸쳐 이주한 것이 분명하다.

가장 먼저 정착한 것은 검은 피부의 코친 유대인이다. 여기에 16세기 초 스페인과 포르투갈, 그리고 다른 유럽 지역과 중동 지역에서 흰색 피부를 가진 유대인이 합류했을 것이다. 검은 피부와 흰 피부의 코친 유대인은 다시 몇 개의 하위 그룹으로 분류되었다. 코친 유대인의 세 번째 부류는 메슈크라림이다. 이들은 유대인과 노예 신분의 첩 사이에 태어난 이들로 낮은 계급에 속했다. 세 부류의 코친 유대인은 함께 예배를 드리지 않았다.

더불어 바그다드 출신의 스파라디 유대인 2,000명이 있었다. 1820년부터 1830년 사이에 인도에 정착한 이들이다. 그리고 1930년대에 도착한 유럽 피난민이 있었다. 이들 마지막 두 그룹은 종교적 교류는 있었지만 사회적 교류는 없었다. 그리고 베네이스라엘과 코친 유대인이 한 회당에서 함께 예배를 드리는 일은 절대 없었다. 피부색이 흰 유대인과 검은 유대인은 영어를 사용했고 영국의 통치 아래서 번영을 누렸다. 군대에서 공훈을 세우고 공무원, 무역상, 상인, 장인이 되었고 봄베이 대학에 다녔다. 히브리어를 연구하고 유대 고전을 마라티어로 번역하고 공학자, 변호사, 교사, 과학자가 되었다. 한 사람은 1937년에 인도 유대인 그룹의 중심지였던 봄베이 시장이 되었다. 그러나 독립 국가 인도는 유대인이 살기에 적합하지 않아서 대부분이 이스라엘 건국과 더불어 팔레스타인으로 이주했다. 그리하여 1980년대에는 베네이스라엘은 1만 5,000명, 해변 지역에 사는 코친 유대인은 250명 정도만 남았다.[75]

인도의 유대인 같은 집단이 이렇게 살아남은 것은 유대교의 강한 힘이라기보다는 아무리 열악한 환경에도 적응해내는 유대인의 끈질김 덕분이다. 그러나 20세기에 발생한 몇 가지 파괴적인 사건 때문에 고대부터 이어져 온 수십 개의 유대인 공동체가 거의 전멸하다시피 했다. 예를 들어 전후 중국 공산 정권은 중국에 거주하는 유대인을 히틀러의 방식에 버금가는 중국의 방식으로 처리했다. 그들 중 대부분이 히틀러를 피해 유럽과 소련에서 탈출한 이들이고 8세기 이후 중국에서 거주한 유대인의 자손도 있었다. 모든 유대인은 탈출하거나 추방당했고 1,000명의 유대인이 사는 홍콩과 400명의 유대인이 사는 싱가포르만 극동 지역의 유일한 전초기지로 남았다.

유럽의 디아스포라

아랍 세계 전역에서는 1940년대 후반부터 1950년대에 걸쳐 역사가 오래된 스파라디 유대인 사회가 세계대전 전에 비해 규모가 현저히 줄거나 아예 소멸하고 말았다. 넓은 유럽 지역에서 홀로코스트를 피해 돌아온 유대인은 다시 이주를 통해, 특히 이스라엘로의 이주를 통해 흩어졌다.

1939년에 테살로니키(데살로니가)에서 라디노어를 사용하던 6만 명의 강력한 유대인 사회는 1980년대에 이르러 1,500명으로 줄었다. 그 누구보다 재능이 뛰어났던 거대하고 부유한 빈의 유대인 사회는 20만 명에서 8,000명으로 줄었다. 심지어 되블링 공동묘지에 안치했던 헤르츨의 유해도 1949년에 그곳을 떠나 예루살렘으로 향했다. 1930년대에 거의 7만 명에 달하던 암스테르담의 유대인 사회는 40년 후에 가까스로 1만 2,000명만 남았다. 벨기에의 안트웨르펜을 서양의 다이아몬드 중심지로 만든 유대인은 계속 무역에 종사했지만, 안트웨르펜 유대인 사회는 1980년대에 이르러 5만 5,000명에서 1만 3,500명으로 줄었다. 한때 금융 분야에서 이름을 떨친 유서 깊은 프랑크푸르트 유대인 사회는 1933년에 2만 6,158명이었다가 1970년대에 4,350명으로 줄었다. 1920년대에 17만 5,000명의 유대인이 살던 베를린에는 1970년대에는 겨우 5,500명만 남았다. 동베를린에는 850명만 남았다. 전체적으로 유대인 숫자가 가장 많이 감소한 곳은 폴란드다. 전쟁 전에 330만 명에 달하던 유대인 수는 1980년대에 이르러 5,000명으로 급감했다. 회당과 도서관이 즐비했던 수십 개의 마을에서 이제 더는 유대인을 찾아볼 수 없다.

그러나 유대인 공동체가 유지될 뿐 아니라 성장한 지역도 있다. 이탈리아의 유대인 사회는 불굴의 의지로 나치 시대를 견뎌냈다. 독일군 점령 당시 2만 5,000명이던 유대인은 전쟁 후에 점차 수가 늘어나 3만 2,000명에 달했다. 북쪽과 동쪽에서 이탈리아로 몰려온 이주자 때문에 나타난 현상이다. 1965년에 예루살렘 히브리 대학이 수행한 연구에 따르면, 다른 선진국 공동체와 마찬가지로 이탈리아 유대인 공동체도 인구 통계학적으로 볼 때 취약했다. 이탈리아의 평균 출생률이 인구 1,000명 당 18.3명인 것과 달리 유대인 출생률은 11.4명에 불과했다. 출산율과 결혼율도 훨씬 낮았다. 사망률과 평균 수명만 높았다. 이탈리아의 평균

수명은 33세인 반면 유대인은 41세였다.[76]

로마에는 1880년까지 트라스테베레의 옛 게토 지역에 유대인 공동체의 핵심 인물들이 계속 살고 있었다. 유대인은 그곳에서 로마의 고대 왕들의 시대 이래로 폐품 수집과 행상으로 불안한 삶을 이어갔다. 늘 그렇듯이 부유한 유대인은 가장 가난한 사람들 옆집에 살았다. 30개 대표 가문 중 하나인 스쿠올라 템피오 가문의 기원은 1,900년 전 티투스 황제까지 거슬러 올라간다. 예루살렘 성전이 파괴된 후 그들의 조상은 쇠사슬에 묶여 이곳에 끌려왔다. 로마의 유대인은 장엄한 가톨릭교회의 그림자에 눌려 조용히 살았다. 교회는 어떤 때는 이용하고, 어떤 때는 박해하고, 또 어떤 때는 보호하기도 했다. 유대인 역시 교회를 배척하는 동시에 조화를 이루려고 애썼다. 첸치 강변의 예전 게토 문밖에 세운 가장 큰 회당은 이탈리아 교회 건축 기법인 바로크 양식으로 지었다. 1986년 4월에 교황 요한네스 파울루스 2세는 교황으로서는 최초로 회당 예배에 참석했고 로마의 랍비장과 번갈아 시편을 낭독했다. 교황은 유대인 회중에게 이렇게 말했다. "여러분은 진정 우리의 사랑하는 형제이고 어떤 면에서는 우리의 큰 형이나 마찬가지입니다." 이 발언의 의도는 선했고 '큰'을 강조한 것도 적절했다.

전후 프랑스의 유대인 사회도 수와 세력 면에서 성장했다. 나치 독일과 비시 프랑스의 동맹은 전쟁 전에 34만 명에 이르던 프랑스 유대인 9만 명을 학살했다. 이 비극은 그 동안 프랑스 사회에 동화된 유대인 사회가 유대인 난민을 국외로 추방하는 일에 협력했다는 점에서 특히 더 씁쓸했다. 그러나 이러한 손실은 전후 30년에 걸쳐 무슬림 세계에서 스파라디 유대인이 대량 흘러들면서 만회했다. 이집트에서 2만 5,000명, 모로코에서 6만 5,000명, 튀니지에서 8만 명, 알제리에서 12만 명, 그 외에 시리아, 레바논, 터키에서도 상당한 숫자가 왔다. 그 결과 프랑스 유대인 사회는 67만 명으로 두 배 이상 증가했고 세계에서 네 번째로 큰 규모를 자랑했다.

이러한 큰 폭의 인구 증가는 문화 변화를 불러왔다. 프랑스의 유대인은 언제나 최고의 동화론자였다. 특히 프랑스 혁명을 통해 동화가 하나의 제도로 받아들여진 뒤에는 프랑스 사회에 동화되는 흐름이 더 강해졌다. 그러나 비시 정권 아래서 많은 프랑스인이 보여준 사악한 행동은 그러한 신뢰를 무너뜨렸다. 1945년부터 1957년까지 12년간 개명한 사례가 1803년부터 1942년까지 139년간 개명한 사례보다 여섯 배나 많다.[77] 그래봐야 전체 수는 많지 않았고 전후에도 극단적인 형태의 동화는 프랑스 유대인 사회의 독특한 특징으로 남았다. 레몽 아롱 같은 유대계 작가들이 당시 프랑스 문화의 중심에 있었다. 조용하고 검소하고 고도로 세련된 중상류층은 4공화국에서 르네 메이어와 피에르 망데스프랑스, 5공화국에서 미셸 드브레와 로랑 파비위스 같은 뛰어난 총리를 배출했다.

그럼에도 아프리카에서 스파라디 유대인이 유입되면서 프랑스 유대인 사회의 유대적 특징은 강화되었다. 대부분 프랑스어를 구사할 줄 알았지만, 히브리어를 읽을 줄 아는 사람도 상당했다. 19세기 프랑스 유대인은 3세대 이론이라는 것을 가지고 있었다. "할아버지는 믿고 아버지는 의심하며 아들은 부인한다. 할아버지는 히브리어로 기도하고 아버지는 프랑스어 기도서를 읽고 아들은 전혀 기도하지 않는다. 할아버지는 모든 절기를 지키고 아버지는 욤 키푸르만 지키고 아들은 어떤 절기도 지키지 않는다. 할아버지는 유대인으로 남았고 아버지는 프랑스인으로 동화했고 아들은 이신론자가 되었다. … 아직 그가 무신론자나 공상적 사회주의를 신봉하는 푸리에주의자나 국가사회주의를 지지하는 생시몽주의자가 되지 않았다면 말이지만."[78] 전후 프랑스에서 이 이론은 더 이상 통하지 않았다. 아버지는 불가지론자로 남아도 아들은 다시 할아버지가 믿는 유대교로 돌아가는 경향을 보였다.

남쪽에서는 알제리 유대인의 유입으로 이미 파괴되었거나 파괴되고 있던 중세 공동체가 부활했다. 예를 들어 1970년에 유명한 작곡가 다리우스 미요는 엑상프로방스에 새로운 회당의 초석을 놓았다. 옛 회당은 전쟁 중에 매각되어 프로테스탄트 교회로 변해 있었다.[79] 새 회당 외에도 종교적인 의미에서나 세속적인 의미에서나 유대 사회의 부활을 상징하는 사건은 더 있었다. 1960년대와 1970년대 옛 이스라엘 만국연합 지도자들은 국내외에서 공격적으로 유대인에게 유대교 신조를 가르쳤다. 훨씬 높은 비율의 유대인이 율법을 준수했고 히브리어를 배웠다. 1930년대보다 약해지기는 했지만 여전히 프랑스에 남아 있던 반유대주의 활동은 유대인의 공격적인 태도를 강화했다. 1950년대에 푸자드주의자, 1980년대에 민족전선과 같은 반유대주의자가 의회에 진출하자 유대인 단체는 단호하게 반발하며 유대인의 신념을 역설했다.

1980년 10월 3일에 코페르닉 거리에 있던 자유 회당이 폭탄 공격을 받았다. 당시 이런 사건이 여러 번 발생했고 일련의 사건은 유대인의 부활을 촉진했다. 아프리카에서 온 이주민 때문에 규모가 커진 프랑스 유대인 사회는 시온주의에 반대했다. 실제로 프랑스 유대인 중에 이스라엘에 살러 가는 사람은 거의 없었다. 그러나 1956년, 1967년, 1973년, 그리고 다시 1980년대 초에 이스라엘의 생존이 위협받을 때마다 그것을 자기들의 일로 생각했다. 그들은 유대인과 이스라엘의 이익에 반하는 프랑스 정부의 정책에 강력히 반대했다. 최초로 유대인 압력단체도 구성했다. 1981년 선거에서 유대인의 표심은 23년간 프랑스를 통치한 드골의 우익 정권을 무너뜨리는 중요한 요소로 작용했다. 이전보다 활발하게 움직이며 사람들의 눈길을 끄는 새로운 유대인 지배 계급이 프랑스에 등장했다. 그들은 다수가 지니는 힘을 충분히 인식하고 있었다. 1990년대에는 디아스포라 유대인 전체의 여론 형성에 더 큰 영향을 끼칠 기세다.

히틀러 시대의 여파로 실제로 독일 유대인 사회의 목소리가 수그러든 후 강력한 프랑스의 목소리는 디아스포라 사이에서 환영을 받았다. 최근의 수십 년간 어쩔 수 없는 추세로, 특히 이디시어가 붕괴하면서 디아스포라 유대인은 주로 영어를 사용했다. 1646년에 유대인이 영국으로 귀환한 일이 얼마나 중요한 의미가 있는지 가늠할 수 있는 척도다. 오늘날 영국 연방과 남아프리카 공화국에 85만 명, 미국에 600만 명 가까운 유대인이 살고 있으며 전 세계 유대인의 절반 이상이 영어를 사용하는 것을 보아도 알 수 있다. 유대인의 역사에서 영국의 중요성은 현대 시온주의의 탄생, 밸푸어 선언, 그리고 위임 통치와 더불어 시작되었다. 영국의 유대인 사회는 가장 안정적이고 만족스러우며 다른 유대인 사회에 비해 가장 위협이 적었다. 영국 유대인 사회는 1930년대에 최선을 다해 9만 명의 난민을 받아들였다. 1차 세계대전 이전에 약 30만 명이었던 유대인은 2차 세계대전 말에 이르러 40만 명 이상으로 늘어났다. 그러나 이탈리아 유대인 사회처럼 영국 유대인 사회는 인구통계상 취약성을 보였고 이런 특징은 1960년대와 1970년대에 더욱 확실하게 나타났다. 예를 들어 1961-1965년에 영국의 평균 결혼율이 1,000명당 7.5명인 데 비해 영국 유대인의 결혼율은 4.0명에 그쳤다. 1967년에는 유대인 수가 41만 명에서 감소하기 시작해 1970년대에는 40만 명 아래로 떨어졌고, 1980년대 후반에는 35만 명 이하가 될 것으로 추정된다.

현대 영국 유대인 사회에 활기가 없는 것은 아니다. 언제나 그랬듯이 유대인은 금융 분야에서 활약했고 엔터테인먼트, 부동산, 의류, 신발, 소매업에서 두각을 보였다. 그러나다 TV 같은 전국 규모의 회사도 많이 만들었다. 시프 가문은 막스앤스펜서 사를 전후 영국 기업 중에서 가장 건실하고 평판이 좋은 회사로 성장시켰고, 아널드 웨인스톡 경은 제너럴일

렉트릭 사를 영국에서 가장 큰 회사로 발전시켰다. 출판과 언론 분야에서도 맹활약했다. 전체 디아스포라 잡지 중 최고라 할 수 있는 〈주이시 크로니클〉 지를 창간했다. 영국 상원에 진출하는 사람도 늘었다. 1980년대 중반에는 다섯 명 이상이 영국 내각에서 함께 일한 적도 있다. 그러나 이 대단한 열정을 다른 방향으로 사용하지는 않았다. 디아스포라 전체의 유익이나 시온주의 국가를 위해 영향력을 행사하지도 않았다. 영국 유대인 사회는 늘 영국 정부의 정책을 따랐고 그럴 수밖에 없었다고 변명했다. 그리하여 영국 유대인 사회가 들고 있던 횃불은 미국으로 이동했다.

미국 유대인의 특별한 역할

19세기 말과 20세기에 미국 유대인 사회의 확장과 강화는 유대인 역사상 이스라엘 건국만큼이나 중요하고 어떤 측면에서는 그보다 훨씬 더 중요하다. 이스라엘의 건국이 늘 박해받던 디아스포라 유대인에게 스스로 운명을 결정하고 안전을 보장할 수 있고 언제나 활짝 열려 있는 피난처가 생긴 것이라면, 미국 유대인 사회의 성장은 전혀 다른 형태의 역량 강화를 의미했다. 그리고 이는 유대인에게 지구상 가장 강력한 국가의 정책을 조율함에 있어서 중요하고도 합법적이며 항구적인 역할을 부여했다. 이것은 정부 요직에서 일하는 유대인의 미미한 영향력 덕분이 아니라 민주적 설득의 결과이자 유대인 인구가 늘어난 결과다. 1970년대 말 미국의 유대인 수는 578만 960명이었다. 미국 전체 인구의 2.7퍼센트에 불과했다. 그러나 그들은 소도시나 촌락, 시골 마을이 아니라 문화, 사회, 경제, 정치의 중심지라 할 수 있는 유명한 대도시에 모여 있었다.

20세기 말에도 유대인은 주로 대도시에 거주했다. 텔아비브야파에 39만 4,000명, 파리에 30만 명 이상, 모스크바에 28만 5,000명, 런던에 28만 명, 예루살렘에 27만 2,000명, 키예프에 21만 명, 상트페테르부르크에 16만 5,000명, 몬트리올에 11만 5,000명, 토론토에 11만 5,000명의 유대인이 있었다. 그러나 가장 인상적인 도시 집중화 현상은 미국에서 나타났다. 199만 8,000명의 유대인이 거주하는 뉴욕은 현재 지구상에서 유대인이 가장 많이 사는 도시다. 그다음은 45만 5,000명의 유대인이 살고 있는 로스앤젤레스다. 그 외에도 필라델피아에 29만 5,000명, 시카고에 25만 3,000명, 마이애미에 22만 5,000명, 보스턴에 17만 명, 워싱턴 D. C.에 16만 명이 살고 있다. 유대인 거주자가 1만 명 이상인 미국 도시는 총 69개에 이른다. 또한 중요한 몇 개 주에 유대인이 집중되는 현상도 나타났다. 뉴욕 주에는 214만 3,485명의 유대인이 살고 있다. 전체 인구의 12퍼센트에 해당한다. 유대인은 뉴저지 주 인구의 6퍼센트, 플로리다 주 인구의 4.6퍼센트, 메릴랜드 주 인구의 4.5퍼센트, 매사추세츠 주 인구의 4.4퍼센트, 펜실베이니아 주 인구의 3.6퍼센트, 캘리포니아 주 인구의 3.1퍼센트, 일리노이 주 인구의 2.4퍼센트를 이루고 있다. 미국의 모든 소수 민족 선거인 중 유대인은 지도자들이 제시하는 지침에 따라 절도 있게 움직이는 가장 조직적인 선거인이자 자신의 영향력을 효과적으로 발휘할 줄 아는 선거인이다.

이렇듯 유대인 유권자가 훈련이 잘 되어 있는 것은 사실이지만, 그들의 정치적 영향력은 과장된 면이 없지 않다. 1932년 이래 유대인은 압도적으로 민주당에 표를 던졌고, 때로는 85-90퍼센트의 높은 지지를 보였다. 민주당 출신 대통령이나 민주당의 정책에 유대인이 미치는 영향력이 결정적이었다는 명확한 증거는 없다. 사실상 1960년대와 1970년대에 유대인 유권자가 계속해서 민주당을 지지한 것은 공동체의 이익을 위해서라기보다는 감정적이고 역사적인 원인이 있었던 것으로 보인다. 선거 연구가들을 놀라게 한 사실은 비록 지지율이 60퍼센트로 하락하긴 했지만 1980년대에도 대부분의 유대인이 여전히 민주당에 투표했다는 점이다. 1984년 선거에서 유대인은 무신론자를 제외하면 민주당 후보에게 압도적인 지지를 보낸 유일한 종교 집단이고 흑인을 제외하면 유일한 소수민족이다. 유대인은 공동체의 경제적 이익이나 외교 정책 때문이 아니라 빈자와 사회 약자를 향한 설명할 수 없는 동정심 때문에 민주당에 투표했다.[80] 20세기 말에 이르러 미국 정치가들 사이에 유대인 압력단체라는 개념은 상당 부분 근거 없는 이야기가 되었다.

이렇게 해서 유대계 시민이 미국에 관여하는 방식에는 이전과는 현저하게 다른 훨씬 중요한 변화가 나타났다. 소수민족에서 미국 사회의 중추로 변신한 것이다. 20세기 전반에 미국의 유대인은 미국 사회가 열어준 기회 균등의 이점을 완벽하게 이용했다. 대학에 진학하고 의사, 변호사, 교사, 전문직 종사자, 정치가, 공무원이 되었고 금융과 기업 경영에서도 성공을 거두었다. 특히 개인 사업, 인쇄, 출판, 광고, 엔터테인먼트 등 일반적으로 지적인 분야에서 강세를 보였다. 소설 집필처럼 유대인이 두각을 드러낸 분야가 있다. 분야는 다양했고 모든 면에서 성공적이었다.

그 후 20세기 후반에 성공적인 이 일류 민족은 초기 엘리트인 앵글로색슨계 백인 프로테스탄트처럼 곳곳에 문화적 영향력을 행사했다. 유대인은 더 이상 미국 사회에서 압력단체가 아니었다. 그들은 자연스러운 유기체이자 미국의 일부가 되었다. 미국 외부에서 내부를 향해 활동하는 것이 아니라 내부에서 외부로 활동하기 시작했다. 민주주의, 관용, 자유주의라는 역사 전통과 함께 과거 휘그당이 잉글랜드에서 수행했던 것과 동일한 역할을 미국에서 수행했다. 그것은 그다지 행복하지 못한 이들에게 계몽된 편의를 제공함으로써 자신의 특권에 대한 윤리적 합리화를 추구하는 엘리트의 역할이었다. 결론적으로 그들은 더 이상 권리를 추구하는 소수가 아니라 권리를 베푸는 다수가 되었다. 그들의 정치 활동은 지도력이 감지하지 못할 정도의 영향력을 주는 위치에서 지도력을 발휘하는 위치로 이동했다.

그러므로 미국 문화에서 특별히 유대적 요소를 구분하는 것은 어려워졌다. 유대인은 미국 문화에서 빠뜨릴 수 없는 조화로운 일부가 되었다. 유대인의 이익을 대변하는 미국 정치인을 찾는 것도 더 어려워졌다. 이제 유대인의 이익은 미국의 이익과 완전히 일치하기 때문이다. 이 원칙은 이스라엘의 문제에도 똑같이 적용된다. 이제 더는 이스라엘의 생존권을 보장하라고 미국의 지도자를 설득할 필요가 없어졌다. 이제 그것을 당연하게 받아들이기 때문이다. 이스라엘은 자유 민주주의의 외로운 전초기지로서 그러한 가치를 일반적으로 무시하는 지역에서 법치와 규범 준수를 고수하고 있다. 미국이 이스라엘을 지지하는 것은 자연스럽고도 불가피한 일이 되었으며, 논쟁거리가 남아 있다면 가장 슬기롭게 이스라엘을 후원할 방법을 찾는 것이다. 1980년대에 이르러 이스라엘은 중동에서 가장 믿을 만한 미국의 동맹이 되었고, 설사 미국에 유대인 공동체가 없다 하더라도 미국은 이스라엘이 가장 신뢰할 만한 우방으로 남을 것이다.

그러나 미국에는 유대인 공동체가 확고하게 자리 잡고 있으며, 전체 디아스포라 사회에서 가장 규모가 클 뿐 아니라 가장 독보적인 위치를 차지하고 있다. 미국 유대인 사회는 계속해서 유대인의 정체성을 지키고는 있지만, 미국에 완벽하게 동화된 공동체다. 구성원은 자기들을 완전한 미국인이라고 생각하고 또 유대인이라고 생각한다. 유대인의 역사에서 유례를 찾을 수 없는 현상이다. 이것은 성장이나 구성 면에서 다른 나라와 구분되는 미국의 특별한 상황 때문에 가능했다. 영원한 나그네이자 떠돌이였던 유대인은 모든 이들이 이방인의 신분으로 발을 디딘 미국에서 마침내 항구적인 안식처를 찾았다. 모든 사람이 이방인인 까닭에 모든 사람이 동등한 거주 권리를 가졌고, 그리하여 모든 사람이 평등하게 그곳을 고향이라 부를 수 있었다.

다음으로 미국은 유대인이 자기들의 종교와 종교 의식을 확립할 수 있는 최초의 정착지였다. 미국은 시민의 미덕을 가르쳐온 모든 종교를 존중했기 때문이다. 그뿐만이 아니다. 미국은 무엇보다도 민주주의 법칙이라는 미국 특유의 포괄적인 종교를 존중했다. 이 법칙은 율법 준수에 뛰어난 역량을 보이는 유대인에게 일종의 세속적 토라였다. 이런 이유로 미국의 유대인 공동체를 디아스포라의 일부로 이해하는 것은 부적절하다고 주장하는 이들이 있다. 이스라엘의 유대인이 자기들을 이스라엘 국민이라고 느끼는 것보다 더 강하게 미국의 유대인은 자기들을 미국인이라고 느낀다. 그들의 상황을 정의하려면 새로운 용어를 만들어야 할 정도다. 미국의 유대인은 이스라엘의 유대인, 디아스포라 유대인과 더불어 유대 민족의 안전과 미래를 떠받치는 새로운 유대인 삼각대의 세 번째 다리가 되었기 때문이다. 애초에 디아스포라 유대인이 있었다. 이스라엘 땅에는 귀환한 유대인이 있다. 그리고 미국에는 능력 있는 유대인이 있다.

러시아 유대인 사회와 스탈린의 반유대주의

러시아의 유대인 사회는 미국의 유대인 사회와 아주 대조적이다. 미국의 유대인은 나라를 만들고 세우는 일을 거들었다. 러시아의 유대인은 나라의 소유물이 되었다. 소련의 유대인은 중세 시대처럼 국가의 지배를 받는 국가의 자산이다. 우리가 유대인의 역사를 연구함으로써 얻을 수 있는 교훈 중 하나는 반유대주의가 자리 잡고 있던 민족과 사회는 반유대주의 때문에 타락한다는 사실이다. 탐욕이 왕을 타락시키듯 반유대주의는 도미니쿠스회 수사들을 타락시켰다. 또한 나치 국가를 타락의 온상으로 끌어내렸다. 그 부패의 결과를 러시아보다 더 명확하게 보여주는 곳도 없다. 제정 러시아 시대의 법률 때문에 사회 곳곳에 뿌리 내린 사소한 타락의 예는 이미 살펴보았다.

장기적인 안목에서 볼 때 더 중요한 것은 국가 당국의 윤리적 타락이다. 유대인을 쉴 새 없이 괴롭히면서 제정 러시아는 폐쇄적이고 억압적이며 극도로 관료주의적인 통치 체제에 익숙해졌다. 제정 러시아는 유대인의 국내 이동과 거주, 학교나 대학에 진학할 권리, 배울 권리, 전문 직업에 종사하거나 기관에 들어갈 권리, 노동력을 팔 권리, 사업을 하고 회사를 만들 권리, 종교 활동의 권리, 기구에 가입할 권리, 그리고 다른 무수한 활동에 종사할 권리를 통제했다. 이 체제는 평판이 나쁠 뿐 아니라 사회적 혜택을 받지 못한 소수자의 삶에 다방면에 걸쳐 어처구니없는 통제를 가했고 그들의 가정과 가문에 잔혹한 침략을 단행했다. 차르 체제는 그 자체로 관료주의의 모델이 되었고 레닌과 스탈린이 차르 체제를 대체했을 때 유대인에 대한 통제는 전체 국민에 대한 통제로 확대되었고 그 모델은 완전한 모습을 갖추게 되었다. 모든 이들이 곤경에 처했고 모든 이들이 사회적 혜택을 받지 못하는 체제에서 유대인은 훨씬 더 큰 억압을 받으며 결국 국가 통제의 수위가 의도적으로 강하게 적용된 일종의 오수통 내지는 하위 계층을 형성했다.

1920년대의 권력 투쟁과 1930년대의 숙청 작업에서 스탈린이 반유대주의를 이용한 것은 그의 전형적인 특징이다. 전시에 그가 유대인 반파시스트위원회를 조직하고 이디시어 잡지 〈아이니카이트〉를 발행하게 한 것은 단순히 전술상의 변화였을 뿐이다. 스탈린의 딸 스베틀라나는 유대인과의 개인적으로 관계가 있었다. 그녀는 집에 외교부 직원 솔로몬 로조브스키를 포함해 몇 명의 유대인을 두었다. 열일곱 살에 스베틀라나가 유대인 극작가와 사랑에 빠지자 스탈린은 그를 추방했다. 후에 그녀는 유대인 그레고리 모로조프와 결혼하는 데 성공했다. 스탈린은 그가 군복무를 회피한다고 비난했다. "인민들은 총탄을 맞고 있는데, 저 놈을 좀 봐! 집안에 편안게 머물며 전쟁에 참여하지 않잖아." 스탈린의 큰아들 야코프 역시 유대인 아내를 맞았다. 아들이 포로로 붙잡히자 스탈린은 그녀가 아들을 배신했다고 주장했다. 스베틀라나는 이렇게 말했다. "전후에 그랬던 것처럼 유대인에 대한 증오를 그렇게 노골적으로 드러내지 않았지만, 아버지는 원래 유대인을 좋아하지 않았다."[81]

실제로 소련의 반유대주의는 멈춘 적이 없다. 심지어 전쟁 중에도 계속되었다. 이런 현상은 적군赤軍 안에서도 나타났다. 한 전직 육군 대위는 "소련에서 반유대주의는 그 저주받은 나라에서 살아본 적이 없는 이들은 상상하지도 못할 정도로 끔찍하다"고 말했다.[82] 전쟁이 막바지에 이르자 몇몇 정부 부처, 특히 외교부에서는 주로 유대인을 숙청하고 더 이상 유대인을 인턴으로 받지 않았다. 1948년 1월 미호엘스의 살해가 전조가 된 전후 유대인에 대한 공격은 같은 해 9월에 시작되었다. 〈프라우다〉 지에 실린 일리야 에렌부르크의 기사와 함께였다. 친위대가 특별파견대원을 이용한 것처럼 스탈린은 종종 반유대주의 요원으로 비유대적 유대인을 이용했다. 에렌부르크는 기사에서 이스라엘을 미국 자본주의의 도구인 부르주아라고 비난했다. 유대인 반파시스트위원회는 해체하고 〈아이니카이트〉 지는 폐간하고 이디시어 학교는 폐교했다.

그 후 유대인, 특히 작가, 화가, 음악가, 그리고 모든 지식인에게 나치의 악마 연구와 동일한 욕설(뿌리 없는 세계시민주의)을 동원한 조직적인 공격을 가했다. 당시 우연히 스탈린의 눈에 띈 로조브스키 같은 인물과 이디시어 작가인 페레츠 마르키시, 이치크 페페르, 다비드 베르겔손을 포함한 수천 명의 유대계 지식인이 살해되었다. 작전은 체코슬로바키아까지 확장되어 1952년 11월 20일에 체코 공산당 총서기 루돌프 슬란스키와 공산당 지도자 열세 명이 트로츠키파와 티토주의자, 시온주의자의 음모로 고발당해 유죄 판결을 받고 사형을 당했다. 이 가운데 열한 명이 유대인이었다. 1948년 이스라엘에 무기를 공급한 것을 중요한 증거로 채택했는데, 사실 그것은 스탈린의 명령에 따른 것이었다.[83] 유대인 여섯 명을 포함한 의사 아홉 명이 영국과 미국, 시온주의 요원과 결탁해 스탈린을 독살하려 한 혐의로 기소된 1953년 초가 절정이었다. 이 인민재판은 스탈린식 최종적 해결로 대규모 유대인을 시베리아로 유배시키는 서곡이 되었다.[84]

의사들이 재판을 받기 전 스탈린은 사망했고 후계자들은 후속 절차를 파기했다. 대량 이주 계획도 무산시켰다. 그러나 니키타 흐루시초프가 그 유명한 비밀회의에서 스탈린 탄핵 연설을 하는 가운데 스탈린의 반유대주의에 대해서는 한 마디도 비판하지 않은 것은 매우 의미심장하다. 우크라이나의 제1 서기로서 흐루시초프는 지역 특유의 반유대주의를 공유하고 있었고, 전쟁 직후 귀환한 유대인 난민이 예전에 살던 주택에 대한 소유권을 주장하지 못하게 했다. 그는 "소련의 세력 회복을 유대인의 회복과 연결시키는 것은 우크라이나에 이익이 되지 않는다"라고 진술했다.[85]

사실상 흐루시초프의 통치 아래 전후 우크라이나에서는 몇 번에 걸쳐 대학살이 일어났다. 일단 권력을 손에 쥐자 흐루시초프는 반유대 선전의 핵심을 스파이 활동에서 경제 범죄로 전환시켰다. 많은 수의 유대인이 유죄 판결을 받고 아홉 번의 인민재판에서 사형을 선고받았다. 그들의 이름은 널리 공개되었다. 흐루시초프는 많은 회당을 폐쇄했다. 그가 통치하는 동안 유대교 회당은 450개에서 60개로 감소했다. 그는 또한 트로핌 키치코의 악명 높은 반유대주의 전략에 관한 논문 "수식을 배제한 유대교"를 우크라이나 소비에트 공화국 학술원에서 출판할 수 있게 허락했다. 흐루시초프 시대에는 잔혹한 모욕과 반유대주의 폭동의 발발, 불타는 회당을 흔하게 볼 수 있었다.

1964년에 흐루시초프가 실각한 뒤 소련 유대인 사회는 잠시나마 평화를 맛보았다. 그러나 1967년 6일 전쟁 이후에 공격은 공개적으로 재개되었고 더욱 강력해졌다. 몇 가지 점에서 볼 때 소련의 반유대주의는 매우 전통적이다. 초기 중세 사회처럼, 즉 14세기 말 스페인 사회처럼 소련 통치자들은 비유대인이 유대인을 대체할 기술을 충분히 습득할 때까지만 유대인을 고용했다. 고위급 유대인 볼셰비키는 1920년대와 1930년대에 거의 다 살해당했다. 그 후에도 엘리트 관료 중에 유대인이 꽤 남아 있었지만, 정계 고위직에는 절대로 오르지 못했다. 궁정 유대인이 그랬듯 보좌하는 역할은 얼마든지 가능했지만, 지도자의 자리에는 오를 수 없었다. 1970년대에는 이따금씩 당대회에 참석하기도 했다. 1971년에는 네 명, 1976년에는 다섯 명의 유대인이 참석했다. 알려져 있듯이 중앙위원회에도 유대인이 있었다. 그러나 그런 사람들은 맹렬한 반시온주의자로서 자신의 역할을 수행해야 했다.

1966년에는 학자의 7.8퍼센트, 의사의 14.7퍼센트, 작가와 기자의 8.5퍼센트, 판사와 변호사의 10.4퍼센트, 배우와 음악가, 예술가의 7.7퍼센트를 차지했다. 그러나 공산당과 정부 관료가 모든 영역에서 유대인의 비율이 줄어들도록 조치했다. 그리하여 1947년에는 소련 내 과학 분야 종사자의 18퍼센트가 유대인이었지만, 1970년에는 7퍼센트로 줄었다. 제정 러시아 시대처럼 특히 대학에서 규제가 심했다. 유대계 대학생 수는 1968-1969년에 11만 1,900명이었다가 1975-1976년에 6만 6,900명으로 감소했다. 유대계 전체 인구를 감안하면 엄청난 감소다. 1977-1978년에는 단 한 명의 유대인도 모스크바 대학에 입학하지 못했다.[86]

소련의 반유대주의 정책은 제정 러시아 시대나 1930년대 나치 독일과 마찬가지로 혼란과 모순을 드러냈다. 유대인을 이용하고 착취하고 감옥에 가두고 싶어 하면서 한편으로는 추방하고 싶어 하는 상충된 욕구가 존재했다. 거기서 공통된 요소는 유대인에게 굴욕을 안겨주고 싶은 마음이었다. 1971년에 레오니트 일리치 브레주네프는 빗장을 풀기로 결정했고 그 후 10년간 25만 명에 이르는 유대인이 탈출했다. 그러나 이주자 수가 늘어날 때마다 유대인에 대한 재판이 급격히 증가했고 실제로 출국 비자 발급 절차가 매우 복잡하고 난해하게 바뀌었다. 어떤 면에서는 굴욕적이기까지 했다. 비자 신청자의 직장에 요구하는 각종 증명서 요청은 종종 인민재판으로 이어졌다. 그 과정에서 유대인은 공개적으로 조사받고 비난받았으며 그 후에는 해고되었다. 그 결과 유대인은 종종 비자를 받기 전에 오랫동안 직업도 없이 무일푼으로 기생 생활을 하다 감옥에 갇히기 십상이었다.[87]

출국 수속은 1980년대에 들어 훨씬 더 번거로워져서 제정 러시아 시대에 견줄 정도였다. 발급되는 비자 수는 점점 줄어들었고, 한 가족이 출국 허가를 받는 데 5년에서 10년을 기다리는 것이 보통이었다. 절차를 요약하면 다음과 같다. 신청자는 우선 이스라엘에 사는 가까운 친척이 보낸 합법적인 초청장을 가지고 있어야 했고, 초청장에는 이스라엘 정부가 보증한 입국 사증이 첨부되어 있어야 했다. 초청장은 신청자에게 이민국으로 갈 수 있는 자격을 부여했고, 가족 중 성인 두 명이 각각 두 개의 질문지를 받도록 했다. 신청자는 질문지를 기입하고 나서 다음 사항을 구비한다. 자기소개서, 사진 여섯 장, 대학 등 학교 졸업장 사본, 가족 구성원별 출생증명서, 기혼자의 경우 결혼 증명서, 부모나 아내 또는 남편의 사망 장소가 기재된 사망증명서, 합법적인 주택 소유를 확인해주는 증명서, 러시아에 남는 가족이 작성하고 공증받은 편지, 직장에서 발행한 증명서, 일을 하지 않는 경우라면 거주지 주택관리청에서 발행한 증명서, 그리고 40루블의 수수료가 필요했다. 이 모든 서류를 제출하고도 비자 발급 여부를 결정하는 데 6-7개월이 걸렸다. 아직 발행은 되지 않았어도 일단 비자 발급이 허락된 경우 신청자는 직장을 그만두어야 했다. 물론 아직 직장을 다니고 있는 경우라면 말이다. 그 후에 그가 살던 공동 주택 수리비용으로 계산된 금액을 지불하고 소련 시민권 포기에 대한 벌금으로 일인당 500루블을 내고 허가증, 군복무 카드, 고용기록서, 공동 주택 수리 증명서를 제출해야 했다. 그리고 다시 비자 발급을 위해 200루블을 지불해야 했다. 비자 발급을 거절당한 신청자는 6개월 후에야 다시 신청할 수 있었다.[88]

1967년 이후 유대인에 대한 소련의 공격은 체제적 특징으로 반시온주의라는 암호 아래 진행되었다. 여기에는 다양한 반유대 활동이 총망라되었다. 동유럽 유대인 사회의 내적 분열의 소산인 소련의 반시온주의가 이번에는 레닌의 반제국주의 사상에 자리를 잡았다. 그러니 여기에서 잠시 뒤로 돌아가 마르크스의 《자본론》이 그랬던 것처럼 반유대주의 음모론에 뿌리박고 있는 레닌의 제국주의 이론을 살펴보도록 하자.

남아프리카공화국과 시온 제국주의의 기원

반유대주의 음모론은 1860년대 이후 대규모 자본 투입으로 원시 경제에서 현대 경제로 탈바꿈한 대표적인 사례로 꼽히는 남아프리카공화국의 발전에서 기인했다. 1860년대 킴벌리의 다이아몬드 광산 발견과 20년후 란드 금광 발견으로 내륙의 광물자원이 개발되기 전까지 남아프리카공화국은 시골의 오지에 불과했다. 남아프리카공화국을 변화시킨 것은 새로운 제도, 즉 고도의 기술을 이용해 탄광을 개발하면서 거대한 자본을 집중시키고 일으키고 배치하는 광산 금융가였다. 제도 자체는 영국인세실 로스가 창안했다. 그러나 유대인은 항상 보석, 특히 다이아몬드와금은괴와 관련을 맺고 있었고, 남아프리카공화국의 탄광 채굴과 자본을모으는 금융 체제 양쪽에서 주목할 만한 역할을 했다.[89]

그러나 유대인이 모은 자본은 결국 유대인을 망쳤다. 알프레드 베이트, 버니 버네토, 루이스 코헨, 라이어넬 필립스, 율리우스 베르너, 솔리조엘, 아돌프 괴르츠, 게오르게 알부, 아베 베일리 같은 이들은 남아프리카공화국을 세계 최대이자 가장 부유한 광산 국가로 변모시켰다. 에른스트 오펜하이머가 이끄는 2세대 광산 금융업자들은 이런 업적을 강화하고 확장했다.[90] 유대인이 남아프리카공화국의 화폐 란드로 축적한 급격한 부는 엄청난 질투와 분노를 불러일으켰다. 유대인을 비난한 이들 중에좌파 논객 존 홉슨이 있다. 그는 〈맨체스터 가디언〉지 기자로 1899년에발발한 보어 전쟁 취재차 남아프리카공화국으로 갔다. 홉슨은 유대인이사회 윤리에 대한 감각은 거의 없고 유대 민족답게 이해타산에만 능하다며, 그 머리로 자기가 살고 있는 사회의 약점과 어리석음, 악덕을 이용해이득을 얻고 있다고 보았다.[91] 남아프리카공화국 곳곳에서 활동하는 유대인을 보고 홉슨은 충격을 받고 분노했다. 그곳 관리들의 진술에 따르면, 요하네스버그에는 겨우 7,000명의 유대인이 있으나 "상점, 사무소, 시장, 술집, 교외 주택의 세련된 현관만 보아도 그곳이 선택받은 민족이 활발하게 활동하는 곳임을 충분히 짐작할 수 있었다."

홉스는 특히 욤 키푸르에 주식 거래소가 문을 닫는 것을 알고 분개했다. 1900년에 그는 《남아프리카공화국의 전쟁 *The War in South Africa*》을 출간했다. 이 책에서 그는 세계적인 금융가이자 독일 출신에다 인종적으로 보면 유대인인 소규모 집단에 전쟁의 원인이 있다고 비난했다. 영국군은 프리토리아의 광산 소유자와 투기꾼으로 이루어진 작은 국제적 독재자 그룹을 권력의 자리에 앉히기 위해서 싸우며 죽어가고 있다고 했다. 그리고 함부르크나 빈, 프랑크푸르트가 아니라 요하네스버그가 새로운 예루살렘이 되었다고 혐오감을 표출했다.[92]

전쟁의 원인에 대한 홉슨의 설명은 사실이 아니다. 예상대로 광산 소유주에게 전쟁은 재난이었다. 유대인과 관련해 현대사 전체를 그들의 성향과 관심에 비추어보건대, 특히 유능한 금융가로서 그들은 평화를 열렬히 사랑했다. 그러나 다른 음모론자처럼 홉슨은 그 사실에는 관심을 기울이지 않고 오직 자기 논리에만 집중했다. 2년 후에 《제국주의 *Imperialism*》라는 유명한 저서에서 홉슨은 자신의 이론을 설명하면서 국제 금융 자본가를 식민지 개발과 전쟁의 배후 세력으로 지목했다. 그의 이론의 핵심이라 할 수 있는 '제국주의의 경제적 기생충'에는 다음과 같은 내용이 나온다.

은행, 증권, 어음 할인, 금융, 기업 육성 등 대형 비즈니스가 국제 자본주의의 중추를 형성하고 있다. 이들은 단단하기 짝이 없는 조직적 유대로 묶여 있어서 언제나 긴밀하고 신속하게 서로 연락할 뿐 아니라 수많은 나라의 상업 중심지에 터를 잡고 있다. 유럽에 관해서 이야기하자면, 과거 몇 세기를 지나는 동안 금융에 관한 경험을 축적해온, 단일하고 특이한 민족에 의해 조종되고 있다. 이렇게 해서 이 국제 금융 자본은 국가의 정책을 좌우할 수 있는 특이한 위치에 터를 잡았다. 그들의 동의 없이는, 그들의 대리인을 통하지 않고는 대규모 자본 이동이 불가능하다. 만일 로스차일드 가문과 그 측근이 단호히 외면한다면, 유럽의 어떤 나라가 감히 큰 전쟁을 일으키거나 대량의 국채를 공모할 수 있을까? 이 사실을 의심하는 자는 한 사람도 없을 것이다.[93]

1916년 취리히에서 레닌은 이 주제에 관한 이론을 집필하면서 문헌이 부족하다고 불평했다. "그러나 나는 제국주의를 다룬 영어로 된 중요한 작품 존 홉슨의 저서를 이용했다. 신중히 살펴본 결과 이 작품은 충분한 가치가 있다"고 레닌은 기술했다.[94] 사실상 홉슨의 이론이 레닌의 이론의 핵심이 되었다. 그 결과물로 1916년에 출간한 《제국주의론 *Imperialism: The Highest Stage of Capitalism*》은 1917년부터 현재에 이르기까지 공산주의 체제 아래 있는 모든 국가에 제국주의의 원리를 제시했다. 1950년대와 1960년대에 독립을 획득한 많은 제3세계 국가는 한두 가지 점에서 제국주의와 식민주의에 대한 레닌의 이론과 비슷한 입장을 보였다.

현대 소련의 반시온주의

이 이론이 반유대주의에 기원을 두고 있다는 점을 인정한다면, 시온주의가 식민지주의의 한 형식이고 시온주의 국가는 제국주의의 전초기지라는 시각을 이해하는 건 어렵지 않다. 스탈린이 이스라엘의 탄생을 도와준 중요한 인물 중 하나라는 역사적 사실도 부정할 수 없다. 이 사실 때문에 시온주의에 대한 소련의 이론은 완전히 파탄이 나고 만다. 그러나 소련의 역사에서 이 밖의 많은 사례와 마찬가지로 이런 사실은 정부의 홍보 담당자가 모조리 은닉하고 지워버렸다. 실제로 반유대주의의 역사를 살펴보면, 거북하다고 숨기고 은폐해온 사실이 가득하다. 시온주의라는 말이 실은 유대인을 뜻한다는 것은 곧 밝혀졌다.

1952년 루돌프 슬란스키의 재판은 유대인이 세계적인 음모를 꾸미고 있다는 전통적인 반유대주의 비난을 공산주의 정부가 공식적으로 제기한, 공산당 역사상 첫 번째 사례다. 그들은 그 음모가 미국유대인공동분배위원회와 현대시온장로회를 조직한 이스라엘 정부와 관련이 있다고 했다. 불길한 사건이었다. 사건의 배후에 자리한 현실은 더 심각했다. 종신형을 선고받았으나 1968년 프라하의 봄에 석방된 유대계 외무차관 아르투르 런던은 부장검사 마조르 스몰이 어떤 반유대적 분노를 퍼부었는지 이렇게 밝히고 있다. "내 목을 조르면서 증오에 사무친 목소리로 소리쳤다. '우리는 너와 네 더러운 민족을 전멸시킬 것이다. 히틀러가 한 일이 모두 옳은 건 아니지. 그러나 그는 유대인을 몰살시켰고 그것은 옳은 일이었어. 지금까지 너무나 많은 놈들이 가스실을 가까스로 피했지만, 우리는 히틀러가 남겨둔 일을 완수할 것이다.'"[95]

1950년대 초부터 계속해서 아주 견고하게 자라고 범위를 넓혀가던 소련의 반시온주의 선전은 시온주의와 유대인, 유대교 사이의 연결고리를 강조했다. 1959년 12월 9일, 키로보흐라드 발 우크라이나어 방송은 유대교의 설교는 부르주아 시온주의자의 설교라고 선언했다. 쿠이비세프(사마라) 신문인 〈볼스즈스카야 코뮤나〉는 1961년 9월 30일에 유대교의 특징은 시온주의자의 정치적 목적을 위해 봉사하는 것이라고 보도했다. 1963년에 〈코뮤니스트 몰다비아〉지는 시온주의는 불가피하게 유대교와 연결되어 있으며 유대 민족의 배타성에 뿌리박고 있다고 보도했다.[96] 소련 전역에 걸쳐 잡지와 신문에 게재된 수백 편의 기사는 시온주의자(즉 유대인)와 이스라엘의 지도자들이 옛《시온 장로 의정서》의 노선에 따라 세계적인 음모에 가담하고 있다고 설명했다. 1967년 8월 5일에 〈소비에트스카야 라트비아〉지는 미국의 비밀 범죄조직 코사 노스트라가 공동의 본부, 공동의 계획, 공동의 재원을 가지고 있다고 보도했다. 그러면서 이스라엘의 지배 그룹은 세계적인 음모에서 하급 사원에 불과하다고 했다.[97]

1967년의 6일 전쟁 이후 20년 동안 소련의 선전은 반유대주의 자료의 주요 원천이 되었다. 소련의 선전 체제는 실제로 고대 시대부터 히틀러 시대에 이르는 반유대주의 역사의 모든 고고학 주거층에서 자료를 수집했다. 끊임없이 반복되는 기사와 방송 프로그램부터 완전한 형태의 서적에 이르기까지 엄청난 분량의 자료는 나치가 양산한 자료에 견줄 정도였다. 트로핌 키치코가 1968년에 출간한《유대교와 시온주의 *Judaism and Zionism*》는 유대 민족에 대한 하나님의 선택이라는 맹목적인 애국주의 사상과 메시아주의, 세계 모든 민족을 유대인이 지배한다는 사상에 대해 언급했다. 블라디미르 베군이 1974년에 출간한《살며시 다가오는 반혁명 *Creeping Counter-Revolution*》은 성경을 피에 굶주린 위선, 배신, 불신, 윤리적 퇴화에 관한 탁월한 교재라고 말했다. 그리고 시온주의자의 사상이 거룩한 토라의 두루마리와 탈무드의 계율을 바탕으로 형성되었으니 그들이 깡패인 것도 그리 놀랄 일이 아니라고 했다.[98]

실제로 1972년 파리 주재 소련 대사관보는 1914년 이전의 대학살을 조장한 반혁명 단체 블랙 헌드레드가 1906년에 만든 제정 러시아 시대 반유대주의 책자를 그대로 재현했다. 이 때문에 프랑스 법원이 행동에 나섰다. 프랑스 법원은 예상대로 프랑스 공산당원인 출판업자들이 인종 폭력을 선동한 혐의를 인정했다.[99] 소련의 반유대주의 자료에서 가장 자주 회람되는 내용도 거의 믿기 어려운 것들이다. 1977년 1월 10일의 중앙위원회 회의록에서 소련의 반유대주의 전문가 발레리 예멜리아노프는 미국이 표면상 카터 대통령이 주도하는 시온주의 프리메이슨 음모에 따라 통제되고 있으나, 실제로는 그가 브나이 브리트 게슈타포의 통제 아래 있다고 주장했다. 예멜리아노프에 따르면, 시온주의자는 적극적인 시온주의 정보원으로 구성된 프리메이슨 비밀공제조합원을 통해 이방인 사회로 침투했으며, 시온주의는 유대교적 프리메이슨 피라미드 위에 기초하고 있다.[100]

반유대주의에 대한 소련의 터무니없는 사상의 근본 원리는 1970년대에 마련되었다. 이 시기에 히틀러의 홀로코스트는 다름 아닌 시온주의자의 계획에서 쓸모가 없는 가난한 유대인을 제거하기 위해 유대인과 나치가 꾸민 음모이고, 따라서 시온주의자야말로 인종차별주의자 나치의 후계자임이 입증되었다는 식의 비난이 나왔다. 실제로 히틀러가 헤르츨에게 영감을 얻었다는 주장이 아무 근거도 없이 나왔다. 국제 금융 자본을 통제하고 있는 유대인 백만장자들의 명령에 따라 움직이는 유대인 시온주의자들이 친위대와 게슈타포를 도와 불필요한 유대인을 가스실이나 가나안 땅의 키부츠로 몰아넣었다는 것이다. 소련 선전 기관은 유대-나치 음모설을 특히 1982년의 레바논 작전 전후 이스라엘 정부의 잔학 행위를 비난할 때 그 배경으로 이용했다. 즉 시온주의자는 자기들이 버린 사람들을 전멸시키기 위해 히틀러에게 기꺼이 협조한 사람들이니 현재 그들 생각에 인간 이하인 레바논의 아랍인을 대량 학살하는 것은 전혀 놀라운 일이 아니라고 〈프라우다〉지가 1984년 1월 17일에 보도했다.[101]

소련 정부의 반유대주의 정책에 나타난 이 불행한 발전 과정은 유대인에 관한 제정 러시아 시대의 익숙한 미신을 상당 부분 그대로 수용했으나 그 시대의 전통적인 관습을 단순히 답습하는 수준을 뛰어넘었다. 일단 제정 러시아 정부는 언제나 대량 이주를 통해 유대인의 탈출을 허용했다. 그러나 소련 정권은 이념상의 목적을 위해 유대 민족 전체를 말살함으로써 히틀러의 뒤를 따랐다. 유대인과 시온주의를 동일시하는 소련의 주장에 담긴 치명적 공격성은 소련 지도부로 하여금 이념적인 이유를 들어 러시아에 사는 175만 명의 유대인을 극단적인 방법으로 처리하는 행위를 손쉽게 정당화시켰다. 이로써 1952-1953년에 유대인을 집단적으로 시베리아로 추방하려 는 스탈린의 계획이 부활했고 그보다 더 심각한 일이 발생했다.

아랍의 반유대주의 운동

또 다른 불온 요소는 소련의 반유대주의적 선전과 아랍 세계에서 소련의 동맹국에 의해 나온 유사 자료의 밀접한 유사성이다. 차이가 있다면 본질이 아니라 형식상의 차이일 뿐이다. 아랍인은 이념적인 용어를 사용하는 데 그리 완벽하지 못했다. 러시아인이 주의 깊게 시온주의라는 암호를 사용했다면, 아랍인은 공개적으로 유대인이라는 단어를 사용했다. 러시아인이 《시온 장로 의정서》에서 은밀히 유추해낸 것을 아랍인은 공개적으로 출간했다. 이 소책자는 아랍 세계에 폭넓게 유포되었으며 1920년대 초 이후로 셀 수 없을 정도로 상이한 개정판이 출판되었다. 사우디아라비아의 파이살 왕과 이집트의 나세르 대통령 같은 다양한 아랍 지도자가 그 책자를 읽었다.

그 책자 내용을 믿었던 것이 확실한 나세르는 1957년에 인도인 기자에게 이렇게 말했다. "이 책을 읽는 건 매우 중요합니다. 내가 한 권 드리리다. 이 책은 서로 잘 아는 300명의 시온주의자가 유럽 대륙의 운명을 주관하고 있으며, 자기들의 측근 중에서 후계자를 선택하고 있다는 사실을 분명하게 증명하고 있소."[102] 나세르는 그 책을 매우 인상 깊게 읽었고, 1967년경에는 그의 형제가 또 한 권의 아랍어 판을 출판했다. 아랍 학교 교과서와 아랍 군대를 위한 훈련 교재에도 발췌문과 요약본이 실렸다.[103] 1972년에 또 한 권의 개정판이 베이루트에서 베스트셀러 1위에 올랐다. 모든 개정판은 특별히 아랍 독자를 위해 편집한 것으로 《시온 장로 의정서》가 본래 팔레스타인 문제를 염두에 두고 나왔다는 내용이 추가되었다. 《시온 장로 의정서》가 전후 아랍 세계에서 계속해서 살아남은 유일한 반유대주의 고전은 아니다. 1890년 카이로에서 《자유의 나팔 소리에 묻힌 결백한 자들의 외침 *The Cry of the Innocent in the Horn of Freedom*》이라는 제목으로 출판된 피의 비방에 관한 자료가 1962년에 《탈무드의 인신 제사 *Talmudic Human Sacrifices*》라는 제목으로 아랍연맹 정부의 공식 출판물로 다시 포장되었다.[104] 사실상 피의 비방은 아랍 신문에서 주기적으로 등장했다.[105] 특별한 관심의 대상인 《시온 장로 의정서》는 아랍 이슬람 국가에만 국한되지 않았다. 1967년에는 파키스탄에서도 출간되었고, 반유대적 음모론의 열렬한 신봉자였던 아야톨라 루홀라 호메이니가 1979년에 이란을 집권한 이래로 이란 정부와 대사들에 의해 과도할 정도로 자주 인용되었다.

1984년 5월에는 호메이니가 《이맘 *Imam*》에 《시온 장로 의정서》 일부분을 발췌 수록하면서 영국군이 포클랜드에서 시온의 장로들의 충고에 따라 잔혹 행위를 수행했다고 비난했다.[106] 호메이니의 선전 선동은 대개 시온주의(유대인)를 사탄의 영향을 받아 "인류 사회와 가치에 대항하는 광대하고 영속적인 죄악으로 수 세기 동안 도처에서 활동해온" 것으로 묘사하고 있다. 호메이니는 유대인이 인간 이하거나 비인간적 또는 사실상 반인간적이며, 그러므로 근절해야 하는 피조물에 해당된다는 중세의 노선을 따랐다. 그러나 그의 반유대주의는 단순한 반유대교, 이슬람 종파와 거대한 사탄인 미국에 대한 증오 사이에서 방황했다. 그가 보기에 이란의 적국 이라크를 다스리고 있던 수니파 무슬림은 악마와 다름없는 시온주의자의 꼭두각시였다. 그는 사탄이 유대인을 통해 미국을 조종하는지, 아니면 그 반대인지는 결론을 내리기 쉽지 않다고 말했다.

아랍의 반유대주의 역시 종교적이고 세속적인 동기가 어색하게 혼합된 결과였다. 이 역시 히틀러와 나치의 역할에 대해 이중적인 태도를 취했다. 예루살렘의 무프티는 히틀러의 최종적 해결을 알고 있었고 거기에 찬성했다. 히틀러는 그에게 나치의 군대가 중동에 도착하면 팔레스타인에서 유대인 정착지를 완전히 쓸어버릴 것이라고 말했다.[107] 전후에도 많은 아랍인들은 계속 히틀러를 영웅시했다. 1961-1962년에 아이히만이 재판에 회부되자 요르단 영자 신문 〈예루살렘 타임스〉는 그가 인류에 진정한 축복을 내렸다고 찬양하는 기사를 실었다. "언젠가 살아남은 600만 명의 유대인을 말살하여 당신이 흘린 피를 반드시 보상할" 것이라고 했다.[108] 다른 한편, 아랍의 반유대주의 선전자들은 종종 유대인과 나치가 한통속이고 시온주의자는 나치의 후계자라는 소련의 노선을 따랐다. 특히 서방을 향한 선전에서 아랍 국가는 이스라엘의 공군을 나치 독일 공군에, 이스라엘 방위군을 친위대와 게슈타포에 비교했다. 아랍 사람들은 홀로코스트가 경사이고, 유대인과 나치 사이의 극악무도한 음모였으며, 실제로는 발생한 적이 없는 시온주의자가 쓴 소설에 불과하다는 이야기를 한두 번쯤 들어보았을 것이다. 언제 반유대주의 이론가들이 자기들의 주장에서 내적 모순을 발견하고 그 때문에 곤란을 겪었던 때가 있었던가?

국제연합, 테러리즘, 이스라엘의 대응

동구권과 아랍 국가 양쪽에서 흘러나와 세계로 흘러든 반시온주의 자료는 1967년 6일 전쟁을 계기로 큰 폭으로 증가했다. 전쟁은 이스라엘에 대한 소련의 선전에 강력한 자극제로 작용했다. 다음으로 1973년 욤 키푸르 전쟁 이후에 발생한 유가 혁명은 반시온주의 선전에 필요한 아랍 기금을 증가시켰다. 엄청난 규모로 지속적으로 이루어진 반이스라엘 중상모략은 필연적으로 주목할 만한 몇 가지 성과를 거두었고 특히 국제연합에서 그랬다. 국제연맹은 양차 대전 사이에 유대인을 보호하는 데 유독 무능한 모습을 보여주었다. 그러나 최소한 국제연맹은 유대인의 박해를 적극적으로 부추기지는 않았다. 반면 1975년도 국제연합 총회는 반유대주의를 거의 합법화하는 수준까지 이르렀다. 10월 1일에 국제연합 총회는 공식적으로 우간다의 이디 아민 대통령을 아프리카 통일기구의 의장으로 인정했다. 아민은 이미 우간다 주민을 대상으로 엄청난 대량학살을 자행한 인물로 악명이 높았고, 일부 학살은 자신이 직접 자행하기도 했다. 또한 반유대주의에 관한 그의 폭력적인 언사도 잘 알려져 있었다. 1972년 9월 12일에 그는 국제연합 사무총장에게 홀로코스트를 기념하는 전보를 보냈으며, 독일에 히틀러를 기념하는 동상이 없으니 우간다에 히틀러 동상 건립을 제안한다고 발표했다. 그럼에도, 또는 바로 그 때문에 아민은 국제연합 총회의 환영을 받았다. 소련과 아랍권 전체를 포함한 많은 국제연합 대표는 그에게 기립박수를 보냈고, 그는 세계를 대적하는 시온주의자와 미국의 음모를 비난하며, 국제연합으로부터 이스라엘을 축출하고 전멸시키자는 연설을 했다. 그의 기괴하고 격렬하고 공격적인 연설이 진행되는 동안 몇 번 박수가 터져 나왔고 그가 자리에 앉자 다시 기립 박수가 터졌다. 다음 날 국제연합 사무총장과 총회 의장은 그를 위해 저녁 만찬을 준비했다.

2주 후인 10월 17일에 소련의 반유대주의 전문가와 아랍의 선전단은 엄청난 성공을 거두었다. 총회 3차 회의에서 27명이 기권하고 16명이 불참한 가운데 시온주의를 일종의 인종차별주의라고 비난하는 동의안을 70 대 29로 통과시킨 것이다. 11월 10일 전체 총회는 15명이 기권한 상태에서 결의안을 67 대 55로 승인했다. 이스라엘 대표 차임 헤르조그는 그 투표가 유대인을 겨냥한 나치의 크리스탈나흐트 37주년을 기념하는 날에 이루어졌다는 점을 지적했다. 미국 대표 대니얼 모이니핸은 싸늘한 경멸감을 표하면서 다음과 같이 선언했다. "미국은 국제연합 총회와 세계 앞에 이 수치스러운 법령을 승인하지 않았으며, 준수하지도 않을 것이며, 절대 묵인하지도 않을 것임을 선포하는 바이다."**109**

유대인의 역사가 주는 중요한 교훈은 구두로 반복되는 중상모략은 머지않아 폭력적이고 실제적인 행동을 수반한다는 점이다. 수 세기에 걸쳐 수차례 반복된 반유대주의 저술은 가공할 만한 파괴력을 만들어냈고 유혈 사태로 정점을 찍었다. 히틀러의 최종적 해결은 그런 잔혹 행위 중에서도 단연 눈에 띄는 유일무이한 것이었으나, 그것 역시 19세기 반유대주의 이론에서 예시된 것에 불과하다. 전후 시대 동구권과 아랍 국가에서 쏟아져나온 반유대주의의 급류는 저마다 고유한 폭력 형태를 취했다. 국가가 후원하는 일종의 테러였다.

시온주의를 겨냥한 이 무기에는 일종의 아이러니가 존재한다. 현대적이고 고도로 조직적이며 과학적인 테러를 고안해낸 장본인이 아브라함

스테른과 메나헴 베긴 같은 호전적인 시온주의자이기 때문이다. 그리고 그 테러리즘의 칼끝은 훨씬 더 큰 규모로 결국 그들이 생사를 걸고 건설한 국가를 겨냥했다. 그렇다면 이것은 하나님이 내린 형벌로 받아들여야 할까, 아니면 목적을 위해서라면 수단을 가리지 않는 이상주의자는 결국 스스로 위험에 빠지게 마련이라는 좋은 본보기로 삼아야 할까?

전후 소련과 아랍의 반유대주의가 낳은 국제 테러 시대가 팔레스타인 해방기구가 테러와 대량 학살을 주요 정책으로 정식 채택한 1968년에 실질적으로 개막되었다. 정통 유대인과 비유대적 유대인을 구별하던 전통적인 반유대주의 살인자들과 달리 팔레스타인해방기구와 다양한 경쟁자와 모방자들은 주로 이스라엘인을 겨냥했고 이스라엘 시민과 시온주의자, 유대인을 구분하지 않았다. 소련의 반유대주의 선전에 고무된 독일 파시스트 좌파 조직 바더마인호프단이 1976년 6월 27일에 파리에서 텔아비브로 향하던 프랑스 여객기를 공중에서 납치해 강제로 이디 아민의 우간다에 착륙시켰다. 테러범들은 살해하기 위해 정통 유대인과 비유대적 유대인을 주의 깊게 구분했다. 그들이 죽이려고 한 유대인 중 한 명은 나치 친위대의 강제 수용소에 갇혔을 때 팔에 새긴 죄수 번호가 아직도 지워지지 않고 남아 있었다.[110]

팔레스타인해방기구가 자행한 테러의 규모와 정교함은 전에 없던 위협이 되었다. 그러나 유대인에게 테러 자체는 새로울 것이 없었다. 1,500년 넘게 겪어온 일이기 때문이다. 반유대적 테러의 전형적인 수단인 학살은 유대인을 꼭 죽이기 위해서만이 아니라 두려움에 휩싸여 체념하고 학대를 묵묵히 감수하도록 가르치고 순응하는 습성을 키우려고 고안한 것이다. 유대인이 저항도 하지 않고 최종적 해결에 복종한 것은 그 때문이다. 그러나 이제 그런 시대는 지나갔다. 테러리즘은 여전히 유대인을 표적으로 삼지만, 이제 유대인은 그것을 더 이상 간과하지 않는다.

프랑스 항공기에 탑승하고 있던 유대인에 대한 계획적 살인이 대표적인 예다. 아민에 의해 살해된 늙은 여성 한 사람을 제외하고 탑승객 전원을 구한 이스라엘의 엔테베 구출 작전은 국경에서 약 1,600킬로미터 이상 떨어진 지역에서 위험에 처한 유대인을 구할 수 있는 시온주의 국가의 능력을 입증했다. 이스라엘은 테러범의 근거지에 대해서도 직접적인 행동을 취할 수 있는 능력을 갖추었고 실제로도 행동에 옮겼다. 팔레스타인해방기구가 1970-1982년까지 차지하고 있던 레바논 남부에 최대 규모의 테러범 근거지가 있었다. 이스라엘 방위군은 1982년 6월 6일부터 근거지를 공격했고 팔레스타인해방기구 지역 전체를 소탕했다. 팔레스타인해방기구는 어쩔 수 없이 튀니지로 후퇴할 수밖에 없었다. 1985년에는 그곳에 있는 팔레스타인해방기구의 본부조차도 이스라엘의 사정권 안에 있다는 사실을 증명했다. 이스라엘의 자위권 행사는 때로 오해를 받기도 하고 잘못된 방향으로 나아가기도 한다. 그래서 가끔 이스라엘의 우방들도 비판의 소리를 낸다. 1982년 남 레바논 점령 때는 이스라엘군의 대규모 폭격으로 아랍 측에 다수의 사망자와 난민이 발생했고 이 때문에 이스라엘 내부에서도 심한 의견 충돌이 있었고 우방들도 이스라엘을 비난했다.

　　이 작전은 또한 9월 16일 사브라와 샤틸라 난민촌에서 기독교계 팔랑헤당 아랍계 당원들이 무슬림 피난민을 살해한 사건의 배경이 되었다. 아랍과 소련의 선전가들은 이 사건을 교묘하게 이용했고, 서방 매체는 이스라엘에 책임이 있는 것으로 보도했다. 당시 이스라엘의 총리였던 베긴은 사흘 뒤 내각 회의에서 쓸쓸하게 말했다. "이방인이 이방인을 죽였는데, 저들은 유대인을 비난하는군." [111] 이스라엘 국민은 현명하게도 독자적이고 공정한 조사를 요구했다. 조사를 통해 진실이 밝혀졌고 이스라엘 국방장관 아리엘 샤론에게 그러한 살인을 예견하고 막지 못한 책임이

있다는 결론을 내렸다.**112**

유대인이 사람을, 그것도 부당하게 죽이는 비참한 광경은 유대인을 깊은 혼란에 빠트렸다. 그러나 사실 그러한 가능성은 1140년경에 기록한 유다 하 레비의 《쿠자리 *Kuzari*》에서 이미 예견한 일이다. 여기에는 한 랍비와 하자르족의 지혜로운 왕 사이에 오간 대화가 실려 있다.

> 랍비: 우리는 세계의 영광과는 거리가 멉니다. 그 때문에 하나님과 우리
> 의 관계는 더욱 더 가까운 관계라 할 것입니다.
> 왕: 당신들의 겸손이 자발적인 것이라면 그럴 수 있을 것이오. 그러나 그
> 겸손이 자발적인 것이 아니기에, 권력의 자리에 오를 때 당신들은 살
> 인을 저지르게 될 것이오.
> 랍비: 폐하께서는 우리의 약점을 지적하셨습니다. 오, 하자르족의 임금
> 이시여.

그러나 자기 방어를 위해 상대방을 죽일 권리는 원래부터 인간에게 있는 것으로 모든 인류는 그러한 권리를 가지고 있다. 국가는 공동체를 위해 그 권리를 조금 더 대규모로 행사하는 것이다. 생명의 존엄성을 늘 생각하고 고민해온 유대인이 살인을 국가의 역할로 받아들이기는 쉽지 않았다. 그들에게 그것은 사울에게 임한 저주였다. 또한 그것은 그들의 가장 위대한 왕 다윗의 생애에 그림자를 드리운 사건, 즉 다윗이 성전을 건축할 수 없었던 이유를 상기시켰다. 그러나 사울의 저주와 아우슈비츠의 현실 사이에 선택의 여지는 없었다. 유대인은 살아남기 위해 자기들의 국가를 갖지 않을 수 없었고, 이에 대한 도덕적 책임을 져야 했다.

오늘날 세속적 시온의 역할

세속적 시온의 필요성은 이스라엘이라는 국가가 세워지고 처음 40년 동안 줄어들지 않았고 오히려 증가했다. 세속적 시온은 유럽의 반유대주의로 인한 피해자, 나아가 홀로코스트의 피해자를 받아들이고 모든 것을 잃은 생존자를 수용하기 위해 건설했다. 세속적 시온은 또한 아랍 유대인 사회에서 추방당한 이들을 수용하는 데도 기여했다. 이러한 목적만으로도 세속적 시온의 존재 이유를 정당화할 수 있다. 그런데 새로운 임무가 생겼다. 전후 수십 년 동안 소련 정권이 이전의 제정 러시아 정부와 비교해 유대계 러시아 시민을 더 평화로운 방식으로 수용하지 않을 것이 자명해진 것이다. 그래서 이스라엘은 러시아에 있는 175만 명의 동포를 소련 체제 밖으로 구출하는 것을 목표로 삼았다. 우선 제정 러시아 시대와 같은 잔학 행위가 발생할 것에 대비해 대규모 이주민을 한꺼번에 받아들일 준비를 해야 한다. 동시에 소련이 유대인에 대한 증오를 다른 형태로 드러낸다면, 전력을 다해서 이에 맞서야 한다.

이스라엘 국가는 훨씬 더 음울한 역할도 감당해야 한다. 세계 곳곳에서 위험에 처한 유대인을 위해 자주적인 피신처가 되는 일이다. 국가는 팔레스타인 땅에 이미 모여든 유대인을 지키는 수호자다. 국가 건립은 또 다른 홀로코스트가 발생해서는 안 된다는 실제적이고 유일한 보장이다. 소련과 아랍 국가가 벌이는 폭력적인 반유대주의 전투는 기회만 되면 독자적으로 또는 공동으로 또 다른 최종적 해결을 도모할 것이라는 사실을 보여준다. 이스라엘은 그러한 가능성을 상정하고 거기에 맞설 힘을 키워야 한다. 미국의 보호라는 신뢰할 수 있는 약속을 받았지만, 결국 주권 국가로서 스스로 방어 수단을 찾아야 한다.

그러므로 이스라엘은 잠재적인 침략국에 그들이 아무리 강력하다 하더라도 감당하기 어려운 손상을 입힐 수 있는 수단을 소유해야 한다. 다윗이 골리앗을 만나야 한다면, 손에 물매를 가지고 있어야 한다. 2차 세계대전 기간에 유대인 과학자들은 최초의 핵무기를 개발하는 데 중요한 역할을 담당했다. 그들이 그렇게 행동한 이유는 히틀러가 먼저 원자폭탄을 개발할까 봐 두려웠기 때문이다. 1950년대와 1960년대에 이스라엘을 향한 소련과 아랍의 적대감이 증가하면서 이스라엘의 과학자들은 전쟁 억제 수단을 갖추는 작업에 착수했다. 1970년대 말과 1980년대에 그들은 핵공격 능력을 갖췄다. 핵무기의 존재는 비밀에 붙였지만, 그것이 어떤 효과를 드러낼지 해당 국가는 잘 알고 있다. 이로써 이스라엘은 상황이 부여한 두 가지 새로운 임무 중에서 두 번째 임무를 실현할 수 있게 되었다.

그러나 이 냉혹한 특징으로 유대인의 역사를 결론짓는 것은 옳지 않다. 유대 역사는 절정과 격변의 연속이다. 또한 끈질긴 연구와 성과를 톡톡히 드러내는 근면함, 그리고 대부분 기록되지 않은 끝없는 일상의 연속으로 이해할 수도 있다. 행복이 침묵할 때는 슬픔이 소리를 냈다. 역사가들은 이것을 염두에 두어야 한다. 4,000년 이상 유대인은 자기들이 위대한 생존자일 뿐 아니라 운명의 힘이 몰아넣었던 여러 사회에서 적응해나가고, 그들이 인류의 안락함을 위해 제공해야 했던 것들을 이해하는 데 탁월한 능력이 있음을 입증했다. 어느 민족도 빈곤을 부로 변화시키거나 부를 인간답게 만들거나 불운을 창조적인 이야기로 바꾸는 데 유대인보다 뛰어난 능력을 보이지 못했다. 이 능력은 정확히 1,000년의 세월에도 거의 변하지 않은, 견고하고도 정교한 윤리 철학에서 샘솟고 있다. 이 철학이 그것을 공유하는 사람들의 목적에 긍정적으로 이바지해왔다고 믿기 때문이다. 전 시대에 걸쳐 무수한 유대인이 유대교의 멍에 아래

신음했다. 그러나 그들은 계속해서 그 짐을 졌다. 그 멍에가 자기들을 존재하게 한다는 사실을 깊이 인식했기 때문이다. 유대인이 생존할 수 있었던 이유는 그들이 생존 법칙을 소유하고 있었기 때문이다.

그러므로 또한 역사가들은 유대교에 유대인을 모두 합쳐놓은 것보다 더 큰 힘이 있다는 점을 염두에 두어야 한다. 유대교가 유대인을 만들었지, 유대인이 유대교를 만든 것이 아니다. 철학자 리언 로스가 지적한 대로다. "먼저 유대교가 있었다. 유대교는 하나의 산물이 아니라 하나의 계획이며 유대인은 그 계획을 이루는 도구다."[113] 유대인의 역사는 물리적 사실만이 아니라 형이상학적 개념의 기록이다. 유대인은 자기들이 이방인을 위한 빛이 되도록 창조되었고 그러한 명령을 받았다고 믿었으며 최선을 다해 그 명령에 순종했다. 종교적인 측면에서 보든 세속적인 측면에서 보든 그 결과는 주목할 만하다. 유대인은 세계에 윤리적인 유일신관을 선사했고 유일신관은 이성을 통해 하나님을 이해하는 것으로 설명할 수 있다.

더욱 더 세속적인 시대에 이르자 그들은 다른 사람들보다 앞장서서 합리성의 원칙을 인류 활동 전반에 적용했다. 이처럼 그들이 비추었던 빛은 세상을 밝게 비추는 동시에 혼란도 가져왔다. 그 빛은 인간의 정신을 고양시켰을 뿐 아니라 인간의 정신에 관한 고통스러운 진리를 밝혀주었기 때문이다. 유대인은 진리를 선포하는 위대한 선포자였고 이것이 그들이 그토록 미움을 받은 이유 중 하나다. 예언자는 두려움의 대상이다. 가끔 존경의 대상이 되기도 하지만, 예언자가 언제 사랑받는 경우가 있었던가? 그러나 예언자는 반드시 예언을 해야 하고 진리를 추구함에 있어서 진리가 이끄는 대로 전진해야 한다. 유대인의 역사는 인류가 이 땅에 존재하는 데에는 실제로 하나의 목적이 있고, 우리가 짐승처럼 단지 생존하고 죽기 위해서 태어나는 것이 아니라는 점을 가르쳐준다. 창조로 이어지는 의미를 계속해서 부여하면서 유대인은 여호수아서 1장에서 세 번이나 반복하고 있는 하나님의 고귀한 명령으로부터 위안을 얻게 될 것이다. "내가 너에게 굳세고 용감하라고 명하지 않았느냐! 너는 두려워하거나 낙담하지 말아라. 네가 어디로 가든지, 너의 주, 나 하나님이 함께 있겠다."[114]

나가는 말

《유대 고대사》에서 요세푸스는 아브라함을 덕에 있어서 그 시대의 다른 사람들보다 더 고매한 생각을 가졌던 매우 총명한 사람이라고 묘사했다. 그래서 그는 "당시 모든 사람이 하나님에 대해 가졌던 관점을 완전히 바꾸어놓으려고 결심"했다. 4,000년의 유대 역사를 요약하는 한 가지 방법은 아브라함이 그렇게 총명한 사람이 아니었다면, 또는 그가 그냥 우르에 머물러 있었다면, 그 결과 유대 민족이 생겨나지 않았다면 어떤 일이 발생했을까 자문해보는 것이다. 분명히 유대인 없는 세상은 전혀 다른 세계였을 것이다. 그래도 결국 인류는 우연히 모든 유대적 관점과 만나게 되었을 수도 있다. 그러나 확신할 수는 없다. 지식인이 발견한 위대한 사상은 일단 알고 나면 모든 것이 당연하고 그럴 수밖에 없는 것으로 여겨지게 마련이다. 그러나 그것을 처음 발견하고 기술하기 위해서는 특별한 천재가 필요하다.

유대인은 이러한 재능을 지니고 있다. 우리는 그들에게서 하나님의 법과 인간의 법 앞의 평등사상을 얻었다. 생명의 존엄성, 인간의 존엄성 사상도 마찬가지이고 개인의식과 개인의 구원에 대한 사상 역시 그들의 영향을 받았다. 공동체의 양심과 사회적 책임 역시 그들에게서 얻었고, 더불어 추상적 이상으로서의 평화와 정의의 기반으로서의 사랑에 대한 사상, 인류의 기본적인 윤리 내용을 구성하는 다른 많은 사상도 모두 유대인에게서 얻었다. 유대인이 없었다면, 세상은 아마도 무의미한 곳이 되었을지 모른다.

무엇보다도 유대인은 미지의 존재를 합리화하는 방법을 우리에게 가르쳐주고 있다. 그 결과 유일신 사상이 탄생하게 되었고 유일신을 믿는 세 개의 위대한 종교가 출현했다. 만일 그 종교가 출현하지 않았다면 어떻게 이 세상이 이루어졌을지 상상할 수 없다. 또한 미지의 존재에 대한 지적인 통찰력은 한 분이신 하나님에 대한 사상에서 머무르지 않았다. 유일신 사상 자체는 하나님 없이 살아가는 사람들을 이끌어주는 이정표 역할을 충분히 했다. 처음에 유대인은 수많은 우상을 정리하고 오직 하나의 지고한 존재에 대해 이성적으로 설명했다. 그런 다음 실존으로부터 그분을 이성적으로 설명하기 시작했다. 인류의 역사를 돌아볼 때 궁극적으로 아브라함과 모세는 스피노자보다 중요하지 않다고 생각할 수도 있다. 인류에게 끼친 유대인의 영향은 변화무쌍하다. 고대 시대에 유대인은 종교와 윤리의 위대한 혁신가였다. 암흑시대와 중세 초기 유럽에서도 여전히 그들은 희귀한 지식과 기술을 전하는 진보적인 민족이었다. 점차 그들은 선두에서 밀려났고 18세기 말까지는 뒤처져 있었다. 그러나 그때 그들은 놀라운 독창성을 다시 한 번 분출했다. 게토에서 탈출해 그들은 다시 인류의 사상을 변화시켰다. 이번에는 세속적인 영역에서 변화가 일어났다. 현대 세계의 정신적 산물 역시 대부분 유대인의 것이다.

유대인은 그저 단순한 혁신가가 아니다. 그들은 다양한 상황에 처한 인간의 전형이자 모범이다. 그들은 인간의 모든 불가피한 딜레마를 명백한 형태로 보여준다. 그들은 본질적으로 나그네이자 떠돌이다. 그러나 우리 모두가 이 지구에서 임시로 땅을 빌려 70년 정도 살다 가는 존재가 아닌가? 유대인은 집도 없이 떠돌며 상처받기 쉬운 인간의 상징이다. 그러나 사실 이 지구 자체가 인류에게는 잠시 머무르는 임시 숙소가 아닌가? 유대인은 완벽을 추구하는 맹렬한 이상주의자다. 그리고 동시에 고기 가마와 안전을 갈망하는 연약한 사람들이기도 하다. 그들은 하나님이 주신 실천하기 힘든 율법에 순종하기를 원했고 또한 살아남기를 원했다. 바로 여기에 신정정치의 도덕적 우월성과 자국민을 지킬 수 있는 세속 국가에 대한 요구를 어떻게 조화시킬 것인가 하는, 고대 유대 세계의 딜 레마가 있다. 이 딜레마는 이제 우리 시대에 이스라엘을 통해 다시 모습을 드러낸다. 인도주의적인 이상을 현실화하는 것과 적대적인 세계에서 살아남기 위해 무자비하게 행동해야 하는 실제적인 문제 사이에서 딜레마는 계속된다. 그러나 이 문제 역시 모든 인류 사회가 되풀이하여 경험하는 문제가 아닌가? 우리 모두는 예루살렘을 세우기를 원한다. 그러나 또한 우리 모두는 평원의 도시를 갈망한다. 이러한 인류 공통의 경험을 모으고 각색하고 그들의 특정한 운명을 하나의 보편적인 도덕으로 변화시키는 것은 유대인의 몫으로 이해되었다. 그러나 유대인이 이러한 배역을 맡았다고 한다면, 과연 누가 그들을 위해 이것을 기록해야 하는가?

역사가는 개개의 사건에서 하나님의 섭리가 어떻게 드러나는지 경솔하게 해석해서는 안 된다. 섭리를 찾으려고 하면 쉽게 찾을 수 있다. 우리는 경솔하게 잘 믿는 족속이고 그렇게 태어났고 놀라운 상상력으로 선험적인 도식에 맞는 자료를 만들어내고 조작하는 데 능하다. 그러나 또한 과도한 회의주의는 맹신 못지않게 심각한 왜곡을 만들 수 있다. 역사가는 형이상학적이거나 그렇게 보이는 것들을 포함해 모든 형태의 증거를 감안해야 한다. 만약 가장 초기의 유대인이 우리와 함께 그들 자손의 역사를 내려다볼 수 있다면, 그들은 그다지 놀랄 만한 것을 발견하지 못할 것이다. 그들은 유대 사회가 언제나 전체 인류를 위한 시범 모델이라고 생각했다. 유대의 딜레마, 극적 사건, 그리고 그들이 경험한 재난이 다른 민족에게 본보기가 되어야 한다는 사실을 그들은 당연하게 받아들였다. 유대인이 수천 년 동안 사실상 이해하기 힘든 증오를 받은 것은 유감스러운 일이기는 하지만 이상할 것이 없었다. 특히 고대에 활약하던 많은 민족이 역사 너머로 사라져도 유대인은 계속 살아남을 거라는 사실은 처음부터 예상한 일이다. 어떻게 그러지 않을 수 있겠는가? 하나님의 섭리가 그것을 명했고 유대인은 거기에 순종했다.

　역사가들은 이렇게 말할지도 모른다. 섭리 같은 것은 없다. 그런 것이 있을 리 없다. 그러나 역사에 그런 힘이 작용한다는 것을 굳게 믿고 무슨 일이 있더라도 그 신념이 흔들리지 않는다면, 그런 확신 자체가 힘이 될 수 있다. 역사의 전환을 촉구하고 역사를 앞으로 나아가게 하는 원동력이 된다. 유대인은 자기들이 특별한 백성이라는 점에 의문을 품지 않고 열정적으로 믿었다. 그리고 그런 일이 수천 년이나 계속된 결과 참으로 특별한 백성이 되었다. 그들이 특별한 역할을 하게 된 것은 스스로 그런 역할을 자기들에게 부여했기 때문이다. 어쩌면 이것이야말로 유대인의 역사를 이해하는 열쇠인지도 모른다.

옮긴이의 말

1995년부터 1998년까지 이스라엘 유학이라는 색다른 경험은 선뜻 이 방대한 저서를 우리말로 번역하는 작업에 뛰어들게 했다. 4년이라는 유학 기간에 이런저런 경로로 얻은 유대인에 관한 단편적인 지식이 유대인의 역사를 번역하는 데 큰 장점으로 작용할 것이라는 일종의 환상 때문이었다. 성서학 가운데 구약학을 전공했고, 현대 히브리어를 조금은 구사할 수 있다는 점이 이 책에 등장하는 수많은 히브리어 음역을 대하는데 도움이 된 것은 사실이지만, 기대만큼 그리 큰 장점으로 작용하지는 못했다. 유대인의 역사는 4,000년에 이르는 장구한 시간뿐 아니라 아프리카부터 아시아, 유럽, 아메리카 대륙까지 광대한 영토를 포괄하기 때문이다. 2차 유대—로마 전쟁 이후 전 세계로 퍼져나간 유대인은 자신들이 정착했던 지역의 문화에 영향을 주고받았다. 따라서 그들의 역사적 발자취를 따라가는 작업은 히브리어권을 벗어나는 일이다. 저자가 언급한 대로 유대인의 역사를 기술하는 일은 인류 문화에 지대한 영향을 끼친, 지성과 박식함을 겸비한 피해자들의 입장에서 바라본 세계사를 기술하는 것과 같다. 이 지성적인 민족에 대한 호기심은 상당한 분량에 이르는 이 책의 번역을 끝마치게 한 동력이 되기도 했다.

개인적으로 내게는 유대인의 역사와 관련해 잊을 수 없는 일화가 있다. 유학 시절, 예루살렘 히브리 대학 성서학과의 학과장이었던 샬롬 파울 교수의 지도를 받고 있었다. 그는 내가 한국에서 가져온 성적 증명서를 살펴보더니 한 항목을 가리키며 물었다. "여기 이 과목은 무엇을 가르치는 건가요?" 그가 가리킨 과목은 '이스라엘의 역사'였다. 어떤 의도로 그런 질문을 하는지 선뜻 이해가 되지 않았다. 내가 머뭇거리자 이스라엘의 역사는 성서시대부터 현대에 이르기까지 아주 긴 시대를 포괄하지 않느냐고 그가 다시 물었다. 그제야 질문의 의도를 파악한 나는 성서시대에 관한 입문 과목이라고 대답했다. 그러나 파울 교수는 역시 이해할 수 없다는 표정으로 성서시대 역시 족장 시대, 출애굽 시대, 사사 시대, 통일 왕국 시대, 분열 왕국 시대, 포로기 이후로 구분되는데, 그중 어느 시대에 관한 과목이냐고 재차 물었다. 비록 짧은 대화였지만, 그날의 대화는 이스라엘 역사가 함축하고 있는 광범위한 시간과 공간을 새삼 실감하는 계기가 되었다.

엄격한 의미에서 보면, 현대에 이르러 이스라엘의 역사와 유대인의 역사는 동일한 의미라고 할 수 없게 되었다. 현재 이스라엘은 하나의 정치 공동체로서 유대인뿐 아니라 아랍 민족까지 포괄하고 있기 때문에 이스라엘 사람이라는 말이 곧 유대인을 의미하지는 않는 상황이다. 그렇기에 폴 존슨이 이 책에 《유대인의 역사 *A History of Jews*》라는 제목을 붙인 것은 일면 적절하다 하겠다.

그러나 '유대인의 역사'라는 제목 역시 이스라엘 민족 전체의 역사를 다루는 저작에 붙이는 것이 정말로 적절한지는 의문이다. *A History of Jews*라는 제목을 우리말로 어떻게 옮길지를 놓고 번역을 의뢰받았을 때부터 깊이 고민했다. 영문에서는 시대 변화에 큰 제약을 받지 않고 'Jews'라는 민족명을 사용하고 있지만, 이 단어를 우리말로 옮길 때에는 시대적 뉘앙스를 고려해야 하기 때문이다. 기독교인은 주로 신앙적인 이유로 성경을 통해 유대인 혹은 유대 민족을 접한다. 그런데 구약성경에 등장하는 믿음의 선조들을 '유대인'이라고 부르는 것이 적절하다고 보기는 어렵다. 크게 두 가지 이유 때문이다.

첫째, 구약성경 시대, 좀 더 정확히 말해서 고대 통일 이스라엘 왕국 시대에 '유대인'이란 이스라엘 민족 전체를 일컫는 표현이 아니었다. 당시 유대인이란, 이스라엘 열두 지파 가운데 하나였던 유다 지파에 속한 사람들을 지칭하는 명칭이었다. 더욱이 솔로몬 사후 BC 928년경 북쪽 열 지파가 느밧의 아들 여로보암을 왕으로 추대하면서, 통일 왕국이 북 왕국 이스라엘과 남 왕국 유다로 쪼개지고 난 뒤 유대인이란 남 왕국의 백성들(물론 이 역시 유다 지파가 주축을 이루었다)을 가리키는 의미로 사용되었다. 역사적 측면에서 볼 때 '유대인'이라는 명칭이 이스라엘 민족 전체를 지칭하는 용어로 사용된 때는 신약성서 시대에 이르러서라고 할 수 있다. 사마리아인이 사마리아 오경을 편집해 정통 유대교로부터 완전히 이탈하게 된 사건이 바로 '유대인'이란 의미의 최종적 결정을 내린 시점이라고 할 수 있다.

둘째, 우리말 성경 역본은 이러한 시대적 변화에 따른 지파의 이름과 이스라엘 민족의 이름을 면밀하게 구분하는 동시에 이스라엘 민족명을 음역할 때 언어적 측면까지 고려하고 있다. 대부분이 히브리어로 기록된 구약성경은 '유대인'이 아닌 '유다 사람'이라는 명칭을 선호한다. 유다 사람을 뜻하는 히브리어 이쉬 예후다*'îš-yᵉhûdâ*의 특징은 우리말 구약성경에 '유다'라는 음역으로 흔적을 남겼다. 또한 구약성경 가운데 포로기 이후 문헌인 에스더와 같은 책에서는 예후디*yᵉhûdî*라는 표현을 사용해 유다 사람을 지칭했다. 이 역시 우리말 성경에서는 '유다인'으로 음역되었다.

반면 헬라어로 기록된 신약성경은 예후디*yᵉhûdî*를 이유다이오스*Ioudaios*로 음역했고, 이 헬라어는 우리말 성경에서 다시 '유대인'으로 음역되었다. 결국 한국 기독교 전통에서 '유대인'이라는 명칭은 구약성경 시대를 역사적 배경으로 하는 유다 지파 또는 남 유다 왕국 백성을 의미하고, '유대인'은 신약성경 시대에 유대에 거하는 이스라엘 민족을 의미하는 역사적 뉘앙스를 갖게 되었다. 그러므로 아브라함 시대부터 1980년대 초 현대 이스라엘 역사까지 다루고 있는 이 책의 제목 *A History of Jews* 를 어떻게 번역할지는 쉽게 결정할 수 있는 문제가 아니었다.

유대인의 명칭만큼이나 유대인의 역사를 서술하는 것은 그저 방대하기만 한 것이 아니라 참으로 복잡한 작업이다. 신약과 구약이 다른 언어로 기록되었다는 것은 유대인 또는 이스라엘 민족이 지나온 역사적 여정이 결코 순탄하지 않았음을 의미한다. 그 고난과 역경이 얼마나 심했는지는 대부분의 유대인이 그들의 역사 가운데 4분의 3이 넘는 긴 시간 동안 자신들의 고향이자 소유로 생각했던 팔레스타인 밖에서 살아왔다는 사실만으로도 충분히 짐작할 수 있다. 폴 존슨이 지적하고 있듯이, 유대인의 시조 아브라함이 자신을 나그네요 떠돌이로 규정했고, 그의 자손들이 이룬 최초의 민족 공동체 역시 떠돌이 형태의 하비루*babiru*였고, 나중에는 디아스포라로서 아브라함의 삶을 반복했다.

2차 세계대전 당시 홀로코스트의 비극은 성서시대부터 그 전조를 보여주었고, 갖가지 형태의 반유대주의가 인류 역사에서 끊임없이 반복되었다. 그럼에도 고난의 역사를 헤쳐나온 유대인은 단순히 죽지 않고 살아남는 수준에 만족하지 않았다. 그들은 역경 속에서 오히려 창조적 지성을 발휘하고 종교적 열정을 승화시켰다. 구약성경 시대에 유대인이 경험한 가장 큰 시련은 바벨론 포로기였다. BC 597년부터 BC 530년경까지 반세기가량 이어진 포로기에 유대인이 보여준 창의력은 경이로운 수준이었다. 유대인은 역경 속에서도 원칙을 고수했으며 특별한 종교적 상상력과 독창성, 명석함과 열정을 발전시켰다. 유대인이 지닌 이 특별한 재능은 바벨론 포로기에만 드러난 것이 아니다. 그들이 최초로 출현한 성서시대부터 현대에 이르기까지 한결같이 계속되었다.

그래서 폴 존슨은 유대인의 역사를 서술하는 것은 단순히 그들만의 역사를 기술하는 것이 아니라, 고난과 역경에 처해도 창조적으로 이겨내고 인류를 향한 하나님의 섭리와 목적을 좇는 독특한 유대 민족의 시각에서 혹은 고난 받은 천재들의 입장에서 세계사를 다시 쓰는 작업이라고 했다. 저자의 이 말이 이 책을 번역하는 동안 한시도 뇌리를 떠나지 않았다. 따라서 이 책《유대인의 역사》는 새로 쓰는 세계사이자 경건한 신앙과 진지한 학문을 조화시키려 애쓴 저자의 노력이 맺은 결실이다.

우리가 서 있는 이 세계를 새로운 시각으로 바라보게 만드는 저자의 초대는 참으로 흥미롭다. 그 초대가 단순히 새로운 지식을 제시하는 데서 머물지 않고, 기존의 현상을 다른 각도에서 재조명하고 재평가하는 작업으로의 초대일 때, 사람들의 뇌리에 기억되지 않을 수도 있는 진실로의 초대일 때, 그 초대에 응하는 기쁨은 참으로 크다. 여러 가지 부족함에도 이 책을 번역할 수 있었던 것 또한 바로 이런 흥미로움과 기쁨 때문이었음을 부인할 수 없다. 이 책을 번역하며 느낀 흥분과 희열이 이 책을 접하는 모든 이들의 것이 되길 소망한다.

2014년 7월

김한성

용어 사전

ㄱ

가온_Gaon_ 바빌로니아의 탈무드 학파를 이끈 지도자나 학자에게 주던 칭호.

갈루트_Galut_ 히브리어로 유배라는 뜻. 흩어진 유대인을 가리키며 그리스어로는 디아스포라.

개혁파 유대교 Reform Judaism 현 상황에 맞게 전면적으로 율법을 수정한 유대교의 한 지류. 주로 미국에서 사용하는 용어.

게니자_Genizah_ 히브리어로 숨은 장소라는 뜻. 보통 유대교 회당의 다락방이나 지하실에 있으며 오래된 성전 사본이나 제기를 보관하는 곳.

게마라_Gemara_ 미쉬나에 대한 아모라임의 주석과 해설. 탈무드의 일부.

게트_Get_ 유대인의 이혼 증서.

골렘_Golem_ 유대 민담에서 현자들이 생기를 불어넣은 사물의 형상.

구전 율법 Oral Law 기록된 토라나 성경에 대응하는 율법. 최초로 기록된 형태는 미쉬나에서 나타남.

ㄴ

나기드_Nagid_ 히브리어로 지도자라는 뜻. 중세 세파르디 공동체의 종교 지도자에게 수여하던 칭호.

나시_Nasi_ 산헤드린의 의장, 유대인 군주, 유대 족장으로 인정되는 힐렐의 후손.

ㄷ

다이얀_Dayyan_ 랍비 법정의 재판관.

디아스포라_Diaspora_ 에레츠 이스라엘 바깥에 흩어져 사는 유대인을 가리키는 집합명사.

ㄹ

랍비_Rabbi_ 히브리어로 나의 선생님, 나의 주인님이라는 뜻. 히브리 성경과 탈무드에 대한 학문 연구를 거쳐 유대인 사회와 회중의 영적 지도자나 종교적 교사가 될 자격을 얻은 사람.

러시아 유대인 집단거주지 Pale of Settlement 유대인의 거주를 제한하기 위해 제정 러시아 25개 지역에 세운 유대인 정착지.

레스폰사Responsa 히브리어로는 *she'elot u-teshubot*로 질문과 대답이라는 뜻. 유대 율법에 관한 질문에 대한 랍비 학자들의 답변. 지금까지 만들어진 레스폰사의 수는 몇 단어에 그치는 것부터 긴 학술 논문이나 해설서에 이르기까지 25만-50만 개에 달한다. 안식일에 해도 좋은 일과 해서는 안 될 일을 정하는 것과 같은 실제적인 문제를 다룬다.

로쉬 하 샤나 Rosh Ha-Shanah 히브리어로 새해의 시작이라는 뜻. 심판의 날, 기억의 날이라고 불리는데 티슈리 월(9월 혹은 10월) 1일에 종교적으로 새해를 시작하는 날로 지금도 지키는 절기.

ㅁ

마기드Maggid 동유럽에서 떠돌아다니며 설교하는 사람, 대중 설교가.

마라노Marrano 스페인에서 박해를 피하기 위해 기독교로 개종했으나 몰래 유대교 의식을 지켜나갔던 유대인.

마소라 본문 Masoretic Text 전통적인 히브리어 사본. 후손에게 정확한 하나님의 말씀을 물려주기 위해 필사본은 물론 입수 가능한 모든 구전 전승까지 꼼꼼하게 수집해서 성문화하고, 정확한 발음을 나타내기 위해 음성 구별 표시까지 해서 완성한 성서 본문을 마소라 본문이라 부른다.

마스킬Maskil 유대 계몽주의 또는 하스칼라 운동 지지자.

메노라Menorah 유대인이 8일간의 하누카 축제 의식에 사용하는 여러 갈래로 된 큰 촛대.

메주자Mezuzah 히브리어로 문설주라는 뜻. 하나님에 대한 의무를 잊지 않으려고 토라의 구절을 새겨 넣고 접거나 말아놓은 작은 양피지. 이 양피지를 금속이나 나무 또는 유리 상자에 넣고 특별한 축도를 왼 후에 대문 문설주에 단단하게 붙였다.

모샤브Moshav 히브리어로 정착지라는 뜻. 이스라엘의 농업공동체. 일반적으로 토지의 사유를 인정한다는 점에서 키부츠와는 다르며 고용 노동력을 이용하지 않는다.

모헬Mohel 생후 8일이 된 사내아기에게 유대교 의식에 따라 할례를 해주는 사람.

미니얀Minyan 히브리어로 수라는 뜻. 유대교에서 예배를 드릴 때 이스라엘 공동체를 대표하기 위해 필요한 성인 남자의 최소 숫자.

미드라시Midrash 히브리어로 해석 또는 연구라는 뜻. 구전 전승으로 성서 본문을 해석하고 설명하는 성서 연구 방법. 또는 이러한 방법으로 히브리 성경에서 얻은 할라카와 하가다 자료를 모아놓은 대전집.

미쉬나_Mishnah_ 히브리어로 반복 학습이라는 뜻. 성경 이후 가장 오래되고 권위 있는 유대 구전법 수집록.

ㅂ

바르 미츠바_Bar-mitzvah_ 13세가 된 유대인 소년의 사회 입문식. 성인식.

바르_Bar_ '~의 아들'을 뜻하는 아람어 이름. 히브리어 _Ben_도 같은 의미다.

바알 쉠_Ba' al shem_ 히브리어로 이름의 주인이라는 뜻. 함부로 입에 담아서는 안 될 하나님의 이름을 비밀스럽게 사용하여 기적을 일으키고 병을 고쳐 유명해진 사람들에게 붙이는 호칭.

베트 딘_Bet Din_ 히브리어로 심판의 집이라는 뜻. 민법·형법·종교법과 관계된 소송을 판결할 수 있는 유대인 재판소.

보수파 유대교 Conservative Judaism 현대에 맞게 율법을 수정하되 개혁파처럼 전면적인 변화는 피하는 유대교의 한 지류. 주로 미국에서 쓰는 용어.

부림절_Purim_ 히브리어로 제비뽑기라는 뜻. 5세기에 페르시아 통치자의 손에 죽을 위기에 처해 있던 유대인이 에스더에 의해 목숨을 구한 사건을 기념하는 절기.

ㅅ

산헤드린_Sanhedrin_ 로마 시대에 팔레스타인에 있던 유대 의회. 정치·종교·사법 등의 기능을 수행한 공식 기구였다. 의회를 뜻하는 그리스어 시네드리온_synedrion_에서 유래했다. 산헤드린은 여러 기구를 가리키는 데 사용했으나, 특히 입법·사법의 최고 기관이었던 예루살렘의 산헤드린을 지칭했다.

샤드칸_Shadchan_ 남녀의 짝을 지어주는 결혼 중매인. 중매는 쉬두크_shidduch_.

샤모스_Shammos_ 회당 관리인.

샤바트_Shabbat_ 안식일. 금요일 해질 무렵부터 다음날 어두워질 때까지 휴식하며 거룩하게 지키던 날.

샤베타이파Shabbetean 거짓 메시아인 샤베타이 체비의 추종자.

쇼파르_Shofar_ 숫양의 뿔로 만든 제식용 악기.

쇼헤트_Shohet_ 제의용 제물을 도축하는 사람.

수정주의자Revisionist 야보틴스키의 주도 아래 정통 시온주의 운동에서 이탈한 무리.

수코트_Sukkot_ 히브리어로 초막 또는 오두막이라는 뜻. 장막절 또는 초막절.

수혼제Levirate marriage 미망인의 재혼 상대자로 죽은 남편의 형제를 택하도록 하는 관습이나 법률(신명기 25:5).

쉐마_Shema_ 히브리어로 '들어라'라는 뜻. 신명기 6장 4-9절, 11장 13-21절, 민수기

15:37-41절의 본문으로 이루어진 유대인의 신앙고백.

쉐이틀Sheitl 정통파 유대인 여인이 사람들 있는 데서 쓰는 가발.

쉐키나Shekhinah 히브리어로 거주, 임재라는 뜻. 하나님이 세상에 임재하심을 일컫는 용어.

쉬노레르Schnorrer 거지, 기식자를 뜻하는 이디시어. 구걸을 업으로 삼는 사람.

쉬크사Shiksa 젊은 이방 여인

슈테틀Shtetl 동유럽에 있던 소규모 유대인 마을.

슐칸 아루크 Shulchan Arukh 히브리어로 준비된 식탁이라는 뜻. 요세프 카로가 편집한 유대교 율법과 의식 전례서.

시두르Siddur 히브리어로 질서라는 뜻. 안식일이나 평일에 회당과 가정에서 사용하는 유대교의 모든 전례를 담은 기도서.

ㅇ

아가다Aggadah 탈무드와 미드라시에서 율법을 제외한 설화, 민담, 전설. 율법서인 할라카와 대조를 이룬다.

아모라임Amoraim 주후 3-6세기의 유대인 학자로서 게마라를 만들었다.

아슈케나지Ashkenazi 독일계 유대인. 스파라디 유대인과 대조되는 개념으로 서부, 중부, 동부 유럽의 유대인.

알리야Aliyah 히브리어로 올라감이라는 뜻. 이스라엘로의 이주. 또는 안식일 아침에 지정된 토라 구절을 읽도록 부름받은 예배자에게 주어지는 영예.

암 하아레츠 Am Ha-aré z 히브리어로 그 땅의 사람들이라는 뜻. 원주민을 의미할 수도 있고, 무식한 놈이라는 경멸적인 의미로 사용되기도 한다. 일반 백성, 전체 주민.

에레츠 이스라엘 Erez Israel 이스라엘 땅, 약속의 땅, 팔레스타인.

예쉬바Yeshiva 히브리어로 '앉아 있는'이라는 뜻. 유대인 탈무드 교육 기관을 가리키는 일반 명칭.

욤 키푸르 Yom Kippur 히브리어로 속죄일이라는 뜻. 유대교의 가장 엄숙한 종교 절기.

이르군Irgun 1931-1949년 이스라엘 수정주의 운동의 지하 군사 조직.

이슈브Yishuv 히브리어로 정착이라는 뜻. 이스라엘 건국 이전 에레츠 이스라엘의 유대인 공동체.

ㅈ

정통파 유대교 Orthodox Judaism 엄격한 율법 준수에 바탕을 둔 전통적인 유대교.

조하르Zohar 모세오경에 대한 신비주의 주석으로 이루어진 카발라의 주요 작품.

ᄎ

차디크 *Tzadik* 히브리어로 의로운 사람이라는 뜻. 성경에 나오는 의로운 사람 또는 하시딤 지도자에게 붙이는 칭호.

ᄏ

카라이트 *Karaite* 구전 율법이나 성경시대 이후 랍비들의 가르침을 거부하고 오로지 구약성경만 고수했던 8세기 유대 종파.

카발라 *Kabbalah* 히브리어로 전승이라는 뜻. 유대교의 비의적 신비주의. 실천적 카발라는 일종의 마법.

케투바 *Ketubbah* 유대인의 공식 혼인계약서.

코셰르 *Kosher* 히브리어로 '맞는' 또는 '적절한'이라는 뜻. 유대교에서 의식적인 목적에 적합한 사물의 상태를 가리킴. 대체로 음식물 규정, 즉 카슈루트*kashrut*에 적합한 음식을 가리킴.

코헨 *Cohen* 제사장 또는 아론의 자손인 유대인.

콘베르소 Converso 스페인어로 '개종한'이라는 뜻. 14세기부터 15세기까지 혹독한 박해와 유대교도 추방령이 있은 뒤 기독교를 받아들인 스페인의 유대인 일파.

크네세트 *Knesset* 히브리어로 의회라는 뜻. 이스라엘의 단원제 의회이자 최고 권력 기관.

키두시 *Kiddush* 히브리어로 성화라는 뜻. 안식일 또는 축일 전날 저녁 식사 직전에 포도주 잔을 놓고 암송하는 축복과 기도.

키부츠 *Kibbutz* 히브리어로 모임 또는 공동체라는 뜻. 이스라엘의 집단 거주지. 주민 대부분이 농업에 종사하며 재산을 공유한다.

ᄐ

타나임 *Tannaim* 약 200년간 율법과 관련된 구전을 편찬한 수백 명의 유대인 학자.

타르굼 *Targum* 히브리어 성서 전체나 일부를 아람어로 번역한 몇몇 역본들을 가리키는 말.

탈리트 *Tallit* 기도용 숄.

테필린 *Tefillin* 유대교에서 성구를 적은 양피지를 보관하는 작고 검은 가죽 상자. 신명기 6장 8절에 따라 일상생활에서 율법에 대한 의무와 하나님을 기억하기 위해 13세 이상의 남자들이 몸에 부착했다.

토라 *Torah* 모세오경 또는 그 두루마리. 유대교의 율법과 가르침을 수록한 본문.

토세프타 Tosefta 아람어로 보충, 첨가라는 뜻. 유대교의 구전 율법에 관계된 구전 전승 모음집.

파르나스*Parnas* 회당의 최고 관리 또는 선출된 평신도 대표.

팔마츠*Palmach* 하가나 구성원 중 상근으로 근무하는 민병대.

포로 족장*Exilarch* 바빌론 포로기 유대인의 수장.

피유트*piyyut* 히브리어로 된 전례용 문장이나 시.

필풀*Pilpul* 치열한 원문 분석을 통해 탈무드를 공부하는 방식. 탈무드에 대한 토의나 논쟁, 또는 사소한 것을 골치 아프게 따지는 것을 가리킴.

하가나*Haganah* 히브리어로 방어라는 뜻. 영국 위임 통치 하의 유대인 방위군. 후에 이스라엘 군의 기초가 됨.

하누카*Hanukkah* 마카베오가 이방 그리스를 상대로 전쟁에서 승리한 것을 기념하는 유대 절기.

하스칼라*Haskalah* 18세기 유럽 중부와 동부 유대인 사이에서 일어난 계몽 운동. 계몽 운동을 추진하는 이들을 마스킬이라고 함.

하시드*Hasid* 신비적 요소가 강하며 율법을 열심히 지키는 독실한 유대인 부류.

하잔*Hazzan* 예배 기도 인도자.

할라카*Halakhah* 히브리어로 길이라는 뜻. 탈무드에서 유대인의 생활 및 행동을 규제하기 위해 발전시킨 율법과 규율.

헤데르*Heder* 유대인 초등학교.

헤렘*Herem* 파문.

히스타드루트*Histadrut* 공업, 집단 농업, 협동 조합에 종사하는 노동자를 포괄하는 이스라엘 노동 조직.

주

1부

1. 이 무덤에 관한 묘사와 그 구조에 관해서는 L. H. Vincent *et al.*, *Hebron: Le Haram El-Khalil. Sépulture des Patriarches*(Paris 1923); *Encyclopaedia Judaica* xi, 671을 참조하라.

2. G. L. Strange, *Palestine Under the Moslems*(London 1890), 309ff.

3. E. Sarna, *Understanding Genesis*(London 1967), 168ff.

4. Herbert Han, *The Old Testament in Modern Research*(London 1970); R. Grant, *A Short History of the Interpretation of the Bible*(New York 1963).

5. 영문 번역판은 1885년 에딘버러에서, 1957년 뉴욕에서 출판되었다.

6. M. Noth, *The History of Israel*(2nd edn London 1960); A. Alt, *Essays on Old Testament History and Religion*(New York 1968).

7. G. Mendenhall and M. Greenberg, 'Method in the Study of Early Hebrew History', in J. Ph. Hyatt(ed.), *The Bible in Modern Scholarship*(Nashville New York 1964), 15-43.

8 이에 대해서는 W. F. Albright, *Archaeology and the Religion of Israel*(3rd edn Baltimore 1953)과 *Yahweh and the Gods of Canaan*(London 1968); Kathleen Kenyon, *Archaeology in the Holy Land*(4th edn London 1979)와 *The Bible and Recent Archaeology*(London 1978)를 참조하라.

9. 신명기 4:19.

10. R. D. Barnett, *Illustrations of Old Testament History*(London 1966), ch. 1, 'The Babylonian Legend of the Flood'.

11. 창세기 11:31.

12. L. Woolley *et al.*, *Ur Excavations*(British Museum London 1954-); L. Woolley, *The Sumerians*(London 1954).

13. M. E. L. Mallowan, 'Noah's Flood Reconsidered', *Iraq* 26(1964).

14. W. G. Lambert and A. R. Millard, *Atrahasis: The Babylonian Story of the Flood*(London 1970); E. Sollberger, *The Babylonian Legend of the Flood*(3rd edn London 1971).

15. *Cambridge Ancient History*, Ii(3rd edn 1970), 353ff.

16. 창세기 9:18.

17. *Encyclopaedia Judaica* v, 330 ; Michael Grant, *A History of Ancient Israel*(London 1984), 32.

18. 연대 측정에 관해서는 R. K. Harrison, *Introduction to the New Testament*(London 1970)을 참조하라.

19. 이에 관해서는 Kenyon, *Archaeology of the Holy Land*(London 1960)을 참조하라. 여리고 외부의 중기 청동기 무덤과 막벨라 동굴 사이의 유사성에 관해서는 Nelson Glueck, 'The Age of Abraham in the Negev', *Biblical Archaeologist*, 18(1955)를 참조하라.

20. A. Parrot, *Mari, une ville perdue*(Paris 1935).

21. D. H. Gordon, 'Biblical Customs and the Nuzi Tablets', *Biblical Archaeologist* 3(1940).

22. P. Matthiae, 'Ebla à l' Époque d' Akkad', *Académie des inscriptions et belles-lettres, compte-rendu*(Paris 1976).

23. A. Malamat, 'King Lists of the Old Babylonian Period and Biblical Genealogies', *Journal of the American Oriental Society* 88(1968) ; 'Northern Canaan and the Mari Texts', in J. A. Sanders(ed.), *Near Eastern Archaeology in the Twentieth Century*(Garden City New York 1970), 167–177 ; 그리고 'Mari', *Biblical Archaeologist*, 34(1971)을 보라.

24. 창세기 23:29–34.

25. R. K. Harrison, *Introduction to the Old Testament*(London 1970)에서 인용했다.

26. C. H. Gordon, 'Abraham of Ur', in D. Winton Thomas(ed.), *Hebrew and Semitic Studies Presented to G. R. Driver*(Oxford 1962), 77–84 ; E. A. Speiser, *Genesis, Anchor Bible*(Garden City New York 1964). 또한 M. Grunberg, 'Another Look at Rachel' s Theft of the Terraphin', *Journal of Biblical Literature* 81(1962)를 참조하라.

27. Kenyon, *The Bible and Recent Archaeology*, 7–24.

28. J. R. Kupper, *Les Nomades de Mésopotamie au temps des rois de Mari*(Paris 1957) ; I. J. Gelb, 'The Early History of the West Semitic Peoples', *Journal of Cuneiform Studies*, 15(1961).

29. E. A. Speiser, 'The Biblical Idea of History in its Common Near Eastern Setting', in Judah Goldin(ed.), *The Jewish Experience*(Yale 1976).

30. 창세기 26:16.

31. 창세기 16:12.

32. J. L. Myers, *The Linguistic and Literary Form of the Book of Ruth*(London 1955) ; Albright, *Yahweh and the Gods of Canaan*, 1–25 ; S. Daiches, *The Song of*

Deborab(London 1926).

33. S. W. Baron, *Social and Religious History of the Jews*(2nd edn New York 1952), i I 44. Grant, *A History of Ancient Israel*, 32ff.

34. 여호수아 24:2.

35. 이사야 29:22.

36. Speiser, *op. cit.*

37. G. E. Wright, 'How Did Early Israel Differ from Her Neighbours?', *Biblical Archaeology* 6 (1943); Baron, *op. cit.*, i I 48.

38. 창세기 22장 2절은 '너의 독자 이삭'이라고 언급하고 있다. 물론 이는 사라를 염두에 둔 말이다.

39. *Encyclopaedia Judaica* ii, 480–486; Philo, *De Abrahamo*, 177–199, 200–207; Maimonides, *Guide of the Perplexed*, 3:24; Nahmanides, *Works*, ed. C. B. Chavel (London 1959), i 125–126.

40. *Fear and Trembling*(trans.) Penguin Classics (Harmondsworth 1985).

41. Ernst Simon in *Conservative Judaism* 12 (Spring 1958).

42. 창세기 22:14.

43. *Ibid.*, 22:18.

44. 이 주제는 Dan Jacobson, *The Story of the Stories: The Chosen People and its God*(London 1982)에서 자세히 논의되고 있다.

45. Abot 6:10 (baraita, Kinyan Torah); 본문은 Samuel Belkin, *In His Image: The Jewish Philosophy of Man as Expressed in the Rabbinical Tradition*(London 1961)에서 인용했다.

46. 미드라시 테힐림 24:3.

47. 레위기 25:23; 역대상 29:15; 시편 39:12.

48. 창세기 15:18-21.

49. 창세기 17:8.

50. W. D. Davies, *The Territorial Dimensions of Judaism*(Berkeley 1982), 9–17.

51. Gerhard von Rad, *The Problem of the Hexateuch and Other Essays*(trans., Edinburgh 1966); J. A. Sanders, *Torah and Canon*(Philadelphia 1972).

52. 창세기 32:28과 35:10을 참조하라.

53. 창세기 37:1을 참조하라.

54. 창세기 29:30; 35:16–18; 48:5-6.

55. 창세기 25:13–16; 22:20–24; 10:16–30; 36:10–13.

56. W. F. Albright, 'The Song of Deborah in the Light of Archaeology', *Bulletin of the American School of Oriental Research*, 62 (1936); H. M. Orlinsky, 'The Tribal System of Israel and Related Groups in the Period of Judges', *Oriens Antiquus*,

1(1962).

57. O. Eissfeld의 *Cambridge Ancient History*, II ii ch. xxxiv, 'The Hebrew Kingdom', 537ff.

58. 창세기 14:18-20; 17:1; 21:33.

59. 세겜에 관해서는 W. Harrelson, B. W. Anderson and G. E. Wright, 'Shechem, "Navel of the Land"', *in Biblical Archaeologist*, 20(1957)을 참조하라.

60. 창세기 48:22.

61. 여호수아 8:30-35.

62. *Cambridge Ancient History*, II ii 314-317.

63. Baron, *op. cit.*, i I 22.

64. 창세기 41:39.

65. *Encyclopaedia Judaica* x, 205.

66. 출애굽기 1:11.

67. *Cambridge Ancient History*, II ii 321-322.

68. H. H. Ben Sasson(ed.), *A History of the Jewish people*(trans., Harvard 1976), 42ff.

69. 열왕기상 1:6은 다음과 같이 증거한다. "이스라엘 자손이 애굽 땅에서 나온 지 사백팔십 년이요 솔로몬이 이스라엘 왕이 된 지 사 년…" 솔로몬의 통치는 이스라엘 역사 가운데 우리가 그 절대 연대를 추정할 수 있는 최초의 시대다.

70. B. Couroyer, 'La résidence Ramesside du Delta et la Rames Biblique', *Revue biblique* 53(1946).

71. Ben Sasson, *op. cit.*, 44; *Cambridge Ancient History*, II ii 322-323.

72. 신명기 4:23-24; 출애굽기 19:4-6.

73. 출애굽기 4:10ff.

74. 출애굽기 18:14-24.

75. Sifra 45d; *Encyclopaedia Judaica* xii, 568.

76. 에우세비우스는 그의 저작 *Praeparatio Evangelica*, 9:26-27 등에서 이 같은 전통을 요약하고 있다.

77. Josephus, *Contra Apion*, 2:154.

78. Philo, *Questiones et Solutiones in Gesesin*, 4:152; *De Providentia*, 111.

79. Numenius, *Fragments*(ed. E. A. Leemans 1937), 19, 32.

80. 이 전설은 Josephus, *Contra Apion*, 1:228ff; Theodore Reinach, *Textes d' auteurs grecs et romains rélatifs au Judaisme*(Paris 1895)에서 재현되고 있다.

81. 마르크스가 엥겔스에게 1861년 5월 10일에 보낸 편지; 1862년 7월 30일에 보낸 편지: *Marx-Engels Works*, vol. xxx, 165, 259.

82. *Moses and Monotheism*(London 1939).

83. 출애굽기 1:9-10.

84. C. J. Gadd, *Ideas of Divine Rule in the Ancient Near East*(London 1948).

85. Speiser, *op. cit.*

86. Enid B. Mellor(ed.), *The Making of the Old Testament*(Cambridge 1972).

87. 법전들의 예에 관해서는 James B. Pritchard(ed.) *Ancient Near Eastern Texts Relating to the Old Testament*(3rd edn Princeton 1969)를 참조하라.

88. Moshe Greenberg, 'Some Postulates of Biblical Criminal Law', in Goldin, *op. cit.*

89. 신명기 22:22-23; 레위기 20:10.

90. 출애굽기 21:22ff.

91. 출애굽기 21:29; A. van Selms, 'The Goring Ox in Babylonian and Biblical Law', *Archiv Orientali* 18(1950)을 참조하라.

92. 신명기 24:16; 5:9; 출애굽기 20:5; 성경의 이야기 가운데 예를 들어서 '사울의 아들들'과 같이 동태복수법이 적용된 예는 다음 구절에 등장한다. 여호수아서 7장; 사무엘하 21장.

93. 신명기 25:3; E. A. Hoebel: *The Law of Primitive Man*(Harvad 1954); G. R. Driver and J. C. Miles, *The Babylonian Laws*, 2 vols(Oxford 1952); W. Kornfeld, 'L' Adultère dans l' orient antique', *Revue biblique* 57(1950).

94. J. J. Stamm and M. E. Andrew, *The Ten Commandments in Recent Research*(New York 1967).

95. Pritchard, *Ancient Near Eastern Texts*, 35.

96. G. Mendenhall, *Biblical Archaeology* 17(1954).

97. 성경 본문의 용례를 갖춘 것으로서 편의성을 갖춘 목록에 관해서는 *Encyclopaedia Judaica* v, 763-782를 참조하라.

98. 출애굽기 21:1에서 22:16; O. Eissfeldt in *Cambridge Ancient History*, II ii ch. xxxiv, 563; 또한 J. P. M. Smith, *The Origin and History of Hebrew Law*(Chicago 1960)을 참조하라.

99. A. van Selms, *Marriage and Family Life in Ugaritic Literature*(New York 1954).

100. D. R. Mace, *Hebrew Marriage*(New York 1953).

101. Roland de Vaux, *Ancient Israel : Its Life and Institutions*(trans., New York 1961), 46-47.

102. J. M. Sasson, 'Circumcision in the Ancient Near East', *Journal of Biblical Literature* 85(1966).

103. 출애굽기 4:25; 여호수아 5:2-3.

104. Baron, *op. cit.*, i I 6-7.

105. 에스겔 20:12.

106. 레위기 17:14; 창세기 9:4; 창세기 38:24. 또한 I. M. Price, 'Swine in Old Testament Taboos', *Journal of Biblical Literature*, 44(1925)를 참조하라.

107. 열왕기상 22:11.

108. 열왕기하 2:23.

109. A. H. Godbey, 'Incense and Poison Ordeals in the Ancient Orient', *American Journal of Semitic Languages*, 46(1929-1930).

110. George Fohrer, *History of Israelite Religion*(trans., London 1973), 233에 언급된 예들을 살펴보라.

111. Von Rad, *op. cit.*, 'Some Aspects of the Old Testament World View'.

112. 출애굽기 34:13-16.

113. 이것은 미쉬나의 현자 시므온 벤 아사이의 견해다: 레위기 19:18에 관한 설명(Sifra).

114. *Contra Apionem*(Loeb Classic 1951), ii 165.

115. Berakot 2,2.

116. *De Specialibus legibus*(Loeb Classics 1950), iv 237.

117. Belkin, *op. cit.*, 15-18.

118. 고린도전서 1:19-20.

119. 시내산의 위치에 관한 논의를 위해서는 *Cambridge Ancient History*, II ii 324ff를 참조하라.

120. Baron, *op. cit.*, i I 48-49.

121. *Ibid.*, i I 23.

122. W. F. Albright, 'Exploring in Sinai with the University of California Expedition', *Bulletin of the American School of Oriental Research*, 109(1948)을 참조하라.

123. *Cambridge Ancient History*, II ii 327.

124. 출애굽기 17:8-13.

125. 민수기 27:15-21; 신명기 34:9.

126. 여호수아 6:16-20.

127. 여호수아 6:21, 26; Kathleen Kenyon, *Digging Up Jericho*(London 1957).

128. 여호수아 9:27.

129. James B. Pritchard, *Gibeon, Where the Sun Stood Still: The Discovery of a Biblical City*(Princeton 1962).

130. 여호수아 10:9-13.

131. 여호수아 11:4-11.

132. Yigael Yadin, *Hazor: The Rediscovery of a Great City of the Bible*(London 1975).

133. 여호수아 24:13.

134. W. F. Albright, *From the Stone Age to Christianity*(Baltimore 1946), 194, 212; *Archaeology and the Religion of Israel*(3th edn Baltimore 1953), 3, 102.

135. Baron, *op. cit.*, II 55.

136. 사사기 4:8.

137. 사사기 3:15-30.

138. 사사기 4:17-21.

139. 사사기 11:1-3.

140. 사사기 11:37.

141. 사사기 16:28.

142. A. van Selms in *Journal of Near Eastern Studies*, 9(1950)을 참조하라.

143. 사사기 12:5-6.

144. 사무엘상 21:13-14.

145. 사무엘하 23:20-21.

146. 사사기 9장.

147. 여호수아 24:8, 13; 사사기 11:17ff.; 사무엘하 7:23; 민수기 33:50ff.

148. 신명기 9:4ff.; 또한 18:9-14, 29:22과 시편 44:3을 참조하라.

149. T. Dothan, 'Archaeological Reflections on the Philistine Problem', *Antiquity and Survival* 2, 2/3(1957).

150. J. A. Montgomery, 'Archival Data in the Book of Kings', *Journal of Biblical Literature*, 53(1934).

151. 사무엘상 10:5.

152. 열왕기하 3:15.

153. 이사야 28:7.

154. 사무엘상 2:19.

155. 사무엘상 15:22.

156. Grant, *History of Ancient Israel*, 118.

157. 사무엘상 7:16-17.

158. 사무엘상 10:17; 12:1-25.

159. 사무엘상 10:25.

160. S. Mowinckel, 'General Oriental and Specific Israelite Elements in the Israelite Conception of the Sacral Kingdom', *Numen*, iv(1959).

161. 사무엘상 8:22.

162. 사무엘상 15:3.

163. 사무엘상 14:52.

164. 사무엘상 17:39.

165. 사무엘상 16:18.

166. *Cambridge Ancient History*, II ii 579-580.

167. 사무엘하 20:1.

168. Albright, *Archaeology and the Religion of Israel*, 158ff.

169. 사무엘하 5:8.

170. Kathleen Kenyon, *Royal Cities of the Old Testament* (London 1971); *Digging Up*

Jerusalem(London 1974); *Encyclopaedia Judaica* ix, 1379-1382.

171. Belkin, *op. cit.*, 117.

172. 열왕기상5:3.

173. De Vaux, *op. cit.*, 253-265.

174. 열왕기상2:3-4.

175. 사무엘하18:7.

176. 열왕기상 5:13-16.

177. 열왕기상 9:15.

178. Kenyon, *The Bible and Recent Archaeology*, ch. 4, 'Palestine in the Time of David and Solomon', 44-66.

179. *Cambridge Ancient History*, II ii 589.

180. Kenyon, *Royal Cities*.

181. 열왕기상4:7-19.

182. 열왕기상11:1.

183. *Bulletin of the American School of Oriental Research*(1938-1940)에서 넬슨 글루크의 발굴물을 참조하라; 열왕기상9:26.

184. 열왕기상7:1-12.

185. Kenyon, *Royal Cities*.

186. Joan Comay, *The Temple of Jerusalem, with the History of the Temple Mount*(London 1975).

187. Haran, *Temples and Temple Service*, 28f.

188. 민수기10:35-36.

189. De Vaux, *op. cit.*, 305ff.

190. 열왕기상12:4.

191. 열왕기상12:14.

192. 열왕기상22:34-37.

193. 신명기27:17.

194. 열왕기상17:3-4.

195. 열왕기상21:25-26.

196. 열왕기하2:23-24.

197. Grant, *History of Ancient Israel*, ch. 11, 'Northern Prophets and History', 122-134.

198. 열왕기하10장.

199. 열왕기상21:19-20.

200. 아모스5:21-24.

201. 아모스7:10-13.

202. Baba Batra 9a ; Shalom Spiegel, 'Amos v. Amaziah', in Goldin, *op. cit.*

203. 열왕기하 17:23-24.

204. 호세아서의 본문 분석은 *Encyclopaedia Judaica* viii, 1010-1025를 참조하라.

205. 호세아 8:7 ; 10:13.

206. 호세아 4:11.

207. 호세아 5:9 ; 4:5 ; 9:7. Grant의 *History of Ancient Israel*, 129ff를 참조하라.

208. 호세아 6:1-2.

209. 열왕기하 11:17.

210. 역대하 32:3-5.

211. Kenyon, *Royal Cities.*

212. 열왕기하 19:35 ; Herodotus, *Histories*, book II : 141.

213. 열왕기하 18:21.

214. 열왕기하 23:21-23.

215. *Encyclopaedia Judaica* ix, 44-71 ; O. Eissfeldt, *The Old Testament, an Introduction*(London 1965), 301-330.

216. Grant, *History of Ancient Israel*, 148-149.

217. 이사야 21:11 ; 22:13 ; 38:1 ; 5:8 ; 3:15.

218. 이사야 1:18 ; 6:3 ; 2:4 ; 35:1.

219. 이사야 7:14 ; 11:6 ; 9:6.

220. H. H. Rowley, *The Faith of Israel*(London 1953), 122 ; 이사야 42:1-4 ; 49:1-6 등

221. 열왕기하 3:27 ; 시편 89:6-9 ; 창세기 20:1ff. ; 12:10ff. ; 출애굽기 7:8ff.

222. 이사야 44:6.

223. Fohrer, *op. cit.*, 172ff., 324-325, 290 ; 또한 N. W. Snaith, 'The Advent of Monotheism in Israel', *Annual of Leeds Univ. Oriental Society*, v(1963-1965)를 참조하라.

224. J. P. Hyatt, *Jeremiah, Prophet of Courage and Hope*(New York 1958).

225. 예레미야 5:23 ; 5:31.

226. 예레미야 20:14 ; 15:18 ; 11:19.

227. 열왕기하 24:14ff.

228. 열왕기하 25:18ff.

229. 예레미야 44:28.

2부

1. 에스겔에 관해서는 G. von Rad, *Old Testament Theology* II(1965), 220-237 ;

Encyclopaedia Judaica vi, 1078-1098을 참조하라.

2. 에스겔1:4.

3. 에스겔37:1-10.

4. 에스겔18:4.

5. 신명기6:6-9.

6. 이사야40:4; 또한10:33; 14:12; 26:5-6; 29:18; 47:8-9를 참조하라.

7. 사무엘상2:8.

8. S. W. Baron, *Social and Religious History of the Jews*(2nd edn New York 1952), i I 22.

9. B. Porten, *Archives from Elephantine: The Life of an Ancient Jewish Military Colony*(New York 1968).

10. W. D. Davies, *The Territorial Dimensions of Judaism*(Berkeley 1982), 70.

11. 고레스의 종교적 신념과 의의에 관해서는 W. D. Davies and Louis Finkelstein (eds), *Cambridge History of Judaism*(Cambridge 1984), i 281ff를 참조하라.

12. *Ibid.*, 287에서 인용했다.

13. 이사야45:1.

14. 에스라1:2-3.

15. 에스라4:3.

16. *Cambridge History of Judaism*, 70-74, 135-136.

17. 느헤미야4:18.

18. *Cambridge History of Judaism*, 344.

19. *Ibid.*, 398-400.

20. 느헤미야10:28.

21. 사사기8:14.

22. Baron, *op. cit.*, i I footnote 8, 323

23. *Contra Apionem*, 1:37.

24. R. K. Harrison, *Introduction to the Old Testament*(London 1970).

25. 신명기4:2; 또한12:32.

26. 역대상2:5.

27. Sanhedrin 12:10.

28. C. D. Ginsburg, *Introduction to the Maseretico-Critical Edition of the Hebrew Bible*(1966 edn by H. M. Orlinsky); H. B. Swete, *An Introduction to the Old Testament in Greek*(London 1968); F. G. Kenyon, *Our Bible and the Ancient Manuscripts*(London 1965); M. Gaster, *The Samaritans: Their History, Doctrine and Literature*(London 1925); Harrison, *op. cit.*; *Encyclopaedia Judaica* iv, 814-836; v 1396ff.

29. 여호수아 8 : 29 ; 4 : 20.

30. 시편 3, 5, 6, 7, 9–10, 13, 17, 22, 25–28, 31, 35, 36, 38, 39, 41, 42, 43, 51, 52, 54–57, 59, 61, 63, 64, 69, 71, 77, 86, 88, 102, 120, 123, 130, 140–143.

31. 잠언 22 : 17부터 23 : 11.

32. 욥에 관해서는 H. H. Rowley, 'The Book of Job and its Meaning', in *From Moses to Qumran : Studies in the Old Testament*(London 1963) ; *Submission in Suffering and Other Essays*(London 1951) ; Harrison, *op. cit.* ; E. F. Sutcliffe, *Providence and Suffering in the Old and New Testaments*(London 1955) ; 욥기의 문학에 관해서는 C. Kuhl in *Theological Review*, 21(1953)을 참조하라.

33. 집회서 24 : 3–10.

34. 고린도전서 1 : 19–27 ; Gerhard von Rad, *Problems of the Hexateuch and Other Essays*(trans., Edinburgh 1966)을 참조하라.

35. 마카베오상 9 : 27.

36. 스가랴 13 : 3ff.

37. 집회서 24 : 33 ; Enid B. Mellor(ed.), *The Making of the Old Testament*(Cambridge 1972).

38. Roland de Vaux, *Ancient Israel : Its Life and Institutions*(trans., New York 1961), 343–344 ; 최초의 언급에 관해서는 *Encyclopaedia Judaica* xv, 579–581을 참고하라.

39. 에스라 2 : 64–65 ; 요세푸스가 인용한 헤카테우스의 글에 묘사된 예루살렘에 관해서는 *Contra Apionem*, 1 : 197 ; *Encyclopaedia Judaica* xiii, 870을 참고하라.

40. 다니엘 7 : 7.

41. 전도서 5 : 8ff. ; 6 ; Martin Hengel, *Judaism and Hellenism*(trans., 2 vols London 1974), i 14–31.

42. Davies, *op. cit.*, 61 ; Harrison, *op. cit.*

43. 요나 4 : 11. Michael Grant, *A History of Ancient Israel*(London 1984), 194–195를 참조하라.

44. Hengel, *op. cit.*, i 65–69 ; ii 46, 각주 59–61.

45. *Ibid.*, i 55–57.

46. E. Bickermann, *From Ezra to the Last of the Maccabees : The Foundations of Post-Biblical Judaism*(Yew York 1962) ; Hengel, *op. cit.*, i 270.

47. Jad. 4 : 6(주후 1세기)

48. Isocrates, *Panegyr*, 4 : 50 ; H. C. Baldry, *The Unity of Mankind in Greek Thought*(Cambridge 1966), 69ff.

49. Sota 49b ; Hengel, *op. cit.*, i 76에서 인용했다 ; 앞의 책 300쪽도 참조하라.

50. 마카베오하 4 : 12-14.

51. H. H. Ben Sasson(ed.), *A History of the Jewish People*(trans., Harvard 1976), 202ff.

52. Sukk. 56b.
53. 에스라서 7:26.
54. 마카베오하 13:3ff.; Josephus, *Antiquities*, 12:384.
55. 마카베오상 13:42.
56. 마카베오상 13:51. 그 위기의 세부 사항에 관해서는 Ben Sasson, *op.cit.*, 202-216를 참조하라.
57. Hengel, *op. cit.*, 291ff.
58. E. Ebner, *Elementary Education in Ancient Israel during the Tannaitic Period*(New York 1956).
59. 신명기 31:19.
60. Josephus, *Antiquities*, 13:280.
61. *Ibid.*, 13:300.
62. Sanhedrin 19a; Sot. 47a; Kid. 66a.
63. Josephus, *Antiquities*, 14:380.
64. 헤롯에 관해서는 Stewart Perowne, *The Life and Times of Herod the Great*(London 1956); F. O. Busch, *The Five Herods*(New York 1958)를 참조하라.
65. *Encyclopaedia Judaica* xiii, 871.
66. 신명기 16:16; 출애굽기 23:17.
67. 헤롯 성전에 관해서는 Joan Comay, *The Temple of Jerusalem, with the History of the Temple Mount*(London 1975); Kathleen Kenyon, *Digging Up Jerusalem*(London 1974); *Encyclopaedia Judaica* viii, 383-385; xv 961ff을 참조하라.
68. *Antiquities*, 15:380-425; *Wars*, 5:184-247.
69. Josephus, *Wars*, 4:262; 5:17; *Antiquities*, 16:14.
70. Josephus, *Wars*, 6:282.
71. 헬라인과 유대인에 관해서는 Hengel, *op. cit.*, 특히 310ff.; W. W. Tarn and G. T. Griffith, *Hellenist Civilization*(3rd edn London 1952)을 참조하라.
72. 쿰란 동굴 1에서 출토된 감사 시편; cf. *Encyclopaedia Judaica* iii, 179ff.
73. 다니엘 12:1-2.
74. 에녹 1-5; 37-71. H. H. Rowley, *The Relevance of Apocalyptic*(London 1947)을 참조하라.
75. 민수기 25:7-15.
76. Josephus, *Wars*, 2:118.
77. S. G. F. Brandon, *Jesus and the Zealots*(London 1967); *The Trial of Jesus of Nazareth*(London 1968); W. R. Farmer, *Maccabees, Zealots and Josephus*(London 1956)을 참조하라.
78. A. Dupont-Sommer, *The Jewish Sect of Qumran and the Essenes*(New York

1954); H. A. Butler, *Man and Society in the Qumran Community*(London 1959).

79. Ben Sasson, *op. cit.*, 253-254; C. F. Kraeling, *John the Baptist*(London 1951).

80. 이사야40:3.

81. 사무엘하7;23:1-5;22:44-51.

82. 예를 들어, 시편18;아모스9:11-12;호세아11:10;에스겔37:15ff.

83. 사도행전5:34-40.

84. M. Hooker, *Jesus and the Servant*(London 1959).

85. John Bowker, *Jesus and the Pharisees*(Cambridge 1983), 1-20.

86. G. F. Moore, *Judaism in the First Centuries of the Christian Era*(London 1927) i 72-82; Bowker, *op. cit.*, 32-33.

87. Pes. 66a; Suk. 20a; *Encyclopaedia Judaica* viii, 282-285를 보라.

88. Shab. 31a.

89. 마가복음7:15-16; Bowker, *op. cit.*, 44ff.

90. E. Bammel(ed.), *The Trial of Jesus*(London 1970), 특별히 'The Problem of the Historicity of the Sanhedrin Trial'을 참고하라.

91. J. Blinzner, 'The Jewish Punishment of Stoning in the New Testament Period', and E. Bammel, 'Crucifixion as a punishment in Palestine', in E. Bammel, *op. cit.*, 147-161, 162-165.

92. *Encyclopaedia Judaica* x, 12-13; H. Cohn, *The Death of Jesus*(New York 1971); S. G. F. Brandon, *The Trial of Jesus of Nazareth*(London 1968)을 참고하라.

93. E. R. Goodenough, 'Paul and the Hellenization of Christianity', in J. Neusner(ed.), *Religions in Antiquity*(Leiden 1968), 22-68.

94. Samuel Sandmel, *Judaism and Christian Beginnings*(Oxford 1978), 308-336.

95. E. P. Sanders, *Paul and Palestinian Judaism*(London 1977), 555-556.

96. 마가복음14:24-28.

97. 갈라디아서3:29;로마서4:12-25.

98. 골로새서3:9-11.

99. 사도행전7:48-50.

100. 사도행전15:5ff;갈라디아서2:6-9.

101. J. N. Sevenster, *The Roots of Pagan Anti-Semitism in the Ancient World*(Leiden 1975), 89ff.

102. *Ibid.*, 90에서 인용했다.

103. *Contra Apionem*, 1:71.

104. Diodorus, *Bibliotheca*, 34:1ff.; *Encyclopaedia Judaica* iii, 87ff에서 인용했다.

105. 솔로몬의 지혜12:3-11.

106. Sevenster, *op. cit.*, 8-11.

107. Josephus, *Antiquities*, 14 : 187, 190ff.

108. *Ibid.*, 19 : 286ff.

109. *Encyclopaedia Judaica* iii, 90에서 인용했다.

110. Tacitus, *Histories*, 5 : 13.

111. Ben Sasson, *op. cit.*, 296ff.

112. Shaye J. D. Cohen, *Josephus in Galilee and Rome: His Vita and Development as a Histoian*(Leiden 1979), appendix 1, 243ff.; 253ff.

113. *Ibid.*, 3-23.

114. *Ibid.*, 238-241.

115. *Ibid.*, 181.

116. 요세푸스 이야기에 대한 분석을 위해서는 *ibid.*, 230ff.를 보라.

117. Josephus, *Wars*, 2 : 408, 433.

118. Yigael Yadin, *Masada: Herod's Fortress and the Zealots' Last Stand*(London 1966).

119. 타키투스의 반유대주의에 대해서는 *Histories*, 5 : 1-13; *Annals*, 15 : 44; Juvenal의 시 *Saturae*, 14 : 96ff.를 보라.

120. Cassius Dio, *Roman History*, book 69.

121. Eusebius, *Ecclesiastical History*, 4 : 6, 2; 민수기 24 : 17.

122. 예루살렘 탈무드, *Ta'an* 4 : 7, 68d; *Encyclopaedia Judaica* ii, 488-492에서 인용했다.

123. 아키바에 관해서는 L. Finkelstein, *Akiva, Scholar, Saint and Martyr*(New York 1962 edn), 그가 반란에 합류했는가 라는 문제에 관해서는 Chaim Raphael, *A Coat of Many Colours*(London 1979), 190-198을 참조하라.

124. *Ta'an* 4 : 68d; *Encyclopaedia Judaica* vi, 603.

125. Yigael Yadin, *Finds from the Bar Kohkba Period in the Cave of Letters*(New York 1963).

126. Cassius Dio, *Roman History*, book 69.

127. Comay, *op. cit.*에서 인용했다; Kenyon, *Digging Up Jerusalem*.

128. S. G. Wilson, *Luke and the Law*(Cambridge 1983), 103-106.

129. S. G. F. Brandon, *The Fall of Jerusalem and the Christian Church*(2nd edn London 1957).

130. Barnabas Lindars, *Jesus Son of Man: A Fresh Examination of the Son of Man Sayings in the Gospels in the Light of Recent Research*(London 1983).

131. 예를 들어서 Geza Vermes, *Jesus and the World of Judaism*(London 1984)를 참조하라.

132. Franz Mussner, *Tractate on the Jews: The Significance of Judaism for Christian Faith*(trans., Philadelphia 1984), 180ff.

133. 4 Q Fl 1:8, Mussner, *ibid.*, 185에서 인용했다; 요한복음 8:37-44.

134. 마태복음 27:24ff.

135. E. Hennecke and W. Schneemelcher, *New Testament Apocrypha*(Philadelphia 1965), 1:179ff.

136. 집회서 36:8-9.

137. Wayne A. Meeks, *The First Urban Christians*(Yale 1984).

138. 필론의 전집은 콜슨과 휘태커가 편역한 12권의 책이다. Philo, *Complete Works*(Cambridge 1953-1963); E. R. Goodenough, *Introduction to Philo Judaeus*(London 2nd edn 1962).

139. Aboth Derabbi Nathan B, 31.

140. G. Bader, *Jewish Spiritual Heroes*(New York 1940), i 411-436.

141. Rachel Wischnitzen, *The Messianic Theme in the Paintings of the Dura Synagogue*(Chicago 1948).

142. C. Hollis and Ronald Brownrigg, *Holy Places*(London 1969); Moshe Perelman and Yaacov Yanni, *Historical Sites in Israel*(London 1964).

143. 발견된 것들의 전체 목록에 관해서는 *Encyclopaedia Judaica* xv, 751을 참조하라.

144. *Ibid.*, 1283-1285.

145. Leviticus Rabbah 34,3; Philo, Leg. All. 3:69; De Pot. 19-20; Taanit 11a; Yer. Nedarim 9,1(41b); Samuel Belkin, *In His Image: The Jewish Philosophy of Man as Expressed in the Rabbinical Tradition*(London 1961).

146. Sanhedrin 4, 5.

147. Hilkot Rozeah 1, 4.

148. 레위기 22:6에 관한 Sifra; 출애굽기 22:6에 관한 Mekilta; Belkin, *op. cit.*에서 인용했다.

149. 신명기 17:14-15; Philo, *Spec. Leg.*, 4:157, Belkin, *op. cit.*에서 인용했다.

150. Abot 4, 8.

151. Berakot 55a.

152. Yer. Shabbat 3d.

153. Horayot 3, 7-8, Belkin, *op. cit.*에서 인용했다.

154. Baba Kamma 8, 1.

155. Baba Bathra 2b; Baba Metziah 108b; Baba Bathra 6b, 21a. Belkin, *op. cit.*에서 인용했다.

156. Belkin, *op. cit.*, 134ff.

157. Philo, *De Sacr. Ab.*, 121-125.

158. 잠언 3:17.

159. 시편 29:11; Tractatus Uksin 3:12; Meyer Waxman, *Judaism, Religion and*

Ethics(New York 1958)에서 인용했다.

160. 이사야 52:7.

161. Waxman, *op. cit.*, 187-190에서 인용했다.

162. *Contra Apionem*, ii 177-178.

163. Kiddushin 71a.

164. Ben Sasson, *op. cit.*, 373-382.

165. F. Holmes Duddon, *The Life and Times of St Ambrose*, 2 vols (Oxford 1935).

166. Charles C. Torrey, *The Jewish Foundation of Islam* (Yale new edn 1967).

3부

1. A. Adler(ed.), *The Itinerary of Benjamin of Tudela* (London 1840-1841, reprinted New York 1927)

2. Andrew Sharf, *Byzantine Jewry from Justinian to the Fourth Crusade* (London 1971), 21.

3. *Ibid.*, 25-26.

4. *Ibid.*, 136에서 인용했다.

5. Cecil Roth, *Personalities and Events in Jewish History* (Philadelphia 1961), 'The Jew as European'.

6. *Ibid.*, 40-44.

7. Irving A. Agus, *Urban Civilization in Pre-Crusade Europe*, 2 vols (Leiden 1965), i 9.

8. Fritz M. Heichelheim, *An Ancient Economic History*, 2 vols (trans., Leiden 1965), i 104-156.

9. 예를 들면, 사무엘상 22:2; 열왕기하 4:1; 이사야 50:1; 에스겔 22:12; 느헤미야 5:7; 12:13.

10. BM 5:11, 75b; Yad, Malveh 4:2; BM 5:2; BM 64b; BM 5:10, 75b; Tosef, BM 6:17.

11. BM 65a, 68b, 104b, 61b; Tosef, BM 5:22, 5:23; Sanh.:3; BM 61b, 71a 등. *Encyclopaedia Judaica* xii, 244-256; xvi 27-33.

12. Philo, *De Virtutibus*, 82.

13. Mekhilta of R. Ishmael on Exodus 22:25; Mak, 24a; BM 70b.

14. Tos. to BM 70b.

15. Responsa Maharik 118, 132.

16. Bat Ye' or, *The Dhimmi: Jews and Christians Under Islam* (London 1985), 45-55.

17. S. Katz, *The Jews in the Visigothic Kingdoms of Spain and Gaul* (Cambridge 1937).

18. 잠언 8:22ff.; 전도서 1:1-5, 26; 15:1; 24:1ff.; 34:8.

19. Avot 3:14; Lev. R. 19:1; ARN 31:91; II Moses 2:14, 51.

20. 잠언 8:14.

21. Sifre, Deuteronomy 41; Ex. Rabbah 30, 10; Tanhumah, Mishpatim 2; Philo, *Spec. Leg.*, iii 1-7. Samuel Belkin, *In His Image: The Jewish Philosophy of Man as Expressed in the Rabbinical Tradition*(London 1961)에서 인용했다. E. R. Goodenough: *The Politics of Philo Judaeus*(Yale 1938), 16ff.

22. S. D. Goitein, *A Mediterranean Society*(California 1971), ii The Community, 205-206.

23. *Ibid.*, 198-199.

24. Mark R. Cohen, *Jewish Self-Government in Medieval Egypt*(Princeton 1980), 7-9.

25. *Ibid.*, 94ff.

26. Goitein, *op. cit.*, iii The Family, 3-5.

27. *Ibid.*, i 1-28, 또한 S. D. Goitein, *Studies in Islamic History*(Leiden 1966), 279-295; *Encyclopaedia Judaica* vii, 404-407; xiv 948-949.

28. S. D. Goitein, *Letters of Medieval Jewish Traders*(Princeton 1973), 227-229.

29. 창세기 37:35; 편지는 Goitein, *Letters of Medieval Jewish Traders*, 207에서 인용했다.

30. 'Moses Maimonides', in Alexander Marx, *Studies in Jewish History and Booklore*(New York 1969), 42.

31. Marx, *ibid.* 38에서 인용했다.

32. *Ibid.*, 31.

33. *Ibid.*, 32-33.

34. Goodenough, *op. cit.*, 8-19.

35. Marx, *op. cit.*, 29-30.

36. 'Maimonides and the Scholars of Southern France', in *ibid.*, 48-62.

37. Arthur Hyman, 'Maimonides' Thirteen Principles', in Alexander Altmann (ed.), *Jewish Medieval and Renaissance Studies*(Harvard 1967), 119-144.

38. Erwin I. J. Rosenthal, 'Maimonides' Conception of State and Society', *in Studia Semitica*, 2 vols(Cambridge 1971), i 275ff.

39. *Guide of the Perplexed*, 3:27; Hyman, *op. cit.*

40. Cecil Roth, 'The People and the Book', in *Personalities and Events in Jewish History*, 172ff.

41. Isadore Twersky, 'Some Non-Halakhic Aspects of the Mishneh Torah', in Altmann, *op. cit.*, 95-118.

42. Marx, *op. cit.*, 38-41.

43. *Guide of the Perplexed*, 2:45; Alexander Altmann, 'Maimonides and Thomas Aquinas: Natural of Divine Prophecy', in *Essays in Jewish Intellectual*

History(Brandeis 1981).

44. 전도서 7:24.

45. 'Free Will and Predestination in Saadia, Bahya and Maimonides', in Altmann, *op. cit.*

46. H. H. Ben Sasson(ed.), *A History of the Jewish People*(trans., Harvard 1976), 545에 서 인용했다.

47. Shir Hasherim Rabbah 2:14; *ibid*에서 인용했다.

48. Beryl Smalley, *The Study of the Bible in the Middle Ages*(Oxford 1952), 78에서 인용 했다.

49. Norman Golb, 'Aspects of the Historical Background of Jewish Life in Medieval Egypt', in Altmann, *op. cit.*, 1-18.

50. Samuel Rosenblatt(ed.), *The Highways to Perfection of Abraham Maimonides*(New York 1927), i Introduction.

51. S. D. Goitein, 'Abraham Maimonides and his Pietist Circle', in Altmann, *op. cit.*, 145-164.

52. 일부 학자들은 필론이 신비적이었으며 상징을 사용했다고 생각한다. Cf. E. R. Goodenough, *Jewish Symbols in the Graeco-Roman Period*, 12 vols(New York 1953-1968).

53. 카발라에 관해서는 *Encyclopaedia Judaica* x, 489-653에 수록된 G. Scholem의 논문 과 *Major Trends in Jewish Mysticism*(New York 1965)을 참고하라.

54. 'Moses Narboni' s "Epistle on Shi' ur Qoma"', in Altmann, *op. cit.*, 228-231; G. Scholem, *Jewish Gnosticism, Merkabah Mysticism and Talmudic Tradition*(2nd edn New York 1965), 36-42.

55. R. Kaiser, *Life and Times of Jehudah Halevi*(New York 1949).

56. Goitein, *A Mediterranean Society*, ii *The Community*, 241-245; 255-264.

57. *Ibid.*, iii The Family, 17-35.

58. *Ibid.*, 46.

59. Meyer Waxman, *Judaism: Religion and Ethics*(New York 1958), 'Marriage', 113ff.

60. Goitein, *A Mediterranean Society*, iii 209-211.

61. Waxman, *op. cit.*, 118 각주.

62. Goitein, *A Mediterranean Society*, iii 50.

63. 말라기 2:16.

64. Goitein, *A Mediterranean Society*, iii 260ff.

65. Yevamot, 14, 1.

66. Goitein, *A Mediterranean Society*, iii 352.

67. *Ibid.*, ii 211.

68. *Ibid.*, 148-160.

69. Waxman, *op. cit.*, 32-36.

70. *Ibid.*, 108ff.; Goitein, *A Mediterranean Society*, ii 225.

71. Waxman, *op. cit.*, 112.

72. Mattenot Aniyim 9:3; Israel S. Chipkin, 'Judaism and Social Welfare', in Louis Finkelstein(ed.), *The Jews*, 2 vols(London 1961), i 1043-1076에서 인용했다.

73. Baba Batra 8a.

74. Goitein, *A Mediterranean Society*, ii 142에서 인용했다.

75. Baba Batra 110a; Pesahim 113a; Chipkin, *op. cit.*, 1067에서 인용했다.

76. Goitein, *A Mediterranean Society*, ii 138-142와 appendices A, B, C.

77. *Ibid.*, ii 287.

78. *Ibid.*, ii 279.

79. B. Blumenkranz, *Juifs et chrétiens dans le monde occidental 430-1096*(Paris 1960).

80. Cecil Roth, 'The Medieval Conception of "The Unbelieving Jew"', in *Personalities and Events*.

81. A. M. Haberman(ed.), *Massacres of Germany and France*(Jerusalem 1946).

82. *Ibid.*, 94; Ben-Sasson, *op. cit.*,에서 인용했다.

83. Cecil Roth, *The Jews of Medieval Oxford*(Oxford 1951), 83.

84. Nikolaus Pevsner and John Harris, *The Buildings of England*: *Lincolnshire*(Harmondsworth 1964), 158-159.

85. V. D. Lipman, *The Jews of Medieval Norwich*(London 1967).

86. Cecil Roth, *Intellectual Activities of Medieval English Jewry*(British Academy London 1949), 65는 교사들의 명단을 제시하고 있다.

87. Lipman, *op. cit.*, ch. 6, 95-112.

88. Augustus Jessop and M. R. James(eds), *The Life and Miracles of St William of Norwich by Thomas of Monmouth*(Cambridge 1896).

89. Lipman, *op. cit.*, 54.

90. Roth, *Personalities and Events*, 62-66; *The Ritual Murder Libel and the Jews*(London 1935). 또한 G. I. Langmuir, *Speculum*(1972), 459-482를 참조하라.

91. Ralph de Diceto, *Imagines Historiarum*, ii 78, Lipman, *op. cit.*에서 인용했다.

92. Roth, *Personalities and Events*, 61-62.

93. Lipman, *op. cit.*, 59-64.

94. 의식용 살인에 관한 로스의 앞의 책은 1759년 교황 클레멘스 14세에 의한 반박을 기록하고 있다.

95. Richard W. Emery, *The Jews of Perpignan*(New York 1959), ch. 4.

96. M. D. Davis, *Shetaroth: Hebrew Deeds of English Jews Before 1290*(London 1888), 298ff, Lipman, *op. cit.*, 88에서 인용했다. Lipman은 수많은 채무 증서와 청산 행위를 기록하고 있다. 187ff.

97. Lipman, *op. cit.*에서 인용했다.

98. *Ibid.*, 68.

99. H. G. Richardson, *English Jewry under the Angevin Kings*(London 1960), 247-253 ; 127-173.

100. J. W. F. Hill, *Medieval Lincoln*(London 1948), 217-222.

101. Richardson, *op. cit.*, 184-186 : M. Adler *Jews of Medieval England*(London 1939).

102. *Ibid.*, 313-333.

103. Solomon Grayzel, *The Church and the Jews in the Thirteenth Century*(New York new edn 1966), 108.

104. 'The People and the Book', in Cecil Roth, *Personalities and Events*, 174-175.

105. 'The Medieval University and the Jew', in *ibid.*, 91ff.

106. 1933, *My Life as German and Jew*로 번역되었다.

107. Jeremy Cohen, *The Friars and the Jews: The Evolution of Medieval Anti-Semitism*(Cornell 1982), 14.

108. *Ibid.*, 242.

109. Pierre Mandonnet, *St Dominic and His Work*(trans., St Louis 1944), 61.

110. Cohen, *op. cit.*, 13.

111. A. G. Little, 'Friar Henry of Wadstone and the Jews', *Collecteana franciscana* 11 (Manchester 1922), 150-157 ; Cohen, *op. cit.*에서 인용했다.

112. Ben Sasson, *op. cit.*에서 인용했다.

113. *Encyclopaedia Judaica* iv, 1063-1068 ; P. Ziegler, *The Black Death*(London 1969).

114. 잔학 행위가 발생했던 도시에 대해서는 *Encyclopaedia Judaica* iv, 1066의 지도를 참조하라.

115. Hyam Maccoby(ed. and trans.), *Judaism on Trial: Jewish-Christian Disputations in the Middle Ages*(New Jersey 1982).

116. Grayzel, *op. cit.*, 241, 각주 96에서 인용했다.

117. Maccoby, *op. cit.*, 32에서 인용했다.

118. *Ibid.*, 25ff.

119. Ben Sasson, *op. cit.*, 557-558에서 인용했다.

120. Maccoby, *op. cit.*, 54.

121. Cecil Roth, 'The Disputation at Barcelona', *Harvard Theological Review*,

xliii(1950).

122. Martin A. Cohen, 'Reflections on the Text and Context of the Disputation at Barcelona', *Hebrew Union College Annual*(1964); Y. Baer, *A History of the Jews in Christian Spain*, 2 vols(trans., Philadelphia 1961-1966), i 150-162.

123. Maccoby, *op. cit.*, 50.

124. Gershom Scholem, *Sabbatai Sevi: The Mystical Messiah 1626-1676*(trans., London 1973), 12.

125. Peter Lineham, *Spanish Church and Society*(London 1983).

126. M. M. Gorce, *St Vincent Ferrer*(Paris 1935).

127. Tortosa에 관해서는 Maccoby, *op. cit.*을 보라; A. Pacios Lopez, *La Disputa de Tortosa*, 2 vols(Madrid 1957).

128. Maccoby, *op. cit.*, 84에서 인용했다.

129. *Ibid.*, 86.

130. A. Farinelli, *Marrano: storia di un vituperio*(Milan 1925), 36.

131. Haim Beinart, *Conversos on Trial: The Inquisition in Ciudad Real*(Jerusalem 1981), 3에서 인용했다.

132. *Ibid.*, 3, 각주 4에서 인용했다.

133. *Ibid.*, 6에서 인용했다.

134. Baer, *op. cit.*, ii 292.

135. Beinart, *op. cit.*, 66에서 인용했다.

136. *Ibid.*, 10-19.

137. *Ibid.*, 34, 각주 40; 기원들에 관해서는 H. C. Lea, *A History of the Inquisition in Spain*, 4 vols(New York 1906-1907), vol. i을 참고하라.

138. 세부사항에 관해서는 Elkan Nathan Adler, *Auto da Fé and Jew*(Oxford 1908), 특히 ch. viii, 39ff을 참고하라.

139. Beinart, *op. cit.*, 36-42.

140. Lea, *op. cit.*, i 178.

141. G. A. Bergenroth(ed.), *Calendar of Letters ... from Simancas*(London 1861), i Henry VII, xxxivff.; Beinart, *op. cit.*, 28에서 인용했다.

142. Baer, *op. cit.*, ii 382에서 인용했다.

143. Beinart, *op. cit.*, 130-135; 204-231. 또한 그의 *Records of the Trials of the Spanish Inquisition in Ciudad Real*, 3 vols(Jerusalem 1974-1980)을 참고하라.

144. Lea, *op. cit.*, iii 83ff.

145. Beinart, *op. cit.*, 194.

146. 차이점에 관해서는 H. J. Zimmels, *Askenazim and Sephardim*(New York 1958)을 참고하라.

147. M. Kaiserling, *Christopher Columbus and the Participation of the Jews in the Portuguese and Spanish Discoveries*(London 1907); Cecil Roth, 'Who Was Columbus?', in *Personalities and Events*, 192ff.

148. Cecil Roth, 'The Jewish Ancestry of Michel de Montaigne', in *Personalities and Events*, 212ff., 가계도는 324쪽에 기술되어 있다. Chaim Raphael, 'The Sephardi Diaspora' in *The Road from Babylon: The Story of Sephardi and Oriental Jews*(London 1985), 127-158도 참조하라.

149. Leon Poliakov, *Les Banquiers juifs et le Saint Siège du xiii au xvii siècles*(Paris 1965), 80-84, 147-156.

150. Isaiah Shachar, *The Judensau: A Medieval Anti-Jewish Motif and its History*(London 1974).

151. H. C. J. Duijker and N. H. Frijda, *National Character and National Stereotypes*(Amsterdam 1960); H. Fiscg, *The Dual Image*(New York 1971)도 참조하라.

4부

1. G. K. Anderson, *The Legend of the Wandering Jew*(London 1965); S. W. Baron, *Social and Religious History of the Jews*(2nd edn New York 1952), 11, 177-182; *Encyclopaedia Judaica* xvi, 259-263.

2. Lionel Kochan, *The Jew and his History*(London 1977), 39에서 인용했다; 또한 Arthur A. Cohen, *The Natural and Supernatural Jew*(London 1967), 12ff를 참조하라.

3. *Encyclopaedia Judaica* viii, 1203-1205.

4. Cecil Roth, *Jewish Communities: Venice*(Philadelphia 1930), 49ff.

5. Cecil Roth, 'The Origin of the Ghetto', in *Personalities and Events in Jewish History*(Philadelphia 1961), 226ff.

6. Roth, *Venice*, 106-107.

7. *Ibid.*, 46.

8. Simone Luzzatto, *Essay on the Jews of Venice*(trans., Jerusalem 1950), 122-123.

9. 에스더 3:2.

10. H. H. Ben Sasson(ed.), *A History of the Jewish People*(trans., Harvard 1976), 691에서 인용했다.

11. J. Bloch, *Venetian Printers of Hebrew Books*(London 1932), 5-16; *Encyclopaedia Judaica* v, 197; xvi 101; iv 1195-1197.

12. Cecil Roth, 'The Background of Shylock', in *Personalities and Events*, 237ff에서

인용했다.

13. *Ibid.*, 250에서 인용했다.

14. *Ibid.*, 288-289.

15. Israel Adler, 'The Rise of Art Music in the Italian Ghetto', in Alexander Altmann(ed.), *Jewish Medieval and Renaissance Studies*(Harvard 1967), 321-364.

16. Roth, *Personalities and Events*, 1-3.

17. Alexander Marx, 'A Jewish Cause Célèbre in Sixteenth Century Italy', *Studies in Jewish History and Booklore*(New York 1969), 107-154.

18. Cecil Roth, 'The Amazing Abraham Colorni', in *Personalities and Events*, 296ff.

19. Cecil Roth, 'A Community of Slaves', in *Personalities and Events*, 112ff.

20. *Ibid.*, 114-115에서 인용했다.

21. W. L. Gundersheimer, 'Erasmus, Humanism and the Christian Kabbalah', *Journal of the Warburg and Courtauld Institute*, 26(1963), 38-52.

22. Jonathan I. Israel, *European Jewry in the Age of Mercantilism*(Oxford 1985), 15에서 인용했다.

23. Cf. W. Linden(ed.), *Luther's Kampfschriften gegen das Judentum*(Berlin 1936).

24. Baron, *op. cit.*, xiii 281-290.

25. Israel, *op. cit.*, 13.

26. *Ibid.*, 16.

27. K. R. Stow, *Catholic Thought and Papal Jewry Policy 1555-1593*(New York 1977).

28. Brian Pulhan, *The Jews of Europe and the Inquisition of Venice 1550-1670*(Oxford 1983), ch. 2.

29. *Ibid.*, 21.

30. 예를 들어, H. R. Trevor-Roper, *Religion, the Reformation and Social Change* (London 1967)을 참고하라.

31. Manasseh ben Israel, 'The Hope of Israel' (London 1652), printed in Lucien Wolf(ed.), *Manasseh ben Israel's Mission to Oliver Cromwell*(London 1901), 50-51.

32. Ben Sasson, *op. cit.*, 391에서 인용했다.

33. *Encyclopaedia Judaica* xii, 244-256에서 인용했다.

34. 신명기7:13.

35. 신명기15:6.

36. 시편34:10.

37. Werner Sombart, *The Jews and Modern Capitalism*(trans., London 1913), 36에서

인용했다.

38. Ben Sasson, *op. cit.*, 670-679.

39. Israel, *op. cit*, 27-30.

40. Erhard Oestreich, *Neostoicism and the Early Modern State*(Cambridge 1982), 45-56 ; Israel, *op. cit.*, 38.

41. Roth, *Venice*, 305-306 ; Benjamin Ravid, *Economics and Toleration in Seventeenth Century Venice*(Jerusalem 1978), 30-33 ; Israel, *op. cit.*, 47-48.

42. H. I. Bloom, *The Economic Activities of the Jews of Amsterdam in the Seventeenth and Eighteenth Centuries*(London 1937).

43. O. Muneles, *The Prague Ghetto in the Renaissance Period*(London 1965).

44. Israel, *op. cit.*, 96 ; 88-90 ; 102ff. ; 117.

45. S. Stern, *Court Jew*(London 1950).

46. 오펜하이머에 대해서는 Israel, *op. cit.*, 123ff. ; Stern, *op. cit.* ; M. Grunwald, *Samuel Oppenheimer und sein Kreis*(Frankfurt 1913) ; *Encyclopaedia Judaica* xii, 1431-1433을 참고하라.

47. *Encyclopaedia Judaica* iii, 402-405에서 인용했다.

48. Israel, *op. cit.*, 121.

49. B. D. Weinryb, *The Jews of Poland : A Social and Economic History of the Jewish Community in Poland from 1100 to 1880*(Philadelphia 1972), 192-199 ; *Encyclopaedia Judaica* v, 480-484.

50. Gerhard Scholem, 'Zohar : Manuscripts and Editions', *Encyclopaedia Judaica* xvi, 211-212를 참조하라.

51. 루리아에 관해서는 Gerhard Scholem, *Major Trends in Jewish Mysticism*(New York 1965), 244-286, 405-415 ; 그리고 *Sabbatai Sevi : The Mystical Messiah 1626-1676*(trans., London 1973), 28-44를 참조하라.

52. Scholem, *Sabbatai Sevi*, 18에서 인용했다.

53. 르우베니와 몰코에 관해서는 Roth, *Venice*, 72ff를 참조하라.

54. R. J. Z. Werblowski, *Joseph Caro Lawyer and Mystic*(Oxford 1962).

55. H. H. Ben Sasson, 'Messianic Movements', *Encyclopaedia Judaica* xi, 1426에서 인용했다.

56. 이사야 28 : 15-18 ; 34 : 14 ; 하박국 3 : 5 ; 역대상 21 : 1 ; 레위기 16 : 8. J. Trachtenberg, *The Devil and the Jews*(Philadelphia 1943).

57. J. Trachtenberg, *Jewish Magic and Superstition*(New York 1939).

58. 시편 139 : 14-16.

59. Roth, *Personalities and Events*, 78ff.

60. Ben Sasson, *Encyclopaedia Judaica* xi, 1425-1426에서 인용했다.

61. Scholem, *Sabbatai Sevi*, 3ff.

62. *Ibid*.에서 인용했다.

63. Scholem, *Encyclopaedia Judaica* xiv, 1235에서 인용했다.

64. Cecil Roth, *Essays and Portraits in Anglo-Jewish History*(London 1962), 139-164; *Encyclopaedia Judaica* vi, 1159-1160.

65. 그의 생애에 관해서는 Cecil Roth, *Life of Manasseh ben Israel*(London 1934)을 참고하라.

66. 'Jewish Physicians in Medieval England', in Roth, *Essays and Portraits*, 46-51; Lucien Wolf, *The Middle Ages of Anglo-Jewish History 1290-1656*(London 1888).

67. P. M. Handover, *The Second Cecil*(London 1959), ch. xiii, 'The Vile Jew'.

68. Cecil Roth, 'Philosemitism in England', in *Essays and Portraits*, 10-21.

69. 이 에피소드에 관해서는 Cecil Roth, 'The Mystery of the Resettlement', in *Essays and Portraits*, 86-107을 참고하라.

70. Joseph J. Blau and S. W. Baron, *The Jews in the United States 1790-1840: A Documentary History*, 3 vols(New York 1963), i Introduction, xviiiff.

71. *Ibid*., xxi에서 인용했다.

72. *Ibid*., xxixff.

73. Israel, *op. cit.*, 134에서 인용했다.

74. *Ibid*., 129.

75. *Ibid*.에서 인용했다.

76. *Ibid*., 130; O. K. Rabinowicz, *Sir Solomon de Medina*(London 1974).

77. 살바도르에 관해서는 J. Picciotto, *Sketches of Anglo-Jewish History*(London 1956), 109-115, 153-156; 기드온에 대해서는 A. M. Hyamson, *Sephardim of England*(London 1951), 128-133을 참고하라.

78. 그 책은 *The Jews and Modern Capitalism*(London 1913)으로 번역되었다.

79. Alexander Marx, *Studies in Jewish History and Booklore*(New York 1969), 'Some Jewish Book Collectors', 198-237.

80. Mishnah Sanhedrin, x 1에 대한 주석, Kochan, *op. cit.*, 20에서 인용했다.

81. *Ibid*., 55-57; M. A. Meyer(ed.), *Ideas of Jewish History*(New York 1974), 117ff.; S. W. Baron, 'Azariah dei Rossi's Historical Method', *History and Jewish Historians*(Philadelphia 1964), 205-239.

82. Byron L. Sherwin, *Mystical Theology and Social Dissent: The Life and Works of Judah Loew of Prague*(New York 1983).

83. 전기에 관해서는 R. Kayser, *Spinoza: Portrait of a Spiritual Hero*(New York 1968); R. Willies(ed.), *Benedict de Spinoza: Life, Correspondence and Ethics*(London 1870)을 참고하라.

84. 본문은 Willies, *op. cit.*, 34-35 ; *Encyclopaedia Judaica* xv, 275-284에서 인용했다.

85. Willies, *op. cit.*, 35.

86. *Ibid.*, 72에서 인용했다.

87. L. Strauss, *Spinoza's Critique of Religion*(trans., New York 1965).

88. 문서들에 관해서는 *Chronicon Spinozanum*, 3 vols(Leiden 1921-1923), i 278-282를 참조하라.

89. Jonathan Bennett, *A study of Spinoza's Ethics*(Cambridge 1984), 32ff.

90. *Ibid.*, 34에서 인용했다.

91. 스피노자의 사상을 이해하려면 Bertrand Russell, *History of Western Philosophy* (London 1946), book iii, part 1, ch. 10을 참고하라.

92. 신명기 21:18-20; Sanhedrin 8, 5; 71a; Yebamoth 12, 1-2; Samuel Belkin, *In His Image: The Jewish Philosophy of Man as Expressed in the Rabbinical Tradition*(London 1961)에 인용되어 있다.

93. J. R. Mintz, *In Praise of Ba' al Shem Tov*(New York 1970); *Encyclopaedia Judaica* ix, 1049ff.; Martin Buber, *Origins and Meaning of Hasidism*(London 1960).

94. R. Schatz, 'Contemplative Prayers in Hasidism', in *Studies in Mysticism and Religion Presented to Gershom G. Scholem*(Jerusalem 1967), 209ff.

95. *Ibid.*, 213에서 인용했다.

96. *Ibid.*, 216.

97. L. Ginzburg, *The Gaon, Rabbi Elijah*(London 1920).

98. *Encyclopaedia Judaica* vi, 653에서 인용했다.

99. Arthur A. Cohen, *The Natural and Supernatural Jew*(London 1967), 20ff.

100. *Ibid.*, 24에서 인용했다.

101. Isaac Eisenstein Barzilay, 'The Background of the Berlin Haskalah', in Joseph L. Blaud *et al.*(eds): *Essays on Jewish Life and Thought*(New York 1959).

102. Cohen, *op. cit.*에서 인용했다.

103. Alexander Altmann, *Essays in Jewish Intellectual History*(Brandeis 1981), and *Moses Mendelssohn: A Biographical Study*(University of Alabama 1973).

104. Altmann, *Essays*에서 인용했다.

105. Cohen, *op. cit.*, 27-29.

106. *Encyclopaedia Judaica* vi, 153에서 인용했다.

107. Blau and Baron, *op. cit.*, xxii-xxiii.

108. Roth, *Personalities and Events*, 256-270.

109. B. C. Kaganoff, *A Dictionary of Jewish Names and their History*(London 1977)를 참조하라.

110. A. Herzberg, *The French Enlightenment and the Jews*(New York 1968).

111. Z. Sjakowlski, *Jews and the French Revolutions of 1789, 1830 and 1848*(New York 1970).

112. Cecil Roth, 'Lord George Gordon's Conversion to Judaism', in *Essays and Portraits*, 193–194에서 인용했다.

113. *Ibid.*, 205에서 인용했다.

114. Cecil Roth, *A History of the Great Synagogue*(London 1950), 214ff.

115. *Encyclopaedia Judaica* viii, 1390–1432에서 인용했다.

116. Ben Sasson, *History of the Jewish People*, 745에서 인용했다 ; Herzberg, *op. cit.*를 참조하라.

117. Ben Sasson, *History of the Jewish People*에서 인용했다.

118. R. Anchel, *Napoléon et les Juifs*(Paris 1928)를 참조하라.

119. F. Piertri, *Napoléon et les Israélites*(Paris 1965), 84–115.

5부

1. M. C. N. Salbstein, *The Emancipation of the Jews in Britain*(New Jersey 1982), 98에서 인용했다.

2. W. F. Moneypenny, *Life of Benjamin Disraeli*, 6 vols(London 1910), i 22에서 인용했다.

3. Fritz J. Raddatz, *Karl Marx: A Political Biography*(London 1979), ch. 1 ; 마르크스의 가정 형편에 대해서는 Heinz Monz, *Karl Marx: Grundlagen der Entwicklung zu Leben und Werk*(Trier 1973)를 참조하라.

4. Emile Marmorstein, *Heaven at Bay: The Jewish Kulturkampf in the Holy Land*(Oxford 1969), 32.

5. H. H. Ben Sasson(ed.), *A History of the Jewish People*(trans., Harvard 1976), 826에서 인용했다.

6. *Erstlingswerk*(Leipzig 1894), 233 ; Marmorstein, *op. cit.*에서 인용했다.

7. 최고의 걸작은 다음 책이다. Bertrand Gille, *Histoire de la Maison Rothschild*, 2 vols(Geneva 1965–1967)

8. Miriam Rothschild, *Dear Lord Rothschild: Birds, Butterflies and History*(London and Philadelphia 1983), 295–296.

9. *Ibid.*, 301.

10. David Landes, *Bankers and Pashas*(London 1958), ch. 1.

11. Harold Pollins, *Economic History of the Jews in England*(East Brunswick 1982), 95–96.

12. S. D. Chapman, *The Foundation of the English Rothschilds, 1793-1811*(London 1977), 20ff.

13. Edward Herries, *Memoirs of the Public Life of John S. Herries*(London 1880); Gille, *op. cit.*, i 45ff.; F. Crouzet, *L' Économie Britannique et le blocus continental 1806-1813*(Paris 1958), 842.

14. Gille, *op. cit.*, i 458.

15. Pollins, *op. cit.*,; K. Helleiner, *The Imperial Loans*(Oxford 1965).

16. Gille, *op. cit.*, ii 571; Pollins, *op. cit.*, 245, 표 5를 참조하라.

17. G. Storey, *Reuters*(London 1951); F. Giles, *Prince of Journalists*(London 1962); Ronald Palin, *Rothschild Relish*(London 1970), Pollins, *op. cit.*에서 인용했다.

18. Miriam Rothschild, *op. cit.*, 9.

19. Cecil Roth, *The Magnificent Rothschilds*(London 1939), 21.

20. L. H. Jenks, *The Migration of British Capital to 1875*(London 1963).

21. Salbstein, *op. cit.*

22. *Ibid.*, 165에서 인용했다.

23. Gille, *op. cit.*, ii 591-616.

24. Richard Davis, *The English Rothschilds*(London 1983).

25. 세부 사항에 관해서는 Roth, *op. cit.*를 참조하라.

26. Miriam Rothschild, *op. cit.*, 298.

27. *Ibid.*, 33.

28. 로스차일드 경 1세에 관해서는 *ibid.*, 30-50을 참고하라.

29. *Ibid.*, 40.

30. Roth, *op. cit.*에서 인용했다.

31. Salbstein, *op. cit.*, 44에서 인용했다.

32. Cecil Roth, *Essays and Portraits in Anglo-Jewish History*(London 1962), 18-20.

33. Geoffrey Finlayson, *The Seventh Earl of Shaftesbury*(London 1981), 112-116, 154-159.

34. Ronald Sanders, *op. cit.*, 5에서 인용했다.

35. L. Loewe, *The Damascus Affair*(New York 1940).

36. 몬티피오리에 관해서는 다음 책을 참고하라. Lucien Wolf, *Sir Moses Montefiore* (London 1885).

37. Roth, *Essays and Portraits*, 19-20.

38. Robert Blake, *Disraeli's Grand Tour: Benjamin Disraeli and the Holy Land, 1830-1831*(London 1982), 107ff.

39. Daien Schwarz, *Disraeli's Fiction*(London 1979), 99-100.

40. 'Benjamin Disraeli, Marrano Englishman', in Salbstein, *op. cit.*, 97-114.

41. 이는 유다 하 레비의 견해다. H. J. Zimmels, *Ashkenazim and Sephardim*(New York 1959)를 참조하라.

42. Blake, *op. cit.* 126 에서 인용했다.

43. Salbstein, *op. cit.* 에서 인용했다.

44. M. A. Meyer, *The Origins of the Modern Jew*(New York 1968); 볼프의 논문 'On the Concept of a Science of Judaism' (1822)는 *Leo Baeck Institute Yearbook II*(London 1957)에 수록되어 있다.

45. Lionel Kocham, *The Jew and his History*(London 1977), 66에서 인용했다.

46. Arthur A. Cohen, *The Natural and Supernatural Jew*(London 1967), 46.

47. Kocham, *op. cit.*, 66에서 인용했다.

48. Babylon Talmud, Berakhoth 3a, *ibid.* 에서 인용했다.

49. 히르쉬의 저술에 관해서는 I. Grunfeld (ed.), *Judaism Eternal*, 2 vols (London 1956) 을 참고하라.

50. *Ibid.*, i 133–135, Kocham, *op. cit.* 에서 인용했다.

51. Kochan, *op. cit.*, 79–80; Cohen, *op. cit.*, 34; N. Rotenstreich, *Jewish Philosophy in Modern Times*(New York 1968), 136–148.

52. P. Bloch에 의한 영역본은 6권으로 된 역본(London 1892–1898)과 5권으로 된 역본 (London 1919)이 있다.

53. Kochan, *op. cit.* 에서 인용했다.

54. H. Graetz, *Historic Parallels in Jewish History*(London 1887).

55. Alexander Altmann, 'The New Style of Preaching in Nineteenth Century German Jewry', in *Essays in Jewish Intellectual History*(Brandeis 1981).

56. W. D. Plaut, *Rise of Reform Judaism*(London 1963); D. Philipson, *Reform Movement in Judaism*(New York 1967).

57. M. Weiner (ed.), *Abraham Geiger and Liberal Judaism*(New York 1962).

58. Marmorstein, *op. cit.*, 36에서 인용했다.

59. 영역은 M. M. Kaplan (2nd edn London 1964)에 의해서 이루어졌다.

60. S. Ginzburg, *The Life and Works of M. H. Luzzatto*(London 1931).

61. Marmorstein, *op. cit.*, 5–11, 마모쉬타인은 루차토의 가르침을 요약해서 제시한다.

62. Leo Rosen, *The Joys of Yiddish*(Harmondsworth 1971), xviff를 참조하라.

63. *The Renaissance of Hebrew Literature, 1743–1885*(New York 1909), Marmorstein, *op. cit.* 에서 인용했다.

64. Laura Hofrichter, *Heinrich Heine*(trans., Oxford 1963), 1–2.

65. Jeffrey L. Sammons, *Heinrich Heine: A Modern Biography*(Princeton 1979), 40.

66. *Ibid.*, 171.

67. 가장 중요한 책은 다음 책이다. S. S. Prawer, *Heine's Jewish Comedy: A study of his*

Portraits of Jews and Judaism(Oxford 1983).

68. 하이네가 모제스 모저에게 1823년 8월 23일 보낸 편지 ; Sammons, *op. cit.*에서 인용했다.

69. 하이네가 임마누엘 볼빌에게 1823년 4월 1일에 보낸 편지 ; 앞의 책에서 인용했다.

70. 하이네가 페르디난트 라살레에게 1846년 2월 11일에 보낸 편지 ; 앞의 책에서 인용했다.

71. 하이네가 모저에게 1825년 12월 14일에 보낸 편지, Hofrichter, *op. cit.*, 44에서 인용했다.

72. Ernst Elster(ed.), *Heines samtliche Werke*, 7 vols (Leipzig and Vienna 1887-1890), vii 407.

73. Sammons, *op. cit.*, 249-250.

74. *Ibid.*, 288.

75. *Ibid.*, 25-26.

76. *Ibid.*, 166.

77. *Ibid.*, 308.

78. 그들의 관계에 대해서는 다음 책을 참고하라. Raddatz, *op. cit.*, 42-43 ; Sammons, *op. cit.*, 260ff.

79. Paul Nerrlich(ed.), *Arnold Ruges Briefwechsel und Tagebuchblatter aus der Jahren 1825-1880*(Berlin 1886), ii 346.

80. Robert S. Wistrich, *Revolutionary Jews from Marx to Trotsky*(London 1976), 40은 1854년 4월 〈뉴욕 데일리 트리뷴〉에 게재된 예루살렘에 관한 마르크스의 기사를 보여준다. 이 기사는 때때로 이러한 주장을 논박하기 위해서 인용되나 사실상 그 주장을 확증해주고 있다.

81. 1868년 4월 11일 엥겔스에게 보낸 편지, *Karl Marx-Friedrich Engels Werke*(East Berlin 1956-1968), xxxii 58.

82. Karl Jaspers, 'Marx und Freud', *Der Monat*, xxvi(1950), Raddatz, *op. cit.*에서 인용했다.

83. Raddatz, *op. cit.*, 143를 참고하라.

84. François Marie Charles Fourier, *Théorie des quatres mouvements*(Paris 1808) ; 푸리에에 관해서는 L. Poliakov, *History of Anti-Semitism*(trans., London 1970 -)를 참조하라.

85. *Carnets*(Paris 1961), ii 23, 337.

86. Wistrich, *op. cit.*, 6ff.

87. 루트비히 뵈르네에 관해서는 Orlando Figes, 'Ludwig Borne and the Formation of a Radical Critique of Judaism', *Leo Baeck Institute Year Book*(London 1984)를 참조하라.

88. Prawer, *op. cit.* ; Nigel Reeves, 'Heine and the Young Marx', *Oxford German Studies* viii(1972-1973)을 참고하라.

89. *Herr Vogt*(London 1860), 143-144 ; Wistrich, *op. cit.*에서 인용했다.

90. Karl Marx, *Neue Rheinische Zeitung*, 1849년 4월 29일 자.

91. *Marx-Engles Works*, ii III(Berlin 1930), 122.

92. *Marx-Engles Werke*, xxx 165.

93. *Ibid*., 259.

94. Figes, *op. cit*.를 참조하라.

95. Bruno Bauer, *Die Judenfrage*(Brunswick 1843).

96. 내가 참고한 번역본은 다음과 같다. T. B. Bottomore(ed. and trans.), *Karl Marx*: *Early Writings*(London 1963); *Karl Marx-Engles Collected Works*(London 1975ff.), iii 146-174.

97. Bottomore, *op. cit*., 34.

98. *Ibid*., 37.

99. *Ibid*., 35-36.

100. *Ibid*., 34-35.

101. *Capital*, i II, ch. 4.

102. *Capital*, ii VII, ch. 22.

103. Karl Marx, 'The Russian Loan', *New York Daily Tribune*, 1856 1월 4일 자.

104. S. W. Baron, 'Population', *Encyclopaedia Judaica* xiii, 866-903에서 인용했다.

105. Ben Sasson, *op. cit*.에서 인용했다.

106. Paul Lindau(ed.), *Ferdinand Lassalles Tagebuch*(Breslau 1891), 160-161; Wistrich, *op. cit*.에서 인용했다.

107. A. F. Day, *The Mortara Mystery*(London 1930).

108. 제정 러시아 시대의 유대인에 관해서는 J. Frumkin *et al*.(eds), *Russian Jewry 1860-1917*(London 1966); S. W. Baron, *The Russian Jew under Tsars and Soviets*(New York 1964)를 참조하라.

109. Alexis Goldenweiser, 'Legal Status of Jews in Russia', in Frumkin, *op. cit*.를 참조하라.

110. Lucien Wolf(ed.), *Legal Sufferings of the Jews in Russia*(London 1912).

111. *Ibid*., 41.

112. *Ibid*., 44-46, 71-76.

113. *Ibid*., 2-6.

114. *Ibid*., 9.

115. I. M. Dijur, 'Jews in the Russian Economy', in Frumkin, *op. cit*., 120-143.

116. Amos Elon, *Herzl*(London 1976)에서 인용했다.

117. Ben Sasson, *op. cit*.에서 인용했다.

118. Joseph L. Blau와 S. W. Baron, *The Jews in the United States 1790-1840*: *A Documentary History*, 3 vols(New York 1963), ii 576.

119. *Ibid.*, iii 809.

120. *Ibid.*, ii 327.

121. A. B. Makover, *Mordecai M. Noah*(New York 1917); I. Goldberg, *Major Noah: American Jewish Pioneer*(New York 1937); 그의 선포에 관한 글은 Blau and Baron and *op. cit.*, iii 898-899를 참고하라.

122. *Ibid.*, 176-181.

123. 아이작 리서에 관해서는 Murray Friedman, *Jewish Life in Philadelphia 1830-1940*(Philadelphia 1984).

124. 전체 본문은 *Encyclopaedia Judaica* xiii. 570-571.

125. H. E. Jacobs, *The World of Emma Lazarus*(New York 1949); E. Merriam, *Emma Lazarus: Woman with a Torch*(New York 1956).

126. *Encyclopaedia Judaica* xii. 1092.

127. Richard Siegel and Carl Rheins(eds), *The Jewish Almanack*(New York 1980), 509.

128. 시편 137:1.

129. Moses Hess, *Rome and Jerusalem*(trans., New York 1918).

130. Cohen, *op. cit.*, 57-59; 헤스에 관해서는 Isaiah Berlinn, *The Life and Opinions of Moses Hess*(Cambridge 1959)도 참고하라.

131. J. R. Vincent(ed.), *Disraeli, Derby and the Conservative Party: The Political Journals of Lord Stanley*(London 1978), 32-33.

132. J. A. Gere and John Sparrow(eds), *Geoffrey Madan's Notebooks*(Oxford 1984).

133. J. J. Tobias, *The Prince of Fences: The Life and Crimes of Ikey Solomons*(London 1974).

134. L. Hyman, *The Jews of Ireland, London and Jerusalem*(London 1972), 103-104.

135. Emily Strangford, *Literary Remains of the Late Emanuel Deutsch*(New York 1974).

136. Gordon S. Haight, *George Eliot*(Oxford 1968), 487.

137. *Encyclopaedia Britannica*(London 1911), xxviii 987.

138. 조지 엘리엇의 영향력에 관해서는 Ronald Sanders, *The High Walls of Jerusalem: A History of the Balfour Declaration and the Birth of the British Mandate for Palestine*(New York 1984), 14ff를 참조하라.

139. Guy Chapman, *The Dreyfus Case*(London 1955), 99.

140. 드레퓌스 재판 기간 중의 프랑스 유대인 사회에 관해서는 Michael R. Marrus, *The Politics of Assimilation: The French Jewish Community at the Time of the Dreyfus Affair*(Oxford 1971)을 참고하라.

141. *Ibid.*, 118에서 인용했다.

142. Léon Halévy, *Résumé de l' histoire des juifs modernes*(Paris 1828), 325-326; Marrus, *op. cit.*, 90에서 인용했다.

143. Julien Benda, *La Jeunesse d' un clerc*(Paris 1936), 43; Marrus, *op. cit.*

144. Herbert Feis, *Europe the World' s Banker 1870-1914*(New York 1965), 33ff.

145. 그 교회에 관해서는 R. P. Lecanuet, *L' Église de la France sur la troisième république*(Paris 1930), 231-233; Robert L. Hoffman, *More Than a Trial: The Struggle over Captain Dreyfus*(New York 1980), 82ff를 참조하라.

146. *La Croix*, 1896년 11월 13일 자, Pierre Sorin, *La Croix et les Juifs 1880-1899*(Paris 1967), 117에서 인용했다.

147. Chapman, *op. cit.*, 59.

148. *L' Aurore*, 1899년 6월 7일; Marrus, *op. cit.*, 에서 인용했다. 그는 라자르에 관해 한 장을 할애하고 있다, 164-195; B. Hagani, *Bernard Lazare*(Paris 1919).

149. George D. Painter, *Marcel Proust*, 2 vols(London 1977), i 210.

150. Paul Cambon, *Correspondence*, 2 vols(Paris 1945), i 436.

151. Chapman, *op. cit.*, 199에서 인용했다.

152. Christophe Charles, 'Champ Littéraire et champ de pouvoir: Les écrivains et l' affaire Drefus', *Annales*, 32(1977).

153. Jean-Pierre Rioux, *Nationalisme et conservatisme: la Ligue de la Patrie française 1899-1904*(Paris 1977), 20-30; Marrus, *op. cit.*, 148-149에서 인용했다.

154. Painter, *op. cit.*, i 220.

155. Alain Silvera, *Daniel Halévy and his Times*(Cornell 1966).

156. Painter, *op. cit.*, i 214ff.

157. Janine Ponty, 'La Presse quotidienne et l' Affaire Dreyfus en 1898-1899', *Revue d' histoire moderne et contemporaine*, 21(1974).

158. 드뤼몽이 모아둔 스크랩에서 나왔고 현재 드레퓌스의 다른 엄청난 자료와 함께 하버드의 호턴 도서관에 소장되어 있다.

159. Frederick Busi, 'The Dreyfus Affair and the French Cinema', *Weiner Library Bulletin*, 39-40(1976).

160. Painter, *op. cit.*, i 226.

161. *Ibid.*, 233

162. R. D. Mandell, 'The Affair and the Fair: Some Observations on the Closing Stages of the Dreyfus Case', *Journal of Modern History*(September 1967); Douglas Johnson, *France and the Dreyfus Affair*(London 1966).

163. Joseph Reinach, *Histoire de l' Affaire Dreyfus*, 6 vols plus index(Paris 1901-1908).

164. Chapman, *op. cit.*, 359; Charles Andler, *La Vie de Lucien Herr*(Paris 1932).

165. André Gide, *Journals 1889-1949*(trans., Harmondsworth 1978), 194ff.

166. 헤르츨에 관한 많은 서적 가운데 나는 주로 Elon, *op. cit.*를 따랐다.

167. *Ibid.*, 9.

168. *Ibid.*, 66에서 인용했다.

169. *Ibid.*, 115.

170. 민족주의에서 비롯된 반유대주의에 관해서는 George L. Mosse, *The Crisis in German Ideology*(London 1966)을 참고하라.

171. Elon, *op. cit.*, 64에서 인용했다.

172. 최초의 영어 번역본은 *Autoemancipation: An Admonition to his Brethren by a Russian Jew*(New York 1906)이다.

173. Walter Laqueur, *Weimar: A Cultural History 1918-1933*(London 1974)에서 인용했다.

174. Elon, *op. cit.*, 114.

175. Pierre van Passen, 'Paris 1891-1895: A Study of the Transition in Theodor Herzl's Life', in Meyer W. Weisgal(ed.), *Theodor Herzl, Memorial*(New York 1929).

176. *Der Judenstaat: Versuch einer modernen Loesung der juedischen Frage*(Vienna 1896); H. Abrahami and A. Bein, *The Editions of the Jewish State by Theodor Herzl*(New York 1970).

177. Elon, *op. cit.*, 142-147.

178. *Ibid.*, 175ff.

179. 노르다우에 관해서는 A. and M. Nordau, *Max Nordau*(trans., London 1943)을 참고하라.

180. 나는 시온주의자 국제 회의에서 연설할 수 있는 특권을 누렸고, 1985년 같은 강단에서 기독교인을 대상으로 연설했다.

181. Chaim Weizmann, *Trial and Error*(London 1949), 71.

182. Elon, *op. cit.*, 186.

183. 그의 책은 1960년에 뉴욕에서 출간되었다. *Tagebücher*, trans. Harry zohn, ed. R. (New York 1960).

184. Elon, *op. cit.*, 379-380.

185. Sanders, *op. cit.*, 29-30.

186. *Ibid.*, 37-38.

187. Elon, *op. cit.*, 405-406, 397.

188. *Ibid.*, 237.

189. Marmorstein, *op. cit.* 60-70.

190. I. Domb, *Transformations*(London 1958), 192-195에서 인용했다.

191. Marmorstein, *op. cit.*, 71-72에서 인용했다.

192. *Ibid.*, 79-80에서 인용했다.

193. T. Levitan, *The Laureates: Jewish Winners of the Nobel Prize*(New York 1906); 유대인 노벨상 수상자의 명단은 *Encyclopaedia Judaica* xii, 1201-1202를 참조하라.

194. Frederick V. Grunfeld, *Prophets Without Honour*(London 1979), 10.

195. 코헨에 관해서는 Cohen, *op. cit.*, 70ff.; Alexander Altmann, 'Theology in Twentieth-century Jewry', in *Essays in Jewish Intellectual History*를 참조하라.

196. 로젠츠바이크와 로젠슈타크 후에시에 관해서는 Altmann, *op. cit.*, and N. N. Glatzer (ed.), *Franz Rosenzweig: His Life and Thought*(2nd edn New York 1961)를 참조하라.

197. Grunfeld, *op. cit.*, 17에서 인용했다.

198. Hartmut Pogge von Strandmann(ed.), *Walter Rathenau: Notes and Diaries 1907-1922*(Oxford 1985), 98-99.

199. Grunfeld, *op. cit.*에서 인용했다.

200. Charles Rosen, *Schoenberg*(London 1976), 16-17.

201. Alma Mahler, *Gustav Mahler: Memories and Letters*(trans., New York 1946), 90.

202. Charles Spencer, *Léon Bakst*(London 1973).

203. Serge Lifar, *A History of the Russian Ballet*(London 1954).

204. Spencer, *op. cit.*, 127에서 인용했다.

205. 박스트의 색채 윤리론에 관해서는 Mary Franton Roberts, *The New Russian Stage*(New York 1915)를 참조하라.

206. Sidney Alexander, *Marc Chagall*(London 1978).

207. Peter Gay, *Freud, Jews and Other Germans*(Oxford 1978), 21.

208. *Ibid.*, 101ff.

209. 카를 아브라함에게 보낸 편지, Jack J. Spector, *The Aesthetics of Freud*(London 1977), 22에서 인용했다.

210. Paul Roazen, *Freud and his Followers*(London 1976), 192-193.

211. *Ibid.*, 75ff.; 프로이트 부부에 관해서는 존스 기록 보관소에 있는, 마틸다 프로이트 홀리처가 어니스트 존스에게 1952년 3월 30일에 보낸 편지를 참조하라. Theodor Reik, 'Years of Maturity', *Psychoanalysis*, iv I(1955)도 참고하라.

212. David Bakan, *Sigmund Freud and the Jewish Mystical Tradition*(Princeton 1958), 51-52; Sigmund Freud, Preface to *Totem and Taboo*(1913).

213. Ernest Jones, *Life and Work of Sigmund Freud*, 3 vols(New York 1953-1957), i 22, 184.

214. 'On Being of the B' nai B' rith', *Commentary*(March 1946).

215. Max Graf, 'Reminiscenses of Sigmund Freud', *Psychoanalytic Quarterly*, xi(1942); Jacob Meotliz, 'The Last Days of Sigmund Freud', *Jewish*

Frontier(September 1951); Bakan, *op. cit.*에서 인용했다.

216. Jones, *op. cit.*, i 25, 35. 프로이트가 설명한 부분은 다음 책을 참고하라. M. Bonaparte, A. Freud and E. Kris(eds and trans.), *Freud, Origins of Psychoanalysis: Letters to Wilhelm Fliess, Drafts and Notes 1887-1902*(New York 1954), 322; Bakan, *op. cit.*

217. E. Stengel, 'A Revaluation of Freud's Book "On Aphasia"', *International Journal of Psychoanalysis*(1954).

218. H. Sachs, *Freud, Master and Friend*(Harvard 1944), 99-100; Bakan, *op. cit.*에서 인용했다.

219. Jones, *op. cit.*, i 348.

220. *Ibid.*, ii 367; Sigmund Freud, 'The Moses of Michelangelo', *Collected Papers*, iv 251-287.

221. Bakan, *op. cit.*, 246-270.

222. Robert S. Steele, *Freud and Jung: Conflicts of Interpretation*(London 1982); W. McGuire(ed.), *Freud-Jung Letters*(Princeton 1974), 220.

223. Max Schur, *Freud Living and Dying*(London 1972), 337.

224. Jones, *op. cit.*, ii 148.

225. Steven Marcus, *Freud and the Culture of Psychoanalysis*(London 1984), 50-53.

226. 앞의 책 83쪽에서 인용했다.

227. 브로이어에 관해서는 Sigmund Freud, 'Origins and Development of Psychoanalysis', *American Journal of Psychology*, xxi(1910), 181; Roazen, *op. cit.*, 93-99을 참고하라.

228. Fritz Wittels, *Sigmund Freud*(New York 1924), 140; Bakan, *op. cit.*에서 인용했다.

229. Roazen, *op. cit.*, 197에서 인용했다.

230. Jones, *op. cit.*, ii 33.

231. 프로이트의 소동에 관해서는 Roazen, *op. cit.*, 194ff., 204ff., 20ff., 234ff.를 참고하라.

232. Jones, *op. cit.*, iii 208.

233. *Ibid.*, iii 245.

234. Arthur Koestler, *The Invisible Writing*(London 1955).

235. 양자 이론에 대한 아인슈타인의 공헌에 관해서는 Max Jammer, 'Einstein and Quantum Physics' in Gerald Holton and Yehuda Elkana(eds), *Albert Einstein: Historical and Cultural Perspectives*(Princeton 1982), 59-76을 참고하라.

236. 'What I Believe', *Forum and Century* 84(1930); Uriel Tal, 'Ethics in Einstein's Life and Thought', in Holton and Elkana, *op. cit.*, 297-318에서 인용했다.

237. Einstein, *Physics and Reality*(New York 1936).

238. Henri Bergson, *Two Sources of Morality and Religion*(trans., London 1935).

239. 아인슈타인이 솔로빈에게 1952년 3월 30일 보낸 편지. Yehuda Elkana, 'The Myth of Simplicity', in Holton and Elkana, *op. cit.*, 242에서 인용했다.

240. Milic Capek, *The Philosophical Impact of Contemporary Physics*(Princeton 1961), 335ff.; 또한 William James, 'The Dilemma of Determinism', in *The Will to Believe*(London 1917).

241. Yehuda Elkana, *op. cit.*

242. 이에 관해서는 Paul Johns, *Modern Times: The World from the Twenties to the Eighties*(New York 1983), ch. 1, 'A Relativistic World'를 참조하라.

243. Lionel Trilling, *Mind in the Modern World*(New York 1973), 13–14.

244. 'The Hunter Graccus'. *Graccus*또는 *graculus*는 갈까마귀를 지칭하는 라틴어다. 체코 태생의 카프카와 그가 미워했던 아버지는 자신의 상점에 갈까마귀가 그려진 간판을 걸어두었다. Lionel Trilling, *Prefaces to the Experience of Literature*(Oxford 1981), 118–122를 참조하라.

245. Rosen, *op. cit.*, 10에서 인용했다.

246. Grunfeld, *op. cit.*, 23–24.

6부

1. 아스퀴스의 연설은 〈타임스〉 1914년 11월 10일 자에 수록되어 있다.

2. 할퍼린 여사와의 인터뷰는 Eric Silver, *Begin*(London 1984), 5, 9을 참고하라.

3. Ronald Sanders, *The High Walls of Jerusalem: A History of the Balfour Declaration and the Birth of the British Mandate for Palestine*(New York 1984), 315ff.

4. Chaim Weizmann, *Trial and Error*(London 1949), 15–25.

5. *Ibid.*, 29, 44.

6. Sanders, *op. cit.*, 64–69.

7. 〈뉴 스테이츠먼〉 1914년 11월 21일 자. A.M.H(Albert Montefiore Hyamson)라고 서명된 기사.

8. Michael and Eleanor Brock(eds), *H. H. Asquith: Letters to Venetia Stanley*(Oxford 1952), 406–407.

9. *Ibid.*, 477–478; 485.

10. Sanders, *op. cit.*, 313–314에서 인용했다.

11. Miriam Rothschild, *Dear Lord Rothschild: Birds, Butterflies and History*(London and Philadelphia 1983), 45.

12. Sanders, *op. cit.*, 69, 133.

13. Weizmann, *op. cit.*, 144; 몇 가지 의구심이 드는 이야기다.; Sanders, *op. cit.*, 94–96을

참고하라.

14. Sanders, *op. cit.*에서 인용했다.

15. 수집물에 관해서는 Miriam Rothschild, *op. cit.*을 참고하라.

16. Weizmann, *op. cit.*, 257.

17. 몬터규는 1917년 10월 31일 전시 내각에 참여하지 않았다.; Sanders, *op. cit.*, 594-596을 참고하라. 여기에도 마지막 편지가 실려 있다.

18. Weizmann, *op. cit.*, 262.

19. *Ibid.*, 298; Sanders, *op. cit.*, 481.

20. Weizmann, *op. cit.*, 273-274.

21. 위임 통치권에 대한 내용은 David Lloyd George, *The Truth About the Peace Treaties*, 2 *vols*(London 1938), ii 1194-1201에 수록되어 있다.

22. Weizmann, *op. cit.*, 288.

23. *Ibid.*, 67.

24. Vladimir Jabotinsky, *The Story of the Jewish Legion*(trans., Jerusalem 1945); P. Lipovetski, *Joseph Trumpeldor*(trans., London 1953).

25. Yigal Allon, *The Making of Israel's Army*(New York 1970); J. B. Schechtman, *The Vladimir Jabotinsky Story*, 2 vols(New York 1956-1961).

26. Amos Elon, *Herzl*(London 1976), 179.

27. Neil Caplan, *Palestine Jewry and the Arab Question 1917-1925*(London 1978), 74, 169ff.

28. S. Clement Leslie, *The Rift in Israel: Religious Authority and Secular Democracy*(London 1971), 32에서 인용했다.

29. Weizmann, *op. cit.*, 316.

30. *Ibid.*, 307-308.

31. 전문은 다음 책을 참고하라. Sanders, *op. cit.*, 569-570.

32. Elie Kedourie, 'Sir Herbert Samuel and the Government of Palestine', in *The Chatham House Version and Other Middle East Studies*(London 1970), 57.

33. 1920년 6월 8일; *Letters and Papers of Chaim Weizmann*(New Brunswick 1977), xi 355.

34. Kedourie, *op. cit.*, 55-56에서 인용했다.

35. Neil Caplan, 'The Yishuv, Sir Herbert Samuel and the Arab Question in Palestine 1921-1925', in Elie Kedourie and Sylvia G. Haim(eds), *Zionism and Arabism in Palestine and Israel*(London 1982), 19-20에서 인용했다.

36. Kedourie, *op. cit.*, 60-62.

37. *Ibid.*, 65에서 인용했다.

38. Bernard Wasserstein, 'Herbert Samuel and the Palestine Problem', *English*

Historical Review, 91(1976).

39. Kedourie, *op. cit.*, 69.

40. Weizmann, *op. cit.*, 325, 494.

41. Lloyd George, *Peace Treaties*, 1123ff.

42. *Ibid.*, 1139.

43. Caplan, 'The Yishuv', 31.

44. Wasserstein, *op. cit.*, 767에서 인용했다.

45. R. H. S. Crossman, *A Nation Reborn*(London 1960), 127에서 인용했다.

46. Weizmann, *op. cit.*, 418.

47. *Encyclopaedia Judaica* iv, 506에서 인용했다.

48. Weizmann, *op. cit.*, 411.

49. Leslie, *op. cit.*(1938년 인터뷰)에서 인용했다.

50. 'On the Iron Wall', 1923 ; Silver, *op. cit.*, 12에서 인용했다.

51. Robert S. Wistrich, *Revolutionary Jews from Marx to Trotsky*(London 1976), 77ff. ; 또한 J. P. Nettl, *Rosa Luxemburg*, 2 vols(London 1966)을 참고하라.

52. Wistrich, *op. cit.*, 83에서 인용했다.

53. 마틸리 부름에게 1917년 2월 16일에 보낸 편지. 앞의 책에서 인용했다.

54. *Collected Works*(London 1961), vii 100ff. ; 'Critical Remarks on the National Question', 1913 ; Wistrich, *op. cit.*에서 인용했다.

55. Issac Deutscher, *The Prophet Armed: Trotsky, 1879–1921*(Oxford 1965).

56. K. Pindson(ed.), *Essays in Anti–Semitism*(2nd edn New York 1946), 121–144를 참조하라. The *Encyclopaedia Judaica* xiv, 459는 그 수를 6만 명으로 제시하고 있다. ; H. H. Ben Sasson(ed.), *A History of the Jewish People*(trans., Harvard 1976)은 7만 5,000명으로 제시하고 있으며, 소련은 18만–20만 명으로 제시하고 있다

57. Bernard D. Weinryb, 'Anti–Semitism in Soviet Russia', in Lionel Kochan(ed.), *The Jews in Soviet Russia*(Oxford 1972).

58. J. B. Schechtman, 'The USSR, Zionism and Israel', in Kochan, *op. cit.*, 101.

59. *Ibid.*, 107 ; Guido D. Goldman, *Zionism under Soviet Rule 1917–1928*(New York 1960).

60. Isaac Deutscher, *The Prophet Unarmed: Trotsky 1921–1929*(Oxford 1965), 258.

61. Lionel Trilling, 'Isaac Babel', in *Beyond Culture*(Oxford 1980), 103–125에서 인용했다 ; Babel, *Collected Stories*(New York 1955)에 대한 트릴링의 증보판과 R. Rosenthal in *Commentary*, 3(1947)을 참고하라.

62. Robert Conquest, *Inside Stalin's Secret Police*: *NKVD Politics 1936–1939*(London 1985), 99.

63. *Jewish Chronicle*, 1917년 11월 2일.

64. Leon Poliakov, *History of Anti-Semitism*, vol. iv, Suicidal Europe, 1870–1933(Oxford 1985), 209.

65. *The Cause of World Unrest*, 10, 13, 131–132.

66. *Illustrated Sunday Herald*, 1920년 2월 8일 자, Poliakov, *op. cit.*에서 인용했다.

67. *Morning Post*, 1921년 10월 6일 자, Poliakov, *op. cit.*에서 인용했다.

68. Robert Wilson, *The Lsat Days of the Romanovs*(London 1920), 148.

69. P. Lévy, *Les Noms des Israélites en France*(Paris 1960), 75–76.

70. Paul J. Kingston, *Anti-Semitism in France during the 1930s: Organization, Personalities and Propaganda*(Hull 1983), 4에서 인용했다.

71. Paul Hyman, *From Dreyfus to Vichy: The Remaking of French Jewry*(Columbia 1979), 35.

72. Léon Blum, *Nouvelles Conversations de Goethe avec Eckermann*(Paris 1901), Wistrich, *op. cit.*에서 인용했다.

73. Harvey Goldberg, 'Jean Jaurès on the Jewish Question', *Jewish Social Studies*(April 1958).

74. A. Mitchell Palmer, 'The Case Against the Reds', *Forum*, 1920년 2월; Poliakov, *op. cit.*, 231–232.

75. 브랜다이스의 법철학에 관해서는 Philippa Strum, *Louis D. Brandeis: Justice for the People*(Harvard 1985)을 참고하라.

76. *West Virginia State Board of Education v. Barnette*(1943).

77. G. Saleski, *Famous Musicians of Jewish Origin*(New York 1949).

78. T. Levitan, *Jews in American Life*(New York 1969), 96–99, 199–203, 245–246.

79. Lary May, *Screening out the Past: The Birth of Mass Culture and the Motion-Picture Industry*(Oxford 1980)에서 인용했다.

80. Philip French, *The Movie Moguls*(London 1967).

81. *Ibid.*, 21.

82. 세부사항에 관해서는 French, *op. cit.*; May, *op. cit.*, 253, table IIIa, 'Founders of the Big Eight', and table IIIb를 참조하라.

83. French, *op. cit.*, 28.

84. Raymond Durgnat, *The Crazy Mirror: Hollywood Comedy and the American Iamge*(London 1969), 150–161; 78–83.

85. May, *op. cit.*, 171.

86. Helen and Robert Lynd, *Middletown*(New York 1929).

87. Edward J. Bristow, *Prostitution and Prejudice: The Jewish Fight Against White Slavery 1870–1939*(New York 1984).

88. Jenna Weissman Joselit, *Our Gang: Jewish Crime and the New York Jewish*

Community 1900-1940(New York 1984).

89. 유대인 악당들에 관해서는 *Albert Fried, The Rise and Fall of the Jewish Gangster in America*(New York 1980)을 참고하라.

90. Melvin Urofsky, *American Zionism: From Herzl to the Holocaust*(New York 1975), 127.

91. Ronald Steel, *Walter Lippmann and the American Century*(London 1980), 187에 서 인용했다.

92. James Grant, *Bernard Baruch: The Adventures of a Wall Street Legend*(New York 1983), 223ff는 시장 붕괴 이후에 자신의 재산을 겨우 지켰음을 보여준다. 그의 재산은 1,000만 달러에서 1,500만 달러가 넘지 않았다.

93. *Ibid.*, 107-109.

94. Steel, *op. cit.*, 189.

95. 'Public Opinion and the American Jew', *American Hebrew*, 1922년 4월 14일.

96. Steel, *op. cit.*, 194에서 인용했다.

97. *Ibid.*, 330-331에서 인용했다.

98. *New York Times*, 1945년 4월 11일 자; 투표에 관해서는 Davis S. Wyman, *The Abandonment of the Jews: America and The Holocaust 1941-1945*(New York 1984), 8-9를 참조하라.

99. Fritz Stern, 'Einstein's Germany', in Holton and Elkana, *op. cit.*, 322ff.

100. *Ibid.*, 324-325.

101. 겜펠은 이 살인과 판결에 대한 통계를 조사했다. *Vier Jahre politisches Mord*(Berlin 1922), Grunfeld, *op. cit.*에서 인용했다.

102. *Mein Kampf*(1962 edn), 772.

103. Walter Laqueur, *Russia and Germany: A Century of Conflict*(London 1962), 109ff.; Poliakov, *op. cit.*, iv 174.

104. Robert Wistrich, *Hitler's Apocalypse: Jews and the Nazi Legacy*(London 1986), 14-19.

105. Raul Hilberg, *The Destruction of the European Jews*(rev. edn New York 1985), i 20-21에서 인용했다.

106. *Zentralblatt für Psychotherapie*, vii(1934); Grunfeld, *op. cit.*에서 인용했다.

107. Fritz Stern, *The Politics of Cultural Despair*(Berkeley 1961), 291.

108. Fritz K. Ringer, *The Decline of the German Mandarins: The German Academic Community 1890-1933*(Harvard 1969), 446.

109. George L. Mosse, *The Crisis in German Ideology*(London 1966), 196.

110. Michael S. Steinberg, *Sabres and Brownshirts: The German Students' Path to National Socialism, 1918-1935*(Chicago 1977), 6-7; P. G. J. Pulzer, *The Rise of*

Political Anti-Semitism in Germany and Austria(New York 1964), 285ff.

111. Dennis E. Showalter, *Little Man, What Now? Der Stürmer in the Weimar Republic*(Hamden Connecticut 1983).

112. Istvan Deak, *Weimar Germany's Left-wing Intellectuals: A Political History of the Weltbühne and its Circle*(Berkeley 1968); Harold L. Poor, *Kurt Tucholsky and the Ordeal of Germany 1914-1935*(New York 1968).

113. Walter Laqueur, *Weimar: A Cultural History 1918-1933*(London 1974), 45에서 인용했다.

114. Mosse, *op. cit.*, 144.

115. Donald L. Niewyk, *The Jews in Weimar Germany*(Manchester 1981)은 이 주제에 관해 하나의 장을 할애하고 있다. 'The Jew as German Chauvinist', 165-177.

116. Laqueur, *Weimar*, 72.

117. *Ibid.*, 75ff.

118. Mosse, *op. cit.*, 242.

119. Roger Manvell and Heinrich Fraenkel, *The German Cinema*(London 1971), 7ff.

120. Laquerr, *op. cit.*, 234ff.

121. Gershom Scholem, *Walter Benjamin: The Story of a Friendship*(London 1982); *Jews and Judaism in Crisis*(New York 1976), 193.

122. Richard Wolin, *Walter Benjamin: An Aesthetic of Redemption*(New York 1982), 40-43.

123. Walter Benjamin, *lluminations*(trans., New York 1969), 255; Wolin, *op. cit.*, 50ff.

124. Terry Eagleton, *Walter Benjamin, or Towards a Revolutionary Criticism* (London 1981).

125. Hilberg, *op. cit.*, i 30ff.

126. *Institut für Zeitgeschichte*, Munich; quoted in Wistrich, *Hitler's Apocalypse*, 31-32.

127. Max Domarus(ed.), *Hitler: Reden und Proklamationen 1932-1945*(Würzburg 1962), i 537.

128. Hilberg, *op. cit.*, i 39.

129. *Ibid.*, 46, 각주 1.

130. *Ibid.*, 69-75.

131. *Ibid.*, 96-107.

132. *Ibid.*, 190-191.

133. *Ibid.*, ii 416; Lucy S. Davidowicz, *The War Against the Jews, 1933-1945*(London 1975), 141; Martin Gilbert, *The Holocaust*(New York 1986), 526.

134. Benjamin Ferencz, *Less than Slaves: Jewish Forced Labour and the Quest for Compensation*(Harvard 1979), 25.

135. Hilberg, *op. cit.*, i 254.

136. Ferencz, *op. cit.*, 28.

137. Robert H. Abzug, *Inside the Vicious Heart: Americans and the Liberation of Nazi Concentration Camps*(Oxford 1985), 106.

138. Ferencz, *op. cit.*, 22.

139. *Ibid.*, appendix 3, 202ff.; 1947년 3월 12일, 회스의 선서 진술서.

140. Ferencz, *op. cit.*, 19.

141. Hilberg, *op. cit.*, i 87.

142. David Irving, *Hitler's War*(London 1977).

143. Gerald Fleming, *Hitler and the Final Solution*(Berkeley 1984)는 그것을 반박하고 있다.

144. H. R. Trevor-Roper(ed.), *Hitler's Table Talk 1941-1944*(London 1973), 154.

145. Wistrich, *Hitler's Apocalypse*, 37; 그의 책 6장 'Hitler and the Final Solution', 108ff 를 참조하라.

146. Davidowicz, *op. cit.*, 132.

147. *Ibid.*, 134; Alexander Mitscherlich and Fred Mielke, *Doctors of Infamy: The Story of the Nazi Medical Crimes*(New York 1949), 114.

148. Hilberg, *op. cit.*, i 281.

149. *Ibid.*, 308.

150. *Ibid.*, 332-333.

151. 수용소 목록은 독일 정부에서 작성했다. *Bundesgesetzblatt*, 1977년 9월 24일 자, pp. 1787-1852; 900개 강제 노동 수용소의 수치는 회스가 제시한 것이다.

152. Hilberg, *op. cit.*, i 56.

153. Davidowicz, *op. cit.*, 130.

154. Jochen von Lang, *Eichmann Interrogated*(New York 1973), 74-75.

155. Louis P. Lochner(ed.), *The Goebbels Diaries 1942-1943*(New York 1948).

156. 통계는 Davidowicz, *op. cit.*, appendix B, 402f에서 인용했다.

157. 나치의 살인에 대한 기본 증거는 다음 자료에서 나왔다. *Trials of Major War Criminals before the International Military Tribunal*, 44 vols(Nuremberg 1947), *Nazi Conspiracy and Aggression*, 8 vols plus supplement(Washington DC 1946), *Trials of War Criminals before the Nuremberg Military Tribunals under Control Council Law No. 10*, 15 vols(Washington DC).

158. Luba Krugman Gurdus, *The Death Train*(New York 1979); Martin Gillbert, *Final Journey*(London 1979), 70.

159. Hilberg, *op. cit.*, i 581 ; Gilbert, *Final Journey*, 78.

160. 개인 경력에 관해서는 Leonard Gross, *The Last Jews in Berlin*(London 1983)을 참고하라.

161. *Ibid.*

162. 오스트리아의 반유대 전쟁 기록은 Howard M. Sacher, *Diaspora*(New York 1985), 30ff에 요약되어 있다.

163. Hilberg, *op. cit.*, ii 457-458.

164. 통계는 Julius S. Fischer, *Transnistria, the Forgotten Cemetery*(South Brunswick 1969), 134-137에서 인용했다.

165. Davidowicz, *op. cit.*, 383-386.

166. *Bagatelle pour un massacre*(Paris 1937), 126 ; 셀린에 관해서는 Paul J. Kingston, *Anti-Semitism in France during the 1930s*(Hull 1983), 131-132을 참고하라.

167. Jean Laloum, *La France Antisémite de Darquier de Pellepoix*(Paris 1979).

168. M. R. Marrus and R. O. Paxton, *Vichy France and the Jews*(New York 1981), 343.

169. André Halimi, *La Délation sous l'occupation*(Paris 1983).

170. 1904년 1월 23일 자 헤르츨의 일기 ; Cecil Roth, *The History of the Jews of Italy* (Philadelphia 1946), 474-475.

171. Meir Michaelis, *Mussolini and the Jews*(Oxford 1978), 52.

172. *Ibid.*, 11ff., 408 ; Gaetano Salvemini, *Prelude to World War II*(London 1953), 478.

173. Michaelis, *op. cit.*, 353-368.

174. 구전 역사 선집, *The Reminiscences of Walter Lippmann*, 248-250 ; Meryl Secrest, *Being Bernard Berenson*(New York 1979).

175. 홀로코스트 통계는 서로 차이를 보이고 있다. 헝가리 통계는 Monty Noam Penkower, *The Jews Were Expendable*: *Free World Diplomacy and the Holocaust* (Chicago1983), 214에서 인용했다. *Encyclopaedia Judaica* viii, 889-890에 수록된 일련의 통계와 자료를 참고하라.

176. F. E. Werbell and Thurston Clarke, *Lost Hero*: *The Mystery of Raoul Wallenberg* (New York 1982) ; Alvar Alsterdal, 'The Wallenberg Mystery', *Soviet Jewish Affairs*, 1983년 2월.

177. David S. Wyman, *The Abandonment of the Jews*: *America and the Holocaust*, 1941-1945(New York 1984), 97.

178. Penkower, *op. cit.*, 193.

179. Charles Stember(ed.), *Jews in the Mind of America*(New York 1966), 53-62 ; Wyman, *op. cit.*, 10-11.

180. *Boston Globe*, 1942년 6월 26일 자 ; *New York Times*, 1942년 6월 27일 자. 〈타임스〉는 그 보고서를 상세히 요약해 7월 2일에 보도했다.

181. *Nation*, 1945년 5월 19일 자; Abzug, *op. cit.*, 136–137.

182. Wyman, *op. cit.*, 313과 각주.

183. *Ibid.*, 112ff.

184. Penkower, *op. cit.*, 193.

185. Wyman, *op. cit.*, 299.

186. Hilberg, *op. cit.*, i 358.

187. Wyman, *op. cit.*, 4–5.

188. 베타르에 관해서는 Marcus, *Social and Political History of the Jews in Poland 1919–1938*, 271–273; Silver, *op. cit.*, 19ff를 참조하라.

189. Hilberg, *op. cit.*, i 186–187.

190. 그 가운데 대략 3분의 1이 출판되었다: Lucjan Dobroszynski (ed.), *The Chronicle of the Lodz Ghetto, 1941–1944*(Yale 1984).

191. Penkower, *op. cit.*, 292, 337–338, 주 10.

192. Gilbert, *The Holocaust*, 426–427.

193. Davidowicz, *op. cit.*, 301.

194. *Ibid.*, 289.

195. 신명기 28:66.

196. Yaffa Eliach (ed.), *Hasidic Tales of the Holocaust*(Oxford 1983).

197. Arnold J. Pomerans (trans.), *Etty: A Diary, 1941–1943*(London 1983).

198. 바르샤바에 관해서는 Yisrael Gutman, *The Jews of Warsaw, 1939–1943: Ghetto, Underground, Revolt*(trans., Brighton 1982); Hilberg, *op. cit.*, ii 511–512를 참조하라.

199. 'Rose Robota, Heroine of the Auschwitz Underground', in Yuri Suhl (ed.), *They Fought Back*(New York 1975); Philip Muller, *Auschwitz inferno: The Testimony of a Sonderskommando*(London 1979), 143–160.

200. Ferencz, *op. cit.*, 21.

201. *Ibid.*, 20.

202. Gilbert, *The Holocaust*, 461.

203. Hilberg, *op. cit.*, ii 438.

204. Gilbert, *The Holocaust*, 457.

205. Abzug, *op. cit.*, 106.

206. Gilbert, *The Holocaust*, 419.

207. *Ibid.*, 808, 793.

208. 뉘른베르크 국제전범재판소, 문서 NG–2757, Gilbert, *The Holocaust*, 578에서 인용했다.

209. Abzug, *op. cit.*, 152ff.

210. *Ibid.*, 160.

211. Gilbert, *The Holocaust*, 816ff.

212. 전범 재판의 통계에 관해서는 *Encyclopaedia Judaica* xvi, 288–302를 참조하라.

213. 이에 관한 유용한 통계를 원한다면 Howard Sachar, *op. cit.*, 7–13을 참고하라.

214. Ferencz, *op. cit.*, Introduction, xi에서 인용했다.

215. *Ibid.*, 189.

216. 토론 내용은 베아의 책 *The Church and the Jewish People*(London 1966)에 요약되어 있다. 책의 부록 I, 147–153에는 선언문이 수록되어 있다.

7부

1. 아모스 3:2

2. Arthur A. Cohen, *The Natural and Supernatural Jew*(London 1967), 180–182.

3. Robert Wistrich, *Hitler's Apocalypse: Jews and the Nazi Legacy*(London 1986), 162ff.

4. H. H. Ben Sasson(ed.), *A History of the Jewish People*(trans., Harvard 1976), 1040에서 인용했다.

5. 1944년 7월 12일, 처칠이 에드워드 그리그 경에게 보낸 서신; Monty Noam Penkower, *The Jews Were Expendable: Free World Diplomacy and the Holocaust*(Chicago 1983), ch. 1, 'The Struggle for an Allied Jewish Fighting Force', 3ff.

6. Evelyn Waugh, *The Holy Places*(London 1952), 2.

7. Eric Silver, *Begin*(London 1984), 8.

8. Menachem Begin, *White Nights*(New York 1977).

9. Michael Bar-Zohar, *Ben Gurion: A Biography*(London 1978), 129.

10. Thurston Clarke, *By Blood and Fire*(London 1981), 116.

11. Silver, *op. cit.*, 67–72.

12. Nicholas Bethell, *The Palestine Triangle: The Struggle Between the British, the Jews and the Arabs*(London 1979), 261ff.

13. Michael J. Cohen, *Palestine and the Great Powers*(Princeton 1982), 270–276, for the British decision to withdraw.

14. Alfred Steinberg, *The Man from Missouri: The Life and Times of Harry S. Truman*(New York 1952), 301.

15. *The Forrestal Diaries*(New York 1951), 324, 344, 348.

16. *Petroleum Times*, June 1948.

17. Leonard Schapiro, 'The Jewish Anti-Fascist Committee...', in B. Vago and G. L. Mosse(eds), *Jews and Non-Jews in Eastern Europe*(New York 1974), 291ff.

18. Howard Sachar, 'The Arab-Israel Issue in the Light of the Cold War', *Sino-Soviet Institute Studies*(Washington DC), 1966, 2.

19. Howard Sachar, *Europe Leaves the Middle East 1936-1954*(London 1974), 546-547; Netanel Lorch, *The Edge of the Sword: Israel's War of Independence 1947-1949*(New York 1961), 90; David Horowitz, *The State in the Making*(New York 1953), 27.

20. Rony E. Gabbay, *A Political Study of the Arab-Jewish Conflict*(Geneva 1959), 92-93.

21. Edward Luttwak and Dan Horowitz, *The Israeli Army*(New York 1975), 23ff.

22. 전투 과정에 대해서는 Edgar O' Ballance, *The Arab-Israeli War 1948*(London 1956)를 참고하라.

23. Jabotinsky Archives; Silver, *op. cit.*, 90에서 인용했다.

24. 데이르 야신 사건에 대해서는 앞의 책 88-95쪽을 참고하라.

25. Martin Gilbert, *The Arab-Israel Conflict: Its History in Maps*(London 1974), 49, 50의 지도와 수치를 참고하라.

26. Cairo Radio, 19 July 1957.

27. 창세기 15:1-6; 12:1-3.

28. 1919년 계획안에 대한 지도는 다음 자료를 참고하라. Gilbert, *op. cit.*, II. 또한 *Encyclopaedia Judaica* ix, 315-316도 참고하라.

29. Gilbert, *op. cit.*, 24, for map of peel proposal.

30. W. D. Davies, *The Territorial Dimension in Judaism*(Berkeley 1982), 114-115; Ben Halpern, *The Idea of the Jewish State*(2nd edn Harvard 1969), 41ff.

31. 시나이 전쟁에 대해서는 다음 책을 보라. Chaim Herzog, *The Arab-Israeli Wars*(London 1982).

32. 6일 전쟁에 대하여는 다음 책을 참고하라. Terence Prittie, *Israel: Miracle in the Desert*(2nd edn London 1968).

33. 대속죄일전쟁에 대해서는 다음 책을 보라. Herzog, *op. cit.*

34. 이스라엘과 이집트의 평화 협상에 대해서는 두 가지 증언을 살펴볼 필요가 있다. Moshe Dayan, *Breakthrough*(London 1981); Ezer Weizman, *The Battle for Peace*(New York 1981).

35. S. Clement Leslie, *The Rift in Israel: Religious Authority and Secular Democracy*(London 1971), 63ff에서 인용했다.

36. Amos Perlmutter, *Israel: the Partitioned State: A Political History since 1900*(New York 1985), ch. 7; R. J. Isaacs, *Israel Divided: Ideological Politics in the Jewish State*(Baltimore 1976), 66ff.

37. 귀환법의 원문은 다음 책을 참고하라. Philip S. Alexander, *Textual Sources for the*

Study of Judaism(Manchester 1984), 166–167.

38. 여기에 대해서는 앞의 책 168–171쪽을 참고하라.

39. 유럽에서 온 이민자에 관해서는 Gilbert, *op. cit.*, 51을 참고하라 ; 1970년까지의 자세한 이민자 숫자는 *Encyclopaedia Judaica* ix, 534–546에 있다.

40. B. C. Kaganoff, *A Dictionary of Jewish Names and their History*(London 1977).

41. Bar-Zohar, *op. cit.*, 171–172.

42. Silver, *op. cit.*, 99–108.

43. Dan Horowitz and Moshe Lissak, *Origins of the Israeli Polity: Palestine Under the Mandate*(Chicago 1978).

44. Emile Marmorstein, *Heaven at Bay: The Jewish Kulturkampf in the Holy Land*(Oxford 1969), 142–143.

45. 벤구리온의 투쟁에 대해서는 Perlmutter, *op. cit.*, 15–17, 131–135를 참고하라.

46. 앞의 책 145쪽에서 인용했다.

47. 1977년 6월 20일 이스라엘 국회에서 한 연설을 인용했다.

48. 'With Gershom Scholem: An Interview', in W. J. Dannhauser(ed.), *Gershom Scholem: Jews and Judaism in Crisis*(New York 1976).

49. Marmorstein, *op. cit.*, 80–89.

50. *Ibid.*, 108ff.

51. I. Domb, *Transformations*(London 1958).

52. Solomon Granzfried, *Kissor Shulan 'Arukh*, ch. 72. paras 1–2.

53. Leslie, *op. cit.*, 52ff.

54. Z. E. Kurzweil, *Modern Trends in Jewish Education*(London 1964), 257ff.

55. Marmorstein, *op. cit.*, 144에서 인용했다.

56. Chaim Bermant, *On the Other Hand*(London 1982), 55에서 인용했다.

57. 앞의 책 56쪽에서 인용했다.

58. Leslie, *op. cit.*, 62에서 인용했다.

59. 민수기 5:2–3

60. 민수기 19:17–18.

61. N. H. Snaith, *Leviticus and Numbers*(London 1967), 270–274.

62. Immanuel Jacobovits, *The Timely and the Timeless*(London 1977), 291.

63. 역대상 28:19.

64. 논쟁에 대해서는 Jacobovits, *op. cit.*, 292–294을 참고하라.

65. *Encyclopaedia Judaica* xv, 994.

66. Richard Harwood, *Did Six Million Really Die?*(New York 1974) ; Arthur Butz, *The Hoax of the Twentieth Century*(New York 1977).

67. 이 사건에 대해서는 Moshe Pearlman, *The Capture and Trial of Adolf Eichmann*

(London 1963), appendix 633-643을 참고하라.

68. *Ibid.*, 85.

69. *Ibid.*, 627.

70. Hanoch Smith, 'Israeli Reflections on the Holocaust', *Public Opinion* (December-January 1984).

71. John C. Merkle, *The Genesis of Faith: The Depth Theology of Abraham Joshua Herschel*(New York 1985), 11에서 인용했다.

72. Cohen, *op. cit.*, 6-7.

73. 그에 관한 유용한 지도는 다음 자료를 참고하라. 'World Jewish Population 1984', in Howard Sachar, *Diaspora*(New York 1985), 485-486.

74. H. S. Kehimkan, *History of the Bene Israel of India*(Tel Aviv 1937).

75. 인도 유대인에 대해서는 Schifra Strizower, *The Children of Israel: The Bene Israel of Bombay*(Oxford 1971); *Exotic Jewish Communities*(London 1962)를 참조하라.

76. *Encyclopaedia Judaica* ix, 1138-1139에서 인용했다.

77. P. Lévy, *Les Noms des Israélites en France*(Paris 1960), 75-76.

78. P. Girard, *Les Juifs de France de 1789 à 1860*(Paris 1976), 172.

79. Domenique Schnapper, *Jewish Institutions in France*(trans., Chicago 1982), 167, note 22.

80. Irving Kristol, 'The Political Dilemma of American Jews', *Commentary*(July 1984); Milton Himmelfarb, 'Another Look at the Jewish Vote', *Commentary* (December 1985).

81. Bernard D. Weinryb, 'Anti-Semitism in Soviet Russia', in Lionel Kochan (ed.), *The Jews in Soviet Russia*(Oxford 1972), 308; 스탈린의 반유대주의에 대해서는 Svetlana Alliluyeva, *Twenty Letters to a Friend*(trans., London 1967), 76, 82, 171, 193, 206, 217를 참고하라.

82. Weinryb, *op. cit.*, 307에서 인용했다.

83. Peter Brod, 'Soviet-Israeli Relations *1948-1956*'; Arnold Krammer, 'Prisoners in Prague: Israelis in the Slansky Trial', in Robert Wistrich (ed.), *The Left Against Zion: Communism, Israel and the Middle East*(London 1979), 57ff., 72ff를 참조하라.

84. Benjamin Pinkus, 'Soviet Campaigns against Jewish Nationalism and Cosmopolitanism', *Soviet Jewish Affairs* iv 2(1974); Leonard Schapiro, 'The Jewish Anti-Fascist Committee and Phases of Soviet Anti-Semitic Policy during and after World War II', in B. Gao and G. L. Mosse(eds), *Jews and Non-Jews in Eastern Europe*(New York 1974), 291ff.; Wistrich, *Hitler's Apocalyse*, ch. 10, 'The Soviet Protocols', 194ff를 참조하라.

85. Joseph B. Schechtman, *Star in Eclipse: Russian Jewry Revisited*(New York 1961),

80.

86. W. D. Rubinstein, *The Left, the Right and the Jews*(London 1982), 'The Soviet Union', 180-199는 수많은 통계자료를 제시하고 있다.

87. Philippa Lewis, 'The Jewish Question in the Open, 1968-1971', in Kochan, *op. cit.*, 337-353; Ilya Zilberberg, 'From Russia to Israel: A Personal Case-History', *Soviet Jewish Affairs*(May 1972).

88. 소비에트 유대인 민족위원회가 1986년에 발행한 자료. 'A Short Guide to the Exit Visa' (London 1986).

89. D. M. Schreuder, *The Scramble for Southern Africa, 1877-1895*(Oxford 1980), 181ff.; Freda Troup, *South Africa: An Historical Introduction*(London 1972), 153ff.

90. 유대인 선구자에 대해서는 Geoffrey Wheatcroft, *The Randlords: The Men Who Made South Africa*(London 1985), 51ff., 202ff를 참조하라. 2세대에 관해서는 Theodore Gregory, *Ernest Oppenheimer and the Economic Development of Southern Africa*(New York 1977)를 참고하라.

91. Wheatcroft, *op. cit.*, 205 각주에서 인용했다.

92. J. A. Hobson, *The War in South Africa: Its Cause and Effects*(London 1900), part II, ch. 1, 'For Whom Are We Fighting?'

93. J. A. Hobson, *Imperialism: A Study*(London 1902), 64.

94. V. I. Lenin, preface to *Imperialism: The Highest Stage of Capitalism*(rev. trans., London 1934), 7; R. Koebner and H. D. Schmidt, *Imperialism: The Story and Significance of a Political Word, 1840-1960*(Cambridge 1965), 262를 참조하라.

95. Artur London, *L' Aveu*(Paris 1968), W. Oschlies, 'Neo-Stalinist Anti-Semitism in Czechoslovakia', in Wistrich, *The Left Against Zion*, 156-157에서 인용했다.

96. J. B. Schechtman, 'The USSR, Zionism and Israel', in Weinryb, *op. cit.*, 119에서 인용했다.

97. *Ibid.*, 124.

98. Wistrich, *Hitler's Apocalypse*, 207에서 인용했다.

99. *Ibid.*, 207-208; Emmanuel Litvinov, *Soviet Anti-Semitism: The Paris Trial*(London 1984).

100. Howard Spier, 'Zionists and Freemasons in Soviet Propaganda', *Patterns of Prejudice*(January-February 1979).

101. Wistrich, *Hitler's Apocalypse*, 219에서 인용했다. 'Inversions of History', 216-235 를 참조하라.

102. R. K. Karanjia, *Arab Dawn*(Bombay 1958); Wistrich, *Hitler's Apocalypse*, 177에 서 인용했다. Y. Harkabi, *Arab Attitudes to Israel*(Jerusalem 1976)을 참고하라.

103. *The Palestine Problem*(1964)은 요르단 교육부에서 출판했으며, 이와 동일한 제목의 소책자를 통일 아랍 공화국 무장 세력 원리주의 이사회가 출간했다.

104. *Encyclopaedia Judaica* iii, 138, 147.

105. D. F. Green(ed.), *Arab Theologians on Jews and Israel*(3rd edn Geneva 1976), 92–93.

106. Wistrich, *Hitler's Apocalypse*, 181.

107. 히틀러와 이슬람 법률 고문 무프티와의 관계에 대해서는 Joseph Schechtman, *The Mufti and the Führer: The Rise and Fall of Haj Amin el Huseini*(New York 1965)를 참조하라.

108. Harkabi, *op. cit.*, 279에서 인용했다.

109. 관련 사건에 관해서는 Daniel Patrick Moynihan, *A Dangerous Place*(Boston 1978), ch. 9, 169–199를 참조하라.

110. Jillian Becker, *Hitler's Children: the Story of The Baader-Meinhof Gang*(London 1977), 17–18.

111. Silver, *op. cit.*, 236.

112. *Final Report of the Commission of Inquiry into the Events at the Refugee Camps in Beirut*(Jerusalem 8 February 1983 English/Hebrew).

113. Leon Roth, *Judaism: A Portrait*(London 1960).

114. 여호수아 1:9.

찾아보기

로스, 세실 Roth, Cecil • 294, 411, 962

로스차일드 가문 Rothschild family • 489, 535-537, 539-546, 548, 583, 584, 586, 602, 603, 622, 634, 636, 663, 669, 670, 690, 720, 964

로스차일드 사 Rothschild (N. M.) • 541

로스차일드, 나탄 마이어 Rothschild, Nathan Mayer • 537, 538, 539, 541, 543, 544, 549

로스차일드, 미리암 Rothschild, Miriam • 537, 545

로시, 아자리야 데이 Rossi, Azariah dei • 492, 493, 510

로시니, 조아키노 Rossini, Gioacchino A. • 690

로시피나 Rosh Pinha • 728

로이드 조지, 데이비드 Lloyd George, David • 545, 678, 717-721, 726, 735, 741, 753, 762, 766

로이터, 파울 율리우스 폰 Reuter, Paul Julius von • 540

로이힐린 사본 Reuchlin codex • 161

로이힐린, 요하네스 Reuchlin, Johannes • 417

로저(웬도버의) Roger of Wendover • 403

로저스, 리처드 Rodgers, Richard • 776

로젠베르크, 알프레트 Rosenberg, Alfred • 794, 842

로젠블라트, 제비 Rosenblatt, Zevi • 750

로젠슈타크 후에시, 오이겐 Rosenstock-Huessy, Eugen • 685

로젠츠바이크, 프란츠 Rosenzweig, Franz • 661, 685

로페스, 므낫세 Lopes, Manasseh Masseh • 483

루돌프 2세 Rudolf II, Emperor • 414, 436, 437

루리아, 이츠하크 Luria, Isaac ben Solomon • 449, 450, 452-454, 458-460, 462-464, 467, 468, 506, 507, 591

루마니아 • 535, 572, 618, 652, 694, 752, 753, 759, 773, 835, 837, 838, 849, 865, 875, 907, 915, 943

루빈, 지그문트 Lubin Siegmund • 779

루빈슈타인, 니콜라이 Rubinstein, Nikolay • 614

루빈슈타인, 안톤 Rubinstein, Anton • 614

루빈슈타인, 이다 Rubinstein, Ida • 693

루세나 Lucena • 305, 306

루스벨트, 프랭클린 Roosevelt, Franklin D. • 810, 846, 881

루이 14세 Louis XIV • 442, 482

루이 16세 Louis XVI • 521

루이 9세 Louis IX • 373

루차토, 모세 하임 Luzzatto, Moshe Hayyim • 573-575

루차토, 시모네 Luzzatto, Simone • 407

루터, 마르틴 Luther, Martin • 418-420, 567, 568, 571, 580, 600, 686

루트비히 1세(경건왕 루트비히) Ludwig I • 352

루핀, 아르투르 Ruppin, Arthur • 729, 742, 784

룩셈부르크, 로자 Luxemburg, Rosa • 754-756, 758, 788, 792, 917

룻기 • 36, 159, 309, 749,

룻다(로드) Lydda • 182, 259, 265, 309, 749

뤼거, 카를 Lueger, Karl • 667, 668, 792, 906

르낭, 에르네스트 Renan, Ernst • 646

르우베니, 다비드 Reubeni, David • 452

르호보암 • 119

리베르만, 막스 Liebermann, Max • 695, 696, 714, 803

리보르노 Livorno • 414, 422, 435, 448, 459, 463, 465, 489, 549, 694

리브가(이삭의 아내) • 15, 31, 36

리비아 • 889

리서, 가브리엘 Riesser, Gabriel • 684

리서, 아이작 Leeser, Rabbi Isaac • 624

리숀레지온 Rishon LeZion • 728

리슐리외, 아르망 장 뒤 플레시 Richelieu, Armand Jean du Plessis • 440

리처드 1세 Richard the Lionheart • 360, 361

리치먼드, 어니스트 Richmond, Ernest T. • 738

리카도, 데이비드 Ricardo, David • 534

리쿠드 Likud • 900, 901, 912, 917, 919

리투아니아 • 397, 432-434, 453, 507, 509, 680, 681, 692, 753, 756, 760, 842, 876

리프만, 월터 Lippmann, Walter • 786-788

리프먼 Lipman, V. D. • 358, 363,

릴, 빌헬름 하인리히 폰 Riehl, Wilhelm Heinrich von • 663

릴리엔탈, 막스 Lilienthal, Max • 608

립시츠, 자크 Lipchitz, Jacques • 694

링컨 Lincoln • 357, 358, 364

884, 886, 889, 891, 896-899, 947

시메온 벤 라키쉬 Shimon ben Lakish • 308

시바 여왕 Queen of Sheba • 114

《시온 장로 의정서》• 528, 615, 727, 765-768, 770, 794, 966, 968, 969

시우다드레알 Ciudad Real • 385, 386, 390-392

시카고 • 424, 620, 860, 952

시카리 Sicarii • 211, 212, 239, 251

시토회 Cistercian order • 356, 364

시파르 Sippar • 25

시편 • 43, 103, 110, 159, 163-165, 202, 249, 260, 336, 429, 430, 456, 560, 633, 726, 853, 947

시프, 제이컵 헨리 Schiff, Jacob Henry • 625, 631, 772

식스투스 4세 Sixtus IV • 389

신명기 • 23, 24, 57, 59, 69, 70, 71, 74, 133, 149, 157, 185, 222, 267, 298, 299, 370, 429, 474, 503, 930

신비주의 • 16, 88, 333-341, 411, 448-450, 453, 458, 461, 469, 486, 564, 573, 700, 704, 706

십계명 • 69, 70, 523

십자군 • 16, 352, 355, 356, 357, 360, 361, 365, 373, 472, 664, 903

싱가포르 • 945

싱어, 아이작 바셰비스 Singer, Isaac Bashevis • 576

싱어, 파울 Singer, Paul • 601

ㅇ

아가다 aggadah • 59, 257, 261, 332, 375, 376, 378, 453

아가서 • 110, 159, 337

아구다 Agudah • 680, 682, 921, 922

아구다 운동 Agudath Yisra'el • 680, 682, 921-924, 928

아니 마아민 Ani Ma'amin • 273, 277

아니엘레비치, 모르데카이 Anielewicz, Mordecai • 854

아닥사스다(아르타크세르크세스) Artaxerxes • 203

아덴 Aden • 889

아들러, 빅토어 Adler, Victor • 601

아들러, 사무엘 Adler, Samuel • 624

아들러, 알프레트 Adler, Alfred • 703, 704

아들러, 헤르만 Adler, Hermann • 672

아라비아 • 114, 284, 285, 734, 881, 896, 968

아렌다 제도 Arenda system • 446

아론(모세의 형) Aaron • 19, 59, 75, 83, 116, 160, 933

아론(요크의) Aaron of York • 365

아르켈라우스 Archelaus • 205

아를로소로프, 하임 Arlosoroff, Haim • 750, 912

《아리스테아스 서신》• 202

아리스토텔레스 Aristotle • 179, 324, 338, 378

아마르나 서신 Amarna Letters • 49

아마샤 Amaziah • 125, 126, 134

아모라임 amoraim • 258, 261, 262, 334, 933

아모스 Amos • 20, 124-126, 158, 162, 871

아민, 이디 Amin, Idi • 971, 973

아바스 왕조 Abbasid dynasty • 303

아브드 알 라흐만 3세 Abd al-Rahman III • 305

아브라바넬, 이자키 Abrabanel, Isaac • 429

아브라카다브라 abracadabra • 455

아브라함 콜로르니 Colorni, Abraham • 413

아비멜렉(기드온의 아들) Abimelech • 93

아비멜렉(왕) Abimelech • 34

아슈케나지 Ashkenazi • 394, 397, 413, 433, 436, 441, 449, 454, 459, 460, 473, 477, 480, 498, 504, 507, 520, 521, 551, 603, 604, 624, 627, 629, 637, 643, 649, 661, 672, 694, 731, 859, 661, 672, 694, 731, 859, 908

아스글론(아슈켈론) • 53, 95, 196, 235

아스돗(아슈도드) Ashdod • 95, 930

아스트루크 하 레비 Astruc ha-Levi, Rabbi • 382, 383

아시리아 Assyria • 24, 66, 69, 71, 73, 95, 104, 119, 126-128, 131, 132, 138, 140, 142, 151, 209, 622, 661, 719

아우구스투스(황제) Augustus • 193-195, 197, 203

아우구스티누스 Augustinus • 211, 282, 369, 525

아우슈비츠 Auschwitz • 824, 825, 831, 833, 835, 836, 842, 847, 854-857, 865, 871, 924, 975

아우크스부르크 평화 협정 Peace of Augsburg • 420

아이스너, 쿠르트 Eisner, Kurt • 758, 792

아이젠베스, 모리스 Eisenbeth, Maurice • 603

프랑크, 야코브 Frank, Jacob • 7, 469, 502

프랑크푸르트 • 436, 438, 465, 489, 534, 537, 539-541, 548, 559, 568, 593, 601, 604, 634, 690, 825, 946, 963

프랑크푸르트 사회연구소 Frankfurt Institution for Social Research • 806

프랭크퍼터, 펠릭스 Frankfurter, Felix • 734, 775

프러시아 • 515, 524, 532, 534, 539, 607, 729, 794, 803

프로이트, 지그문트 Freud, Sigmund • 8, 61, 330, 460, 679, 695-706, 708, 778, 796, 800, 806, 807, 856

프로테스탄트 • 416, 417, 420, 421, 424, 425, 438, 480, 511, 517, 522, 527, 565-567, 581, 582, 619, 621, 626, 648, 655, 659, 685, 686, 691, 723, 779, 781, 786, 788, 829, 931, 949, 953

프루동, 피에르 조제프 Proudhon, Pierre-Joseph • 592

프루스트, 마르셀 Proust, Marcel • 651, 652, 654, 655, 709

프리드리히 2세 Friedrich II • 511, 519

프리메이슨 Freemasonry • 648, 655, 967

프리처드, 제임스 Pritchard, James B. • 84, 85

프톨레마이오스 Claudius Ptolemaeos • 171

플라톤 Plato • 60, 97, 339, 512

플러머, 허버트 Plumer, Herbert • 743

플로루스 게시우스 Florus, Gessius • 235

플리크, 프리드리히 Flick, Friedrich • 865

피사로, 뤼시앙 Pissarro, Lucien • 695

피사로, 카미유 Pissarro, Camille • 695

피쉬, 해럴드 Fisch, Harold • 904, 931

피우스 12세 Pius XII • 841, 866

피우스 5세 Pius V • 422, 423

피우스 6세 Pius VI • 518

피우스 9세 Pius IX • 606

피유트 piyyut. • 332, 338, 346

피츠버그 교의 Pittsburgh Platform • 625

피코 델라 미란돌라 Pico della Mirandola, Count Giovanni • 417

피타고라스 Pythagoras • 207

핀란드 • 572, 843

핀스케르, 레온 Pinsker, Leon • 666, 730

필 위원회 Peel Commission • 749

필, 윌리엄 William Peel • 749

필라델피아(미국의) • 479, 489, 517, 622, 624

필라델피아(암만의) • 172

필로스트라토스 Philostratos • 241

필론 Philon Judaeus • 39, 60, 79, 174, 177, 212, 224, 254, 264, 266, 267, 272, 299, 309, 310, 322-324, 328, 334

ㅎ

하 쇼메르 ha-Shomer • 729

하가나 Haganah • 731, 735, 750, 874, 877, 878, 878, 879, 884, 885, 888, 912, 913, 878

하누아, 페테르 데 Janua, Peter de • 375

하누카 Hanukkah • 183

하데라 Hadera • 728

하드리아누스 황제 Hadrianus • 242, 246, 309

하딩, 제럴드 Harding, Gerald L. • 212

하르나크, 아돌프 폰 Harnack, Adolf von • 686

하르덴, 막시밀리안 Harden, Maximilian • 792

하박국서 • 158

하비루 Habiru • 33, 34, 44, 48, 49

하솔 Hazor • 53, 85, 86, 112, 127

하스몬(마카베오) 가문 Hasmonean family • 182-185, 187, 188, 192-194

하스칼라 haskalah • 509, 565, 571, 608

하시딤 hasidim • 333

하이 벤 셰리라 Hai ben Sherira • 279

하이네, 하인리히 Heine, Heinrich • 8, 533, 580-590, 593, 595, 628, 647, 665, 703, 704, 800

하이드리히, 라인하르트 Heydrich, Reinhard • 828, 832-834

하이메 1세 Jaime I • 374-376

하이야 랍바 Hiya Rabbah, Rabbi • 258

하이파 Haifa • 260, 728, 747, 874, 885, 927

하자르족 Khazars • 975

하카밈 Hakamim • 218, 219

학개서 • 153, 158

학자 지도 체제 • 256, 287, 310, 313, 331, 430, 491, 503, 590, 683, 698, 704, 774

할라카 halakhah • 257, 261, 262, 263, 267, 286, 314, 332, 339, 409, 430, 433, 450, 470, 491, 508, 509, 527, 600, 906